MW01013579

Mónica Cavallé

LA SABIDURÍA
DE LA NO-DUALIDAD

Una reflexión comparada
entre Nisargadatta y Heidegger

Prólogo de Raimon Panikkar

editorial Kairós

© 2000 by Mónica Cavallé
© de la edición en castellano:
2008 by Editorial Kairós, S.A.

Editorial Kairós S.A.
Numancia 117-121, 08029 Barcelona, España
www.editorialkairos.com

Primera edición: Noviembre 2008
Tercera edición: Octubre 2019
ISBN: 978-84-7245-682-2
Depósito legal: B-36.815/2008

Fotocomposición: Beluga y Mleka, s.c.p. Córcega 267. 08008 Barcelona
Tipografía: Vidya, Times y GreekTimesAncient cuerpo 11, interlineado 12,8
Impresión y encuadernación: Romanyà-Valls. Verdaguer, 1. 08786 Capellades

Este libro ha sido impreso con papel certificado FSC, proviene de fuentes
respetuosas con la sociedad y el medio ambiente y cuenta con los requisitos
necesarios para ser considerado un "libro amigo de los bosques".

Todos los derechos reservados.
Cualquier forma de reproducción, distribución, comunicación pública
o transformación de esta obra solo puede ser realizada con la autorización
de sus titulares, salvo excepción prevista por la ley.
Diríjase a CEDRO (Centro Español de Derechos Reprográficos, www.cedro.org)
si necesita fotocopiar o escanear algún fragmento de esta obra.

A Carmen y Alfonso, mis padres

ABREVIATURAS UTILIZADAS

BG	Bhagavad Gītā
BGBh	Bhagavad Gītā Bhāṣya
BS	Brahma sūtras
BSBh	Brahma sūtra Bhāṣya
BU	Bṛhadāraṇyaka Upaniṣad
ChU	Chāndogya Upaniṣad
En	Enéadas
I.A.T.	I Am That
IU	Īśā Upaniṣad
KathU	Kaṭha Upaniṣad
KenU	Kena Upaniṣad
MU	Māṇḍūkya Upaniṣad
MUBh	Māṇḍūkya Upaniṣad Bhāṣya
MundU	Muṇḍaka Upaniṣad
RV	Ṛg Veda
SvU	Śvetāsvatara Upaniṣad
TU	Taittirīya Upaniṣad
Y.s.e.	Yo soy Eso
Das Ende…	Das Ende der Philosophie und die Aufgabe des Denkens
"Die onto-theo-logische…"	"Die onto-theo-logische Verfassung der Metaphysik" (in *Identität und Differenz*)
EM	Einführung in die Metaphysik
Erläuterungen…	Erläuterungen zu Hölderlins Dichtung
G	Gelassenheit
HW	Holzwege
ID	Identität und Differenz
KT	Kants These über das Sein
"Platons Lehre…"	Platons Lehre von der Wahrheit (in *Platons Lehre von der Wahrheit*.

	Mit einem Brief über den "Humanismus")
SD	Zur Sache des Denkens
SZ	Sein und Zeit
UH	Brief über den Humanismus
US	Unterwegs zur Sprache
WD	Was heisst Denken?
WM	Was ist Metaphysik?
WP	Was ist das - die Philosophie?

CH	Carta sobre el Humanismo
ID	Identidad y diferencia
IM	Introducción a la metafísica
Q.e.f.	¿Qué es filosofía?
QM	¿Qué es metafísica?
QP	¿Qué significa pensar?
S	Serenidad
ST	Ser y Tiempo

"Doctrina de la verdad..."	"Doctrina de la verdad según Platón" (en *Doctrina de la verdad según Platón y Carta sobre el Humanismo*)
"El final..."	"El final de la filosofía y la tarea del pensar" (en *¿Qué es filosofía?*)
Interpretaciones...	*Interpretaciones sobre la poesía de Hölderlin*
"La constitución onto-teológica..."	"La constitución onto-teológica de la metafísica" (en *Identidad y diferencia*)
"La frase de Nietzsche..."	"La frase de Nietzsche: 'Dios ha muerto'" (en *Sendas Perdidas*)
"La tesis de Kant..."	"La tesis de Kant sobre el Ser" (en *Ser, Verdad y Fundamento*)

PEW	"Philosophy East and West. A Quarterly of Asian and Comparative Thought"

ÍNDICE

II. LA ENTRONIZACIÓN DEL SUJETO O EL OLVIDO DEL SER

**III. LA DOCTRINA ADVAITA EN TORNO AL "YO"
A LA LUZ DE LA CRÍTICA AL SUJETO DE HEIDEGGER**

PRÓLOGO

La obra de Mónica Cavallé, en la que tuve la oportunidad de colaborar y ahora el honor de prologar, es, a mi parecer, un estudio fundamental de la problemática, tan urgente como importante, de la interculturalidad. La autora no se anda por las ramas al tratar de un tema poco menos que insoslayable en nuestra época: las diferencias básicas entre Oriente y Occidente –aceptando la expresión corriente. Acaso un efecto colateral, esta vez positivo, de la cacareada globalización, sea la conciencia aguda de las diferencias entre la civilización dominante (y dominadora) y el resto de las culturas del mundo. No podemos ni vivir ni sobrevivir por más tiempo en el aislacionismo cultural.

La doctora Cavallé ha tenido el acierto de escoger dos casos paradigmáticos de esta diferencia, huyendo así de los lugares comunes: el pensador Martín Heidegger y la filosofía del *advaita* vedānta. Esto hace, evidentemente, que su estudio sea profundo, aunque tampoco fácil – gracias a Dios, diría, en nuestra época de superficialidad cultural. Las culturas no son "folklore". Y con ello Mónica Cavallé ya nos está dando una lección de respeto a las civilizaciones de aquellos países que aún tenemos la osadía de llamar "subdesarrollados" o, todavía peor, "en vías de desarrollo" – como si les ofreciéramos la única vía del aún llamado "progreso".

No hay duda de que Heidegger es uno de los pensadores más importantes de nuestra época – aunque ello no justifica que se deba de estar de acuerdo con todo su pensamiento. Y al comentar el tema escogido por Mónica Cavallé ya estoy diciendo que la razón no es el ingrediente más importante de la cultura – puesto que ni la filosofía de Heidegger ni la del vedānta se basan sólo en la razón. El hombre, en efecto, no se mueve ni se configura por la razón. Acaso debiera serlo, pero ello mismo es ya un postulado gratuito de la misma razón. Y, en efecto, la racionalidad no es, de hecho, el factor primario en la vida humana. Hay en el hombre otra dimensión que, al parecer, es más decisiva para su vida que esto que llamamos razón: sentimiento, amor, odio, pasión, ideal, fe, …

Con ello entramos ya de lleno en la problemática filosófica. Y no se puede decir que todo esto no sea más que meras elucubraciones intrascendentes. La pregunta sobre el *sentido de la vida* no puede soslayarse, y acaso equivalga a la cuestión sobre la realidad y, en último término, sobre lo que somos. Todo ser humano busca, consciente o inconscientemente, un sentido a su vida – ni que sea la resignación del sin-sentido.

Y ésta es la cuestión central del vedānta, como ya apuntaba el más antiguo de los Veda: "¿Quiénes somos?", que Occidente cree sinónima a "¿Quién soy yo?", como si el hombre fuera un individuo. Éste es el mito occidental: la confusión entre persona e individuo en lenguaje de esta misma cultura. El mito de que la individualidad es el mayor valor ha hecho creer a Occidente que Dios es un individuo (a pesar de la Trinidad), y ello ha influenciado todo el pensamiento de esta cultura. Decimos "pensar monoteísta" porque ésta es la forma dominante del pensar occidental – independientemente de su forma teológica. El pensar monoteísta, en efecto, piensa no sólo que el Ser Supremo, caso de existir, debería ser autoconocimiento perfecto, sino que, en consecuencia, presupone (gratuitamente) que la única inteligibilidad posible es la que consigue llegar a la unidad (entre sujeto y objeto, etc.). Cuando en esta obra se nos cuestiona sobre la "naturaleza del yo", se nos está planteando un problema fundamental que Occidente, por lo menos desde los presocráticos, ha dado por descontado; esto es, se le presupone; no se piensa – y, cuando lo hace, lo objetiviza, con lo cual el sujeto desaparece al haberse convertido en objeto (de pensamiento). Pero acaso el pensar sea algo más, o por lo menos distinto, de lo que nos dice la razón.

No toca a un prologuista extenderse mucho más sobre la problemática que la autora esclarece con profundidad. Sólo me resta insistir en que es a este nivel en el que se juega el destino del mundo. La auténtica filosofía no es un pensar algebraico ni un lujo de los especialistas que intentan llegar a ideas inteligibles (mejor si son "claras y distintas"), sino que trata de las cuestiones más vitales de la existencia humana, aunque los profesionales las revistan de expresiones más o menos idiosincrásicas, acaso porque nuestro lenguaje habitual se ha banalizado. En otros lugares he completado la conocida definición nominal de la *filo-sofía* como "amor a la sabiduría", añadiendo que es al mismo tiempo "sabiduría del amor".

Mónica Cavallé no se aventura por estos vericuetos, pero nos plantea la cuestión de la supervivencia de nuestra cultura que, en el mejor de los casos, ha arrinconado a las otras civilizaciones, aceptando de ellas solamente prédicas morales.

El libro ha tenido una larga gestación, y la autora es más discreta que el prologuista, pero siento el privilegio de poderle ofrecer lo que sólo acabo de apuntar, aunque imperfecta y crípticamente.

Recomiendo vivamente la lectura meditada de este libro.

RAIMON PANIKKAR

Tavertet. 6 de agosto de 2006,
Fiesta de la Luz tabórica y de la Transfiguración del Hombre

INTRODUCCIÓN

Resulta inaplazable el diálogo entre las distintas tradiciones de pensamiento, y nunca como hoy urge el entendimiento entre las naciones y culturas del mundo. Ya no hay lugar para la existencia de una pluralidad de culturas aisladas o inconexas entre sí. Distintos fenómenos y acontecimientos, desde un punto de vista histórico, extremadamente recientes –como la revolución tecnológica, que ha diluido las barreras del tiempo y del espacio– han terminado por hacer inviable y anacrónico todo "provincianismo cultural" (Mircea Eliade). Ahora bien, el camino para la superación de este "provincianismo" no es, sin más, la globalización uniformadora, la imposición de una cultura única –si se puede llamar "cultura" al pensamiento y la forma de vida que han hecho de los intereses mercantiles su meta prioritaria y su motor–. En lo que hoy se ha dado en llamar proceso de *globalización*, y que está abarcando todas las esferas de la vida, el peso de los factores estrictamente económicos es tan decisivo que dicha noción se ha llegado a identificar sin más con la lucha de las corporaciones internacionales por el acceso a los mercados. La hipertrofia de la relación técnica e instrumental con el mundo, que Heidegger denunciaba como uno de los rasgos definitorios de Occidente, tiene hoy más medios que nunca para imponer su voluntad a escala planetaria. Por primera vez en la historia habitamos un mundo abierto, pero esta realidad, llena de promesas y de posibilidades, parece mostrar ante los ojos de la mentalidad dominante y de los intereses creados fundamentalmente una: el mercado es más amplio que nunca y es posible la explotación y el dominio de la tierra a escala global.

La alternativa al provincianismo cultural no es la globalización uniformadora. Lo que el momento actual precisa es una tercera vía, ajena tanto a la *monoculturalidad* como a la *multiculturalidad atomizada*, pero capacitada para aunar armónicamente universalidad y particularidad. Una tercera vía *intercultural*, en otras palabras, *no-dual*, ya que –como veremos– la intuición de la "no-dualidad" (en sánscrito: *a-dvaita*) conlleva precisamente el desvelamiento concreto y efectivo de la no-exclusión, en el seno de lo real, de identidad y diferencia, unidad y multiplicidad, universalidad y particularidad.

Es esta tercera vía la que puede ser cauce de las posibilidades únicas que ofrece el momento presente. Comprender en qué consisten estas posibilidades requiere una mirada que vaya más allá de los aspectos prosaicos –estrictamente pragmáticos– que operan en la actual dinámica de confluencia planetaria, y que advierta que en este acercamiento de las culturas está teniendo lugar, paralelamente, una dinámica de otra naturaleza. Ésta última busca solventar la necesidad interna que están experimentando las grandes culturas –en particular, la polaridad cultural Oriente/Occidente– de cuestionar y ampliar sus respectivos horizontes de auto-comprensión, que en el presente momento de su desarrollo histórico se revelan parciales e insuficientes. Así, por ejemplo, en la asimilación a gran escala que Oriente está haciendo de las técnicas y ciencias occidentales y de sus modos de vida, es posible adivinar un impulso genuino que busca el desarrollo de una dimensión de lo humano que históricamente había quedado relegada: aquella en virtud de la cual el hombre se adueña teórica y prácticamente del mundo. A su vez, en Occidente ya son muchos los que miran hacia Oriente en la búsqueda de alternativas a la hipertrofia de la visión y de la mentalidad instrumentales o técnicas, y al vacío espiritual y la neurosis individual que necesariamente la acompañan; unas alternativas que buscan reencontrar lo que la evolución del espíritu occidental ha tendido a olvidar: la identidad fontanal del ser humano con todo lo existente, previa y posterior a toda relación de adueñamiento. En Occidente, ciertos sectores están comenzando a ser conscientes de que, sin un cuestionamiento profundo de los presupuestos de nuestra civilización, su avance es insostenible, pues aboca a la destrucción. El Oriente tradicional está reconociendo que, sin una renovación profunda, no podrá adaptarse al despliegue científico-técnico y cibernético, que se implanta irreversiblemente a escala planetaria, y a la mentalidad que lo posibilita (que tiene sus raíces en Grecia).

"¿Estaremos viviendo –se pregunta Heidegger– la víspera de una noche a la que seguirá un nuevo amanecer? (…) ¿Estará surgiendo la tierra del ocaso? ¿Se convertirá esa tierra crepuscular, por encima de Oriente y de Occidente, y a través de lo europeo, en el lugar de la historia venidera, de un destino más originario?"[1].

* * *

La dinámica de apertura exterior de las naciones (política, económica, social, etc.) ha de ir acompañada de una dinámica consciente y reflexiva de apertura interior de las distintas culturas, es decir, relativa a la auto-comprensión de las mismas; ha de ir acompañada de un diálogo que busque solventar los límites que tienen las distintas tradiciones por separado para poner las bases de un nuevo mundo cosmopolita. La apertura exterior ha de subordinarse a esta apertura interior. Si no sucede así, la apertura exterior, dejada a sí misma, abocará a la uniformización y disolución de las culturas y a la explotación sin medida. Es aquí donde tiene una labor y responsabilidad únicas el pensamiento, pues es a éste al que compete llevar a cabo esta subordinación jerárquica desde la comprensión concreta y efectiva de la *necesidad del diálogo intercultural,* y de que este diálogo responde no sólo a una exigencia pragmática del momento actual sino –insistimos– a una profunda necesidad interna de las culturas. En otras palabras: es a la filosofía, entendida en un sentido amplio (como aquella actividad que incumbe a la comprensión última que el hombre tiene de sí y de su relación con el cosmos), a la que compete llevar a cabo esta reflexión y este diálogo, pues es ella la que constituye la raíz de toda civilización.

Ahora bien, ¿hasta qué punto esta labor –la de contribuir a poner las bases del diálogo intercultural– puede ser llevada a cabo por la filosofía, en la acepción más restringida de este término, es decir, lo que se suele entender por tal en Occidente?

– La actual astenia del pensamiento filosófico, el final de los discursos con pretensión de ultimidad y la consiguiente crisis de identidad de la filosofía (pues una cierta pretensión de ultimidad ha sido definitoria de la misma), el confinamiento del pensamiento filosófico en el ámbito de los especialistas, su incapacidad para impregnar de manera efectiva la cultura (ya no se acude a los filósofos ante las problemáticas y retos concretos de nuestro tiempo), etc., en pocas palabras, la actual crisis de la filosofía, parece hacerla poco apta para llevar a cabo una empresa de esta naturaleza.

– Por otra parte, hay que buscar en la entronización que la filosofía occidental ha hecho de cierto concepto de "razón", las raíces del creciente imperio de la tecnocracia moderna. Heidegger ha puesto de manifiesto cómo gran parte del pensamiento de Occidente, encuadrado bajo la denominación de "filosofía", y que se ha caracterizado por su pretensión de asepsia y universalidad –de encarnar "el pensar" por excelencia–, lejos de serlo, ha sido sin más un fenómeno privativo de cierto momento de la historia de Occidente y un pensamiento condicionado por prejuicios de los que pocas veces ha sido consciente. Esta supuesta universalidad de la filosofía se ha sustentado en la igualmente supuesta universalidad de cierto concepto (post-socrático) de "razón". En la medida en que este último está en la base de la cultura y de la civilización europea, ésta ha heredado su intrínseca pretensión de universalidad; ello, a su vez, ha definido el característico "imperialismo" de Occidente: su tendencia a tomarse, de modo más o menos consciente, como medida y modelo de todas las cosas y como referente último de cualquier otra cultura o civilización. Si esto es así, ¿cómo puede contribuir al entendimiento intercultural lo que es causa última de la actual globalización monocultural?

– Más aún, sólo un pensamiento que, siendo particular, sea símbolo de experiencias universalmente reconocibles, puede contribuir a poner las bases del diálogo intercultural. Pero, como ha mostrado Heidegger, la filosofía occidental ha dado la espalda en gran medida a esas experiencias originarias, muy en particular a la experiencia del Ser –lo universal por excelencia, y fuente de toda universalidad–, que fue, de hecho, la raíz, el motor y el mensaje inicial del pensamiento griego presocrático.

La filosofía occidental, que nació desmitificando, exige su propia desmitificación. Una desmitificación no empobrecedora, pues es en el reconocimiento de sus propios límites donde la filosofía realiza su esencia de modo más propio. En palabras de M. Foucault: «¿Qué es por tanto la filosofía –quiero decir la actividad filosófica– si no es la labor crítica del pensamiento sobre sí mismo, y si no consiste, en vez de legitimar lo que ya sabe, en tratar de saber cómo y hasta dónde puede ser posible pensar de otro modo?»[2]. O, según Heidegger: «Reflexión es el valor de convertir en lo más discutible la verdad de los propios axiomas y el ámbito de los propios fines»[3].

* * *

El diálogo intercultural es una tarea para la filosofía en la medida en que ello sea la ocasión, a su vez, de un cuestionamiento y de una renovación de la filosofía. Consideramos que este cuestionamiento podría constituirse como una salida a su crisis actual; una salida que no sólo facilitaría el diálogo que requiere nuestro momento, sino que habría de tener lugar a través de él. Este diálogo permitiría que la filosofía tomara conciencia de su unilateralidad, es decir, de aquellos prejuicios de los que no ha sido consciente[4], y permitiría, por otra parte, que tomara conciencia de lo que ha habido en ella de "perenne", es decir, que rememorara –en expresión de Heidegger– las experiencias originarias y fundacionales de la filosofía, posteriormente olvidadas o relegadas, en las que se hermana con las grandes tradiciones históricas de pensamiento.

Es evidente que sólo podemos dialogar desde una cultura particular –en este caso, nuestra cultura occidental–, pero, a la vez, sólo podemos hacerlo si la particularidad cultural no es absoluta, es decir, si lo particular puede ser símbolo de un ámbito de experiencia universalmente reconocible. De cara a ilustrar en qué pueda consistir esta virtualidad intercultural de la filosofía, hemos acudido en este estudio a las expresiones ya acuñadas de "filosofía perenne" o "sabiduría perenne". Estas nociones han sido utilizadas por distintos autores a lo largo del siglo XX[5] para apuntar a una suerte de fondo de sabiduría inmemorial que presenta, siempre y en distintos lugares, los mismos rasgos fundamentales. La presencia en tradiciones, enseñanzas y doctrinas, distantes en el espacio y en el tiempo, de ciertos invariantes estructurales –metafísicos, cosmológicos y antropológicos– evidencia la capacidad de dichas enseñanzas para integrar de modo no-dual universalidad y particularidad.

Ahora bien, en la presente obra otorgamos un sentido particular a la expresión *filosofía* o *sabiduría perenne* que no siempre coincide con el sentido exacto que estos autores le han otorgado. Tal y como utilizamos esta expresión, ésta no alude a una doctrina particular ni a una suerte de "resumen" o común denominador del contenido de enseñanzas diversas –si así fuera, no estaríamos ante una referencia intercultural, sino ante una doctrina más entre otras–. Esta noción apunta, esencialmente, a una experiencia del Ser de carácter *supraobjetivo* que permite superar las antinomias, al reconocimiento operativo, *experiencial*, del carácter *no-dual* del fondo último de toda realidad y del fondo último del yo. Cabe encontrar esta apercepción del Ser en el origen de las más profundas tradiciones de pensamiento, como la experiencia de esa "región de todas las regiones" (Heidegger) que, en palabras de J. L Mehta, «está por encima de la oposición Este-Oeste, más allá del choque de religiones y del conflicto de civilizaciones (…) por encima de las lealtades regionalistas y de la Babel de lenguas en conflicto». En esta *gnôsis*, en este reconocimiento experiencial –en sí mismo inaprensible por ninguna cultura, doctrina o sistema filosófico–, encuentran su raíz las analogías estructurales o invariantes señalados.

Esta experiencia se articula y toma cuerpo *siempre* en culturas, tradiciones y enseñanzas diversas. Pero éstas últimas son manifestaciones genuinas de la sabiduría perenne *sólo en la medida* en que sostienen expresamente su carácter relativo en lo que tienen de doctrinas objetivas, de sistemas de pensamiento, de hecho cultural, y saben que su razón de ser radica en ser *invitaciones o instrucciones operativas* orientadas a hacer posible dicho reconocimiento experiencial.

La "filosofía perenne" así entendida no es ajena a lo que en nuestro contexto cultural se suele entender por filosofía. Es la raíz de ésta última –antes del desvío histórico denunciado por Heidegger–, ha convivido con ella y, ocasionalmente, ha estado presente en ella. Ahora bien, cuando ha estado presente en los márgenes de lo que ordinariamente se denomina "historia de la filosofía", con frecuencia no ha sido apreciada en su auténtica dimensión porque la propia auto-comprensión de la filosofía lo dificultaba: las expresiones históricas de la filosofía perenne eran interpretadas como sistemas especulativos de valor autónomo, y no como indicaciones operativas orientadas a posibilitar una *metanoia* y una experiencia concreta del Ser.

* * *

El diálogo profundo con otras culturas puede favorecer que el eclipse histórico de la filosofía perenne llegue en Occidente a su fin. Hemos querido que el presente estudio fuera un ejemplo concreto de lo que puede ser este diálogo. Para ello, hemos llevado a cabo una reflexión comparada entre el *Vedānta advaita* (una tradición índica particularmente paradigmática de lo que hemos denominado sabiduría perenne) y el pensamiento de uno de los filósofos más emblemáticos del siglo XX, Martin Heidegger.

Hemos acudido a Heidegger porque es el pensador contemporáneo que de modo más lúcido ha reflexionado sobre los límites de la filosofía y sobre la desviación histórica que le dio origen y en la que hay que buscar la raíz del actual peligro de explotación de la tierra; porque ha insistido en la urgencia de un nuevo pensamiento que, en sus líneas maestras, está alineado con lo que hemos denominado *sabiduría perenne* –y que, siendo nuevo, es el más antiguo: la misma raíz olvidada de la filosofía–; porque ha insistido en la urgencia del diálogo con el pensamiento de las culturas orientales, y porque su propia obra es un ejemplo de los frutos de dicho diálogo: es indiscutible la influencia del extremo Oriente en su pensamiento tardío. Heidegger, de hecho, ha invitado y contribuido, como casi ningún otro pensador occidental del siglo XX, al diálogo intercultural:[6] «Una y otra vez –afirma– me ha parecido urgente que tenga lugar un diálogo con los pensadores de lo que es para nosotros el mundo oriental»[7].

A su vez, hemos acudido a Nisargadatta como referencia prioritaria del Vedānta advaita porque es uno de los representantes contemporáneos más destacados de esta tradición y porque considero que su libertad interior con respecto a los aspectos más formales y escolares de esta enseñanza, así como el hecho de que en sus diálogos –transcritos en sus libros– un número destacado de sus interlocutores sean occidentales, y el que estos diálogos sean recientes en el tiempo, permiten mostrar esta tradición advaita de una forma particularmente directa, viva y elocuente para el occidental de hoy.

Ésta es la primera reflexión comparativa realizada entre ambos pensadores y el primer trabajo de estas características realizado sobre el pensamiento de Nisargadatta. Es también uno de los primeros trabajos que ponen temáticamente en conexión a Heidegger con el Vedānta advaita.

Estudios recientes confirman que la influencia en Heidegger del pensamiento extremo-oriental es mucho más decisiva de lo que habitualmente se había pensado, de tal modo que se precisa una relectura del pensamiento del filósofo alemán en la que esta clave de interpretación esté presente. Pero si bien la influencia del pensamiento extremoriental en la obra de Heidegger es ciertamente destacable, no lo es la del pensamiento índico. Esta comparación no supone, por ello, la influencia *directa* en Heidegger del pensamiento vedānta. Se basa exclusivamente en la constatación de la existencia de correspondencias significativas entre sus respectivas propuestas, que creemos que pueden definir las líneas maestras de lo que habría de ser la transformación del pensamiento que reclama nuestro momento histórico y la actual crisis de la filosofía occidental. Ahora bien, como veremos, las corrientes de pensamiento oriental que dejaron una huella notable en el pensamiento de Heidegger (el taoísmo y el zen) tienen una clara familiaridad metafísica con el Vedānta advaita. Todos ellas son *advaita-vāda*: enseñanzas que orbitan en torno a la intuición de la no-dualidad. Que la influencia en Heidegger del pensamiento oriental se considere una clave interpretativa decisiva de su obra, supone, indirectamente, que la intuición de la no-dualidad pueda considerarse, a su vez, una clave interpretativa del pensamiento heideggeriano. Ésta es, de hecho, nuestra propuesta, y lo que justifica que consideremos relevante la comparación de su pensamiento con el Vedānta advaita o Vedānta de la no-dualidad.

En principio, la falta de simetría existente entre ambos pensadores podría parecer un grave inconveniente en nuestra reflexión comparada, pues no hay diálogo sin lenguaje común. La distancia cultural (de contextos históricos, lingüísticos, de tradiciones de pensamiento, etc.) entre ambos es evidente. Y Heidegger no nos ayuda, en principio, a salvar esta distancia proporcionándonos claves para llevar a cabo esta comparación, pues, como hemos señalado, aunque dialogó con el pensamiento del extremo Oriente, no lo hizo con el pensamiento índico. Ahora bien, no consideramos que esta distancia sea un inconveniente para un trabajo que se basa precisamente en la constatación de que todo pensamiento radical habita el mismo espacio esencial, participa, en lo profundo, del mismo "lenguaje" y pertenece al mismo "tiempo" –que es tanto ningún tiempo particular como todo tiempo–. Lo que el filólogo cree comprender y el historiador cree contextualizar, sólo lo comprende y lo contextualiza con radicalidad quien habita ese mismo espacio, quien comparte las mismas experiencias originarias. La distancia señalada, lejos de ser un inconveniente, es una ocasión para ilustrar esto último.

La falta de simetría apuntada se manifiesta también en la circunstancia de que Heidegger es un académico y Nisargadatta no lo es. El primero es un profesional del pensamiento, un filósofo académico (por más que critique esta tradición), y el segundo es, en propiedad, un claro representante de lo que en nuestro estudio denominaremos *gnôsis* o sabiduría. Ahora bien, tampoco son académicos, por ejemplo, Heráclito o Lao Tse, y son precisamente estos autores a quienes Heiddegger considera los más grandes pensadores esenciales y aquéllos en los que halló buena parte de su inspiración. Que la filosofía vuelva a ser expresión de la filosofía perenne exige que aquélla abandone su estrechez académica y su excesiva auto-referencialidad, y se remita a las experiencias directas y radicales en las que el filósofo –y acudo a una expresión del profesor Antón Pacheco– es indiscernible del poeta, del profeta o del vidente extático.

La distancia existente entre ambos pensadores no es tanto un inconveniente para nuestra reflexión como, eso sí, la ocasión de una mayor exigencia: la de un esfuerzo para poner en conexión ambos pensadores y sus respectivos lenguajes, respetando las diferencias incuestionables existentes entre los mismos, así como las diferencias de niveles, de contextos, etc., en los que se desenvuelven. Exige, por otra parte, buscar una perspectiva unitaria que permita abordar el acercamiento a ambos. Hemos denominado a la noción que establece esta perspectiva unitaria: "philo-sophia", un término que busca apuntar a la filosofía en su sentido originario, a la filosofía de carácter sapiencial que reconoce los límites del pensamiento racional-discursivo y reflexiona sobre ellos invitando así al reconocimiento de otros modos cualitativamente superiores de saber. Esta perspectiva permite que confluyan –aunque se desenvuelvan en gran medida en niveles y contextos diversos– el pensamiento de Heidegger y el de Nisargadatta.

* * *

El hilo conductor de nuestra reflexión comparativa será la naturaleza del "yo". Hemos escogido esta cuestión porque es particularmente reveladora de los límites de la filosofía; porque toca lo nuclear tanto del pensamiento de Heidegger como de Nisargadatta; porque implica poner la atención sobre los presupuestos del propio filosofar –*quién* y *desde dónde* se filosofa, la dimensión en gran medida olvidada por la filosofía–; y porque, para toda filosofía perenne, es ésta la cuestión más radical, pues donde sitúe y vivencie el filósofo el sentido de su propia identidad, determina el alcance y la naturaleza de su conocimiento de la realidad –de aquí el carácter *experiencial y transformacional* de este conocimiento–.

Según Heidegger, la naturaleza esencial de una posición metafísica queda determinada por el modo en que considera que el ser humano es tal, es decir, por aquello en lo que cifra la esencia de su mismidad. Pues bien, una cierta concepción del yo es el punto de partida rara vez cuestionado por buena parte de la filosofía, un punto de partida que, de entrada, determina la naturaleza y el alcance del conocimiento filosófico. Esta concepción se corresponde con lo que suele ser la vivencia básica de su identidad que tiene el ser humano en Occidente –lo que quiere decir y lo que vivencia cuando dice "yo"–: la de ser un *ego*, una conciencia individual esencialmente diferente y desconectada de las otras conciencias y encerrada en los límites de la propia piel, de un determinado organismo psico-físico; una conciencia individual que es centro de pensamiento, decisión y acción, y que se relaciona con lo diverso de sí en tanto que objeto de su pensamiento y de su voluntad intencionales. Esta autovivencia tiene su traducción, en el ámbito filosófico, en la noción de "sujeto", un "sujeto" que se define por su auto-conciencia o capacidad de re-flexión, es decir, *en* y *por* su relación a objetos, por su capacidad de hacer, de todo, objeto de sí, incluido a sí mismo. No sólo el mundo queda para el sujeto atrapado y controlado en las mallas de la re-presentación, una vez que se considera que su dimensión más originaria y específica es su capacidad representante, sino que el mismo controlador deviene objeto controlado. Para la conciencia re-flexiva, para la auto-conciencia del sujeto, el yo sólo puede vivenciarse como una isla de conciencia, limitada y separada. El yo deviene un extraño en el mundo –un mundo que, por ello, ha de conquistar–, un extraño con relación al Ser –un Ser cuya verdad, por tanto, ha de indagar y buscar–, un extraño con relación a Dios –un Dios cuya Voluntad ha de temer, aceptar, conocer, implorar, etc., pues es esencialmente diversa de la propia voluntad–.

Son conocidas las aporías a las que aboca la descrita concepción del yo, y que no son más que los grandes problemas a los que se ha enfrentado la filosofía moderna, sus grandes temas de reflexión:

– La posibilidad del acceso al "otro" como un "tú". Pues, desde el yo concebido como sujeto, el otro es inevitablemente objeto. Incluso el yo para sí mismo, como hemos visto, es objeto; paradójicamente, su vivencia de sí como sujeto conduce a su propia objetivación.

– La posibilidad del acceso de la filosofía a un Dios que no sea un "Dios-objeto", al que se aboca inevitablemente cuando se pretende acceder a Él a partir del yo pensante, del yo actuante (el Dios-moral) o del yo estimante (el Dios-valor). Este "Dios-objeto" contenía ya en sí, desde el principio, el germen de su propia muerte: la anunciada, por Nietzsche, "muerte de Dios".

– La posibilidad de una relación con el mundo material que no conduzca a la explotación de la tierra. Etc.

Desvelar que la dualidad sujeto-objeto no es una dualidad última, y que la sensación de identidad asociada a ella no es la más originaria, implica desvelar que gran parte de los problemas que han ocupado a la filosofía son, en buena medida, "pseudo-problemas"; la filosofía se habría ocupado en gran medida, no de problemas reales, sino de problemas generados por la proyección de los condicionamientos duales que lastraban su propio punto de partida.

Hemos querido evidenciar que no estamos tratando un problema meramente especulativo, y para ello hemos intentado describir cuál es la traducción psicológica de esta vivencia, así como las aporías y problemas existenciales –no meramente teóricos– que de ella se derivan[8].

El Vedānta advaita –y toda filosofía perenne– ha orbitado en torno a la pregunta "¿quién soy yo?": la cuestión más inmediata y la más lejana, precisamente por su excesiva proximidad, la más básica y la menos obvia, la más oscura para una razón que sólo accede a lo que ella ilumina pero nunca a la fuente misma de la luz. Esta pregunta es, para esta enseñanza, el primer y el último paso, pues el fondo del yo no equivale a un yo-clausurado, sino al espacio vacío y luminoso del Ser –anterior y englobante de la división sujeto objeto– en el que todo es. Para el Vedānta advaita, conocer el Ser es serlo, abandonar, tras un despertar o *metanoia,* la percepción inercial que el yo solipsista tiene de sí. En general, conocer, para el Advaita, no es comprender el sentido lógico de una doctrina sino verificarla en uno mismo y *ser* lo conocido. Por eso, las palabras de un maestro advaita no son postulados metafísicos sino revelaciones experienciales. Es una peculiaridad de la filosofía occidental –frente a lo que ha sido una constante en la auto-comprensión de las grandes tradiciones de sabiduría– la pretensión de disociar el conocimiento del Ser de dicha *metanoia*.

De modo análogo considera Heidegger que el "olvido del Ser" tiene lugar allí donde se hipertrofia la conciencia objetiva, la cual, en su afán asegurador, sólo funciona en relación con lo objetivo o entitativo. Desde este punto de partida, el Ser aparece como lo enfrentado al yo, como un objeto de su conciencia intencional: es lo que el yo ha de buscar y pensar, y no lo que piensa en él, la esencia del mismo buscador y la condición de posibilidad de toda búsqueda. Al erigir la razón en fundamento último e instrumento apto para acceder al conocimiento del fondo de lo real, la tradición filosófica de Occidente –sostiene Heidegger– nivelará al Ser con el ente, lo sustantivizará, lo olvidará como tal Ser. El Ser que la filosofía busca con el instrumento de la razón es un Ser necesariamente abstracto, ya no es tal Ser. Este olvido del Ser es también olvido de la esencia de lo humano. La metafísica occidental –concluye Heidegger– ha estado concernida con el ente, y no con lo que posibilita al ente como tal. De aquí su nihilismo: ha olvidado al Ser, lo único que propiamente "es"; ha olvidado su cometido inicial y ni siquiera ha sido consciente de su propio olvido.

* * *

Hemos estructurado este trabajo en tres partes. Antes de proceder a la reflexión comparada propiamente dicha, hemos realizado una reflexión independiente sobre el Vedānta advaita y otra sobre el pensamiento de Heidegger, buscando que estas exposiciones autónomas puedan servir de introducción a quienes, conociendo el pensamiento de Heidegger, no conocen el Vedānta advaita, o viceversa. Por otra parte, permiten juzgar la propiedad o impropiedad del desenvolvimiento de nuestra comparación.

1) La primera parte, que versa sobre Vedānta advaita, tiene como hilo conductor lo que constituye el tema eje de este trabajo en su totalidad: la naturaleza del yo o su identidad última, una cuestión que es, de hecho, el núcleo de la misma doctrina advaita. Como hemos indicado, articulamos esta doctrina, no exclusiva pero sí prioritariamente, en torno a la voz de uno de sus representantes contemporáneos: Sri Nisargadatta Maharaj. Éste es el primer estudio de estas características realizado sobre su pensamiento. Ello conlleva una labor de sistematización hasta ahora no efectuada, pues Nisargadatta expresó sus enseñanzas exclusivamente a través

de diálogos espontáneos que presuponen la familiaridad de sus interlocutores con ciertos supuestos y que, por ello, pueden resultar herméticos
tanto para el lector no iniciado en el Advaita como para los conocedores
de un pseudo-advaita "escolar" ajeno a la libertad y "acracia" de las expresiones más depuradas de esta tradición.

2) La segunda parte es una exposición de aquellos aspectos del pensamiento de Heidegger más significativos con relación a la temática global apuntada.

3) En la tercera parte –en la que más que reflexionar sobre Nisargadatta y Heidegger, pensamos desde ellos– se procede a la reflexión comparada y se muestran las semejanzas y correspondencias estructurales de
ambos pensamientos: el modo como se iluminan mutuamente, el modo
como ambos iluminan cuál sea la auto-comprensión del hombre específicamente occidental, y el modo como, desde perspectivas diversas, iluminan lo que es su propuesta común.

Se hace ver que, como ya hemos apuntado, la influencia en Heidegger del pensamiento extremo-oriental es mucho más decisiva de lo que
él mismo ha dado a entender, y que, si bien no cabe hablar de una influencia directa en Heidegger del pensamiento índico, los paralelismos
estructurales son notables y particularmente reveladores. Estos paralelismos encuentran su razón de ser en su común reconocimiento de la
centralidad de la no-dualidad (*a-dvaita*). Creemos, de hecho, que esta
noción (*advaita*) puede ser una importante clave interpretativa del pensamiento de Heidegger (comprenderlo como un pensamiento relacional,
como se hace habitualmente, nos parece insuficiente). Pensamos, además, que puede proporcionar una luz inusitada en torno a los límites y
virtualidades de nuestra propia tradición.

Puesto que nos adentraremos en un camino casi intransitado, este trabajo no pretende constituirse como un conjunto de conclusiones cerradas, sino sólo sugerir líneas interpretativas y direcciones de reflexión
que considero particularmente fecundas.

Esta parte comparada busca ser una contribución al entendimiento
entre Oriente y Occidente. Oriente no ha de ser un recurso sustitutivo,
sino un espejo en el que Occidente pueda recordar y reconocer sus propias raíces olvidadas. Occidente ha de re-conocerse en el espejo de
Oriente, y también Oriente ha de verse y ha de constatar sus puntos ciegos en el espejo de Occidente. En la idiosincrasia de cada uno de ellos
radica su riqueza e, igualmente, el peligro de su parcialidad. La meta del

diálogo Oriente-Occidente es, de hecho, comprender que entre ambos hay y debe haber una relación *no-dual*. Intentaremos hacer ver que sólo la intuición, no meramente teórica sino operativa y experiencial, del significado de la no-dualidad (*a-dvaita*) –el corazón de toda *philosophia perennis*– permite aunar de modo concreto y efectivo –no dialéctico ni abstracto– unidad y diversidad. Consideramos que esta intuición es decisiva para la superación de la actual crisis de la filosofía y de nuestra cultura, así como para hacer frente a los retos que plantea un mundo abierto y plural, pues es el fundamento de la comunicación y del respeto mutuo entre los pueblos y el garante de que la diversidad cultural no sea sinónimo de lucha o conflicto, y de que la unidad tampoco lo sea de supresión de las diferencias o de monoculturalidad totalitaria.

* * *

Un trabajo de estas características supone adoptar una perspectiva amplia que suele estar ausente en los trabajos especializados. Es, por ello, una invitación a revalorizar dichas perspectivas, que la excesiva especialización en el ámbito de la filosofía académica está progresivamente impidiendo e intimidando. El punto de vista universal ha sido lo diferencial de la filosofía. La crisis actual de este saber tiene un síntoma inequívoco en el modo en que se ha relegado a las aproximaciones parciales, tras haber identificado equívocamente rigor con exhaustividad en el detalle[9]. Pero las perspectivas amplias no sólo deben ser, utilizando un término inapropiado, una "especialización" legítima de la filosofía, sino que incluso ésta última sería la más específicamente filosófica: la que abriría paso y ofrecería nuevos horizontes, además de sentido, dirección y relieve, a los trabajos más parciales y exhaustivos –"exhaustivos" en el sentido más estrecho del término, porque las intuiciones globales e integradoras tienen su particular e irreductible forma de exhaustividad–.

* * *

Las dos primeras partes de este estudio fueron redactadas hace ya más de once años, y la tercera parte inmediatamente después. He decidido publicarla prácticamente sin retoques, pues si bien muchas ideas expuestas en él las expresaría hoy de modo distinto, creo que esto ha de quedar reflejado en las obras que escriba hoy, y no en las escritas ayer.

I. NATURALEZA DEL YO EN EL VEDĀNTA ADVAITA

«Este conocimiento [no-dual] torna mudo al elocuente,
ignorante al sabio y ocioso al activo.
Por ello quienes aman los objetos lo rehúyen.»
Cantar de Aṣṭāvakra, XV, 3

1. PRESUPUESTOS TEÓRICO/OPERATIVOS DEL VEDĀNTA ADVAITA

CONTEXTUALIZACIÓN HISTÓRICA DEL VEDĀNTA ADVAITA

El término "hinduismo" no alude a una corriente unívoca de pensamiento y espiritualidad sino a un número ingente de doctrinas diversas. La gran diversidad de escuelas, tendencias y doctrinas que constituyen el hinduismo se unifican en su común pretensión de tener a los Vedas en su raíz. Los Vedas –Veda significa "sabiduría, el "saber" o "conocimiento" por excelencia– son cuatro colecciones de textos escritos y compilados a lo largo de más de mil años (a partir aproximadamente del -1500), que representan la tradición índica[1] y son la matriz de gran parte de los desarrollos posteriores de su pensamiento y religiosidad. Los Vedas constituyen la revelación o *śruti*: una revelación no de orden religioso sino metafísico, que los *ṛsis* –"videntes" o sabios de las primeras edades– transmitieron como resultado de su "visión" o penetración intuitiva, directa, en la realidad última (la raíz del término *ṛsi* significa "ver" o "visión"), como resultado de su "escucha" de la voz del Ser (*śruti* procede de la raíz *śru-*: oír, escuchar).

Cuatro colecciones (*saṃhitā*) forman el conjunto canónico de los Vedas:

– *Ṛg-Veda*. Está constituido, básicamente, por himnos poéticos mitológico-religiosos. Es el Veda más importante y antiguo, y presenta ya atisbos de la filosofía no-dualista que luego desarrollará Śaṅkara. Así, en uno de sus himnos se alude a un absoluto anterior a la distinción entre el Ser (*Sat*) y el No-ser (*asat*), del cual sólo puede hablarse negativamente.

– *Sāma-Veda*. Se compone de cánticos sagrados. No tiene valor independiente, pues la mayoría de sus *stanzas* están tomadas del *Ṛg-Veda*.

– *Yajur-Veda*. Contiene descripciones detalladas de los rituales y sacrificios, tanto en lo que toca a la liturgia doméstica como a la pública.

– *Atharva-Veda*. Está compuesto de fórmulas mágicas y plegarias rituales.

Además de las *saṃhitās*, tres textos posteriores completan la *śruti*:

– Los *Brāhmaṇas*. Son comentarios en prosa acerca de las colecciones. Incluyen explicaciones del significado sagrado de los distintos rituales, y de los preceptos y deberes religiosos.

– Los *Āraṇyakas*. Los "libros del bosque" –éste es el significado del término *āraṇyakas*– estaban destinados a la lectura y meditación de los eremitas y renunciantes. La centralidad que los rituales y el ceremonial tenían en los Vedas anteriores desaparece y es sustituida por un claro énfasis en la meditación y el auto-conocimiento metafísicos. Este cambio de tonalidad encuentra su justificación en el hecho de que, con toda probabilidad, estos textos, junto con las *Upaniṣad*, están más inspirados en la tradición autóctona prearia, de gran hondura y sutileza filosófica y espiritual[2], que en la tradición estrictamente védica.

– Las *Upaniṣad*.

Las *Upaniṣad*[3]

Su redacción duró varios siglos, difíciles de precisar dada la característica desatención índica a los datos cronológico-historiográficos. La consideración más generalizada es la de que las primeras *Upaniṣad* fueron redactados entre el -800/-400, fecha que a su vez se concreta en el -600.

Las *Upaniṣad* –que están en la base de la doctrina advaita– constituyen la parte final de las compilaciones védicas; de ahí que sean denominadas "*Vedānta*"[4]: el fin de los Vedas. Con el tiempo, esta expresión –"fin de los Vedas"– llegará a aludir no sólo a una mera cuestión de localización ("fin" entendido como "final"), sino que adquirirá el matiz de "fin interno", finalidad u objetivo de los Vedas: las *Upaniṣad* son el "fin del Veda" en este último sentido, pues constituyen la esencia y meta del conocimiento védico; y ello en la medida en que son básicamente *sad-vidyā* o conocimiento (*vidyā*) del Ser (*sat*).

Las *Upaniṣad* serán la base de los principales despliegues teórico/práxicos del hinduismo. Suponen, con respecto a las colecciones (*saṃhitā*) védicas, un movimiento de interiorización, pues se atenderán principalmente a lo que los Vedas tienen de específicamente metafísico (sin desaparecer, se reducen notablemente las alusiones mitológicas, rituales, etc.), y suponen, también, un movimiento de creciente interés en la articulación especulativa o racional, lo que las hace más cercanas –o, más bien, menos lejanas– que los demás textos védicos a nuestros modos occidentales de pensamiento. Ahora bien, se trata de una articulación que lo es siempre de intuiciones de naturaleza supra-racional. En este sentido siguen siendo *śruti*, revelación: "visión" o experiencia directa e interior de la realidad última.

Aunque no constituyen un sistema cerrado y estructurado de pensamiento, y los temas tratados son muy diversos, cabe hablar en las *Upaniṣad* de una cierta unidad y armonía en la diversidad. Esta unidad vendría dada por su común pretensión de ser, en esencia, una "invitación a la experiencia de la realidad última"[5], búsqueda del conocimiento de "Aquello que, conociéndolo, todo se torna conocido"[6]. "Aquello" (*Tat*) que no es otro que *Brahman*, la esencia y fundamento de todo lo que es, que es idéntico a *Ātman*, la esencia y fundamento último del yo; una identidad esencial que queda sintetizada en la afirmación upanishádica: "Tú eres eso" (*Tat tvam asi*)[7] y cuyo conocimiento/realización tiene el carácter de un "despertar" a la realidad.

Hay más de 200 *Upaniṣad* –si bien la tradición índica las suele cifrar en 108 por el valor simbólico de este número–. Las más importantes y antiguas son unas 12 (11 de ellas comentadas por Śaṅkara[8]): *Kauṣītaki, Aitareya, Taittirīya, Bṛhadāraṇyaka, Chāndogya, Kena, Māṇḍūkya, Īśā, Kaṭha, Muṇḍaka, Śvetāsvatara* y *Praśna Upaniṣad*.

La escuela vedānta

El Vedānta es, pues, el final del Veda o el conocimiento "revelado" en las *Upaniṣad*. Ahora bien, en una segunda acepción estrechamente ligada a la anterior, "Vedānta" se denomina también a la escuela más relevante de entre las seis que componen las principales escuelas ortodoxas clásicas de la India. En torno al 300, se comenzará a hablar en la India de seis escuelas o *darśana*[9] –literalmente "puntos de vista"– que se constituyen como diversos desarrollos o posibles puntos de vista sobre la doctrina védica[10]: las escuelas *Nyāya, Vaiśeṣika, Sāṃkhya, Yoga, Mīmāṃsā* y *Vedānta* (también denominada *Uttara Mīmāṃsā*). Dentro de estas escuelas, el Sāṃkhya, el Vedānta y el Yoga son las que tienen una estricta importancia metafísica, siendo, a su vez, la escuela Vedānta, la más destacada y la que más influencia ha tenido en el pensamiento índico o, en palabras de Hauridas Chaudhuri, «la más coherente expresión filosófica del espíritu de la cultura de la India».[11] Decimos que esta última acepción del término "vedānta" está estrechamente ligada a la anterior, pues esta escuela tomará como eje el pensamiento upanishádico y, en concreto, su doctrina de la identidad *Ātman-Brahman*.

La escuela vedānta se constituirá a través de la progresiva sistematización de diversos comentarios que se harán a las *Upaniṣad* (sobre todo a las más antiguas), a los *Brahma-sūtra* o *Vedānta-sūtra*[12] –colecciones de aforismos atribuidos a Bādarāyaṇa que condensan las enseñanzas de las *Upaniṣad*[13]– y, secundariamente, a la *Bhagavad Gītā*. Estas tres grandes fuentes de inspiración constituyen "el triple fundamento del Vedānta" (*prasthāna-traya*).

El Vedānta advaita

Los *Vedānta-sūtra* o *Brahma-sūtra* son una serie de sentencias extremadamente sintéticas, en sí mismas casi ininteligibles, que servían de sostén o hilo mnemotécnico (*sūtra* = hilo) a toda una tradición oral. Se harán diversos comentarios (*bhāṣya*) de los mismos que darán lugar a distintas líneas de pensamiento o sub-escuelas dentro de la escuela vedānta. Las dos principales sub-escuelas, creadas por los más calificados intérpretes de los *Vedānta-sūtra*, son: el *Vedānta advaita*, fundado por Śaṅkara (788-820),[14] y el *viśiṣṭādvaita* de Rāmānuja (1016/1017-1137).[15] El primero propone un estricto no-dualismo o un no-dualismo absoluto (*kevalādvaita*); el segundo, un no-dualismo (*a-dvaita*) cualificado (*viśeṣa* = cualificación) y un teísmo personalista, de ciertos paralelismos con los monoteísmos semíticos, y más acorde, en principio, con la mentalidad y la religiosidad popular que las sutilezas metafísicas del impersonalismo shankariano. Desde la perspectiva del advaita de Śaṅkara no hay discrepancias esenciales entre ambas escuelas pues, como veremos, considera que su punto de vista abarca el de Rāmānuja, del que admite su validez y eficacia relativas.

Aunque Śaṅkara es el fundador de la escuela advaita, tuvo un claro antecesor en Gauḍapāda –maestro de su maestro, Govinda–, quien recuperó y sistematizó la doctrina no-dualista latente en las *Upaniṣad* en su obra-comentario a la *Māṇḍukya Upaniṣad*: *Māṇḍukya kārikā*. Se puede, por tanto, considerar a Gauḍapāda como el primer sistematizador conocido de lo que será la doctrina advaita, pues los principios teóricos de esta doctrina quedan ya expuestos en sus *Kārikā*.

Esto último pone de manifiesto cómo, a pesar del incuestionable papel de Śaṅkara en la sistematización del Vedānta advaita y en la formulación de sus líneas fundamentales, no ha de identificarse, sin más, "Vedānta advaita" y "pensamiento de Śaṅkara". De hecho, en el seno de la escuela vedānta advaita –y más allá de lo que son los principios básicos de la misma y de la experiencia última a la que éstos invitan y apuntan– hay un margen amplio de interpretación relativo al modo de articular teóricamente ciertas cuestiones, en el que Śaṅkara representa, sin más, una tendencia entre otras. Estos márgenes de interpretación –que en ningún caso atañen a lo esencial– serán, de hecho, el origen del despliegue de diversas tendencias, líneas interpretativas y sub-escuelas dentro del Vedānta advaita post-shankariano, como las creadas por Maṇḍana, Sureśvara, Padmapāda, Vācaspati Miśra, etc.[16] La mayoría de estas subescuelas se constituyen a través de comentarios (*bhāṣya*) hechos al *Brahma-sūtra bhāṣya* de Śaṅkara.[17]

Que, dentro de los márgenes del Vedānta advaita, Śaṅkara representa una línea interpretativa entre otras, se advierte también al poner a Śaṅkara en relación con sus antecesores. Así, por ejemplo, mientras que en las *Kārikā* de Gauḍapāda se aprecian importantes afinidades con las doctrinas budistas[18], hasta el punto de que algunos afirman que el mismo Gauḍapāda fue con toda probabilidad budista,[19] Śaṅkara desarrollará su pensamiento en clara confrontación con esta doctrina.[20]

No es exagerado afirmar que el Vedānta advaita es la doctrina metafísica índica más importante e influyente, y una de las que, desde el punto de vista especulativo –aunque este punto de vista sea secundario a dicha doctrina–, puede tener mayor interés para el pensador occidental.[21] El prestigio de la escuela fundada por Śaṅkara es tal que el término "Vedānta", sin otros calificativos, ha llegado a ser sinónimo de Vedānta advaita. En palabras de Thibaut:

> La doctrina postulada por Śaṅkara es, desde un punto de vista puramente filosófico (…) la más importante e interesante que haya surgido sobre el suelo indio; ni las formas del Vedānta que divergen del punto de vista de Śaṅkara ni ninguno de los sistemas no vedánticos pueden ser comparados con el denominado Vedānta advaita en audacia, profundidad y sutileza especulativa.[22]

* * *

De modo análogo a como el término "Vedānta", sin más matizaciones, ha llegado a ser sinónimo de Vedānta advaita, también el término "Advaita", sin otras matizaciones, ha llegado a ser, en su uso habitual, equivalente al de "Vedānta advaita". Pero conviene advertir que, desde los tiempos de la cultura autóctona prearia hasta nuestros días, han florecido en la India corrientes de pensamiento no-dual (no otra cosa significa "a-dvaita") no pertenecientes a la escuela vedānta. Entre estas corrientes podríamos nombrar al śaktismo, al śivaísmo de Cachemira (cuyo principal representante es Abhinavagupta, uno de los más destacados expositores del no-dualismo metafísico), al tantrismo, a la tradición nath, etc.[23]

Ahora bien, aunque estas doctrinas no han de asimilarse impropiamente al Vedānta advaita, también es un hecho que todas ellas tienen un origen histórico común, una base metafísica común, y un desarrollo y despliegue caracterizados por las continuas confluencias; confluencias que justifican la dificultad que se presenta, de hecho, a la hora de clasificar a muchos pensadores y obras advaita dentro de los márgenes de una u otra de estas doctrinas. Como explicaremos más adelante, esta dificultad tiene su explicación última en el hecho de que, por su propia naturaleza, el pensamiento advaita desborda toda clasificación y no es posible reducirlo a los márgenes exclusivos de un sistema, escuela, tiempo o lugar.

El mismo Nisargadatta es un ejemplo de esto último. Si bien es considerado y conocido como uno de los principales representantes contemporáneos del Vedānta advaita –tradición en la que se inscribe totalmente su enseñanza–, su linaje es, de hecho, tántrico: fue discípulo de Sri Siddharameshwar Maharaj, maestro perteneciente a la tradición tántrica Nath Sampradaya, cuyo origen se remonta al legendario ṛṣi Dattareya.[24]

Relación entre la enseñanza advaita y el budismo

Hemos aludido a las diferentes posiciones que Gauḍapāda y Śaṅkara mantuvieron ante las enseñanzas budistas. En lo relativo a esta polémica cuestión, la de la relación existente entre las doctrinas advaita y budista, nos inclinamos a pensar, de modo coincidente con muchos representantes de ambas tradiciones, que entre ambas doctrinas no hay tanto divergencias esenciales como de énfasis: positivo y negativo, respectivamente. Así, por ejemplo, frente al apofatismo ontológico del budismo, el Advaita desarrolla toda una metafísica positiva en torno a la realidad última. Ahora bien, para el Advaita, esta metafísica tiene siempre un carácter meramente indicativo, no explicativo ni descriptivo, pues considera que en ningún caso lo realmente real puede ser aprehendido por la conciencia objetivante. Análogamente, la Nada o Vacuidad –sūnyatā– budista no es nihilidad, sino un modo de apuntar a lo máximamente efectivo y positivo evitando una inapropiada objetivación. El Advaita enfatiza, por otra parte, la necesidad de conocer *lo que somos*, nuestro Sí mismo real, mientras que el budismo subraya la necesidad de advertir que *no somos* lo que creemos ser. En la práctica, dicha diferencia se diluye, pues, para el Advaita, sólo conociendo lo falso como falso, al tomar conciencia de la ilusoriedad de lo que suele ser la vivencia ordinaria de nuestra identidad, se abre el espacio en el que puede alumbrarse el en-sí de lo que somos y de todo lo que es.[25]

Esta opinión parece contradecir el hecho de que Śaṅkara expusiera gran parte de su pensamiento en clara controversia con las doctrinas budistas. Ahora bien, conviene advertir que lo que Śaṅkara tiene presente en sus críticas al budismo es una relectura idealista de éste último llevada a cabo, entre otros, por Diṇṇāga (siglo VI), la cual constituye una versión del budismo –la prevalente en la época de Śaṅkara– particularmente diversa del Vedānta y no representativa del budismo en su totalidad. Por otra parte, en la crítica de Śaṅkara a ciertas escuelas budistas no deja de haber una estrategia, más o menos deliberada, de restauración de la tradición védica. De hecho, gracias a la genial sistematización llevada a cabo por Śaṅkara (que dará lugar a la escuela vedānta advaita como tal) y al hecho de que, estratégicamente, esta doctrina se demarcara en principio frente a las doctrinas budistas, el vedismo pudo renacer con renovado vigor en la India en detrimento de las doctrinas consideradas no estrictamente védicas como el budismo y el jainismo. Esto fue posible, además, porque el pensamiento upanishádico, así reinterpretado por la escuela vedānta, vino a suplir la función que tenían el budismo y el jainismo: supuso un movimiento de purificación, renovación e interiorización de la doctrina tradicional (lo que históricamente pretendieron estas doctrinas), con el añadido decisivo de que se realizaba dentro del marco de la "ortodoxia" brahmánica y en estricta continuidad con la *śruti* védica. Quizá sería más apropiado no considerar, como se suele hacer, que a partir de este momento histórico el budismo abandonó la India, sino que, sencillamente, fue asimilado por el propio hinduismo así renovado.[26] Esta asimilación es una prueba de que, en esencia, el budismo y el espíritu upanishádico que fundamenta la doctrina advaita no son doctrinas enfrentadas; al contrario: están estrechamente unidas en lo esencial, y ello tanto en lo relativo a su espíritu como en su misma raíz histórica. En concreto, ambos pretendieron ser manifestaciones de una tradición original desvirtuada por un post-vedismo brahmánico ritualista y decadente.[27]

Sri Nisargadatta Maharaj

> «Es preferible un solo maestro de vida,
> frente a mil maestros de la palabra.»
> ECKHART[28]

Como señalamos en la introducción, en el acercamiento a la enseñanza advaita tomaremos como referencia prioritaria la voz de uno de sus representantes contemporáneos: Sri Nisargadatta Maharaj. No hemos acudido a obras o autores fundacionales porque el Vedānta advaita no pretende erigirse como un sistema de pensamiento cuya esencia quedara recogida en determinadas fuentes instituidas en criterio de ortodoxia y autoridad. Como veremos, esta enseñanza pretende ser, ante todo, una vía de auto-indagación estrictamente *experiencial*[29] en la naturaleza última del yo. Considera que el acceso a la verdad sobre el Sí mismo nunca es fruto del mero conocimiento de los textos axiales de dicha escuela ni de la teoría o doctrina metafísica que supuestamente expresan, sino que acontece sólo *en* y *a través de* la realización experiencial de dicho conocimiento. El vigor de esta enseñanza radica, precisamente, en los frecuentes ejemplos de encarnaciones vivas de esa experiencia.

En otras palabras: el Vedānta advaita cifra toda autoridad no en determinados textos o personalidades fundacionales, sino en la Realidad misma y en aquellos que han real-izado su verdadero Ser, erigiéndose así, conscientemente, en Su portavoz. Para el Advaita, es la Realidad la que habló por boca de los *ṛṣis* y la que habla en la voz de todo ser humano realizado, de todo sabio viviente.

El Advaita es una sabiduría "viva" cuyos transmisores se han continuado hasta el presente sin interrupción y, hoy en día, tiene representantes autorizados cuya opinión vale incomparablemente más de cara a la comprensión interna de este saber que toda la erudición al respecto; ésta última tiene, en lo tocante a esta comprensión, un interés meramente propedéutico y tangencial. De aquí la importancia de acudir, en nuestro acercamiento a la doctrina advaita, a esta "tradición viva", de la que Nisargadatta es uno de los representantes que nos es más cercano en el tiempo. En palabras de C. T. K. Chari:

> (…) los estudios comparados y las clasificaciones de los sistemas orientales pueden conducir a conclusiones engañosas si ocultan u oscurecen el elevado componente místico o "existencial" de al menos algunos de los pensadores orientales.
>
> (…) un método significativo de estudio a adoptar sería el de retomar no únicamente los textos, fuentes, sistemas y patrones culturales, con sus más o menos cuestionables genealogías, sino también pensadores individuales orientales contemporáneos que son encarnaciones vivas de las tradiciones místicas.[30]

Otro factor nos lleva a elegir a Nisargadatta como referencia-eje de nuestra exposición: el pensamiento de Nisargadatta, puesto que se articuló básicamente a través de los diálogos que mantuvo con sus numerosos visitantes, de entre los cuales un número destacado eran occidentales, acerca la esencia del Advaita al lenguaje y a las inquietudes del hombre occidental contemporáneo, lo cual facilita el acercamiento comparativo que nos ocupa.

De la indiscutible prioridad que tiene la experiencia en el Advaita, frente a todo conocimiento de segunda mano, es nítido ejemplo el mismo Nisargadatta:

Nisargadatta Maharaj no fue un hombre instruido, ni siquiera un gran estudioso de la tradición sagrada; de hecho, conocía únicamente su lengua nativa: el marathi. Su realización de la intuición central del Advaita, que le ha convertido en uno de los representantes más destacados de esta tradición de sabiduría, no estuvo en su caso precedida por un conocimiento erudito de dicha tradición que, a su vez, tuviera lugar dentro de los márgenes formales de la misma; al contrario, sólo fue después cuando se reconocieron sus palabras como totalmente alineadas con lo que es el corazón de esta doctrina. Nisargadatta decía sólo hablar de su experiencia personal y no acudía a ninguna autoridad para justificar o apoyar sus palabras, ni siquiera a la autoridad de los Vedas.[31]

Maruti –su nombre, hasta que adoptara el de Nisargadattta– nació y murió en Bombay (1897-1981). Pasó su infancia y adolescencia en un humilde entorno rural, ayudando a su familia en las tareas del campo y recibiendo muy poca educación formal. A los 18 años, tras la muerte de su padre, se trasladó a Bombay buscando apoyar la exigua economía familiar mediante su incursión en los negocios. Allí fue padre de familia y se estableció como fabricante y vendedor a pequeña escala de *biddis* (cigarrillos autóctonos hechos a mano). Cuando contaba 34 años, conoció al que habría de ser su maestro: Sri Siddharameshwar Maharaj. Un contacto relativamente breve con Siddharameshwar fue suficiente para que Maruti alcanzara la realización que haría de él una indiscutible autoridad espiritual y que le llevó a adoptar el nombre de Nisargadatta. Con el paso de los años –y sin cambiar su sencillo modo exterior de vida– su pequeña tienda de biddis y, más tarde, su vivienda, situadas en uno de los más marginales suburbios de Bombay, llegaron a ser el centro de reunión de numerosas personas que desde distintos rincones del planeta acudían a él atraídos por su sabiduría y elocuencia. Tan es así que ha pasado a ser una de las indiscutibles autoridades de la sabiduría advaita y del *jñāna-yoga*[32] y, posiblemente, su principal representante en el siglo XX junto a la figura de Ramana Maharshi.

Nisargadatta no escribió nada. Expresó sus enseñanzas a través de los diálogos que mantuvo con sus discípulos y visitantes –generalmente contando con un intérprete familiarizado con estas enseñanzas y versado en marathi e inglés–. Algunos de estos diálogos fueron recogidos por escrito, mayoritariamente en lengua inglesa, en obras después traducidas a distintas lenguas y reiteradamente editadas. Nos centraremos en el presente estudio en la obra *I Am That*,[33] la primera recopilación de conversaciones entre Nisargadatta y sus visitantes que vio la luz, la que le dio a conocer de modo decisivo al mundo occidental y, sin duda, su obra más importante, impactante y significativa.[34]

Expondremos, pues, la doctrina advaita relativa a la naturaleza del yo tomando como referente principal a Nisargadatta Maharaj; ahora bien, no expondremos propiamente el pensamiento *de* Nisargadatta pues, como veremos, en el contexto advaita carece de sentido la noción de "propiedad intelectual" y carece de valor la "originalidad" en el nivel de las ideas. Para el Advaita, el *jñānin* encarna y expresa una sabiduría que se vehicula a través de él, pero que le trasciende en lo que tiene de mero individuo. Ahora bien, que lo encarnado sea "lo mismo" no significa –acudiendo a una expresión de Heidegger– que sea "lo igual". El carácter secundario de los factores estrictamente individuales en el dominio del pensamiento esencial no excluye la peculiar idiosincrasia de cada pensador ni la singularidad de su expresión. Lo que con frecuencia se ha calificado de "originalidad" en el pensamiento de Nisargadatta –lo que constituye su estilo inconfundible– cabría calificarlo más bien de "originariedad": la inusitada frescura, lo siempre nuevo y sorprendente, de lo originario, de la voz de todo aquel que es y habla desde su Sí mismo más radical. En palabras del propio Nisargadatta:

> El mismo poder que hace que el fuego arda y el agua fluya, que las semillas germinen y el árbol crezca, me hace responder a las preguntas de usted. No hay nada personal en mí, aunque el lenguaje y el estilo pueden parecer personales. Una persona es un conjunto de pautas de pensamientos y deseos y de las acciones resultantes; en mi caso no hay tal pauta. No hay nada que desee o tema, ¿cómo podría haber una pauta? (Nisargadatta)[35]

En conclusión, no nos ocupará ningún pensador particular sino la misma enseñanza advaita tal y como ha sido articulada a través de una de sus más fieles expresiones.

ADVAITA-VĀDA O LA DOCTRINA NO-DUAL: EL CORAZÓN DE TODA *SOPHIA PERENNIS*

El Advaita –como tantas otras doctrinas orientales– no se concibe a sí mismo como un sistema histórico de pensamiento entre otros, sino como una "receta para el espíritu humano" (K. Bhattacharyya)[36] de validez universal. En general, es propio del pensamiento índico relativizar, en lo concerniente a la búsqueda del conocimiento último, los factores históricos y temporales. La "verdad" nunca es considerada un "hecho histórico" o condicionado históricamente y, por ello, se considera secundario determinar el origen exacto de tal o cual verdad.

Si bien en Occidente no son precisos los límites entre la filosofía y la historia de la filosofía, no es éste el caso del pensamiento específicamente oriental. Es cierto que muchos estudiosos han realizado sistematizaciones del pensamiento oriental al modo de las historias de la filosofía occidental al uso. Pero esto, que en sí es perfectamente legítimo y de una ayuda inestimable en una primera aproximación, si se hace sin mayores matizaciones tiene el inconveniente de oscurecer un factor decisivo del pensamiento característicamente oriental: éste no puede ser descrito, sin más, como el pensamiento de determinados individuos y de determinadas escuelas que, en un diálogo y confrontación mutua, se desarrollarían y multiplicarían en una progresión lineal en el tiempo. Aunque esto está presente en la historia del pensamiento índico –y es una perspectiva posible a adoptar en el acercamiento al mismo–, lo está como la corteza o apariencia externa de otro fenómeno de aproximación a la verdad radicalmente distinto: los representantes más genuinos del pensamiento oriental nunca se han sentido circunscritos a una escuela definida por su contraposición a otras,[37] no se han considerado "propietarios" de su pensamiento, ni tampoco han pretendido decir nada nuevo, sino sólo ser transmisores de una única sabiduría de esencia meta-histórica (el *sanātanadharma*: la eterna enseñanza o el *dharma* eterno), diversa en sus formulaciones y expresiones relativas, pero una en su fuente y mismidad.

Centrándonos en el Vedānta advaita, su pretensión de vehicular una sabiduría de esencia meta-histórica parece justificada dada la sorprendente familiaridad interna de esta doctrina con otras tradiciones de sabiduría culturalmente diversas:

El Vedānta advaita es *advaita vāda*: doctrina (*vāda*) de la no-dualidad (*a-dvaita*). Pero no sólo el Vedānta advaita es *advaita vāda*. La enseñanza no-dual, lejos de ser una doctrina de escuela, es el núcleo central de prácticamente todas las grandes tradiciones espirituales y metafísico-gnósticas. Encontramos doctrina no-dual en diversas tradiciones del ámbito índico (el Vedānta advaita, el advaita śaiba, etc.), en el budismo (particularmente en el budismo mahāyāna, muy en concreto en el budismo zen, y en el budismo tibetano: el dzogchen y la mahamudra), en el taoísmo, en el núcleo esotérico del islamismo (el sufismo y parte de la gnôsis shiíta), en ciertas vertientes del gnosticismo y de la mística especulativa occidental, en la cábala judaica, en los misterios griegos (el orfismo, el pitagorismo...), etc. De aquí las ya conocidas expresiones "filosofía perenne", "sabiduría perenne", "tradición unánime", etc.,[38] que nos hablan de esta unanimidad en lo esencial, de cierta universalidad de las preguntas y respuestas últimas del pensamiento, de un apuntar desde diversas culturas y tiempos (de modo no siempre idéntico pero sí estructuralmente análogo) a algunas constantes, no tanto estrictamente doctrinales (toda doctrina teórica es un producto histórico-cultural) como operacionales, es decir, relativas a la realización operativa de las posibilidades latentes en las estructuras profundas de todo ser humano; una realización que, como veremos, culmina en la intuición supra-objetiva y no-dual de la no-dualidad última de lo real.

Esta "filosofía perenne", por tener la capacidad de enlazar diversas tradiciones religiosas y filosóficas en el espacio y en el tiempo, no está confinada a un espacio ni a un tiempo, ni tampoco es de naturaleza estrictamente filosófica o religiosa –en las acepciones más restringidas de estos términos–. De hecho, frente a la indiscutible unidad fundamental de esta sabiduría unánime, la discrepancia a lo largo de la historia de la filosofía es casi la ley, y, por otra parte, el sesgo confesional y dogmático, específicamente religioso, ha sido y es fuente inevitable de división y polémica. Las doctrinas no-duales –como veremos con detenimiento– no son, en sentido estricto, ni filosofía ni religión. Cabría calificarlas, más bien, de "sabiduría" o "gnôsis":

– Son *sabiduría* en la medida en que buscan trascender lo que la filosofía tiene de meramente individual e histórico, en otras palabras, de mera *ratio* discursiva. Frente a ello, apuntan a una *visión* supra-temporal y supra-individual.

– Son *gnôsis* pues prescinden de todo dogma y creencia («El gnóstico –dirá Ibn 'Arabí–, no puede estar atado por ninguna forma de creencia»);[39] parten de la negación de todo supuesto no intrínsecamente cierto y avanzan sólo al hilo de la propia certeza experiencial.

No hay –considera el Advaita– creencias ni teorías universales; sí puede haber, en cambio, universalidad en el ámbito de la experiencia: en la visión que late más allá de la mera especulación y de la mera creencia; en la experiencia viva del Ser, antes de que las palabras que buscan expresarla terminen ocultándola y desfigurándola en su redundancia.

El Vedānta advaita es, por consiguiente, una manifestación más –particularmente depurada y paradigmática– de esta doctrina no-dual que en sí misma no está constreñida a ninguna escuela ni sistema de pensamiento. Es en este sentido –en lo que tiene de *advaita-vāda*– en el que prioritariamente nos interesará en este trabajo. Por ello, en nuestra exposición del Vedānta advaita nos detendremos lo menos posible en los aspectos estrictamente escolares e historiográficos, y no tendremos reparos en ilustrar nuestra exposición con citas y referencias a otras tradiciones no-duales diversas del Vedānta advaita cuando consideremos que pueden contribuir a iluminar sus intuiciones centrales y a evidenciar la universalidad de estas últimas, es decir, la realidad de lo que hemos denominado "sabiduría perenne". Utilizaremos el término "Advaita", en función de los contextos, tanto como sinónimo de Vedānta advaita como de *advaita-vāda* en el sentido más universal apuntado.

EL "MITO" DE LA UNIVERSALIDAD DE LA FILOSOFÍA

Como señalamos en la introducción, el diálogo intercultural, siempre que no obedezca a razones eminentemente estratégicas y oportunistas y se sustente en un esfuerzo real de comprensión mutua entre las culturas, tiene la virtualidad, en la medida en que nos sitúa "desde dentro" en el ámbito de otros modos de pensamiento, de permitirnos abandonar nuestra excesiva auto-referencialidad y de invitarnos a advertir el carácter condicionado y relativo de muchas de nuestras suposiciones: prejuicios y presupuestos de los que no tomábamos conciencia porque nos parecían incuestionables, y que se nos desvelan cuestionables desde el momento en que advertimos que otras culturas, de hecho, los cuestionan.

Uno de los "mitos"[40] del pensamiento filosófico occidental ha sido el de su supuesta carencia de mitos: la pretendida "universalidad" de la filosofía –mito, éste último, que con frecuencia forma parte de otro más amplio: el que considera que todo lo occidental es también universal–. Aunque se trata de un mito ya en vías de ser superado en el plano teórico –en los entornos académicos, por ejemplo, se ha asumido en gran medida que, como ha insistido Heidegger, lo que comúnmente entendemos por filosofía es un punto de vista específica y exclusivamente occidental–, en la práctica sigue presente. Esto último se advierte, entre otras cosas, en la generalizada tendencia a interpretar el pensamiento oriental desde categorías y paradigmas específicos y exclusivos de Occidente,[41] lo que ha dado lugar a malentendidos ya muy generalizados. Este hecho es un síntoma inequívoco de que aún no se ha superado el etnocentrismo del pensamiento occidental, de su pretensión implícita de erigirse en "el pensar" *per se*, sin advertir el carácter condicionado y relativo de muchos de sus presupuestos y categorías más básicos. Aludiendo a la lamentable frecuencia de estas interpretaciones distorsionadas del pensamiento oriental, llega a afirmar Coomaraswamy:

> (…) aunque tanto los escritos antiguos y recientes como las prácticas rituales del hinduismo están siendo estudiados por investigadores europeos desde hace más de un siglo, no sería exagerado decir que se podría dar perfectamente una exposición fiel del hinduismo bajo la forma de desmentido categórico a la mayor parte de las afirmaciones que hasta ahora se han formulado, tanto por parte de los estudiosos europeos como de los hindúes formados según las modernas formas [occidentales] de pensar (…).[42]

Nuestra exposición, en esta primera sección de las tres que componen la parte relativa al Vedānta advaita, va a tomar, de hecho, la forma de "desmentido"; desmentido de ciertos lugares comunes en la interpretación de las doctrinas orientales que las desfiguran y que ocultan su verdad y su potencialidad. En la medida en que estas distorsiones tienen su origen en la extrapolación de categorías propias del pensamiento occidental a modos de pensamiento que no comparten los presupuestos que otorgan sentido y validez a dichas categorías, este "desmentido" se acompañará de una exposición de los presupuestos o coordenadas teóricas que nos permitirán adentrarnos en la doctrina advaita con la menor impropiedad posible; o más bien –dado que ninguna clarificación meramente categorial permite adentrarse en una doctrina esencialmente experiencial–, que nos situarán en el umbral de esta enseñanza con el menor número posible de prejuicios distorsionantes, es decir, sabiendo, al menos, lo que el Advaita no es.[43]

Esta primera sección será, por tanto, eminentemente teórica. Las otras dos secciones serán más cercanas a la pedagogía advaita y buscarán mostrar el carácter intrínsecamente operativo y experiencial de esta enseñanza.

* * *

Según Heidegger, es imposible superar el olvido del Ser (*Seinsvergessenheit*), que, según él, es el rasgo más definitorio de la historia del pensamiento occidental, sin abandonar el lenguaje metafísico más generalizado en Occidente, pues éste, lejos de ser neutro, encarna ya una experiencia concreta del Ser (en este caso, la de su olvido). Por el mismo motivo, el lenguaje metafísico y los modos conceptuales occidentales no son siempre adecuados para indicar o expresar la experiencia oriental del Ser. La pretensión, hasta hace muy poco característicamente académica, de universalizar las formas occidentales de pensamiento y sus categorías –que responde al proceso que Heidegger califica de «completa europeización de la tierra y del hombre»[44]– ha tenido, de hecho, el efecto de distanciar a Occidente de otras culturas, y ello particularmente cuando se suponía que se acercaba a ellas, pues en este último caso se distanciaba con la más aguda de las distancias: la del que desconoce creyendo conocer. Al diseccionar otras culturas y modos de pensamiento con bisturís conceptuales que les eran ajenos, aquéllos han resultado inevitablemente deformados y caricaturizados; unas deformaciones y caricaturas que sólo hablan de la ineptitud del modo de aproximación utilizado, pero que han servido a Occidente para ratificarse en su característico complejo de superioridad.

A esta dificultad, fundada en las diferencias existentes entre los modos de pensamiento de Oriente y Occidente, hay que sumar otra que se enraíza en la misma naturaleza de las cosas. Y es que, en expresión de Heidegger, el modo de representación metafísico-europeo es hasta cierto punto ineludible incluso para las culturas no occidentales.[45] Heidegger apunta con estas palabras al hecho de que la misma estructura interna del pensamiento y del lenguaje ordinario es divisora, analítica y discursiva, y tiende a ocultar, por ello, lo que según toda doctrina oriental no-dual es el sello de la realidad: su radicar más allá –o más acá– de las divisiones con las que ineludiblemente opera el pensamiento representacional. Como veremos, el lenguaje, según el Advaita, no puede aprehender la realidad última –aunque sí puede ser la voz *de* lo real, *su* palabra–. El lenguaje no es válido como *instrumento* de acercamiento a lo Absoluto, pero no a causa de la indigencia del lenguaje, sino de su especial dignidad: porque su unidad con lo real es mucho más íntima que la que compete a aquello que tiene sólo carácter de medio o instrumento. En la medida en que en Occidente ha predominado una visión meramente instrumental del lenguaje, y en la medida en que ha otorgado un valor desorbitado a las capacidades del pensamiento discursivo, esta última limitación apuntada –no exclusiva de Oriente ni de Occidente, sino inherente al pensamiento representacional y al lenguaje que se concibe de forma instrumental–, ha sido particularmente lastrante para Occidente y ha constituido otro de sus puntos ciegos en el acercamiento a la experiencia oriental del Ser.

Ahora bien, aunque el problema de la divergencia de categorías y modos lingüísticos, paralelo al de la divergencia de modos de pensar y de ser en el mundo, es real e ineludible hasta cierto punto, también es real e ineludible para todo *advaita-vāda* la comunidad de todo ser humano en esencia y condición. El Oriente no-dual postula que la persona no se agota en su dimensión condicionada y situacional; que al saber de sí más allá de esta última (y prueba de que no se agota en esta última es precisamente que puede *saber de* ella) reconquista su verdadera esencia e identidad. Desde este presupuesto, las dificultades en la transmisión de experiencias e intuiciones en el contexto del diálogo intercultural no son absolutas ni deben enfatizarse en exceso. Se relativizan cuando se accede al ámbito de experiencia máximamente descondicionado que ya no es patrimonio exclusivo de ningún lugar ni tiempo sino, al menos virtualmente, de todo ser humano en cuanto tal. Mircea Eliade apunta indirectamente a este fundamento de experiencia universal que posibilita la "traducción" intercultural cuando, aludiendo a la ausencia de ciertos términos del pensamiento occidental en Oriente y viceversa, afirma: «lo importante no es la identidad de la terminología filosófica; basta que los problemas sean homologables».[46] A una idea similar apunta Raimon Panikkar con su expresión "equivalentes homeomórficos".[47] Prueba de este fundamento de experiencia universal es el hecho ya señalado de que también en nuestra tradición occidental cabe encontrar doctrinas y propuestas que tienen decisivas correspondencias con el núcleo de las enseñanzas más específicamente orientales. Estas doctrinas[48] –que sólo ocasionalmente han formado parte de lo que ha sido el pensamiento filosófico y religioso "oficial", y que más frecuentemente han pertenecido a lo que cabría denominar tradiciones de pensamiento "místico/gnóstico"– son vivos ejemplos de la realidad de una sabiduría perenne, de un universal desvelamiento de estructuras metafísicas, antropológicas y cosmológicas análogas en enseñanzas distantes en el espacio y en tiempo.

Presupuestos categoriales del Vedānta advaita

Uno de los malentendidos más comunes en el acercamiento a las enseñanzas orientales y, en particular, a sus doctrinas no-duales, se origina en la generalizada tendencia a calificarlas de filosofías, de religiones, o de una suerte de combinación de ambas, sin mayores matizaciones, es decir, sin abandonar las connotaciones que estos términos han llegado a tener en nuestra cultura y que determinan que sólo sean válidos, de hecho, en su ámbito exclusivo. La indagación en torno a por qué el Advaita no puede ser calificado con propiedad de filosofía ni de religión, en el sentido más restringido y habitual de estos términos, será el hilo conductor en torno al cual se desarrollará nuestra siguiente exposición; ésta vendrá a ser una elucidación de aquellos presupuestos, coordenadas y principios básicos en los que la doctrina advaita diverge radicalmente de las formas de pensamiento más específicamente occidentales, y cuya explicitación consideramos decisiva de cara a evitar los equívocos señalados.[49]

¿ES EL VEDĀNTA ADVAITA FILOSOFÍA?

Si por filosofía se entiende un saber racional relativo a los principios y a las causas últimas, o, en una conocida definición de inspiración aristotélico-tomista, «un conocimiento de todas las cosas por sus causas últimas adquirido mediante la razón», el Advaita no es filosofía.

Esta negación en ningún caso justifica a quienes postulan el origen griego de la filosofía con el argumento de que en las civilizaciones orientales no ha tenido lugar la emancipación o autonomía del conocimiento racional necesaria para que éstas puedan abandonar lo que supuestamente sería su estadio pre-filosófico.[50] Este último argumento es, de hecho, insostenible. El cultivo del pensamiento lógico-discursivo, y su aplicación al conocimiento de principios y causas, no es ajeno al mundo índico. Por poner un ejemplo, antes de que Aristóteles expusiera su lógica, la *darśana* índica *Nyāya* –dedicada al estudio de la naturaleza y de los límites del conocimiento, así como de los métodos correctos del conocimiento razonado y discursivo– había establecido ya una muy detallada elaboración de los argumentos demostrativos válidos o leyes del silogismo. El mismo Śaṅkara, y más aún algunos de sus seguidores, son incuestionables exponentes de un modo de razonamiento que no tiene nada que envidiar a las más diestras sutilezas dialécticas de la filosofía occidental. El despliegue crítico de las posibilidades del conocimiento racional ha estado presente en Oriente con inusitada fuerza y hondura y con mucha anterioridad a lo que se calificará de "milagro griego". La creencia en la exclusiva de Occidente sobre este tipo de conocimiento ha sido uno de sus "mitos", afortunadamente en vías de ser superado; un "mito" según el cual la historia del pensamiento se inició con Tales –paralelo al que hacía comenzar la historia con Egipto, la literatura con Homero, etc.–, significativo de lo que Mircea Eliade califica de "provincianismo cultural occidental".[51]

Si negamos que el Advaita sea filosofía en la acepción señalada es porque para esta enseñanza, así como para gran parte del pensamiento

oriental, esta dimensión del saber –el conocimiento racional-discursivo–
se consideró siempre secundaria, instrumental, funcional y subordinada
a otras formas superiores de conocimiento; por ello nunca adquirirá la
supremacía como modo de conocimiento por excelencia de la realidad
que llegará de hecho a tener en Occidente.[52]

Es precisamente el rechazo de buena parte del pensamiento oriental
a considerar el saber racional como vehículo apto para acceder al conocimiento de la realidad en-sí –con la consiguiente subordinación del conocimiento lógico-discursivo a otras formas superiores de conocimiento– lo que a los ojos de muchos occidentales (de los mismos que
sostienen que antes de Grecia no hubo pensar que mereciera este nombre) se mostrará como síntoma inequívoco de su supuesto carácter de
"pensamiento inferior". Quienes esto afirman suelen argüir –con un argumento todavía presente en gran parte de los manuales de historia de la
filosofía– que el pensamiento de las civilizaciones orientales, en la medida en que se subordina a la praxis y, además, está indisolublemente ligado a la religión, es aún dependiente y acrítico. Más adelante procederemos a la crítica a este desacertado argumento, pero de momento
adelantamos lo siguiente:

– Este argumento parte de un concepto de religión que no es extrapo-
lable, sin más, a las civilizaciones orientales, y menos aún al Vedānta
advaita. La religión, tal como se concibe de modo predominante en Occidente, *sí* es, en lo que tiene de forma de conocimiento, cualitativamente distinta de la filosofía en su fuente y método. Pero en el Oriente no-
dual el pensamiento no se subordina a la religión, la razón al dogma. De
hecho, donde esto sí ha acontecido de forma predominante es en Occidente, muy en particular, en el "hierro de madera (*hölzernes Eisen*)" –en
expresión de Heidegger– que ha sido gran parte de la filosofía y de la teología cristianas.[53] Para toda doctrina no-dual el conocimiento trascendente no tiene nada que ver con dogmas o creencias ya que, como ire-
mos explicando, consiste en el saber auto-evidente y absolutamente
cierto que acompaña a la realización de la luz en virtud de la cual todo
es conocido y en la que todo es. Estas doctrinas, sencillamente, reconocen el carácter condicionado y la validez estrictamente funcional del conocimiento racional, su participación meramente indirecta en aquella
luz que es una con la luz de lo real.

– Este argumento parte, además, de una dualidad teoría-praxis (sa-
ber-ser, vida-teoría) que también es ajena al mundo índico. El conocimiento no se subordina en las doctrinas no-duales de Oriente a la
praxis; al contrario, éstas enfatizan insistentemente la supremacía del

conocimiento. Ahora bien, no se trata de un conocimiento estrictamente teórico –"teoría" que, en su sentido moderno, es una degeneración semántica de lo que originariamente equivalía a "contemplación"–, sino de un tipo de conocimiento que, por su naturaleza interna, comporta siempre una realización o modificación cualitativa del ser del cognoscente. Este conocimiento está más allá de toda dualidad relativa entre praxis y teoría pues es intrínsecamente transformador; paralelamente, toda genuina transformación se considera, en el contexto advaita, esencialmente cognoscitiva.[54]

* * *

Originariamente, el término "filosofía" no implicaba la pretensión de erigirse en conocimiento de los principios últimos mediante el instrumento de la mera razón discursiva. Como veremos en nuestra exposición comparada, es posible y necesario reivindicar la noción de "filosofía" remitiéndola a lo que fue su sentido originario: ser *philo-sophia* –amor a la sabiduría– entendida como un saber integral y experiencial que auna conocimiento y amor, conocer y ser, teoría y praxis, indagación activa y escucha receptiva del Ser, y que busca comprender las cuestiones últimas a la luz de todas las formas de conocimiento que posee el ser humano, y no exclusivamente de su conocimiento racional.[55] Esta acepción más abierta y originaria del término filosofía –a la que aludiremos con la expresión "philo-sophia"– sería, por otra parte, lo suficientemente universal como para poder ser aplicada legítimamente –al menos como "símbolo" válido de las actividades que en diversas culturas tienen una función equivalente[56]– a las doctrinas más específicamente orientales. Pero este paso difícilmente se puede dar si no se advierte que en lo habitualmente denominado "filosofía" poco queda de lo que fue su pretensión inicial y que, por lo mismo, tratar de dar a esta noción así desvirtuada un carácter intercultural –siquiera como símbolo– sólo puede originar equívocos e incomprensiones.[57] Es preciso tener en cuenta que la acepción de "filosofía" más generalizada –la de un saber *racional* de *ultimidad*– es exclusivamente occidental. En esta última acepción, la filosofía sería, efectivamente, un "invento" griego, un modo específicamente occidental de pensamiento sin precedentes.[58]

– Con relación a cuál era el sentido originario del término "filosofía", sostiene René Guénon que la misma expresión "amor a la sabiduría" (*philo-sophia*) parece apuntar a una distinción cualitativa: la existente entre la "filosofía" concebida como un impulso hacia la sabiduría, y la "sabiduría" *per se*. Esta opinión –considera Guénon– encuentra una justificación en el hecho de que haya sido Pitágoras el introductor de la expresión *"philosophia"*: la clara relación del pitagorismo con los "misterios" iniciáticos griegos, el que el pitagorismo se pueda considerar como una cierta renovación del orfismo[59] anterior o, en otras palabras, su constituirse como "filosofía" en un sentido muy distinto al de la mera búsqueda racional de los primeros principios y causas, parecería apoyar esta interpretación. Por otra parte –hace notar Guénon–, era frecuente entre los filósofos griegos distinguir entre un lado exotérico y un lado esotérico de su doctrina, y lo que nos ha llegado a nosotros como obras filosóficas se corresponde en gran medida con las enseñanzas exotéricas, subordinadas e inferiores por definición a las esotéricas.

Cabría hablar, por tanto, de filosofía en el Oriente no-dual si se admite esta distinción –latente, según Guénon, en la noción originaria de *philo-sophia*– entre filosofía y sabiduría, es decir, si se considera a la primera «una [suerte de] disposición previa requerida para acceder a la sabiduría (…) un estado preliminar y preparatorio, un encaminamiento a la sabiduría y un grado correspondiente a un estado inferior de ésta».[60] Sólo la "sabiduría" sería propiamente conocimiento de principios últimos, y en ningún caso se accede a dicho conocimiento por la vía de la sola razón individual sino a través de una gnôsis supra-racional y supra-individual.[61] La filosofía, como indagación racional y como impulso volitivo (*philia*), podría disponer a esta gnôsis, pero en ningún caso la sustituiría.

– Raimon Panikkar no comparte esta interpretación del significado originario del término "filosofía". Considera que «la expresión "filo-sofía" (…) no tiene por qué significar la humildad de quien, no atreviéndose a ser sabio, se contenta con declararse pretendiente, amante de la sabiduría. El ideal sería entonces el sabio y no el mero filósofo. Son los sueños de saberes los que han perdido al hombre con demasiada frecuencia».[62] «El filósofo –continúa– es amante de la sabiduría porque participa de la sabiduría del amor, y en cuanto tal es filósofo: no ha escindido el amor del saber ni ha subordinado el uno al otro».[63] Ahora bien, aunque esta interpretación del significado inicial de la expresión "filosofía" difiera de la de Guénon, ambas tienen puntos coincidentes: Panikkar alude a una noción de "filo-sofía" que poco tiene que ver con una indagación racional de principios y causas; habla de una filosofía que aúna teoría y praxis, conocimiento y amor –o más bien, para la que estas distinciones son abstractas, es decir, no son tales–. Y critica, por otra parte, el ideal de sabiduría entendido como un saber con el que supuestamente «se ha llegado a la pretendida verdad de lo conocido y esta verdad está allí para siempre. El hombre tiene que doblegarse ante ella, tiene que reconocerla, y no es libre de ignorarla o de transgredirla».[64] Pero la sabiduría de la que aquí hablamos –y como veremos a lo largo de este estudio– no es una sabiduría que aferra objetivamente lo conocido, sino un *ser lo conocido* que se alcanza en un estado que, para la mente representante, equivale siempre a un "no-saber".

– Heidegger, como veremos con más detenimiento, sugiere la siguiente interpretación del sentido inicial de la palabra *philo-sophia*: la actividad filosófica en la Grecia presocrática –y cuando todavía no se había acuñado el término *philosophía* sino el de *philósophos*– pretendió ser inicialmente "amor a la sabiduría", entendido como co-respondencia y armonía con el *Lógos*. El *philósophos* era ante todo el que se sabía uno con el Ser/*Lógos*, el que se sabía en el seno del Uno-Todo (Ἓν Πάντα). Con posterioridad, la filosofía dejará de considerarse "amor" a la sabiduría –ser uno con la Sabiduría que todo lo rige– para pasar a ser "búsqueda" de la sabiduría, distinción que está lejos de ser accidental: «Y es así lo que ya antiguamente y ahora y siempre se ha buscado y cuyo acceso [la filosofía] nunca encuentra: ¿qué es el ente?» (Aristóteles, Met. Z 1, 1028 b 2ss). La filosofía no será ya –como lo había sido para los filósofos presocráticos– *ser en* el *Lógos*, sino *ir* en su búsqueda *desde fuera* de Él, en concreto, ir a la búsqueda de los primeros principios y causas del ente. El Ser ya no es la raíz del yo, lo que piensa y habla en aquel que escucha al Ser y le presta su voz, sino lo enfrentado al sujeto, lo que su razón individual busca aprehender, lo que su voluntad individual tiene la iniciativa de buscar. En otras palabras: se busca un saber en el que no se está, desde el que no se piensa, sino hacia el que presuntamente se va, en dirección al cual se indaga, sin que nunca se alcance. La filosofía pasará a ser «la Ciencia que se busca» (Aristóteles, Met. A 3, 983 a 21). Pero esta búsqueda nunca aboca a la sabiduría primigenia –la sabiduría que "amaba" Heráclito–, pues ésta no se puede "buscar", "indagar", sino "ser"; ser *en* el Ser, en la Reunión que todo lo reúne (Ἓν Πάντα). La filosofía, desde este momento, acallará a la sabiduría; dejará de escuchar al Ser y no será ya su portavoz; por el contrario, pretenderá erigirse ella misma en palabra última e inicial.

De esta filosofía –la filosofía que busca e indaga, la filosofía como "un asunto de la razón" (*eine Sache der Ratio*)– dirá Heidegger que añadirle el calificativo de "occidental" no es añadirle nada sino dar lugar a una atribución tautológica. Esta filosofía –sostiene Heidegger– tiene un origen específico: griego.[65] No cabe hablar, por tanto, de filosofía más allá de los márgenes de la historia del pensamiento occidental.[66]

* * *

En conclusión, lo diferencial de buena parte de la filosofía occidental –de lo que ésta llegó a ser tras desviarse de su sentido originario– frente a las doctrinas no-duales de Oriente, sería:[67]
– El hecho de haberse auto-erigido, en lo que tiene de saber racional, en sabiduría o saber último.[68]
– Su consiguiente confianza en la capacidad de la razón para acceder a la realidad metafísica última.
– Su tendencia a constituirse –dado que la razón es una facultad de índole individual– en sistemas definidos y cerrados ligados a un determinado individuo y, paralelamente, la conciencia de "propiedad intelectual" y la exaltación de la originalidad o novedad de las ideas –rasgos, todos éstos, ajenos al saber más específicamente oriental–.
– Todo ello supone, por último, relegar o incluso negar, explícita o implícitamente, para acceder al conocimiento de la realidad en-sí o de lo realmente real, la posibilidad y la necesidad de una modalidad de percepción directa, supra-individual y supra-racional, así como del *locus* cognitivo y ontológico correspondiente. En palabras de Radhakrishnan:

> El Veda es un descubrimiento espiritual, no una creación. El camino de la sabiduría no se halla a través de la actividad intelectual. Desde el principio, la India creyó en la superioridad de la intuición o método de la percepción directa de lo suprasensible en lugar del razonamiento intelectual.[69]

El Advaita como *sabiduría* o *gnôsis*

El Vedānta advaita es cercano a la *philo-sophia* –es funcionalmente análogo a la filosofía tal y como ésta se autocomprendió originariamente en Occidente–, pero es cualitativamente diverso de la "filosofía" –de lo que ésta llegaría a ser con posterioridad–. Evitaremos, por ello, el uso del término "filosofía" a la hora de calificar a este *advaita-vāda*, y, en general, a las doctrinas no-duales.
De entre los términos –equivalentes homeomórficos– que nos ofrece nuestra tradición occidental, los que nos parecen más adecuados para caracterizar los *advaita-vāda*, y a los que preferente acudiremos, son los ya señalados de "sabiduría" o "gnôsis". Ambas nociones –las acepciones de las mismas que aquí nos interesan– buscan apuntar al conoci-

miento directo del Ser, del fondo o raíz de todo lo que es, no alcanzable por vía de la sola razón individual, sino por la participación directa en dicha realidad; una participación directa o conocimiento por identidad que se realiza en virtud de –y es realización de– aquella dimensión por la que el individuo se trasciende como tal y en la que radica su Sí mismo.

También el Advaita puede ser calificado de doctrina "metafísica", pues es ante todo conocimiento del Ser (*sadvidyā*). Ahora bien, no utilizamos en este caso el término "metafísica" en el sentido que está intrínsecamente unido a la acepción restringida de filosofía –y al que cabría aplicar las mismas objeciones que a ésta última– sino en el que viene a ser una lectura interior del significado etimológico y natural de dicho vocablo: "lo que está más allá de la física". La metafísica, en esta acepción, se orienta al conocimiento/real-ización de aquello que nunca es "algo", objeto, cosa o ente, siendo, a su vez, más real que todo ente y lo único real en todo ente; se orienta al conocimiento de lo que trasciende las realidades contingentes, particulares, individuales, relativas y condicionadas en cuanto tales, siendo lo único realmente real en éstas últimas. No sería aplicable a la "metafísica" así entendida la crítica que hace Heidegger al dualismo implícito en la acepción de dicho término que ha predominado en Occidente: el dualismo entre lo físico y lo supra-físico (lo real y lo ideal, lo material y lo espiritual, el cuerpo y el alma, lo natural y lo libre, etc.), pues la acepción de metafísica que nos ocupa no busca apuntar a una distinción u oposición entre dos dimensiones de lo real. Todo lo contrario: metafísica, en este último sentido, es meta-objetividad; lo que está más allá de la "física" es lo que está "más allá" del ámbito de la conciencia objetivante; y es la conciencia objetivante la que conlleva una modalidad de percepción dividida, divisora y dilemática. La "meta-física", por consiguiente, es lo que está "más allá" de lo físico que dice relación de oposición a lo supra-físico, y de lo supra-físico que se opone a lo físico, de lo material que excluye lo espiritual, y viceversa, etc.; es lo que está más allá de toda alternativa excluyente, siendo a su vez absolutamente inmanente a todos esos términos de relación como su en-sí no relacional. En esta última acepción, la metafísica no sólo no supone ninguna dualidad sino que explícitamente busca desvelar la ilusoriedad de toda oposición dilemática en el seno de lo real. No otra cosa significa *a-dvaita*: no-dualidad.

[Para evitar equívocos, y dado que utilizaremos con frecuencia el término "metafísica" en su sentido más habitual –el ligado a la acepción restringida de filosofía y el que, como veremos, lleva a Heidegger a identificar "metafísica" y "olvido del Ser"–acudiremos preferentemente, para caracterizar los *advaita-vāda*, a los términos señalados de "gnôsis" y "sabiduría".]

Qué significa no-dualidad (a-dvaita)

> «Toda separación, cualquier tipo de extrañamiento y alienación es ilusorio.
> Todo es uno; ésta es la última solución a todo conflicto.»
> NISARGADATTA[70]

«Todo es uno.» Ésta es la propuesta del Advaita; una propuesta que es la invitación a una constatación experiencial, y que se malinterpreta desde el momento en que se ve en ella un principio del que hay que aprehender su sentido lógico, una simple afirmación lógico-filosófica. El Advaita, insistimos, no es filosofía –no es "un asunto de la razón"–, y sus afirmaciones últimas no tienen el carácter de afirmaciones filosóficas. "La realidad es una" no es –en terminología de Wittgenstein– un "hecho" expresable en una proposición lógica; no pertenece al ámbito de "lo que se puede decir".[71]

La afirmación "todo es uno", como tal afirmación lógico-lingüística, sugiere la dualidad entre lo uno y lo múltiple. La naturaleza del pensamiento discursivo y del lenguaje que le es propio es dual, relacional; en otras palabras: su lógica es binaria, opera de modo comparativo y sus categorías básicas son siempre parejas de opuestos. Por ello, cuando afirmamos que "la realidad es una", creamos de inmediato un límite entre lo uno y lo que no es uno, entre la unidad y la diversidad o multiplicidad, y excluimos lo segundo. Ahora bien, no es esto lo que sostiene el Advaita; éste no alude a la Unidad que tiene contrario. De aquí que esta enseñanza, de cara a evitar esta intrínseca limitación del lenguaje y de la mente dilemática –y que se interprete que la afirmación de la unidad de lo real supone confrontar la unidad a la multiplicidad y negar esta última–, acuda a una expresión negativa: no habla de "unidad" sino de "no-dualidad". Todo es no-dual o no-dos. O como afirma la *Chāndogya Upaniṣad* con otra expresión igualmente negativa: la Realidad es «*Uno sin segundo*» (*Ekam evadvitīyam*).[72] Las *Upaniṣad* denominan a esta realidad no-dual: *Brahman*.

Brahman es *no-dual*, es *Uno-sin-segundo,* porque no está dividido internamente ni con respecto a nada externo –no queda delimitado con referencia a algo supuestamente diverso de sí–. Carece de toda relación (*asparśa*), de todo opuesto o contrario. Es la única realidad. Nada es diverso de él; nada es más allá de él. Carece de límite, pues un límite supondría un más allá del límite (un segundo). No se le puede aplicar ningún calificativo o determinación, pues éste implicaría tanto un límite como la referencia a –y la exclusión de– su opuesto. *Brahman* es el en-sí no-dual de todo lo que es. Y es idéntico a *Ātman*: el en-sí o fondo último del yo.[73]

– Ibn 'Arabí (cuyo *Tratado de la Unidad*[74] es una de las más elevadas sistematizaciones dentro del mundo islámico del no-dualismo metafísico) dirá al respecto:

> Es de necesidad (…) que Él [*Allāh*] no tenga pareja posible. Su pareja sería aquel que existiera por sí mismo y no por la existencia de *Allāh*, y sería, por consecuencia, un segundo Señor. *Allāh* no tiene pareja posible, ni en semejanza ni en equivalencia.[75]

O, como expresa –de modo más poético– en su obra *El núcleo del núcleo*: «La intensidad divina no permitió ningún extraño».[76]

– Esta caracterización no-dual de la realidad también está presente en la tradición budista:

> Talidad (*Tattva*) no es ni lo que es existente, ni lo que es no existente, ni lo que es a la vez existente y no existente; no es ni lo uno ni lo múltiple, ni lo que es a la vez uno y múltiple, ni lo que no es a la vez uno y múltiple (…). Está totalmente más allá de la capacidad conceptualizadora del intelecto humano (…) (Aśvaghoṣa).[77]
>
> Cuando el dualismo desaparece, incluso la misma unidad carece de sentido. Por ello, cuando se nos pide una identificación directa sólo podemos decir: ¡No dos! (Seng Tsán).[78]

– En el ámbito taoísta, afirma Chuang-Tzu:

> El *Tao* nunca ha tenido límites o fronteras.
>
> Las cosas tienen sus propios límites. Son éstos los contornos que las limitan. Pero los límites de lo ilimitado [del *Tao*] son lo ilimitado de sus límites.
>
> El punto en el que esto y aquello no tienen su pareja [donde no hay opuesto o contrario] es el quicio del *Tao*.[79]

– Eckhart, en el contexto de nuestra tradición, hablará del "Uno solo" (equivalente al "Uno sin segundo") que es la "negación de la negación", la negación de toda determinación y límite:

> Todas las criaturas llevan en sí una negación; una niega ser otra. (…) En Dios, empero, hay una negación de la negación; es uno solo y niega todo lo demás, porque no hay nada fuera de Dios (…). Dios es uno solo, es una negación de la negación.[80]

La expresión "no-dualidad" no es una afirmación ni una negación simple (al afirmar o negar se crea una dicotomía), sino que supone un doble movimiento: es "negación de la negación", la negación de todo límite o dicotomía. La aserción "la realidad es no-dual" no pretende ser una afirmación ni una negación, sino una incitación hacia lo que está más allá de la negación y de la afirmación, más allá de toda confrontación dual, hacia lo que de ningún modo es apresable por la mente dual y por la lógica de nuestro lenguaje, regidas ambas por el principio de contradicción.

– O en palabras de Nicolás de Cusa:

> (…) como la razón no puede trascender las cosas contradictorias, de aquí que el nombre al cual no se pueda oponer otro no nace del movimiento de la razón. Por ello, la multiplicidad o la multitud se oponen a la unidad, según el movimiento de la razón. Esta unidad no conviene a Dios, sino la unidad a la que no se opone ni la alteridad ni la pluralidad ni la multitud. Éste es el nombre máximo que complica a todas las cosas en su simplicidad de unidad. Es un nombre inefable y por encima de todo entendimiento.[81]

La relación no-dual de *Brahman* y el mundo

> «(…) usted siempre ve lo último,
> pero imagina que ve una nube o un árbol»
> NISARGADATTA[82]

> «Estos discursos se dirigen a los que no ven nada más que *Allāh*.
> En cuanto a los que ven fuera de *Allāh*, no tenemos nada con ellos,
> ni pregunta ni respuesta, porque la verdad es que aunque crean otra cosa
> no ven más que *Allāh* en todo cuanto ven»
> IBN 'ARABĪ[83]

La realidad última, afirma el Advaita, es no-dual. *Brahman* es único, no con una unicidad lógica –en Él, la unidad no es una determinación– ni numérica o matemática –su unidad no es susceptible de dividirse o multiplicarse–, sino de modo esencial. La no-dualidad es, de hecho, la unidad metafísica en sentido estricto (de toda metafísica que no haya degenerado en "onto-logía", en el sentido heideggeriano de este término). Sólo es, por consiguiente, *Brahman,* y no hay nada más que *Brahman*:

> Ésta es la conclusión última del Vedānta: el *jīva* [el yo individual] y el universo entero no son más que *Brahman*. La liberación significa estabilizarse en *Brahman*, realidad indivisible (…) Uno-sin-segundo (*Vivekacūḍāmani*).[84]

En este punto nos topamos con una paradoja o contradicción aparente:

– Por una parte, todo es *Brahman* y no hay un "más allá" de *Brahman*. *Brahman,* por tanto, no puede estar confrontado al mundo manifiesto, y ha de asumirlo o abarcarlo de alguna manera.[85] Su unidad no es la "unidad" que excluye la multiplicidad, el ámbito de lo múltiple; si fuera así, éste último vendría a ser un "segundo" con relación a Él.

– Y por otra parte, *Brahman*, carente de todo límite, relación, determinación, etc., no puede ser nivelado con ninguna de las cosas o procesos del mundo. En ningún caso es "algo", una cosa entre las cosas, ni tiene nada que ver con lo que es algo o cosa.

Brahman es la sede inmanente del mundo y, a su vez, es absolutamente trascendente con relación al mundo. Es uno con todo lo que es y, a su vez, no es nada de lo que es ni tiene nada en común con lo que es. Esta paradoja queda nítidamente expresada en las siguientes palabras de Śaṅkara y de Nisargadatta:

> *Brahman* es radicalmente otro que el mundo; [y a su vez] más allá de *Brahman* no hay nada. Si algo parece ser distinto de *Brahman*, es irreal (*mithyā*) al modo de un espejismo (Śaṅkara).[86]

> ¡No estoy en parte alguna que pueda ser encontrado! No soy una cosa a la que se da un lugar entre otras cosas. Todas las cosas están en mí pero Yo no estoy entre las cosas (Nisargadatta).[87]
>
> *Pregunta*: ¿Puede haber conocimiento verdadero de las cosas?
> *Maharaj*: En lo relativo, sí. En lo absoluto, no hay cosas. Saber que nada es, es el verdadero conocimiento.

P: ¿Cuál es la relación entre lo relativo y lo absoluto?
M: Son idénticos (Nisargadatta).[88]

Puesto que todo es *Brahman*, y *Brahman* no está dividido ni interna ni externamente, *Brahman* sólo puede ser sede inmanente del mundo en la medida en que, desde una consideración absoluta, lo que percibimos como separatividad, limitación y carácter substancial y autónomo en las cosas del mundo no sea tal («En lo absoluto no hay cosas»). Según el Advaita, lo que ante nosotros aparece como un mundo de objetos, personas y procesos independientes y substanciales, no es más que la realidad misma de *Brahman*; eso sí, de *Brahman* nivelado, equívocamente, con "*nāma-rūpa*" (con los *nombres* y *formas* determinativos),[89] de *Brahman* percibido a través de sobre-imposiciones (*adhyāsa*) estrictamente mentales que dan lugar a la apariencia de un mundo escindido, integrado por realidades limitadas y separadas. *Māyā* –en una de sus diversas acepciones: aquélla por la cual es sinónimo de *avidyā* o ignorancia–[90] equivale a esa mente mensurante [de la raíz de la palabra *māyā*, *mā-*, procede, entre otras, la palabra "medida"]; *māyā* es ese espejo limitativo y separador. Lo Absoluto reflejado en el espejo de *avidyā* es lo que ordinariamente denominamos mundo: el mundo tal y como se presenta a nuestro modo inercial y dividido de percepción. Es importante advertir que *māyā* no es propiamente sinónimo de diversidad y multiplicidad. Sólo cabe hablar de *māyā* o *avidyā* cuando la diversidad se identifica con separatividad, con división y con la incompatibilidad de los aspectos delimitados por dicha división; no cabe hablar de *māyā* cuando la diversidad se percibe como la auto-expresión relacional de la eterna unidad supra-relacional.

> Usted da tan por sentada la dualidad que ni siquiera se da cuenta de ello, mientras que para mí la variedad y la diversidad no crean separación. Usted imagina que la realidad está separada de los nombres y las formas [*nāma-rūpa*], mientras que para mí los nombres y las formas son las expresiones siempre cambiantes de la realidad y no algo separado de ella. Usted pide la prueba de la verdad mientras que para mí toda la existencia es la prueba. Usted separa la existencia del Ser y el Ser de la realidad, mientras que para mí todo es uno (Nisargadatta).[91]

Entre *Brahman* y el mundo hay, pues, una relación no recíproca:
  – El mundo se reduce a *Brahman*, pues su substancialidad autónoma y la substancialidad autónoma de sus partes y procesos son sólo aparen-

tes. Sólo es, en sentido absoluto, *Brahman*, y el mundo no es ni puede ser distinto de *Brahman*.[92] Como afirma la *Upaniṣad*: «Todos los mundos se hallan contenidos en Él y no hay más allá de Él».[93]

– Pero *Brahman* es irreductible al mundo y radicalmente otro que el mundo –que el mundo nivelado con *nāma-rūpa*–, pues no se le pueden aplicar las determinaciones, distinciones, atribuciones y relaciones que competen al mundo.

> El mundo entero está interpenetrado por mí, en mi forma invisible. Todos los seres están en mí, aunque yo no esté en ellos.
> En verdad, los seres no habitan en mí. Contempla el misterio de mi unidad. Aunque soy fundamento y origen de todos los seres, mi Ser no está contenido en ellos (BG).[94]

> El mundo está ahí porque Yo soy, pero Yo no soy el mundo (Nisargadatta).[95]
> (…) el mundo manifiesto tiene como verdadera naturaleza a *Brahman*, pero no al revés (Śaṅkara).[96]

Eckhart, en el lenguaje de su tradición, expresa así esta relación no recíproca:

> (…) Él permanece intacto. Por encima de todas las cosas, Dios es una permanencia en Él mismo y su permanencia en Sí mismo sostiene a todas las criaturas (…) Él se halla por encima de todas las cosas y nada lo toca en ninguna parte (…) [si bien] todo aquello que tienen todas las criaturas lo tiene Él dentro de sí. Él es el suelo [y] el anillo [=vínculo] de todas las criaturas.[97]

Entre lo absoluto y lo relativo, entre *Brahman* y el mundo, no hay pues una medida común o simetría ontológica que permita hablar de una comparación, contraste u oposición real:[98] «Entre el Sí mismo, que está libre, sin actividad ni forma, y el mundo de los objetos, puede establecerse una relación sólo en el plano de la ilusión, como ocurre cuando se atribuye el color azul al cielo» (*Vivekacūḍāmaṇi*).[99]

Esta no-reciprocidad excluye la posibilidad de calificar al Advaita de panteísmo o de inmanentismo, como se lo ha calificado con frecuencia.[100] No hay panteísmo, pues *Brahman* es absolutamente trascendente con relación al mundo. Pero tampoco cabe hablar de trascendentalismo puro –como también se ha hecho, con no menos frecuencia–, pues el mundo sí se reduce a *Brahman* y *Brahman* es la sede inmanente del mundo. *Brahman* es tanto radicalmente trascendente al mundo como integralmente inmanente a él.

La estructura trina

La distinción entre la mera unidad monolítica, que es una unidad percibida desde la idiosincrasia de la conciencia dual, y la no-dualidad puede ser ilustrada a través del simbolismo de la imagen geométrica del ternario o del triángulo.

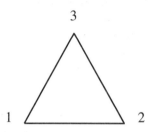

La línea horizontal: 1————— 2 simbolizaría el nivel de nuestra conciencia ordinaria: el de la realidad relativa y condicionada que se ofrece a nuestra percepción igualmente relativa y condicionada. Los condicionamientos de nuestra percepción son múltiples, tanto específicamente individuales como intrínsecos a la naturaleza misma de la percepción; nos limitaremos a señalar la característica ya señalada de la mente dimensional en virtud de la cual ésta sólo conoce en la medida en que limita, separa (*nāma-rūpa*) y contrasta dualmente lo así dividido.

Es intrínseco al funcionamiento de la mente representacional el trazar demarcaciones simbólicas o abstractas cuya finalidad no es otra que la de posibilitar el manejo y el control operativo de las cosas y de los pensamientos. La mente dual, en la medida en que accede a lo real sólo a través de demarcaciones, capta siempre aspectos parciales –y, en tanto que parciales, abstractos– que se eligen como símbolos de la realidad. Al igual que la naturaleza de la visión nos incapacita para captar más de un lado de un objeto a la vez, el pensamiento lógico no accede a la realidad una y no dividida en sí, sino que necesita dividir artificialmente lo unitario en fragmentos que luego contempla sucesiva y aditivamente. Si accede a una supuesta unidad, es siempre a una unidad abstracta o aditiva que en ningún caso es la unidad que late detrás de toda aparente división y que, en la raíz de cada una de las partes, las trasciende y unifica.

Las demarcaciones mentales, como toda demarcación, delimitan siempre un dentro y un fuera; generan una dualidad. La mente dual, por tanto, sólo puede conocer algo al ponerlo en relación con su opuesto: el yo, al contraponerlo al no-yo; el sujeto, al contraponerlo al objeto; la luz, en relación con la oscuridad; la ausencia, en relación con la presencia; la unidad, en relación con la multiplicidad; el bien, en relación con el mal; el antes, en relación con el después, etc.

Por otra parte, la mente dual, en la afirmación de un término de la polaridad, excluye necesariamente su contrario. Ésta no nos muestra sin más un mundo de opuestos, sino un mundo de opuestos mutuamente excluyentes. Dicho de otro modo, está regida por el principio de no-contradicción (principio que rige nuestra mente dual, pero que está lejos de ser un principio de la realidad, como pretendió Aristóteles) y por ello, inevitablemente, ha de analizar, fragmentar, discriminar, elegir –entre lo discriminado– y excluir.

Todo lo dicho sólo constituye un problema cuando, inconsciente de sus propios límites y condicionamientos, el pensamiento representacional olvida que su naturaleza es puramente pragmática y funcional, y pretende acceder al conocimiento de lo que está más allá/acá de todo condicionamiento; cuando las demarcaciones que la mente utiliza dejan de tener un valor instrumental y se convierten en prisión que clausura la conciencia y lo que se muestra ante esta conciencia enajenada de su fuente.

En resumen: la incapacidad de trascender la percepción dual y dividida acontece cuando otorgamos carácter absoluto a la visión del mundo y del yo que nos proporciona nuestra mente dual, cuanto otorgamos valor de realidad a los límites, fronteras y convenciones que necesariamente la acompañan. Cuando conferimos carácter absoluto (y no meramente utilitario e instrumental, de validez relativa) a las artificiales y rígidas líneas divisorias que impone la mente dual, sólo se accede a la realidad como realidad múltiple y dividida en el espacio y en el tiempo, y el yo se ciega a la unidad que late en la diversidad. Y esto –como ya señalamos– es *māyā* (en una de sus múltiples acepciones) o *avidyā:* la absorción en la dualidad (*dvaita*) como una realidad definitiva e ineludible y la ceguera ante lo que tras ella subyace y en ella se expresa.

A esta incapacidad de percibir la unidad en la diversidad, implícita a la mente que no ha trascendido ni cuestionado su propio condicionamiento, Eckhart la denomina "conocimiento vespertino":

> Cuando se conoce a la criatura en su ser propio, esto se llama un "conocimiento vespertino", y en él se ven las criaturas mediante imágenes de múltiples diferencias; pero cuando se conoce a las criaturas en Dios, esto se llama y es un "conocimiento matutinal" y, de esta manera, se ve a todas las criaturas sin diferencia alguna y desnudadas de todas las imágenes (…) dentro del Uno que es Dios mismo.[101]

Esta visión de «todas las criaturas sin diferencia alguna» es el vértice (3) que trasciende el punto de vista dual para el que los opuestos se excluyen y toda distinción es sinónimo de separación. Este vértice no es otro punto de vista más, sino el sustrato y la condición de posibilidad de todo punto de vista, y, por estar precisamente más allá de toda perspectiva relativa y parcial, desvela toda oposición aparente como la manifestación diversificada de Uno y lo mismo. Este vértice que supera toda perspectiva particular, el lugar sin lugar donde lo extenso (la base del triángulo) se retrotrae a lo inextenso, equivale a la no-dualidad en la que se aúnan y armonizan los contrarios, donde acontece la reconciliación y síntesis de los opuestos aparentemente incompatibles. Es la meta-realidad que trasciende los puntos de vista relativos e inicialmente excluyentes entre sí (1————— 2) y los armoniza al mostrar su intrínseca unidad interna dada por la Realidad Una de la que son su parcial y relativa expresión. Desaparecen las artificiales líneas divisorias que impone la mente dual,[102] la «ficción de perpetua incompatibilidad entre un aspecto y otro de la unidad eterna».[103]

> En la no-dualidad todas las cosas son idénticas, no hay nada que no esté contenido en ella. Los sabios de todos los lugares han accedido a este principio cardinal.
> Si el ojo no duerme, los sueños se desvanecen por sí mismos. Si el espíritu no se pierde en las diferencias, las diez mil cosas no son más que identidad única.
> Todas las oposiciones son frutos de nuestra reflexión (*Sin-sin-ming*).[104]

El esquema trino mostrado puede permitirnos atisbar cómo la no-dualidad (3) es distinta de la mera unidad que se concibe en relación y confrontación a su opuesto: a la multiplicidad. La unidad así *concebida* (de hecho, se trata de una unidad pensada o representada) sería un polo (1) cuya existencia sólo se daría con relación a su contrario (2) y que, a su vez, lo excluiría. Esta pseudo-unidad nada tiene que ver con la unidad metafísica real que es siempre *a-dvaita*, no-dual.

Lo Absoluto no es propiamente *uno*, es "no-dual". Y por ser "no-dual" no excluye la multiplicidad ni se opone a ella. En contra de los que suelen postular algunas interpretaciones convencionales del Advaita, *Brahman no excluye el mundo; la unidad no excluye la multiplicidad.* Afirmar el carácter no-dual de la realidad última no implica anular las diferencias, la multiplicidad, la polaridad, en una especie de magma indiferenciado –sería así si se entendiera "todo es *Brahman*" como una mera proposición lógica, desde el nivel de la mente dual–. No se niega ningún polo dual porque la síntesis acontece en un nivel diferente de aquél en que acontece toda dualidad; un nivel de realidad –la realidad en sentido absoluto– que no anula los opuestos sino que los convierte en complementarios.[105] Permanecen las distinciones, pero no la separación:
«La naturaleza misma de la mente es dividir y particularizar. No hay daño en dividir. Pero la separación va contra el hecho. (…) La realidad es una. *Hay opuestos, pero no-oposición*» (Nisargadatta).[106]

«Todo es uno», decíamos, y ahora estamos en condiciones de entender correctamente esta afirmación: sólo es la "unidad no-dual". La diversidad, la multiplicidad, no es más que uno de los modos de mostración o manifestación relativa de lo siempre uno. «La unidad constituye y sostiene a la multiplicidad.»[107]

El símbolo de la circunferencia

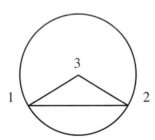

Otra imagen utilizada tradicionalmente para ilustrar el carácter no-dual de la relación entre lo Absoluto y el mundo es la imagen de la circunferencia:

El centro, símbolo de la realidad no-dual, permite establecer la unidad de los distintos puntos de la circunferencia. Estos puntos son extrínsecos y excluyentes entre sí en el mismo nivel de la circunferencia (que simboliza la realidad percibida por la mente dual, en la que "esto" es siempre "no-aquello") pero se unifican con relación al punto central. En él, lo que era sucesión y partes auto-excluyentes se desvela perfecta simultaneidad y unidad. En palabras de Angelo Silesio: «Quien ha escogido para sí el centro por morada, lo que en la circunferencia hay ve de una sola mirada».[108]

Este punto central no es el referente dual de la circunferencia; no hay dualidad entre la circunferencia y el centro de la misma, lo que daría lugar a una regresión infinita. Es sólo en el nivel de la circunferencia donde acontece toda dualidad; de hecho, en el centro se advierte –de nuevo, en palabras de Angelo Silesio– que: «No hay principio, tampoco fin, ni centro ni círculo, me vuelva donde me vuelva».[109] O en palabras de Nisargadatta: «El punto central deja de ser y el universo se convierte en centro».[110] O como afirma la conocida sentencia II del *Liber viginti quattuor philosophorum*: «(…) [el] centro está en todas partes y la circunferencia en ninguna». Todos los opuestos son ahí, nacen ahí y desaparecen ahí.

«El Absoluto –afirma el Cusano en su *Docta Ignorantia*– contiene en sí todo lo que fuera de Él sólo es visto y pensado como distinto por nuestro entendimiento. Es la *complicatio* de todas las cosas y, como en Él no son ellas ya distintas ni diversas, es también la *coincidentia oppositorum*.» El mundo es lo Absoluto y en lo Absoluto. «En Él todo es uno y unidad. Sólo cuando se consideran fuera de Él se enfrentan entre sí las cosas en relación de oposición y distancia.»[111] En lo infinito los opuestos coinciden; sólo en lo múltiple se manifiestan los contrarios.

Recordemos las palabras ya citadas de Chuan Tzu: «El punto en el que el esto y el aquello no tienen su pareja es el quicio del *Tao*». A lo que añade: «El quicio está originalmente en el centro del círculo, y desde allí puede corresponder a todo indeficientemente».[112]

El no-dualismo no es un monismo

Brahman –hemos venido viendo– aúna en sí toda dualidad y Él, a su vez, carece de todo referente dual. Es Uno-sin-segundo. No es la unidad que excluye la multiplicidad; no es el Ser, del que se ocupa la ontología, que se opone al No-ser; no es lo absoluto que excluye lo relativo; no es lo trascendente opuesto a lo inmanente; no es lo espiritual opuesto a lo material ni lo sagrado opuesto a lo profano; no es la Causa primera de la filosofía o de la teología, pues ésta se distingue de su efecto; no es el Dios creador de las religiones, pues éste es el referente dual de la creación y de la criatura. No está por encima ni por debajo de nada.

Se puede entender ahora por qué el Advaita –y, en general, todo no-dualismo– es incorrectamente categorizado y comprendido cuando se lo califica con denominaciones propias de sistemas filosóficos de raíz dualista: idealismo o realismo, panteísmo o trascendentalismo, espiritualismo o materialismo, monismo frente a dualismo, monismo frente a pluralismo, etc. El Advaita es ajeno a estas categorizaciones que operan exclusivamente en el plano dual. En palabras de Gauḍapāda:

> Los dualistas, obstinadamente apegados a las conclusiones a las que su metodología les ha conducido, se contradicen unos con otros mientras que el punto de vista no-dual no entra en conflicto con ninguno de ellos. (…) la posición no-dual no se opone a la dual.[113]

Por ejemplo, calificar al Advaita de "monismo" es moneda común y fuente habitual de malentendidos. Lo específico de todo monismo es que busca superar la dualidad sin abandonar el modo dual de percepción; así, afirma la unidad negando su opuesto, la multiplicidad. Viene a ser, por ello, la otra cara del dualismo. Ambos comparten una misma pretensión: la de acceder a la comprensión de lo real sin superar ni cuestionar el condicionamiento dual de la mente. El dualismo y el monismo tienen en común la ausencia de un tercer término o referente no-dual que relativice el nivel de la experiencia dilemática.

El Advaita no es un *monismo*. *Brahman* no es un bloque monótono, monocromo e indistinto de lo mismo; no excluye la realidad del mundo ni la diversidad de la manifestación. La pluralidad es *māyā* –insistimos– sólo cuando se la aísla de su Principio. El no-dualismo es distinto de la unidad amorfa e indistinta del monismo, pues toda la riqueza de los complementarios y de la multiplicidad permanece, pero –como veremos– ésta ya no es sinónimo de lucha o conflicto sino de danza, de juego:

> Para que haya felicidad tiene que haber encuentro, contacto, afirmación de la unidad en la dualidad. (…) Multiplicidad y variedad sin lucha es gozo. El calor necesita del contacto. Por encima de la unidad del Ser está la unión del amor. El amor es el significado y el propósito de la dualidad (Nisargadatta).[114]

Para el Advaita, la incapacidad de trascender el punto de vista dual es precisamente el origen de la mayor parte de los dilemas irreconciliables y de los problemas que han ocupado a la filosofía. Éstos vendrían a ser –utilizando la expresión ya citada de Wittgenstein– pseudoproblemas: cuestiones mal planteadas que descansan en malentendidos lógico-lingüísticos; problemas que no precisan ser resueltos sino diluirse como tales en el nivel de sus propios presupuestos.

Más allá del Ser y del No-ser

> «M: (…) Solía crear un mundo y poblarlo; ahora ya no lo hago más.
> P: ¿Dónde vive entonces?
> M: En el vacío, más allá del Ser y el No-ser (…).»
> NISARGADATTA[115]

> «Entonces no había Ser ni No-ser. (…)
> Pero, inmóvil, Eso vibraba
> solitario, pero uno con su propia gloria.»
> *Ṛg Veda*, 10-129

Brahman es Uno-sin-segundo, no-dual, completo en sí mismo, no relacionado con nada sino en sí y por sí; no interdependiente sino auto-existente. Carece de límites, pues limitar a *Brahman* sería ponerlo en relación con lo que estuviera más allá del límite, con lo que vendría a tener un "segundo"; carece de determinaciones y nunca dice "relación a".[116] No cabe por ello ninguna descripción positiva de *Brahman*.[117] Toda descripción positiva tiene como instrumento la enunciación, y ésta es siempre analítica y atributiva. Para el Advaita, la única "descripción" posible de *Brahman* sería precisamente aquella que simbolizara la ausencia de toda descripción; aquel atributo que se autodestruyera al negar toda atribución, determinación y relación a *Brahman*. Esta descripción es, para el Advaita, *neti-neti*:[118] ni esto, ni aquello; "no-thing": nada determinado u objetivo.[119]

La consideración de la vía negativa como la más respetuosa con la naturaleza de lo Absoluto, que es supra-esencial y supra-comprensible, tiene profundas raíces en nuestra tradición:

> Podemos saber lo que no es Dios, pero no lo que Él es (san Agustín, *De Trinitate*, VIII, 2).
> Podemos decir lo que *no es*, pero lo que *es* no podemos expresarlo.
> No se puede decir del Uno que sea *así*, ni que sea *esto* o *aquello*, ni siquiera simplemente que *sea* (Plotino, *Eneádas* V, 3, 14 y VI, 8, 8; 9, 13).

Esta vía apofática, que niega la posibilidad de toda atribución de determinaciones positivas a lo Absoluto, es nítidamente expuesta por Eckhart en el siguiente texto, de un modo muy cercano al *neti-neti* hindú:

[El] Ser y [la] Bondad y [la] Verdad tienen la misma extensión, pues [el] Ser en cuanto existe es bueno y es verdadero. Pero resulta que ellos [los maestros] toman [la] Bondad y la colocan sobre [el] Ser: con ello encubren [el] Ser y le hacen una piel porque le añaden algo. Por otra parte, lo aprehenden a Él en cuanto es Verdad (..). [El] Ser ¿es [la] Verdad? Sí, pues [la] Verdad se halla vinculada al Ser porque Él le dijo a Moisés: «Me ha enviado El que es» (*Éxodo* 3, 14). (…) ¿[El] Ser es la Verdad? Si se hiciera esta pregunta a varios maestros dirían: «¡Así es!». Si alguien me hubiera preguntado a mí, le habría dicho: "¡Así es!". Pero ahora digo: «¡No!», porque [la] Verdad también es una añadidura. Mas [los maestros] lo toman ahora en cuanto es Uno, porque "Uno" es más propiamente uno que aquello que se halla unido. De aquello que es uno se ha separado todo lo demás; pero, no obstante, lo mismo que se ha separado, se ha añadido también por cuanto supone diferencia ["segundo"]. Y si Él no es ni Bondad ni Ser ni Verdad ni Uno, ¿entonces qué es? *No es absolutamente nada, no es ni esto ni aquello.*[120]

Neti-neti es una descripción negativa de *Brahman* y, a su vez, como veremos, es una guía para el que recorre el camino experiencial –que no salva distancia alguna– de desidentificacion creciente del yo con todo atributo objetivo, que culmina en el reconocimiento de la identidad esencial del Sí mismo, *Ātman,* con *Brahman*. "*Neti-neti*" es una descripción negativa de *Brahman*, una descripción negativa del fondo último del yo o Sí mismo[121] y una invitación a realizar experiencialmente el núcleo del propio ser más allá/acá de toda auto-vivencia limitada y objetiva.

Como descripción negativa de *Brahman/Ātman*, "*neti-neti*" simboliza su irreductibilidad a todo aquello que sea objetivo u objetivable: a *esto* o *aquello*. Podría parecer que negando toda atribución a *Brahman*, llegaríamos a la afirmación de su puro Ser sin atributos: *Brahman es*, pero no es ni *esto* ni *aquello*. Pero este supuesto Ser puro que se alcanza a través de la mera negación de las distintas determinaciones objetivas no es tal Ser. No lo es porque este proceso de negación no pasa de ser una actividad de abstracción intelectual y, como tal, en ningún caso conduce más allá de la mente. No lo es porque, insistimos, la no-dualidad no deja nada fuera de sí y no puede ser alcanzada por un mero proceso de exclusión. *Neti-neti* nos indica lo que *Brahman no es*; pero no como si esta exclusión pudiera "delimitar" o "cribar" lo que *Brahman* sí es. De este modo no alcanzamos más que un Ser representado.

En otras palabras, que el Supremo *Brahman* carezca de toda determinación no implica que sea lo más indeterminado, al modo del Ser de la lógica de Hegel, lo absolutamente vacío por abstracto.[122] En la medida en que la revelación de lo Absoluto está más allá de nuestra mente dilemática, nuestro punto de partida debe ser la negación de toda determinación mental, la negación de todo límite y de toda dualidad o dicotomía. Pero, si bien nuestra conciencia dual, representativa y simbólica no puede concebir lo Absoluto más que negativamente, este proceso de exclusión no termina en sí mismo, no conduce a un puro vacío o a una negación pura. Es sólo la propedéutica que permite abrir un espacio incondicionado (no tergiversado por los condicionamientos mentales) en el que pueda acontecer la visión-experiencia supramental, la captación positiva e intuitiva de lo máximamente real y positivo: el desvelamiento de lo que, pareciendo Vacío para la mente, no es sino plétora y totalidad, lo real de lo real y única realidad. Una realidad a la que todo lo negado retorna, pero ya no en su carácter separado, sino como la expresión relativa y diversificada de lo que en sí carece de determinación y relación. *Brahman* no es una conclusión de especulación sino de experiencia; no es lo máximamente vacío y abstracto sino lo máximamente efectivo, real y concreto.[123] El *neti-neti* no es un mero proceso de reducción abstracta, sino la definición negativa más apropiada de la realidad concreta y directa por excelencia, previa a todo proceso y a toda abstracción.

> Mientras usted crea que sólo lo particular es real, consciente y feliz [*sat-cit-ānanda*], y rechace la realidad no-dual como algo imaginario, me verá tratando con conceptos y abstracciones. Pero una vez que haya tocado lo real dentro de su propio ser, me verá describiendo lo que para usted es lo más cercano y lo más querido (Nisargadatta).[124]
>
> Esta realidad es tan concreta, tan efectiva, mucho más tangible que la mente y la materia, que comparado con ella incluso un diamante es blando como la mantequilla. Esta abrumadora concreción hace que el mundo sea como un sueño, nebuloso, irrelevante (Nisargadatta).[125]

El *neti-neti* no conduce sin más al Ser puro, pues la realidad no es resultado de ningún proceso de abstracción. Y, por otra parte, "Ser" sigue siendo una determinación; de hecho, no cabe hablar del Ser más que en relación de oposición al No-ser. Pero la realidad es no-dual: ha de radicar más allá del Ser que excluye al No-ser.

Brahman está más allá de toda dualidad; también de la dualidad Ser/No-ser. En este punto cabe advertir una profunda diferencia con la ontología occidental que, en principio, no ha tenido por objeto lo que está más allá del Ser. No es el caso, sin embargo, de la tradición mística occidental (en concreto, de la denominada mística "especulativa") ni de la tradición neoplatónica. Así, por ejemplo, Plotino y Dionisio Areopagita denominan a lo Absoluto *anousion* (sin ser). O en palabras de Eckhart:

> Cada cosa obra dentro de [su] ser; ninguna cosa puede obrar más allá de su ser. (…) Dios obra por encima del Ser (…) obra en [el] No-ser. Antes de que hubiera ser obraba Dios (…). Algunos *maestros* brutos dicen que Dios es un Ser puro. (…) Si yo dijera de Dios que es un ser, cometería un error tan grande como si llamara al sol pálido o negro. Dios no es *ni esto ni aquello*. (…) Pero si he dicho que Dios no es un ser y se halla por encima del Ser, esto no significa que le haya negado [el] Ser, antes bien, lo he enaltecido en Él.[126]

Es verdad que en ocasiones el Advaita se refiere a *Brahman* como Ser (*Sat*); pero, cuando así lo hace, esta palabra no pretende tener un carácter determinativo o atributivo sino, sencillamente, simbolizar el carácter de realidad eminente o de "realidad de lo real" de *Brahman*. *Brahman* es Ser al modo en que es uno; es decir, al igual que es uno al modo no-dual –trascendiendo la unidad y la multiplicidad auto-excluyentes–, es "Ser" –un Supra-ser– también al modo no-dual, es decir, no es el Ser que se opone al No-ser.[127]

En otras ocasiones, *Brahman* también es caracterizado por el Advaita como "No-ser" (*a-sat*).[128] Análogamente, este "No-ser" tampoco pretende ser una caracterización de *Brahman* sino un símbolo que indica que no es susceptible de ninguna atribución, que es carente o vacío de toda cualidad entitativa u objetual. Es un No-ser no dual que está más allá del No-ser que excluye al Ser. No sólo no lo excluye sino que, utilizando la expresión de Eckhart, este "No-ser" es Ser enaltecido.

Otras expresiones negativas utilizadas por el Advaita para describir a *Brahman* respetando su esencial supraobjetividad son: *nirguṇa* = carente de toda cualificación o atributo; *nirviśeṣa* = está más allá de toda distinción y relación; *arūpa* = carente de toda forma; *anāma* = inefable, más allá de toda designación, etc.

* * *

Todas las caracterizaciones apuntadas son meras aproximaciones mentales negativas, símbolos de aquello que sólo es una realidad positiva para el que ha realizado conscientemente su identidad última con *Brahman*. Ahora bien, el Advaita no desprecia ni niega los ámbitos de consideración relativa ni afirma que la experiencia de *Brahman* sea exclusiva del que ha realizado de modo plenamente consciente dicha identidad suprema; pues aunque *Brahman* no dice relación al mundo ni a nada diverso de sí, el mundo sí dice relación a *Brahman*. En otras palabras, también cabe considerar a *Brahman* desde nuestro punto de vista relativo; y en la medida en que esta consideración relativa se reconozca como tal, es perfectamente legítima. Por este motivo el Advaita distingue entre *Nirguṇa* y *Saguṇa Brahman*:

–*Brahman* considerado en y desde sí mismo es *Nirguṇa Brahman* = *Brahman* no-cualificado; es *Para Brahman* = el Supremo *Brahman*. Éste es el aspecto impersonal de lo Absoluto.

[Insistimos en que estos términos no pretenden tener ningún valor conceptual positivo o descriptivo: «Te he proporcionado rótulos para dicho estado. Estos nombres son *Parabrahman, Paramātman,* etc.; sólo apuntan al estado, pero no son el estado. En última instancia, son redundantes, ajenos y falsos» (Nisargadatta).[129]]

–*Brahman* considerado desde nuestro punto de vista, es decir, con relación al mundo manifiesto –y éste es el único modo de consideración de *Brahman* para el yo que no ha realizado aún su Identidad última– es *Saguṇa Brahman* = *Brahman* cualificado por atributos; es *apara Brahman* = *Brahman* no supremo; es *Īśvara*[130] = el aspecto "personal" de lo Absoluto.[131] Es a *Īśvara* –lo Absoluto desde nuestro punto de vista relativo o lo relativamente absoluto– y no al Supremo *Brahman* –lo absolutamente absoluto– al que le corresponde todo atributo supremo o determinación positiva eminente como el Ser y la Unidad.

Cuando en las *Upaniṣad* se habla de lo Absoluto del modo más inclusivo, se suele utilizar el neutro *Tat*: Eso. Cuando se busca resaltar el aspecto personal, dotado de poder y cualidades de lo divino (*Īśvara* o *Deva*), se suele utilizar el masculino *"sah"*: Él.

Nirguṇa Brahman y *Saguṇa Brahman*, obviamente, tienen una misma referencia;[132] son el mismo *Brahman*, bien considerado en sí mismo –el *Brahman* inconcebible del que sólo cabe hablar en términos negativos–, bien considerado relativamente, con relación al mundo fenoménico, como concebible y dotado de atributos supremos. Como expresa la *Upaniṣad*, al igual que el aire del cielo no es azul pero sólo podemos percibirlo como azul, lo Absoluto desde nuestro punto de vista relativo sólo puede ser concebido como cualificado por atributos.

Esta introducción de un punto de vista relativo en la consideración de

Brahman se fundamenta en la realidad de la inmanencia u omnipresencia de lo Absoluto en el mundo.[133] *Īśvara* es real; si bien, relativamente real.

Lo que, de modo más generalizado, se considera el objeto de la filosofía y de la religión en Occidente correspondería, desde la perspectiva advaita, al nivel de *Saguṇa Brahman*: el Ser universal y el aspecto personal de la divinidad. Pero, para el Advaita, *Saguṇa Brahman* no es la realidad última, pues, insistimos, supone la introducción de consideraciones relativas en el seno de lo Absoluto y, en tanto que relativas, extrínsecas a lo Absoluto en sí.

> Desde la tierra, el sol sale y se oculta. Pero desde la posición del sol, éste brilla continuamente y no tiene conocimiento de ningún salir y ocultarse (Nisargadatta).[134]

La gnôsis advaita no se reduce a ontología, pues su objeto está más allá del Ser y del No-ser; no se reduce a religión, en la acepción más restringida y habitual de este término, pues su meta es –en expresión de Eckhart– el Abismo de la divinidad que está más allá de Dios.

Más allá de la dualidad sujeto-objeto

> «No puede conocer la perfección, sólo puede conocer la imperfección.
> Para que haya conocimiento debe haber separación y desarmonía.
> Puede conocer lo que usted no es, pero no puede conocer su ser real.
> Lo que usted es, sólo puede serlo»
> NISARGADATTA[135]

La realidad última y única es no-dual. Excluye toda confrontación dual, todo límite, toda determinación; también la de ser objeto de conocimiento. Si *Brahman/Ātman* fuera conocido, ello supondría la referencia a un conocedor, conocedor que vendría a ser un "segundo" con relación a Él. No es posible conocer objetivamente la realidad en-sí.

En otras palabras: es propio de la mente dimensional dividir y distanciar al conocedor de lo conocido, dividir lo conocido internamente y con relación a lo no conocido, etc. En ningún caso puede acceder a la visión de lo "Uno sin segundo", carente de opuesto y de toda relación.

Lo que ordinariamente denominamos conocimiento presupone la separación entre el conocedor y lo conocido. Ahora bien, si la realidad en-sí no está dividida internamente ni con relación a nada externo, si carece de límite, de "segundo", si no hay nada diverso ni más allá de ella, ¿cómo distanciarse de ella para proceder a conocerla? Si la realidad no-dual no deja nada fuera de sí, ¿cómo poder situarla ante los ojos? Lo así conocido nunca podría ser la realidad no-dual.

> Lo Absoluto no puede entenderse. Todo aquello que puedas entender, tú no eres eso. Te entiendes a ti mismo en la no-comprensión (Nisargadatta).[136]
>
> Cualquiera que entre nosotros comprenda estas palabras: «yo no lo conozco y sin embargo lo conozco», ése lo conoce en verdad. Para el que piensa que *Brahman* no es comprendido, *Brahman* es comprendido; pero el que piensa que *Brahman* es comprendido, no lo conoce. *Brahman* es desconocido para aquellos que lo conocen y es conocido para aquellos que no lo conocen (KenU).[137]

No cabe conocer a *Brahman*; sólo cabe serlo. O bien: sólo cabe conocerlo siéndolo, con un conocimiento no-dual, no diverso del mismo *Brahman*, que no implica la referencia a un conocedor distinto de *Brahman* y en el que *Brahman* no deviene objeto conocido. Conocer la realidad es serla. En *Brahman* es uno el conocimiento, lo conocido y el conocedor:

> «Nadie, salvo Él mismo, puede verle. Nadie, salvo Él mismo, puede asirle. Nadie, salvo Él mismo, puede conocerle». «(…) "el que ve" y "el que es visto"; (…), "el que conoce" y "el que es conocido" (…), "el que comprende" y "el que es comprendido", son todos lo mismo» (Ibn 'Arabî).[138]
>
> «Nada es conocido en Dios: Él es un Uno único [sin dualidad]. Lo que se conoce en Él, hay que serlo uno mismo. (Así dice también el Divino Ruysbrock: «lo que contemplamos, lo somos; lo que somos, lo contemplamos».)
>
> Qué sea Dios, lo ignoramos. (…); es lo que ni tú ni yo ni ninguna criatura ha sabido jamás antes de haberse convertido en lo que Él es» (Angelo Silesio).[139]

Ni siquiera cabe decir que *Brahman* es objeto de su propio conocimiento, pues también ello supondría una auto-determinación y una división interna en el seno de lo Absoluto. De hecho, el Advaita describe a lo Absoluto no-dual como *subjetividad pura o Conciencia pura* (*Cit, sākṣi caitanya*) sin objeto; es decir, que, carente de toda cualidad objetual, ni siquiera es objeto para sí:[140]

¿Puede el conocimiento puro ser consciente de sí mismo? ¿Puede el ojo mirarse? ¿Puede el espacio crearse en sí mismo? ¿Puede quemarse el fuego? ¿Puede un ser humano subirse a su propia cabeza? ¿Puede la vista verse, el sabor degustarse o el sonido oírse? ¿Puede el sol darse luz? ¿Puede un fruto dar fruto? ¿Puede un aroma olerse a sí mismo?

De esta misma forma, el Conocimiento puro no se conoce a sí mismo. Él es único en sí mismo y, por lo tanto, no es consciente de sí [como objeto cognoscible] (Gñanéshvar).[141]

Brahman es *Sat*: lo real de lo real y única realidad; y es *Cit*: término habitualmente traducido como "Conciencia pura" o "subjetividad pura". *Sat*, como hemos apuntado, trasciende la contraposición entre Ser y No-ser; análogamente, esta Subjetividad pura es distinta de la subjetividad que se concibe por contraposición a la objetividad; es decir, es no-dual: trasciende lo subjetivo confrontado a lo objetivo y viceversa.

El vacío luminoso de *Cit* es el en-sí de lo real y el Sí mismo del ser humano; un vacío luminoso que no puede ser conocido pues devendría objeto y dejaría de ser el puro conocedor: «¿Cómo (...) podría, Él que conoce, conocer a Aquel que conoce?» (BU);[142] que no puede ser iluminado pues es en sí mismo Luz y la única luz.

Lo que no puede ver el ojo, sino Aquello que percibe a través del ojo, debes saber que aquello es *Brahman* y no la divinidad que la muchedumbre viene a adorar aquí.

Lo que el oído no puede oír, sino Aquello que percibe a través del oído, debes saber que aquello es *Brahman* (...) (KenU).[143]

Este soberano interior no es visto nunca pues Él es el que ve; jamás puede ser oído pues Él es el que oye; jamás se le puede percibir pues Él es el que percibe; jamás se le puede concebir porque Él es el que concibe. Él es tu Yo, tu soberano interior e inmortal. Todo lo demás es ilusorio (BU).[144]

Al inicio de su comentario a la *Kena Upaniṣad*, Śaṅkara distingue entre la conciencia pura y universal (*Cit, sākṣi caitanya*), el fundamento de todas las otras formas de conocimiento, y la cognición relativa, la conciencia intencional u objetiva o conciencia modificada (*citta, vṛitti caitanya*). La primera es la misma esencia del Sí mismo y es auto-luminosa (*svaprakāśa*),[145] pues no depende de otra cognición para ser conocida.

La segunda aparece en relación con objetos particulares y está sujeta a cambio: cabe hablar aquí de un aumento o disminución del conocimiento, de error, de duda, de falsedad o verdad, etc. La primera es *svarūpa jñāna*: conciencia previa a la diferenciación entre lo conocido (*prameya*), el medio de conocimiento (*pramāṇa*) y el conocedor (*pramātā*). La segunda, por el contrario, es *vṛitti jñāna*: la cognición en la que estas diferencias están presentes.

Cit es la luz de todas las luces, la luz en la que todo aparece y puede ser conocido. Al igual que la luz física hace las cosas visibles y ella sólo puede ser vista indirectamente, en virtud de los objetos en los que se refleja, la Luz de *Cit* es supraobjetiva, incognoscible, siendo la condición de posibilidad de toda cognoscibilidad relativa. Todo existe con una realidad objetiva (*dṛśya* u objeto de conciencia) porque puede ser visto a la luz de *Cit*. La Conciencia pura (*draṣṭā* o conciencia que comprende todos los objetos) es lo realmente real (*sat*) en todo lo que objetivamente es, pues es la luz que hace posible su visibilidad u objetividad.[146] A su vez, «su realidad [la realidad de *Sat/Cit*] es independiente de la existencia de un segundo. Él es, sin necesidad de constituirse en objeto de visión de alguien» (Gñanesvar).[147] La visión no precisa mirarse, pero sabe de sí, inobjetivamente, con absoluta evidencia, y más allá de la posibilidad de error a que está sujeto lo que puede ser contenido objetivo de dicha visión. No es experiencia *de* la realidad, sino la realidad de toda experiencia. No puede «ser conocida como un objeto de conocimiento mediato, pero es conocida como presente o envuelta en todo acto de conocimiento» (KenU).[148]

Siendo *Brahman* el Conocedor absoluto, no es posible conocerlo; sólo cabe *serlo*.[149] Sólo cabe ser uno con esa Luz; reconocer experiencialmente ese Vacío luminoso como el núcleo de la propia identidad. Y éste es el significado exacto de *"jñāna"* (gnôsis o conocimiento): «Quien conoce a *Brahman* se convierte en *Brahman*».[150] La raíz de la palabra *jñāna*: *jñā*- (al igual que la raíz del término gnôsis: *gnô*-) aúna las significaciones de "conocer" y de "engendrar", conlleva las ideas de "transformación" y "generación": el conocedor se convierte en aquello que conoce y realiza su naturaleza profunda en virtud de este conocimiento, llegando así a ser lo que esencialmente es. Se conoce lo que realmente es, siéndolo, y llegando de este modo el conocedor a ser lo que es en esencia. Ser es conocer; y aquí deja de tener sentido la dualidad, característicamente occidental, entre praxis y teoría: el conocimiento es intrínsecamente real-izador y transformador, y toda real-ización y transformación radical es esencialmente cognoscitiva.[151]

Jñāna es siempre un conocimiento por identidad en el que el conocedor se torna uno con lo conocido o, más propiamente, en el que comprende y reconoce que siempre fue uno con lo conocido. Se alcanza la raíz del yo y la raíz de todo lo que es –*Ātman-Brahman*–, en cuyo seno desaparece el sujeto[152] y el objeto como tales, y toda relación relativa, al alcanzarse su fuente común. *Jñāna* es la intuición directa de la fuente del propio Ser (*Sat*) como Conciencia pura (*Cit*), indiferenciada en sí misma y sustrato real de toda diferenciación relativa, incluso la de sujeto y objeto.[153]

> El conocer (*Cit*) es un reflejo de la verdadera naturaleza de usted, junto con el Ser (*Sat*) y el amor (*Ānanda*). El conocedor y lo conocido son añadidos por la mente. Está en la naturaleza de la mente crear una dualidad sujeto/objeto donde no hay ninguna (Nisargadatta).[154]
> La sabiduría consiste en no olvidar nunca al Ser como la fuente siempre presente del experimentador y de su experiencia (Nisargadatta).[155]

Para el Advaita, el conocimiento dual tiene su ámbito de validez dentro del nivel ordinario de conciencia-realidad. Pero si la dualidad sujeto-objeto es propia de los estados ordinarios de conciencia, y con relación a ellos tiene una validez pragmática, no es aplicable a la realidad y al conocer últimos. En concreto, en el estado de conciencia en el que se accede al conocimiento-realización de *Brahman*, denominado *turīya* (y que no es propiamente un "estado" de conciencia sino el en-sí y realidad de todo estado), la conciencia se libera de toda relación y se retrotrae a su naturaleza originaria de Conciencia pura sin objeto. En este estado se advierte que: «La dualidad que consiste en un sujeto que percibe y un objeto percibido, no es más que una producción de la mente. La conciencia es sin objeto. Es incondicionada y está fuera del tiempo (…)» (Gauḍapāda).[156] En otras palabras, *Brahman* se experimenta entonces como la raíz de la identidad de todo sujeto conocedor, como la fuente del propio conocer, como el conocedor absoluto y como la esencia y substancia de todo objeto conocido.[157] En la medida en que *turīya* es el nivel último de realidad y de conciencia, el conocimiento absoluto o conocimiento de la realidad en-sí es no-dual. Las manifestaciones relativas y duales del conocimiento –el conocimiento sensible, racional, etc.– son expresiones parciales y derivadas de ese conocimiento por identidad.[158]

En conclusión: la gnôsis no-dual está más allá de los condicionamientos propios de otros tipos de conocimiento; en concreto, de su condicionamiento básico: la división sujeto-objeto. La estructura dual del conocer ha sido una premisa prácticamente no cuestionada por el pensamiento filosófico occidental. Esto es ilustrativo de lo que hemos señalado con anterioridad: cómo, desde el punto de vista advaita, muchos problemas filosóficos no son más que pseudo-problemas, pues haber considerado la dualidad sujeto-objeto como absoluta e irrebasable ha sido, como señalamos en la introducción, el origen de muchas de las grandes aporías en torno a las cuales han orbitado las principales líneas de reflexión de la filosofía moderna.

Esta dualidad sujeto-objeto, que en nuestro contexto cultural, y en lo relativo a la estructura del conocimiento, parece incuestionable, es paralela a una determinada concepción del yo: la de un yo que es esencialmente "sujeto", un yo pensante, actuante, estimante, etc., que entra en relación con lo otro sólo al percibirlo bajo la perspectiva de lo objetual u objetivo, como objeto de su conocimiento y de su voluntad intencionales. En el contexto advaita, esta percepción es propia de la conciencia ordinaria e inercial; es una auto-percepción relativa, pero no absoluta, que arraiga en una auto-vivencia más originaria, previa a la escisión sujeto-objeto y a cualquier otra toda dualidad.

El Advaita propone una auto-conciencia o vivencia de la propia identidad que no parte del sujeto, sino del Ser/Conciencia [*Sat/Cit*]. Como advierte V. Merlo, en este punto la gnoseología es antropología y la antropología, ontología. O más propiamente, en este punto estas distinciones pierden su sentido pues la conciencia individual descubre que es una con la Conciencia universal, y descubre también su unidad esencial con todas las demás realidades existentes –ya que dicha Conciencia universal se desvela como la fuente de toda realidad subjetiva y objetiva–.

La intuición no-dual (*anubhava*) de lo Absoluto

> «Lo Absoluto no puede ser visto con la ayuda de los textos sagrados o del *guru*. El Ser sólo es visto por el Ser con el intelecto puro»
> *Yoga Vāśiṣṭha Sāra*[159]

El conocimiento, para dar cuenta de lo real, ha de relativizar su dimensión relacional y retrotraerse a su origen: al vértice no-dual donde conocer y ser necesariamente coinciden. La realidad en-sí no se puede conocer de modo objetivo –decíamos– pues *Brahman* no es un objeto, no es "algo"; además, no cabe distanciarse de Él para objetivarlo porque no hay un más allá de *Brahman*. Conocer a *Brahman* es ser *Brahman*; ver a *Brahman* es ser uno con el Veedor (*dṛk*), con la luz de la Conciencia pura.

Jñāna es, para el Advaita, el conocimiento supraobjetivo y absoluto que es, a su vez, conocimiento supraobjetivo de lo Absoluto; es el "conocimiento/real-ización" en el que se trasciende toda diferencia relativa entre el conocedor y lo conocido y se realiza la identidad última del yo. Esta visión integral, no-dual, viene a ser una aprehensión directa, inmediata e intuitiva de *Brahman* realizada por *Brahman* como *Brahman*; una aprehensión que unifica el sujeto y el objeto desvelando lo que es anterior a ambos. No se intuye o se ve *algo* –a diferencia del conocimiento intencional que es siempre conocimiento de algo–, ni hay *alguien* que vea. Es una visión-identificación en la que lo visto deviene algo superior a lo que era como mero objeto y en la que el yo deviene algo superior a lo que era como mero sujeto individual; sujeto y objeto quiebran sus límites y abandonan su aparente enfrentamiento testimoniando así su radical unidad. Nadie ve y nada es visto; sencillamente, hay visión.[160]

Que el conocimiento de la realidad en-sí es un conocimiento supra-individual es lo que la tradición índica busca expresar al afirmar que el origen del Veda es *apauruṣeya*: no humano. Hemos señalado cómo la tradición índica considera a los Vedas "revelación", y cómo este término tiene en este contexto un sentido particular distinto del que tiene en las religiones monoteístas. "Revelación" es, en el contexto vedānta, sinónimo de "lo que se ha visto", aquello a lo que se ha accedido a través de un conocimiento inmediato y directo que, por analogía, se asimila a un ver. Los que dejaron constancia de esta revelación son "los que han visto", los *ṛṣis* (término cuya raíz significa "ver", visión).[161] Los *ṛṣis* no pueden considerarse "autores", pues han visto precisamente "al quitarse de en medio", es decir, mediante la visión no-dual que se alcanza cuando la personalidad individual se torna transparente en el reconocimiento del carácter ilusorio de la separatividad del yo. La autoridad del sabio-vidente no se funda, pues, en una inspiración religiosa ni psicológica, sino estrictamente metafísica: la real-ización/apercepción intuitiva de la fuente de toda realidad y fuente del yo.

El conjunto de los textos "revelados" constituye la *śruti*. Se considera que estos textos poseen autoridad intrínseca en la medida en que son el resultado de una penetración inmediata –por lo tanto, dotada de interna certeza– en la realidad; en otras palabras, porque son la voz de la misma realidad.[162] La *smṛti*, a su vez, es el conjunto de los textos avalados por la tradición; son textos atribuibles a diversos autores y, por consiguiente, falibles. Su autoridad se funda indirectamente en la autoridad de la *śruti*, de la que en cierta medida derivan por reflexión o inferencia.[163]

"*Śruti*" significa "audición",[164] una metáfora que alude, al igual que la de la visión, a su carácter de conocimiento *directo*. "*Smṛti*" significa "memoria" (aunque habitualmente se traduce por "tradición"); esta memoria designa, en su acepción más amplia, todo el conocimiento reflexivo o discursivo, es decir, *indirecto*. En los Vedas –así como en muchas otras tradiciones– ambos modos de conocimiento se simbolizan respectivamente con el Sol y la Luna: al igual que el Sol tiene luz propia, el conocimiento no-dual de la realidad es auto-luminoso (*svaprakāśa*) y auto-evidente; el conocimiento dual, por el contrario, sólo tiene validez relativa en virtud de su participación "reflexiva" –por reflejo– en la luz de dicha visión no-dual, que es la luz misma de lo real.[165] El conocimiento indirecto, mediato, fundamenta su autoridad en un conocimiento intrínsecamente cierto y auto-evidente; la reflexión se sustenta en la intuición no-dual. Para el Advaita, todo conocimiento que no implique esta identificación entre sujeto y objeto es imperfecto; su valor es meramente indicativo, re-presentacional y funcional.

Śaṅkara denomina a esta intuición no-dual, *anubhava*. Este término encuentra su traducción o "equivalente homeomórfico" más cercano, en el contexto de nuestra tradición, en la noción de "*intellectus*":[166] "intuición intelectual" o "intelecto puro"[167] (aunque, como veremos en nuestra exposición comparada, con mucha frecuencia esta noción ha conservado en Occidente trazas de dualismo). El *intellectus* ha sido tematizado prioritariamente por la filosofía medieval de ascendencia neoplatónica y por el pensamiento místico. Éstos tienden a postular una estructura tripartita del conocimiento que correspondería a los tres dominios fundamentales del Ser: 1) el conocimiento sensible: *oculus carnis* (Hugo de San Víctor), *lumen exterior* (san Buenaventura); 2) el conocimiento racional: *oculus rationis*, *lumen interior*, y 3) la contemplación o intuición trascendente: *oculus contemplationis* o "tercer ojo", *lumen superior*, *intellectus* o *apex mentis* (Eckhart). Eckhart sostiene, en esta línea, que hay tres clases de conocimiento:

> El primero es sensitivo (…). El segundo es racional y mucho más elevado. El tercero significa una potencia del alma [el *intellectus*, increado e increable], tan elevada y noble que aprehende a Dios en su propia esencia desnuda. Esta potencia no tiene ninguna cosa en común con nada; de nada hace algo y todo. No sabe nada de ayer ni de anteayer ni de mañana ni de pasado, porque en la eternidad no existe ayer ni mañana, allí hay un "ahora" presente; lo que fue hace mil años y lo que sobrevendrá luego de mil años, allí se halla presente, e [igualmente] aquello que se en-

cuentra allende el mar (…). Nada es verdad a no ser que encierre en sí toda la verdad. Esta potencia aprehende todas las cosas en la verdad. Para esta potencia no hay cosa encubierta.[168]

El *intellectus*, a su vez, equivaldría a la *nóesis* griega como distinta del conocimiento de los sentidos y de la inteligencia discursiva o *diánoia*.[169]

También el esoterismo islámico establece esta división tripartita: el ojo de los sentidos, el ojo de la inteligencia y el ojo del corazón.[170] «Para poder mirar al Universo de la causa primera –dirá Ibn ʿArabí– es necesario un ojo Divino:[171] el "Ojo del Corazón"», pues «sólo Dios ve a Dios».[172] (En una expresión similar de Eckhart: «Ver a Dios es ver con los ojos de Dios».)

Esta intuición no-dual también es, si no idéntica, sí cercana a lo que nuestra tradición greco-latina denominó *theoria* o *contemplatio* (las expresiones latinas *contemplatio, contemplari* corresponden a las palabras griegas *theoria, theorein*). Lo que ha venido a significar posteriormente el término "teoría" es una degeneración de lo fue su significado originario. En su sentido primigenio, estos términos aludían al conocimiento desinteresado de la realidad, a la adhesión a la misma puramente especular y receptiva. La contemplación no correspondía a la *ratio*, al pensar discursivo y demostrativo, sino a la intuición o *intellectus*; no era pensamiento sino visión; no era un moverse hacia el objeto sino un ser uno con él. Su carácter desinteresado significaba su no subordinación a fines utilitarios, pero en ningún caso suponía la ausencia de un carácter operativo intrínseco a dicho mirar en sí. De hecho, la contemplación era considerada la forma más elevada de acción (*praxis*).

Esta *contemplatio*, el "simple mirar",[173] la "visión pura y directa", se consideraba la forma más perfecta de conocimiento. Dirá santo Tomás en su *Suma Teológica*: «la certeza del intuir se apoya en lo que inmediatamente vemos [lo presente y actual]; pero la ineludibilidad del pensar [que es siempre esfuerzo y movimiento hacia lo ausente] se basa en el fallo de la facultad de intuir. La facultad de pensar es una forma imperfecta de la facultad de intuir».[174]

«El alma –afirma Plotino– necesita razonar en la duda o en la ignorancia, pero no el Espíritu cuando la Inteligencia [*intellectus*] brilla en él».[175] La *contemplatio* no busca su objeto sino que descansa en él. «El que contempla ha encontrado lo que busca el que piensa».[176]

* * *

– En el contexto advaita, el carácter directo y supra-individual de *anubhava* determina que éste radique más allá del ámbito de la hipótesis u opinión y que esté dotado de certeza y autoridad intrínsecas.

> Una vez que conozco la fuente verdadera de las preguntas, no necesito dudar de ella. De una fuente pura sólo puede fluir agua pura (...) Si yo pensara que soy un cuerpo conocido por su nombre [una estructura psicofísica] no sería capaz de responder a las preguntas de ustedes (...) Ningún maestro se permite opiniones. Ve las cosas como son y las muestra como son (Nisargadatta).[177]

– Por lo mismo, el Advaita considera que la experiencia de lo Absoluto es sustancialmente la misma hace mil años, ahora y siempre; toda diversidad y todo "progreso" al respecto sólo atañen al nivel de la "traducción", articulación e interpretación verbal de dicha experiencia, un nivel necesariamente dual y falible. De aquí que la articulación del conocimiento gnóstico tenga un carácter abierto, puramente indicativo, y no explicativo o descriptivo; y de aquí que predomine el lenguaje que se relativiza e incluso se auto-destruye como tal y que nunca invita a instalarse en sí mismo: el lenguaje negativo, paradójico o simbólico.

«Cualquier cosa que diga será a la vez verdadera y falsa.» «En el nivel verbal todo es relativo. Lo absoluto tiene que ser experimentado, no discutido» (Nisargadatta).[178]

– Por otra parte, dado que se trata de un conocimiento que trasciende al individuo en cuanto tal, le es ajena, como ya señalamos, toda conciencia de "propiedad". La verdad nunca es *objeto* de conocimiento; no puede ser conocida, y mucho menos poseída; sólo puede ser *sida;* y puede ser serlo cuando se supera toda conciencia del "mí" y de "lo mío" (la conciencia individual separada), cuando ya no hay poseedor ni nada que poseer, cuando ya no hay conocedor ni nada que conocer.

– De aquí se deriva, por otra parte, la continuidad y coherencia interna del pensamiento índico no-dual que contrasta con la discontinuidad de buena parte del pensamiento filosófico occidental, en la que el peso decisivo de los factores individuales –todo sistema de pensamiento es el sistema "de alguien"– ha determinado que la contradicción y la ruptura hayan constituido la ley.[179] En palabras de Helmuth von Glasenapp:

> La filosofía índica (...) llama la atención por su innata continuidad (...)
> La filosofía índica es como los templos de piedra de Ellora. Aquí hay
> templos que fueron construidos en un pasado remoto y que han sido oca-

sionalmente reparados, pero que todavía dan abrigo y solaz a quienes entran en ellos. La filosofía europea, en cambio, se parece más a una ciudad moderna en la que cada cierto tiempo es preciso destruir los edificios y reemplazarlos por otros. Esto se aplica particularmente a la filosofía europea. Mahānāmbrata Brahmachārī ha comparado esto con «una amplia ciudad moderna con mansiones suntuosas apropiadas para vivir en ellas durante una década más o menos, pero con escasos edificios capaces de transmitir a la posterioridad la continua historia de la búsqueda humana que atraviesa los milenios. Que el pasado es inmortal (...) se demuestra sobradamente en la filosofía índica, mientras que la especulación europea invalida esta pretensión por su tendencia inherente a rechazar la tradición y a crear filosofía *de novo* casi cada década».[180]

Más allá de la dualidad entre ser y conocer

El Advaita afirma la inseparabilidad de conocer y ser:

a) En primer lugar porque, como acabamos de indicar, sostiene que *Sat* es *Cit* y que el conocimiento de la realidad en-sí sólo puede ser un conocimiento por identidad.

«Cuando usted conoce lo que usted es, usted es también lo que conoce. No hay separación entre ser y conocer» (Nisargadatta).[181]

b) También en un segundo sentido –si bien intrínsecamente relacionado con el anterior– el Advaita sostiene la unión de ser y conocer:

La identidad fontanal de ser y conocer se realiza plenamente en el estado último de conciencia –*turīya*–; pero esta identidad, puesto que es el en-sí de todo lo que es, conlleva la intrínseca unidad interna de ser y conocer también en los estados de conciencia relativos. En el estado último de conciencia se es lo que se conoce y este ser/conocer tiene el carácter de una auto-realización; pero también en los niveles ordinarios de ser/conocer es ficticia la oposición praxis-teoría; también en éstos últimos el verdadero saber, el que otorga sabiduría, es siempre transformacional y sólo puede adquirirse a través de la modificación íntima del conocedor. Este segundo sentido en el que el Advaita sostiene la unión de ser y conocer podría describirse así: para el Advaita, *los grados relativos del conocer son paralelos a los grados relativos de ahondamiento en el propio ser* y, por ello, un cambio cualitativo en la naturaleza del saber requiere una modificación concomitante en la conciencia de ser del cognoscente.[182]

En general, es característico de las doctrinas más específicamente orientales –y quizá sea esto lo más definitorio de lo que hemos denominado "sabiduría"– que el saber genuino se considere intrínsecamente unido a la profundidad de la vivencia de la propia identidad. La radicalidad del saber es siempre proporcional a la madurez y profundidad del conocedor, que para el Advaita viene dada por el desapego lúcido con respecto al propio yo empírico y el ahondamiento en la raíz universal del Yo.

Para estas doctrinas, cuando ser y saber se disocian, cuando el crecimiento del saber sobre la realidad no va acompañado de una modificación profunda y continua del ser del cognoscente, no cabe hablar de verdadero conocimiento. Esta disociación, característica del saber meramente teórico, no supone sólo una amenaza para la integridad del ser humano sino que, más aún, torna el conocimiento fraudulento y destructivo, pues ya no brota del núcleo del propio ser –que es el Ser de todo lo que es y lo que sustenta la armonía de la totalidad– sino de la mente individual separada, de la ceguera arrogante de la parte. Es significativo que para el sabio oriental tenga algo de pueril la figura del mero erudito o intelectual (paṇḍit). Éste está lejos de gozar en esa civilización del prestigio y de la autoridad de los que goza en la nuestra. Un pensador occidental, T. S Eliot, advierte algo similar cuando afirma de los sabios de la India que «hacen parecer colegiales a los grandes filósofos europeos».[183]

De cara a clarificar la distinción entre el saber sin más (de naturaleza prioritariamente cuantitativa) y el saber íntimamente unido al propio ser (de naturaleza esencialmente cualitativa), cabría denominar a éste último –y así lo haremos– "conocimiento/realización", o bien "comprensión". Utilizamos este último término en un sentido análogo al del término inglés "awareness", que nos habla de una comprensión, de un "darse cuenta", de una toma de conciencia que tienen la cualidad de un "despertar"; y todo despertar supone un salto cualitativo –gnoseológico y ontológico–, pues transforma radicalmente la realidad del que despierta. Tras el "despertar" que otorga la "comprensión", ni el que percibe ni lo percibido son los mismos; se alumbra otro nivel de ser, otro nivel de percepción y otro nivel de realidad.

«El saber por sí sólo no da comprensión. Y la comprensión no puede aumentar por el mero acrecentamiento del saber. La comprensión depende de la relación entre saber y ser» (Gurdjieff),[184] y no incumbe a un nivel específico del ser humano, el mental, sino a su ser total.[185]

c) Por último, el Advaita afirma en un tercer sentido la unión de ser y conocer. Para toda gnôsis, *el valor del conocimiento radica en su ca-*

rácter operativo, en su función liberadora, en su capacidad para modificar la auto-vivencia del que conoce y remitirlo, en último término, a su Sí mismo: *Ātman-Brahman.* No sólo el conocimiento depende del grado de ahondamiento en el propio ser, del grado de real-ización del que conoce, sino que, a su vez, se considera que el conocimiento se orienta a la auto-realización.

Es característico de gran parte de la metafísica occidental que la teoría se considere autosuficiente y sin más fin que ella misma. La metafísica –dirá Aristóteles– es la ciencia

> que se elige por sí misma y por saber (*Metafísica* A 2, 982 a, 15). Pues esta disciplina comenzó a buscarse cuando ya existían casi todas las cosas necesarias y las relativas al descanso y ornato de la vida. Es, pues, evidente que no la buscamos por ninguna otra utilidad (…) así que consideramos a ésta como la única ciencia libre, pues ésta sola es para sí misma (*Metafísica* A, 2, 982 b, 22-28).

En el Oriente no-dual, decíamos, el conocimiento se encamina siempre a la auto-realización, que es concebida como una liberación (*mokṣa*) de la falsa conciencia de separatividad que distorsiona la vivencia que el yo tiene de sí y de la realidad, enajenándolo de su fuente. «El yoga es el arte de la liberación mediante la auto-comprensión» (Nisargadatta).[186]

Ahora bien, *este énfasis en el carácter operativo del conocimiento no supone subordinar la teoría a la praxis,* como se ha afirmado con frecuencia. Lejos de ser así, el Advaita afirma insistentemente la superioridad del conocimiento frente a la acción:

– En primer lugar, por la propia autosuficiencia del conocimiento: el fin del conocimiento es interno, mientras que la actividad tiene su fin o meta fuera de sí.

– En segundo lugar, porque sólo el conocimiento/realización es *intrínsecamente* liberador. La acción no libera;[187] la comprensión sí, pues no hay más esclavitud para el Advaita que la ignorancia[188] o el olvido de quiénes somos. En palabras de Śaṅkara:

> De entre todas las causas, sólo la sabiduría (*vidyā*) es causa de la perfecta liberación: sin conocimiento no puede haber liberación.
> Las obras (la acción) no pueden destruir la ignorancia, ya que estas dos no son opuestas entre sí; sólo el Conocimiento destruye la ignorancia (*avidyā*) como la luz disipa la oscuridad.
> Es justamente a causa de la ignorancia por la que el [Sí mismo] parece

esclavo; pero en el momento en que esa [ignorancia] se disuelva, el Sí mismo resplandecerá revelándose absoluto y libre, como el Sol cuando las nubes se disipan.[189]

Que el conocimiento se oriente a la liberación no supone, por tanto, una subordinación del primero a la segunda, pues dicha liberación no es un "efecto" o resultado del conocimiento ni algo extrínseco a éste; es idéntica a él. Lo que obstaculiza la realización, la fuente de toda esclavitud, es la ignorancia (*avidyā*), y la ignorancia se disipa con la luz del conocimiento (*vidyā*) como la luz disipa la oscuridad. El conocimiento/comprensión es *en sí mismo* transformador y liberador.[190] Si el pensamiento occidental ha tendido a pasar esto por alto es porque lo que suele entender por conocimiento es un saber teórico y acumulativo, disociado del ser, que está lejos de envolver e implicar todos los niveles del ser humano.

En resumen: el Advaita afirma la primacía del conocimiento frente a la acción. Pero se trata de un conocimiento que es *inmediata e intrínsecamente operativo*, transformacional, y precisamente ahí radica su valor.

Lenguaje y gnôsis

«La realidad no es ni subjetiva ni objetiva, ni materia ni mente, ni tiempo, ni espacio. Estas divisiones necesitan alguien a quien le ocurran, un centro consciente separado. Pero la realidad es todo y nada, la totalidad y la exclusión, la plenitud y el vacío, totalmente consistente, absolutamente paradójica.

No puede hablar de la realidad, sólo puede perder su ser en ella»
NISARGADATTA[191]

¿Cómo describir la vigilia en el lenguaje del mundo de los sueños?
NISARGADATTA[192]

El conocimiento al que accede el "tercer ojo" trasciende los condicionamientos propios de las otras formas de conocimiento: si el conocimiento ordinario es dual, el conocimiento por identidad es no-dual; si el pensamiento ordinario es siempre una perspectiva parcial que busca redimir su parcialidad a través del logro aditivo de otras perspectivas –una adición que, puesto que no es posible tener más de un pensamiento a la vez, requiere del devenir temporal–, la intuición no-dual es visión-realización supraobjetiva y adimensional de la raíz de todo lo que es.

La estructura divisora, dual, aditiva, sucesiva, etc., del pensamiento

discursivo y del lenguaje que le es propio hace que éste último sea inadecuado para aprehender y expresar esta "visión" directa y no-dual.

> (…) el lenguaje es una herramienta mental y funciona sólo con opuestos
> (Nisargadatta).[193]
> La no-distinción habla en silencio. Las palabras implican distinciones.
> Lo inmanifiesto (*nirguṇa*) no tiene nombre, todos los nombres se refie-
> ren a lo manifiesto (*saguṇa*). Es inútil luchar con las palabras para ex-
> presar lo que está más allá de ellas (Nisargadatta).[194]

Señalamos al inicio de esta exposición cómo, si bien el Advaita considera
que el lenguaje no es un "instrumento" apto para aprehender la realidad
última y única, considera que sí puede ser la voz misma de esa realidad. Si
el lenguaje no es válido como instrumento de acercamiento a lo Absoluto,
como decíamos, no lo es por su indigencia sino por su especial dignidad:
porque su unidad con lo real puede ser mucho más íntima que la que compete a lo que sólo tiene carácter de medio o instrumento. Esto sólo se advierte cuando el lenguaje deja de identificarse con su dimensión utilitaria
e instrumental y se retrotrae a su naturaleza originaria; cuando se sabe no
sólo vehículo o medio de transmisión del pensamiento, sino uno con el
pensamiento y, más aún, cuando se sabe más originario que éste último.
El lenguaje esencial es, de hecho, la voz misma de la realidad. Así, por
ejemplo, cuando el *jñānin* habla dando voz al Ser, no hay procesos discursivos que mediaticen su expresión. Su palabra no es medio o instrumento
de transmisión de lo ya pensado; sencillamente, escucha y re-dice, en un
único acto, dicha Voz. Sus palabras afloran sin la mediación de procesos
mentales; surgen del silencio y retornan a él. Su pensamiento es su palabra; y su palabra no es suya. La realidad habla en él.

«P: La gente viene a usted a pedirle consejo. ¿Cómo sabe lo que debe
responder?

M: Al igual que oigo la pregunta, así oigo la respuesta» (Nisargadatta).[195]

En nuestra exposición comparada ahondaremos en esta dimensión
originaria del lenguaje. De momento nos interesa advertir que, a diferencia de la filosofía occidental, que es eminentemente discursiva y que
se ha centrado –como hace notar Raimon Panikkar–[196] en la polaridad
pensamiento/Ser, el Vedānta orbita más bien en torno al binomio Ser/es-
cucha y, por lo mismo, es un conocimiento que no encuentra en el lenguaje asociado al pensamiento discursivo un instrumento apropiado de
comprensión ni de expresión.

Dijimos en nuestra introducción histórica que las *Upaniṣad* representan, dentro de la *śruti* védica, un creciente interés por complementar el lenguaje mítico predominante en el resto del *corpus* védico con desarrollos teóricos y especulativos en torno a la realidad última. Análogamente, el pensamiento de la escuela Vedānta advaita se caracteriza –con respecto a otras doctrinas no-duales como puedan serlo el budismo zen o el taoísmo– por su mayor inclinación a los despliegues discursivos. Ello no contradice lo que venimos diciendo. Para el Advaita, lo Absoluto es absolutamente inefable (*anāma* = sin nombre), intocado e intocable para el pensamiento/lenguaje dual. Pero considera que la mente raciocinante y el lenguaje que le es propio también tienen su función en el conocimiento de la realidad última. Esta función legítima de la mente es, básicamente, la de eliminar los obstáculos que ella misma ha interpuesto en el acercamiento a lo real: la de cuestionar las inercias del sentido común que, en la forma de prejuicios acríticos, ciegan para la verdad; la de cuestionar la tendencia a atribuir a la realidad en-sí las perspectivas de validez meramente funcional que proporciona la percepción sensible; la de cuestionar la tendencia inercial de la mente y del lenguaje dual a otorgar a sus aproximaciones a la realidad un valor absoluto, mediante la comprensión de su naturaleza y de sus límites; etc. También es función de la mente y del lenguaje discursivo el expresar en enunciados de validez aproximativa lo comprendido en la gnôsis, de tal modo que la meditación en torno a estos enunciados –que no son verdad en su valor enunciativo, pues apuntan a una intuición de naturaleza supramental– favorezca el alumbramiento de esta intuición no-dual.[197]

En cualquier caso, el talante "especulativo" del Advaita –que, aparentemente, lo hace más cercano que otras doctrinas orientales a la filosofía occidental– tiene una naturaleza muy distinta de la dialéctica filosófica. Así, cuando la especulación está presente en la enseñanza advaita, gira en torno a la intuición no-dual: se nutre en todo momento de ella, parte de ella y se dirige hacia ella. Por lo mismo, este discurso tiende a ser de naturaleza más sintética que analítica. Desde el punto de vista filosófico, esta falta de inclinación hacia el análisis por el análisis podría parecer un síntoma de inferioridad teórica. Es normal que para un saber –el filosófico– que se mueve básicamente entre los márgenes de la razón, la propia limitación de su punto de vista conlleve que dentro de ese ámbito pueda ser más explícito y exhaustivo. Pero, para el Advaita, todo ello no deja de implicar un detenimiento excesivo en lo que, de por sí, nunca es fuente de luz; un detenimiento que, lejos de proporcionar más penetración, la obstaculiza en su gusto por la parcialidad, como lo demuestra el que muchas veces esos despliegues y sutilezas dialécticas culminen en conclusiones metafísicamente irrelevantes. La viveza y penetración de la razón se agudiza, paradójicamente, cuando ésta deja de ser luz para sí misma.

El lenguaje simbólico

Para toda doctrina no-dual, el lenguaje es inadecuado para aprehender la realidad en sí –la discriminación mental y el lenguaje discursivo tienen sólo una función negativa e indirecta al respecto–.

Ahora bien, hay un tipo de lenguaje, el *simbólico y analógico*, que es más adecuado –o menos inadecuado– que otras modalidades del lenguaje para servir de sostén a la intuición no-dual. Así, por ejemplo, cuando en las *Upaniṣad* o en la enseñanza advaita se habla del Sol como símbolo del *Ātman*; o se compara a la Conciencia pura con la luz o con el espacio; o se recurre a la imagen del reflejo y de lo reflejado (el espejo o la ilusión óptica producida por la reflexión de un objeto en el agua); cuando se habla del océano para aludir al Ser omniabarcante del que todo parte y al que todo regresa; del corazón como *locus* del Sí mismo; del centro inmóvil de la rueda como expresión de la quietud del Ser que sustenta el devenir; de la semilla como imagen de la presencia y potencialidad de la totalidad en la parte; del loto (que hunde sus raíces en el barro y a través del agua eclosiona, ya en la superficie, en toda su belleza, en dirección a la luz del Sol) como símbolo de la evolución, transformación y realización espiritual; etc; cuando así se procede, decimos, no se recurre a imágenes arbitrarias, sino a realidades visibles que encarnan analógicamente patrones del Ser y del devenir presentes en todo lo que es.

El símbolo es el lenguaje por excelencia de toda "sabiduría" o gnôsis.[198] Y lo es en la medida en que:

–El símbolo –a diferencia del concepto y del lenguaje discursivo– presenta cierta analogía con la intuición. Así, la remitencia significativa del símbolo es *directa*, pues no apunta a un sentido sino que lo encarna; permite aprehender un sentido global no de modo sucesivo sino simultáneo. Todo símbolo, en la medida en que posee una dimensión sensible, *mediaciona*, pero no *mediatiza*: manifiesta lo por él significado de modo sintético e inmediato.

–El sentido del símbolo y de la analogía es inagotable, siempre fecundo. Su sentido es implícito, no explícito; no se define o describe, sino que se insinúa o se sugiere.

La heterogeneidad intrínseca al símbolo entre significante y significado (un significante material busca expresar un significado trascendente) inaugura una dialéctica permanente, pues el símbolo nunca queda explicado de una vez por todas. El sentido se manifiesta a la vez que se oculta y se vela; es, por ello, intotalizable y siempre nuevo. El lenguaje no simbólico, por el contrario, es lineal, estático y delimitado en sus significados; paradójicamente, esta mayor "exactitud" se convierte en "inexactitud" e incapacidad para expresar o sugerir la multidimensionalidad y el nunca agotarse en lo dado de toda realidad.

– Hay otra razón decisiva para que el lenguaje simbólico sea el lenguaje más apto para la expresión de las verdades captadas por la gnôsis. Para el Advaita sólo es real la unidad, y la diversidad no es más que uno de los modos de mostración o manifestación relativa de lo siempre uno. Cada realidad particular y el cosmos en su totalidad son rostro, símbolo de lo Absoluto inmanifiesto. Pues bien, el lenguaje simbólico no es más que una prolongación natural y analógica del propio carácter de símbolo de la manifestación universal.

– Por último, el conocimiento simbólico-poético es expresión de la inmersión del yo en la realidad (no hay símbolo sin hermenéutica). El lenguaje discursivo, por el contrario, fragmenta la realidad y presupone la distancia y desimplicación del cognoscente con respecto a lo conocido. Su carácter estático, además, es inadecuado para expresar la experiencia viva e inobjetivable de esta inmersión en lo real. Su asepsia connotativa excluye el asombro lúcido que acompaña siempre a esta experiencia.[199]

Los símbolos a los que acude con más frecuencia la enseñanza advaita no son exclusivos de esta doctrina, sino que se retoman del riquísimo arsenal de símbolos y mitos del mundo índico. El advaita shankariano presupone todo un fondo cultural mítico-simbólico del que no se distancia sino del que se nutre y participa, y sobre el que ofrece luz y claves últimas de interpretación.

Según Aristóteles, la filosofía nació con Tales de Mileto (aproximadamente siglo -VI) y se autoconstituyó como tal a través del cuestionamiento de la legitimidad de otras formas no raciocinativas del saber, como el saber imaginativo-simbólico del mito. Se suele caracterizar dicho nacimiento como el paso del *mythos* al *lógos*: la filosofía –*lógos*– es saber reflexivo que busca dar razón de las últimas causas frente a la fe irreflexiva, ciega, crédula del vulgo en el mito. La filosofía nace así como especulación racional destacándose de la religión. Se suele ilustrar esta afirmación con un texto de Aristóteles en el que opone los "teólogos" –los que se limitan a transmitir acríticamente un saber tradicional, " invenciones" de las que ni pretenden ni podrían dar cuenta racionalmente– y los filósofos –"los que razonan por demostración"–.

Escribe en su *Metafísica*:

> (...) los contemporáneos de Hesíodo y todos los teólogos sólo se preo-
> cuparon de lo que podía convencerles a ellos y no se cuidaron de nos-
> otros (pues haciendo dioses a los principios y atribuyéndoles origen di-
> vino, dicen que los que no han gustado el néctar ni la ambrosía son
> mortales, empleando evidentemente nombres que para ellos eran fami-
> liares; pero en cuanto a la aplicación misma de estas causas, hablaron de
> manera incomprensible para nosotros. Si, en efecto, los inmortales los
> toman por placer, el néctar y la ambrosía no son en absoluto causas del
> ser, y si los toman en vista del ser, ¿cómo han de ser eternos si necesitan
> alimento?). Pero acerca de las invenciones míticas no vale la pena refle-
> xionar con diligencia. En cambio, debemos aprender de los que razonan
> por demostración (...) (*Metafísica B*, 1000 a 10-20).

Estas palabras son ejemplo de la ceguera hacia el pensamiento mítico-
simbólico (paralela a la aproximación al mito desde categorías puramente racionales, que conduce a interpretarlo literalmente y, consiguientemente, a banalizarlo) que conllevará su incomprensión y su deprecio en
el pensar occidental. La filosofía podría haber restaurado el mito en su
pureza salvándolo de la degeneración a la que le conduce inevitablemente su comprensión literal (por ejemplo, la interpretación politeísta del
mito entre ciertos sectores de la población greco-romana). En lugar de
restaurar el mito en su esencia como una forma de lenguaje irreductible
al *logos* y profundamente armónica con él, la filosofía, allí donde absolu-
tizó el razonamiento demostrativo, asfixió el mito. El deprecio del lenguaje simbólico es indirectamente deprecio de la visión supra-racional,
pues ésta tiene al símbolo como vehículo prioritario de expresión.

Como afirma Heidegger: «Mito y *logos* se separan y oponen precisamente allí donde ni el mito ni el *logos* pueden mantenerse en su esencia
primigenia».[200] El lenguaje simbólico-mítico y poético y, en concreto, el
lenguaje simbólico de las *Upaniṣad* no es un lenguaje pre-filosófico,
una forma de conocimiento inferior y previa evolutivamente al *logos*
discursivo, o una degeneración de éste;[201] lejos de ser así, es sencillamente el lenguaje más adecuado y respetuoso con la naturaleza de aquello que se busca expresar. En palabras de A.K. Coomaraswamy: «El
mito representa la más alta aproximación a la verdad absoluta que pueda traducirse con palabras».[202]

Otra forma de lenguaje respetuosa con la intuición no-dual, y a la que
acude preferentemente todo *advaita-vāda,* es el *lenguaje paradójico*: el

lenguaje que busca quebrar su propio condicionamiento dual para dar paso a la constatación intuitiva de otro nivel de conocimiento y realidad en el que se integra armónicamente lo que siempre es contradicción y dilema para la mente. El uso de la paradoja es, obviamente, la antípoda de la absolutización aristotélica del principio de no-contradicción como principio del pensar y del ser.

La indagación de una mente desapasionada, flexible y consciente de sus límites; los luminosos atisbos que –a modo de relámpago intuitivo que quiebra la linealidad del intelecto– proporcionan la imagen simbólica y la paradoja; todo ello no es aún conocimiento/realización de la verdad última, pero sí es ya receptividad hacia ella. Y es ya ascesis del yo individual, de su tendencia a afirmarse a sí mismo a través de la facultad individual por excelencia: la mente dual; una ascesis que es una invitación a que dicha realidad se alumbre en la palabra –que ya no es palabra de nadie sino la voz de la misma realidad–.

¿Es el Vedānta advaita religión?

«No hay un segundo ser o Ser superior que buscar.»
«Dios es porque usted es, y (…) usted es porque Dios es.
Los dos son uno»
Nisargadatta[203]
«Aquel que adora a Dios, pensando que Él es uno y yo otro,
no sabe nada»
BU I, 4, 10

Como ocurría con los términos "filosofía" y "metafísica", la propiedad o impropiedad de la caracterización del Vedānta advaita como "religión" depende del significado que atribuyamos a este término.

Desde una estricta consideración etimológica, la opinión más generalizada es la que afirma que el término "religión" procede de los términos latinos *religo* (atar, ligar) y *religatio* (acción de ligar o unir). La "religión" así entendida podría ser un "equivalente homeomórfico" válido del término sánscrito "yoga" (probablemente de la raíz *yujir* = conectar o unir). La religión, el yoga, nos hablarían de una actividad encaminada a la superación de la conciencia de separatividad, a la unión o reunión del yo con lo Absoluto y, a través de esta religación radical, con lo diverso del yo. La religión, el yoga, es la restauración de lo real en su esencial unidad e integridad.

Otro posible uso del término "religión" en una acepción lo suficientemente amplia como para poder constituirse en símbolo intercultural válido, es el ya generalizado en el ámbito de las nuevas ciencias de la religión. Éstas últimas, de cara a justificar la unidad de su objeto de estudio, han tenido que elaborar definiciones muy amplias de "religión" y "religiosidad". [204] Un ejemplo al respecto sería la siguiente definición propuesta por Luis Cencillo: «La autotrascendencia de la condición humana dada, de la condición inicial del hombre y sus carencias, mediante la relación con una instancia trascendente, con el misterio». La tendencia en el ámbito de las religiones comparadas a acudir a nociones como la de *misterio*[205] (y no, por ejemplo, a la de "Dios") para aludir a la realidad que determina la aparición del ámbito de lo sagrado, responde a la necesidad de una noción de religión que permita dar cuenta del "hecho religioso" en toda su amplitud y variedad. Pues si, por ejemplo, en la tradición cristiana y en muchas otras, Dios es el referente de lo sagrado, no sucede así en otras tradiciones espirituales (el budismo, el jainismo, etc.) que carecen de nombre y figura para Dios. En este sentido amplio, las grandes doctrinas metafísicas (el Advaita, el taoísmo, etc.) podrían considerarse "religiones".

Ahora bien, habitualmente se utiliza el término "religión" con un valor casi-universal, sin que al hacerlo se abandonen muchas de las connotaciones que consciente o inconscientemente se atribuyen en nuestro contexto cultural a dicho término en su acepción más restringida. El modelo que se ha tenido en Occidente de "religión" proviene de la tradición judeo-cristiana; es aplicable a las grandes religiones monoteístas –el cristianismo, el judaísmo y el islamismo exotéricos–, pero no a muchas otras tradiciones espirituales. Por ello, y de cara a evitar equívocos y erradas extrapolaciones, preferimos, en lo que al pensamiento Vedānta advaita se refiere, no calificarlo de "religión".

La "religión" en su acepción más restringida (lo que se entiende ordinariamente por tal en nuestro ámbito cultural) incluye una serie de rasgos no aplicables a las gnôsis no-duales. Citaremos sólo los más destacados:

– La religión así entendida supone, con frecuencia, la presencia de dogmas y contenidos revelados que requieren de "fe" concebida como "creencia" o aceptación no acompañada de experiencia directa o visión interior. Por el contrario, la gnôsis es evidencia directa o evidencia intuitiva;[206]; no es prueba racional, pero tampoco creencia. Recordemos las palabras ya citadas de Ibn 'Arabí: «Si un gnóstico lo es realmente no puede permanecer atado a ninguna forma de creencia».[207]

Ahora bien, ello no excluye cierta comunidad material de contenidos entre la gnôsis y la "religión"; en ocasiones, los contenidos revelados encierran verdades de índole "metafísica" a las que puede acceder la "visión" interior. Muchas verdades religiosas, teológicas, tienen su correspondiente "traducción" metafísica y viceversa. Autores como Eckhart no hacen más que traducir esotéricamente (interiormente) verdades cuya lectura solía ser eminentemente dogmática.[208]

– En el contexto de lo habitualmente calificado como "religioso" suele tener importancia y centralidad la dimensión "moral"; pero ésta –como veremos con detenimiento– es secundaria para el Advaita. Así, las consideraciones morales son relativas a la acción, pero toda verdadera transformación, considera el Advaita, es fruto exclusivo del conocimiento/comprensión. Por otra parte, dichas consideraciones sólo tienen sentido dentro del nivel de conciencia dual (bien-mal, ser-deber ser, etc.), un nivel que el Advaita considera que puede y debe ser trascendido.

– Para las "religiones" son decisivos ciertos acontecimientos históricos, ciertas formas históricas, ciertos fundadores históricos, etc. Para el Advaita, ningún acontecimiento histórico, persona, rito, iglesia, doctrina, etc., puede ser referencia decisiva de lo que es patrimonio de todo ser humano en cuanto tal. El Advaita no tiene su referencia en el pasado, ni sitúa el bien supremo en el futuro, en el porvenir. El *Alfa* y el *Omega* radican aquí y ahora: en la fuente atemporal de todo instante y de la misma historia.

– El Advaita es ajeno a las actitudes consoladoras que suelen acompañar al hecho religioso. No sólo no ofrece seguridad emotiva o mental ni garantías de perpetuidad de la identidad ordinaria sino que es una explícita invitación al abandono de todas las seguridades y sostenes del yo.

– El Advaita tampoco es teología,[209] en el sentido que esta palabra ha llegado a tener en nuestra cultura (y que no es precisamente el de la θε–ολογια –*República* 379ª– de la que hablaba Platón).[210] La "ciencia" teológica está intrínsecamente unida a los puntos de vista religioso y filosófico, en sus acepciones más estrechas; al punto de vista religioso, en la medida en que tiene como punto de partida o principio los dogmas de fe, y al filosófico, porque a partir de esos principios busca alcanzar conclusiones mediante el razonamiento discursivo. De hecho, el mismo santo Tomás afirma la necesidad de la revelación como correctivo de la teología natural, dado su peligro de error y el esfuerzo con que ha de acceder a la verdad sobre Dios –peligro de error y esfuerzo ajenos a la infalibilidad e inmediatez de la visión intuitiva–.

Por otra parte, la teología, en la medida en que se sustenta sobre ciertos dogmas de fe, no tiene un punto de partida incontrovertible ni su indagación es desinteresada. El método de la enseñanza advaita –como tendremos ocasión de explicar– busca, por el contrario, partir de la negación de todo supuesto no intrínsecamente cierto y no avanzar más que al hilo de la propia certeza experiencial. Si los argumentos teológicos son necesariamente polémicos, en la medida en que dependen de creencias –de ciertos contenidos conceptuales–, la experiencia a la que invita el Advaita es supraobjetiva y, por lo mismo, universal: todo ser humano puede alcanzarla y verificarla en sí y por sí mismo.

– El objeto de la religión es el Dios personal o Dios. Pero lo Absoluto no-dual, "objeto" de la gnôsis advaita, no es sin más sinónimo de Dios. «El término sánscrito que puede traducirse de manera menos inexacta como "Dios" no es *Brahman* sino *Īśvara*».[211]

Para el Advaita, *Īśvara* es la única concepción posible de lo Absoluto que puede tener quien no ha trascendido la experiencia dual. En la medida en que *Īśvara*, la dimensión personal de lo Absoluto, es relativamente real –como es relativamente real la percepción dual: *Īśvara* es tan real como lo es nuestro yo individual– se considera que la devoción a un Dios personal es símbolo válido, en el plano fenoménico, de la identidad última del Sí mismo con *Brahman*.[212] Pero si *Īśvara*, el Dios que dice relación al mundo y al ser humano, es real en el marco de la realidad relativa, el Advaita considera que es posible trascenderlo, ir «más allá de Dios».[213] El ser humano puede ir más allá del Dios personal en la misma medida en que puede ir más allá de sí mismo, en que sabe que es más que ser humano, en que sabe que su Sí mismo es el vértice no relacional que aúna y sostiene toda relación. El en-sí del individuo no es el hombre y el en-sí de Dios no es Dios. El en-sí de ambos es el fondo supra-objetivo que los identifica más allá/acá del nivel en el que son términos de relación.

«Por supuesto, donde existe un universo, habrá también su contrapartida, que es Dios. Pero Yo estoy más allá de ambos» (Nisargadatta).[214]

Lo Absoluto no-dual –insistimos– no es necesariamente sinónimo de Dios.[215] El Dios de las religiones ha solido ser un Dios creador diverso de la criatura, un Dios-causa distinto de lo causado, un Dios objeto –Ente Supremo– referente dual del yo humano (el yo lo busca, lo conoce y lo ama). Por esta razón, cuando el punto de vista no-dual ha estado presente en el contexto de una tradición específicamente religiosa, se ha demarcado sutilmente de la misma hablando de un "Dios más allá de

Dios". Así, en el contexto del islamismo esotérico, Ibn 'Arabí distinguirá entre la deidad relativa (El *Allāh* de la religión exotérica) y la absoluta.[216] Esta última es idéntica al Sí mismo del ser humano: «Cuando el gnóstico dice "Él" –afirma– es Él; si no lo es, habla de un ídolo (de un Dios objeto)».[217] «Tú eres Él y Él eres Tú.»[218]

En el seno de la tradición cristiana, Dionisio Areopagita hablará de "la Supradeidad". Eckhart, en la línea del Areopagita, distinguirá entre *Deitas* (*Godhead*) y *Deus* (*God*), y hablará de la necesidad de ir más allá del mismo Dios, pues Éste es relativo a la criatura, mientras que el fondo del alma, que es uno con el fondo de lo divino, es increado e increable. La Divinidad inaprensible, el *"Deus absconditus"*, está más allá del Dios que actúa y crea, del que es su esencia como es la esencia del yo: «El hombre es la esencia divina y la esencia divina es el hombre».[219] Este Dios escondido, "la Divinidad más allá de Dios", no es ni *esto* ni *aquello*, es una nada objetiva, una nada para el conocimiento y la voluntad intencionales, duales. El yo no puede conocerlo ni amarlo, porque es lo que ama y lo que conoce en él. No puede buscarlo, porque el mismo buscador es lo buscado:

> La Divinidad lo cedió todo a Dios. La Divinidad es pobre, está desnuda y vacía como si no fuera; no tiene, no quiere, no desea, no trabaja, no obtiene. Es Dios quien tiene en sí el tesoro y la novia; la Divinidad es tan vacua como si no fuera.
> Cuando salí de la divinidad a la multiplicidad, todas las cosas proclamaban «existe un Dios» [el Creador Personal]. Esto no puede hacerme venturoso, pues por ello advierto que soy una criatura. Mas en la penetración soy más que todas las criaturas; no soy Dios ni criatura; soy lo que era y continuaré siendo, ahora y para siempre jamás. Ahí recibí un impulso que me lleva más alto que todos los ángeles. Por ese impulso llego a ser tan rico que Dios no es suficiente para mí, en cuanto Él es solamente Dios en sus obras divinas [en relación a la manifestación]. Pues en tal penetración percibo lo que yo y Dios somos en común. Ahí soy lo que era. Ahí ni crezco ni menguo. Pues ahí soy lo inmovible que mueve todas las cosas. Aquí el hombre ganó de nuevo lo que es eternamente y será siempre (Eckhart).[220]

Dirá Eckhart, aludiendo al carácter necesariamente relativo del Dios creador con respecto al yo: «Yo soy la causa de que Dios sea "Dios"; si yo no existiera, Dios no sería "Dios"».[221] Por eso, «(...) ruego a Dios que me libre de Dios, porque mi ser esencial está libre de Dios, en cuanto entendemos a Dios como origen de las criaturas».[222] Y, aludiendo a ese núcleo esencial del ser humano que trasciende la dualidad Dios-criatura:

> El hombre verdaderamente humilde no tiene necesidad de rogar a Dios, puede mandar a Dios (…) el hombre humilde tiene tanto poder sobre Dios como sobre sí mismo (…); lo que obra Dios lo obra el hombre humilde (…).
> Si un hombre fuera verdaderamente humilde, Dios, o tendría que perder toda su divinidad y despojarse del todo de ella, o tendría que verterse y esparcirse totalmente en ese hombre. (…) Dios debería ser des-enaltecido (…). No ha de ser que tomemos algo de aquello que está por encima de nosotros, debemos tomarlo de nuestro fuero íntimo y debemos tomarlo de nosotros en nosotros (Eckhart).[223]

Angelo Silesio insiste repetidamente en que lo que se entiende ordinariamente por Dios es un Dios pensado, hecho a la medida humana; no es la Divinidad desnuda o Supradeidad que se alcanza precisamente en la "renuncia a Dios". Afirma en su obra *Peregrino Querubínico*:

> Lo que han dicho de Dios no siempre me basta; la Supradeidad es mi Vida y mi Luz (I, 15).
> La renunciación coge a Dios; pero renunciar a Dios mismo es una renunciación que muy pocos hombres comprenden (II, 92).
> ¿Dónde está mi morada? Allí donde no hay tú y yo. ¿Dónde está la meta última a la que hay que tender? Allí donde no hay ninguna. ¿Adónde, pues, he de ir? Debo subir todavía más arriba que Dios, a un Desierto (I, 7).[224]

Retornando al Vedānta advaita, y en palabras de Nisargadatta:

> "Yo soy" es la raíz, Dios es el árbol. ¿A quién debo adorar y para qué?[225]
> Mientras usted esté fuera de mi estado, tendrá Creadores, Preservadores y Destructores [*Īśvara* o la *Trimurti*]; pero una vez conmigo sólo conocerá el Ser y se verá a sí mismo en todo.[226]
> (…) ¡la idea de Dios como creador es falsa! ¿Debo yo mi ser a otro ser? Porque Yo soy, todo es (…).[227] ¿Qué puede Dios darme o quitarme? Lo que es mío es mío y era mío incluso cuando Dios no era.[228]

Para el Advaita, estas palabras sólo tienen sentido en la medida en que son dichas, no por el yo particular, sino por el mismo *Ātman/Brahman*; no son palabras de la conciencia individual sino de la Conciencia impersonal. En otras palabras, éstas no son afirmaciones filosóficas o teológicas; no hablan a la razón, ni hablan a la fe; son expresión de lo que es una realidad sólo para aquel que no necesita ya de estas palabras. Son estrictamente falsas y contradictorias en boca de aquel que no ha trascendido su auto-vivencia limitada; pues para el que no ha realizado su Sí mismo, Dios es, inevitablemente, un Dios-otro, un Dios relativo al yo individual, un Dios-objeto:

> Dejemos que Dios sea un concepto; creación de usted. (…) ¿De qué sirve argumentar en contra o en favor de Dios, si ni siquiera sabe quién es Dios y de lo que está hablando? El Dios nacido del miedo y de la esperanza, moldeado por el deseo y la imaginación no puede ser el Poder que Es, La Mente y el Corazón del universo (Nisargadatta).[229]

CONCLUSIÓN

Las matizaciones que venimos haciendo con relación a si el Advaita puede caracterizarse como filosofía o como religión y por qué, pueden ayudarnos a entender y a evitar lo que parecen frecuentes contradicciones, o al menos ambigüedades, en las exposiciones del Advaita –y, en general, en las exposiciones de las doctrinas más específicamente orientales–: se dice que es filosofía y, a la vez, que no lo es; que es una religión y, simultáneamente, que difiere de lo que se entiende ordinariamente por religión; que es filosofía y religión a la vez, etc. Así, por ejemplo, afirma indistintamente Radhakrishnan: «El Advaita es tanto una filosofía como una religión»; «Las *Upaniṣad* hablan con la voz doble de la filosofía y de la religión»; y por otra parte: «[Para el Advaita] la religión, en el sentido ordinario del término, es algo que ha de ser trascendido».[230] O en palabras de Max Müller: «Lo que distingue a la filosofía vedānta de todas las demás es que ésta es, al mismo tiempo, una religión y una filosofía».[231] Raimon Panikkar afirma, a su vez, que «la filosofía índica, en efecto, abarca estos tres planos, siendo al mismo tiempo religión, teología y filosofía».[232] Las citas podrían multiplicarse ilimitadamente.

Ahora bien, aunque estas descripciones son perfectamente válidas, suponen una ampliación tal de las acepciones de los términos utilizados que éstos peligran con llegar a ser equívocos; por otra parte, este sentido amplio se aparta de lo que suele ser el uso y el sentido más generalizado y habitual de dichos términos. De aquí las continuas matizaciones

que complementan este tipo de afirmaciones y que podrían evitarse sin
más evitando los términos "filosofía", "religión" o "teología". El mismo
Raimon Panikkar, tras sostener que el Advaita es filosofía, religión y teología a la vez, afirma: «el antiguo concepto de filosofía como sabiduría
que conduce a la salvación [o liberación] (…) desapareció para dar lugar a dos productos típicamente euro-cristianos: la teología y la filosofía».[233] Efectivamente, la filosofía, la teología y la misma religión, tal y
como en nuestro contexto cultural se entienden hoy en día, son productos típicamente euro-cristianos. Olvidar esto es seguir inmersos –por
más que creamos haberlo superado– en el mito colonialista según el cual
todo lo occidental es también universal; según el cual, el tipo de racionalidad que ha predominado en Occidente es la racionalidad *per se*.
Desde este punto de partida, el diálogo intercultural no rebasará el ámbito de las buenas intenciones. Y no sólo Occidente se cegará frente a lo
culturalmente diverso, sino también con relación a lo que fueron –y a lo
que son– sus propias raíces culturales.

Es importante insistir en que tanto la filosofía como la religión, en
lo que fueron sus orígenes, se aproximaban más a lo que aquí hemos
denominado "sabiduría" que a lo que ambas han llegado a ser en Occidente. En otras palabras: originariamente, filosofía y religión no
ofrecían el antagonismo radical que han llegado a tener en nuestra cultura. La filosofía era amor a la sabiduría y arte de vivir que se fundaba
en la *theoria* –concebida como contemplación y no como mera *ratio*
discursiva–; era un impulso de libertad del espíritu humano frente a las
inercias coaccionantes y acríticas de la tradición; un afianzarse en el
propio juicio, un ser luz para sí mismo, pero no en virtud de la exigua
luz individual, sino de la participación del ser humano en la misma luz
de lo real. A su vez, en lo relativo a la religión, y en palabras de M.
Müller: «El fundador de toda religión nueva no poseía, en principio,
mayor autoridad que el fundador de una escuela de filosofía».[234] No re-
mitía a autoridades externas sino a la luz que todo ser humano poseía
en su interior.

La "creencia" entendida como asentimiento dogmático, el raciocinio
desvinculado de la intuición contemplativa, han sido ajenos al Vedānta.
De aquí el sin sentido de la afirmación según la cual en Oriente no hubo
nunca filosofía, pues el pensamiento oriental nunca se desvinculó de la
religión. Si por esa desvinculación se entiende la libertad frente a los juicios acríticamente o dogmáticamente admitidos, pocas culturas han llegado a las cotas de libertad interior a las que ha llegado el pensamiento
índico –y, muy en concreto, el Vedānta advaita–. El Oriente no-dual no

confunde filosofía y religión. Sencillamente, no ha seguido la trayectoria reduccionista y artificial en la que estos saberes han llegado a no reconocerse, y se ha mantenido en el vértice original en que ambos se hermanaban en un mismo y único impulso: el del amor a la verdad. Este vértice es, precisamente, lo que hemos denominado aquí *sabiduría*.

2. EL CONOCIMIENTO DEL SÍ MISMO

«Conoce en ti aquello que, conociéndolo, todo se torna conocido.»
Muṇḍaka Upaniṣad[1]
«(…) encuéntrese a sí mismo, pues, al encontrarse, encuentra todo.»
NISARGADATTA[2]

La gnôsis advaita es conocimiento/realización de la Realidad última y única en la medida en que es conocimiento del Sí mismo.[3] Más aún, el conocimiento de Sí mismo es la vía ineludible para la realización directa de lo Absoluto; es el inicio y el fin de toda gnôsis.[4]

El Vedānta advaita es, en esencia, una invitación al conocimiento de nuestra verdadera identidad. Su objetivo no es otro que el de obedecer lo que en Occidente se expresó en el mandato de la divinidad de Delfos: «Hombre, conócete a ti mismo y conocerás el universo y a los dioses».[5] El primero, último y único paso de este camino de liberación es el auto-conocimiento; todo lo demás viene dado por añadidura. Para el Vedānta, como para la casi totalidad de las doctrinas metafísicas orientales, «la ignorancia no es la ausencia de conocimientos librescos; (…) la falta de conocimiento propio es la esencia de la ignorancia».[6]

DISTINCIÓN ENTRE EL SÍ MISMO UNIVERSAL Y EL YO INDIVIDUAL

Antes de adentrarnos en el camino advaita de auto-indagación en la naturaleza del Yo, haremos una aclaración relativa a lo que en este contexto quiere decir "sí mismo". El Advaita distingue dos niveles básicos de consideración del "yo" o "sí mismo":

a) El Sí mismo universal (*Ātman*).
b) El sí mismo individual (*jīvātman* o *jīva*).

a) El término "*Ātman*" ("Sí" o "Sí mismo"; en sánscrito: el pronombre reflexivo "sí") tiene en las *Upaniṣad* sentidos diversos. En ocasiones es sinónimo del Espíritu universal que es la esencia última de todas las cosas o el Sí mismo de todo, es decir, tiene un sentido idéntico al del término *Brahman*.

En otras ocasiones –y ésta es la acepción habitual del término *"Ātman"* en el contexto de la tradición advaita– alude a dicho Espíritu en el ser humano, al Fondo último del yo, a nuestro "Sí mismo". La referencia de ambas acepciones es la misma, pues la esencia del yo es la esencia de toda cosa. *Ātman* es *Brahman*. La diferencia radica en el matiz por el que, en su uso más restringido y habitual, *Ātman* alude a dicho Espíritu en su relación al yo humano. Si *Brahman* es la realidad absoluta y la esencia última de todo desde un punto de vista objetivo, referida al fondo último de la subjetividad es *Ātman*.[7]

Ātman –al igual que *Brahman*– puede ser considerado:

– En y desde sí mismo: *Ātman* como *Paramātman o* el Supremo *Ātman* trascendente.

–Desde un punto de vista relativo, es decir, en relación con la manifestación universal (ya sea el mundo manifiesto en su conjunto o un ser particular). En este caso, se enfatiza su aspecto inmanente.

Ātman, el Sí mismo o Yo universal, es distinto del "sí" con el que aludimos ordinariamente al "yo" o al "tú", a "este" o a "aquel" individuo. Para la mente dividida y divisora, *Ātman* o el "Sí mismo" de todo se muestra dividido en las realidades particulares, supuestamente separadas en virtud de *nāma-rūpa*; pero en sí no está escindido pues es siempre la misma y única Presencia.[8] Todos los seres constituyen una única existencia indivisible. Hay un único Yo: *Ātman*.[9]

b) Si consideramos al Sí mismo como dividido o particularizado, este "sí mismo" ya no es *Ātman* sino *jīvātman* o *jīva*: el sí mismo individual.

En último término, este sí mismo particular no es distinto de *Ātman*; es *Ātman* y en *Ātman*. Sin su relación a *Ātman,* sencillamente no sería. Por eso, la distinción que establecemos entre *Ātman* y el sí mismo particular en ningún caso tiene la naturaleza de una dualidad u oposición real. Sólo *Ātman* es real; *jīva* es relativamente real: es real como expresión de *Ātman* y en virtud del *Ātman* que en él se expresa, pero la apariencia independiente y separada de *jīva* es ilusoria.

La distinción entre dos niveles básicos en la consideración del sí mismo tiene utilidad de cara a cuestionar y superar la auto-vivencia separada del yo individual, pero, en último término, es otra dualidad a ser trascendida: «(…) estas distinciones –afirma Śaṅkara– son mencionadas con la única finalidad de cancelarlas como tales».[10] Así lo expresa Nisargadatta:

El ser interno y el ser externo son ambos imaginados [como dualidad real]. La obsesión del (...) "yo" necesita, para ser curada, otra obsesión con un "super-yo", al igual que es necesaria una espina para sacar otra espina o un veneno para neutralizar a un veneno. Toda afirmación demanda una negación, pero esto es sólo el primer paso. El siguiente es ir más allá de ambas.[11]

O en palabras de Gauḍapāda:

La distinción entre el ser individual (*jīva*) y el Ser Supremo (*Ātman*) (...) debe entenderse en sentido figurado (...) partiendo de un punto de vista dual. No tiene sentido considerarla real / De hecho, el Ser (*Ātman*) y el ser humano (*jīva*) son idénticos.[12]

Esta distinción entre dos niveles cualitativamente diferentes en la consideración del yo ha sido establecida por prácticamente todas las tradiciones de naturaleza místico-gnóstica:

En el ámbito de nuestra tradición, Eckhart distingue –con terminología paulina– entre el "hombre exterior" y el "Hombre interior".[13] El hombre exterior corresponde a la individualidad psico-física. El Hombre interior, a su dimensión espiritual y supra-individual: el Hombre eterno y único que es el verdadero Sí mismo de todo ser humano. Este Sí mismo, con propiedad, es el único "Yo"; por eso: «Aquel que dice "Yo" tiene que hacer la obra de la mejor manera imaginable. [Pues] Nadie puede pronunciar esta palabra, en sentido propio, sino el Padre».[14]

La muerte de la identificación absoluta del yo con el hombre exterior permite el nacimiento y reconocimiento del Hombre interior como verdadero núcleo esencial del yo humano, fuente del yo que es también la esencia de la divinidad («El hombre es la esencia divina y la esencia divina es el hombre»)[15] y la de toda realidad («Quien se conoce a sí mismo conoce a todas las criaturas»)[16]. Hacerse uno con el Hombre interior es hacerse uno con Dios y con todo lo creado:

«(...) sólo en la medida en que te separas de ti [del hombre exterior] serás dueño de Ti. En la medida en que eres dueño de Ti, te realizas a Ti mismo, y, en la medida en que Te realizas, realizas a Dios y todo lo que Él ha creado para siempre».[17]

Este espíritu u Hombre interior, eterno y único, no ha de ser identificado con lo que en el contexto cristiano (que no evangélico) sería el alma creada pero inmortal, con principio en el tiempo pero sin final –una concepción, por otra parte, metafísicamente insostenible–. El Hombre interior o Fondo del alma, insiste Eckhart, es increado e increable, no es una criatura:

> (...) hay en el alma un algo tan afín a Dios que es uno sin estar unido [no son dos que se unen, sino, desde siempre, uno y lo mismo]. Es uno, no tiene nada en común con nada, ni le resulta común ninguna cosa de todo cuanto ha sido creado. Todo lo creado es [una] nada. Esto [de que hablo] está alejado de toda criaturidad y le resulta ajeno. Si el hombre fuera exclusivamente así, sería completamente increado e increable.[18]

Esta distinción es igualmente el fundamento de la gnôsis islámica. En palabras de Ibn 'Arabí: «Tú eres Él y Él eres Tú».[19]

> Has de saber que lo que tú llamas tu existencia, no es en realidad tu existencia ni tu no existencia (...). La substancia de tu ser o de tu nada es Su existencia. Cuando veas que las cosas no son distintas de tu existencia y de la Suya y cuando puedas ver que la substancia de su Ser es tu ser o tu nada en las cosas, sin ver nada que sea con Él o en Él [pues es único, "sin-segundo"], entonces significa que conoces tu Sí mismo, tu "propium". Cuando se conoce el Sí mismo de tal manera, allí está la gnôsis, el conocimiento de *Allāh* más allá de todo error.[20]

De forma menos explícita, ya que se evita hablar de la Identidad última de modo positivo, pues ello podría dar pie a una inadecuada "objetivación", esta distinción también está presente en la tradición budista:

> En el mundo de la verdadera Identidad no hay ni otros ni uno mismo.[21]
> (...) cualquier cuerpo pasado, presente o futuro, interno o externo, burdo o sutil, vil o noble, lejano o cercano, (...) no es "mío", no es "yo", no es "mi ser".[22]
> ¿No sería mejor para vosotros que persiguierais el Sí (*ātmānaṃ gaviṣ*)?[23]

Con relación a la controversia sobre si el budismo niega o no la realidad del *Ātman*, las opiniones se dividen. Nos inclinamos a pensar que no se da tal negación y que la doctrina budista de *anātman* (no-*ātman* o no-ego) supone meramente la negación de un sustrato permanente en la identidad del yo empírico o yo individual.

En palabras del conocido teórico del budismo zen, D. T. Suzuki:

> No hay ego, no hay *ātman*. Cuando esta enseñanza es comprendida más

o menos superficialmente, se tilda al budismo de negativismo o nihilismo. Pero (...) la negación nunca puede sostenerse por sí misma; implica siempre algo afirmativo, algo positivo. (...) Cuando el budismo rechaza el *ātman*, no es éste el *Ātman* absoluto, sino el *ātman* relativo. La propia negación de este *ātman* relativo presupone la existencia, tras él, de algo afirmativo, y esta afirmación no es ni más ni menos que el Yo absoluto.[24]

Ésta es también la interpretación de A. Coomaraswamy, quien califica de "flagrante falsedad" la afirmación según la cual el Buda negó el Sí inmortal de las *Upaniṣad*.[25]

En el ámbito taoísta, afirma Chuang-Tzu:

[Los sabios] conocen la unidad e ignoran la dualidad (...) Su iluminación les ha introducido en la sencillez primitiva y (...) han restaurado su autenticidad nativa.

El origen de todo es la Unidad. El que no se ha disociado de este su origen se llama Hombre-Cielo. El que no se ha disociado de aquella esencia se llama Hombre-Espíritu. El que no se ha disociado de aquella Verdad se llama Hombre-Cumbre.[26]

* * *

Como tuvimos ocasión de señalar, la estructura trina es característica de toda doctrina no-dual. Lo dicho hasta ahora sobre la naturaleza del yo es un ejemplo de ello, ya que la distinción entre dos niveles en la consideración del yo, lejos de ser dualista (insistimos: no se trata de una dualidad real; el Sí mismo es uno), permite la superación de todo dualismo en la comprensión de la naturaleza humana: el binomio *psyche-soma*, cuerpo-mente, cuerpo-alma, *res extensa-res cogitans*, etc., no es definitivo; hay una tercera instancia, no simétrica respecto a las anteriores, libre frente a ellas, que las trasciende y, a su vez, las fundamenta e integra porque es su única substancia: el *nous*, Espíritu, *Ātman*, etc. Mente y materia no constituyen una dualidad, sino que son dos modos relativos de expresión de lo mismo y único: *Brahman/Ātman*, *Sat/Cit*.

Más adelante tendremos ocasión de ver cómo, fenomenológicamente, esta estructura trina se manifiesta en la naturaleza reguladora de la Conciencia testigo (*Cit, sākṣī*): centro de gravedad del yo que, por la mera acción de su presencia, permite integrar y alinear la personalidad –lo corporal, mental y afectivo–, una integración que acontece en virtud de su independencia y superioridad ontológica con relación al nivel del cuerpo-mente del que, a su vez, es su fuente y matriz.[27]

La identidad Ātman-Brahman

La afirmación de la Identidad *Ātman-Brahman* es el eje de la doctrina advaita. Tradicionalmente se considera que dicha doctrina queda sintetizada de modo eminente en ciertas sentencias de las *Upaniṣad* denominadas *mahā-vākya*. Las principales son cuatro (cada una correspondiente a un Veda):

1 –"Yo soy *Brahman*" (*Aham brahmāsmi* [*Bṛhadāraṇyaka Upaniṣad* I, 4, 10 del *Yajur-Veda*]).[28]

2 –" Tú eres Eso" (*Tat tvam asi* [*Chāndogya Upaniṣad* VI, 8, 7 y ss. del *Sama-Veda*]).

3 –"Este Yo es *Brahman*" (*Ayam ātmā brahma* [*Māṇḍūkya Upaniṣad* IV, 2 del *Atharva Veda*]).

4 –"*Brahman* es Conciencia pura" (*Prajñānam brahma* [*Aitareya Upaniṣad* III, 5, 3 del *Ṛg-Veda*]).[29]

Los tres primeros *mahā-vākya* nos hablan de la Identidad suprema de la esencia humana con la Realidad última y única. La Realización de esta unidad se opera, según el Vedānta, a través del *Yoga* (= "unión" o "reunión"). Esta unión, en expresión de Śaṅkara, no es la producción de un resultado no existente anteriormente, sino la toma de conciencia de lo que siempre ha sido y nunca ha dejado de ser. El yo siempre fue *Brahman*. La separatividad del hombre con relación a lo Absoluto y, derivadamente, con relación al mundo, es sólo una distorsión perceptiva; y fútil, por consiguiente, es toda pretensión de unión.[30]

Nunca nada fue separado. Nunca nada hubo de ser unido. Por eso: «No hay ni disolución ni creación, nadie está esclavizado y nadie lucha por salvarse, no hay aspirante a la liberación ni liberación; ésta es la verdad suprema» (Gauḍapāda).[31]

ĀTMA-VICĀRA[32]
O LA AUTO-INDAGACIÓN EN LA NATURALEZA DEL YO

«Encuentre su ser real. ¿Quién soy yo? es la pregunta fundamental de toda filosofía (…) Profundice en ella.»
NISARGADATTA[33]

«Aquel que busca alguna cosa en otro sitio que el Sí,
es abandonado por todas las cosas.»

Bṛhadāraṇyaka Upaniṣad[34]

El Advaita, decíamos, es en esencia conocimiento del Sí mismo. Una de
las prácticas recomendadas por esta enseñanza para despertar del olvido
de nuestra naturaleza profunda es la indagación en la naturaleza del yo
(*ātma-vicāra*). Esta auto-indagación no ha de ser confundida con el
auto-análisis o la auto-observación psicológica:

> El estado del conocimiento (…) contemplado por el Yoga, no es una mera
> concepción intelectual o clara discriminación de la verdad, ni una ilumi-
> nada experiencia psicológica de las modalidades de nuestro ser. Es una
> "realización", en el sentido pleno de la palabra; es hacer real para nosotros
> y en nosotros al Yo, a la Divinidad trascendente y universal, y es la subsi-
> guiente imposibilidad de apreciar las modalidades del Ser excepto a la luz
> de ese Yo y en su aspecto verdadero, como su corriente del devenir bajo
> las condiciones psicológicas y físicas de nuestra existencia mundana (Au-
> robindo).[35]

Lo primero que hay que decir respecto a la naturaleza de esta auto-indagación es que se trata de una vía estrictamente experiencial. El acceso a
la verdad en torno al Sí mismo no es fruto del estudio ni del conocimiento de la *śruti* o de alguna filosofía; no se adquiere mediante el asentimiento a autoridad alguna; tampoco a través del discernimiento lógico o racional; sólo se logra mediante la "comprensión-realización" que acontece
siempre a través de la experiencia propia, directa e intransferible.[36]

> La elocuencia sonora de un río de palabras, la habilidad de exponer o co-
> mentar las escrituras, la erudición misma, sirven sólo para la satisfac-
> ción personal; para la liberación, todo esto es perfectamente inútil (…).
> Las Escrituras formadas por miles de palabras no son más que un bos-
> que impenetrable en el que se pierde la mente con facilidad. El sabio as-
> pirante debe aplicarse con celo a experimentar por sí mismo la auténtica
> naturaleza del *Ātman* (*Vivekacūḍāmaṇi*).[37]

De hecho, lo dicho sobre la identidad última del yo con *Brahman* no es,
para el Advaita, una afirmación teórica que haya que aceptar, sino una
verdad a experienciar, a *ser* (recordemos que, en este contexto, ser es conocer). Sólo la experiencia otorgará a esta doctrina el sello de realidad.

Sólo al ser realizadas, encarnadas en el propio ser, dichas verdades merecen denominarse tales; como meras proposiciones lógico-filosóficas, ni son verdad ni permiten el encuentro con la verdad. De hecho, afirmar «Yo soy *Brahman*» desde el nivel de la conciencia dual, es decir, cuando lo afirma el yo individual, es un acto de mera auto-identificación mental y, como veremos, para el Advaita el conocimiento de nuestra verdadera Identidad se alcanza precisamente en el abandono de todas las auto-identificaciones mentales. «Yo soy *Brahman*» sólo lo puede ser dicho por el mismo *Brahman*.

La experiencia de *Brahman* es, por tanto, intransferible, irrenunciablemente personal. Pero inicialmente, «(...) para aferrar la resplandeciente verdad del Sí, escondido por *māyā* y por sus efectos, debemos ajustarnos a las instrucciones de un conocedor de *Brahman*» (*Vivekacūḍāmaṇi*).[38] Este ajuste no supone relegar el criterio según el cual no hay más autoridad que la propia experiencia. Se trata, sin más, de alcanzar ésta última a través de una metodología análoga a la metodología científica ordinaria. Así lo describe Nisargadatta:

> Al fin y al cabo, lo que yo le ofrezco es el método operacional tan corriente en la ciencia occidental. Cuando un científico describe un experimento y sus resultados, usted acepta usualmente sus afirmaciones y repite el experimento tal como él lo describe. Una vez que obtiene los mismos resultados, o similares, no necesita seguir confiando en él; usted cree en su propia experiencia. Animado por ello, sigue adelante y llega al final a resultados substancialmente idénticos.[39]
>
> En ciencia se llama la vía experimental. Para probar una teoría uno lleva a cabo un experimento según las instrucciones operacionales dejadas por aquellos que han realizado el experimento antes que usted. En la búsqueda espiritual, la cadena de experimentos que uno debe realizar se llama *yoga*.[40]

El único criterio es el de la propia experiencia, pero, inicialmente, aquel que aún no posee la certeza que sólo procede de la propia experiencia ha de confiar, con una confianza estrictamente científica, operativa, funcional, en aquellos que han realizado el "experimento" de lo Absoluto con anterioridad. A partir de ciertas instrucciones operacionales –establecidas por un conocedor de *Brahman*– se busca alcanzar la certeza experiencial que aún no se posee tomando como punto de partida algún dato que sea intrínsecamente cierto para el buscador. En otras palabras: se trata de alcanzar datos aún no ciertos desde otros ciertos. El punto de partida ha de ser, en todo caso, absolutamente incuestionable; es preciso, por lo tanto, descartar todo supuesto meramente teórico, todo conocimiento indirecto o de segunda mano, todo lo que no sea intrínsecamente evidente.

Para el Advaita, el único hecho absolutamente incontrovertible y auto-evidente y, por lo tanto, el único dato que puede constituirse en cimiento y eje válido del *ātma-vicāra*, es el sentido *"yo soy"*, la certeza de ser, la certeza de la propia presencia consciente.

> (...) usted quiere conocerse a sí mismo. Para lograr esto mantenga firmemente en el foco de la conciencia la única pista que tiene: su certeza de ser. Esté con ella, juegue con ella, examínela, profundice en ella, hasta que la cáscara de la ignorancia se rompa y usted salga al dominio de la realidad.[41]
>
> Dios es sólo una idea en su mente. El hecho es usted. Lo único que usted sabe con certeza es: "Aquí y ahora, yo soy". Elimine el "aquí y el ahora" y queda el "yo soy", inexpugnable (Nisargadatta).[42]

"Yo soy"[43] *o la evidencia del propio Ser-consciente*

> «¿Por qué no volverse de la experiencia al experimentador
> ‚ y comprender todo el alcance de la única afirmación verdadera que
> puede hacerse: "Yo soy"?»
> NISARGADATTA[44]
> «Lo visto no puede confundirse jamás con el que ve.»
> *Vivekacūḍāmaṇi*[45]

Como expresa Śaṅkara en su *Comentario a los Brahma-sūtra*: refutar al yo es imposible porque el que intenta refutarlo es el yo.[46] Que "Yo soy" y que soy "conciencia" o "presencia consciente" –afirma Nisargadatta– es absolutamente incuestionable, pues la conciencia es la condición de posibilidad de toda experiencia. No hay percepción, ni mundo, ni existencia fenoménica sin "conciencia". Ésta constituye el fondo no cambiante que atestigua todo cambio. Es lo que, más allá de lo que en él cambia, permite a cada instante decir al yo: "Yo soy" (*Aham asmi*), pues atestigua el cambio sin implicarse en él.[47] Es por ello el verdadero y único Yo. Lo que soy (los *contenidos* de conciencia que constituyen lo que ordinariamente denomino "yo") no ha dejado de cambiar en el decurso del tiempo, pero lo que dice "yo" y atestigua dichos cambios permanece.

El experimentador imparte realidad a la experiencia; no hay experiencia sin experimentador. Más allá de la naturaleza de los contenidos de la experiencia, que en sí son cuestionables, el hecho de la experiencia y, por consiguiente, la realidad del experimentador, son indiscutibles; constituyen, de hecho, su propia prueba.

> P: La experiencia puede ser errónea y engañosa.
> M: Así es, pero no el hecho de la experiencia. Sea cual sea la experiencia, verdadera o falsa, no puede negarse el hecho de que la experiencia ocurre. Ella es su verdadera prueba. Obsérvese a sí mismo íntimamente y verá que cualquiera que sea el contenido de la conciencia, el atestiguarlo no depende del contenido (Nisargadatta).[48]
> ¿Quién conoce? ¿Qué se conoce? No hay certidumbre excepto en el hecho de conocer (Nisargadatta).[49]

La conciencia no necesita pruebas; es su propia prueba y prueba todo lo demás. No es la conclusión de alguna inferencia o movimiento cognoscitivo, pues no puede haber tal cosa como una cognición de la cognición. Si ello fuera posible se daría una regresión *ad infinitum*, como se plantea en el siguiente extracto de un diálogo con Nisargadatta:

> M: (…) La persona es observable objetivamente. El observador está más allá de la observación. Lo que puede observarse no es el Ser [Sí mismo] real.
> P: Siempre puedo observar al observador en recesión sin fin.
> M: Puede observar la observación, no al observador. Sabe que usted es el observador último por percepción directa, no por un proceso lógico basado en la observación. Usted es lo que es, pero conoce lo que usted no es (…).[50]

O, como afirma Śaṅkara en su comentario a la *Bhagavad Gītā*:

> (…) si el conocedor y la relación entre el conocedor y la cosa conocida fueran cognoscibles, habría que imaginar un nuevo conocedor. Y luego habría que imaginar otro conocedor del anterior y otro de éste último, y así tendría lugar un ilimitado regreso al infinito (…) Lo conocido es simplemente lo conocido. Similarmente, el conocedor es simplemente el conocedor y nunca puede llegar a ser algo cognoscible.[51]

En otras palabras: el Yo no precisa ser probado pues es "auto-luminoso" (*svaprakāśa*), auto-evidente[52] y fuente de toda evidencia. No lo conocemos objetivamente; lo conocemos porque lo somos, porque somos en su luz.

«Puesto que he de ver la verdadera Luz tal cual es, debo serla yo mismo, si no, es imposible» (Angelo Silesio).[53]

Una intuición cercana a esta descripción advaita de la naturaleza del yo es la que lleva a Witttgenstein a afirmar: «El sujeto no pertenece al mundo sino que es un límite del mundo».[54] El yo –el verdadero yo– no aparece en el campo de la conciencia (el mundo) porque es *la fuente* de esa conciencia y no uno de sus objetos. El yo psicológico que puede ser uno de los objetos del mundo (puesto que es el yo que puedo observar, conocer, analizar, etc.) no es el yo metafísico, no es el último y único yo.

> Existe, pues, realmente un sentido en el que en filosofía puede tratarse no psicológicamente del yo.
>
> (…) El yo filosófico no es el hombre, ni el cuerpo humano, ni el alma humana, de la que trata la psicología, sino el sujeto metafísico, el límite: no una parte del mundo.[55]

Para Wittgenstein, el sujeto empírico, el yo que puede ser objeto de experiencia, no es una realidad unificada sino un mero haz de elementos psicológicos, es decir, no es ni tal yo, ni tal sujeto.[56] De un modo análogo, hablando de este yo empírico u objetivo y de su inadecuación para constituirse en eje de nuestra identidad, afirma Nisargadatta: «Sólo hay una corriente de sensaciones, percepciones, recuerdos e ideas. El cuerpo-mente [el yo psicofísico supuestamente unitario] es una abstracción creada por nuestra tendencia a buscar unidad en la diversidad».[57]

Śaṅkara, al inicio de su *Comentario a los Brahma-sūtra*, invita a vislumbrar la diferencia entre el yo empírico y el yo metafísico a través de la constatación del hecho de que lo susceptible de ser conocido objetivamente (lo que es objeto de conocimiento: *viṣaya*) nunca puede ser sujeto: «Como es bien conocido, del mismo modo que el sujeto y el objeto, que son percibidos como los contenidos de las nociones "yo" y "no yo", son opuestos el uno al otro en su esencia misma, como la oscuridad y la luz, y que, en consecuencia, uno no puede tomar el sitio del otro, tampoco sus atributos pueden ser convertidos».[58]

El yo que se conoce y puede ser conocido, el yo fenoménico objeto de la auto-reflexión y del conocimiento del tú, no es el verdadero yo, pues éste último no es objeto sino sujeto, no es lo conocido sino el conocedor. El yo que la psicología, la filosofía, etc., estudian y describen no es el yo puro; tampoco los atributos que estas ciencias consideran como propios del yo (la percepción y el pensamiento, la voluntad, el deseo, etc.) son atributos del Sí mismo. El verdadero Yo permanece siempre como testigo de todo cambio, estado y objeto (a los que sustenta sin que esto contamine su naturaleza independiente e inafectada); como la apertura luminosa y supraobjetiva en la que acontece todo contenido de conciencia, sin nunca formar parte de lo acontecido.

* * *

Para la auto-indagación advaita, lo esencial no es tanto el conocimiento de ciertos contenidos objetivos ("lo que" soy) como el conocimiento del *conocedor*, de lo que atestigua dichos contenidos. Sólo el conocimiento/realización del conocedor, de esa presencia consciente que atestigua la experiencia, es fuente de sabiduría. Éste es el "giro" epistemológico que propone el Advaita: conocer no cualesquiera de los objetos pertenecientes al mundo, sino precisamente al conocedor de todo lo conocido.

> No es el habla lo que deberíamos querer conocer; deberíamos querer conocer al hablante. No es lo visto lo que deberíamos querer conocer; deberíamos querer conocer al vidente. No es el sonido lo que deberíamos querer conocer; deberíamos querer conocer al oyente. No es el pensamiento lo que deberíamos querer conocer; deberíamos querer conocer al pensador.[59]

Pero ¿cómo conocer al conocedor, dado que éste no está en el mundo y es siempre su límite? O, como expresa la *Upaniṣad*: «¿Cómo se puede conocer a Aquél por el cual todo es conocido?».[60] La apertura en la que acontece lo conocido, la luz en virtud de la cual puede ser visto, no puede, a su vez, ser conocida porque no es de naturaleza objetiva. «Decir: "me conozco a mí mismo" –afirma Nisargadatta– es contradictorio porque lo conocido no puede ser "mí mismo"».[61]

> No puede conocer al conocedor, puesto que usted es el conocedor. El hecho de conocer prueba al conocedor. No necesita más prueba. El conocedor de lo conocido no es cognoscible. Del mismo modo que la luz sólo es conocida en los colores, así el conocedor es conocido en el conocimiento (Nisargadatta).[62]

Efectivamente, el yo no puede ser conocido porque nunca es un contenido de conciencia sino la conciencia que es la condición de posibilidad de todo contenido objetivo. Si la indagación en la naturaleza del yo de la que habla el Advaita no busca hacer de éste un contenido de conciencia, ¿qué sentido tienen, en este contexto, las expresiones "auto-conocimiento" o "auto-indagación"?

Cuando el Advaita habla de "auto-indagación" no alude a un proceso cognoscitivo que culmine en la aprehensión del Sí mismo, pues éste último no es nunca el término de ningún proceso, sino su mismo principio y sustrato.[63] A lo que apunta la expresión "auto-indagación" es al conocimiento de "lo que no somos", pero creemos ser, es decir, a la necesidad de advertir nuestra equívoca tendencia a identificarnos con nuestro yo empírico, una tendencia que conlleva el oscurecimiento de nuestra identidad real. Nada más es necesario, pues simplemente conociendo lo que no somos (pero creemos ser) y abandonando las falsas identificaciones se retorna al propio ser originario y se permite su libre expresión.[64]

> P: ¿Qué quiere decir conocerme a mí mismo? Al conocerme a mí mismo, ¿qué es exactamente lo que llego a saber?
> M: Todo lo que usted no es.
> M: ¿Y qué es lo que no soy?
> M: Lo que usted es ya lo es. Conociendo lo que no es se libra de ello y permanece en su propio estado natural. Todo ocurre muy espontáneamente y sin esfuerzo" (Nisargadatta).[65]

La sobreimposición (adhyāsa) o las falsas identificaciones (upādhi)

> «Esta es la esencia de cautiverio: el mezclar lo real con lo irreal.»
> NISARGADATTA[66]
> «(…) en el fondo tú no eres tú; pero tú no lo sabes.»
> IBN 'ARABĪ[67]

Sólo se puede conocer (objetivamente) lo que no se es, porque lo que se es no es una realidad objetiva que pueda ser conocida, percibida o imaginada.

> Aquello que puede ser descrito no puede ser usted, y lo que usted es no puede ser descrito. Sólo puede conocerse a sí mismo siendo sí mismo sin ningún intento de auto-definición o auto-descripción. Una vez que ha

comprendido que usted no es nada perceptible o concebible, que todo cuanto aparece en el campo de la conciencia no puede ser usted, entonces se dedicará a la erradicación de toda auto-identificación (Nisargadatta).[68]

No somos el cuerpo, ni nuestros pensamientos, sentimientos, experiencias, etc., pues todo ello son realidades cognoscibles y experimentables, mientras que el yo que permanece –el que permite decir en cada momento de la existencia: «Yo soy»– no es ningún contenido particular de experiencia sino el factor inobjetivo que los sustenta: la Conciencia o el experimentador puro en sí. El movimiento de la auto-indagación (vicāra) adopta, de este modo, una metodología negativa: neti-neti = ni esto, ni aquello. «Yo no soy esto, yo no soy aquello... ¿Quién soy yo?» No soy esto o aquello porque no soy ningún contenido objetivo, nada cognoscible o experimentable. Puedo saber de mi cuerpo –afirma el jñā-nin–, por ello, no lo soy. Puedo atestiguar mis pensamientos, emociones y sensaciones, por lo tanto, no los soy. Incluso las afirmaciones últimas del Vedānta –«Yo soy Brahman», etc.–, como tales juicios, como contenidos de conciencia, ocultan al Yo real. «Ninguna auto-definición es válida. Despréndase de todas las ideas sobre sí mismo –insiste Nisargadatta–, incluso de la idea de que usted es Brahman»;[69] pues, en tanto que "idea", oscurece la identidad última supraobjetiva.

El camino de regreso hacia sí mismo pasa por la desidentificación, por la negación y el abandono:

> Del mismo modo que un niño no nacido no puede conocer la vida tras el nacimiento, puesto que no tiene en su mente nada con lo que formar una imagen válida, así también la mente es incapaz de pensar en lo real en términos de lo irreal excepto mediante la negación: "no esto, no aquello". El obstáculo es aceptar lo irreal como real (Nisargadatta).[70]

Esta vía negativa consta de dos momentos internos:
– Viveka: el discernimiento entre lo falso y lo verdadero, que se logra cuando se ve lo falso como falso.
– Vairāgya: el desapego o abandono de las falsas identificaciones. Este desapego no es resultado de un acto volitivo posterior a viveka; acontece espontáneamente con la comprensión de la insubstancialidad de las identificaciones a las que previamente se había otorgado realidad. Viveka conlleva vairāgya.

Conviene advertir que, si bien viveka es una discriminación racional, mental, ello no contradice la afirmación advaita de que la mente no pue-

de alcanzar al Yo –dado que éste no puede ser nunca un objeto conocido–. El conocimiento positivo de lo que somos, de lo que *es* en sentido
absoluto, es inaccesible para nuestra mente dual. Pero, en el camino del
auto-conocimiento, la mente tiene una función legítima e irreemplaza-
ble: darnos a conocer lo que *no* somos, desvelar lo irreal como irreal, ver
lo falso como falso, tomar conciencia de sus propios límites y condicionamientos –en particular, de su incapacidad para acceder a lo realmente
real: lo supraobjetivo– y disponerse así para ir más allá de sí misma.[71]

> Por todos los medios posibles, use su mente para conocer su mente. Es
> perfectamente legítimo y también la mejor preparación para ir más allá
> de la mente.[72]
> La función propia de la mente es decirle a usted lo que no es. Pero si
> quiere usted un conocimiento positivo, debe ir más allá de la mente.[73]
> La mente tiene sus límites. Basta para llevarle a usted a las propias fron-
> teras del conocimiento y hacerle confrontar la inmensidad de lo desco-
> nocido. Zambullirse es cosa de usted (Nisargadatta).[74]

Según Śaṅkara: «La más alta inteligencia consiste en el conocimiento de
que la sola inteligencia no es suficiente».[75] O en palabras de Radhakrishnan: «El poder de la mente humana es suficientemente grande [y aquí
radica su más elevada posibilidad] como para reconocer sus propias limitaciones».[76]

Naturaleza de los *upādhi*

La acción mediante la cual atribuimos al yo identificaciones objetivas que no le corresponden, y en virtud de las cuales éste cree ser lo que
no es, es denominada por el Vedānta, *adhyāsa* = acción de superponer.

Hemos apuntado cómo Śaṅkara, al inicio de su *Comentario a los
Brahma-sūtra,* sostiene que los atributos propios de las realidades objetivas no pueden ser transferidos al sujeto puro ni viceversa.

> No obstante –continúa– debido a una ausencia de discriminación entre
> esos atributos y substancias que son totalmente dispares, se perpetúa un
> comportamiento humano natural basado en la auto-identificación que se
> da en la forma "yo soy esto" o "esto es mío". Este comportamiento tie-
> ne por causa la ignorancia (*avidyā*), y el hombre recurre a él mezclando
> lo real y lo irreal como resultado de la sobreimposición (*adhyāsa*) de
> realidades entre sí y de sus atributos mutuos.[77]

Adhyāsa «(…) es la sobreimposición de atributos de una cosa en otra»; «es la noción de "eso" en algo que es "no eso"»;[78] en dos clásicos ejemplos advaita: como cuando se percibe una serpiente donde sólo hay una cuerda, o se cree ver plata en el brillo nacarado de una concha de mar. Padmapāda –un destacado advaitin postshankariano– define *adhyāsa* con las siguientes palabras: «Sobreimposición significa la manifestación de la naturaleza de una cosa en algo que no es de esa naturaleza». «Como en la frase "yo soy sordo". La sordera es una propiedad del órgano del oído, y no del yo».[79] Para el Advaita, en la sobreimposición (*adhyāsa*) o falsa imputación de lo que es "no-yo" al "yo", en la confusión la Conciencia pura con los contenidos objetivos de conciencia, radica toda ignorancia o nesciencia (*avidyā*).

Si *adhyāsa* es la acción de superponer, las falsas identificaciones que, superponiéndose al Yo, lo ocultan son denominadas por el vedānta *upādhis*.

De cara a explicar la naturaleza de los *upādhi*, introduciremos una muy sucinta digresión en torno a lo que el vedānta considera la estructura del hombre y del cosmos:

Según el Vedānta, *Ātman* absoluto e inmanifiesto se expresa en el mundo fenoménico y relativo a través de tres cuerpos (*śarīra*) y revestido con cinco vestiduras (*kośa*).[80]

1 – *Sthūla śarīra* o cuerpo físico. Se corresponde con la envoltura o vestidura denominada *annamaya kośa*.

2 – *Liṅga* o *sūksma śarīra*. Equivale al cuerpo sutil. Éste abarca tres vestiduras:

– *Prāṇamaya kośa:* la envoltura de energía vital o pránica, fuente de la actividad del cuerpo.

– *Manomaya kośa:* la envoltura mental o mundo psíquico. Es el vehículo de *manas* o de la mente inferior condicionada.

– *Vijñānamaya kośa*: la envoltura de conocimiento supramental, vehículo de *buddhi* o del intelecto superior.

3 – *Kāraṇa śarīra* o cuerpo causal. Es el principio causal de todos los demás cuerpos. Corresponde a *ānandamaya kośa* o envoltura de beatitud.

Esta división está presente tanto a escala cósmica como individual. Cada individuo y el cosmos como un todo poseen dicha estructura: un plano de substancia física, un nivel de substancia sutil y un nivel de substancia causal. Estos niveles tienen entre sí una clara relación jerárquica: el nivel

causal es el nivel inmediato de expresión de *Ātman* y contiene potencial
o principalmente a los otros dos *śarīra*; el nivel sutil es la primera expresión del nivel causal, y el nivel material es la expresión densa del nivel
sutil. Los niveles superiores interpenetran siempre a los inferiores y no a
la inversa. Los tres planos son, a su vez, expresión de *Ātman/Brahman*,
de *Sat/Cit*, que es el en-sí único y último de todo lo real. Según esto, la
Conciencia primordial –de modo más o menos velado– se halla presente
en todo, aunque algunos niveles de realidad parezcan "inconscientes" en
relación con los niveles superiores.[81]

En último término, sólo es *Ātman/Brahman*, Uno-sin-segundo. Todos
los cuerpos/vehículos son la expresión fenoménica de *Ātman*. Pero aun
cuando todo sea Sí mismo y esté circunscrito en el Sí mismo, lo que relativamente es vehículo de expresión de *Ātman* también puede serlo de su
ocultamiento. En otras palabras: la expresión libre de *Ātman* puede pasar
a ser aparente constricción, como en una suerte de juego de espejos en
que la refracción progresiva devuelve cada vez más turbia y lejana la
imagen original. De aquí que el Yo llegue a olvidar su universalidad y su
carácter fontanal, y se confunda o identifique con sus vehículos particulares y limitados, a los que otorgará realidad absoluta.

Estos vehículos, considerados de modo autónomo, es decir, desvin-
culados de la Conciencia de la que son instrumentos de expresión relativa, carecen de substancialidad y realidad. Sólo tienen realidad vinculados
a *Ātman*. Por eso, la auto-vivencia limitada del yo que se ha confundido
con sus vehículos, aunque efectiva en sus resultados, en sí es ilusoria. El
Yo siempre ha sido libre, pues el Uno sin segundo no puede dejar nada
fuera de sí.[82]

Limitándonos a la consideración del ser humano, estos *śarīras* y
kośas son los distintos niveles que conforman su estructura y los vehículos de expresión de su naturaleza esencial. Las falsas auto-identificaciones tienen lugar cuando el Sí mismo (*Ātman*) se confunde con dichos vehículos y con sus atributos respectivos. Así, cuando el yo afirma *de
modo absoluto*, y no meramente convencional: «soy este cuerpo», «nací
y moriré», «estoy enfermo», etc., está atribuyendo al *Ātman* (Yo) lo que
es no-yo: cualidades corporales y vitales (cualidades de *annamaya* y de
prāṇamaya kośa). Cuando afirma: «experimento placer o dolor», «veo
con los ojos», etc., identifica al único experimentador (*Ātman*) con sus
instrumentos de percepción. Cuando afirma: «pienso», «estoy triste»,
«soy virtuoso», etc., superpone el *upādhi* de los distintos estados mentales y emocionales (*manomaya kośa*) al Yo que es el Testigo de dichos
estados. Incluso la identificación con una experiencia extática de unión

con lo divino –nivel causal (*Vijñānamaya kośa*)– supone una atribución al Sí mismo que le es ajena.[83]

En resumen: *adhyāsa* es considerar al yo de modo objetivo y atribuir rasgos al sujeto puro que sólo competen a las realidades objetivas. Es hacer del yo un "mi" o un "mío".

El primer paso o raíz de este proceso de *adhyāsa* o de constitución de falsas auto-identificaciones es *ahaṃkāra*: el sentido del "yo" y de lo "mío", como opuesto al "no yo" y a lo "no mío". *Ahaṃkāra* significa literalmente "lo que hace el yo" (*aham* = yo); es lo que da origen a la conciencia individual separada, el sentido de ser un yo particular, substancial y limitado, la convicción de ser "esto" o "aquello" y de ser afectado por los objetos (internos y externos). *Ahaṃkāra* es el

ego-sentido separativo que hace que cada ser se conciba como una personalidad independiente (…). Concibe al objeto, no como el universo en una de sus apariencias frontales, sino como una misma existencia separada que se destaca en el cosmos y en esencia difiere de todo el resto de él. De forma parecida concibe (…) al Yo. Ésta es la ilusión de la ignorancia que falsifica todas las realidades (Aurobindo).[84]

Ahaṃkāra está, a su vez, íntimamente unido a *manas*: la razón o mente dual divisora y dilemática. De estas divisiones que opera la mente, la primera y más básica es la división apuntada entre "yo" y "no-yo"; pues el yo que intenta pensarse o concebirse mentalmente a sí mismo sólo puede hacerlo al modo dual, es decir, en estricta contraposición a lo otro o "no yo". Esta división es el inicio del proceso de auto-identificaciones ("yo soy *esto*" = *aham idam*; "esto es mío" = *nama idam*) o *adhyāsa*. Se forja así el *ego* o la persona individual separada, como un centro vicario de la propia identidad, el cual se considera a sí mismo sujeto último y centro coordinador absoluto de vivencias, percepciones, conocimiento, voluntad y acción.

Manas –la mente dual– es la raíz de este proceso; por eso, afirma el Advaita: «Más allá de la mente no hay ignorancia. Más aún, la ignorancia es la mente misma».[85]

En resumen: la ignorancia (*avidyā*) que nos exilia de nuestra verdadera identidad es obra de la mente (*manas*) que superpone (*adhyāsa*) al Ser o Sí mismo lo que, en sí, no es (lo que es "no Sí"); que identifica el cuerpo y los demás agregados o *upādhis* con *Ātman*; que atribuye al Yo –la Conciencia universal y única en cada uno de nosotros– lo que es "no yo"; que nivela e identifica al yo individual (*jīva*) con su fuente. Todo lo que suponga definir al Yo en términos de "esto" o "aquello" es *adhyā-sa*. "Esto" y "aquello" son los *upādhi*.

Jīva como reflejo o limitación de *Ātman*

Śaṅkara suele acudir indistintamente a dos metáforas para explicar el origen de "*jīva*" o la constitución del ego separado a través de *adhyāsa*: la primera considera a *jīva* un "reflejo" de *Ātman*; la segunda, una "limitación" de *Ātman*.[86]

– *Jīva* es un "reflejo" de *Ātman* en el espejo de la mente ignorante; como tal, no es diferente en esencia de *Ātman*.

De igual modo que el reflejo del cuerpo de una persona en un lago es diferente según sea el estado del agua –clara o sucia, calma o removida–, análogamente, el reflejo de la Conciencia pura variará según cuál sea el estado de *avidyā* sobre el que se refleje. Sólo una mente clarificada por la práctica de *viveka* y *vairāgya* será calma y, como el agua pura y aquietada, reflejará perfectamente el *Ātman*, perdiendo dicha mente sus rasgos opacamente individuales.

> Este *jīvātman* debe considerarse como una simple apariencia del Sí mismo supremo, como el reflejo del Sol en el agua (Śaṅkara).[87]
> Como el Sol luminoso, uno, cuando entra en contacto con diversas aguas diferentes se torna multiforme a causa de los acompañantes que lo limitan; así también sucede al solo divino inengendrado Sí mismo (…) el único Sí mismo de todos los seres mora separadamente en todos los seres individuales; por esto se revela uno y múltiple al mismo tiempo, como la luna única se multiplica por sus reflejos en el agua (Śaṅkara).[88]
> El insensato confunde el auténtico Sol con su imagen reflejada en el agua de un jarro. Así, por efecto de la ilusión, se identifica con el reflejo (…) situado en las envolturas y lo considera la propia realidad.
> El sabio aparta el jarro, el agua y el reflejo, para observar únicamente el Sol, que resplandece por sí mismo, y aunque ilumina las tres cosas, permanece al margen de ellas (*Vivekacūḍāmaṇi*).[89]

Aunque ilustrativa, esta imagen no deja de ser ambigua –como hace notar Śaṅkara en su *Comentario a los Brahma-sūtra*–, en la medida en que parece oponerse al punto de vista no-dual del Advaita: parece dar a entender que el espejo reflector es substancialmente diverso del Sí que en él se refleja, lo cual no es aplicable al *Ātman*, Uno sin segundo.[90] Nisargadatta acude a esta imagen tradicional evitando esta ambigüedad al insistir en que la Luz de *Cit* es tanto la naturaleza íntima del reflejo como la del espejo reflector:

> El testigo es meramente un punto en la Conciencia en-sí. No tiene nombre ni forma. Es como un reflejo del Sol en una gota de rocío. La gota de rocío tiene nombre y forma, pero el puntito de luz está causado por el Sol. La claridad y la tersura de la gota es una condición necesaria pero no suficiente en sí misma. De modo similar, la claridad y el silencio de la mente son necesarios para que el reflejo de la realidad aparezca en la mente, pero por sí mismos no bastan. *La realidad debe estar tras ellos* (Nisargadatta).[91]

Precisamente porque, en último término, la realidad del reflejo es la realidad de lo reflejado, porque todo es un juego de re-conocimiento que acontece en el seno de la Conciencia una, el *jñānin* que ha realizado su naturaleza profunda puede afirmar:

> Los Vedas comparan de diversos modos a ti y a mí, a la mente y al agua, a la luz y el aire, con un espejo; pero una vez que encuentras que todo es uno, eternamente bienaventurado, ¿a cuento de qué estas metáforas que distinguen entre el reflejo y lo reflejado?[92]

– La otra imagen propuesta es la que nos muestra a *jīva* como una "limitación" de *Ātman,* la Conciencia pura y sin cualidades, originada por los *upādhi* de la ignorancia. El ejemplo clásico de la tradición vedānta es el del espacio dentro del tarro que cree tener la forma, el volumen y las cualidades del tarro, y olvida que su naturaleza intrínseca es la del espacio infinito,[93] la unidad sin límites ni cualidades de *Ātman.*

> En nuestra experiencia común respecto al espacio (que en realidad es único) encontramos una variedad de formas, unas son grandes, otras pequeñas, etc., puesto que según los casos el espacio está contenido en un cántaro, en una jarra, en una casa, etc. Además, reconocemos una cantidad diversa de funciones (que se realizan en el mismo espacio): buscar agua, conservarla, dormir. Finalmente, utilizamos nombres diversos para el espacio que se encierra en un cántaro, en una jarra, etc. (...). Todas estas diferentes formas, funciones y nombres son de experiencia diaria, pero esta variedad causada por formas, etc., no es real desde el punto de vista de la última realidad, porque, de hecho, el espacio no admite ninguna diversidad. Nuestras actividades empíricas descansan sobre di-

ferencias del espacio que no son posibles sin la intermediación de un *upādhi*. Del mismo modo que en el símil anterior, los *jīvas*, que pueden compararse al espacio encerrado en un cántaro, se consideran como diferentes, aunque esta diferencia es causada por los *upādhi*.[94]

En conclusión:

> A la identidad suprema que es eternamente pura, inteligente y libre, que nunca cambia, que es singularmente una y con nada está en contacto, carente de forma, erróneamente se le atribuyen las características contrarias del alma individual, igual que los ignorantes atribuyen al éter que es incoloro el color azul.[95]

La auto-limitación del ego, aunque de consecuencias efectivas (la percepción dual y dividida, la sensación de insatisfacción y carencia, el atenazamiento del temor y del deseo, etc.), en sí carece de realidad. Su realidad es, acudiendo al ya citado ejemplo shankariano, la realidad de la serpiente percibida donde sólo hay una cuerda; lo que no excluye, insistimos, que la reacción del que percibe la serpiente en la cuerda sea idéntica en sus efectos (temor, huida, ataque, etc.) a la que tendría si percibiera una serpiente real.[96]

Sólo *Ātman* es realmente. El individuo o *jīva* (no el *jīva* que se sabe símbolo de *Ātman,* sino el que se vivencia de modo autónomo y separado) se forja a través de sobreimposiciones (*upādhis*) sustentadas en la ignorancia o *avidyā*; «*avidyā*, o la tendencia natural a *adhyāsa*, [que] está envuelta en las mismas raíces de nuestro ser y que es otro nombre para nuestra finitud».[97]

La no-substancialidad de la persona individual separada

> «La persona es solamente el resultado de un malentendido. En realidad, no existe tal cosa. (…) no hay persona, sólo el observador identificándose con el "yo" y lo "mío".»
> NISARGADATTA[98]

Al inicio de esta sección distinguimos dos niveles básicos en la consideración del sí mismo: el Sí mismo último y único y el sí mismo individual. En este punto de nuestra exposición podemos matizar aún más esta distinción y diferenciar, a su vez, dos niveles posibles de auto-vivencia del yo individual. Visto en su conjunto, tendríamos así:

– *El único Yo*. El Sí mismo universal o Conciencia pura que es, según el Advaita, lo que somos de modo absoluto y lo único que propiamente es. –*La persona individual*. En esencia es el mismo y único Sí mismo. En su dimensión individual tiene una realidad relativa: la de ser un vehículo psico-físico del Sí mismo universal, del que es una particular expresión en el espacio y en el tiempo. Es lo que somos de modo relativo: *jīva* como símbolo de *Ātman*.

– *El ego*. No es lo que somos, ya sea de modo absoluto o relativo, sino "lo que creemos ser": un yo individual, substancial y separado. Equivale al yo filtrado por *manas* que se auto-define, de modo absoluto, por ser *esto* o *aquello*. Este yo objetivado que se cree separado de su fuente supraobjetiva, y enfrentado –como sujeto último– a todo lo demás, es irreal; consiste en un mero error de percepción.[99]

[De ahora en adelante, y mientras no se especifique lo contrario, identificaremos "ego" con "yo separado" y "yo" (con minúsculas), con "yo individual"; en función de los contextos, este "yo" podrá ser sinónimo de "ego" o no serlo.]

El ego, *jīva* considerado como una realidad separada, no es lo que somos sino "lo que creemos ser". Su naturaleza es estrictamente psicológica: es una mera imagen mental constituida por restricciones y limitaciones de nuestra naturaleza profunda (ésta última es su sustrato real) más la consiguiente auto-identificación con dicha imagen.

En otras palabras: lo que nos viene a decir el Advaita es que rara vez simplemente somos. Pocas veces nos experimentamos de forma inmediata, sencillamente siendo; habitualmente lo hacemos de forma mediata o auto-reflexiva: pensándonos, imaginándonos. Nuestra vivencia de nosotros mismos y del mundo está filtrada por *manas*; el centro de gravedad de nuestra identidad es mental: nos vivenciamos desde creencias sobre nosotros mismos (identificaciones con el cuerpo, con los contenidos y procesos de nuestra vida psíquica, con supuestas cualidades o defectos, tenencias internas o externas, experiencias, logros, etc.) que, a su vez, determinan una imagen concreta de la realidad ajena o mundo.

La primera consecuencia de esta falsa auto-identificación es la conciencia de separatividad: soy *yo* frente a lo otro, que es *no-yo*.

La segunda consecuencia es el inicio de un movimiento de naturaleza excéntrica:[100]

El yo, identificado con una imagen mental de sí mismo, se exilia de su verdadera naturaleza; ya no se vive desde su Fondo real, sino desde su mente, desde una mera idea de sí. Pero esta vivencia limitada del yo no responde a la intuición de plenitud que éste reconoce más o menos veladamente como su origen y destino, y que no es otra cosa que el eco de su propio Fondo.[101]

El yo, puesto que se ha limitado al objetivarse y definirse, ya no es capaz de encontrar dentro de sí esa plenitud; sólo la presiente bajo la forma de anhelo. De aquí que necesite proyectar en el futuro otra idea de sí que viene a ser una suerte de "yo ideal": la idea de la completud que ansía y que se compone de aquellos rasgos que considera que neutralizan lo que ahora percibe como una limitación (por ejemplo: la fortaleza o el poder, para el que se ha sentido o se siente débil; la inteligencia y el conocimiento, para el que se ha sentido mentalmente inferior; o, sencillamente, un ideal de mejoramiento y engrandecimiento del yo que habrá de lograrse a través de una disciplina moral, espiritual, etc.). Surge así otra nueva dualidad: la dualidad entre "lo que el yo cree ser" y "lo que considera que debe llegar a ser". La tensión generada por esta dualidad, el juego entre lo que el yo cree ser y lo que cree que ha llegar a ser, define el personaje que cada cual representará en el teatro del mundo. El yo sufrirá, se alegrará, se entusiasmará o desalentará, etc., por meras ideas, por algo que no tiene nada que ver con lo que realmente es.[102]

Además, desconectado de su plenitud interna, el ego comenzará a buscarla "mirando hacia fuera": exigirá al exterior que le otorgue esa plenitud, a su vez, y temerá que se la quite. Surgen así el *deseo* y el *temor* como vivencias básicas y constitutivas del ego: el deseo enajenante y reactivo de lo que supuestamente le plenificará, y el temor de lo que podría amenazar el logro de su objeto de deseo o cuestionar sus ideas sobre sí –es decir, a sí mismo–. El yo buscará aquello que le afirme y confirme como tal yo (cualidades, personas, situaciones, creencias, etc.) y que le proporcione con ello la sensación de estar vivo como ente separado, y evitará lo que considera amenazante de su frágil identidad o conciencia individual de ser. Surge el temor, porque lo que no es real (su pseudoidentidad) necesita ser defendido sin tregua. Por otra parte, con la conciencia de separatividad aparece "el otro" y, con él, la posibilidad de la amenaza.[103] El deseo y el temor se originan en la auto-vivencia separada y, simultáneamente, la constituyen, sustentan y acrecientan.

Ego y tiempo psicológico[104]

El ego, decíamos, es una imagen mental. Esta imagen o auto-concepto se va forjando y engrosando a lo largo de la vida individual. Se trata, por ello, de una identidad representada que se sustenta en el tiempo gracias a la memoria; que se alimenta del pasado, de lo conocido.

El ego no tiene ser en sí mismo. No es más que una idea o complejo de ideas, un pensamiento entre otros. No hay quién o continuidad real en el nivel de la persona separada. La apariencia de continuidad se debe a que esta imagen mental se mantiene en el tiempo por la *memoria*, una memoria cuyo contenido necesita el ego para su conservación. El ego es «un puñado de recuerdos y hábitos»,[105] de referencias mentales al pasado proyectadas hacia el futuro que arraigan en la estructura deseo-temor. Pero, en palabras de Nisargadatta: «La memoria es siempre parcial, incierta y evanescente. No explica el fuerte sentido de identidad que impregna la conciencia: el sentido "Yo soy"».[106]

«"Ser" –afirma Nisargadatta– sólo se aplica al ahora.»[107] La persona separada es mero pasado que se proyecta hacia el futuro, es decir, no es nunca "ahora". El ego es siempre algo que se recuerda o se anticipa; no se tiene nunca una experiencia del ego en el ahora puro. El yo y el *aquí y ahora* se excluyen mutuamente:

«¿Cómo llega a existir la personalidad? Por el recuerdo. Al identificar el presente con el pasado, proyectándolo al futuro. Piense en sí mismo como algo momentáneo, sin pasado ni futuro, y su personalidad se disuelve» (Nisargadatta).[108]

El ego parasita la conciencia de ser intrínseca a *Sat/Cit* –al sentido impersonal "Yo soy"– y en sus referencias mentales al pasado y al futuro, en relación a los cuales se siente vicariamente ser, olvida que «todo [ello] es recuerdo traído al ahora»,[109] al ahora de la Conciencia pura; olvida que «lo que es recordado nunca es real; que lo real es *ahora*».[110] Lo que el recuerdo tiene de real es, de hecho, lo que tiene de experiencia presente; pues el recuerdo es siempre *ahora*, al igual que toda anticipación del futuro acontece también siempre *ahora*. Sólo es y puede ser *ahora*. Sólo es el "presente" sin límites de nuestra Presencia consciente (*presencia* y *presente* comparten, de hecho, una misma raíz).

Puesto que se nutre del pasado, el condicionamiento mental que sustenta la vivencia egótica impide únicamente "ser" y, con ello, ser nuevo de instante en instante (en palabras de Eckhart: «El desasido de su yo es nuevo y libre en cada instante»); impide tomar conciencia del ahora siempre nuevo,[111] sede de la realidad. Despertar a la realidad supone, por consiguiente, el cese de todo el proceso de auto-identificación o *adhyāsa*; pues sólo desde lo real se accede a lo real, y el ego no es real, es sólo pasado; sólo desde lo incondicionado se accede a lo incondicionado, y el ego está *per se* condicionado.

En otras palabras: el ego surge de un proceso de *autodefinición y auto-identificación*; se alimenta de –y se sustenta en– identificaciones:

con aquellas cualidades, personas, cosas, experiencias, etc., que considera que lo reafirman como tal "yo" individual separado. Es este proceso de constante identificación lo que da continuidad a la serie de acontecimientos que harán del ego, progresivamente, ante sus propios ojos, algo *más* completo, más digno, más "especial", más inteligente…

La raíz de toda auto-identificación o apego es el miedo, el temor al propio vacío personal, a no ser nada. Si he sustentado la propia identidad en ciertas identificaciones, en ciertos atributos objetivos, es decir, si considero que soy porque soy "esto" o "aquello", la perspectiva de no serlo, el quiebre de dichas identificaciones, es lo máximamente amenazador: literalmente, una caída en el vacío, en la nada. Según el Advaita, aquello a lo que nos apegamos nos proporciona un frágil sucedáneo de la genuina sensación de ser; es el modo de autoafirmación de una identidad que en el fondo se cuestiona a sí misma. El apego, la auto-identificación, es siempre una huida de sí, del propio vacío personal.

Pero esta exigua sensación de estar vivo que el yo logra a través de la identificación, es en realidad negación de la verdadera vida, pues sólo «hay renovación, impulso creador, cuando el pasado ha terminado; [cuando no se proyecta en el presente] (…) dando continuidad al "yo" y a "lo mío": "mi" propiedad, "mi" idiosincrasia, "mis" opiniones, "mis" ideales (…)».[112] Sólo el espacio de libertad alumbrado por el ahora puro puede quebrar multidimensionalmente el encadenamiento mecánico y lineal del llegar-a-ser; únicamente en él puede brotar una acción libre, real, espontánea, creativa, no-condicionada. Es preciso, para ello, el cese del proceso de identificación con lo conocido, con lo interpretado, con toda imagen de lo otro y de sí mismo, a cada instante. De instante en instante –en expresión de Krishnamurti–, porque donde hay acumulación no hay espacio para la irrupción creativa, no hay novedad ni renacer. «Sin la muerte estaríamos atrapados en una eterna senilidad» (Nisargadatta).[113]

Esta muerte, «la muerte antes de morir» (en expresión de Ibn 'Arabí), este "ser nada" en que la muerte y el nacimiento, el fin y el principio, se desvelan como uno y lo mismo, de instante en instante, es la esencia de la verdadera vida, de la verdadera creación, de la verdadera libertad. En palabras de Nisargadatta:

> Su mente está empapada con los hábitos de la evaluación y la adquisición, y no admitirá que lo incomparable y lo inalcanzable está esperando intemporalmente dentro de su corazón a ser reconocido. Todo cuanto tiene que hacer es abandonar todos los recuerdos y expectativas. Manténgase en la desnudez y la nada completas.[114]

No necesita corregir la mente, ella misma se corregirá tan pronto como usted abandone todo interés en el pasado y el futuro y viva enteramente en el ahora.
P: Pero el ahora no tiene dimensión. ¡Me convertiré en nadie, en nada!
M: Exacto. Siendo nadie y nada usted está seguro y es feliz (…).[115]
Sé nada, conoce nada, ten nada. Ésta es la única vida digna de ser vivida, la única felicidad digna de ser tenida.[116]

* * *

Desde el nivel de la personalidad separada, el conocimiento es, en expresión de Nisargadatta, mero *"reconocimiento"*,[117] pues conlleva la proyección del pasado en lo percibido. El ego significa, interpreta y valora todo lo que percibe en función de su experiencia pasada; cree conocer lo otro y sólo conoce la repetición de sí mismo. Se le escapa lo único real: lo que es tal y como es aquí y ahora.[118] Incluso lo que el ego denomina "desconocido", no es más que la proyección de lo ya conocido en el mañana. Pero en palabras de Nisargadatta: «[Sólo] lo inesperado y lo imprevisible es real».[119]

Respecto a lo que en el nivel de la conciencia egoica se entiende habitualmente por conocimiento de la realidad, cabría aplicar las siguientes palabras de la *Upaniṣad*: «Quienes marchan en pos de la ignorancia se internan en ciega oscuridad, y se internan en mayor oscuridad quienes se consagran al conocimiento».[120] Pues, a este nivel, el conocimiento es ignorancia; conocimiento e ignorancia que son los referentes duales –las dos caras– del pensamiento condicionado:[121]

«(…) el conocimiento sólo lo es de la ignorancia.»[122] «La ciencia meramente empuja hacia atrás las fronteras de nuestra ignorancia.»[123] «(…) "no sé" es la única afirmación verdadera que puede hacer la mente» (Nisargadatta).[124]

En el ámbito de la mente condicionada, conocimiento e ignorancia sólo difieren en que, mientras la ignorancia se reconoce como tal, invitando a ir más allá de sí misma, el conocimiento nunca se cuestiona, con lo que se sumerge cada vez más en su falsamente iluminada oscuridad.

Para el Advaita, el conocimiento de lo realmente real exige la trascendencia del condicionamiento egoico. El primer paso es el reconocimiento de la ignorancia intrínseca al pensamiento condicionado. El segundo paso es la aceptación serena del *"no-saber"*;[125] un no saber que es vida en el asombro, un osar habitar en lo desconocido:

La inocencia no es la falta de experiencia sino libertad con respecto a la experiencia; esta libertad significa morir a cada experiencia y no dejar que ésta arraigue en el fertilizado terreno de la memoria [mediante la auto-identificación]. La vida no existe sin la experiencia, pero no hay vida cuando el terreno está repleto de raíces (Krishnamurti).[126]
¡Siéntase perdido! Mientras se sienta competente y seguro, la realidad está más allá de su alcance. A menos que acepte la aventura interior como modo de vida, el descubrimiento no llegará a usted.[127]
Olvide sus experiencias pasadas y sus logros, quédese desnudo, expuesto a los vientos y a las lluvias de la vida y tendrá una oportunidad (Nisargadatta).[128]

Varias matizaciones

De cara a evitar posibles malentendidos, haremos varias matizaciones en relación con lo dicho hasta ahora:

–Negar la substancialidad o autonomía ontológica de *jīva* no supone negar su realidad, sino afirmar su carácter relativo e instrumental. Lo que se niega es la realidad del ego, es decir, *jīva*, no en lo que tiene de realidad relativa, sino en lo que tiene de ficción: en su confusión o identificación con ciertos atributos objetivos. Con el reconocimiento de su identidad real, la persona no desaparece, sino que adquiere carácter de símbolo:[129]

Para el Advaita, *Ātman*, si bien permanece siempre en sí indiviso, íntegro e intemporal, se manifiesta, a través de las condiciones del espacio y del tiempo, en un proceso por el que actualiza sucesivamente la potencialidad infinita que posee en sí en perfecta simultaneidad.[130] Cada persona en su dimensión sutil y psicofísica es un punto focal de este único Sí mismo en la realidad manifestada. Desde este punto de vista, *jīva* es real: tiene una realidad relativa, simbólica e instrumental. Es vórtice de *Cit*: centro coordinador de experiencia, cualificado con ciertas peculiaridades propias, las de los *śarīras* que lo constituyen.

Según el vedānta, el ser humano no es en esencia su cuerpo ni su mente; no se agota en ser *esto* o *aquello*. La vida que vivifica su cuerpo, la luz que ilumina su intelecto, la inteligencia que rige su devenir, son la única vida, la única inteligencia, la única luz: *Brahman/Ātman*. Cuando alguien dice "yo", es el Yo universal el que dice yo. Cada individuo es el único Sí mismo en una de sus posibles apariencias frontales. «Yo no me defino –afirma el *jñānin*– por mis logros o estados particulares, por mi pasado o mis expectativas de futuro, por mi biografía; no soy ninguna de las formas concretas que adopta la expresión espacio-temporal de mi Fondo; soy todas ellas y ninguna, porque soy la fuente misma, que siempre se retiene en sí, en su ser supraobjetivo, y que no es reductible a sus manifestaciones.»

Paradójicamente, la persona logra su plenitud individual cuando fundamenta su esencia en su raíz universal, cuando no se confunde con su devenir biográfico. Desde el momento en que se identifica con las formas que adopta dicho proceso, bloquea el libre fluir de la fuente de toda forma, impidiendo su expresión siempre renovada. El Yo no es forma, sino Vacío fuente de formas. Y, al igual que sucede con la fuente física, es tal precisamente porque los modos que adopta surgen y mueren ininterrumpidamente, porque no hay acumulación ni continuidad en el nivel de las formas.

La enajenación de *jīva* tiene lugar cuando ese foco de conciencia se identifica con un sentido del yo definido y limitado por sus vehículos y olvida su naturaleza de Conciencia pura –que es todo, en todo y más allá de todo–. El ego se separa así de su fuente y realidad y, con ello, de las otras realidades, frente a las que se afirma en su individualidad separada. Su conciencia dividida se vuelve divisora. El cuerpo, la mente, la vida, dejan de ser instrumentos y símbolos de *Ātman*.

– Se entendería mal lo dicho hasta ahora si se concluyera que el Advaita desprecia lo concreto y diferencial, la singularidad individual. Considera, sencillamente, que la verdadera singularidad no precisa ser auto-consciente ni "responsable" de sí misma. Las particularidades de los *śarīras* de cada cual determinan dicha singularidad sin que sea preciso ningún énfasis explícito en su afianzamiento. La personalidad es genuina y posee la singularidad de lo originario (que no es nunca una originalidad arbitraria o caprichosa) cuando es flexible y dúctil a las mociones del Ser, y no cuando se anquilosa en la cristalización y el cultivo de aquello que considera que la hace "diferente". *Ser*, sin más, más allá de la pre-tensión de ser *esto* o lo *otro*, es el origen de las diferencias más depuradas y maduras.

– Por tanto, afirmar la relatividad de *jīva* no es negar su realidad. Análogamente, la invitación a vivir en el ahora no es una invitación a prescindir de la vivencia temporal con todo lo que ésta implica: memoria, proyección, anticipación, etc. (sin las cuales, por otra parte, sería imposible la vida psíquica y orgánica). La memoria, obviamente, permanece y es utilizada; de lo que se trata es de que no haya *identificación* con sus contenidos, de tal modo que el recuerdo no permanezca como un reflejo que adopta la forma "yo", dominando y filtrando la percepción y el comportamiento e impidiendo la apertura a la novedad radical de cada instante.

«Como un pájaro volando, yo no dejo huellas» (Nisargadatta).[131]

– Por último, el Advaita insiste en que sólo una personalidad madura y sólida puede auto-trascenderse. Como veremos con más detenimiento en nuestra reflexión comparada, la trascendencia de la personalidad individual como centro rector último del yo ha de estar precedida por un proceso de individuación y de consolidación de la personalidad en cuanto tal.[132] Sin este desarrollo no tendría lugar tal auto-trascendencia, sino un mero movimiento regresivo de despersonalización que conduciría a un nivel pre-personal, y no al logro consciente de un nivel de auto-vivencia genuinamente supra-personal.

AVIDYĀ O LA IGNORANCIA FUNDAMENTAL

Avidyā, la ignorancia fundamental, es el velo que separa al yo –la estructura corporal, mental y vital– de su fuente. Es el estado del ego autolimitado en su ser y obrar; separado y divisor en su percepción; exiliado de la unidad esencial de todos en todo y del Todo en todos. Y *avidyā*, la auto-vivencia limitada, es la verdadera causa de toda esclavitud, sufrimiento y conflicto.[133]

Toda inquietud se origina en la sensación de incompletud resultante de la auto-limitación mental. Todo sufrimiento se sustenta en la pre-tensión de ser "esto" y de no ser "aquello". Esta pretensión es la fuente de la lucha y división psicológicas.[134]

> P: ¿Cuál es la verdadera causa del sufrimiento?
> M: La auto-identificación con lo limitado. Las sensaciones como tales, por muy fuertes que sean, no causan sufrimiento. Es la mente, aturdida por ideas falsas, adicta a pensar «yo soy esto, yo soy aquello», la que teme perder y ansía ganar, y sufre cuando queda frustrada (Nisargadatta).[135]

«Las ideas de "yo" y "lo mío" están en la raíz de todo conflicto».[136] A su vez, sólo en el auto-conocimiento (*ātma-vidyā*) radica la liberación. «Liberación [que es siempre] de las ideas falsas y auto-impuestas al Ser».[137]

La metáfora del sueño

«Ser una persona [separada] es estar dormido.»
NISARGADATTA[138]

«Sólo con un gran despertar se puede comprender el gran sueño que vivimos. Los estúpidos se creen muy despiertos.»
CHUANG TZU[139]

El estado de *avidyā* es simbolizado en el Advaita, como en tantas otras tradiciones metafísico/gnósticas, con la metáfora del sueño. *Avidyā* es estar dormido para la realidad e identificado con un mundo onírico (proyección de la propia mente del soñador y supuesta realidad "objetiva" correlativa a la de su personalidad separada) que tiene, al igual que el sueño, la cualidad de ser subjetivo e incompartible.

> Su mundo es producto de la mente, es subjetivo, está encerrado en la mente, es fragmentario, temporal, personal, y cuelga del hilo de la memoria (...) Yo vivo en un mundo de realidades, mientras que el suyo es de imaginaciones. El mundo de usted es personal, privado, incompartible, íntimamente suyo. Nadie puede entrar en él, ver como usted, oír como usted oye, sentir sus emociones y pensar sus pensamientos. En su mundo usted está verdaderamente solo, encerrado en su sueño siempre-cambiante que usted toma por vida. Mi mundo es un mundo abierto, común a todos, accesible a todos. En mi mundo hay (...) calidad real; el individuo es lo total, la totalidad... en el individuo. Todos son Uno y el Uno es todo.[140]
>
> (...) todo lo que usted conoce es su propio mundo privado, por muy bien que lo haya amueblado con imaginaciones y esperanzas.
>
> P: ¿Con toda seguridad hay un mundo de hechos común a todos?
>
> M: ¿El mundo de las cosas, de la energía y de la materia? Incluso si hubiera tal mundo común de cosas y fuerzas, no es el mundo en que vivimos. El nuestro es un mundo de sentimientos e ideas, de atracciones y repulsiones, de escalas, de valores, de motivos e incentivos; todo ello un mundo mental (Nisargadatta).[141]

Ātma-vicāra, decíamos, es una indagación no intelectual que tiene como eje la pregunta "¿quién soy yo?". Esto también puede expresarse así: el Advaita es una invitación a descubrir lo que somos más allá del sueño en que habitualmente nos vivimos. Considera que eso que somos no es algo que haya que lograr o adquirir, sino lo que queda cuando se elimina la ficción superpuesta. Por eso, el primer paso de esta reducción progresiva a lo esencial −a lo que somos, a lo que es− es la toma de conciencia de que −en palabras de Nisargadatta−: «Ser una persona [separada] es estar dormido»,[142] o lo que es lo mismo: de que la vivencia egótica es *falaz*; de que lo que el ego considera su supuesta autonomía y capacidad de auto-determinación no es sino *condicionamiento*, hipnosis y *mecanicidad*:

1) *Es falaz*, en primer lugar, porque el ego, la auto-vivencia limitada del yo, es de naturaleza estrictamente mental, y también lo es la imagen

de la realidad exterior que dicha auto-vivencia mental determina. El ego sueña porque se mueve en el círculo cerrado de sus propias creaciones mentales. Una auto-imagen mental define al yo, y ésta, a su vez, determina las imágenes del no-yo ("yo" y "no-yo" son siempre nociones correlativas). El yo deviene objeto para sí mismo –una mera idea–, y lo otro deviene objeto –mera idea también– en relación al yo. En otras palabras: el yo, al vivirse mentalmente y, en consecuencia, limitarse, comenzará a soñar y vivirá y morirá soñando. Sólo en ciertos instantes de olvido de sí, en momentos breves de serenidad lúcida no tipificados por el pensamiento, volverá a tener un atisbo de lo que es. Pero –con melancolía, en el mejor de los casos– lo catalogará de sueño y retornará diligente a su letárgica vigilia. Para el Advaita, lo que todas las mañanas llamamos despertar es, más bien, un quedarse de nuevo dormidos, un comenzar, otra vez, a soñar.

El yo se mueve ordinariamente en el marco cerrado de sus creencias sobre sí y sobre "la realidad". Cuando no cuestiona estas asunciones básicas, cuando no toma conciencia de su carácter arbitrario y convenido, vive en la clausura de su mundo particular sin posibilidad de contacto real con otros egos, con otros mundos. Todo lo que procede del ego tiene el sello de la particularidad; no de la particularidad que hunde sus raíces en lo universal y es su símbolo adecuado, sino de la particularidad clausurada, arbitraria, caprichosa. En este estado, el solipsismo y la incomunicación –más allá de toda apariencia– es siempre la ley. Si hay comunicación real, empatía real, unidad real, será así en virtud de la fuerza misma de la realidad, en virtud de lo que el yo de hecho es, y a pesar de lo que cree ser y se empeña en ser.

2) La vivencia egótica *está condicionada* porque, como hemos apuntado, las identificaciones y creencias que la configuran se nutren de la experiencia pasada y se proyectan, a su vez, en el futuro. Pero este futuro nunca alumbra nada nuevo; no es más que la prolongación y reiteración del pasado, una más de sus posibles versiones; forma parte del mismo argumento en acción.

El ego es siempre un *llegar-a-ser* algo. Su motor es la dualidad mental determinada por la distancia entre lo que cree ser y lo que, supuestamente, debería llegar a ser. Incluso en un ego relativamente satisfecho de sí, simplemente el sostenimiento en el tiempo de lo que cree ser ya lo encadena al "llegar-a-ser".

Si Ātman, como hemos visto, se expresa *en* el devenir, pero no es *de* él, el ego, por el contrario, es puro devenir y sólo es en él: está hecho de tiempo, en concreto, de tiempo mental o tiempo psicológico. Su natura-

leza es la referencia mental constante al pasado y al futuro. Al identificarse con un sentido del yo definido y limitado por sus vehículos, por
sus formas y modos (a los que arrastra mentalmente y pretende dar continuidad a través de la memoria), se esclaviza al llegar-a-ser. Este movimiento mental de llegar-a-ser es siempre un movimiento de lo conocido
a lo conocido. El ego cree percibir la realidad y responder a ella, pero no
sale nunca del marco de sus propias creencias sobre sí y de los condicionamientos que éstas definen. El presente queda oculto por la sombra del
pasado y está abocado a un futuro que no es más que la prolongación de
dicho pasado, su reiteración mecánica. El yo cree cambiar, renovarse,
pero todo cambio del ego no es más que un cambio superficial, epidérmico, que acontece siempre dentro del marco de sus rígidas estructuras
y estrechas fronteras. Lo radicalmente nuevo, la realidad en toda su amplitud, potencialidad y riqueza, le es desconocida. En su llegar-a-ser, la
acción no es para el ego un medio de auto-revelación y auto-descubrimiento, sino de dejación y huida de sí. La actividad –externa o interna–
es la forma de volcarse en un vértigo enajenante que, encadenando mentalmente el pasado con el futuro, le protege de la amenaza de lo real: del
aquí y del ahora. Pues, como ya señalamos, el ego y el ahora se excluyen mutuamente.

Pero también en otro sentido la vivencia egótica está condicionada:
al haberse definido a sí mismo, el ego ha definido ya lo que le hará feliz
o infeliz, lo que le hará sentirse pleno o insatisfecho, lo que le hará sentirse ser o no ser. Cuando el yo se vivencia, no desde su realidad, sino
desde la idea que tiene de sí, su acción pasa a ser defensiva-ofensiva y
valorativa, se sustentará en juicios duales: considerará negativo todo lo
que quiebre, debilite o cuestione esa idea, y positivo todo lo que la confirme y afiance. No puede ser de otro modo, pues considera que su identidad, seguridad y afirmación personal dependen del reforzamiento de
dicha idea. De esta manera, habrá condicionado su plenitud al logro de
ciertas cualidades, experiencias, situaciones, objetos o estados; habrá
subordinado el puro y gratuito gozo de ser a la idea de ser *esto* y de no
ser *lo otro*, a ser de una determinada manera. Apegado a estas condiciones (que, de modo más o menos consciente, ha decidido establecer), en
definitiva, apegado a su auto-imagen, preferirá tener razón a ser feliz,
ser infeliz con un "porqué" a ser feliz "sin porqué".

En otras palabras: el ego objetiva la alegría. La objetiva en estados,
personas, objetos y situaciones específicas. Salvo en escasos momentos
de auto-olvido –en los que la vida le «sorprenda»–, desconocerá lo que
es su naturaleza esencial: la alegría inmotivada y sin porqué.[143] E inclu-

so estos momentos rara vez lo devolverán a sí mismo, pues los objetiva-
rá, es decir, les buscará un porqué, convertirá ese porqué en una nueva
condición de su plenitud y lo añadirá a la carga de su memoria y a la incitación de su futuro.
   En palabras de Jean Klein:

> Todos experimentamos instantes de plenitud, sin deseo, sin voluntad de
> llenar un vacío, sin la menor sensación de "carencia". Dentro de esta vi-
> vencia, la noción de un yo está ausente; sólo después, el yo [el ego con
> sus razones] acapara este momento inefable, lo hace suyo, como un la-
> drón o un payaso que se atribuye el talento de la bailarina o las ovacio-
> nes del público.[144]
> [Los distintos objetos] nos colman un momento, nos llevan a la no-ca-
> rencia, nos devuelven a nosotros mismos y luego nos cansan; han perdi-
> do su magia evocadora. Por lo tanto, la plenitud que buscamos no se en-
> cuentra en ellos, está en nosotros; durante un momento, el objeto tiene la
> facultad de suscitarla y sacamos la conclusión equivocada de que fue él
> el artesano de esta paz. El error consiste en considerar este objeto como
> una condición *sine qua non* de dicha plenitud.[145]

3) La vivencia egótica *es mecánica,* por último, porque el ego, aunque
cree que actúa, meramente reacciona.
   Ser pasivo es vivirse a remolque del exterior: ser movido o arrastrado.
Siempre que el motor y el fin de la acción no son intrínsecos al yo, se es
pasivo. Es activo aquello que tiene dentro de sí la fuente y meta de su movimiento. Pues bien, el ego, aun en medio de la más vertiginosa actividad
aparente, es pasivo; es pasivo porque no actúa desde sí sino desde sus
ideas sobre sí. No él, sino sus ideas sobre lo que cree ser y debe ser –su
pasado, en definitiva–, son el motor de sus acciones u omisiones; éstas no
son, por lo tanto, propiamente acciones sino reacciones. El ego nunca es
el dueño de sus respuestas, aunque así lo crea; de hecho, su comportamiento es perfectamente predecible en su mecanicidad: si se confirman
sus ideas sobre sí, se alegrará y estimulará; si algo o alguien contraría o
cuestiona aquello en lo que ha cifrado su identidad, se abatirá.
   Como lúcidamente sostuvo Gurdjieff,[146] un yo mecánico, que no actúa, sino al que todo sucede, no puede ser un yo unitario, un sujeto de acción permanente. Siempre es una persona diferente. La creencia del ego
en su carácter "uno" (aunque se inspire en algo real: la unidad de la conciencia pura de ser) es ilusoria; como es ilusoria su creencia en su carácter de sujeto libre de decisión y de acción.

La metáfora del despertar

Durante el sueño, el soñador está totalmente identificado con su mundo onírico (mundo que surge *de* su conciencia, acontece *en* su conciencia y es de la naturaleza de su conciencia). El despertar supone la toma de conciencia de la ilusoriedad de ese estado con relación al nuevo estado de conciencia adquirido: el estado de vigilia y la realidad que le es propia. De modo análogo, la percepción ordinaria que el yo separado tiene de sí y del mundo se desvela ilusoria desde el estado de conciencia supremo en que se realiza la identidad *Ātman-Brahman*.

> P: (...) Parece que hay dos mundos, el mío y el suyo.
> M: El mío es real, el suyo mental (...).
> P: Tiene que haber un eslabón entre su mundo y el mío.
> M: No hay necesidad de eslabón entre un mundo real y un mundo imaginario, puesto que no puede haber ninguno (Nisargadatta).[147]

Sólo cuando se sabe que se es esclavo, surge la posibilidad de liberarse. Sólo cuando el yo toma conciencia de que está dormido, tiene la posibilidad de despertar. Más aún, esta toma de conciencia es el acto de libertad por excelencia, la acción de lo incondicionado. Saberse dormido equivale a dejar de estarlo. Y el hecho de que el hombre tenga a mano siempre la posibilidad de esta toma de conciencia indica que su esclavitud, aunque efectiva en sus resultados, en último término no es tal. En último término, el único Sí mismo siempre ha sido libre –por más que el yo temporalmente lo olvide y pretenda cifrar su libertad en aquello que nunca puede ser libre–. Por eso, toda verdadera liberación es siempre liberación de la ilusión:

«¿(...) qué quiere decir salvarse? ¿Salvarse de qué? De la ilusión. La salvación es ver las cosas como son» (Nisargadatta).[148]

La liberación auténtica es siempre un despertar; es libertad para ver lo que es y para ser lo que realmente se es.

> P: Entiendo que mi mundo es subjetivo. ¿Lo hace esto también ilusorio?
> M: Es ilusorio mientras sea subjetivo y sólo en esa medida. La realidad (...) no depende de recuerdos y esperanzas, deseos y temores, preferencias o desagrados. Todo es visto como es (...).
> P: ¿Cómo se alcanza?
> M: La ausencia de deseo y de miedo lo llevará allí.[149]

SER, CONCIENCIA
Y BIENAVENTURANZA (*SAT-CIT-ĀNANDA*)

«El amor dice: "Yo soy todo". La sabiduría dice: "Yo soy nada".
Entre ambos fluye mi vida»
NISARGADATTA[150]

Retomemos la reflexión inicial: no somos en esencia la persona individual, sostiene el Advaita, pues ésta puede ser conocida, y el Sí mismo
nunca es lo conocido, sino el conocedor.[151] No somos nada objetivo u
objetivable; somos la Apertura en la que todo se hace presente o se ausenta y la Luz en virtud de la cual todo puede ser visto y conocido.
Lo que el *ātma-vicāra* advaita propone, a través de *viveka-vairāgya*
–de la discriminación entre lo verdadero y lo falso, y del desapego de
toda atribución objetiva: *neti-neti*–, es llegar a ser sí mismo sin más, sin
ningún intento de auto-identificación o auto-descripción. En palabras de
Nisargadatta:

Para ser, no debe ser nadie.[152]
Abandone toda idea sobre sí mismo y simplemente sea.[153]
En lugar de intentar ser esto o aquello, sea como ese niño, sea feliz de
ser.[154]
No se dé nombre ni forma. En la oscuridad y el silencio, la realidad es
encontrada.[155]

Según el advaita, lo que "queda" tras el abandono de toda identificación
objetiva, tras el desenmascaramiento de la insubstancialidad de los *upādhi*, es el puro Ser: el sentido "Yo soy" sin atributos.[156] "Yo soy", no como
idea mental,[157] sino como realidad y experiencia directa y auto-evidente
del Ser o Sí mismo supraobjetivo. Aunque, como afirma Nisargadatta:
«La palabra "queda" no se aplica aquí. [Pues] "Yo soy" siempre es nuevo.
No necesita recordarlo para que sea».[158] El Ser no "queda", pues no puede
ser puesto en relación con algo anterior o posterior.[159] A este nivel no cabe
hablar de continuidad, pues estamos en el ámbito del ahora puro, en el
fondo último no relacionado con nada, y sólo en relación al cual tiene sentido hablar de continuidad, de cambio o de permanencia.
    Al diluirse los condicionamientos de la personalidad separada, la na-
turaleza profunda del yo refulge por sí misma. La mente, limpia y aquietada por la desidentificación y el desapego, refleja entonces fielmente al
Ātman. Se desvela la genuina identidad de todo sí mismo.

La constatación de que sólo es el Ser equivale a la constatación de que Éste nada deja fuera de sí; de que, por lo tanto, el yo separado carece de realidad. En este sentido hay que entender ciertas afirmaciones presentes en distintas tradiciones místico/gnósticas, tan desconcertantes como curiosamente afines:

«Dios no te conoce» (Nisargadatta).[160]

«Dios no nos ve cuando estamos en pecado» (Eckhart).[161] Pues el yo "pecador", es decir, separado del Dios-supraesencial, de su Sí mismo, carece de realidad.

«Dios es el enemigo del yo.» «Dios (…) no conoce a un hombre separado.» «El perímetro del Señor llena todo el perímetro de la tierra: ¿Dónde está pues el pecador?» (Angelo Silesio).[162]

«Tu existencia es nada y "nada" no es añadido ninguno a otra cosa» (Ibn 'Arabí),[163] etc.

* * *

Vuelva –insta Nisargadatta– a ese estado de Ser puro, donde el "Yo soy" es apacible en su pureza antes de contaminarse con el "yo soy esto" o "yo soy aquello".

El sentido de identidad permanecerá, pero nunca más la identificación con un cuerpo-mente particular. El Ser-conciencia-amor (*Sat-cit-ānanda*) brillará con todo esplendor. Nunca es la persona quien se libera, siempre nos liberamos de ella.[164]

Este estado puro de Ser es descrito por el Advaita como *Sat-cit-ānanda*, como la plenitud de Ser (*Sat*), de Conciencia (*Cit*) y de bienaventuranza (*Ānanda*):

– *Sat*. *Sat* es el Ser puro, la realidad de lo real. Cuando el yo abandona la identificación con toda realidad objetiva y determinada –*nāma rūpa*– y deviene *Nada*, acontece la paradoja: se revela igualmente como Todo, como el Ser puro, raíz y fuente de todo lo que es.[165] Al abandonar la periferia de su auto-vivencia objetiva, retorna, en un progresivo vaciamiento, al centro no dimensional que alumbra el todo de la circunferencia del mundo. *Sat* no es, por consiguiente, el Ser que dice relación de oposición al No-ser, sino un Ser que es Vacío, No-ser, y un No-ser que es Ser.

> Este Yo que reside en el corazón es más pequeño que un grano de arroz, más pequeño que un grano de cebada, más pequeño que un grano de mostaza, más pequeño que el germen de un grano de mijo. Este *Ātman*

que reside en el corazón es, a la vez, más grande que la tierra, más grande que la atmósfera, más grande que el cielo, más grande que todos estos mundos juntos (ChU III, 14, 3).[166]
Lo infinitamente pequeño es como lo infinitamente grande en el olvido
total de los objetos. Lo infinitamente grande es semejante a lo infinitamente pequeño cuando el ojo ya no percibe límites (*Sin-sin-ming*).[167]

– *Cit. Cit* es pura Presencia consciente, el Conocedor absoluto, la Conciencia pura independiente de cualquier contenido de conciencia, y
fuente y esencia, a su vez, de todos ellos.

Para que la realidad sea, deben desaparecer las ideas del "yo" y "lo
mío". Desaparecerán si usted lo permite. Entonces reaparece su estado
natural, en el cual no es ni el cuerpo ni la mente, ni el "yo" ni "lo mío",
sino que está en un estado diferente por completo. Es pura Conciencia
de Ser, sin ser esto o aquello, sin ninguna auto-identificación con nada
en particular o en general. En esa luz pura de la Conciencia [*Cit*] no hay
nada, ni siquiera la idea de nada. Sólo hay luz (Nisargadatta).[168]

– *Ānanda. Ānanda* es pura beatitud o amor. Una beatitud que es la resonancia de la plenitud del Ser, que nada deja fuera de sí. Un amor que es
la suprema unidad de todo en Todo, la irradiación y la fuerza cohesiva
de la no-dualidad; pues, para toda enseñanza no-dual, donde hay amor
perfecto no puede haber dos.
    Un amor y una beatitud incondicionales, incausados, sin objeto, sin
porqué y, por lo mismo, inexpugnables; carentes, por consiguiente, de
toda connotación empírico-psicológica.[169] Los estados psicológicos se
definen precisamente por su esencial inestabilidad: la felicidad-estado
es limitada en el tiempo, condicionada y frágil, pues dice relación a su
estado opuesto: el dolor. *Ānanda* no es un estado entre otros; por el contrario, toda felicidad y amor empíricos son modos limitados de participación en esa beatitud primordial.[170]

No es por amor al esposo que se quiere al esposo, sino por amor al Ser
(…). No es por amor al poder que se quiere el poder, sino por amor al
Ser (…). No es por amor a los seres que se quiere a los seres, sino por
amor al Ser (…) sólo cuando amas al Ser, todo se convierte en objeto de
tu amor (BU).[171]
Lo mismo que un hombre abrazado a su amada no sabe ya nada del "yo"
y del "tú", así el sí abrazado por el Sí omnisciente no sabe ya nada de un

"yo" dentro y un "tú" fuera. «Es por el sólo amor del Sí por lo que son queridas todas las cosas» (BU).[172] En este amor verdadero del Sí, la distinción del egoísmo y el altruismo pierde todo significado. El que ama ve el Sí, el Señor, igualmente en todos los seres.[173]

Ānanda supone la intuición de que, puesto que todo es uno en el único Sí mismo, el mundo es realmente nuestro cuerpo, y el "tú" no es más que otra versión del "yo".[174] Sólo en el seno de esta intuición trans-personal, brota la genuina compasión;[175] esta compasión no es, por lo tanto, de naturaleza psicológica, sentimental, moral, ni, en general, personal. Se ama a los otros porque ellos *son* nosotros;[176] se ama porque se es amor.

P: En su estado presente, ¿puede usted amar a otra persona como persona?

M: Yo soy la otra persona, la otra persona es yo mismo; en nombre y forma [*nāma-rūpa*] somos diferentes, pero no hay separación. En la raíz de nuestro ser somos uno.

P: ¿No es también así cuando hay amor entre la gente?

M: Lo es, pero no son conscientes de ello. Sienten la atracción, pero no conocen la razón.

P: ¿Por qué es selectivo el amor?

M: El amor no es selectivo, el deseo es selectivo. En el amor no hay extraños. Cuando ya no existe el centro del egoísmo, todos los deseos de placer y el temor al dolor cesan; uno ya no está interesado en ser feliz; más allá de la felicidad [de la felicidad-estado] está la pura intensidad, la energía inagotable, el éxtasis de dar desde una fuente perenne (Nisargadatta).[177]

En resumen, y dando de nuevo la palabra a Nisargadatta:

Eso que le hace pensar que usted es humano, no es humano. No es más que un punto de conciencia sin dimensión, una nada consciente; todo lo que usted puede decir sobre sí mismo es: Yo soy. Usted es puro Ser-conciencia-bienaventuranza (*saccidānanda*). Realizar eso es el fin de toda búsqueda. Se llega a ello cuando usted ve que todo lo que piensa sobre sí mismo es sólo imaginación, y permanece distante en la pura conciencia de lo transitorio como transitorio, lo imaginario como imaginario, lo irreal como irreal. No es en absoluto difícil, pero es necesario el desapego.[178]

* * *

La única guía en este llegar a ser Sí mismo es "Yo soy":[179] la convicción, fruto de la comprensión de lo falso como falso, de que lo único que el yo puede afirmar (no atributivamente) con propiedad de sí mismo es: "Yo soy". Esta convicción se traduce, a su vez, en la consigna: "sólo ser" (Nisargadatta),[180] que es una invitación a tomar conciencia de la propia autosuficiencia esencial y a poner fin, de este modo, al movimiento excéntrico del yo.

Desaparece el deseo como vivencia básica, pues:

> Toda ansia se debe a un sentido de insuficiencia. El deseo cesa cuando usted sabe que no carece de nada, que todo lo que existe es usted y de usted.[181]
> Cuando digo "Yo soy", no quiero decir una entidad separada con un cuerpo como núcleo. Quiero decir la totalidad del Ser, el océano de la Conciencia, el universo entero de todo lo que es y conoce. No tengo nada que desear puesto que siempre estoy completo (Nisargadatta).[182]

Y desaparece la clausura del temor. No hay nada que temer porque se es *nada*.[183]

> (…) Cuando usted se realiza a sí mismo como algo menos que un punto en el espacio y el tiempo, algo demasiado pequeño para ser cortado y demasiado breve para ser matado, entonces, y sólo entonces, todo temor desaparece. Cuando es más pequeño que la punta de la aguja, entonces la aguja no puede atravesarle: ¡Usted atraviesa la aguja! (Nisargadatta).[184]
> (…) el rinoceronte no encuentra en él dónde hincar su cuerno./ El tigre no encuentra dónde clavar sus garras./ Las armas no encuentran dónde descargar su fuerza./ ¿Por qué?/ Porque [al no ser nada] no hay en él lugar para la muerte (Lao Tse).[185]

No hay nada que temer, por otra parte, porque al desaparecer la conciencia de separatividad ya no hay en sentido estricto un "otro".

> Tuvo miedo (…). Reflexionó: «Si no existe nadie distinto a mí, ¿de qué tengo miedo?» Entonces su miedo desapareció, pues ¿de qué habría de tener miedo? En verdad, el miedo lo produce otro (BU I, 4, 1).

Propiamente, no se abandonan el deseo y el temor; sencillamente, pierden su sentido. «El abandono real está en realizar que no hay nada que abandonar»,[186] ni "nadie" que pueda hacerlo.

La Conciencia-testigo (*sākṣī*)

«Debe realizarse a sí mismo como lo inamovible detrás y más allá de lo
movible, el testigo silencioso de todo cuanto sucede»
Nisargadatta[187]
«El origen de la Conciencia no puede ser un objeto en la Conciencia.
Conocer el origen es ser el origen. Cuando entiende que usted no es la per-
sona, sino el testigo puro y calmo, y que la Conciencia sin temor es su verda-
dero ser, usted es el Ser. Es el origen, la posibilidad inagotable»
Nisargadatta[188]

«Sólo ser», ésta es la invitación del Advaita. Dicho de otro modo: «Sé lo
que eres y escucha» (Krishnamurti); «simplemente sea y vea» (Nisargadatta).[189] Pues hablamos de un "sólo ser" que es un ser a la escucha, atento, lúcido, despierto: un Ser/Conciencia (*Sat/Cit*). Hay, por ello, otro posible enfoque con el que el Advaita describe el tránsito desde la conciencia
ego-centrada hasta su fuente o Sí mismo impersonal. Este enfoque –que
está implícito en la auto-indagación (*ātma-vicāra*) y, a su vez, la implica–
toma como hilo conductor no tanto *Sat* (la necesidad de reducirse al puro
Ser, sin pretender ser *esto* o *lo otro*) como *Cit*: la realidad de la Conciencia, y, más en concreto, de la Conciencia-testigo o *sākṣī*.

Existe una realidad, una entidad absoluta que es el eterno sustrato de la
conciencia diferenciada, Testigo (*sākṣī*) de los tres estados y distinta de
las cinco envolturas. Aquel que conoce todo lo que ocurre en los estados
de vigilia, sueños y sueño profundo; aquel que es consciente de la presencia y de la ausencia del pensamiento y de sus modificaciones; aquel que
es el soporte del sentido mismo del yo, es el *Ātman* (*Vivekacūḍāmaṇi*).[190]

El "camino" –que no salva distancias– que conduce a la desidentificación con el ego o *jīva* y que culmina en el conocimiento/realización del
Ātman, obviamente no lo "recorre" el ego, el yo empírico o psicológico.
El factor activo en este proceso es el conocedor puro, *la Conciencia-testigo o sākṣī*, la presencia consciente que atestigua la experiencia (el yo
empírico, de hecho, es sólo parte de lo atestiguado).
Como afirma santo Tomás, «aquello que conoce ciertas cosas no puede tener en su propia naturaleza ninguna de ellas».[191] En otras palabras: la
conciencia de la confusión no está confundida; la percepción de un objeto
duro no es dura; la conciencia del tiempo no lleva tiempo;[192] la conciencia

de la persona carece de cualidades personales; la conciencia del yo empírico no puede ser empírica. El Yo-Conciencia atestigua todo contenido particular de experiencia «como la lámpara que ilumina la habitación sin ser afectada por las propiedades de ésta» (*Vivedacūḍāmaṇi*).[193]

Esta Conciencia-testigo, como pasaremos a ver, no es un mero supuesto teórico para el Advaita. No sólo se desvela –inobjetivamente– en la observación fenomenológica, sino que el cultivo de esta forma de atestiguación –que, a su vez, toma la forma de observación fenomenológica– es el factor operativo y transformador por excelencia y la fuente de toda comprensión/realización.

Describiremos la naturaleza de esta atención o Conciencia-testigo distinguiéndola del estado de atención y de auto-conciencia ordinario del ego. Para contrastar ambos modos de conciencia, la *Muṇḍaka Upaniṣad* utiliza la imagen de dos pájaros inseparables que están en un árbol: uno de ellos come los frutos regocijándose o entristeciéndose según sea su sabor [el yo empírico], el otro [el Testigo] le mira intensamente más allá de la alegría y del dolor.[194]

a) El estado ordinario de atestiguación o atención filtrado por el ego se caracteriza por ser:

– *Parcial*. El interés se focaliza en ciertos aspectos de aquello que aparece en su campo de conciencia y excluye otros.

–*Tendente a la auto-identificación*. Se identifica con ciertos objetos que atestigua: pensamientos, emociones, inclinaciones, experiencias, etc.

– *Subjetivo*. La percepción está filtrada por condicionamientos individuales (creencias, deseos, temores, conexiones emocionales, etc.) relativos siempre a experiencias pasadas e íntimamente ligados, a su vez, a expectativas futuras.

–*Valorativo*. Por ser valorativo es parcial. En función de la peculiar idea-del-yo de cada cual, lo observado se valora como positivo (afirma dicho yo-idea) o negativo (lo amenaza o niega).

b) La Conciencia-testigo no es nunca la atestiguación del ego sobre los contenidos del campo de su conciencia individual. Su origen está más allá del psiquismo, de la personalidad empírica. Su substancia es la misma que la de la atención egoica,[195] pero ahora el interés no se vuelca sólo en las distintas experiencias concretas que configuran y nutren la identidad del yo empírico; se centra fundamentalmente en el puro "Sí mismo", más allá de toda experiencia. Se trata de una atención:

– *Completa, no parcial*. No se seleccionan contenidos particulares de entre aquellos que aparecen en el campo de la conciencia. Se trata, en

expresión de Krishnamurti, de una «percepción o conciencia sin elección» (*choiceless awareness*), global e imparcial.
– *Desidentificada*. Los propios pensamientos, acciones, etc., se observan, sin que se confunda la identidad del que observa con lo observado. La atención se separa creativamente de toda experiencia cognoscitiva, volitiva y conativa del yo.
–*Neutral o no valorativa*. Es una observación sin referencias (libre del pasado);[196] sin expectativas ni volición (libre del futuro). Se acepta de modo equitativo, se "deja-ser", sin más, todo lo que surge en el campo de conciencia. Esta aceptación no valorativa conlleva la actitud de desimplicación y objetividad necesaria para comprender lo que surge en dicho campo, cómo y por qué; una comprensión de la lógica interna de los mecanismos egoicos que no es un fin en sí misma sino –mediante el conocimiento de lo que no somos en sentido absoluto: la estructura de la personalidad– el modo de reducirnos progresivamente a lo que sí somos, a lo que es.
– *Interesadamente desinteresada o activamente pasiva*. Hay un interés despierto pero desinteresado. El interés se cifra en el Yo que está más allá de todo contenido de conciencia concreto. Ello requiere una percepción intensamente lúcida y atenta a toda insinuación, pues la tendencia espontánea de la conciencia es la de identificarse con sus contenidos. Pero esta atención plenamente activa es, a su vez, pasiva, pues no busca aferrar nada, ni siquiera conocimiento. Éste viene a ella en su apertura.
Al quedar en suspenso toda expectativa, valoración y referencia a experiencias pasadas, se libera una actitud de apertura y receptividad total. Tradicionalmente, se suele equiparar esta condición de testigo a la de un espejo. Éste refleja perfecta e imparcialmente todo lo que ocupa su campo de reflexión sin confundirse con lo reflejado, sin apego ni rechazo:
«La mente del hombre perfecto es como un espejo; a nadie despide; a nadie acoge; refleja todo, pero nada guarda» (Chuang-Tzu).[197]
Como no hay referencias mentales ni apego, como no hay conocimiento acumulativo –identificación con los contenidos de la memoria–, esta atención es de instante en instante. Devuelve al ahora puro: un estado siempre a mano pero raramente notado. No hay un yo individual –pues éste supone continuidad temporal– que escuche. Más que atender, se *es* atención o se es en la atención.
Y puesto que se trasciende la mente superficial condicionada, este tipo de observación es la raíz de toda "comprensión/realización". La observación sin identificación de los propios condicionamientos permite

comprenderlos, no a un mero nivel teórico, sino con una comprensión que conlleva la disolución de los mismos.[198] La progresiva disolución de la complejidad egótica conduce a una creciente libertad interior y sencillez que, a su vez, purifica la percepción: el ego deja de proyectarse y de repetirse a sí mismo; se accede más directamente a la realidad y la acción es más fiel a ella, más directa, espontánea y creadora. Paradójicamente, esta "conciencia sin elección" (sin deseo de manipulación o modificación) es la fuente de toda verdadera transformación, orden y armonización.[199]

Un *jñānin* contemporáneo, Jean Klein, resume perfectamente la actitud descrita con las siguientes palabras:

> Heidegger llama a esta forma de visión "espera sin espera".[200]
> En la espera sin expectación aparece tu vida real, pero no puedes llegar a ella por medio de la voluntad, pues entonces será meramente una repetición de tu memoria. La conciencia está encubierta por la volición, por la permanencia en el proceso de desear y el devenir.
> Debes perderte a ti mismo en la espera sin objeto. Cuando lo haces, renuncias a tomar, renuncias a hacer, renuncias a crear. Entonces, espontáneamente, la vida crea en ti (…) Pero cuando esto sucede no hay nadie a quien le suceda. En la Conciencia intemporal no hay nadie.[201]

En palabras de Nisargadatta:

> Permanezcan sin ambición, sin el mínimo deseo, expuestos, vulnerables, desprotegidos, inseguros y solos, completamente abiertos a la vida y dándole la bienvenida como venga, sin la convicción de que todo debe darles placer o beneficio, material o supuestamente espiritual.[202]
> (…) manténgase vacío, disponible, no resista lo que llegue inesperado. Al final alcanzará un estado de no-asimiento, de gozoso desapego, de quietud y libertad interior indescriptible, sin embargo, maravillosamente real.[203]
> Sean claros y apacibles, desapegados y atentos; todo lo demás sucederá por sí mismo.[204]

La propuesta de esta actitud de pura atestiguación como vehículo para "dejar-ser" la propia naturaleza esencial, no es exclusiva del Vedānta advaita:

– En el contexto budista, Dhiravamsa describe así la esencia de la meditación *vipassanā*:

Simplemente [es un] ser consciente (…) Es percepción puramente objetiva sin interferencia del sujeto, del sí mismo, del ego. [Es] el proceso de
descubrir lo que es y aceptar su despliegue (…) No *tenemos que* saber,
estamos dispuestos a tolerar el no-saber, con la actitud paciente y desapasionada de la ciencia en sus aspectos más puros (…) No *buscamos*
nada, sólo observamos con atención desnuda.
Al nacer la comprensión interior, el problema [todo problema] sencillamente desaparece. De hecho, el problema no puede resolverse, simplemente se disuelve cuando hay comprensión.[205]

– Afirma el maestro Eckhart:

Hay algo que se halla en mucha gente, y el hombre, si quiere, lo alcanza
con facilidad: consiste en que las cosas con las que tiene que habérselas
no le estorban ni proyectan en él ninguna representación fija (…). Pero
no debemos contentarnos con esto; debemos aprovechar en gran medida
todas las cosas, sea lo que fuere, estemos donde estemos, veamos o escuchemos lo que sea, por extraño y poco apropiado que nos resulte (…).
Y en todas sus obras y en todas las cosas, el hombre ha de usar atentamente su entendimiento y en todas ellas debe tener inteligente conciencia de sí
mismo y de su interioridad. (…) Debemos (…) mirar conscientemente todas las cosas (…) con una disposición de ánimo siempre igual.[206]

– Ibn ‘Arabí hablará de una auto-observación o

[Un] discernir apasionadamente sereno y sin finalidad alguna en ese mirar, lo que en él [el yo] son atributos. Cuando la conciencia ve los atributos [*upādhis*] como [tales] atributos y no como parte de sí misma, tales atributos dejan de ser interesantes. Quiere esto decir que cada
atributo descubierto es un atributo que muere y, en consecuencia, una
parte de nosotros mismos –de lo que creíamos ser nosotros mismos–
muere en sentido figurado. Éste es el significado de frases tales como
«hay que perder la vida para alcanzar la Vida«, o «el que disminuye dia-
riamente aumenta», que son utilizadas en otras tradiciones.[207]

El término de esta observación –continúa Ibn ‘Arabí– es la muerte de la
identidad empírica separada, en la comprensión/realización de que:

Todos los atributos de *Allāh* son tus atributos. Verás que tu exterior es el
Suyo, que tu interior es el Suyo, que tu comienzo es el Suyo y que tu fin

es el Suyo. Y eso, incontestablemente, sin duda alguna. Verás que tus cualidades son las Suyas y que tu naturaleza íntima es la Suya. Y eso sin que te conviertas en Él, o que Él se convierta en ti, sin transformación, sin disminución o aumentación alguna.[208]

TODO ES CONCIENCIA

«Ambos, Dios y el *jñānin*, se conocen a sí mismos como el centro inmovible de lo movible, el testigo eterno de lo transitorio. El centro es un punto vacío y el testigo un punto de conciencia pura; ellos saben que no son nada, por lo tanto, nada se les resiste.»
NISARGADATTA[209]

La actitud de pura atestiguación aplicada a la comprensión de la naturaleza del yo culmina en la siguiente constatación: no soy nada de lo que aparece en el campo de la conciencia; soy la apertura en la que todo ello aparece y la luz que lo ilumina. Aquello que se creía sujeto (el yo empírico) no es sino un objeto más de la conciencia, en el mismo sentido en que lo es cualquiera de los objetos del mundo. El Yo se revela como un puro centro inobjetivable de percepción consciente; como lo inamovible, más allá de la fluctuación de los contenidos y estados particulares de la conciencia; como el centro del ciclón en lúcida quietud; como el centro inmóvil de la rueda; o en una imagen de Śaṅkara: como el centro vacío de la rueda del alfarero, inafectado en medio del movimiento.

Esta constatación conlleva un auténtico giro copernicano que permite «la explosión hacia la totalidad» (Nisargadatta).[210] Se alumbran dos grandes revelaciones, idénticas a las revelaciones que señalamos como culminación del *ātma-vicāra*, y paradójicas para el nivel de la mente dual:

1) El Yo no es contenido de conciencia sino Conciencia pura. En otras palabras, *el Yo no es Nada determinado, porque sólo así puede serlo Todo.*

No puedo encontrar [al Vidente Absoluto] como un objeto concreto por la sencilla razón de que *es todos* los objetos. No puedo sentirlo porque *es* todo lo que siento. No puedo tener una experiencia de Él porque *es* todas mis experiencias. Cualquier cosa que pueda ver *no* es el Vidente... porque todo lo que veo es el Veedor. Cuando me dirijo adentro en busca de mi verdadero Ser, lo único que encuentro es el mundo.[211]

En expresión de Nisargadatta: «Observando incesantemente, me va-
cié por completo y con este vacío todo regresó a mí excepto la mente».[212]
Al abandonar la identificación con cualquier realidad objetiva, determinada y separada, el yo se reconoce como lo que en la raíz de toda realidad particular diluye las separaciones y las enlaza; el Yo es todo [«todo
regresó a mí»]; un todo diversificado, pero ya no un todo aditivo, internamente dividido [«(…) excepto la mente»]. Se es supraobjetivamente
«aquello que, conociéndolo, todo se torna conocido» (BU); aquello que,
siéndolo, todo se torna sido.

«Todo cuanto sucede en el universo, le sucede a usted, el testigo silencioso. (…) todo cuanto es hecho, es hecho por usted, la energía universal e inagotable» (Nisargadatta).[213]

En última instancia, se revela que no hay interno ni externo. «El que
ve es lo visto; lo que se ve es desde donde se ve.» Se trascienden esas
dualidades: lo interno y lo externo, lo subjetivo y lo objetivo, la concien-
cia-sujeto y el mundo-objeto, etc., hacia un estado de no-dualidad, Conciencia sin objeto o Conciencia pura. El Yo se desvela como la esfera
cuyo centro está en todas partes y su circunferencia en ninguna. «El punto central deja de ser y el universo se convierte en el centro» (Nisargadatta).[214]

> Cese de ser el objeto y conviértase en el sujeto de todo cuanto sucede;
> una vez vuelto hacia el interior, se encontrará a sí mismo más allá del su-
> jeto. Cuando se haya encontrado a sí mismo, encontrará que también
> está usted más allá del objeto, que ambos, sujeto y objeto, existen en us-
> ted, sin ser usted ninguno de ellos.
> (…) Todo es Ser, Luz; único a pesar de su desdoblamiento [en el nivel
> relativo] en el conocedor, lo conocido y la cognición (Nisargadatta).[215]

Se trasciende incluso el mismo testigo, pues éste dice aún relación con
lo atestiguado. El testigo, que inicialmente se sabía irreductible a todo
contenido objetivo y, por lo tanto, diverso de lo atestiguado, ahondando
en la propia experiencia de atestiguación realiza su identidad esencial
con todo. La Conciencia ya no sólo se sabe testigo –trascendente– sino
también substancia y seno de todo lo real –inmanente–. La actitud de
pura atestiguación, en la que aún hay vestigios de dualidad, conduce
más allá de sí misma. Como hace notar Nisargadatta, el testigo es el último remanente de la ilusión y el primer toque de lo real. «Participa de
ambos, de lo real y lo irreal, y es por ello un puente entre los dos».[216]

2) El Yo es Todo. Es decir, *todo es Conciencia (Cit)*.

Todo lo que es, es sólo en virtud de la Conciencia que lo atestigua. Es decir, todo lo real es de la misma naturaleza que la conciencia de atestiguación. Todo es en *Cit* y todo es *Cit*. *Brahman* es Conciencia pura (*prajñānam brama*).[217] El universo es Conciencia. La Conciencia –afirma el Advaita– no está en nosotros (en nuestro cuerpo-mente); somos nosotros los que estamos en la Conciencia.[218] Somos olas en el océano infinito y eterno de la Conciencia única. Todas las cosas son ondas de ese mar ilimitado.[219] Todo surgimiento y toda desaparición son gestos de ese Uno.

> Realícese a sí mismo como el océano de la Conciencia en el que todo sucede.[220]
>
> No diga: «Todos son conscientes». Diga: «Hay Conciencia» en la que todo aparece y desaparece. (…) Conózcase a sí mismo como el océano del Ser; como el útero de toda existencia.[221]
>
> (…) todo el universo está en usted y no puede existir sin usted (Nisargadatta).[222]

Como expresa el *Cantar de Aṣṭāvakra*: «Mi más íntima naturaleza es luz; no soy más que luz. Cuando el mundo es iluminado, soy Yo quien lo ilumina».[223] O en palabras de Nisargadatta:

> Es tu luz la que ilumina el espacio interior, donde aparece el espacio exterior. (…) Es en tu luz donde aparece el espacio que te rodea y gracias a ella puedes percibirlo. Lo mismo que el rayo de Sol es la expresión del mismo Sol, de igual forma, tu mundo no puede existir fuera de tu Conciencia. Es la expresión de este «Yo soy». Este mundo es tu manifestación.[224]

Sólo es *Cit* y todo lo demás *acontece* en *Cit*. Toda realidad fenoménica *acontece*, no *es*.[225]

> La realidad *es*. No puede negarse. Es profunda y oscura, un misterio más allá del misterio. Pero *es*, mientras que todo lo demás meramente *ocurre*.[226]
>
> Sólo hay luz, todo lo demás *aparece* [como la luz del día, que hace todo visible, mientras que ella misma permanece invisible] (Nisargadatta).[227]

Y, si bien en los niveles de realidad relativos podíamos hablar de grados de conciencia, de sueño y de despertar, de ignorancia y de conocimiento, no cabe hablar de niveles en la Conciencia en-sí.[228] Ésta no es un "estado" de conciencia más, no es un "nivel" de conciencia entre otros, ni siquiera el nivel o estado supremo, sino el en-sí y realidad de todos los niveles y de todos los estados.[229]

MÁS ALLÁ DEL SER: EL ABISMO DE LO ABSOLUTO

Sākṣī, la Conciencia-testigo, en virtud del proceso de desidentificación anteriormente descrito, se reconoce más allá de toda realidad objetiva siendo, a su vez, su sede inmanente. Se trasciende a sí misma –en la medida en que el testigo dice relación dual a lo atestiguado– y alcanza el vértice no-dual en que ya no cabe hablar de interno o de externo, de objeto y de sujeto, de atestiguación *versus* lo atestiguado, del mundo como diverso de la Conciencia. El testigo, al real-izar el centro no dimensional de *Cit*, resuelve en sí la circunferencia del mundo, reúne y alumbra en sí toda dimensión.

Decíamos al inicio de esta exposición que *Cit*, por su propia naturaleza, no puede ser consciente de sí. El Conocedor puro no puede conocerse a sí mismo; la luz no puede iluminarse a sí misma. La Conciencia pura sólo puede tomar conciencia de sí, sólo puede exclamar «Yo soy», al saberse testigo y espejearse o confrontarse con una realidad objetiva, al desdoblarse y contemplarse en la manifestación universal. Si bien este desdoblamiento es sólo aparente, pues el supuesto correlato objetivo de la Conciencia pura, el mundo, es, como hemos visto, de la misma naturaleza que la Conciencia –es Conciencia, "aparece" en la conciencia–.

> Este sentido del "Yo soy" es en sí una diminuta punta del alfiler, pero se manifiesta, se expresa en una explosión que no tiene límites. Esa inmensidad no puede existir sin la aparición previa de esta ínfima presencia "Yo soy" (…) *jñāna* es la revelación del "Yo soy". El *jñānin* es el que alcanza el conocimiento "Yo soy" –este toque de existencia ínfima que explica todo el universo–.[230]
>
> En el momento en que dice «Yo soy», todo el universo viene a ser junto a su "creador".[231] No puede haber universo sin el testigo; no puede haber testigo sin el universo.[232]

Que la Conciencia se reconozca como tal, que el testigo se sepa testigo, implica, por tanto, la referencia a un mundo objetivo; es decir, este reconocimiento supone ya la introducción de la dualidad, de consideraciones relativas ajenas al Absoluto en sí: «Este "Yo soy" es otreidad; es una expresión de la dualidad».[233] El sentido "Yo soy" no es, pues, lo último, sino el pórtico de lo último, el punto de confluencia de lo inmanifiesto y lo manifiesto, el correlato necesario de la aparición de todo un mundo objetivo en la Conciencia.

La Conciencia-testigo o conciencia "Yo soy" no es lo absolutamente absoluto, pues necesita la contraposición de una realidad objetiva para ser. En ausencia del sentido "Yo soy", la Conciencia testigo desaparece sólo en su condición de testigo, pero no en su naturaleza última de Conciencia pura; Conciencia pura que trasciende toda oposición relativa sujeto-objeto y libremente la funda.

> (...) no hay mayor milagro que "Yo" experimentando el mundo. El milagro primordial es que experimento "Yo soy" y el mundo. Antes de esa experiencia moro en Mí mismo, en el estado Absoluto eterno.[234]
> En dicho estado "Yo" sólo prevalezco sin siquiera el mensaje "Yo soy". No hay ahí experiencia. Se trata de un estado no-experiencial (...) no hay otreidad. Para cualquier experiencia es necesaria la otreidad.[235] (...) *el "Yo soy" no es el principio absoluto.*[236]

En las obras en inglés que recogen las enseñanzas de Nisargadatta, con frecuencia se remarca esta distinción entre la conciencia dual –la atestiguación que dice relación a lo atestiguado y que aparece con el vehículo psicofísico y desaparece con él– y la Conciencia pura, designándolas con diferentes términos: "conciousness" y "awareness" respectivamente.

Para el Advaita, la conciencia "Yo soy", correlato de la manifestación universal, el Yo suprapersonal y universal que sustenta el mundo, no es lo último, aunque sea el umbral de lo último. Lo último es *Parabrahman/Paramātman*: el Abismo de lo Absoluto, más allá del Ser y del No-Ser.

> Trascendiendo el conocimiento "Yo soy", prevalece lo Absoluto. A este estado se le denomina *Parabrahman* (...) en el que no hay ni siquiera trazas del conocimiento "Yo soy" (...) El Ser es una sobreimposición, un manto de ilusión sobre lo Absoluto. Dicho de otro modo, el Ser, que es el concepto primario de "Yo soy", es en sí mismo ilusión conceptual (Nisargadatta).[237]

Dijimos al comienzo de este trabajo que nos centraríamos en la obra de Nisargadatta *I am That* por ser la más significativa, pero que no dejaríamos de aludir a la novedad que introducen sus obras posteriores para ser fieles a la globalidad de su enseñanza. Pues bien, esta novedad tiene relación con lo que aquí estamos exponiendo: su insistencia creciente en la relatividad incluso del sentido "Yo soy" y en la necesidad de ir aún más allá de este sentido hacia el abismo de lo Absoluto –aspecto presente en *I am That*, pero más enfatizado en sus obras posteriores–.

APÉNDICE. CRITERIOS DE REALIDAD (*SAT*) Y DE VERDAD

«De lo irreal no surge el Ser. Lo real no puede dejar de ser.»
Bhagavad Gītā[238]
«*Brahman* es real, el mundo es ilusorio, el *jīva* es únicamente
Brahman y nada más.»
Śaṅkara[239]

Las expresiones "real", "irreal", "ilusorio", "absolutamente real", "relativamente real", etc., que hemos utilizado a lo largo de nuestra exposición, apuntan a un aspecto no siempre bien comprendido del pensamiento índico. Consideramos conveniente, por ello, introducir una pequeña digresión sobre lo que considera el Advaita que son los criterios de realidad y de verdad.

Para el Advaita:
Es **real** (*sat*) lo permanente, eterno e incondicionado. Lo que es en sí y por sí y no necesita nada diferente de sí mismo para ser.
Es **irreal** (*asat*) lo internamente contradictorio; lo que, como tal, no puede ser dato de experiencia.[240]
Es **ilusorio o relativamente real** (*māyā*; *mithyā*)[241] lo que no es en sí y por sí, pero puede ser dato de experiencia, objeto de conocimiento.
Desde otro punto de vista:
Lo absolutamente real (*pāramārthika*) es lo que no puede ser contradicho o invalidado (*bādha*) por ninguna experiencia. *Brahmajñāna* –el conocimiento/realización de *Brahman*– es la "experiencia" que contradice la pretensión de validez absoluta de toda otra y que, a su vez, nunca puede ser invalidada (es *abādhita*). Es tan cierta, inmutable y plena que toda otra experiencia se revela de inmediato como ilusoria.
Lo relativamente real (la realidad fenoménica o *vyāvahārika*) es lo que puede ser invalidado por alguna experiencia. Por ejemplo, y volviendo a la clásica imagen advaita, cuando en una habitación oscura creemos ver una serpiente donde sólo hay una cuerda y, en un segundo momento, una observación más detenida invalida la experiencia anterior, ya que se advierte la ilusoriedad de la supuesta serpiente.

Lo irreal (*prātibhāsika*) es lo que ni puede ser contradicho ni puede no serlo, pues no es objeto posible de experiencia. Por ejemplo, y acudiendo a otras imágenes de la tradición advaita: el hijo de una mujer estéril, un pez hecho de sal, un Sol que amanece para sí mismo, un fruto dando fruto, etc.

Estos criterios están en estrecha relación con lo que Śaṅkara considera el criterio de validez o de verdad relativa con relación al conocimiento: la no contradicción interna del mismo (*abādhita*). Según este último criterio, todo conocimiento es relativamente verdadero si no es internamente contradictorio *con relación* al estado de conciencia que se tenga en ese momento. Así, por ejemplo, lo que acontece durante el estado de sueño es internamente no contradictorio, verdadero en su nivel. Pero sí es contradictorio con relación al estado de vigilia y a sus respectivos contenidos de conciencia. El estado de sueño es contradicho e invalidado por la experiencia vigílica. A su vez, los contenidos de experiencia del estado de vigilia, perfectamente válidos en su nivel, son invalidados por *turīya*: el estado de conciencia en el que se realiza la realidad última (*brahmanubhava*).[242] Por último, este estado de conciencia no puede ser contradicho por ningún otro estado ontológicamente superior; posee realidad y verdad absolutas; integra, trascendiéndolas, las verdades relativas y los contextos –niveles de conciencia– en que éstas últimas son válidas y, a su vez, en sí mismo carece de toda relación (o contexto), por lo cual no puede ser relativizado, invalidado o contradicho.

Para el Advaita, el criterio de validez del conocimiento es, pues, la no-contradicción interna del mismo, y no la correspondencia, adecuación o conformidad del conocimiento con los objetos. (Este criterio es coherente con la convicción advaita de que la relación sujeto-objeto es propia sólo de ciertos niveles de conciencia y de que el conocimiento último es no-dual).[243]

Aplicando estos criterios al "mundo"

El mundo, la realidad empírica o fenoménica (*vyāvahārika*), no es ni absolutamente real ni irreal. *Es relativamente real*. No es verdad que el Advaita sostenga la irrealidad del mundo; mucho menos la no existencia del mundo.

Es en este sentido –el de la realidad relativa– en el que el Advaita habla de *ilusoriedad* (que no es sinónimo, insistimos, de irrealidad).[244] Las realidades y procesos que conforman lo que denominamos "mundo" tienen principio y fin, son ontológicamente limitados y relativos a otras realidades y fenómenos, no son permanentes ni autónomos –rasgos que para el Advaita son propios de lo real en sentido absoluto–. Por otra parte, el mundo como un todo sólo existe en virtud de la Conciencia pura. Sin Conciencia no hay mundo (lo cual no significa que el mundo sea un producto de la conciencia individual, pues, como hemos visto, la Conciencia tiene para el Advaita carácter universal; la misma conciencia individual es sólo una auto-limitación aparente de dicha Conciencia absoluta).

A su vez, *esta ilusoriedad del mundo sólo es tal desde la base de la experiencia/realización de lo Absoluto*. Sólo el conocimiento/realización de lo Absoluto permite decir «Yo soy *Brahman*», y sólo entonces el mundo muestra su ilusoriedad. *Pero* en la medida en que existe un sujeto separado que se vivencia como tal, existen objetos separados que son experimentados por el primero, y sería internamente contradictorio, a este nivel, negar esta dualidad. En otras palabras, la ilusoriedad del mundo no es una teoría filosófica que hable a la razón. La dualidad *sólo* se trasciende en la experiencia supra-mental de la no-dualidad. De aquí las siguientes afirmaciones de Śaṅkara, aparentemente contradictorias: «El mundo parece ser real en la medida en que el *Brahman* no-dual, que es el fundamento de todo, no es conocido». Y, a su vez: «no puede ser sostenida la no-existencia de las cosas externas».[245]

El Advaita no es un idealismo subjetivo. Frente a toda apariencia fruto de una aproximación superficial, *la gnoseología advaita es realista*, pues en ningún caso subsume la realidad del objeto en la del sujeto (lo definitorio de todo idealismo). El Advaita respeta la validez e irreductibilidad de cada nivel de realidad/conciencia. La dualidad sujeto-objeto es innegable en el nivel de conciencia ordinario (*jāgarita-sthāna* o conciencia vigílica y *svapna-sthāna* o estado de sueño con sueños), y sólo es ilusoria desde la experiencia última no-dual.[246] Y esta experiencia no-dual *trasciende* dicha dualidad, respetándola en su validez relativa, es decir, *no la niega* ni tampoco reduce un término de la misma al otro. Trascender no es negar, sino relativizar e integrar los opuestos en un nivel de realidad diferente y jerárquicamente superior. Śaṅkara es muy explícito al respecto y repite, insistentemente, que la dualidad sujeto-objeto es innegable en el nivel de la existencia fenoménica.

> No puede ser sostenida la no-existencia de las cosas externas. ¿Por qué? Porque somos conscientes de objetos exteriores a nuestro conocimiento. En cada acto de percepción somos conscientes de algo externo correspondiente a la idea, bien sea una columna o un muro, un jarro o una pieza de tela. Y eso de lo que somos conscientes no puede sino existir (…);

[por lo tanto] que las cosas externas existen aparte de nuestra conciencia [individual] ha de ser necesariamente aceptado sobre el fundamento de la misma naturaleza del conocimiento. Nadie cuando percibe una columna o un muro es consciente sólo de su percepción, sino que todo hombre es consciente del muro y de la pared y similares como objetos de su percepción. Que es así se muestra en el hecho de que incluso los que niegan la existencia de objetos exteriores son testigos de su existencia cuando dicen que la forma percibida internamente parece como si estuviera fuera.[247]

La cosa no es para el Advaita su mero aparecer ante una conciencia individual. La existencia de objetos externos –en ningún caso reducibles a estados mentales– es tan innegable como la existencia del sujeto. En el estado de conciencia ordinario es contradictorio –falso– negar la dualidad sujeto-objeto o pretender reducir el segundo término al primero. La epistemología advaita, repetimos, es realista, no idealista ni subjetivista. Ahora bien, su realismo es un realismo moderado, pues se considera que la dualidad sujeto-objeto, innegable en el nivel ordinario de conciencia, no es absoluta (como consideran los realismos) y puede ser trascendida en el estado de *turīya*. Sólo a este estado último –en el que el Yo realiza su identidad con *Brahman*– compete, en sentido absoluto, el calificativo de realidad y de verdad.

En resumen: para el Advaita no cabe hablar de falsedad cuando se perciben como relativas unas relaciones dentro del nivel de conciencia y de realidad en el que son propias, sino sólo cuando se confunden niveles de realidad/verdad o cuando se otorga carácter absoluto a lo relativo (lo que origina una contradicción interna en el conocimiento).[248] Así, el mundo es *māyā* sólo cuando se le confiere carácter absoluto, autónomo y substancial, cuando se considera una realidad dividida internamente (*nāma-rūpa*) y dividida con respecto a su fuente. De hecho: «Una parte de la totalidad vista en relación con la totalidad (…) es completa. Sólo cuando es vista aisladamente se hace deficiente y por lo tanto un asiento del dolor» (Nisargadatta).[249] Como símbolo de *Brahman*, el mundo no sólo no es ilusorio sino que es la realidad misma. *Brahman* es el universo; el universo es *Brahman*.[250]

Los grados de realidad

Si bien carece de sentido hablar, desde un punto de vista absoluto, de grados de realidad, sí cabe hacerlo –considera el Advaita– desde nuestra perspectiva relativa. El hecho de que el Advaita distinga entre lo ilusorio (*mithyā*) y lo irreal (*asat o atyantāsat* = completamente irreal), de que no identifique lo ilusorio con lo no existente –lo que puede ser objeto de experiencia no es irreal–, supone la existencia de grados o niveles relativos de realidad que culminan en la realización de *Brahman* como lo único realmente real en todo grado o nivel. Así, por ejemplo, es evidente que una alucinación o distorsión perceptiva no tiene el mismo grado de realidad que una percepción que dé cuenta fielmente de la realidad percibida.

Hemos visto cómo lo que creemos ser, la propia identidad individual separada, se forja mediante la identificación con la experiencia pasada acumulada, y cómo esta auto-imagen filtra necesariamente la percepción de la realidad interna y externa. Al igual que la experiencia dual se desvela ilusoria desde la experiencia no-dual, cabe también, dentro del ámbito de la experiencia dual, una capacidad creciente de objetividad que desmienta y desvele como ilusorias experiencias excesivamente teñidas y desvirtuadas por dichos condicionamientos individuales. De hecho, esta creciente objetividad dentro del nivel de la conciencia dual supone ya cierta preparación para la trascendencia de la misma. Por ejemplo, una experiencia teísta genuina en la que todavía permanezcan atisbos de dualidad entre el experimentador y lo experimentado, o una experiencia de amor personal profundo, o una experiencia estética depurada en la que el sujeto en gran medida "se haya quitado del medio" aunque la dualidad sujeto-objeto no haya sido totalmente trascendida, etc., equivaldrían a altos niveles de objetividad dentro de la experiencia dual y relativa y, en este nivel, estas experiencias devendrían símbolos particularmente adecuados y transparentes de la no-dualidad última de lo real.[251]

Māyā

«Cuando mira cualquier cosa lo que ve es lo último, pero usted imagina que ve una nube o un árbol.»
NISARGADATTA[252]

Estamos ahora en condiciones de poder comprender el sentido que en el ámbito índico tiene la tan conocida como mal interpretada[253] noción de "*māyā*". El Vedānta, insistimos, nunca ha sostenido la irrealidad del mundo. Śaṅkara negó el punto de vista nihilista para el cual el mundo es ilusorio en el sentido de vacío o irreal. El mundo es *Brahman*, si bien, velado temporalmente –en su apariencia separada y autónoma– por la nesciencia o *avidyā*. Las siguientes palabras de Ramana Maharshi son ilustrativas respecto a lo erróneo, aunque habitual, de toda interpretación del Advaita como *"māyā-vāda"* (o doctrina que niega toda realidad y verdad al universo):

P: ¿Qué es *māyā*?
M: Es sólo la Realidad.
P: ¿*Māyā* no es la ilusión?
M: *Māyā* se usa para significar las manifestaciones de la Realidad. De manera que *māyā* es sólamente la Realidad.[254]
Los tántricos y otros condenan a la filosofía de Sri Śaṅkara como *māyāvāda*, sin entenderlo acertadamente. ¿Qué es lo que él dice? Dice esto: 1) *Brahman* es real; 2) el universo es ilusorio, y 3) *Brahman* es el universo. Él no se detiene en la segunda afirmación, sino que prosigue complementándola con la tercera. ¿Qué significa esto? Al mundo se lo concibe como independiente de *Brahman*, y esa percepción es errónea. Los que se oponen a esto señalan el ejemplo ilustrativo de la soga y la serpiente. Ésta es una sobre-imposición condicionada. La ilusión de la serpiente queda eliminada de una vez por todas después de que se conoce la verdad de la soga. (…) [O el ejemplo de la visión del agua en el espejismo:] el espejismo no desaparece después de que se sabe lo que es. La visión está allí, pero el hombre no corre hacia ella en procura de agua. A Sri Śaṅkara se le debe entender a la luz de estos ejemplos ilustrativos. (…) Se debe saber que el mundo es *Brahman* y que no existe independientemente de Éste. (…) Si el mundo aparece, ¿a quién aparece? ¿Cuál es la respuesta? (…) al Yo. Si no es así, ¿el mundo aparecería estando ausente el Yo conocedor? Por tanto, el Yo es la realidad. Ésta es la conclusión de Sri Śaṅkara. Los fenómenos son reales como el Yo, no lo son independientemente del Yo (…) la realidad y la ilusoriedad son una misma cosa (…) el universo no puede ser real por sí solo, es decir, independientemente de la Realidad subyacente.[255]

El mundo nos remite al Sí mismo o Conciencia en la que éste aparece; no sólo no es la negación de lo real, sino su símbolo y su prueba por excelencia:
«La prueba de lo Eterno está en lo transitorio, la prueba de la Verdad, en lo falso, y la evidencia de *Brahman* es *māyā*» (Nisargadatta).[256]

* * *

Respecto a la cuestión del significado preciso del término *"māyā"*, hay que tener en cuenta que ésta es una noción compleja que, a lo largo de la historia de la escuela vedānta, ha tenido múltiples variantes de significado. Básicamente, o bien se la ha identificado con *avidyā* o *ajñāna* –la ignorancia inherente a la naturaleza humana–, o bien se le ha otorgado un carácter estrictamente metafísico: *māyā* es la potencia creativa de *Brahman* (*śakti*) que origina el mundo fenoménico, el poder cósmico que nos conduce a tomar lo empírico por lo real; en otras palabras: la fuente metafísica de la ilusión, y también, el efecto ilusorio en sí. Los advaitines postshankarianos utilizarán intercambiablemente los términos *"māyā"* y *"avidyā"* (éstos vienen a identificarse), tomando primacía el segundo en la explicación de la raíz de la esclavitud de la conciencia separada. Ante la pregunta por la razón de nuestra esclavitud, la respuesta es: *avidyā* (la ignorancia). Y el proceso de *avidyā* se explica, a su vez, por las sobreimposiciones o *adhyāsa*.[257]

Concebida como poder cósmico, *māyā* –afirma Śaṅkara– es anterior a la manifestación formal, y no se puede decir de ella ni que es ni que no es; pertenece al nivel causal que se distingue del *Brahman* inmanifiesto pero que, a su vez, es previo a la manifestación cósmica como su estado ontológicamente antecedente. En palabras de Śaṅkara: «*māyā* es el mismo poder divino en el que *nāma-rūpa* permanecen indiferenciados y que es la forma latente del estado cósmico en el que *nāma-rūpa* están manifiestos».[258] Lo propio de este poder es su capacidad de proyección y de ofuscación.[259]

Esta consideración ontológica de *māyā* viene a poner de manifiesto la potencialidad de ocultamiento intrínseca a la realidad, pues la posibilidad de lo manifiesto de revelar a *Brahman* es inseparable de su capacidad para ocultarlo. Por consiguiente, el hombre no sería la explicación última de *māyā*. Ésta última no es en esencia un fenómeno antropológico o gnoseológico, sino estrictamente metafísico.

Bien se considere a *māyā* desde un punto de vista psicológico-gnoseológico o metafísico, en ambos casos *māyā* no es meramente un término negativo de privación de visión; es positivo en tanto que es origen de una ilusión efectiva. El ejemplo clásico del Vedānta al respecto es el del mago y sus trucos:[260] «El mago nos hace confundir la apariencia con la realidad; si bien el mago no cae en su propio engaño. Para nosotros, la ilusión está causada por el poder del mago y por nuestra ignorancia. Para el mago, no hay ilusión en absoluto».[261]

Māyā tiene este poder "embaucador" hasta que se alcanza el conocimiento de *Brahman*. En este momento *māyā* no desaparece, pero ya no

es *avidyā*, sino *līlā*: juego, arte o habilidad (uno de los múltiples significados de *māyā*) de *Brahman*, en virtud del cual Éste, sin dejar de ser
Uno sin segundo, se expresa en los muchos; una suerte de juego al escondite cósmico por el que *Brahman* juega a olvidarse de Sí al sumergirse en la apariencia de otro u otros, para luego reencontrarse; momentos de alejamiento y retorno que la cosmología védica simboliza en los
movimientos de *prāṇava* y *prālāya*: la espiración y la inspiración de
Brahman. En el momento en que el *jñānin* toma conciencia de su identidad con *Brahman*, ya no es cegado por *māyā* sino que comparte su poder: el poder de crear y jugar en el mundo. En este momento, el *jñānin*
es, al igual que *Brahman*, *saguṇa* y *nirguṇa*; participa de sus movimientos de *prāṇava* y *prālāya*; «tiene "dos caras" (…): la cara que mira hacia fuera, hacia el mundo de la dualidad y la multiplicidad, y la cara que
mira hacia dentro, hacia su centro no diferenciado».[262] En virtud de su
mirada hacia fuera, juega y crea; en virtud de su mirada hacia dentro, no
olvida que juega.

Esta última reflexión viene a ser un anticipo de lo que pasaremos a
considerar a continuación.

3. INAFECTACIÓN DEL YO: SER EN EL DEVENIR SIN SER DE ÉL

POLARIDAD Y NO-DUALIDAD

«Mi hogar está en lo inmutable, lo cual parece ser un estado de constante reconciliación e integración de los opuestos.»
NISARGADATTA[1]

«El punto donde *esto* y *aquello* no tienen su pareja es el quicio del Tao.»
CHUANG-TZU[2]

Según el Advaita, nos apartamos de nuestra Conciencia originariamente pura y unitiva por la acción limitadora y divisora de *māyā* o *avidyā*, que superpone al Ser lo que no-es (*upādhi*) ocultando así su/nuestra verdadera naturaleza. La raíz y el primer paso de este proceso de constitución de falsas auto-identificaciones es la separación inicial entre el "yo" y el "no-yo". Esta dualidad entre lo que somos y lo que no somos (sujeto cognoscente y objeto conocido, el que ve y lo visto, la vivencia subjetiva y el mundo experimentado) es la primera que surge en nuestra conciencia; de hecho, advertir la relatividad de esta separación es advertir la relatividad de toda división.

En el mismo movimiento por el que yo establece esta primera escisión en su conciencia, se divide de su fuente, se auto-limita y se exilia de la raíz de su ser –que enlaza todo en Todo, y por la cual la parte es siempre símbolo del Todo–. El yo así dividido –del Ser, del mundo externo y de los otros– se vuelve divisor en su visión. Se encadena de este modo a un mundo internamente escindido, un mundo de pares de contrarios: yo y no-yo, interno y externo, sujeto y objeto, etc., de los que, a su vez, se derivan otros como resultado de este erigirse el yo limitado en centro y medida: bien y mal, verdad y error, puro e impuro, mérito y pecado, grande y pequeño, etc.[3]

Para el Advaita, como para tantas otras doctrinas metafísicas, lo constituido por contrarios no es tanto el mundo, como el conocimiento que nuestra conciencia dividida nos proporciona de él. Es nuestra conciencia dual la que divide todo en parejas de contrarios, discrimina entre lo así dividido y elige un polo de la dualidad siempre a costa de la exclusión de su opuesto.

El mundo se presenta ante nuestra conciencia dual como constituido por elementos aparentemente contrarios. Pero la observación del hecho de la absoluta interdependencia de los opuestos (éstos sólo existen en su referencia mutua) desvela la realidad de una unidad que los enlaza; en otras palabras, los opuestos no son propiamente contrarios, sino fases diversas, pero complementarias, de un único movimiento pendular. Si no inhalamos no exhalamos, no hay vida sin muerte ni cabe concebir la muerte sin su referencia a la vida, no hay luz sin oscuridad, placer sin dolor, etc.[4] Este ritmo o alternancia de dos polos es, para las cosmologías orientales, el esquema básico de la realidad manifestada. (La propia manifestación del cosmos se simboliza, en la cosmología hindú, con la espiración de *Brahman: prānava*, y la reintegración del cosmos a lo inmanifiesto, con su inspiración: *prālāya*).[5]

La vida nace y se sostiene en esta dinámica dual; y la interdependencia y reciprocidad interna de los polos de cada dualidad –repetimos– nos habla de una unidad que, más allá de la aparente naturaleza contraria y divergente de los opuestos, los enlaza. Una unidad, eso sí, inaccesible para nuestra conciencia ordinaria, esencialmente divisora, dual o, lo que es lo mismo, sucesiva, secuencial, temporal.

TIEMPO Y ETERNIDAD

«Todo el campo del devenir está abierto y es accesible;
el pasado y el futuro coexisten en el ahora eterno.»
NISARGADATTA[6]
«Dices: trasládate desde el tiempo a la eternidad.
Pero, ¿hay alguna diferencia entre la eternidad y el tiempo?»
ANGELO SILESIO[7]

Expliquemos por qué "dual" equivale a "sucesivo":

Como ha mostrado la psicología *Gestalt*, toda figura se percibe sólo en referencia a un fondo; en otras palabras, fondo y figura no se perciben simultáneamente, sino sucesivamente, pues el énfasis perceptivo ha de centrarse en uno o en otro. Lo que es fondo puede pasar a ser figura, y viceversa; pero nunca ambos se perciben a la vez ni cobran para la percepción idéntico protagonismo (si así fuera, ello sería posible sólo por la referencia a un nuevo fondo). En líneas generales, cabría decir que la propia naturaleza de la percepción exige que lo percibido se divida en figura y fondo, y que éstos sean contemplados sucesivamente.

La vivencia temporal se sustenta en este hecho: ante nuestra conciencia dual, lo uno ha de dividirse en facetas que han de ser contempladas de modo secuencial o sucesivo.[8] Para el Advaita, la conciencia no está en el tiempo, es el tiempo el que está en la conciencia. El tiempo es el único modo en el que nuestra conciencia dual puede aprehender aquello que, considerado en sí mismo, habita en un constante presente.

> Es usted el que está en movimiento, no el tiempo. Deje de moverse y el tiempo cesará. (…) El pasado y el futuro se fundirán en el eterno *ahora* (Nisargadatta).[9]
>
> Tú mismo haces el tiempo: su reloj son la mente y los sentidos; detén la inquietud y se acabó el tiempo (Angelo Silesio).[10]

El trasfondo del tiempo es, pues, la *eternidad*, entendida en el sentido metafísico de *atemporalidad*, no en el de un tiempo ilimitado.[11] Análogamente, también el espacio, el ritmo y, en general, todo lo que tenga su razón de ser en la existencia de partes mutuamente excluyentes, resultan de la imposibilidad de contemplar simultáneamente los diversos aspectos de una unidad.

Pero lo que nos ata al mundo polar, nuestra capacidad de discriminación o discernimiento, es, para el Advaita, también lo que nos libera. Lo intemporal no puede ser alcanzado por lo temporal, ni lo incondicionado por lo condicionado; pero la mente temporal y condicionada puede advertir lo irreal como irreal, discernir la naturaleza de sus propios condicionamientos y límites y, con ello, disponerse para ir más allá de sí misma. Veamos, en concreto, cómo el discernimiento de la naturaleza del tiempo puede conducirnos más allá de él:

La eternidad, hemos dicho, no es sinónimo de un tiempo ilimitado; es la conciencia pura sin límites, es decir, sin sucesividad, sin tiempo. Y la puerta de esa conciencia pura sin tiempo, la puerta de la realidad, es lo más a mano pero lo menos advertido: *el ahora, el momento presente.*[12]

La realidad, para el Advaita, es siempre *ya, ahora*. El presente es la única realidad, pues siempre es "ahora". No hablamos de un ahora fugaz, limitado por el antes y el después (éste es el ahora re-presentado, vivenciado desde la mente), sino de un ahora ilimitado que abraza todo el tiempo, del único tiempo real; pues todo recuerdo y toda anticipación, ¿qué son sino experiencias presentes?, ¿puede algo ser si no es *ahora*?

Cuando se advierte que toda referencia al pasado y toda anticipación del futuro sólo pueden acontecer ahora, es decir, que no hay un antes y un después ajenos o exteriores al presente, el ahora se desvela en su ser sin límites –se dilata multidimensionalmente– y en su carácter intemporal, eterno.[13] Así lo expresa Nisargadatta:

> Ciertamente, un recuerdo del hecho no puede pasar por el hecho mismo, tampoco la anticipación. Hay algo excepcional, único, en el hecho presente que no tiene lo previo ni lo venidero. Tiene cierta viveza, cierta actualidad; sobresale como si estuviera iluminado. En el presente existe "el sello de la realidad" que ni el pasado ni el futuro tienen.
> P: ¿Qué da a lo actual ese "sello de realidad"?
> M: ¿Qué hace a lo actual tan diferente? Obviamente, mi presencia [consciente]. Yo soy real porque yo soy siempre ahora, en el presente, y lo que está conmigo comparte mi realidad. El pasado está en la memoria, el futuro en la imaginación. (…) es mi propia realidad la que yo imparto al hecho presente.[14]
> Usted, el Ser, siendo la raíz de todo ser, conciencia y gozo, imparte su realidad a todo cuanto percibe. Este impartir realidad ocurre invariablemente en el ahora, no en otro tiempo, porque el pasado y el futuro están sólo en la mente. "Ser" sólo se aplica al ahora.[15]

Pero el ego –la vivencia egótica arraigada en la conciencia objetivante, y cuya identidad, como vimos, se sostiene en el tiempo por la memoria–, puesto que se mide constantemente en referencia al pasado y al futuro, a recuerdos y a expectativas, pocas veces accede al ahora puro. El ego, como pensamiento que es, otorga realidad absoluta a ciertos pensamientos, al antes y al después, y no advierte que el antes y el después siempre son pensados *ahora*. El pasado, acumulado en un proceso de auto-identificación mental, filtra la percepción del presente, excluyendo al yo de ese presente puro que es la puerta de la realidad. El presente queda así reducido a un pseudo-presente frágil, etéreo, escurridizo e insubstancial, limitado por un antes y un después supuestamente reales. Un presente fugaz, y en buena medida irreal por ser mera proyección de lo ya conocido –creemos percibir el ahora y percibimos "pasado"; creemos ver y sólo recordamos–.

Únicamente en la trascendencia de la identificación plena con nuestra auto-vivencia relativa y limitada –sustentada en el tiempo psicológico– cabe acceder a la realidad, a lo incondicionado, al ahora puro. Y ello no se logra a través de la acción, de alguna disciplina, de algún proceso volitivo o mental, en general, a través de ningún proceso de cualquier naturaleza. Pues todo proceso conlleva tiempo, y el tiempo no puede conducir más allá del tiempo. Todo proceso conlleva anticipación, descripción de lo que se va a alcanzar en términos de lo ya conocido y alcanzado y, como ya señalamos, para el Advaita, sólo «lo inesperado y lo imprevisible es real».[16] En palabras de Nisargadatta:

> Una vez que comprende que lo falso necesita tiempo y que lo que necesita tiempo es falso, se acerca usted a la realidad, que es intemporal, siempre en el ahora. La eternidad en el tiempo es mera repetitividad, como el movimiento de un reloj. Fluye desde el pasado hacia el futuro interminable, una perpetuidad vacía. La realidad es lo que hace al presente tan vital, tan distinto del pasado y del futuro, que son solamente mentales. *Si necesita tiempo para lograrlo, debe ser falso.*[17]

Afirma en este sentido el maestro Eckhart:

> Todo apego del yo a una obra cualquiera [oración, disciplina, ayunos...], quita la libertad de estar a la orden de Dios en este instante presente y de seguirlo a Él (...) [siendo] libre y nuevo en cualquier instante. (...) cualquier obra intencionada (...) [procesual; con referencias ajenas al presente puro] quita esa libertad siempre nueva.[18]

El tiempo no puede conducir más allá del tiempo.[19] Y, por otra parte, para el Advaita, el tiempo no es algo a superar ni de lo que distanciarse, sino algo a advertir en su ilusoriedad o relatividad. Sencillamente, en sentido absoluto no hay pasado ni futuro. Todo recuerdo y anticipación son en sí mismos experiencias presentes. Todo el tiempo existe ahora (en un ahora limitado y atemporal, no en el instante fugaz, parte ínfima del tiempo, limitada por el pasado y por el futuro, filtrada por la memoria y por lo conocido). El ahora es la fuente del pasado y del futuro; lejos de estar limitado por ellos, los abarca.

> P: El hecho es que aquí y ahora le estoy preguntando: ¿Cuándo apareció el sentimiento "yo soy el cuerpo"? ¿Al nacer? ¿O esta mañana?
> M: Ahora.
> P: ¡Pero recuerdo haberlo tenido también ayer!
> M: La memoria de ayer sólo existe ahora.
> P: Pero sin ninguna duda yo existo en el tiempo. Tengo un pasado y un futuro.

M: Así es como se lo imagina, ahora.
P: Tiene que haber habido un principio.
M: Ahora.
P: ¿Y el final?
M: Lo que no tiene principio no puede acabar.[20]

En resumen: cuando se advierte que no hay más realidad que "ahora", se trasciende la vivencia mental de la sucesión hacia el perfecto presente en el que reside todo el tiempo y todo el espacio.[21] Éste es el ahora sin límites, sin comienzo ni fin, absoluta y permanente novedad; en expresión de Eckhart: el único ahora ininterrumpidamente nuevo.

> Sólo conozco tres días: ayer, hoy y mañana; pero cuando ayer está oculto en hoy y ahora, y mañana borrado, vivo ese día que vivía yo en Dios antes de ser creado.[22]
> Hombre, si te lanzas en espíritu más allá del espacio y del tiempo, puedes a cada instante estar en la eternidad (Angelo Silesio).[23]

En este punto conviene hacer una matización, dados los frecuentes malentendidos a los que se presta la consigna, presente en las doctrinas orientales y en el pensamiento místico, que insta a la vivencia en el ahora. No hay que confundir el "instantaneísmo" del que vive en un presente fugaz abandonando responsabilidades ligadas al pasado y al futuro (propio de las falsas adopciones de la filosofía oriental tan habituales en nuestra cultura), con el vivir en el presente eterno, que no se aparta del tiempo, sino que lo trasciende precisamente porque lo abarca en su totalidad. El que así lo hace "no está en el tiempo"; pero tampoco es ajeno al tiempo; "el tiempo está en él".[24] Ya no es en el tiempo y de él, sino que lo reúne y sostiene dentro de sí.

La ley del ritmo y la alternancia: la expresión en el tiempo de la Unidad
Retomando el hilo inicial: las polaridades son aspectos de una realidad *unitaria* que nosotros, desde nuestro nivel de conciencia ordinario, sólo podemos contemplar sucesivamente. Lejos de ser contrarios que se excluyen mutuamente, son expresiones relativas de "lo mismo"; prueba de ello es que sólo son en su mutua referencia e interdependencia.
Para el Advaita, las dualidades son reales –poseen una realidad relativa– en el nivel de conciencia en el que inevitablemente se perciben como tales (el nivel de la conciencia objetivante: la conciencia vigílica –*jāgarita-sthāna*– y estado de sueño con sueños –*svapra-sthāna*–). Sólo son

ilusorias desde la experiencia de lo Absoluto no-dual. Pero estas dualidades también son ilusorias *en el nivel de conciencia dual* cuando se asimi-
lan a separación, cuando se niega su intrínseca unidad interna. Hay
opuestos –nos decía Nisargadatta–, pero no oposición. Esta unidad de los
opuestos presente en el ámbito fenoménico acontece en dos sentidos:
 – Los opuestos son aspectos diversos de lo mismo; son idénticos en
naturaleza y sólo divergen en grado. Como reza el principio hermético:

> Todo es dual, todo tiene polos, todo tiene su par de opuestos, semejante
> y desemejante son lo mismo, los opuestos son idénticos en naturaleza
> pero distintos en grado; los extremos se encuentran, todas las verdades
> son medias verdades, todas las paradojas pueden ser reconciliadas.[25]

 – Y, por otra parte, la unidad en un perfecto presente de la que está excluido este nivel de realidad se suple con el equilibrio a través de la sucesión, a través de la ley del ritmo y la alternancia; ley que es el reflejo
en lo manifiesto de la perfecta unidad y simultaneidad de los opuestos
en lo Absoluto. Cada polo es compensado al ser sucedido por el polo
opuesto, y cada realización de un polo exige la manifestación de su res-
pectivo contrario:

> Nada descansa, todo se mueve, todo vibra.
> Todo fluye fuera y dentro, todo tiene sus mareas, todo sube y baja, la
> medida de la oscilación a la derecha es la medida de la oscilación a la iz-
> quierda; el ritmo compensa.[26]

No cabe concebir el bien sin el mal, ni el mal sin el bien; el ascenso sin el
descenso y el descenso sin el ascenso; el nacer sin el morir y el morir sin
el nacer; el dolor sin la alegría, ni la alegría sin el dolor, etc.[27] Cabe distinguir el placer del dolor, la vida de la muerte, el bien del mal, etc., pero es
imposible separarlos, y el énfasis en uno de los polos se traducirá en un
énfasis análogo en el polo opuesto (cuanto más busque el placer, más te-
meré el dolor; cuanto más aprecie algo, más me dolerá su pérdida; cuanto
más ascienda, más aparatosa será la caída, etc.). El intento de salvar la
dualidad enfatizando uno de los polos y negando su opuesto es una pretensión ilusoria; tarde o temprano ello conllevará enfrentarse al polo rechaza-
do con toda la fuerza e ímpetu que se haya puesto en su negación.[28]
 Pero más allá/acá de las dualidades que conforman la realidad fenoménica y de la unidad o identidad de naturaleza –también propia del nivel manifestado– de los términos de dichas dualidades, está la No-dua-

lidad inmanifiesta que trasciende e integra toda dualidad y sucesividad y en la que acontece la *"coincidentia oppositorum"* (Nicolás de Cusa). No-dualidad, Uno "sin-segundo", carente de toda relación y determinación, de todo límite, que se muestra como Nada (*neti-neti*), como Vacío (*śūnya*), para nuestra conciencia bipolar. Una Nada que es Todo, ya que en ella termina todo movimiento y toda búsqueda, pues ya no hay "otro", ningún "no-yo" que anhelar.

Desfundamentación de la ley de causalidad

Hay que distinguir, por consiguiente, dos niveles en el establecimiento de la unidad de los opuestos:

1– *La Realidad Última es no-dual*. No-dualidad que, como señalamos en su momento, es distinta de la mera unidad entendida como el referente polar de la multiplicidad. El Advaita –decíamos– habla de lo Absoluto como de lo *Uno sin segundo*, pues éste no se opone a la multiplicidad ni la excluye; trasciende la unidad y la multiplicidad, como trasciende todas las dualidades aparentemente excluyentes entre sí, y las abraza e integra al desvelarlas como mostraciones relativas de la unidad (no-dualidad) de lo Absoluto.

2– Si lo Absoluto es no-dual, *la manifestación universal en cuanto tal es una;* una, no con unidad metafísica –la unidad metafísica es la no-dualidad– sino numérica. Los opuestos son polos de un *continuum*, de una única realidad global. Todo está interrelacionado.[29]

Es preciso distinguir entre el tipo de unidad propia de la realidad en sí –la no-dualidad– y la unidad específica de la realidad manifestada. Ésta última radica, insistimos, en el hecho de que todo está interrelacionado, de que todo depende de todo y, consecuentemente, de que la separatividad es ficticia.

Por cierto, es en este segundo nivel donde hay que situar las afirmaciones de la física contemporánea que postulan la absoluta unicidad e interrelación global del cosmos, idea que está lejos de ser exclusiva de los místicos orientales u occidentales. La física cuántica y relativista ha evidenciado cómo aspectos que se consideraban irreconciliables (masa y energía, espacio y tiempo, onda y partícula, el observador y lo observado, etc.) no son más que diversos modos de expresión de una única realidad subyacente. Ahora bien, la pretensión de muchos divulgadores de la filosofía oriental de que estas conclusiones de la ciencia física demuestran la realidad de lo Absoluto no-dual, supone confundir la unidad metafísica no-dimensional –la no-dualidad– con la unicidad aritmética, la unidad absoluta con la relativa. Lo que sí es cierto es que la concep-

ción del cosmos a la que está accediendo la ciencia física es más acorde
con las cosmologías organicistas orientales que con la visión mecanicis-
ta del cosmos que ha predominado en Occidente; y que, a su vez, esta visión organicista es la propia de las cosmologías que se sustentan en una
metafísica no-dual.

Este segundo tipo de unidad –también postulado por el Advaita en la
descripción de la realidad relativa–: la interrelación interna de todo el cosmos o lo que Whitehead denominó «el entretejido sin costuras del universo», desfundamenta la validez absoluta de la *ley de causalidad* lineal como
reflejo de la naturaleza real de los procesos que constituyen el mundo.

Para el Vedānta advaita –como para prácticamente todas las cosmologías orientales–, puesto que todo está interrelacionado, la noción lineal de causalidad no responde a la naturaleza de las cosas; su validez es
puramente convencional. Todo depende de todo y nada de lo que acontece tiene una causa particular; el universo entero contribuye a la existencia incluso de la cosa más pequeña. Nada ocurre a menos que todo el
universo lo haga concurrir; o en otras palabras: «una cosa es como es
porque el mundo es como es» (Nisargadatta).[30] La ley de causalidad sólo
tiene utilidad práctica, valor instrumental, pero no alcance científico absoluto (como está mostrando la ciencia física),[31] ni filosófico, ni metafísico. En palabras de Wittgenstein:

> Toda la moderna concepción del mundo se funda en la ilusión de que las
> llamadas leyes de la naturaleza son las explicaciones de los fenómenos
> naturales.[32]
> Las leyes, como la ley de razón suficiente [todo tiene una causa o razón],
> etc., son acerca de la red [la mente-dual y su lógica propia] y no de lo
> que la red describe [la realidad en-sí].[33]

O según Nisargadatta: «Todo es un sólo proceso. Ustedes tienden a separar las cosas [mentalmente] y luego buscan las causas».[34]

Por supuesto, tampoco con relación a lo Absoluto cabe hablar, según
el Advaita, de causalidad. Lo Absoluto no es causa del mundo ni de
nada; atribuirle causalidad sería atribuirle relaciones y éstas no le competen. Por otra parte, carece de sentido la noción de causalidad donde no
hay tiempo, ni espacio, ni continuidad; donde todo es perfecta simultaneidad en un puro ahora. En palabras de Nisargadatta: «Es la ilusión del
tiempo la que hace hablar de causalidad. Cuando el pasado y el futuro
son vistos en el ahora intemporal como partes de un modelo común, la
idea misma de causalidad pierde su validez y es sustituida por la libertad

creativa». «Desde el punto de vista más elevado, el mundo no tiene causa.»[35] Donde hay sólo un eterno ahora sólo puede haber libertad creativa
–sin porqué–. «(…) ¡todo es maravillosamente inexplicable!»[36]
(Por otra parte, y ateniéndonos de nuevo al nivel de la realidad manifestada, se tiende a olvidar que junto a la "óptica causal" ha habido tradicionalmente otra óptica que permite una explicación alternativa del acontecer de los fenómenos y que se fundamenta en la naturaleza
inter-relacional del cosmos. A diferencia de la perspectiva causal, no es
analítica sino integradora, pues parte de la consideración del mundo
como un todo unitario; y no atañe sólo a explicaciones funcionales y mecánicas sino que apunta a la comprensión de significados. Hablamos de
la ley de analogía, ley que permite comprender lo no conocido a partir de
lo conocido mediante el principio que sostiene la similitud o identidad de
patrones, arquetipos o modelos en los distintos planos de la realidad –no
opera, pues, desde un punto de vista lineal, sino sincrónico– y que queda
resumida en las conocidas palabras de la *Tabula Smaragdina*: «Lo que
está abajo es como lo que está arriba, y lo que está arriba es como lo que
está abajo, para que pueda cumplirse el milagro de lo Uno». Todo habla
de todo; el microcosmos refleja el macrocosmos y viceversa; cada parte
es, significativamente, total, símbolo de la Totalidad y de cada una de las
"partes-totalidades" que configuran el Todo del universo.[37])

LA INTEGRACIÓN DE LOS OPUESTOS
Y LA PERSPECTIVA MORAL

«Cuando se pierde el *Tao* se recurre a la virtud; cuando se pierde la virtud
se recurre al amor; cuando se pierde el amor se recurre a la justicia;
cuando se pierde la justicia se recurre a la moral.»
LAO TSE[38]

Para el Advaita carece de sentido considerar los opuestos como irreconciliables. Sin diferencias no hay manifestación, pero las distinciones no implican en ningún caso separación. Hay opuestos, pero no oposición.
   De aquí el sin sentido –como hemos apuntado– de pretender afirmar
exclusivamente uno de los polos de la dualidad negando su opuesto: el
bien frente al mal, lo justo frente a lo injusto, la verdad frente al error,
etc. Pues el cultivo del bien es el cultivo velado del mal:
   «El que dice: "hermoso" está creando lo feo; el que dice: "bien" está
creando el mal (…)» (Lao Tse).[39]

Bien y mal son dos nociones correlativas, aspectos de una misma unidad y, por lo tanto, interdependientes. El bien depende del mal, como el mal depende del bien. Por ello carece de sentido para el Advaita el punto de vista ingenuamente moral según el cual "lo bueno" ha de ser cultivado y afirmado frente su opuesto, "lo malo", que ha de ser combatido; en otras palabras, carece de sentido considerar la meta de la autorrealización como un estado de afirmación exclusiva de los términos de referencia dual supuestamente positivos.[40] Análogamente, se considera unilateral –pues niega la naturaleza cíclica y rítmica de lo manifestado– la creencia característicamente occidental en la posibilidad de un progreso lineal a cualquier nivel (individual o colectivo).

Para el Advaita sólo hay un único "mal" (mal que en esencia no es tal, porque carece de substancialidad; se trata de un mero error de percepción): no consiste en un polo de una dualidad, sino en la dualidad misma cuando a ésta se le otorga carácter absoluto; equivale a la escisión de lo que en sí está unido, a la división –en nuestra conciencia– de lo originariamente indiviso.[41] Esta separación en la que radica la ignorancia (*avidyā*) es la fuente de la esclavitud. A su vez, la liberación no es la afirmación exclusiva de lo "positivo" o del bien, sino el estado de trascendencia de lo positivo y lo negativo, del bien y el mal y, en general, de todos los opuestos. Lo verdaderamente positivo no puede tener opuesto.

«En la naturaleza de toda manifestación está el que lo bueno y lo malo [relativos] se sucedan uno a otro y en igual medida. El verdadero refugio está sólo en lo inmanifiesto» (Nisargadatta).[42]

Es sólo en el estado de conciencia no-dual donde el mundo dual revela todo su sentido; es en ese estado donde los contrarios dejan de ser tales y pasan a ser complementarios; donde nuestra percepción dual puede ser "redimida" al estar iluminada por un punto de referencia exterior a sí misma. La batalla nunca se resuelve en sus propios términos –en el nivel de la conciencia polar–. No se resuelve; sencillamente se disuelven sus propios presupuestos en el desvelamiento de que la realidad absoluta es no-dual, de que trasciende los opuestos y, al hacerlo, los reconcilia e integra armónicamente.[43]

Y sólo esta realidad no-dual es propiamente positiva o "trans-positiva" (sin que este término ahora nos sugiera su opuesto; sería algo así como "lo positivo sin segundo"), pues es un estado de ser absolutamente incondicionado –sin causa, sin objeto, sin contrario–:

– Es Ser puro que nunca es el término de un "llegar a ser" ni está amenazado por el "no ser" (amenaza propia del mundo dual en el que ser es siempre ser "esto" y no "lo otro").

– Es no-dualidad pura que diverge de la unidad relativa que puede ser amenazada por la división y la separatividad.

–Es *Ānanda* o bienaventuranza sin objeto, sin porqué, auto-justificada y, por ello, inexpugnable.

La conciencia-testigo y la superación de los opuestos

> «La profundización y el ensanchamiento de la conciencia de sí
> es el camino real.»
>
> NISARGADATTA[44]
>
> «La gran Vía no tiene nada de difícil pero hay que evitar elegir.
> Libérate del odio y del amor: la Vía aparecerá entonces en toda su claridad.
> (…) Si deseas encontrarla no estés a favor ni en contra de nada.»
>
> *Sin-sin-ming*[45]

La actitud que conduce a la integración y trascendencia de los opuestos, al conocimiento/realización de la realidad no-dual, es, para el Advaita, la actitud de la *conciencia-testigo*. Al tratarse de una atención sin opción, valoración ni identificación con ningún polo dual, de apertura incondicional a todos los aspectos de lo real, de aceptación de todos los contenidos del campo de la conciencia, sean del signo que sean, permite ver los opuestos vibrar en su mutua interdependencia. Éstos quedan integrados desde un nivel superior que muestra su naturaleza interdependiente, correlativa y, consiguientemente, relativa.[46]

Esta actitud de contemplación sin aprobación ni repulsa del juego de *māyā* excluye todo intento de negar algo en uno mismo o en el exterior –de pretender eliminarlo o modificarlo sin haberlo previamente asumido e integrado conscientemente–. Y sólo esta actitud conduce al autoconocimiento. Si la realidad es no-dual, si integra armónicamente los opuestos, no puede ser uno con ella el que se resista a integrar en su conciencia alguna faceta de este mundo polar. En otras palabras, el punto de vista moral no conduce al ser humano a su completud y realización, porque en su actitud valorativa y parcial divide, desintegra, rechaza dimensiones de la conciencia y no permite el pleno conocimiento de sí.

El *jñānin* sabe que él es un compendio de todos los opuestos; sabe que no hay sombra o luz que no forme parte de él; pero sabe además que su identidad última es más originaria que ese vaivén, pues, de hecho, lo observa y lo atestigua en sí. La atención imparcial conduce al reconocimiento de todo como propio; es la afirmación sin límites ni condiciones que conduce más allá de todos los límites y condiciones. Este proceso de integración sin identificación (de unificación de la conciencia) es inverso al del cultivo moral: 1) identificación ("debo ser" o "debo llegar a ser" "algo") 2) sin integración (rechazo el opuesto de ese "algo").

Para el Advaita, en todo lo relativo a la auto-transformación sólo hay una "ley": la unificación que acontece a través de la ampliación de la conciencia. El abandono de toda resistencia o contracción de la misma es la única dimensión que ha de ser modificada.[47]

El lugar de la acción transformadora en el mundo

«Cuando esté liberado del mundo, entonces podrá hacer algo por él.
Mientras sea su prisionero, no podrá cambiarlo.»
NISARGADATTA[48]
«La solución del enigma de la vida en el espacio y el tiempo
reside *fuera* del espacio y el tiempo.»
WITTGENSTEIN[49]

Tras lo dicho se puede comprender por qué las doctrinas no-duales no enfatizan tanto la necesidad de cambiar el mundo como la necesidad de trascenderlo: de estar en el mundo desde más allá de él. Esto, con frecuencia, ha hecho que se las califique –como, en general, a las corrientes de naturaleza mística– de vías de liberación asociales, individualistas, solipsistas, etc. Ahora bien, hay que tener en cuenta que, cuando se habla de "trascender el mundo", no se apunta a la negación u olvido de una dimensión de lo real, sino a la sustitución de un modo de percibirlo por otro; se apunta al abandono de la creencia en la separatividad y en el carácter absoluto de las dualidades que conforman la manifestación.

«Su universo personal no existe por sí mismo. Es meramente una visión de lo real distorsionada y limitada. Lo que necesita mejorar no es el universo, sino su modo de mirarlo» (Nisargadatta).[50]

Para el Advaita, no hay ningún cambio o "mejora" que no se sustente en un cambio de la propia visión. Todos los problemas se reducen a la vieja fórmula: "conócete a ti mismo". Sólo el que se conoce trasciende el mundo dual, todo condicionamiento y parcialidad, y está en condiciones de redimir a la parcialidad de sí misma. Lo que está en el mundo no puede salvar al mundo.

«Para ayudar a otros ha de estar más allá de la necesidad de ser ayudado» (Nisargadatta).[51]

El *jñānin* es quien, por excelencia, puede mejorar las condiciones del mundo; pero lo hace, paradójicamente, «guardándose de hacer el bien» (Lao Tse). En otras palabras, ayuda meramente siendo, y *siendo* meramente, ayuda; al estar vacío de toda pretensión e intencionalidad se sitúa en el centro de su identidad –inafectado por la mente superficial y condicionada– desde el que su acción es armónica, adecuada a cada situación, fiel a la realidad y respetuosa con el todo –porque es la acción de la misma realidad–. Uno con el mundo, por haber muerto a su ego, su acción es espontáneamente armónica y benéfica.[52]

Por el contrario, toda pre-tensión de ayuda es propia del ego. Esta "pre-tensión" desvirtúa la autenticidad que sólo se da en la acción espontánea, no protagonizada por un yo –por lo tanto, acción del Todo en el todo–. Aunque "bienintencionada", esta acción/pre-tensión del yo es ciega en su limitación y parcialidad e interfiere en el orden global.

> Cuando usted se engaña a sí mismo creyendo que trabaja para el bien de los otros, aún empeora más las cosas, puesto que no debe guiarse por sus ideas de lo que es bueno para otros. Una persona que cree saber lo que es bueno para los demás es peligrosa (Nisargadatta).[53]

La condición de toda ayuda real es la muerte a sí mismo como persona separada:

> ¿Qué tiene usted que ver con salvar al mundo cuando todo lo que el mundo necesita es deshacerse de usted? (Nisargadatta).[54]

Si bien, una vez muerto a sí mismo, ya no hay "otros" a quienes ayudar:

> (..) el sabio (*jñānin*) (…) no puede ayudar a nadie porque él es todos. Él es el pobre y también su pobreza, el ladrón y también su fechoría. ¿Cómo puede decirse que ayuda cuando él no está separado? Dejad que aquel que se crea separado del mundo, ayude al mundo (Nisargadatta).[55]

LA REALIZACIÓN DE LA NO-DUALIDAD COMO "LIBERACIÓN": *MOKṢA* O *MUKTI*[56]

«Somos libres "aquí y ahora". Pero la mente imagina el cautiverio.»
NISARGADATTA[57]
«Contemplar con mirada ecuánime este mundo devorado por elementos opuestos, aparentemente irreductibles, es la característica del *jīvanmukta* (el liberado).»
Vivedacūḍāmaṇi[58]

La superación de los *adhyāsa*; la comprensión de la insustancialidad de los *upādhi* a través del *ātma-vicāra*, del *neti-neti*, de la discriminación y el desapego; el camino que transita mediante la integración o ampliación de la conciencia hacia la no-dualidad; la actitud del Testigo silente, atento y desapegado, que conlleva el aquietamiento de la mente; el aquietamiento de la mente que permite reflejar con perfección al *Ātman* y advertir que el reflejo siempre fue uno con lo reflejado; el quiebre de los límites de la vasija de barro que permite reconocer que el espacio interior, aparentemente limitado, es y ha sido siempre el mismo espacio absoluto sin límites, etc.; todas estas descripciones son modos de aludir al proceso que culmina en la experiencia de la propia naturaleza real: la realización del Sí Mismo (*Ātman*) que es idéntico a *Brahman*.

Esta "experiencia" corresponde al "estado" denominado por el Advaita "*turīya*", estado que es sinónimo de liberación (*mokṣa*) de las ideas falsas y auto-impuestas al Ser, de abandono de la identificación con las condiciones particulares y limitativas.

1 –Todo lo que concierne a este estado es expresado por el Advaita de forma *negativa* (pues toda determinación es necesariamente una limitación).

> P: ¿Puede describirlo? [el estado supremo].
>
> M: Sólo mediante negación, como incausado, independiente, sin relación, indiviso, sin componentes, inamovible, incuestionable, inalcanzable mediante esfuerzo. Toda posible definición viene de la memoria y, por lo tanto, es inaplicable. Y a la vez, mi estado es supremamente actual y, por lo tanto, posible, realizable, alcanzable.[59]

Ya señalamos cómo para el Advaita todo lo que puede expresarse de manera afirmativa o positiva está necesariamente vinculado al dominio del Ser (*saguṇa Brahman*). Pero *mokṣa* es la realización del dominio de la "no-dualidad" (*Nirguṇa Brahman*), más allá del Ser y del No-ser. Ahora bien, y como también apuntamos, aunque no cabe atribuir ninguna determinación a *Brahman*, tradicionalmente, los *jñānins* que han accedido a la realización de *Brahman/Ātman* han descrito su experiencia en los siguientes términos: *Sat-Cit-Ānanda* (la experiencia de la plenitud de Ser, Conciencia y Bienaventuranza).

2 –En este estado, el conocimiento pierde su naturaleza relacional al realizarse la dimensión sin dimensión en la que ser y conocer, y sujeto y objeto, coinciden. «El Estado supremo (…) –nos decía Nisargadatta– es

enteramente uno e indivisible, un único y sólido bloque de realidad. El único modo de conocerlo es serlo».[60] Gauḍapāda acude a la expresión paradójica "unión sin contacto" para evocar lo que trasciende toda oposición dual. A esta idea apunta también una de las diversas denominaciones con las que el Advaita designa al liberado: *Muni* = el solitario, pues nada es distinto de Sí ni interna ni externamente.

3 –A este estado de conciencia ningún nombre puede atribuírsele con propiedad, ni siquiera el de "estado". La conciencia de unidad «no es un estado diferente o aparte de otros estados, sino la condición y verdadera naturaleza de *todos* los estados».[61] Penetra todos los estados relativos y, por ello, no puede ser un estado entre otros. Penetra todos los grados de ser y, por ello, la realidad carece de grado y medida.

> La dificultad nace con la palabra "estado". Lo real no es un estado de otra cosa –no es un estado de la mente o de la conciencia o de la psique–, ni es algo que tenga un principio y un fin, ser y no-ser. Contiene todos los opuestos, pero no es parte del juego de los opuestos. No lo interprete como el fin de una transición. Existe por sí mismo después de que la conciencia como tal deje de ser (…) Sólo en el silencio y en la oscuridad puede ser visto y oído (Nisargadatta).[62]

4 –*Mokṣa* no es un estado entre otros; y, por lo mismo, no es una "experiencia" entre otras; no está contenido en ninguna experiencia particular, por muy gloriosa que ésta sea; ni siquiera equivale al éxtasis místico (*samādhi*) cuando éste contiene aún vestigios de la dualidad experimentador-experimentado, cuando aún subsiste un "yo" que protagoniza dicha experiencia. El Advaita distingue, en este sentido, entre *savikalpa samādhi*, la experiencia extática unitiva más elevada entre el yo y la realidad última, y *nirvikalpa samādhi*,[63] la realización de la no-dualidad en la que, en palabras de E. Deutsch, ya no hay un yo consciente de la realidad, puesto que la *es*.[64]

Más allá de todo estado y de toda experiencia, *mokṣa* es la realidad y condición de todos los estados y de toda experiencia.

> (…) la realización no es una nueva experiencia, es el descubrimiento del factor intemporal de toda experiencia.[65]
>
> P: ¿Cuál es el estado de usted en el momento presente?
>
> M: Un estado de no-experiencia. Todas las experiencias están incluidas en él.[66]

5 –*Mokṣa no es el resultado de un proceso*. Hemos comenzando describiendo los procesos que supuestamente culminaban en la experiencia de lo real. Después hemos negado que lo alcanzado sea una experiencia o un estado. Ahora negamos que pueda ser alcanzado por –o que esté precedido de– un proceso. Como hemos venido repitiendo, todo proceso está condicionado, pues conlleva tiempo y un "yo" (la volición es "yo"); pero lo condicionado no puede alcanzar lo incondicionado; ni lo temporal, lo intemporal; ni lo cambiante, lo inmutable.

> La liberación no es el resultado de algunos medios hábilmente aplicados, ni de las circunstancias. Está más allá del proceso causal. Nada puede forzarla y nada puede impedirla.[67]
>
> Todo lo que puede hacer es aprehender el punto central de que la realidad no es un hecho y que no sucede, y que todo lo que sucede (…) no es la realidad.[68]
>
> El tiempo no puede llevarnos fuera del tiempo, al igual que el espacio no puede llevarnos fuera del espacio. Todo lo que se gana esperando es más espera. La perfección absoluta está aquí y ahora (Nisargadatta).[69]

La liberación no se logra a través de la acción procesual.[70] Ésta implica siempre un yo: un "yo" volitivo que lleva a cabo dicho proceso, y un "yo" que ha de ser trascendido; y no hay en sentido absoluto tal yo. El intento de trascender el yo mediante actividades como el yoga, la meditación, la ascesis, el auto-mejoramiento moral, etc., no hace más que suponer que el yo es real y, con ello, se cristaliza más aún la ilusión que se pretende destruir. «No hay ilusión más peligrosa que las fantasías con las que la gente trata de evitar la ilusión».[71] «Ésta es la esencia del cautiverio –nos decía Nisargadatta–, el mezclar lo real con lo irreal».[72] Toda pretensión de cambio orientada al logro de la liberación es fútil; y advertir esta futilidad es precisamente la esencia de la liberación: «No hay nada que cambiar; únicamente cuando la idea misma de cambio se ve como falsa, lo sin-cambio podrá mostrar su naturaleza propia».[73]

Es la mente (el ego, cuya naturaleza es mental), codiciosa por definición, pues sólo se siente ser en la identificación con "esto" y con "aquello", la que precisa de la idea de progreso y de evolución hacia la perfección para su propia subsistencia; tras crear la división, busca la unidad; tras crear el desorden, busca el orden; todo menos cuestionarse a sí misma. Pero la auténtica unidad, el verdadero orden, no son los polos opuestos de la división y del desorden.

Lo propio de los opuestos es que éstos se enlacen mediante el devenir y el "llegar a ser" (en el tiempo, el orden y el desorden se alternan y
se suceden, etc.). Pero el estado supremo, que es uno con la esencia última del Sí Mismo, no es un polo de una dualidad alcanzable a través del
devenir.

Por otra parte, los opuestos se reconocen entre sí porque, de hecho,
se contienen el uno al otro; pero lo que carece de opuesto es, con respecto a la mente dual, lo absolutamente otro, lo absolutamente desconocido. En la medida en que todo proceso es "reconocimiento", conduce de
lo conocido a lo conocido. Toda búsqueda se realiza en los términos de
lo ya "encontrado". No buscar, por el contrario, es abrirse a lo nuevo,
encontrar. De aquí las palabras de Nisargadatta: «No intente ser nada, ni
siquiera una persona espiritual». «Todo buscador espiritual quiere ser
algo; sea sólo lo que usted es».[74]

El único valor de todo proceso y disciplina supuestamente conducen-
tes a la realidad última es el de conducirnos al punto donde el esfuerzo
muestra su propia impotencia y es trascendido.[75] «A menos que usted
haga tremendos esfuerzos, no se convencerá de que el esfuerzo no le lle-
vará a ninguna parte» (Nisargadatta).[76]

En conclusión: carece de sentido toda acción en pos de la liberación.
En palabras de Śaṅkara: «(…) como la liberación no es un producto sería ilógico que tuviera como medios las obras».[77] «El Ser –afirma Nisargadatta– está cerca y el camino a él es fácil. Todo lo que usted necesita
hacer es no hacer nada»; «(…) solamente, no lo impida».[78] Y continúa:
«No se necesita una salida. ¿No ve que la salida [el mismo movimiento
hacia la liberación] es también parte del sueño? Todo lo que tiene que
hacer es ver el sueño como sueño (…). Cuando ha visto el sueño como
sueño, ha hecho todo lo que es necesario hacer».[79] No tiene sentido luchar contra la ilusión; basta con comprenderla como tal. Como venimos
repitiendo, la propia visión es la única dimensión a ser modificada.

Es la misma búsqueda lo que impide encontrar; de hecho, «cuando la
búsqueda cesa, el estado supremo es».[80] Es la misma acción en pos de la
liberación lo que impide advertir que «la conciencia-en-sí siempre está
ahí. No necesita ser realizada. Abra los postigos de la mente, y será inun-
dada de luz».[81]

El buscador es lo buscado. ¿Cómo encontrar lo que nunca se perdió?
«Lo que busca está tan cerca de usted que no hay espacio para un camino» (Nisargadatta).[82]

* * *

En resumen:

Toda experiencia implica un yo; todo estado psicológico implica un yo; todo proceso, volición y búsqueda implican un yo. Y el Estado Supremo es un estado sin yo; de hecho, se alumbra en la trascendencia del yo. No es un estado de alguien o de algo.

«Nunca es la persona quien se libera, siempre nos liberamos de ella».[83] *Mokṣa* se alcanza en la comprensión plena de la irrealidad del yo individual separado. El yo separado nunca fue. El Ser-conciencia-bienaventuranza nunca dejó de ser. Por lo tanto, nada ha de ser liberado ni nada ha de ser unido.

> Oh, Rama, no hay intelecto, no hay ignorancia, no hay mente y no hay alma individual (*jīva*) (...).
>
> Para quien está establecido en lo que es infinito, Conciencia pura, beatitud y no-dualidad sin cualificar, ¿dónde está el dilema de la esclavitud o la liberación, visto que no hay una segunda entidad?
>
> No hay ni esclavitud ni liberación, ni dualidad ni no-dualidad. Sólo es *Brahman* (*Yoga Vāsiṣṭha Sāra*).[84]
>
> No existe pues, ni muerte ni nacimiento, ni nada que esté aprisionado o que sea combatido, no existe liberación ni discípulo que busca la liberación; ésta es la suprema verdad (*Vivekacūḍāmaṇi*).[85]

La liberación no es más que la apercepción intuitiva de que aquello que supuestamente impedía la conciencia de unidad en realidad nunca existió. Finalmente –un final que es el verdadero inicio– se advierte que el mismo proceso que buscaba conducir a dicha conciencia de unidad, así como los presupuestos teóricos iniciales que sustentaban dicho proceso, han de ser negados y abandonados, al modo de "la escalera de Wittgenstein"[86]. La doctrina advaita sólo culmina cuando se trasciende a sí misma. Y esto es así para el conjunto de las tradiciones gnósticas.[87] En palabras de Ibn 'Arabí:

> La mayor parte de los iniciados dicen que la gnôsis, conocimiento de *Allāh*, viene a continuación de la extinción de la existencia [de la individualidad separada] y de la extinción de esta extinción. Pero esta opinión es falsa, pues parte de un error manifiesto. La gnôsis no exige la extinción de la existencia y la extinción de esta extinción, sencillamente porque las cosas no tienen ninguna existencia [no son en sí], y lo que no existe no puede dejar de existir. Decir que una cosa ha dejado de existir, que no existe ya, equivale a decir que ha existido. Pero si conoces el ti-

mismo, es decir, si puedes concebir que no existes y que, por tanto, no puedes extinguirte jamás, entonces conoces a *Allāh*. En otro caso, no.[88]

La tradición budista considera que, en el estado último, las cuatro nobles verdades que sustentaban la doctrina pierden su razón de ser. En ese estado –y sólo en él– se puede afirmar:

> No hay ignorancia ni extinción de la ignorancia (...) no hay decadencia ni muerte, ni extinción de la decadencia y de la muerte. No hay sufrimiento, ni origen, ni término, ni sendero. No hay cognición, ni logro ni no-logro (*Sutra del Corazón*).[89]

El Cantar de Aṣṭāvakra es uno de los textos advaita que mejor expresan esta absoluta libertad del liberado con respecto a todo sistema y toda vía; libertad que no es más que la plena realización de la no-dualidad.

> (...) ¿Dónde está el *śastra* y el conocimiento del yo, dónde la mente libre de pensamientos de los objetos, de contento o ausencia de deseos para mí, que he perdido todo sentido de la dualidad?
> ¿Dónde está el conocimiento y la ignorancia, dónde está el yo y lo mío, dónde esto o eso, dónde la liberación, la esclavitud y las limitaciones para mí, la Inteligencia suprema?
> ¿Dónde están las acciones pasadas que me forman [*karma*], dónde la condición de liberado o el estado de disolución tras el emanciparse para mí, que soy lo no-condicionado? (...).
> *Ya han cesado los cuentos del yoga y la sabiduría para mí, que he encontrado el reposo en mi propio Yo.*[90]

EL SENTIDO DE LA "NO-ACCIÓN"

> «El necio no alcanza la paz porque lucha por alcanzarla.»
> *El Cantar de Aṣṭāvakra*[91]
> «El sabio que se ha puesto encima de sí mismo, reposa cuando corre,
> actúa cuando contempla.»
> ANGELO SILESIO[92]

La invitación a "sólo ser" ("no hay que hacer nada") no es una invitación a la inacción. La acción es inevitable, es intrínseca al mundo manifestado: «El ser humano no puede estar inactivo ni por un momento. Todo está impulsado a la acción irremediablemente por el impulso de los tres *guṇas* [energías básicas de la naturaleza]» (*Bhagavad Gītā*).[93] No se trata de actuar o no actuar, pues la acción es ineludible; «incluso su inercia obra y tiene sus efectos en el movimiento cósmico».[94]

De lo que se trata (éste es el sentido de la invitación a "sólo ser") es de sustituir la acción condicionada, excéntrica y dual, que tiene su motor y su meta fuera de sí misma –la acción del yo limitado y separado, que nace del deseo o del temor, de la conciencia de incompletud, atada al tiempo, en la que hay distinción entre el actor, la acción y lo actuado–, por otro tipo de acción que trasciende tanto la actividad como su opuesto: el reposo, y que, por su diferencia esencial con respecto a lo que se entiende ordinariamente por "acción", merece en Oriente el calificativo de "no-acción".[95] Esta "no-acción" es:

1 –Una acción no excéntrica, porque su motor y meta le son internos. No está movida ni motivada por nada distinto de ella misma ni se orienta a fines o resultados distintos de la acción en sí. Es "sin porqué".

> [No debe actuar] –afirma Nisargadatta– ni para usted ni para los demás, sino por la propia acción. Una cosa que vale la pena contiene su propio propósito y significado. No convierta nada en un medio para lograr otra cosa. No limite. Dios no crea una cosa para servir a otra. Cada una es hecha para sí misma. Habiendo sido hecha para sí misma, no interfiere. Usted está usando cosas y personas para propósitos extraños a ellos mismos; está causando estragos en el mundo y en usted mismo.[96]

Según el maestro Eckhart:

> (...) el fondo de Dios es mi fondo, y mi fondo el de Dios (...). Desde este fondo más entrañable has de obrar todas tus obras sin porqué alguno. De cierto te digo: mientras hagas tus obras por el reino de los cielos o por Dios o por tu eterna bienaventuranza, [es decir], desde fuera, realmente andarás mal.[97] Porque no basta con hacer las obras de la virtud (...) sino que se debe aspirar a obtener la virtud en su esencia y fondo (...) Y si uno la tiene, esto se puede conocer por el siguiente hecho: (...) hace las obras sin preparación de la voluntad (...) y sin ningún porqué.[98]

2 –Es una acción no-dual, porque no es la acción de un "yo" (no hay distinción entre la acción, el yo que actúa y lo actuado).[99] Es una acción que no lleva el sello de la personalidad.

Actúa –insta la *Bhagavad Gītā*– sin pretender ser el "hacedor": «En este mundo temporal todas las acciones suceden por intervención de los tres *guṇas*. Mas el individuo, engañado por la ilusión del "yo", piensa: "yo soy el hacedor"».[100] Sin pretender ser el hacedor o, en otras palabras, sin voluntad propia, pues «donde yo no quiero nada para mí, Dios [la Voluntad Universal] quiere en mi lugar»[101] (Eckhart).

3 –Esta acción es denominada en la tradición vedānta "acción desinteresada" (*Bhagavad Gītā*): la realización de la vocación propia –de la acción que compete a cada cual en función de sus circunstancias y de su naturaleza individual– sin móviles individuales y sin apego a los resultados. «Realiza tus acciones con pureza, libre de la esclavitud del deseo».[102] «Una persona tal, que ha renunciado al fruto de sus acciones, está siempre libre de toda dependencia y, aunque interviene en la acción, no actúa».[103]

El yo que ha muerto a sí mismo en tanto que personalidad separada –a su voluntad individual y limitada–, que ha cifrado su identidad en su Sí Mismo, en la raíz de su ser –absoluta completud, carente, por ello, de todo movimiento y anhelo–, y no en sus vehículos limitados (su cuerpo y su psique), atestigua el movimiento y la actividad de sus vehículos de expresión (en este sentido, interviene en la acción), pero no es arrastrado por dicho movimiento ni condicionado por sus obras (en este sentido, no actúa). Goza sin más con absoluta libertad interior de la pura, gratuita e ilimitada expresión de su Ser, sin buscar ese deleite en los resultados de sus acciones aisladas y particulares.[104] El que practica la no-acción comparte así la naturaleza de *Brahman*: «(…) La naturaleza de *Brahman*, como lo vemos manifestado en el universo, es una absoluta calma y pasividad, pureza e igualdad por dentro, una soberana e inexhaustible actividad por fuera».[105]

«Uno debe aprender a estar [interiormente] libre en plena actividad» (Eckhart).[106] Esta no-acción en medio de la actividad garantiza la no-interferencia de los deseos y temores que invariablemente acompañan a la voluntad separada, al yo; es una acción impersonal (o suprapersonal), la acción de la Realidad en la realidad, el movimiento de la Totalidad en la parte –por ello es necesariamente armónica–.[107] Es una acción espontánea no acompañada del movimiento mediacional de la reflexión que tiene al ego como centro; movimiento éste último que, en su limitación, condicionamiento y en la ceguera de su parcialidad, desvirtuaría toda expresión plenamente genuina.

En la medida en que esta no-acción supone la relativización de la individualidad separada como tal, es por ello vía adecuada de realización. Para el Advaita, la acción por sí sola no libera; pero la "no-acción", la acción que ya no es medio sino fin en sí y adquiere por ello la cualidad del conocimiento,[108] conduce ineludiblemente a la liberación; de hecho, esta es la única acción posible para el liberado.[109]

Hay que hacer notar, de cara a evitar malentendidos, que esta acción desinteresada o pura está lejos de ser una acción ciega. Que lo decisivo no sean los móviles individuales no supone desatender las condiciones objetivas que propician la eficacia de la acción. De hecho, la objetividad, la ecuanimidad y la libertad interior del que abandona el apego a resultados particulares, posibilitan la capacidad de atención global a las condiciones requeridas por una determinada situación, y, por ello, la respuesta activa adecuada brotará con menor distorsión y obstáculo y será máximamente eficaz.

Este no-actuar en medio de la acción que propone la *Gītā*, es cercano a lo que el pensamiento extremo-oriental ha denominado *wu-wei* (no-acción): «El *Tao* no actúa y nada deja de hacer» (Lao Tse).[110]

La denominación "no-acción" alude, al igual que en el contexto índico, a que el origen de esta acción y su término es –en virtud de que nace del desinterés personal y del desapego– la quietud del Ser. El sabio mueve sin ser movido, sin perder su imperturbabilidad, sin quedar atado a sus acciones. Permanece en el centro inmutable donde nace todo movimiento, como el agujero vacío en torno al cual gira la rueda sin ser arrastrado por el giro de la periferia, como la mano inmóvil que sostiene el péndulo sin participar de su vaivén. Y porque nada busca obtener, se hace uno con el corazón de todas las cosas y nada se le resiste.

En palabras del maestro Eckhart: «El hombre exterior puede actuar y, sin embargo, el hombre interior se mantiene completamente libre de ello e inmóvil». Aludiendo a la imagen de la puerta que se abre y se cierra, dirá: «comparo la hoja externa de la puerta al hombre exterior y el gozne al hombre interior».[111]

El Advaita frente al punto de vista moral

> «Teniendo el divino Conocimiento de advaita (la no-dualidad), haz todo lo que quieras; pues entonces serás incapaz de hacer mal alguno.»
> SRI RAMAKRISHNA[112]
> «La gente nunca debería pensar tanto en lo que tiene que hacer; tendrían que meditar más bien sobre lo que son.»
> ECKHART[113]

Lo dicho nos aporta nueva luz para ahondar un poco más en el papel del "punto de vista moral" en el Vedānta advaita. Y lo primero que hay que decir a este respecto es que no hay en él tal punto de vista. Veamos por qué:

1 –La realidad suprema y única es no-dual, absoluta positividad "sin-segundo", por consiguiente, trasciende el punto de vista moral, que es siempre dual, y muestra su relatividad.

«¿Por qué insiste en contaminar lo impersonal con sus ideas de pecado y virtud? Son ideas irrelevantes. Lo impersonal no puede ser descrito en términos de bueno y malo. Es Ser-sabiduría-amor; todo absoluto. ¿Dónde hay, ahí, lugar para el pecado?» (Nisargadatta).[114]

2 –El punto de vista moral tiene sentido allí donde hay un agente individual dueño de su acción, un yo que actúa. Dicho de otro modo, tiene sentido en el nivel de conciencia dual; si hay un yo que actúa, éste, efectivamente, es responsable de su acción. Pero, con la realización de la no-dualidad de lo real, se advierte que el yo individual nunca es el "hacedor" último; que nociones como "yo hago", "yo decido", "yo elijo", "yo pienso", etc., resultan siempre de la referencia a un falso centro. Si no hay tal yo-sujeto, ¿quién hace el mal o quién hace el bien? La idea de la responsabilidad personal nace pues, según el Advaita, de la ilusión de la realidad de un agente (de una personalidad separada, sujeto último de acción).[115]

«Aquel que tiene un cuerpo, peca con el cuerpo; aquel que tiene una mente, peca con la mente» (Nisargadatta).[116] A lo que cabría añadir (pues está implícito): el que sabe que no es su cuerpo ni su mente, ¿con qué puede "pecar"?

En otras palabras: «Alimentar ideas como "soy un pecador" o "no soy un pecador" [considerarse a escala personal como el "hacedor" último] es "pecado". Identificarse uno mismo con lo particular es el único pecado que existe» (Nisargadatta).[117]

Para el Advaita, pretender ser el "hacedor" es un error de apreciación. Todo acontece por sí mismo; cada acción particular es la acción de la totalidad cósmica, por mucho que el yo separado se atribuya el mérito –o el demérito– de ciertas acciones y las califique como buenas o como malas. El yo –insiste Nisargadatta– es el "conocedor", no el hacedor. En otras palabras: el Yo es Conciencia pura, el testigo silencioso de todo lo que acontece en el campo de la conciencia (incluido el devenir del compuesto psico-somático que es en un momento dado su vehículo particular de expresión, la identificación con el cual da origen a la apariencia de un yo agente separado).[118]

«Aquel que reconoce que es tan sólo la naturaleza la que realiza todas las acciones que se realizan por doquier en este mundo cambiante, mientras que el Espíritu meramente observa su trabajo, éste en verdad discrimina con acierto» (*Bhagavad Gītā*).[119]

Cuando se abandona la creencia en la realidad de una voluntad limitada y separada y se es uno con la Voluntad universal, el atenazamiento de la responsabilidad individual (sin que esta responsabilidad se niegue en el nivel relativo) pasa a ser identidad con la libertad de lo Absoluto, la libertad de la Conciencia pura.

3 –Por otra parte, dada la naturaleza condicionada del yo individual (los condicionamientos implícitos a la mente dual, los condicionamientos acumulados por cada cual a través de un proceso de auto-identificación con la experiencia pasada, los condicionamientos propios de toda realidad particular en tanto que está interrelacionada con todo el Cosmos y en ella todo confluye, etc.), la creencia en la posibilidad de una acción libre en el nivel personal carece de sentido para el Advaita. Sólo la "no-acción", la acción descondicionada, no protagonizada por un supuesto yo individual separado, la acción del Todo, del Sí Mismo único y suprapersonal, es libre en sentido propio. En el nivel individual no hay tal cosa como el libre arbitrio.[120]

«Toda vez que esta voluntad se aparte de sí misma y de toda criaturidad, volviendo por un sólo instante hacia su primer origen, la voluntad se presentará [otra vez] en su recta índole libre y es libre (...)» (Eckhart).[121]

4 –El punto de vista moral supone la posibilidad de un proceso de mejoramiento; pero todo proceso de mejoramiento –como ya hemos mostrado– tiene como sujeto al yo, aboca a la consolidación del yo y parte del falso supuesto de la lejanía de lo que se pretende alcanzar (lo cual carece de sentido con relación al estado último):

«[Los] esfuerzos y sacrificios (...) no son un camino a la realidad, sino un mero enriquecimiento de lo falso».[122]

No hay mejora esencial a través del movimiento; la plenitud se alcanza sólo cuando se abandona toda pre-tensión, incluso la que acompaña al mismo anhelo de perfección.

> El desasimiento perfecto no persigue ningún movimiento, (...) [no quiere] ni esto ni aquello: no quiere otra cosa que ser. Pero la pretensión de ser esto o aquello, no la desea [tener]. Pues, quien quiere ser esto o aquello quiere ser algo; el desasimiento, en cambio, no quiere ser nada (Eckhart).[123]

5 –El punto de vista moral suele considerar, por otra parte, que la acción correcta (con relación a cierto canon de valoración) es liberadora. Para el Advaita, si el único "pecado" es la identificación con lo particular (pecado que carece de substancialidad pues su origen es un mero error perceptivo), la única ley es el auto-conocimiento.

«Recordarse a sí mismo es virtud, olvidarse a sí mismo es pecado.» «Lo que le ayuda a conocerse a sí mismo es correcto. Lo que lo impide es incorrecto.»[124]

Una ley que trasciende toda ley, porque:

«Una vez que se conoce a sí mismo es indiferente lo que haga». «Si se conoce a sí mismo, todo lo que haga estará bien; si no se conoce, todo lo que haga estará mal.»[126]

El auto-conocimiento basta para alcanzar la conciencia liberada. De la comprensión de la naturaleza de la propia identidad brota la acción correcta. Así, por ejemplo, no es el acto de auto-rebajarse lo que hace al humilde, sino la comprensión de los propios límites ontológicos. El que ha accedido a esta "comprensión" es humilde sin saberlo, y no ha de "cultivar" tal cosa como la virtud de la humildad. El que descubre lo falso como falso no necesita ningún esfuerzo para separarse de ello. Está en la propia naturaleza del error disolverse cuando ha sido visto.

> Por la creencia en la existencia de lo irreal, la mente se identifica con objetos. Pero cuando comprende la irrealidad de tales objetos, deja de apegarse a ellos (Gauḍapāda).[126]
>
> Los actos meritorios sirven para purificar la mente y no para comprender la realidad. La realización del Sí es siempre el fruto de la investigación discriminante y no de los actos meritorios por muy numerosos que éstos sean.
>
> Sólo con la correcta investigación se acaba por comprender que la cuerda ha sido cambiada por la ilusoria serpiente, y de esta forma se pone fin al temor y al sufrimiento (*Vivekacūḍāmaṇi*).[127]

La acción supuestamente virtuosa sin auto-conocimiento no sólo no libera sino que esclaviza aún más;[128] es ficción añadida a la ficción. En este sentido, afirma Nisargadatta hablando del precepto de amar al prójimo:

> No pretenda amar a los demás como a sí mismo. A menos que los vea como uno consigo, no puede amarles. No pretenda ser lo que no es, no rechace ser lo que usted es. El amor a los demás es el resultado del auto-

conocimiento, no su causa. Ninguna virtud es genuina sin la auto-realización. Cuando sepa sin ningún género de duda que la vida fluye a través de todo lo que existe y que usted es esa vida, amará todo natural y espontáneamente. Cuando comprende la profundidad y totalidad del amor a sí mismo, sabe que cada ser viviente y el universo entero están incluidos en su afecto. Pero cuando mira algo como separado de usted, no puede amarlo porque lo teme. La alienación produce miedo y el miedo aumenta la alienación. Es un círculo vicioso. Sólo la auto-realización [por el auto-conocimiento] puede romperlo.[129]

* * *

Cabría objetar a lo anterior que si, para el Advaita, el criterio de validez del conocimiento es siempre relativo al nivel de conciencia que se tiene en un momento dado, lo dicho respecto al punto de vista moral es únicamente válido con relación al nivel último de conciencia –el estado supremo no-dual–, por lo cual, mientras la auto-vivencia inmediata del yo sea la de ser un yo individual separado (un sujeto enfrentado a objetos), la responsabilidad última sobre los propios actos y su regulación en función de ciertos criterios de acción son irrelegables. Y así ha de ser. Como afirma Śaṅkara en su *Comentario a los Brahma-sūtra*: «Mientras no se imponga el verdadero conocimiento, no hay razón para que el curso ordinario de la actividad religiosa y secular no se mantenga imperturbado».[130]

El Vedānta insiste en la importancia de respetar los diversos niveles de conciencia, así como los niveles de realidad que les son propios. Mientras no se realiza la unión con *Brahman*, la verdad es para cada cual la realidad tal y como él la percibe. De hecho, en algunos textos de la tradición advaita se recomiendan ciertas directrices prácticas y el cultivo de ciertas cualidades a los buscadores de la verdad que aún se desenvuelven en el plano de la dualidad,[131] una disciplina que, insiste Śaṅkara, «[sólo] sirve para purificar la mente, no para comprender la realidad».[132]

Ahora bien, en este punto hay que establecer una matización decisiva: si bien en el nivel de conciencia ordinario la acción dual (la distinción entre el actor, la acción y lo actuado) es ineludible, no lo es el punto de vista moral. La necesidad de criterios que regulen la acción en el nivel relativo o dual no supone que dichos criterios hayan de ser de naturaleza moral –basados en una supuesta bondad o maldad intrínseca a los actos–; el criterio puede ser sólo el de la mera conveniencia.[133] En palabras de F. Schuon:

Los hindúes y los "extremo-orientales" no tienen visiblemente la noción de "pecado" en el sentido semítico del término; no distinguen las acciones bajo la relación de un valor intrínseco, sino bajo el de la oportunidad, en vistas de las reacciones cósmico-espirituales, y también bajo el de la utilidad social; no distinguen lo "moral" de lo "inmoral", sino entre lo ventajoso y lo nocivo, lo agradable y lo desagradable, lo normal y lo anormal, expuestos incluso a sacrificar el primer término –pero fuera de toda clasificación ética– al interés espiritual. Pueden llevar la renuncia, la abnegación, la mortificación, hasta el límite de lo que es humanamente posible, pero sin, por ello, ser "moralistas".[134]

Es en este nivel de conveniencia relativa en el que hay que insertar las prescripciones sugeridas por el Vedānta, y no hay que ver en ellas, como en ocasiones se hace, directrices morales.

Esta matización guarda relación con otra posible objeción planteable en este punto de nuestro discurso: si el estado último no es el resultado de un proceso, si no puede alcanzarlo ninguna acción, ¿por qué muchas doctrinas no-duales propugnan la meditación, algunas prácticas o el cultivo de ciertos actos y actitudes?

El estado supremo no puede ser el resultado de ninguna práctica o actividad, pues, si así fuera, sería un estado temporal y, como hemos visto, es siempre en el ahora, es la raíz de todo instante y de todo estado, la fuente omnipresente y atemporal del yo. Para el Advaita, la práctica espiritual no puede ser el movimiento hacia esa fuente –mucho menos su causa–, pero sí puede ser, y es, el movimiento o actividad *de* esa Fuente. Cuando esos actos y actitudes son genuinos, por su propia naturaleza (ya que implican el silenciamiento de la identificación con la mente y de la personalidad egoica) permiten y simbolizan la expresión del propio Ser. No buscan *ni se dirigen a Brahman*, sino que son la acción de *Brahman*. «El fin y los medios, el trayecto y destino, el *alfa* y el *omega* son una y la misma cosa».[135]

LĪLĀ (JUEGO) O LA ACCIÓN DEL LIBERADO

«¡Oh, Arjuna! No hay nada que Yo deba hacer
en ninguno de los tres mundos, pues míos son.
No hay nada que tenga que conseguir, porque lo tengo todo.
Sin embargo, aún actúo.»
Bhagavad Gītā[136]

La acción no conduce a la perfección, pero la perfección se expresa en la acción.

«El que está en este estado de total omnisciencia, la no-dualidad sin principio ni fin, ¿qué más puede desear?». (Gauḍapāda)[137] Nada. Nada que es Todo, porque supone el reconocimiento de la propia completud. Cuando la acción que busca su plenitud fuera de sí –porque parte de la auto-vivencia limitada y separada– no tiene ya razón de ser, ¿qué queda? Sólo queda la acción que expresa la incontenible autosuficiencia del Ser: la acción "sin porqué". Acción sin porqué cuya naturaleza expresa Eckhart con las siguientes palabras:

> Ahí [en el ápice del alma que es uno con el Dios supra-esencial] el fondo de Dios es mi fondo, y mi fondo el de Dios. Ahí vivo de lo mío, así como Dios vive de lo suyo (…). Desde este fondo más entrañable has de obrar todas tus obras *sin porqué* alguno. De cierto te digo: mientras hagas tus obras por el reino de los cielos o por Dios o por tu eterna bienaventuranza, [es decir], desde fuera, realmente andarás mal (…).
> Si alguien durante mil años preguntara a la vida: «¿Por qué vives?»… ésta, si fuera capaz de contestar, no diría sino: «Vivo porque vivo». Esto se debe a que la vida vive de su propio fondo y brota de lo suyo; por ello vive sin porqué, justamente porque vive para sí misma. Si alguien preguntara entonces a un ser humano veraz, uno que obra desde su propio fondo: «¿Porqué obras tus obras?»… él, si contestara bien, no diría sino: «Obro porque obro».[138]

Esta acción sin porqué, si hubiera que expresarla mediante algunas analogías de nuestro mundo relativo, éstas sólo podrían ser: el juego, el arte, la creación o expresión pura en absoluta gratuidad. Por eso el término "juego" se ha utilizado en diversas tradiciones para aludir a la acción propia del Ser, la que compete a su naturaleza.

La palabra sánscrita *līlā* se aplica a todo tipo de juego, entretenimiento o representación dramática. El término *"līlā"*, en su referencia a la manifestación y actividad divinas, aparece por primera vez en los *Brahma-sūtra*. En ellos se afirma que la actividad de *Brahman* no es emprendida por ningún motivo o necesidad, sino simplemente como juego, en el sentido habitual del término.[139] Con anterioridad, en el *Ṛg Veda*, la idea de "juego divino" aparece repetidas veces bajo el término *krij* (jugar).

De modo explícito, el término *"līlā"* no aparece ni en las *Upaniṣad* ni en la *Bhagavad Gītā* (sólo en la *Chāndogya Upaniṣad* aparece en tres ocasiones el término *Krij* para aludir al Espíritu Universal como Gozador Universal y Señor del juego y del placer, juegos de los que participa sin perder su inmovilidad esencial). Pero aunque no aparezcan estos términos, sí que está presente la idea a la que apuntan. Por ejemplo, en las palabras de Kṛṣṇa en la *Bhagavad Gītā* que encabezan este apartado.

Escribe Śaṅkara en su *Comentario a los Brahma-sūtra*:

> De igual modo que en nuestro mundo acontece que un rey o algún dignatario real que ha conseguido satisfacer todos sus deseos, puede todavía, sin ninguna meta a la vista, complacerse en actividades como los deportes y los juegos, a modo de diversión, o al igual que la espiración y la inspiración acontecen espontáneamente sin relación con ningún motivo exterior, así también *Īśvara* puede realizar actividades de la naturaleza de los meros pasatiempos espontáneamente sin ningún motivo extrínseco. (…) Aunque la creación de esta esfera del universo nos parezca una tarea formidable, sin embargo para *Īśvara* es un mero pasatiempo, pues su poder es infinito. E incluso cuando la gente pueda imaginar que el deporte tiene algún motivo detrás, ningún motivo puede darse con relación a *Īśvara*, puesto que, como los Vedas declaran, todos sus deseos están satisfechos.[140]

Saguṇa Brahman manifiesta, conserva y destruye los distintos mundos como expresión y goce de su propia naturaleza creativa; espontánea y liberalmente, al modo como la araña produce su tela o la luz irradia su luz;[141] de forma tan natural como el individuo expira e inspira; sin propósito, es decir, sin ningún porqué y sin ninguna responsabilidad moral con relación a su actividad.

Īśvara o *Saguṇa Brahma* es la consideración relativa de *Brahman*: *Brahman* en su referencia al mundo manifestado. *Para Brahman* no es, en propiedad, causa, ni creador, ni jugador, ni a este nivel la causa o el origen se distingue de sus efectos.[142] "*Līlā*" es sólo una aproximación relativa, simbólica, pero apropiada –más aún, la más apropiada–, a la forma de vida que ha de competer a lo Supremo y al *jñānin* que ha realizado lo Supremo: la Vida absoluta que radica en simplemente Ser en un ahora ilimitado y siempre nuevo; en el gozo (*ānanda*) de la expresión gratuita del propio ser (no en el gozo de las acciones limitadas en sí mismas ni en sus resultados, sino en tanto que manifestaciones del Yo y por causa del Yo que se manifiesta); en la posesión gozosa de Todo tras la renuncia y la libertad interior con relación a todo[143] (a las realidades particulares en cuanto tales).

Esta idea del "juego", como símbolo del modo de vida divino, no es exclusiva del hinduismo:

En *las Leyes*, Platón compara el cosmos con un drama o juego universal cuya única meta es la permanencia y la dicha de la totalidad. Dios es el Jugador único y ello garantiza que todo se ordene armónicamente a ese fin –una armonía que siempre escapará a la perspectiva de la mera parte como tal–.[144]

Autores como Eckhart o Böhme[145] han sostenido que el juego es la lógica de la vida interna de la divinidad y que la creación no es más que la exteriorización de ese juego divino que es desde toda la eternidad. Para Angelo Silesio:

Todo es un juego que la divinidad se concede; ha imaginado la criatura para su deleite.[146]

¿Qué es la cualidad de Dios? Derramarse en la creación, ser en todo momento el mismo [sólo ser], ni tener, ni querer, ni saber nada [sin porqué, sin objeto].

Nada dura sin gozo [la substancia de todo es el gozo]. Dios ha de gozar de sí mismo; si no, su Esencia se secaría como la hierba.

Un gozo no volitivo, pues: «Dios no tiene voluntad, es sosegado y eterno».[147]

En el ámbito de la tradición sufí, expresa Rumi: «Tú has inventado este "yo" y este "nosotros" a fin de poder jugar el juego de la adoración contigo mismo, a fin de que todos los "yo" y los "tú" se conviertan en una sola vida».[148]

Contemporáneamente, la idea del mundo como juego ha sido expuesta, entre otros, por Nietzsche y Heidegger.

Para Nietzsche, la lógica de la vida se expresa de forma adecuada en la alegoría del juego; esta alegoría apunta a "la inocencia del devenir", a su lógica sin lógica, a su impulso carente de intencionalidad: como la mirada del niño y del artista, ajena a todo sentido moral.[149]

«La madurez del varón significa haber reencontrado la seriedad que de niño tenía al jugar.»[150]

Nietzsche quiere devolver al devenir su inocencia, liberándolo de todo finalismo, de toda intencionalidad. Todo es vida; todo es justificable en términos de vida. La misma violencia contra la vida forma parte de la vida y revierte en ella. Al suprimir toda instancia trascendente, al identificar tiempo y eternidad en el ciclo del eterno retorno, el curso de la vida ya no está lastrado con ningún sentido moral, racional o teológico; su curso es sólo azar, juego, danza en libertad. En su obra *El Ocaso de los Ídolos* explicará cómo, mediante la psicología de la voluntad y de la responsabilidad, mediante los conceptos de "culpa" y "castigo", mediante la idea del "orden moral del mundo", el cristianismo –metafísica de verdugos– ha infectado la inocencia del devenir.

Pero la visión nietzscheana no es equivalente a la visión índica. La solución de Nietzsche al sentido de la vida: su afirmación de que este sentido no existe fuera de la vida misma, es compartida por el Vedānta, *pero* sobre el presupuesto de la afirmación de una Vida trascendente que se expresa en la inmanencia pero no se agota en ella. Vida a la que compete la eternidad; no la eternidad que excluye el tiempo ni la eternidad del eterno retorno, sino el eterno presente o eterno ahora que se expresa en el tiempo y lo abraza. Esta Vida trascendente no es la trascendencia metafísica criticada por Nietzsche: la que se opone al mundo, a la tierra, a la vida como su polo dual. Propiamente, está más allá de la trascendencia y de la inmanencia, a las que reúne. Pero tampoco es pura vida inmanente carente de referencias ajenas a sí.

Más próxima al planteamiento oriental –como tendremos ocasión de ver– es la perspectiva de Heidegger. Éste nos recordará las palabras de Silesio: «La rosa no tiene porqué, florece porque florece, no se presta atención a sí misma, no pregunta si la ven»,[151] para aludir a la dimensión auto-justificada y justificante del Ser, a su absoluta gratuidad –que se muestra para la mirada poética y para el pensar meditativo, las actitudes que "dejan ser" al Ser–. El Ser, como la rosa, es "sin porqué", fundamento infundado (*Ab-Grund* = abismo). "Sin porqué" (*ohne Warum*) que no es sinónimo de arbitrariedad, pues tiene la lógica suprema: la lógica del juego (*Spiel*). El Ser como Ser descansa en el juego. «En último término, lo que queda es el juego: lo más alto y lo más profundo.» «El Ser –dirá retomando el fragmento 52 de Heráclito– es un niño que juega.»[152]

Recordemos las palabras de Nisargadatta: «desde el punto de vista más elevado, el mundo no tiene causa». Donde hay sólo un eterno ahora no puede haber más que libertad creativa, sin porqué; «¡todo es maravillosamente inexplicable!».[153]

Tras haber acudido a la metáfora del mundo como drama cósmico en el que *Brahman* desempeña todos los papeles,[154] le replican a Nisargadatta:

P: A mí no me gusta esta idea del *līlā* (drama). Más bien compararía el mundo con un patio de trabajo donde nosotros somos los constructores.
M: Se lo toma demasiado en serio. ¿Qué hay de malo en representar un drama? Sólo puede tener un propósito mientras no sea completo; hasta

entonces, la perfección, la plenitud será el propósito. Pero cuando uno es completo en sí mismo, totalmente íntegro dentro y fuera, entonces uno goza el universo, no trabaja en él. Al desintegrado puede parecerle que uno trabaja duro, pero ésa es su ilusión. Los deportistas parece que hacen tremendos esfuerzos; a su vez, su único motivo es jugar y mostrar.

P: ¿Quiere decir que Dios simplemente está divirtiéndose, que está ocupado en una acción sin propósito?

M: Dios no es sólo verdadero y bueno, también es maravilloso. Crea la belleza por el gozo de ella.

P: Bien, ¡entonces la belleza es su propósito!

M: ¿Por qué introduce el propósito? El propósito implica movimiento, cambio, un sentido de imperfección. Dios no pretende ninguna belleza; todo lo que hace es hermoso. ¿Diría usted que una flor está tratando de ser hermosa? Es hermosa por su propia naturaleza. De modo semejante, Dios es la perfección misma, no un esfuerzo hacia la perfección.[155]

«Todo es un juego en la Conciencia.»[156] El Universo es para el Vedānta –y acudiendo a unas palabras de Aurobindo– la interminable expresión del artista embriagado por el éxtasis de su propio poder de creación sin fin. Su secreto es la alegría pura, la alegría pura del niño que juega.

El término "*līlā*" nos habla de que, para el Advaita, la liberación no es huida de la finitud, sino su redención. El mundo finito se revela infinito, campo de expresión de lo absoluto en el tiempo, de lo incondicionado en lo condicionado. El mundo manifestado sigue ahí, pero en cada realidad concreta resuena ahora la totalidad; lo particular se hace transparente y se desvela en una inusitada hondura, en su ser sin-fondo. La liberación desoculta lo que siempre fue: los opuestos son complementarios; lo que parecía lucha es danza; la realidad y la vida en la que ésta se expresa se deleitan en el juego de su rítmico fluir, en el gozo del re-conocimiento de la unidad en la multiplicidad –multiplicidad que ya no deviene movida por su propia incompletud, sino como expresión gratuita en el espacio y el tiempo de lo siempre pleno–.[157]

Ésta es la expresión máxima de la no-dualidad: el yo es libre y sólo juega a estar limitado (el olvido de que se juega es siempre parte de todo buen juego). *Avidyā* es *vidyā*; el devenir es el Ser; *māyā* es *Brahman*.[158]

«Nirvāna es saṃsāra y saṃsāra es nirvāṇa» (Nāgārjuna).[159]
«La forma es el vacío y el vacío es la forma» (*Sutra del corazón*).[160]
«No insultéis al siglo, porque es *Allāh*» (frase atribuida a Mahoma).[161]

II. LA ENTRONIZACIÓN DEL SUJETO O EL OLVIDO DEL SER

«La referencia entre el yo y el objeto que suele ser denominada relación sujeto-objeto, y que yo tenía por la más general, es manifiestamente sólo una variante del acontecer histórico (*geschichtliche*) de la relación del hombre para con las cosas.»
HEIDDEGGER, *Gelassenheit*, p. 64.

«La Serenidad para con las cosas y la apertura al misterio (…) nos hacen residir en el mundo de un modo muy distinto. Nos prometen un nuevo suelo y fundamento sobre los que mantenernos y subsistir, estando en el mundo técnico, pero al abrigo de su amenaza.»
HEIDDEGGER, *Gelassenheit,* p. 24.

El pensamiento advaita no es "filosofía", en la acepción más restringida y habitual de este término. Tampoco Heidegger es, en este sentido, un filósofo ni está haciendo filosofía. Aunque haya pasado a los manuales y textos de historia del pensamiento como un filósofo más –probablemente, el más destacado del siglo XX–, siempre dejó muy claro que su pensamiento no era ya filosofía, como no fue filosofía el pensamiento presocrático. Los pensadores presocráticos pensaron antes de la filosofía. Él piensa después del final de la filosofía (*das Ende der Philosophie*), un final que sitúa en la inversión de la metafísica llevada a cabo por Nietzsche –que agota la última posibilidad interna de la metafísica no anteriormente explicitada– y que tiene sus últimos signos en el actual imperio de la lógica científico-técnica y en la hipertrofia del pensamiento calculador.

Esta hipertrofia, considera Heidegger, no es una novedad histórica. El actual imperio de la técnica desvela la esencia de la filosofía, precisamente porque la lógica instrumental estaba ya desorbitadamente presente en el pensamiento filosófico desde sus inicios. Así, un pensamiento que busca acceder al sentido último del Ser desde más allá de Él, a través de la indagación objetiva de causas, justificaciones racionales y "porqués", no es ya pensamiento esencial; es, sencillamente, cálculo. Un cálculo que ni siquiera alcanza los espectaculares logros prácticos que permite la aplicación del cálculo en las ciencias particulares; de hecho, probablemente sean estos logros los mejores efectos secundarios de la lógica raciocinativa que impulsó la filosofía. La filosofía-*tecne* no sólo no ha logrado su cometido (y no sólo ha evidenciado una creciente inoperatividad, la que la ha conducido a su actual desprestigio), sino que ni siquiera ha advertido que ella misma era el principal obstáculo para lograrlo; no ha advertido que, desde que se concibió como un "asunto de la razón" (*eine Sache der Ratio*) y comenzó a calcular –pues la razón discursiva sólo calcula–, se incapacitó para lo que era su objetivo inicial: el acceso al sentido del Ser.

No todo pensamiento en torno al Ser –nos dirá Heidegger– es filosofía. Ésta última, de hecho, es un fenómeno exclusivamente europeo. La expresión "filosofía occidental" es tautológica.[1] Ni el pensamiento

oriental ni las formas de pensamiento que en Occidente se han mantenido al margen de la línea más definitoria del pensamiento oficial (como,
por ejemplo, el pensamiento místico) son filosofía.

Dicho de otro modo: para Heidegger, filosofía no es sinónimo de
pensamiento (*Denken*). La filosofía es un "asunto de la razón";[2] para
ella: *nihil est sine ratio* (nada es sin razón) y *nihil est sine causa* (nada
es sin causa). El pensamiento *per se,* el pensamiento que accede al sentido del Ser, por el contrario, es la reflexión meditativa para la que todo
es sin-porqué (*ohne Warum*), sin-fundamento (*Ab-Grund*), y para la que
«la razón –desde hace tantos siglos exaltada– es la más porfiada enemiga del pensar».[3]

Heidegger propone un pensamiento del Ser que ya no es filosofía,
pues exige un salto fuera del pensamiento representacional hacia el
Abismo (*Ab-Grund*) infundado del Ser; un salto más allá del sujeto re-
presentante y del pensamiento considerado como mera actividad humana, hacia la escucha inobjetiva y la obediencia activa que permiten dejar
ser al Ser como referente esencial de lo humano; un salto que revela que
el pensamiento no precisa "buscar" al Ser porque pensar y ser son, de
hecho, lo mismo.

4. HEIDEGGER
Y LA PROBLEMATIZACIÓN DE LAS BASES
DE LA FILOSOFÍA OCCIDENTAL

EL SER: EL HORIZONTE DEL PENSAMIENTO HEIDEGGERIANO

El tema central del pensamiento de Heidegger es la cuestión del Ser; Ser –dirá Heidegger– al que está referido el ser humano como a su más peculiar posibilidad.[1] Y éste será el hilo conductor de su pensar desde el mismo comienzo de su producción filosófica. Es, pues, inapropiada la lectura de *Sein und Zeit (Ser y Tiempo)* en clave existencialista[2] o antropológica, como el mismo Heidegger advierte en su obra *Vom Wesem des Grundes (De la esencia del fundamento)*:

> Séame permitido indicar aquí que lo publicado hasta ahora de las investigaciones sobre *Ser y tiempo* no tiene otro propósito que el de trazar un bosquejo que desvele la *trascendencia*. Y esto ocurre, a su vez, para posibilitar la única intención principal que está señalada con claridad en el título de toda la primera parte: obtener «el horizonte *trascendental* de la *pregunta* por el Ser». Todas las interpretaciones concretas (…) sólo se pueden valorar en dirección a una posibilitación de la *pregunta* por el Ser. (…) Y en lo que toca al reproche, ligado con esa mala interpretación, de un «punto de vista antropocéntrico» en *Ser y tiempo*, esta objeción que ha corrido con tanto celo de mano en mano, sigue siendo inconsistente (…).[3]

La inadecuada interpretación "antropocéntrica" de *Sein und Zeit* encuentra su razón de ser en el particular protagonismo que tiene en dicha obra –y, en general, en la producción del Heidegger inicial– la cuestión del ser humano y de la existencia humana. Pero, si bien este protagonismo es incuestionable, la mencionada interpretación pasa por alto que la cuestión del hombre es siempre planteada con vistas a la cuestión del *sentido del Ser*.[4]

Ser, escribe en *Sein und Zeit*, es siempre el ser de un ente; por eso, en la pregunta por el sentido del Ser es a los entes mismos a los que se pregunta acerca de su ser. Ahora bien, en concreto se ha de preguntar al ente al que le es propio preguntarse por el en-sí de lo que es, por su propio ser y por el ser de lo ente: al ser humano. La pregunta por el sentido del Ser –en la que el ser humano es tanto el preguntador como el preguntado– ha de darse en la forma de una analítica de la existencia humana (*Daseins-analytik*), pues es en ella como el Ser llega a la luz.

La pregunta por el hombre –ente preeminente por su referencia al Ser– abre, pues, camino a la pregunta por el Ser. El ser humano es, por ello, el ente "ontológico" por excelencia: es inherente a su esencia el estar referido al Ser, el preguntar por Él, el comprenderlo. La esencia del hombre radica, de hecho, en su *estar en co-respondencia con el Ser del ente* (en su estar determinada por la voz del Ser –dirá en obras posteriores– a cuya voz co-responde).

La referencia esencial y definitoria del ser humano al Ser es lo que mueve a Heidegger a designar el ente que nosotros somos con el término *"Dasein"*. *Da-sein*, "Ser-ahí", porque es el "ahí" (*Da*) del Ser, el lugar privilegiado de Su revelación. Ente ónticamente señalado entre todos los entes –dirá en *Ser y Tiempo*–, ser "ontológico", «porque en su ser le va éste su Ser»;[5] porque «*la comprensión del Ser es ella misma una "determinación del ser" del Da-sein*».[6]

Heidegger evita utilizar el término hombre (*Mensch*) para aludir al existente humano, por la sugerencia entitativa que conlleva esta palabra, porque invita a considerar al ser humano como una substancia clausurada y a comprenderlo desde lo meramente humano de sí, desde su ser *animal rationale* (bien sea como un animal, un alma, una persona o cualquier otra consideración óntica; como una "especie" de entes específica delimitada frente a otras, etc.). Acudirá prioritariamente a la expresión *Dasein*, que, como hemos visto, no es una definición del ser humano que dé cuenta de éste desde una perspectiva óntica –antropológica, biológica, psicológica, etc.–, sino desde una perspectiva estrictamente ontológica, desde su rasgo más esencial. También utilizará el término *Ek-sistenz* (existencia), que, al igual que el término *Dasein*, busca enfatizar el carácter abierto, extático, trascendente que es definitorio de lo humano: su imposibilidad de comprenderse desde sí mismo; su ser sí mismo y en sí únicamente cuando es más allá de sí, en lo abierto del Ser.

El Ser es el dominio esencial en el que el ser humano está en cuanto tal, el elemento o espacio de lo humano. Y, a su vez, el ser humano es el *ahí* del Ser (*Da-Sein*), el lugar en que Éste se patentiza y en el que puede tomar conciencia de sí como Ser.

* * *

El Ser es el ámbito y la referencia esencial del ser humano; la posibilidad humana más propia.[7] Por lo mismo, la *filosofía* habría de ser, en
principio,[8] la tarea humana más propia, en la medida en que tiene como
objeto el Ser de lo ente, y en la medida en que su cometido es actualizar
esa correspondencia esencial entre hombre y Ser:
      «La respuesta a la pregunta "¿Qué es eso de la filosofía?" consiste en
que co-respondamos (*ent-sprechen*) a aquello hacia lo que camina la filosofía. Y esto es: el Ser del ente».[9]
      La filosofía busca actualizar la esencial referencia del ser humano al
Ser. Ahora bien –se pregunta Heidegger–: ¿qué sentido tiene pretender
alcanzar algo que de hecho ya somos, pretender alcanzar una correspondencia en la que *ya* estamos? Dicho de otro modo: ¿qué sentido tiene la
actividad filosófica si su meta es ya su punto de partida?
      Efectivamente, el ser humano es en el Ser y en su referencia a Él. Por
eso es inherente al ser del *Dasein* una cierta comprensión del Ser y una
cierta interpretación del mismo. Pero que todos usen y consiguientemente comprendan hasta cierto punto lo que se quiera decir con la palabra "ser" (preguntar «¿qué *es* el ser?» presupone, de hecho, el conocimiento de la significación del "es"), no implica que la naturaleza del Ser
sea inmediatamente diáfana y comprensible de suyo. En otras palabras,
"ser ontológico" –y el hombre lo es, en la medida en que le es intrínseca la comprensión del Ser– no significa desarrollar una ontología. El
fáctico "ser ontológico" del *Dasein* –dirá Heidegger en *Sein und Zeit*– es
aún "pre-ontológico", pues no supone una indagación consciente y explícita en torno al Ser. La vaga e "inmediata" interpretación pre-ontoló-
gica del Ser (*Seinsverständnis*) que posee el hombre medio dista de la
reflexión específicamente ontológica: la que busca aclarar experiencialmente –para Heidegger la reflexión genuina es siempre auto-transfor-
madora, experiencial– el sentido del Ser y actualizar crecientemente,
con ello, la esencia del ser humano en cuanto tal. Es más: si bien al hombre medio no le es extraño su ser preontológicamente, ontológicamente
le es lo más lejano dada, como veremos, su tendencia a habérselas exclusivamente con lo objetivo y con lo ente, y dado el carácter inercial,
pasivo, irreflexivo y acrítico de las interpretaciones de la cotidianidad
media, reactivamente absorbida en el mundo del "se" (del neutro *das
Man*: de lo que "se" dice, "se" piensa, "se" hace, etc.).
      Efectivamente, somos, y permanecemos siendo lo que somos, en vir-
tud de nuestra correspondencia con el Ser del ente, pero rara vez presta-

mos atención a esta correspondencia, «rara vez prestamos atención a la llamada del Ser del ente».[10] Sólo cuando se da esta escucha y asunción consciente podemos hablar de "filosofía" –en el sentido no restringido sino originario de este término–:

«La filosofía es el corresponder *(ent-sprechen)* al Ser del ente, pero sólo cuando el corresponder se realiza *expresamente*, con lo cual se desarrolla y consolida su desarrollo».[11]

OCCIDENTE O "EL OLVIDO DEL SER"

«Un hecho acecha incesantemente al pensar: en la historia del pensamiento occidental, si bien desde el primer momento se piensa lo existente respecto del Ser, permanece sin pensar la verdad del Ser, y no sólo se la niega al pensar como experiencia posible, sino que el pensamiento occidental mismo, y precisamente en la forma de la metafísica, oculta el hecho de la negación, aunque sin darse cuenta.»[12]

El tema central del pensamiento de Heidegger –decíamos– es la cuestión del Ser. Y, por ello, su pensamiento adoptará la forma de una *problematización de las bases mismas de la filosofía occidental*, pues la filosofía occidental –sostiene– se caracteriza precisamente por haber incurrido en el olvido de los olvidos: el olvido del Ser *(Seinsvergessenheit)*.

Esta última afirmación puede parecer paradójica. Si la filosofía es, según Heidegger, la tarea que busca la correspondencia explícita del ser humano con el Ser del ente, que plantea el problema del Ser más allá del ente en cuanto tal, ¿cómo puede haber incurrido en el olvido del Ser? ¿Cómo puede, precisamente la actividad que tiene el pensamiento del Ser como cometido, haberlo olvidado?

En efecto, pensar el sentido del Ser ha sido, teóricamente, el cometido de la filosofía; pero, *de hecho*, la filosofía occidental ha ocultado y olvidado dicho sentido.[13] De hecho, no *de derecho*; y precisamente en esta ambigüedad radica el mayor peligro de este olvido: la inconsciencia u olvido del propio olvido.[14]

Este olvido, y el olvido del mismo olvido, que definen la historia del pensamiento occidental, tuvo su carta de nacimiento, según Heidegger, en el momento en que el pensamiento griego clausuró y sustantivó al Ser, con lo que éste pasó a ser *"el* Ser", es decir, un objeto fijo, presente, "algo" que es; en el momento en que entificó lo que en ningún caso es ente, sino aquello que, en y más allá de todos los entes, los posibilita y sostiene. En su *Einführung in die Metaphysik* (*Introducción a la Metafísica*), Heidegger hace ver que, entre otras cosas, a ello se presta lo que de abstracto tiene el infinitivo: éste abstrae lo por él significado de toda relación particular, con lo que parece designar sólo lo más general e indeterminado. Si el infinitivo griego (*einai*) contenía aún lo que el verbo hace aparecer, lo que éste muestra y mienta: el acto por el que el Ser se desvela en el ente, sosteniéndolo, mientras se retiene u oculta como tal Ser, el infinitivo latino (*esse*) vendrá a equivaler a una forma nominal abstracta que «proporciona el significado del verbo en grado mínimo»;[15] ésta última ya no patentiza ni revela nada, sino que señala algo objetivo y ya dado. El infinitivo (*einai; sein*) se asimila, de este modo, a un sustantivo (*das Sein*).

Esta concepción sustantivada del Ser –en la que, de hecho, el Ser ya está oculto, ausente– es paralela al movimiento por el que el pensamiento griego erige a la razón en fundamento. Cuando la razón es fundamento último (y lo es siempre que explícita o implícitamente se sostiene que «nada es sin causa y sin razón», con lo que se pierde de vista al Ser o en-sí de todo ente como *Ab-Grund* = sin-fundamento, Abismo o apertura infundada), lo real se identifica con "lo presente" a la razón, y se considera que la realidad de lo real radica en el hecho de estar presente ante dicha razón, en su "ser-ante-la-vista" (*Vorhandensein*)[16] o ante la mirada objetivante del sujeto.[17] Dicho de otro modo, se destaca de lo real lo presente de su presencia y se olvida el retenerse del Ser que, como veremos, posibilita la presencia del ente en un movimiento de mutua diferenciación. El Ser es para la razón lo presente ante el conocimiento, lo constante y estático. Se entiende exclusivamente desde uno de los modos del tiempo: el presente. No se entiende como *lo que acontece* tiempo,[18] sino como *lo siempre* presente, opuesto al devenir de lo pasajero.[19]

Esta concepción del Ser, resultado de la pretensión más o menos consciente de hacerlo subyugable al pensamiento objetivador, de reducirlo a contenido representable, relega el Ser al plano del ente: el Ser se toma como un ente, se explica por medio de las determinaciones del ente, y –eso sí– se lo dignifica frente a los demás entes considerándolo "Ente" supremo y "Causa" primera (que, a su vez, es Causa de Sí). Paralelamente, el ser humano que así concibe al Ser aboca a su propia "objetivación" o "entificación", pues abdica de su posibilidad más propia: la trascendencia que le es constitutiva y que, más allá del ente –de los otros entes y de su yo empírico/objetivo o lo entitativo de sí–, le permite ser *en* y *desde* lo abierto del Ser.

* * *

A la filosofía, a la metafísica que camina hacia el Ser del ente, paradóji-camente, se le ha ocultado el Ser como tal. Por este motivo, y con la fi-nalidad de acotar la lastrada filosofía occidental y abrir vía libre a un nuevo pensamiento del Ser, Heidegger –en concreto, a partir de su obra *Einführung in die Metaphysik* (*Introducción a la Metafísica*), escrita en 1936– reservará los términos "filosofía", "metafísica" y "ontología" para designar exclusivamente el modo de pensamiento específicamente occidental que ha terminado nivelando el Ser con el ente.

– El primer Heidegger,[20] a pesar de su crítica a la metafísica tradicio-nal (muy particularmente en lo que a su interpretación de los conceptos de "ser" y de "tiempo" se refiere), mantiene el sentido originario y la va-lidez de los términos "filosofía", "metafísica" y "ontología", y bajo es-tas denominaciones enclava su propia tarea: "metafísica" –dirá– es el pensar que plantea el problema del Ser más allá del ente, y "ontología", la consideración del Ser del ente, del ente en vistas a su Ser. El *Dasein* –afirma en esta primera etapa– es un ser "ontológico", pues la relación con el Ser y la comprensión del mismo le es inherente; por ello, la me-tafísica adviene con su propio advenimiento. Dado su intrínseco ir más allá del ente –condición de posibilidad de que se le patentice el ente en su conjunto y de que pueda preguntarse por el ente en cuanto tal–, la me-tafísica no es tanto una disciplina filosófica como el acontecimiento fun-damental (*Grundgeschehen*) de la existencia humana.[21] Más en concre-to, a su propia investigación sobre el sentido del Ser la denominará en esta primera andadura *Fundamentalontologie* (Ontología fundamental): "fundamental", pues se desarrolla al hilo de una analítica del *Dasein* y, dado que éste es el referente último de todo ente y, en general, de lo que se llama "mundo", toda ontología relativa a entes diversos del *Dasein* ha de fundamentarse en ella.[22]

En resumen: en la primera etapa de su pensamiento, Heidegger bus-ca con su "ontología fundamental", poner en tela de juicio los presu-puestos no discutidos por la metafísica tradicional y renovar sus plante-amientos; *pero* lo hará considerando "ontológica", "metafísica", su propia tarea.[23]

– Ahora bien, con posterioridad, Heidegger reservará los términos "ontología" y "metafísica" –y, más genéricamente, el de "filosofía"– para designar exclusivamente al pensamiento característicamente occi-dental: el que, a pesar de tener al Ser como cometido, lo ha olvidado al nivelarlo con el ente.[24] Las expresiones "filosofía occidental", "ontología occidental" y "metafísica occidental", llegará a afirmar, son tautológicas. De aquí la convicción de Heidegger de que la resolución de la cuestión del Ser y de lo que habrá de ser el nuevo pensar del Mismo han de partir de la superación de la tradición filosófica y metafísica de Occidente.

LA NECESARIA "DECONSTRUCCIÓN" DE LA TRADICIÓN FILOSÓFICA

La filosofía griega perdió de vista al Ser al aproximarse a Él según el modo cotidiano de habérselas con el ente; según el modo de la conciencia objetivante. Y toda la tradición filosófica occidental es heredera de este error original: ha pretendido ocuparse del Ser sin advertir que su propio modo de aproximación –que identifica lo real con lo presente a la razón– le cegaba para Él.

Ahora bien, como veremos, la experiencia del Ser no fue ajena al pensamiento griego. Todo lo contrario: la experiencia original del Ser fue precisamente su motor y su mensaje inicial. Y, en concreto, el *locus* griego de esta experiencia original previa al olvido del Ser es, para Heidegger, la Grecia presocrática; en ella se ganaron para el pensamiento occidental posterior las primeras palabras-denominaciones del Ser; unas palabras que no buscaban *designar* un supuesto "qué" del Ser, sino, como es propio de toda lengua originaria, *encarnar* el "cómo" de su desvelamiento: su mostrarse en el ente, posibilitándolo y sosteniéndolo, ocultándose supraobjetivamente como tal Ser.

Las palabras quedaron, mas no la actitud y la mirada que las alumbraron ni la fuerza que dotaba a dichas palabras de su capacidad de desvelación. Dichas palabras, por gastadas, por repetidas y reinterpretadas desde contextos, actitudes y paradigmas ajenos a los que las suscitaron, difícilmente nos aproximan hoy a lo que fue su sentido inicial; difícilmente posibilitan hoy la experiencia que originariamente posibilitaron. Heidegger considera que la tradición filosófica, si bien ha guardado y transmitido esas palabras primeras –las que en el albor de Occidente nombraron al Ser dándole la voz–, a su vez ha distorsionado y ocultado lo que fue su sentido original y ha usurpado, con ello, la voz al Ser.

En general, toda tradición de conocimiento adolece de esta interna paradoja, pues, de hecho, la experiencia no es directamente transmisible, y lo que se transmite no es de suyo una experiencia. Lo transmitido puede invitar a dicha experiencia (la experiencia que fue su razón de ser), pero también puede obstaculizarla o sustituirla equívocamente. Sucede así siempre que se olvida que lo que se reitera ya no es "verdad" (*alétheia*), pues ya no brota del ámbito del Ser –la fuente de lo originario– sino que se anquilosa en el nivel de la mera historiografía como lo ya sabido en tanto que ya dado. Pero lo ya dado del pasado –insiste Heidegger– no nos proporciona el conocimiento del mismo. El pasado sólo se conoce cuando, más allá de todo respeto escrupuloso a la literalidad de lo transmitido, se accede al trasfondo o contexto del que lo transmitido obtuvo toda su virtualidad. Para quien comprende esto, la tradición ya no designa algo dado y comprensible de suyo, ya no transmite realidades clausuradas que sólo cabe perpetuar horizontalmente en el tiempo, sino que inspira posibilidades y ayuda a crear el clima necesario para propiciar un nuevo alumbramiento: el de lo que nos es contemporáneo de eso pasado y relevante para el presente, porque brota, de hecho, de la fuente de todo presente.

Explicando cuál es el sentido profundo de la tradición (*Überlieferung*) y de la historicidad (*Geschichtlichkeit*) del *Dasein*, Heidegger utiliza en *Sein und Zeit* el término "repetición" (*Wiederholung*) en un sentido diverso al de la mera reiteración de la factualidad pasada.[25] "Repetición", afirma Heidegger, es la entrega y la apropiación de las posibilidades del pasado que han quedado latentes y aún no han sido actualizadas. La repetición, en este sentido, no es la transmisión de un pasado objetivo y estático, sino su constante reapertura y recreación en el presente. La repetición (*Wiederholung*) libera al pasado de su factualidad y lo muestra en lo que tiene de posibilidad presente y, por lo tanto, en su dimensión más radicalmente significativa. En su obra *Kant und das Problem der Metaphysik* (*Kant y el problema de la metafísica*) sostendrá, en esta línea, que la adecuada metodología interpretativa del pensamiento del pasado exige "repetir" todo problema filosófico que haya sido planteado en un momento histórico concreto, es decir, desvelar las posibilidades latentes en el mismo aún no desveladas y pensar dichas posibilidades en el presente; pues todo verdadero problema filosófico no tiene una respuesta que valga de una vez por todas, sino que reclama en cada tiempo una respuesta única –aunque todas ellas sean expresión de la misma y única respuesta, inagotable en su supraobjetividad–:

> Por repetición de un problema básico entendemos la apertura de sus posibilidades originales, ocultas desde entonces, por cuya explicitación éste es transformado y, sólo entonces, preservado en su esencia como un problema. Preservar un problema significa mantenerlo libre y vivo con

relación a aquellas fuerzas internas que lo hacen posible como problema desde sus mismas raíces.[26]

La asimilación creativa de la tradición es siempre un inicio; y un inicio no es reiteración de lo ya dado, pero tampoco carece de contexto, de historia. Todo inicio es "repetición" –en el sentido heideggeriano del término–: salto desde lo conocido del pasado hacia lo desconocido del pasado que es uno con lo desconocido del presente. El que da este salto no parte de la nada, parte de lo históricamente dado, es siempre un hermeneuta; pero parte, fundamentalmente, de lo "no-dado" en eso ya dado. Por eso no sabe a dónde va a llegar y, por ello, permite expresar lo siempre otro que lo ya dado y lo siempre otro que la subjetividad humana: el Ser y su verdad. Es preciso –considera Heidegger– escuchar a la tradición y, a su vez, superarla. Superarla para no perpetuarla sin más en su literalidad. Escucharla para no recaer en la arbitrariedad o en el capricho y poder adivinar en ella, y a través de ella, el sonido de la fuente omnipresente y viva que la vio nacer permitiendo en el presente su renovado fluir.

* * *

«La respuesta a la pregunta "¿Qué es eso de la filosofía?" –nos decía Heidegger– consiste en que correspondamos a aquello hacia lo que camina la filosofía. Y esto es: el Ser del ente.»[27] Pero para corresponder al Ser del ente –continúa– hay que prestar oídos a lo que la filosofía nos ha dicho ya, para así poder dialogar con *aquello* a lo que "lo dicho" nos remite como a su fundamento olvidado. Y ello implica "destruir" es decir, «dejar de lado los enunciados exclusivamente históricos sobre la historia de la filosofía», los que ya no permiten oír el eco de la voz del Ser que habló en el origen (un origen que no es esencialmente cronológico sino ontológico) porque ya no reviven dicho comienzo.

Precisamente porque la filosofía ha olvidado lo que en principio era su razón de ser, se precisa la destrucción (*Destruktion*) de la historia de la filosofía. De-construcción, es decir, destrucción constructiva, pues se trata de destruir lo que en ella hay de exclusivamente histórico, de mera continuidad lineal y epidérmica, para alumbrar lo olvidado que tras ello se oculta: lo contemporáneo por excelencia y fuente de toda contemporaneidad; lo que no dice sólo relación horizontal a un antes y a un después, sino ahondamiento vertical en la fuente de todo antes y de todo ahora.

«*Destruktion* significa: abrir nuestros oídos, liberarlos para que lo que en la tradición se nos comunica como Ser del ente. En la medida en que escuchemos esa comunicación, llegaremos a la correspondencia.»[28]

El término "*Destruktion*" fue ya utilizado por Heidegger, en un sentido similar al que acabamos de apuntar, en los comienzos de su evolución intelectual:

En su curso *Einleitung in die Phänomenologie der Religion* (*Introducción a la fenomenología de la religión*; semestre de invierno 1920-1921),[29] había insistido en la necesidad de "destruir" la teología tradicional, que desvirtuó al adoptar el utillaje filosófico griego la originaria experiencia cristiana,[30] para intentar recuperar así la experiencia viva, prístina, que fue su razón de ser y que ahora obstruye y oculta. "Destruir" –explicó entonces– no es desfundamentar, sino cuestionar de cara a encontrar el genuino fundamento (*Grunde*); equivale a eliminar las categorizaciones inadecuadas que han oscurecido y apartado progresivamente de las experiencias directas y originarias.

En sus lecciones de Marburgo, en concreto en sus lecciones sobre *Die Grundprobleme der Phänomenologie* (*Los problemas fundamentales de la fenomenología*; semestre de verano 1927), había afirmado que la filosofía –Ontología fenomenología– ha de contener tres momentos internos:

–un momento de *reducción* o paso de la captación categorial del ente a la comprensión trascendental del Ser;

–un momento de *construcción* o interpretación conceptual del Ser y sus estructuras;

–y un momento de *destrucción* o crítica de la tradición en sus presupuestos y categorías inadecuados, que es la condición de posibilidad de la correcta y creativa asimilación de la misma.

Esta crítica deconstructora de la tradición posibilita que seamos verdaderamente sus herederos, pues nos permite no sólo comprender a los pensadores del pasado, sino comprenderlos incluso mejor de lo que ellos mismos se comprendieron –pues accedemos a posibilidades latentes en su pensamiento que ellos nunca atisbaron–. Esto no supone una mengua en el reconocimiento del valor de dichos pensadores;[31] por el contrario: «Es siempre signo de grandeza para una obra creadora el hecho de que dé lugar a la exigencia de ser mejor entendida de lo que ella se entendió. Las trivialidades no necesitan de mayor inteligibilidad».[32]

En *Sein und Zeit* hace ver, hablando de la necesidad de "destruir" la historia de la ontología,[33] que hay una comprensión inauténtica de la tradición –la más generalizada– en la que ésta se convierte eminentemente en encubridora de lo transmitido. Esta comprensión invita a la aceptación acrítica, pasiva, al no cuestionar los contenidos de la tradición; no advierte la necesidad de insertarlos en una hermenéutica permanente que posibilite su asimilación de-constructora en el presente y reviva la experiencia latente en sus enunciados, yendo más allá de ellos. Esta perspectiva, por el contrario,

> considera lo tradicional como comprensible de suyo y obstruye el acceso a las "fuentes" originales de las que se bebieron (...) los conceptos y categorías transmitidos. La tradición llega a olvidar totalmente tal origen. Desarrolla el sentimiento de que no se necesita, siquiera, comprender la necesidad de semejante regreso.[34]

Olvidada su base y su razón de ser, convertida en un conjunto de enunciados cristalizados, acudir a la tradición deviene simple curiosidad, interés casi-arqueológico, o mera pretensión de continuarla y asegurarla en lo más superficial de ella misma, y no de revivir su inicio abandonando la falsa seguridad que proporciona la continuidad inercial. Todo acto creador –y un respeto a la tradición no creador y no creativo no es tal respeto– implica discontinuidad. Desde el punto de vista del respeto a la tradición mal entendido, este acto creador (necesariamente destructor) puede parecer inconsecuente. Desde el punto de vista del acto creador, lo que es inconsecuente es pretender incorporar unos frutos sin haberlos alumbrado; y lo que se alumbra es siempre nuevo –aunque sea lo Mismo (*das Selbe*)–.[35]

El respeto creativo y activo a la tradición pasa, pues, por su de-construcción. Con relación al tema que nos ocupa, la búsqueda de la actualización de la co-respondencia del *Dasein* al Ser, en virtud de la cual el ser humano realiza su esencia y permanece conscientemente en su elemento, precisa de la "destrucción" de los contenidos de la ontología tradicional. No se trata de negar dichos contenidos (destrucción negativa), sino de hacerlos vigentes en toda su fecundidad hoy y ahora, y para el ahora.

"Reconstrucción" de la historia de la metafísica a través de sus nociones clave

> «La Historia del pensamiento, en su conjunto, aparece a Heidegger como el comentario reiterado, y cada vez más derivado, de un "texto primero", un texto aún indescifrado, aún impensado.»[36]

Para dialogar con *aquello* a lo que nos remite la tradición filosófica occidental se precisa "de-construir" la historia de la filosofía. A su vez, esta destrucción constructiva pasa por "reconstruir la historia de la filosofía" con el fin de separar en ella lo que precisa ser destruido de lo que, implícito en el pensamiento histórico, permanece como posibilidad latente aún no explicitada. Reconstruir para proceder a destruir, y destruir para volver a construir pensando lo impensado y olvidado. Esta dialéctica "reconstrucción-destrucción" es posible, más aún, necesaria, en la medida en que –en palabras de Heidegger– «la tradición no nos entrega a una coacción de lo pasado e irrevocable. Transmitir, *délivrer*, es liberar precisamente en el diálogo con lo sido».[37]

El primer paso de este "diálogo con lo sido", de esta liberación para el pensamiento de lo olvidado por el pensamiento, ha de ser, por consiguiente, *la reconstrucción de la historia de la metafísica*.

El retorno a las palabras primordiales

Como punto de partida de este diálogo, Heidegger nos invita a detenernos en aquellas palabras que acogieron y articularon las experiencias primeras de la donación del Ser en Occidente; en las palabras originarias o palabras-guía (*Leitworte*) que nos permitirán atisbar, quizá revivir, lo que fue la experiencia griega del Ser.

Heidegger considera que la indagación en la etimología de estas palabras es el hilo de Ariadna que puede posibilitarnos el acceso a su sentido originario *(Grundbedeutung)*, a la experiencia que dichos términos resguardan y que hoy se nos sustrae. Pues al igual que el hábito, la costumbre, la subordinación del lenguaje a usos y finalidades eminentemente utilitarias, etc., termina agostando y ocultando la fuerza creadora que resguarda toda palabra, también así el Ser ha llegado a sustraerse de los conceptos metafísicos. Pero en los rescoldos de las palabras primordiales es posible aún alentar el eco de su donación original y devolverle así, a través de ellas, la voz al Ser.

Para Heidegger, la posibilidad de que el retorno a las palabras primordiales tenga un alcance ontológico –y no meramente arqueológico, filológico o histórico– se fundamenta en la misma naturaleza de los lenguajes originarios, los que conservan el eco de su origen: aquéllos en los que la palabra permite oír aún a la Palabra. Uno de estos lenguajes originarios –señala Heidegger– es la lengua clásica griega. Si nos adentramos en ella –continúa– advertimos que ésta no es una lengua más, al modo de las lenguas europeas que nos son más familiares. El griego antiguo es *lógos*; no *lógos* en el sentido que adquirirá posteriormente este término: "razón" o "palabra", sino en su sentido primero y más amplio que debe ser comprendido con relación a su raíz verbal: *légein*. Así, «(…) al escuchar una palabra griega en griego –afirma Heidegger–, seguimos su λέγειν, su exposición inmediata. Se expone lo que está presente. Con la palabra oída en griego estamos directamente ante la misma cosa presente y no ante una mera significación de palabra».[38] La palabra griega que nos habla del Ser es, por tanto, el acontecer mismo del Ser y de su sentido; nos habla del *cómo* de su darse y no pretende "designar" su supuesto *qué* objetivo,[39] como sucederá con la degeneración del pensar del Ser en pensamiento metafísico.

Por ser *lógos*, la lengua clásica griega tiene la peculiaridad y virtualidad de ponernos en presencia de lo nombrado por ella, de hacerlo presente sin reducirlo a lo presente, de mostrarlo como siendo uno con la acción por la que brota de su fondo y se sostiene en él y desde él. Iniciaremos la reconstrucción de la tradición filosófica deteniéndonos en algunas de estas palabras-clave del pensamiento griego.

Filosofía

Una de estas palabras primordiales en las que Heidegger nos invita a detenernos –la palabra axial por excelencia con relación a lo que nos ocupa: la reconstrucción de la historia del pensamiento occidental– es la de "filosofía".

Acceder a lo que sea la filosofía –señala Heidegger– pasa por oír a la palabra "filosofía" en su origen, y su origen es griego: φιλοσοφία. El término "origen" no alude en este contexto a una mera localización geográfico-temporal o a una consideración cultural; no apunta hacia un rasgo accidental de la filosofía, sino a su impronta esencial. En la terminología heideggeriana, "lo griego" sólo indirectamente tiene una significación geográfica y antropológico-cultural;[40] como tendremos ocasión de ver con detenimiento, este término define, ante todo, una época histórica que es, a su vez, una de las épocas de la revelación del Ser: uno de los modos que ha adoptado su darse y su ocultarse; y define, paralelamente, una específica auto-comprensión del ser humano en lo relativo a su esencia, es decir, en su referencia última al Ser. Puesto que no se trata de un "origen" meramente cronológico sino ontológico, este origen es también "destino": el destino de la filosofía es igualmente griego.

La filosofía –la palabra "filosofía" y la modalidad de pensamiento designada por ella– es específica y exclusivamente griega, occidental.

En otras palabras: «el Occidente y Europa, y sólo ellos, son esencialmente "filosóficos"».[41] La palabra griega φιλοσοφία enclava así nuestro diálogo en una tradición histórica específica, nuestra tradición europea-occidental, de la que define además su naturaleza intrínseca, su rasgo ontológico más esencial.[42] Nuestra existencia europea-occidental es esencialmente "filosófica", esencialmente griega. Y lo es en todas sus manifestaciones específicas; también en aquéllas aparentemente distantes de lo ordinariamente considerado filosófico, como, por ejemplo, los espectaculares logros de Occidente en el ámbito científico-tecnológico, tan determinantes, hoy por hoy y en un futuro próximo, de la historia del ser humano sobre la tierra, con su séquito de grandezas y miserias:

> (...) la palabra "filosofía" nos llama en la historia de su origen griego. En cierto modo, la palabra φιλοσοφία está en la partida de nacimiento de nuestra propia historia, y hasta podríamos decir: en la de la época actual de la historia universal, denominada era atómica.[43]

Heidegger nos invita a prestar atención a esta palabra originaria para permitir que ella nos diga lo que ordinariamente no escuchamos al decirla:

El sustantivo "filosofía" (φιλόσοφία) remite, en su origen, al adjetivo "filósofo" (φιλόσοφος: amante de la sabiduría), palabra, esta última, probablemente acuñada por Heráclito. Φιλόσοφος es, para Heráclito, el que ama la sabiduría. Este *amor* a la sabiduría consiste en "estar en armonía" con ella, en *corresponder* (*ent-sprechen*) al *Lógos*, en hablar como habla el *Lógos*.

A su vez, para la filosofía griega inicial, para Heráclito, *Lógos* es sinónimo de Ser y de *phýsis*. En este sentido originario, *Lógos* significa la *reunión* de una cosa con otra, la Totalidad-Relación que enlaza todo con todo y sostiene todo en el Todo. El Ser es *Lógos*, "reunión"; y todo es –es reunido– en el Ser. Esta unión de todo, sostenida por el *Lógos,* no es una unidad aritmética ni aditiva (no es la unidad que excluye la diversidad, ni tampoco la unidad entendida como suma de lo diverso); no es la unidad propia del plano de lo ente, y por eso respeta la diversidad y la lucha de lo ente y la deja ser. Es armonía en la diversidad y en la oposición, y es contienda en la unidad. Es lo que, más allá de todos los entes, los sostiene y reúne en sí y los sostiene en su relación esencial a lo diverso de sí.[44]

«Cuando no me escuchas a mí, sino al *Lógos*, es sabio decir [desde el seno del *Lógos* mismo]: "Uno es Todo"» (Heráclito, frag. 50).

"Uno (es) Todo", ʽΕν Πάντα. Este Uno es lo único y es lo que une todo –el todo del ente–. En palabras de Heidgegger:

> [*Lógos* es, según Heráclito,] la totalidad reunida que reúne, lo que reúne originariamente. Λόγος no significa, pues, ni sentido, ni palabra, ni discurso [lo que vendrá a significar con posterioridad] (…) sino la constante y en sí misma imperante totalidad reunida, que es la que reúne en sentido originario.⁴⁵

En resumen, "amar la sabiduría" es, para Heráclito, corresponder al *Lógos*: ser uno con el *Lógos* y pensar en él y desde él; dejar que el *Lógos* sea, piense y hable en nosotros. Esta co-respondencia supone ir más allá de los límites de lo meramente ente (el ser humano como ente, lo otro como ente u objeto) para ser uno con la Relación-Unidad que enlaza todo ente en su raíz supraobjetiva, desvelando que la esencia del ente no radica en su mero carácter de ente sino en su íntima apertura y unidad.

Este mismo habrá de ser el significado de *Lógos* para Parménides: «Lo mismo es pensar y Ser» (frag. 5). En otras palabras: todo pensar es pensar *del* Ser (genitivo subjetivo); se piensa siendo en el Ser, en virtud del Ser, estando en armonía con el *Lógos*, dándole la voz.

Ahora bien, este amor –entendido originariamente como armonía, como un co-responder al *Lógos siendo en* Él– degenerará, con Platón, en *búsqueda* de la sabiduría, en búsqueda de dicha armonía. El amor a la sabiduría (del *philó-sophos*) no será ya *correspondencia* originaria *con* la sabiduría, sino *aspiración* –determinada por Eros– *a* ella. En este momento, considera Heidegger, tiene lugar la inflexión por la que el pensamiento pasa a ser propiamente *filosofía*: en el momento en que se concibe a sí mismo como "búsqueda" del Ser del ente. El pensar de Heráclito y Parménides no era aún filosofía así entendida, pues no era movimiento *hacia* el Ser; se sabían *en* Él y pensaban *desde* Él, desde el ʽΕν Πάντα.

Heidegger⁴⁶ encuentra en las siguientes palabras de Aristóteles la descripción y confirmación de este paso que marcará el nacimiento de la filosofía y que supone el primer oscurecimiento respecto a lo que era su sentido originario: «Y es así, aquello hacia lo que ya antiguamente, y ahora también, y siempre se pone en camino (la filosofía) y cuyo acceso nunca encuentra: ¿qué es el ente? (τί τὸ ὄν)» (Met. Z, 2, 1028 b 2 ss).

La filosofía llega a ser, con Aristóteles, *búsqueda*, «cuyo acceso nunca encuentra», del Ser de ente. La correspondencia de pensar y Ser suponía para Heráclito y Parménides la unidad de pensar y Ser. Ahora, en cambio, el pensar busca al Ser desde fuera de él, y, a su vez, el Ser se concibe a partir del pensar –del pensar humano desgajado del Ser– y en la sola referencia a este pensar.

Esta búsqueda, este preguntar por el Ser del ente desde fuera de él, tiene su traducción, en el pensar de Aristóteles, en la pregunta por el "qué" del Ser, por la esencia o substancia (οὐσία). Aquello que se reduce a un "qué" sólo tiene sentido en el elemento de la razón, pues sólo para la razón algo es aprehendido como siendo un "qué": como siendo "esto", idéntico siempre a sí mismo, y no "aquello". El Ser se esencializa y objetiva, y se reduce al mero ser esto o aquello, a la determinabilidad del qué. Según Heidegger, el modo de preguntar característico de la filosofía será precisamente la pregunta por el "qué", por la esencia, *quid est* (τί), por la *quidditas* o quididad.[47]

Con Aristóteles, la filosofía se auto-comprende como *búsqueda* del *qué* del ente. Más en concreto, y en la misma línea de ruptura con el pensar presocrático anterior, la filosofía será definida por Aristóteles como "ciencia de los primeros principios y causas" –una definición, según Heidegger, válida para toda la historia de la filosofía, desde el pensamiento socrático hasta la inversión de la metafísica llevada a cabo por Nietzsche–. Al buscar, la razón ya no se silencia dando voz al Ser; sólo habla desde sí. Ya no obedece; indaga. Al indagar, se separa de lo real: lo sitúa lejos de sí, frente a sí, ante-la-vista. La razón objetiva lo real: el ente y el Ser del ente. Nivelado el Ser con el ente, nivelados en el plano unívoco en que se reducen a ser objetos, Ser y ente se relacionarán entre sí con relaciones causales y lineales de fundamentación. El Ser es ahora Causa o principio del ente; y no como "lo otro" que el ente, sino como Ente primero o Ente supremo. Esta caracterización del Ser como principio o causa supone, como veremos con más detenimiento, no solamente un cambio o ruptura frente al pensamiento presocrático, sino una oposición frontal al mismo: su negación.[48]

* * *

Amar –afirma Heidegger en su *Carta sobre el Humanismo*– es «ser capaz de». Amar es la esencia de la capacidad, que radica en poder «dejar que algo sea esencialmente en su originalidad».[49] Amar es dejar que algo sea en su elemento, que permanezca en el ámbito de su esencia. El pensar presocrático era aún "amor" a la sabiduría, pues dejaba al pensamiento ser y permanecer en su elemento: el *Lógos*. Era pensar *del* Ser: «en cuanto perteneciendo al Ser, escucha al Ser».[50] El Λόγος tenía poder –capacidad– sobre el pensar y la esencia del ser humano; ésta última radicaba, precisamente, en estar referido al *Lógos* en actitud de escucha silenciosa –una escucha que le capacita para ser su portavoz–. El Ser era aún principio y fin, origen y destino del pensar.

La armonía (ἁρμονία) es para Heráclito lo característico del amor (φιλεῖν): «El que un ser se una a otro, alternativamente, porque están destinados el uno para el otro».[51] Amar el *Lógos* es dejar que el Ser/*Lógos* se destine al hombre y el hombre al Ser. Cuando la filosofía deja de ser amor, concebido como co-respondencia o armonía con el Ser, y pasa a ser "búsqueda" del Ser, el pensar deja de estar en su elemento: se busca al Ser desde fuera del Él. El Ser ya no es principio. Y al no ser principio, no puede ser destino: quien no se remite al Ser, como a su origen, permaneciendo en Él, no puede dar voz al Ser en su palabra. De hecho, en el pensar *del* Ser, es el mismo Ser quien se hace eco de sí.

En resumen: según Heidegger, los comienzos de la filosofía, que se remontan a Platón y Aristóteles, suponen el paso del pensamiento desde el elemento del Ser al elemento de la subjetividad:

–El pensar pasa de ser "pensar *del* Ser" (el Ser es genitivo subjetivo y objetivo, sujeto y objeto –supraobjetivo–, principio y fin del pensar) a ser "instrumento de dominio sobre el ente"; y ello aunque la filosofía siga denominando "Ser" a aquello que considera su "razón de ser". Ya fuera del elemento del Ser, la subjetividad humana se constituye en origen del pensamiento impidiendo la dispensación de "lo otro" que deja ser al ente en sí. Ahora el ente sólo es *en* y *para* el representar humano.

–El pensar deviene "instrumento", *tecne*. «La filosofía se convierte en una técnica de la aclaración de las últimas causas.»[52] Ya no es un "obrar"[53] que alumbra algo en la plenitud de su esencia –el pensar como expresión del Ser–, sino un obrar que "efectúa efectos", que se subordina al resultado. El pensar ya no *es* dejando-ser. Ahora *hace*, se vende a su efecto y provecho: el ente. Ya no tiene en sí mismo su fin ni su principio. Y esto no es otra cosa que la esencia de la técnica: la subordinación a un resultado extrínseco y objetivo, por mucho que los resultados a los que se subordine el pensar sean tan etéreos y sutiles como las aclaraciones, las explicaciones, las justificaciones, las causas y los fundamentos.

"Alétheia" o Verdad[54]

Esta inflexión que determina el nacimiento de la filosofía –en su acepción más restringida, aquélla según la cual la expresión "filosofía occidental" es tautológica–, y que hemos atisbado a través de la palabra griega φιλοσοφία (φιλόσοφος), se patentiza también al atender o escuchar otra palabra-guía del pensamiento griego: *alétheia* = Verdad. La palabra *a-létheia*, ἀ-λήθεια (ἀ = sin; λήθε = velo) nos habla de una concepción de la verdad –la verdad como desencubrimiento– que implica un ocultamiento originario, de una verdad que no es pura mostración de lo-que-es sino el desvelamiento de una ocultación. Nos habla de un velarse que se desvela y de un desvelar que vela. En otras palabras: para el pensar griego inicial, el Ser se manifestaba ocultándose y, por ello, nunca se agotaba en su manifestación; era, a la vez, presencia y misterio, donación y sustracción. Pero su ocultamiento no era sinónimo de olvido, sino de lo inagotable de su mostrarse, de su dimensión de misterio vivenciada subjetivamente en la actitud del asombro.

Ahora bien, Heidegger considera que con Platón acontece un viraje en la determinación griega de la esencia de la verdad.[55] Este viraje radica en que se oculta el propio ocultamiento: el misterio del Ser y, por lo tanto, el Ser mismo, ya que ese ocultamiento le es consustancial. Así, Platón concebirá el Ser como εἶδος (= forma, aspecto, apariencia externa) o ἰδέα (= idea). Cada cosa es lo que es por ser imagen de la idea en la que radica su esencia; en virtud de ella, cada ente se muestra en el aspecto (*Aussehen*) que le es propio. Para Platón lo que cuenta es el aparecer de la presencia; olvida lo oculto de donde procede ese aparecer o manifestación, su condición de posibilidad. "Lo presente" de la presencia del ente, lo que aparece, se clausura, se sustantiva o esencializa; pasa a ser un "qué": *algo* mostrenco y mostrado *que es* y que ya no dice relación esencial al acontecer original en virtud del cual todo ente es el desvelamiento parcial de lo siempre oculto del Ser. El Ser, con Platón, deviene "idea": aparecer puro, lo que hace posible la presencia de "lo-que" (*quidditas, essentia*) cada ser es; y la verdad deviene *conformidad*, "rectitud" del mirar que se ajusta a lo que debe ser mirado: la idea.[56] Para Heidegger, esta concepción de la verdad –la verdad concebida como corrección o adecuación– no es impropia; sencillamente, es derivada; se sustenta en otra concepción de la verdad más originaria: la de la verdad como des-ocultación, como el mostrarse replegándose del Ser.

En la línea de este viraje afirmará Aristóteles que «lo falso y lo verdadero no se hallan en las cosas mismas (…) sino en el entendimiento» (Met. E 4, 1027 b, 25 ss.);[57] que el *juicio*, la representación humana, y no el Ser en su darse reteniéndose, es el lugar de la verdad. La verdad, para Aristóteles, es una cualidad de la relación del hombre (sujeto) con el ente (objeto); es posterior a dicha relación y, en ningún caso, como en el pensar presocrático, lo que la antecede y la funda. Es una adecuación del representar humano a algo ya dado (dato) y no la apertura aconteciente del Ser, de instante en instante, siempre nueva, nunca totalmente dada y, por lo mismo, en ningún caso apresable por el enunciado, por la representación.

Con Platón y Aristóteles, el sentido originario de la verdad, la verdad como des-ocultamiento y des-encubrimiento, queda desplazado por un sentido de la verdad secundario y derivado: la verdad concebida como conformidad, como rectitud del juicio. Ahora bien, tanto en Platón como en Aristóteles, este viraje no es total; hay aún en ambos cierta ambigüedad en la determinación de la esencia de la verdad; ambigüedad que les lleva a protagonizar este viraje permaneciendo, a la vez, parcialmente ligados a las caracterizaciones presocráticas del Ser y de la verdad. Así, si bien con ellos adquiere preeminencia la caracterización de la verdad en su referencia al entendimiento, no deja de estar presente en sus filosofías la primitiva esencia de la verdad: su dimensión de "des-encubrimiento" en virtud de la cual el Ser se manifiesta ocultándose (como se advierte, por ejemplo, en el uso del símil de la caverna por Platón).[58]

A partir de ellos, esta ambigüedad dejará progresivamente de ser tal y la determinación de «la esencia de la verdad como rectitud de la representación enunciativa regirá todo el pensamiento occidental».[59] Ya no será una determinación de la esencia de la verdad derivada, enraizada en el "desocultamiento" como su determinación más originaria; pretenderá, por el contrario, erigirse como determinación exclusiva y radical.[60] La Escolástica medieval radicará la esencia de la verdad en su ser *adaequatio*: en su referencia al entendimiento, bien sea éste divino o humano. En el comienzo de la Edad Moderna, Descartes afirmará, de modo análogo, que la verdad y la falsedad sólo pueden hallarse en el entendimiento. Y ya en la culminación de la Edad Moderna, Nietzsche denunciará una verdad, «esa clase de error sin el cual no puede vivir una determinada clase de vivientes», que se aplica a representaciones que desvirtúan, al fijarlo, el puro devenir en que consiste la vida, lo real. La verdad, para Nietzsche, es un error. Ahora bien, en tanto que "error" –hace notar Heidegger– sigue siendo relativa al entendimiento y, en este sentido, la concepción nietzscheana de la verdad sigue inserta en lo que ha sido la constante del pensamiento occidental.[61]

* * *

En conclusión: en Grecia y, a partir de Platón, acontece un vuelco en la concepción de la filosofía, de la verdad –en definitiva, del Ser– que definirá las líneas maestras de lo que será el pensamiento específicamente occidental. Estas líneas maestras las recogerá Heidegger en su expresión "onto-teo-logía" (*Onto-Theo-Logik*).

La metafísica ha pensado el ente, y no el Ser. En otras palabras: ha sido "lógica", pues no ha rebasado el ámbito del pensamiento representacional y ha pretendido explicar su objeto mediante un conjunto de relaciones de fundamentación –que son específicas de los objetos lógicos, pero intransferibles a lo real en-sí, a lo existente en su esencial relación al Ser–. La metafísica es lógica del ente, onto-logía, «cuando (…) piensa lo ente desde la perspectiva de su fundamento, que es común a todo ente en cuanto tal».[62] La metafísica es lógica de Dios, teo-logía, cuando «piensa al ente como tal en su conjunto, esto es, desde la perspectiva del Ente supremo que todo lo fundamenta»;[63] un Ente supremo concebido, a su vez, "lógicamente", metafísicamente, como *Causa sui*.[64] Dicho de otro modo: la ontología es el pensar que pretende responder a la pregunta «qué es el ente en general como ente». La teología pregunta por «cuál es y cómo es el ente en el sentido del Ente supremo».[65] Esta dualidad de la pregunta por el Ser, condensada en la expresión "onto-teología", resume lo que ha sido el pensar europeo-occidental.[66] En ningún caso, pues, la metafísica ha versado sobre el Ser; ha pensado el ente y lo ha pretendido explicar –fundamentar– con relación a otro ente. Con Platón, afirma Heidegger,

> desde que el Ser se explique por ideas, el pensamiento dirigido hacia el Ser del ente será metafísica, y la metafísica, teología. Teología significa aquí tomar a Dios por "Causa originaria" del Ser, y trasponer el Ser a tan originaria Causa que en sí misma encierra el Ser y de sí misma lo emite, porque es ella el Ente más ente que todos los demás entes.[67]

"Phýsis"

El desvío en la determinación de la esencia de la verdad –y, consiguientemente, del Ser– que tiene lugar en el pensamiento de Platón, se advierte también en la transformación de significado que con él experimenta otra de las caracterizaciones presocráticas del Ser, otra de sus palabras originarias: *phýsis*.

Como hemos señalado, para el pensar griego inicial *Lógos* era sinónimo de Ser, y Éste, el lugar de la Verdad (*a-létheia*). Pues bien, para los griegos, el Ser o *Lógos* era percibido, a su vez, como *phýsis* (φύσις). *Phýsis,* por lo tanto, tenía un sentido mucho más amplio y originario para el pensamiento griego inicial que lo que será la posterior interpretación de *phýsis* como mera naturaleza.

El ente como tal, en su totalidad, era para la Grecia presocrática *phýsis*: un salir, un desplegarse, un brotar desde sí mismo permaneciendo en sí; la fuerza imperante que brota, haciendo así salir del estado de ocultamiento, y el permanecer regulado por ella; «el salir de lo oculto y el sostenerse así». En otras palabras, *phýsis* es «el Ser mismo, en virtud del cual el ente llega a ser y sigue siendo observable».[68]

Esta descripción permite advertir cómo la esencia griega del Ser entendido como *phýsis* está en estrecha relación con la esencia griega de la verdad (*alétheia*); más aún, qué sea la *alétheia* sólo puede comprenderse en conexión a la *phýsis,* pues es ésta la que hace salir del estado de ocultamiento. La *phýsis* surge de lo oculto y acontece como desocultamiento, se impone como *mundo*, haciendo así que el ente llegue a ser ente.

La fuerza que brota y permanece, que se yergue en su estar surgiendo, posibilita la apariencia de lo que aparece. Ello conlleva, de modo inherente, la posibilidad y el riesgo de que la apariencia que acompaña al desocultamiento degenere en apariencia encubridora del mismo (apariencia como aparentar). Dicho de otro modo: en el Ser mismo radica la posibilidad del engaño.

Ser y apariencia están intrínsecamente unidos: al Ser le corresponde el aparecer y, consiguientemente, la apariencia. «Sólo en la sofística y en Platón –puntualiza Heidegger– la apariencia fue explicada como mera apariencia y con ello disminuida».[69] Ser y apariencia pierden, en ese momento, su interna unidad. La unidad originaria –unidad y conflicto– de reposo y movimiento, de Ser y apariencia, deja de ser tal. La apariencia, el movimiento, pasa a ser lo propio del ente, lo propio de nuestro mundo sensible, y el Ser –la ἰδέα– se relega al mundo suprasensible.

Con Platón, lo que "mundaniza" –la *phýsis*– se reduce a ser modelo de imitación y copia. El Ser no es lo que está apareciendo, sino lo aparecido de una vez para siempre: el εἶδος, algo ya dado (un dato) ajeno a lo-que-se-está-dando, al devenir. El *eidos* no es ya el rostro del ente en su facticidad, sino la presencia fuera de lo presente. El ente se reduce a su puro estar presente ante la vista –el pensar se concibe como un ver– y degenera en objeto, en lo disponible. El aparecer es tal sólo en cuanto se ofrece a una visión; es considerado exclusivamente en su superficie o exterioridad. Se olvida la fuerza imperante que permanece en lo que aparece, en lo presente, posibilitándolo como tal. El ente pierde su virtualidad ontológica; en él ya no "mundaniza" ningún mundo; el Ser se retira de él.

El nacimiento del "sujeto"

> «Para Descartes (...) se convierte el ego en el *sub-iectum* por excelencia y, de este modo, la esencia del hombre entra, por primera vez, en el ámbito de la subjetividad, en el sentido de Egoidad.»[70]

El examen de las palabras griegas *philósophos*, *alétheia* y *phýsis* nos ha permitido comprender la naturaleza del giro en la concepción del Ser que marca el inicio del pensar metafísico occidental. Este giro, protagonizado fundamentalmente por Platón y Aristóteles, supone la nivelación del Ser y lo ente, de verdad y entendimiento o representación.

Ya en los albores de la modernidad, Descartes extraerá la consecuencia de esta polarización inicial del Ser a la idea, de la verdad hacia el entendimiento –determinación de la esencia de la verdad, está última, legítima, repetimos, pero derivada–. Heidegger resume así esta consecuencia: el carácter constitutivo del Ser es la *certeza*. «Descartes (...) no pregunta sólo y tampoco en primer lugar: τί τὸ ὄν (¿qué es el ente en cuanto ente?) Descartes pregunta: ¿cuál es aquel ente que, en el sentido del *ens certum*, es el verdadero ente?».[71]

La pregunta por el verdadero ente, entendido como *ens certum*, sólo encuentra respuesta, para Descartes, en la remitencia al *cogito* humano. Es la indubitabilidad del *cogito ergo sum*, del yo en tanto que yo re-presentante, el referente y fundamento último de toda verdad y, por consiguiente, el referente y fundamento último del ente, lo que lo determina y lo legitima como tal. Verdad es ahora sinónimo de certeza: la certeza del ego pensante para el mismo ego pensante. El ego es el sujeto último, la única realidad indudable, fundamento absoluto de toda otra verdad y realidad.

Con Descartes, el fundamento último del Ser queda cifrado, definitivamente, en el sujeto (*subjekt; sub-iectum*), en el ámbito de la subjetividad, culminando así el proceso ya iniciado en Grecia con Platón. La certeza dice relación al entendimiento humano y dice relación a la voluntad humana; es la respuesta a su búsqueda y querencia de seguridad. El Ser pierde así de nuevo –y con más radicalidad aún– su especificidad. Pero, si bien Descartes se mueve dentro de un camino ya abierto, no se limita a dar un paso más con relación al pensar anterior, sino que inicia toda una nueva etapa en la historia del olvido del Ser.

La metafísica antigua y medieval pensaba el ente desde el Ente Supremo (el Bien de Platón, el Motor inmóvil de Aristóteles, el Dios creador cristiano, etc.). Para la metafísica moderna –desde Descartes– la subjetividad del sujeto será la referencia, medida y fundamento último del ente.[72] La idea platónica se transforma en re-presentación. Ello supone un cambio de polaridad decisivo dentro de la historia de la metafísica occidental: de la "substancia" al "sujeto". En cierto modo, este cambio de polaridad está ya latente en el pensamiento metafísico desde sus inicios, pues desde que el Ser se concibe como "lo presente", se supone, al menos implícitamente, la referencia última al sujeto (al entendimiento divino o humano). La misma noción de substancia sólo tiene sentido en el ámbito de la razón: sólo para ésta algo es un "qué" auto-idéntico o *quidditas*. Pero no deja por ello de haber una diferencia cualitativa entre la subordinación del todo del ente al Ente Supremo y la subordinación del todo del ente al sujeto humano, en la línea de un recrudecimiento del olvido del Ser, paralelo a una inmersión creciente en el solipsismo de la subjetividad humana.

Es importante advertir que, en su búsqueda de un fundamento último, el error de Descartes no radica en haber centrado su foco de atención en el ámbito de la subjetividad. De hecho, en la misma estructura de la subjetividad es posible encontrar una vía de acceso hacia el Ser[73] –no otra cosa es el presupuesto del *Sein und Zeit* heideggeriano–. Más aún: la subjetividad es el camino más certero hacia el Ser, pues comparte con Éste su esencial apertura y transparencia «Lo mismo –recordemos– es pensar y Ser» (Parménides). El ahondamiento en la subjetividad, llevado hasta sus últimas consecuencias, conduce a la trascendencia de la dualidad sujeto/objeto en la desvelación del Ser como el fundamento y el en-sí de ambos.

Ahora bien, como hace ver Heidegger en sus lecciones de Marburgo, no por erigirse (en la modernidad) el sujeto en fundamento, el modo de ser del sujeto se convierte –como cabría esperar– en el problema filosófico fundamental. No se ahonda en la naturaleza del sujeto. Y ello porque el ser del sujeto se sigue interpretando según el modelo del Ser de la antigua metafísica: la substancia. El sujeto no se considera en su carácter "transparente" –el que lo hace lugar por excelencia de patentización del Ser: *Da-sein*–, sino de modo clausurado. De hecho, Descartes afirma que el yo es *res cogitans*, una de las modalidades de la *res*, una *substancia* pensante.

Para Descartes, el yo, el sujeto, es substancia, *subyectum*.[74] Es substancia, *res*, porque lo definitorio de la subjetividad y su dimensión más originaria se sitúa en el *cogitare* o capacidad re-presentante, de tal modo que el sujeto sólo puede ser para sí mismo como *objeto* de su *cogitare*. El sujeto moderno, el sujeto/substancia, deviene auto-contradictorio: es apertura subjetiva en tanto que *cogitare*; pero, a su vez, existe para sí mismo como *objeto* clausurado de su *cogitare*. La auto-conciencia del sujeto, el fundamento último para la modernidad, es un pseudo-sujeto que es para sí como objeto de sí. La metafísica moderna se cierra de este modo al descubrimiento de la referencia esencial, abierta e inobjetivable del yo al Ser, una referencia que permitiría que el yo recuperara su trascendencia constitutiva y superara el cerco de su subjetividad pensante.[75] Se clausura para la metafísica moderna la posibilidad de hallar en la propia estructura del sujeto humano, en su modo concreto y peculiar de ser, una vía de auto-relativización y de auto-superación. Nace la moderna metafísica de la subjetividad; la filosofía entendida como «un asunto de la razón» (*eine Sache der Ratio*).

Con Descartes la metafísica moderna comienza la búsqueda –que le será intrínsecamente característica– de lo absolutamente indudable, de la certeza, de un punto de partida firme y duradero. Heidegger hace notar que ese algo firme y permanente (que Descartes encuentra en el *ego cogito* como lo constantemente presente), «ese constante como objeto, satisface la esencia desde siempre dominante de lo existente como lo constante y presente que ya existe en todas partes (*subiectum*, ὑποκέιμενον)»,[76] satisface la concepción del Ser como substancia: lo auto-idéntico y lo presente de modo permanente y perdurable.

> Con el "ego cogito" cartesiano –escribe Hegel– la filosofía pisa por primera vez tierra firme, en la que puede estar en casa. Si con el "ego cogito" –como "subyectum" por excelencia– se alcanza al *fundamentum absolutum*", esto quiere decir entonces que el sujeto es el ὑποκέιμενον trasladado a la conciencia, lo verdaderamente presente, que en el lenguaje tradicional y de una forma bastante imprecisa se llama substancia.[77]

El *ego* es ahora substancia, *subyectum*. La re-presentación, la auto-conciencia, el saberse *cogitativamente* a sí mismo del sujeto es la esencia del ser de lo existente.

* * *

Esta derivación del fundamento hacia el sujeto, hacia la subjetividad, que marca la trayectoria del pensamiento occidental y, muy particularmente, "sus últimos tiempos", va a ser explicitada abiertamente en la forma de principio (*Prinzip*) de validez ilimitada en el pensamiento de Leibniz, en concreto, en lo que considerará el principio de los principios: su *"Principio de razón"*.

Según este principio, *nihil est sine ratione*: nada es sin razón,[78] es decir, todo ha de tener una razón, un fundamento. En su formulación: *nihil est sine causa* ("nada sucede sin causa"), es decir, como principio de causalidad,[79] el principio de razón ha estado presente desde el inicio de la historia de la metafísica.

Para Leibniz, este principio es el principio supremo, pues constituye el fundamento de toda proposición, el principio de toda representación. «Una verdad –afirma Leibniz– sólo es tal si se puede dar razón de ella».[80] Leibniz concibe la verdad como proposición verdadera o juicio recto, y sostiene que la *ratio* es el fundamento de la verdad del juicio: la justificación o razón del enlace entre el sujeto y el predicado. En la rectitud de dicho enlace radica la verdad del mismo.

Según Leibniz, en los mismos conceptos que forman parte de un juicio es posible hallar la razón o el fundamento de sus enlaces, es decir, el fundamento de la verdad de dicho juicio. Pero ello supone que alguien ha de dar cuenta de dicha razón. En otras palabras, el juicio es sólo verdadero si alguien da cuenta de la exactitud del mismo, de la corrección de sus enlaces. Esta instancia que "da cuenta" es, obviamente, el ser humano. La *ratio* es la razón de la verdad del juicio, siempre ante el ego humano. Es éste último el que determina que algo sea, o no, objeto de representación, o lo que es lo mismo, que sea o no sea. Pues es un supuesto de este principio que sólo *es* aquello acerca de lo cual el yo que juzga puede dar razón. Este principio no es sólo, por tanto, epistemológico sino ontológico.

> [El hombre es] quien determina los objetos, en cuanto tales, en el modo de representación que es el juicio (…). Ahora bien, ya desde Descartes –al que sigue Leibniz y, con él, todo el pensamiento moderno– el hombre es conocido como el Yo. Éste se relaciona con el mundo pro-poniéndoselo en forma de exactos enlaces de representaciones, es decir, en forma de juicios y, en consecuencia, oponiéndoselo como objeto. Los juicios y enunciados sólo son verdaderos si se le dan a él, si se propone

al yo representante la razón del enlace entre sujeto y predicado. *La razón sólo lo es como "ratio", es decir, como la "cuenta" que se le rinde al hombre de algo, en tanto yo que juzga.*[81]

Pero *"ratio"* no sólo significa "cuenta" como lo que justifica o fundamenta (la razón humana da "cuenta" del carácter de objeto del objeto); significa también –hace ver Heidegger– *cuenta como cálculo de la exactitud de algo.*[82] La razón ha de dar cuenta satisfactoriamente, ha de ser suficiente como razón, ha de ser *"ratio sufficiens"* –razón autosuficiente–. Es la razón dada al sujeto, al yo, lo que determina la objetividad del objeto, pero este objeto ha de ser perfectamente calculable y asegurable como tal. El principio de razón viene a ser «el principio del representar racional en tanto *cálculo asegurador*».[83]

«El Ser es entendido como razón. La razón es interpretada como "ratio", como "cuenta". Según esto, el hombre es el *"animal rationale"*, el ser viviente que exige y da cuentas. El hombre es (…) el ser viviente que calcula».[84]

Este asegurar, ponderar y calcular, ¿qué es sino lo que en nuestros días impera como racionalidad técnica? Una racionalidad técnica que impregna la racionalidad científica y que tiene su origen –por mucho que se tienda a concebir como su opuesto– en la racionalidad filosófica. Una racionalidad técnica que impera igualmente en la mentalidad del hombre medio. La búsqueda de razones para todo, el dar por supuesto que todo ha de tener un porqué, un fundamento *(Ratio, Grund)* y una causa, la seguridad convertida en valor último, etc., ¿qué es todo ello sino la actitud con la que el hombre occidental de nuestros días se enfrenta de modo espontáneo a su realidad inmediata, a las realidades más remotas e incluso a la realidad última?

Pero el Ser –nos dirá Heidegger– es sin porqué. Siendo Él mismo la razón *(Lógos, Ratio, Grund)* en cuanto tal, a su vez carece de toda razón. Heideger, en una táctica metodológica que le es característica y que es coherente con su concepción del Ser y de la verdad, invita a superar "el principio de razón", no negándolo sin más, sino ahondando en los supuestos aún no pensados del mismo, es decir, en lo que el principio mismo dice sin que aún haya sido oído. Heidegger invita a poner la atención en aquello que pasa desapercibido en la enunciación leibniziana del principio de razón –"nada *es* sin razón"–: en el *"es"*, en el "Ser":

El "es" se pasa por alto en el principio como evidente de suyo, pero precisamente este "es" es lo que en él más merece pensarse. El principio sostiene que todo ente tiene una razón: "nada es sin razón". Pero, ¿qué pasa con el "es"? Pues bien, nada *es* sin *razón* precisamente porque "es" y razón se implican mutuamente, es decir, porque «Ser quiere decir razón».[85] No es que el Ser *tenga* una razón –sólo el ente la tiene–, sino que la *es*. En otras palabras: el Ser no necesita razones, no tiene *porqué*; es *porque* sí. El "¿por qué?" (*warum*) busca razones. El "porque" (*weil*), en cambio, indica que la razón o fundamento ya *es*, que es previa a toda búsqueda y a todo afán asegurador, y que es, a su vez, sin razón (*Ab-Grund*).

> (...) el Ser –que es él mismo la razón [*Grund*]– queda sin razón, es decir, queda ahora sin "por qué" (...). «Tú quédate en el "porque" *(weil)* y no preguntes "¿por qué?" *(warum)*» [Goethe] (...). El "porque" (...) rechaza el fundamentar y el indagar a la búsqueda de razones, ya que el "porque" es sin "porqué": no tiene razón, él mismo es la razón.[86]

En palabras de Eckhart: «El fin es universalmente aquello mismo que es el principio. No tiene porqué, ya que él es el principio de todo y para todas las cosas».[87] El *Lógos* es lo primero y «*rationis enim est ratio* = ya no hay "razón" de la razón».[88]

Pero el "porque" silencioso, el "sin porqué" que todo lo sostiene, difícilmente se hace oír frente al ensordecedor "por qué": el grito y la imposición de nuestra época. La aparente inseguridad de lo "sin porqué" difícilmente puede parecer familiar –por más que sea el único hogar de la esencia humana– para la mentalidad dominada por el afán de seguridad y de control al que ese grito, que por todas partes se deja oír, insta sin tregua.

En conclusión: la filosofía moderna culmina con Leibniz; con él la razón se confirma como fundamento de realidad, de verdad. El ente es verdadero y *es* en la medida en que es racional, en que está asegurado y calculado por y para la representación, en la medida en que tiene una razón de ser, un porqué –del que da cuenta la autosuficiencia de la razón humana–.

El *Lógos* del pensamiento presocrático se reduce a lógica, a *ratio*, a cálculo, a búsqueda de razones y porqués. No es ya el fundamento infundado del pensar, sino el pensar calculador erigido en fundamento.

∗ ∗ ∗

En este camino, abierto por Platón y Aristóteles, radicalizado por Descartes y rubricado por Leibniz, se situará el pensamiento de Kant sobre el Ser.

Desde cierto punto de vista, podría parecer que el pensamiento de Kant no se inserta en este camino, en concreto, dada su insistencia en el carácter irreductible de la facticidad del Ser a toda determinación esencial (*quidditas*) u objetiva. Pero esta divergencia es sólo aparente. Veamos por qué:

En su obra *Der einzig mögliche Beweisgrund zu einer Demonstration des Daseins Gottes (El único fundamento posible de una demostración de la existencia de Dios)*, perteneciente a su período precrítico, Kant expone su concepción del Ser a través de su crítica al argumento ontológico, crítica que ampliará en su exposición de las antinomias de la Teología racional en su *Kritik der reinem Vernunft (Crítica de la Razón Pura)*.

Tal y como Kant lo tiene presente, este argumento viene a decir que la idea de Dios, puesto que es la de un Ser perfectísimo o "realísimo", ha de incluir necesariamente la perfección de la existencia. Considera Kant que este argumento –según el cual a partir de la noción de un Ser perfectísimo se concluye su existencia– es una mera tautología, pues se afirma dicha existencia tras haberla introducido previamente en la noción inicial: se afirma un predicado tras haberlo incluido en la noción del sujeto. Por otra parte –y en esto radica lo esencial de su crítica–, al negarse la existencia de Dios no se está negando una determinación predicativa de un sujeto; lo que se hace es negar mentalmente al sujeto junto con todos sus predicados y atributos, y ello no implica contradicción lógica alguna.

Esta crítica nos proporciona lo que será la primera caracterización kantiana del Ser: «*Ser* no es, evidentemente, un predicado real, es decir, un concepto de algo que se pueda añadir al concepto de una cosa. Es, sencillamente, la posición de una cosa o de ciertas determinaciones en sí».[89] El Ser, caracterizado negativamente, no es un predicado "real" –en el sentido de "esencial"–, y, caracterizado positivamente, es la posición o facticidad absoluta de una cosa.

En la Analítica trascendental de la *Crítica de la Razón Pura*, Kant ampliará esta caracterización de la existencia al considerarla una categoría de "modalidad", junto con la posibilidad y la necesidad. Considera que las "categorías de modalidad" (existencia, posibilidad, necesidad) tienen la particularidad de que no aumentan en nada, como determinación del objeto, el concepto al que se unen como predicado, sino que sólo expresan una peculiar relación con la facultad de conocer (se aparta de este modo de la tradición racionalista: Scoto, Wolff, etc., que considera las modalidades como determinaciones esenciales). Así, la existencia no es una determinación lógica de un sujeto o algo que se pueda añadir a la noción de un sujeto, pues un concepto sólo contiene lo meramente posible. La existencia no añade nada a la posibilidad desde el punto de vista de "*lo que* se pone", pero sí en el "*modo* de estar puesto", en concreto, en el hecho de su darse fácticamente.

Ahora bien, aunque las categorías de la modalidad no son determinaciones esenciales, se sustentan –dirá Kant– en su relación con las facultades de conocer.[90] Así, la existencia es una categoría modal, y las categorías son, a su vez, acciones del entendimiento. El entendimiento sintetiza o unifica representaciones según ciertos modos fundamentales o categorías básicas. Estas categorías del entendimiento son condiciones de posibilidad *a priori* del conocimiento de objetos, es decir, fundamento y condición de objetividad. Ello es posible gracias a la unidad trascendental de la autoconciencia o "apercepción pura": los objetos, para ser tales, se tienen que relacionar con la unidad de la conciencia, de la apercepción, y se relacionan con ella al ser subsumidos bajo categorías. El Ser es –en tanto que categoría *a priori* del entendimiento– una "acción" del entendimiento, condición de objetividad.

El Ser es, formalmente, una "posición": la posición absoluta de una cosa. No es una mera determinación esencial de una entidad. Ello supone un claro avance frente a la tradición racionalista que consideraba al Ser como una determinación de la esencia. Pero no por reivindicar el irreductible *factum* de la existencia deja Kant de considerar al Ser en referencia al representar. Y es que, si bien para Kant el Ser es una posición, es una posición "desde" el sujeto; es al sujeto al que hay que remitir el Ser. Es imprescindible para el entendimiento humano –dirá Kant en su *Kritik*– distinguir entre posibilidad y realidad efectiva de las cosas. El fundamento de ello está en el sujeto y en sus facultades de conocer.

La subjetividad humana aparece así como el lugar de procedencia esencial del Ser. En este sentido entiende Heidegger que Kant sigue inserto en el pensamiento metafísico occidental: al considerar la existencia y el Ser en relación con las facultades de nuestro entendimiento. En último término, el Ser como posición se reduce a objeto, en tanto que recibe su sentido por relación al sujeto pensante. El Ser no es, efectivamente, un predicado real, pero sí trascendental (tiene su origen en la subjetividad). Por ello, para Heidegger es un error del neokantismo (…) opinar que la filosofía de Kant ha "liquidado", como se suele decir, el concepto de Ser. El sentido del Ser que impera desde antiguo (la presencia constante) no sólo se conserva en la interpretación de Kant del Ser como objetividad del objeto de la experiencia, sino que, por su determinación como "objetividad", sale nuevamente a la luz en forma eminente, mientras que por la interpretación del Ser que dominaba anteriormente en la historia de la filosofía, como substancialidad de la substancia, se ocultaba e incluso trastocaba.[91]

De nuevo, con Kant, el Ser se relega al horizonte de la subjetividad como condición de presencialidad de lo presente; una subjetividad trascendental, pero subjetividad en definitiva. «En la tesis de Kant sobre el Ser como posición, y también en todo el ámbito de su interpretación del Ser del ente como objetividad y realidad objetiva, impera el Ser en el sentido de la presencia [lo presente al entendimiento] que perdura.»[92]

Hegel «ve en el pensamiento kantiano de la síntesis originaria de la apercepción uno de los principios más profundos para el desarrollo especulativo».[93] El pensamiento de Kant –considera Hegel– es el umbral de la mayoría de edad del espíritu, el retorno desde su exteriorización enajenada, el inicio del despertar de la subjetividad en la que ésta toma conciencia de sí y se auto-posee en libertad y como libertad. Ahora bien, según Hegel, Kant no traspasó el umbral que él mismo osó abrir en la medida en que mantuvo aún ciertos restos de dogmatismo realista, en la medida en que impuso ciertos límites a la subjetividad humana y la sometió a algo exterior e irreductible a sí misma: la intuición sensible o las condiciones materiales de la experiencia. Es preciso, considera Hegel, sobrepasar este límite y absolutizar la esencia de lo trascendental pensada por Kant.

Con Hegel, la metafísica adviene metafísica absoluta: la subjetividad humana finita es ahora la sede de lo Absoluto. En definitiva, al dar este paso no hace sino terminar de explicitar las consecuencias implícitas en la concepción metafísica del Ser, una concepción que, más allá de divergencias secundarias, básicamente comparte. Así –afirma Heidegger en su *Carta sobre el Humanismo*–, en la determinación hegeliana de la historia como desarrollo del "espíritu", «la metafísica (…) en el sistema, por primera vez gracias a Hegel, expresa su esencia absolutamente pensada»,[94] expresa su subsunción absoluta en el sujeto. El Ser, para Hegel, es reflexión absoluta, «el absoluto pensarse a sí mismo del pensar»,[95] una reflexión absoluta que es concebida, además, en la línea de Descartes, según el modelo de la antigua metafísica: como substancia. Spinoza –señala Hegel– consumó metafísicamente el punto de vista de la substancia, pero le faltó concebir al Ser/substancia como sujeto o subjetividad absoluta. «Más tarde Hegel podrá afirmar: la auténtica substancia es el sujeto, o el sentido de la substancialidad es la subjetividad.»[96]

A modo de recapitulación: desde el inicio de la filosofía, con el pensamiento platónico y aristotélico, y a lo largo de toda la modernidad, re-alismos e idealismos comparten el olvido del Ser que sella el destino de la metafísica. Tanto al relegar el Ser a lo presente en su aspecto o "idea" (*quidditas*, *essentia*) –lo propio de las metafísicas de cuño realista–, como al remitirlo directamente a la subjetividad en tanto que condición *a priori* de la objetividad de los objetos –lo propio de los idealismos metafísicos–, el Ser es concebido, en último término, sobre la base de la simple presencia y en referencia última a la subjetividad fundante (una subjetividad no transparente, sino auto-clausurada como substancia, como objeto de sí).

Con Hegel culmina la metafísica como metafísica absoluta. Heideg-ger considerará incluidas en esta metafísica absoluta aquellas cosmovi-siones que precisamente pretenderán erigirse como sus inversiones: las llevadas a cabo por Nietzsche y por Marx.

Nietzsche, afirma Heidegger, es «el último que experimentó la apa-tridia del mundo moderno. Él no fue capaz de encontrar dentro de la me-tafísica otra salida que invertir la metafísica. Esto, sin embargo, es la perfección de la falta de salida».[97] La inversión de Nietzsche –como ve-remos más adelante al tratar del nihilismo– sigue siendo metafísica: su-pone el agotamiento de la última posibilidad latente en la historia del pensamiento metafísico. En la medida en que se define como movimien-to contrario a la metafísica, depende de ella y sigue perteneciendo a ella; «como todo anti-, sigue adherido a la esencia de aquello contra lo cual se pronuncia».[98] Y como metafísica que es, no puede pensar su propia esencia, su carácter metafísico, pues pertenece a la esencia de la metafí-sica su incapacidad para reconocer el propio incurrir en el olvido del Ser.

La actitud objetivante latente en el principio de razón leibniziano –quintaesencia del pensar metafísico– considera al sujeto como funda-mento último ante el que se debe legitimar el ser de las cosas. Esta re-ducción del Ser y del mundo a la subjetividad, a la voluntad del sujeto, particularmente palpable en los "sistemas" filosóficos del siglo XIX, es lo que Nietzsche expresa en su caracterización del Ser como voluntad (según Heidegger: el modo extremo del ocultamiento del Ser). La doc-trina de la voluntad de poder como esencia de la realidad desenmascara y realiza la esencia de la metafísica moderna de la subjetividad.

La metafísica moderna comienza con –y consiste en– la búsqueda de lo indudable, de la certeza. Cifra esa estabilidad última en el *ego cogito* que, a su vez, como sujeto representador, precisa asegurar lo que se ha representado, confirmar la exactitud (*rectitudo*) de su representar. El ego humano se erige en fundamento de objetividad y realidad. En ello radica su carácter de sujeto.[99] En su reducir lo existente a objeto, el ser humano garantiza su dominio sobre lo existente y adquiere la "seguridad" con cuya búsqueda comienza la metafísica moderna.

Nietzsche desvela cómo esta búsqueda de certidumbre se funda, a su vez, en la "voluntad de poder", una expresión que Heidegger traduce por "voluntad de voluntad": voluntad sola, voluntad que no quiere algo sino su propio querer. El fondo de lo real no es otro que voluntad buscando su sola conservación y aumento. En la raíz de la búsqueda de certeza –de la seguridad de "tener-por-verdadero"– está la voluntad de poder como voluntad que busca la persistencia de sí misma. Cuando la subjetividad moderna pretende subsumir la realidad, cuando el pensar re-presentante determina en su querer lo que es ente y propone qué sea lo real, lo que actúa es la voluntad de poder.

En resumen: la subjetividad como fundamentación de lo existente no es otra cosa que la afirmación de la esencia de la realidad como voluntad. El *subiectum* o ser de lo existente es voluntad. La voluntad de poder como esencia de la realidad coincide con la subjetividad. El *subiectum*, en la época moderna, se manifiesta en su carácter esencial como *velle, como querer.*[100]

> En última y suprema instancia no hay otro ser alguno sino el querer. Querer es el ser primigenio y solamente a éste [a saber, el querer] le cuadran todos los predicados del mismo [a saber, del Ser primigenio]: ser sin fondo, eternidad, independencia del tiempo, autoafirmación. Toda la filosofía no tiende sino a encontrar esta expresión suprema (Schelling).[101]

Como veremos, el pensar del Ser del que Heidegger se hace eco es un pensar no-representacional y no-volitivo –toda representación oculta un *velle* y todo *velle* supone una representación–. Un pensar que, precisamente porque tiene una naturaleza no-volitiva y no-representacional, no puede ser, a su vez, representado ni querido por la subjetividad. Un pensar que ha de ser la expresión espontánea, no calculada, inédita e inevitable del Ser en el hombre que se ha relativizado a sí mismo, en tanto que animal racional/volitivo, a través de la actitud de espera o apertura lúcida sin objeto que Heidegger denomina *Gelassenheit* (Serenidad).[102]

LAS LÍNEAS MAESTRAS DEL PENSAR METAFÍSICO

En su reconstrucción de la historia de la metafísica, Heidegger ha definido lo que considera sus rasgos centrales o líneas maestras: la reducción del Ser a lo presente, el erigirse del sujeto en fundamento absoluto, etc. Seguiremos ahondando desde diversos puntos de vista en estas caracterizaciones que no son más que modos diversos de apuntar a un hecho único: el olvido del Ser.

La cisura sujeto-objeto

En la historia de la metafísica se da una progresiva derivación del principio de legitimación del ser de las cosas hacia el sujeto, un sujeto o auto-conciencia que termina erigiéndose en fundamento absoluto. En la medida en que el sujeto se define por su contraposición a objetos, por su capacidad representante u objetivante, al erigirse en fundamento, la dualidad sujeto-objeto se constituye, a su vez, en dualidad última y originaria en referencia a la cual ha de comprenderse la naturaleza del Ser. El Ser ya sólo puede ser alcanzado como objeto a partir del yo pensante (Descartes), como objetividad del objeto de experiencia que tiene su origen en la subjetividad (Kant), como ratio (Leibniz), etc. No es el ser humano el que pertenece raigalmente al Ser, más acá de toda posible dualidad, siempre relativa y derivada, como la de sujeto-objeto, sino que es el Ser el que arraiga en la subjetividad definida por contraposición a la objetividad (enfatizándose uno u otro polo de la dualidad, según se trate de "realismos" o "idealismos").

El sujeto queda así relegado a la soledad de su conciencia individual. Convertida en centro de su mundo, desde ella y para ella, todo –cosas, hombres, mundo, Dios– es, y sólo puede ser, "objeto", "lo presente" ante su subjetividad.

El sujeto cerrado sobre sí no sólo hace de "lo otro" mero objeto, no sólo se cierra a la posibilidad de acceso a un tú, sino que también se convierte en objeto para sí. Todo lo que "toca" la conciencia re-presentante en su afán asegurador –al modo del legendario rey Midas a quien su ambición mató de hambre– se marchita, deviene objeto; también el mismo yo. Subjetividad objetivada significa yo pensado o yo re-presentado: yo auto-vivenciado como la suma de aquellos rasgos objetivos o atributos que supuestamente constituyen el "mí" y "lo mío". El yo se exilia de su esencial apertura en la que es uno con el corazón de toda cosa y se relega al ámbito de sus propias representaciones. Se le oculta la dimensión abierta del Ser que le sostiene, y que es la que posibilita toda auto-vivencia objetiva derivada y toda relación relativa establecida en términos de sujeto y objeto; se oculta, aunque esta dimensión siga siendo también el en-sí, el fundamento y la condición de posibilidad de este mismo olvido.

Como veremos, esta actitud objetivante –esencialmente irrespetuosa y manipuladora, "déspota"[103] del ente, cuando se convierte en la forma de conciencia exclusiva o predominante– se cierra de raíz a la experiencia de "lo abierto" (*das Offene*), de la originaria, creativa y creadora unidad del ser humano con lo real a la que Heidegger apunta con su expresión "ser-en-el-mundo" (*In-der-Welt-sein*), y de modo más radical, con sus nociones de: *Lichtung* o Claro del Ser (condición supraobjetiva de posibilidad de todo hacerse presente de un objeto ante un sujeto y más originaria que ambos) y *Ereignis* (el trasfondo no-dual y abismal de toda relación, básicamente de la relación hombre/Ser y, derivadamente, de toda relación establecida en términos de sujeto-objeto).[104] De momento, nos detendremos en la desfundamentación de la dualidad sujeto-objeto que Heidegger lleva a cabo a través de su tematización del "ser-en-el-mundo" (*In-der-Welt-sein*) como estructura fundamental del *Dasein*.

Más allá de la oposición sujeto-objeto (interno-externo, dentro-fuera, etc.), más allá de idealismos y realismos, Heidegger considera que el ser humano está esencialmente abierto a un mundo que, a su vez, sólo se alumbra y se abre en él. El mundo –escribe en *Sein und Zeit* – es un carácter del *Dasein* mismo. El *Dasein* tiene la estructura esencial de "ser-en-el-mundo" (*In-der-Welt-sein*). No tiene sentido, por tanto, concebir la relación *Dasein*-mundo en términos de un sujeto contrapuesto a un objeto. Sujeto y objeto no coinciden con "Ser-ahí" y "mundo" respectivamente.[105] El *Dasein* no es una "caja", no necesita salir de la supuesta "jaula" o "esfera interior" de su conciencia para entrar y relacionarse con otra esfera "ajena y exterior", para ir hacia el mundo; por el contrario, el *Dasein* está *ya* constitutivamente "fuera", en relación con el mundo, antes de toda artificiosa relación establecida en términos de sujeto y objeto.[106] El conocimiento no es un ir del sujeto hacia un "objeto" presente, o la interiorización de un objeto; no radica en el comercio entre hombre y mundo. Es más bien la articulación de una comprensión originaria en la cual las cosas están *ya* abiertas y descubiertas. El conocimiento es, así, interpretación, círculo hermenéutico, expresión de la pre-estructura propia del *Dasein* mismo, elaboración de la constitutiva y originaria relación con el mundo que lo constituye.

En esta línea, afirma Heidegger en *De la esencia del fundamento*

(1929) que la trascendencia es una estructura fundamental del *Dasein* que acaece antes de todo comportamiento particular del mismo. La trascendencia no es un salir del yo hacia el exterior; se da con el *factum* mismo del *Dasein*.[107] No ha de ser concebida, por lo tanto, de modo espacial, como el traspaso de "algo" a "algo", de un ente a otro ente, de un sujeto a un objeto (hablar de sujeto y objeto implica ya, de hecho, la introducción de consideraciones espaciales: aquí-allí, dentro-fuera, etc.), como si existiera una suerte de barrera entre el sujeto (su propia piel) y el objeto (los límites de su figura objetiva). Pero el "hacia dónde" de la trascendencia humana no es el ente, tampoco el Ente supremo; por el contrario, lo trascendido es siempre el ente, cada ente, el todo del ente, y el "hacia dónde" es el "mundo" en sentido trascendental.

El "ser-en-el-mundo" es la estructura relacional que caracteriza al *Dasein* como tal. Esta estructura arraiga en la trascendencia humana o, en otras palabras, la trascendencia humana es su "ser-en-el-mundo".[108] Y decir que el mundo pertenece al *Dasein* no es decir que el mundo es "subjetivo"; tampoco lo contrario: que es "objetivo". Es previo a esa diferenciación.

La trascendencia no puede des-encubrirse ni captarse por una fuga a lo objetivo, sino únicamente por una interpretación ontológica de la subjetividad del sujeto, que debe renovarse constantemente, y que se opone al "subjetivismo" del mismo modo que debe rehusar una sujeción al "objetivismo".[109]

En obras posteriores, Heidegger buscará determinar la trascendencia no tanto a través de la interpretación ontológica de la subjetividad del sujeto, como en el Ser mismo, en referencia al cual habría de comprenderse la esencia humana.[110] Pero más allá de esta diferencia de énfasis, que definirá la *Kehre* heideggeriana,[111] se mantiene la concepción apuntada de la trascendencia constitutiva del *Dasein* como "ser-en-el-mundo".

Nivelación frente a trascendencia

Al erigirse el sujeto en fundamento y legitimador de realidad, lo originario no es ya la referencia de la esencia del ser humano al Ser, sino la referencia de todo ente –y del Ser nivelado con el ente– al sujeto, a la esencia del hombre concebida como auto-conciencia y subjetividad representante. En otras palabras: se suprime toda «trascendentalidad entre la cosa y el conocimiento de ella (…) [La cosa se agota] en su ser conocida por el sujeto racional»,[112] es decir, en su aparecer, en su "publicidad". El mundo deviene imagen y visión del mundo (*Weltbild*).

Se suprime la trascendencia de la "cosa" frente a su ser conocida y, paralelamente –como hemos apuntado–, se suprime toda "trascendencia" del sujeto con respecto a su propia subjetividad configuradora de objetividad. La objetivación de todo revierte en la objetivación del propio sujeto.

Frente a la trascendencia del Ser y del *Dasein*, la metafísica postula –sabiéndolo o sin saberlo– la nivelación de ambos con lo ente. No hay un más allá del ente. "La totalidad" es la mera suma de los entes. Lo universal se homogeniza y se reduce a lo general –la extensión abstracta de lo individual–. Lo humano individual, eliminada su referencia originaria al Ser, se cierra a su posible superación o universalización concreta (que no abstracta), una superación en la que radica su dignidad: la posibilidad de que el ser humano encuentre en lo más íntimo de sí, siendo plenamente sí mismo, el centro o apertura que le permitiría quebrar multidimensionalmente su burbuja de subjetividad para comulgar con el corazón de toda cosa, con lo realmente real en toda cosa desde lo más real de sí. Cuando el yo, ciego para lo no-ente, se incapacita para esta auto-superación vertical, sólo le queda la salida en falso: la despersonalización horizontal en la que el individuo se indiferencia y diluye sus perfiles, y que genera, por multiplicación, la masa anónima; sólo le queda el aplanamiento (*Einebnung*) del "término medio" (*Durchschnittlichkeit*), de la "publicidad" (*Öffentlichkeit*), del "uno" infra-personal (*das Man*).

El olvido de la "diferencia ontológica" (ontologische Differenz)

La nivelación de Ser y ente, el olvido de la trascendencia del *Dasein*, es para Heidegger sinónimo del olvido de su "diferencia ontológica".

> Es cierto que la metafísica presenta al ente en su Ser, y piensa así el Ser del ente. Pero ella no piensa la diferencia entre ambos. (…) La metafísica no pregunta por la verdad del Ser mismo. Por ello tampoco pregunta nunca por el modo en que la esencia del hombre pertenece a la verdad del Ser.[113]

El olvido del Ser es, en esencia, olvido del movimiento de diferenciación –"diferencia ontológica" (*ontologische Differenz*) o simplemente "diferencia" (*Differenz*)– entre el Ser y el ente. Es la anulación de toda ocultación o misterio, dados por el retenerse del Ser en el mismo movimiento por el que se muestra en el ente. Es esta trascendencia del Ser la que se olvida en el olvido de la diferencia ontológica. La metafísica pierde así todo su sentido y razón de ser –pues «la *meta-física* ya no tiene una *meta*, un más allá»–[114] y con ello culmina su propia historia.

Ya en los inicios de la trayectoria de su pensamiento, insistía Heidegger en la importancia de advertir con radicalidad que el Ser de los entes no es, a su vez, un ente. Si las ciencias tienen por objeto al ente –dirá en sus lecciones de Marburgo–, la filosofía tiene por objeto al Ser. Y a diferencia de los entes, el Ser no "es"; si lo fuera, sería un ente. Ahora bien, lo que no es, es la nada. Pero si con respecto al ente, el Ser es la nada, el Ser es "algo" que tiene que "haber" para que podamos decir que algo es. El Ser –afirmará ya el Heidegger maduro en su *Carta sobre el Humanismo* (1946)–, efectivamente no es (sólo el ente *es*), pero "lo hay",[115] "se da" (*es gibt*),[116] y porque "se da", porque lo comprendemos de alguna manera, puede hacérsenos presente el ente como tal. También en esta línea había escrito en *Sein und Zeit*: «El Ser de los entes no "es" él mismo un ente. El primer progreso filosófico no radica en (…) "contar cuentos", es decir, en determinar un ente en cuanto ente reduciéndolo a otro ente como a su origen, igual que si el Ser tuviese el carácter de un posible ente».[117]

«Para nosotros, el asunto del pensar es (…) el Ser, pero el Ser desde la perspectiva de su diferencia con lo ente (…), la diferencia *en cuanto* diferencia.»[118] Distinción, pues, pero en mutua implicación: el Ser no es un ente, pero es Ser del ente y, a su vez, el ente es ente del Ser. En otras palabras: la diferencia se da en el seno de la identidad entre el fundamento –Ser– y lo fundado –el ente–. El Ser y el ente no son previos a (e independientes de) su relación mutua; la relación no es un después ontológico –como sí lo es para la metafísica de la substancia, para la cual "la relación" es categorialmente un "accidente"–.

En la medida en que la metafísica ha olvidado la diferencia ontológica entre Ser y ente, considera Heidegger que la afirmación de Parménides (frag. 6): «es necesario decir y pensar que *el Ser es*», no ha sido aún pensada. Pues decimos que "el Ser *no es*" para distinguirlo del ente, decimos que "no es" desde el punto de vista del ente, pero considerado en sí mismo y con propiedad, si algo "es" –pues es lo real de lo real– es el Ser: «El Ser "es", pero precisamente no "el ente" (…). Quizá sólo se pueda decir el "es" adecuadamente del Ser, de modo que ningún ente jamás "es" en propiedad».[119]

La metafísica no ha pensado la diferencia entre ente y Ser. Pero la metafísica, el pensamiento occidental, lo sepa o no lo sepa, hunde sus raíces en el ámbito de esta diferencia (de hecho, como ya se ha dado a entender y como explicaremos con más detenimiento, el mismo olvido tiene su condición de posibilidad en la diferencia ontológica: pertenece a la naturaleza del Ser el manifestarse en el ente ocultándose como tal Ser). Y de aquí la propuesta de Heidegger –como veremos– de dar un "paso atrás" (*Schritt zurück*): desde la metafísica, hasta la esencia de la metafísica; «desde lo impensado, desde la diferencia en cuanto tal, hasta lo por pensar: el olvido de la diferencia».[120]

El afan sistemátizador

El espíritu de "sistema" –tan característico de la filosofía moderna– viene a ser la ratificación de la nivelación de la cosa con su ser conocida, la ratificación del ocultamiento del Ser (ocultamiento de su ocultación, trascendencia o misterio; de su movimiento de diferenciación con respecto a lo ente). Recordemos las palabras de Heidegger ya citadas: «La metafísica (…) en el sistema, por primera vez gracias a Hegel, expresa su esencia absolutamente pensada».[121]

No es extraño que el afán sistematizador sea tan característico de la tradición filosófica occidental. En primer lugar, si "nada es sin razón", el sistema filosófico será el modo más idóneo de aprehensión de lo real. Un sistema es siempre una concepción cerrada y limitada que apunta a una realidad igualmente clausurada; es una concepción sustentada en engranajes de justificación racional que muestra un mundo también articulado internamente por relaciones causales, lineales, de fundamentación. Los grandes sistemas filosóficos de la modernidad tienen su razón de ser en el supuesto de que todo es conocido y cognoscible por la razón, en la voluntad del sujeto de reducirlo todo a sí y de hacer de la ley de la razón la ley de lo real.[122] En segundo lugar, es, por otra parte, característica de los sistemas filosóficos modernos la reducción o referencia al yo del todo del ente; y en la reducción de lo real a un único principio –del que todo lo demás se deduce hipotéticamente en un proceso de derivación racional– radica la naturaleza del sistema. Por último, un sistema, además, es el sistema de alguien, y es específica del pensamiento occidental moderno la convicción de que las ideas son "propiedad" del individuo que las ha pensado, pues el *cogitare* es siempre el *cogitare* de un *ego* (cuando, más bien, el ser humano piensa esencialmente cuando no habla meramente desde sí, y lo que en él es estrictamente particular deviene transparente o queda en suspenso).

El pensamiento de Heidegger no pretende constituirse como un sistema clausurado. De hecho, de cara a caracterizar su pensamiento y lo que considera ha de ser todo pensamiento esencial, Heidegger propone, frente a la noción de "sistema", la imagen del "camino" (*Weg*). Esta imagen alude –como tendremos ocasión de explicar– al carácter siempre abierto, nunca dado, "aconteciente", comprometido y experiencial del pensar del Ser (*Seinsdenken*).

La metafísica como "humanismo"

Para Heidegger, esta perspectiva en la que el hombre, enajenado del Ser, se erige en centro de referencia último y fundamento del todo del ente, es definitoria de la metafísica, del afán moderno de sistematicidad y, también, de los distintos "humanismos" históricos. Identifica así metafísica –la metafísica que ha olvidado al Ser– y humanismo:
   «El comienzo de la metafísica con el pensamiento de Platón es, a la vez, el comienzo del "humanismo"».[123]
   El término "humanismo" –dirá en su *Brief über den "Humanismus"* (*Carta sobre el humanismo*)– carece, en principio, de toda connotación negativa, pues no es otra cosa que la preocupación por que el hombre se vuelva hacia su esencia, el "cuidado" por reconducir el ser humano a su elemento.[124] Ahora bien, la cuestión radica en dónde se cifre la esencia de lo humano; ello determinará la naturaleza de los diferentes humanismos. Y lo cierto es que, más allá de sus divergencias, lo común a los distintos humanismos históricos ha sido que todos ellos determinan la esencia del ser humano desde una específica interpretación *del ente* (la naturaleza, la historia, el mundo, Dios,[125] etc.), sin referencia a la verdad del Ser. Eliminada la referencia al Ser, todos ellos parten, además, de la suposición no cuestionada de que el ser humano es, en esencia, *animal rationale*[126] (una definición metafísica, "platónica", dualista, que concibe lo animal como lo sensible de la naturaleza del ser humano –cuerpo, *res extensa*, lo natural, etc.– y lo racional, lo definitorio de su esencia, como lo supra-empírico y subjetivo –mente, alma, *res cogitans*, lo libre, etc.–).
   En la medida en que los humanismos no refieren la esencia del ser humano al Ser sino a lo ente (aunque se trate del Ente supremo), olvidan la trascendencia constitutiva del *Dasein* y constituyen otra manifestación del olvido del Ser.

Así como no consiste la esencia del hombre en ser un organismo animal, de la misma manera no se elimina ni compensa la insuficiente determinación esencial del hombre equiparándolo con un alma inmortal, o con una potencia intelectiva, o con el carácter de persona. Cada vez se pasa por alto su esencia, y esto precisamente debido al propio trazo metafísico.[127]

Heidegger advierte que la perspectiva subjetivista y antropocéntrica propia del humanismo no es superada por el colectivismo; de hecho, éste último no es más que otra manifestación de dicha perspectiva. Los colectivismos cifran la identidad del hombre en la totalidad concebida de un modo genérico; pero lo general abstracto, como ya apuntamos, no ha de confundirse con lo universal efectivo y concreto: el ámbito del Ser que trasciende y sustenta, sin negarlo, lo individual como tal. Lo genérico no es más que la extensión abstracta de lo individual. El colectivismo, lejos de superar el solipsismo individualista, es una forma de manifestación inferior de éste último. Parte, como éste, de la noción de individuo, que de por sí sólo alude a una unidad abstracta, numérica, carente de cualidades. Por ser neutra, esta noción permite la nivelación de los hombres necesaria para operar con y sobre ellos. Pues bien, "lo colectivo" no es más que su adición cuantitativa, una adición cuyo resultado es aún más abstracto que el "individuo" que pretendió superar. Si el humanismo concibe al ser humano como sujeto calculador, el colectivismo lo considera objeto calculable, manipulable y controlable. Ambos son expresiones de lo mismo; sólo existen en mutua reciprocidad. En ambos casos: «por todas partes gira el hombre –expulsado de la verdad del Ser– alrededor de sí mismo como *animal rationale*».[128]

Los individualismos humanistas enfatizan la "defensa de la personalidad": una personalidad que ya no es símbolo, pues no halla su eje y referencia esencial en el Ser, y cuya pobreza interior han de suplir pátinas de originalidad arbitraria, de pseudo-talento carente de toda significación profunda. El colectivismo se entrega, a su vez, a una causa abstracta en la que el individuo pretende trascenderse como tal y con la que busca contribuir a una acción en el mundo transformadora y solidaria; pero esta salida en horizontal evade al ser humano del vertical frente a frente consigo mismo, único encuentro del que puede brotar una acción genuina y radicalmente transformadora. El humanismo rebaja al hombre al situar su especificidad en lo meramente humano, y no allí donde lo humano, lo personal, es símbolo y expresión del Ser. El colectivismo es una tentativa en falso de lograr esta superación o universalización. Pero su lejanía con relación a la verdad del Ser es aún mayor: la persona en cuanto tal puede siempre descubrir en el centro de su subjetividad la apertura que la funda y que le desvela que es una con todo lo que es; pero el que se enajena en un nosotros abstracto no puede, por principio, acceder a este auto-reconocimiento, pues éste último sólo puede tener lugar en soledad.

Lejos de suponer la crítica heideggeriana al humanismo una merma de las pretensiones de grandeza de la *humanitas*, dicha crítica considera, por el contrario, que la limitación del humanismo radica en que precisamente no sitúa la *humanitas* a la altura que le corresponde, al no haber pensado la esencia del ser humano en toda su originariedad y radicalidad. En la medida en que no comprende ni conoce la decisiva referencia al Ser de la esencia del ser humano, toda metafísica es un humanismo y todo humanismo es metafísica –participa de su decadencia e inautenticidad: el «olvido de la verdad del Ser en beneficio del apremio del ente»–.[129]

La tecnificación del mundo

> Cuando el más apartado rincón del globo haya sido técnicamente conquistado y económicamente explotado; cuando un suceso cualquiera sea rápidamente accesible en un lugar cualquiera y en un tiempo cualquiera; cuando se puedan "experimentar", simultáneamente, el atentado a un rey en Francia y un concierto sinfónico en Tokio; cuando el tiempo sólo sea rapidez, instantaneidad y simultaneidad, mientras que lo temporal entendido como acontecer histórico haya desaparecido de la existencia de todos los pueblos; cuando el boxeador rija como el gran hombre de una nación (…) entonces, justamente entonces, volverán a atravesar todo este aquelarre, como fantasmas, las preguntas: –¿para qué?, ¿hacia dónde?, ¿y después qué?[130]

Estas palabras, con las que en 1935 Heidegger describe con pasmosa precisión lo que acontecería en un futuro histórico próximo, no ya sólo de Occidente sino de todo el planeta, son ilustrativas sobre cómo "el olvido del Ser" no es algo que afecta meramente a la historia del pensamiento, sino que es –en expresión de Heidegger– un "estado" de la existencia misma que determina radicalmente el modo de estar del ser humano en el mundo y, por consiguiente, el mundo mismo (recordemos que hombre y mundo son dos polos de una única realidad: el ser-en-el-mundo). Muy en concreto, Heidegger ve en el despliegue de la técnica moderna y, más exactamente, en la tecnocracia, la patentización efectiva o encarnación histórica del olvido del Ser.

> La técnica es en su esencia –en la historia del Ser– un destino de la olvidada verdad del Ser. (…) la técnica se funda en la historia de la metafísica. Ésta, a su vez, es una determinada fase de la historia del Ser, y, por lo pronto, la única de la cual podemos tener una visión total.[131]

Heidegger encuentra la raíz y sustrato del creciente imperio de la técnica en el cambio de posición del ser humano en y con respecto al mundo que acontece con la filosofía moderna –en concreto, a partir del siglo XVIII, en Europa y sólo en ella–. Lo ya expuesto hasta el momento basta para mostrar en qué radica este cambio de posición; sólo remarcaremos ahora la ya apuntada inversión "instrumental" del pensamiento: es la misma actitud "indagadora" y "aseguradora" del pensamiento que busca razones, causas y fundamentos, y en la que el medio –el pensar– se subordina a unos resultados extrínsecos –las causas y los porqués–, la que yace en el cálculo y la manipulación propios de la actitud técnica. «La ciencia –dirá Heidegger citando a Goethe– es fuerza y lucha sin descanso por la ley, la razón, el por qué y el cómo.»[132] En la búsqueda de la razón, el porqué y el cómo (en la que vimos que radicaba la naturaleza de la filosofía moderna, particularmente patente en el principio de razón leibniziano) late también la esencia de la ciencia moderna y de su derivación en ciencias tecnificadas.[133] El origen de esta inversión instrumental se remonta a Platón y a la ya aludida mutación de la esencia de la verdad que con él tiene lugar; en concreto, recordemos, al otorgar primacía en la consideración de esta última a la dimensión relativa a la "corrección" de la mirada humana con relación a lo mostrado, y no a lo oculto del Ser que posibilita dicho mostrarse. El resultado de esta mutación es, en palabras de George Steiner, la emergencia de

> la visión aristotélico-tomista de la verdad como acuerdo o adecuación entre sujeto y objeto (…) [lo que] sitúa al hombre en el fulcro de dominio del Ser. Ello conduce inevitablemente al imperialismo pragmático y tecnológico sobre el conocimiento, que procede vía racionalidad cartesiana hacia la exaltación nietzscheana de la voluntad y el nihilismo moderno.[134]

La hipertrofia del pensar objetivante aboca irremediablemente a una relación exclusivamente técnica e instrumental con el mundo; el mundo se convierte para el hombre en mero *objeto* del pensar calculador, en campo abierto para el dominio sobre el ente. No es casual que, una vez considerado el sujeto como aquel que dota a los entes de fundamento, racionalidad y significado, la naturaleza –tras haber perdido toda cualidad y significado intrínsecos: pura cantidad susceptible de cálculo– se considere, a su vez, neutra reserva de materia y fuentes de energía para fines utilitarios.[135] En relación con esto, hace notar Heidegger qué significativo es que a su época se le haya dado el nombre de "era atómica": «Por primera vez en su historia –afirma– el hombre interpreta una época de su existencia histórica por la presión y disponibilidad de una energía de la naturaleza».[136]

El instinto objetivador del pensamiento metafísico moderno nivela Ser y ente, y ente y objeto: lo "calculable" y asegurable para la razón; objeto "calculable" cuya versión "técnica" es el ser-instrumento susceptible de producción, organización, control y consumo. La instrumentalización del mundo[137] aparece así como la consecuencia inevitable y fatal del olvido del Ser y su confirmación efectiva, el cumplimiento y culminación de la metafísica como voluntad del sujeto de reducir todo a sí mismo.

> La tierra misma ya sólo puede mostrarse como objeto del ataque que, en cuanto objetivación incondicionada, se instaura en el querer humano. La naturaleza, por ser querida a partir de la esencia del Ser, aparece por todas partes como objeto de la técnica.
> (…) Con el comienzo de la lucha por el dominio de la tierra, se consuma la era de la subjetividad.[138]

Se comprendería mal lo dicho hasta ahora si se dedujese que Heidegger descalifica el mundo técnico en cuanto tal –lo que sería, por otra parte, una actitud puerilmente reaccionaria y agitación inútil ante lo que es la dinámica irreversible de la historia de la humanidad–. Heidegger no niega la grandeza del despliegue científico-técnico de la modernidad y su insustituible papel en el mundo presente y en el del porvenir. Advierte, simplemente, que a sus ingentes posibilidades acompaña, como su sombra, un grave peligro: que el pensamiento que ha hecho posible y sustenta dicho despliegue –el pensar calculador y objetivante– se convierta en el único pensar; el peligro de que, hipnóticamente fascinados ante los espectaculares resultados prácticos que ha posibilitado el desarrollo técnico (es evidente la fascinación inmediata que ocasionan en la mentalidad media sus resultados utilitarios así como el "bienestar" que posibilitan y que ingenuamente se identifica con la "felicidad"), hagamos de su lógica interna, de la actitud instrumental, la actitud exclusiva o predominante en la relación del hombre en y con el mundo.

En este punto conviene aludir a la distinción que establece Heidegger entre dos modalidades del pensar: el pensamiento calculador (*das rechnende Denken*) y el pensamiento meditativo o reflexión meditativa (*das besinnliche Nachdenken*).

– Ya nos hemos detenido sobradamente en cuál es, según Heidegger, la naturaleza del pensar calculador. Sólo añadiremos lo siguiente: lo propio del pensamiento calculador –el científico/técnico, investigador y planificador– es que parte de unas circunstancias dadas con la intención de obtener unos resultados previamente determinados. Cuando se sabe lo que se quiere de antemano, no se piensa, se calcula. También, cuando en el ámbito de las ciencias humanas y de los saberes más "desinteresados", como la filosofía, se "investiga", ordinariamente ya se quiere algo de antemano, aunque ese algo sólo sea la seguridad psicológica o la certeza. Y cuando así se piensa –insistimos–, no se piensa, se calcula, "se planifica". Se piensa en términos de futuro: de lograr, alcanzar o ganar. No sólo no se piensa sino que se huye del pensar. Por eso, afirma Heidegger, si bien «nunca en ningún momento se han realizado planes tan vastos, estudios tan variados, investigaciones tan apasionadas como hoy en día», nunca como hoy el hombre ha huido tanto ante el verdadero pensar.[139]

– Frente al pensamiento calculador, el pensamiento meditativo no acumula, sino que se silencia y vacía; no quiere nada determinado de antemano y, por ello, puede concordar con lo que es, puede ser espejo limpio de lo que es.[140] No somete el ente a sus dictados, sino que deja ser al Ser. No planifica, porque no impone sus ritmos ni sus metas. Escucha antes de hablar, aun a riesgo de no tener nada que decir; o bien, aun a riesgo de tener tanto y tan hondo que decir que la agudeza y el dominio devengan balbuceo. En otras palabras: piensa «aquello que, en la tradición de nuestro pensamiento, se muestra siempre como lo que merece pensarse y al mismo tiempo se vela»:[141] el Ser.

Esta reflexión meditativa, aquella que, en expresión de Heidegger, tiene por objeto lo más próximo –camino a lo más próximo que es «siempre el más lejano y, por ello, el más arduo»–[142] es, para Heidegger, el pensar por excelencia, el pensar *per se*, aunque no se traduzca en realizaciones prácticas inmediatas. Y es a esta manifestación del pensar a la que apunta Heidegger cuando define al hombre como un ser que reflexiona.[143] Cuando así lo hace no está reiterando la caracterización del ser humano, propia de la tradición metafísica, como *animal rationale*. Con su término "reflexión" (*Nachdenken*) apunta a una actividad más eleva-

da que el mero pensamiento racional y discursivo –al que incluye y trasciende a la vez–, una actividad que abarca, en expresión de Heidegger,
el entendimiento y también el espíritu.[144]
Obviamente, ambas formas de pensar: el pensar calculador y el pensar meditativo, son perfectamente legítimas y complementarias. Ni son
mutuamente excluyentes ni se trata de sustituir la una por la otra. El peligro radica en no subordinarlas jerárquicamente de forma adecuada –el
cálculo ha de sustentarse en la reflexión y no sofocarla– o en confundir-
las y llamar pensar al mero cálculo. Es precisamente la subordinación
jerárquica del pensar utilitario al pensar meditativo la que posibilita lo
que Heidegger considera que ha de ser la actitud adecuada ante el mundo técnico: la de decir a los objetos técnicos "sí" y "no" a la vez. "Sí" a
su uso –por otra parte, inevitable–. «"No", en la medida en que rehusa-
mos que nos requieran de modo tan exclusivo, que nos dobleguen, con-
fundan y, finalmente, devasten nuestra esencia.»[145]
Heidegger denomina a la actitud humana que hace posible decir "sí"
y "no" al mundo técnico, que hace posible que se utilicen los objetos
técnicos y, a la vez, que se relativicen y se los deje «descansar en sí mismos»: *Gelassenheit*, "serenidad" o "desasimiento", el interés desapegado hacia a las cosas que las sitúa en su justo lugar, la activa receptividad
frente al dominio impositivo y la premeditación.
Desasimiento, serenidad para con las cosas que –como veremos– posibilitará un nuevo arraigo, «un nuevo suelo y un nuevo fundamento»,[146]
un nuevo habitar que sustituirá al presente «abandono del suelo natal» al
que se ha relegado el ser humano al negarse lo que tiene de más propio:
la reflexión. Pues el precio del dominio despótico de la naturaleza, de la
organización racional del mundo, es el exilio del ser humano de su propia esencia, de su única patria, la patria de su habitar histórico: el ámbito del Ser.
Esta serenidad (*Gelassenheit*) –considera Heidegger– no ha de ser tenida sólo con los instrumentos técnicos, sino con el mismo carácter técnico de nuestro mundo y de nuestra época. De igual modo que la serenidad ante las cosas las permite ser en-sí y, por lo mismo, permite que
éstas des-velen su sentido oculto –sentido que se negaba a la visión dominadora–, también la serenidad nos mantendrá abiertos al sentido oculto del mundo técnico.[147] Pues este último no puede ser comprendido si se
lo considera exclusivamente desde el ser humano y como su obra –exi-
giendo, en el mejor de los casos, meramente una ética del mismo–.[148] La
tecnificación del mundo es un "destino del Ser" (*Seinsgeschick*). Es un
acontecimiento cultural, antropológico, sociológico, ético, etc., sólo de-

rivadamente; en esencia, es un hecho estrictamente ontológico: es uno de los modos históricos del mostrarse/ocultarse del Ser. Y como no es un hecho meramente humano, su sentido profundo tampoco es humano y sólo puede ser desvelado en la serenidad y en la escucha. En la esencia de la técnica habla la llamada del Ser, una «llamada bajo cuyo influjo se encuentran en nuestra época, no sólo el hombre, sino todo ente, la naturaleza y la historia en relación con su ser».[149] En otras palabras: también en "el no dar la voz al Ser" propio de la tecnocracia nos habla el Ser; también esta ausencia ha de ser "respetada", pues es una de las formas que adopta su presencia; no es una ausencia o vacío a negar, sino a vivenciar y a comprender meditativamente. Sólo a través de esta comprensión puede darse su superación.

La hipertrofia del modo de conciencia objetivante que subyace tras la actual tecnificación del mundo encuentra eco también en otros rasgos característicos y determinantes de nuestro momento histórico-cultural. Uno de ellos corresponde a lo que Heidegger denomina: la «dictadura de la publicidad (*Öffenlichkeit*)».

La dictadura de la publicidad es la "dictadura del término medio", en la que lo característico y diferencial, las diferencias de nivel, de cualidad y de autenticidad.[150] se diluyen en el "se" impersonal (el impersonal "uno": *das Man*). Esta nivelación de todo, vinculada a un movimiento de evasión de la referencia solitaria de cada cual al propio ser, la disipación del sujeto en la inmediatez cotidiana, es otra manifestación más de la moderna objetivación del mundo, de la univocidad o monodimensionalidad de todo y de todos. De esta dictadura tampoco se escapa la denominada "vida privada", pues no deja de ser significativo el que ésta se entienda por referencia a lo público: como su negación.

Intrínsecamente unida a esta "dictadura de la publicidad" ha de comprenderse la creciente centralidad de la "información". Los medios públicos de comunicación sustentan su capacidad de poder y de control en una estrategia de homogeneización, estandarizando modos de ser y de pensar, opiniones, gustos, inclinaciones y necesidades; nivelando superficialmente; reduciendo, en definitiva, el Ser al aparecer. Para Heidegger, la importancia abrumadora en nuestra cultura de la información, del conocimiento entendido no como dimensión e incremento del propio ser, sino como algo que es preciso "tener" y acumular para calcular y poder, es síntoma inequívoco de la caída del habla bajo la dictadura de la publicidad. Se instrumentaliza el lenguaje y se lo reduce a medio de información: «el modo de acceso uniforme a todo y para todos».[151] *Se* opina sobre todo; *se* habla no esencialmente tanto de lo no esencial

como de lo esencial; *se* utilizan palabras esenciales para hablar de lo inesencial. Un opinar uniforme y unilateral, unívoco –y por unívoco, técnico–, ajeno a la intrínseca equivocidad del verdadero pensar y hablar.
Esta nivelación hace pasar por alto, además, su carácter impositivo: la
información, aparentemente aséptica al esconderse tras el "se", oculta
que «cuando in-forma, es decir, comunica noticias, está, al mismo tiempo, formando, es decir, dispone y dirige».[152] Y hace pasar por alto, igualmente, que no se ocupa de la esencia de aquello sobre lo que informa; no
sólo lo oculta, sino que oculta este ocultamiento. El que se informa, de
hecho, cree saber; y si el saber se concibe al modo del calcular, realmente así es. Lo que interesa, en definitiva, es *usar* la información, no la posibilidad de ser modificado esencialmente por ella; interesa dominarla,
subordinarla a fines ya establecidos, y no que nos transforme no se sabe
cómo y no se sabe hacia dónde –pues toda transformación esencial desconoce su modalidad y su destino–.

Detrás de todo lo que hemos señalado, detrás de la tecnificación del
mundo, de la dictadura de la publicidad y de la información, etc., yace
–hace ver Heidegger– lo que quizá sea el rasgo fundamental del actual
modo de estar del hombre en el mundo: la búsqueda de seguridad. Una
sed de seguridad creciente que, lejos de ser saciada por la organización
racional y técnica, es acrecentada por ésta. Pues la inseguridad es el primer efecto de la búsqueda de seguridad. El cálculo asegurador conduce,
en expresión de Heidegger, al «abandono del suelo natal», un abandono
que está en la raíz de todo desarraigo y temor esenciales. Por el contrario, no es "el mundo domesticado" (Rilke), sino "lo abierto" (*das Offene*), el ámbito de lo no objetivado, de lo no controlado ni controlable,
que alumbra la actitud de receptividad lúcida, el único lugar en el que el
ser humano arraiga y habita. Sólo abrazando la inseguridad encuentra el
ser humano la seguridad que le es propia: la que le desvela que lo que
antes percibía como amenaza por su carácter "otro", es parte de lo más
íntimo y propio; la que descubre que nunca hubo más amenaza que la
sombra que proyectaban las propias defensas.

El nihilismo

«En una década en la que la opinión pública no sabía todavía nada
de guerras mundiales, en que la fe en el "progreso"
casi se estaba haciendo la religión de los pueblos y estados civilizados,
Nietzsche lanzó el grito: «¡El desierto está creciendo! (...)»».[153]

«El desierto está creciendo. ¡Desventurado el que alberga en sí desiertos!»

Nietzsche.[154]

En el abandono de la cercanía del Ser radica la esencia de la tecnificación del mundo. Y en el olvido del Ser radica la esencia de otro rasgo de la civilización occidental moderna del que también Heidegger se hace eco: el nihilismo.

«(…) si en el aparecer del Ser como tal en conjunto deja de presentarse la verdad del Ser, y, por consiguiente, no queda nada del Ser mismo y su verdad, la metafísica es en su esencia nihilismo.»[155]

La sed de seguridad, el afán objetivador latente en el principio de razón leibniziano –quintaesencia del pensar metafísico–, en donde Heidegger invita a ver la raíz de la tecnocracia moderna, es igualmente la médula del nihilismo. Este parelelismo nos ilustra sobre cómo el nihilismo no suele ir de la mano, como podría parecer en una consideración superficial, del caos o del desorden (concebidos ónticamente). Lejos de ser así, el nihilismo es desorden ontológico que tiende a ocultarse bajo formas paroxísticas de orden óntico (mecánico, que no orgánico) e incluso bajo la más depurada y aséptica eficiencia.[156]

Nietzsche ha sido el pensador que con mayor alcance y hondura ha desvelado la íntima relación del nihilismo con la esencia de nuestro tiempo y de nuestra cultura, y, más ampliamente, con la esencia de la metafísica occidental.

«El desierto está creciendo», advierte en boca de Zaratustra. Esta afirmación –hace ver Heidegger– no es un simple juicio de valor sobre la época actual. No pertenece al tipo de juicios que califican nuestra sociedad como "enferma", "decadente", etc., estableciendo, «por así decirlo, la categoría de precios en que hay que determinar la época».[157] Nietzsche no expresa con ella una mera opinión, ni pretende revelar en ella su peculiar modo de ver y de valorar; dice, sencillamente, *lo que es*: la devastación se va extendiendo.

Nihilismo es sinónimo de metafísica; acontece con ella y en ella radica su esencia. El nihilismo no es, por tanto, una corriente espiritual entre otras de la historia de Occidente. «El nihilismo, pensado en su esencia, es más bien el movimiento fundamental de la historia de Occidente».[158] Es verdad que "nihilismo" es el nombre de un movimiento histórico desvelado por Nietzsche; pero, en su esencia, este movimiento ya existía; no es originario del siglo xix; no ha estado presente sólo –ni siquiera prioritariamente– allí donde y cuando se ha hablado de él. No advertir esto es confundir el nihilismo con lo que sólo son sus manifestaciones, confundir su raíz con sus efectos.

"Nihilismo" es "metafísica". Nietzsche entiende por metafísica: la estructuración de la totalidad de lo existente según la cual ésta se divide en un mundo sensible y un mundo suprasensible, y éste último sustenta y determina al primero. En Occidente, el dominio de lo suprasensible fue establecido en estricta oposición al mundo sensible y fue inicialmente ocupado por el mundo platónico de las ideas. Este ámbito –y el esquema dualista que lo sostiene– no dejará de repetirse en la historia de Occidente bajo las más variadas formas. Así, será el ámbito que posteriormente ocupará la autoridad de Dios establecida a través de la Iglesia y de su magisterio. Y con el hundimiento de la autoridad de la religión, en ese lugar se establecerá el "más allá" de la autoridad de la razón y de los ideales y utopías sociales –"más allá" temporal e histórico pero, en cualquier caso, "más allá"–. El ámbito de lo suprasensible es aparentemente negado y suplantado por valores de índole horizontal: el progreso de la razón, el progreso histórico-social, etc.; el fin ultraterreno individual se convierte en fin terrenal social; pero, como advierte Nietzsche, estos sustitutos siguen siendo manifestaciones del nihilismo ("nihilismo incompleto"), pues responden a su misma esencia. Se mantiene el esquema metafísico; simplemente se modifica el contenido de ese espacio anteriormente considerado dominio de lo suprasensible. Se modifican los ideales, pero se mantiene el lugar que había quedado vacío y el esquema u *ordo* –orden jerárquico de lo existente– de origen platónico.

"Nihilismo" es "metafísica"; y metafísica, «el ámbito histórico en que se convierte en destino el hecho de que el mundo suprasensible, las ideas, Dios, la ley moral, la autoridad de la razón, el progreso, la felicidad de los más, la cultura, la civilización, pierdan su fuerza constructiva y se anulen».[159] Dicho de otro modo: nihilismo –afirma Nietzsche– significa «que los valores supremos se subviertan», que falten los objetivos, los "porqués". Ello es el resultado de un proceso histórico de devaluación progresiva de los valores supremos, de los valores del mundo suprasensible, así como de sus sustitutos modernos; una devaluación cuyo germen estaba presente ya en el origen de los mismos. La misma división de la realidad en un mundo ideal, real y verdadero, frente al mundo sensible, aparente; la afirmación de que el mundo ideal determina como su fin y medida el mundo sensible, es decir, extrínsecamente, sin que en este mundo se pueda realizar nunca el mundo ideal, supone ya la devaluación de los valores supremos; pues ¿para qué unos valores que no otorgan sentido y plenitud al aquí y al ahora?, ¿qué obligatoriedad pueden tener cuando la vida y la acción presente son, con relación a ellos, sólo medios, es decir, siempre un "no ser aún" dichos valores; cuando éstos no son sinónimo y expresión de la plenitud de la vida, sino la negación de ésta última? El nihilismo se desvela así como negación de la vida, y esta negación como la misma lógica interna de la metafísica y de la historia de Occidente.

En la medida en que los valores supremos son caducos, se precisa una nueva posición de valores. El nihilismo propiciado por la muerte de los valores supremos ha de ser sustituido por el nihilismo ("nihilismo consumado") de una nueva contra-valoración. No hay que cambiar simplemente de ideales, sino anular el mundo suprasensible como dominio. No hay simplemente que cambiar de valores, sino el modo mismo de valorar. Este cambio traerá consigo la anulación del dominio del "más allá" sólo en la medida en que no sitúe los valores en un espacio diverso al de la vida, en la medida en que afirme la misma vida –"la vida pletórica"– como ideal.

La vida tiene para Nietzsche como rasgo esencial el querer la conservación y el aumento de ella misma. La vida sólo quiere más vida. Este querer, esencia de lo existente, es –ya aludimos a ello– "voluntad de poder" ("voluntad" que no ha de ser entendida como una realidad psicológica sino metafísica). La voluntad no es deseo de algo sino, más originariamente, un querer la propia voluntad o el propio querer. En este contexto, los "valores" han de ser considerados, no como aquello que regula a la voluntad desde fuera de ella, sino como los puntos de vista establecidos por la misma voluntad de cara a su conservación y al aumento de la vida, de cara a la "vida pletórica". Los valores no se imponen a la vida; es la voluntad de poder la que elige y pone valores como condiciones de su autoafirmación, como condición para querer su propia ordenación.

La propuesta de Nietzsche descrita viene a ser, según Heidegger, la culminación del nihilismo. Por primera vez en la historia de Occidente, con el "nihilismo consumado" de Nietzsche, la voluntad de poder se reconoce expresamente como la realidad de lo real y el origen de toda posición de valores. «La auto-conciencia [que es en esencia un *velle*], en que tiene su esencia la mentalidad moderna, da con ello el último paso».[160]

> "El gran mediodía" es la época de la más clara claridad, a saber, de la conciencia que ha adquirido conciencia de sí misma, absolutamente y en todo aspecto, como aquel saber que consiste en querer deliberadamente la voluntad de poder como ser de lo existente.[161]

Con el nihilismo consumado de Nietzsche, la voluntad de poder se eleva a principio. En la medida en que la voluntad pone valores y aprecia todo según valores, el valor determina lo existente en su ser; lo existente se piensa en el horizonte del valor. Con ello, afirma Heidegger, el Ser pierde la dignidad de su esencia y se rebaja a mera condición puesta por la voluntad de poder: «(...) se ha cerrado todo camino que lleve a experimentar el Ser mismo», «todo preguntar por el Ser resulta y permanece superfluo».[162]

Nietzsche consuma la esencia de la metafísica y del nihilismo. Aunque considera su contra-movimiento como definitivo frente a la tradición metafísica, participa de la esencia de ésta última; más aún: la culmina en su extremado no pensar u olvidar la verdad del Ser –resultado de considerar abiertamente la voluntad como principio– y en su olvido de este olvido.

«La esencia del nihilismo es la historia en la cual ya no queda nada más del Ser».[163] Y Nietzsche es el pensador en quien la metafísica alcanza su culminación y manifiesta también su esencia de modo más claro: el nacimiento y el desenvolvimiento del nihilismo es la naturaleza de la marcha de la historia occidental. La metafísica llega a su acabamiento con Nietzsche porque éste se presenta como el primer nihilista verdadero, y la esencia de la metafísica es precisamente el nihilismo; porque la reducción metafísica de la esencia de lo real a la voluntad de poder sólo es reconocida, experimentada y asumida expresamente como tal en su pensamiento.

«(...) la metafísica, como tal metafísica, es el auténtico nihilismo (...) La metafísica de Platón no es menos nihilista que la metafísica de Nietzsche. En el primero, la esencia del nihilismo está aún oculta; en el último, ésta sale plenamente a la luz».[164]

La muerte de Dios

Nietzsche resume en una breve sentencia la esencia del nihilismo y, en particular, lo determinante del mismo para el tiempo presente: «Dios ha muerto».

Esta afirmación (al igual que dijimos con relación a su afirmación: «el desierto del nihilismo está creciendo») no es una mera opinión ni un juicio de valor; no es una confesión personal –unilateral– de ateísmo. Sería superficial interpretarla o pretender refutarla desde una perspectiva teológico-apologética. Apunta, por el contrario, a un rasgo metafísico esencial del destino de Occidente; «medita sobre lo que ha sucedido ya con la verdad del mundo suprasensible y sus relaciones con la esencia del hombre».[165] En esta frase de Nietzsche, la palabra "Dios" alude al Dios cristiano; pero Éste, a su vez, designa el dominio de lo sobrenatural que desde Platón es considerado el "mundo real"; un mundo real enfrentado al mundo sensible –variable, aparente, irreal– y que domina y determina extrínsecamente, desde "arriba", la vida terrenal como su fin y medida. «Dios ha muerto (…) [porque] el mundo suprasensible carece de fuerza operante. No dispensa vida».[166] Dicho mundo, en su pretensión de ser la realidad eficaz de todo lo real, ha muerto (y con él, el platonismo y la metafísica –que nunca dejó de ser platonismo–).

Para Heidegger, la filosofía llevaba ya desde sus inicios la impronta de la muerte de Dios. En sus lecciones de Marburgo –vivos aún sus estudios teológicos y en la línea de postular la necesidad de «destruir la teología tradicional»– afirmará que el espíritu que mueve a la filosofía es en sí mismo ateo: «La filosofía es y permanece siendo ateísmo, ya que sólo así puede permitirse la "arrogancia del pensamiento"».[167] La muerte de Dios latía ya en el inicio del pensamiento occidental. Desde el momento en que éste pensó al Ser como un ente y a Dios como un ente –Ente y Valor supremo–, comenzó a girar en círculos cerrados, ya no en torno al Ser como lo siempre otro que todo contenido representable, sino en torno a la subjetividad humana. En ello radica la arrogancia del pensamiento: en su erigirse a sí mismo como referencia última. En esta arrogancia está implícita desde su inicio la "muerte de Dios".

Ahora bien, en su pensamiento posterior, Heidegger abandonará, al caracterizar la esencia de la metafísica, la expresión "ateísmo" por inadecuada. Es inadecuada, en primer lugar, porque, como hemos señalado, el anuncio "Dios ha muerto", que resume la esencia del nihilismo, alude a un acontecimiento metafísico más originario que los teísmos/ateísmos; de hecho, tanto el propio cristianismo en su autocomprensión en clave greco-platónica, como la posterior crisis del cristianismo y el ateísmo consiguiente, no son causa sino consecuencia del nihilismo, una entre tantas de sus derivaciones y manifestaciones. Y es inadecuada, en segundo lugar, porque, como señalamos al hablar de la tecnificación del mundo y del nihilismo, "la muerte de Dios" no describe una mera postura del hombre, un hecho sobre el cual éste tenga capacidad de determinación. A diferencia del ateísmo, la "muerte de Dios", no es en esencia un fenómeno antropológico ni religioso. Este anuncio no describe situaciones ónticas; es un hecho que afecta al Ser mismo; en concreto: es una de las formas que adopta el anuncio de su olvido.

* * *

Sólo a partir de la verdad del Ser se puede pensar la esencia de lo sagrado (=lo que posee Gracia). Sólo a partir de la esencia de lo sagrado se
puede pensar la esencia de la Divinidad. Sólo a la luz de la esencia de la
Divinidad se puede pensar y decir lo que significa la palabra "Dios".[168]

Desde el momento en que se oculta la verdad del Ser por pretenderse acceder a Él desde la perspectiva de lo ente, a través de determinaciones
que olvidan su especificidad, se cierra el acceso a la vivencia en lo abierto del Ser, lo que, a su vez, imposibilita la experiencia auténtica de lo sagrado. Pues el acceso a Dios, a lo sagrado, pasa ineludiblemente por el
acceso a la verdad del Ser, por la experiencia viva e inmediata del Ser
como referencia raigal de la identidad del ser humano. El supuesto acceso a Dios y a lo sagrado que no pasa por la experiencia no objetiva del
Ser como anterior y abarcante de toda posible relación sujeto-objeto, no
es sino acceso a un Dios-ente, a un Dios-causa, a un Dios-objeto (relativo, por lo tanto, a la *ratio* humana), a un Dios-Valor (relativo al sujeto
que valora), a un Dios-Bien (relativo al sujeto que quiere y juzga), en
definitiva, a un Dios hecho a la medida humana, a la medida de su conciencia volitiva y re-presentante. Es este Dios el que Feuerbach desenmascara como mera alienación humana: detrás de la teología no hay más
que antropología; o con fórmula que también repite Marx: «El hombre
es, para el hombre, el ser supremo». «*Homo homini Deus est*: he aquí la
verdad de la historia del mundo.» A lo que Heidegger diría: he aquí la
verdad de la historia de la metafísica en Occidente; su Dios ha sido humano, demasiado humano, porque no ha sido más que ente, porque no ha
dejado ser al Ser. He aquí la verdad de una historia que desde su principio, y particularmente desde el comienzo de la Modernidad con Descartes, abocaba inevitablemente a la "muerte de Dios", pues pretendió acceder a Él a partir del yo pensante. El Dios que ha muerto es el Dios de la
metafísica y de la religión de Occidente, el Dios moral sancionador, el
Dios del mundo suprasensible, anulador de la vida del aquí terrenal, un
Dios pensado, un Dios que «contiene tantas contradicciones internas que
deviene por completo inaceptable, a menos que se lo solidifique como
ídolo, protegiendo su existencia por un mero acto de deseo».[169]

    «Sólo a partir de la verdad del Ser se puede pensar la esencia de lo sa-
grado.» Así como la muerte de Dios tiene en su origen el olvido del Ser,
la inminencia de lo sagrado no puede alcanzarse en directo sino que pasa
por el desvelamiento experiencial de la verdad del Ser.[170] El "dejar ser"

al Ser es la actitud humana que abre a su donación, a la donación del Ser y, sólo entonces, a la donación de lo sagrado; una donación que ya no es logro, proyección de lo humano, sino gracia, gratuidad.

> Ésta, no obstante, es la dimensión de la Gracia, que aun como dimensión queda cerrada si lo abierto del Ser no es despejado y en su despejarse no le queda cerca al hombre. Quizá consiste el distintivo de esta edad mundial en la cerrazón de la dimensión del agraciar (= sanar). Quizá es ésta la única desgracia.[171]

"Dios ha muerto". «Pero, ¿cómo lo hicimos? –se pregunta Nietzsche– ¿Cómo pudimos beber todo el mar? ¿Quién nos dio la esponja para borrar todo el horizonte? ¿Qué hicimos cuando desencadenamos esta tierra de su Sol?». El hombre, «sublevado en la yoidad del *ego cogito*»,[172] al erigir su propio *ego* en fundamento de lo existente, se ha desencadenado del "Sol" de la regencia del mundo ideal. Ese mundo dejó de ser el "horizonte" de la tierra, la referencia última de lo terreno. Al hacerlo, el hombre ha bebido todo el "mar": ha absorbido todo lo existente –reducido a objeto– en la inmanencia de su subjetividad.

Dios y los dioses están muertos. El hombre que ha reconocido la voluntad de poder como su esencia, como la realidad de lo real, el superhombre –considera Nietzsche– ha ocupado su puesto. Pero no ocupando el lugar que Dios dejó vacío –también ese lugar ha muerto, es inoperante como tal–, sino otro lugar que corresponde a otra determinación del Ser: la subjetividad. La subjetividad como *velle* (querer) y el querer como subjetividad.

Muerto Dios, nos hallamos en un tiempo de "desgracia". «Es el tiempo de los dioses que han huido y del dios que vendrá. Es tiempo de indigencia, porque está en una doble carencia y negación: en el ya no más de los dioses que han huido, y en el todavía no del que viene».[173] Es tiempo de noche y de vacío –*nihil*–. Pero, como veremos más adelante, esta noche está colmada de riqueza para el que se mantiene en pie en la nada de la noche, para el pensador esencial, para el ser humano que desee reconquistar su esencia. Colmada de riqueza porque la caída de los dioses y valores hechos a la medida humana, de las verdades esclerotizadas ya no dadoras de vida, la caída de las grandes rocas y seguridades, impulsará al hombre a que habite en la inseguridad de lo abierto: condición ineludible para la recepción del donarse del Ser. Hermanado con la noche, se hermanará igualmente con lo nocturno y lo ausente del Ser, con el misterio, con la ocultación olvidada por la metafísica. En la noche que anonada al yo y lo dispone a la escucha puede acontecer "lo otro" que ya no es reiteración humana, pero que, a la vez, es esencia de su humanidad.

La noche es el ámbito del "salto" (*Sprung*): del salto de lo conocido hacia lo abierto; el ámbito que problematiza todo lo inercial y nos abre para el Ser. Es el lugar de lo oculto, de la sustracción del Ser; sustracción que no es una nada, sino su forma más específica de presencia –más presente que lo presente, más actual que lo actual–.

> Lo que se sustrae puede tocar al hombre más esencialmente y absorberle más que todo lo presente que le toca y se refiere a él. El ser-tocado por lo real suele tenerse a menudo por aquello que hace la realidad de lo real. Pero el ser-tocado por lo real puede precisamente impermeabilizar al hombre contra lo que le toca, y le toca de la manera, sin duda enigmática, de escapársele sustrayéndose.[174]

En la atracción de lo que se sustrae –de lo inaprehensible, de lo que es nada para el pensamiento–, en su camino hacia ello, el hombre *es* primigeniamente hombre. «Su esencia consiste [de hecho] en ser uno que señala»,[175] en ser signo, señal de lo nunca presente pero fuente de toda presencia: del misterio del Ser.

La noche es el rito de iniciación en que el ser humano, despojado de su sed de seguridad, dispondrá las condiciones del «nuevo inicio de una nueva historia», de la historia de una nueva dispensación del Ser y de lo sagrado. Sólo en la noche –que únicamente es tal para la razón y para la voluntad objetivantes–, en la noche de los "qués" y de los "porqués", se manifiesta el Dios no utilizable, la "divinidad desnuda" que se alcanza precisamente en la "renuncia a Dios" (Angelo Silesio). Pero esta posibilidad sólo será tal para el que pueda experimentar la ausencia de Dios como tal ausencia. Para el que sepa reconocerlo en el vacío de su ausencia, y no lo busque ya en el nítido perfil de lo que previamente se consideraba su presencia.

Realmente lo Sagrado no ha muerto. La "muerte de Dios" ha abierto el espacio en que puede ser posible –más que nunca– dejarlo ser.

El olvido de la muerte propia

> Pero,

> la época sigue siendo indigente, no solamente porque Dios ha muerto, sino porque los mortales apenas conocen y saben lo que tienen de mor-

tal. Los mortales no han llegado a tomar posesión de su esencia. La muerte se elude hacia lo enigmático. El misterio del dolor sigue encubierto. No se aprende del amor. (...) El tiempo es indigente porque le falta el desocultamiento de la esencia del dolor, de la muerte y del amor.[176]

La reconciliación con la noche, con la noche de la ausencia de Dios, es reconciliación con el misterio de lo oculto del Ser. El mantenerse en pie en la oscuridad de la noche –la aceptación serena del no-saber y del no-dominar– posibilitará la rememoración de lo impensado por la metafísica. Esta inseguridad de lo abierto, simbolizada para Heidegger por la ausencia de Dios, encuentra también un símbolo adecuado en la toma de conciencia de la propia muerte (*Tod*): la muerte que desfundamenta toda ficticia seguridad, piedra de escándalo de toda actitud y pensamiento asegurador. Al igual que acontecía a través de la aceptación de la ausencia de Dios, la aceptación de la propia muerte es condición *sine qua non* de la apertura de la Gracia y de su don: habitar en la cercanía del Ser. Por el contrario, el olvido de la propia muerte acompaña siempre al abandono de la posesión de la propia esencia.

La naturaleza de esta última relación es tematizada por el primer Heidegger en el análisis de la relación del *Dasein* y la temporalidad que lleva a cabo en la segunda sección de *Sein und Zeit*:

A la esencia de la existencia humana –dirá– pertenece su estar inconclusa, su siempre abrirse en nuevas posibilidades, su ser posibilidad abierta. Propiamente, este estar inconcluso del *Dasein* sólo concluye con la muerte, con la pérdida de su ser; en este instante se clausura para él todo proyecto, toda posibilidad. Pero, en la medida en que la muerte no es experimentable (nadie experimenta su propia muerte porque en ese instante ya no hay "alguien" que pueda hacerlo),[177] parece que no es posible una experiencia total del *Dasein*, una experiencia de la propia vida como un todo clausurado.

La muerte –efectivamente– no puede ser experimentada; pero sí puede ser anticipada existencialmente, y en esta anticipación puede recobrarse y experimentarse la propia vida como un todo unitario. No sólo puede ser anticipada, sino que, en hacerlo, radica la posibilidad más propia del *Dasein*. Esta posibilidad –la de experimentar la propia muerte– no le está relegada al término de su vida, como lo está la posibilidad de morir, sino que le es intrínseca, «esencial y originalmente inherente» a su mismo ser-en-el-mundo (*In-der-Welt-sein*).

Pero lo propio de la actitud cotidiana del *Dasein* es ocultarse y esquivar dicha posibilidad. Con el indeterminado "uno morirá", que relega la muerte al "uno", al "se" (*das Man*), es decir, a nadie; con las habituales actitudes "consoladoras" acerca de la muerte; con su hacer de la facticidad de la muerte una certeza meramente "empírica" fruto de la observación de la muerte de "otros", etc., el hombre busca –sin saberlo– sofocar la angustia que sufre ante ella, y se cierra así, encubriéndola, a su posibilidad más propia. Por el contrario, "ser-para-la-muerte" (*Sein-zum-Tode*), elegirla conscientemente en su anticipación, en su latencia en el instante presente,[178] significa comportarse de tal modo respecto de la muerte que ésta se desenmascara y se muestra como lo que es: como su posibilidad más peculiar, irreferible e irrebasable.[179]

– Peculiar, porque en esa posibilidad le va nada menos que su mismo ser.[180]

–Posibilidad irreferible, porque reivindica al *Dasein* en su singularidad y soledad y, por ello, le arranca de los brazos del "uno" y lo devuelve a sí mismo.

– Posibilidad irrebasable, porque en el horizonte de esa posibilidad ineludible se relativiza toda otra posibilidad. La aceptación de la propia muerte devuelve el yo a sí mismo al otorgarle la capacidad para elegir auténticamente las posibilidades anteriores a la posibilidad irrebasable –la muerte–, pues ésta última impide clausurarse en aquéllas al desvelarlas en su esencial finitud y relatividad. Devuelve el yo a sí mismo en la forma de una constante renuncia a sí mismo, una renuncia a aferrrase a la propia existencia, a posibilidades y logros existenciales concretos. En la anticipación de la muerte como posibilidad no sólo futura, sino presente, la vida se anticipa y se recobra en su totalidad. Se recobra no como algo cerrado, sino en su esencial inacabamiento y apertura. No como una vida objetivada ni objetivable (planeable), sino en su radical impredecibilidad.

En la actitud cotidiana ante la muerte late la ya apuntada búsqueda de seguridad del pensamiento metafísico; búsqueda de seguridad que, en este caso, se traduce en miedo a la "posibilidad irrebasable" que inevitablemente desfundamentará las letárgicas e inerciales certezas cotidianas. La falta de intimidad con la certeza de la muerte propia, reduce la vida a "lo presente" y "lo-ante-la vista" (*Vorhandenheit*): campo objetivado y clausurado de dominio; y hace de la actitud ante ella, cálculo asegurador.[181]

Más allá de toda dispersión debida a no poder anticipar la propia vida como un todo, más allá de la fragmentación del que se aferra a –y se

identifica con– posibilidades y situaciones concretas, con la anticipación de la muerte propia emerge la posibilidad de un "poder ser total"
propio del *Dasein*,[182] y, con ello, éste se unifica y se recobra a sí mismo.

El olvido del Ser (Seinsvergessenheit) *como "destino" del Ser* (Seinsgeschick)

> Mediatamente se atestigua el olvido del Ser en el hecho de que el hom-
> bre sólo repara en el ente y únicamente trabaja con él. Pero, como no
> puede evitar tener al Ser en la representación, se declara al Ser lo más
> "general" y, por ello, lo que abarca todos los entes, o como una creación
> del ente infinito o como la hechura de un sujeto finito. Y simultánea-
> mente con esto, desde antiguo se pone "ente" por "Ser", y viceversa,
> Éste por aquél, y ambos son manipulados en una extraña confusión que
> está aún inmediata.
> El Ser como destino –que destina verdad– queda oculto.[183]

Las caracterizaciones de la metafísica descritas –y que constituyen
sus ejes axiales y los del modo de estar en el mundo que le son propios–
pueden resumirse, como ya señalamos, en estas tres palabras: olvido del
Ser (*Seinsvergessenheit*). En la medida en que el Ser es la patria del
hombre, su elemento, la metafísica acarrea la "alienación" y la "apatridia" (*Heimatlosigkeit*) del hombre moderno. Es verdad que la metafísica –en boca de ciertos filósofos– ha denunciado diversas formas de alienación; pero no ha advertido que es ella la que encarna la esencia de toda
alienación, "la" alienación *per se*, nunca delatada porque no se ha comprendido que la esencia de la alienación y la esencia de la metafísica es
siempre, no puede ser otra, el abandono de la cercanía del Ser.

Que la historia de la filosofía occidental sea la historia del olvido del
Ser es, insiste Heidegger, "destino" (*Geschick*) de la metafísica misma,
destino del Ser. En otras palabras, y como hemos venido diciendo: este olvido no tiene su origen en determinados seres humanos o generaciones, no
es un mero accidente de la historia del pensamiento ni ha de situarse su
origen en la limitación humana. Más acá y más allá de todo ello, es algo
que incumbe al Ser mismo. Este olvido no nos habla simplemente de la
historia del pensamiento sino, ante todo, de la misma historia del Ser.

> En consecuencia, la metafísica no sería mera demora de una pregunta
> –por meditar aún– sobre el Ser. Tampoco sería del todo un error. La me-

tafísica, como historia de la verdad de lo existente como tal, resultaría del destino del Ser mismo. La metafísica sería en su esencia el secreto impensado, por retenido, del Ser mismo.[184]

El olvido del Ser no es sólo un desvío, un error; no es mero olvido; es, ante todo, destino del Ser. Y lo es porque constituye una de las formas que adopta el ocultamiento o encubrimiento que le es propio. La causa del olvido ontológico es también ontológica: pertenece a la propia naturaleza del Ser el que se manifieste *ocultándose*. «El equivocarse del hombre corresponde al ocultarse de la iluminación del Ser».[185] Si la historia es por esencia ámbito de extravío, lo es porque es propio del Ser ocultar su esencia y el origen de su esencia. Dicho de otro modo: el olvido de la diferencia ontológica que especifica a la metafísica tiene su raíz en la diferencia misma, «porque ésta le pertenece a aquél [la diferencia ontológica implica la posibilidad del olvido]. No es que el olvido sólo afecte a la diferencia por lo olvidadizo del pensar humano».[186]

A propósito del olvido del Ser, escribe Heidegger comentando el fragmento 123 de Heráclito «El Ser/*phýsis* ama ocultarse»: «El Ser tiene en sí mismo la inclinación a ocultarse. Puesto que el Ser significa aparecer surgiente, es decir, que sale del estado de ocultamiento, le pertenece esencialmente el estar-oculto, el originarse en él».[187] En la medida en que el Ser se manifiesta como ente, se retira y oculta como Ser. «El desocultamiento de lo existente, la claridad que se le depara, oscurece la luz del Ser.».[188]

En su ensayo *Der Ursprung des Kunstwerkes* (*El origen de la obra de arte*), Heidegger insiste en la importancia de comprender cómo en el seno de la verdad del Ser se da la presencia de la lucha primigenia entre el alumbramiento y la ocultación:

> El ente es familiar, de confianza, seguro. Sin embargo, hay un constante encubrimiento que recorre el claro bajo la doble forma de la negación y el disimulo. Lo seguro no es, en el fondo, seguro; es in-seguro. (…) La verdad es en esencia no-verdad[192].

Puesto que el Ser se sustrae al desocultarse en lo existente, su aparición es siempre limitada. Heidegger denomina a esta aparición limitada del Ser, *época* – ἐποχή– del Ser.[190] El olvido del Ser, la metafísica, es epocal en virtud de la ἐποχή, de la intrínseca sustracción de su esencia que acompaña a su manifestación. Asimismo, el nihilismo, el *nihil* –que nada quede del Ser–, es destino del Ser y una época de la historia de la desvelación de su verdad (en la medida en que el sustraerse del Ser, como raíz de que su verdad quede impensada, es parte de dicha desvelación). La metafísica, por consiguiente, no es un accidente histórico, sino una manifestación del destino del Ser mismo. Y con respecto al ser humano, tampoco constituye este olvido una variedad psicológica entre otras de su "estar en el mundo", sino un estado de la existencia, entendiendo por "estado": nuestra constitución esencial o el modo en que nosotros mismos estamos constituidos en relación con el Ser. La "apatridia", el desarraigo, el distanciamiento del hombre con relación a su esencia, etc., no son un mero *factum* sino el destino del hombre moderno, su "destino mundial".

El olvido del Ser es "destino" del Ser. Por ello, más allá de todo pesimismo reaccionario, de todo activismo progresista y de todo "humanismo" que pretenda sustentar en la acción individual el peso de la historia, el olvido del Ser ha de ser serenamente asumido y aceptado como tal. Esta actitud, lejos de ser estática, una invitación a la pasividad, es máximamente dinámica; pues la lúcida aceptación, la toma de conciencia del olvido, ¿qué es ya sino el inicio de su superación?

5. HACIA UNA COMPRENSION NO METAFÍSICA DEL SER O HACIA UN PENSAMIENTO POSTMETAFÍSICO

«El pensar sólo empieza cuando nos percatamos de que la razón –desde hace tantos siglos exaltada– es la más porfiada enemiga del pensamiento.»[1]

HACIA UN "PENSAMIENTO REMEMORANTE" (*DAS ANDENKENDE DENKEN*) DEL SER

«Lo grandioso tiene grandes comienzos y conserva semejante condición por el libre retorno a su grandiosidad: lo grande llega así hasta el fin.»[2]
«Sólo cuando nos volvemos con el pensar hacia lo ya pensado, estamos al servicio de lo por pensar.»[3]

La filosofía ha entrado en su estado final, ha arribado a su posibilidad límite. La inversión del pensamiento metafísico (Nietzsche), la desintegración de la filosofía en ciencias tecnificadas –que abstraen por principio de todo sentido ontológico–, etc., no son más que las últimas convulsiones de un pensar que desde el principio llevó dentro de sí el latir de su propio acabamiento.

La tecnificación del mundo es la patentización máxima de este olvido del Ser, la culminación de la metafísica. Pero precisamente cuando el olvido del Ser es ya patente, el propio olvido no puede seguir siendo olvidado. El hacerse manifiesto del olvido del Ser supone ya, por ello, un paso más allá de la metafísica. Ahora bien, ¿hacia dónde?

Para Heidegger, la tarea del pensar al final de la filosofía apunta hacia la necesidad no tanto de nuevos contenidos como –más radicalmente– de una transformación del marco mismo en que dichos contenidos habrían de darse; de una transformación no sólo de lo pensado o de lo por pensar, sino del mismo pensar en sí; en concreto: en dirección hacia un pensamiento que posibilite una comprensión no metafísica del Ser.

Esta comprensión no metafísica del Ser es, en realidad, la única posibilidad aún no realizada por la filosofía, una posibilidad que secretamente
le ha sido reservada desde su comienzo; una posibilidad que se encubre
con Platón y Aristóteles y se ha mantenido encubierta hasta el momento
actual, pero que no por ello ha dejado de estar de algún modo presente,
pues, como afirma Heidegger en *De la esencia de la verdad*, el olvido
«también es una forma de presencia. Presta una presencia propia a la
aparente desaparición de lo olvidado».[4]

Esta peculiar presencia revestida de olvido –y de olvido del olvido– ha
de pasar a ser desnuda presencia. Y en la medida en que no se trata de
una posibilidad nueva sino ya alumbrada en el inicio del pensamiento,
su realización ha de consistir en una "rememoración"; en un

> salto (*Sprung*) desde el "pensamiento objetivante" al "pensamiento re-
> memorante" (...)
> Este salto no se da hacia un afuera de la metafísica de la razón sino, po-
> dríamos decir, usando una metáfora espacial, hacia dentro de ella mis-
> ma, hacia aquello que a ella misma funda: un salto desde la red de la me-
> tafísica, a través de los espacios de esa misma red, hasta "la esencia de
> la metafísica", hacia lo que ella ha dejado de escuchar de ella misma, de
> su mismo surgir.[5]

Heidegger propone el método del "salto" (*Sprung*), del "paso atrás"
(*Schritt zurück*),[6] en el sentido de un retomar lo originario, lo que ha sido
oculto y desvirtuado por la mediatización de los conceptos intrincados y
las categorizaciones fruto del pensamiento meramente subjetivo. Salto,
paso atrás, desde el pensar metafísico hacia el pensar experimentante,[7]
desde la letra al espíritu, desde la mera reiteración vacía de intuición hacia la intuición inicial, prístina, fecunda, ya sólo presente bajo la figura
de lo ausente.

Y este paso atrás tiene para Heidegger –como tuvimos ocasión de
ver– la forma de un retorno hacia la etapa auroral y pre-metafísica del
pensamiento: la Grecia presocrática. En este retorno puede tener lugar la
rememoración de la olvidada verdad del Ser entonces revelada.

Todo el pensamiento de Heidegger se encamina a lograr hacerse eco
de la necesidad epocal de crear las condiciones para un nuevo inicio, el
"nuevo inicio de una nueva historia". Un nuevo inicio que exige, paradójicamente, dar un "paso atrás", "rememorar", retornar al antiguo inicio. Paradoja, contradicción sólo aparente, pues la historia verdadera es,

para Heidegger, la constante transfiguración de lo inicial, la presencia siempre nueva, original –por originaria– de lo que nunca ha dejado de ser, el hacerse destino del origen, el permanente advenimiento de lo Mismo (*das Selbe*) –si bien nunca igual (*das Gleiche*), siempre nuevo, en virtud de la inagotabilidad del Ser, de su nunca verterse del todo en lo presente–.

> Preguntar: ¿qué pasa con el Ser? significa nada menos que *repetir* el origen de nuestra existencia histórico-espiritual, con el fin de transmutarlo en otro comienzo. Eso es posible. Incluso constituye la forma decisiva del acontecer histórico (…). Pero un comienzo no se repite cuando se habla sobre él, como si fuese algo de otros tiempos, algo ya sabido y que meramente se deba imitar, sino al recomenzarlo originariamente con todo lo que un verdadero comienzo tiene de extraño, oscuro e inseguro. La repetición [*Wiederholung*] (…) es por completo diferente de una prolongación progresiva de lo anterior, y realizada con los medios de éste.[8]

Ya vimos cómo Heidegger iniciaba su reconstrucción de la historia de la filosofía tomando como *locus* de su andadura ciertas palabras-clave del pensamiento griego: las palabras que guardaron y expresaron la donación inicial del Ser en Occidente. Vimos cómo la rememoración del pensar presocrático, de la verdad del Ser entonces dispensada, pasa por prestar atención a estas palabras en su carácter original, pues el significado de estas palabras esenciales fue profundamente modificado y desvirtuado por la filosofía posterior –muy particularmente, a través de la traducción de las mismas a la lengua latina, como afirma Heidegger en su obra *Holzwege*–.[9] De este modo se superpuso a la experiencia original del Ser un modo de pensar sustentado en una vivencia del Ser radicalmente distinta, sin que fuera advertida dicha superposición.

Aludimos también a que esta rememoración del pensar presocrático no busca algo así como un renacer de dicha filosofía. Tampoco supone un mero retorno a lo arcaico. Lo sería si se mirara atrás atendiendo simplemente a lo dicho, y no a lo no-dicho que late en lo dicho. Pero lo no-dicho –en lo dicho por los pensadores presocráticos– es lo buscado por el pensar rememorante; y eso no-dicho, lejos de pertenecer a lo pasado, es lo contemporáneo por excelencia: el Ser, «aquél mismo que, de diferente modo (…), nos concierne a nosotros y a los griegos. Aquello que la aurora del pensar trae a los pueblos del ocaso».[10] Lo arcaico resguardado en las palabras de los pensadores esenciales, afirma Heidegger, no es lo meramente pasado; rebasa lo anterior y lo posterior, porque tiene

LA ENTRONIZACIÓN DEL SUJETO

sus raíces en el ámbito del Ser. El recordar con-memora, pero es memoria que no busca detenerse en el pasado, sino, desde lo no-pensado en él, alumbrar el futuro.

> (…) se trata de penetrar en la fuerza del pensar anterior. Sólo que nosotros no buscamos la fuerza en lo ya pensado, sino en lo impensado del que lo pensado recibe su espacio esencial. Pero lo ya pensado sólo es la preparación de lo todavía impensado que, en su sobreabundancia, retorna siempre de nuevo.[11]

El pensamiento rememorante transita, pues, de lo pensado a lo no-pensado, de lo dicho a lo no-dicho. Podría parecer que con ello Heidegger recae en una cierta arbitrariedad: la de decidir qué sea lo no-pensado o lo no-dicho en el pensamiento anterior, la de determinar unos contenidos para los que se carece de referencia segura. Ahora bien, si atendemos a la naturaleza del pensamiento –hará notar Heidegger– se advierte que esa aparente arbitrariedad no es tal. No es tal porque lo no-pensado no ha de entenderse en este contexto como lo excluido por lo pensado, lo exterior a lo circunscrito en los límites de lo pensado. En otras palabras: «"Lo no-pensado" en un pensar no es un defecto inherente a lo pensado»;[12] alude, por el contrario, a la infinita capacidad de dilatación de la fuerza interna de lo pensado, a su amplitud potencial ilimitada, nunca agotada en lo explícito, en lo actualmente pensado. De hecho, cuanto más originario es un pensamiento, más rico es en él lo no-pensado: «Lo no-pensado es el don más sublime que un pensar tiene para ofrecer».[13] Como veremos, esta ilimitada capacidad de dilatación interna de lo pensado y de lo dicho (pues "el decir" tampoco equivale a su acabada expresión) radica, según Heidegger, en la misma esencia del pensamiento y del habla, en el hecho de que ambos no son fenómenos meramente humanos, pues es el Ser el que se destina en ellos. Lo ilimitado de lo pensado y de lo dicho –cuando este pensar y decir son esenciales– radica en lo ilimitado e insondable del Ser mismo.

El conocimiento y la interpretación meramente históricos de la tradición se atienen a lo explícitamente pensado. No consideran lo no-dicho, lo no-pensado. Adolecen de lo que ha de ser la figura de todo pensamiento rememorante: el *diálogo* (*Gespräch*); no la conversación, el mero intercambio de palabras, sino el diálogo que, más allá del movimiento de lo dicho, permite comunicar en virtud de que se habita en lo no-dicho, que más allá de la dispersión de lo inmediatamente hablado unifica en la unicidad y quietud –quietud propia de la suprema actividad– de lo no-expresado –lo no-expresado que dota a lo expresado de unidad, sentido y riqueza ilimitada–.

El acercamiento a los textos del pasado suele darse bajo la forma de la "conversación", no del "diálogo". El pensamiento degenera de este modo en historiografía. Pero el verdadero pensar, sostiene Heidegger, ha de pasar de lo dicho a lo no-dicho, de lo meramente pasado a lo contemporáneo. El diálogo con el pasado ha de ser siempre interpretación, contemporaneización; los textos del pasado han de ser objeto de una "hermenéutica permanente".[14] A diferencia de la conversación, este diálogo requiere ante todo silencio, un silencio que posibilite la escucha de la silente llamada de lo innominado, de la invitación a morar en su seno desde el cual se alumbró y se alumbra la palabra.

«Al escucharlo [el lenguaje de los presocráticos] nos equivocamos por tomar este lenguaje solamente como expresión en la que se manifiestan opiniones de filósofos. Empero, el lenguaje de los pensadores dice lo que es. En ningún caso es fácil escucharlo».[15]

La suplantación del diálogo por la conversación, la falta de atención a lo no-dicho, no es más que otro modo de aludir al olvido del Ser. Lo no-dicho es la fuente oculta de lo dicho –es la condición de posibilidad de lo dicho y de la escucha de lo dicho, a su vez no dicha–. El Ser es la fuente oculta del ente –es la condición de posibilidad de la presencia de lo presente, condición que a su vez no está presente–. La incapacidad para morar en el seno de lo no-pensado es incapacidad para morar en el seno del Ser. La incapacidad para escuchar el llamamiento de lo no-dicho –desde el cual se habla– es incapacidad para la escucha de la voz silente del Ser –en y desde el cual se es–. El mero estar arrastrado por la palabra que se agota en lo dicho equivale a estar subyugado por *esto* y por *aquello*, por el ente.

LA TAREA DEL PENSAMIENTO AL FINAL DE LA FILOSOFÍA: HACIA LO ABIERTO DEL SER

«Abandoné una posición anterior no para cambiarla por otra, sino porque también lo anterior era sólo un alto en un camino. Lo permanente en el pensamiento es el camino. Y los caminos del pensamiento cobijan en sí este misterio: podemos, en ellos, caminar hacia delante y hacia atrás, incluso de modo que sólo el caminar atrás nos conduce adelante».[16]

El pensamiento rememorante que propugna Heidegger es pues, en esencia, un pensar del Ser (*Seinsdenken*): del Ser dispensado en el inicio del pensar filosófico y posteriormente oculto y olvidado.

En su obra *Das Ende der Philosophie und die Aufgabe des Denkens*[17] *(El final de la filosofía y la tarea del pensar),* Heidegger plantea una serie de preguntas a través de las cuales intenta esbozar un camino hacia lo que considera ha de ser la tarea del pensar al final de la filosofía, y que, como hemos visto, apunta hacia la necesidad de un pensamiento que posibilite la comprensión no metafísica del Ser.

La respuesta que busca dar a estas cuestiones –insiste Heidegger– no habrá de consistir tanto en enunciados sobre un contenido (lo cual supondría caer en el error metafísico según el cual el Ser podría de algún modo convertirse en "objeto" del pensamiento) como en una transformación del mismo pensar en sí. Una transformación del pensar que es indisociable de la trasformación del pensador.[19] Heidegger no propone un sistema de pensamiento, no muestra una meta; invita a transitar un camino (*Weg*), un camino que sólo será tal para el que lo recorra haciendo camino a su vez, o, más propiamente, siéndolo. Porque tampoco propone Heidegger una línea de acción; no da directrices relativas al "hacer". La peculiaridad de este camino –el camino del pensar del Ser– es que sólo requiere del hombre la fidelidad a su esencia; no le exige "hacer", sino simplemente ser, "dejando ser" al Ser, al ente en su ser. Sólo desde este supuesto el pensar y la acción acontecerán como expresión armónica de la esencia del hombre.

Por el contrario, la búsqueda intencional de una meta –y la consiguiente referencia a un "método" para alcanzarla– no permitiría trascender el pensar metafísico porque erigiría de nuevo en centro al sujeto y, a su vez, haría del Ser un objeto distinto del ser humano, enfrentado a él, que sería preciso "alcanzar". Pero un pensar no metafísico no es un pensar meramente humano. Es un pensar que el hombre no ha de "hacer", sino que ha de permitir relativizándose como sujeto hacedor último, relegándose a ser lo que de hecho es: expresión y cauce de la única acción, la acción del Ser. No es un pensar guiado por referencias o métodos, por lo ya conocido, y que ha determinado de antemano a dónde quiere llegar; por el contrario, es un pensar que implica un salto en y hacia lo desconocido, pues brota de lo oculto del Ser, de lo inapresable, de lo que es siempre una nada para la mente.

En relación con su búsqueda de un *camino* hacia un pensar no metafísico del Ser –lo que considera ha de ser la tarea del pensar al final de la fi-

losofía–, Heidegger reconoce que, teniendo esto presente, desde 1930 ha intentado configurar, de una forma más originaria, el planteamiento de *Sein und Zeit*. Este intento se traduce en un cambio del título de la tarea que inspiraba dicha obra. El nuevo título –dirá– cabría formularlo así: «I- ¿En qué sentido ha llegado la filosofía a su final en la época presente?
II- ¿Qué tarea le queda reservada al pensar al final de la filosofía?».[19]

I) ¿En qué sentido ha llegado la filosofía a su final en la época presente?
«El "final" de la filosofía es el lugar en el que se reúne la totalidad de su historia en su posibilidad límite».[20]
"Final de la filosofía" es sinónimo de acabamiento de la metafísica. Y la metafísica, recordemos, se resume en "platonismo": ya con Platón se siembra la semilla que no hará sino explicitar progresivamente todas sus posibilidades internas, las cuales vendrán a constituir la historia de la metafísica. El platonismo va a encontrar su culminación, paradójicamente, en quienes se erigirán como inversores del pensamiento metafísico: principalmente, Nietzsche y Marx. Esta "inversión" no es más que otra de las posibilidades latentes en la semilla sembrada por Platón; es otra posibilidad metafísica más, si bien la que cierra toda otra posibilidad en la medida en que constituye la posibilidad límite que reúne, clausurándolas, a las anteriores. «El final, como acabamiento, es la reunión en las posibilidades límite.»[21] A la inversión de la metafísica hay que sumar, como signos de este acabamiento, la tecnocracia –fruto del triunfo de la objetivación e instrumentalización del mundo– y la especialización y ramificación de las ciencias como ciencias independientes de la filosofía, las cuales, en un proceso de tecnificación creciente, se relegan a ser pensamiento calculador que prescinde, por principio, de todo sentido ontológico.
Ahora bien, como hemos venido repitiendo, Heidegger considera que no están agotadas todas las posibilidades latentes en la metafísica. Hay una posibilidad aún no hollada; precisamente, la posibilidad primera, la más originaria: «la *primera* posibilidad de la que tuvo que surgir, ciertamente, el pensamiento filosófico y que, sin embargo, no pudo conocer ni asumir bajo la forma de filosofía».[22] Una posibilidad que fundamentó y alentó todo el despliegue filosófico, pero que se ha resistido, por su propia naturaleza, a ser objeto de dicho pensar. Una posibilidad aún latente *en* la filosofía, pero que no es una posibilidad *para* la filosofía, sino para un pensar post-filosófico.
II) ¿Qué tarea le queda todavía reservada al pensamiento al final de la Filosofía?

«En el horizonte de la filosofía, preguntar por la tarea del pensar significa: determinar aquello que concierne al pensar (…) "Sache" (…) aquello con lo que tiene que habérselas el pensar en el caso presente.»[23]

La tarea que le queda aún reservada a la filosofía, su posibilidad latente, es un nuevo pensar: un "pensar del Ser" (*Seinsdenken*). Un nuevo pensar que permita superar la naturaleza predominantemente científico-técnica de la civilización occidental y que, al hacerlo, alumbre un nuevo destino, un nuevo modo de estar del hombre en el mundo. Un destino que, propiamente, no alumbrará el ser humano; un pensar del que el ser humano no será sujeto; pero que, eso sí, requerirán de su disponibilidad y escucha.

Ahora bien, «¿qué clase de pensar es ese que no es metafísica ni ciencia?».[24] Heidegger no pretende exponer de modo claro y distinto cuál sea la naturaleza de dicho pensar –lo que sería una contradicción, pues, como hemos señalado, este pensar tiene el carácter de salto en lo desconocido y hacia lo desconocido–. En palabras suyas: se contenta con «despertar una disposición humana, una posibilidad, cuyo contorno sigue siendo oscuro y su llegada incierta».[25]

Heidegger aclara, eso sí, que la respuesta a la pregunta por cuál sea la tarea que queda al pensar ha sido apuntada en la filosofía contemporánea con la expresión "a las cosas mismas" (*zu den Sachen selbst*),[26] lema tanto de la filosofía especulativa de Hegel como de la fenomenología de Husserl. Si la metafísica no accedió al Ser ni al en-sí de las cosas, al relegarlos al ámbito de la razón, el pensar postmetafísico dejará ser y descansar a las cosas en sí, en su elemento. Pero puntualiza Heidegger que, a pesar de su lema "a las cosas mismas", ni Hegel ni la fenomenología han abandonado el cerco de la subjetividad de la conciencia –fundamento último de lo presente– ni se han preguntado por la condición de posibilidad de la presencia de lo presente: el Ser.[27] Es preciso, por tanto, pensar lo aún no-pensado en dicha expresión.

Ahora bien, y replanteando la pregunta inicial: ¿qué es lo que queda por pensar en el llamamiento: "a la cosas mismas", aquello que escapa por principio al pensar metafísico que remite el Ser a la presencia?

El Claro abierto (*Lichtung*) del Ser

«En el centro del ente en totalidad existe un lugar abierto que es un claro. Pensado desde el ente, es más existente que el ente (…).
El ente sólo puede ser, en cuanto ente, si está dentro y más allá

de lo iluminado por esa luz. Sólo esa luz nos ofrece
y nos garantiza un tránsito al ente que no somos nosotros
y una vía de acceso al ente que somos nosotros mismos.»[28]

Lo que queda por pensar a la filosofía, lo que queda por pensar en el
lema "a las cosas mismas", dirá Heidegger, es precisamente aquello que
deja ser a la cosa como tal cosa, lo que posibilita el aparecer de lo presente; posibilitación que no se puede comprender en –ni reducir a– su
mera referencia a lo presente ni a la subjetividad que ilumina lo presente, que es anterior a la escisión entre un objeto conocido y un sujeto cognoscente, y que, a su vez, funda la posibilidad de dicha relación, pues es
el espacio en el que ésta acontece.

    «El Ser como presencia (*Anwesenheit*) depende del acontecer previo
de la desocultación, de un Claro (*Lichtung*), de un área abierta e iluminada en la que cualquier cosa pueda manifestarse y ser.»[29]

    Todo lo que aparece, lo que se hace presente, afirma Heidegger, tie-
ne lugar en y a través de una transparencia o claridad (*Helle*). A su vez,
esta claridad supone una apertura o espacio libre: el espacio iluminado y
limpio que permite que algo aparezca y desaparezca. La claridad no crea
este espacio, sino que éste le es previo. Lo Abierto –*die Lichtung*– es, en
último término, lo que hace posible que algo se haga presente, aparezca
y se muestre. Y ello es lo que queda por pensar a la filosofía: la *Lichtung*
del Ser.

    «*Etwas lichten* significa: aligerar, liberar, abrir algo, como, por ejem-
plo, despejar el bosque de árboles en un lugar. El espacio libre que resulta es la *Lichtung*.»[30] Como ha hecho ver Reinhard May, con toda probabilidad Heidegger se inspira en esta descripción en la lengua y el
pensamientos chinos, en concreto, en la grafía china *wu* que significa
"nada". Ésta última alude a un lugar cubierto originalmente con una es-
pesa vegetación, pero donde los árboles han sido derribados, quedando
un espacio abierto, un claro. «*Wu* significa, por tanto: "allí donde no hay
nada", un lugar donde con anterioridad había árboles».[31]

    El espacio abierto y libre, el vacío/nada de *la Lichtung*, es la condi-
ción de posibilidad del aparecer o presencia de lo presente y de la ausencia de lo ausente. Esto es posible en virtud de que la *Lichtung* no es en
ningún caso un "algo" presente o un "algo" ausente. Toda presencia es
presencia en lo abierto; acontece, en y a través de la claridad, en lo abierto. Toda ausencia es ausencia, en y a través de la oscuridad, también en
lo abierto. La *Lichtung* es libertad para lo claro y lo oscuro, para el sonido y el silencio, para la re-presentación y para su ausencia, etc.; es más

originaria que todo ello, a lo cual sostiene, reúne y acoge. Es más originaria, por tanto, que la luz de la razón, y, por ello, no ha sido pensada aún por la filosofía. Ésta no puede pensar objetivamente –como lo presente o "lo-ante-la-vista"– aquello que la sostiene y posibilita:

«(...) el camino del pensar –tanto especulativo como intuitivo– necesita de una *Lichtung* capaz de ser atravesada».[32]

El pensar filosófico, la luz de la razón, no hace más que alumbrar lo ya abierto. Lejos de contribuir a la apertura de lo abierto, necesita de dicha apertura, la presupone para poder iluminar con su luz –luz que no es suya, sino de la que participa– lo presente en lo abierto, *lo que ya es en y desde su propia luz.* La verdad del Ser, la *Lichtung* del Ser, es el fondo en el que arraigan las raíces del árbol de la filosofía, del que éste obtiene su fuerza vital y del que se nutren sus frutos. La *Lichtung* del Ser es el fundamento oculto, escondido, de la metafísica. Como dirá Heidegger en su prólogo a la quinta edición de *Was ist Metaphysik?* (*¿Qué es metafísica?*):[33] si la metafísica puede pensar al ente en cuanto ente, si puede tener una visión del ente, es gracias a la luz del Ser. Pero esta luz y la apertura que atraviesa no es reconocida ni pensada –no puede serlo– por la metafísica misma, pues la Apertura que permite la aparición del ente, como tal apertura no aparece, se oculta para la conciencia objetivante. Todo es percibido en lo abierto, pero lo abierto en sí no puede ser percibido. Toda figura precisa de un fondo para ser vista, pero el fondo no puede ser visto más que si se hace de él figura (si se lo entifica, con lo que el fondo deja de ser tal). La luz se percibe en los colores y al refractarse en los objetos, pero se oculta como pura luz. Para el pensar re-presentante, lo más inmediato es lo más esquivo; lo más accesible, lo más inaccesible; lo más luminoso, lo más oscuro; lo más cercano, lo más lejano.

El "Ser": eso no es Dios ni un fundamento del mundo. El Ser es más amplio y lejano que todo ente y, sin embargo, más cercano al hombre que cualquier ente (...) El Ser es lo más cercano. Pero la cercanía le queda al hombre holgada, por lo demás alejada. El hombre, por lo pronto, se atiene siempre al ente, y solamente al ente. Pero cuando el pensar se representa al ente como ente, se refiere no obstante al Ser. Pero piensa siempre, en verdad, al ente como tal y jamás al Ser como tal. La "pregunta por el Ser" queda siempre siendo la pregunta por el ente (...) La filosofía, aún allí donde se hace "crítica" –como en Descartes y en Kant–, sigue siempre la vía de representación metafísica. Ésta piensa desde el ente y con dirección al ente, lanzando de paso y de soslayo una mirada al Ser. Pues a la luz del Ser está toda salida al ente y todo retorno a él.[34]

La *Lichtung* es el Claro luminoso del Ser en el que las cosas se hacen visibles. Siendo fuente de visibilidad es, a su vez, invisible (inefable). Posibilita la presencia de la cosa porque no es cosa o ente, y precisamente porque no lo es. La *Lichtung* no es cosa; es capacidad para las cosas; es el espacio en que éstas pueden llegar a ser lo que esencialmente son y alcanzar su forma peculiar de perfección. Es el vacío que en el corazón de cada cosa permite a ésta ser en sí, ser lo que es esencialmente, y serlo de modo siempre renovado. Es lo que posibilita que la cosa no se reduzca a objeto ni se marchite siendo objeto (lo que la cosa es para la re-presentación) y, a su vez, es el vacío gracias al cual la cosa puede ser para el representar y el representar puede ser para la cosa. Es la apertura que es más propia de las cosas que los contornos que aparentemente las limitan; la fuente inagotable de la que brotan; la infinitud que resguardan y que permite verlas, oírlas, percibirlas, con toda la sorpresa y gloria de la primera vez.

La *Lichtung* es aquello en virtud de lo cual la cosa es lo que es, antes y más allá de su relegación al espacio de la re-presentación, de ser dada por supuesta como lo ya conocido, de quedar subordinada a los propósitos del *velle* individual. Más aún: *la Lichtung* es incluso lo que permite este reduccionismo o este ausentarse de la cosa como cosa.

La *Lichtung* es también el corazón o el núcleo del ser del hombre. Es la apertura en la que éste es y en la que todo es para él; la que le permite ser "capacidad para cosas" y la que le permite dejar a la cosa ser en sí. Es lo abierto que posibilita que no quede reducido a ser mero objeto para sí o para otros y, desde lo cual, lo otro se le desvela en su raíz supraobjetiva.[35]

La re-presentación en ningún caso monopoliza la luz de la *Lichtung*. Arraiga en esta apertura, pero ni equivale a ella ni puede acceder a ella; ni resume la esencia del hombre ni permite a éste acceder a la esencia de las cosas. La referencia última no es ya la substancialidad de lo presente ni la subjetividad del sujeto, sino lo previo a ambos: la Apertura o Claro del Ser.

«No obstante, la *Lichtung* imperante en el Ser y en la presencia sigue sin pensarse en la filosofía, aun cuando se hablase de ella en sus comienzos.»[36]

Concluye Heidegger que con lo dicho se apunta ya un camino que muestra cuál ha de ser la tarea del pensar al final de la filosofía. Un camino que supone el abandono del pensar anterior y que abre paso a un nuevo pensar previo al pensar racional y, por lo mismo, no reducible

–por más originario– a la dualidad racionalismo-irracionalismo. Un camino que determina qué es realmente la "cosa" o el asunto (*Sache*) del pensar.

La Verdad (Alétheia) *y el Claro abierto* (Lichtung) *del Ser*

Hemos visto cómo el inicio de la metafísica estuvo acompañado por un viraje en la determinación de la esencia de la verdad. Si la palabra originaria *a-létheia* nos habla de una verdad que implica un ocultamiento originario, con Platón, en la medida en que reduce el Ser a idea, a aparecer puro, se oculta este ocultamiento; sólo cuenta el aparecer de la presencia y se olvida lo oculto que permite dicho aparecer. La verdad pasa ser la rectitud del mirar que se ajusta a la idea, a la *quidditas,* a "lo que" cada cosa es. Se inicia así el pensamiento "onto-teológico" y su característica concepción de la verdad como "conformidad" –en la forma de adecuación o certeza–.

Pero esta concepción de la verdad como adecuación es derivada; sólo se aplica al ente desgajado de su ser y situado frente al intelecto. Olvida la relación esencial del ente con el Ser; Ser que se hace presente en el ente en virtud del mismo movimiento por el que se sustrae y se oculta y que, precisamente en la medida en que se oculta, permite la aparición del ente. En la patencia o verdad del ente se manifiesta y late la ocultación del Ser.

Lo oculto –condición de posibilidad del aparecer– no ha sido pensado por la filosofía. El olvido de la originaria concepción de la verdad, el ocultamiento de lo oculto de la *A-létheia,* es olvido de la *Lichtung* del Ser. Se olvida que la caracterización de la verdad como conformidad tiene como condición de posibilidad la *Lichtung* o Claro abierto del Ser que hace posible el aparecer de lo presente, que posibilita la adecuación del representar y lo presente. La verdad como adecuación se mueve ya en el ámbito de la *Lichtung*: lo abierto previo en el que Ser y pensar se hacen presentes el uno para el otro.

El tranquilo corazón de la *Lichtung* es el lugar del silencio, en el que se da la posibilidad del acuerdo entre Ser y pensar, es decir, la presencia y su recepción.[37]

(…) el no-ocultamiento (*A-létheia*) es el único elemento en que se dan tanto el Ser como el pensar y su mutua pertenencia.[38]

No es casual ni accidental este ocultamiento de la *Lichtung* de la presencia, esta exclusiva orientación de la existencia humana hacia lo presente, su reparar únicamente en el ente. Pues el *léthe* –insiste Heidegger– es el corazón de la *Alétheia*; le pertenece esencial e íntimamente. En este sentido, la *Lichtung* no es sólo *Lichtung* de la presencia, sino «*Lichtung* de la presencia que se oculta».[39] La *Lichtung* del Ser es así, considera Heidegger, imagen adecuada de la verdad, al igual que la noción de *Alétheia* ("des-velamiento" o "des-ocultación").

* * *

En su obra *Platons Lehre von der Wahrheit (Doctrina de Platón acerca de la verdad,* 1947), Heidegger había planteado ya la necesidad de enlazar la pregunta por la esencia de la verdad y la pregunta por el Ser como forma de superar el pensamiento metafísico. Esta obra forma ya parte de la "vuelta" heideggeriana, cuyo inicio, según el propio Heidegger, coincide con su ensayo *Vom Wesen der Wahrheit* ("De la esencia de la verdad"). Nos detendremos en este último ensayo, que corresponde a una conferencia dada en 1930, mas no publicada hasta 1943 –recordemos que fue en 1930 cuando Heidegger se plantea la necesidad de configurar de modo más originario el planteamiento de *Ser y Tiempo*–, con la finalidad de ver cómo en él se plantea ya, si bien de modo germinal,[40] la relación entre la esencia de la Verdad y "lo Abierto" del Ser como condición de posibilidad de la presencia de lo presente:

El concepto corriente de verdad –sostendrá Heidegger– es el concepto de verdad como conformidad, como adecuación entre la cosa y el entendimiento.[41] Pero la conformidad o concordancia no es lo más originario. Comprender en qué consiste la esencia de la concordancia supone conocer cuál es la condición de posibilidad de la misma, o, en otras palabras, qué es lo que permite que nos encontremos con las cosas bajo la forma de la representación. Esta condición es "lo abierto" (*das Offene*). El encuentro y la concordancia acontecen en un espacio abierto «cuya apertura no fue creada por la representación, sino sólo referida y asumida como ámbito de relación».[42]

Esta apertura, en cuyo seno se patentiza lo presente, está –afirma Heidegger– en íntima relación con la apertura específica del comportamiento humano o referencia abierta del hombre al ente. La apertura originaria y el comportamiento abierto del ser humano (verdad ontológica) son la condición de posibilidad de la verdad como adecuación (verdad óntica). A su vez, Heidegger cifra la esencia del comportamiento abierto del hombre en la libertad (*Freiheit*). En otras palabras: la esencia de la verdad es la libertad.

Esta última afirmación no implica subordinar la verdad al hombre, reducirla a la subjetividad del sujeto humano, pues la esencia de la verdad, la libertad, no es algo que el hombre posea, sino que, más bien, éste es poseído por ella. Heideger no alude a la libertad concebida como mero libre arbitrio, sino a la libertad más originariamente entendida como un "dejar ser al ente" (lo que nos recuerda a la apertura de la *Lichtung* en la que el hombre es raigalmente, y que le abre al en-sí de todo lo que es). La esencia de la verdad es la libertad, y la esencia de la libertad, el "dejar ser al ente", es decir, la capacidad de retroceder ante éste para dejarlo ser como es en sí; un "dejar ser" (*Sein-lassen*) que no radica en la sumisión ni en la indiferencia, sino en el compromiso (*Eingelassenheit*) con el ente.

La libertad es ese espacio, esa apertura, esa distancia de perspectiva que posibilita el retroceso comprometido y respetuoso del ser humano ante el ente. En esta "distancia" radica la esencia de la verdadera "cercanía":

> Dejar ser al ente, como el ente que es, significa comprometerse en lo abierto y su apertura, en la que habita todo ente, llevándola, en cierto modo, consigo (…), retroceso ante el ente para que éste se manifieste en lo que es y como es, y la adecuación representante lo tome como patrón de medida.[43]

Éste es el sentido originario y esencial de la libertad –del que se derivan todos sus demás sentidos–: el compromiso (*Eingelassenheit*) con el desvelamiento del ente.

Cada comportamiento particular del ser humano con respecto a entes particulares supone esa libertad o apertura previa, supone una revelación originaria del ente en su totalidad. "El ente en su totalidad", en este último sentido, no equivale a la suma de los entes; se trata de una totalidad inobjetivable e indeterminable, una totalidad que permite "dejar ser" a los entes determinados y particulares porque se oculta como tal. En este sentido, el "dejar-ser" supone siempre la referencia a una ocultación originaria, al misterio (*Geheimnis*). «El dejar ser es, en sí, simultáneamente, ocultar.»[44] Todo desvelar es simultáneamente un ocultar y un relacionarse con la ocultación.

A este dejar-ser, que supone una referencia originaria al misterio, se opone la actitud del hombre que se atiene a *esto* o a *aquello*, a lo determinado, corriente y dominable, a lo que se subordina a sus necesidades e intereses: el hombre que se toma a sí mismo como medida de todo ente. Este hombre es calificado por Heideger de "in-sistente" –noción que opone a la de ex-sistente: la esencia humana que radica en su libertad frente al ente–. A su vez, al detenerse del hombre in-sistente en los entes, dejando de lado el misterio, lo denomina "errar" (*das Irren*).

En conclusión: «La respuesta a la pregunta por la esencia de la verdad es el relato (*Sage*) de una vuelta (*Kehre*) dentro de la historia del Ser».[45] Una historia cuyas inflexiones principales serían: desde la verdad como conformidad hasta la libertad ex-sistente y, de aquí, hacia la verdad como des-ocultación. En definitiva, desde la referencia a la subjetividad hacia la referencia –originaria y definitiva– a lo abierto (*das Offene*); una apertura, ésta última, que con posterioridad denominará –en una caracterización más originaria, es decir, menos ligada a las cuestiones existenciales y más estrictamente ontológica– *Lichtung* del Ser.

La Lichtung *del Ser como único tema del pensamiento*

Lo característico del replanteamiento heideggeriano de la pregunta de *Ser y Tiempo* (¿En qué sentido ha llegado la filosofía a su final en la época presente? ¿Qué tarea le queda reservada al pensamiento al final de la filosofía?) es la centralidad inequívoca que en su nueva propuesta queda conferida al Ser,[46] centralidad que marca la "*Kehre*", vuelta o giro de su pensamiento. Hay que remitir al Ser la presencia de lo presente, y también la subjetividad, en la medida en que ésta última sólo ilumina lo ya abierto en la claridad de la *Lichtung* del Ser.

En su primera etapa, Heidegger afirmaba: la pregunta por el Ser encuentra su horizonte trascendental de comprensión en el *Dasein* y, por ello, el hombre en cuanto ex-sistente es el "ahí" del Ser. Tras la vuelta, afirmará: pero, más radicalmente, el "ahí" del hombre es el Ser; la esencia humana queda definida por su pertenencia a la verdad del Ser, por su habitar en la *Lichtung* del Ser. En su *Carta sobre el humanismo* matizará Heidegger, en esta línea, el sentido de la frase de *Ser y Tiempo*: «sólo mientras es el existente humano (*Dasein*) hay Ser».

Sin duda –escribe– esto significa: sólo mientras tiene lugar el despejarse del Ser, se apropia el hombre del Ser (…) La frase, sin embargo, no quiere decir que el existir del hombre, en el sentido tradicional de *existencia,* y modernamente pensado como la actualidad del *ego cogito*, sea aquel ente por el cual es creado el Ser. La frase no dice que el Ser sea un producto del hombre (...) el Ser se despeja para el hombre en el trazo ex-stático, pero este trazo no crea el Ser.[47]

En la línea de esta inflexión, de este paso desde la analítica existencial a las cuestiones directamente ontológicas, la afirmación de *Ser y Tiempo* de que la esencia del hombre estriba en su "existencia" va a tener un cambio de grafía: estriba en su "ex-sistencia" (*Ek-sistenz*); en otras palabras, estriba en su carácter extático, en sólo ser lo que es, siendo y permaneciendo en la *Lichtung* del Ser.

La existencia humana no es la actualidad del *ego cogito,* sino "el ex-stático habitar en la cercanía del Ser".[48] «El hombre es, en su esencia, (...) aquel ente cuyo ser, en cuanto ex-sistencia (*Ek-sistenz*), consiste en habitar en la proximidad del Ser.»[49] El Ser llama al hombre lanzándolo a la existencia; su llamada es el mismo existir del hombre: «(...) esta llamada viene a ser el disparo del que arranca el lanzamiento de su existir».[50] Y le llama a habitar en él a su "cuidado" (*Sorge*), haciéndose eco de su verdad entre los entes. Existiendo en el seno del Ser, en lo abierto del Ser, al hombre le compete resguardar al Ser:

> La esencia del hombre consiste en que es más que mero hombre (...), es más que *animal rationale* (...). El hombre no es el señor del ente. El hombre es el pastor (guardián) del Ser (Heidegger).[51]

El hombre es en lo abierto (*Ek-*) del Ser. En virtud de esta apertura que lo sustenta y lo funda, el Ser puede despejarse para el hombre: el hombre puede saber del Ser y asumir conscientemente su referencia esencial al mismo. Y en esta asunción estriba su dignidad. Es en este cuidado del Ser –en su relación consciente con el Ser y en su "dejarlo ser"– en el que la ex-sistencia alcanza la realización de su esencia. Así pues, la dignidad del ser humano estriba más allá de lo meramente humano: en estar llamado por el Ser mismo a la custodia de su verdad. Por ello –afirma Heidegger–,

> "Humanismo" significa ahora, en el caso de decidirnos a seguir usando esta palabra: la esencia del hombre es esencial para la verdad del Ser, pero de modo que, en consecuencia, no sea lo de mayor monta precisamente el hombre en cuanto tal.[52]
>
> (...) lo que importa, en la determinación de la humanidad del hombre como ex-sistencia, es que no es el hombre lo esencial, sino el Ser como la dimensión ex-stática de la existencia.[53]

A esta nueva luz,

> los existenciarios de *Ser y Tiempo* son [ahora] pensados en un sentido estrictamente ontológico. El "ahí" (*Da-*) del "*Dasein*" es ahora unívocamente el "Claro" (*Lichtung*) del Ser. El "cuidado" (*Sorge*) pasa a ser ahora expresamente la "guarda" de la verdad el Ser. Y el "proyecto" que en *Ser y Tiempo* designaba la proyección del *Dasein* por sí mismo hacia su porvenir, resulta ahora el "proyecto extático" en el que el *Dasein* es lanzado por el Ser.[54]

El Ser, para el Heidegger maduro, se convierte, por tanto, en el tema exclusivo de su pensamiento. Es verdad que el tema del Ser es el hilo conductor del pensamiento heideggeriano ya desde sus inicios. Pero si el énfasis en sus primeras obras recae sobre la existencia del *Dasein* como lugar de patentización del Ser, tras la "vuelta" insiste en que es porque "se da" (*es gibt*) el Ser que existe en el *Dasein* –el ser humano no es sin el Ser pues el trazo ex-stático en que consiste su existencia es "lanzado", es decir, el hombre no dispone de él–.

No hay ruptura; hay divergencia de énfasis pero con una clara solución de continuidad. Así, por ejemplo, y adelantando lo que pasaremos a ver a continuación: la toma de conciencia por parte del individuo de su propia indigencia y finitud, del hecho de que la existencia humana se sostiene dentro de la nada (el hombre como «mantenedor del sitio de la nada», del Heidegger anterior a la *Kehre*), es el paso previo a la descentralización del yo que posibilita el alumbramiento inusitado de su referencia última a la *Lichtung* del Ser.

La Lichtung *del Ser o la Nada (*Nichts*) del Ser*

La caracterización del ser humano como «mantenedor del sitio de la nada» pertenece, en concreto, a su lección inaugural *Was ist Metaphysik? (¿Qué es metafísica?,* 1929).

La pregunta metafísica por excelencia: ¿por qué hay ente y no más bien nada? –sostiene en esta obra– equivale a la pregunta por la nada. La pregunta por la nada es una pregunta "meta-física",[55] pues es la pregunta por las condiciones de posibilidad de la patencia del ente en cuanto tal. De hecho, la experiencia del todo del ente presupone la experiencia de la nada; una nada que no es "algo", sino el no-ente, la negación del todo del ente.

La pregunta por la nada es una pregunta metafísica. Pero la nada se escapa a toda pregunta regida por la lógica del pensamiento racional y del lenguaje que le es propio; pues todo pensamiento lo es de *algo*, y toda pregunta científica pregunta por una realidad objetiva u objetivable. Sin embargo, la nada es precisamente lo no-ente, lo no-objeto. No es posible pensar –en el modo dual, objetivante– la nada. Ahora bien, sí es posible tener una experiencia directa de ella; es tan posible como tener una experiencia del todo del ente, de la que es su correlato necesario.

Así, afirma Heidegger, hay temples anímicos que nos patentizan inobjetivamente el todo del ente; éstos son, básicamente, la alegría profunda –la alegría no por esto o por aquello, sino por la existencia en sí misma, por el mismo hecho de ser– y el aburrimiento –no el estar aburrido ante esto o aquello, sino el tedio profundo en el que se quiebran los lazos afectivos con *todo*–. Éstas son experiencias directas del todo del ente –entendido, obviamente, no en sentido cuantitativo, pues no se experimenta la suma de todos los entes, sino cualitativo; una diferencia que Heidegger establece con su distinción entre *captar el todo* del ente y *encontrarse* en medio del ente *en total*–.

Pues bien, el temple anímico que coloca al hombre de modo inmediato ante la *nada* misma es la angustia (*Angst*). No el miedo (*Furcht*), que siempre es miedo ante algo *determinado*, sino la angustia ante todo y ante nada a la vez; el radical estar suspensos ante la imposibilidad de *todo* asidero. La angustia patentiza la nada; la hace patente no como ente ni como objeto, pero sí "a una" con el ente en total, como un escapársenos del ente en total.

> En esa clara noche que es la nada de la angustia, es donde surge la originaria "patencia" del ente como tal ente: que es ente, y no nada. Pero este "y no nada" (…) no es, sin embargo, una aclaración subsiguiente, sino lo que previamente posibilita la patencia del ente en general.[56]

La nada posibilita la patencia del ente en cuanto tal y en total. La existencia humana es trascendente (sobrepasa el ente en total), es ex-sistencia, en virtud de que se sostiene en la nada: «La nada es la posibilitación del ente como tal ente para la existencia humana».[57] La nada no es, por tanto, el contra-concepto del ente (lo que ha sido para la metafísica occidental, dada su incapacidad de trascender el pensamiento objetivista y dualista), sino que pertenece a la misma esencia del Ser: «En el Ser del ente acontece el anonadar de la nada».[58] Es porque la nada late en fondo de la existencia por lo que puede sobrecogernos la extrañeza del ente. En virtud de la nada, puede *asombrarnos* y maravillarnos, no el que los entes sean esto o lo otro, así o "asá", sino el misterio de los misterios: que sean. Sobre la base de este asombro básico y previo a todo porqué puede brotar la metafísica con lo que es su pregunta por excelencia: «¿Por qué hay entes y no más bien nada?».[59]

El énfasis en *la nada* como lugar de patentización del ente en total pasará a ser –en el Heidegger posterior a la "vuelta"– énfasis en el Ser como referencia esencial del ente. La caracterización del ser humano como "mantenedor del sitio de la nada", pasará a ser caracterización del hombre como "guardián" del Ser. No hay ruptura, repetimos, pues, en último término, Ser y nada se convierten: el Ser, visto desde el ente, es no-ente, nada; el Ser, para el pensar objetivante, es nada. Así –dirá el Heidegger ya inmerso en la tarea de la "vuelta"–, la existencia cotidiana volcada en el ente es ciega para el Ser, pero esta "nada" del Ser no es su mera ausencia, sino el "no" que establece la *diferencia ontológica* entre Ser y ente: «el Ser no es ninguna propiedad del ente, sino lo otro respecto de todo ente, es la nada del ente. (…) esta nada está presente como el Ser».[60] La nada no es la negación del Ser, sino la negación del ente; más aún: es el mismo Ser, tal y como puede ser experimentado desde el ente.[61]

Esta falta de ruptura –entre el énfasis en la nada y el énfasis en el Ser– no es una mera constatación teórica, sino, ante todo, experiencial. Así, si prolongamos la descripción fenomenológica del temple anímico de la angustia y vamos más allá del punto en el que se detuvo Heidegger, se descubre que, vivenciada la angustia en toda su radicalidad, aceptada de modo plenamente consciente, la referencia última a la nada puede transmutarse alquímicamente en referencia última al Ser. El contacto con la nada puede abrir paso a la experiencia directa del Ser. La experiencia del todo del ente como ausencia puede llegar a ser experiencia del todo del ente en la forma de gozosa participación y luminosa presencia.

Ha sido universalmente descrita la experiencia en virtud de la cual, cuando el hombre abandona –o es abandonado por– el apoyo que antes encontraba en el ente y experimenta su más radical finitud y soledad; cuando en esta situación, lejos de negar o rehuir la experiencia de la angustia, se reconcilia con ella –y reconciliarse con ella es reconciliarse con el absoluto no-saber y el absoluto no-dominar–; entonces –decimos– puede tomar contacto con la envolvente acogida de un poder y de una presencia que reconoce como radicalmente suyos y que le abren a una nueva vida. En ella, el ente ya no es aquello a lo que el yo se aferra buscando refugio en lo inhóspito de su existencia, sino aquello con lo que comparte y celebra en íntima unión, dejándolo y dejándose ser, el refugio inconmovible que encuentra en el desvelado ámbito del Ser. Lo que era –y sigue siendo– oscuridad y nada para la mente y para la conciencia objetivante, llega a ser luz; lo que era ausencia, presencia; lo que era velo, desvelación. Nada, ausencia, velo, que no se niegan como tales, pero que ahora se vivencian bajo la forma no ya del sin sentido, sino del asombro y del misterio.

En este sentido Heidegger afirmará en *Holzwege* que la nada, tras el abandono al que invita al hombre de su consideración de sí como sujeto, centro o fundamento, se patentiza como "Ser": «La nada no es nunca nada, y tampoco es algo en el sentido de un objeto; es el Ser mismo, cuya verdad se pone al alcance del hombre cuando éste se ha superado como sujeto, es decir: cuando ya no se representa como objeto lo existente».[62] En el anonadarse en el que el ser humano deja de tener al ente (también al Ente supremo) y de tenerse a sí mismo como referencia última (fundamento de la presencia del ente en cuanto tal), el hombre deja el espacio libre necesario para que el Ser/Nada tome la palabra y se revele como más originario que toda relación establecida en términos de sujeto y objeto.

Concluyendo: la Nada, lejos de ser el contra-concepto del Ser, y en las antípodas de todo nihilismo, se patentiza como lo Abierto (*Lichtung*) del Ser.

En esta línea, comenta Heidegger en "Aus einem Gespräch von der Sprache (Zwischen einem Japaner und einem Fragenden)" ["De un diálogo acerca del habla"], en el que dialoga con un pensador japonés: «El vacío es entonces lo mismo que la Nada, es decir, este puro despliegue que intentamos pensar como lo otro con relación a todo lo que viene a la presencia y a todo lo que se ausenta». A lo que comenta su interlocutor: «Aún hoy nos sorprende y nos preguntamos por qué los europeos pudieron interpretar la Nada en un sentido nihilista. Para nosotros, el vacío es el nombre eminente de lo que usted pretende decir con la palabra "Ser"».[63]

* * *

En resumen: la tarea del pensar al final de la filosofía, el camino hacia una comprensión no metafísica del Ser, pasa por otorgar a la *Lichtung*/Nada del Ser el protagonismo de dicho pensar. Y no sólo como "lo por pensar", sino también –como veremos–, como "Sujeto" de dicho

pensar (en una acepción totalmente distinta a aquella que define al sujeto por oposición al objeto). El pensar del Ser que posibilitará el «nuevo
inicio de una nueva historia» no es ya un cometido "humano" –como lo
ha sido el pensar metafísico–; es cometido de lo siempre "Otro" respecto a lo meramente humano, pero que no lo aliena, pues es la esencia de
su humanidad. "Otreidad" que funda la impredecibilidad de este pensamiento, su no calculabilidad, su no sometimiento a "razón", su "sin porqué"; y que exige del hombre que se vuelva transparente y dúctil en actitud de escucha silenciosa, su apertura al misterio, su capacidad de
asombro, su constante renovación –apertura, libertad y novedad sólo
propias de lo que no se tiene a sí mismo como centro y se hace cauce de
lo abierto e insondable del Ser–.

EL ACONTECIMIENTO DEL SER (*DAS EREIGNIS*)

La referencia originaria y última al Ser marca la *Kehre* o inflexión, no
sólo del pensamiento heideggeriano sino, más radicalmente, de la misma historia del Ser: constituye su nuevo destino.

Pero no se comprendería adecuadamente la naturaleza de este reconocimiento de la centralidad y absoluta trascendentalidad –trascendentalidad inmanente– del Ser, si se tradujera en concederle al Ser un papel análogo al que el Ente Supremo tuvo en la Edad Media o el sujeto en la
filosofía moderna: la de fundamento absoluto y último, definido por su
contraposición a lo por él fundado. En otras palabras, no se trata de afirmar la centralidad del Ser frente a la del sujeto, considerando a ambos
como términos de una alternativa; no se trata de otorgar carácter de fundamento absoluto a un término de dicha dualidad: la filosofía moderna,
al sujeto; el nuevo pensar postmetafísico, al Ser. Se trata, por el contrario, de superar dicha dualidad –que sigue siendo, como lo es toda dualidad, metafísica– en el descubrimiento del espacio raigal en que hombre y
Ser se co-pertenecen, del dominio vibrante «mediante el cual el hombre
y el Ser se alcanzan el uno al otro en su esencia y adquieren lo que les es
esencial al perder las determinaciones que les prestó la metafísica».[64]

De aquí que Heidegger, de cara a evitar una inadecuada interpretación dualista de la relación hombre-Ser, y que se otorgue inadecuadamente carácter entitativo u objetivo a los términos de dicha relación, introduzca lo que será su última caracterización del Ser: la palabra
conductora (*Leitwort*) *Ereignis*,[65] tan intraducible como la palabra griega *Lógos* o la palabra china *Tao*, pero que apunta a dicho ámbito raigal

de copertenencia del hombre y del Ser. «El Ser y la Nada no son el fundamento último para el Heidegger más tardío»[66] –el Heidegger del *Ereignis*, en relación al cual algunos han optado por hablar de un "tercer Heidegger"–. O, más propiamente, el Ser no es lo último si "ser" se sigue considerando una determinación metafísica. Hay "algo" más básico que el Ser –que el Ser concebido como un término de la relación hombre-Ser, ente-Ser– y que es, de hecho, la fuente o raíz del Ser, el en-sí del Ser y el en-sí de toda relación: el *Ereignis*[67] o Acontecimiento apropiador. Allí donde este "tercer Heidegger" hable del Ser, está ya pensando: *Ereignis*.[68] Éste es el reino último para Heidegger; el ámbito donde se trascienden –sin negarse– todas las dualidades, y donde toda distinción relativa –también la de hombre y Ser– encuentra su fundamento. Esta palabra-guía: *Ereignis*, es la culminación del pensar relacional heideggeriano; y más radicalmente aún: de lo que –como veremos en nuestra exposición comparada– nos atreveríamos a caracterizar como pensamiento no-dual heideggeriano.

Heidegger vuelve a retomar aquí la sentencia de Parménides (frag. 3 y 5): "Lo mismo es, en efecto, percibir (pensar) y Ser". Esta sentencia –advierte Heidegger– afirma algo totalmente distinto a la concepción metafísica según la cual la identidad es principio del pensar (el principio lógico de identidad y de no-contradicción) y propiedad y rasgo del Ser (lo que es, por el hecho de ser, es auto-idéntico). Esta sentencia viene a afirmar, por el contrario, que el Ser y el pensar son *en* la Identidad (*Identität*) y que se hallan determinados a partir de la Identidad; en otras palabras: que «pensar y Ser tienen lugar en "lo Mismo" [*das Selbe*] y a partir de esto mismo se pertenecen mutuamente».[69]

"Lo Mismo" (otro *Leitwort* que Heidegger pone en estrecha relación con el de *Ereignis*) es el ámbito de Pertenencia con relación al cual ha de comprenderse el "pensar" y el "Ser" y su mutua vinculación. *Das Selbe* es el ámbito en que lo distinto para la re-presentación se desvela, más radicalmente, como siendo en lo Mismo y desde lo Mismo, sin que por ello pase a ser "lo igual" (*das Gleiche*); es decir, sin que la distinción, en el nivel en el que tiene razón de ser, se anule como tal. Lo Mismo no excluye la diferencia; al contrario, la sostiene y es el en-sí de la diferencia. «*Das Selbe* (lo Mismo) es aquello que mantiene junto desde la unidad, donde reside lo propio (…), lo que la distinción mantiene separado».[70]

Pensar y Ser son "lo Mismo". En la medida en que el pensar es lo distintivo del hombre, esta co-pertenencia de pensar y Ser es la pertenencia mutua de hombre y Ser. Ya señalamos cómo el ser humano, frente a los otros entes, tiene la peculiaridad de "pensar", es decir, de estar abierto al

Ser, de saber de Él y de estar relacionado esencialmente con Él, de co-
rresponderle. El Ser –sostiene Heideger– sólo se revela como tal en la
apertura del pensar humano; y esta apertura no es otra cosa que la presencia del mismo Ser en el hombre como su raíz y referencia esencial.
Obviamente, Heidegger no habla del pensar como sinónimo de pensamiento objetivante o representacional; recordemos que, según él, "el
pensar" (*das Denken*) es más originario y más amplio que la actividad
raciocinante y que la filosofía concebida como un "asunto de la razón".
Pensar es la capacidad de saber del Ser, no objetivamente –el pensar objetivo es una manifestación derivada de este pensar más originario– sino
supraobjetivamente, siendo conscientemente uno con Él o "lo Mismo"
que Él.

El Ser trasciende el todo del ente, pero en una relación esencial y peculiar con el hombre: éste no es jamás sin el Ser, pero tampoco el mismo Ser *es* sin el "ahí" (*Da-*) o apertura del pensar humano. El *Dasein* –la
existencia en su esencia ex-stática– es el lugar de la verdad y patentización del Ser en medio de los entes. Pero, a su vez, la apertura humana
–su poder saber, inobjetivamente, del Ser– sólo es posible, como hemos
señalado, en virtud de que el hombre es lanzado en y por el Ser, de su
pertenencia al Ser.[71] El ámbito de esta mutua co-propiación es lo que expresa el término *Ereignis*. El *Er-eignis* supone, así, un movimiento de
mutua implicación entre hombre y Ser, pero también de mutua diferenciación, pues esta co-propiación mutua no anula la diferencia ontológica. El Acontecimiento funda y sostiene la implicación mutua y funda y
sostiene la diferencia. El hombre y el Ser son en-sí siendo en el otro;
cada uno es lo propio en lo propio del otro; en la esencia de ambos está
presente constitutivamente su relación mutua y ni el hombre ni el Ser
son fuera de esta relación. Pero ni equivalen a ella ni se agotan en ella
–la diferencia permanece–, y de aquí el dinamismo y la novedad constante de la que está transido este juego de apropiación mutua, de implicación y de diferenciación.

Hombre y Ser son ex-státicos; la esencia (*Wesen*) de ambos radica
más allá de sí mismos: allí donde ya no son más "hombre" y "Ser".
Frente a toda interpretación substancialista del hombre y del Ser –según
la cual, éstos son lo que son porque son auto-idénticos–, el hombre es
hombre allí donde ya no es hombre, y el Ser es Ser allí donde ya no es
Ser. No son auto-idénticos porque son lo que son en la Identidad única,
en lo Mismo; y desde eso Mismo –el ámbito del *Ereignis*– se co-pertenecen. Ello no conlleva la negación de la diferencia ontológica, porque
son en "lo Mismo" inobjetivamente, es decir, porque "lo Mismo" no es

una unidad monista, no es la unidad de "algo" objetivo; es lo no-algo que no sólo no excluye todo algo, sino que lo sostiene constituyendo su esencia. Lo Mismo no anula la diferencia porque no es lo igual (*das Gleiche*); y no puede ser lo igual porque "no-es", porque es una Nada (*Nichts*), porque es un Abismo (*Ag-Grund*).

El Ser no es nunca sin el hombre –insistía el primer Heidegger–. El hombre no es nunca sin el Ser –insistirá el Heidegger maduro–. *Pero* lo radical es el conjugarse de ambas afirmaciones: el Ser no es sin el hombre *y* el hombre no es sin el Ser. Lo radical es este tercer término: "y"; un tercer término no nivelable con los anteriores –la diferencia ontológica se mantiene– y que, por lo mismo, no es un tercero propiamente dicho. Es más bien el no-dos como el en-sí de todo uno –de todo algo– y de todo dos –de toda relación–. Este "y" no es, por consiguiente, aditivo; no alude –dirá Heidegger– a una suerte de *nexus* o *connexio*. La relación hombre-Ser es una relación sin miembros. Ni el ser humano ni el Ser pueden concebirse como dos realidades independientes que, en un segundo momento, entrarían en relación de coordinación –pues sólo son en su movimiento de recíproca apropiación–, ni tampoco esta coordinación excluye la diferencia.

> (…) tan pronto como digo: "esencia del hombre", si lo digo pensando, ya he expresado al mismo tiempo la relación con el Ser. Asimismo, tan pronto como digo pensando: "Ser del ente", ya he nombrado con esto la relación con la esencia del hombre. En cada uno de los dos términos de la relación entre esencia del hombre y Ser del ente está presente ya la relación misma. Hablando con propiedad: *no hay aquí tales términos de la relación ni tal relación en sí.*[72]

Pensar la diferencia ontológica, sin pensarla metafísicamente –al modo dual–, es pensarla como no existiendo fuera de la Mismidad (*Das Selbe*) que sostiene tanto la co-propiación como la diferencia; es pensarla desde la Relación (*Ver-Hältnis*)[73] –otro *Leitwort* con el que Heidegger apunta a la misma intuición señalada por el *Leitwort* "*Ereignis*", y con el que no alude propiamente a *una* relación sino al *en-sí* de toda relación o al Sostenimiento de todas las relaciones–. La Relación apunta a una unidad que no es la unidad abstracta que excluye la diversidad, sino la Unidad que funda toda diferencia y diversidad y las sostiene; y las sostiene, no como lo, a su vez, enfrentado a Ella misma, a la Unidad (con lo que ésta última volvería a ser lo que ha sido "el Ser" para el pensar metafísico), sino como expresión y articulación relacional de Sí.[74]

Resumiendo: no se trata de mantener las representaciones tradicionales del hombre y del Ser y, a partir de ellas, pensar su mutua coordinación –bien sea a partir del hombre, bien sea a partir del Ser–. En la afirmación de la "mutua pertenencia" (*Zusammengehören*) de Ser y hombre es preciso enfatizar no tanto el "mutua" (*zusammen*) –la coordinación– como la *"pertenencia"* (*gehören*) a la que, valga la redundancia, pertenecen. Heidegger insiste en la importancia de dar preeminencia a la "pertenencia" frente a lo "mutuo" en la noción de "mutua pertenencia" en la que consiste el *Ereignis*. Si el pensar metafísico pensó la identidad y la unidad como una determinación del Ser (pensó la unidad de la identidad como rasgo fundamental del Ser del ente), ahora se precisa pensar el Ser en su referencia a la Identidad, y pensar, a su vez, la Identidad o Unidad como propiedad del acontecimiento de co-propiación. Se precisa ir, más allá del Ser como fundamento (*Grund*) del ente, hacia el *Ereignis o Ab-Grund* del Ser.

Ereignis es el Acontecimiento de la Identidad, el Acontecimiento de la No-dualidad.

* * *

La comprensión de la naturaleza de este ámbito de apropiación exige ir más allá de la caracterización metafísica del Ser y del ser humano. Y exige ir más allá del mismo pensamiento representativo que funda dichas determinaciones y que sólo puede pensar la relación como un "accidente" de la substancia, como la mera conexión de lo ya previamente dado. Pensar el *Ereignis* precisa de un "salto" (*Sprung*): un salto fuera del pensar representativo; un salto hacia más allá del hombre concebido como animal racional y hacia más allá del Ser concebido como fundamento del ente; un salto más allá del fundamento (*Grund, Ratio*), hacia el Abismo de lo no fundado (*Ab-Grund*) –"más allá" que es un "más acá": la raíz o Pertenencia que los sostiene donándoles su esencia–; un salto "brusco", "sin puentes" hacia el dominio desde el que se alcanzan y apropian.

Este salto más allá del pensamiento representativo no puede darlo el mismo pensamiento representativo. No puede ser un salto "calculado", pues el salto (*Sprung*), por su propia naturaleza, ha de permitir lo súbito (*sprung*), lo que no cabe comprender en relación a lo anterior ni a cualquier anticipación de lo posterior (y que, en tanto que anticipación, sigue siendo reiteración de lo anterior). Ha de ser un salto en el vacío hacia lo que es vacío y nada para el pensamiento objetivante, dado desde el vacío de toda representación; un salto que equivale al abandono de toda voluntad de asegurar y de fundar para dejar que se desvele esa otra forma de seguridad y de pertenencia que proporciona el Abismo (*Ab-Grund*) de lo sin-fondo, de lo no-fundado. Heidegger caracteriza este salto como un «dejarnos ir» «(...) allí a donde estamos ya admitidos: la pertenencia al Ser»,[75] un dejarnos ir hacia «lo más próximo de aquella proximidad en la que ya estamos».[76]

Este Acontecimiento, en el que de hecho ya estamos, es para el pensar que sólo atiende a lo ente, a lo objetivo, a aquello que "es-ante-la-vista", y para la voluntad que siempre es voluntad de algo y movimiento-hacia: nada. Es *nada* para todo movimiento dual (propio del pensamiento y de la voluntad metafísicos), pues es precisamente lo que late bajo toda dualidad posibilitándola. Para la metafísica –dualista en su raíz– es nadería, lo más inaparente de lo inaparente:

«El *Ereignis* es lo más inaparente de lo inaparente, lo más simple de lo simple, lo más próximo de lo próximo y lo más lejano de lo lejano, dentro de lo cual nuestra vida de mortales tiene siempre su morada.»[77]

La caracterización de este ámbito de co-pertenencia –dijimos al comienzo de este apartado– apunta a lo que Heidegger considera la característica central de lo que habrá de ser la época del pensar postmetafísico. Al término de la época metafísica, el Ser sólo puede concebirse como aquello que se apropia del hombre entregándose a él. El Ser ya no se entenderá como "presencia", sino como "Acontecimiento", como el Acontecer original: *Ereignis*, como "Acontecimiento original de apropiación" (*eigen* = propio) recíproca entre Ser y hombre.

Y de nuevo hay que decir que, al igual que el olvido del Ser era un "destino" del Ser mismo, también el *Ereignis* es un destino del Ser para la época postmetafísica, y no un mero acontecimiento relativo a la historia del pensar. Y, al igual que el olvido del Ser (*Seinsvergessenheit*) determinó esencialmente el modo de estar del hombre en el mundo, así como el mundo mismo en la época metafísica, el acontecer de esta apropiación mutua hombre-Ser habrá de determinar esencialmente el modo de estar del hombre en el mundo así como el mundo por venir. Tras la época metafísica –en la que el Ser se dio bajo la forma de olvido de su ocultamiento– el Ser se des-velará como *Er-eignis*: como el misterio de lo oculto e infundado del Ser. Tras la época metafísica en la que el hombre se divorció del Ser al concebirlo como lo confrontado a sí, ahora hombre y Ser se des-velarán como Lo Mismo (*Das Selbe*).[78]

La esencial temporalidad e historicidad del Acontecimiento del Ser

Heidegger considera que el Ser, que en la época metafísica se comprendió como "presencia", en la época postmetafísica se comprenderá como "evento" o "Acontecimiento". Recordemos que es propia de la caracterización metafísica del Ser la sustantivación del mismo que olvida su esencial transitividad. La metafísica piensa al Ser como "lo presente", auto-idéntico y permanente, opuesto dualmente al tiempo: el mero pasar de lo pasajero. Esta sustantivación del Ser, el olvido de su relación esencial con el tiempo, considera Heidegger, está en la raíz misma del olvido del Ser. Frente a ello, la caracterización heideggeriana del *Ereignis* busca poner de manifiesto la relación esencial de la temporalidad y de la historicidad con el Acontecimiento del Ser.

En palabras de Heidegger:

> (…) el lugar abierto en el centro del ente, el campo luminoso, no es un escenario fijo con el telón siempre levantado, en el que el drama del ente tiene lugar (…). La desocultación del ente no es jamás tan sólo un estado existente sino un *acontecimiento (Geschehnis)*.[79]

Dicho de otro modo: a la luz del *Ereignis*, la *Lichtung* del Ser se patentiza no como una estructura trascendental última o marco estático en el que se hace presente u oculta todo ente, no como el espacio en el que las cosas acontecen y devienen, sino como un ámbito que en sí mismo es "aconteciente" y fuente de temporalidad.[80] La raíz de este carácter aconteciente del Claro del Ser es el *Ereignis* como Acontecimiento originario que funda y sostiene todo acontecer y que, al fundar todo acontecer, funda el tiempo y la historia como tales.

Señalamos ya cómo el hecho de que el Ser se muestre siempre parcialmente, determina que Éste se dé siempre históricamente, es decir, que se dé de una determinada manera a los hombres de cada época –un modo epocal del darse del Ser que los constituye y determina en su esencia–. Hombre y Ser en cada época se dirigen el uno al otro desde una determinada constelación. En cada época el Ser se revela, se dice, de un modo específico.[81] Se dijo como *phýsis* en Grecia, como ente creado en la Edad Media, como objeto penetrable y dominable por el cálculo en la modernidad, etc. Se manifiesta epocalmente –parcialmente–, puesto que se dona siempre retrayéndose, desvelándose y velando a la vez su misterio.[82] Aquí se funda la inagotabilidad, la transitividad y la plurivocidad del Ser, frente a la sustantividad monolítica del Ser de la metafísica (ésta última, por cierto, no es más que una de las ilimitadas mostraciones/ocultaciones posibles del Ser).

El Ser llega a nosotros en la época presente como lo susceptible de objetivación y de control; se dirige así a un mundo que es el mundo técnico y a un hombre que se concibe a sí mismo como sujeto enfrentado a objetos. El mundo técnico no es obra del hombre (interpretarlo así sería, de hecho, un manifestación del mismo pensamiento "técnico", pues piensa dicho mundo como efecto del hombre y de su hacer). Por el contrario, en todas partes "se provoca" al hombre a planificar y a calcular; es nuestra época la que nos insta a ello. El mismo Ser se encuentra "provocado" «a dejar aparecer lo ente en el horizonte de la calculabilidad».[83] Heidegger denomina a esta «provocación conjunta que dispone de este modo al hombre y al Ser, el uno respecto al otro»:[84] *Gestell*.[85] Este *Gestell* –la metáfora de nuestro tiempo– es el preludio del *Ereignis* –la metáfora del tiempo por venir–; *Ereignis* que supondrá el final del actual dominio del mundo técnico y del predominio de la actitud humana que le es propia.

La mostración parcial del Ser –indisociable de su ocultación– en la que vimos que radicaba la posibilidad de todo error, exige el permanente acontecer de dicha mostración; en otras palabras: la parcialidad de esta mostración funda la historia como ámbito del inagotable y siempre nuevo acontecer del Ser. El Ser funda la historia y el tiempo y, a su vez, los necesita para desocultarse y patentizar su verdad (verdad a la que pertenece esencialmente la no-verdad; verdad que es, a la vez, desvelamiento y ocultación). La historia desvela al Ser en el ente y oculta al Ser como Ser, oculta su ocultación. La historia es así, en esencia, el ámbito del desocultarse del Ser y el ámbito de su extravío; ámbito tanto de la verdad como del error. «El equivocarse del hombre corresponde al ocultamiento de la iluminación del Ser.»[86] Y es por este extravío por el que hay historia, por el que el Ser se destina.

> Las distancias cronológicas y las series causales pertenecen a la ciencia histórica, pero no son historia. Cuando nosotros somos históricos no estamos a una distancia grande ni pequeña de lo griego. Pero estamos en un extravío con respecto a lo griego.[87]
>
> Toda época de la historia universal es una época de extravío.[88]

El Ser se hace manifiesto en el ente que lo oculta. Esta desocultación es el "acontecimiento" fundante de todo acontecer o hacerse (*geschehen*). Éste es el origen de la temporalidad: el Ser se manifiesta parcialmente y al hacerlo funda el tiempo, acontece como tiempo e historia. Sólo desde el Ser entendido como lo que se des-vela ocultándose, es decir, sólo desde el Ser comprendido a la luz de la *Lichtung* y, a su vez, sólo desde la comprensión de la *Lichtung* a la luz del *Ereignis* o Acontecimiento, se desvela la esencia del tiempo y de la historia:

– La esencia del tiempo radica en el acontecimiento de des-ocultación del Ser; des-ocultación en mostraciones ilimitadas que no lo agotan, porque el Ser en todo caso se oculta como tal.[89]

– La historia es, por ello, esencialmente, el "destino" de la verdad del Ser, "la esencia epocal de su destino". La historia esencial o "historia ontológica" es el transcurso de la revelación del Ser mismo. Esta revelación es la historicidad de toda historia (la historicidad de la "historia óntica" que trata la ciencia histórica); es la temporalidad de todo tiempo. La historia no es lo visible del material histórico conservado; éste, por el contrario, ha de ser pensado en relación con la esencia de la historia, y ésta, a su vez, con relación al Acontecimiento del Ser.[90]

El mundo (Welt)

En íntima relación con su noción de *Ereignis*, Heidegger sitúa otra de sus palabras-clave: "Mundo"[91] (*Welt*). El acontecimiento del Ser "acontece" como tiempo, como historia y como mundo; pues "mundo", en propiedad, no es un ente o conjunto de entes, ni ningún ámbito del ente, sino la apertura misma del Ser.

Nos decía Heidegger en *Sein und Zeit* que el hombre no ha de salir de la "jaula" de su conciencia en dirección al mundo porque estar abierto al mundo le es ya constitutivo. Y en su obra "De la esencia del fundamento" dice:

[Más "acá" de la dualidad sujeto-objeto] la trascendencia no puede desencubrirse ni captarse por una fuga a lo objetivo, sino únicamente por una interpretación ontológica de la subjetividad del sujeto, que debe renovarse constantemente, y que se opone al "subjetivismo" del mismo modo que debe rehusar una sujeción al "objetivismo".[92]

Ya inmerso en la *Kehre* o inflexión de su pensamiento, Heidegger sigue sosteniendo esta concepción del mundo, así como la no validez de la dualidad sujeto-objeto como marco de referencia desde el que se pueda comprender la relación y el ser/estar del hombre en el mundo.

El mundo no es el mero conjunto de cosas existentes contables e incontables, conocidas o desconocidas. Tampoco es el mundo un marco imaginado para encuadrar el conjunto de lo existente. El mundo se mundaniza y es más existente que lo aprehensible y lo perceptible, donde nos creemos en casa. Nunca es el mundo un objeto ante nosotros que se pueda mirar. Mundo es lo siempre inobjetivable (…).[93]

Ahora bien, como hemos visto, el Heidegger maduro ya no busca acceder a la raíz de la trascendencia humana y de su constitutivo "ser-en-el-mundo" a través de la interpretación ontológica de la subjetividad del sujeto, del modo de ser del *Dasein*, sino a través de la referencia a la *Lichtung* del Ser y al Acontecimiento (*Ereignis*) del Ser: la donación del Ser que se despeja "mundo". El término "mundo" adquiere así, si cabe, mayor hondura y radicalidad: «Habitar en la verdad del Ser es la esencia del "ser-en-el-mundo"».[94]

«"Mundo" –dirá en esta segunda etapa– es el despejarse del Ser, al cual el hombre se ex-pone desde su esencia lanzada.»[95] El mundo es el más allá, el "ex-" de la ex-sistencia: la apertura del Ser en la que el hombre habita y en la que se hace eco de su verdad. El Ser lanza al hombre a ex-sistir y acontece Él mismo en ese lanzamiento al instituir, en ese proyecto lanzado que es el hombre, una apertura o "entre" (*zwischen*) en virtud de la cual el hombre puede tomar conciencia del Ser en cuanto tal, puede entrar en relación consigo mismo, y puede entrar en relación con los demás entes y ordenarlos en un mundo.[96] El "entre" (el "mundo" comprendido desde la *Lichtung* del Ser) posibilita que el ente aparezca como el ente que es y que el hombre pueda acceder y comprender al ente en cuanto tal. Ex-sistiendo en lo Abierto del Ser estamos ya en el mundo; y en el horizonte abierto del mundo ha de entrar todo lo que llega a ser para nosotros objeto de pensamiento, todo lo traído a la presencia. El mundo no es objeto ni suma de objetos, sino la condición de posibilidad de todo hacerse presente. El *Dasein* «es, en su esencia, ex-sistente en la apertura del Ser, y esta apertura despeja el "entre" dentro del cual puede ser toda "relación" de un sujeto a un objeto».[97]

* * *

Ni las plantas ni los animales tienen mundo. El *Dasein* tiene mundo, es-en-el-mundo, porque ex-siste, porque es en lo abierto del Ser. En lo abierto, el mundo "mundaniza" (*die Welt weltet*) –el "entre" posibilita y sostiene el ordenarse y estructurarse de todo como un mundo–, y de este modo, escribe Heidegger en su ensayo *El origen de la obra de arte*, «todas las cosas adquieren su ritmo, su lejanía y su cercanía, su amplitud y su estrechez».[98] El mundo "mundaniza" porque en él, lo meramente objeto (*Gegenstand*), lo nivelado en el horizonte de la re-presentación, se abre, se ambitaliza, se cualifica y se jerarquiza, es decir, se inserta en una red de relaciones que pasa a caracterizarlo esencialmente deviniendo así propiamente "cosa" (*Ding*). Aunque, en propiedad, los objetos no devienen cosas; siempre sucede a la inversa: los objetos son abstracciones funcionales realizadas a partir de las cosas como tales cosas. Incluso el acto de confundir la cosa con lo que es meramente objeto de la representación, es posible en virtud de la misma naturaleza de la cosa: su propiedad de ser vórtice del acontecer-ocultamiento del Ser.

La "cosa" (*das Ding*) es en-sí (*Selbstand*) previamente y más allá de toda re-presentación (lo enfrentado como objeto o *Gegenstand*). La cosa no es lo representado; tampoco lo producido, ni el εἶδος, ἰδέα o aspecto que sirve de referencia mental en toda producción. La relación sujeto-objeto que posibilita la re-presentación y la producción no puede desvelar la esencia de la cosa. Porque esa relación es sólo posible en virtud del "entre" (*zwischen*) en que consiste el mundo. El "entre" es previo a dicha relación, y la cosa pertenece a este ámbito previo del entre, es un nudo de la red de relaciones que el "entre" –lo abierto– sostiene y alumbra. La cosa es luz para sí misma porque es acontecer de la *Lichtung* del Ser; luz de la que el representar participa y en ningún caso crea.

«El hombre sólo puede representar, sea del modo que sea, aquello que con anterioridad se ha despejado (iluminado) desde sí mismo y se ha mostrado al hombre en la luz que comporta tal despejamiento.»[99]

"El espíritu de pesadez" (Nietzsche), la actitud objetivista, establece límites cerrados entre las distintas realidades; las nivela al hacer de ellas meros objetos; clausura lo real. Pero frente a la univocidad y clausura de lo representado, pertenece a la esencia de la cosa el ser lugar de refractación del mundo, el reunir en sí lo lejano o distante y hacerlo cercano e íntimo sin banalizarlo, sin agotarlo, respetando su misterio, su inagotabilidad, su lejanía. Es la referencia al "mundo", al "ex-" de la existencia humana, a la *Lichtung* del Ser, lo que permite superar las divisiones intramundanas, lo que posibilita toda intimidad, cercanía y pertenencia esenciales. Esta referencia a lo abierto, al infinito –lo oculto del Ser– que late en toda cosa, es la dimensión simbólica por la que las distintas realidades se sustraen de la pura facticidad de lo dado, de la pesadez, y se transfiguran, se aligeran, se hacen transparentes, se abren en ilimitadas remitencias por las que quiebran los límites que les impuso la re-presentación y desvelan así lo que esencialmente son. El mundo como un todo vibra en cada cosa, y en cada cosa vibra el todo del mundo.

Así, el árbol no es meramente un árbol. No es simplemente esto o aquello; no se resume en sus contornos, en su duración y en sus diferencias. No es esencialmente lo que es para la mente científica o utilitaria, que sólo encuentra en el árbol lo que previamente ha proyectado y buscado en él, lo que se adapta a su modo peculiar de representación. El árbol es árbol precisamente porque es más que árbol. Es la vida que por él transita en –y más allá de– las formas y estados que adopta en un momento dado. Es nudo de confluencia del cielo y de la tierra, del agua y del viento, de la noche y del día, de la rítmica alternancia de las luces y las sombras, del ciclo de las estaciones, de un lugar y de un tiempo peculiares que, a su vez, remite a otros lugares y tiempos. Es lugar de confluencia de mitos y leyendas. Es libro en el que el ser humano encuentra una imagen arquetípica, universal, de la esencia de toda vida –de la vida humana y de la vida cósmica–. En él concurren el hombre que lo cultiva y se alimenta de sus frutos, el que se solaza en él, y el que lo mira dejándolo ser en sí, celebrando su esencial sin porqué en el silencio, en el canto o en la palabra poética (una actitud, ésta última, que no ha de confundirse con la de quien proyecta en el árbol impresiones y asociaciones sentimentales estrictamente subjetivas, explicables en meros términos psico-biográficos –una manifestación más del proceder objetivista que reduce todo a sí mismo y no deja a lo otro ser en sí–).

La actitud interesada, calculadora, ansiosa de seguridad y de ganancias inmediatas se ciega ante el carácter abierto de las cosas, ante su capacidad de tornarse íntimas, de entrar en un juego de co-creación mutua, en un inagotable alumbramiento de sentido. Esta actitud que sólo ve objetos cerrados, manipulables, no susceptibles de respeto (respeto que es un "dejar ser en sí"), no puede acceder al nivel del sentido –el ámbito del Ser– ni a la experiencia de la originaria, creativa y creadora unidad del hombre con lo real a la que Heidegger alude con su expresión "ser-en-el-mundo" (*In-der-Welt-Sein*).

El hogar del ser humano es "lo abierto". Sólo cuando los meros objetos se insertan en el horizonte del mundo y se comprenden desde su "cosidad", desde su carácter de símbolo o vórtice de la des-velación del Ser, el mundo se convierte en hogar, se hace habitable. Un mundo des-simbolizado, por el contrario, es fuente de hostilidad y de desarraigo, pues se han roto los lazos que unían al ser humano con su entorno desde lo abierto del Ser.

* * *

Un lugar privilegiado en que el mundo se abre –nos dirá Heidegger–
es la obra de arte.[100] La obra de arte es "cosa" por excelencia, la más originaria. No es más "cosa" que cualquier otra "cosa", pero pertenece a su
esencia el desvelar de modo ineludible su "cosidad", el instalar en cada
caso un mundo, manifestando así la naturaleza abierta de lo real. Es, por
ello lugar privilegiado de patentización de la esencial desocultación del
Ser que acontece en todo ente. Invita a ver el ente desde su siempre súbito surgimiento, enraizado verticalmente en lo abierto del Ser, y no en
la mera horizontal de los proyectos intrahistóricos (que se agota en la referencia al antes y al después, y a lo ente). La obra de arte no representa
objetos; encarna mundos. El artista muestra lo real de lo real. De aquí la
importancia del arte: nos abre los ojos para que percibamos la realidad
en su carácter abierto y, en cuanto tal, "habitable".

Siguiendo con el ejemplo anterior: el árbol que plasma el pintor o el
que canta el poeta es un árbol liberado de la clausura de la representación, recuperado de su subordinación a intereses estrictamente subjetivos, un árbol al que se ha dejado ser en sí (*Selbstand*). La plasmación artística del árbol puede asumir formas y colores que aparentemente
desvirtúan su realidad desde el punto de vista estricto de los hechos, tal
y como éstos se ofrecen a-la-vista; puede estar "deformado" o esquema-
tizado; puede merecer calificativos que en el lenguaje prosaico sólo son
aplicables al ser humano y nunca a realidades inanimadas; etc. Pero esta
aparente "imprecisión" –imprecisión para la óptica que clausura cada
realidad y para la que "esto" es siempre "no aquello"– es máximamente
precisa y respetuosa, porque revela ese nivel de realidad en que los dilemas aparentes se superan, en que el árbol es uno con todo lo que es, en
que el árbol y el ser humano intiman y son espejos mutuos. El arte permite ver el árbol con los ojos de la mirada primera: la mirada abierta que
abre, la mirada sin referencias previas y por lo mismo receptiva y desinteresada; permite verlo con los ojos maravillados con los que mira el
niño –el heredero del mundo–. El arte alumbra el árbol dentro de un todo
orgánico, significativo y unitario en el que ningún elemento sobra, pues
todo contribuye a esa única desvelación; y contribuye, precisamente
porque nada «se empecina en su peculiar particularidad»,[101] sino en diluir su opacidad para devenir así espejo y seno transparente de todo lo
demás.

La obra de arte funda de modo privilegiado lo abierto, lo deja en libertad y lo ordena como un todo, "mundaniza." En ella, el Ser "acontece"

mundo. Y la obra de arte nos habla además de cómo "mundo" no es una noción abstracta y unívoca, sino que apunta a una pluralidad de mundos concretos –cada obra de arte alumbra, no "mundo", sino "un mundo"–. "Mundo" ya no es simplemente –como lo era en *Sein und Zeit*– un carácter del *Dasein* como tal, sino que ese carácter o existenciario, el ser-en-el-mundo o apertura que le es constitutiva, se traduce en el creativo abrirse de un ilimitado número de mundos diversos, en un permanente y plural "acontecer", siempre insólito, del des-ocultarse del Ser.[102]

La cuaternidad (*Geviert*): el cielo, la tierra, los mortales y los dioses
    En íntima relación con la palabra "mundo", Heidegger establece otra de sus palabras rectoras: *Cuaternidad o "ámbito cuatripartito"* (*Geviert*).[103]
    Cada cosa es símbolo –en el sentido estrictamente ontológico de este término– por ser vórtice de la mostración-desocultación del Ser. Y es símbolo, además, por ser lugar de refractación de toda otra cosa y del todo del mundo. Ahora bien, el "mundo" se abre en cada cosa estructurándose de una manera específica: como "Cuaternidad" (*Geviert*). El mundo –y cada cosa que, como tal, alumbra mundo– "mundaniza" siempre constelizándose en torno a cuatro direcciones arquetípicas: el cielo, la tierra, los mortales y los dioses. Toda cosa es siempre lugar de confluencia y reunión de estas cuatro dimensiones:[104]

> La tierra es la entrañante (la que porta) que construye, la que fructifica alimentando, abrigando aguas y roquedos, vegetales y animales (…).
> El cielo es la marcha del Sol, el curso de la Luna, el fulgor de los astros, las estaciones del año, la luz y el crepúsculo del día, la oscuridad y la claridad de la noche, la bondad y la inclemencia del tiempo, el paso de las nubes y la profundidad azul del éter (…).
> Los dioses son los mensajeros de la deidad, los que dan señales de ella. El prevalecer oculto de esta deidad, donde aparece el dios en su esencia, la sustrae de toda comparación con lo presente. (…)
> Los mortales son los hombres. Se llaman mortales porque pueden morir. Morir quiere decir: ser capaz de la muerte en cuanto muerte. Sólo el hombre muere. El animal termina. No tiene la muerte ni delante ni detrás de él. (…) La muerte, como cofre de la nada, es el albergue del Ser. Los mortales (…) son la relación esenciante con el Ser como Ser.
> Cuando nombramos cada uno de ellos, estamos pensando ya en los otros tres desde la simplicidad de los Cuatro.[105]

En cada cosa, por ser cosa, late la Cuaternidad, el "mutuo pertenecerse" o "primordial unidad"[106] de cielo, tierra, mortales e inmortales. A ella pertenece el "mundo" como intersección abierta y dinámica de los cuatro. El mundo no es ninguna de estas cuatro dimensiones en particular, sino la cuadratura misma que consteliza, no de modo arbitrario sino arquetípico, la diversidad en la unidad.[107]

Este aspecto del pensamiento de Heidegger tiene claras resonancias míticas, pues el hombre mítico experimentó el mundo como el enlace de tierra y cielo, y a sí mismo, como un mortal bajo la mirada de los dioses. El hombre antiguo, a su vez, buscó articular esta intuición latente en el pensamiento mítico mediante la denominada "ley de analogía": «Lo que está abajo es como lo que está arriba, y lo que está arriba es como lo que está abajo, para que pueda cumplirse el milagro de lo Uno» (*Tabula Smaragdina*). En otras palabras: todo el universo es un único acontecer, el acontecer del Ser. Por ello, todo él comparte un mismo y único sentido que se expresa de modo sincrónico en los distintos niveles de la realidad —desde el más grosero al más sutil— y que se despliega pautadamente en el tiempo y en el espacio. El macrocosmos y el microcosmos (el "cielo" —tanto físico como suprafísico— el hombre y la tierra) obedecen a una pauta unitaria, a un único "gesto" del Ser, quien a su vez se retiene tras ese gesto. Cada realidad es un libro, un espejo en el que cualquier otra realidad puede mirarse y reconocerse, pues cada una de ellas oculta la misma intención gestual. Cada realidad está abierta y esconde en sí el secreto de las otras. Cada punto de la circunferencia, y la circunferencia como un todo, son en esencia el mismo centro. El todo está en cada parte y cada parte está en el todo.[108] Así, por ejemplo, el hombre antiguo, mirando al cielo, descubrió las leyes y la melodía que acompasaban su propio devenir: «Comprende que el Sol, la Luna y las estrellas moran dentro de ti» (Clemente de Alejandría).[109] En la marcha externa de las cosas adivinaba y comprendía la marcha de sus procesos internos. Mirando la naturaleza reconoció sus propios ciclos y recurrencias y supo, por ejemplo, que la noche precede al día y que era preciso morir para renacer. Sabía de la vida de los dioses por el hálito divino que moraba en él. Sabía de la luz del Ser en el símbolo del Sol: fuente de vida y energía de todo ser; luz sin la cual no sería posible la visión humana, pero que, a su vez, no puede ser vista (mirada directamente); centro radiante que converge y estructura jerárquicamente todo en torno a sí, etc. Que estas asociaciones no eran meramente subjetivas, sino que respondían a la naturaleza interna de las cosas, lo evidencia el que las ciencias teórico/prácticas que sustentaron las civilizaciones antiguas se basaban en este tipo de constataciones analógicas.

Para los antiguos, la poesía era el lenguaje mismo de la realidad. La filosofía occidental tendió a despreciar esta visión. Su olvido del Ser, que es olvido de la dimensión simbólica de lo real, le incapacitó para comprenderla. Donde el hombre antiguo advirtió un sentido unitario refractándose sincrónicamente (acausalmente) en niveles diversos de realidad (y así, por ejemplo, miraba a los astros para saber de sí mismo), el filósofo y el científico forjado en los hábitos de la nueva ciencia sólo podían ver burdas y arbitrarias relaciones de causa-efecto establecidas entre realidades aisladas e inconexas entre sí, propias de un pensamiento aún pre-lógico e infantil. La llave maestra para la comprensión del mundo antiguo, la analogía, se había perdido, y con ella, el mismo saber tradicional.

Volvamos de nuevo al pensamiento de Heidegger: en su noción de *Geviert*, éste retoma, a través de la poesía de Hölderlin, arquetipos presentes en el pensamiento mítico, dotándolos de una estructura dialéctica. Los cuatro no existen por y en sí mismos, sino en, y desde, la Unidad que los ensambla (el centro de la circunferencia). "Unidad en la diversidad": una unidad que se despliega como mundo, espacio y tiempo; que no es unívoca y estática, sino dinámica y abierta; que es danza –la danza del mundo–, ronda, juego, "juego de espejos" (*Spiegel-Spiel*),[110] en el que cada cosa espejea y desvela la esencia de las demás, y únicamente así todo permanece en lo "propio", en su elemento. Sólo "lo otro" desvela la propia esencia, pues "lo otro" es "lo Mismo" desde la Unidad de la Cuaternidad, desde la Unidad o Relación que mantiene a los cuatro arquetipos ensamblados desde su centro: el Acontecimiento del Ser.

La Cuaternidad del mundo –nos dirá Heidegger– establece la "proximidad", "vecindad" o cercanía de las cosas. Ésta radica en su entrega y custodia mutua, una entrega por la que se potencian y permanecen en sí, en su esencia. La esencia de la cercanía no puede comprenderse en función de meras coordenadas espacio-temporales.[111] El dominio del espacio y del tiempo entendidos como parámetros de la representación (dominio propio del pensamiento calculador) no permite comprender la naturaleza de la vecindad de las regiones del mundo, pues el espacio y el tiempo concebidos como parámetros[112] constituyen un *continuum* de *parte extra partes*, cerradas las unas frente a las otras y auto-excluyentes, partes neutras, carentes de toda cualidad, estructuración jerárquica y multidimensionalidad. Pero desde la unidad de la Cuaternidad, el tiempo y el espacio dejan de ser partes niveladas y auto-excluyentes, y movimiento uniforme que pasa y desgasta sin retorno, y adquieren las cualidades de la tierra, del cielo, de los mortales y de los dioses. No son ya marco neutro del desenvolvemiento de las cosas, sino que acontecen con ellas, son parte de su mismo acontecer. (Como reconocían los antiguos, hay tiempos propicios para el nacimiento y tiempos propicios para morir, tiempos de introversión y tiempos de extraversión; el espacio determina ciertos paisajes externos e internos, y así también lo hace el tiempo). Tiempo y espacio no son ya las coordenadas asépticas de todo acontecer; ellos mismos acontecen, como acontecen todas las cosas, y son locuentes, significativos, como lo son todas las cosas. Y, en concreto, acontecen como el despliegue argumental, en sucesividad, de ese gesto del Ser que es el mundo.

Tiempo y espacio pertenecen esencialmente a lo Mismo, al Acontecimiento apropiador que "temporaliza" –deja madurar, crecer y eclosionar– y "espacializa" –en-frenta, deja entrar y deja salir– las cuatro regiones del mundo, las cosas del mundo. Por ello, sugiere Heidegger, lo Mismo bien puede llamarse: *der Zeit-Spiel-Raum*: el Espacio (de) Juego (del) Tiempo.

Todo es reflejo de todo. Pero el hombre tiene el privilegio de poder leer el mundo y de poder leerse en él; de leer la palabra o símbolo que es cada cosa (la tierra, el cielo, los dioses, él mismo, el espacio y el tiempo como despliegue melódico o argumental de todo ello). La cosa es cosa cuando en ella moran la tierra, el cielo, los dioses y los mortales. Pero saberse seno de la tierra, del cielo, de los dioses y de los mortales, y reconocer a la cosa como tal cosa, sólo compete al ser humano. Las cosas participan en «ese espacio de juego del tiempo», pero sólo el hombre puede saberse invitado y convocado a participar en la gran danza del mundo. Y únicamente puede saberlo, únicamente puede hacer de su vida "juego" y "danza" –lo que su vida es en esencia, aunque pocas veces lo vivencie como tal–, cuando se reconoce como más que mero hombre y que sujeto enfrentado a objetos, cuando se sabe el "ahí" (*Da-*) de lo abierto del Ser.

SER, PENSAMIENTO Y LENGUAJE

Hemos estado viendo cuál es la naturaleza de la intrínseca copertenencia de hombre y Ser, de la esencia humana y la verdad del Ser –copertenencia simbolizada por la noción *Ereignis*–. Pasaremos a ver, a continuación, cómo esa co-pertenencia se consuma, según Heidegger, en el pensamiento esencial y en el lenguaje.[113]

El pensar consuma la referencia del Ser a la esencia del hombre. No hace ni efectúa esa referencia. El pensar sólo la ofrece al Ser como aquello que le ha sido entregado por Él. Esta entrega estriba en el hecho de que, en el pensar, el Ser llegue a la palabra. La palabra –el habla– es la casa del Ser. En su morada habita el hombre.[114]

La esencia de la verdad –había escrito Heideger en *Vom Wesen der Wahrheit* (*De la esencia de la verdad*)– radica en la libertad; libertad no entendida como libre arbitrio subjetivo, como algo que posea el hombre, sino, por el contrario, como "algo" por lo que éste es poseído. Una libertad que consiste en "dejar ser al ente" en el sentido de un comprometerse con el ente, con su desvelamiento. Al hombre no le pertenece su libertad, como no le pertenece su actividad: ni su elegir y hacer, ni su pensar y hablar. Su comportamiento con el ente no encuentra en él la iniciativa, pues presupone la apertura que funda la posibilidad de dicho comportamiento –una apertura que más adelante denominará *Lichtung* del Ser–.

En otras palabras: el hombre no se pertenece, pertenece a la *Lichtung* del Ser, se pertenece en, y través de, la *Lichtung* del Ser. Por ello, y como pasaremos a ver, el pensar no es pensar del hombre, sino pensar *del* Ser; y, por ello, su decir no es decir humano, sino el modo en que el Ser puede llegar a la palabra.

Ser y pensar

«Lo gravísimo de nuestra época grave es que todavía no pensamos.»[115]

«Todavía no pensamos» –asevera Heidegger– porque aún no hemos dado el salto que nos habría de colocar en el ámbito originario del pensamiento. El salto que nos sacaría fuera del cerco de las opiniones habituales en las que el hombre habla sólo desde sí, en dirección a lo súbito y siempre nuevo: lo abierto del Ser. Porque todo pensar auténtico es siempre «pensar del Ser».

> El pensar es, para hablar sin rodeos, pensar del Ser (*das Denken des Seins*). El genitivo [que es tanto genitivo subjetivo como objetivo] dice dos cosas: el pensar es del Ser en la medida en que, introducido por el Ser, pertenece a su propio suceder; y el pensar es simultáneamente pensar del Ser en cuanto, perteneciendo al Ser, escucha al Ser.[116]

El pensar es "pensar *del* Ser", por tanto, en un doble sentido:
–Desde el punto de vista del Ser, el pensar es "del Ser", como genitivo subjetivo, porque «introducido por el Ser pertenece a su propio suceder». El pensar no es una actividad *del* hombre, pues es el Ser el que, en él, piensa y actúa.

El pensar es introducido por el Ser y, a su vez, el Ser, al hacerlo, se hace destino del pensar. El pensar está así esencialmente ligado a la llegada del Ser, y expresar en cada caso esta llegada es su única función. Por este motivo –afirma Heidegger– «los pensadores esenciales dicen siempre lo mismo. [Si bien] Esto no quiere decir lo igual».[117] Dicen lo mismo: dan voz al Ser y anuncian su llegada (su llegada a la palabra).

El Ser es origen y destino del pensar. En otras palabras: el Ser es ámbito o elemento del pensar, un "elemento" que, para Heidegger, es sinónimo de "capacidad", es decir, «(...) aquello desde lo cual el pensar es capaz de pensar. El elemento es lo propiamente capaz, es la capacidad».[118] A su vez, Heidegger entiende por capacidad no meramente el poder hacer esto o aquello, sino, más originariamente, el poder «dejar que algo sea esencialmente». «[el Ser] se hace con el pensar y lo lleva, así, a su esencia.»[119] El Ser es el elemento del pensar, tiene poder sobre el pensar, lo posibilita al conservarlo en su esencia, al donarle su elemento y sostenerlo en él.

–Desde el punto de vista del hombre, para que el Ser sea lo pensado en su pensar, para que su pensar sea pensar *del* Ser (genitivo objetivo), «el hombre ha de escuchar al Ser perteneciendo al Ser». Con ello, el ser humano no hace más que permitir que el pensar exprese en plenitud su esencial referencia al Ser; el pensar se la ofrece al Ser como aquello que ya le había sido entregado por Él; da lo que le ha sido donado, consuma lo que ya es, era y será: su esencial pertenencia al Ser como su origen y destino.

El pensar es "pensar *del* Ser" cuando escucha al Ser perteneciéndole. Estas palabras evidencian la íntima relación del pensamiento y del lenguaje con la estructura de apropiación-expropiación del *Ereignis*: el acontecimiento apropiador se manifiesta como unidad de llamada y respuesta, como copertenencia de llamada y escucha.[120] Llamándole, el Ser lanza al ser humano a existir. La existencia humana es la llamada del Ser. El hombre responde a esta llamada a través de la escucha, del cuidado silente y receptivo que le permite hacerse eco entre los entes de la verdad del Ser. Y precisamente en esto radica la esencia del pensar: «El pensar es lo que es esencialmente en la medida en que pertenece al Ser, escuchándolo.»[121]

El pensar que busca y pregunta frente al pensar esencial

El pensar escucha al Ser desde el Ser. No lo busca, sino que se sabe en él. Por ello –insiste Heidegger–, frente a la importancia que la pregunta ha tenido en la historia del pensamiento occidental (lo propio de una filosofía entendida como "búsqueda" de las primeras razones y causas), el nuevo pensar del Ser no ha de tener como ámbito la pregunta (*die Frage*), sino *la escucha* (*das Hören*).[122]

«El verdadero gesto del pensamiento ahora necesario es la escucha (…), y no el preguntar.»[123]

El pensar del Ser no ha de orbitar en torno a la pregunta, concebida como el empeño subjetivo por alcanzar lo buscado[124] –que presupone la no estancia en eso buscado y, consecuentemente, la interpretación técnica, productora del pensar–, sino en torno a la escucha, que ya no busca, porque se sabe situada en el ámbito donde radica toda respuesta. La escucha, sabiéndose en ese ámbito –sabiendo que si busca es porque ya está *en* lo buscado y busca *por* y *desde* lo buscado–, sólo quiere permanecer en él y co-responder a él.

> La "Ontología", sea trascendental o precrítica, no cae bajo la crítica porque piensa el Ser del ente y fuerza al Ser a entrar en el concepto, sino porque no piensa la verdad del Ser, y de este modo desconoce que hay un pensar más riguroso que el conceptual. El pensar que trata de avanzar pensando hasta la verdad del Ser, sólo consigue que llegue a expresarse –en el apremio del primer abrirse paso– muy poco de la dimensión totalmente distinta.[125]

El pensar que precisará la época postmetafísica no puede ser fruto de la pretensión humana de hacerse con el Ser y traerlo hacia sí –actitud reflejada en la primacía del preguntar–, sino del traslado del hombre hacia su esencia: la cercanía del Ser. «El pensar que trata de avanzar pensando», es decir, teniendo como sujeto del pensar, como origen de la iniciativa de acercamiento al Ser, al ser humano, es necesariamente violento, no "deja ser" al Ser.

No deja ser al Ser, en primer lugar, porque intenta pensar la verdad del Ser remitiéndola a los términos en que se plantea la pregunta, a los conceptos previos, a lo conocido; por lo mismo, este pensar no puede abrirse a lo innominado donde se alumbra el misterio del Ser. No deja ser al Ser, en segundo lugar, porque el Ser no puede forzarse a entrar en el concepto, ya que es lo siempre inaprehensible. Y en tercer lugar, porque este «pensar que trata de avanzar pensando» presupone la lejanía de aquello que se busca; pero esta lejanía es ficticia y, por lo tanto, la búsqueda que se sustenta en ella y, enajenada, pone sus miras más allá de sí (más allá del buscar en sí y del sujeto que busca) está necesariamente abocada al fracaso.

«El Ser –insiste Heidegger– es lo más cercano.» Ahora bien –matiza–: «la cercanía le queda al hombre [al hombre meramente hombre] holgada, por demás alejada»:[126]

Decir que el pensar del Ser no tiene su origen en la iniciativa del sujeto humano equivale a decir que este pensar no puede ser comprendido desde la interpretación "humana" del hombre como *animal rationale*, sino desde su ser más que mero hombre, desde su ser "vecino del Ser". Es, por ello, un pensar de naturaleza no *rationale*, no raciocinativa, no conceptual. Y de aquí su "dificultad", una dificultad derivada, paradójicamente, de su simplicidad: dada la extrema cercanía del Ser, no cabe acceder a él a través de un conocimiento mediato, y todo pensar conceptual es mediato, se fundamenta en la distancia o dualidad entre sujeto y objeto, es siempre un pensar "acerca de". Es por esta gran simplicidad del pensar del Ser por la que el hombre –en su resistencia a dejar de vivenciarse como sujeto–,

desconoce, por lo pronto, lo inmediato –lo más próximo– y se atiene a lo mediato. Hasta cree que es lo más próximo. Pero más cerca que lo inmediato, y también –para el pensador ordinario– más lejos que lo que está más apartado, está la cercanía misma: la verdad del Ser.[127]

La "dificultad" del pensar del Ser del que Heidegger se hace eco –difícil sólo para el hombre "esforzado", habitualmente ajeno a la simplicidad– radica, en otras palabras, en que, dado lo extremadamente cercano del Ser, el pensar no puede hacer de Él un contenido de su representar: un objeto enfrentado al sujeto pensante. No hay distancia que salvar en la búsqueda del Ser. El pensar metafísico y el lenguaje lastrado por él son intrínsecamente dualistas y, por ello, inadecuados para acceder a la verdad del Ser, pues Éste no es algo a alcanzar por el hombre –como lo distinto y distante– sino el mismo seno en el que el hombre habita y aquello por lo que es habitado; no es algo a lo que quepa "acceder", sino lo que posibilita todo acceso; no es un término de referencia dual (buscador-lo buscado, pregunta-respuesta, sujeto-objeto...), sino la condición de posibilidad no-dual de todo movimiento dual. El "pensar del

Ser" no transita "desde" un sujeto "hacia" un objeto, no busca nada, no va hacia ningún lugar; sólo expresa, *siéndola*, la unidad no-dual en la que arraiga; permite y modula el darse histórico del Ser *en* y *desde* el que es.

«El pensamiento no es un medio para el conocimiento. El pensamiento abre surcos en el campo del Ser.»[128]

Y de ahí su carácter riguroso: donde no hay distancia no cabe el error. De ahí su infalibilidad, frente a la creencia antropocéntrica, metafísica, de que no hay más pensamiento riguroso que el pensar conceptual, el cálculo asegurador. Una infalibilidad que no es la *certitudo* del *ego cogito* ni la *certitudo* que proporciona la *ad-equatio*, sino la infalibilidad de la rosa o la infalibilidad de la obra de arte: sencillamente no pueden no ser lo que son, porque "simplemente son". O la infalibilidad del juego, en el que no se "busca" nada, pues el mismo camino es la meta y cada instante es su propio origen y su propio fin; en el que no cabe "errar", pues el error del calcular es también parte del juego, y, como tal juego, "es" –es en sí y para sí–, es ya verdad.

Donde no hay dualidad, pre-tensión, no hay lugar para el error. O más propiamente: la noción de error y la dualidad que la sustenta (la verdad concebida como el acierto frente al error, como la adecuación frente a la inadecuación) pierden su sentido.

Este pensar del Ser, que por su naturaleza inobjetivable y carente de medida parece recaer en la arbitrariedad, es, por el contrario –insiste Heidegger–, el único pensamiento esencialmente riguroso. Su rigor no se cifra en sus exitosos resultados prácticos. Tampoco se funda en las leyes de la lógica (de hecho, si éstas pueden ser leyes es porque ya son en, y a partir de, la Ley del Ser; ley definida por haber el Ser introducido el pensar destinándose a él). El rigor de este pensar no es medible ni evaluable, porque es, de hecho, la fuente de toda medida y evaluación, porque toda regla y todo comportamiento teórico y práctico son ya en el espacio abierto y luminoso del Ser. Este pensar es el único pensar riguroso porque «el rigor del pensar consiste (…) en que el decir quede puramente en el elemento del Ser».[129] Este rigor no suprime la naturaleza aventurada, arriesgada de este pensar, pues: «¿Cómo no ha de ser lo simple –a que nos hemos referido–, si bien no en sí, pero sí para el hombre, lo más peligroso?»,[130] lo que parece frustrar la búsqueda de seguridad que es la razón de ser de su ato-vivencia como sujeto.

En resumen: el carácter riguroso del pensar del Ser radica en que ya no tiene como medida y referente de su verdad a la razón humana, la cual opera siempre en términos duales y comparativos, sino que, más allá de toda referencia comparativa, sabe que la verdad no es la adecuación de la mente a "lo que es", sino, sencillamente, el acontecer y la expresión de "lo que es". Es una verdad que el pensamiento no ha de aprehender y de la que no ha de dar razón, sino una verdad que ha de *ser*. El pensamiento no ha de ir en la búsqueda de la verdad del Ser (si lo hiciera, podría no encontrarla, o bien encontrar falsos sustitutos y caer en la falsedad); ha de reconocer que, como expresión del Ser, el mismo pensar *ya* es *alétheia*: mostración de su verdad. Incluso el pensamiento ciego para el Ser es ya *alétheia*: expresión del ocultamiento del Ser que acompaña necesariamente –como la sombra a la luz– a su desvelación.

«Debido a su esencia simple se nos hace el pensar del Ser incognoscible.»[131] Por ello, para acceder a este pensar –escribe Heidegger– hemos de hacernos amigos de lo desacostumbrado que hay en lo simple, permanecer en lo innominado de la cercanía del Ser, habituarnos a la presencia de lo inmediato e inaprensible, evitando contextualizar toda relación y proximidad en los términos de una relación objetivante y dual.

El pensar excéntrico que busca, que no concibe otro pensar que el sustentado en la conciencia objetivante, que se inquieta y apresura, es ciego para lo más simple: su estar ya, de hecho, en lo buscado.[132] No el pensar que "piensa", sino sólo el pensar que "es" puede alumbrar esta verdad.

El pensar esencial como pensamiento meditativo (*das besinnliche Nachdenken*)

Frente al "pensar calculador" (*das rechnende Denken*) –la vertiente técnica, instrumental y productora del pensamiento, según la cual el Ser es lo producido, encontrado, alcanzado, etc., por el pensar, y como todo producto está ahí, presente, ante ante-la-vista–, frente al filosofar entendido como una "técnica" de aclaración de las últimas causas, Heidegger propone un pensar radicalmente distinto: un "pensamiento meditativo" (*das besinnliche Nachdenken*) no definido por –ni subordinado a– sus resultados, pues no es tanto un hacer, un ejecutar, un efectuar un efecto, como un "dejar ser", un "consumar", un expresar algo en la plenitud de su esencia.[133]

«Consumable –afirma Heidegger– es propiamente sólo aquello que ya *es*. Lo que es, no obstante, y ante todo, "es" el Ser.»[134] Consumar no es "hacer" lo que aún no es, sino "dejar-ser" lo que *ya* es. Y lo que siempre y en todo caso ya es, es el Ser.[135] El consumar dice relación al Ser. El efectuar, en cambio, se encamina hacia el ente. Por eso, el pensamiento filosófico, desvirtuado en técnica del pensar, no pudo acceder al Ser más que nivelándolo con el ente.

El pensar del Ser, el pensamiento meditativo, precisamente porque simplemente consuma y no efectúa, porque simplemente «satisface su esencia siendo»,[136] está más allá de la distinción convencional –metafísica– entre el pensamiento de naturaleza teórica y el pensamiento práctico; es previo a esta distinción y más originario que ella. No es ni representación teórica ni suma de directrices prácticas. De hecho, toda teoría y toda práctica –y, con ello, las distinciones "metafísicas" entre "ontología" y "ética", praxis y contemplación, etc.– no son más que meras "hechuras de la razón humana" cuando no radican y cobran su sentido último en el "pensar del Ser", que es la Luz de la que participa todo representar y la Ley que sostiene toda ley. Este pensar se ocupa de la Luz que posibilita toda teoría, de la Ley que posibilita y funda el regir de toda regla, de la "acción" –del "consumar"– que funda toda práctica y todo efectuar.

Por lo mismo, el pensar "consumador" del Ser o "pensamiento meditativo" no es lo opuesto al pensamiento calculador o instrumental; éstos no son términos de una oposición simétrica, pues no hay simetría posible entre lo originario y lo derivado, lo accidental y lo relativo, lo fundante y lo fundado.

* * *

Si, para el pensamiento instrumental, el conocimiento es asunto de "método" (*Methode*), para el pensamiento meditativo es asunto de "camino"(*Weg*) –término que, como veremos en nuestra reflexión comparativa, Heidegger pone en relación con la palabra/guía del pensamiento chino *Tao*–:

El método –asegura Heidegger– es la máxima desvirtuación de lo que es un camino. «Las ciencias conocen el camino al conocimiento bajo el término de "método".»[137] Un método que ya no se limita a ser lo que fue originariamente, mero instrumento de las ciencias, pues la misma ciencia ha terminado subordinándose al método al concebirse a sí misma al modo de la técnica y de sus posibilidades.

El pensamiento meditativo no tiene método, sino camino; es camino. El camino, en este sentido, no es el recorrido que salva la distancia entre dos puntos –lo que no tendría sentido cuando se trata de "ir" hacia donde ya nos hallamos–. Cuando la verdad no es una meta a alcanzar, cuando por ello no tiene sentido hablar de verdad y de error, de facilidad o dificultad, etc., no hay lugar para las técnicas, para los medios; sencillamente, cada aquí y cada ahora son ya la meta; ya y siempre estamos en camino. El Ser es el camino, y como todo es en el elemento del Ser, todo está ya en-caminado. No cabe dejar de lado este camino; no cabe el des-camino porque, vayamos a donde vayamos, lo hacemos porque estamos ya en lo abierto del Ser. El "pensar del Ser" es el pensar que toma conciencia de ello: de que de hecho ya está en-caminado. No de que está en un camino concebido como algo ya dado a lo cual el pensar se habría de amoldar (el método o el "camino metódico"), sino en un camino que se alumbra a cada instante en el pensar. Un camino no lineal, que no dice relación a un antes o a un después, sino que se recrea desde su origen y retorna a él de instante en instante. Un camino sin mapas, sin referencias extrínsecas; que se recorre, pero que no se planea; que se conoce siéndolo, pero no representativamente, calculándolo; que es lo más familiar, pero también lo más misterioso; lo más presente, pero también lo más evasivo pues nunca está presente como "lo-que-es-ante-la-vista".

El pensar esencial está ya en camino porque es en el elemento del Ser. Ahora bien, el pensar del Ser no sólo es en el elemento del Ser, sino que también le es propio el saberse *del Ser*, el ser consciente de su ser en el Ser. Sólo en este último sentido puede concebirse el camino como un movimiento direccional que culmina en esta toma de conciencia; un movimiento desde el pensar que es en el Ser sin saberlo al pensar que reconoce la esencial respectividad de su esencia al Ser. Si bien este "movimiento hacia" también descansa en un "no-hacia", pues sigue siendo el movimiento en lo Mismo de lo Mismo.

El pensamiento meditativo es un asunto de "camino", además, en otro sentido (aunque ya implícito en lo dicho). Este pensamiento –que es el pensamiento (*Denken*) *per se*– no es algo ya dado y presente en el ser humano por el mero hecho de serlo, sino una posibilidad latente en él, vinculada a la de asumir conscientemente su propia esencia. Este pensamiento, por ello, sólo se alumbra a través de un camino experiencial de auto-transformación del pensador, de superación de su tendencia inercial a definirse en relación con lo ente y a detenerse prioritariamente en lo ente u objetivo. El término "camino" (*Weg*) alude también a este carácter esencialmente experiencial y transformador del verdadero pensamiento.[138]

Ser y habla

«El habla es (...) el habla del Ser, como las nubes son las nubes del cielo.»[139]

La co-pertenencia entre la esencia humana y la verdad del Ser se lleva a cabo en el pensamiento esencial, y más concretamente, como pasaremos a ver, en el lenguaje. «El habla –afirma Heidegger– es la casa del Ser; en su morada habita el hombre.»[140] Por ello, la pregunta por el Ser está unida íntimamente a la cuestión por el habla. Y por ello, el olvido del Ser está indisolublemente ligado a un proceso de decadencia y empobrecimiento del lenguaje: «la razón propiamente dicha de toda nuestra errada relación con el mismo [con el lenguaje] radica en la destruida referencia al Ser como tal».[141]

El punto de vista instituido sobre la esencia del habla (*Sprache*) –que está en estrecha relación con el punto de vista metafísico, con el olvido del Ser– define la esencia del habla sometiéndola a las categorías del pensamiento representativo. Tranquiliza así el afán objetivador y asegurador de la razón creyendo que, con ello, la esencia del habla ha sido puesta de manifiesto. Desde esta perspectiva, el habla se concibe como una «exteriorización fónica de estados de ánimo, como una actividad humana y como una representación simbólica y conceptual».[142] Esta caracterización de la esencia del habla está, a su vez, estrechamente relacionada con la caracterización del hombre como "animal racional".[143]

En nuestra tradición metafísica, en la medida en que el ente se experimenta como "lo-ante-la-vista" y el Ser es nivelado con el ente, el habla también se circunscribe a "lo presente". Por este motivo ha predominado la consideración del habla como una modalidad de la "actividad" humana –lo esencial del habla se cifra en el acto de hablar– y como un conjunto de sonidos articulados portadores de significación. La relación originaria entre el mostrar (el dejar aparecer) y lo mostrado degenera en mera relación convencional entre el signo y lo designado –una degeneración del signo desde ser algo que muestra a ser algo que designa, que Heidegger considera que tiene su origen en la ya apuntada mutación de la esencia de la verdad–.

Pero la descripción metafísica del habla como una actividad humana, como la exteriorización fónica de estados de ánimo y como una representación simbólica y conceptual, aunque es válida en su nivel –derivado–, deja por completo de lado la esencia del habla. Esta descripción concibe al habla como algo objetivable, como algo que el sujeto ha de poner frente a sí de cara a aprehender su esencia, y olvida que si pensamos y hablamos y, más en concreto, si podemos preguntarnos por cuál sea la esencia del habla, es porque de hecho *ya* estamos en ella, porque esta esencia se nos ha confiado ya; tanto se nos ha confiado que en ella moramos. El habla, en este sentido originario,[144] no es una realidad objetiva u objetivable (ante-la-vista), sino el ámbito desde el que podemos pensar y preguntarnos por todo, también por la esencia del habla. No puede ser comprendida por la vía del pensamiento representativo, pues no es algo ya dado, sino lo previo a todo darse y la acción misma en virtud de la cual algo se da. No podemos pensar el habla, ni tampoco pensamos mediante el habla (el lenguaje no es en esencia algo *dado* en la forma de instrumento del pensar). Pensamos ya en ella y desde ella.

Estamos en el habla (*Sprache*), pero, a la vez, pretendemos ponernos en camino hacia ella, pues nos preguntamos por su naturaleza. Y es que, si bien estamos en ella, no lo estamos de un modo tal que nos permita acceder a la experiencia de su esencia. Como dijimos al comienzo de esta exposición, al ser humano, por el mero hecho de serlo, le corresponde una cierta interpretación preontológica del Ser, y también, por serlo, le corresponde una comprensión preontológica del habla. Pero, como decíamos con relación al Ser y repetimos ahora con relación al habla, es preciso elevar esta comprensión preontológica al rango de asunción ontológica consciente; sólo así el hombre realiza plenamente su esencia y se auto-posee desde lo más esencial de sí. Esta asunción, puesto que lo es de algo que ya es y en lo que ya somos, de algo que *ya* nos habla, sólo puede darse a través de la escucha. Comprender cuál sea la esencia del habla supone, pues, adentrarnos conscientemente en su ámbito –que es nuestro ámbito– y allí permanecer a la escucha. En palabras de Heidegger: «dilucidar el habla quiere decir, no tanto llevarla a ella, sino a nosotros mismos, al lugar de su esencia, a saber: al recogimiento en el *Ereignis*»;[145] significa no tanto remitirla a nuestros conceptos prefijados, como comprenderla a partir de ella misma, dejar que ella nos conduzca hacia sí y nos confíe experiencialmente su esencia, hacer con ella una experiencia:

> Hacer una experiencia (*eine Erfahrung machen*) con algo –sea una cosa, un ser humano, un Dios– significa que algo nos acaece, nos alcanza; que se apodera de nosotros, que nos tumba y nos transforma. Cuando hablamos de "hacer" una experiencia, esto no significa precisamente que nosotros la hagamos acaecer; hacer significa aquí: sufrir, padecer, tomar lo que nos alcanza receptivamente, aceptar en la medida en que nos sometemos a ello. Algo se hace, adviene, tiene lugar.[146]

Hacer la experiencia de la esencia del habla no tiene, por lo tanto, nada que ver con adquirir conocimientos sobre el habla, con engrosar el número de nuestros contenidos representativos sobre ella. Esa experiencia requiere, no un movimiento acumulativo y horizontal del pensamiento, sino, por el contrario, un soltar en un salto vertical, un paso más "acá" hacia la fuente y condición de posibilidad del representar y del hablar humano. Un soltar que es un ganar, pues el hecho de que no podamos tener un conocimiento representativo acerca de la esencia del habla, de que no podamos verterla en contenidos enunciativos –comenta Heidegger–, lejos de ser una limitación, procede de nuestra mayor dignidad: la de ser habitantes y moradores del mismo habla.

La interpretación metafísica del habla olvida que ni el pensar ni el hablar tienen su origen en la iniciativa individual, que no son en esencia actividades humanas. No habla propiamente el hombre, habla el Habla. El hablar sólo es una expresión o actividad humana derivadamente. Es con relación al hablar del Habla como hay que comprender el hablar de los hombres. El Habla habla (*Die Sprache spricht*). Y puesto que habla el Habla, la esencia del hablar humano, insistimos (análogamente a lo que dijimos acerca de la esencia del pensar), ha de ser la escucha, el "corresponder" (*entsprechen*) con el habla del Ser:

«El hablar humano, antes que nada, ha de haber escuchado el mandato de la Invocación (…) Cada palabra del hablar de los mortales habla desde esta escucha y en tanto que tal escucha».[147]

El lenguaje es esencialmente escucha, un dejarse decir (*sich-sagen-lassen*).

La esencia del pensar y del hablar radica en la escucha: en permanecer en el Ser, a la escucha, para dar, de este modo, la palabra al Ser. El ser humano sólo habla auténticamente cuando escucha; hace una experiencia con el habla sólo cuando permite que sea el Habla misma la que se exprese en su decir. Ello exige –afirma Heidegger– tener por hogar el sendero del silencio; exige «más el recto silencio que el precipitado pronunciarse», pues «el Habla habla como "son" del silencio» (*Die Sprache spricht als das Geläut der Stille*);[148] la llamada a la que responde el hablar del hombre es, en su esencia más profunda, silencio; se dice silenciosamente y se dice desde el silencio, desde el *léthe* de la *Alétheia*, desde el misterio de lo que nunca queda dicho en lo que se dice, desde «el silencio que permanece inexpresado en toda expresión, toda expresión que extrae de él su expresividad».[149] La llamada del Ser es el *melos* del silencio.

Hasta tal punto la esencia del hablar humano radica en la escucha silenciosa –silencio que es silencio de la representación–, que el hombre habla más esencialmente cuando calla o balbucea en su quedar embargado por el *melos* del silencio, que cuando habla "con propiedad" meramente desde sí, desde su instinto objetivador, sin quebrar la "jaula" de su conciencia individual.

> (…) ¿dónde habla el Habla como tal Habla? Habla curiosamente allí donde no encontramos la palabra adecuada, cuando algo nos concierne, nos arrastra, nos oprime o nos anima. Dejamos entonces lo que tenemos en mente en lo inhablado y vivimos, sin apenas reparar en ello, unos instantes en los que el Habla misma nos ha rozado fugazmente y desde lejos con su esencia.[150]

El hombre habla esencialmente sólo en y desde el Habla; es esencialmente sólo en la escucha de la palabra o invocación del Ser. Es entonces cuando el hablar humano puede co-responder, ser fiel al "más allá" (*ex-*) de su ex-sistencia.

> (…) el hombre es esencialmente, sólo (…) en cuanto el Ser le dirige la palabra. Únicamente en este embargo (=interpelación) "ha" hallado aquello en lo cual habita su esencia. Sólo desde este habitar él "tiene" "habla", entendida ésta como la morada que conserva en su esencia lo ex-stático.[151]

La filosofía, de hecho, no nació exclusivamente como un pensar y un hablar *sobre* el Ser, sino, ante todo, como un pensar y hablar *del* mismo Ser (genitivo subjetivo). En todo caso, como un re-decir lo ya hablado por el Ser. El filósofo no era aquel que pensaba en torno al Ser, sino el que lo escuchaba.

El nombrar

La indagación en torno a la esencia del habla nos pone en condiciones de acceder a la naturaleza del nombrar. Pues bien, el nombrar –asevera Heidegger– guarda el gran secreto de la relación entre palabra y cosa. Y el secreto es éste: la palabra confiere *ser* a las cosas. Gracias a la palabra la cosa *es* como tal cosa; ésta llega a ser *por* y *en* la palabra. Heidegger es contundente a este respecto: «Si cada ente no recibe un nombre y la citación del lenguaje, no puede emerger de la oscuridad del no-ser hacia la claridad del Ser y, por lo tanto, no existe».[152]

Ya en su *Introducción a la metafísica* (escrita en 1936) afirmaba Heidegger:

> (…) las palabras y el lenguaje no son en absoluto cápsulas en que las cosas se empaqueten para el comercio del que habla y escribe (…) Las cosas sólo llegan a ser y son en la palabra, en el lenguaje. Por eso el abuso de la lengua en la simple charla, en las consignas y frases, nos hace perder su auténtica relación con las cosas.[153]

Y en torno a la misma fecha, escribía en su conferencia *El origen de la obra de arte* (un ensayo que no se publicaría hasta 1952):

> En la representación corriente, el hablar equivale a una especie de comunicación. Sirve para la comunicación y el convenio; en general, para el entendimiento mutuo. Pero el habla no es sólo ni prioritariamente una expresión oral y escrita de lo que debe ser comunicado (…) sino que el lenguaje es el que lleva primero al ente como ente a lo manifiesto. Donde no existe ningún habla, como en el ser de la piedra, la planta y el animal, tampoco existe ninguna patencia del ente (…).[154]

En obras posteriores, y muy en particular en su *Unterwegs zur Sprache* (*De camino al habla*, 1950-1959), afirma ya abierta e insistentemente que: «Algo es solamente cuando la palabra apropiada –y por tanto, pertinente– lo nombra como siendo y lo funda así cada vez como tal».[155] El ser de cada cosa reside en la palabra. La cosa sólo es cosa cuando se ha encontrado la palabra que la nombra. La palabra no se limita a alcanzar lo previamente existente. No acota lo que ya es. Ni siquiera basta decir que densifica lo que ya era y lo enriquece entitativamente. Más allá de todo ello, la palabra funda a la cosa en su ser. Al nombrar la palabra, ésta instaura, sostiene y retiene el ser de la cosa nombrada. La palabra no tiene una relación con la cosa sino que *es* la relación misma. Por ello, la palabra –el habla– es la casa del Ser. Y, por ello, el modo más apropiado de ir "a las cosas mismas" es ir a la palabra.

«Ninguna cosa es donde falta la palabra» –asevera Heidegger repitiendo el verso final de un poema de Stefan George–: *So lernt ich traurig den verzicht: / kein ding sei wo das wort gebricht.* («Así aprendí triste la renuncia: / Ninguna cosa sea donde falte la palabra.»)[156]

Aprender –escribe Heidegger– es «doblegarse a la experiencia del re-corrido (*er-fahren*)»,[157] alcanzar una visión que ya nunca más se pierde de vista, a través de un camino. Pues bien, a lo que ha aprendido a renunciar el poeta es a la creencia de que tiene dominio sobre la palabra entendida como nombre representativo; a la creencia de que con su nombrar logra re-presentar lo que ya *era,* lo que él había "puesto" previamente como verdaderamente existente, de que con su nombrar logra tangibilizar y acotar lo que ya conocía como existente en la lejanía. Abandona la creencia en la naturaleza re-presentativa de los nombres –supuestamente atribuidos *a posteriori* a cosas ya existentes para su representación–. Abandona, en definitiva, la creencia en la soberanía representacional de la palabra.

Pero esta renuncia no es un «decir "no"», una pérdida; es un «decir "sí"», una ganancia. La ganancia de otra articulación y otro tono para el decir, de un nuevo reino para la palabra. Se renuncia a los nombres que re-presentan, a la palabra que da nombre a lo ya presente, para ganar la palabra que funda la posibilidad de la presencia y, por lo tanto, la posibilidad de la representación misma. Es un decir "no" a los nombres regateados para lo ya puesto por el yo, y un decir "sí" a los nombres recibidos como puro don por el mismo reino de la palabra para dejar ser lo no previamente puesto ni conocido.

El hablar nombra. Al nombrar, invoca: llama a las cosas a la palabra, a la cercanía. Pero no para circunscribir lo llamado a lo presente. El nombrar, hemos dicho, sostiene y retiene el ser de la cosa nombrada, pero no retiene el ser de la cosa cercándolo u objetivándolo. Porque lo llamado que se acerca a la presencia desde la lejanía, sigue perteneciendo a la lejanía. La sede de la venida –afirma Heidegger– es una «presencia resguardada por la ausencia»,[158] una «presencia que está siendo sostenida hacia la ausencia».[159] Lo llamado llega a la presencia, pero no se cosifica en lo presente, no se agota en su mostrarse –como ocurría con el pensar y decir metafísicos–, sino que remite a lo supraobjetivo y nodicho de donde proviene toda su fuerza creadora.

De aquí la advertencia de Hölderlin –retomada y comentada por Heidegger– de que el habla es "el más peligroso de los bienes". Su peligro radica precisamente en su grandeza: el habla funda al ente en su Ser; pero el ente alumbrado en la palabra puede, a su vez, absolutizarse en su patencia y olvidarse en su proveniencia –en la que radica su esencia–, es decir, puede ocultar su esencial referencia al Ser. La palabra puede igualmente absolutizarse como palabra-término, como palabra objeto diversa de lo por ella designado, olvidándose su esencia abierta y nunca dicha en la que es una con la cosa nombrada.

En otras palabras: «El peligro es la amenaza del Ser por el ente».[160] El habla alumbra y oculta al Ser. Dada la necesidad de que la palabra originaria se haga palabra común, de que la palabra abierta y supraobjetiva devenga mero término o palabra-cosa, cabe el peligro de que el habla atente contra su propia esencia, de que la palabra esencial pase a ser inesencial, de que se limite a acotar y cristalizar al ente en su aspecto mostrenco y oculte la dimensión abierta de su ser. Dada la dimensión del habla como medio de comunicación –accidental y derivada, pero real– cabe que el habla degenere en mero instrumento disponible.

Este peligro intrínseco al lenguaje y al habla se patentizó de modo particular en el declinar del pensamiento griego. Si, en su sentido originario, *lógos,* "Decir", era para los griegos mostrar, dejar-aparecer,[161] más adelante –especialmente a partir de los tiempos del helenismo (*Stoa*)– se escindió el mostrar de lo que se muestra; la palabra se concibe desde entonces como un "instrumento" de designación al servicio del pensar representacional: un signo unido a un significado por un lazo convencional. La palabra ya no muestra, ya no encarna en sí misma realidad, meramente "significa" en virtud de su convenida relación arbitraria con un significado. Comienza así el proceso de decadencia del lenguaje que para Heidegger culmina con la moderna metafísica de la subjetividad. Esta decadencia del lenguaje –insiste– no es tanto causa como consecuencia del erigirse la subjetividad en fundamento. Con ello, inevitablemente, el habla se sale de su elemento. El pensar calculador –pensar que comparten la ciencia y la filosofía– hace del habla un instrumento de domino sobre el ente; y este empobrecimiento del habla, este ocultamiento de su condición de casa del Ser, es un peligro para la esencia del hombre que desfigura así la referencia última y definitoria de su esencia y se cierra a su posibilidad de acción "ontológica", co-creadora, literalmente alumbradora de Ser a través de la palabra. Pues «el habla no es un instrumento disponible, sino aquel acontecimiento que dispone la más alta posibilidad del ser humano»:[162] la de patentizar y mantener en lo patente lo que es –posibilidad que constituye su propia ex-sistencia–, la de estar en medio de la publicidad de los entes[163] –posibilidad que funda el mundo y su historia–.[164]

La palabra hace ser a la cosa. Este "hacer ser" no ha de entenderse según la modalidad del pensamiento instrumental que concibe el fundamento como causa de su efecto. La palabra no causa la cosa, ni la cosa es efecto o consecuencia de la palabra.[165] Lo sería si la palabra fuera, a su vez, cosa, ente o "Ente supremo". Pero, si bien la palabra es fuente del ser de la cosa, ella, a su vez, no es cosa. Es cosa el "término" (la palabra como término), pero no la palabra ni el Decir. No es cosa la palabra, ni tampoco lo es el "*es*" que otorga a la cosa (gracias a la palabra la cosa *es*). Ni el *es* (el en-sí de la cosa) ni la palabra son ente; ni el *es* ni la palabra *son*. La palabra, como el *es*, pertenece a lo que *hay*, a lo que "*se da*" (*es gibt*), sin estar nunca dado. Sólo por ello palabra y cosa pueden ser "lo mismo".

Ni el Ser –el *es* de la cosa– ni la palabra *son*. Y menos aún *es* su relación mutua, su mutua y velada pertenencia. Esta relación mutua entre palabra y cosa, Ser y decir, radica en "lo Mismo" (*das Selbe*), en el Acontecimiento apropiador (*Ereignis*) que remite ambos a lo propio de su esencia, que los apropia, no en un segundo momento en que palabra y cosa, decir y Ser, vendrían a entrar en relación y proximidad, sino raigal y esencialmente.

El *Ereignis*, el acontecimiento apropiador, es "dicente"; es el ámbito del Decir original (*Sage*) desde donde todo decir se despliega. En este "Decir silencioso" que precede a todo hablar humano radica la esencia del habla.[166]

Heidegger hace ver que, tanto en la etimología griega de la palabra "decir", como en la de su lengua alemana, "decir" (*sagen*) deriva de "mostrar", "indicar" (*zeigen*), "dejar aparecer". A su vez, "*Sage*" alude tanto al acto de decir como a lo dicho, con lo que se evidencia la unidad esencial del mostrar y lo mostrado.

Die Sage es, para Heidegger, el Decir del Ser que es la posibilitación de todo hacerse presente, de toda mostración, de todo desvelamiento. Esta mostración no es obra humana, pero el hombre la permite en la medida en que se sabe morador de este Decir, y en la medida en que sabe que su palabra no es suya sino un mero re-decir la voz silente del Ser. El lenguaje comprendido a partir del *Ereignis*, como Decir original (*Sage*), es el Acontecimiento último que sostiene el mundo.[167]

* * *

En este punto introduciremos dos digresiones en las que nos apartaremos del discurso y de la terminología de Heidegger, pero que creemos que pueden ofrecer luz sobre su concepción del lenguaje y de la palabra, concepción que quizá sea uno de los aspectos más esquivos y oscuros de su pensamiento.

«En el principio era la Palabra» (Jn, 1, 1)

En la tematización heideggeriana del habla pueden reconocerse similitudes con la reflexión místico-teológica sobre el Verbo y sobre la creación a través de la Palabra.[168] Heidegger nunca pretendió estar continuando esta tradición ni estar inspirándose en ella. De hecho, en su obra *Einfürung in die Metaphysik* se opone frontalmente a esta doctrina (la tematización cristiana del *Lógos*), a la que considera una de tantas apropiaciones cristianas de la filosofía griega en las que ésta última fue desvirtuada:

> *Lógos* no significa en el Nuevo testamento, como significa para Heráclito, el Ser de los entes [*das Sein das Seinden*], la reunión conjunta de los contrarios; significa *un* ser particular, denominado el Hijo de Dios. Y, en concreto, se alude a Él como mediador entre Dios y el hombre. Esta noción de *Lógos* del Nuevo Testamento es la misma que la de la filosofía judía de la religión desarrollada por Filón, cuya doctrina de la creación atribuye al *Lógos* la función de (…) mediador (…) Todo un mundo separa todo esto de Heráclito.[169]

Ahora bien, la reflexión místico-teológica sobre el Verbo no siempre estuvo lastrada por presupuestos metafísicos. Hay toda una tradición en la que esta reflexión estuvo lejos de considerar al Verbo como un ser particular cuya función fuera la de mediar –como un *tertium*– entre los hombres y Dios; una tradición que consideró al *Lógos* más bien como la mediación misma o como el ámbito mismo de mediación y de manifestación del Ser en los entes. Creemos que la tematización heideggeriana de "la palabra" no es lejana a esta reflexión, y consideramos, por ello, que una breve alusión a ésta última puede ofrecer un contraste interesante e iluminador. Esta reflexión encontrará, en el pensamiento medieval, un portavoz privilegiado en la figura del Maestro Eckhart. Las posibles analogías hablarán por sí mismas:

Dirá Eckhart comentando la frase evangélica: «en el principio era el Verbo». «(…) el Verbo es la misma substancia del Principio».[170]

Dios, considerado en sí mismo, es la palabra (*Wort*) nunca pronunciada: el misterio de la supradeidad, lo oculto de Dios. Esta Palabra sale de su ocultamiento al pronunciarse en el ahora eterno: el Verbo, la mostración, el desvelarse o el decirse de Dios. El Dios escondido, más allá de toda relación, es sólo Dios-para-nosotros al hacerse Palabra, al decirse en su Verbo. El Verbo como tal "re-vela"; dice, resguardando siempre lo no-dicho: la ausencia, lo oculto y abismal de la supradeidad.

Todo ha sido hecho –y se sigue haciendo– por la Palabra o Verbo Creador. En su "nombrar" la Palabra, Dios crea, pues «el hacer de Dios es su decir». Por este motivo, toda criatura es palabra; palabra dicha que re-dice, a su vez, la Palabra inicial, pues «en lo sostenido por otra cosa está presente su verbo afirmando, proclamando y pregonando de dónde proviene».[171]

«Este Verbo, *Lógos* o *Ratio* de todas las cosas, tanto está entero en cada una de ellas como entero fuera de cualquiera de ellas; íntegro dentro e íntegro fuera.»[172] El Verbo único y ya dicho en el ahora eterno, se dice –está en proceso de expresión– de modo múltiple en el tiempo y en el espacio.[173] Y así, es cada cosa y en cada cosa, es la totalidad que las reúne, y es uno y único más allá de ellas. Es el centro, que es la esencia y razón de ser de la circunferencia y de los puntos que la componen; es la unidad de lo diverso –que no dice en sí misma relación dual a lo diverso–-, y es lo que sustenta y posibilita una diversificación sin diferencia o separación: «La unidad es la diferenciación y la diferenciación es la unidad. Cuanto mayor es la diferenciación, también mayor es la unidad, pues es diferenciación sin diferencia».[174]

Este Verbo se dice en el ahora eterno, pero no queda nunca dicho, no se dice nunca como lo ya dado, pues su ser –el "era" de la frase: "En el principio *era* el Verbo"– es, insiste Eckhart, tanto verbo sustantivo como pretérito como imperfecto;[175] por eso no es algo estático, sino un acontecimiento o acontecer que nunca se agota en lo acontecido: «siempre está en el principio, y siempre nace y es engendrado».[176]

Se trata de oír el dictado de esa Palabra que ininterrumpidamente se sigue pronunciando, de esa palabra pronunciada escondidamente desde lo escondido de Dios –«porque (…) el principio permanece escondido en sí»–,[177] es decir, pronunciada en silencio desde el Silencio. De aquí la recomendación de Eckhart: «Escucha al Verbo, (…) ante el que calla el fragor de la carne, y enmudecen las imaginaciones, (…) y el alma misma queda en silencio (…), en el silencio y reposo de las criaturas»,[178] en el silencio de la actitud volcada hacia lo meramente ente.

La esencia del hombre radica en su permanencia en el Verbo, en su ser escucha del Verbo (*Verbum cordis*) para que sea Éste el que se diga en su palabra: en la palabra que el hombre es, y en la palabra que el hombre concibe y pronuncia (*verbum vocis*).

> Existe una palabra enunciada: ésta es el ángel, el hombre y todas las criaturas. Además, hay otra palabra pensada y enunciada, mediante la cual se hace posible que yo me imagine algo. Mas hay todavía otra palabra no pronunciada ni pensada y que nunca sale afuera, sino que se halla eternamente en Aquel que la dice; mora en el Padre que la dice en continuo acto de ser concebida y de permanecer adentro.
> (…) que siempre seamos un "adverbio" de este "Verbo".[179]

Lo simbólico como determinación del Ser

Con la siguiente digresión intentaremos hacer ver cómo la comprensión del sentido profundo, ontológico, de "lo simbólico", puede iluminar la tematización heidegeriana del lenguaje. En principio, puede parecer inapropiado invitar a comprender la concepción heideggeriana del habla introduciendo la noción de símbolo, pues Heidegger afirma expresamente que se aparta de la concepción simbólica del lenguaje (sustentada en la dualidad metafísica entre lo interior y lo exterior, lo ideal y lo real, lo sensible y lo suprasensible) y que en ningún caso concibe el lenguaje como una mera representación simbólica o conceptual. Ahora bien, aquí aludiremos a una acepción de "símbolo" más originaria que la desechada por Heidegger: aquella según la cual el símbolo es lo que reúne en su seno, de modo no-dual, la dialéctica de mostración/ocultación intrínseca a lo real; hablaremos, no del símbolo que remite más allá de sí, sino del símbolo como lugar ontológico del acontecer de la verdad.[180]

La tematización heideggeriana del habla y del lenguaje ha de comprenderse remitiéndola a su concepción de la esencia de la verdad. A ésta última –recordemos– es intrínseca la dialéctica entre manifestación y ocultación: el Ser aparece, pero nunca termina de aparecer en su aparecer. Y aquello que se muestra, que se hace presente sin agotarse en su mostrarse, y que siempre remite, por ello, a lo oculto de sí, no es otra cosa que el símbolo. El aparecer del Ser es *símbolo*. «El Ser mismo es simbólico (…) se dice de manera simbólica.»[181]

El símbolo, recordemos, no es lo mismo que el signo o que la alegoría. Según G. Durand[182]:

– Lo específico del *signo* es que, en él, «una imagen sonora o visual (*significante*) queda *asociada* a un objeto o conjunto de objetos (*significado*), de tal modo que el primero *significa* al segundo, lo indica».[183] En el signo, el vínculo es arbitrario, convencional: no hay relación interna entre el significante y el significado. El uso del signo responde a «un mecanismo de economía: permite referirse a una cosa sin necesidad de hacerla presente en su materialidad».[184]

– A diferencia del signo, en la *alegoría* no cabe hablar de arbitrariedad o convencionalidad, porque hay una cierta relación interna entre significado y significante: este último representa «algún elemento "ejemplar" o "concreto" del significado» (ejemplo: la alusión a la "justicia" mediante la imagen de una balanza). La alegoría busca significar algo que «no puede presentarse directamente por tratarse de abstracciones, cualidades morales o espirituales, etc».[185] En el uso de la alegoría, en un primer momento es conocida la idea o realidad abstracta que se desea significar y, a continuación, se busca un posible significante para la misma.

– El *símbolo*, en su sentido más originario, no es ni signo ni alegoría. No designa convencionalmente un significado, ni tampoco expresa una noción abstracta previa al proceso mismo de simbolización. En el símbolo el significante no designa ni sustituye a un significado previamente dado; la figura sensible no se anula a sí misma en su referencia a una realidad suprasensible distinta de sí, sino que "encarna" un sentido.[186] «La simbolización no es, por tanto, algo ulterior o secundario, como un añadido con que se recubriera la experiencia, sino que *es constitutiva* de la experiencia misma.»[187] El símbolo, lejos de ser un mero mecanismo de economía –medio de expresión arbitrario y, por lo tanto, sustituible o canjeable–, es vehículo imprescindible de mostración o manifestación de la verdad inefable. En otras palabras: no cabe acceder al sentido que alumbra el símbolo prescindiendo de éste último; el sentido sólo puede ser conocido en el seno del proceso simbólico mismo y en la mediación –no "mediatizadora"– de éste. El símbolo no apunta a un significado concreto o abstracto, sino que alumbra un sentido, "epifaniza" un misterio.

En el símbolo, entre significado y significante hay inadecuación, una relación no unívoca, "desequilibrio", en la medida en que un sentido supraobjetivo se encarna en un significante objetivo y/o material (la palabra-término, la imagen en su aspecto formal y/o material, etc.).[188] Entre estas dos dimensiones del símbolo hay "conflicto", permanente heterogeneidad. Ello determina la intrínseca ambigüedad del símbolo en contraste con la claridad del signo. A diferencia de éste último, en la referencia simbólica no hay posibilidad de confrontación o verificación externa (*adequatio*). Por ello, el sentido del símbolo no es totalizable, no queda nunca totalmente explicado, sino que se va alcanzando en una serie de interpretaciones que van corrigiendo, enriqueciendo y complementando la inadecuación inicial, lográndose cada vez una mayor coherencia entre significante y significado, sin que llegue nunca a suprimirse la desproporción original. Se instaura así un acontecer permanente, inacabable, un círculo hermenéutico entre univocidad y equivocidad, que consiste en la constante instauración de un equilibrio dinámico –que no una síntesis estática y finalizada–.[189]

Cabría decir, a la luz de lo explicado, que Heidegger nos invita, en su tematización del lenguaje, a que comprendamos su sentido originario yendo más allá de la palabra-signo o de la palabra-alegoría: la palabra que re-presenta lo ya dado, hacia la palabra-símbolo: la palabra que encarna el sentido del Ser.

El Ser, nos decía J. A. Antón Pacheco, aparece, "se deja ver", se hace presente, se "apalabra". «Se dice de manera simbólica», pues en el símbolo el sentido se manifiesta en tanto que, a la vez, se oculta y se vela. Todo lo que aparece, en cuanto tal, es palabra/símbolo. Las cosas se hacen presentes o aparecen en virtud de su dimensión simbólica, de su ser símbolo del Ser.

> En cuanto que las cosas aparecen, esa aparición la llevan a cabo como símbolo; y la virtud simbólica de las cosas es lo que las ilumina para que aparezcan, ya que aparición y símbolo son correlatos: toda cosa que aparece es símbolo y el símbolo es la condición de aparición de toda cosa.[190]

A su vez, continúa Antón Pacheco, algo "aparece" porque es uno; sólo donde hay unidad hay inteligibilidad (Ser/*Lógos*). La condición de posibilidad del aparecer de la cosa, lo que tiene de palabra/símbolo del Ser, se identifica, de este modo, con su unidad e inteligibilidad. La dimensión simbólica es la dimensión de unidad, inteligibilidad, transparencia y sentido de una cosa.[191] Ahora bien, esta unidad/sentido de la cosa sólo puede alumbrarla aquel ente al que le es propio percibir la unidad y el sentido, la cosa como tal cosa o la cosa en sí: el ser humano. El Ser se dice de manera simbólica; pero este decirse es indisociable del hombre, de la "apertura" en la que radica la especificidad de lo humano.

El hombre, a diferencia del animal, ha superado la inmediatez del instinto, la unión inmediata con la naturaleza, por la distancia que frente a sí y a lo distinto de sí le da su autoconciencia y su libertad.[192] En ese paréntesis arraiga la característica "apertura" del hombre al mundo. Como ha mostrado A. Gehlen, este carácter "distanciado" del ser humano tiene su traducción biológica en lo que, comparativamente con el animal, es su debilidad orgánica y la indigencia de su aparato instintivo,[193] su estar tan desprovisto de instintos para la supervivencia. Ésta no le está garantizada por lo que en el hombre hay de "puramente natural"; para lograrla precisa de la asunción de su aparato instintivo en interpretaciones culturales. En el hombre, naturaleza y cultura son indisociables. Dicho de otro modo: la "naturaleza humana" existe como un "hueco", como una potencialidad que sólo se actualiza a través de mediaciones culturales,[194] del lenguaje. Carece pues de sentido, en lo relativo a la relación hombre-mundo, hablar del paso de uno a otro: de la *res cogitans* a *la res extensa*, de la subjetividad a la objetividad, de la naturaleza a la cultura, de la naturaleza a la libertad. Los términos de estas dualidades son, de hecho, abstractos, pues *en el hombre, por serlo, ese paso está siempre ya dado*. Hombre-mundo constituyen una unidad sustentada en el lenguaje, alumbrada siempre en el seno de un proceso de simbolización.[195]

El lenguaje es, pues, intrínsecamente simbólico, en el sentido más profundo de este término:

– En primer lugar, porque el Ser aparece como símbolo, se dice de manera simbólica. La realidad es constitutivamente simbólica, es lenguaje/palabra del Ser. (Esta dimensión última del lenguaje es aquélla a la que Heidegger apunta con el término *Sage*).

– En segundo lugar, y en un sentido derivado del anterior, el lenguaje es intrínsecamente simbólico porque, como es propio del símbolo, mediaciona sin mediatizar; así, en él, hombre y mundo, subjetividad y objetividad, *res cogitans* y *res extensa*, naturaleza y libertad, etc., están mutuamente coimplicados. El lenguaje "interpreta" al hombre (por y en el lenguaje es posible su despliegue), y el lenguaje interpreta la realidad (por y en el lenguaje ésta "acontece", "es"). Toda experiencia se encarna, se constituye y se alumbra en el lenguaje. La misma percepción sensible no es puramente sensible, dice ya inteligibilidad. Siempre vemos, oímos, etc., algo como "algo", es decir, constituido en unidad, en *lógos*.

Estamos hablando de una suerte de "protolenguaje": del lenguaje, en una acepción más originaria que la del lenguaje concebido como "medio" de pensamiento y de comunicación –acepción sustentada en la anterior y posterior a ella–. Si el lenguaje, entendido como medio de comunicación, busca hacer presente lo ausente y supone la no presencia de aquello de lo que se habla, el lenguaje como "protolenguaje" es encarnación de toda realidad, facticidad y presencia. El hombre no utiliza el lenguaje; es en él. El lenguaje no "significa" un mundo; el mundo se alumbra en el lenguaje. El lenguaje –en su dimensión de protolenguaje– «revela una virtualidad no meramente *gnoseológica*, sino también propiamente *ontológica*: el acceso del sentido [en y a través del lenguaje] (…) representa un *tránsito a la existencia*, una *encarnación epifánica*».[196] (Esta dimensión del lenguaje es aquélla a la que Heidegger apunta en *Sein un Zeit* con el término *Rede*:[197] el habla como un existenciario constituyente del ser del *Dasein*).

El lenguaje como "protolenguaje" (*Rede*) encuentra su fundamento en el carácter simbólico, dicente, del Acontecer del Ser (*Sage*). Pero ambas dimensiones son indisociables, pues sólo el hombre, el ser constitutivamente lingüístico, puede escuchar el Decir silencioso del Ser, leer la dimensión simbólica de lo real, e instaurarla, como tal, en su palabra.

* * *

En resumen, y recobrando el hilo central de nuestra exposición:

El Ser se dice en las cosas, pero no se agota en ellas, en su decirse; pues el Decir dice reteniéndose en sí. La palabra humana es palabra esencial cuando re-dice esta palabra que siempre se oculta, cuando escucha-diciendo el habla del Ser.[198]

Cuando la palabra es olvidada en su dimensión simbólica, en su siempre retenerse, en su ser eco del silencio inexhaustible –del que proviene–, y deviene palabra estática y ya dada que apunta a un significado igualmente estático y ya dado, el sentido de la verdad del Ser como mostración que se oculta es olvidado. Es olvidado el carácter trascendente o mistérico del Ser: el misterio insondable que desfundamenta todo dogmatismo (no es posible monopolizar el sentido de la verdad del Ser) y que garantiza lo inagotable, lo nunca definitivo de toda mostración y de toda hermenéutica.

La experiencia del habla como Decir, como Acontecimiento dicente –asegura Heidegger–, puede apartarnos de las representaciones corrientes y "metafísico-técnicas" del habla en las que el Ser ya no habla. Lo propio del Decir (*Sage*), lejos de ser el mero designar, es el mostrar: mostrar que deja aparecer en presencia y desaparecer en ausencia, que funda el mundo, que otorga el "es" de la cosa como cosa. Se trata, en expresión de Heidegger, de *llevar el habla como Habla al habla*, de llevar el habla concebida esencialmente –como Decir o Acontecimiento dicente– a nuestra palabra humana, de que la palabra resonante sea expresión del Decir silencioso.

Consuma así Heidegger su concepción de la relación de co-propiación entre hombre y Ser: la intrínseca copertenencia entre la esencia humana y la verdad del Ser se lleva a cabo en el Habla. El Habla, el Acontecimiento dicente, es la casa del Ser.

Pensamiento y poesía

Resumiremos lo visto hasta ahora con relación a la esencia del lenguaje:

Para el punto de vista metafísico, el habla tiene su origen en el hombre: es una actividad humana. Una actividad humana subjetiva: la exteriorización fónica de los estados internos del sujeto, y objetiva u objetivante: la re-presentación conceptual o alegórica de la realidad interna o externa de cara a asirla, operar con ella y comunicarla. El habla es, para la metafísica, la actividad del sujeto que re-presenta objetos, estados, etc., externos o internos. En la medida en que el habla es re-presentación, la relación entre lo mostrado por el habla (la cosa) y el mostrar en sí (el acto de hablar) es considerada como la relación entre un significado y un significante esencialmente diversos, entre los que se establece *a posteriori* un convenido lazo de significación. En otras palabras: para la metafísica, el lenguaje no muestra, sino que designa. No presenta, sino que re-presenta. Este hecho está en relación directa con su concepción de la esencia de la verdad: ésta es concebida como la *adequatio* (adecuación) entre el mostrar (el juicio del sujeto) y lo mostrado, y no, como lo había sido en el pensar griego inicial, como la *A-létheia* o des-velamiento del Ser.

Pero el pensar y el hablar –nos dirá Heidegger– no son en esencia actividades humanas. No son algo así como los lazos que ponen en relación un sujeto y un objeto ya previamente dados, sino lo que sostiene y da sentido a toda relación. De hecho, el lenguaje "interpreta" al hombre: el ser humano, como ser-en-el-mundo, *es ya* en el lenguaje; éste último no es con relación al hombre una actividad derivada sino constituyente. Y el Ser mismo es –se muestra, se des-vela– en el lenguaje.

El pensar y el hablar humanos, en esencia, no son humanos: son co-creación con la acción del Decir originario, con su apalabramiento de la realidad. La palabra meramente humana, la palabra convencional que calcula y opera con lo que el hombre ya ha puesto de antemano, ha de retrotraerse a su origen y pasar a ser palabra que epifaniza (*alétheia*). Esta palabra que otorga ser ya no es suya: es palabra del Ser, palabra del Decir en el que todo es. No es nunca una palabra elegida por el hombre –ni se elige la palabra ni se elige lo que la palabra muestra–, sino que es siempre el hacerse presente de algo radicalmente nuevo, aunque sea lo Mismo: el Ser en una de sus infinitas mostraciones. El hombre que al hablar da voz al Decir, siempre se asombra en este alumbramiento. Su palabra es palabra-silencio, decir-escuchante (ambos términos se dan en indisociable unidad), palabra dada en el silencio paciente y desde el vacío de la mente objetivante, desde el vacío de la voluntad de dominio. La palabra del que así habla no es meramente humana, aunque precise del ser humano para ser.

La palabra verdadera, la palabra que des-vela, no es la palabra escamoteada sino la palabra "alumbrada" (con todo lo que este dar a luz implica de riesgo, de auto-transformación y de preparación paciente). No es la palabra que opera con lo que hay, sino la que enriquece lo que hay y lo que es, porque es parte del mismo movimiento de lo que es. No es la palabra instrumento del sujeto, sino la palabra que es una con el ser del hombre; que, por lo mismo, éste no puede manejar como lo enfrentado a sí, y que, por ello, le exige una ascesis silenciadora de su afán de seguridad: de su afán de vivenciarse como sujeto que relega a objeto todo lo que es.

Heidegger considera que la palabra que prototípicamente se sabe palabra de este Decir originario, y le da voz, es *la palabra poética (Dichtung)*. Más aún, toda palabra originaria es ya palabra poética. Como veremos, y como se deduce de lo dicho, cuando Heidegger habla de "poesía" (*Dichtung*), no alude a una modalidad del lenguaje entre otras, a la poesía en el sentido restringido del término (*Poesie*), sino a la poesía pensada en intimidad y unidad esencial con el habla y la palabra, así como con la esencia de éstas, que es la instauración de la verdad.

La esencia de la poesía

Puesto que el ámbito de la poesía es el lenguaje, es desde la esencia del lenguaje como ha de ser comprendida la esencia de la poesía. Pero no deja de ser verdad la afirmación inversa: el lenguaje originario es poético; el lenguaje ha de ser comprendido desde el modelo de la poesía.

Así, si contrastamos el lenguaje poético con el prosaico,[199] lo primero que advertimos es que mientras el lenguaje prosaico pretende fundamentalmente constituirse en signo de algo, de tal modo que el "cómo" de la transmisión es secundario siempre que satisfaga la función comunicativa o informativa, en el lenguaje poético, el cómo, el lenguaje como tal, es decisivo. El poema no significa algo diverso al poema en sí; por el contrario, lo que se quiere decir es exactamente lo que se dice (en todo buen poema, lo que se dice no puede ser dicho de otra manera). El poema no significa realidades objetivas anteriores e independientes al poema en sí, sino que encarna mundos, ámbitos autónomos de sentido. No informa, sino que con-forma o epifaniza. No habla de la vida; es parte del movimiento de la vida.[200]

La poesía es instauración del Ser en la palabra. Por ello, «el lenguaje mismo es poesía en sentido esencial».[201] Pero no todo hablar, toda palabra, todo lenguaje, es fiel a su esencia; no todo lenguaje es poesía. Allí donde el hablar es básicamente instrumento de "negocio" y de dominio sobre el ente, el hablar no des-vela, sino que se mantiene dentro del dominio de lo ya desvelado. Propiamente, el lenguaje sólo es poesía –sólo es lenguaje originario– cuando es innovación ontológica, cuando funda y abre un mundo.

El reconocimiento de que la poesía otorga al habla su medida esencial puede salvar al lenguaje de lo que Heidegger, retomando palabras de Hölderlin, caracterizaba como el «más grande de los peligros», un peligro cuya posibilidad es intrínseca al lenguaje como tal: «la amenaza del Ser por el ente»,[202] el cristalizarse y cerrarse del ente en la palabra inesencial: la que clausura y acota lo dado y oculta la referencia abierta del ente al Ser. Pero, en esencia, el habla es la poesía más originaria, pues es lo que sostiene y alumbra el mundo.

> (…) la poesía no toma el lenguaje como una materia ya existente, sino que la poesía misma hace posible el lenguaje. La poesía es el lenguaje primitivo del pueblo histórico.[203]
>
> [De aquí que] la poesía, propiamente dicha, no es simplemente un modo (*Melos*) más sublime del habla cotidiana; al contrario, el hablar cotidiano es un poema olvidado y agotado por el desgaste y del cual apenas ya se deja oír invocación alguna.[204]

«Mas lo permanente lo instauran los poetas» (Hölderlin).[205] La poesía instaura en la palabra lo permanente: el Ser; al ente en su Ser. Esta instauración es siempre una libre donación, puesto que lo instaurado no se "calcula" ni deriva de nada existente. Es instauración libre, pero no arbitraria: tiene la "suprema necesidad" de todo lo instaurado por el Ser.

Y no sólo se instaura en la palabra poética la esencia de las cosas, sino que, a su vez, el hombre, su existencia, se fundamenta en su razón de ser; razón de ser que no es otra que la de patentizar lo que es y sostenerlo en su patencia. Es en este sentido en el que Heidegger declara –retomando de nuevo palabras de Hölderlin– que la existencia humana es esencialmente poética: «Poéticamente el hombre habita esta tierra» (Hölderlin).[206] La poesía no es un accidente o adorno de la existencia humana, sino la naturaleza de su mismo fundamento.[207]

$$* * *$$

La apertura del Ser –nos decía Heidegger– no es una estructura trascendental ya dada, sino un "acontecimiento".[208] Precisamente porque el Ser no es algo estático, porque la verdad del Ser es *aconteciente*, el hombre puede contribuir a la apertura del Ser, es decir, su acción puede ser "ontológica": puede fundar "ser" al dejar ser una cosa como cosa en su palabra. Hugo Mujica nos invita a advertir cómo esto es lo que nos enseña el mito griego recogido en los fragmentos del desaparecido "Himno a Zeus" que nos transmite Filón de Alejandría:[209]

> Una vez consumada la creación, Zeus preguntó a los dioses que se hallaban sumidos en silenciosa admiración, si creían que faltaba algo a su obra para alcanzar la perfección. Los dioses respondieron que, en verdad, algo faltaba: una voz divina para laudar y manifestar tanta magnificencia, y le rogaron que engendrara para ello a las Musas (…) El Padre de todo escuchó la petición, y habiendo aprobado el pedido, creó el linaje de las cantoras llenas de armonía, nacidas de una de las potencias que le rodeaban: la virgen Mnemosyné, a quien el vulgo llama Memoria.

Este himno nos habla de una realidad que no está cerrada, conclusa, acabada; que sólo alcanza la plenitud de su ser cuando el hombre entra en dinamismo co-creador con ella, cuando la manifiesta; que precisa que el hombre la cante y la haga nacer en su palabra. Nos habla de un mundo que no es aislable de la mirada y de la voz humana, pues sólo es en plenitud, sólo *es* propiamente, como símbolo, como palabra viva. De aquí la importancia –hace notar Mujica– que el canto y el lenguaje poético han tenido en la cultura griega como consumación de la esencia de la Verdad.[210]

El poeta: el que escucha y recuerda

«El recuerdo de lo que ha de pensarse es la fuente primigenia de la poesía (…) Toda poesía nace de la devoción del recuerdo.»[211]

La poesía en Grecia se consideraba inspirada. Y el poeta inspirado era el intérprete de *Mnemosyné*, de la Memoria entendida no como mera memoria psicológica, sino como rememoración del Origen.

> Mnemosyne (…) Es evidente que esta palabra quiere designar algo distinto de la sola facultad registrada por la psicología de conservar en la imaginación cosas pasadas. La memoria piensa en lo pensado. Mas con el nombre de la madre de las musas, "Memoria" no designa un pensar cualquiera sobre cosa alguna pensable. Memoria es la reunión del pensar sobre lo que en todas partes debe pensarse desde un principio.[212]

La Memoria del Origen no recuerda meramente lo pasado; no es memoria que re-tiene, sino Memoria que re-cuerda (de *cor-cordis*) lo que sostiene lo pasado, lo presente y lo porvenir: el acontecer del Ser que los funda y que les es ontológicamente previo. El poeta no re-tiene, porque recuerda lo inaprensible, lo supraobjetivo que es el en-sí de toda cosa. Recuerda el corazón (*Gedanke*)[213] de lo real, y recuerda a toda cosa desde el horizonte de este corazón, porque se retrotrae a su propio corazón. Heidegger, haciéndose eco de toda una tradición que considera al "corazón" como *locus* del Ser en el ser humano, como *locus* del conocimiento directo de lo realmente real (una acepción absolutamente ajena a la que lo asocia con el sentimiento y con lo irracional), habla del corazón como de la sede del recuerdo y del pensamiento esencial (*Gedanke*).

Lo que define al poeta –nos dirá Heidegger– es su capacidad de escucha y de memoria. El poeta escucha y recuerda porque mora en su propio corazón, que es el corazón de toda cosa; porque mora en el momento original y único, más allá de los tiempos y del tiempo; momento único que es origen, destino y ámbito de permanencia:

«Lo que ocurrió antaño, lo primero por delante de todo y lo último después de todo es lo que precede a todo y conserva todo en sí.»[214]

Poeta es el que guarda memoria, el que rememora ese poema olvidado que es el lenguaje y el que nos recuerda la originaria pertenencia de la palabra al Ser, la pertenencia, en último término, del hombre al Ser –Ser que, en su carácter de símbolo, en su aparecer, no es sin el hombre–.

> Lo que nos mantiene en nuestra esencia lo hace solamente si nosotros mismos man-tenemos, por nuestra parte, lo que nos mantiene; y lo mantenemos al no permitir que se nos vaya de la memoria. La memoria es la reunión del pensar.[215]

Arte y poesía

El Ser se dice reteniéndose como tal decir; aparece y se oculta a la vez. Por ello: «El mundo es transparente, se puede leer, dice algo más de lo que dice, es algo más de lo que es, y por eso mismo es».[216] En virtud de su ser palabra, la cosa se sustrae de la facticidad de lo dado. Toda la realidad es numinosa, transparente, porque es palabra-símbolo del Ser. Y es la palabra poética –*poiética*, alumbradora de sentido nunca poseído ni poseíble, instauradora del "lenguaje original"– la que salvaguarda este carácter dicente de lo real, la que puede salvaguardarnos del olvido del Ser.

Dijimos en su momento que el arte nos salvaguarda de este olvido, pues la capacidad de instaurar realidad y de hacer patente esta instauración como tal es, de hecho, la naturaleza de la obra de arte. Explicamos cómo la obra de arte es "cosa" por excelencia en la medida en que pertenece a su esencia el instalar en cada caso un mundo y manifestar así la esencia abierta, simbólica, de lo real. La obra de arte no sólo modifica lo que ya es, lo que hay, sino que crea realidad; no sólo produce un cambio dentro del mundo dado, en los entes intramundanos (cambio óntico), sino que funda mundo, crea ser (cambio ontológico). Patentiza, por tanto, de modo privilegiado la naturaleza del ser de las cosas; ser de las cosas que, «(...) no es ni su simple presencia espaciotemporal, ni su instrumentalidad (...), las cosas son cosas sólo en cuanto, independientemente de articular desde el interior una apertura histórica ya abierta, intervienen de algún modo para determinarla y fundarla».[217]

Carece de fundamento la interpretación según la cual la obra de arte figurativa remite a seres y cosas exteriores a ella, mientras que la obra de arte no figurativa encarna en sí cuanto expresa. Toda obra de arte tiene carácter autónomo. Decir que la obra de arte es autosuficiente es decir que es irreductible al mundo dado. A diferencia del útil (*Zeug*) cuya esencia viene dada por su uso o utilidad, por su remitencia a una red de relaciones o mundo en el que se inserta funcionalmente, la obra de arte no se define en función de un mundo dado sino que, por el contrario, lo abre y origina. «La obra como tal únicamente pertenece al reino que se abre por medio de ella. Pues el ser obra de la obra existe y sólo es en esa apertura.»[218] La autosuficiencia, la no remitencia a nada extrínseco (utilidad, resultado, uso, procedencia, etc.) de la obra de arte, su descansar en sí misma o el hecho de ser digna de atención en cuanto tal, es lo que la capacita para dicha revelación; y viceversa: en su capacidad de revelación del ser del ente radica su autosuficiencia.

El arte es el ponerse en obra de la verdad del Ser. Ahora bien, si el arte nos salvaguarda del olvido del Ser, es precisamente en virtud de su naturaleza poética: «Todo arte es un dejar acontecer el advenimiento de la verdad del ente en cuanto tal y, por lo mismo, es en esencia poesía (*Dichtung*)».[219] La poesía –sostiene Heidegger– es la esencia de todas las artes. Poesía –repetimos– pensada no como una modalidad del arte entre otras, sino en unidad esencial con el habla y la palabra. Es esta unidad esencial entre habla y poesía la que permite afirmar la centralidad de la obra de arte lingüística en el conjunto de las artes; esta centralidad radica en la ya señalada potencia ontológica de la palabra como "casa del Ser", como primer lugar en que el ente es llevado a su manifestación. Si toda obra de arte pone en obra la verdad del ente, al nombrar la palabra, la poesía lo hace de modo originario. Todo arte es poesía.

Pensamiento y poesía

«Entre los dos, pensar y poetizar, reina un parentesco oculto, ya que ambos se gastan y disipan en el lenguaje, al servicio del lenguaje. Pero, al mismo tiempo, hay una sima entre los dos, "pues viven en montañas separadas".»[220]

El lenguaje es poesía. Todo arte es esencialmente poético. Y el pensamiento meditativo –nos dirá Heidegger– anda por caminos vecinos a la poesía. La experiencia del pensamiento esencial está estrechamente ligada a la experiencia poética, aunque rara vez se haya prestado atención a este hecho y se haya buscado la esencia de ambos en su mutua vecindad.

Puesto que son dos modos del decir –los dos modos eminentes del decir–, esta proximidad sólo puede venir dada por el mismo Decir, por el Acontecimiento apropiador-dicente en que hemos visto que radica la esencia del habla y la esencia del pensar. Entre pensamiento y poesía «reina un parentesco oculto»: ambos pertenecen al ámbito del Decir y ambos dan voz al Ser desde la escucha.

Todo pensamiento sensitivo-meditativo es poesía; toda poesía es pensamiento. Ambos se pertenecen mutuamente a partir de aquel Decir que ya se ha dicho a sí mismo a lo no-dicho, porque es pensamiento (*Gedanke*) como agradecimiento (*Dank*).[221]

Todo pensamiento y poesía originarios son –recalca Heidegger– «pensamiento (*Gedanke*) como agradecimiento (*Dank*)»:

Como agradecimiento, porque la gratitud supone la conciencia de que todo es don, y el pensar y el poetizar encauzan un don: el donarse de la realidad misma en el ser humano y mediante él.

Como agradecimiento, porque éste consiste en el desbordamiento de la conciencia de la propia completud. La "búsqueda" propia del pensamiento calculador (de cuya esencia ha participado el pensamiento metafísico) se mueve desde la carencia, creyéndose fuera del ámbito del Ser, desde la ausencia de sentido y en su búsqueda; se busca saciar esa falta mediante la indagación de causas, de porqués. El poetizar y el pensar meditativo, –el decir-escuchante– dan voz al Ser; no lo buscan, sino que se saben en él y expresan, articulan y des-velan lo desde siempre encontrado.

Como agradecimiento, porque el agradecimiento siempre se asombra; y lo ya encontrado por el pensamiento meditativo y el decir poético no es lo encontrado según el modo objetivante, lo ya dado y lo ya sabido, sino el misterio del Ser, demasiado íntimo para ser objetivado, nunca totalmente des-velado, y siempre oculto, paradójicamente, por su excesiva luminosidad.

Ahora bien, más allá de la vecindad existente entre el pensamiento meditativo y la poesía, hay un abismo entre los dos, pues «viven en montañas separadas». Más allá de su afinidad como modos privilegiados del decir, considera Heidegger que hay que afirmar la relativa superioridad de la poesía, pues «la poesía, si la comparamos con el pensar, está al servicio del lenguaje de una manera completamente distinta y privilegiada».[222] Este privilegio radica en que, como venimos diciendo, la poesía es la esencia misma del lenguaje –que, a su vez, sustenta la relación hombre/Ser–. Si el pensar es un co-responder que traduce al lenguaje la llamada del Ser del ente, la poesía es la condición de posibilidad del pensar mismo, pues es lo que sostiene esa co-respondencia y la posibilidad de la escucha de esa llamada.

No es azaroso que allí donde el pensamiento ha alcanzado su mayor profundidad y sutileza (Heráclito, Lao Tzu, etc.), pensamiento y poesía, pensador y poeta, hayan sido indiscernibles.

La rosa es sin porqué (Die Rose ist ohne Warum!)

El pensamiento esencial que es vecino de la poesía, como se deduce de lo anteriormente dicho, no equivale al pensamiento metafísico, al pensar del filósofo. De hecho, éste último radica en la actitud antipódica a la actitud poética, contraposición que Heidegger expresa con la divergencia existente entre el principio de razón leibniziano: «nada es sin razón» y la expresión del poeta-místico Angelo Silesio: «La rosa es sin porqué».

La filosofía busca causas, porqués, razones y fundamentos; busca al Ser como causa. La ciencia y la filosofía (en tanto que ciencia de las últimas causas) persiguen el "porqué" (*Warum*) del ente. El pensar *del* Ser (*Seinsdenken*), por el contrario, no busca al Ser, porque piensa desde él. Y puesto que el Ser no tiene razón o fundamento (*Grund*), ya que Él mismo es el fundamento, puesto que es sin-razón (*Ab-Grund*), «y ya no hay "razón" de la razón»,[223] el pensar *del* Ser es pensar que piensa lo sin-porqué, pensar que piensa desde lo sin-porqué y pensar que, a su vez, no tiene porqué. Acontece *porque sí*, como donación y expresión gratuita del mismo Ser, como parte de su Acontecer incausado –incausado y libre, pues no remite a nada diverso de Sí–.

El Ser es el fundamento (*Grund*) y, como tal, es, a su vez, infundado (*Ab-Grund*): «El Ser como Ser permanece infundado. (…) Ser = el *Abismo* (*Abgrund*)».[224]

Y aquí se anonada el pensar habitual. El pensamiento que razona, justifica y busca explicaciones últimas sólo tiene sentido para el que se cree enajenado del ámbito del Ser. Pero para el hombre que se reconoce siendo ya en el Ser y reconoce a éste último como *Ab-Grund*, la filosofía como "un asunto de la razón", como una búsqueda de fundamentos, pierde todo su sentido. Éste es el ámbito de los místicos, de los poetas y de los pensadores esenciales.

«La rosa es sin porqué» –afirma el poeta-místico Silesio– «florece porque florece». "La rosa es sin porqué" para la mirada poética y para el pensamiento meditativo que atiende a los entes en la dimensión auto-justificada y justificante de lo abierto de su ser. No tiene porqué porque ella misma es un porqué: brota y se mantiene en sí misma, irrumpiendo desde su fundamento infundado, siendo sencillamente una rosa.

«La rosa es sin porqué, florece porque florece, no se presta atención a sí misma, no pregunta si la ven» (Angelo Silesio).[225] El pensar esencial (*das wesentliche Denken*), como la rosa, es sin porqué. El pensador esencial piensa al igual que la rosa es rosa, como canta el amante, como el artista crea o como el juega el niño: sin pre-tensión, sin comparación o medida, porque sí, como expresión pura, desbordante y aconteciente de su ser. El pensador no por ello dejará de pensar al modo objetivante. Habrá preguntas, búsqueda de causas, explicaciones y justificaciones, pero serán análogas a las búsquedas y preguntas del que juega: se sostienen en un esencial sin-porqué; tienen lugar en y desde una auto-justificación básica y absoluta, previa a toda justificación relativa. El pensamiento esencial se reconoce –más allá de su posible apariencia como encadenamiento lógico de fundamentación– como canto, poema, obra de arte, juego, sin perder por ello su rigor como pensamiento; al contrario: siendo máximamente riguroso porque está, al fin, en su elemento.

El sin-porqué no es arbitrariedad; tiene la lógica suprema, que es la lógica del juego (*Spiel*), la de todo aquello que no tiene más meta que sí mismo. Por eso, Heráclito –nos recuerda Heidegger–, el pensador del Ser por excelencia, el más profundo de los profundos, concibe el Ser como un niño que juega:[226]

«El destino del Ser es un niño que juega moviendo las fichas: el poder real es de un niño» (frag, 52).

"¿Para qué ser poeta en tiempos de penuria?"[227]

El hombre-sujeto es aquel que se define por su capacidad de dar razón. El sujeto no puede ir más allá del Ser como *Ratio*, Causa o fundamento de lo que es, ni del Ser como *Causa sui* o razón (*Grund*) de Sí mismo. El sujeto como tal es ciego para el *Ab-Grund*: la dimensión inobjetiva y auto-justificada del Ser. El descubrimiento de esta dimensión sin dimensión exige del ser humano la renuncia a su vivencia como sujeto, el paso por la Noche entendida como ausencia de todo agarradero y seguridad objetivos, de todo porqué y de toda justificación relativa. Por eso, cuando Heidegger caracteriza a nuestro tiempo como «tiempo de penuria y de indigencia», lejos de apuntar a un obstáculo para la posibilidad de un nuevo pensar del Ser, ve en ello su augurio.

«Es el tiempo de indigencia (…) en él ya no más de los dioses que han huido, y en él todavía no del que viene.»[228]

¿Cuál es –se pregunta Heidegger con palabras de Hölderlin– la misión del poeta en la actual edad del mundo, en tiempos de penuria? Porque la actual edad del mundo es tiempo de penuria, de indigencia determinada por la "falta de Dios" (Hölderlin)[229], por la falta de un dios, "que de modo patente e inequívoco, reúna en sí los hombres y las cosas y, mediante esa reunión armónica, la historia del mundo y la residencia del hombre en él"[230]. Con esta falta, el mundo carece de fundamento, de terreno donde arraigar, se sostiene en el abismo: *Ab-Grund*.

Sería erróneo y superficial interpretar estas palabras de Heidegger como una valoración pesimista de nuestro tiempo. Estas palabras se sitúan más allá del optimismo y del pesimismo –valoraciones, éstas últimas, metafísicamente irrelevantes–, como más allá del optimismo y del pesimismo está todo lo que acontece como destino del Ser. De hecho, lo propio de una actitud y de un juicio pesimistas –moralistas– ante la carencia que define nuestro tiempo sería la pretensión de subsanar a toda costa la ausencia, la carencia. Para Heidegger, por el contrario, si bien estamos en tiempo de penuria, la mayor penuria no radica en la ausencia de un dios, sino en que esta ausencia ya no se viva como una ausencia. La máxima indigencia de este tiempo consiste en que la carencia no se perciba como tal. La pretensión de subsanar la carencia yerra en la dirección de salida de la misma, que pasa, no por eludirla, sino por vivenciarla en toda su radicalidad.

La noche del mundo extiende sus tinieblas. Pero la luz no radica más allá de la noche del mundo, sino en el corazón más oscuro de esa noche. Nuestro mundo se sostiene en el Abismo, pero la superación del abismo no pasa por el retroceso ante él, sino por el propio abismamiento. El peligro no radica en la ausencia, sino en la falta de conciencia de la misma. La misión del poeta en tiempos de penuria es, precisamente, la de realizar esta toma de conciencia: la de bajar al fondo del Abismo para vivir la ausencia como ausencia, la de sumergirse en el centro de la noche oscura. Sólo a través de esta iniciación la ausencia puede tornarse Presencia; pues la ausencia como tal ya está gritando su referencia esencial a la Presencia. Tomar conciencia de la ausencia es hacerlo de la Presencia que la define y la sostiene. Percibir la oscuridad como tal, es morar en la luz; pues sólo desde la luz lo oscuro se percibe como oscuro, la sombra, como sombra.

El *Ab-Grund* es lo inobjetivable, lo que es *nada* para la mente y *nada* para la voluntad individual. Es el espacio en el que el sujeto se anonada y deja de ser tal (o, más bien, en el que descubre que nunca fue sujeto) al dar un paso atrás –que no recorre distancia alguna– en dirección a lo que le funda y le sostiene: aquello que ya no puede re-presentar sino sencillamente *ser*.

Y cuando el ser humano *simplemente es*, ya no es *esto* o *aquello*, ya no puede comprenderse con relación a lo ente, ya no es sujeto/substancia, ya no es *animal rationale*, ya no es *ego cogito*, ya no es hombre, ya no es *nada*. Carece, en lo relativo a su referencia esencial, de toda determinación entitativa, porque es todo: es uno con el Claro del Ser (*Lichtung*) en el que todo es, y es uno con el Acontecimiento (*Ereignis*) que funda todo acontecer. Es sencillamente el *Da-sein*: el "ahí" del Ser, el "lugar" en el que el Ser sabe de Sí y se celebra como tal Ser.

El individuo desarraigado busca colectiva e individualmente huir del desamparo de este tiempo de ausencia e indigencia a través de la supuesta protección que le proporciona el control y el dominio. Se cierra así frente a la aparente desprotección de lo abierto. Pero el hombre exiliado del Ser, ocupado en los entes, es el hombre esencialmente desamparado; con un desamparo no reconocido como tal y que, por ello, no es el desamparo que redime.

El poeta es el que advierte el peligro como peligro al adentrarse en el abismo. Sabe que lo que verdaderamente cobija es el hermanamiento con el abismo, que la seguridad genuina procede del abrazo a la inseguridad, que toda salvación sólo puede venir por un cambio en la reconducción de la esencia humana. Sabe que toda solución que no acontezca a este nivel, no sería tal; sería, por el contrario, una distracción que haría olvidar el peligro como peligro, que cegaría para el abismo y, por consiguiente, para lo que salva.

> «Mas donde está el peligro
> surge también aquello que salva» (Hölderlin, IV, 190).
> Acaso toda otra salvación que no venga de donde está el peligro siga siendo una calamidad.[231]

El poeta, al aceptar el riesgo de abandonar lo conocido, la luz del día de lo presente a su razón, de lo cotidiano y acostumbrado, al abismarse en la oscuridad de lo más cerrado de la noche, accede a lo sagrado a través de su carencia, de su silencio, de su misterio, de su ocultación, de su raíz, del -léthe de la Alétheia, del Ab- del Abgrund.

El poeta reconoce la carencia. Es quien entre los mortales percibe –agudizada su mirada por el ejercicio del silencio y de la escucha– la huella de los dioses idos (huella o ámbito de los dioses en que consiste lo sagrado y que es más originario que los dioses, pues los determinaba como tales). Sabe que no se trata de abandonar un dios para buscar el amparo de otro; sabe que ha de permanecer en el vacío que los dioses han dejado. Pero la paradoja radica en que esta reconciliación con el vacío posibilita el renacer inusitado de la divinidad. Puesto que ya no se busca ni se re-presenta, el dios escondido se re-vela desde sí, sustentado en el Vacío supraobjetivo de lo Sagrado (de modo análogo a como el pensador esencial lo des-vela en el Vacío de lo Abierto del Ser), y no como divinidad-objeto. Pero incluso entonces, el poeta no canta al dios para que éste no devenga de nuevo Ente supremo; canta al Vacío que lo sostiene, canta a lo Sagrado; o, más bien, da voz al Vacío que el mismo poeta anonadado es. Tampoco el pensador esencial hablará de Dios o de lo divino, para evitar que el hombre se enajene ante ello y lo ponga de nuevo frente y sobre sí; hablará –dándole la voz– del misterio inaprensible del Ser, de la Nada del Ser.

> El pensador dice el Ser. El poeta nombra lo sagrado.
> Los poetas son de la índole de aquellos más arriesgados, porque experimentan lo funesto como tal, en busca de la huella de lo sagrado. Su canto sobre la tierra santifica. Su canto celebra lo incólume de la esfera del Ser.[232]

Reconciliado con el *Ab-Grund* –que tras la reconciliación deja de ser abismo y se desvela sustento y hogar–, el poeta y el pensador esencial descubren una nueva forma de seguridad, la única seguridad real. Se encuentra el fundamento de lo sin-fondo. Termina la falsa seriedad de la búsqueda enajenada. Comienza lo únicamente serio, lo único que es en sí y para sí: el juego, la celebración.

III. LA DOCTRINA ADVAITA
EN TORNO AL "YO"
A LA LUZ DE LA CRÍTICA AL SUJETO
DE HEIDEGGER

«Ahora que se ha demostrado que el pensamiento de Heidegger
fue influido por las ideas de la tradición filosófica del Este asiático,
todo un capítulo de la historia de las ideas del Occidente moderno
precisa ser reescrito (…) Las lecturas de los textos heideggerianos
habrán de ser realizadas desde ahora con lo que Nietzsche denominó
un "ojo trans-europeo".»
R. MAY, *Heidegger's hidden sources*, p. x

«Vaya más allá de la dualidad,
no haga diferencia entre Oriente y Occidente.»
NISARGADATTA, *I Am That*, p. 353

6. EL SENTIDO
DE ESTA REFLEXIÓN COMPARATIVA

En la exposición realizada hemos intentado respetar el singular lenguaje de Heidegger para mostrar su pensamiento en sus propios términos. Sin embargo, en la reflexión comparada que nos pasará a ocupar nos saldremos parcialmente de los márgenes definidos por el estilo y la terminología heideggerianos, si bien –creemos– respetando las intuiciones que éstos buscan alumbrar. Hemos pensado a Heidegger; en adelante, pensaremos desde él. La exposición independiente realizada nos permite esta licencia, pues hace posible que el lector juzgue la propiedad o impropiedad del uso que hagamos de la misma. Esta libertad se ordenará, por una parte, a la búsqueda de claridad en la exposición, pues consideramos que el lenguaje de Heidegger es, en ocasiones, excesivamente auto-referencial y hermético (en este sentido, y a su pesar, sigue ligado al subjetivismo característico del pensamiento filosófico occidental); y se ordenará, por otra parte, a posibilitar la unidad interna de nuestro discurso, al permitirnos poner el pensamiento de Heidegger en relación con un pensamiento tan diverso –en su modalidad y en sus formulaciones– como es la enseñanza advaita.

EL DIÁLOGO ENTRE ORIENTE Y OCCIDENTE

Presenciamos el final de un período histórico y todo insta a un cambio radical de civilización. Como ha hecho ver Raimon Panikkar,[1] en la medida en que la filosofía, en su acepción más amplia, es el saber relativo a las cuestiones últimas (a la comprensión básica que el ser humano tiene de sí y de su relación con el mundo) constituye la raíz de toda cultura y habrá, por ello, de tener un lugar prioritario en la configuración del mundo por venir. Sin un cambio en este nivel, muchas de las reformas realizadas a otros niveles –económicos, políticos, etc.– serán a la larga fútiles o, incluso, perversas.[2] La filosofía, entendida como la actividad concerniente a la esfera última de la vida, es la raíz de toda civilización;

y la filosofía comparada, o el diálogo entre el pensamiento de las distintas tradiciones, será necesariamente la raíz de la nueva civilización intercultural, de alcance planetario, que ya comienza a ser una realidad. De aquí la prioridad creciente que se está otorgando en distintos ámbitos (en particular, en el mundo académico) a los estudios que buscan contribuir a dicho diálogo y a la comprensión y enriquecimiento mutuo entre las diversas tradiciones de pensamiento.

Pero este diálogo, para que sea un diálogo real –con lo que éste implica de voluntad sincera de conocimiento y de comprensión mutua–, no ha de obedecer simplemente a una motivación estratégica: la de hacer posible el asentamiento armónico del nuevo mapa mundial. Como indicamos en la introducción, ha de partir de la toma de conciencia de que la dinámica externa de confluencia planetaria que es la exigencia de nuestro tiempo –y uno de cuyos principales móviles parece ser, pura y duramente, el económico– está reflejando una dinámica más profunda y sutil; una dinámica cuyo móvil, no siempre consciente, es el de solventar la necesidad interna, esencial e inapelable que están experimentando las grandes culturas (muy en particular, la polaridad cultural Oriente/Occidente) de cuestionar y ampliar sus respectivos horizontes de auto-comprensión, unos horizontes que, en el presente momento de su desarrollo histórico, se patentizan parciales e insuficientes.

Tanto Oriente como Occidente están tomando conciencia –y sólo en esta toma de conciencia radica la condición de posibilidad de un diálogo real entre ambos– de sus límites internos y de la incapacidad de sus respectivas auto-comprensiones del hombre y del mundo para constituirse, aisladamente, en el fundamento del nuevo mundo intercultural que se avecina. En el caso de Occidente, estos límites se evidencian en el agotamiento de los sistemas filosóficos y en su creciente inoperatividad o incapacidad de aplicación a la vida; agotamiento que tiene sus últimos signos en un academicismo estéril, residuo de un pasado de pensamiento ya caduco, y en el formalismo huero de parte del pensamiento postmoderno. Se manifiestan en el vacío espiritual y existencial; en la neurosis individual generada por la espiral consumista, la tiranía de los *media* con su culto a la información enajenante y la competitividad sin límites; en la pálida unidimensionalidad de un mundo dominado por la visión y la mentalidad técnicas; en los graves desequilibrios ecológicos; etc.

En el caso de Oriente, sus límites se han puesto de manifiesto al tener que asumir que –en expresión de Heidegger– «la europeización de la tierra es destino mundial», es decir, que el modo de pensamiento griego que ha posibilitado el despliegue científico-técnico moderno y la actual era cibernética está llamado a ser un paradigma y un despliegue de alcance planetario.[3] Más allá de toda opinión de valor al respecto, es un hecho que la dinámica de los tiempos ha forzado a Oriente a abrirse al modelo de desarrollo occidental en lo que está siendo una dinámica histórica irreversible. Este modelo está poniendo de manifiesto lo que eran claras deficiencias en sus modos de vida y está cuestionando lo que había sido un sostenimiento acrítico de ciertos tabúes sociales y culturales; pero, a su vez, está generando una infinidad de problemas al quebrar unos sistemas de vida orgánicos de delicado equilibrio, en los que es imposible alterar una parte (por ejemplo, la relativa a los medios de producción) sin amenazar dicho sistema de modo global con el caos y el desorden. El resultado: bolsas inmensas de pobreza ante la quiebra de sus sistemas autónomos (a pequeña escala) de autoabastecimiento y subsistencia; un número ingente de marginados: personas que, sin haberlo solicitado, deseado ni previsto, han sido exiliadas de sus modos de vida y nunca podrán adaptarse a la mentalidad que reclama el nuevo; la amenaza de que todo un pasado tradicional y una gran riqueza cultural, que difícilmente armoniza con el paradigma griego de pensamiento que sustenta el mundo técnico, sea destruido y olvidado; el peligro de que Oriente quede abocado a un mayor desequilibrio del que Occidente ya está evidenciando a ciertos niveles –mayor, pues asimilará en pocos años, es decir, de forma inmadura, lo que Occidente necesitó siglos para alumbrar y consolidar–; etc.

Ahora bien, estos límites y peligros no dejan de ser la otra cara de una posibilidad histórica única: la de que, a través de la toma de conciencia de los propios límites culturales y del diálogo sincero, se alumbre un nuevo paradigma de pensamiento y de vida que integre las riquezas de Oriente y Occidente, neutralizando en lo posible los problemas generados por lo que ya se está manifestando como su respectiva insostenible parcialidad, y que ponga las bases de una nueva civilización. Peligro y posibilidad van siempre de la mano y ni la evidencia de lo primero debe oscurecer la presencia de lo segundo ni viceversa.

* * *

Occidente se ha caracterizado por el desarrollo de «el sector racional por el que el hombre se adueña teórica y prácticamente del mundo» (K. Dürckheim),[4] por el desarrollo de la conciencia objetivadora y diversificadora. En Oriente, este énfasis en el "adueñamiento" del mundo no ha tenido lugar, y aquí radica una de las lecciones que ha de aprender –y ya está aprendiendo– de Occidente. De hecho, la avidez con que los países orientales están asimilando las ciencias, técnicas y modos de vida occidentales no debe interpretarse como una mera búsqueda de poder y de bienestar ligada a un creciente despertar de su instinto consumista, ni sólo como fruto de la fascinación que está ejerciendo sobre ellos el estilo de vida (*the american way of life*) que les ofrecen insistentemente los medios de comunicación y frente al que sus hábitos tradicionales pueden parecer inferiores u opacos. Aunque esto último, lamentablemente, no deje de ser cierto, una mirada más profunda advierte, detrás de esta asimilación de los modos de vida occidentales, y más allá de las manifestaciones caricaturescas que inevitablemente cualquier movimiento humano incipiente y a gran escala trae consigo, un impulso genuino: «la necesidad de desarrollar un sector del espíritu humano que había quedado descuidado y, sin cuya maduración (…), [no] se es hombre integral: el señalado sector racional con que el hombre se adueña teórica y prácticamente del mundo».[5]

A su vez, sería inadecuado –por parcial– interpretar el interés creciente de muchos occidentales por las formas de espiritualidad, filosofías y cosmovisiones orientales como una mera moda más; como un anhelo delicuescente y regresivo de horizontes mágico/míticos, pre-racionales o a-lógicos, cuanto más recónditos y ajenos a los familiares mejor, provocado por el "desencantamiento" que el carácter desorbitado de la visión productiva, calculadora y funcional de Occidente está trayendo consigo; como una búsqueda de alternativas espirituales –con el encanto añadido que siempre posee lo exótico y novedoso– que puedan suplir el vacío ocasionado por la actual crisis de imagen del cristianismo oficial. Sin que esto deje de ser parcialmente cierto, y sin que quepa negar la dimensión también caricaturesca que muchas veces acompaña a la asimilación de un Oriente dudoso por muchos occidentales, una mirada más profunda sabrá ver en todo ello un impulso genuino hacia el equilibrio, un movimiento que busca incorporar (de forma más o menos lograda) una actitud y una visión descuidadas y olvidadas en Occidente, sin las que el ser humano tampoco es un ser humano integral: la visión unitaria e integradora que Oriente ha mantenido viva; el vértice en el que, más acá de todo posible enfrentamiento y de toda relación de adueñamiento, hombre y mundo, sujeto y objeto, hombre y verdad, pensamiento y Ser dejan de constituir una dualidad; un vértice intocable para el pensamiento racional o re-presentacional, pero absolutamente cierto para quien ha realizado cierta praxis existencial y ha logrado acallar en sí el afán de dominio. El alumbramiento de este vértice no-dual trae consigo, efectivamente, un "encantamiento" del mundo, pero éste ya no tiene un carácter arbitrario o caprichoso, ni es el falso fruto de un movimiento nostálgico o evasivo (que busca algo así como los paraísos de la infancia individual y cultural) ante la crudeza de la dinámica inevitable de las cosas. Todo lo contrario, es un des-velamiento de la naturaleza misma del mundo y del yo desde su fuente y más allá de los velos impuestos por los condicionamientos, proyecciones y deseos de una pseudo-madura subjetividad individual afirmada exclusivamente en y desde sí misma.

Occidente ha desarrollado sus mejores posibilidades en lo relativo al dominio científico-técnico del mundo, pero también ha mostrado sus límites en los efectos perversos que este desarrollo ha traído consigo y en la enajenación que el hombre occidental experimenta crecientemente al saberse él mismo también víctima u objeto –y no sólo sujeto agente o propiciador– de la hipertrofia de su conciencia objetiva. Probablemente haya sido Heidegger el filósofo que de modo más nítido ha puesto en evidencia estos límites, cuya raíz común encuentra en la naturaleza misma de la filosofía occidental y en la comprensión del ser humano y del Ser que le es propia. Pues bien, la propuesta heideggeriana para una superación de dichos límites tiene, como pasaremos a ver, decisivas afinidades con ciertas líneas maestras del pensamiento oriental no-dual (lo cual ilustra la importancia de que Occidente dialogue con Oriente de cara a reconocer sus propios puntos ciegos y sentar las bases del nuevo pensar más integrador que exige nuestro tiempo). Estas afinidades podrían resumirse muy brevemente así: tanto Heidegger como el Advaita señalan la necesidad de superar el dualismo originado en la auto-comprensión que el ser humano tiene de sí como sujeto/substancia última que se relaciona de modo objetivante con lo diverso de sí, lo que conlleva inevitablemente el olvido del Ser –del señalado vértice no-dual–. Y nos hablan, igualmente, de que una determinada praxis existencial –una *metanoia* en el núcleo mismo del yo, en el modo como éste vivencia su identidad última– es la condición de posibilidad de dicha superación. Es fundamentalmente en estos aspectos donde la crítica de Heidegger a la evolución del pensamiento occidental y la propuesta advaita se iluminan mutuamente.[6]

ESPECIFICIDAD DE "LO ORIENTAL" Y DE "LO OCCIDENTAL".
ORIENTE COMO SÍMBOLO DEL ORIGEN (*ORIGO*) NO-DUAL

> «Vaya más allá de la dualidad.
> No haga diferencia entre Oriente y Occidente.»
> NISARGADATTA[7]

Hasta el presente hemos utilizado los términos "Oriente" y "Occidente" sin entrar en mayores matizaciones. Pero estos términos están lejos de tener una referencia nítida y unívoca:

En primer lugar, dentro de lo que se suele denominar "Oriente" se suele distinguir entre un próximo, un medio y un lejano Oriente, cuyas peculiaridades e idiosincrasias culturales son incuestionables. Además, en cada uno de estos ámbitos de "lo oriental" hay suficiente disparidad interna como para cuestionar la posibilidad de que esa pluralidad de tendencias pueda englobarse bajo una categoría cultural única sin resultar violentada.

En segundo lugar, basta con pensar en un país como Japón para advertir que no es tan fácil la asignación exclusiva de una u otra de estas categorías a un espacio geográfico: ¿es Japón, culturalmente, occidental u oriental? El Oriente y el Occidente culturales han comenzado, de hecho, a diluirse y a entremezclarse. Cabría decir, incluso, que dicha pureza nunca fue tal, pues siempre ha habido rasgos "occidentales" en Oriente y rasgos "orientales" en Occidente.

Ahora bien, consideramos que los términos "Oriente" y "Occidente" siguen siendo válidos como términos genéricos y que aún pueden tener una significación nítida y no equívoca. Pueden tenerla, en primer lugar, como *categorías metafísicas* y, derivadamente, como *categorías socio-antropológicas*,[8] como símbolos de dos actitudes humanas (individuales y sociales) básicas y diversas ante la vida, de dos énfasis polares: énfasis en la palabra o en el silencio, en la acción o en la contemplación, en la forma o en el vacío que la sustenta, en el devenir o en el Ser, en el tiempo o en el ahora atemporal, en la transformación externa o en la transformación interna, en la conciencia objetivante o en la conciencia inobjetiva, etc. Actitudes o énfasis que no son arbitrarios, pues tienen su razón de ser en la dinámica y estructura de la realidad misma. Dos actitudes, por lo tanto, no excluyentes, es decir, cuya relación es, y ha de ser, no-dual. Pues bien, este sentido simbólico, de alcance metafísico y antropológico, es el sentido *esencial y básico* que otorgamos a los términos "Oriente" y "Occidente".

Derivadamente –y en segundo lugar–, también utilizamos esos términos para clasificar y calificar ciertas cosmovisiones, enseñanzas, doctrinas, etc., en la medida en que hayan tenido como eje vertebrador uno u
otro de dichos énfasis posibles. Y si bien es verdad que hay doctrinas de
espíritu oriental en Occidente, y viceversa,[9] también lo es que en lo que
convencionalmente se ha considerado el Oriente geográfico han predominado las de un signo, y que en el denominado Occidente geográfico
han predominado las de otro.

Y de aquí que, en tercer lugar, y más derivadamente aún, también retomemos estos términos en su acepción más generalizada: la estrictamente geográfico-cultural; pues si bien esta acepción es cada vez menos
válida para caracterizar el Oriente y el Occidente de nuestros días, sí
puede serlo para aludir a las líneas maestras de lo que ha sido su pasado
histórico y tradicional.

Todas estas acepciones, insistimos, encuentran su referencia última
en las actitudes básicas aludidas, unas actitudes que desvelan dos dimensiones igualmente reales de lo real. Esta acepción primordial podría
quedar resumida en las siguientes palabras de Kitarô Nishida:

«En contraste con la cultura occidental que considera que la forma es
la existencia y que el acto de formación es lo bueno, la urgencia por ver
la forma de lo sin-forma y por oír el sonido de lo sin-sonido, yace en el
fundamento mismo de la cultura oriental».[10]

Desde estos supuestos, seguiremos acudiendo a los términos "Oriente" y "Occidente" sin tener en cada caso que matizar lo que a primera
vista podría parecer una simplificación o generalización excesiva.

* * *

Decíamos que el diálogo entre el pensamiento oriental y el occidental es
una tarea inaplazable en el presente momento histórico, en el que es ya
un hecho la instauración de una civilización intercultural. Si tenemos
presente el significado básico –de raíz metafísica– que hemos otorgado
a los términos "Oriente" y "Occidente", podemos advertir que el Oriente que con prioridad ha de asimilar y reconocer Occidente no es el
Oriente exó-tico (*éxô* = afuera) o externo –lo propio de las aproximaciones y asimilaciones superficiales–, sino el Oriente que hay en todo ser
humano y en toda civilización: el *orientis* (*orior* = nacer, levantarse, salir), el *aurum-* (oro, brillo, luz) u *origo* (origen); el lugar donde nace la
luz u origen luminoso de toda realidad –un *oriente* del que el pensamiento occidental se ha hecho eco, y que es también su mismo "oriente"

u origen, pero que por la propia dinámica interna de su evolución ha tendido a olvidar–; la Luz u Origen previos a toda dualidad y a toda diferenciación relativa, también a la dualidad entre Oriente y Occidente.[11]

Si bien este *Origo* es previo a la diferenciación Oriente-Occidente, el Oriente geográfico y cultural ha sido un símbolo particularmente adecuado de esta dimensión no-dual y original, frente a un Occidente que, en cambio, lo ha sido del movimiento de despliegue y diversificación de este origen en íntima interacción con la actitud y conciencia humana diversificadoras y objetivadoras. Ambos momentos son movimientos de lo real, y la exclusión de alguna de estas dimensiones violentaría la naturaleza no-dual (la perfecta síntesis de unidad y multiplicidad, de silencio y palabra, de quietud y acción, etc.) de la realidad misma. Occidente peligra con olvidar el punto de quietud que sustenta su despliegue, el centro vacío que posibilita el movimiento infatigable de la rueda, el silencio del que brota toda palabra; centro inobjetivable sin el que todo ello degenera, ineludiblemente, en vértigo enajenante, palabra hueca y movimiento errático. Por eso, si bien Occidente ha de remitirse al origen (*oriens*) que es su esencia y la de su propia idiosincrasia cultural, el Oriente cultural puede, en tanto que símbolo apropiado de ese origen, ser un espejo revelador que, lejos de enajenarle, le devuelva a sí mismo desde lo más íntimo de sí.

Heidegger se hace eco de la necesidad de un nuevo pensamiento que posibilite la experiencia no-dual del Ser que acompañó el nacimiento de la filosofía pero que ha quedado encubierta para el espíritu occidental. Acudir a Oriente no ha de ser un movimiento enajenante –lo sería si se centrara la atención sólo en lo más epidérmicamente oriental–; ha de ser un modo de volver la atención hacia "lo Mismo" (*das Selbe*) que, en expresión de Heidegger, late detrás de todos los inicios históricos del pensamiento;[12] un modo de que Occidente re-memore sus propias raíces, su origen olvidado, al reconocerlo y reconocerse en una cultura en la que la visión no-dual del Ser se ha mantenido viva, y en la que también se han mantenido vivos los contextos teórico/interpretativos desde los que dicha visión desvela todo su sentido y alcance, y los contextos práxicos u operativos desde los cuales es posible alumbrarla.

Dicha visión, así como contextos interpretativos y operativos análogos, también han estado presentes en la historia de Occidente. No en menor grado que en Oriente ha habido en Occidente ejemplos privilegiados de sabiduría no-dual. Pero éstos sólo de modo ocasional han formado parte de las líneas maestras de la filosofía y de la religiosidad "oficiales" (con frecuencia se han encuadrado en la mal denominada "heterodoxia");

y, cuando sí han formado parte de ella (pensemos, por ejemplo, en el pensamiento de Heráclito), han tendido a ser interpretados por dicha "oficialidad" desde sus propios presupuestos, es decir, han pasado a la historia del pensamiento como un sistema "metafísico" (en la acepción heideggeriana del término) entre otros. El diálogo con Oriente es también, por ello, una forma de redescubrir nuestra propia tradición, de recuperar e integrar la inmensa riqueza de tantas corrientes de pensamiento olvidadas, o no suficientemente valoradas, al proporcionarnos las claves interpretativas que las revelan en su auténtica riqueza y dimensión.[13]

INFLUENCIA EN HEIDEGGER DEL PENSAMIENTO ORIENTAL

«La evidencia de las comparaciones textuales de Reinhard May sugieren abrumadoramente que el principal impulso para el "nuevo comienzo" de Heidegger –orientado hacia el logro de una trayectoria en el camino del pensamiento que condujera más allá de la metafísica occidental– tuvo su origen en fuentes no-occidentales acerca de las cuales mantuvo un absoluto silencio.»

GRAHAM PARKER[14]

Hay búsquedas y encuentros perennes en el ámbito del pensamiento. Así, en la obra de Heidegger resuenan ideas propias de culturas y doctrinas milenarias, y ya son muchos los estudios que muestran las indiscutibles analogías que cabe encontrar entre el pensamiento de Heidegger (muy en particular, del segundo Heidegger) y ciertas tradiciones orientales como, por ejemplo, el taoísmo o el budismo zen. Que estas analogías se deban a una influencia directa o no, es una cuestión secundaria cuando los paralelismos son evidentes y cuando se sabe que el pensamiento esencial tiende a alcanzar siempre las mismas riberas.[15] Aun así, la influencia directa de dichas tradiciones en el pensamiento de Heidegger es indiscutible.[16]

Como han evidenciado estudios recientes,[17] una fuente importante del pensamiento de Heidegger es el pensamiento del Asia oriental, a pesar de que Heidegger mismo parece dar a entender que la fuente de su pensamiento es exclusivamente occidental y a pesar de que las menciones explícitas en su obra al pensamiento oriental son escasísimas.[18] Pero la influencia de Oriente en el pensamiento de Heidegger es mucho más relevante que lo que pueden dar a entender estas escasas menciones:

– Heidegger tenía una gran familiaridad con textos básicos del pensamiento japonés y chino a través de sus traducciones alemanas. Muy en particular, sentía un gran interés por las ideas de Lao Tzu y Chuang Tzu, que conocía, respectivamente, a través de la traducción del *Tao Te King* de Richard Wilhelm y de la edición de la obra de Chuang Tzu de Martin Buber.[19] Como ha hecho ver R. May, son notorias las similitudes de vocabulario entre esas traducciones y algunas nociones-clave del pensamiento de Heidegger, así como la presencia en este último de locuciones casi literales de dichas obras, aunque Heidegger no cite las fuentes.

– El contacto que Heidegger tuvo con el taoísmo, lejos de ser ocasional, duró, al menos, unos cincuenta años. Incluso colaboró durante varios años en una traducción inacabada del *Tao Te King*.[20] Según Otto Pöggeler, este contactó ejercería una influencia decisiva en su pensamiento –sobre todo, en su pensamiento tardío–.

– Heidegger estuvo abiertamente interesado en el budismo zen.[21] Con relación a la influencia que tuvo en Heidegger esta enseñanza, es conocida la anécdota que relata cómo después de haber leído a D. T. Suzuki, uno de los más conocidos expositores contemporáneos del zen, Heidegger comentó que éste expresaba perfectamente lo que él siempre había querido decir.[22]

Este interés llegó a materializarse en el estrecho contacto que Heidegger mantuvo con colegas y estudiantes japoneses (particularmente en el período comprendido entre las dos guerras mundiales), con los que dialogaba y reflexionaba, entre otras cosas, en torno a la especificidad de los modos de pensamiento occidental y extremo-oriental, y en torno a las condiciones de posibilidad del diálogo entre ambos.[23] Su trato íntimo y frecuente, a partir de 1922, con interlocutores japoneses –algunos de ellos figuras eminentes de la filosofía como Tanabe Hajime, Miki Kiyoshi, Kuki Shûzô y Nishitani Keiji– es paralelo a la acogida sorprendente que en Japón tuvo siempre su pensamiento.[24]

Aunque Heidegger tenía contacto con el pensamiento oriental desde 1922, fue en los años 50 cuando dijo expresamente algo al respecto, animado, parece ser, por una visita que en 1954 le hizo un profesor japonés de literatura alemana: Tezuka Tomio. El texto de esta conversación[25] ofrece pruebas sobradas de que ésta fue la inspiración de lo que sería su ensayo "Aus einem Gespräch von der Sprache" ("De un diálogo acerca del habla"), contenido en su obra *Unterwegs zur Sprache* (*De camino al habla*) (1956) –un ensayo que sintetiza, mejor que cualquier otro de sus textos, la impronta que en Heidegger dejaron sus numerosos contactos con colegas japoneses–. Como el título indica, se trata de un diálogo en

torno a la esencia del lenguaje, que protagonizan un japonés y un inqui-
ridor (que no es otro que el mismo Heidegger). En él se pregunta, entre
otras cosas, por la posibilidad de alcanzar una «experiencia del pensamiento que otorgue un aval para que el decir europeo-occidental y el extremo-oriental puedan entrar en un diálogo dentro del cual cante aquello
que brota de una misma fuente».[26]

– Como afirma Otto Pöggeler, Heidegger siempre reconoció a sus visitantes la cercanía de su pensamiento con el taoísmo y con el budismo
zen. R. Panikkar, quien tuvo la ocasión de dialogar personalmente con
él, confirma que algo análogo llegó a decir del pensamiento advaita.

Lo señalado basta para mostrar por qué la pretensión de poner en conexión a Heideggger con el pensamiento oriental está lejos de ser arbitraria. Las pruebas de que esta influencia es decisiva son más que sobradas; y en la medida en que estas pruebas han pasado prácticamente
desapercibidas hasta hace poco, urge una relectura de Heidegger en la
que esta clave de interpretación esté presente. En palabras de G. Parker:

> Ahora que se ha demostrado que el pensamiento de Heidegger fue in-
> fluido por las ideas de la tradición filosófica del Este asiático, todo un
> capítulo de la historia de las ideas del Occidente moderno precisa ser re-
> escrito (…) Las lecturas de los textos heideggerianos habrán de ser rea-
> lizadas desde ahora con lo que Nietzsche denominó un "ojo trans-euro-
> peo".[27]

Respecto al motivo por el que Heidegger no sólo no manifestó abiertamente el peso de esta influencia en su pensamiento, sino que más bien
dio a entender lo contrario, sólo cabe especular. Las objeciones y evasivas que el mismo Heidegger expresó en algunas ocasiones respecto al
alcance de esta influencia suenan más a maniobra de ocultación que a
argumento realmente convincente. Una de estas evasivas es la que le lleva a remitir esta cuestión reiteradamente, y exclusivamente, al problema
de la divergencia de lenguas[28] (inconveniente éste que, curiosamente, los
estudiosos orientales que se acercaron al pensamiento de Heidegger
consideraban perfectamente salvable).

En la carta que escribió al presidente del congreso organizado en la
Universidad de Hawaii bajo el título genérico "Heidegger and Eastern
Thought", celebrado con ocasión de su ochenta cumpleaños, Heidegger
se limitó a expresar –al margen de las formalidades pertinentes, y sin
aludir a la temática central del congreso: la relación de su pensamiento
con el pensamiento oriental–:

Una y otra vez me ha parecido urgente que tenga lugar un diálogo con los pensadores de lo que es para nosotros el mundo oriental. La gran dificultad de esta tarea radica siempre, tal y como yo lo veo, en el hecho de que, con pocas excepciones, no hay dominio de las lenguas orientales ni en Europa ni en los Estados Unidos.[29]

Por qué Heidegger, a pesar de su prolongado entusiasmo por el taoísmo, lo menciona sólo en dos ocasiones, es lo que se le preguntó en una ocasión a su destacado discípulo Hans-Georg Gadamer. La respuesta de Gadamer (acompañada de una irónica sonrisa) fue la siguiente: «Has de comprender que un académico de la generación a la que pertenecía Heidegger sería muy reacio a decir nada por escrito acerca de una filosofía si no fuera capaz de leer y de comprender sus textos relevantes en la lengua original».[30]

En otras ocasiones, Heidegger eludía el peso de Oriente en su pensamiento con el siguiente argumento:

Es mi convicción que el cambio puede venir sólo desde la misma parte del mundo que ha dado lugar al mundo técnico, y que no puede venir por la adopción del budismo zen o de otras experiencias orientales del mundo. El nuevo pensar requiere la ayuda de la tradición occidental y su reapropiación. El pensar es transformado sólo por aquel pensar que tiene el mismo origen y el mismo destino [*Bestimmung*].[31]

En efecto, Heidegger no considera que lo que necesite Occidente y el momento presente sea la adopción de modos de pensamiento de otras culturas. Ello carecería de sentido, dado que, según él, el destino de Occidente está llamado a ser destino mundial. A lo que insta Heidegger es a comprender el porqué de la unilateralidad de nuestra civilización; invita a hacer consciente lo inconsciente, explícito lo implícito. No se trata tanto de buscar nuevas alternativas, como de redescubrir la alternativa (que no es "alter-" u otra) que siempre estuvo ahí y que es la misma raíz olvidada de la cultura occidental y del pensamiento griego: la experiencia presocrática directa y supraobjetiva del Ser como referente esencial de lo humano.

Ahora bien, con esta respuesta Heidegger parece eludir la evidencia de que, si bien la superación de los actuales límites de la cultura occidental no puede acontecer mediante la mera adopción de doctrinas orientales, sí que es posible –y el mismo pensamiento de Heidegger es un ejemplo de ello– que el diálogo con otras tradiciones de pensamiento favorezca que Occidente logre una nueva perspectiva sobre su propia tradición y pueda re-apropiar su origen olvidado, pues éste es uno con el origen de todo gran comienzo histórico. No otra cosa afirma el mismo Heidegger en su ensayo "Hörderlin Erde und Himmel" (1959):

> Lo que se transforma puede hacerlo sólo a partir de la grandeza reservada de su comienzo. Conforme a esto, la presente situación del mundo sólo puede recibir un cambio esencial o incluso su preparación, a partir de su comienzo, que determina como destino nuestra época universal. Es el gran comienzo. Cierto que no puede haber un regreso a él. El gran comienzo sólo se hace presente como algo que nos sale al encuentro (…). Pero (…) tampoco puede permanecer ya en su aislamiento occidental. Se abre a los pocos otros grandes comienzos que, con lo que les es propio, tienen lugar en la mismidad del comienzo de la pertenencia in-finita, donde está contenida la tierra.[32]

*   *   *

«Heidegger –asegura O. Pöggeler– ha iniciado, más que ningún otro pensador europeo, el diálogo entre Occidente y el lejano Oriente.»[33] Ahora bien, si la influencia del extremo Oriente (China y Japón) en el pensamiento de Heidegger es destacable (por más que en su obra escrita ello sólo se refleje en ocasionales alusiones explícitas), no lo es la del pensamiento índico. Por ello, la comparación que haremos en el presente trabajo entre el pensamiento de Heidegger y la doctrina advaita no presupone la realidad ni la posibilidad destacable de una influencia directa.[34] Sólo cabría hablar de una influencia indirecta –pero real– en la medida en que el budismo zen comparte con el Vedānta Advaita una clara familiaridad histórico/cultural y doctrinal. De hecho, el budismo tiene la impronta del brahmanismo como espacio cultural y espiritual en el que nace y al que no pretendió sustituir sino renovar y complementar.[35]

No es que Heidegger desconociera el pensamiento índico. Tuvo que tener conocimiento del mismo, dado el interés que por él manifestaron muchos de sus contemporáneos de la universidad alemana.[36] Alguna alusión puntual en su obra –en concreto, una–[37] confirma que no le era desconocido. Pero su propio distanciamiento filosófico respecto a quienes mostraban esta simpatía –generalmente neo-kantianos cuyo acercamiento a Oriente estaba lastrado por sus propios presupuestos metafísicos– fue probablemente la razón de que ese contacto nunca se tradujera en abierto interés.

En general, la interpretación y lectura que se ha hecho en la universidad del pensamiento índico –y muy en concreto, en la universidad alemana de comienzos del siglo XX– con frecuencia ha ocultado y distorsionado, más que desvelado, dicho pensamiento. Así, el Vedānta advaita tiene como peculiaridad, frente al taoísmo o frente al budismo zen, su menor reparo (a pesar de compartir con las doctrinas citadas una absoluta convicción en la inefabilidad de la experiencia última de la realidad) en realizar, a la luz de dicha experiencia, una elaborada articulación filosófica. El lenguaje simbólico y paradójico del taoísmo o la ruptura de toda estructuración lógica a la que invitan los *koan* zen, difícilmente se prestan a ser "adoptados" por el pensamiento metafísico occidental, pues lo violentan de raíz. En cambio, el lenguaje vedānta ha parecido con frecuencia "traducible", al menos en algunos aspectos, a categorías metafísicas occidentales a los académicos de Occidente (a ello se presta, además, el propio lenguaje sánscrito), por lo que a menudo se han querido ver semejanzas donde de hecho no las hay.[38]

En conclusión: Heidegger, probablemente, desconoció o mal-conoció –en su errada lectura "metafísica"– el pensamiento índico. Por ello queda descartada la posibilidad de una influencia directa. Y por ello, lo que nos mueve a realizar esta comparación no es la constatación de un posible contacto, sino una constatación de mayor calado y relativa al pensamiento en sí: la de la existencia de claras correspondencias entre la propuesta de Heidegger y la propuesta advaita, unas correspondencias que definen líneas maestras decisivas de lo que creemos que ha de ser la transformación del pensamiento que reclama nuestro actual momento histórico y la crisis de la filosofía occidental.

Intentaremos mostrar en el presente trabajo cómo el Advaita puede ser iluminado desde el pensamiento de Heidegger, y cómo el pensamiento de Heidegger puede serlo desde el Advaita.[39] Como señalamos en la introducción, nos adentraremos en un camino sin referencias, y es que, si bien hay un número destacado de estudios comparados entre el pensamiento de Heidegger y figuras como Lao Tzu, Chuang Tzu, Dogen, Bashô, Nishida, etc., representativas del pensamiento extremo-oriental, prácticamente no hay trabajos que comparen el pensamiento de Heidegger con el pensamiento índico (con la excepción de un estudio al respecto, no muy significativo, de J. Grimes,[40] frecuentes alusiones en la obra de J. Mehta[41] y R. Panikkar, y algunos escasos y, en su mayor parte, tímidos artículos.[42] A su vez, todos ellos se centran en textos y autores fundacionales –el pensamiento upanishádico o shankariano– y ninguno en formulaciones y representantes contemporáneos del Advaita).

Como señalamos también en la introducción, puesto que nos adentraremos en una temática relativamente inédita, este estudio comparativo no pretende constituirse como un conjunto de conclusiones cerradas, sino sugerir líneas interpretativas y direcciones posibles para la reflexión que considero fecundas.

EL PRESUPUESTO DE LA PRESENTE COMPARACIÓN: LA REALIDAD DE UNA *SOPHIA PERENNIS*

El pensamiento esencial, decíamos, tiende a alcanzar las mismas riberas. En esta afirmación resuena lo que en el inicio de este trabajo denominamos "sabiduría perenne": la constatación de la existencia de cierta concordancia estructural, relativa a las cuestiones últimas, entre tradiciones de sabiduría de distintos lugares y tiempos. Éste es el presupuesto que justificó que nos centráramos en el Vedānta advaita, no tanto en lo que tiene de escuela histórica, como en lo que tiene de doctrina no-dual, es decir, en aquello en lo que confluye con tantas otras enseñanzas no-duales. Y éste es el presupuesto que justificará nuestra comparación entre el pensamiento de Heidegger y la doctrina advaita. Y no porque consideremos que el pensamiento de Heidegger sea "sabiduría perenne" en sentido estricto (aunque muchas de sus intuiciones se inscriban en ella, su enseñanza es propiamente filo-sofía, en el sentido amplio de este término, y no gnôsis o sabiduría), sino porque sólo admitiendo la realidad de esta "sabiduría perenne" tiene sentido la reflexión comparativa que nos ocupa y, en general, cualquier reflexión comparada entre diversas tradiciones de pensamiento. Pasaremos a desarrollar esta última afirmación.

La superación postmoderna del paradigma de la representación

Uno de los rasgos definitorios de lo que se ha dado en llamar "Postmodernidad" es su constatación de los límites del "paradigma de la representación" característicamente moderno. Lo propio de este paradigma es su supuesto incuestionado, en lo que al conocimiento se refiere, de la irreductibilidad de la dualidad sujeto-objeto, hombre-mundo: se considera que hay tal cosa como un mundo único y dado de antemano independiente del sujeto. Éste último estaría, a su vez, también previamente dado a su relación con el mundo; en otras palabras: en tanto que *ego co-*

gito sería ahistórico, carente de contexto y universal, de tal modo que podría acceder a un conocimiento objetivo de dicho mundo único, dado y objetual y de su devenir histórico. Las diversas visiones del mundo no serían más que diferentes perspectivas o "mapas" posibles, más o menos acertados, de dicho mundo único.

Este paradigma, hoy obsoleto, pero todavía vigente en la mentalidad del hombre medio, ha dado paso a la intuición quizá más interesante y revolucionaria del pensamiento contemporáneo: la de que sujeto y objeto, hombre y mundo constituyen una unidad indisoluble. Respecto a cómo haya de entenderse o interpretarse esta indisolubilidad, las opiniones son muy diversas. Pero, en líneas generales, hay un acuerdo básico en que el yo está siempre inserto en un mundo –es decir, en "contextos" históricos, sociales, lingüístico-culturales, biográficos, ideológicos, etc., que le constituyen y determinan, y que configuran su modo de visión–, y en que, a su vez, no hay tal cosa como un mundo único que pueda ser visto de diversos modos posibles, sino que cada visión del mundo actualiza y crea, literalmente, un mundo. El "sujeto" que pretende reflejar una realidad supuestamente objetiva está ya de hecho siendo configurado por ella; y el mundo que le configura está, a su vez, siendo constituido y alumbrado por él. Sujeto y objeto, lejos de ser algo dado y en sí, son dos polos de un mismo y único acto de recreación permanente.[43] La creencia misma en la dualidad sujeto-objeto (en el paradigma de la representación) es una de dichas creaciones posibles, una unidad "mundo/visión del mundo" entre otras, cuya "genealogía" o desvelación de los contextos que la hicieron posible cabe rastrear.[44]

El paradigma de la representación, así como la noción de verdad que le es propia: la *adequatio*, tiene una validez relativa y funcional, pero carece de alcance metafísico. El pensamiento no "refleja" la realidad (el paradigma de la representación es también el paradigma de la "reflexión"); el pensamiento es más bien un movimiento de esa misma realidad. El pensamiento es la *mostración* (*alétheia*) o "presentación" de lo conocido, y no su mero reflejo o re-presentación.

Como decíamos, las perspectivas contemporáneas respecto a cómo haya de interpretarse –y desde dónde– esta crítica al objetivismo ingenuo son muy diversas. El "constructivismo" radical llevaría esta crítica hasta el límite: puesto que no hay un mundo objetivo y único, en último término toda visión del mundo es una "construcción" que cabe remitir a una u otra ideología o "ismo". El relativismo extremo que supone esta postura aboca, paradójicamente, al mismo subjetivismo moderno (la absolutización del sujeto) que pretende superar; es, de hecho, la versión más extremada del mismo, pues erige el capricho de una subjetividad individual, carente de toda referencia superior a sí misma, en árbitro e intérprete último; una subjetividad que siempre esconde en la manga una perspectiva o contexto nuevo al que acudir para defender o criticar todo –y, por lo mismo, nada–. La aparente modestia de esta postura deviene narcisismo extremo, en una suerte de bucle que enfrenta esta posición al dogmatismo que larvadamente la sustenta y que se oculta a sí misma.

Heidegger representa una versión particularmente equilibrada dentro de este movimiento de reivindicación –frente a las pretensiones de la filosofía de la reflexión– de la indisociabilidad de sujeto y objeto. Pensamiento (*Denken*) y Ser (*Sein*) –nos decía– son lo mismo (*das Selbe*): el Ser no es sin el *Dasein* y el *Dasein* no es sin el Ser. A su vez, toda mostración objetiva del Ser –nos decía también– es, en cuanto tal, necesariamente relativa, parcial e histórica. No hay tal cosa como una verdad objetiva absoluta ni como una historia igualmente objetiva y absoluta.[45] Ahora bien, cada revelación parcial del Ser, considera Heidegger, no se clausura en sí misma, en lo dado, en su parcialidad. No es así, porque dicha mostración lo es de una única fuente supraobjetiva que se oculta como tal, que se sustrae en su inagotabilidad: el misterio de lo oculto del Ser. Toda mostración parcial de la verdad es, lejos de toda arbitrariedad y de todo subjetivismo, *destino del Ser mismo* (*Seinsgeschick*): el darse o des-velarse histórico *del Ser*. Lo mostrado en cuanto tal, en su objetividad, es siempre parcial y relativo; pero en la medida en que no se agota en su mostrarse y remite a lo siempre oculto de sí –en la medida en que es siempre y en todo caso el mostrarse *del* Ser, de lo Mismo (*das Selbe*)–, es universal. Relatividad y universalidad ya no son un dilema, sino dos dimensiones indisociables de un mismo y único acontecer.

En otras palabras, para Heidegger, el binomio hombre-mundo, por mucho que los términos de dicho binomio se abran el uno al otro y se relacionen constitutivamente, si no se remite más allá de sí mismo sigue siendo antropocéntrico: erige de nuevo, solapadamente, a la subjetividad en criterio último de sentido y de verdad. La fuente de este binomio es, de hecho –considera Heidegger–, el Ser, el Acontemiento no-dual (*Ereignis*). Puesto que el Ser es el fundamento último, cabe hablar –lo que aparta al pensamiento de Heidegger de cualquier relativismo– de un criterio universal de verdad. Éste ya no es la mera *adequatio*, la adecuación o concordancia del sujeto con el objeto, un criterio sólo válido para el ámbito relativo y derivado de la representación. El "criterio" es ahora la fidelidad del hombre a su esencia, la permanencia del pensar en su elemento, el co-responder (*ent-sprechen*) del pensar y del decir humano a la voz del Ser, al "Acontecimiento dicente" (*Sage/Ereign*is) en el que arraigan.[46]

Si esto es así, la tarea de la filosofía no ha de ser la de clarificar o corregir sus "representaciones o imágenes del mundo", la de corregir sus errores de ajuste con la realidad –como si fuera posible lograr la visión "absoluta" del supuesto mundo único y absoluto–. Ha de ser la de situarnos experiencialmente en el eje de nuestra identidad, en el elemento de nuestra esencia; ha de ser la de ayudarnos a contactar con la Fuente que funda el ser y el pensar humanos. No se trata de que nos "adecuemos" a Ella, porque el hombre y su pensar *ya* es y siempre ha sido en Ella; se trata de que permanezcamos donde siempre hemos estado, en el ámbito del Ser, y de que lo asumamos conscientemente, elucidándolo, expresándolo, celebrándolo.

* * *

La interpretación heideggeriana del carácter histórico de la mostración del Ser es el fundamento de todo diálogo intercultural. La verdad, según Heidegger, no ha sido dada de una vez por todas, no ha sido revelada en ninguna forma histórica, pues el Ser no se desvela totalmente en ninguna de sus manifestaciones. Todo, desde el mundo antiguo de Oriente y de Occidente hasta el mundo moderno y el mundo postmoderno de nuestros días, son mostraciones positivas del Ser, destinos del Ser. El olvido del Ser también es una manifestación positiva del Ser, una manifestación que puede favorecer una rememoración del Ser más consciente, aguda y profunda. Ninguna tradición ha tenido ni tendrá nunca la última palabra (acceder al Silencio primero no es tener la última palabra), como todo dogmatismo tiende a asumir en una posición excluyente y negadora por principio de todo diálogo. Pero, a la vez, el diálogo es posible porque la singularidad e intraducibilidad cultural no son absolutas, porque cada mostración parcial es símbolo de lo Mismo, de lo universal que en ella se expresa.

Fundamentación de la posibilidad de una "sabiduría perenne"

«Sobre la base del análisis del Ser llevado a cabo por Heidegger, todos estamos arraigados en el Ser y, por lo tanto, no es un gran misterio que las afirmaciones metafísicas de todos los lugares del mundo tengan una cierta similitud fundamental a lo largo de la historia.»[47]

Tras lo que acabamos de apuntar, hablar de una "sabiduría perenne", de un conocimiento que trasciende los condicionamientos individuales e histórico/culturales, parecería recaer de nuevo en el objetivismo ingenuo cuya superación, decíamos, ha sido quizá el principal logro del pensamiento contemporáneo; parecería postular lo que Gadamer niega expresamente con las siguientes palabras:

> (...) no es posible una conciencia, por infinita que fuese, en la que la "cosa" transmitida pudiera aparecer a la luz de la eternidad. Toda apropiación de la tradición es histórica y distinta de las otras, y esto no quiere decir que cada una de ellas no sea más que una acepción distorsionada de aquélla: cada una es realmente la experiencia de un "aspecto" de la cosa misma.[48]

Pero postular una "sabiduría perenne" no equivale a negar el carácter parcial y relativo de toda manifestación histórica (o, en expresión de Heidegger, el carácter "epocal" de toda manifestación del Ser). Efectivamente, no es posible, de acuerdo con lo que afirma Gadamer, que la "cosa trasmitida" aparezca *objetivamente* "a la luz de la eternidad". Ahora bien, consideramos que sí es posible –numerosas tradiciones de pensamiento así lo han sostenido, y el pensamiento de Heidegger estaría en armonía con esta afirmación– un des-velarse *supraobjetivo* de las cosas "a la luz de la eternidad". Explicaremos con detenimiento el sentido de esta última afirmación.

Qué significa "sabiduría perenne"

En primer lugar, es preciso clarificar que la expresión "sabiduría perenne", en el sentido que aquí le atribuimos, no alude directamente a contenidos doctrinales, sistemas de pensamiento ni, en general, a ninguna doctrina *objetiva*. Alude, en esencia, a *un conocimiento por identidad, a una real-ización supraobjetiva de la no-dualidad última de lo real*. Esto es lo "perenne" en la expresión "sabiduría perenne". Las interpretaciones objetivas de esa real-ización supraobjetiva, las articulaciones discursivas de dicha visión no-dual, necesariamente serán relativas, parciales y estarán condicionadas por supuestos culturales, históricos e individuales específicos; pues la intuición no-dual, en cuanto tal, puede ser realizada –puede ser "*sida*"– pero no conocida objetivamente ni enunciada.[49]

Hay ciertas doctrinas y enseñanzas históricas que: 1) han tenido conciencia de su relatividad en lo que tienen de doctrinas objetivas[50] y han

sabido que «el Tao que puede ser expresado no es el verdadero Tao».[51]
2) Esta certeza las ha llevado a constituirse, no como teorías o sistemas
de pensamiento dotados de valor autónomo, sino como "indicaciones" o
sistemas operativos –instrucciones operacionales– orientados a posibilitar la realización experiencial y la toma de conciencia de la no-dualidad
última de lo real. De hecho, las enseñanzas no-duales no son tanto doctrinas como *instrucciones* subordinadas a una real-ización inobjetiva o
conocimiento por identidad en el que la doctrina/instrucción misma deviene irrelevante.

Denominaremos "sabiduría perenne", en una segunda acepción,[52] a
estas doctrinas o enseñanzas *sólo y exclusivamente* en la medida en que
han sido y siguen siendo ocasión de acceso a dicha real-ización, y en la
medida en que han considerado que su validez es la de la mera *"instrucción"*; es decir, en la medida en que se han relativizado a sí mismas en lo
que tienen de doctrinas teóricas –pues reconocen que cualquier doctrina
sobre lo inobjetivable es una contradicción *in terminis*–, en la medida en
que no han degenerado en "metafísica" (en la acepción heideggeriana del
término), pretendiendo desde la dualidad aprehender lo no-dual, o desde
lo históricamente condicionado –y toda exposición doctrinal, en cuanto
tal, lo es– monopolizar lo que trasciende toda condición.

Por lo mismo, divergimos de quienes utilizan las expresiones "sabiduría perenne", "filosofía perenne", "tradición primordial", etc., en una
defensa –en ocasiones reaccionaria– de ciertas tradiciones de pensamiento: de las enseñanzas y formas que han adoptado o adoptan las mismas en su estricta literalidad. Divergimos igualmente de los supuestos
defensores de una "tradición primordial" que, en una actitud nostálgica,
evasiva y de no reconciliación con el presente histórico, identifican la
intuición atemporal de la no-dualidad con lo que dijeron e hicieron los
sabios de la antigüedad,[53] lo cual no deja de ser paradójico, pues si hay
algo que afirma toda sabiduría perenne –y utilizamos una expresión de
Heidegger– es que *todo* es igualmente destino y desvelamiento del Ser.[54]
Nuestro presente no necesita sabiduría antigua, pues la historia no puede y no debe dar marcha atrás; necesita, sencillamente, sabiduría. El diálogo con las sabidurías del pasado es imprescindible, pero no para reite-
rarlas, sino para reconocer y acceder a la intuición no-dual que late más
allá de toda doctrina y de todo tiempo, y para alumbrar desde ahí nuestro actual momento histórico y nuestro futuro próximo en su peculiaridad y especificidad. El Ser –nos recordaba Heidegger– se dice de modo
diverso en cada tiempo. No hay que pretender que se diga como ya se
dijo en otro lugar y en otro momento, sino crear el espacio y la actitud

de escucha –que es la actitud antipódica al apego doctrinal, pues es siempre un "no saber"– para darle voz, para dejar que se diga, cada vez, de un modo nuevo. Sólo así la palabra humana que expresa y canta el fondo supraobjetivo del que todo brota –la sabiduría perenne– no se cristalizará, no se volverá opaca y auto-referencial ("metafísica", en sentido heideggeriano: objetivación de la verdad); sólo así ya no simplemente se perpetuará horizontalmente, sino que se renovará perennemente desde su fuente.

Hemos elegido a Nisargadatta como referencia fundamental en nuestra exposición del pensamiento advaita, entre otras cosas, para mostrar que ésta es una sabiduría viva y actual; para no recaer en una suerte de culto al pasado que otorga autoridad, no se sabe bien por qué, sólo a lo que nos es lejano en el tiempo[55] (más aún, si está expresado en una lengua muerta o extraña); para acercarnos a una voz que habla de lo atemporal y desde lo atemporal en los modos que propicia y requiere nuestro momento y su peculiaridad.

Resumiendo nuestra posición, podríamos decir que la relación entre las distintas enseñanzas que pueden calificarse de "sabiduría perenne" es no-dual. En otras palabras: lo universal en ellas no es un "común denominador" doctrinal, una suerte de "resumen" de lo esencial de dicho conocimiento. Si así se considerara se estaría de nuevo otorgando valor absoluto a una realidad objetiva –no a la no-dualidad supraobjetiva– y se estaría buscando la unidad en el plano de la multiplicidad, con lo que la misma multiplicidad quedaría amenazada; no se trataría, pues, de la unidad no-dual que respeta las diferencias, las funda, las justifica y las deja ser.

En palabras de R. Panikkar: «Hay *invariantes humanos* (…) pero no hay *universales culturales* de vigencia absoluta».[56] De modo análogo a como hay invariantes humanos biológicos,[57] hay también invariantes en la estructura de la conciencia humana. Estos *invariantes humanos* son estructuras profundas o subyacentes que se articulan de distinta forma –estructuras superficiales– en diversas culturas, doctrinas, etc. La universalidad de lo que hemos denominado "sabiduría perenne" no es doctrinal –toda doctrina está condicionada culturalmente– sino relativa a la realización operativa de las posibilidades latentes en las estructuras profundas de todo ser humano. El común reconocimiento *estructural* y *operativo* en tradiciones diversas de ciertos invariantes últimos de lo humano –en concreto, los relativos al ápice de la conciencia humana en el que ésta se trasciende a sí misma en una intuición no-dual de la no-dualidad última de lo real– funda la universalidad de la sabiduría perenne.

Más allá del absolutismo realista y del relativismo historicista

Postular la realidad de una "sabiduría perenne" no equivale a negar el carácter relativo y parcial de toda mostración objetiva de la verdad del Ser. El conocimiento no-dual es conocimiento *por identidad* de lo Absoluto y realización *no-dual* de la totalidad, pero no pretende ser conocimiento de lo Absoluto y de la totalidad si entendemos el término "conocimiento" a la luz de la idiosincrasia de la conciencia objetiva (algo así como lo que pretendió Hegel, en un gesto que rubricó el espíritu de la modernidad).[58] Conocer por identidad lo Absoluto no es conocer algo, sino más bien Nada; no es conocimiento de "algo que es", sino *ser* uno con lo que posibilita y sostiene todo lo que relativamente es y puede ser. Por otra parte, el término "totalidad" no tiene en este contexto un sentido cuantitativo o aditivo. No es lo mismo el conocimiento *de* "todo" que la realización *supraobjetiva* del corazón de todo; ésta última no es conocimiento de cosas ni conocimiento *acerca de* las cosas, sino real-ización del Vacío que permite a las cosas ser lo que son. A algo análogo apunta Heidegger cuando afirma:

> La revelación del ente en su totalidad no coincide con la suma del ente de hecho conocido. Al contrario, allí donde el ente es poco conocido para el hombre y es apenas, y toscamente, reconocido por la ciencia, la revelación del ente en su totalidad puede imperar más esencialmente.[59]

El Advaita estaría de acuerdo con la hermenéutica más reciente en que no es posible acceder a un conocimiento objetivo de carácter universal y último:

En primer lugar, para el Advaita, la relatividad es una característica de todo lo existente: todo está inter-relacionado vertical y horizontalmente de tal modo que todo es lo que es en virtud de su respectividad a todo lo demás. En otras palabras: no hay perspectivas absolutas. No hay realidades-totalidades, acotadas o clausuradas, que posibiliten un conocimiento igualmente clausurado y acotado de las mismas.

En segundo lugar, el Advaita considera que en toda realidad manifestada, en virtud de su carácter de mostración de lo Absoluto inmanifiesto, hay dos rostros: lo mostrado de dicha realidad y lo oculto a lo que lo mostrado remite. En virtud de que todo es símbolo de lo inaprensible, de lo insondable, el conocimiento y el sentido hasta de la más mínima cosa es intotalizable.

En tercer lugar, el Advaita sostiene –al igual que la hermenéutica contemporánea– que sujeto y objeto constituyen un campo unificado, de tal modo que el sujeto no puede ir más allá del mundo que pretende describir. La pretensión, en este nivel, de acceder a un contexto último y absoluto que posibilite un conocimiento de la totalidad en cuanto tal, carece de sentido; no existe tal cosa. Una supuesta totalidad objetiva no sería tal totalidad, pues el sujeto habría quedado al margen. El sujeto es recreado por un mundo y, a su vez, recrea dicho mundo –un mundo que es *su* mundo y nunca *el* mundo en sentido absoluto–. Otro motivo más para desfundamentar todo intento de descripción descontextualizada (objetiva, universal y aséptica) de lo real. En unas palabras –ya citadas– de Nisargadatta:

No hay un "yo" separado del cuerpo ni del mundo. Los tres aparecen y desaparecen juntos.[60]

P: ¿Con toda seguridad hay un mundo de hechos comunes a todos?

M: ¿El mundo de las cosas, de la energía y de la materia? Incluso si hubiera tal mundo común de cosas y fuerzas, no es el mundo en que vivimos. El nuestro es un mundo de sentimientos e ideas, de atracciones y repulsiones, de escalas, de motivos e incentivos; todo ello es un mundo mental.[61]

P: Después de todo, mi pequeño mundo no es sino una parte de lo total.

M: ¿No es la idea de un mundo total una parte de su mundo personal? El universo no viene a decirle que usted es una parte de él. Es usted quien ha inventado una totalidad para que le contenga como parte. De hecho todo lo que usted conoce es su propio mundo privado, por muy bien que lo haya amueblado con imaginaciones y esperanzas.[62]

Ahora bien, en el caso del Advaita estas constataciones no conducen al puro relativismo. No conducen al relativismo, en lo que al conocimiento dual u ordinario se refiere, porque la dimensión de verticalidad que introduce el hecho de que todo sea expresión relativa del Ser (lo absoluto trascendente-inmanente) constituye un referente jerárquico que permite hablar de visiones relativas más integradoras –relativamente más verdaderas– que otras. Es más verdadera la visión o mostración de lo real que más des-vele al Ser (aunque ese desvelamiento siempre sea parcial) y que más permita tomar conciencia de que lo des-velado es siempre y en todo caso el Ser.

Y no conduce al relativismo, fundamentalmente, porque se admite la posibilidad de un conocimiento que trasciende el carácter de sujeto del sujeto y el carácter de objeto del objeto. Ya no nos movemos en el ámbito del conocimiento objetivo, y tampoco en el de la "interpretación" (lo que la hermenéutica contemporánea considera que ha de ser todo conocimiento una vez que objeto y sujeto son indisociables). Ya no estamos, en general, en el ámbito del conocimiento dual o relacional que, efectivamente, es siempre el acceso a un sentido o mostración parcial. Ya no cabe hablar ni de conocimiento objetivo de totalidades ni de mostración parcial del Ser, sino de la realización (gnôsis/*jñāna*) de lo que posibilita y es previo a todo conocimiento objetivo, interpretación o mostración parcial; condición de posibilidad que, por su propia naturaleza inobjetivable, desfundamenta la pretensión de monopolizar alguna supuesta verdad objetiva absoluta. La realización de la fuente supraobjetiva de todo es, de hecho, el movimiento opuesto a la pretensión de aferrar algo objetivamente: equivale siempre a un "no saber".

En conclusión: el Advaita –y, en general, la "sabiduría perenne"–, lejos de toda pretensión dogmática, desfundamenta todo dogmatismo y todo absolutismo realista. Pero también, lejos de todo relativismo historicista o constructivista, sabe que el ser humano es más que humano y que en lo más recóndito de sí trasciende su finitud y es uno con el *Absconditum*, con el misterio insondable del Ser (misterio que es el garante del carácter inagotable, de lo nunca definitivo, de todo conocimiento relativo y de toda hermenéutica).[63]

La visión no-dual alumbra el mundo desde su última dimensión; o más bien, desde la no-dimensión que sustenta toda posible dimensión. Lo parcialmente mostrado se revela en su ser sin-fondo. En este momento sí cabe decir que se accede al mundo real, a un mundo que va más allá de los mundos estrictamente subjetivos e incompartibles, porque se es uno con aquello que otorga a cada mostración parcial su carácter de *símbolo* de lo Absoluto no-dual:

> Una parte de la totalidad vista en relación con la totalidad [no en relación con la totalidad objetiva, sino con la totalidad principalmente contenida en el centro no dimensional de la circunferencia del mundo], también es completa (Nisargadatta).[64]

Recordemos las siguientes palabras de Nisargadatta:

> Su mundo es producto de la mente, es subjetivo, está encerrado en la mente, es fragmentario, temporal, personal y cuelga del hilo de la memoria (…) Yo vivo en un mundo de realidades, mientras que el suyo es de imaginaciones. El mundo de usted es personal, privado, incompartible, íntimamente suyo. Nadie puede entrar en él, ver como usted, oír como usted, sentir sus emociones y pensar sus pensamientos. En su

mundo usted está verdaderamente solo, encerrado en su sueño siempre-cambiante que usted toma por vida. Mi mundo es un mundo abierto, común, accesible a todos; en mi mundo hay comunidad, comprensión, amor, calidad real; el individuo en la totalidad, la totalidad en el individuo. Todos son Uno y el Uno es todo (Nisargadatta).[65]

Más allá de la entronización contemporánea del lenguaje

La crítica de la hermenéutica contemporánea al paradigma de la representación –a la dualidad sujeto-objeto– se suele respaldar en su "descubrimiento" del lenguaje como entramado que sustenta la relación hombre-mundo. Este entramado lingüístico (proto-lingüístico) es el ámbito más originario que la dualidad sujeto-objeto que admitirían muchos hermeneutas contemporáneos.

El lenguaje (protolenguaje) concebido como «centro en el que se reúnen el yo y el mundo (...), en el que ambos aparecen en su unidad originaria» (Gadamer),[66] es lo que articula la relación hombre-mundo, *pero no tiene sentido más allá de dicha articulación*.[67] En otras palabras: para la hermenéutica contemporánea la dualidad sujeto objeto carece de un referente diverso de ella misma.

Desde la perspectiva advaita, postular que los términos de la dualidad sujeto-objeto son indisociables no equivale a superar dicha dualidad. La hermenéutica contemporánea no ha superado, como pretende, el paradigma de la representación, aunque suponga una versión más refinada del mismo. Para el Advaita, más allá del trinomio lenguaje/hombre/mundo, e independientemente de él, como su condición de posibilidad, es *Sat/Cit*: el Ser/Conciencia no-dual. Por supuesto, no hablamos de la conciencia entendida como el espacio lingüístico en el que es posible que algo sea experimentado inteligiblemente. Este espacio lingüístico arraiga en *Cit* (la Conciencia pura), pero no la agota. De hecho, es verdad que sin lenguaje no habría mundo humano, pero sin la Conciencia pura que realiza la gnôsis no-dual (*jñāna*) no habría nada en absoluto.[68] Hablamos, pues, de un sentido del término "Conciencia" más radical, ya explicado en nuestra exposición del Advaita: la Apertura, Claro o Espacio abierto en virtud del cual es posible que algo pueda ser, en sentido absoluto, o no ser –y que por lo mismo está más allá del Ser y del No-ser–; la Vacuidad en la que todo acontece, surge y se desvanece y que, por lo mismo, en sí no acontece; la libertad pura que es ausencia de todo sujeto y de todo objeto, y ausencia, también, de ese centro en el que hombre y mundo se reúnen –el lenguaje–, pero que libremente funda este trinomio y lo sostiene en sí.[69]

Este centro no-dual de la circunferencia del mundo es más originario que el lenguaje, pero Habla y da voz; es la Voz silenciosa que funda el lenguaje como entramado del mundo, que funda la apertura específicamente humana en virtud de la cual el ser humano puede escuchar y hablar, la que le permite cantar y apalabrar el mundo desde su fuente. En otras palabras, sólo cabe otorgar al lenguaje –en su relación no-dual con el silencio– un carácter ontológico último si se retrotrae a lo que de hecho es su dimensión más originaria, es decir, si se considera al Ser como Hablante y al binomio hombre/mundo como la manifestación de su palabra –una palabra que arraiga en lo supraobjetivo y nunca dicho del misterio del Ser, y que la palabra humana simplemente escucha y redice–.

La intuición advaita de la no-dualidad está en relación con el "Decir silencioso" heideggeriano, con el *Lógos* heraclitano que habla silenciosamente y sólo a través de signos,[70] con el Verbo o Palabra pronunciada en silencio, desde el silencio. Éste es el sentido último que Heidegger y el Vedānta otorgan a la palabra y al habla; pero no es éste el sentido que suele estar presente en las tematizaciones contemporáneas del lenguaje cuando –insistimos– hacen de éste una suerte de absoluto.

Desde el punto de vista advaita, la tendencia del pensamiento reciente a hacer del lenguaje un absoluto es sintomática del temor al silencio de buena parte de la filosofía occidental; de cómo, después de haber cuestionado el paradigma de la representación y, consiguientemente, la pretensión de validez de los discursos filosóficos modernos, lejos de haber aprendido a callar y a escuchar para, quizá a través de ello, poder tener algo nuevo que decir, se ha aferrado –movida por el *horror vacui* que le caracteriza– al lenguaje y a la interpretación como realidades universales y últimas.

Conclusión

La realidad de una "sabiduría perenne" es un hecho casi indiscutible para la mirada desprejuiciada que se aproxima a las diversas tradiciones de pensamiento y de sabiduría, no motivada por la mera curiosidad intelectual –es decir, "desde fuera"–, sino desde la connaturalidad y la criba espontánea de lo esencial que acompaña a la búsqueda sincera y operativa de la verdad. A la filosofía occidental le cuesta admitir esta familiaridad (la realidad de una "sabiduría perenne") en su esfuerzo por enfatizar de modo exclusivo unas diferencias que, por otra parte, saltan a la vista y nadie cuestiona. El peso creciente que en la filosofía académica están adquiriendo las perspectivas filológicas e históricas (en ciertos ámbitos casi han monopolizado lo que era su específico punto de vista) ha enfatizado este detenimiento horizontal en lo diferencial, que raya en la dispersión y la disgregación, y ha obstruido progresivamente la capacidad para alcanzar una visión vertical, integradora y unificadora. Ésta última parece demasiado sencilla para un pensamiento que se nutre de la complejidad. Parece amenazante para un pensamiento crecientemente especializado –es decir, "serio"– que se sustenta y justifica en y por las diferencias. Parece demasiado unívoca para una filosofía que ha tenido la genialidad de descubrir la relatividad que introducen los contextos, así como el carácter "socialmente construido" de toda cosmovisión, pero que ha "descontextualizado" –no ha "deconstruido"– su propio descubrimiento, haciendo de éste un nuevo dogma y erigiendo la interpretación estrictamente subjetiva y el capricho individual en hegemónicos.[71]

Por otra parte, el subjetivismo que, aunque presente en progresión geométrica, ha caracterizado a la filosofía occidental desde su inicio (y que constituye, según Heidegger, uno de los rostros del olvido del Ser), ha dado lugar a una historia del pensamiento que ha tomado la forma de *collage*: de despliegue de opiniones individuales cerradas y contrapuestas entre sí. Este panorama –que es una rareza en la historia del pensamiento de la humanidad, pero que al occidental medio le parece lo propio de cualquier historia del pensamiento– no puede menos que conducir a la desconfianza frente a todo lo que pretenda tener valor universal e integrador. Tal pretensión parece ingenua y arrogante; y sería, efectivamente, arrogante si dicha pretensión fuera, a su vez, una opinión individual más y no, como es de hecho, una constante en la auto-comprensión de todas las grandes tradiciones de sabiduría.[72]

Que hay una visión/realización última o esencial que trasciende las idiosincrasias individuales y los accidentes del tiempo y de la historia, de la cultura y de la geografía –aunque se interprete y articule siempre dentro de los supuestos relativos de una cultura que, a su vez, se inserta en un determinado contexto espacio-temporal– es algo comúnmente admitido por las grandes tradiciones de pensamiento no-dual:

> Aunque el Estado Supremo es el mismo para todos y la experiencia de dicho estado es la misma para todos, las interpretaciones de la Verdad Suprema varían porque las mentes son distintas. Las expresiones pueden diferir de acuerdo con la naturaleza de los buscadores (Ramana Maharshi).[73]

Por lo mismo, dichas tradiciones consideran que esa experiencia (en la medida en que quepa llamar "experiencia" a lo que trasciende la dualidad sujeto experimentador y objeto experimentado), puesto que es la más desvinculada de todo lo idiosincrásico o meramente personal, es "comunicable" en mayor grado que ninguna otra. Paradójicamente, es la más comunicable por ser la más inefable: por ser en sí misma previa a todo proceso de simbolización-interpretación. Se trata, pues, de una visión-realización universalmente verificable por quien ha satisfecho las condiciones adecuadas, y muy diferente de todas las otras experiencias, tan difíciles de compartir por su carácter condicionado, subjetivo e intransferible.

EL PUNTO DE VISTA DE NUESTRA COMPARACIÓN

Toda comparación supone cierta simetría entre lo comparado. Entre el pensamiento de Heidegger –estrictamente académico y articulado a través de un lenguaje erudito y filológicamente escrupuloso– y la enseñanza de Nisargadatta –directa, basada fundamentalmente en su propia experiencia, no mediatizada por procesos discursivos y no libresca– parecería no haber la simetría necesaria para justificar una comparación. Pero, si bien en lo que tienen de más específico ambos modos de pensamiento, es incuestionable esta falta de simetría, es posible y legítima la comparación en la medida en que se introduzca en el acercamiento a ambos una perspectiva unitaria. Pues bien, la perspectiva unitaria que justifica nuestra comparación es la filo-sófica, no en la acepción restringida de este término –la filosofía entendida como un "asunto de la razón"–, sino en la acepción de *philo-sophia* descrita en el primer capítulo de la primera parte, según la cual ésta reconoce sus límites, que son los límites del conocimiento representacional, y reflexiona sobre ellos invitando así al reconocimiento de otros modos cualitativamente superiores de saber, y según la cual ésta –la *filo-sofía*– busca ser iluminada por una luz que no es la mera luz de la razón.

Con la expresión "*philo-sophia*" (o "filo-sofía") buscamos poner de manifiesto lo que fue la pretensión originaria de la filosofía: ser y pensar en armonía cordial con el *Lógos*; constituirse, en lo que tiene de actividad individual y discursiva, como un impulso (*philia*) hacia la sabiduría (*sophia*) sin pretender erigirse como sabiduría en sí misma. La *philo-sophia* reconoce la subordinación jerárquica del conocimiento racional a otras formas superiores y no raciocinativas de saber.

Este punto de vista –el de la *philo-sophia*– es fiel a la especificidad del pensamiento de Heidegger y es también armónico con la enseñanza advaita.

En esta actividad philo-sophica –en la que la *ratio* se orienta a su auto-superación, a dejar libre el espacio en el que pueda mostrarse lo que nunca es objeto de la *ratio* sino su mismo fundamento– nuestro punto de vista confluye con el de Heidegger, y éste, a su vez, con el de Nisargadatta. Ahora bien, a pesar de esta confluencia, que justifica la perspectiva única con la que nos acercaremos a ambos pensadores, conviene no pasar por alto la diferencia existente entre ambos, una diferencia que bien podría expresarse con las siguientes palabras de J. L. Mehta (en las que retoma una expresión de Heidegger, quien a su vez la recoge de un poema de Hölderlin) con las que busca aludir a la relación existente entre el pensamiento de Heidegeger y la enseñanza de otro eminente *jñā-nin*, Śaṅkara: «Acerca de estos dos pensadores podría decirse con cierta verdad que "moran cerca el uno del otro", aunque "permanecen en montañas separadas"».[74]

Heidegger y Nisargadatta viven en montañas separadas, pues –como hemos señalado– el pensamiento del primero es eminentemente discursivo, mientras que la enseñanza de Nisargadatta es directa y experiencial, es decir, es sabiduría en sentido estricto. Ahora bien, el advaita no es ajeno al uso discursivo de la razón. Como afirma el mismo Nisargadatta insistentemente: la mente no puede acceder al conocimiento de la realidad última, pero sí le compete clarificar su ámbito legítimo de reflexión y conocer sus propios límites. Ésta no sólo es una labor legítima de la mente sino, más aún, una labor ineludible en el alumbramiento/realización de la realidad última, pues es la extrapolación de los condicionamientos mentales a los niveles en los que éstos pierden su validez –en otras palabras, la pretensión de la conciencia objetivante de acceder a lo que nunca es objeto– lo que vela (*māyā*, *léthe*) ante los ojos del yo lo realmente real, lo que conduce al olvido del Ser.

> Cuestionar lo habitual es la tarea de la mente. Lo que la mente ha creado, la mente debe destruirlo.[75]
> Use la mente para investigar lo manifestado [el ámbito de lo óntico]. Sea como el pollo que picotea la cáscara. Especular sobre la vida fuera de la cáscara le hubiera servido de muy poco, pero picotear la cáscara la rompe desde dentro y le libera. Similarmente, rompa la mente desde dentro mediante la investigación y revelación de sus contradicciones y absurdos.

P: ¿De dónde viene el anhelo de romper la cáscara?

M: De lo inmanifiesto (Nisargadatta).[76]

Lo no racional, que hoy es tan anhelado, no lo conquistamos delirando con diletantismos y con ideas turbias, sino solamente mediante un saber radical y estricto que choca con los límites (Heidegger).[77]

Por otra parte, el pensamiento de Heidegger tampoco es ajeno a la visión/realización que nunca puede ser objeto de la filosofía, pues es lo siempre inobjetivable que, como su destino y origen, la supera y precede. También Heidegger se aproxima al Advaita en la medida en que es indiscutible la presencia en su discurso –tímidamente, visto desde la perspectiva advaita, pero de modo destacado con relación a lo que suelen ser las exposiciones filosóficas habituales– de intuiciones que nos hablan de que éste es alumbrado desde más allá de la razón.[78] Su recurso de modo creciente al lenguaje poético para poder mostrar lo que no puede ser expresado de otro modo es un síntoma inequívoco de esta tensión interna de su pensamiento.

La philo-sophia

Explicamos en nuestra exposición del pensamiento advaita que éste no era "filosofía" en el sentido más generalizado de este término. Hemos hablado ahora de una *philo-sophia* en la cual se puede encuadrar el pensamiento de Heidegger –es decir, que no se trata de la "filosofía" que ha olvidado el Ser– y que, a su vez, está alineada armónicamente con el punto de vista advaita.

La acepción de filosofía más restringida se caracteriza, entre otras cosas, por orbitar en torno al paradigma de la representación. La filosofía pocas veces ha cuestionado la dualidad sujeto-objeto (consciente o inconscientemente, éste ha sido su punto de partida) y ha pretendido acceder al conocimiento de la realidad en-sí con el instrumento de la sola *ratio*, de la conciencia objetivante o dual. Cabría objetar que son muchos los sistemas filosóficos que han intentado superar este punto de partida dualista y que considerarlo una constante en buena parte de la filosofía occidental es una simplificación infundada. De hecho, muchas de las críticas que se han hecho a la obra de Heidegger están en esta línea: consideran que su descalificación global de la filosofía occidental es arrogante y que se sostiene en una lectura e interpretación del pensamiento de muchos filósofos en la que ellos mismos no se reconocerían.

Consideramos que esta crítica recae, a su vez, en lo que ella misma critica: en una simplificación. Heidegger no cuestiona la riqueza del pensamiento occidental; él mismo se nutre continuamente de él y su pensamiento se constituye en un diálogo estrecho con él –lo cual no tendría sentido si ello no implicara un profundo respeto hacia sus interlocutores–. Pero este respeto es compatible con una constatación: la de que, en lo que han sido las líneas maestras del pensamiento occidental (con notabilísimas excepciones), hay algo así como un aire de familia; un aire de familia dado por: la confianza en la razón (los irracionalismos no son más que la otra cara de dicha confianza, la reacción polar de desengaño que le acompaña como su sombra); la pretensión de solventar problemas sustentados en –y formulados como– dualidades: cómo conjugar naturaleza y libertad, lo uno y lo múltiple, ser y devenir; etc.; su tendencia a constituirse en forma de sistemas cerrados de pensamiento que son, además, siempre el pensamiento *de* alguien (de un individuo); la presencia poco significativa o abiertamente nula de una dimensión operativa o transformacional orientada a la *metanoia* del sujeto que filosofa como condición de posibilidad de un incremento real y *cualitativo* de su saber; etc.

Entendemos que Heidegger realiza lo que cabría denominar una "generalización orientadora": un tipo de generalización que prescinde de los matices, pero que no los niega; más aún, que permite advertir y comprender dichos matices y las posibles excepciones desde una perspectiva más amplia y enriquecedora. Precisamente el temor a este tipo de generalizaciones con frecuencia estanca el pensamiento, pues ahoga la confianza y flexibilidad necesarias para pensar con audacia y libertad. Cierta filosofía académica ha llegado a fomentar, en algunos casos, una suerte de sistema de intimidación del pensamiento; quien se adentra en dicha filosofía termina, con frecuencia, parapetado en los argumentos de autoridad, habla –las mayoría de las veces– en tercera persona, difícilmente sale de los preámbulos, y silencia afirmaciones de amplias miras por temor a que pasen por simples, imprecisas, arrogantes o grandilocuentes; termina siendo, básicamente, un anotador y un comentador.

Este temor está justificado: cuando se ha perdido de vista la dimensión no-dual, que es la fuente de toda convicción y confianza esenciales y que, a su vez, es máximamente flexible (pues se alcanza en un movimiento opuesto al que busca aferrar objetivamente el conocimiento), el conocimiento objetivo tiende a cristalizarse sobre sí y las afirmaciones rotundas degeneran en prejuicios y "sueños dogmáticos" que amputan la complejidad y relatividad (el juego de opuestos en el que todo contiene en sí el germen de su contrario) intrínseca a lo real. Las certezas de la ra-

zón han sido, de hecho, el sustento y la justificación de todo lo que históricamente ha adoptado la forma de imposición totalitaria y de tiranía.[79]

Creemos que Nisargadatta es un claro portavoz de una palabra im-
pregnada de autoridad, de confianza en la propia visión (una confianza
que, desde nuestro punto de vista occidental, puede resultar incluso desconcertante), que está acompañada de una gran flexibilidad. Pues el genuino conocimiento no-dual es esencialmente móvil, paradójico, a veces
formalmente contradictorio, si bien está poseído de una incuestionable
unidad y certeza internas; no se cristaliza en el nivel de la enunciación
mental, no pretende mantenerse y continuarse en el tiempo en la forma
de un sistema de pensamiento o de una doctrina, pues va acompañado de
la convicción de que la verdad no puede ser continuada, sostenida o
mantenida, sino sólo "sida", de que se recrea, de instante en instante,
desde su fuente supraobjetiva y nunca permanece como algo dado.
Como afirma Nisargadatta: «la verdad está en el descubrir, no en lo descubierto». O, en palabras de Heidegger:

> (…) nosotros no buscamos la fuerza en lo ya pensado, sino en lo impen-
> sado [inobjetivo] del que lo pensado recibe su espacio esencial. Pero lo
> ya pensado sólo es la preparación de lo todavía impensado, lo cual, en su
> sobreabundancia, retorna siempre de nuevo. La medida de lo impensado
> no conduce a integrar lo pensado con anterioridad dentro de un desarro-
> llo y una sistematización todavía más altos y que lo superan, sino que
> exige la puesta en libertad del pensar transmitido para que pueda entrar
> en su ser anterior todavía conservado.[80]

Decíamos que la acepción de filosofía más restringida es básicamente
dualista y se sustenta en el paradigma de la representación; y decíamos
que expresar una "generalización" de esta naturaleza es legítimo –aunque contraste con la poca inclinación a las generalizaciones característica de la filosofía más reciente–. De hecho, y en relación con la posible
objeción de que en Occidente son muchos los filósofos que se han apartado de este punto de partida dualista, habría que decir que, en la medida en que sus críticas al dualismo han adoptado la forma de mera exposición teórica (presuntamente autosuficiente), ya han olvidado al sujeto,
recayendo con ello de nuevo en el dualismo; lo han olvidado al no invitar explícitamente a su modificación o *metanoia* como condición indispensable de una superación real del condicionamiento dual de la mente.
Sus propuestas terminan siendo un sistema teórico más entre otros, en el
que el sujeto ha quedado fuera (el sujeto sigue siendo el mismo y sólo se

le ofrece una nueva teoría). Y es que toda exposición objetiva sobre lo no-dual que pretenda sostenerse como tal, es decir, como un sistema de validez objetiva, desligado de toda dimensión *transformacional*, es, como venimos repitiendo, falaz, pues impone a la razón un objetivo que ésta nunca puede alcanzar.

Podríamos decir, en este punto, que la *philo-sophia* se caracteriza por conocer sus límites en tanto que saber racional –por conocer cuál es el ámbito de incumbencia de la razón y por saber que no es en ningún caso el de la realidad en-sí–; se caracteriza por admitir que hay formas superiores de conocimiento a cuya luz (y sólo a cuya luz) el pensamiento es "pensar esencial" (*wesentliche Denken*); y se caracteriza por saber que no hay más conocimiento de lo real que aquel que presupone y conlleva una transformación del pensador[81] y no degenera en mera información objetiva.

Los tres ámbitos del conocimiento y sus criterios de verificación

En ciertos contextos se reflexiona actualmente sobre la necesidad de un "paradigma trascendente" o "paradigma unificador" del conocimiento" que permita integrar armónicamente los distintos ámbitos del saber, actualmente divididos e incomunicados entre sí, respetando sus respectivos ámbitos de legitimidad y validez. En esta línea, Ken Wilber[82] presenta una propuesta que trataremos de resumir, aunque nos saque aparentemente de la línea fundamental de nuestra exposición, pues ofrece una plataforma categorial que puede ayudar a clarificar el sentido de lo que hemos denominado *philo-sophia* y que no es otro que el de la filosofía *per se*: la filosofía tal y como ésta se auto-comprendió originariamente y tal y como consideramos que ha de auto-comprenderse para constituirse en un saber legítimo y de alcance cognitivo real.

K. Wilber retoma la distinción tradicional entre los tres niveles básicos del saber: el correspondiente a la ciencia empírica, el filosófico y el espiritual-trascendental; una distinción que Wilber pone en relación con la que san Buenaventura establece entre "el ojo de la carne", "el ojo de la razón" y "el ojo de la contemplación" (*lumen inferius/exterius, lumen interius* y *lumen superius*, respectivamente), y con la que establece Hugo de San Víctor entre: *cogitatio*, *meditatio* y *contemplatio*. Estos tres "ojos" se corresponden con los tres principales dominios del Ser descritos por "la sabiduría perenne": el grosero o carnal/material, el sutil inferior (mental y anímico) y el causal (trascendente y contemplativo). Recordemos la distinción que el Vedānta establecía –tanto en el ámbito individual como cósmico– entre *sthūla śarīra* o cuerpo físico, *sūksma śarīra* o cuerpo sutil ("el ojo de la razón" equivaldría, en concreto, a una de sus tres envolturas: *manomaya kośa* o la envoltura mental) y *kāraṇa śarīra* o cuerpo causal (la manifestación inmediata de *Ātman-Brahman*). Los planos superiores contienen principalmente a los inferiores, pero nunca a la inversa. Esta división supone, además, que, si bien con relación a su sustrato último (*Ātman-Brahman*), todo es su expresión por igual, no obstante, y dado que esta expresión en el ámbito de lo relativo acontece gradualmente –es decir, dado que la existencia está estructurada jerárquicamente–, cabe hablar de niveles relativamente más reales y valiosos que otros: *kāraṇa śarīra* está más saturado de Ser que *sūksma śarīra*, etc. *Ātman-Brahman,* a su vez, no es un nivel más entre otros sino el en-sí y la realidad última de todo nivel.

1) El "primer ojo", afirma Wilber, vendría a ser el ojo empírico que revela a todo ser humano «un mundo de experiencia sensorial compartida». 2) El "ojo de la mente" o "segundo ojo" alumbra el mundo de las ideas, conceptos, imágenes, relaciones lógicas, etc. Este ámbito –asevera– no puede restringirse ni explicarse, como pretende cierto empirismo, por su referencia última al dominio de la experiencia sensorial (la consistencia interna de las relaciones lógicas, por ejemplo, es independiente de toda referencia empírica); de hecho, ocurre exactamente a la inversa: el dominio de lo mental dota de inteligibilidad y unidad a la percepción empírica. «El dominio de lo mental incluye, pero trasciende, al dominio de lo sensorial.»[83] 3) El "tercer ojo", a su vez, trasciende –no negándolo sino incluyéndolo– el ojo la razón, pero en ningún caso puede reducirse a éste. Si «el ojo de la razón es trans-empírico, el ojo de la contemplación es trans-racional, trans-lógico y trans-mental»;[84] contempla la no-dualidad última de lo real, cuya visión/realización es descrita en la tradición Vedānta como *sat-cit-ānanda* (la plenitud de Ser, Conciencia y Bienaventuranza).

Según Wilber, estos tres ojos corresponderían, respectivamente, 1) al ámbito de la ciencia empírico-analítica; 2) al ámbito de la filosofía fenomenológica, de la lógica, de la psicología, etc.; 3) y al ámbito de la gnôsis o de las disciplinas contemplativas. Toda ciencia opera con el nivel (2): a través de procesos de razonamiento abstracto –pensamiento operacional/formal– extrae las implicaciones contenidas en las premisas. Pero estas premisas pueden originarse en cualquiera de los tres dominios descritos: pueden ser 1) hechos empíricos, 2) verdades axiomáticas, «verdades intuitivamente evidentes» (Descartes), «aprehensiones fenomenológicas directas» (Husserl), etc., o 3) intuiciones no-duales del ámbito no-dual.[85]

Ninguno de estos niveles puede ser reducido al nivel anterior ni explicado por él. «Cada ojo es válido y útil en su propio dominio, pero incurre en una falacia cuando intenta captar totalmente los ámbitos superiores o inferiores.»[86] Esta falacia es lo que Wilber denomina: "error categorial". El "error categorial" estaría presente cuando se olvida la especificidad de cada uno de estos niveles irreductibles de aprehensión y cuando un ámbito del saber pretende sustituir a otro y tener legitimidad sobre él.

El racionalismo cartesiano, afirma Wilber, es un claro ejemplo de un posible error categorial: el que otorga valor absoluto al dominio (2). Para Descartes, sólo la intuición racional puede proporcionarnos verdades auto-evidentes: «Por intuición no entiendo el testimonio fluctuante de nuestros sentidos sino aquella concepción tan evidente y nítida que nos ofrece la mente que no nos cabe la menor duda de que lo comprendemos. Dicho de otro modo, la intuición sólo procede de la luz de la razón» (Descartes).[87] La intuición racional y la deducción –ésta última permite acceder a verdades derivadas a partir de las intuiciones racionales auto-evidentes–, serían las únicas fuentes válidas de conocimiento. Desde este presupuesto, la razón pretenderá –infructuosamente– legitimar desde sí verdades propias del ámbito empírico (fundamentar la existencia del mundo) y contemplativo (fundamentar la existencia de Dios).

Otro tipo de error categorial, continúa Wilber, sería característico de lo que ha constituido históricamente la pretensión de algunas religiones: la de legitimar no sólo verdades relativas al dominio (3) sino también las del dominio (1) y (2), lo que ha ocurrido siempre que se ha considerado alguna revelación o dogma como árbitro supremo en cuestiones de competencia empírica o filosófica. El desprestigio de la autoridad religiosa en Occidente ha tenido, en gran medida, aquí su origen: «la filosofía atacó el aspecto racional de la religión, y la ciencia terminó destruyendo su aspecto empírico».[88] Una religión que dependía del racionalismo teológico y que postulaba una cosmovisión que pretendía no sólo tener valor contemplativo-simbólico sino alcance descriptivo (literal), ya había puesto, de hecho, los cimientos de su propia auto-invalidación.

Un tercer tipo de "error categorial" sería el cientificista.[89] Está presente allí donde se considera que la ciencia empírica es la única ciencia merecedora de este nombre y el único paradigma válido de conocimiento y de verificación[90] –una conclusión favorecida por la fascinación que producen sus asombrosos resultados prácticos–. El cientificismo suele apoyarse en una constatación: mientras que los procesos de verificación de las afirmaciones de la ciencia empírica son contundentes, la verificación de las verdades de otros supuestos niveles del saber (muy en particular, de las verdades relativas al ámbito de la contemplación) es problemática o, sencillamente, imposible. En palabras de A. J. Ayer:

> No negamos *a priori* que los métodos peculiares del misticismo permitan descubrir ciertas verdades. Lo único que queremos es escuchar las proposiciones que encarnan sus descubrimientos para ver si nuestra observación empírica las verifica o las refuta. Lamentablemente, sin embargo, los místicos no sólo son incapaces de ofrecernos proposiciones empíricamente verificables, sino que ni siquiera son capaces de elaborar proposiciones inteligibles.[91]

Pues bien, según Wilber, todo conocimiento válido y todo proceso de verificación de verdades de cualquier nivel, consta de tres aspectos esenciales:[92]

– *Un aspecto instrumental o preceptivo*: una serie de instrucciones, simples o complejas, internas o externas, que permiten acceder a la aprehensión directa de datos de un determinado nivel de conocimiento/realidad. El ojo apropiado ha de ser adiestrado hasta que pueda adecuarse a su iluminación específica. Por ejemplo: alguien que no haya estudiado geometría y no haya realizado las operaciones matemáticas pertinentes poco tendrá que decir sobre la validez o no-validez de un principio o teorema matemático. De modo análogo, sólo puede verificar experiencialmente y legitimar verdades relativas al ámbito contemplativo el que ha seguido las instrucciones operacionales correspondientes (una práctica o actitud meditativa particular, una específica orientación de la atención o ascesis de la voluntad, etc.).

– *Un aspecto iluminativo o aprehensivo*: una visión/constatación directa o revelación cognitiva correspondiente a cierto aspecto preceptivo. Siguiendo con los ejemplos anteriores: la comprensión de un teorema matemático, la visión/realización contemplativa del Ser/Sí mismo real, etc.

– *Un aspecto comunal*: una prueba comunal o consensual de la verdad de una determinada visión. Por ejemplo: una comunidad científica ratifica o no la validez un descubrimiento matemático; un maestro, una comunidad o una tradición específica ratifican o no la validez de una supuesta iluminación contemplativa, etc.

Según esto, es falso –considera Wilber– que el conocimiento contemplativo sea privado y que, por ello, no pueda ser sometido a validación consensual. Pues, de hecho, la validación es exactamente la misma en todos los ámbitos: «un *ojo entrenado* es un *ojo público* y un ojo público es un ojo comunal o *consensual*».[93] Si la visión directa del ojo contemplativo puede ser, de hecho, transmitida de maestro a discípulo es porque es directamente pública para ese modo de visión.

La negación de la existencia de criterios válidos de verificación en ámbitos no empíricos va con frecuencia de la mano de una equiparación de todo dato de experiencia posible con los datos empíricos. Ahora bien, la característica distintiva de todo dato cognitivo es que se manifiesta directamente ante nuestra conciencia como una aprehensión directa e irreductible. Independientemente de cuál sea su naturaleza (su carácter atómico o complejo, etc.), lo que define al dato –afirma Wilber, retomando una afirmación de W. James– es su inmediatez. Pues bien, tanto el ámbito de experiencia sensible, como el inteligible y el trascendental nos ofrecen datos: aprehensiones directas e irreductibles. Todo conocimiento está basado en la experiencia –hay intuiciones o captaciones directas e inmediatas de datos procedentes de diversos dominios de lo real–, pero no toda experiencia es experiencia empírica. Hay experiencias mentales y trascendentales cuyas facultades respectivas tienen un valor noético tan real y básico como el de la percepción sensible.[94]

En conclusión: un paradigma verdaderamente comprehensivo del conocimiento ha de recurrir al primer, al segundo y al tercer ojo. Este último encarna una modalidad legítima de conocimiento que puede ser compartida y validada comunalmente.[95]

Conclusión

La exposición de Wilber nos servirá para delimitar con más precisión el ámbito y la naturaleza de lo que hemos denominado y denominaremos *"philo-sophia"*. Es *philo-sophia* la actividad filosófica que tiene conciencia de que:

– La mera razón como tal es incapaz de acceder al ámbito de la realidad última o realidad en-sí.

– Las aprehensiones propias del ámbito de la filosofía son legítimas en su nivel, pero no son nunca intuiciones sobre la realidad trascendente/inmanente. Sólo las prescripciones instrumentales propias del ámbito de la contemplación permiten acceder a la constatación/realización directa de este dominio. La razón no puede aprehender lo no-dual; ahora bien, puede abrir paso a este nivel de realidad al reflexionar sobre sus propios límites, al desvelar los límites de la razón en cuanto tal.

– Sin embargo, esto no implica que la filosofía no pueda ocuparse del dominio de lo no-dual.[96] Todo lo contrario: puede y debe hacerlo; de hecho, éste es el ámbito más saturado de Ser, más valioso y significativo y, como tal, merece más que ningún otro que en él se detenga la reflexión.

Pero el filósofo que así lo haga debe saber que opera con "datos" que no pertenecen ya al dominio filosófico; "datos" que presuponen un compromiso con la desvelación de dicho ámbito de realidad; un compromiso que se traduce en una praxis que, sea cual sea la forma concreta que adopte, se ha de encaminar a trascender su vivencia de sí como sujeto.[97] Debe saber, además, que la articulación e interpretación teórico-filosófica de dichos datos ha de orientarse a su auto-relativización: a mostrar su condición de escalera que ha de ser tirada (Wittgenstein). De hecho, considerada estrictamente en el nivel racional (no en su carácter de instrucción operativa, de signo), dicha articulación suele ser –como insisten muchos filósofos analíticos del lenguaje– internamente contradictoria.

A este carácter de "signo" apunta Heidegger cuando insiste en que es propio del pensar esencial, no tanto el demostrar (*Beweisen*) como

> el señalar (*Weisen*), el franquear el advenimiento por medio de una indicación. A lo que sólo da noticia de sí mismo apareciendo en su auto-ocultamiento, a esto sólo podemos corresponder señalándolo (...). Este simple señalar es un rasgo fundamental del pensar, el camino que, desde siempre y para siempre, da que pensar al hombre.[98]

– La filosofía que reconoce la realidad de ámbitos cualitativamente diversos de saber con modos peculiares de desvelación no tiene que silenciar su discurso sobre la realidad última. También puede hablar de "Ello". Puede hacerlo, como acabamos de señalar, con un discurso que se relativice a sí mismo en cuanto tal y que tenga carácter de mera indicación. Pero puede hacerlo, además, de un modo más elevado: a través de una palabra que ya no pretende explicar lo que le precede, o "decirlo", ni siquiera indicarlo, sino, sencillamente, celebrarlo; con una palabra que ya no busca hablar de Ello, sino darle la voz. En este punto, el pensamiento (*Denken*) –como bien ha mostrado Heidegger y como veremos con más detenimiento– es agradecimiento (*Dank*) y poesía (*Dichtung*).

La filosofía –aseveró Hegel– debe abandonar su denominación de "amor a la sabiduría" y pasar a ser sabiduría (saber absoluto) en sí misma. Heidegger, en el final de su *Brief über den Humanismus*, invierte esta afirmación: la filosofía ha de transformarse en algo mucho más modesto y más preliminar. «Hora es de desacostumbrarse a sobrestimar la filosofía y por ello pedirle demasiado. Es necesario, en el aprieto actual del mundo, menos filosofía, pero más consideración del pensar (*Denken*) (...).»[99]

7. EL EJE DE NUESTRA COMPARACIÓN: LA NATURALEZA DEL YO[1]

La *philo-sophia,* tal y como aquí la hemos caracterizado, presupone una concepción específica de la identidad última del ser humano y de las relaciones hombre/mundo, hombre/Ser. Procederemos a dilucidar a continuación cuáles son estos supuestos, tal y como se iluminan a través del diálogo entre la propuesta advaita y el pensamiento de Heidegger.

"YO SUPRAOBJETIVO" Y "YO OBJETIVO"

Toda la enseñanza advaita en torno al yo parte de una distinción radical: la distinción entre el yo objetivo u objetivado y el Yo supraobjetivo (puramente subjetivo o trans-subjetivo, es decir, que no hace referencia a lo objetivo como a su opuesto). Esta distinción es paralela a la que establecimos en su momento entre el Sí mismo impersonal –*Ātman*– y el sí mismo personal –*jīva*–, si bien, matizamos que ahora nos referimos a *jīva* no en lo que tiene de símbolo de *Ātman*, sino al *jīva* que se concibe a sí mismo como limitado y separado; es decir, nos referimos al *ego*, que es siempre un yo-idea o una idea-del-yo. También señalamos en su momento que la distinción *Ātman-jīvātman* es relativamente real y que, aunque en el ámbito relativo es una distinción decisiva, en sentido absoluto y en propiedad, sólo hay un único Yo. Análogamente, la distinción "Yo supraobjetivo"-"yo objetivo" es una distinción relativamente válida y de valor orientativo, si bien, en último término, no hay tal dualidad: el supuesto "yo objetivo" sólo es "yo" en la medida en que parasita la conciencia única y supraobjetiva que se expresa en el sentido "Yo soy".

La identidad esencial y última del hombre es, para el Advaita, el Yo supraobjetivo; Yo que es idéntico al Ser –al Ser no-dual que no dice relación de oposición al No-ser–. *Ātman*, el Sí mismo o fondo último del yo, es uno con *Brahman*, el Sí mismo o fondo último de toda cosa. La ceguera del yo hacia su identidad última es siempre ceguera hacia el Ser, y la ceguera hacia el Ser es siempre ceguera del yo hacia Sí mismo.

De modo análogo, puntualiza Heidegger que el "olvido del Ser" (*Seinsvergessenheit*), que es olvido de lo inobjetivable, de lo inapresable por la representación, es también olvido de la esencia de lo humano, olvido del *ek-* en que radica su existencia (*Ek-sistenz*). Esta ceguera acontece allí donde se hipertrofia la conciencia objetiva, la cual, en su afán asegurador, sólo funciona en relación con lo ente. En este olvido de lo Abierto (*das Offene*) e inobjetivable, donde Ser y ex-sistencia humana son lo Mismo (*das Selbe*), radica la esencia de la ignorancia y la esencia de todo extravío.

Heidegger denuncia este olvido del Ser que –insistimos– es uno con el olvido de la esencia de lo humano. La filosofía occidental –puntualiza también– concibió al Ser según el modelo de la presencia fáctica (*Vorhandensein*), como lo presente a la razón, es decir, como un objeto o "algo que es". Paralelamente, no pensó al hombre desde lo Abierto del Ser –no podía hacerlo pues Éste había sido perdido de vista– sino desde lo ente, desde sus rasgos meramente ónticos. Incluso cuando la filosofía ha cifrado la esencia humana en su referencia a Dios, en la medida en que concebía a éste último como Ente supremo, el ser humano seguía agostado en su referencia a lo ente. De aquí que Heidegger, tras su *Einführung in die Metaphysik* (*Introducción a la Metafísica*),[2] y de cara a posibilitar un nuevo pensar del Ser no lastrado por los olvidos y condicionamientos del pensar anterior (un pensar que pudiera alumbrar la esencia de lo humano y que se alumbrara desde ella), decidiera reservar los términos "filosofía" y "metafísica" para designar exclusivamente al pensamiento occidental que ha nivelado el Ser con lo ente y que ha pensado al ser humano siempre como aquel que tiene que habérselas con el ente. Así, dirá en su *Brief über den Humanismus* (*Carta sobre el humanismo*): «Toda determinación de la esencia del hombre que supone la interpretación del ente sin la pregunta por la verdad del Ser, es –sabiéndolo o no–metafísica».[3]

La metafísica occidental ha estado concernida con asuntos ónticos, no ontológicos; es decir: ha estado concernida con el ente, y no con lo que posibilita la iluminación del ente como tal. De aquí su nihilismo: ha olvidado al Ser, ha olvidado lo único que propiamente "es", ha olvidado su cometido inicial y su misma razón de ser –el cometido que hacía de ella la tarea más específicamente humana: la de actualizar, al asumirla conscientemente, la referencia esencial del hombre al Ser–. Y ni siquiera ha sabido de su propio olvido. Heidegger invita a la filosofía a tomar conciencia de este olvido para rehacer así sus pasos (un rehacer que no ha de conducir al pasado cronológico, aunque éste le sirva de inspiración, sino a lo originario que funda todo pasado y todo presente). Sólo así la filosofía podrá volver a ser *philo-sophia*. *Philo-sophia* que caracteriza Heidegger en los siguientes términos:

> La filosofía [en su sentido originario] es el corresponder expresamente asumido [asumido de modo consciente] y en desarrollo [es decir, operativamente], que co-responde a la llamada del Ser del ente. Aprendemos a conocer y saber qué es eso de la filosofía, sólo cuando tenemos experiencia de cómo, de qué manera es la filosofía: es en el modo de co-responder (*ent-sprechen*) que sintoniza con la voz del Ser del ente.[4]

Heidegger propone trascender la metafísica para alcanzar su fundamento olvidado; un fundamento que es la condición de posibilidad de todo conocimiento óntico, pero que, a su vez, no es óntico. Precisamente en su falta de caracteres ónticos radica su carácter evasivo; en el carácter inobjetivable del Ser radica la "dificultad" propia del pensar del Ser. "Dificultad", porque nunca es "algo" pensable –algo diverso del pensamiento que intenta hacer de él su objeto–, es decir, por su excesiva cercanía, por su excesiva simplicidad.

El carácter supraobjetivo de *Cit*

Ni Heidegger ni el Vedānta son "onto-logistas":[5] no se aproximan al Ser desde la idiosincrasia de la conciencia objetiva. En el contexto advaita, la tentación ontologista, que es una inclinación inherente a la constitución de la misma conciencia humana, queda erradicada de raíz por el énfasis explícito de esa enseñanza en el carácter supraobjetivo de *Cit* (la Conciencia pura), de la esencia del Yo y de la esencia última de todo: «Lo visto (*dṛśya*) no puede confundirse jamás con el veedor (*dṛk*)» (*Vivekacūḍāmaṇi*).[6] «(...) no podemos ser lo que percibimos; el que percibe tiene que ser distinto de lo que percibe» (Nisargadatta).[7] Aquello que conoce ciertas cosas –afirma santo Tomás– no puede tener en su naturaleza ninguna de ellas. O, en expresión de Eckhart: si mi ojo debe discernir el color, en sí mismo debe estar libre de todo color. El sujeto y el objeto, lo subjetivo y lo objetivo –nos decía Śaṅkara en su *Comentario a los Brahma-sūtra*–, tienen características radicalmente opuestas que en ningún caso pueden ser convertidas.[8] El sujeto (el sujeto puro, y no el "sujeto" en su acepción filosófica que, como veremos, es un pseudo-sujeto) es siempre radicalmente heterogéneo con respecto a todo objeto o cosa (*thing*), pues es siempre una nada objetiva (*no-thing*).

Fenomenológicamente, la conciencia se experimenta a sí misma como "capacidad de nihilización", como «una pura y simple negación de lo dado» (Sartre);[9] como una libertad e indeterminación radical en la raíz y en el corazón de toda experiencia. Se desvela como carente de todo atributo o contenido objetivo, como absolutamente incondicionada o "vacía", un vacío en virtud del cual puede serlo *todo*. La conciencia es indistinguible de sus contenidos; asume totalmente las formas y cualidades de estos últimos, ya que en sí no es *nada*, y, a su vez, conserva siempre su carácter irreducible frente toda cualidad objetual, su capacidad de desvincularse de todo contenido particular. La contraposición entre la conciencia y lo objetivo o entitativo no ha de interpretarse, por consiguiente, como una relación dual, pues la conciencia no es "algo" que pueda ser contrapuesto a otro "algo objetivo", no es "algo" que pueda servir de referente de medida (interno, externo, yo, no yo, etc.) sino más bien *nada*. Eso sí, una Nada, en la que todo es y en virtud de la cual todo puede ser.

El verdadero Yo –sostiene el Advaita– es el yo supraobjetivo fuente y testigo de todo objeto y de todo estado; es la Conciencia pura, condición de posibilidad de toda experiencia. Esto es lo que el Advaita, traduciendo metafísicamente las consecuencias experienciales últimas de esta constatación, expresa en su afirmación de que *Brahman* es Conciencia pura (*Prajñānam brahma*).[10]

Nisargadatta nos invitaba a intuir el significado de este *mahā-vākya* a través de la consideración de un hecho familiar pero que rara vez provoca el detenimiento meditativo que merece: el hecho de que no hay experiencia sin experimentador, de que no se puede decir de algo que "es" si no dice relación a (y es en) una conciencia, de que no hay experiencia sin conciencia. De igual modo que sin ojo no hay visión, sin conciencia no hay experiencia posible. No hay realidad fenoménica sin una conciencia que la atestigüe. No hay mundo sin conciencia. Esta conciencia ha de ser puramente no-objetiva. Si fuera objetiva o tuviera atisbos de objetividad, a su vez tendría que ser relativa a otra conciencia, y ello en una regresión sin fin.

Podemos poner en duda la veracidad del contenido de una experiencia –nos decía Nisargadatta–, pero la experiencia en sí, es decir, la realidad del experimentador, es indiscutible, constituye su propia prueba. El mismo yo, en lo que tiene de realidad objetiva o experimentable –de contenido de experiencia–, no es ya el puro experimentador. Éste último alumbra toda realidad objetiva precisamente porque en sí carece siempre de toda cualidad objetual.

En otras palabras: la Conciencia o Subjetividad pura (sustrato y correlato necesario del mundo objetivo) no es la conciencia individual. Es pura presencia consciente no individualizada: un Yo no particularizado sino universal. La Conciencia se individualiza (es "mi" o "tu" conciencia, la de "esta" o "aquella" persona) sólo cuando se confunde o contamina con contenidos objetivos de conciencia. Así, el contenido de lo que hemos denominado "yo" no ha hecho más que cambiar a lo largo del devenir biográfico de cada cual. Sólo algo ha permanecido idéntico a sí mismo –una permanencia en función de la cual todo cambio ha podido y puede ser percibido como tal–: el sentido de estar vivo, presente, la cualidad de ser y de ser yo, la conciencia; no un contenido de conciencia, sino el puro hecho de ser consciente que es la matriz no cambiante de todo contenido cambiante.

El yo individual –este cuerpo, estos pensamientos, estas emociones, estas cualidades o defectos, esta idiosincrasia, estos recuerdos, etc.– no es conciencia, sino contenido de conciencia; de hecho, todo ello es cognoscible, y el Yo no es lo conocido –no puede serlo– sino sólo el conocedor. El yo individual separado es un pensamiento u objeto; si no lo pienso, no es. El Yo, sin más (*Ātman-Brahman*), es aquello que nunca es objeto; si lo pienso, no es. En palabras de Nisargadatta: «Eso que no conocen y no pueden conocer, es su verdadero estado. Eso que piensan que es real porque puede objetivarse, es lo que ustedes parecen ser».[11]

[Por cierto, el término "Conciencia", en el sentido que aquí le atribuimos, ha de ser claramente diferenciado del término "conciencia", tal y como éste es utilizado en el ámbito del pensamiento occidental y, en concreto, en el pensamiento de Heidegger. Así, cuando éste último habla de "conciencia" (*Bewusstsein*) no alude a la Conciencia pura sino a la conciencia individual y dual[12] –según el Advaita, a *citta, vṛtti caitanya*: la conciencia intencional o conciencia modificada–. Para evitar confusiones, aludiremos a la conciencia dual con el término "conciencia" y a la conciencia pura o no-dual con el término "Conciencia"].

La Conciencia que atestigua todo contenido objetivo de conciencia sabiéndose siempre más allá de ellos e independiente de ellos es denominada en el contexto advaita: "Conciencia testigo" (*sākṣī caitanya*). *Sākṣī* es la Conciencia pura considerada desde un punto de vista concreto: el de la relación con sus contenidos. Tuvimos ocasión de ver cómo la posibilidad de esta atestiguación evidencia que el yo, en esencia, no es su cuerpo, ni sus pensamientos o procesos mentales, ni sus impulsos, experiencias, sensaciones, emociones, etc. No es nada de ello, pues puede ser consciente de todo ello, y aquello que ve nunca tiene la naturaleza de lo visto. Incluso aquello que nunca es consciente para el yo –su inconsciente individual y el inconsciente colectivo del que participa, su "horizonte" individual y cultural–, en la medida en que puede llegar a ser contenido de conciencia (aunque, de hecho, ello nunca ocurra), es de naturaleza objetiva y es esencialmente no nivelable ni transferible a la Conciencia pura como tal.

Como ya apuntamos, no se comprendería bien la naturaleza de esta "atestiguación" si se interpretara exclusivamente en términos duales: como la atestiguación de un objeto por un sujeto. Aunque la misma noción de *sākṣī* supone una cierta consideración dual –el testigo dice relación a lo atestiguado–, *sākṣī* propiamente, considerado en sí mismo, es "nada"; no tiene simetría ontológica con sus contenidos. Inversamente, todo lo que aparece en la Conciencia es Conciencia. *Sākṣī* atestigua todo contenido de conciencia sabiendo que son Conciencia y que ella es la única realidad de todo contenido posible; es Vacuidad que alumbra y abraza toda forma, el sustrato o condición vacía de toda posible experiencia o estado. Sólo es la Conciencia, la cual, en y desde su no-dualidad original, alumbra, en un movimiento de desdoblamiento aparente, la dualidad relativa conciencia-mundo, yo-no yo, sujeto-objeto.

La aproximación occidental al "yo"

La filosofía occidental ha tendido a cifrar la esencia del yo en una realidad objetiva o en diversos rasgos objetivos; siempre, como ha hecho ver Heidegger, en referencia a lo ente. Parecería que autores como Husserl, por ejemplo –algo similar cabría decir de Sartre–, al haber reconocido que el ego empírico es sólo un objeto de la conciencia trascendental o Ego puro, han dejado de comprender al Yo desde su mera referencia a lo entitativo. Pero este Ego trascendental es, en el caso de Husserl, una conciencia intencional, es decir, es relativo al mundo de las esencias trascendentales tanto como éstas últimas son relativas al primero.[13] La dualidad, la referencia a lo ente, no es plenamente superada.

La filosofía ha situado frecuentemente la esencia de lo humano en ser "algo" consciente o en su ser consciente de "algo", pero rara vez en el puro ser consciente en sí; rara vez en la luz supraobjetiva que es el corazón y fundamento de todo ente y de toda experiencia, y de la misma dimensión entitativa u objetiva de lo humano. Lo que el Advaita considera el único Yo, un Yo que suele permanecer encubierto para la conciencia ordinaria e inercial, ha permanecido así oculto para gran parte de la conciencia de nuestra cultura occidental.[14] Oculto pero actuante, pues es la condición y sustrato real de toda experiencia posible, también de la experiencia de su olvido. De hecho, su mismo carácter supraobjetivo –su manifestarse objetivamente retrayéndose en sí– funda la posibilidad de dicho olvido.

Esto puede expresarse de otro modo: una diferencia básica entre las aproximaciones a lo humano (filosóficas, psicológicas, etc.) occidentales y orientales (y nos referimos básicamente al Oriente no-dual) es que en las primeras el yo tiende a mirarse a sí mismo con la misma conciencia con la que observa la realidad exterior, es decir, al modo objetivo: el yo es algo que se puede conocer, observar, analizar, describir, etc. Así, se ha cifrado lo definitorio del yo en su ser anímico, en su carácter de substancia racional; se le ha descrito como un compuesto psico-físico, como un haz de fenómenos psíquicos o anímicos enlazados por la memoria, etc. Tanto cuando se ha considerado al yo de modo substancial o esencialista como cuando se lo ha reducido a una corriente de fenómenos psíquicos o psicofísicos carentes de sustrato permanente (Hume),[15] el yo ha quedado reducido a una realidad objetiva, limitada y solitaria, restringida a los límites de su mente-cuerpo; abierta a lo otro (y al Ente supremo) volitiva y cognoscitivamente, sí, pero siendo siempre "algo", es decir, esencialmente aislada. El Yo-centro de toda experiencia –la Conciencia pura– es relegado desde esta perspectiva a una posición periférica. La conciencia y la autoconciencia devienen de este modo un "rasgo" o "atributo" del yo individual: un acto concomitante a su ser substancia racional, a sus actos intelectivos y anímicos; un "estado mental" caracterizado por el conocimiento explícito de la actividad misma de conocer; el "*locus* mental" atribuido a dicho conocimiento; etc. Por más que se la considere una dotación definitoria de lo humano, la conciencia viene a ser siempre eso: una dotación de lo humano.[16]

El olvido del carácter supraobjetivo del Yo, la falta de conciencia de la "Conciencia", es un olvido de consecuencias decisivas; un olvido que define la impronta de toda nuestra cultura. Todas nuestras teorías, todos nuestros "saberes", todos nuestros métodos, nuestro pensamiento habitual, etc., están sustentados en la conciencia objetiva. Hablamos del Ser y lo re-presentamos, es decir, pensamos "algo" objetivo. Hablamos de Dios concibiéndolo objetivamente. Se habla del yo, de la esencia de lo humano, y se habla de una realidad objetiva. Incluso la relación del yo consigo mismo se establece en términos objetivos: las imágenes, los recuerdos, los pensamientos, las emociones, los elementos, estados y experiencias de nuestra vida mental y anímica –por muy envolventes y difusos que sean– los apresamos objetivamente, los utilizamos y manipulamos como manipulamos los componentes del mundo objetivo, y a todo ello lo llamamos "yo" y "mío".[17]

En contraste, se olvida lo inapresable: el Yo que observa. Un Yo que no tiene límites, que no tiene cualidades, que no tiene dimensiones, que no está circunscrito a un cuerpo –pues la experiencia del propio cuerpo, de hecho, aparece en la Conciencia–. Se olvida el Yo de modo análogo a como, percibiendo los objetos en el espacio, no advertimos el espacio como tal. Para advertirlo "objetivamente" –y tendemos a pensar que no hay otro modo de conocimiento posible– necesitaríamos que dicho espacio se diera a su vez en otro, en una regresión sin fin. Olvidamos el Yo supraobjetivo, paradójicamente, porque lo estamos experimentando directamente de continuo. Más aún, porque es lo máximamente evidente, lo único absolutamente auto-evidente.

* * *

La ceguera para lo no-objetivo es ceguera para la no-dualidad. Cuando no se advierte que sujeto y objeto son el despliegue relativo de lo siempre inobjetivable, se oculta el vértice que permite trascender toda dualidad, respetándola en el nivel relativo en que tiene su razón de ser. Esto se puede expresar también así: *la ceguera para lo no objetivo, para la no-dualidad, es ceguera para la "diferencia ontológica"* [*ontologische Differenz*] (Heidegger). La *diferencia ontológica* entre el Ser y los entes de la que nos habla Heidegger es análoga a la diferencia existente entre la Conciencia supraobjetiva y aquello que es en la Conciencia: se trata de una *diferencia no-dual*. Cuando se pasa por alto la especificidad de la diferencia ontológica sólo se perciben diferencias ónticas: las que se dan entre dos realidades ontológicamente simétricas, entre dos realidades igualmente objetivas y entitativas (el sujeto, recordemos, desde su auto-vivencia limitada es también una suerte de objeto entre otros). La diferencia ontológica no es dual, no es diferencia óntica, pero es "diferencia", es decir, tampoco es unidad monista, pues lo supraobjetivo es siempre radicalmente otro con respecto a aquello que manifiesta, funda y posibilita. El Ser es siempre irreductible a lo objetivo y a lo ente; respeta las diferencias ónticas relativas y las deja ser, y, a su vez, todo es Ser y en el Ser: lo único que propiamente "es".

Distintas acepciones de "lo supraobjetivo" que no deben ser confundidas

Cabría objetar, en este punto de nuestra exposición, que la filosofía occidental ha hablado con frecuencia de "lo inobjetivo", de la necesidad de superar la rigidez del marco sujeto-objeto, es decir, tanto la reclusión subjetivista como la alienación objetivista. En particular, ésta ha sido una constante del pensamiento contemporáneo. En él se ha hablado de "realidades superobjetivas" (postuladas por tantos pensadores personalistas), del "horizonte", "el mundo", "los prejuicios", "la situación" (Gadamer), de lo "inobjetivo" (Sartre), de las "realidades ambitales" (L. Quintás), etc. En esta línea se han realizado análisis y descripciones fenomenológicas de los estados de participación creativa (como el juego) con la pretensión de hacer ver la insuficiencia de una caracterización simplista de la contraposición sujeto-objeto para dar cuenta de la experiencia humana. Todos estos análisis y categorías, así como las intuiciones que los fundan, tienen un interés indudable y definen –como hemos señalado– lo que quizá sea una de las aportaciones más interesantes del pensamiento contemporáneo.

Ahora bien, desde el punto de vista no-dual, la caracterización de estas experiencias "hermenéuticas", "ambitales", etc., es una forma de dar cuenta de la naturaleza de la experiencia que el yo tiene del mundo, y, a este nivel, tienen validez. En otras palabras: estas intuiciones se desenvuelven dentro del esquema sujeto-objeto –por mucho que los límites entre sujeto y objeto se hayan diluido, entreverado y flexibilizado– y pertenecen al nivel en que esta distinción tiene su razón de ser. Dichas experiencias (de participación, ambitales, etc.) siguen siendo eso: experiencias, y, como tales, siguen requiriendo el trasfondo de la Conciencia pura. En este sentido, también estas experiencias siguen siendo "objetos" (dṛśya) o contenidos objetivos de la Conciencia pura (draṣṭā).

Como hace notar Heidegger, la misma noción de "horizonte" (Horizont) con la que el pensamiento contemporáneo ha pretendido apuntar a lo inobjetivable, sigue perteneciendo al ámbito dual, de modo análogo a como el "fondo" dice relación a la "figura" y sólo tiene sentido en su referencia a ésta última. El "horizonte" es relativo a la representación, pues sólo existe en relación con lo objetivamente re-presentado; no equivale en ningún caso a lo supraobjetivo en sí o a lo supraobjetivo no-dual, que no dice relación a la acción cognitiva/volitiva humana como su horizonte, sino que es el mismo espacio, elemento y origen de toda acción:

> *Erudito*: (…) una relación para con algo sería verdadera relación en caso de estar mantenida en su esencia propia por aquello respecto a lo cual se relaciona.
> *Profesor*: La relación para con lo Abierto[18] es el esperar [Heidegger, como veremos, habla de una espera (*warten*) sin objeto].

(...) el horizonte es para nuestro representar (*vor-stellen*) el lado de lo Abierto vuelto hacia nosotros. Lo Abierto nos rodea y se nos muestra como horizonte.

E: Yo encuentro que, en tanto que horizonte, lo Abierto más bien se vela.

P: Cierto (...) [Ahora bien] Al estar a la espera como usted ya lo decía, estamos liberados (*losgelassen*) del respecto trascendental para con el horizonte (...)

E: De hecho, la espera, suponiendo que sea un esperar esencial, es decir, un esperar absolutamente decisivo, se basa en nuestra pertenencia a aquello que esperamos.[19]

Con frecuencia, la acepción de "objeto" que el pensamiento contemporáneo ha pretendido superar ha tenido un alcance muy concreto: alude a la realidad tal y como ésta aparece para el punto de vista científico-objetivista, para la experiencia sensible y para la representación conceptual y el análisis, para la actitud meramente especular y no comprometida (como opuesta a lo que, en expresión de L. Quintás, sería «una participación inmersiva, creativa y comprometida en una realidad abierta y envolvente»).[20] Lo opuesto a lo objetivo, así entendido, sería lo que Quintás resume en la categoría de lo "ambital": aquellas realidades no dadas de antemano ni clausuradas, que son y se configuran en una trama de vínculos de participación.

Pues bien, cuando el Advaita habla de "objeto" (en el sentido en que, por ejemplo, Śaṅkara utiliza este término en sus comentarios a los *Brahma-sūtra*),[21] habla de todo lo que existe y de toda experiencia posible, de todo lo que relativamente es y puede ser, de todo lo que no es Conciencia pura, aunque sea en Ella –es decir, aunque, en términos absolutos, también sea *Cit*–. Desde este punto de vista, también una "realidad ambital" es objetiva. Objetiva, no en el sentido restringido apuntado, sino en tanto que acontece dentro del marco sujeto-objeto; marco relacional que, para ser, precisa de la Conciencia no-dual, por mucho, repetimos, que este marco se haya flexibilizado y por mucho que ambos polos se integren o interactúen participativamente, hermenéuticamente, etc.

Más aún: aquello en virtud de lo cual el hombre puede participar co-creadoramente en el mundo, la apertura que el hombre es y en virtud de la cual puede alumbrar la realidad como abierta, no es otra que la Vacuidad de la Conciencia. Si sujeto y objeto pueden quebrar sus límites, no es porque les sea posible hacerlo en un momento posterior a su ser "algo" en sí y por separado; pueden quebrarlos porque en realidad no quiebran nada, porque en su fondo ya eran y son uno y lo mismo. Sujeto y objeto sólo se abren y entran en comunión desde el fondo que los funda en radical no-dualidad. Lo ambital de toda "realidad ambital" no es la misma realidad ambital en sí, no pertenece a su mismo nivel. Lo ambital de todo ámbito es el Ámbito por excelencia, el único Ámbito: la Vacuidad de la Conciencia pura, la *Lichtung* del Ser. Éste es el único fundamento posible para una superación real de la reclusión subjetivista y de la alienación objetivista.

El Yo supraobjetivo ha sido olvidado en Occidente no sólo porque no encaja con los presupuestos, el marco y el método de sus teorías habituales, sino fundamentalmente, y como raíz de lo anterior, porque no encaja en la auto-vivencia que el hombre tiene de sí como sujeto último. Esta auto-vivencia siempre es objetiva y objetivante, pues el sujeto sólo es sujeto –un yo limitado y separado de otros sujetos y objetos– cuando se ha contaminado con contenidos objetivos de conciencia, cuando ha creído ser "esto" o "lo otro", cuando se ha pensado a sí mismo, cuando se ha identificado con lo que él es para su representación. Cuando, sin cuestionarse esta auto-vivencia, se habla de lo "no-objetivo" (u otros términos equivalentes), se sigue hablando, en definitiva, de algo objetivo; cuando, sin cuestionar la validez de esta autoconciencia limitada, se intenta superar el marco sujeto-objeto, se sigue haciendo al modo dual, con lo que no se supera dicho marco. Prueba de ello es que esta supuesta superación siempre se establece en términos relacionales o dialógicos[22] –incluso cuando se alude a la relación del hombre con lo Absoluto–. Y no puede menos que ser así, puesto que, para el sujeto que se auto-vivencia como tal, negar esta dimensión relacional parece suponer, sencillamente, su aniquilación. Cuando el punto de partida es la consideración del yo como una realidad limitada, individual y autónoma, aunque se lo fundamente en "lo Otro" el yo sigue siendo en todo caso el centro y siempre se mantiene en sí como un absoluto. Hablar, desde este supuesto, de relaciones dialógicas, abiertas, etc., no consigue más que suavizar o diluir lo que sigue siendo, en todo caso, en esencia, dilema y conflicto:

> Existir significa ser algo, una cosa, un sentimiento, un pensamiento, una idea. Toda existencia es particular. Sólo el Ser es universal, en el sentido de que cada ser es compatible con cada otro ser. La existencia es conflictiva; el Ser, nunca. La existencia significa devenir, cambiar nacer y morir (…) mientras que en el Ser hay una paz silenciosa (Nisargadatta).[23]

Conclusión

> Conocer al Ser quiere decir ser el Ser (…). Nadie niega su propio ser, como no niega la existencia de los ojos, aunque no los podamos ver. El problema surge en la medida en que tratamos de objetivar al Ser, de la misma manera en que objetivamos nuestros ojos cuando ponemos un espejo enfrente. Usted está tan acostumbrado a objetivar que ha perdido el conocimiento de usted mismo, simplemente porque el Ser no puede ser objetivado. ¿Quién ha de conocer al Ser? ¿Acaso el cuerpo, que es insensible, puede conocerlo? ¡Todo el tiempo usted menciona y piensa en su "yo", pero cuando se le pregunta, usted dice que no lo conoce. ¡Usted es el Ser y a la vez pregunta cómo conocer al Ser! (Ramana Maharshi).[24]

Cit es el corazón supraobjetivo de toda realidad, el centro no dimensional que reúne la circunferencia del mundo, el centro transparente de conciencia despierta anterior y sustento del yo objetivo. Fuente de toda realidad objetiva, no puede ser objetivado. Es incondicionado, carece de localización y de límites. Si pretendemos objetivarlo, éste siempre da un paso atrás. En ocasiones, la filosofía ha aludido a este paso atrás, a la infinita regresión que caracteriza a la autoconciencia, análoga a la que acontece cuando se enfrentan dos espejos, lo que Gilbert Ryle denominó la "elusividad sistemática" (*systematic elusiviness*) de la noción de "yo": puedo pensar mis propios pensamientos y pensar los pensamientos sobre mis pensamientos, y así indefinidamente.[25] Pero la filosofía ha considerado a esta capacidad de reflexión ilimitada –el abismo de la autoconciencia– como una mera cualidad del yo, y no se han extraído las consecuencias de este hecho ni sus implicaciones en lo relativo a la naturaleza última de nuestra identidad.

«La conciencia ordinaria contiene un elemento trascendente que rara vez advertimos porque ese elemento es el mismo fundamento de nuestra experiencia».[26] La filosofía y «la ciencia en Occidente han tendido a olvidar este núcleo supraobjetivo y han asumido que el observador y lo observado son del mismo orden»,[27] que constituyen una dualidad óntica real. Pero el ojo de la Conciencia en virtud del cual se ve, a su vez no es visible. Es de un orden diferente a todo lo demás. Dentro de nuestro mundo limitado, de nuestra experiencia condicionada, hay un centro infinito, vacío e ilimitado. El mundo no es sin él, pero él no pertenece al mundo. «Aquel que ha hecho cosas a las cosas, no está limitado por las cosas» (Chuang Tzu).[28] Según el Advaita: "Tú eres Eso" (*Tat tvam asi*).[29] De modo análogo, Heidegger entiende que «la exposición de la constitución del *Dasein* es un *camino* [hacia] la *meta* del desarrollo cabal de la cuestión del Ser»;[30] en otras palabras: no se accede al Ser a través de la aproximación objetiva y externa de la razón, sino a través de la íntima experiencia que el ex-sistente humano puede hacer de sí mismo. Esto es posible en virtud de que el *Dasein* no es un ente ni puede ser comprendido en relación con lo ente; su referencia esencial es el *ex-*, el ámbito trascendente/inmanente, inobjetivo, abierto y extático de su ex-sistencia.

NATURALEZA DEL SUJETO

Para el Advaita, la Conciencia pura se individualiza y abandona su potencial ilimitado cuando se identifica con alguno de sus contenidos, cuando el Yo se cree ilusoriamente circunscrito a un cuerpo y a una mente individual y olvida su raíz universal, cuando la exclamación "yo" ya no es expresión de la subjetividad pura que engloba toda posible objetividad, ya no abraza en su seno a todo el universo, sino que es mera alusión *a* y *de* una parte del mismo. Cuando, de este modo, el hombre dice "yo", se separa inmediatamente de todo lo demás: lo "no-yo". Lo otro pasa a ser mero objeto con relación al yo, objeto desarraigado de la Conciencia pura que es su esencia y su razón de ser. El mismo ser humano es abocado a su objetivación, pues deviene objeto para sí. Así se constituye lo que denominaremos el "sujeto" (*Subjekt*), de cara a poner en relación esta intuición advaita con la terminología heideggeriana, y que más bien habría que calificar de "pseudo-sujeto", pues en realidad no es tal sujeto puro sino la objetivación y auto-limitación de la subjetividad pura resultado de la confusión o identificación del yo con un objeto o complejo de objetos.

El Yo supraobjetivo –decíamos– ha sido olvidado en Occidente no sólo porque no encaja con los presupuestos y el marco de sus teorías habituales, sino, fundamentalmente, porque no encaja en la auto-vivencia que el hombre tiene de sí como sujeto; auto-vivencia íntimamente relacionada con la caracterización filosófica del hombre como "animal racional".[31]

La superación de la metafísica –nos decía Heidegger– equivale a la superación de la caracterización del hombre como animal racional (*homo est animal rationale*); equivale a un "salto" (*Sprung*) más allá/acá de lo que ha sido la función rectora ordinaria de la conciencia humana: la *ratio*. Hemos visto cómo, según Heidegger, el concepto postsocrático de razón se alumbró en íntima relación con una determinada concepción del hombre y del Ser; en ese sentido funda toda una época (*Epoche*). Este concepto de razón que alumbra y caracteriza toda una época –y que se alumbra, a su vez, en y con ella– es la *ratio* concebida como subjetividad del sujeto; de un sujeto que *pone* la realidad frente a sí re-presentándosela como objeto, y la justifica y funda al darle su "razón" (*ratio*/*Grund*) de ser.

La filosofía moderna erigirá este "sujeto" en fundamento último. Pero, como tuvimos ocasión de señalar, no por ello se abre para la filosofía la posibilidad de hallar en la estructura del sujeto humano la apertura en la que radica su "en-sí", el *ex-* de su existencia. La filosofía moderna es, básicamente, filosofía del sujeto, pero no por ello hace del sujeto su problema fundamental. El sujeto se afirma como tal fundamento, pero una vez hecho esto, se le da por supuesto y se le deja de lado. En este sentido es significativa y sorprendente –en particular al compararlo con ciertas tradiciones de pensamiento oriental– la timidez con que el pensamiento moderno ha ahondado en las cuestiones relativas a la naturaleza y estructura del yo y de la conciencia, a pesar del uso casi abusivo que se ha hecho de estas nociones.

Según Heidegger, si se ha clausurado para la filosofía moderna la posibilidad de encontrar, dentro de la estructura del mismo sujeto, la vía de su auto-superación: su referencia intrínseca al Ser, es porque el sujeto sigue considerándose según el viejo modelo de la substancia: como *res*. La persona, afirmaba Boecio, *est rationalis naturae individua substantia*.[32] El yo –dirá Descartes– es una substancia o cosa pensante (*res cogitans*). Hegel absolutizará esta posición: la auténtica y única substancia es el sujeto. Si Descartes admitía otro tipo de substancia: la *res extensa*, si Kant admitirá como límite de la subjetividad humana a la intuición sensible, Hegel hará de la subjetividad humana finita concebida como substancia un absoluto y la sede de lo Absoluto.[33]

Toda la obra del primer Heidegger parte del supuesto de que en toda pregunta auténtica por el modo de ser del *Dasein*, el Ser ineludiblemente llega a la luz. Pero la condición de posibilidad de que esto sea así es que el yo se reconozca en su carácter abierto (*Da-sein*); en otras palabras: que no sea interpretado como substancia, que no se clausure ni en su carácter de objeto ni en su carácter de sujeto:[34] «La trascendencia no puede des-encubrirse ni captarse por una fuga a lo objetivo, sino únicamente por una interpretación ontológica de la subjetividad del sujeto que debe renovarse constantemente y que se opone al "subjetivismo" tanto como "al objetivismo"» (Heidegger).[35]

De modo análogo, la descripción fenomenológica, característicamente advaita, del proceso de autoindagación (*ātma-vicāra*) o de ahondamiento experiencial en la cuestión "¿quién soy yo?" (*ko'ham*), culmina en la visión-realización del Ser-Conciencia (*Sat/Cit*). Pero esto es posible porque desde un inicio se ha advertido el carácter supraobjetivo del Yo, su radical no ser ente entre los entes.

Gran parte del pensamiento occidental erró, desde el primer paso, al concebir al sujeto objetivamente, como una *res*, como substancia. La posibilidad de descubrir y de alumbrar al Ser supraobjetivo en la propia conciencia, en el centro de la propia subjetividad, le quedaba así vedada.

La noción de "substancia"

La noción de "substancia" ha sido utilizada en el pensamiento filosófico en sentidos muy diversos, aunque resumibles en ciertos rasgos básicos. Según K. Nishitani, estos rasgos básicos son dos:

En primer lugar, substancia es aquello que tiene existencia objetiva y que presupone al sujeto como su contraparte.

Substancia, en segundo lugar, es aquello que garantiza la auto-identidad de una cosa o el que ésta permanezca siendo igual a sí misma; es lo que de ella subsiste bajo sus atributos.[36]

Ahora bien, sólo en relación a la representación una cosa puede ser aprehendida como substancia, como siendo "esto" (A es siempre A) frente a "aquello" (nunca es "no A"). Algo es aprehendido como idéntico a sí mismo sólo cuando es un "esto", un objeto, es decir, sólo en su referencia a la razón, al *logos* humano. En palabras de Nishitani:

> En el campo de la razón, lo que las cosas son en sí es aprehendido como "substancia".
> Éste es el motivo por el cual el campo de la razón no es el ámbito donde una cosa es en su elemento (*home-ground*) tal y como es en sí misma (...). Con vistas a acceder al hecho de que *(that)* el fuego es, la razón invariablemente sigue la ruta de preguntar *lo que (what)* el fuego es. Aborda el ser actual por vía del ser esencial.
> [La razón siempre] accede al hecho *(that) de que* algo es (su ser actual) a través del medio de *lo que (what)* esa cosa es. Este punto de vista no penetra inmediata y directamente en que algo *es*. No nos pone en contacto con el elemento/fundamento (*home-ground*) de la cosa, con la cosa en sí misma.[37]

Para gran parte de la filosofía, una cosa es idéntica a sí misma en virtud de su ser substancia. A su vez, se considera que el hombre permanece como idéntico a sí mismo en virtud de su auto-conciencia. La noción de sujeto viene a ser, con relación al yo, el correlato de la noción de substancia referida a las cosas; en otras palabras: el ser sujeto del sujeto –su auto-conciencia o conciencia refleja– es su peculiar forma de ser substancia.

El que algo permanezca siendo igual a sí mismo se considera lo definitorio y esencial de todo *lo que* es; también de la *res cogitans* o substancia pensante. El sujeto –la autoconciencia o el saberse a sí mismo del sujeto– es siempre idéntico a sí como *substancia* pensante. A su vez, el sujeto/substancia, el sujeto idéntico a sí mismo, es un sujeto re-presentado o auto-representado, es el sujeto tal y como éste aparece ante su razón. Pero decir esto equivale a decir que ya no es tal sujeto, sino un objeto entre los objetos. Ya no puede dar cuenta del objeto porque él mismo es uno de ellos. Es evidente el escaso alcance que, desde este punto de partida, puede tener cualquier indagación en torno al yo, pues ya no hay tal yo sino una pseudo-subjetividad objetivada por y para la re-presentación.

Ni la noción de substancia ni la noción de sujeto expresan lo que las cosas y el ser humano son en sí; sólo lo que éstos son para la razón y en el elemento de la razón. Una metafísica de la substancia no tiene alcance metafísico real, porque la metafísica ha devenido lógica (*onto-logía*). La metafísica de la substancia es una metafísica de *quiddidades*, de "lo que" las cosas son. Un sujeto concebido como substancia no es ya tal subjetividad pensante, sino un objeto pensado. Hablar de un "qué" que piensa o de un qué pensante es una flagrante contradicción. Como insiste el Advaita: el yo, por definición, nunca es "esto" o "aquello", sino lo incontaminado por todo atributo objetivo.[38]

Toda la metafísica occidental del sujeto/substancia es la historia de esta contradicción: del gesto imposible en virtud del cual el sujeto, al afirmarse como tal sujeto, como pura libertad (en la afirmación de la irreductibilidad del sujeto a la realidad objetiva, el pensamiento moderno buscó sustentar lo que constituyó su máximo anhelo: la afirmación de la libertad absoluta de la subjetividad), cae presa de sí mismo deviniendo objeto de sí y para sí. El sujeto pasa a ser un yo objetivo. El yo, lo más cercano, se convierte en un "otro", en un extraño para sí mismo. Este gesto imposible –análogo a aquél con el que el barón de Münchhausen se afanaba en sacarse del pozo tirando de su propio cabello– nos habla de una "esquizofrenia" metafísica y antropológica que, como intentaremos mostrar más adelante, tiene su contrapartida en la esquizofrenia vital que caracteriza la existencia y el diálogo interno del hombre medio. Esquizofrenia –o tendencia esquizoide, en su forma incipiente– no metafórica, sino literal, si admitimos la siguiente definición que de la misma nos aporta el eminente psiquiatra R. D. Laing: «La palabra esquizoide designa un individuo en el que la totalidad de su experiencia está dividida de dos maneras principales: en primer lugar, hay una brecha en su relación con su mundo y, en segundo lugar, hay una rotura en su relación consigo mismo».[39]

El sujeto, afirma Descartes y con él gran parte del pensamiento moderno, es aquello que no deriva de nada diverso de sí, aquello que de ninguna manera puede ser objeto y que, a su vez, es fundamento de lo demás. Hasta aquí, esta propuesta parece no estar alejada de la intuición advaita en torno a la naturaleza del yo y de la conciencia. Pero para Descartes esta constatación adopta la forma: *cogito, ergo sum*.[40] Es decir, el sujeto es cierto para sí mismo y es fuente de toda otra certeza como *cogito*, como pensamiento o capacidad re-presentante. La dimensión más originaria de la subjetividad, el nivel más básico de la autoconciencia, se cifra en el *cogito*. Ahora bien, si esto es así, el mismo sujeto no puede más que mostrarse ante sí mismo como *cogito* desde el *cogito*, es decir, al modo dual, al modo de la representación: como un *objeto* o *res* pensante:

«El sujeto, en el ordenamiento de la génesis trascendental del objeto, es el primer objeto del representar ontológico.

Ego cogito es *cogito: me cogitare*» (Heidegger).[41]

Aquí radica la contradicción interna del sujeto moderno: se ha advertido que, efectivamente, en la subjetividad radica la libertad última y que el sujeto no puede reducirse a nada diverso de sí, pero se sitúa lo definitorio de la conciencia en el *cogitare* y, de este modo, se clausura al sujeto y se lo determina como *res*. No se ha solido advertir que hay una forma de conciencia previa al *cogito*, no-dual, que en su carácter no-dual –no tiene "segundo"– funda radicalmente la esencial libertad y autonomía de la subjetividad; una subjetividad que ya no puede concebirse siquiera como tal, pues es más originaria que la distinción entre lo objetivo y lo subjetivo.

El sujeto/substancia es auto-contradictorio: lo que se define por su apertura y por su irreductibilidad a lo objetivo deviene un objeto clausurado entre otros. Y también desde esta caracterización es contradictoria la misma pretensión del sujeto de salir fuera de sí y de afirmar lo "no-yo" como lo contrapuesto a sí; pues se considera que la cosa es lo que es en-sí, actualmente, más allá del sujeto, pero –como advierte Nishitani aludiendo a lo que considera la paradoja inherente a la representación y a la conciencia dual–: «en el campo de la conciencia individual, la propia idea de una actualidad externa independiente de la representación sólo surge para la representación».[42] La pretensión de Descartes de fundamentar la realidad exterior desde el *cogito* es una falacia. La noción misma de "cosa en sí" (*Ding as sich*) kantiana es relativa a la representación, es decir, no es tal *noúmeno* o cosa-en-sí. Hegel no dejó de ser, en este sentido, coherente al eliminar todo remanente objetivo y afirmar el absoluto en sí y para sí de la re-presentación. Y es que el yo cartesiano auto-dividido y auto-clausurado no puede, sencillamente, ir más allá de sí mismo. Desde el horizonte dual –el horizonte de la conciencia intencional como forma última de la conciencia,[43] el horizonte del *cogitare*–, no puede acontecer de otro modo.

El yo es sujeto en tanto que es en y para su propia conciencia representante u objetivante. Dentro del ámbito de la autoconciencia, el yo no puede escapar de su confinamiento narcisista, de su necesidad de limitarse, definirse y atraparse permanentemente a sí mismo. A su vez, el objeto es objeto en la medida en que es para dicha conciencia re-presentante como lo a ella enfrentado. Para el yo que se ha pensado a sí mismo y se ha limitado, "lo otro que el yo" no puede menos que ser igualmente pensado y limitado. Pues el yo sólo puede pensarse a sí mismo en estricta contraposición a *lo-otro-pensado* o no-yo (recordemos que la lógica de la *ratio* es dual). La conciencia re-presentante tiene, en todo caso, la última palabra. En palabras de Heidegger:

> Todo lo existente es ahora lo real como objeto, o lo operante como objetivización, en que se forma la objetividad del objeto. La objetivización coloca re-presentativamente el objeto en el *ego cogito*. En ese colocar, el ego se muestra como lo que sirve de fundamento a su propio hacer (al colocar re-presentativo), esto es, como *subiectum*. El sujeto es sujeto para sí mismo. La esencia de la conciencia es la auto-conciencia. Por consiguiente, todo lo que existe es objeto del sujeto o sujeto del sujeto. (…) El mundo se convierte en objeto.[44]
>
> (…) dentro de la metafísica moderna, el ser de lo existente (…) el *subiectum*, mora ya a la manera del saberse a sí mismo. Lo existente (*subiectum*) se presenta, y por cierto que a sí mismo, a la manera del *ego cogito*. Ese presentarse a sí mismo –la re-presentación– es el ser de lo existente *quia subiectum*. El saberse a sí mismo se convierte sencillamente en sujeto. En el saberse a sí mismo se concentra todo el saber y lo

EL EJE DE NUESTRA COMPARACIÓN   391

que tiene de susceptible de saberse. (…) La subjetividad del sujeto es, en
calidad de tal concentración, *co-agitatio* (*cogitatio*), *conscientia*, conciencia. Pero la *co-agitatio* es ya en sí *velle*, querer. Con la subjetividad
del sujeto hace su aparición como esencia de ella la voluntad (Heidegger).[45]

Como afirma lúcidamente Heidegger, el *cogito*, la "conciencia" –en la
acepción heideggeriana del termino, es decir: la autoconciencia del sujeto– es, en esencia: *co-agitatio*. Tiene siempre la naturaleza de una acción volitiva, de un querer; es básicamente un querer aferrar y un querer
asegurar: un querer aferrar la idea del yo, un querer aferrarse y asegurar-
se a sí mismo, aferrando objetivamente lo otro, pues lo otro-objetivo en
su ser fundado por el sujeto reafirma y confirma al sujeto como tal. Que
el sujeto necesite aferrarse a sí mismo para ser, para perdurar como lo
idéntico a sí mismo, dice mucho acerca de su absoluta fragilidad y nadidad ontológicas, de su dudoso carácter fundante. De nuevo nos topamos
con la contradicción: en este caso, con la ironía de un fundamento que
precisa ser continuamente autofundado, de una supuesta fuente de certeza que ha de ser continuamente asegurada, de lo supuestamente substancial o idéntico a sí mismo que precisa ser "mantenido" mediante el no
cesar de la actividad objetivante o re-presentante.

*   *   *

Para la moderna metafísica de la subjetividad, el fundamento último es
el sujeto: el saberse a sí mismo de la autoconciencia. Aunque se deriva
de todo lo dicho, conviene insistir en que esta conciencia re-fleja (re-flexiva) de sí, en la que radica la autoconciencia del sujeto, no ha de ser
confundida con lo que el Advaita denomina el carácter auto-luminoso
(*svaprakāśa*) o auto-evidente del Yo para sí mismo. La supuesta certeza
de la autoconciencia, del sujeto que se sabe a sí mismo, es, pese a toda
apariencia, una certeza mediata. El yo re-presentado no es inmediatamente auto-evidente; más aún: ni siquiera es mediatamente evidente o
cierto como tal sujeto, pues al representarse ha dejado de ser tal sujeto o
tal yo.

El Yo auto-luminoso del que habla el Advaita no es un yo auto-pose-
ído, objetivamente conocido, auto-re-presentado. Lo conocemos porque
lo somos, porque somos en su luz. Puede ser clarificadora en este punto
la distinción que K. C. Bhattacharya establece entre el conocer sin pensar (*knowing without thinking*) y el conocer pensando (*knowing with*

thinking). El Yo es impensable, pero puede ser conocido con un conocimiento sin pensamiento.[46] La cognición, insiste el Advaita, no precisa pensarse a sí misma: la luz no precisa iluminarse, una mano no puede agarrarse a sí misma, el fuego puede quemar lo distinto de sí pero no puede quemarse a sí mismo. «¿Cuál es el sonido de la palmada de una sola mano?», inquiere un *koan zen*, sugiriendo el necesario carácter paradójico que para la mente y la lógica ordinaria tiene la no-dualidad de la conciencia. Pues la no-dualidad es siempre paradójica para la mente que no concibe más certeza que la que proporciona la re-presentación (la mano en su pretensión de dar palmas consigo misma).

El *Ens certum*, para Descartes, viene dado por la remitencia al *cogito* humano: el yo pensante es certeza inmediata y fuente de toda verdad; de la verdad entendida como certeza. El gran acierto del planteamiento cartesiano, y el punto en el que confluye con el Advaita, es haber tomado como punto de partida la propia auto-evidencia del yo para sí mismo; pero esta genialidad se abortó en la medida en que ubicó la esencia del yo en el *cogitare* y concibió al yo como substancia o *res*. También el Advaita busca la certeza de un punto de partida irrefutable y, para ello, pone en cuestión lo que nunca cuestiona la actitud inercial ordinaria; en este sentido, su planteamiento es cercano al planteamiento crítico cartesiano[47] y, en general, al planteamiento crítico moderno. Pero esta certeza no radica, para el Advaita, en el *cogito* humano, sino en la absoluta auto-evidencia de la Conciencia para sí misma. Esta evidencia de la Conciencia para sí no es una evidencia refleja o reflexiva. No es una evidencia que precise un movimiento dual o circular (el movimiento de la re-flexión o de la auto-conciencia).[48] La certeza del *ego cogito* no es la certeza que proporciona la absoluta inmediatez de la Conciencia, pues Ésta última no es *cogitare*, sino aquello que atestigua toda experiencia, incluso el mismo movimiento del pensar.[49] Es la apertura luminosa en la que el pensamiento siempre es *ya*; éste último sólo articula la luz de la que ya participa de un modo específico: re-presentando lo ya presentado y alumbrado por dicha luz desde sí misma. Sólo en el elemento de *Sat/Cit* –nunca en el horizonte de la razón– cada cosa puede ser percibida desde sí y en su propia luz. El acontecer que funda cada cosa y que es el en-sí de toda cosa no es la cosa detenida –idéntica a sí misma como un "qué"– del representar.

> El hombre se ha sublevado en la yoidad del *ego cogito*. Con esta sublevación, todo lo existente se convierte en objeto. Lo existente es absorbido, como objetivo, en la inmanencia de la subjetividad. El horizonte ya

no tiene luz propia (…) La sublevación humana elevándose a la subjetividad, hace objeto lo existente. Pero lo objetivo es lo detenido por el representar (Heidegger).[50]

* * *

Resumiendo, desde otra perspectiva, lo expuesto hasta ahora:

Un hombre de Oriente, instruido (…) enfrentado a la pregunta sobre la esencia de la realidad, primeramente se reportará, tratará de ponerse al unísono con esa otra forma de su ser subjetivo que no tiene raíces en el yo, sino en *Brahman*, en el *Tao*, en la Naturaleza de Buddha, es decir, en el "Ser". Y, ¿qué respuesta dará? Quizá sonría en silencio, quizá responda con unas imágenes simbólicas o con paradojas incomprensibles para nosotros. Pero, para sorpresa nuestra y obligado a responder, comenzará afirmando que la realidad, tal y como se ofrece al yo conceptual, es una realidad ilusoria tras la que se oculta el ser auténtico de toda realidad, conceptualmente inaprensible (K. Dürkheim).[51]

La tendencia espontánea del hombre occidental –continúa Dürkheim–[52] es, por el contrario, la de identificarse con el yo de su conciencia habitual, que es el yo configurado por –y configurante de– la conciencia dual u objetiva. Un yo que se caracteriza, en primer lugar, por ser idéntico a sí mismo –«yo soy yo»– y permanecer como tal en el flujo del acontecer. En segundo lugar, este yo idéntico a sí mismo tiende a fijar la realidad exterior, a subyugarla, como ha hecho consigo mismo, al principio de identidad. El yo se identifica consigo mismo en el mismo movimiento por el que lo otro queda necesariamente contrapuesto al yo como lo también idéntico a sí mismo. Se funda, de este modo, la dualidad sujeto-objeto, que es el marco ineludible de desenvolvimiento del yo-objetivo.

El hombre se pregunta por el qué (*what*) (¿qué es esto?) de lo que observa fuera de sí y se responde reduciéndolo a un determinado *esto* o *aquello*, a hechos objetivos, dados y ciertos. Desde esta perspectiva, todo queda así apresado en las mallas objetivas de lo entendido y constatado por el yo; todo lo que no cuadra en esa estructuración y ordenación objetiva, no es, carece de realidad.[53]

El sujeto fija lo otro como movimiento concomitante al fijarse a sí mismo. Lo otro es así, esencialmente, su ser esto o aquello (un *qué*). Pero el principio de identidad es principio de no-contradicción. Objetivar algo como un qué (esto) supone contraponerlo, a su vez, a otro qué (aquello). La realidad, tal y como se muestra al sujeto, no sólo supone la contraposición básica sujeto-objeto, sino la mutua contraposición dual en aquello que percibe. Para el sujeto la realidad se muestra escindida con relación a sí y esencialmente escindida en sí. No advierte que sólo al haberse fijado a sí mismo se ha convertido en eje de referencia estable y ha podido comenzar a medir: allí o aquí, antes o después, real o irreal, bueno o malo, etc. No advierte que esas medidas acompañan a la ordenación del mundo que él mismo establece como su particular forma de autoafirmación y de asentamiento.

El mundo se muestra al sujeto o yo objetivo siempre bajo una perspectiva estática y estructurada. El mundo para el yo es sólo una "imagen del mundo" (*Weltbild*). Incluso lo que el sujeto considera que es teoría desinteresada esconde siempre un "*velle*": un acto de auto-afirmación y de auto-aseguración. El hombre decide lo que para él es real o no es real porque previamente ha decidido lo que él es y cómo quiere perdurar. El yo se sostiene en el tiempo negando lo que contraría su voluntad de permanencia y afirmando lo que le sostiene como tal. Como vio con acierto Nietzsche, la esencia del *ego* y del *cogito* no es otra que la voluntad de poder.

Pero bajo la ordenación en la que se siente seguro, el sujeto no puede menos que percibir, de modo más o menos consciente, según sea su mayor o menor grado de autoengaño, la amenaza de la inseguridad inherente a la vida, del cambio permanente, de la incoherencia y del desorden, de la muerte. Esta constatación le amenaza esencialmente porque no conoce más sensación de ser que la de ser algo fijo y objetivamente idéntico a sí. Esta desesperación básica, más o menos reconocida, no hace más que acrecentar sus mecanismos de autoafirmación y de control, pues el ser humano que así se vivencia no conoce el único tipo de seguridad o arraigo que le es propio: la invulnerabilidad de su ser supraobjetivo, de su ser abierto, de su no ser "nada", que se expresa objetivamente, relativamente, a través del cambio constante o de la "revolución permanente" (Krishnamurti). Un no ser nada en virtud del cual puede serlo todo y superar la vivencia escindida y antinómica que acompaña al yo objetivo y que es la fuente última de su característico *horror vacui* y, en general, de todo temor.

En Oriente, la tendencia del sujeto a fijarse a sí mismo y a fijar la realidad no puede menos que estar igualmente presente, pues es la tendencia espontánea y el peligro inherente de cierto tipo de conciencia propia y específica de lo humano: la conciencia objetiva. Pero el error está en las tradiciones no-duales de Oriente nítidamente detectado y diagnosticado, y dichas tradiciones ofrecen vías para solventar esa ilusión. La muerte del ego, que es el temor último y básico del hombre en Occidente, es, de hecho, para cierto tipo de mentalidad oriental, la liberación y el único modo genuino de ser, la puerta hacia el alumbramiento del verdadero Yo y de la verdadera libertad.

El Advaita, y toda sabiduría perenne, busca el renacer del hombre a su identidad última a través de la realización experiencial y operativa del núcleo trascendente/inmanente que lo funda, y desde el que todo desvela su nadidad en tanto que realidad separada. Desde ahí, también el sujeto individual desvela su nadidad en lo que tiene de limitado, que no en su ser consciente: este último permanece, pero ya no circunscrito en los límites de la autoconciencia, del yo objetivo o yo-idea, sino ilimitadamente, como la Apertura y Luz última en la que todo es. También Heidegger insiste en que nuestro ser-en-el-mundo hunde sus raíces en el Ser. El hombre es *Da-sein*: Ser ahí. Y tomar conciencia del *Ex-* en que radica la esencia de la existencia humana es su principal tarea y su mayor oportunidad. La experiencia de *ser* ese ámbito supraobjetivo y *desde* él supone un giro radical en la vivencia que el ser humano tiene de sí y supone la superación de la forma dilemática de conciencia en la que vivimos y nos vivimos habitualmente.

LOS LÍMITES DEL PUNTO DE PARTIDA INCUESTIONADO POR LA FILOSOFÍA: LA DUALIDAD SUJETO-OBJETO

Que la realidad es *a-dvaita* es el punto de partida incuestionable de toda sabiduría perenne; un punto de partida no teórico –la teoría, en el sentido moderno del término, es siempre la visión del sujeto separado del mundo y, por definición, es ciega para lo no-dual–, sino experiencial y, como tal, absolutamente cierto (más aún: lo único realmente cierto; tan cierto que, por más originario, pertenece al ámbito donde la misma dualidad verdad/falsedad no se plantea).

De aquí la "rareza" y lo poco "perenne" –su contingencia o, en expresión de Heidegger, su predisposición a ser reducible a historiografía– de gran parte del pensamiento filosófico occidental: éste ha sido un pensar dualista, sustentado en dualidades, y que rara vez ha tomado conciencia de la limitación intrínseca a su propio punto de partida. Todas las grandes cuestiones filosóficas, planteadas ya por el pensamiento griego y que han definido los temas clave de la filosofía, así como el objeto de sus diferentes ramas, son, de hecho, dualidades: verdad-falsedad, realidad-apariencia, bien-mal, praxis-teoría, naturaleza-libertad, etc.; y, como dualidad básica y origen de todas las demás, la dualidad sujeto-objeto: el sujeto que mira "la realidad" a través de su conciencia objetivante sin advertir que su propio modo de visión la oculta y le oculta ante sí mismo; supuestamente ocupado con la realidad y ocupado únicamente con su "visión del mundo"; reflexionando, aparentemente, en torno a problemas reales pero enzarzado únicamente con los problemas generados por su propia perspectiva; ocupado con meros "mapas" y elaborando mapas de mapas, mapas útiles para desenvolverse dentro de la ilusión (*māyā*) pero en ningún caso de alcance metafísico real.

A veces la filosofía ha sido consciente de la contradicción ligada a sus presupuestos dualistas y del círculo vicioso al que ésta le confinaba, pero las más de las veces ha pretendido clarificar y solventar estas contradicciones con el instrumento de la sola razón. Así, ha "solventado" unas dualidades generando otras, ha puesto fin a un pseudo-problema con una pseudo-solución, ha corregido una visión-del-mundo elaborando otra visión-del-mundo, etc. No es azaroso que la filosofía ya no tenga pudor en calificar su propia situación y, en general, la situación del pensamiento actual, de nihilista. Aunque ese nihilismo siempre estuvo ahí, el pensamiento contemporáneo ya no puede dejar de reconocerlo, pues ha llegado a ser demasiado notoria la lejanía de un suelo firme bajo sus pies, demasiado agudo el vértigo consiguiente, demasiado acuciantes la asfixia y el tedio provocados por su constante auto-referencialidad.

Pero también la filosofía ha tenido en ocasiones atisbos de no-dualidad y ha podido redefinir así su correcto lugar y función, relegándose a lo que en un principio buscó ser: *philo-sophia*. Lo ha hecho allí donde ha llevado hasta sus últimas consecuencias su propia posición, en un acto de honradez y rigor totales, topándose así con sus propios límites. Desde posiciones muy diversas, Wittgenstein y Heidegger son dos claros ejemplos de esta posibilidad.

Es interesante advertir que esta toma de conciencia de los propios límites –límites que desvelan un más allá del límite, un nuevo ámbito no filosófico para el pensar [*Das Mystische*: lo místico o el ámbito de lo que se muestra, según Wittgenstein; el pensar esencial (*das wesentliche Denken*) o pensar meditativo (*das besinnliche Nachdenken*), en expresión de Heidegger]–, una toma de conciencia que tiene lugar al "tocar fondo" y extraer hasta el final las consecuencias de los propios presupuestos, es análoga al giro que, a lo largo del siglo xx, ha tenido lugar, sorpresivamente, en el ámbito de diversas ciencias. Resumiremos muy brevemente en qué ha consistido este giro, pues creemos que es extremadamente significativo y que ha de dar que pensar a la filosofía. (Ahora bien, lo que diremos ha de tomarse simplemente a modo de analogía ilustrativa y significativa, pues la filosofía pretende dar cuenta de lo real en cuanto tal, mientras que la ciencia opera en todo caso con modelos abstractos y aproximativos que no equivalen a la realidad *per se*; o, como afirma Heidegger: «La ciencia nunca encuentra nada que no sea aquello que su modo específico de representación ha dejado entrar, haciendo de eso su posible objeto».[54]

Pues bien, la física cuántica,[55] llevando hasta el límite su propia línea metodológica, ha topado con una evidencia que ha cuestionado el cimiento mismo de su metodología y, en general, de toda metodología científica: la dualidad observador-observado, dualidad que suponía la no incumbencia del sujeto en relación a lo observado y que posibilitaba la característica asepsia y objetividad científicas. En palabras del fundador de la física cuántica: «(…) observar equivale a intervenir en lo que está siendo observado (…) la observación altera la realidad»; «la división habitual del mundo entre sujeto y objeto, mundo interno y mundo externo, cuerpo y alma, ha dejado de ser adecuada y crea dificultades» (Heisenberg).[56] Por primera vez la física se ocupaba, enfrentada a ello inesperadamente, con el "observador en sí". No hay un observador objetivo que estudie el fenómeno sin perturbarlo. La pregunta que hacemos a la naturaleza determina su respuesta. El observador, la observación y el objeto observado son una realidad unitaria e inseparable. En palabras de Erwin Schrödinger, fundador de la mecánica cuántica:

> El mundo me viene dado de una sola vez: no hay el mundo que existe y el que es percibido. El sujeto y el objeto son solamente uno. No puede decirse que se haya derrumbado la barrera entre ambos como resultado de recientes experiencias en el campo de las ciencias físicas, ya que dicha barrera jamás existió.[57]

Un giro similar ha acontecido en el ámbito de otras ciencias, como la psicología (Laing: una psicología que pretenda ser "científica" ya no se ocupa del yo sino de un "ello" –*id*–), las matemáticas (teorema de Gödel: todo sistema lógico complejo contiene al menos un principio o premisa no verificable), etc.

Lo interesante en todos estos casos es la común toma de conciencia de que la mente, en sus diversas modalidades de acercamiento a la realidad, genera ineludiblemente un punto ciego; un punto ciego que, a su vez, conlleva el cuestionamiento de los presupuestos más básicos de cada modo de acercamiento y, en concreto, su misma pretensión de objetividad. Este punto ciego no es otro que el mismo límite del conocimiento dual: el observador, el conocedor y el conocer en cuanto tal, quedan siempre ocultos y eludidos. No es posible "observar" al modo dual, objetivo, la realidad, porque el conocedor, de hecho, forma parte de ella.

El dualismo se funda en la ilusión de que el sujeto es fundamentalmente y substancialmente distinto del objeto e independiente de él. El conocimiento dual, si bien tiene validez funcional, es inadecuado *incluso* en el ámbito de las ciencias positivas *cuando se profundiza más allá de ciertos límites*, y, sobre todo, es inadecuado en el ámbito filosófico, pues éste pretende dar cuenta de la realidad, y no simplemente de los modelos con los que nos desenvolvemos funcionalmente en ella.

Es preciso que el conocimiento dual se sustente en un modo de conocimiento que revele la indisociabilidad del conocedor y lo conocido. Como afirma la *Muṇḍaka Upaniṣad*: «Hay dos clases de conocimiento: el conocimiento inferior (*aparāvidyā*) y el superior (*parā-vidyā*)».[58] Sólo a través del modo superior y no-dual de conocimiento puede alumbrarse la realidad como una con el conocedor y el acto de conocer, y puede eludirse el punto ciego o la contradicción interna que todo sistema dual de conocimiento porta necesariamente consigo.

EL PROCESO DE GENERACIÓN DE DUALIDADES O LA CONSTITUCIÓN DE LA IDENTIDAD EGOICA

> «Los objetos del mundo son muchos, pero el ojo que los ve es uno.
> Lo más alto siempre aparece como uno a lo más bajo,
> y lo más bajo como múltiple a lo más alto.»
> NISARGADATTA[59]

Nos hemos detenido en la consideración del carácter contradictorio del "sujeto" y, en general, de la dualidad sujeto-objeto, una vez que ésta es erigida en punto de partida absoluto.

Esta auto-contradicción, fundada en el olvido de lo no-dual, no tiene su origen en un mero error humano. Como sostenía Heidegger al hablar del "olvido del Ser" (*Seinsvergessenheit*) –que es el olvido de lo supraobjetivo no-dual–, éste no es en esencia un fenómeno antropológico, gnoseológico, cultural, etc., sino estrictamente ontológico. En concreto, y en terminología advaita, la posibilidad de dicho olvido es, a su vez, la condición de posibilidad del despliegue relativo de la Conciencia, es de-

cir, de la manifestación universal. O, utilizando una expresión de Heidegger: este olvido se sustenta en la dinámica aconteciente de mostración del Ser en lo ente, la cual conlleva el ocultamiento del mismo Ser
en cuanto tal.

Para el Advaita –recordemos– la realidad última, Uno sin segundo,
excluye toda confrontación dual, todo límite, toda determinación. También la de ser objeto de conocimiento. *Brahman* no puede ser objeto conocido. Ni siquiera puede ser objeto de su propio conocimiento pues
ello supondría una división interna en el seno de lo Absoluto. *Brahman*
es subjetividad pura o Conciencia pura no consciente de sí (*Cit*). Ahora
bien, esta Conciencia pura no consciente de sí, movida por lo que diversas tradiciones han caracterizado metafóricamente como un impulso o
afán de auto-contemplación, concibe algo así como una versión objetiva
de lo que Ella es como pura subjetividad. Mediante la confrontación con
este objeto, *Cit* puede conocerse y puede tomar conciencia de sí; puede
exclamar: «Yo soy» (*Aham asmi*). Este objeto en virtud del cual *Brahman* puede desdoblarse y contemplarse, no es otro que el mundo, la manifestación universal.[60]

> Al ser el Conocimiento en Sí mismo, no sabe cómo conocerse. Es como
> si los ojos intentaran verse a sí mismos. / El Conocimiento podría auto-
> conocerse como objeto de conocimiento si un espejo le mostrara el re-
> flejo de su propia imagen (Gñanéshvar).[61]
>
> Por esa razón –dirá Ibn 'Arabí– Dios ha manifestado este universo y a
> Adán e hizo de ellos Sus espejos. (…) en el espejo del universo ve Su re-
> flejo, y en el espejo de Adán [el Hombre] Se contempla y Se ve a Sí mis-
> mo. (…) Haciendo esto, Se convirtió en El que ve (…) el que ve, lo vis-
> to, el hecho de ver y el espejo son lo mismo.[62]

La Realidad-en-sí sólo puede ser realidad-para-sí (objeto de sí misma)
por medio de un movimiento interno de desdoblamiento aparente sujeto-objeto. La subjetividad pura y absoluta "juega" a devenir relativa y limitada en su contraposición a un objeto distinto de sí, objeto que no es
otro que el mundo o realidad fenoménica. Pero–insistimos– este movimiento de auto-limitación de la subjetividad o conciencia pura es sólo
aparente, pues el supuesto correlato objetivo de la Conciencia –el mundo– es de la misma naturaleza que la Conciencia; es contenido de conciencia, es decir, es Conciencia.[63] «Lo fenoménico no es nada sino un estado de conciencia» (*Cantar de Aṣṭāvakra*).[64]

En este proceso descrito, origen de la manifestación universal, lo Absoluto ni se divide internamente, ni genera un "segundo" fuera de sí, sino que permanece en sí no-dual, indiviso, íntegro e intemporal. De modo análogo a como el soñador permanece incólume cuando sueña, *Brahman* es "Uno sin segundo" en y más allá del mundo, su sueño; si bien el sueño sólo es en la conciencia del soñador y de su misma substancia. Gauḍapāda caracteriza, en este sentido, a la manifestación como: «el hijo de una mujer estéril».[65] Lo manifiesto y lo inmanifiesto no son dos realidades diferentes; son en esencia un mismo estado. El mundo no es distinto de lo Absoluto sino su aspecto objetivo: es uno con Él, como el pensamiento lo es al pensar, la onda al agua, la sombra a la substancia, el color a la luz, el reflejo con relación a lo reflejado. Lo manifiesto no añade nada al Absoluto: «Las criaturas [en sí mismas] son pura nada. (…) Quien tomara junto a Dios todo el mundo, no tendría más que si tomara a Dios solo» (Eckhart).[66]

La afirmación advaita de que todo es Conciencia, Subjetividad pura, no ha de equipararse con lo postulado por ciertos idealismos metafísicos. Éstos últimos no trascienden el marco dualista; sencillamente, subsumen la realidad del objeto en la realidad del sujeto. Pero, para el Advaita, tanto el sujeto como el objeto son relativamente reales y no cabe reducir la realidad de uno a la del otro. En el nivel dual son irreductibles y, desde el punto de vista absoluto o no-dual, ambos son por igual expresiones de la Conciencia pura; ésta se expresa tanto subjetiva como objetivamente. Las siguientes palabras de Nisargadatta son ilustrativas respecto a la impropiedad de interpretar la perspectiva advaita como si ésta afirmara que el sujeto es la fuente de la realidad y del sentido del mundo objetivo:

> P: (…) sin mí, el mundo es oscuro y silencioso. [Afirma un interlocutor, creyendo estar exponiendo el punto de vista de Nisargadata].
> M: ¡Una luciérnaga iluminando el mundo! Usted no da sentido al mundo, usted se lo encuentra. Profundice en sí mismo y encuentre la fuente de la que fluye todo significado. Sin duda no es la mente superficial la que puede dar significado al mundo.[67]

La realidad es subjetividad absoluta que se despliega relativamente como sujeto y objeto –igualmente relativos–. En todo este proceso no hay ningún tipo de división o separación real; todo es un proceso relacional que acontece en el seno de la misma Conciencia única no-relacional

Pues bien, el vórtice en el que acontece este despliegue relacional o desdoblamiento dual de *Cit* es el ser humano: aquel ser que puede saber del Ser; vórtice que posibilita el alumbramiento del mundo en el mismo movimiento por el que *Ātman* puede exclamar: "Yo soy". Recurriendo a la imagen ya utilizada del sueño, esto podría ejemplificarse del siguiente modo: cuando alguien sueña, el sueño no depende de nada distinto del soñador, pues tiene lugar en el espacio de su conciencia; ahora bien, el sueño sólo tiene lugar si dentro de su ámbito hay un personaje que se vivencia como el protagonista absoluto del mismo. En último término, el protagonista del sueño participa de la misma conciencia del soñador y dice "yo" en virtud de dicha participación; pero sólo en virtud del olvido de este hecho y de la identificación con la situación soñada puede el sueño tener lugar. A su vez, el entorno objetivo del sueño –un lugar específico, otros personajes, etc.– existe en virtud de la conciencia del soñador, pero en ningún caso puede decirse que tenga su origen en la conciencia limitada del personaje central del sueño.

En otras palabras, el mundo no es un producto o proyección de la conciencia humana. Pero sólo la conciencia humana –la Conciencia vehiculada a través de un organismo psico-físico particular y aparentemente limitada por el mismo– puede saber de la realidad objetiva como tal y, en esta confrontación, tomar conciencia de sí como "Yo soy". *Sat/Cit* sabe de sí en la confrontación con el mundo objetivo; y este acto que es el origen de la dualidad tiene su *locus* en la conciencia humana.

> La Conciencia en-sí es Conciencia de lo Absoluto y, en consecuencia, se encuentra más allá de los tres *guṇas*, mientras que la conciencia es algo nutrido y limitado por el cuerpo físico. Con la destrucción del cuerpo físico se destruye también la conciencia (…) La Conciencia en-sí es el estado original primordial, anterior al espacio-tiempo, y no necesita de causa o sustento. Simplemente *es*. Sin embargo, en el momento en que surge la conciencia [asociada siempre a un organismo psico-físico] en este estado original de unicidad, aparece el sentido "Yo soy" provocando una condición de dualidad. La conciencia, en tanto que posee una forma, es un reflejo de la Conciencia en-sí sobre la superficie de la materia (Nisargadatta).[68]

El ser humano no es sin el Ser, y el Ser no es sin el ser humano, nos recordaba Heidegger. El Ser no es sin el ser humano pues éste es el "ahí" (*das Da*) del Ser: sólo para el *Dasein* el Ser se desvela como tal Ser; o en expresión advaita: sólo en virtud del ser humano la Conciencia sabe de sí: "Yo soy".[69] Pero ello, aunque requiera del ser humano, no sucede en virtud de lo que éste tiene de humano, sino en virtud de la Apertura o

Conciencia única de ser que dice en él: "Yo".[70] Precisamente Heidegger acude a la noción de *Dasein* para evitar la sugerencia entitativa, clausurada, de nociones como "ser humano", "yo", etc., y enfatizar así el carácter constitutivamente abierto –su existir en lo Abierto del Ser sabiendo del Ser– de la existencia humana.

Conviene tener presente la distinción explícita que establece el Advaita entre: 1) El Yo Absoluto no consciente de sí (*Nirguṇa Brahman* o *Parā Brahman*), 2) el Yo suprapersonal o Conciencia "Yo soy" (*aparā Brahman/Ātman*), que supone la confrontación relativa con un mundo objetivo, 3) y el yo personal (*jīva*): la conciencia filtrada por un vehículo psico-físico particular y aparentemente limitada por el mismo.

Esta dualidad inicial que posibilita el re-conocimiento o el espejarse de *Cit* en el mundo objetivo es también el inicio de la posibilidad de enajenación u olvido de sí de la Conciencia. Pues *Cit* alumbra el mundo a través del mismo movimiento por el que se oculta como tal. A la conciencia relacional que permite alumbrar el mundo se le oculta lo supraobjetivo no-dual que posibilita dicho alumbramiento. Dicho de otro modo: «cuando el universo en su conjunto aspira a conocerse a sí mismo a través del medio de la mente humana, ciertos aspectos de dicho universo deben permanecer desconocidos».[71] En otras palabras: cuando la realidad busca conocerse y manifestarse a través de la conciencia dual, inmediatamente la realidad se oculta en su ser-en-sí ante esa misma conciencia dual. El conocimiento objetivo supone siempre un ocultamiento o desconocimiento: el del conocedor puro que permanece, como tal, inalcanzable. La Conciencia se oculta como se oculta el fondo para posibilitar que una forma sea percibida; como se olvida el espacio para la visión que considera sólo lo entitativo y determinado, lo que aparece en el espacio; como pasa desapercibida la página en blanco para el que escribe o lee estas páginas.[72]

Para conocerse objetivamente, la realidad ha de desdoblarse, enajenarse y tener siempre un punto ciego sobre sí misma. Dicho conocimiento parece conllevar una escisión. El sujeto relativo que absolutiza este tipo de conciencia objetiva o dual –tentación intrínseca a la naturaleza misma de este tipo de conciencia y que es paralela a la tendencia del yo a identificarse con sus vehículos particulares, con ciertos atributos objetivos– olvida su origen supraobjetivo y se considera a sí mismo limitado, al estar enfrentado, no ya relativamente sino de modo absoluto, a un mundo objetivo al que otorga realidad igualmente absoluta y autónoma. La Conciencia pura pasa a ser lo oculto, lo desconocido; más aún: se olvida incluso su carácter evasivo, se olvida el mismo olvido.

El problema, obviamente, no radica en el conocimiento dual en sí (pues el Yo puede enfrentarse al mundo objetivo sabiéndose en esencia uno con él), sino en la tendencia inercial a dicho modo de conciencia por la que ésta se auto-otorga carácter absoluto y olvida la no-dualidad que la funda y posibilita.

> Usted da tan por sentada la dualidad, que ni siquiera se da cuenta de ello, mientras que para mí la variedad y la diversidad no crean separación. Usted imagina que la realidad está separada por los nombres y las formas (*nāma-rūpa*), mientras que para mí los nombres y las formas son expresiones siempre cambiantes de la realidad, y no algo separado de ella. Usted pide la prueba de la verdad mientras que para mí toda la existencia es la prueba. Usted separa la existencia del Ser y el Ser de la realidad, mientras que para mí todo es uno (Nisargadatta).[73]

El olvido de la no-dualidad tiene lugar cuando los contrastes y relaciones que configuran el mundo (el yo-mundo) se consideran contraposiciones y escisiones de valor absoluto. Esto, como señalamos en su momento, es *māyā*: el poder creativo y "embaucador" de *Īśvara* para mostrarse objetivamente de modo limitativo y separador y ocultar su naturaleza intrínseca; el poder creador del Vacío en virtud del cual Éste se muestra como forma ante un tipo de conciencia para la que, a su vez, se oculta como tal Vacío. Como ya señalamos, *māyā* deriva de la raíz sánscrita: *mā-*, de la que, entre otras, proviene la palabra "medida". Con la dualidad aparece la medida: el yo y el no-yo, el dentro y el fuera, el aquí y el allí, la cercanía y la lejanía, el antes y el después, etc. La Conciencia pura, en cambio, es previa a la posibilidad misma de medir. El sujeto relativo, al identificarse con sus vehículos y vivenciarse de modo limitado, establece el primer límite yo-"no yo", organismo-medio, dentro-fuera. A partir de este primer límite, surgen todos los demás límites y dualidades en un proceso de escisión creciente y de olvido progresivo de la no-dualidad originaria que funda y posibilita dicho despliegue.

La configuración del ego

La constitución de la "pseudo-identidad" egoica acontece, pues, de modo gradual, en una espiral creciente de establecimiento progresivo de dualidades dentro de dualidades, que es también un proceso de creciente enajenación del yo a partir de su origen no-dual.[74] Describiremos sucintamente los pasos sucesivos de esta enajenación introduciendo un punto de vista más fenomenológico y más cercano al lenguaje de la filosofía y de la psicología contemporáneas (estas fases describen, en definitiva, el proceso de constitución del "ego", noción que es el equivalente más usual y próximo a la perspectiva psicológica de la noción filosófica de "sujeto"):

– El primer nivel de alejamiento de *Cit* sería la escisión inicial apuntada entre el "yo" y el "no yo". La luz una y única ha de pasar por el prisma del yo para hacerse consciente de sí, desplegándose en virtud de este prisma de modo múltiple. El Advaita considera que esta dualidad acontece tanto a nivel cósmico *(Īśvara)* como individual *(jīva)*. Esta dualidad es sólo relativa y, como tal, no supone ningún alejamiento de la Conciencia original ni ninguna escisión real, del mismo modo que los colores diversos son sólo mostraciones de la luz una e incolora.

Esta escisión aparente deviene efectiva cuando *jīva* otorga a esa duplicidad carácter absoluto, cuando al identificarse mentalmente con sus vehículos se vivencia de modo objetivo y limitado. Desde este momento, dicha escisión será real para él (en esto consiste el poder creador de la conciencia humana, poder que radica en su ser vórtice del poder creador de *Cit*): el yo proyectará su auto-vivencia separada en la percepción de un mundo –su mundo– que responderá fielmente a las medidas de sus creencias sobre sí, y ello no hará sino reforzar y cristalizar su propia vivencia separada.

En lo relativo a *jīva* o yo individual, esta escisión inicial, si bien tiene su raíz en la naturaleza misma de las cosas –pues es la tendencia inevitable que acompaña a la constitución de su conciencia objetiva–, está condicionada y reforzada en gran medida por factores de naturaleza sociocultural. Todo el proceso de socialización tiende a reforzar esta dualidad, y la misma estructura del lenguaje –que es la matriz en que se configura inicialmente la vivencia que el yo tiene de sí y del mundo– alumbra o, más propiamente, parece alumbrar un mundo fragmentado y escindido. Para el Advaita, lo que aceptamos normalmente como "realidad" tiene mucho de convenio social; y, si bien es verdad que sin lenguaje no hay mundo humano, también es verdad que sin la posibilidad de relativizar la matriz del lenguaje tampoco hay posibilidad de Ser y de Ver de modo incondicional y no-dual. Heidegger alude en *Sein und Zeit* a «los encubrimientos y oscurecimientos» con los que el *Dasein* se «echa el cerrojo a sí mismo»[75] y se ciega para su ser más íntimo al no reconocer que, lejos de ser habitualmente sí mismo y actuar y pensar desde sí, sus percepciones no son suyas sino las del "se" impersonal (*das Man*); "se" que determina lo que *se* ha de decir y pensar. Para el Advaita, esta asimilación inconsciente va mucho más lejos de lo que solemos estar dispuestos a admitir, pues afecta incluso a lo que consideramos los cimientos básicos e indiscutibles de nuestra propia identidad: nuestra creencia de que somos esencialmente un yo individual separado y autónomo, sujeto último de pensamiento y acción. Como magistralmente ha mostrado Alan Watts, éste, y no otro, es el *tabú* por excelencia de la civilización occidental.[76]

– En un segundo momento, esta vivencia de sí, a su vez, se escinde; se genera una nueva dualidad en el seno de la dualidad inicial; se da un paso más en lo que será un proceso creciente de abstracción (para el Advaita, el problema de la dualidad sólo surge cuando lo abstracto se confunde con lo concreto; los límites impuestos por el pensamiento representante en orden a funcionar en el mundo y manipular lo real, con los límites reales).

La primera escisión entre el yo y el no-yo puede también describirse como la escisión del complejo mente-cuerpo frente al medio. Podría parecer que la vivencia del propio organismo como algo substancialmente diverso del medio es una evidencia inmediata; pero lejos de ser así, la conciencia cenestésica directa del organismo no lleva consigo, de hecho, la distinción entre un dentro y un fuera. Sólo surge esta distinción cuando esa conciencia cenestésica está filtrada por una "imagen" del propio cuerpo como límite.[77]

Pues bien, el yo que se *imaginaba* restringido a los límites de su cuerpo estaba aún en mayor o menor medida en contacto directo con éste. Pero la centralización progresiva del yo en su auto-vivencia mental hará que este contacto directo vaya dando paso a lo que será una vivencia exclusivamente mental de sí mismo. En un ensimismamiento creciente, las ideas o representaciones que el yo tiene de sí llegarán a parecerle lo más auto-definitorio y el yo se enajenará progresivamente de su cuerpo. Ya no *es* su cuerpo; lo tiene. La inveterada dualidad cuerpo-alma, psique-soma, tan característicamente occidental, supone ya esta segunda escisión.[78] El hombre se definirá a sí mismo como "animal-racional": es básicamente un alma o sustancia racional –*res cogitans*– que *tiene* un cuerpo. El yo es "el espíritu en la máquina" (Ryle), el auriga que precisa controlar y dotar de dirección a un cuerpo indócil, lerdo y rebelde.[79] Se erige así el "ego", la representación mental que el yo tiene de sí, en el nuevo eje de la propia identidad. La búsqueda de seguridad –el *velle* que rige y sustenta este proceso– se acrecienta; pues este *velle* se manifiesta, recordemos, como necesidad de controlar a través de la "fijeza", y el yo-idea es una noción fija, la cual contrasta con la vivencia directa del propio cuerpo que nos mantiene demasiado en contacto con el ahora y con la realidad de la muerte –lo más amenazante para un *ego* que busca poseerse re-presentativamente a sí mismo y mantenerse como tal–. El puro ahora, no limitado por las referencias mentales a un antes y a un después (recordemos que el ego o yo-idea es, básicamente, pasado y proyección del pasado hacia el futuro), supone, de hecho, el quiebre de todo proyecto sustentado en la continuidad y la fijeza y desvela al ego su insubstancialidad.[80]

– En un tercer momento, el ego o yo-idea genera por compensación un "yo ideal":[81] una imagen idealizada de sí. La vivencia mental limitada que el yo adquiere de sí –como explicamos en el segundo capítulo de la primera parte– no responde a la intuición y al anhelo de plenitud que éste percibe como el eco de su Ser real, y de aquí que proyecte fuera de su aquí y de su ahora, en el futuro, la idea de la completud que ansía. Nace así otra nueva dualidad: la dualidad entre lo que el yo cree ser y lo que considera que debe llegar a ser. La escisión se acentúa. Este yo-ideal no tiene por qué estar constituido por rasgos excelsos o "positivos";[82] también una referencia ideal "negativa", que sustente una dinámica auto-destructiva, puede ser para el yo objetivo, en un momento dado, su forma óptima de autoafirmación. Para el ego, se trata de sentirse ser "representativamente"; es secundario en qué contenidos se traduzca esta auto-representación. Pues bien, la dualidad entre lo que el yo cree ser y lo que cree que debe llegar a ser hará que el yo termine por negar y no reconocer como suyos aquellos aspectos de sí mismo que se oponen a su imagen ideal. Tiene lugar otra nueva escisión. El yo ya no sólo se vive mentalmente y se enajena de su identidad real; además, esta imagen de sí ni siquiera es fiel reflejo de su yo objetivo: es una imagen parcial (el ego se identifica con ciertos aspectos y niega otros), es decir, fraudulenta; por lo mismo, la mirada de dicho yo, así escindido, al mundo –que es siempre su espejo– deviene también crecientemente distorsionada y fraudulenta.

– En cuarto lugar, los aspectos negados, aunque no reconocidos conscientemente, siguen siendo operantes; adquieren vida autónoma y ello dará lugar a nuevas escisiones. Son operantes como impulsos del yo que contradicen sus impulsos conscientes y que terminan originando un despliegue de múltiples "yoes" que pocas veces se reconocen entre sí. En otras palabras: en el nivel egoico ni siquiera cabe hablar de un yo objetivo o yo-idea unitario. La realidad del ego es la de una pluralidad de yoes carentes de toda unidad.[83]

P: Cuando me miro a mí mismo, encuentro que soy varias personas luchando entre ellas por el uso del cuerpo.
M: Esas personas corresponden a las varias tendencias (*saṅkāras*) de la mente
P: ¿Puedo crear paz entre ellas?
M: ¿Cómo podría? ¡Son tan contradictorias! Véalas como son: meros hábitos de pensamientos y sentimientos, acumulaciones de recuerdos y deseos.
P: A la vez todas dicen: "yo soy".
M: Sólo porque usted se identifica con ellas. Cuando comprenda que cualquier cosa que aparezca delante de usted no puede ser usted y no puede decir "yo soy", se verá libre de todas esas "personas" y sus demandas. El "yo soy" es suyo, no puede separarse de él, pero puede ponerlo en cualquier cosa, como cuando dice: soy joven, soy rico, etc. Tales identificaciones son patentemente falsas y la causa de las limitaciones (Nisargadatta).[84]

VALOR FUNCIONAL DEL EGO

En palabras de Henry Winthrop: «la forma más patológica de alienación es la alienación del verdadero yo (*Ātman*)»,[85] una alienación que consiste en confundir al yo empírico con el Sí mismo. Esta confusión se traduce, en la vivencia cotidiana, en que el individuo se siente como un inquilino de su cuerpo: encerrado en la "jaula" de su cuerpo-mente, mira hacia el mundo exterior a través de sus ojos y de su pensamiento representante. Esos límites que configuran su idea-de-sí son la resultante de mirarse con la misma conciencia re-presentante con la que conoce las realidades exteriores. El yo mira y se mira a partir de esa idea-de-sí con un mirar que, a su vez, confirma y reconfigura dicha idea.

No dejaríamos de ser quienes somos si no hubiera espejos que nos devolvieran nuestro rostro. Análogamente, no dejamos de ser lo que somos si abandonamos la tendencia a vivirnos, no ya funcionalmente sino de modo absoluto, desde nuestra particular idea-del-yo. Poder pensarse a sí mismo es una posibilidad específicamente humana; sin esa posibilidad no habría humanidad. Pero que el yo se vivencie básicamente a través de su yo-idea convierte dicha posibilidad en la más absoluta enajenación, pues le imposibilita para su posibilidad más radical: la de ser Sí mismo y la de ser desde Sí mismo. No la de ser y tener que ser *esto* o lo *otro*, sino la de simplemente "ser".

Como ya señalamos, podría parecer que esta vivencia que el yo tiene de sí como un inquilino de su cuerpo-mente –y que determina la distinción absoluta entre un dentro y un fuera, un yo y un no-yo, etc.– es una experiencia espontánea e inmediata. Según el Advaita, no es así. La experiencia absolutamente directa del yo es la de ser una visión que no puede verse a sí misma y en la que todo es; la experiencia de ser un Vacío en el que todo aparece y que *es* todo lo que aparece (la luz del Sol o su ausencia, cielo, campos y ciudades, pensamientos, emociones, impulsos volitivos, la propia vivencia orgánica...); la experiencia de todo un mundo en el espacio de la conciencia; la experiencia de cosas de las que no cabe decir que estén fuera o dentro, porque no hay "nada" (ningún referente) con relación a lo cual estar fuera o dentro, cerca o lejos. La evidencia primera es la de ser un Vacío luminoso que puede contenerlo todo y que, en sí mismo, carece de localización o caracterización posible. Sólo en un segundo momento, cuando el yo se identifica con algunos de los contenidos concretos que aparecen en ese Vacío, los que considera que le definen –una identificación que siempre es mental–, tiene un referente desde el que empezar a establecer medidas: dentro-fuera, yo-no yo, lejos-cerca, bueno-malo, útil-inútil, deseable-indeseable, etc. En este momento ya no contiene el mundo: el mundo le contiene a él.

> Elevación y rebajamiento. Una mujer que se mira al espejo y se arregla no siente vergüenza de reducirse a sí misma, a ese ser infinito que mira todas las cosas, a un pequeño espacio. De igual manera, por mucho que ascienda el yo (el yo social, psicológico, etc.), cuantas veces ocurra acabará uno degradándose infinitamente, reduciéndose a no ser más que eso (Simone Weil).[86]

La dinámica paradójica del crecimiento de la conciencia

Desde el punto de vista advaita, esta centralización de la vivencia de sí en el cuerpo-mente es un paso ineludible y necesario en la constitución y el desarrollo del yo humano, en la maduración de la conciencia humana.

En su momento distinguimos entre la "persona", *jīvātman* considerado como vehículo psicofísico de expresión y símbolo de *Ātman*, y el "ego" o la vivencia mental y clausurada de sí en la que la persona deja de ser símbolo de *Ātman*. La persona es símbolo porque, si bien supone una centralización relativa en el cuerpo-mente, no está necesariamente identificada de modo absoluto con él y dice "yo" desde un centro de identidad más radical.[87] Para el ego, esta centralización relativa deviene centralización absoluta y única. Aunque sólo puede decir "yo" en virtud de su Yo incondicionado, cree decir "yo" en virtud de sus vehículos y aludiendo a sus vehículos; en ellos sitúa su identidad esencial.

Ahora bien, el proceso de maduración del yo humano es paradójico –como hemos venido viendo que paradójico es todo lo relativo a la conciencia–. La paradoja es ésta: la identificación o confusión del yo con sus vehículos es imprescindible; es temporalmente necesaria pues permite que dichos vehículos maduren hasta el punto en que la Conciencia pueda expresarse plenamente en y a través de ellos y pueda llegar a tomar conciencia directa de sí. Paradójicamente, la enajenación temporal del yo es la condición de posibilidad de su pleno re-conocimiento. La identificación del yo con sus atributos es necesaria para que la persona devenga expresión plena y madura de *Ātman*; una madurez que culmina en el re-conocimiento de lo que siempre fue: *Aham brahmāsmi, Prajñānam brama* (Yo soy *Brahman* y *Brahman* es Conciencia pura).[88]

> *Para conocerse a Sí mismo el Ser debe enfrentarse a su opuesto, el no-ser*. El deseo lleva a la experiencia. La experiencia conduce a la discriminación, al desapego, al auto-conocimiento: a la liberación. ¿Y qué es la liberación después de todo? Saber que se es más allá del nacimiento y de la muerte. Al olvidar quién es usted, e imaginarse una criatura mortal, se ha creado tantos problemas que tiene que despertar como de un mal sueño (Nisargadatta).[89]

La naturaleza paradójica de este proceso se sustenta en un factor ya señalado: es propio de la Conciencia no-dual trascender sus vehículos, no negándolos sino integrándolos. Pues bien, esta integración –como pasaremos a explicar– tiene el carácter de una posesión o auto-posesión. El yo llega a ser lo que es y llega a tomar conciencia de sí en un proceso de asunción progresiva de sus vehículos: de su vehículo corporal (se posee en su dimensión vegetativa y sensitiva), y de sus vehículos racional, sutil y causal. El yo es este centro de auto-posesión. Inicialmente, esta posesión toma la forma de una identificación: el yo precisa identificarse temporalmente con sus vehículos de cara a poder asumirlos, reconocerlos y a que éstos maduren. En un segundo momento, esta identificación ha de dar paso a la trascendencia de la identificación –si no, el yo no poseería sino que sería poseído–.

Jerarquía evolutiva del desarrollo de la conciencia
Desde otro enfoque, esto es lo que Wilber expresa al afirmar que el crecimiento individual es un proceso de auto-realización que acontece siempre a través de la auto-trascendencia: a través del surgimiento progresivo de niveles de conciencia jerárquicamente superiores que trascienden a los anteriores, no negándolos o excluyéndolos, sino asumiéndolos en dicho nivel superior (más unificador, amplio e integrador). Para ilustrar la naturaleza de esta dinámica, aludiremos a lo que Wilber considera algunos de estos estratos evolutivos fundamentales:[90]

En las etapas inferiores del psiquismo (los primeros meses de vida) el niño es uno con el mundo; está en un estado de fusión primordial (como sostienen Margaret Mahler, Piaget, Loevinger, etc.) en el que no tiene conciencia de sus propios límites.

En un segundo momento, el niño se identifica inicialmente con su cuerpo comenzando así su auto-diferenciación frente al entorno. Nace el "yo corporal", y con él, la primera distinción entre el cuerpo y el no-cuerpo. Ello supone un paso evolutivo decisivo en la medida en que el *self* del niño deja de estar encadenado con relación al entorno y puede operar sobre él; pues sólo la des-identificación con relación a algo otorga capacidad de manejo frente a ello. Ahora bien, dada su plena identificación con el cuerpo, está aún totalmente identificado con sus instintos, impulsos y descargas involuntarias sobre los cuales no tiene capacidad de control.

En torno a los cuatro-siete años, la identificación con el cuerpo deja de ser total, ya que aparecen las *funciones mentales o conceptuales* que permiten trascender el mundo presente: los impulsos reactivos, la instantaneidad, se sustituyen por acciones; se introduce un tiempo entre el estímulo y la respuesta que permite postergar y canalizar las meras descargas instintivas (Fenichel) y trascender el cuerpo. El niño se comienza a auto-poseer corporalmente al abandonar la identificación absoluta con su cuerpo. Pero su total identificación con sus funciones mentales incipientes y la nueva sensación de identidad que de ello obtiene, no permiten aún la toma de distancia en el nivel de las ideas. El niño asume acríticamente las ideas y los valores de su entorno; prima para él la necesidad de seguridad que obtiene mediante la pertenencia al grupo y el conformismo.

A medida que se aproxima la adolescencia, el pensamiento deja de ser un pensamiento predominantemente concreto –"pensamiento operacional concreto" (Piaget)– y se desarrolla y madura el pensamiento abstracto: el pensamiento que opera sobre el propio pensamiento, no sólo sobre los objetos sino sobre las relaciones, por ejemplo, el razonamiento hipotético –"operaciones formales" (Piaget)–. Comienza a madurar, además, otra forma de pensamiento superior: el pensamiento sintético e integrador, que aprehende una red masiva de ideas de un solo golpe de vista, así como sus inter-relaciones mutuas. Esta creciente capacidad sintética, introspectiva y reflexiva permite la toma de distancia con respecto al propio pensamiento concreto, permite trascenderlo e integrarlo. Culmina la formación de la personalidad como una unión integrada, auto-poseída, de mente y cuerpo. La sensación de identidad está en esta etapa ligada a la vivencia del yo como un yo individual autónomo (E. Fromm) e integrado (Loevinger).

El proceso de maduración del yo no termina aquí. Podríamos seguir describiendo el surgimiento progresivo de niveles supra-personales de identidad, cuya fenomenología en Oriente es sorprendentemente exhaustiva y prácticamente desconocida en Occidente dentro de los márgenes de la filosofía y de la psicología oficiales. Pero no nos adentraremos en esta descripción. Sólo deseamos resaltar cómo el proceso de desarrollo de la conciencia culmina en lo que cabría denominar una descentralización: si con la constitución de la personalidad como una individualidad integrada y autónoma, el yo puede afirmarse en sí y frente al mundo, en los niveles de conciencia superiores el mundo y el yo se revelan como uno, se unifican en su raíz común. En otras palabras, en estos niveles surge un nuevo centro de vivencia de la propia identidad –la raíz de la identidad del yo y de la identidad última de todo–, desde el que la personalidad individual ya no tiene carácter absoluto sino relativo e instrumental. El ser humano se sabe expresión de una Vida más amplia que la suya; su inteligencia y voluntad individuales, como la parcial expresión de una Inteligencia y una Voluntad únicas de las que no es dueño, sino partícipe. Accede a un conocimiento que ya no es "suyo" porque va más allá del ámbito de sus percepciones u opiniones personales (condicionadas por su pasado y por su idiosincrasia individual); es movido por una voluntad que ya no es "suya", pero que vivencia como su voluntad más íntima, y que trasciende, sin negarlos, los deseos e intereses subjetivos de la personalidad. Una lógica radicalmente nueva rige la propia vida, y a esta lógica el yo individual cede las riendas sin que en ello haya la más mínima sensación de enajenación sino, por el contrario, un profundo auto-reconocimiento *de* y *en* la raíz del propio ser.[91]

Podemos advertir cómo el proceso descrito tiene carácter circular: al final del mismo se retorna a un estado de unidad con la totalidad, análogo al estado que era su punto de partida. Ahora bien, hay una profunda y decisiva diferencia: esta unidad con la totalidad ya no tiene el carácter de una fusión inconsciente, pues se ha pasado por todo un proceso de individuación o de consolidación de la propia individualidad. Se trata de una integración consciente que no anula la personalidad individual sino que la trasciende asumiéndola. Sólo una individualidad sólida, unificada e integrada puede auto-trascenderse con plena creatividad y libertad; si no fuera así, no se trataría ya de una ampliación de la propia conciencia e identidad, sino de una disolución del yo, de una unidad regresiva y anuladora. Es importante no confundir –insiste Wilber– el nivel de lo *pre-personal* con el de lo *trans-personal*.

Para la perspectiva advaita, el yo no puede acceder a su identidad central y supraobjetiva si previamente, en el nivel relativo y funcional, no ha accedido a una integración o unificación básica de su personalidad. Sin esta integración, el acceso al Sí mismo central puede tener lugar, pero no será estable y frecuentemente se traducirá en una desintegración en el nivel de la personalidad aún mayor. Esto es significativo sobre la impropiedad de interpretar la auto-trascendencia que propone el Advaita como una suerte de despersonalización.

Podemos advertir, por otra parte, cómo, según lo visto, el crecimiento acontece a través de lo que Wilber denomina una dinámica de *identificación* y de *des-identificación*, de *negación o muerte* y de *conservación*. Inicialmente, cuando el yo accede a una nueva vivencia de su identidad, precisa consolidar, integrar, organizar y madurar las vivencias, capacidades y cualidades correspondientes al nuevo estadio; esto es posible en virtud de la identificación temporal con el mismo. Pero la dinámica del crecimiento exige que en un momento dado el yo abandone la identificación exclusiva con ese estadio para posibilitar el acceso a niveles superiores. El yo deberá "morir" a lo que hasta ahora había sido la vivencia habitual de su identidad.[92] Una muerte que no es propiamente una negación sino una forma más amplia de afirmación, en un movimiento hacia estados de conciencia crecientes, más ricos, más unificadores e integradores.

En todo este proceso Wilber establece una distinción entre las *estructuras básicas* y las *estructuras de transición*. Estructuras básicas son los niveles de conciencia que, una vez que surgen, son integrados y perduran siempre conservando una cierta «autonomía e independencia funcional». Las *estructuras de transición* son «estructuras provisionales que tienden a ser reemplazadas totalmente por las siguientes fases del desarrollo».[93] Estructuras básicas serían, por ejemplo, la aparición y madurez de la conciencia sensitiva, de la mente representativa, operativa y reflexiva, etc. Estructuras de transición vendrían a ser las distintas vivencias de la propia identidad, necesidades, prioridades, sensibilidad moral, etc., que son específicas de cada nivel evolutivo y que necesariamente se modifican en cada ascenso. Esta distinción entre estructuras básicas y estructuras de transición nos habla de un desarrollo gradual de la conciencia, de un crecimiento o actualización creciente de sus potencialidades latentes y, por otra parte, de la necesidad, para que esto acontezca, de una identificación inicial y temporal con las estructuras nacientes que ha de dar paso a una des-identificación posterior que posibilite la continuidad del crecimiento.

* * *

Esta exposición quizá nos ayude a comprender mejor que no hay nada más ajeno a los planteamientos no-dualistas que una actitud regresiva de anhelo por los estados previos a la escisión dual de la conciencia: la infancia individual o cultural. Desde el punto de vista advaita, un estado inconsciente de no-dualidad es una contradicción en los términos; tal estado es simplemente un estado monista de fusión pre-consciente que no *integra* los niveles de distinción y multiplicidad relativos. La enajenación egoica, en la medida en que posibilita una toma de conciencia creciente de sí, es, a su vez, el comienzo de la posibilidad de la inversión de la enajenación.

En resumen: para llegar a re-conocer conscientemente lo que somos, hemos de olvidarlo e identificarnos con lo que no somos. Para hacernos cargo de lo obvio, tenemos previamente que pasarlo por alto. Para encontrarse hay que perderse.

Este carácter intrínsecamente paradójico de la dinámica de la conciencia se advierte también al constatar que cada nivel de conciencia creciente conlleva, ineludiblemente, tanto más posibilidades como más peligros que los anteriores. La trascendencia posibilitada por la emergencia de un nuevo nivel de conciencia puede darse tanto en la forma de una integración de los niveles inferiores como de una negación o enajenación de los mismos (por ejemplo: el ego que trasciende la identificación exclusiva con su cuerpo puede enajenarse de su cuerpo, de su vivencia corporal directa). La posibilidad de trascender e integrar es paralela a la posibilidad de escindir y enajenar. El crecimiento de la conciencia tiene siempre un precio. (Poniendo un ejemplo extremo: el niño pequeño no puede suicidarse; no puede negarse porque tampoco puede asumirse. Tampoco puede huir de sí mismo mediante la mentira vital que caracteriza a la pseudo-identidad egoica; pero, por lo mismo, tampoco puede reconocerse y expresar conscientemente su identidad última).

De aquí, insistimos, la errónea interpretación que se haría de la propues-

ta advaita si se viera en ella una renuncia a lo que el surgimiento de las dualidades relativas en la conciencia trae consigo. Todo lo contrario. Como
afirma Heidegger, retomando palabras de Hölderlin: «"Mas donde está el
peligro, surge también aquello que salva". Acaso toda otra salvación que
no venga de donde está el peligro siga siendo una calamidad».[94]
    La salvación no está allí donde no hay peligro, sino donde el peligro
es mayor. Y esto acontece tanto a escala individual como colectiva. Así,
desde un punto de vista sociocultural, la conciencia individual del hombre de otras tradiciones ha solido ser más vaga, menos auto-centrada,
menos concentrada y, por lo mismo, aparentemente menos brillante. Es
propia de la cultura occidental una peculiar acentuación y agudizamiento de la conciencia individual, una acentuación favorecida por el surgimiento de civilizaciones particularmente complejas, especializadas y
fragmentadas. En Occidente esto ha posibilitado un desarrollo casi paroxístico de un modo de conciencia específico: la conciencia dual, analítica, discriminadora, calculadora, estratégica, planificadora, etc. Ello ha
traído consigo un creciente aislamiento y ensimismamiento auto-reflexivo del yo y una pérdida creciente del contacto directo –que no funcional– con la sociedad y con la naturaleza como todos orgánicos. Por lo
mismo, en pocas culturas ha habido algo parecido a nuestra aguda sensación de responsabilidad y libertad individuales, sensación a la que
acompañan, en mayor o menor grado, la culpabilidad, la ansiedad y la
angustia. Este agudizamiento de la conciencia individual no es negativo
en sí mismo; al contrario, supone la maduración plena de un nivel de
conciencia específicamente humano, una maduración que es la condición de posibilidad de que su superación sea igualmente madura y no regresiva. Ahora bien, la resistencia a dar este salto superador –el detenimiento excesivo y la hiper-concentración en este nivel del desarrollo de
la conciencia y la resistencia a relativizarlo desde una autovivencia más
amplia e integradora– ha llegado a ser la peculiar patología de nuestra
cultura. Ello se pone de manifiesto en el hecho de que la "brillantez" occidental (la parcialización y la concentración en la parte siempre permiten llegar más lejos en aquello en lo que uno se concentra) sigue estando
acompañada, como por su sombra, por la ceguera para las perspectivas
de totalidad operativas, concretas y directas, que no abstractas; una ceguera que ha hecho frecuentemente de los avances de Occidente, logros
destructores en su parcialidad, y de su brilllantez, pseudo-brillantez chirriante. La apertura de nuestra cultura a esa dimensión en la que el sujeto
y su visión dualista pueden ser, a la vez, integrados y relativizados, es la
única vía para que los logros de Occidente se inserten en un horizonte

que reconozca y respete su grandeza superando su carácter hiper-enfáti-co, parcial, auto-referencial y, muchas veces, destructivo.

Pues bien, en último término, todo este proceso de trascendencia/in-tegración culmina en la realización de la no-dualidad como "dimensión" integradora última que asume todas las dualidades desde más allá de ellas. Si cada paso del crecimiento supone la integración de una duali-dad y la introducción, por consiguiente, de un punto ternario pertene-ciente a un nivel cualitativamente superior, *Cit* es el vértice no-dual úl-timo en el que toda posible dualidad se resuelve respetándose en la dimensión en que tiene su valor relativo y su sentido.

Todo este proceso, insistimos, es circular y paradójico. Y la paradoja final es que, en último término, el estado que parecía la meta de este pro-ceso estuvo siempre presente a lo largo del mismo, pues todo proceso es un proceso de *Sat/Cit* en *Sat/Cit*, siendo a su vez *Sat/Cit*, en sí mismo, ajeno a todo devenir procesual. La Conciencia se despliega relativamen-te en un proceso de auto-reconocimiento que culmina en la constatación de que, desde un punto de vista absoluto, nada había sido olvidado y, por lo mismo, nada precisa ser re-conocido. «Saber que nunca existió la ig-norancia es la meta de todas las doctrinas espirituales» (Ramana Mahars-hi).[95] No es posible perder la unidad con el Origen, pues Éste es el funda-mento en virtud del cual todo –toda presencia y toda ausencia– es. Incluso el olvido relativo, la enajenación relativa, es y puede ser sólo en virtud del Ser, en virtud de su ocultarse como tal para permitir el alum-bramiento dual del mundo objetivo. O, en expresión de Heidegger, a la Verdad (*Alétheia*, la *Lichtung* del Ser) le pertenece la no-verdad, pues la Verdad es siempre, a la vez, desvelamiento y ocultación.

El crecimiento relativo del yo humano culmina en la constatación de que «todo es [y ha sido] un juego en la Conciencia» (Nisargadatta),[96] de que: «La esencia de la esclavitud es imaginar que uno es [esencialmen-te] un proceso, que uno tiene pasado y futuro, historia. De hecho, no te-nemos historia; no somos un proceso, ni nos desarrollamos ni decaemos; vea todo como un sueño y salga de él» (Nisargadatta).[97]

La función del yo objetivo

Tras lo anteriormente dicho, estamos en condiciones de comprender en qué consiste lo que denominamos el valor *funcional* del yo objetivo:[98]

Como acabamos de explicar, el yo objetivo es el *locus* de la identifi-cación temporal del yo con sus vehículos, una identificación necesaria para el desarrollo de los mismos y para posibilitar la madurez del yo humano. La identificación *absoluta* del yo con los niveles emergentes de identidad es necesaria, aunque está llamada a ser trascendida. Ahora bien, la centralización *relativa* en el cuerpo-mente permanecerá mientras permanezca la vida del organismo. Esta centralización relativa tiene carácter funcional: el yo objetivo permite la auto-preservación orgánica; permite el funcionamiento de la persona en el mundo –la manipulación instrumental del entorno objetivo, de las cosas y de los pensamientos, y la acción eficiente sobre él–, pues «enfatiza la percepción de las diferencias y límites, la estructuración de los estímulos difusos en entidades manipulables», posibilita la focalización de la atención, permite los planes y los cálculos, la referencia mental al pasado y al futuro, etc.[99]

Esta centralización relativa está presente también allí donde el yo no se confunde con sus vehículos y se vivencia desde su Sí mismo. El *jñā-nin* «(…) ya no está limitado por las apariencias, y no se identifica con el nombre y la forma. Él utiliza la memoria pero la memoria no puede utilizarle» (Nisargadatta).[100] Pero, obviamente, el *jñānin* contesta cuando es llamado por su nombre, pues la identificación relativa con el cuerpo-mente permanece. El problema, insistimos, se da cuando esta vivencia objetiva se absolutiza y el modo objetivo de conciencia termina dominando la conciencia y tiranizándola. El Yo olvida que abarca el mundo en su seno y pasa a ser una mera parte del mundo. Se sentirá *esencialmente* amenazado, aislado, carente, anhelante, vulnerable, etc., y transferirá a toda su actividad la cualidad ofensiva/defensiva propia de la actividad orientada a la supervivencia orgánica. Ocasionalmente, de modo más o menos consciente y más o menos fugaz, el yo seguirá experimentando en su vida cotidiana el gozo y la plenitud de ser, pero lo hará siempre en virtud de lo que es, y *a pesar de* lo que se ha empeñado en ser.

Las contradicciones de la conciencia objetiva

La alienación del ser humano y de la cultura acontece de modo privilegiado cuando una determinada forma de conciencia específica de lo humano, la conciencia dual u objetiva, se convierte en el modo de conciencia predominante. Describiremos las contradicciones internas y los peligros que conlleva la cristalización o afianzamiento exclusivo de este modo de conciencia. Las contradicciones que señalaremos no hacen más que evidenciar cómo, más allá de su aparente escisión, los opuestos siempre se implican y se suponen entre sí; y por ello, todo lo que la conciencia objetiva y divisora niega o excluye acaba retornando inusitadamente en la forma de efecto perverso; efecto perverso que le invita a enfrentar e integrar lo previamente negado y enajenado.

Objetivación del hombre

Al hablar de la naturaleza del "sujeto" moderno, insistimos en que ésta es una noción contradictora. En el nivel existencial, esta contradicción se traduce en que el hombre que buscaba afirmar su especificidad frente a lo objetivo, queda prisionero de su misma conciencia objetiva, aislado en la "jaula" de su autoconciencia, exiliado de todo lo demás, preso en su mundo particular e incompartible, convertido en un extraño para sí mismo, atenazado por su vivencia limitada sustentada en el deseo y en el temor. No es preciso insistir más en este punto.

En segundo lugar, esta auto-objetivación del sujeto es además objetivación o despersonalización del otro, del tú. Como afirma H. Chaudhuri,[101] Descartes tuvo el acierto de buscar en el yo –en la certeza del yo para sí mismo– el punto de partida. Pero erró al entender ese yo como un yo abstracto, desconectado de Dios, de los otros y de la naturaleza. El existencialismo y el pensamiento de Heidegger han tenido, a su vez, el acierto de enfatizar que el punto de partida de la filosofía no es un yo abstracto y solitario sino un yo-en-el-mundo (*in-der-Welt-sein*) y un yo-con-otros (*Mitdasein*). El yo de Descartes es un yo clausurado, abstracto, porque es –como hemos visto– un yo/sujeto o un yo/substancia. Para este yo, definido por el *cogitare*, lo otro es inevitablemente objeto. En otras palabras: no es posible, en el nivel del *ego*, la comunicación y comunión real.[102]

Ya aludimos a los importantes intentos de la filosofía contemporánea –en particular, del pensamiento personalista– por restablecer la relación con el otro en el plano del yo-tú;[103] pero también mencionamos que esto sólo es posible en el ámbito no-dual, más allá de la hegemonía de la conciencia objetiva: «Aquel que está absorto en meditación [en la visión/realización del Sí mismo no-dual] (…) y ve la identidad de todo, contempla su Ser en todas las cosas y ve todas las cosas en su Ser» (*Bhagavad Gītā*).[104] Sólo la real-ización de la Identidad última supraobjetiva permite hacer realidad lo que H. Chaudhuri denomina *I-and-Thu-in-That*:[105] una relación esencial entre el yo y el tú, en virtud de su común arraigamiento esencial en *Sat/Cit*.

El sujeto no siempre tiene conciencia de su carácter auto-objetivado y de la objetivación que larvadamente filtra y destruye la veracidad de sus relaciones interpersonales. Como ya vimos, forma parte de su auto-engaño el considerarse libre, unitario, dotado de capacidad de autodeterminación o, lo que es lo mismo, capaz de relacionarse desde sí con el sí mismo de cada realidad de un modo íntegro y libre. Sólo empieza a sospechar que algo falla cuando el mundo, tal y como a él se le presenta, tal y como es configurado por su conciencia objetiva, llega a convertirse en una·cárcel enajenante y le enfrenta, como un espejo, a su propia enajenación y despersonalización. Así, en tercer lugar, la auto-contradicción que caracteriza al sujeto moderno se advierte existencialmente en que el mundo que el hombre creó en vistas a su amparo y seguridad, a una vida fijada y continua sin fisuras, se convierte en su propia cárcel. Así lo expresa Ernst Jünger, en su ensayo *Über die Linie* (*Sobre la línea*), dedicado a Heidegger:

> Dos grandes miedos dominan a los hombres cuando el nihilismo culmina. El uno consiste en el espanto ante el vacío interior, y le obliga a manifestarse hacia afuera a cualquier precio por medio del despliegue de poder, dominio espacial y velocidad acelerada. El otro opera de fuera hacia dentro como ataque del poderoso mundo a la vez demoníaco y automatizado.[106]

Perdido el contacto con la seguridad de lo abierto del Ser, el ego, esencialmente inseguro, busca su continuidad y seguridad en estructuras fijas, clausuradas y predecibles orientadas a la productividad y a su mantenimiento y auto-conservación. También sus relaciones interpersonales, las agrupaciones o comunidades a las que pertenezca, etc., se orientarán en buena medida a este fin: al refuerzo y consolidación de sus ideas sobre sí. Su Sí mismo queda ahogado por superestructuras artificiales, rígidas, conocidas, reiterativas, es decir, manipulables. Sólo ahí el ego cree encontrar seguridad, pues estas estructuras son la expresión externa de su propio carácter reiterativo, artificial y predecible. Pero en la medida en que el ego busca amparo en estas estructuras, más absorbido queda por ellas hasta llegar a ser víctima del mundo que él mismo creó. Cosificado, automatizado, su obra deviene su prisión:

Quedará atrapado en estructuras de trabajo orientadas a la productividad, a su auto-mantenimiento y crecimiento ilimitado, en las que el individuo y su necesidad de auto-expresión serán irrelevantes; aturdido en medio de organizaciones y corporaciones descomunales y sin rostro ante las que no tiene más opción que la conformidad y la sumisión. Se verá inmerso en una cultura de masas cuya norma es la homogeneización creciente: la imposición de roles, hábitos, necesidades, actitudes, sentimientos, modos de pensar, etc.; el olvido de sí será el precio de su integración social y cultural. Será foco de atención de profesionales de la salud física o mental cuya metodología sólo considera en él aquello que es reducible a objeto de análisis. Será ante todo "consumidor" en un mundo que cada vez se asimila más a un mercado y en el que todo –también los valores intelectuales, artísticos y espirituales– se convierte en objeto de tasación y venta, y en los que el pensador, el escritor, el creador, etc., han de ser mercaderes y estar crispadamente sujetos y atentos a las leyes del mercado. Se desenvolverá en una sociedad que le valora fundamentalmente en función de sus logros y rendimiento objetivo, y que es implacable con los que abandonan voluntaria o involuntariamente está dinámica lineal y acumulativa; una sociedad ciega para los valores de quienes no "funcionan" en dirección a sus fines y que, a los que no entran en su juego –individuos y culturas movidos por otros valores o, sencillamente, sometidos temporalmente a las crisis y vaivenes propios del verdadero crecimiento–, les ridiculizan y condenan a la marginación. Una sociedad en la que organizaciones e instituciones comienzan a interesarse por lo "personal", porque han visto que este interés es rentable en términos de productividad. Donde los problemas humanos se consideran y estudian sólo para poder ser inmediatamente solventados o silenciados, por ejemplo, por vía química (de ello se ocupará la industria farmacéutica), y evadir así el fantasma de la enfermedad, la decadencia y la muerte –que cuestionaría el ideal de bienestar, juventud ilimitada y existencia sin roces–, además de permitir que el individuo continúe siendo lo que ante la sociedad le justifica y otorga valor: eficiente. Y si el dolor, la certeza de la muerte, el sin sentido, etc., llegan a ser insoslayables, queda el recurso de la institución religiosa y de una hiper-protectora figura divina; ella permitirá soportar lo que, según los valores reinantes, es insoportable, y justificará sobrenaturalmente lo que sólo tuvo como raíz la vertiginosa huida –individual y colectiva– del hombre de sí mismo, y lo que sólo puede ser superado con su decisión firme de enfrentarse a lo que dicha huida buscó evadir y ocultar.[107]

El mundo creado por el yo objetivo para su propio cuidado se vuelve contra él. Para construirlo tuvo que abandonar su eje central y vivirse desde lo más periférico de sí. Su obra le confina a esta periferia y le impide el retorno hacia sí mismo. En expresión de Heidegger, el hombre ya no está en el mundo (como el *ek-* o dimensión abierta de su existencia) sino que queda expuesto a lo público (*Öffenlichkeit*): allí donde el ser se agota en el aparecer; queda expuesto al mundo del "se" (*das Man*), que es todos y nadie: allí donde todo se hace como "se" hace, se piensa como "se" piensa, etc. La dictadura del "se", del "uno impersonal" y de "lo público", señalada por Heidegger, es una de las formas que adopta este proceso por el que el ser humano llega a ser víctima del mundo que creyó construir para su propio amparo.

Objetivación de Dios

Como afirma K. Dürckheim, la principal corriente del espíritu occidental se ha apoyado básicamente en dos pilares: el saber racional y la fe en una revelación sobrenatural teísta.[108] En el Oriente no-dual, ni a lo primero se otorgó tanto alcance, ni lo segundo –como hemos explicado– responde a su modo último de concebir la verdad trascendente. En Occidente, esta dualidad –sellada por Kant– ha sido una constante histórica, tanto en el nivel colectivo como individual. Así, el hombre occidental tiende a adoptar una visión del mundo en los momentos consagrados a la religiosidad, y otra en sus momentos de análisis racional. La teo-logía, como pretensión de dotar de racionalidad a lo primero, no deja de ser una solución de compromiso, como evidencia el que siga conservando internamente esa falta de solución de continuidad: todo un proceso analítico busca extraer consecuencias racionales de unas premisas dogmáticas (el "hierro de madera" denunciado por Heidegger).[109]

Pero ambas visiones: la racional y la fe entendida básicamente como creencia, analizadas más a fondo no son tan lejanas. Reflejan el mismo esquema dual y la misma primacía de la conciencia objetiva. La creencia responde a un intento de superar los límites de la *ratio*, de escapar a la auto-prisión del yo –que allí donde predomina la conciencia objetivante llega a ser opresora–. Pero esta superación se realiza, otra vez, en términos duales; viene a ser otra nueva versión de la dinámica sujeto-objeto de la que el yo/sujeto no consigue escapar; es otra vuelta de tuerca en su intento por escapar de sí mismo y en su girar siempre alrededor de sí mismo. Ambas visiones no son tan diversas, en definitiva, porque el Dios de la fe/creencia y de la teo-logía es un Dios-objeto.

En primer lugar, el individuo concibe un Dios que corresponde a la noción polar de lo que concibe como su propio sí mismo: es incondicionado frente a lo que él vivencia como su vida condicionada; es Absoluto y Necesario, como lo opuesto a su naturaleza relativa y contingente; es Eterno en oposición a su carácter temporal, etc. En otras palabras: es una noción de Dios concebida por el yo y que sólo tiene sentido para y desde el yo. El dualismo denunciado por Nietzsche y criticado por Heidegger tiene su raíz en esta hegemonía del pensamiento dual, en el antropocentrismo que convierte al yo individual, a sus nociones duales y condicionadas, en eje y medida.

En segundo lugar, a este Dios no sólo le competen ciertos términos de referencia dual, sino que Él mismo es "lo otro" que el yo. Lo Absoluto no sólo queda sometido a los esquemas mentales del sujeto, sino que se contrapone a éste dualmente como un contenido de su conciencia, como "algo" que el sujeto conoce, ama, siente, etc. Incluso allí donde el yo tenga experiencias genuinas de lo trascendente/inmanente, dada su tendencia inercial a vivenciarse separada y limitadamente, no reconocerá en esas experiencias el desvelamiento de su naturaleza profunda y atribuirá lo vivido a "Algo otro"; lo relegará fuera de sí al plano del "Tú" y mendigará nuevas experiencias que considera que quedan a la merced de la "voluntad" de ese Otro. Desde su tendencia a vivirse como algo separado, admitir su identidad esencial con ese "Otro" será sencillamente inaceptable.

Desde el punto de vista advaita, el teísmo tiene su razón de ser en la medida en que la relación sujeto-objeto es una relación relativamente real. Pero, sólo desde el reconocimiento experiencial del vértice no-dual *Āman/Brahman*, la dualidad Dios-hombre deja de ser un dilema alienante y permanece como reflejo válido en nuestro mundo polar de la no-dualidad última de lo real; como manifestación relacional de la eterna unidad supra-relacional; como juego (*līlā*) mediante el cual lo Absoluto busca re-conocerse dualmente en su propio seno no-dual. El teísmo dualista, siempre que le otorgue un valor absoluto, es otra manifestación del dualismo sujeto-objeto cartesiano. Para un yo/sujeto que no se ha relativizado a sí mismo y que se considera una suerte de substancia o absoluto ontológico, Dios es necesariamente un Dios-objeto: un Dios concebido, representado, imaginado. La relación con este Dios será una relación mental, sentimental, volitiva, funcional, etc.; una relación que no desbordará los márgenes de la auto-conciencia del sujeto. Lo que pueda tener de relación real –y que sin duda lo tendrá– se deberá a la fuerza misma de la realidad, que se manifiesta siempre en el yo con más fuerza que sus ilusiones (es decir: lo tendrá *a pesar de* esta enajenación dualista, pero nunca en virtud de ella).

Un Dios que es un Dios-objeto, tarde o temprano no puede sino morir. En palabras del monje trapense cristiano Thomas Merton: «[muere] no sólo por tratarse de un objeto abstracto sino porque contiene tantas contradicciones internas que deviene por completo inaceptable, a menos que se le solidifique como ídolo, protegiendo su existencia por un mero acto de deseo».[110] Una religiosidad justificada por la "fe", entendida como asentimiento volitivo a algo de lo que no se tiene certeza o experiencia inmediata –una fe que, sencillamente, "unos tienen y otros no"–, está sustentada en un acto de puro deseo, en una arbitrariedad básica que evidencia que la religión ha perdido el suelo firme de la experiencia directa, absolutamente cierta e inalienable, bajo sus pies.

> Por largo tiempo –continúa lúcidamente Merton– el hombre conservó este acto de deseo, esta voluntad religiosa; pero actualmente, esto representa un esfuerzo extenuante y muchos lo encuentran inútil. Abandonando el esfuerzo, han dejado que se evapore el "Dios-objeto" que sus padres y abuelos solían manipular para sus propios fines. Su tremenda fatiga ha acentuado un factor de resentimiento, convirtiendo a este "asesinato" de la deidad en un hecho consciente. Liberada de la tensión de mantener compulsivamente la vida de un Dios-objeto, la conciencia cartesiana vuelve a ser, sin embargo, prisionera de sí misma. He aquí, entonces, la necesidad de romper esta prisión para dar con "lo otro" en un "encuentro", "apertura", "camaradería", "comunión".[111]

No es otro el sentido de la preocupación "solidaria", propia de los momentos religiosamente crepusculares; una preocupación altamente elogiable en sí misma, pero que, cuando excluye la dimensión contemplativa, sigue respondiendo a este apremiante mecanismo de salida en falso. La dinámica de creciente activismo social anti-contemplativo que ha caracterizado recientemente a algunos sectores cristianos –y que busca llenar la laguna dejada por la pérdida progresiva de credibilidad de la teología dogmático-racional, en muchos puntos reconocida por los propios cristianos como inconsistente e inoperantemente abstracta– es, en ciertos casos, otra manifestación más del dualismo y del antropocentrismo que los funda. De nuevo en palabras de Merton:

> (…) la conciencia cristiana en formación es, en principio, activista, antimística, anti-metafísica (…) el concepto de yo como un centro de decisión muy presente y concreto tiene considerable importancia. Nos concierne notablemente lo que estamos haciendo, pensando, diciendo, haciendo y decidiendo aquí y ahora. También nuestros compromisos ac-

tuales, con quién estamos, contra quién estamos, a dónde creemos que vamos, qué pancarta agitamos (...) [Nos encontramos en el fondo con] un nuevo tipo de conformismo: más dinámico, más novedoso, menos dogmático... ¡Pero siempre conformismo![112]

Este antropocentrismo, la reducción de la religiosidad a inquietudes socio-políticas, también ha sido criticado por sectores conservadores cristianos. Lo que éstos no suelen advertir es que ese antropomorfismo siempre estuvo ahí –sólo que ahora con menos tapujos–, que la religiosidad oficial en Occidente ha estado demasiado concernida con el hombre demasiado humano, que ha sido de hecho –salvando las notabilísimas excepciones– un humanismo prototípico.

Heidegger ha denunciado el antropocentrismo latente en una religión que ha otorgado un valor absoluto a lo que sólo puede aprehender la conciencia objetiva –ciertos hechos históricos, una dogmática o credo, un Dios-Causa primera o Ente supremo–, es decir, a aquello que sólo tiene razón de ser con relación al sujeto humano y cuya certeza se fundamenta en el sujeto en cuanto tal. Un Dios objeto y una religión reducible en gran medida a contenidos objetivos es una garantía de seguridad para el yo sustentado en la continuidad epidérmica que proporciona la "fijeza". Esta religiosidad es una religiosidad-cómplice de los intereses del ego, fuente de su seguridad mental y emocional, y garante de su perpetuidad, de su voluntad de poder.[113] Para toda doctrina no-dual, por el contrario, la confianza sólo florece en el vacío; no es nunca "confianza en", ni creencia opuesta a la duda; no puede por ello ser amenazada, pues se da allí donde el dilema creencia-duda se ha desvanecido y no tiene razón de ser.

El Dios de la religión, denuncia Heidegger, ha sido con demasiada frecuencia un "Ente", y la religión, "metafísica".[114] Con el mismo movimiento por el que el hombre entifica a lo Supremo, abdica de su trascendencia constitutiva. La despersonalización o cosificación de lo humano es el precio de la cosificación de lo que debía ser fuente y garante de su esencial apertura. Es a este Ente supremo al que Heidegger alude cuando habla de la teo-logía, utilizando una expresión de Platón (*Sofista*, 242 c), como de un "contar cuentos": un determinar un ente en cuanto ente reduciéndolo a otro ente como a su origen, causa o fundamento, como si el Ser tuviese el carácter de un posible ente.[115]

Una de las contradicciones internas más flagrantes de la noción teísta de Dios (hablamos exclusivamente del teísmo dualista) es el hecho de que ésta no puede justificar la relación entre el ser de Dios y el ser de las cosas, toda vez que ambos se consideran de carácter substancial. Dos realidades-substancia nunca se encuentran y nunca se resuelven. Los intentos filosófico-teológicos para solventar esta antinomia –la *analogia entis*, la doctrina de la participación, etc.– son necesariamente insatisfactorios, dada la naturaleza dualista del punto de partida. Como señalamos al hablar de las nociones dialogales introducidas por la hermenéutica contemporánea, estas concepciones (la *analogia entis*, etc.) no pueden solventar el hecho de la irreductibilidad básica de toda realidad particular a la que se otorga, en cuanto tal, carácter substancial. No hay comunión real posible si esta comunión no es siempre y ya lo más originario; si eso más originario no desvela el carácter sólo aparente de la substancialidad autónoma de aquello que entra en comunión.

El monismo que concibe toda realidad particular como parte o efecto real de una única substancia –los planteamientos panteístas– tampoco resuelve la antinomia entre el Ser y los seres, sino que traslada esa antinomia al seno de lo Absoluto. Una dualidad no se supera porque tenga lugar en el seno de una substancia única; se tratará, sencillamente, de una substancia única dividida y divisible. La unidad de la substancia monista es una unidad numérica, y no una unidad metafísica real. La perspectiva advaita que postula un en-sí último supraobjetivo, no substancial, es, por consiguiente, tan diversa del dualismo teísta como del panteísmo o monismo.[116] Lo Absoluto no-dual es tan radicalmente inmanente como radicalmente trascendente; está más allá tanto del dualismo personalista del teísmo como del monismo impersonal del panteísmo.

Desde el punto de vista advaita, la única solución a la cuestión de cómo justificar la relación entre Dios y las criaturas (aunque esta terminología es extraña a esta tradición y este problema, sencillamente, no se les plantea) es el reconocimiento de que las criaturas, en cuanto tales criaturas, son literalmente "nada," es decir, no son. Esta solución, aunque minoritaria, no ha sido ajena al ámbito cristiano. Eckhart, como ya hemos señalado, es absolutamente explícito en este punto: «Las criaturas [en sí mismas] son pura nada».[117] Nishitani sugiere incluso que esta solución es la única internamente coherente con el planteamiento cristiano, y que está latente, aunque no haya sido la interpretación habitual al respecto, en su afirmación misma de que la creación es *ex nihilo*, pues: «Que una cosa ha sido creada *de la nada* significa que la nada es más inmanente a esa cosa que lo que la cosa es en tanto que tal cosa».[118]

Esta "nadidad" de la criatura en lo que tiene de criatura, en su particularidad separada, no conlleva la negación de la realidad del mundo, sino el restablecimiento del mundo desde su fuente, desde la Nada/todo en la que radica el en-sí de toda realidad particular y en la que ésta se restituye y se afirma desde la plenitud de su verdad ontológica. En palabras de Georges Vallin:

> El "Dios" o "Absoluto" del taoísmo (el *Tao*) o del Vedānta advaita (*Ātman/Brahman*) constituye un "modelo teórico" de interés excepcional: el Dios o Divino "pluridimensional" por oposición al Dios "unidimensional" de nuestro monoteísmo tradicional. Un Dios que está ligado profundamente a la integración de la "finitud" bajo todas sus formas, y a la superación de toda cesura análoga a la que separa Creador y criatura en el monoteísmo. Esta integración es correlativa de una dimensión "femenina" o cósmica en lo divino, al lado de su dimensión meta-cósmica que se mantiene como fundamental y que no está de ningún modo ligada a un "acosmismo", tal y como testimonian tanto la escultura de la India tradicional como la pintura china.[119]

Esta dimensión cósmica de lo Absoluto no-dual, que contrasta con lo que ha sido el acosmismo de la metafísica y de la teo-logía, será lo que nos pasará a ocupar a continuación.

Objetivación de la naturaleza

En su ensayo "Die Frage nach der Technik" ("La pregunta por la técnica")[120] y en su obra *Nieztsche* (Vol. I), Heidegger se pregunta y reflexiona acerca de la naturaleza de la técnica. La palabra técnica –dirá– proviene de la raíz *tekné*, que alude tanto al arte de los artistas como al de los artesanos; en concreto, al hecho de producir o engendrar algo. Ahora bien, esta producción no era considerada originariamente como una mera producción humana, sino como la *poíesis*, mostración o aparición en lo Abierto (*das Offene*) de una cosa. El técnico –en este sentido primigenio– no pone, sino que desvela; no hace, sino que deja hacerse.[121] *Phýsis* –veíamos– es siempre el aparecer que se oculta; es decir, para la antigua cultura griega es la naturaleza misma la que es *poiética*, instauradora, creadora. Para los griegos, por consiguiente, producir era armonizarse con la dinámica de la *phýsis*, actuar en y desde ella misma, y nunca imponerse a ella desde más allá de ella.[122]

Esta armonía no-dual pasará a ser imposición dual: provocación y apropiación de la naturaleza desde fuera de ella. Al igual que el *Lógos*, en el que el hombre era y desde el que pensaba, deviene *lógos* y *cogito* del sujeto que pone la realidad frente a sí como objeto y le da su razón de ser, la participación del ser humano en el hacerse de lo real deviene *ego vollo* que pone frente a sí lo real como campo neutro, inerte, no creador ni libre, subordinado a la acción de su voluntad individual –la única supuestamente capaz de dotar a la realidad física de dirección y sentido–. Ambos movimientos son dos aspectos de lo mismo: como ya señalamos, el *ego cogito* es, en esencia, *ego vollo*. En otras palabras, la contraposición que Occidente ha establecido entre ciencias instrumentales –las ciencias positivas– y aquella ciencia «que se busca por sí misma» –la filosofía– no es, en el fondo, tal contraposición. Tanto el pensamiento filosófico como el científico han sido básicamente provocación a lo real, ciencias instrumentales vendidas a su efecto.[123]

El problema sigue siendo el dualismo inherente a la conciencia objetiva; en el caso que nos ocupa: el dualismo que reduce la naturaleza a objeto. Dualidad que no sólo enajena al hombre de la naturaleza, sino que convierte a su mismo cuerpo en un extraño. La naturaleza y el propio cuerpo son *res extensa* frente a lo específicamente humano: el ser sujeto del sujeto o su carácter de *res cogitans*. El hombre se aliena de su cuerpo y de la naturaleza como el cuerpo de su ser-en-el-mundo. Desde el momento en que la realidad natural deja de tener una conexión interna y esencial con el yo, el ego parece ser lo único realmente vivo, racional y libre, frente a las cosas diversas del ego, que son lo inerte, lo no inteligente y mecánico, es decir, pura materia y pura extensión (*res extensa*). Este mundo mecánico e inerte requiere del ego: que éste lo dote, desde fuera, de dirección y de sentido subordinándolo a los fines de su razón. El ser humano ya no es una expresión más del árbol de la vida. Es lo único realmente vivo en un mundo esencialmente muerto. En palabras de Nishitani:

> (…) el hombre queda rodeado de un mundo frío y sin vida. Inevitablemente, cada ego individual pasa a ser una isla solitaria, aunque bien fortificada, flotando en un mar de materia muerta. (…) la corriente de vida que fluía nutriendo las raíces del hombre y de las cosas, se secó.[124]

Para el sujeto moderno, el mundo natural es esencialmente diverso del yo. Esta extrañeza no ha podido menos que provocar las inevitables reacciones polares que acompañan a todo énfasis parcial; de hecho, son también característicos de la modernidad occidental los lamentos desgarrados ante lo que ha llegado a ser el "desencantamiento" del mundo, las invitaciones apasionadas hacia "la vuelta a la naturaleza". Pensemos en gran parte del movimiento romántico del siglo XIX o en el vitalismo del siglo XX.[125] Ahora bien, mayoritariamente, lo que ha sido una crítica certera no se ha traducido en una propuesta igualmente certera, que intentase recuperar el vértice no-dual en el que naturaleza y hombre son Lo Mismo (*das Selbe*), sin negar la madurez indudable que el agudizamiento de la auto-conciencia individual ha traído consigo. La mayoría de las veces se han propuesto salidas en dirección a formas de conciencia prepersonales en las que aún no estaba presente la distinción entre el yo y el mundo (lo que, al describir los estadios de crecimiento del yo, denominamos "conciencia simbiótica"). Hay una superación sólo aparente porque se propone la vuelta hacia niveles de auto-vivencia del yo poco diferenciados, en los que dicha dualidad, sencillamente, no puede darse. Pero toda superación real integra la posibilidad de lo superado, no la excluye; si no, no hay tal superación, sino sólo una huida regresiva que no quiere aceptar los retos y peligros inherentes al desenvolvimiento de la conciencia.

En ocasiones, se ha buscado una salida enfatizando la dimensión más natural o vital (en el sentido más fisiológico y sensitivo) de lo humano; énfasis positivo y "terapéutico" en la medida en que equilibra la tendencia del hombre occidental a vivirse como "el fantasma en la máquina", pero que no supera la raíz última en la que se funda la extrañeza del ser humano frente al mundo: la dualidad sujeto-objeto, *res cogitans-res extensa*. El intelecto, la autoconciencia, pasa a ser en este caso el gran peligro, el gran enemigo; el énfasis cambia; la dualidad se mantiene.[126]

El siguiente extracto del *Hiperión* de Hölderlin es elocuente en relación con lo que estamos diciendo: la modernidad occidental ha buscado la superación del extrañamiento del individuo con respecto a la naturaleza de forma dilemática –unidad *versus* reflexión– y no integradora:

> Ser uno con todo, ésa es la vida de la divinidad, ése es el cielo del hombre. Ser uno con todo lo viviente, volver, en un feliz olvido de sí mismo, al todo de la naturaleza, ésta es la cima de los pensamientos y las alegrías, ésta es la sagrada cumbre de la montaña, el lugar del reposo eterno donde el mediodía pierde su calor sofocante y el trueno su voz, y el hirviente mar se asemeja a los trigales ondulantes.
>
> ¡Ser uno con todo lo viviente! Con esta consigna, la virtud abandona su airada armadura y el espíritu del hombre su cetro, y todos los pensamientos desaparecen ante la imagen del mundo eternamente uno, como las reglas del artista esforzado ante su Urania, y el férreo destino abdica de su soberanía, y la muerte desaparece de la alianza de los seres, y lo

imposible de la separación y la juventud eterna dan felicidad y embellecen el mundo.
A menudo alcanzo esa cumbre, Belarmino. Pero un momento de reflexión me basta para despeñarme de ella. Medito, y me encuentro como estaba antes, solo, con todos los dolores propios de la condición mortal, y el asilo de mi corazón, el mundo eternamente uno, desaparece; la naturaleza se cruza de brazos y yo me encuentro ante ella como un extraño, y no la comprendo.
(...) ¡Oh, sí! El hombre es un Dios cuando sueña y un mendigo cuando reflexiona.[127]

Desde el punto de vista advaita, la unidad entre el ser humano y la naturaleza, para ser realmente tal unidad, tiene que darse también allí donde éste ha desarrollado al máximo su capacidad de reflexión. La verdadera unidad no es propia de ningún nivel específico del desarrollo de lo humano; no es propia ni exclusiva de algún estadio particular de su conciencia. No pertenece a ningún nivel ni es excluida por otros, pues es la realidad y el trasfondo de todo nivel y de todo despliegue. Es, por ello, omnipresente e inalienable.

Frente a la naturaleza concebida como esencialmente diversa del yo, reducida a la mera cantidad, la nociones griegas *phýsis* y *lógos,* así como las orientales *Tao, dharma,* etc., nos hablan de un *kosmos* esencialmente vivo y de un devenir intrínseco a él esencialmente inteligente. En cambio, para buena parte de la modernidad, toda racionalidad –*lógos*– ha sido racionalidad humana. Es interesante, a este respecto, la reflexión que hace Nishitani en torno a la naturaleza de la máquina:[128]

El mundo es lo pasivo frente al ser humano, que es lo activo y libre. «De la noción de materia pasiva y el carácter activo y formativo de la razón, surge la idea de progreso. En un mundo pasivo, la razón puede crecer en autoconciencia y progresivamente imponer un orden racional al mundo».[129] Las únicas leyes del mundo son las leyes mecánicas de la naturaleza que el hombre puede descubrir con su razón, de cara a predecir y calcular, permaneciendo él, en tanto que *res cogitans*, al margen de dichas leyes naturales. Pues bien, la culminación de esta dinámica es el mundo técnico y, en particular, y como símbolo adecuado de éste último, la máquina. Ésta expresa con mayor perfección que cualquier cosa natural el funcionamiento de las leyes mecánicas de la naturaleza. Así, la máquina es la expresión objetiva más perfecta de dichas leyes y de la autoafirmación de la libertad humana frente a ellas: es un producto de la razón humana construido para los propósitos de la razón; un producto elaborado en virtud de las leyes mecánicas que la razón descubre en (e impone a) la naturaleza, y que escapa de la impredecibilidad que tiene todo lo natural, particularmente en sus expresiones superiores. La máquina amplía, además, de forma espectacular el margen de acción específicamente humana, su acción libre, al relegar en gran medida la acción física al mundo de la pura *res extensa*.[130]

«La técnica maquinista sigue siendo hasta ahora el puesto avanzado más visible de la esencia de la técnica moderna, esencia que es idéntica a la de la metafísica moderna» (Heidegger).[131]

La lógica de este proceso parece impecable; una modernidad optimista y esperanzada así lo creyó. Pero de nuevo –como ocurre en toda dinámica sustentada en una dualidad irresoluble– adviene sorpresivamente la contradicción bajo la forma de efecto perverso. La contradicción, en este caso, radica en lo que terminó verificando el mundo moderno y está verificando crecientemente el mundo postmoderno y que ya apuntamos al hablar de "la objetivación del hombre": la presencia creciente de la máquina, de la técnica, está imponiendo al hombre las mismas leyes mecánicas que pretendió dejar fuera de sí; el controlador está deviniendo lo controlado; su vida individual y social se mecaniza crecientemente. La visión mecánica y cuantitativa del mundo se convierte en mecanización y cuantificación de lo humano.

EL HUMANISMO
O EL OLVIDO DE LA ESENCIA DE LO HUMANO

«¡Divisar la esencia del ser humano sin mirar al ser humano!»
HEIDEGGER[132]
«El permanecer en el Claro abierto del Ser
es lo que yo denomino la existencia [*Ek-sistenz*] humana.»
HEIDEGGER[133]

Como explicamos al hablar de la noción de "sujeto", ésta implica básicamente un intento de consideración del ego desde el punto de vista del propio ego; un auto-atraparse del *ego cogito* por el mismo *ego cogito*. Pues bien, el humanismo no es más que la ratificación de esta contradicción y de todas las contradicciones que se derivan de esta contradicción básica, algunas de las cuales acabamos de señalar.

Ésta es también la crítica de Heidegger a la metafísica y los humanismos (a los que identifica). Su crítica no está dirigida al hecho de que éstos hayan centrado prioritariamente su atención en el ser humano, sino al hecho de que lo hayan concebido desde lo meramente humano de sí. Recordemos que, para Heidegger, todos los humanismos tienen dos rasgos en común:

– En primer lugar, todos ellos comparten la caracterización del hombre como *animal rationale*. El hombre que posee y se auto-posee racionalmente –pues lo propio de la razón es la posesión objetiva– es, sencillamente, el hombre. El ser humano es humano en la medida en que puede ser objeto de sí y para sí. Los humanismos no son más que la proyección colectiva de esta auto-vivencia concreta del hombre, las posibles traducciones teóricas –o "ismos" de un signo u otro– de esta forma de autoconciencia (de hecho, repiten su mismo esquema internamente contradictorio: comprenden al hombre al que definen por su racionalidad, racionalmente, es decir, desde y por la razón).

– El segundo rasgo característico de todo humanismo, considera Heidegger, es que determina la esencia del ser humano desde una interpretación particular del ente (la historia, Dios, etc.) pero sin referencia a la verdad del Ser. Ahora bien, con ello no se logra, aunque lo parezca, radicar la esencia del hombre más allá de lo humano; la auto-clausura se perpetúa, pues la referencia a lo ente no trasciende la idiosincrasia de la conciencia objetiva. Hemos visto cómo el Dios/Ente supremo es sólo tautología humana. De igual modo, remitir lo humano a su lugar en la historia, una supuesta historia objetiva y mostrenca, no es ampliar los límites de lo humano, pues tal historia es sólo una "visión" o re-presentación de la misma y en ningún caso la historia real como acontecimiento de lo abierto del Ser.

Heidegger, repetimos, no critica a los humanismos porque hayan centrado su atención en el ser humano. Por el contrario, el mismo Heidegger insiste en que la pregunta por el hombre es decisiva; si bien, insiste también, lo es, fundamentalmente, porque sólo ella abre camino a la pregunta por el Ser. Para el primer Heidegger, la pregunta por el Ser había de darse bajo la forma de una analítica de la existencia humana (*Daseins-analytik*), ya que el ser humano no es ente ni substancia, ni se define por su relación con lo ente, sino que es *Da-Sein*: el ahí/aquí del Ser,[134] es *Ek-sintenz*: aquello que es lo que es precisamente porque va más allá de "lo que" (*what*) es. Vimos cómo con la noción de *Da-sein* Heidegger buscaba eliminar toda sugerencia entitativa u óntica en la consideración de la esencia de lo humano.[135] *Dasein* no significa simplemente "ser humano"; equivale más bien a la conjunción de ser humano, mundo y Ser,[136] una conjunción que se da en una clara subordinación jerárquica: el hombre es el pastor/guardián del Ser («*Der Mensch ist der Hirt des Seins*»)[137] en el mundo. También para el Vedānta, la centralidad de la pregunta «¿quién soy yo?» (*ko'ham*), o la afirmación: «no hay nada más grande ni más importante que el hombre»,[138] poco tienen que ver con un punto de vista antropocéntrico.[139] Si toda gnôsis puede decir: «Hombre, conócete a ti mismo y conocerás el Universo y a los Dioses» (Oráculo de Delfos), ello es así, obviamente, porque no se considera al ser humano una substancia clausurada, sino un vórtice de lo abierto del Ser en el que todo confluye y en el que todo es.

Tanto Heidegger como el Advaita toman el camino *desde* el hombre, no *hacia* el hombre (lo propio de todo humanismo antropocéntrico). El antropocentrismo no se da allí donde se centra la atención en lo humano, sino cuando se centra en un ser humano clausurado. Más aún, cualquier tratamiento de cualquier ente o grupo de entes, o del mismo Ente supremo, que no reconoce, implícita o explícitamente, el carácter supraobjetivo del en-sí de todo ente, es ya antropocéntrico (aunque el objeto explícito de atención no sea el ser humano).

De lo dicho se deduce la impropiedad de las críticas al pensamiento de Heidegger y a la tradición advaita que echan de menos en ambos algo así como una ética o un compendio de directrices para la acción práctica. «–¿Cuándo escribe Vd. una ética?», cuenta Heidegger en *Brief über den Humanismus* que le preguntó un joven amigo tras la aparición de *Sein und Zeit*. Su carta/obra *Über den Humanismus* es una respuesta contundente al por qué de este supuesto silencio, pero, a pesar de ello, estudiosos posteriores siguen echando de menos en Heidegggr una ética y siguen sin explicarse el por qué de este supuesto lapsus en su pensamiento. Pues bien, una ética concebida como disciplina autónoma o como disciplina racional es esencialmente humanista. No hay más ética que la reflexión en torno a la verdad del Ser; no hay más categorías éticas que las categorías ontológicas (en el sentido genuino de este término y no en el criticado por Heidegger). Las categorías pura y exclusivamente éticas son categorías antropocéntricas: tienen a la acción/voluntad/valoración individual como centro y medida.

> La voluntad, el afecto, la bienaventuranza, el esforzarse y el gozar están tan teñidos de lo personal, que no se puede confiar en ellos. La clarificación y purificación necesarias al inicio del camino sólo puede darlas la comprensión (*awareness*) de Sí mismo. El amor y la voluntad tendrán su momento, pero la base ha de estar preparada. Primero debe salir el Sol de la conciencia/comprensión (*awareness*); todo lo demás seguirá.[140]

(…) hay un camino que no es ni violento ni estéril y no obstante es supremamente efectivo. Sólo mírese a sí mismo tal como es, véase a sí mismo como es, acéptese a sí mismo como es y profundice cada vez más en lo que usted es (..) Si se conoce a Sí mismo, todo lo que hace estará bien; si no se conoce a Sí mismo, todo lo que hace estará mal.[141]
No hay nada que hacer, sólo sea (Nisargadatta).[142]

Cuando no se trata básicamente de "hacer", sino de ser lo que somos en esencia y de *permitir* que este "ser" alumbre en cada caso la acción correcta, esta división de disciplinas pierde todo su sentido: la metafísica (en el sentido genuino de este término, no en el criticado por Heidegger) es esencialmente antropología y es esencialmente práxica, y la *praxis* es esencialmente metafísica. O: «la antropología es ontología. Pero evidentemente el *antrhopôs* no es el individuo, sino el *puruṣa*, ni el *on* (el ser) es la existencia mundanal, sino el *ātman*».[143]

La noción moderna de "persona"

«M: Sólo hay vida. No hay nadie que viva una vida.»
Nisargadatta[144]
«(…) así como no consiste la esencia del hombre en ser un organismo animal, de la misma manera no se elimina ni compensa la insuficiente indeterminación esencial del hombre, equiparándole con un alma inmortal o con una potencia intelectiva, o con el carácter de persona.
Cada vez se pasa por alto su esencia,
y ello debido al propio trazo metafísico.»
Heidegger[145]

A la noción moderna de "persona" puede aplicarse, en gran medida, lo que hemos dicho acerca del "sujeto". A diferencia de la "persona" que caracterizamos como símbolo de *Ātman*, la noción moderna de persona, en la medida en que se sustenta en la auto-reflexión o auto-conciencia racional del yo como en su rasgo definitorio, apunta a un yo atrapado en y por su propia personalidad, a un yo definido esencialmente por ciertos rasgos objetivos: por ser –o pretender ser– *esto* o *lo otro*. Como afirma Nishitani, lo específico de Occidente es que "la persona ha sido vista desde el punto de partida de la persona en sí misma",[146] es decir, la aprehensión auto-centrada de la personalidad como núcleo de sí misma en una suerte de cautividad o auto-apego.

Es un rasgo específico de Occidente su defensa de la "personalidad" y de los "valores de la personalidad". Esta defensa, en las formas que adopta hoy en día y en las que ha adoptado a lo largo del siglo XX, suele ser muy consciente del peligro de "despersonalización", mecanización y estandarización de la vida humana que, a ciertos niveles, la civilización occidental está trayendo consigo. De lo que no suele ser consciente es de que dicha despersonalización y la misma noción moderna de persona van, de hecho, de la mano; de que la primera acompaña a la segunda –aunque ello no se evidencie de inmediato– como su consecuencia inevitable.

La noción moderna de "persona" ha de remontarse al Renacimiento, período que se considera tradicionalmente como el del "descubrimiento del hombre", el del nacimiento del "humanismo". Es incuestionable que ese momento histórico alumbró una época de gran esplendor individual; los titanes con nombre propio que dicha época conoció lo confirman. Pero también es incuestionable que, de modo incipiente en el Renacimiento y de modo más notable en las épocas que le sobrevendrán, esas manifestaciones darán paso a otras que, con relación a etapas anteriores, reflejarán una pérdida decisiva: la de lo que cabría denominar cierta "impersonalidad" y grandeza sagrada, el tipo de grandeza que siempre va de la mano del anonimato, pues nunca se explica por la acción del mero individuo en cuanto tal. La acentuación de lo específicamente individual, el culto a lo personal, la sobre-valoración de la individualidad creadora, etc., que se alumbra en esta época, pero cuyas semillas pueden encontrarse ya en el mundo griego post-socrático, culminará en el siglo XVIII –el siglo de las Luces– y se mantendrá hasta nuestros días. Incluso "la muerte del hombre" anunciada por Foucault,[147] para quien el hombre es sólo un mito más que ha de ser derribado, sigue siendo típicamente humanista, pues es un anti-humanismo –y como todo "anti", sigue dependiendo de aquello frente a lo que reacciona– y no un supra-humanismo; es más un derribo por agotamiento y hastío que una superación por ahondamiento en la inmanencia humana que es también trascendencia de lo humano.

Pues bien, originariamente, la noción de persona, lejos de implicar la auto-clausura señalada, buscaba poner en evidencia su carácter esencialmente relativo y abierto. Según Boecio (*De duabus naturis et una persona Christi*), el término latino *persona* viene de *personare* = sonar con fuerza:

> Para hacerse oír perfectamente, los actores griegos y latinos usaban, a manera de megáfono, una máscara (…) cuya concavidad reforzaba la

voz. El adjetivo *personus* quiere decir "resonante", lo que suena con la fuerza necesaria para sobresalir o destacar. El otro efecto de la máscara, la ocultación del rostro, corresponde a la idea de que lo importante en el teatro no son los mismos actores, sino lo representado por ellos.[148]

Persona, por tanto, originariamente significaba "máscara". Las máscaras mostraban un arquetipo humano. Un arquetipo humano es un modo básico o constelización significativa en que lo humano se expresa y manifiesta. Así, por ejemplo, Antígona, Medea, Eneas, etc., no son personajes sin más; son arquetipos que todo ser humano en mayor o menor grado, en un momento u otro de su vida, encarna y articula; pues no hay nada humano estrictamente arbitrario o particular. El arquetipo es transindividual. La máscara, la persona, es lo que media entre lo puramente individual –este o aquel actor– y lo universal, otorgando a lo primero significado y alcance trascendente; en otras palabras: es símbolo. La persona es, en este sentido, lo que el hombre representa concretamente, sensiblemente en el mundo, en la situación que asume, pero siempre como una forma de expresión y manifestación de un principio superior que debe ser reconocido como el verdadero centro del ser personal y sobre el cual se sitúa o debería situarse el énfasis del yo.

El hombre como ser personal se diferencia ya del simple individuo.[149] La persona es una noción cualitativa y los valores de la persona son valores cualitativamente diferenciados. Un mundo de personas es un mundo orgánicamente estructurado y diversificado; nada que ver con la igualdad abstracta propia de un mundo constituido por meros individuos. De hecho, la misma noción de individuo es una noción numérica, matemática, carente de toda cualidad propia. A este nivel, efectivamente, todos los hombres son iguales, unívocamente iguales. La igualdad de los seres personales nunca es una igualdad horizontal; radica en el hecho vertical de la unidad esencial de todo hombre. Análogamente, su dignidad no radica en el nivel exclusivo de su personalidad, sino en que ésta es símbolo del Ser, con capacidad de asumir y expresar relativa y concretamente, de modo consciente, eso que esencialmente es. El ser personal está esencialmente abierto y remite más allá de sí; se muestra ocultándose y no se agota en su mostrarse. Por eso no se identifica con su ser concreto y situacional (con su máscara). No es su personalidad; está *presente* en ella, pero no se agota en ella ni se auto-vivencia centralmente desde ella. Si así lo hiciera, la personalidad perdería su dimensión simbólica: el garante de su hondura significativa y de su originariedad.

«Un signo somos», afirma Heidegger citando a Hölderlin. El hombre es signo; «es una relación de correspondencia con el Ser y sólo eso». «Nosotros sólo somos nosotros mismos, y sólo somos lo que somos, señalando lo que se retira. Este señalar es nuestra esencia.»[150]

Cuando se pretende que la persona se afirme desde sí y no quede referida a algo que esté más allá de ella, se clausura y se agota en su papel, se identifica de modo absoluto con su máscara. La representación apasionadamente desapegada en la que nada esencial está en juego, pasa a ser lucha a vida o muerte por la propia autoafirmación. Comienza la patética odisea de los egos en su igualmente patético afán de "llegar a ser sí mismos", entendiendo por "sí mismo" el despliegue de un talento arbitrario y sin raíces, de una originalidad sin originariedad, de una intelectualidad caprichosa y auto-referencial, de una creatividad chirriante carente de objetividad normativa y de alcance universal. Comienza su desesperado afán de llegar a ser "alguien" ante los demás y ante sí mismo. Pues si el ser personal se muestra ocultándose, la persona que ya no es símbolo se agota en lo mostrado. Y lo mostrado es "lo-presente-ante-la-vista" (*Vorhandensein*), es decir, lo mostrado es tal ante una mirada, ante una conciencia objetivadora: la mirada de los otros, o la propia mirada –la mirada por la que el yo se mira y se juzga a sí mismo como si fuera una suerte de "otro"–.[151]

La pensadora Simone Weil ha detectado, con extrema sensibilidad y lucidez, el desvío que la concepción contemporánea de la persona humana ha llegado a tener con respecto a lo que habría de ser su referencia esencial. En un texto[152] en el que reflexiona sobre la relación entre la persona y lo sagrado y en el que se aparta explícitamente lo que se dio en llamar "filosofía personalista", afirma:

> Aquello que es sagrado, bien lejos de ser la persona, es lo que, en un ser humano, es impersonal.
> Todo aquello que es impersonal en el hombre es sagrado, y sólo eso.
> (…) La ciencia, el arte la literatura, la filosofía, cuando son solamente formas de desarrollo de la persona, constituyen un dominio en el que se realizan logros patentes, gloriosos, que hacen vivir a los nombres durante millares de años. Pero por encima de este dominio, lejos por encima, separado de él por un abismo, hay otro en el que están situadas las cosas de primer orden. Éstas son esencialmente anónimas.
> Es por azar que el nombre de los que han penetrado allí se haya conservado o perdido; aun si se ha conservado, ellos entraron al anonimato. Su persona desapareció.
> (…) Todo el esfuerzo de los místicos se orientó siempre a obtener que dejara de haber en sus almas ninguna parte que dijera "yo".[153]

Y continúa: «Pero la parte del alma que dice "nosotros" es todavía infinitamente más peligrosa». Para comprender en qué sentido S. Weil afirma esto último, nos remitimos a lo dicho en la exposición del pensamiento de Heidegger (al hablar de "La metafísica como 'humanismo'") acerca de los personalismos y los colectivismos:

Personalismos y colectivismos, lejos de reflejar actitudes opuestas, son las dos manifestaciones posibles de una misma actitud antropocéntrica.

> Sólo porque el hombre cabal y esencialmente se ha convertido en sujeto, y en la medida en que se haya convertido en tal, se plantea para él la cuestión expresa de si quiere y debe ser el yo limitado a su capricho y desenfrenado en su arbitrariedad o el nosotros de la sociedad, si quiere y debe ser hombre como individuo o como comunidad, hombre como personalidad en la comunidad o como mero miembro de la corporación (…). Sólo cuando el hombre es ya esencialmente sujeto, existe la posibilidad de deslizarse hacia el abuso del subjetivismo en el sentido de individualismo. Mas también sólo allí donde el hombre *sigue siendo* sujeto, tiene sentido la lucha expresa contra el individualismo y en favor de la comunidad como campo final de todo rendimiento y provecho (Heidegger).[154]

El individualismo no es superado por los colectivismos; éstos constituyen un intento de acallar la soledad e indigencia del hombre alienado en la mera lógica de la voluntad de poder. Pero alientan otras formas de alienación: la de reducir la esencia humana a la «suma de sus relaciones sociales» (Feuerbach), la de relegar el centro existencial del hombre a una mera abstracción: la "colectividad", la de situar el valor y la medida de estas relaciones sociales en su posibilidad de transformar el mundo en lo relativo a sus condiciones materiales, etc. Lo colectivo es una generalización abstracta de lo individual; no es el nivel de trascendencia concreta que radica en lo más nuclear del ser humano y sólo en referencia al cual podría acontecer una genuina y no alienante auto-trascendencia del individuo como tal; no es la dimensión en que puede establecerse una auténtica unidad esencial del hombre con el hombre.

El colectivismo no se opone al personalismo; se necesitan e históricamente se suceden alternativamente como dos énfasis posibles de un mismo fenómeno básico. Así, por ejemplo, la persona necesita de la mirada de los otros para ser (del otro o de sí mismo como una suerte de "otro"). La personalidad clausurada, para afirmarse, siempre necesita "público";

en su pretensión de ser sí misma, paradójicamente, ha de mirar fuera y mirarse desde fuera de sí, ha de parasitar la atención y la energía ajenas. Está sometida, en expresión de Heidegger, a «la dictadura de la publicidad».[155] En otras palabras: la persona se auto-afirma vendiéndose a lo colectivo, y la colectividad a la que se vende termina anulándola. Busca reafirmarse de nuevo, pero sólo puede y sabe hacerlo vendiéndose nuevamente a la mirada objetivadora, a lo público. Y así indefinidamente.

Los colectivismos son humanismos. Pero, como afirma S. Weil, la clausura propia de todo humanismo es, en el colectivismo, especialmente acusada; pues, aunque la persona clausurada ha olvidado la apertura a lo impersonal (o trans-personal) que constituye su núcleo esencial, esa apertura está ahí y siempre puede tomar conciencia de ella, particularmente en los múltiples momentos en los que la frustración, el dolor, la cercanía de la muerte, etc., le muestre la fatuidad de aquello en lo que había ubicado su referencia básica. En el nivel de lo colectivo, la salida a lo impersonal está imposibilitada de raíz, porque se suprime una de sus condiciones básicas: el estar a solas frente a frente con uno mismo. De nuevo en palabras de S. Weil:

> El pasaje a lo impersonal ocurre sólo mediante una atención de una rara calidad que sólo es posible en soledad. No solamente la soledad de hecho, sino la soledad moral. No ocurre nunca en aquel que se piensa a sí mismo como miembro de una colectividad, como parte de un "nosotros".[156]

* * *

Sólo se accede al auténtico "nosotros" en soledad. Sólo lo más íntimo, lo más vacío de referencias extrínsecas, es lo máximamente universal. Esta paradoja nos puede dar luz sobre un punto decisivo:

La modernidad ha supuesto, efectivamente, un énfasis creciente en la individualidad. Pero –y aquí nos remitimos a lo ya dicho sobre el carácter paradójico de la evolución de la conciencia– las contradicciones que este énfasis ha traído consigo no deben interpretarse como un movimiento de mera decadencia con respecto a sociedades o momentos históricos previos en los que predominaba otro modo de auto-vivencia del yo. Por lo mismo, nuestra crítica no coincide con las críticas de naturaleza reaccionaria que consideran el individualismo moderno como un puro error[157] cultural e histórico. No coincide, en primer lugar, porque nuestra crítica no es ciega ante lo que el humanismo moderno ha traído de muy positivo consigo –en todos los ámbitos: económico, social, político, científico, etc.,– convirtiendo, de hecho, a Occidente en referencia insoslayable para otras culturas.[158] Y no coincide, sobre todo, porque reconoce que es específico del modo de crecimiento humano el que el movimiento hacia la complejidad creciente sea su forma peculiar de retornar al origen.[159] Como hemos visto, el yo necesita acentuar hasta el límite su vivencia individual para superarla también hasta el límite (integrándola, y no negándola ni quedando simplemente por debajo de dicha posibilidad). Todo avance está acompañado de riesgos. Las contradicciones que hemos descrito constituyen el cumplimiento de algunos de los riesgos que han acompañado y acompañan a las posibilidades específicas de la modernidad y de nuestro momento histórico-cultural. Posibilidades que, a modo de sugerencia, quizá podrían sintetizarse así:

– La de que el hombre reconozca su Origen y sea desde Él en sociedades crecientemente más complejas en las que la referencia a su dimensión trascendente ya no le está garantizada, sin más, en virtud de las instituciones, símbolos sociales y comunidades a las que anteriormente pertenecía en la mayoría de los casos aproblemáticamente de por vida; sociedades más complejas que exigen y conllevan un agudizamiento del yo –proporcional a los mecanismos de huida y dispersión que estas sociedades ofrecen–. El individuo que en este contexto re-descubra su Sí mismo, habrá de hacerlo, en gran medida, en solitario, desde la aceptación de la ausencia de todo apoyo externo, desde la reconciliación con cierto nivel de desarraigo horizontal, desde la renuncia al calor del "nosotros" más epidérmico, desde la certeza –porque así lo ha experimentado– de que la *prosperity* y la posibilidad ilimitada de cultivo de los meros valores de la personalidad no sacian ni apaciguan su sed de ser. Por lo mismo, el re-encuentro y el nuevo arraigo que descubra en el ámbito del Ser habrán de ser particularmente hondos y maduros, por conscientes.[160]

– La posibilidad de que este fenómeno acontezca no sólo en el ámbito de la intimidad individual, sino que tenga su reflejo adecuado en el ámbito histórico-cultural. En un mundo en que las referencias multiculturales relativizan y cuestionan todo apego a referencias culturales y doctrinas objetivas específicas, es cada vez más necesario y posible acceder al único ámbito que posibilita la unidad respetando y potenciando la diferencia: el ámbito no-dual. Sólo este reconocimiento puede hacer posible una síntesis armónica que alumbre lo universal haciendo de lo particular símbolo, y no referencia absoluta y excluyente.

La mencionada definición del hombre como *"animal rationale"*, ¿agota la esencia del hombre?, ¿es la última palabra que puede decirse del Ser? ¿Ser quiere decir razón?, o ¿no sigue siendo la esencia del hombre, no sigue siendo su pertenencia al Ser, todavía y cada vez de una forma más desconcertante, lo que merece ser pensado? ¿Podemos –si eso ha de ser así– renunciar a lo que merece pensarse, en favor del delirio del pensar exclusivamente calculador y sus gigantescos logros? (…)

Ésta es la pregunta, la pregunta universal del pensamiento. Lo que será de la tierra y de la existencia del hombre en esta tierra, depende de su respuesta (Heidegger).[161]

8. HACIA UNA NUEVA AUTO-VIVENCIA DEL SER HUMANO Y HACIA UN NUEVO PENSAMIENTO DEL SER

Nos hemos centrado hasta ahora en la comprensión que el Advaita y la crítica de Heidegger al "sujeto" moderno nos ofrecen sobre la naturaleza del yo: sobre la contradicción que sustenta la auto-vivencia egoica y sobre los límites de la modalidad dualista de pensamiento que le es propia. Reflexionaremos, a partir de aquí, en torno a las propuestas con las que Heidegger y el pensamiento advaita buscan superar estos límites, desvelando una comprensión más originaria de la esencia de lo humano así como una modalidad trans-óntica de pensamiento en la que se resuelven las contradicciones inherentes a la conciencia objetiva que no se ha relativizado a sí misma.

LA SUPERACIÓN DE LA RE-PRESENTACIÓN
EL PENSAMIENTO TRANS-ÓNTICO O TRANS-CONCEPTUAL

> «(…) solamente se podrá divisar (…) la esencia del pensar,
> si apartamos la mirada del pensar.»
> HEIDEGGER[1]
> «Lo que no puede ser pensado puede en ocasiones vislumbrarse
> como aquello acerca de lo cual ha de versar el pensamiento.
> Ambos, Heidegger y el Vedānta, ilustran esto ampliamente.»
> J. L. MEHTA[2]

Hemos visto cómo el límite del conocimiento relacional radica en que no permite al conocedor saber de sí como tal conocedor. Para que el pensamiento dual pudiera dar cuenta del conocedor, éste tendría que objetivarse, con lo que el pensador como tal quedaría de nuevo al margen, y así indefinidamente. El hecho de que el conocedor se oculte ante este tipo de conocimiento no se solventa simplemente con que el ser humano, en lugar de mirar hacia fuera, mire hacia sí mismo y convierta en centro de atención su propia interioridad. Porque la persona que reflexiona sobre sí, sin trascender su conciencia dual, se transforma en algo diferente a sí mismo. El conocedor, de nuevo, se pierde de vista. La mirada dual hace, tanto de lo interno como de lo externo, algo fundamentalmente ajeno y extraño.[3]

El conocimiento dual no sólo no puede dar cuenta del yo, del conocer en cuanto tal, no sólo está incapacitado para comprender lo más importante –el propio comprender–, no sólo escinde la realidad dejando sistemáticamente fuera de su campo lo más decisivo –lo no objetivo–, sino que este tipo de conocimiento ni siquiera puede acceder a la realidad del mundo objetivo; incluso el verdadero sí mismo de lo que denomina "realidad objetiva" se le escapa.

Estas contradicciones y límites sólo dejan de ser tales para aquella modalidad del conocimiento que no objetiva y clausura lo conocido, sino que lo respeta en su carácter inobjetivable; para el modo de conocer no dual, no relacional, en el que el conocedor, el conocer y lo conocido son uno y lo mismo. Para este modo de conocimiento ni siquiera es válida la distinción entre lo real y el conocimiento de la realidad: el conocimiento de la realidad es ya la realidad misma, y viceversa. Conocimiento y realidad, ser y conocer, constituyen una unidad en esta experiencia cognitiva primigenia. En palabras de Śaṅkara:

> El propósito de esta ciencia no es el de representar a *Brahman*, definitivamente, como este o aquel objeto; su propósito es más bien mostrar que *Brahman* es el eterno Yo interior y nunca un objeto y, por lo tanto, suprimir la distinción entre objeto conocido, conocedor y acto de conocimiento, etc., que es creada ilusoriamente por la ignorancia (*avidyā*).[4]

Somos el puro veedor, afirma el Advaita; por ello no podemos vernos. Conocer al veedor es serlo. Y ser el veedor es ser uno con todo lo conocido y con todo lo cognoscible. O, como dijimos en nuestra exposición independiente del pensamiento advaita: *Brahman* es Uno sin segundo, no hay un más allá de *Brahman*, por eso no cabe distanciarse de *Brahman* para conocerlo. Conocerlo es serlo. Verlo es ser uno con la Luz de la Conciencia pura.

> Antes de que pueda conocer algo directamente, no verbalmente, debe conocer al conocedor. Hasta ahora usted tomó la mente por el conocedor, pero sencillamente no es así. La mente lo empacha a usted de imá-

genes e ideas que dejan marcas en la memoria. Confunde usted el recordar con el conocimiento. El verdadero conocimiento siempre es fresco, nuevo, inesperado. Mana desde dentro. Cuando usted conoce lo que usted es, usted es también lo que conoce. No hay separación entre ser y conocer (Nisargadatta).[5]

Este modo de ser/conocer –que la tradición advaita caracteriza como "conocimiento por identidad" (*aparokṣajñāna*)– se alumbra en la toma de conciencia de los límites de la conciencia objetiva y diferenciadora; en la superación de sus categorías dualistas, que nos llevan a buscar la verdad de manera excéntrica, objetivante y a través de antinomias. Sólo a través del silenciamiento de este tipo de conciencia dual, cuyo ruido nos impide, en expresión de Heidegger, escuchar eso que habitualmente habla demasiado en silencio para ser oído, puede desvelarse otro modo de pensamiento y otro modo de ser, previo a toda alternativa excluyente y a toda escisión.

El tipo de conciencia que tiene su centro en el sujeto, en la auto-percepción reflexiva, es una conciencia filtrada por la *ratio* dualista. Pero la modalidad de conciencia en la que el sujeto no se auto-clausura a sí mismo mediante el pensamiento, arraiga en un ámbito más originario que la división sujeto-objeto, más originario que toda experiencia que pueda ser caracterizada como objetiva o subjetiva. Previa a la vivencia subjetiva que el yo tiene de sí y previa a su vivencia objetiva de la realidad (que en último término son igual de objetivas y, por lo mismo, igual de subjetivas, en las acepciones más restringidas de estos términos), hay una experiencia directa, supraobjetiva, no relacional, inmediata e irreductible del Ser/Sí Mismo. Una vivencia que diluye las contradicciones en virtud de las cuales el yo llega a ser siempre un extraño para sí mismo, y lo otro, mero objeto unívoco que nunca es en sí sino sólo en la re-presentación del yo. Un modo de conocimiento que no es más que la toma de conciencia que la realidad hace de Sí a través del ser humano (de un ser humano que se sabe transparente y uno con todo lo que es).

Este conocimiento realiza el espacio de libertad en el que se patentiza lo real no ya como contenido de conocimiento ni como simple subjetividad sino como Vacío raíz de la subjetividad y de la objetividad. Ahí ya no hay sujeto –en el sentido habitual del término– ni objeto; ni un yo que conozca ni nada conocido. Si el Advaita sigue hablando de un Yo o Sí Mismo (*Ātman*), es en una acepción específica del "Yo", la que Ramana Maharshi explicita con las siguientes palabras: «El Yo no tiene conciencia de sí; el tener conciencia es el Yo»; es decir, aquí el Yo ni si-

quiera sabe de sí como tal Yo (no hablamos, pues, ni de auto-conocimiento, ni de auto-conciencia, ni de re-flexión).

Sólo desde esta experiencia inmediata, absolutamente directa, el Ser
puede dejar de ser una noción abstracta,[6] un Ser-objeto (lo que ha sido
para gran parte de la filosofía occidental), y pasar a ser lo que realmente es: lo único efectivamente concreto y operativo, lo realmente real, el
único hogar, lo cercano de toda cercanía, lo cierto de toda certeza, lo directo y actual en toda experiencia, lo vivo en toda vida, la sensación de
presencia en todo lo presente.[7]

> M: (…) En el nivel verbal todo es relativo. Lo absoluto debe ser experi-
> mentado, no discutido.
> P: ¿Cómo se experimenta lo absoluto?
> M: No es un objeto que pueda reconocerse y almacenarse en la memo-
> ria. Más bien está en el ahora y en lo que se siente. Tiene más relación
> con el "cómo" que con el "qué". Está en la cualidad, (…); siendo origen
> de todo, está en todo.[8]

Sólo sobre este trasfondo de experiencia pura de Ser (cuya vivencia nunca es la de vivencia de "algo"), a posteriori, siempre indirectamente,
surge la experiencia del yo-objetivo como "algo" y de lo otro como otro
"algo". Si bien, desde la certeza de ser desde ese trasfondo supraobjetivo, el yo-empírico reconoce su carácter "construido", evanescente, provisional y su validez meramente funcional y pragmática, y se sabe no
centro de sí mismo ni centro de nada, sino ahí (Da) del Ser (Sein); vórtice del único Centro: el que está en todas partes y cuya circunferencia
no está en ninguna.

Esta experiencia pura de Ser, por su propia naturaleza, no es patrimonio de ninguna cultura, lugar o tiempo. El Advaita no es, por ello, en
esencia, una mera doctrina oriental entre otras. Invita al reconocimiento
de lo que siempre es, ha sido y será la fuente, el elemento, el sostén, el
principio y el final de todo lo que es. Invita al reconocimiento de lo más
íntimo y propio, de lo único realmente íntimo y propio: aquello que dice
"Yo" cuando se dice "yo".

La enseñanza advaita sobre el Ser tampoco es –en su esencia– especulación filosófica. Es sólo la invitación a –y la expresión de– la vivencia más radicalmente directa, de la experiencia más absolutamente cierta e intransferible. Ni tampoco es revelación sobrenatural, pues es la
constatación de lo más obvio y simple, de lo más natural de lo natural:
la vivencia directa de lo que somos más allá de todo lo que creemos e

imaginamos ser, más allá de las coacciones de la voluntad y del pensamiento subjetivos. Es la experiencia del "en sí" de todo lo que es, más allá de las convenciones a las que dichas cosas han de constreñirse al objeto de ser para nuestra representación.

Por lo mismo, este saber estrictamente vivencial se oculta desde el momento en que se reduce a doctrina objetiva o se pretende aprehender al modo en se aprehende un saber objetivo. Ni las doctrinas no-duales de Oriente ni, aunque en menor grado, el mismo pensamiento de Heidegger pueden ser abordados desde el punto de vista exclusivo de la conciencia objetiva. Precisan de otra actitud: más cercana al silencio que a la especulación, y requieren la referencia experiencial de otro modo de conciencia y de visión –no dilemáticas– para ser comprendidos. Sin cierta modificación de la conciencia del cognoscente que le haya permitido, al menos, atisbar un modo más originario de vivencia de sí, la sola especulación –que a cierto nivel, el propedéutico, tiene su lugar– es inútil. No tendría sentido pretender superar las contradicciones que la exacerbación de un tipo de conciencia ha traído consigo, adentrándonos en doctrinas que proponen una superación de dichas contradicciones con la misma conciencia que es la fuente de los problemas que se busca solventar.

El pensamiento esencial (das wesentliche Denken)*: ir hacia donde ya nos hallamos*

La afirmación advaita de que la realización supraobjetiva del Ser es el trasfondo último de toda experiencia relativa establecida en términos de sujeto y objeto, es análoga a la afirmación de Heidegger de que el conocimiento, en esencia, no radica en ir de un sujeto a un objeto o en la interiorización de un objeto, ya que dicho conocimiento es la articulación de una *comprensión originaria en la cual las cosas están ya descubiertas*,[9] en otras palabras: el conocimiento es la expresión de la pre-estructura propia del *Da-sein*, la cual radica en su ser ya y siempre en lo abierto que funda toda apertura. Por eso, este pensar trans-óntico es siempre y en todo caso un ir hacia donde ya estamos:

> El retorno tranquilo adonde ya nos encontramos es infinitamente más difícil que los apresurados viajes hacia allá donde aún no estamos, ni estaremos jamás (...) El camino nos deja llegar a lo que nos demanda y en cuyo ámbito ya nos hallamos.[10]

El pensar *del* Ser –genitivo objetivo y subjetivo– es un movimiento de lo Mismo en lo Mismo (*in das Selbe*). Si el Advaita nos habla de un *conocimiento por identidad*, Heidegger nos habla de un *pensamiento en la Identidad*.[11] El pensar esencial es siempre un camino hacia donde ya estamos; un camino hacia lo obvio, hacia lo más simple de lo simple; un viaje de ida que es, a su vez, un retorno y una permanencia. Todo esto parece capricho, sinsentido, arbitrariedad. Y, si bien tiene algo –o todo– de juego, éste está lejos de ser arbitrario. Recordemos la lógica de la dinámica de la conciencia: para tomar plena conciencia de lo obvio, tenemos primero que pasarlo por alto; para recordarnos de modo plenamente consciente, tenemos que olvidar temporalmente lo que somos; es preciso alejarse para re-descubrir lo más inmediato y cercano; o, en expresión de Heidegger: a lo más propio se va desde lo más extraño. Y es que, dada su tendencia a vivirse como sujeto, lo más próximo, su mismo Ser, se convierte para el ser humano en lo más extraño. «La cercanía –nos decía Heidegger– le queda al hombre alejada.»[12] En su tendencia a "construir" objetivamente la realidad, de cara a dominarla a través de la fijeza, se le oculta lo nunca construido y previo a toda construcción. Dada la complejidad propia de su modo inercial de pensamiento, diversificador y dual, lo simple se convierte para él en lo más confuso y oscuro.

El camino a lo más próximo es, para el sujeto, el más lejano y, por ello, el más arduo. «Pero más cerca que lo inmediato y también –para el pensador esencial– más lejos que lo que está más apartado, está la cercanía misma: la Verdad del Ser».[13] De aquí la necesidad, advierte Heidegger, de «hacernos amigos de lo desacostumbrado que hay en lo simple», de «permanecer en lo innominado de la cercanía del Ser»,[14] de silenciar los condicionamientos y hábitos mentales sustentados en la búsqueda de seguridad. Esto es, para el ego, "lo más arriesgado y peligroso", pues amenaza con desvelar su carácter construido e ilusorio, lo que equivaldría, literalmente, a su aniquilación.

Este nuevo pensar *del* Ser –como esta misma expresión busca indicar–, ni es un pensar humano ni, en ningún caso, puede ser fruto del empeño humano; si así fuera, lo alcanzado sería, de nuevo, "algo" objetivo" –en este caso, relativo a la voluntad objetivadora que quiere siempre "algo"–; lo encontrado sería, otra vez, el mismo yo. Heidegger es muy explícito al respecto. Nos dice en su diálogo en torno a la Serenidad (*Gelassenheit*):

> Con un corazón cada vez más desapegado [afirma uno de los dialogan-
> tes], yo me confío hacia la dirección invisible que en esta conversación
> nos toma de la mano, o más exactamente, nos toma la palabra.[15]
> Nosotros no debemos hacer nada, solamente esperar.[16]
> En la medida en que nos deshabituemos al querer, podemos ayudar al
> despertar de la Serenidad (*Gelassenheit*). O, al menos, resulta más fácil
> permanecer despiertos, preparados para la Serenidad.[17]
> La Serenidad se produce más allá de nosotros.
> No es producida sino concedida (*zugelassen*).[18]

El hombre no puede "hacer" nada para alcanzar al Ser, pues Éste es lo
que posibilita ese mismo hacer y nunca su término. El salto a ese tipo de
conciencia en ningún caso lo da el ego; es un movimiento del Ser en el
Ser. Al hombre –puntualiza Heidegger– sólo le compete esperar; "espera" (*warten*) que no ha de entenderse en su sentido habitual, como una
espera objetiva (espera de "algo"), sino que –como analizaremos en el
capítulo dedicado a la *Gelassenheit*– se trata de una espera sin objeto:
una actitud no cultivada de apertura que no busca ni se subordina a ningún resultado. La dinámica egoica es siempre la de ser y llegar-a-ser
"algo"; se vende siempre a un resultado objetivo. El ego no puede alcanzar al Ser, porque él mismo consiste en su olvido.

> La persona sirve de poco. Está profundamente involucrada en sus pro-
> pios asuntos e ignora por completo su verdadero ser. A menos que la
> atestiguación de la Conciencia comience a actuar sobre ella y la persona
> se convierta en el objeto de observación en lugar del sujeto, la realiza-
> ción no es factible. El testigo (*sākṣī*) es quien hace la realización desea-
> ble y alcanzable.
> P: Hay un punto en la vida de una persona, cuando se convierte en el tes-
> tigo.
> M: Oh, no. La persona por sí misma no se convertirá en el testigo. Es
> como esperar que una vela fría empiece a arder con el paso del tiempo.
> La persona puede permanecer en la llama de la ignorancia por siempre,
> a menos que la llama de la Conciencia la toque (Nisargadatta).[19]

Esto es lo que busca expresar Heidegger con la metáfora del salto
(*Sprung*). Un logro alcanzado por la volición humana o por un avance lineal del pensamiento objetivo es siempre un movimiento condicionado
que no puede re-conocer lo que está más allá de toda condición. El acceso al Ser exige un salto; un salto que no lo ejecuta el ego, aunque la pala-

bra "salto" haga referencia a un descentramiento en relación a él; un salto hacia donde ya nos hallamos, pero que no reconocíamos como nuestro elemento, dada la naturaleza divisora y procesual del pensamiento y de la volición intencionales, los cuales eluden la vivencia de lo simple, del puro aquí y del puro ahora. De modo análogo, para el Advaita *Sat/Cit* no se alcanza, no se logra, no tiene comienzo en el tiempo ni final.

* * *

Nos decía Heidegger que el pensamiento filosófico se ha incapacitado para el "salto" porque ha seguido el modelo de la técnica y se ha subordinado a la búsqueda de resultados. No sólo la ciencia y la técnica –la razón que objetiva cuantitativamente el mundo para operar sobre él–, también la filosofía ha sido "pensamiento calculador", razón instrumental, en la medida en que ha pensado "sopesando", en la medida en que ha buscado "causas", "fundamentos" y "porqués" y sólo ha tenido sentido en relación con dicha búsqueda.[20] Por eso ha olvidado el en sí de lo real: porque la realidad no es nunca "un resultado", no dice relación a un antes o a un después, no pertenece al nivel condicionado que la mente articula en la forma de trabazón lineal de causas y efectos.[21]

> Ahora bien, la relación entre la ciencia y el pensar esencial [apunta Heidegger] sólo es auténtica y fructífera si el abismo que hay entre las ciencias y el pensar se hace visible, y, además, como un abismo sobre el que no se puede tender ningún puente. Desde las ciencias al pensar no hay puente alguno sino sólo el salto (*Sprung*). El lugar al que éste nos lleva no es sólo el otro lado sino una localidad completamente distinta. Lo que se abre con ella no se deja nunca demostrar, si demostrar significa esto: deducir proposiciones sobre un estado de cosas desde presupuestos adecuados y por medio de una cadena de conclusiones.[22]

Nos indicaba Heidegger también que el pensamiento esencial –la "reflexión meditativa" (*das besinnliche Nachdenken*)– no "efectúa efectos", no produce resultados, sino que deja ser lo que *ya* es; es la acción misma de lo real: su mostrarse ocultándose,[23] una mostración que no cabe "demostrar" (*Beweisen*), sino sólo indicar o señalar (*Weisen*).[24] No es posible demostrar lo que se muestra. Sólo cabe decir: "mira"; "ve".

Siempre que se establece como fundamento absoluto del conocer la dualidad sujeto-objeto, el pensamiento deviene técnica. *Tekné* que oculta de nuevo el *velle*: la provocación.[25] La razón que indaga ya sabe adónde va y adónde quiere ir; provoca ese resultado; se subordina –se vende– a dicho fin. El pensar que obedece (el pensar meditativo) no va a ninguna parte, no busca nada; se silencia, y desde ese silencio deja-ser: permite el expresarse y el articularse de lo que *ya* es. Sólo en la medida en que el pensamiento dual (que tiene su función en el pensamiento filosófico) se sustente y arraigue en esa visión no-dual, dejará de ser pensar calculador; pero se limitará a serlo siempre que únicamente busque dicha visión y se dirija hacia ella (lo que presupone que ya se ha exiliado de ella).[26]

Más allá de la dualidad racionalismo-irracionalismo

> «La mayor y más extrema agudeza y profundidad del pensamiento pertenece al místico, como el maestro Eckhart podría testimoniar.»
> Heidegger[27]
> «El pensar sólo empieza cuando nos percatamos de que la razón –desde hace tantos siglos exaltada– es la más porfiada enemiga del pensar.»
> Heidegger[28]

Hay un pensamiento, nos decía Heidegger, más riguroso que el pensamiento conceptual; un pensar cuyo rigor no es técnico, pues no radica en sus resultados prácticos ni en su sujeción a las leyes de la lógica, sino en el hecho de que –en expresión de Nisargadatta– entre el hombre y el Ser no hay espacio para un camino. En tanto que pensar riguroso –el más riguroso (sólo el demostrar, nunca el mostrar, puede errar), el único propiamente riguroso (los demás modos de pensar derivan de él su rigor relativo)–, este pensar esencial, aunque no es raciocinativo, no ha de ser en absoluto caracterizado como irracional. La mentalidad occidental, dada su característica dificultad para trascender las categorías opuestas, suele contraponer lo racional a lo irracional, de tal modo que lo que queda fuera de los márgenes de la razón es caracterizado como irracional, arbitrario, subjetivo, etc.; en otras palabras, considera que sólo la razón es garante y fuente de rigor. Pero el pensar del Ser no es reductible, por su carácter más originario, a la dualidad racionalismo-irracionalismo, una dualidad que, como acontece con toda dualidad, no es realmente tal, sino las dos caras o énfasis polares de un mismo hecho: el de erigir a la razón (por presencia o ausencia) en referencia última. «La inversión de un principio metafísico sigue siendo un principio metafísico» (Heidegger).[29]

Por lo mismo, "lo místico", cuando se interpreta como una suerte de renuncia al pensamiento –el misticismo que Heidegger critica como «el mero negativo (*Gegenbild*) de la metafísica»–,[30] poco o nada tiene en común con el pensar de Heidegger y con la gnôsis advaita. En esta línea de reflexión, se pregunta Mehta si Heidegger puede considerarse un místico:[31]

> Es verdad –dirá– que se refiere a Meister Eckhart y a Angelus Silesius, menciona el Tao, habla del Camino (…), de la identidad y pertenencia esencial del hombre y el Ser, de la entrada abrupta y sin puentes en la región del *Ereignis*, etc. Hay, además, bastantes pruebas de que Heidegger estuvo muy interesado en sus escritos tempranos por el misticismo en general y por Eckhart en particular, y en sus escritos posteriores él toma prestado libremente del vocabulario de Eckhart (como ha mostrado John D. Caputo) conceptos eckhartianos como el de *Abgeschiedenheit* (desapego) y *Gelassenheit* (abandono, desasimiento), que han contribuido sustancialmente a su pensamiento.[32]

Ahora bien –precisa Mehta–, el interés por el misticismo de Heidegger se dirige a lo que hay en la obra de los místicos de «happenings on the path of thinking» (de acontecimientos o experiencias en el camino del pensamiento), es decir, a lo que tiene de "pensamiento" y no a lo que supuestamente habría de abrogación del pensamiento[33] o de mero acceso a un reino más allá del pensamiento. El interés de Heidegger no se sitúa en el misticismo que es la mera negación del principio de razón, sino en el genuino gran misticismo (*echte und grosse Mystik*) del que afirma serle propia la más extrema agudeza y profundidad de pensamiento.[34] Dirá el mismo Heidegger hablando de la Edad Media en su *Habilitationsschrift* sobre Duns Scoto (1915):

> Los dos pares de opuestos, racionalismo-irracionalismo y escolasticismo-misticismo, no coinciden. Y allí donde es vista la equivalencia, ello descansa en una extrema racionalización de la filosofía. La filosofía como una creación racionalista, desapegada de la vida, carece de poder; el misticismo como una experiencia irracional, carece de propósito.[35]

La gnôsis advaita –y, en general, toda mística que sea a su vez gnôsis, como, por ejemplo, la denominada mística especulativa occidental– nunca ha abandonado el camino del pensamiento, nunca se ha autocomprendido como una forma de resignación del pensamiento al modo kantiano.[36] Todo lo contrario: ha conducido el pensamiento hasta su fi-

nal –un final que se ha desvelado no sólo como límite sino como un verdadero comienzo– y ha mostrado sus más profundas potencialidades. El
Advaita es calificado, de hecho, como *jñāna-yoga* o yoga del conocimiento. Ahora bien, toda mística/gnôsis sabe que "conocimiento" o
"pensamiento", en su sentido originario, está lejos de ser sinónimo de
pensamiento representativo u óntico-categorial.

También Heidegger propugna un pensar que, al modo de lo que denominamos *"philo-sophia"*, reconoce que el pensamiento conceptual es
sólo un primer paso y no el último paso; un primer paso que ha de ser
trascendido –integrado, que no negado–, pues él mismo revela sus límites cuando su lógica interna se lleva hasta el final con radicalidad y honradez, sin que medie la voluntad de asegurar. Como afirma Radhakrishnan a este respecto comentando a Hegel: «Un misticismo que ignora
las exigencias del conocimiento estaría, sin duda, condenado al fracaso.
(…) pero hay un misticismo que parte desde el punto de vista del conocimiento y sólo lo abandona en la misma medida en que dicho punto de
vista muestra no ser el último y postula algo más allá de sí mismo. *Trascender lo inferior no es ignorarlo*».[37]

Dirá Heidegger en sus estudios sobre mística medieval aludiendo al
pensamiento del Maestro Eckhart: «El objeto primario, lo absoluto, no
es lo aún-no-determinable, ni tampoco lo aún-no-determinado [lo que
no se ha llegado a racionalizar aún], sino lo que, en cuanto tal y esencialmente, está falto de toda determinación en absoluto [lo que queda intacto, siempre más allá del límite, tras toda racionalización posible]».[38]

Que aquello que radica más allá de la dualidad racional/irracional es
la culminación del pensamiento y no su abrogación se advierte, entre
otras cosas, en que lo no-dual, a diferencia de lo irracional, admite la legitimidad de lo racional como correctivo,[39] como modo negativo, pero
válido, de aproximación a la realidad.[40] Lo meramente irracional en ningún caso pasa esta prueba.

La razón y la revelación, los dos grandes ámbitos en que Occidente
ha tendido a compartimentar el saber, han tenido históricamente en común una equívoca tendencia: la de reducir la realidad y la verdad a lo
objetivo y a lo dado, a los cuales la fe y el conocer se habrían de doblegar. El racionalismo y el irracionalismo son, de hecho, dos formas de
doblegación a lo dado. Como ya señalamos, la religión ha sido con demasiada frecuencia el refugio de lo irracional: la irracionalidad de una
fe/creencia sostenida desde un puro acto de deseo y la irracionalidad del
dogma (cuando éste se convierte en objeto de asentimiento ciego y no en
objeto de contemplación). Y esto no ha dejado de ser así allí donde, a

posteriori, la religión ha pretendido justificar esta arbitrariedad latente con razonamientos apologéticos y teológicos; el exacerbado despliegue raciocinativo será, de hecho, proporcional a la carencia de justificación del propio punto de partida. La religión se ha debatido entre lo racional y lo irracional, cuando su ámbito originario es aquél en que este dilema sencillamente no se plantea. Pues bien, sólo la experiencia inmediata del Ser puede proporcionar una base de vivencia directa, irreductible y supraobjetiva (no dogmática), estrictamente evidente –una certeza inalienable en la que se fundamenta su rigor–, que situaría a la religión más allá del dilema racionalidad/irracionalidad. Análogamente, sólo la experiencia inmediata del Ser podría sostener sobre nuevas bases el elogiable dominio teórico/práctico occidental del mundo neutralizando sus contradicciones internas y sus efectos perversos. Más aún, sólo esta experiencia puede otorgar unidad a estos ámbitos del saber tradicionalmente escindidos e incomunicados –religión y razón– sin que ello lleve consigo ningún tipo de imposición, extrapolación o confusión, es decir, respetando sus ámbitos específicos y sus diferencias relativas.

"Intuitio", "contemplatio" y conocimiento por (en) identidad

En la tradición occidental se ha hablado con frecuencia de la *intuitio* y *la contemplatio*: formas de inmediatez cognoscitiva que permitirían trascender la esencial imperfección del conocimiento mediato e indirecto, que siempre busca su objeto pero que nunca descansa en él. Ahora bien, en la mayoría de los casos –salvo en ciertas gnôsis y místicas especulativas–, la tematización de estas formas de conocimiento inmediato ha conservado ciertas trazas de dualismo entre el veedor y lo visto; ha seguido respondiendo al esquema dualista sujeto-objeto.[41] En el Oriente no-dual, la metáfora de la "visión" ha buscado sugerir la inmediatez e irreductibilidad propia del conocimiento por identidad, si bien esta imagen es sólo aproximativa, pues, a diferencia de este último, en el conocimiento sensible sigue estando presente la dualidad sujeto-objeto. La percepción sensible, aunque se trate de un conocimiento directo, no es un conocimiento inmediato. En general, siempre que el conocimiento precisa de un instrumento (*kāraṇa*), no cabe hablar de *parāvidyā*: de conocimiento directo/inmediato o conocimiento por identidad, ni de intuición no-dual (*aparokṣānubbūti*).[42] Esta metáfora –la de la visión– sí es particularmente apropiada para describir lo que en Occidente se ha entendido por *theoria* –en su sentido griego– y por *intuitio* (de la raíz *in-*

tueri: mirar): ambas nociones aluden a formas de conocimiento directo pero no inmediato; no equivalen a conocimiento por identidad (*aparoksajñāna*), pues la dualidad sujeto-objeto permanece.[43] Algo similar ocurre con lo que han sido las místicas unitivas en Occidente; salvo excepciones –de las que las citas del presente trabajo han querido dar cuenta–, éstas se han encaminado al logro de la *unidad* de dos realidades que son y permanecen *de modo absoluto* como términos de relación, lo cual no equivale al reconocimiento gnóstico de su *identidad* esencial.

«En el amor ni siquiera existe el uno, ¿cómo puede haber dos? (…) Antes de pensar en la unidad, primero debe crear la dualidad» (Nisargadatta).[44]

El Advaita considera a las experiencias unitivas *(samādhis)* como las experiencias más elevadas dentro del espectro de la experiencia dual, pero como experiencias duales en definitiva y, como tales, cualitativamente diversas de la experiencia supraobjetiva y no-dual –o más bien, no-experiencia– de *Sat/Cit*.

Esta diferencia, sin embargo, no procede de que haya sido raro el acceso en Occidente a dicho conocimiento por identidad (lo que sería hacer de éste último algo particularmente inaccesible cuando es, por el contrario, la experiencia, en sí misma, más accesible, universal y compartible); se origina, más bien, en la característica dificultad occidental para cuestionar, siquiera teóricamente, el carácter limitado y separado del yo; como ya señalamos, esta creencia no cuestionada conduce a interpretar toda experiencia abismalmente diversa de la vivencia ordinaria que el yo-limitado tiene de sí, como la experiencia de "algo esencialmente otro".

Occidente ha tendido a reducir las modalidades del conocimiento a la razón y a la sensación, y ha tendido a olvidar la intuición; pero ha olvidado aún más la posibilidad del conocimiento por identidad, que trasciende incluso a la *intuitio* misma –en la que sujeto y objeto siguen siendo aún algo en sí– en el reconocimiento de su identidad original. Como veremos, Occidente ha tendido a relegar la intuición (*intuitio*) en el mismo movimiento por el que ha tendido a desgajarse de un mundo vivenciado como un todo orgánicamente inter-relacionado. Y ha olvidado el conocimiento por identidad, porque ha olvidado que, incluso un mundo esencialmente inter-relacionado, sólo puede serlo sobre el sustento último de la no-dualidad. Conocemos el mundo porque lo somos. El mundo es co-extensivo con la Conciencia. Sujeto y objeto son uno. Como afirma Nishitani: la identidad de ser y conocer es mucho más originaria y radical que lo que ha llegado a concebir la metafísica tradicional de Occidente.[45]

"La filosofía-búsqueda" o la primacía del preguntar

«P: ¿Cómo he de alcanzar la Conciencia de la Unidad?
M: ¿Cómo habrá de alcanzarla, siendo usted la Conciencia de la Unidad?
Su pregunta es su propia respuesta.»
RAMANA MAHARSHI.[46]

Conocemos el mundo porque lo somos. El pensar del Ser es un movimiento de lo Mismo en lo Mismo. De aquí la insistencia de Heidegger en que la "filosofía-búsqueda", el pensamiento enajenado que pone sus miras más allá del mismo pensador, es ciego, por principio, para el Ser.

Para la perspectiva no-dual, es preciso dudar y poner en cuestión aquello que más damos por supuesto en la vivencia inercial que tenemos de nosotros y del mundo. Lo que la modernidad occidental denominará actitud e investigación crítica (*Kritik*) –la mayoría de edad del pensamiento que ha superado la actitud dogmática que nunca cuestiona sus propias capacidades– ha estado ya presente en muchas perspectivas tradicionales que han cuestionado de modo contundente todo presupuesto o punto de partida no absolutamente auto-evidente y que han llevado a cabo un elaboradísimo análisis crítico de las posibilidades y límites del conocimiento (aunque con una diferencia decisiva: su tribunal no ha sido exclusivamente el tribunal de la razón).

El Advaita es, de hecho, una invitación a advertir el carácter hipnótico que caracteriza gran parte de nuestras certezas cotidianas, así como el carácter construido, condicionado y artificioso de lo que solemos denominar sentido común. Heidegger sostiene, por otra parte, que el camino hacia el Ser es un camino de cuestionamiento del sentido común, de «la sana razón (…) subterfugio de los que por naturaleza tienen envidia del pensar»,[47] y de las percepciones inerciales, inmediatas y pasivas de la cotidianidad media.

El Advaita problematiza lo que son certezas para el sentido común, y de aquí su máximo interés para todo pensamiento verdaderamente crítico y radical. Como expresa A. Watts:

> El mundo se vuelve inteligible a través de increíbles inversiones del sentido común y, tal como observó Whitehead, las ideas que merecen ser puestas en duda son precisamente las que más se dan por supuestas (…) Demasiado a menudo un descubrimiento importante nos apabulla con su simplicidad (…). Y a su debido tiempo se desarrolla la sensación extraña de que la comprensión está cerca y no lejos, y que *lo que se debe te-*

ner en cuenta no es tanto la respuesta como la forma de la pregunta. Lo
oculto está en el proceso mismo de buscar.[48]

Una de estas inversiones, típicamente advaita, del sentido común queda
reflejada en su reiterada afirmación de que *Brahman*, la realidad última,
no puede ser buscada; de que se pierde de vista para quien lo busca, pues
es la luz que sustenta toda búsqueda y la naturaleza profunda del mismo
buscador. Afirmar que el buscador es lo buscado parece negar todo sentido y propósito a la existencia. Y así es para la mente dual, que sitúa
siempre la fuente del significado y la meta en el término de todo proceso. Pero, para el Advaita, el propósito y el sentido no están en el final,
sino en el Origen –que es la fuente de todo aquí y de todo ahora–. Toda
búsqueda se sustenta en una no-búsqueda.

> No se trata de progreso, puesto que a lo que llega ya está ahí en usted,
> esperándole (Nisargadatta).[49]
> P: Para alcanzar lo Absoluto deberá haber una etapa tras otra de avance.
> ¿Existen grados de la Realidad?
> M: No existen grados de la Realidad. Para el *jīva* hay grados de expe-
> riencia, no grados de la Realidad. Si se puede obtener algo de nuevo,
> también se lo podrá perder, mientras que lo Absoluto es central: aquí y
> ahora (Ramana Maharshi).[50]
> Si hay una meta para alcanzar, no puede ser permanente (Ramana Ma-
> harshi).[51]

El Ser, nos dirá Heidegger, es lo más cercano. El hábito de concebir la
realidad como lo enfrentado objetivamente al sujeto –lo cual, a su vez,
hace de toda espera una espera objetiva y de toda búsqueda una búsqueda excéntrica y enajenada– termina nublando la mirada del tercer ojo: la
mirada inobjetiva a lo más cercano, a lo absolutamente inmediato.

Los límites de "la filosofía-búsqueda"

Lo Absoluto es intocado e intocable para el pensamiento dual. Por
eso, decíamos, ningún advaita-vāda es, en sentido estricto, filosofía. En
su acepción más restringida, la filosofía ha pretendido ser conocimiento
de la realidad por la vía de la sola razón. Pero con la razón adviene la
dualidad. La realidad no-dual no puede ser pensada, sólo puede ser vista; y vista con un ver que no es objetivante, sino con un verla que es un
serla. Para el Advaita, la mera idea de un «pensar acerca de la realidad
en-sí», de un «pensar en torno a la verdad última», carece de sentido; es

tan contradictoria como la imagen de un ciego pensando en la luz. O se ve o no se ve; y esta visión en ningún caso se adquiere a través de procesos discursivos o por el mero incremento de la información mental, sino mediante un salto experiencial que revela la existencia de otro nivel de comprensión, de otro nivel de realidad y de una nueva vivencia de la propia identidad. Se trata de una visión que tiene la cualidad de un despertar; y todo despertar transforma radicalmente la realidad del que despierta. El ciego puede pensar que ve; el que duerme puede soñar que está despierto. Nada de ello tiene que ver con la visión y el despertar reales. Sin visión, sin ese despertar, toda especulación en torno a la realidad última carece de alcance real, pues opera desde presupuestos que el "despertar", de hecho, mostrará como ilusorios. Ya señalamos cómo, para la perspectiva no-dual, muchos problemas filosóficos son sólo pseudoproblemas. En palabras de Wittgenstein:

> La mayor parte de las proposiciones e interrogantes que se han escrito sobre cuestiones filosóficas no son falsas, sino absurdas. De ahí que no podamos dar respuesta en absoluto a interrogantes de este tipo, sino sólo constatar su condición de absurdos. La mayor parte de los interrogantes y proposiciones de los filósofos estriban en nuestra falta de comprensión de la lógica lingüística [lógica lingüística que es la lógica del pensar dual] (…).
> Y no es de extrañar que los más profundos problemas no sean problema alguno.[52]

Apuntamos igualmente que la no relativización de la dualidad sujeto-objeto ha sido el origen de los grandes problemas que han definido las líneas temáticas maestras de la filosofía moderna.[53] Y es que cuando la mente, al amparo de sus solas fuerzas, intenta pensar sobre la realidad-en-sí, conduce inevitablemente a paradojas dualistas (no otra cosa mostró Kant y, cinco siglos antes, de modo sorprendentemente similar, Nāgārjuna, fundador del budismo mādhyamika).[54]

En palabras de Nisargadatta: «La mente sólo puede funcionar con términos de su propia creación, simplemente no puede ir más allá de sí misma».[55] El pensar dual se mueve siempre dentro de los círculos de su ignorancia de la realidad última; los círculos pueden ampliarse, lo que proporcionará una creciente sensación de libertad, pero se trata, en todo caso, de un movimiento circular auto-clausurado que no alcanza nunca el centro de la experiencia directa de lo real, que no produce una modificación cualitativa y radical del propio ser/conocer. Para el Advaita, los más extremados esfuerzos del pensamiento, el estudio, la lógica, el ingenio, incluso el más extremado talento, sin "visión", son inútiles en lo que al conocimiento último se refiere. «Cuando [uno] se despoja de la sabiduría pequeña –dirá Chuang Tzu– es cuando brilla la sabiduría grande. Cuando se dejan las habilidades, es cuando se llega a ser habilidoso».[56]

El Advaita no invita a pensar acerca de la verdad, sino a descansar en ella, siéndola. El *jñānin* descansa en aquello que busca quien piensa al modo dual. El que piensa al modo dual, busca. Y porque busca, no encuentra. La inquietud de la búsqueda, su movimiento dividido, no deja lugar a la realidad-una. Su anhelo de seguridad no puede proporcionar la visión que sólo otorga el abrazo a lo que, para la mente, es siempre inapresable.

Aristóteles caracterizó a la filosofía precisamente como "el saber que siempre se busca".[57] Heidegger –recordemos– considera que la filosofía específicamente occidental tuvo su carta de nacimiento en el mismo momento en que se concibió a sí misma como "el saber que siempre se busca", como "filosofía-búsqueda", es decir, en el momento en que elevó a la más alta condición la pregunta y el preguntar (que es el buscar de la mente). Si, para los pensadores presocráticos, "philosophos" es el que está en armonía con la sabiduría o se "corresponde" con ella, a partir de Aristóteles la filosofía será la búsqueda de un saber cuyo acceso nunca encuentra [Cfr. Met. Z 1, 1028 b 2ss], un saber en el que no se está sino en dirección al cual se indaga. La sabiduría ya no es ser en el *Lógos* y pensar desde Él, sino ir en camino hacia los principios y causas de lo real con el instrumento de la razón y de la lógica.

Que el Advaita no es un pensar (objetivamente) la verdad, puede expresarse también así: a diferencia de la filosofía, esta doctrina no gravita en torno a la búsqueda y al preguntar. Para el Advaita, sólo cuando el yo se identifica con la versión de la realidad que le muestra su mente dual y se considera separado de la misma, sólo entonces busca y pregunta. Pero en el momento en que se pregunta sobre la realidad, ésta se pierde.[58] Como afirma D. T. Suzuki,[59] la creencia de que hay un problema externo –la incógnita de lo real– que demanda una solución, es ilusoria. Objetivamente hablando, no existe tal cosa, fuera del yo, que incite a preguntar. Es el que pregunta el que se separa y enajena de la realidad y la pone frente a sí; en este instante, la realidad pasa a ser amenazante por su otreidad y extrañeza; esta sensación de amenaza adopta la forma de pregunta y busca vanamente ser exorcizada a través de la respuesta. Por este motivo, el *jñānin* no suele responder a aquellas preguntas que implican una consideración objetiva y separada de lo Absoluto, sino que suele preguntar a su vez (ante el desconcierto de sus interlocutores): «¿quién es el que pregunta?», «¿(...) a quién se le plantea esta cuestión? (...) ¿Acaso no se presenta tal pregunta a un "tú" que se concibe como una entidad con existencia independiente?».[60] «¿Existe tal "tú" separado?», etc.

Para el Advaita, si se pregunta es porque, en cierto modo, la respuesta está ya ahí y nos demanda; si se busca, es porque ya se mora en lo buscado. No buscaríamos si de algún modo no hubiéramos encontrado ya. Por eso el *jñānin* no invita a preguntar, sino a contemplar la base del yo que pregunta. Ello conduce al abandono de la búsqueda objetiva y enajenada a la que incita el preguntar y hace volver la mirada hacia la fuente inobjetivable del yo: la raíz que enlaza y aúna sujeto y objeto, hombre y realidad, pregunta y respuesta, y en la que se detiene el movimiento dual del preguntar. En palabras de Nisargadatta:

> La verdad no es el resultado de un esfuerzo, el final de un camino. Está aquí y ahora, en el propio anhelo y en la búsqueda de ella. Está más cerca el cuerpo y la mente, más cerca que el sentido "Yo soy". Usted no la ve porque mira demasiado lejos de sí mismo, fuera de su ser más íntimo. Ha objetivado la verdad e insiste en sus pruebas y análisis estereotipados, que sólo se aplican a las cosas y a los pensamientos.[61]
>
> (...) usted es la verdad; cuando la búsqueda cesa, el estado supremo es. (...) [en ese momento] encuentra que se queda sin preguntas, que las respuestas no son necesarias.[62]

Que sólo cuando la mente deja de preguntar se alumbra la respuesta, es lo que nos viene a decir Wittgenstein en la siguiente reflexión de su *Tractatus*:

> Sólo puede existir un duda donde existe una pregunta, una pregunta sólo donde existe una respuesta, y ésta, sólo donde algo pueda ser dicho [todo ello, en el plano de la mente dual].
>
> Sentimos que aun cuando todas las posibles cuestiones teóricas hayan recibido respuesta, nuestros problemas vitales todavía no se han rozado en lo más mínimo. Por supuesto, entonces ya no queda respuesta alguna; y esto es precisamente la respuesta.
>
> La solución de los problemas de la vida se nota en la desaparición de ese problema.[63]

* * *

Lo dicho hasta ahora no implica deprecio por parte del Advaita de la discriminación mental y del movimiento pregunta-respuesta que le es propio. El silencio de la mente al que invita el Advaita no es el referente dual de la discriminación mental (su negación), no es sinónimo de la mera ausencia de discriminación, no supone una dejación del legítimo e ineludible impulso indagador intrínseco a la condición humana. No sólo no es así, sino todo lo contrario. Veamos por qué:

– La realidad no-dual, carente de todo opuesto y relación, nunca puede ser término de una búsqueda, pues sería relativa a ésta; no puede ser una respuesta, pues dependería de un preguntar; no puede ser efecto de otra cosa ni el final de un silogismo. Por otra parte, toda búsqueda mental se realiza en los términos de lo ya encontrado, conduce sólo de lo conocido a lo conocido.[64] El que busca encuentra, efectivamente, pero porque la mente se proyecta a sí misma en el deseo de encontrar; proyecta sus contenidos y referencias, sus esperanzas, anhelos, temores…, y en lo que cree distinto de sí, no ve, en realidad, más que a sí misma. Toda búsqueda nos encadena a lo ya conocido. Dejar de buscar, por el contrario, puede suponer abrirse a lo nuevo, encontrar. Pues «[sólo] lo inesperado y lo imprevisible es real» (Nisargadatta).[65]

«El asunto del pensar no es nunca otra cosa sino esto: desconcertante, y tanto más desconcertante cuanto más libres de prejuicios estemos al salir a su encuentro» (Heidegger).[66]

Buscar en directo la verdad, paradójicamente, puede equivaler a huir de ella. En este sentido afirma Krishnamurti:

> Nosotros no tenemos que buscar la luz. Habrá luz cuando no haya oscuridad (…) Todo lo que podemos hacer es remover esas barreras que crean oscuridad; y el removerlas depende de la intención. Si las removéis con el propósito de ver la luz [si hay "búsqueda" directa de la luz], entonces nada removéis; sólo sustituís la oscuridad por la palabra luz.[67]

– Precisamente en este remover las barreras que crean oscuridad es donde el Advaita sitúa la ineludible labor de la discriminación mental (viveka). Como ya apuntamos, toda doctrina no-dual considera que la mente tiene una labor decisiva en lo que se refiere al despertar a la realidad última. Esta labor no es la de ver la luz, pero sí la de remover las barreras que la obstaculizan. No es la de pensar la verdad, pero sí la de comprender lo falso como falso. No es la de conocer lo que le precede como su fuente y raíz, pero sí la de conocerse a sí misma: su naturaleza y la naturaleza de sus límites y condicionamientos. Al hacerlo, la mente se relega eficazmente a su valor y utilidad puramente instrumental –el manejo de "objetos": cosas y pensamientos– y deja libre el espacio en que la realidad (que nunca es cosa ni pensamiento) se muestra; y se muestra como lo que siempre fue y siempre estuvo ahí.

«Usted se ha metido en el presente estado a través del pensamiento verbal; tiene que salir de él del mismo modo.» «Lo que la mente ha creado, la mente debe destruirlo» (Nisargadatta).[68]

Wittgenstein expresa así lo que considera que ha de ser la labor meramente propedéutica de la filosofía –la autoclarificación del pensar y del "decir" y el reconocimiento de sus límites como preámbulo del "mostrarse" de lo real–:

> El objetivo de la filosofía es la clarificación lógica de los pensamientos. / La filosofía no es una doctrina, sino una actividad. Una obra filosófica consta esencialmente de aclaraciones. / El resultado de la filosofía no son "proposiciones filosóficas", sino el que las proposiciones lleguen a clarificarse.
>
> El método correcto de la filosofía sería propiamente éste: no decir nada más que lo que se puede decir, (…) –o sea, algo que nada tiene que ver con la filosofía [con lo que ha sido su pretensión tradicional: acceder al conocimiento de la realidad-en-sí]–.[69]

En conclusión:

Para el Advaita, la realidad no puede ser pensada, no puede advenir como respuesta a ningún preguntar, no puede ser buscada, no puede ser alcanzada. Sólo cabe serla. Y con un "serla" que no se logra, que no tiene comienzo en el tiempo ni final, que siempre ha sido y que siempre es. Toda pretensión por parte del yo separado de alcanzar el conocimiento de (o la unión con) la realidad última no hace más que cristalizar la creencia en la separatividad entre el yo y la realidad que precisamente es preciso superar.[70] Toda búsqueda enajenada de la realidad última es fútil, y advertir esta futilidad equivale a encontrarla.

«Cuanto más uno te busque, tanto menos te encontrará. Debes buscarlo de manera tal que no lo halles en ninguna parte. Si no lo buscas, lo encontrarás» (Eckhart).[71]

«El necio no alcanza a *Brahman* porque a él aspira» (*Cantar de Aṣṭāvakra* XVIII, 37).

En palabras de Bodhidharma: «(…) Cuando somos ignorantes hay un mundo al que escapar. [Pero] Cuando somos conscientes, no hay nada donde escapar».[72] Desde la perspectiva advaita, ¿de qué escapar y a dónde escapar si todo es *Brahman*? ¿Por qué buscarlo si está por igual en todo lugar, en todo momento y en todo estado, también en la búsqueda y en la inquietud que da lugar a ella? ¿Desde dónde partir si no hay nada fuera de Él?… Y, sobre todo, ¿quién parte, si no hay más Yo que *Brahman*?[73] *Brahman* no es un estado o conocimiento a lograr, ni la ignorancia un lugar del que partir. El alfa y el omega, el principio, el camino y el fin son *Brahman*. El buscador es lo buscado. «Lo que busca está tan cerca de usted que no hay espacio para un camino» (Nisargadatta).[74]

En este sentido hay que entender las siguientes palabras, también de Bodhidharma: «el *Nirvāṇa* (…) está más allá del *nirvāṇa*».[75] El *Nirvāṇa* está más allá del "*nirvāṇa* que se "alcanza", del *nirvāṇa* concebido como un mundo al que escapar, del *nirvāṇa* considerado como un estado superior, distinto y ajeno al estado que se tiene en el momento presente y que es preciso, por ello, pretender y buscar. Análogamente, la unión con *Brahman* que supuestamente se logra excluyendo la ignorancia, huyendo de la sensación de carencia o limitación –es decir, en un movimiento dual– no equivale a la realización de *Brahman*. Lo así alcanzado es una unidad monista, amorfa e incolora; no es la unidad realmente real y positiva: la que integra todos los contrarios y todas las fuerzas (incluso las que nos parecen negativas e irracionales) dentro de sí. La realidad no es un estado supremo que excluya los demás estados. Es inclusiva, y no exclusiva. Es la condición y substancia de todo estado. Es todo estado y en todo estado. Es la raíz de todo aquí y de todo ahora.

Para el Advaita, sólo en el abrazo total al presente, y nunca en el rechazo del mismo en función de una supuesta respuesta ausente o de algún "deber ser" diverso de "lo que es" (se llame *Brahman, Nirvāṇa, Tao,* la Realidad, etc.); sólo en la serena aceptación del no-saber, y no en la huida de él mediante la búsqueda de conocimiento; sólo en la aceptación de la propia limitación y vacuidad, y no en la negación de ellas a través de la pretensión de lograr o adquirir otro estado superior de ser; sólo entonces, acontece la gran paradoja: el no-saber y la limitación dejan de ser tales. Al abrazar el yo los términos de toda polaridad en su seno, se transmuta la percepción dual y se desvela el secreto de la eterna alquimia, la que devuelve cada opuesto a su fuente; y el yo que así lo hace retorna también a ella. Ya no hay saber ni no saber, ni búsqueda ni no-búsqueda, ni pregunta ni respuesta, ni movimiento ni quietud. Sólo es *Brahman: sat-cit-ānanda. Sat*: la realidad más allá del ser y del no-ser y que nunca es el término de un "llegar a ser". *Cit*: la pura Luz o Conciencia, en y más allá del conocimiento y de la ignorancia. *Ānanda*: la pura bienaventuranza sin porqué, auto-justificada y, por ello, inexpugnable.[76]

De aquí la certeza del *jñānin*: todo es *Brahman*. Y el olvidarlo también es Él, también se sustenta en Él: «Si las nubes ocultaran realmente al Sol, ¿de quién recibirían la luz que las hace visibles?».[77] Todo es gozo; y también el dolor está hecho de su substancia. Todo es Conocimiento puro, Luz; y por eso la oscuridad –la ignorancia– rehuye la luz: para que no desvele su inexistencia.

No podemos separarnos de la Realidad absoluta para buscarla o conocerla. Pero el que no podamos –sostiene el Advaita– no hace más que evidenciar que ya la somos, que en todo instante y en todo estado –ordinario o no ordinario– sólo ha sido y es *Brahman*.[78]

* * *

La filosofía-búsqueda es la filosofía que orbita en torno al preguntar. Como ya señalamos, la pregunta característicamente filosófica es la pregunta por el "qué". Las doctrinas no-duales –precisamente porque se conciben como instrucciones operacionales o, en expresión de Heidegger, como señalaciones o indicaciones en el camino, y no como doctrinas con valor absoluto en su expresión objetiva– no se centran en la pregunta por el "qué", sino más bien en la pregunta por el "*cómo*" (¿cómo hemos llegado a este estado que nos esclaviza a una búsqueda enajenada?) y por el "*quién*" (¿quién busca?, ¿quién pregunta?, ¿hay tal yo separado?).[79] Estas preguntas suponen un quiebre de la búsqueda lineal y objetivante, y son una invitación a cuestionar el sentido de la misma búsqueda y a mirar donde nunca se había mirado: en lo más íntimo del propio buscador. La pregunta filosófica por el *qué* pertenece el ámbito de la conciencia dual, a la cual alimenta y cristaliza. La pregunta no-objetiva por el *cómo* o por el *quién* es una invitación a detenernos, a silenciarnos, a dejar de mirar fuera y a escuchar lo que la misma dinámica de la búsqueda nos tiene que decir, a comprender sus propios presupuestos.

> La verdad no es un premio por el buen comportamiento ni la recompensa por pasar algunas pruebas. No puede ser conseguida. Es la fuente remota, innata, primaria, de todo lo que existe. Usted tiene derecho a ella porque usted es. No necesita merecer la verdad. Le pertenece. Sólo cese de alejarse al correr tras ella. Permanezca quieto, serénese (Nisargadatta).[80]

La pregunta "¿por qué?" es paralela a la pregunta por el "qué": es la pregunta por las causas y los fundamentos, concebidos también como "qués" objetivos. También ésta es una pregunta característicamente filosófica. Pero esta pregunta con frecuencia accede sólo a respuestas "oportunas": a defensas, racionalizaciones y justificaciones. Se sustenta además en la ilusión de que algo puede ser explicado por una causa única. No discrimina cuál es el origen del preguntar, su propósito, su trasfondo.

> (…) toda metafísica es, en el fondo y a partir de su fundamento, ese fundar que da cuenta del fundamento, que le da razones, y que, finalmente, le pide explicaciones.[81]
>
> El querer saber y la avidez de explicaciones no conducen jamás a un pensamiento inquiridor. Querer saber es siempre la pretensión enmascarada de una autoconciencia (*Selbstbewusstsein*) que se remite a una razón inventada por sí misma y a la racionalidad de esta razón. *Querer saber es no querer* detenerse precisamente en lo que es digno de ser pensado (Heidegger).[82]

Las doctrinas orientales no-duales no han pretendido ser teorías explicativas, no proporcionan porqués; son sólo modelos operativos de transformación/comprensión.[83] Desde el punto de vista advaita, sólo cuando se comprende el *cómo* –el cómo de la ignorancia, el cómo de la enajenación que incita a preguntar por el Ser, el cómo de la dinámica egótica, etc.– se accede al porqué; un "porqué" que no es ya una explicación, sino la realización supraobjetiva del sentido a través del ajuste con "lo que es". En este punto ni se pretende ni se está en condiciones de explicar el sentido; sencillamente, se es uno con él. El que accede mediante razones a un "porqué" no es libre: depende de una explicación. El que comprende ha visto y ha real-izado lo visto y no necesita apoyarse en ninguna respuesta, sino que la encarna.

Las preguntas por el "qué" y por el "por qué" responden a una voluntad de fijeza, a la voluntad de auto-conservación del ego en un mundo presuntamente seguro y dominable. Para el Advaita –y así lo sostiene también Heidegger– esta búsqueda de seguridad es precisamente la que ciega para la verdad. La practica de la enseñanza oriental es, de hecho, una continua desfundamentación de todo aquello que el discípulo considere un agarradero o una seguridad. Cuando éste creía haber comprendido una noción, ésta es negada. El maestro que afirmaba una cosa, parece sostener seguidamente lo contrario, dando a entender que todo lo que puede sostenerse en el tiempo como algo ya dado o comprendido deja de tener la cualidad de la verdad. El maestro es claro, pero evita ser explícito de un modo tal que pueda llevar a la conciencia objetiva –que nunca puede aprehender lo no-dual– a creer que ha entendido, lo que daría lugar a una autosatisfacción prematura. Estas brechas creadas por la paradoja, por el juego y el silencio, pueden abrir un espacio a una luz que ya no es la luz de la razón y pueden alumbrar una certeza que ya no se sustenta en la fijeza; una certeza que ya no es la certeza del dogmático, pues proviene de la reconciliación con lo que siempre es misterio para la mente. El Ser se oculta, dirá Heidegger, es siempre misterio (*Geheimnis*), pero un misterio del que ya no se huye, sino en el que se es, una oscuridad luminosa, un vacío que es también sustento.

El ego se sostiene en la búsqueda, en la distancia entre lo que supuestamente es y lo que ha de alcanzar o llegar a ser. Por ello no quiere abandonar la búsqueda, la lucha, la sensación de avance y logro en la que se siente ser. Da igual que la búsqueda sea espiritual o mundana. Da igual que esta búsqueda genere sufrimiento. Aunque quizá se apegue a ella precisamente porque genera sufrimiento. Si el ego, por definición, se nutre de la tensión y de la lucha, y se sustenta en lo que no puede menos que presentir –aunque evite ser consciente de ello– como una opción imposible: la de obtener fijeza y seguridad en la identificación con lo esencialmente inestable, el "sufrimiento" será una forma de justificar ante sí mismo su malestar constitutivo, de sentirse víctima pasiva ante él y, por otra parte, ello justificará el acrecentamiento de su lucha y de su búsqueda. El final del conflicto, de hecho, supone para el ego su fin.

Insistimos en que esto no supone un deprecio del preguntar legítimo. Tanto Heidegger como el Advaita reconocen que hay modos genuinos de preguntar. Ya hemos nombrado algunos: las preguntas inobjetivas por el *cómo* y por el *quién*. Y podemos añadir: también son fértiles, sea cual sea su formulación, las preguntas sinceras que surgen del dolor, las preguntas en las que todo el ser del que pregunta –y no sólo su *cogito/velle*– está en juego. Éstas ya no son preguntas del *ego* para su auto-conservación, sino preguntas que, si bien suponen aún la no trascendencia del ego, surgen desde más allá de él. A veces estas preguntas adoptan la fórmula "¿por qué?"; pero este "por qué" no es la búsqueda de un agarradero mental, sino la exclamación que surge de lo más auténtico del yo cuando, sumergido éste en el dolor, en la duda, en el sinsentido, etc., reclama la plenitud que presiente como su patrimonio esencial, como su origen y destino.

La duda creadora frente a "la hueca pasión por la duda" (Heidegger)
Comenzamos diciendo que el Advaita parte de un cuestionamiento radical de muchos supuestos que no suelen ser ordinariamente cuestionados. Que el Advaita no orbite en torno a la pregunta, sino en torno a la escucha de los presupuestos del mismo preguntar, no significa, por lo tanto, que rehuya la duda. Todo lo contrario. Si en Occidente la duda ha sido la base de la investigación científica, pero no de la investigación espiritual, en Oriente, por el contrario, la duda ha sido el punto de partida de toda indagación trascendente:

> (…) El cristianismo se basa en la fe, niega la duda, el escepticismo, el cuestionamiento. Estas cualidades se consideran propias del hereje. En la India y en el mundo asiático, la duda era uno de los fundamentos de la investigación religiosa (…) La mente india, la mente originaria, ponía énfasis en la duda. La duda [no como mero cuestionamiento formal, sino la duda real] con su claridad, con su inmensa vitalidad, limpia a la mente de sus ilusiones (…) Porque sólo mediante la duda puede alumbrarse a *Brahman*, no mediante la aceptación de autoridad alguna (Krishnamurti).[84]

Ahora bien, Krishnamurti no nos habla de la duda que tiene ya una dirección predeterminada, de la duda que busca un resultado, sino de la duda que no va seguida de una búsqueda y tiene la osadía de permanecer en sí misma; nos habla de la duda que permanece en la pregunta y que es una con ella –*cómo, quién*–, y no de la que se evade de sí en dirección a una respuesta –*qué, por qué*–.[85] Es ésta última la que Heidegger, en su crítica al pensamiento filosófico, calificará de "pasión destructora":
«Lo digno de ser preguntado es principalmente dado al pensamiento como aquello que se ha de pensar, pero de ningún modo es arrojado a la destrucción por una hueca pasión por la duda».[86]

La reconducción de la esencia humana: del yo hacia el Yo

«Sólo en la medida en que el ser humano se conciba a sí mismo
como animal racional, la metafísica, como afirma Kant,
pertenece a la naturaleza del ser humano. Pero si el pensamiento
lograra retornar al fundamento de la metafísica, podría darse un cambio
en la naturaleza humana, a la vez que una transformación de la metafísica.»
Heidegger[87]

«Abandone todas las preguntas excepto una: "¿Quién soy yo?" Al fin y al cabo, del único hecho del que está seguro es de que es. El "yo soy" es cierto. El "yo soy esto" no lo es. Luche por saber qué es en realidad.»

NISARGADATTA[88]

Según el Advaita, sólo hay una forma de alienación: vivenciarse como un yo separado, el olvido de Sí Mismo.[89] Sólo hay una forma de ignorancia: creer ser lo que no somos. Sólo hay una pregunta –todas las demás se reducen a ésta–: «¿Quién soy yo?». Sólo hay una respuesta a esta pregunta –que es la respuesta a todas las preguntas–: «Yo soy».

Como venimos diciendo, la experiencia inmediata de *Sat/Cit* no es una experiencia que el yo pueda alcanzar sin modificar su vivencia de sí y su estado ordinario de conciencia. El pensar *del* Ser es paralelo a una *metanoia* en la raíz misma del yo, al nacimiento de un nuevo ser humano; un nacimiento que no es un salto hacia un modo de ser entre otros posibles, sino un salto hacia lo que, más acá de toda modalidad particular de ser, las sustenta como su trasfondo y único en-sí.[90]

No se trata, pues, de que el hombre vea o conozca algo que previamente no veía o no conocía. Se trata, más bien, de que tenga lugar una transformación de su ser y de su visión (a ese nivel, ser es conocer), de que despierte a un nuevo modo de mirar que le permita ver lo que siempre vio, sin interferencias condicionantes, con una mirada que recrea el mundo desde su fuente en toda su originariedad, novedad y sorpresa.

En la luz de la Conciencia suceden todo tipo de cosas y no es necesario conceder una atención especial a ninguna de ellas. La visión de una flor es tan maravillosa como la visión de Dios. Dejémoslas ser. ¿Por qué recordarlas y después convertir el recuerdo en un problema? Sea suave con ellas; no las divida en altas y bajas, internas y externas, duraderas y transitorias. Vaya más allá, vuelva al origen, vuelva al Ser que siempre es igual sin importar lo que pase. La debilidad de usted se debe a la convicción de que usted nació al mundo. En realidad el mundo está continuamente recreado en usted por usted. Vea todo como emanación de la luz que es el origen de su propio ser. Descubrirá que en esa luz hay amor y energía infinitos (Nisargadatta).[91]

Básicamente, esta modificación radica en un abandono de lo que creíamos ser, en un dejar de imaginarnos, de identificarnos con cualquier atributo objetivo (una identificación que siempre es mental) para *simplemente ser*, en una relativización del centro vicario de auto-vivencia en el que el yo precisa auto-objetivarse para poder ser-funcionalmente-en-el-mundo:

> El desasimiento perfecto no persigue ningún movimiento (…) [no quiere] ni esto ni aquello; no quiere otra cosa que ser (Eckhart).[92]
> No le pido que deje de ser; no puede hacerlo. Sólo le pido que deje de *imaginar* que nació, que tiene padres, que es un cuerpo, que morirá, etcétera (Nisargadatta).[93]

Cuando el yo se reduce a ser lo que es –la posibilitación supraobjetiva de toda realidad objetiva– pierde su opacidad y deviene pura transparencia, puro vacío en el que todo es.[94] Descubre que «(…) no es ni una cosa ni algo separado. (…) es la potencialidad infinita, la posibilidad inagotable» (Nisargadatta).[95] El Yo es puro Ser (*Sat*), pura visión (*Cit*), sin que haya *alguien* que sea y que vea:[96]

> Enfocando la mente en el "Yo soy", en el sentimiento de ser, se disuelve el "yo soy esto y aquello"; lo que permanece es el "soy sólo el testigo" y eso también se sumerge en "soy todo". Entonces el todo se convierte en el Uno, y el Uno en el Sí Mismo, no separado de mí. Abandone la idea de un "yo" separado y la pregunta "¿quién experimenta?" no surgirá.
> P: Usted habla de su propia experiencia. ¿Cómo puedo hacerla mía?
> M: habla usted de mi experiencia como distinta de la suya porque usted cree que estamos separados. Pero no lo estamos. A un nivel más profundo mi experiencia es su experiencia. Indague profundamente en sí mismo y la encontrará fácil y simplemente. Vaya en la dirección del "Yo soy" (Nisargadatta).[97]

El Yo supraobjetivo no es *algo* absoluto desde lo que establecer referencias como las de dentro-fuera, antes-después, lejos-cerca, mío-tuyo, realidad mental-material, subjetiva-objetiva, trascendente-inmanente, etc. (aunque en el nivel relativo el yo-objetivo siga necesitando de estas ordenaciones). A este nivel, nada puede estar lejos o cerca, fuera o dentro, etc., pues no hay *nada* con relación a lo cual estar lejos-cerca, fuera-dentro, etc. Este Sí Mismo no relacionado con nada, este punto no dimensional que alumbra en sí toda dimensión, es un Sí Mismo único, es decir, es no-dual, ajeno a la posibilidad misma de cualquier confrontación. En palabras de Eckhart:

El que yo sea hombre, también otro hombre lo tiene en común conmigo; que vea y oiga y coma y beba, lo hace también el animal; pero lo que yo soy no le es propio a ningún hombre fuera de mí solo, ni de un ser humano, ni de un ángel, ni de Dios, a no ser en cuanto soy uno con Él; [ésta] es una pureza y una unidad. Todo cuanto obra Dios, lo obra en lo *Uno* como igual a Él mismo.[98]

Dios no ama nada a excepción de Sí Mismo y de aquello que se le asemeja (…) no ama nada en nosotros sino en cuanto nos encuentra en Él.[99]

Él es el único "Yo".[100]

Dios quiere siempre estar solo.[101]

Cuando Heidegger insiste en que la esencia del ser humano radica en el ex-stático habitar en la cercanía del Ser, está invitando a dar un salto desde la vivencia de sí como un yo-algo hacia lo Abierto/Nada, desde el hombre (animal racional auto-clausurado) hacia el *Da-sein*; *Da-Sein*, del que nos dice Heidegger en *Was ist Metaphysik* (*¿Qué es metafísica?*) que «significa sostenerse dentro de la Nada».[102] La esencia de esta apertura extática, afirmaba a su vez en su obra *Vom Wesen der Wahrheit* ("De la esencia de la verdad"), no es otra que la libertad (*Freiheit*). Según Nishitani, «sólo cuando el hombre ha sentido el abismo abierto en el mismo fundamento de su existencia, sólo entonces su subjetividad llega a ser subjetividad en el verdadero sentido de la palabra. Sólo entonces despierta a sí mismo como verdaderamente independiente y libre».[103] Sólo en el desfondamiento de la subjetividad auto-clausurada, ésta alcanza lo que de hecho fue la consigna que condujo a la entronización del sujeto moderno: el logro de la libertad y autonomía plena de la subjetividad.[104]

Del yo hacia el Yo, y del Yo hacia el yo

La realización de *Sat/Cit* supone el desenmascaramiento del ego y el abandono de la centralización del yo en torno a la vivencia mental de sí. Pero ello no conlleva la aniquilación del yo empírico, sino sólo la aniquilación de su auto-vivencia clausurada. El yo-empírico permanece como símbolo, como instrumento de expresión y de revelación del Ser y como *locus* (*Da-*) de su Auto-reconocimiento. La re-velación de que el yo-empírico (cuerpo-mente) no es el yo sino *en* el Yo, es posible precisamente porque *Ātman* puede tomar conciencia de sí en el *locus* del yo-empírico. A su vez, el retorno del yo hacia su Sí Mismo permite al yo-empírico ser instrumento puro de expresión y revelación de dicho Sí Mismo. En un sentido más amplio: el mundo se desvela como no siendo en sí, sino en el ámbito de *Cit*, y, a su vez, como el lugar privilegiado de Su auto-revelación. No hablamos por ello de un mero paso del yo al Yo, sino de una inmersión paralela del Yo en el yo (que es siempre un yo-en-el-mundo).

En expresión de Heidegger: el hombre no es sin el Ser; pero tampoco el Ser es sin el hombre. El hombre es en lo abierto del Ser; pero, a su vez, el Ser sólo puede hacerse eco de su verdad entre los entes en virtud del *Dasein*. El hombre permite el mostrarse del Ser: «Somos mostrando lo que se retira. (…) el hombre *es* el que muestra (…) Su esencia descansa en ser uno que muestra».[105] El *Dasein* es el lugar (*Da-*) en el que el Ser puede acontecer y emerger a la presencia como tal Ser. El Ser "necesita" la existencia humana (al hombre-en-el-mundo) para saber de sí como tal Ser y retornar conscientemente a sí mismo; para desplegar de modo objetivo su ser supraobjetivo y alumbrar, con ello, el mundo y la historia.

En otras palabras, la realización de la Identidad última, lejos de suponer la negación de lo relativo o la evasión frente a ello, es la máxima vinculación con lo relativo: la vinculación con todo desde el corazón de todo, y la certeza de que el despliegue de ese todo es el propio Sí Mismo en expresión. La iluminación advaita no es un fin, es el verdadero comienzo percibido de modo plenamente consciente como tal.

Sólo cuando el retorno a lo incondicionado se traduce en la máxima vinculación con lo condicionado puede hablarse de realización de la no-dualidad de lo real. La no-dualidad no excluye el mundo de la dualidad. El verdadero silencio no ahoga la palabra. La verdadera paz no excluye la lucha sino que la transfigura en danza.[106] Como ya señalamos, cuando el Yo realiza su carácter de nada-objetiva, es todo. El dilema Yo-mundo, trascendencia-inmanencia, etc., pierde todo sentido.[107]

Sólo cuando algo se consolida como un algo, surge la oposición. Sólo en el apego a una forma, surge la contra-forma. En el apego al mundo, se olvida su en-sí: el Vacío de la Conciencia. En el apego al Vacío, se olvida su rostro: el mundo. Pero el Vacío que excluye el mundo es tan "algo", tan objeto, tan relativo a la conciencia dual, como el mundo no alumbrado desde el Vacío:

> No persigas el mundo sometido a la causalidad. No te entretengas en una Vacuidad que excluye los fenómenos. Si el espíritu permanece en paz en el Uno, estas perspectivas duales desaparecen por sí mismas.
> (…) Si te arrancas del fenómeno, éste te engulle; si persigues el Vacío, le das la espalda (*Sin-sin-ming*).[108]

Sólo cabe hablar de realización de la no-dualidad en el logro de la síntesis –no dialéctica, sino no-dual– de lo incondicionado y lo condicionado, de lo infinito y lo finito. Tradicionalmente –y al margen de lo que han sido sus respectivas doctrinas no-duales, que se caracterizan precisamente por su invitación a trascender esta alternativa– hay en Oriente una nítida tendencia a asociar la perfección con lo infinito e indeterminado, y en Occidente, con su impronta griega, a asociar la perfección con lo limitado en el sentido de lo formalmente acabado y culminado. La integración cultural de Oriente y Occidente ha de pasar por la síntesis no-dual de estos dos puntos de vista, por vislumbrar que el retorno al Origen incondicionado se da en el mismo proceso por el que el yo y cada cosa expresa y culmina relativa y formalmente su peculiar perfección. La ausencia o exclusión de cualquiera de estos movimientos imposibilitaría por igual el modo de plenitud específicamente humana.[109]

Esta relación no-dual, bidireccional, es apuntada por Heidegger –repetimos– en su insistencia en que Ser y hombre no son propiamente dos términos de una relación, sino dos modos de aludir a un único ámbito de pertenencia; un ámbito de pertenencia que, para ser pensado, exige ir más allá de la caracterización metafísica (objetiva) del Ser y del hombre, en dirección hacia el Abismo infundado (*Ab-grund*). La naturaleza de este ámbito de pertenencia no-dual es tematizada por Heidegger, como pasaremos a ver, a través de dos de sus *Leitworte* o palabras-guía: *Lichtung y Ereignis*.

EL VACÍO DE LA CONCIENCIA PURA (*CIT*) O EL CLARO ABIERTO (*LICHTUNG*) DEL SER

Hemos visto cómo las contradicciones del pensamiento dual sólo pueden ser solventadas por una modalidad de conocimiento no-dual, no-relacional, no-objetivante, que respete lo conocido en su apertura o esencial supraobjetividad, lo cual sólo es posible si el sujeto remite el eje de su auto-vivencia a su propia supraobjetividad esencial. En nuestra exposición del Advaita hemos explicado en qué consiste esta forma de conocimiento, a través de la tematización de la noción de *Cit* (Conciencia pura).[110] Procederemos ahora a hacer una descripción sucinta de los rasgos básicos de esta noción decisiva, extraña en gran medida para los parámetros occidentales de pensamiento, poniéndola en relación con una noción heideggeriana: la *Lichtung* del Ser. Con ello no pretendemos sostener que ambas nociones tengan una referencia idéntica; sencillamente consideramos que hay entre ellas resonancias y analogías estructurales destacadas y que, por este motivo, pueden iluminarse mutuamente. Dejaremos que las citas hablen por sí mismas.

Para el Advaita:

– Todo es Conciencia:

> (…) La Conciencia es la realidad. Cuando a esa Conciencia se la asocia con *upādhis*, usted habla de conciencia de sí, inconciencia, subconciencia, superconciencia, conciencia humana, conciencia canina, conciencia arbórea, etc. El factor común e inalterable en todos ellos es la Conciencia (…) La piedra es tan inconsciente como usted lo es estando dormido (Ramana Maharshi).[111]

La realidad de lo real es Conciencia pura (*Cit*), es decir, es conocimiento puro:

> *Brahman* es Verdad, es Conocimiento puro (TU II.1.1).
> La Existencia Real es el Uno único que carece de conocimiento objetivo. Es el Conocimiento absoluto o la Conciencia absoluta (Ramana Maharshi).[112]

El conocimiento puro (*Cit*) es previo a la distinción entre conocedor, acto de conocer y objeto de conocimiento:

> «Los sabios comprenden la verdad suprema, en la que no existe distinción entre conocedor, objeto conocido y conocimiento; éste último es indiferenciado, trascendente, completo y absoluto» (*Vivecacūḍāmaṇi*).[113]
> Cuando la mente deja de imaginar, por la realización de la Verdad del Ser (*Ātman*), entonces la mente deja de ser mente y, al no tener más objetos que conocer, se libera del acto de conocer.
> El conocimiento no conceptual (*jñāna*), que es eterno, es inseparable de lo conocido (*Brahman*). Siendo *Brahman* el único objeto de conocimiento, el cual es eterno y sin cambios, concluiremos que el eterno es conocido por aquel que es él mismo eterno (Gauḍapāda).[114]

– *Cit* es no-dual, no intencional. Como la luz, es independiente de los objetos en los que se refleja:

Por sí mismo nada tiene existencia. *Todo necesita su propia ausencia.*
Ser es poderse distinguir, estar aquí y no allí, ser ahora y no luego, ser
así y no de otra forma. (…) Así como el agua sigue siendo ella misma
con independencia de las vasijas, así como la luz sigue siendo la misma
con independencia de los colores que produce, lo real sigue siendo independientemente de la condiciones en las que se refleja ¿Por qué mantener sólo el reflejo enfocado en la conciencia? (Nisargadatta).[115]
Esta apariencia de ausencia de conciencia [lo que consideramos lapsos
de inconsciencia, como, por ejemplo, el estado de sueño profundo] se
debe a la ausencia de objetos de conocimiento, pero no es debida a la ausencia de Conciencia. Así como la luz no se manifiesta cuando se extiende por el espacio debido a la ausencia de cosas en la que se pueda reflejar, pero no debido a su propia ausencia (Śaṅkara).[116]
(…) ¿Qué lo devuelve a la vida? ¿Qué le despierta a usted por la mañana? Debe haber algún factor constante que enlace los lapsos en la conciencia. Si lo observa cuidadosamente, encontrará que incluso su conciencia diaria ocurre en destellos, con lapsos interponiéndose todo el
tiempo. ¿Qué hay en los lapsos? ¿Qué puede haber sino su ser real que
es intemporal, para el cual el estar alerta y la desatención son uno? (Nisargadatta).[117]

– Ahora bien, ello no significa que la realización de la Conciencia pura,
puesto que es no-intencional, equivalga a un estado de vacío, en sentido
nihilista, o a un estado análogo al sueño profundo:

Lo Absoluto no ha de ser confundido con una suerte de vacío negativo
tal y como el que tenemos en el sueño profundo. En éste último no hay
cognición [aunque haya conciencia], mientras que en *Brahman* hay cognición pura (Radhakrishnan).[118]
Se debe observar el funcionamiento de la mente cuando está bajo control, es decir, cuando está libre de juicios y es capaz de discernimiento.
La condición de la mente durante el sueño profundo es diferente y no
debe confundirse con la anterior.
Porque la actividad mental se pierde durante el sueño profundo, pero no
es así cuando la mente está bajo control [no atrapada en sus propios condicionamientos mediante la identificación]. Una mente así está exenta
de miedo y llega a *Brahman*, la luz sin eclipses de la pura Conciencia
(Gauḍapāda).[119]
(…) La conciencia relativa desaparecerá durante la meditación. Eso no es
aniquilación, pues surge la Conciencia Absoluta (Ramana Maharshi).[120]

– *Cit* es la realidad y el factor intemporal de toda experiencia:

> Hay una luz por la que se ven las cosas. ¿Cómo se ve esa luz? (…).
> La mente funciona como luz y como objetos. Lo único que quedará será la luz si se la despoja de las cosas. Esa luz no es la prueba de su existencia [no necesita pruebas]. Prueba todo lo demás: la vista o la cognición son imposibles sin esa luz (Ramana Maharshi).[121]
> La respuesta no está en las palabras. Lo más cerca que puede llegar a decir con palabras es: Yo soy lo que hace posible la percepción. La vida tras el experimentador y su experiencia (Nisargadatta).[122]
> Los cambios son inevitables en lo cambiante, pero usted no está sujeto a ellos. Usted es el fondo no cambiante en el cual son percibidos los cambios (Nisargadatta).[123]
> Toda experiencia es necesariamente transitoria. Pero el cimiento de toda experiencia es inamovible (Nisargadatta).[124]
> Lo absoluto es la patria del percibir. Hace posible la percepción (Nisargadatta).[125]

– *Cit* es Auto-luminoso (*svaprakāṣa*), auto-evidente. Es la única Luz y fuente de toda luz. Todo lo que es y aparece en *Cit* no es auto-luminoso, y es conocido por y a la luz de *Ātman*:

> Aquello que es eterno, libre de ensueño y de ensueños, es una luz para sí mismo. Este Ser es, por su propia esencia, luminoso (Gauḍapāda).[126]
> (…) ¿dónde está la luz del hombre? (…) El Sí Mismo (*Ātman*), en verdad, es su luz (…) pues con el Sí Mismo/Ser, y a su luz, el hombre se sienta, se mueve, trabaja y retorna a su hogar (BU).[127]
> (…) Ahora, la luz que brilla en el alto cielo, en todas partes, sobre todas las cosas, en los mundos supremos que no conocen nada más alto, verdaderamente, ésa es la misma luz que [brilla] aquí, en el interior del hombre (ChU).[128]
> No brillan allí el Sol ni la luna ni las estrellas, ni brillan tampoco estos relámpagos, ¿de dónde entonces este fuego? Porque Eso brilla, todo esto relumbra. Con Su luz, todo este mundo se ilumina (KathU).[129]
> El término más apropiado que el lenguaje metafísico puede aplicar a *Brahman* es llamarlo "Luz", Luz consciente que es otro nombre del conocimiento (…) La luz consciente representa, lo mejor posible, el conocimiento de *Brahman* y sabemos que santo Tomás de Aquino se refería a Dios como el Sol inteligente (*Sol intelligibilis*) (M. Müller).[130]

Lo real no toma parte en ello [en el devenir de lo existente], pero lo hace posible dándole la luz (Nisargadatta).[131]

Siendo *Brahman* la única realidad auto-luminosa, más allá del Sol y de la luna, etc., todo lo que existe y brilla lo hace en virtud de la luz de *Brahman*. Él manifiesta todo y no es manifestado o percibido en virtud de ninguna otra luz (Śaṅkara).[132]

Cuando una persona quiere ver si en una habitación a oscuras hay un objeto, enciende una lámpara para buscarlo. La luz es necesaria para descubrir la presencia y la ausencia del objeto. La conciencia es necesaria para descubrir si una cosa es consciente o no. Si un hombre permanece en una habitación oscura, uno no necesita tomar una lámpara para encontrarlo. Él responde si se lo llama. No necesita una lámpara para anunciar su presencia. Por tanto, la conciencia es auto-luminosa (Ramana Maharshi).[133]

– Todo es conocido y visto a la luz de *Cit*, siendo *Cit* en sí mismo invisible:

(…) la luz de por sí ilimitada se ofrece bajo la forma del objeto que es iluminado y que oculta con sus rasgos exteriores a la luminosidad misma (…).[134]

En la inmensidad de la Conciencia aparece una luz, un puntito que se mueve rápidamente y traza formas, pensamientos y sentimientos, conceptos e ideas, como la pluma escribiendo sobre el papel. Y la tinta que deja una huella es el recuerdo. Usted es ese puntito y mediante su movimiento el mundo es siempre recreado. Deje de moverse y no habrá mundo. Mire dentro de sí y encontrará que el puntito de luz es el reflejo de la inmensidad de la luz en el cuerpo, como el sentido "Yo soy". Sólo hay luz, todo lo demás aparece.

P: ¿Conoce usted esa luz? ¿La ha visto?

M: Para la mente aparece como oscuridad. Sólo se puede conocer a través de sus reflejos. Todo es visto a la luz el día, excepto la luz del día (Nisargadatta).[135]

Lo intemporal conoce el tiempo, el tiempo no conoce lo intemporal. Toda conciencia está en el tiempo y para ella lo intemporal parece inconsciente. Sin embargo es lo que hace posible la conciencia. La luz brilla en la oscuridad. En la luz, la oscuridad no es visible (Nisargadatta).[136]

– Además de la imagen de la Luz, la Conciencia pura es también simbolizada en la tradición upanishádica con la imagen del espacio: el espacio de la conciencia simbólicamente caracterizado como espacio físico en el que acontece toda presencia y toda ausencia.

> Ese pequeño "espacio" del corazón es tan grande como el Universo. Los cielos y la tierra se encuentran en él con el relámpago, la luna y las estrellas. Todo lo que existe y no existe, está contenido en él (ChU, 8, 1). Debería tenerse en cuenta que, en el mundo interior, *Brahman* es Conciencia y, en el mundo exterior, *Brahman* es espacio (ChU 3,18-1).
> ¡No estoy en parte alguna que pueda ser encontrado! No soy una cosa a la que se da un lugar entre otras cosas. Todas las cosas están en mí, pero yo no estoy entre las cosas (Nisargadatta).[137]

– Un espacio que no es un lugar localizable sino una *apertura*. Una apertura que permite el paso de la luz:

> P: ¿(…) qué es el centro de la conciencia?
> M: Eso a lo que no puede dársele nombre ni forma, puesto que no tiene cualidades y está más allá de ella misma. Como un agujero que está en el papel y a la vez no es de papel, así es el estado supremo: está en la conciencia y a la vez más allá de ella. Es como si fuera una apertura en la mente, y a través de ella, la mente fuera inundada de luz. *La apertura no es ni siquiera la luz*. Es simplemente una apertura.[138]

– Este espacio –el lugar de todo lugar– es el verdadero y único hogar:

> (…) en realidad sólo está el Origen, oscuro en sí mismo, haciendo brillar todas las cosas. Imperceptible, causa la percepción. No tiene sentido, causa el sentimiento. Impensable, causa el pensamiento. No-siendo, da nacimiento al Ser. Es el fondo inmutable del movimiento. Una vez que usted está allí, se siente en casa en todas partes (Nisargadatta).[139]

* * *

A lo largo de la obra de Heidegger, las perspectivas de aproximación al Ser (*Sein*) y las caracterizaciones del mismo son múltiples. Más que a meros cambios de su pensamiento, esta diversidad se debe a (y está en armonía con) su consideración del Ser: con su naturaleza abierta, con su mostrarse siempre reteniéndose. En otras palabras: esta diversidad de aproximaciones viene a ser una forma de impedir su objetivación o cristalización en una única noción o caracterización, lo que supondría olvidarlo de nuevo. Una de estas nociones es *"die Lichtung"* o Claro abierto del Ser, una *Leitwort* que enfatiza, precisamente, este carácter abierto, inobjetivable e inapresable.

Se preguntaba Heidegger en su conferencia/ensayo *Das Ende der Philosophie und die Aufgabe des Denkens* (*El final de la filosofía y la tarea del pensar*): «¿qué clase de pensar es ése que no puede ser ni metafísica ni ciencia?; ¿cuál es esa tarea que se ha cerrado a la filosofía desde su comienzo –y precisamente por él–, y que se le ha escapado constante y progresivamente en lo sucesivo?».[140] Pues bien, según Heidegger, ese nuevo pensar y esa tarea pasan por alumbrar lo que ha quedado reservado y oculto al pensar metafísico, lo que la filosofía postsocrática no ha pensado aún, aunque se haya nutrido, sin saberlo, de sus mismas raíces: la *Lichtung* del Ser:

– La *Lichtung* del Ser es lo que permite toda aparición y desaparición, todo hacerse presente y todo ausentarse:

> (…) el camino del pensar –tanto especulativo como intuitivo– necesita de una *Lichtung* capaz de ser atravesada. Y en ella reside también la posibilidad del "aparecer", es decir, la posibilidad del estar presente de la presencia (*Anwesenheit*).[141]
>
> (…) *Etwas lichten* significa: aligerar, liberar, abrir algo, como, por ejemplo, despejar el bosque de árboles en un lugar. El espacio libre que resulta es la *Lichtung*. (…) la luz puede caer sobre la *Lichtung*, en su parte abierta, dejando que jueguen en ella lo claro con lo oscuro. Pero la luz nunca crea la *Lichtung*, sino que la presupone. Sin embargo, lo abierto no sólo está libre para lo claro y lo oscuro, sino también para el sonido y el eco que se va extinguiendo. La *Lichtung* es lo abierto para todo lo presente y lo ausente.[142]

– En la medida en que este hacerse presente es la posibilitación de toda relación dual de conocimiento, la *Lichtung* en sí es previa a esa y a toda otra dualidad:

> Dondequiera que algo presente sale al encuentro de otro, o permanece tan sólo frente a frente –e incluso donde, como en Hegel, uno se refleja especulativamente en el otro–, allí reina *ya* la apertura, un espacio libre está en juego. Y sólo esta apertura le permite también a la marcha del pensamiento especulativo pasar a través de lo que piensa.
> Llamamos a esta apertura, que hace posible el que algo aparezca y se muestre, *Lichtung*.[143]

– La Luz presupone la *Lichtung*, afirma Heidegger. El Vedānta, sin embargo, describe a *Cit* con la metáfora de la luz –aunque también utilice la imagen del espacio, o la de la apertura por la que transita la luz–. Ahora bien, hay que advertir que Heidegger entiende aquí por luz, la luz del conocimiento dual, la luz que proporciona la certeza racional o intuitiva, la luz que ilumina la re-presentación de una cosa. La luz de *Cit*, en cambio, es la luz que alumbra cada cosa en sí y desde sí misma, de modo previo a su ser para la representación o para la intuición:[144]

> Sin embargo, la filosofía no sabe nada de la *Lichtung*. Es verdad que habla de la luz de la razón, pero no se preocupa por la *Lichtung* del Ser. El *lumen naturale* de la luz de la razón alumbra tan sólo lo abierto. Sin duda que tiene relación con la *Lichtung*, pero contribuye tan poco a formarla que, más bien, necesita de ella para poder iluminar lo presente en la *Lichtung*.[145]
>
> De la misma manera que el pensamiento dialéctico-especulativo, la intuición originaria y su evidencia necesitan y suponen la apertura ya dominante, la *Lichtung*. Lo evidente es lo inmediatamente visible. *Evidentia* es la palabra con que Cicerón traduce, es decir, traslada al mundo romano, el griego ἐνάργεια (...): aquello que luce y brilla. En la lengua griega no se habla de la acción del ver, del *videre,* sino de lo que luce y brilla. Y únicamente puede brillar si hay ya una apertura: el rayo de luz no crea la apertura, la *Lichtung*, sino tan sólo la atraviesa. La apertura es la única que ofrece a un dar y recibir, a una evidencia, la libertad en la que pueden permanecer y tienen que moverse.[146]

– Ahora bien, también en ocasiones Heidegger acude a la imagen de la luz como sinónimo de *Lichtung* o como intrínsecamente asociada a la *Lichtung* del Ser (*Licht*, de hecho, significa luz, claridad), es decir, otorgando a dicha imagen un sentido análogo al que le otorga el Vedānta:

> Sólo esa luz nos ofrece y nos garantiza un tránsito al ente que no somos nosotros y una vía de acceso al ente que somos nosotros mismos.[147]

> φύσις [Heidegger alude en ocasiones a la *Lichtung* del Ser con el término griego *phýsis*], pensada como palabra básica, significa el brotar en lo abierto, el encender esa iluminación dentro de la cual es como algo puede ocurrir en absoluto, situarse en su perfil, mostrarse en su "aspecto" (εἶδος, ἰδέα), por tanto, estar presente en esto o en aquello. (...) (φύσις) es el surgir de la iluminación de la luz y, por tanto, el hogar

y la morada de la luz. (…) La claridad alumbra y es lo que da a todo aparecer lo abierto y a todo lo que aparece su perceptibilidad.[148]

Antes que todo lo real y que todo obrar está la Naturaleza (φύσις), incluso antes que los dioses. Pues ella, «más antigua que los tiempos» (Hölderlin), está también «por encima de los dioses del Occidente y del Oriente». *La Naturaleza no está, quizá, por encima de* "los" *dioses (…) como una esfera separada de lo real (…)*. La Naturaleza está sobre "los dioses" en el sentido de que ella es capaz de algo diferente que los dioses: *en ella, como la iluminación, es donde todo puede empezar a estar presente.* A la Naturaleza llama Hölderlin lo sagrado, porque es «más antigua que los tiempos» y «está por encima de los dioses».[149]

– La *Lichtung* no puede representarse objetivamente. Su naturaleza es supraobjetiva:

> Es necesario que el pensar tenga en cuenta lo que aquí acaba de llamarse *Lichtung*. No se trata, como fácilmente podría parecer en un primer momento, de sacar de simples palabras (de *Lichtung*, por ejemplo) meras representaciones.[150]
>
> *Erudito*: (…) no puede representarse [la *Lichtung* o Libre Amplitud] en absoluto, en la medida en que es por la representación por lo que todo ha llegado ya a ser un objeto que está puesto a nuestro encuentro en un horizonte.
>
> *Investigador*: Entonces, ¿tampoco podemos describir propiamente lo que hemos nombrado?
>
> *Profesor*: No. Toda descripción debería presentárnoslo como objeto.[151]

– Siendo lo más resplandeciente –y por serlo–, es lo más evasivo:

> El Ser del ente es lo más resplandeciente y, sin embargo, lo común es que no lo veamos en manera alguna, y cuando ocurre, sólo a duras penas.[152]

– Sólo desde lo abierto de la *Lichtung* cabe acceder al en-sí de cada realidad, de cada cosa. Ella misma es el único en-sí. Ella es, en propiedad, lo único que realmente es:

> Todo pensar bajo la forma de filosofía que, expresamente o no, sigue la llamada "a la cosa misma" (*zu den Sachen selbst*) se confía ya, en su

marcha, con su método, a la libertad de la *Lichtung*. En el centro del ente en totalidad existe un lugar abierto que es un claro. Pensado desde el ente, es más existente que el ente (…). El ente sólo puede ser, en cuanto ente, si está dentro y más allá de lo iluminado por esa luz.[153]

– Todo es en ella:

> Según esto, quizá un día el pensamiento no se asuste ante la pregunta de si la *Lichtung* –lo abierto libre– no sea precisamente aquello en lo que el espacio puro y el tiempo estático, y todo lo presente y lo ausente en ellos, encuentren el lugar que reúne y acoge todo.[154]

– Y ella no es en nada (nada determinado):

> Lo Abierto es mediador en las relaciones entre todo lo real. (…) Sin embargo lo Abierto mismo, que es lo que da a toda correlación y correspondencia el ámbito en el que se pertenecen, no surge de ninguna mediación. Lo Abierto mismo es lo inmediable, lo inmediato.[155]

– Ese lugar de todos los lugares es el verdadero y único hogar:

> E: (…) lo que usted denomina "comarca" (*Gegend*) es aquello mismo que primeramente concede todo alojamiento. (…) Usted habló de "una" comarca en la que todo retorna a sí. Una comarca para toda cosa no es, en sentido riguroso, una comarca entre otras, sino la comarca de todas las comarcas.
> P: Tiene usted razón; se trata de *la* comarca.[156]

> Cuando se despierte en nosotros (…) la apertura al misterio [la *Lichtung* o lo Abierto del Ser], entonces podremos esperar llegar a un camino que conduzca a un nuevo suelo y fundamento.[157]

– Es la Nada en la que todo es, pero sin que por ello reduzca todo a lo indistinto; es, por el contrario, lo Uno que sostiene, funda y mantiene como tal toda diferencia. Dirá Heidegger en sus comentarios a la poesía de Hölderlin:

> Χςος significa, ante todo, lo que se entreabre, el abismo abierto, lo abierto que se abre en primer lugar, en que todo queda devorado. El abismo rehúsa toda base para algo diferenciado y fundamentado. Y por

eso, el Caos, para toda experiencia que conoce sólo lo mediato [para la mente dual], parece lo que no tiene distinciones siendo así lo meramente confuso. Lo "caótico" en tal sentido es, sin embargo, sólo el desvío de lo que quiere decir "Caos". Pensado a partir de la *phýsis*, el Caos permanece siendo ese abrirse abismal, desde lo que se abre lo abierto, *para deparar a todo lo diferenciado su presencia delimitada* (...) El Caos es lo Sagrado mismo. Nada va por delante de esa apertura, sino que siempre entra en ella.[158]

Los campos de conciencia

Considerado en sí mismo, *Cit* está más allá de todos los niveles y de todos los estados. Pero relativamente se expresa en niveles graduales de conciencia que reflejan, analógicamente, la naturaleza no-dual de *Cit* a través de la esencial indisociabilidad que se da en estos niveles entre sujeto y objeto, entre ser y conocer.

Estos niveles o campos de conciencia son, afirma R. Panikkar, los equivalentes homeomórficos de los "conceptos" de la filosofía occidental, entendiendo por "campo de conciencia":

> una cierta inteligibilidad que se presenta a la conciencia y que nos introduce en un nuevo estadio de la realidad (...) Campos del ser y campos estables, aunque no perecederos ni inmutables. Son complejos inteligibles, estados estables y cristalizaciones de experiencias colectivas capaces de verificación y de falsación con métodos válidos, surgidos de estos mismos campos (...) [son] campos ontológicos.[159]

> [En la filosofía índica] no se manejan conceptos como entidades algebraicas (...) sino que se van describiendo campos de conciencia a los que, se dice, también podremos llegar si nos preparamos adecuadamente para ello; se nos quiere descubrir un nuevo mundo y no algo ya implícito en lo que ya sabíamos, hacernos llegar a una experiencia que hasta entonces parecía inexistente. El pensar aquí no es una profundización de lo contenido en el concepto o sus relaciones, sino una exploración y aún un descubrimiento de un nuevo mundo al que sólo se entra por la ascensión lenta y difícil de una ascesis tanto mental como cordial, que muchas veces incluye lo corporal y lo social. No se nos describen conceptos, sino campos ontológicos que no pretenden ser quimeras subjetivas sino nuevas dimensiones de la realidad a las que también puede ascender el ser humano. De aquí el papel primordial de la experiencia.[160]

La filosofía opera con conceptos mentales supuestamente independientes de las particularidades del sujeto que los concibe, y opera con dichos conceptos, deductiva o inductivamente, con el fin de alcanzar ciertas conclusiones que proporcionen certeza. Los conceptos son "utilizados" por el sujeto (la filosofía como conocimiento instrumental o calculador) con miras a un fin extrínseco al acto de conocer en sí: la verdad concebida de modo objetivante, como un enunciado judicativo, y vivida subjetivamente como certeza del *cogito*.

Para las enseñanzas no-duales no es ése el modo en que acontece el genuino conocimiento de la realidad. El conocimiento de lo real es un proceso creciente de inmersión en ella, no cuantitativo ni horizontal, sino cualitativo y vertical, que tiene lugar a la par que una profunda modificación del cognoscente. Esta modificación es literalmente co-creadora, pues abrirá y alumbrará campos ontológicos nuevos, que ya estaban ahí pero de los que no se había sido partícipe conscientemente.[161] La exposición sucinta que presentamos con relación a la dinámica gradual del crecimiento de la conciencia nos puede aportar luces respecto a lo que queremos decir. Poniendo dos ejemplos elementales: la realidad percibida por el niño y la del adulto son muy diferentes; o también: el que despierta, el que pasa del sueño a la vigilia, transita, literalmente, a un mundo diferente y es, literalmente, un yo empírico diferente. Pues bien, para las tradiciones orientales no-duales, más allá de nuestros niveles ordinarios y habituales de conciencia, hay estados y niveles ontológicamente superiores de ser/conocer (pertenecientes a lo que el Advaita denomina niveles sutiles y causales de realidad)[162] que para el sujeto que no ha realizado la praxis existencial necesaria sencillamente no existen, como no existe el mundo visible para el ciego de nacimiento. El conocedor, el conocer y lo conocido forman un campo unificado no sólo en el nivel de la Conciencia última, el campo más allá de los campos, sino también en los niveles de ser/conciencia relativos. El hombre no conoce con una de sus dimensiones (la mental), conoce todo el hombre como ser-en-el-mundo, y ese conocimiento transforma, a su vez, el ser del hombre y su mundo propio.

El filósofo ha pretendido, con demasiada frecuencia, conocer una realidad supuestamente objetiva y única, con el "instrumento" de su razón, sin modificarse a sí mismo, sin preguntarse previamente –poniéndose en juego en esa pregunta–: "¿quién soy yo?". El rigor de su conocimiento es medido por las reglas de la lógica y ponderado por el "sentido común". Para el Advaita, la veracidad del conocimiento no es un problema, porque cada conocimiento siempre es verdadero en relación con los parámetros del mundo en que dicho conocimiento se desenvuelve, es decir, en relación con el nivel de identidad y de conciencia de quien conoce. Por ejemplo, un sueño es, en sí mismo –en relación con los parámetros del propio sueño, dentro del nivel de conciencia específico del soñador– verdadero. Ahora bien, en un sentido "vertical", considerando otros niveles posibles de conciencia, sí cabe hablar de un criterio de riqueza y veracidad ontológica crecientes, definido por toda una descripción tradicional y compartida de los diversos estados de conciencia y de los mundos ontológicos graduales que éstos alumbran, los cuales culminan en la experiencia del mundo alumbrado en y desde más allá de cualquier perspectiva relativa. Esta experiencia es absolutamente cierta y fuente de toda otra certeza, verificable para todo aquel que realice la praxis adecuada, unánimemente descrita por la comunidad de quienes han accedido a ella y, en sí misma, tan compartible, irrefutable e irreductible como en el ámbito de la experiencia ordinaria pueda serlo la experiencia perceptiva de un sonido o de un color, o más aún.

El avance hacia diversos y más amplios niveles de conciencia no describe un movimiento dirigido hacia un "más allá" al modo platónico, sino un ahondamiento creciente en lo Mismo (*das Selbe*) que permite que eso Mismo nunca sea lo igual (*das Gleiche*), un ahondamiento en un ser/conocer cada vez más descondicionado, abierto y originario. Un ahondamiento que, aunque lo describamos como gradual, se da más bien al modo de saltos sin solución de continuidad que culminan en el salto absoluto hacia lo Absoluto: un salto que ya no va hacia ninguna parte, sino que las reintegra a todas.

De lo aquí expresado se deriva el ya señalado carácter a-dogmático del conocimiento de la realidad así entendido: es intraducible a consignas, principios o doctrinas objetivas,[163] pues «esta experiencia es inefable (…) no incide directamente en la cosa [en contenidos objetivos], sino en la luz que permite ver y transforma a la vez las cosas de una determinada manera».[164]

Según R. Panikkar, la atención que el pensamiento occidental ha prestado, no a las cosas como mostraciones del Ser, sino a los conceptos, es uno de los rostros del olvido del Ser. Los conceptos no desvelan al Ser, lo sustituyen vicariamente; pretenden alumbrar lo real sin que el sujeto haya pasado por la iniciación experiencial que ello requiere. El Ser deviene una realidad abstracta, no creadora, no transformadora, no radicalmente íntima. A su vez, considera R. Panikkar, «los estados de conciencia nos despiertan de tal olvido».[165]

Recordemos lo que apuntamos con relación a la pregunta, tantas veces planteada a Heidegger, de por qué no escribía una "ética". Una ética que no quiera ser antropocéntrica, dijimos, no puede ser una disciplina autónoma. Pues bien, de lo que venimos mostrando se deriva, de modo similar, que ninguna gnoseología genuina puede constituirse como un saber autónomo, sino que ha de ser, estrictamente, metafísica (en el sentido no-heideggeriano del término), pues ya no se ocuparía meramente del conocer sino, ante todo, del acontecer del Ser.[166]

Lichtung *y Verdad (*A-létheia*) del Ser*

Según Heidegger, la filosofía ha concebido la verdad, básicamente, como adecuación (*ad-aequatio*) entre el conocer y lo conocido, entre la cosa representada y su representación (*veritas = adaequatio rei et intellectus*), una concepción dualista de la verdad paralela a la concepción dualista, re-presentante, del conocimiento.

Para la perspectiva advaita, la verdad, en su sentido más originario, no dice relación a la mente. En la medida en que hay un alumbramiento o apertura de lo real previo al alumbrar específico de la razón o de la intuición, la verdad es anterior a toda referencia relativa a las facultades de conocimiento. La Verdad es una con la Realidad misma, la cual, a su vez, es una con el puro Conocer. El término sánscrito más frecuente para aludir al alemán "*Wahrheit*" y al castellano "verdad" es "*satya*", y este término significa: lo que tiene relación [afinidad con] el Ser.[167]

Utilizando una distinción de R. Panikkar, mientras el pensar occidental *re-presenta*, la forma propia del pensar índico es la *presentación*:

> La forma (…) característica del pensar índico es la presentación. El pensar nos presenta, nos asienta la realidad en nuestro regazo, por así decir, nos presenta las cosas mismas, no ya poniéndolas delante de nuestra mente (lo que sería ya representación), sino haciéndonos participar en ellas, jugando con ellas, podríamos añadir, teniendo en cuenta la gran importancia del juego (*līlā*) en la cultura índica. La verdad no está en el intelecto, sino en las cosas mismas. El verdadero conocimiento no es el espejo fiel de lo que es, sino la misma identificación con lo que es. El mundo del filósofo no es el mundo de la mente, sino el mundo real; él es quien está presente en la realidad puesto que se ha identificado con ella.[168]
>
> (…) estamos, por ejemplo, delante de un árbol en flor, y el árbol está ante nosotros. Se nos presenta. El árbol y nosotros nos presentamos el

uno al otro, por estar el árbol ahí y nosotros frente a él. (…) Este presentarse no tiene nada que ver con "representaciones" que estén divagando en nuestra cabeza (Heidegger).[169]

El pensador, el *jñānin*, no aprehende la realidad, la co-crea, la alumbra en su pensar; pensar que, a su vez, no es suyo, sino el mostrarse mismo de lo real en y a través del hombre.

Para Heidegger, el pensar dual y la verdad como *adaequatio* son acepciones derivadas del conocimiento y de la verdad. El conocimiento originario es el mostrarse o presentarse de lo real en el pensar humano. La verdad originaria o *Alétheia* es esa apertura –en la que se da la mutua pertenencia de Ser y pensar– arraigada en una ocultación: el mostrarse objetivamente y desplegarse mundo de lo siempre inobjetivable, de lo que en sí siempre se oculta. Heidegger, como tuvimos ocasión de ver, utiliza también la noción de *Lichtung* (Claro, Libre Apertura) para apuntar a esta verdad más originaria:

> Hemos de pensar la *Alétheia*, el no-ocultamiento, como la *Lichtung* que permite al Ser y al pensar el estar presente el uno para el otro. El tranquilo corazón de la *Lichtung* es el lugar del silencio, en el que se da la posibilidad del acuerdo entre Ser y pensar (…).[170]
>
> En la medida en que se entienda "verdad" en el sentido "natural" tradicional, como la concordancia probada ónticamente entre el conocimiento y el ente [*adaequatio*] y, en la medida en que se la interprete también como la certeza [*certitudo*] del saber sobre el Ser, la *Alétheia*, el no-ocultamiento como *Lichtung*, no podrá ser equiparada a la Verdad. La *Alétheia* -el no-ocultamiento pensado como *Lichtung*- es más bien lo único que permite la posibilidad de la verdad. Pues ésta -igual que Ser y pensar- sólo puede ser lo que es en el elemento de la *Lichtung*. La evidencia y la certeza en todos sus niveles, cualquier clase de verificación de la *veritas*, se mueven ya con ella en el ámbito de la *Lichtung*.[171]

En relación con esto último –el carácter previo de la verdad originaria y no-dual (en la que Ser y pensar son uno y lo mismo) a todo proceso dual de verificación (que tiene como medida la *ratio* humana) y a toda búsqueda dual de certeza (que también tiene como referencia última a la *ratio* entendida como *velle*: la voluntad de asegurar)–, es muy elocuente el siguiente extracto de uno de los diálogos de Nisargadatta, que consideramos oportuno reproducir a pesar de su extensión (algunas partes del mismo ya han sido citadas):

P: (…) ¿puede ser encontrada la verdad?

M: ¿Dónde está la morada de la verdad para que pueda usted ir a encontrarla? ¿Y cómo sabrá que la ha encontrado? ¿Qué muestra traerá usted para examinarla? ¿Cuál es la prueba de la verdad? Debe haber algo incorrecto en la pregunta misma, puesto que tiende a repetirla una y otra vez. ¿Por qué pregunta cuáles son las pruebas de la verdad? ¿No es debido a que usted no conoce la verdad de primera mano y teme ser engañado? Imagina que la verdad es una cosa que lleva el nombre de "verdad" y que es ventajoso tener, siempre y cuando sea genuina. De aquí su temor a ser engañado. Usted sale a comprar la verdad pero no confía en los comerciantes. Teme las falsificaciones e imitaciones.

P: No temo ser engañado, temo engañarme a mí mismo.

M: Pero se está engañando a sí mismo al ignorar sus verdaderos motivos. Está pidiendo la verdad, pero de hecho meramente busca comodidad [seguridad, *certitudo*], la cual quiere que dure para siempre. Pues bien, nada, ningún estado de la mente puede durar para siempre. En el tiempo y en el espacio siempre hay un límite porque el tiempo y el espacio mismo son limitados. Y en lo intemporal las palabras "para siempre" no tienen sentido. Ni tampoco "la prueba de la verdad". En el dominio de la no-dualidad todo es completo, su propia prueba, significado y propósito. Donde todo es uno no se necesitan soportes. Usted imagina que la permanencia es la prueba de la verdad, que lo que dura más de algún modo es más verdadero. El tiempo se convierte en la medida de la verdad. Y puesto que el tiempo está en la mente, la mente deviene el árbitro y busca dentro de sí misma la prueba de la verdad: ¡una tarea totalmente imposible y sin esperanza!

P: Señor, si usted dijera: nada es verdad, todo es relativo, estaría de acuerdo con usted. Pero usted mantiene que hay una verdad, una realidad, el conocimiento perfecto, por lo tanto pregunto: ¿Qué es ello y cómo lo sabe usted? (…)

M: Usted se está aferrando a la necesidad de una prueba, un testimonio, una autoridad. Sigue imaginando que la verdad necesita ser señalada y que le digan a usted: «Mire, aquí está la verdad». No es así. La verdad no es el resultado de un esfuerzo, el final de un camino. Está aquí y ahora, en el propio anhelo y en la búsqueda de ella. Está más cerca que el cuerpo y la mente, más cerca que el sentido "Yo soy". Usted no la ve porque mira demasiado lejos de sí mismo, fuera de su ser más íntimo. Ha objetivado la verdad e insiste en sus pruebas y análisis estereotipados, que sólo se aplican a las cosas y a los pensamientos.

P: Todo lo que puedo sacar de lo que usted dice es que la verdad está más allá de mí y que no estoy calificado para hablar de ello.

M: No sólo está calificado, sino que usted es la verdad misma (…).

P: Parece usted decir: no pida pruebas de la verdad. Preocúpese sólo de lo no verdadero.

M: El descubrimiento de la verdad está en discernir lo falso. Puede conocer lo que no es. Lo que es, sólo puede serlo. El conocimiento es la contrapartida de la ignorancia. Donde no hay ignorancia, ¿dónde está la necesidad de conocimiento? (…).[172]

La verdad no es un premio por el buen comportamiento ni la recompensa por pasar algunas pruebas. No puede ser conseguida. Es la fuente remota, innata, primaria, de todo lo que existe. Usted tiene derecho a ella porque usted es. No necesita merecer la verdad. Le pertenece. Sólo cese de alejarse al correr tras ella.[173]

Māyā: *La relación entre Ser (*Sein*) y apariencia (*Schein*)*

La noción originaria de verdad –*alétheia, Lichtung*– evidencia la esencial unidad, la interna articulación, de ocultamiento y mostración. Tanto para Heidegger como para el Advaita, la patencia objetiva del Ser arraiga en su ocultamiento:[174]

P: ¿Qué relación hay entre el Ser (*Ātman*) y lo Supremo (*Paramātman*)?

M: Desde el punto de vista del Ser, el mundo es lo conocido; lo Supremo, lo Oculto o Desconocido. Lo Desconocido da nacimiento a lo conocido y, a la vez, sigue siendo lo Desconocido. Lo conocido es infinito, pero lo Desconocido es una infinitud de infinitos. Así como un rayo de luz nunca es visible hasta que es interceptado por unas motas de polvo, así lo Supremo hace que todo sea conocido, permaneciendo ello mismo desconocido.

P: ¿Significa que lo Desconocido es inaccesible?

M: ¡Oh, no! Lo Supremo es lo más fácil de alcanzar, puesto que es el propio ser de usted (…) (Nisargadatta).[175]

Esta concepción de la verdad que aúna el ocultamiento y la mostración nos habla de una relación esencial entre el Ser y la apariencia. Precisamente porque el Ser se muestra en el mismo movimiento por el que se oculta como tal Ser, siempre cabe el peligro de que la patencia de lo mostrado encubra lo oculto y encubra, a su vez, dicho encubrimiento. En expresión de Heidegger: allí donde el Ser esencializa como aparentar o parecer-externo (*Vor-schein*) surge el peligro de que la apariencia (*Schein*) degenere en apariencia encubridora (*Anschein*).[176]

El pensamiento índico ha querido dar cuenta de esta relación entre Ser y apariencia con su noción de *māyā*. Como afirma S. R. Gupta, carece de todo fundamento la interpretación demasiado habitual que se hace de Śaṅkara, según la cual éste sería un filósofo quasi-platónico o un metafísico esencialista que separa radicalmente el Ser de la apariencia (*māyā*), la verdad absoluta de la verdad relativa.[177] El no-dualismo shankariano supone precisamente la superación de esta dualidad y de toda otra dualidad. Recordemos al respecto las palabras ya citadas de Nisargadatta: «(…) la evidencia de *Brahman* es *māyā*».[178] Dirá García Bazán explicando el pensamiento de Śaṅkara:

> (…) los seres, debido a su inadecuación expresiva inherente, al mismo tiempo que manifiestan al *Brahman*, también lo ocultan, porque lo revelan como lo que no es. Por otra parte, la correspondencia de esta misma realidad ontológica debilitada la encontramos en la relación silencio/lenguaje, ya que el juicio (…) no se puede proferir sin emplear la atribución, sin dividir, por lo tanto, y atribuir el resultado de la operación separadora a lo indiviso. Según lo dicho, en el mero hecho de ser producto, junto con la subordinación [no-dual] necesaria al Principio, se da también al mismo tiempo su forzoso ocultamiento.[179]
>
> (…) el hombre, por lo tanto, si bien está inmerso en esta ilusión de carácter ontológico (el "misterio de *māyā*") y puede colaborar en su desarrollo no purificándose de ella, no es, por lo que queda dicho, su fuente última. (…) él no es el creador de *māyā*, él, como los demás seres que constituyen la escala de la existencia, por su propia estructura antropológica ya está en ella (…) que no es individual, sino universal.[180]

De *māyā* puede afirmarse, pues, lo que Heidegger nos decía con relación al olvido del Ser: no es un hecho explicable en términos exclusivamente antropológicos, psicológicos o gnoseológicos. *Māyā* es la potencia creativa de *Brahman* (*śakti*) que hace posible la manifestación del mundo a partir de una dualidad inicial; dualidad ante la que se oculta la originaria no-dualidad de lo real. La dualidad es la raíz tanto de la manifestación del Ser como de su olvido (*māyā*, como el aparecer deviniendo apariencia en tanto que aparentar). *Māyā* tiene, por consiguiente, raíz ontológica; en otras palabras: todo, también *avidyā*, la ignorancia o el olvido del Ser, es destino del Ser.

El atenimiento a lo dado, a un mundo clausurado compuesto de partes igualmente clausuradas y relacionadas sólo por influencias extrínsecas de causalidad; el atenimiento a lo dado que hace del yo una realidad

limitada y separada, y de Dios un Ente supremo causa del mundo; el atenimiento a lo meramente dado, sea cual sea la forma que éste adopte, no
tiene su raíz en el ser humano, no es un hecho que deba en sí mismo ser
caracterizado como malo, inadecuado, etc., pues su raíz es ontológica.
(Es esta certeza la que hace que el *jñānin* sea ajeno a declaraciones de
pesimismo u optimismo, preocupación "justa" o indignación ante lo que
es).

Tanto para Heidegger como para el Advaita, el olvido del Ser es un destino del Ser porque es la forma exterior que adopta el ocultamiento que
le es intrínseco.[181] Para Heidegger, en la historia del pensamiento occidental, el cumplimiento de esta posibilidad –la de que el aparecer devenga apariencia en un olvido de lo oculto de donde procede toda manifestación– acontece con Platón.[182] Según Heidegger, recordemos, lo que
cuenta para Platón es el aparecer de la presencia: el Ser no es lo que está
siempre apareciendo sin agotarse en su aparecer, sino lo aparecido de
una vez para siempre, el *eidos* ajeno al devenir. La apariencia es disminuida, es considerada sólo en su superficie o exterioridad: en tanto que
se ofrece a una visión. Se olvida la fuerza imperante que permanece en
lo presente posibilitándolo como tal. Se olvida que Ser/devenir, lo obje-
tivo/lo supraobjetivo, lo mostrado/lo oculto, etc., son dimensiones indi-
solubles sustentadas en la no-dualidad última de lo real. La unidad originaria, la "lucha" heraclitana de ser y apariencia, reposo y movimiento,
mundo sensible y mundo inteligible… se pierde de vista. La idea, el Ser,
el reposo, etc., se consideran lo real, lo opuesto dualmente a la irrealidad
del mundo sensible y aparente del devenir. La sofística, la filosofía
como instrumento de poder a través de la habilidad en el manejo de la
apariencia, aunque haya pasado por la postura antipódica al planteamiento platónico, le es, en este punto, afín: ambas comparten la devaluación de una apariencia, que ya no es reveladora, por haber sido desvinculada del Ser.

MÁS ALLÁ DE DIOS: "LO SAGRADO (*DAS HEILIGE*) O LA AUSENCIA DE LOS DIOSES IDOS" (HEIDEGGER)

«Todo cuanto el conocimiento puede aprehender y el anhelo puede desear,
no es Dios. Ahí donde terminan el conocimiento y el anhelo,
ahí está oscuro, ahí luce Dios.»
ECKHART[183]

Tras la tematización comparativa de la noción heideggeriana *"Lichtung"*, y antes de adentrarnos, como anunciamos, en el *Leitwort "Ereignis"*, ahondaremos –pues puede ser una introducción adecuada a esta última noción– en lo que el Advaita y Heidegger consideran la naturaleza de Dios y de lo sagrado.

Ya desarrollamos en el capítulo "Las contradicciones de la conciencia objetiva" dónde radican los límites de la noción de Dios a la que accede la conciencia dual. El saber en Occidente, decíamos, se ha sustentado básicamente en el conocimiento racional y en la fe en una revelación teísta. En otras palabras: se ha sustentado básicamente en un paradigma dualista. En lo que a la fe teísta se refiere, hablar de la superación del dualismo parece equivaler, para el creyente, a la superación de la distancia entre el creador y la criatura que cimenta toda su fe.[184] Esto es inevitable cuando se considera que la alternativa al dualismo es el monismo (el panteísmo), un monismo que nivelaría Dios y lo creado y negaría su trascendencia. Pero, como hemos reiterado, monismo y dualismo constituyen los términos de un dilema que se sustenta en la idiosincrasia de la conciencia objetiva. La perspectiva no-dual supera dicho dilema. Así, no niega la relación Dios-criatura; la respeta en su nivel, si bien otorgándole un trasfondo que transfigura dicha relación y le permite superar su carácter alienante y dilemático. Sólo la perspectiva no-dual permite alumbrar el en-sí de Dios y permite superar el carácter demasiado humano de un Dios que sólo es tal para la mente y la voluntad dual, sin con ello negar el carácter radicalmente "otro" de ese Dios con respecto a la criatura en tanto que tal criatura; al contrario: posibilitándolo. Sólo la no-dualidad funda la verdadera trascendencia (la trascendencia para la mente y voluntad intencionales es imposible); y sólo la no-dualidad alumbra la verdadera inmanencia: pues ese Dios puede dejar de ser un "otro" en el mismo movimiento por el que la criatura se sabe más que criatura.[185] Prueba de esta inmanencia radical es que, a este nivel, la posibilidad de la duda, de las "crisis de fe", etc., carecen de todo sentido porque toda disociación desaparece. Nadie duda de Sí Mismo:

«Soy tan grande como Dios: Él es tan pequeño como yo. Él no puede estar por encima de mí, ni yo por debajo de Él» (Angelo Silesio).[186]

De aquí la distinción que las enseñanzas no-duales presentes en la tradición cristiana, de la que Eckhart es un referente privilegiado, han establecido entre Dios (*Gott, deus*) y la Supradeidad (*Gottheit, deitas*), el desierto de lo divino o el Abismo de Dios, como modo de evitar la objetivación de lo divino y de respetar su carácter último supra-relacional.

La esencia de Dios radica más allá del Dios personal que dice relación a la criatura. Esta esencia no es ya "algo", sino "Nada". Es el Abismo, el fundamento infundado, el Sí Mismo de Dios en el que el hombre se abisma cuando se adentra en lo más radical de sí, el Abismo en el que el hombre y Dios dejan de ser en sí para alcanzar su último y único Sí mismo:

> El hombre es la esencia divina y la esencia divina es el hombre.[187]
> (…) hay un algo en el alma en cuyo interior vive Dios, y hay un algo en el alma donde el alma vive en Dios.[188]
> «En verdad, tú eres el Dios escondido» (Isaías 45, 15) en el fondo del alma, allí donde el fondo de Dios y el fondo del alma son un solo fondo (Eckhart).[189]

El hombre no ha de unirse a Dios, sino reconocer que ya es de hecho uno con Él en su mismo centro: allí donde el hombre ya no es una criatura sino un Yo increado, el único Yo. Allí donde Dios y el hombre son *bildlos*: carecen de imagen.

> Hay una potencia en el alma, y no sólo una potencia, sino [una] esencia, y no sólo [una] esencia sino algo tan desligado de [la] esencia… esto es tan acendrado y tan elevado y tan noble en sí mismo que ninguna criatura puede entrar sino sólo Dios que mora ahí. ¡Ah!, sí, [lo digo] con plena verdad: Dios mismo no puede entrar, tampoco, en cuanto tiene modo de ser, ni en cuanto es sabio, ni en cuanto es bueno, ni en cuanto es rico. ¡Ah!, sí, Dios no puede entrar ahí con ningún modo [de ser]. Dios puede entrar ahí sólo con su desnuda naturaleza divina (Eckhart).[190]
> P: ¿Está su hogar en Dios?
> M: Amar y adorar a un dios también es ignorancia. Mi hogar está más allá de toda noción, por sublime que sea.
> P: ¡Pero Dios no es una noción! Es la realidad tras la existencia.
> M: Puede usar cualquier palabra que guste. Sea cual sea lo que pueda pensar, yo estoy más allá de ello (Nisargadatta).[191]

Tras lo dicho se comprende por qué toda doctrina no-dual es ajena a dilemas tales como el dilema teísmo-ateísmo. Así, para el Advaita, *Para Brahman,* más allá del Ser y del No-ser, no existe, no es "algo" que es. Como afirma Radhakrishnan: «El problema de la religión se plantea en términos de si Dios existe. Para Śaṅkara, lo real se opone a lo existente; lo real no existe, lo existente no es real».[192]

* * *

Sólo a partir de la verdad del Ser –sostenía Heidegger– puede pensarse la esencia de lo sagrado. Sólo desde la esencia de lo sagrado puede pensarse la esencia de la Divinidad; y sólo a la luz de la esencia de la Divinidad se puede pensar y decir lo que significa la palabra Dios.[193]

El acceso a Dios pasa por el acceso al Ser:

«"Yo soy" es la raíz, Dios es el árbol» (Nisargadatta).[194]

«Toda nuestra vida debería ser Ser. En la medida en que es Ser, en esa medida está en Dios» (Eckhart).[195]

En otras palabras: Dios no puede ser buscado en directo; se alumbra, inusitadamente, cuando se han eliminado los obstáculos que separan al yo del Yo, al yo de lo abierto del Ser, cuando se desenmascara la naturaleza de los condicionamientos que le habían relegado a lo más periférico de sí. Si el yo no se reduce a su Sí Mismo, más allá de todo condicionamiento y de toda idea, y pretende buscar a Dios, sólo engrosará la complejidad de su condicionamiento y se enajenará aún más de su verdad y de la verdad de Dios. El acceso a Dios pasa por el acceso al Ser como centro raigal de nuestra Identidad. Dios no es la primera pregunta. La primera pregunta –y la última pregunta– es "¿quién soy yo?" (ko-'ham):

> P: ¿Cómo hay que realizar a *Brahman*?
> M: Sin conocer al Yo, ¿por qué procura conocer a *Brahman*?
> P: Los *śastras* dicen que *Brahman* lo penetra todo, incluso a mí.
> M: Halle el "Yo" en ese *mí* y luego habrá tiempo de pensar en *Brahman* (Ramana Maharshi).[196]

«El hombre –afirma Eckhart– no debe tener un Dios pensado ni contentarse con Él (…) Uno debe tener más bien un Dios esencial que se halla muy por encima de los pensamientos de los hombres y de todas las criaturas.»[197] Porque, cuando no se ha real-izado el Sí Mismo que establece la identidad entre Ser y hombre y entre hombre y Dios –bildlos–, Dios siempre será la contrapartida del yo –Bild–, la prolongación o proyección de su propio nivel de conciencia. De aquí la característica tolerancia del Vedānta, sustentada en la convicción de que Dios es para cada cual exactamente el Dios que puede ser para él, ni más ni menos:

> P: ¿Dios tiene forma?
> M: ¿Quién lo dice?

P: Bien, si Dios no tiene forma, ¿es conveniente adorar a las diversas formas divinas?

M: Deje a Dios en paz porque eso es lo desconocido. ¿Y con usted qué ocurre? ¿Usted tiene forma? (…) Mientras usted se auto-vivencie con forma, ¿por qué no ha de adorar al Dios sin forma como si fuera con forma? (Ramana Maharshi).[198]

* * *

La crítica de Heidegger y de Nietzsche a la religión occidental ha consistido, básicamente, en que ésta ha sido con frecuencia "demasiado humana". Obviamente, también en Oriente la religión ha pertenecido en gran medida a "lo demasiado humano". La diferencia radica en que lo que en Oriente ha sido una cuestión "de hecho", propia de una tendencia específica del yo, de aquel nivel de su conciencia para el que prima la búsqueda de seguridad, en Occidente ha sido una cuestión no sólo "de hecho" sino "de derecho". En Oriente, la intuición fundamental del carácter supraobjetivo de la Realidad última ha permanecido nítida en muchas tradiciones; las referencias tanto personales como doctrinales a la misma han estado siempre ahí. En Occidente, el cristianismo oficial ha sido básicamente dualista y teísta –las excepciones no hacen sino confirmar la regla– y, a falta de un referente no-dual, la oposición mundo sensible/mundo suprasensible, criatura/Creador, hombre/Dios ha sido teóricamente insalvable.

Lo propio de una vivencia religiosa carente de este referente no-dual es, en primer lugar, que es básicamente moral: se centraliza en el hacer –hacer que tiene como referencia última la voluntad humana individual–; en segundo lugar, que es básicamente sentimental: la fe-creencia basada en un acto de deseo; y, por último, que es básicamente racional: se sustenta en categorías racionales –así por ejemplo, se propugna un finalismo y un orden racional del mundo, etc–. En todo ello, el yo individual sigue siendo la referencia indiscutible: lo que él haga o deje de hacer, sienta o deje de sentir, piense o deje de pensar, crea o deje de creer, es, en último término, lo decisivo. La religión deviene un "melodrama" más –probablemente, el más equívoco– del *ego*; se convierte en el garante de sus imágenes idealizadas y sublimadas de sí, de que la distancia entre su "yo-idea" y su "yo-ideal" sea siempre trágicamente aguda e insalvable, lo que no hará más que reforzar la dinámica egótica.

«¡Que Dios se despoje de su epidermis moral y se le verá reaparecer más allá del bien y del mal!» (Nietzsche). El Dios que ha muerto es sólo el Dios demasiado humano. El desierto de Dios sigue intocado, y quizá, a causa de esta muerte, más prístino y desvelado que nunca. Más desvelado que nunca, pues, como nos recordaba Heidegger, la ausencia (*Abwesenheit*) es una forma privilegiada de presencia (*Anwesenheit*): es la experiencia de la presencia desde su raíz supraobjetiva, desde su Vacío esencial.[199] Ahora bien –insistía Heidegger–, no basta la mera ausencia negativa; la ausencia ha de ser percibida y asumida conscientemente como tal ausencia para que pueda alumbrar la presencia desde lo Abierto. De aquí su invitación a «experimentar la ausencia de Dios como una ausencia»[200] –experiencia que es una con la de lo sagrado: «lo sagrado es la ausencia de los dioses idos»–,[201] su invitación a descubrir que la Noche está colmada de riqueza para el que se mantiene en pie en ella, en la inseguridad de lo Abierto, pues ésta es la condición indispensable para la recepción del donarse del Ser –a cuya luz, y sólo a cuya luz, puede pensarse lo que significa "Dios"–.

El ateísmo es una amenaza sólo para la religión oficial y para sus estadísticas. No la percibe como amenaza el gnóstico/místico. Éste sabe, por propia experiencia, que sólo se manifiesta lo sagrado, ya no demasiado humano, a quien ha permanecido en el vacío de lo divino y se ha reconciliado con ese vacío. Sabe también, por ello, que no ha de acallar la ausencia que otros vivencian otorgándoles respuestas y agarraderos objetivos, ni ofreciéndoles sostenes para su emoción, su mente o su voluntad. Este tipo de proselitismo religioso no permite encontrar la única respuesta, la que alumbra la ausencia que es vivida y aceptada como tal:

> La indigencia es objetivada como problema, como penuria cuantitativa y, por ello, sometida a una acción que la socorra, a una acción humanista, una asistencia que piensa la penuria como un desperfecto de su propio sistema asistencial. Que no piensa, y en ese no pensar olvida u oculta la dimensión ontológica de la indigencia: la indigencia como "ausencia de Dios".[202]

Esto es lo que Eckhart denomina "ir a Dios sin Dios": el camino desde lo objetivo y patente de Dios hacia su Vacío, su Abismo u ocultación, hacia la superación del olvido metafísico del Misterio u ocultarse del Ser.

Puesto que la ausencia puede ser una forma privilegiada de presencia, nuestro tiempo, «el ya no más de los dioses idos y el aún no del que viene»,[203] es un momento privilegiado para el re-descubrimiento de lo sagrado: «La desacralización (*Entgötterung*) no excluye la religiosidad;

de hecho, es a través de ella primariamente como la relación con los dioses se transforma en experiencia religiosa (*Erleibnis*) como un proceso vivencial» (Heidegger).[204] Y la condición para que ello sea posible –repetimos– es que el vacío, hoy más patente que nunca, sea vivenciado como tal; el peligro que puede hacer abortar esta posibilidad: que la distracción y el embotamiento, también hoy más a la mano que nunca, en una huida hacia delante o hacia atrás, impida oír la voz silente de la ausencia y percibir en ella el perfil demasiado sutil de la Presencia.

Esta aceptación de la ausencia tiene una íntima relación con la actitud que Heidegger denomina *Gelassenheit* y que resume en las palabras «dejar ser [al Ser]» (*Seinlassen*). Como veremos, ésta es la actitud que abre a la donación del Ser, a la donación de lo sagrado y a la donación de Dios, una donación que ya no es logro, sino gratuidad.

EREIGNIS O LA NO-DUALIDAD ÚLTIMA DE LO REAL

> «El abismo de mi espíritu invoca siempre a grandes gritos
> al abismo de Dios: di, ¿cuál es más profundo?»
>   ECKHART[205]
> «Con la expresión *Ereignis* en absoluto estamos pensando
> ya más al modo griego.»
>   HEIDEGGER[206]

La tematización del Abismo sin fondo de lo divino, que es uno con el abismo sin fondo del hombre, nos aproxima a una noción clave del pensamiento de Heidegger: *Ereignis* (el Acontecimiento apropiador). A partir de su *Brief über den "Humanismus"* (*Carta sobre el Humanismo*, 1946) –confiesa Heidegger– «sigo diciendo Ser, pero pienso *Ereignis*»:

> La palabra *Ereignis* (…) debe hablar ahora como palabra conductora al servicio del pensar. Pensada como palabra conductora, se deja traducir tan poco como la palabra conductora griega Λόγος o la china *Tao*. La palabra *Ereignis* ya no significa aquí lo que en otros lugares denominamos como algún tipo de acontecimiento, algo que sucede. La palabra se utiliza ahora como *singulare tantum*. Lo que nombra acontece sólo en la unidad, esto es, ni siquiera en un número [no se trata de una unidad aritmética], sino de modo único. (…) en el acontecimiento de transpropiación habla la posibilidad de sobreponerse al mero dominio de la composición (*Ge-Stell*) para llegar a un acontecer más originario.

(…) Lo que se nos dice con aquello que quiere nombrar la palabra *Ereignis,* es sólo lo más próximo de aquella proximidad en la que ya estamos.[207]

Según Nishitani, la existencia humana puede ser pensada como subjetividad y libertad de modo radical sólo cuando se comprende en su carácter extático. Lo mismo acontece con relación a Dios: Dios no es un Dios auto-clausurado, es Dios sólo cuando su esencia radica en el éxtasis, en su ir más allá de sí mismo en tanto que Dios. La supradeidad es el en-sí de Dios y, a su vez, «la supradeidad es el lugar de Dios en que Dios ya no es Dios mismo».[208]

La noción eckhartiana de un más allá de Dios (*Gottheit*) nos habla de que el éxtasis es aplicable tanto a la esencia de Dios como a la esencia humana. La esencia de Dios y del hombre –afirma Nishitani– es subjetividad pura (que no es la subjetividad que dice relación dual a la objetividad) y sólo es posible como éxtasis: el modo de ser en que algo es sí mismo porque va más allá de sí mismo; o, dicho de otro modo: en que algo es sí mismo en virtud de la dimensión por la que ya no es "algo", sino más bien "nada". «El punto en que la subjetividad humana culmina es en una subjetiva unicidad con la divina subjetividad. La subjetiva coincidencia del sujeto con el sujeto no puede llamarse unión».[209]

Pues bien, con su noción de *Ereignis*, Heidegger nos viene a decir que el éx-stasis es la esencia del ser humano y la esencia del Ser, o, lo que es lo mismo, que el Ser no es lo último; también el Ser que dice relación al hombre («el Ser no es sin el hombre y el hombre no es sin el Ser») y al ente («el Ser lo es siempre de un ente» y viceversa) se abisma más allá de sí en dirección al más allá/acá de toda relación. Y este Abismo o "en sí" del hombre y del Ser, en el que ambos arraigan y que les permite ser el uno en y para el otro de modo no-dual, es lo que Heidegger denomina *Ereignis*.

Si, con su noción de *Lichtung*, Heidegger buscaba enfatizar el carácter supraobjetivo de lo Abierto del Ser, con su noción de *Ereginis* enfatiza su carácter abismal, ex-stático y su carácter de no-dualidad última o trasfondo no-dual de toda relación, particularmente de la relación hombre-Ser. La noción de *Lichtung* nos hablaba de la relación entre lo oculto y el mostrarse del Ser. La noción de *Ereginis* pone el acento en lo oculto de eso oculto, más allá del Ser y del No-Ser.

Tanto para Heidegger como para el Advaita, el Ser no es lo último –aunque ambos utilicen con frecuencia el término Ser para simbolizar lo que en realidad está más allá del Ser y del No-ser–. El Ser arraiga en algo más amplio: *Para Brahman*, nos dirá el Advaita; el Acontecimiento originario o *Ereignis*, nos dirá Heidegger.

El Vedānta –afirma J. L. Mehta– «no es una indagación teórica del ser en cuanto ser al modo griego. *Brahman*, de cuyo ser (*sat*) los sabios hablan en muchas maneras, no es idéntico al *to on* de Aristóteles que se dice de muchas maneras; tampoco *Brahma-vidyā* es un *legein* de *Brahman*».[210]

> El Ser tomado en sí mismo –prosigue– conlleva una sugerencia de objetividad, como siendo para otro que sí mismo (...). El Ser, en el Vedānta, no es un objeto de conciencia acompañado con la idea de existencia o no-existencia, como ocurre en la experiencia ordinaria. *Brahman* no pertenece a ninguna clase o género y no puede ser denotado por la palabra *sat*, pues nosotros no podemos hablar acerca de nada que existe empíricamente sin referirlo a una clase. Y si *sat* fuera considerado como sólo un nombre de clase, no sería más que el "Ser de, o en los seres" y no podría ser el fundamento previo de todo lo que es.[211]
>
> Podemos ver que la "ontología" difícilmente proporciona una base para la comparación entre Śaṅkara y los pensadores occidentales (...) A este respecto, al menos, una consideración del Vedānta Advaita desde una perspectiva heideggeriana quizá ofrezca una mejor oportunidad, puesto que el pensamiento de Heidegger y de Śaṅkara pueden considerarse como teniendo un punto de contacto en algún lugar de esa "región de todas las regiones" más allá del pensamiento del Ser y del No-ser.[212]

Ni la enseñanza vedānta ni el pensamiento de Heidegger son ontologías. Para ninguno de ellos lo último es el Ser. El Ser es, a su vez, *ex-stático* y remite más allá de sí hacia el Abismo infundado o en-sí de su ocultamiento.

Ereignis, el "Acontecimiento apropiador", dirá Heidegger, es más originario que el Ser y más rico que toda determinación metafísica del Ser. Es lo opuesto al *Gestell* (emplazamiento), la metáfora axial de lo que ha sido el pensamiento occidental y de su peculiar modo de concebir la relación hombre-Ser. El *Gestell* –sostendrá Heidegger– es el negativo del *Ereignis*, pues alude al Ser como a lo ya emplazado, lo ya dado, lo ya mostrado, lo público u ofrecido a la vista; alude al Ser reducido a lo que de él se muestra al ser humano en el horizonte de la calculabilidad. El *Ge-stell* es la esencia del mundo técnico: el olvido del ocultamiento del Ser y del surgir de todo desde dicho ocultamiento, el olvido de la Nada al concebirla como lo opuesto al Ser y no como el en-sí del

Ser. Frente al *Ge-stell, Ereignis* –considera Heidegger– ha de ser la metáfora axial del tiempo por venir, un tiempo que, en expresión de R. Panikkar, o será místico –rememorará lo olvidado por la metafísica, lo oculto del Ser, respetándolo en su ocultamiento– o, sencillamente, no será. Una ocultación: el misterio del Ser, que –insistimos– no ha de ser asociada a lo oscuro y complejo, sino a lo más inaccesible e inasible por su absoluta inmediatez y simplicidad.

> P: Creía que lo real era misterioso.
> M: ¿Cómo es posible? Lo real es simple, abierto, claro y bondadoso, bello y gozoso. Está completamente libre de contradicciones. Siempre es nuevo, fresco, interminablemente creativo (Nisargadatta).[213]
> El Acontecimiento [*das Ereignis*] es lo más inaparente de lo inaparente, lo más simple de lo simple, lo más próximo de lo próximo y lo más lejano de lo lejano, dentro de lo cual nuestra vida de mortales tiene siempre su morada (Heidegger).[214]

Ereignis, afirma Heidegger, es el "Acontecimiento original", el lugar sin lugar en el que se alumbra la relación de apropiación mutua entre el Ser y el hombre; Ser y hombre, en cuya relación, a su vez, se alumbra el mundo. *Ereignis* es el lugar metafísico de esa pertenencia, "lo abismal de todo lugar". Si hombre y Ser se abisman el uno en el otro y son sí mismos en este salir de sí y en su mutua entrega, ello es posible en virtud de lo que, más allá de ellos y en ellos, constituye su Origen y raíz común. Un Origen que no es "algo", sino un Abismo; un Origen que no es un tercer término con relación al hombre y al Ser –lo que conllevaría una recesión al infinito–, sino lo que hace que esta relación ni siquiera tenga dos términos, lo que solventa esa dualidad y, con ella, toda dualidad.

El hombre no es sin el Ser y el Ser no es sin el hombre. Pero si esto es así, ninguno de ellos es lo último. Lo último es el *Ek-* de su éxtasis mutuo: el Vacío en el que dicha relación puede ser, y en el que todo es.

Se puede comprender ahora por qué Heidegger pone en relación su palabra conductora *Ereignis* con la expresión *das Selbe* (lo Mismo), o con la palabra *Verhältnis* (la Relación); nociones todas ellas que, a su vez, creemos pueden ser iluminadas desde la noción índica *a-dvaita* (no-dualidad):

Para el pensar metafísico, "la unidad" y "la identidad" son determinaciones del Ser. Para el pensar heideggeriano, por el contrario, el Ser ha de ser comprendido desde la Unidad y la Identidad, a las que prefiere caracterizar como *Lo Mismo* (*Das Selbe*): «aquello que mantiene junto en la unidad (…) lo que la distinción mantiene separado».[215] Hombre y Ser son en lo Mismo desde lo Mismo. «(…) sólo que lo Mismo (*das Selbe*) no es lo igual (*das Gleiche*). En lo igual desaparece la disparidad (*Verschiedenheit*). En lo Mismo aparece la disparidad» (Heidegger).[216]

Hombre y Ser se alcanzan en un acto de apropiación mutua en virtud de lo que hemos venido denominando conocimiento por identidad –y que Heidegger denominaría más bien conocimiento *en* la Identidad (*in das Selbe*)–. Pero, a su vez, la relación entre hombre y Ser no culmina en una identidad última y absoluta que anula lo que éstos son relativamente por separado. Su identidad en el *Ek-* de su mutuo éxtasis no anula su diferencia –o disparidad– como temen los dualistas. Dicho de otro modo: esta apropiación hombre-Ser no aboca a una identidad estática, sino que se sostiene en una identidad aconteciente y diversificante.

Quizá en este punto convendría complementar el término "ex-stasis", cuya sugerencia es la de un movimiento de salida, con el término acuñado por M. Eliade de "enstasis";[217] pues hablamos de un Acontecer que funda tanto un movimiento de salida como un movimiento de máxima entrada; una salida que no excluye nada, que no deja nada atrás, sino que integra y asume todo en su peculiaridad y en su diversidad, desde su último y único en-sí.

En resumen: la relación entre hombre y Ser no es una relación óntica –la que se da entre dos realidades que son esencialmente y previamente en sí– ni una unidad estática e indiferenciada; *es una relación no-dual*. El *Ereignis,* como su ámbito de apropiación mutua, es el trasfondo no-dual que posibilita que así sea: que hombre y Ser sean en-sí sólo propiamente en el *ex-* de su éxtasis (en ese *Ek-*, su unicidad, no óntica sino supraobjetiva, es radical),[218] y que, a su vez, permanezca relativamente la dinamicidad de su relación de implicación y diferenciación, que permanezca la diferencia ontológica. Precisamente con su término *Verhältnis* (La Relación) –que, recordemos, no alude a *una* relación específica sino al *en-sí* de toda relación o al Sostenimiento de todas las relaciones– Heidegger pretende aludir al carácter respetuoso con la diversidad y fundante de la misma de esta Unicidad o Mismidad última.

Se ha dicho del pensamiento de Heidegger que es un pensamiento esencialmente relacional y que sus categorías más decisivas son relacionales, de tal modo que sin flexibilizar el pensamiento y superar su tendencia objetivante difícilmente puede ser comprendido. Consideramos que decir esto es insuficiente, pues lo relacional no es aún lo no-dual. Lo no-dual es la síntesis de lo relacional y de lo supraobjetivo-no-relacional que armoniza y sostiene en su simplicidad última toda relación. El pensamiento de Heidegger es más bien un pensar no-dual (si bien con ciertas salvedades que en su momento señalaremos). Comprender el pensamiento de Heidegger exige más bien adentrarse en este paradigma no-dual tan esquivo para nuestros hábitos occidentales de pensamiento. La complejidad del pensamiento y de la terminología heideggerianas responde, en parte, a su interés por dotar de máxima ductilidad al lenguaje y al pensamiento para que éstos puedan apuntar, del modo menos inadecuado posible (que lo logre o no es otra cuestión), a ese reino del *Ereignis*, de la no-dualidad; un reino que en ningún caso puede ser aprehendido por el lenguaje metafísico, pero que sí puede ser "señalado": «Porque a lo que sólo da noticia de sí mismo apareciendo en su auto-ocultamiento, a esto sólo podemos corresponder señalando (…) Este simple señalar (*Weisen*) es un rasgo fundamental del pensar, el camino hacia lo que siempre *da* que pensar al hombre» (Heidegger).[219]

"Diferencia ontológica" (ontologische Differenz) *y no-dualidad* (a-dvaita)

> «Dice un maestro: si faltara cualquier medio [separador] entre yo y el muro, entonces estaría yo junto al muro, mas no me hallaría dentro del muro. En las cosas espirituales no es así, porque una [cosa] siempre se encuentra dentro de otra; lo que recibe es lo que es recibido, porque no recibe nada fuera de sí mismo. Este es un asunto sutil. A quien lo comprende no le hacen falta los sermones.»
>
> ECKHART[220]
>
> «(…) ¿de dónde viene ese "entre" (*zwischen*) dentro del cual debe insertarse la diferencia? (…).»
>
> HEIDEGGER[221]

En su momento explicamos cómo toda doctrina no-dual evita referirse a lo Absoluto con la expresión el "Uno", pues ésta parece implicar la exclusión de su opuesto: lo no-uno, la multiplicidad; hablan por ello, más frecuentemente, de "no-dualidad" o de "No-dos".[222] "No-dos" significa la negación de la dualidad y la negación de esa negación (la negación de toda exclusión). En otras palabras: el Advaita no es la mera negación del punto de vista dual, sino su relativización; relativización que permite la reconciliación del punto de vista dual y del no-dual en virtud de su no-simetría ontológica: lo no-dual es el en-sí de lo dual. Si se tratara de una mera negación, la no-dualidad volvería a tener opuesto.

La Unicidad no-dual de lo real no es, por lo tanto, la Unidad aditiva, monista o abstracta de la metafísica, que excluye la multiplicidad. Así lo expresa Heidegger:

> La metafísica piensa lo ente en cuanto tal, es decir, en lo general [de modo abstracto]. La metafísica piensa lo ente en cuanto tal, es decir, en su conjunto [de modo aditivo]. La metafísica piensa el Ser de lo ente, tanto en la unidad profundizadora de lo más general [de modo abstracto], es decir, de lo que tiene igual valor siempre [la univocidad que excluye la diversidad],[223] como en la unidad fundamentadora de la totalidad, es decir, de lo más elevado sobre todas las cosas [el Ente supremo relacionado dualmente con la-totalidad-de-las-cosas].[224]

También apuntamos que cabe poner en relación la noción de "no-dualidad" (*a-dvaita*) con la noción heideggeriana de "diferencia ontológica" (*ontologische Differenz*). Ahondaremos en este punto:

> (…) sólo pensamos el Ser conforme a su asunto cuando lo pensamos en la diferencia (*Differenz*) con lo ente, y a éste último en la diferencia con el Ser. Así es como la diferencia se hace propiamente visible. Si intentamos representárnosla, nos encontramos inmediatamente inducidos a concebir la diferencia como una relación añadida por nuestra representación al Ser y a lo ente. Con ello se rebaja la diferencia a simple distinción (*Distinktion*), a producto de nuestro entendimiento (Heidegger).[225]

Diferencia óntica es la que se da entre realidades substanciales o entitativas. La diferencia óntica siempre es una distinción producto de nuestro entendimiento: una representación añadida a la representación separada del Ser y de lo ente. La diferencia ontológica no es una distinción representada; es la diferencia que se da entre realidades pertenecientes a niveles cualitativamente diversos de realidad –niveles no comparables, por consiguiente, debido a su falta de simetría ontológica– y que no están enfrentadas esencialmente al modo dual pues su en-sí es, desde una consideración absoluta, uno y lo Mismo. En otras palabras: el Ser no es distinto del ente que funda; si lo fuera, sería un ente más –el Ente supremo de la metafísica y la teología–; en este sentido son "lo Mismo". Pero lo Mismo no es lo idéntico, y de aquí la "diferencia ontológica".

«El Ser es el Ser del ente» (Heidegger) como el centro de la circunferencia es centro sólo con relación a la periferia, la cual, a su vez, es la extensión, en condiciones de sucesividad, de relatividad, del centro. Reducir el Ser a un punto más de la circunferencia –eso sí, un punto "privilegiado"– nivelado con otros puntos en la linealidad de la relación de la causa con su efecto, es lo que hace el pensamiento metafísico; suprime así la diferencia ontológica entre Ser y ente. Pero el Ser es el centro; es, por tanto, cualitativamente diverso de la circunferencia. Ahora bien, esta diferencia no es diferencia entre dos planos simétricos de realidad, no es diferencia óntica. En otras palabras: la diferencia ontológica no establece una relación reversible; la circunferencia no es sin el centro de un modo absolutamente diverso al modo en que decimos que el centro no es sin la circunferencia. No se hablaría del centro si no hubiera circunferencia (sin ella, el centro no sería percibido como centro), pero el centro alumbra la circunferencia –ésta es siempre la manifestación y la expresión relativa del centro–, y no a la inversa.

El centro sólo puede ser percibido como tal con relación a la circunferencia. Análogamente, la conciencia humana dual toma conciencia del centro al tomar conciencia de la circunferencia de su ser-en-el-mundo. En virtud de esta toma de conciencia, el hombre, sin dejar de estar relativamente en el mundo, puede retrotraerse a la vivencia de su identidad axial; vive su ser-en-el-mundo como la expresión o eclosión de su Ser central. Ahora bien, en este momento el centro ya no dice relación dual a la circunferencia; el centro deja de ser tal centro –ya no sabe de sí como tal–, y pasa a ser centro que está en todas partes y cuya circunferencia no está en ninguna. Ésta es la realización de la no-dualidad.

> (…) Dirija su mirada hacia dentro y hágala absoluta. Una vez concretada esa Conciencia absoluta, mire en su interior y comprenderá que el mismo universo no existe independientemente de lo Absoluto realizado. Usted habla de un afuera porque su actitud se dirige hacia el exterior. En ese estado se le aconseja que mire hacia dentro. Ese adentro se relaciona con el afuera que usted está buscando. De hecho el Yo no está fuera ni dentro.
>
> Cuando uno habla de los cielos, piensa en ellos como si estuvieran arriba o abajo, dentro o fuera, puesto que uno está acostumbrado al conocimiento relativo. Uno sólo busca el conocimiento objetivo, y ésa es la causa de estas ideas.
>
> Realmente hablando, no hay arriba ni abajo, ni dentro ni fuera (Ramana Maharshi).[226]

La noción heideggeriana de "diferencia ontológica" lleva implícita esta no-reciprocidad, la misma que nos permite comprender la relación no-dual entre trascendencia e inmanencia: la trascendencia hacia el Ser es también la perfecta inmanencia. Sólo en términos relativos es el movimiento hacia un "más allá". Pero, en sí mismo, ese más allá ya no dice relación a ningún más acá, pues ahí, y repitiendo las palabras de Ramana: «no hay arriba ni abajo, ni dentro ni fuera».[227]

Ereignis, Lichtung y *Nada (*Śūnya, Nichts)

«Ser: Nada: lo Mismo.»
HEIDEGGER[228]
«El verdadero hogar de usted está en la Nada;
en el vacío de todo contenido.»
NISARGADATTA[229]

[Mas] en todo lo creado no hay –como ya dije varias veces– ninguna verdad. Hay una cosa que se halla por encima del ser creado del alma [y] a la vez que no toca ninguna criaturidad, que es [una] nada (…) Ella es afín a la índole divina, es una nada en sí misma, no tiene nada en común con nada (…). Ella es una tierra extraña y un desierto, y antes que tener un nombre es innominada, y antes que ser conocida es desconocida. Si tú pudieras aniquilarte por un sólo instante –digo yo, aunque fuera por un tiempo más breve que un instante–, te pertenecería todo aquello que [esta cosa] es en sí misma. Mientras todavía prestas alguna atención a ti mismo o a una cosa cualquiera, sabes (…) poco de lo que es Dios (Eckhart).[230]

Más adelante nos ocuparemos de esta noción, clave tanto para el pensar de Heidegger como para las enseñanzas no-duales de Oriente: "Nada" (*Nichts, śūnyatā, neti-neti*, etc.). De momento, sólo queremos señalar que este término está en relación estrecha con las nociones o *topos* (*topoi*) del camino del pensamiento heideggeriano: *Ereignis* y *Lichtung*. La naturaleza de esta relación ya se apuntó en la exposición independiente del pensamiento de Heidegger. La matizaremos aquí contraponiéndola al punto de vista advaita:

La tradición advaita y budista utilizan frecuentemente las nociones de Nada (*neti-neti*: ni esto ni aquello = no-thing: nada objetivo) y Vacuidad (*śūnyatā*) para caracterizar a lo Absoluto. La realidad no-dual es *neti-neti*, es *śūnyatā*,[231] puesto que se muestra como nada, como vaciedad, para nuestra mente dual y objetivante.

Estos términos han sido habitualmente mal interpretados, en particular por quienes, no pudiendo trascender la percepción dual (y no comprendiendo que precisamente esos términos son una invitación a trascenderla), contraponen la nada al todo, y el vacío a lo efectivo y pleno, y conciben dichos términos al modo de una nada o vacío de realidad. Pero la palabra "vacío", como concepto lógico –como referente dual de lo pleno, de lo formal o entitativo–, y la idea de "nada" que dice relación de oposición a la idea de "algo", siguen siendo caracterizaciones mentales, conceptuales, duales; siguen siendo creaciones de la mente, y no símbolos de su auto-trascendencia –en la cual radica la verdadera nada, el verdadero vacío–.[232]

«El vacío [śūnyatā] es proclamado por el victorioso como la refutación de todos los puntos de vista. Pero quienes se adhieren al concepto de vacío son denominados incurables [por el sabio]» (Nāgārjuna).[233]

En palabras de Nisargadatta:

> La plenitud y el vacío son términos relativos. [El vacío] Real está (…) más allá de cualquier tipo de relación.[234]
> Liberado de nāma-rūpa [de las determinaciones que la mente superpone a la realidad] (…) queda el vacío. Pero el vacío está colmado hasta el borde. Es el eterno potencial (…).[235]

La "Nada", en este sentido, no se opone a "lo que es algo"; todo lo contrario: lo no-algo (no-thing, nada) es el en-sí de todo lo que es "algo", y sólo en virtud de lo no-algo es posible que lo diverso –todo lo que es "algo"– pueda ser tal sin oponerse o excluirse radicalmente entre sí. Sólo porque "hay" Nada puede haber algo; sólo en virtud de esa Nada, todo lo que es entitativamente puede ser y puede dejarse mutuamente ser en sí.

El tratamiento heideggeriano de la "Nada" (Nichts) separa nítidamente a Heidegger del tratamiento que esta noción ha solido tener en el pensamiento occidental anterior y lo aproxima, también nítidamente, a la perspectiva oriental.[236] Escribió Heidegger en una carta dirigida a un colega japonés:

> La conferencia Was ist Metaphysik? (1929), que se tradujo al japonés tan temprano como en 1930, fue comprendida de inmediato en tu país, en contraste con la errónea interpretación nihilista que se hizo [de la Nada] y que es la que ha prevalecido hasta ahora en Europa. La Nada de la que se habla ahí se refiere a aquello que, con relación a lo-que es, no

es ningún tipo de ser, pero que, sin embargo, determina lo-que-es como tal y es, así, llamado Ser.[237]

Heidegger habla de la nada de un modo cercano al utilizado por el Oriente no-dual: la nada no es una pura ausencia o negatividad metafísica sino, sencillamente, lo que en ningún caso es ente. Heidegger habla de "la nada" no en un sentido nihilista,[238] sino como una "nada de objetividad" (*"das Nichts der Gegenständlichkeit"*), y contrasta explícitamente la nada vacía o la nada trivial (*das nichtige Nichts*) con la Nada no trivial (*nichts Nichtiges*) que es el en-sí del Ser.[239] Nos dirá: «El Ser de los seres no "es" en sí mismo un ser».[240] El Ser no es un ente; en este sentido, el Ser *no es*; es decir: «La Nada es la característica [*kennzeichnung*] del Ser».[241] Ahora bien, este "no ser" no implica una mera nihilidad metafísica; pues decimos que "no es" –que "se da" (*es gibt*)–[242] para distinguirlo del ente, dada la tendencia de nuestra conciencia ordinaria a concebir "lo que es" al modo entitativo. Pero, de hecho, lo que *es* por excelencia es este vacío, esta Nada; lo demás sería, más bien, lo que no es, lo que "se da". Análogamente, dirá Nisargadatta: lo que *es* propiamente es el Vacío de *Cit*, el Vacío del Ser/No-ser; todo lo demás "aparece" o "acontece" en dicho Vacío. Lo que "se da", lo que "aparece", es, propiamente, lo que existe. El término "Nada" apunta a este carácter "no existente" del Ser.

En ocasiones Heidegger caracteriza al Ser como Presencia (*Anwesenheit*).[243] No alude, obviamente, a la presencia fáctica, sino a la *Lichtung* del Ser que es la Presencia que ilumina lo presente, que es la posibilitación de lo presente, y que, a su vez, como tal Presencia, no está presente.[244] La Presencia concede el espacio, el claro, en el que puede hacerse presente lo presente. En este no estar presente de la Presencia radica su ausencia (*ab-wesen*), su ocultación (*Nichts*). La Ausencia de la Presencia es la Nada del Ser.

La *Lichtung*/Nada del Ser es la Ausencia de la Presencia. El *Ereignis* es el en-sí de dicha Ausencia. Eckhart nos decía que el fondo de Dios y del alma es "Nada". El Acontecimiento apropiador (*Ereignis*) es, igualmente, Nada.

El alfarero que moldea una jarra, ejemplifica Heidegger, lo que moldea propiamente es su vacío interior, pues dicho vacío es la esencia del recipiente.[245] El ser jarra de la jarra radica en el vacío. Sabemos que Heidegger colaboró durante muchos años en una traducción inacabada del *Tao Te King*, y con toda probabilidad retoma esta imagen de esta obra, en la que se nos dice en un elogio de la utilidad del vacío:

Treinta radios convergen en el centro de una rueda, / pero es el vacío el que la hace útil al carro /. Se trabaja la arcilla para hacer vasijas, / pero es su vacío del que depende su uso. / Se abren puertas y ventanas en los muros de una casa, / pero es el vacío lo que permite habitarla. / El Ser da posibilidades, / pero es el No-ser lo que permite utilizarlas.[246]

El vacío de la jarra es la metáfora física del vacío o apertura que, en el corazón de toda cosa, funda y sostiene su "cosidad", el vacío que deja ser cosa a cada cosa y la mantiene como tal, a la vez que alumbra con ella y en ella el todo relacional del mundo.

La Nada es la fuente y el fondo de todo: un fondo o abismo infundado. El ente es lo que se alumbra desde ese fondo. El en-sí del ente, lo previo a su mostrarse ante la vista, es esa Nada. Lo que dicho ente es para la representación es, precisamente, lo que tiene de puramente ente.

La mirada no-dual es la mirada que desvela al ente, no en su clausura, sino en y desde el vacío de la no-dualidad: «(…) las cosas que aparecen en la libre amplitud tampoco tienen ya carácter de objetos» (Heidegger).[247] La mirada no-dual alumbra el surgir y el sostenerse de toda cosa en y desde el abismo del *Ereignis; Ereignis* del que también Heideger dirá –retomando una expresión de la mística cristiana– que es el *A-byssos*, lo "sin fondo" o lo Abismal del Ser. Esta visión de la Nada o *Abyssos*, y de todo alumbrándose desde la Nada y sosteniéndose en ella, sólo es posible para el que es, a su vez, "nada", para el que, más allá de toda identificación mental con cualquier atributo objetivo, es uno, conscientemente, con ese manantial, con la fuente perennemente creativa de Todo.

LA SERENIDAD (*GELASSENHEIT*) O EL DEJAR-SER AL SER

«Lo mejor y más magnífico a lo que se puede llegar en esta vida es callarse y dejar actuar y hablar a Dios. Dejar a Dios ser Dios.»
ECKHART[248]

«¿Cuál es la utilidad de la verdad, de la bondad, de la belleza? Ellas son su propia meta. Y se manifiestan espontáneamente y sin esfuerzo cuando las cosas se dejan ser en sí mismas, no se interfiere con ellas, ni se esquivan ni se desean o conceptualizan, sino que se experimentan con una conciencia total.»
NISARGADATTA[249]

Hay una actitud, nos dirá Heidegger, que permite alumbrar la realidad desde su fuente supraobjetiva: la *Gelassenheit* –noción habitualmente traducida al castellano como "serenidad"–, la actitud de "dejar ser" (*seinlassen*), el "dejar ser al Ser", el "desasimiento".

Heidegger toma del Maestro Eckhart[250] la noción de *Gelassenheit*.[251] En la conferencia/ensayo así denominada, nos dirá: «Quisiera designar esta actitud que dice simultáneamente "sí" y "no" al mundo técnico con una antigua palabra: la Serenidad para con las cosas (*die Gelassenheit zu den Dingen*)».[252]

Recordemos que, en este ensayo, Heidegger se preguntaba por la actitud que habríamos de adoptar ante el actual imperio de la técnica –que ha hecho prevalecer la lógica calculadora y ha convertido la falta de pensamiento [de pensamiento meditativo] en «un huésped inquietante del mundo de hoy»–.[253] Es evidente, afirma, que no tiene sentido arremeter sin más contra el mundo técnico, pero, a su vez, nos hallamos ante el peligro de caer en una total servidumbre con relación a él. Ahora bien, este aparente dilema puede ser superado; así, cabe hacer uso de los objetos técnicos y de la lógica calculadora que los posibilita y, simultáneamente, mantenernos interiormente libres con relación a ellos, dejarlos descansar en sí mismos como algo que usamos pero que no nos concierne esencialmente. Esta actitud que dice "sí" y "no" a la vez, y que nos mantiene abiertos al sentido oculto del mundo técnico, pues no "hace" algo con relación a él sino que simplemente "lo deja ser", es la *Gelassenheit*.

Desasimiento (*Abgeschiedenheit*), ecuanimidad de ánimo ante las cosas, apertura al misterio (*die Offenheit für das Geheimnis*), dejar ser al Ser; todas estas expresiones nos aproximan al significado del término *Gelassenheit*, y todas ellas nos hablan de un "entre": de un sostenimiento entre el sí y el no. *Gelassenheit* no es decir "sí" ni decir "no", sino decir "sí" y "no" a la vez. Más adelante ahondaremos en el paralelismo que tiene esta actitud con la denominada por el Vedānta *vairāgya* (desapego), cualificación imprescindible para la realización de *Brahman*[254] y que, a su vez, está en íntima relación con la conciencia testigo (*sākṣī*), la cual –como veremos– es la única dimensión del Yo que permite decir "sí" y "no" a la vez, y en la que el "sí" y el "no" dejan de ser lo que son para la conciencia ordinaria: un dilema .

No querer nada: la superación de la voluntad

De momento nos detendremos en la siguiente reflexión: decir "sí" y "no" a la vez es contradecir la lógica de la voluntad individual, que es siempre dual –o bien dice "sí", o bien dice "no"–. La voluntad que quiere o aferra dice "sí", la voluntad que no quiere o rechaza dice "no". Pero la voluntad individual no logra entender qué significa decir "sí" y "no" a la vez. En otras palabras, la *Gelassenheit* no dice relación a la voluntad, no es una actitud o cualidad moral, pues es ajena al *velle* tanto en sus manifestaciones positivas (el querer) como negativas (el no querer). Ahora bien, Heidegger habla de la *Gelassenheit* como de una actitud humana: la del hombre que se abre y se mantiene abierto al misterio de las cosas y las deja ser en sí; según esto, parecería que de él –del ser humano– dependiera la adopción, o no, de esta Serenidad para con las cosas.

Esta paradoja es análoga a aquélla con la que el Maestro Eckhart instaba a "no querer" y, a la vez, a "no querer no querer":

> El desasimiento perfecto [la pobreza perfecta] no persigue ningún movimiento (...) [no quiere] ni esto ni aquello: no quiere otra cosa que ser. Pero la pretensión de ser esto o aquello no la desea [tener]. Pues quien quiere ser esto o aquello, quiere ser algo; el desasimiento, en cambio, no quiere ser nada.[255]
>
> Mientras el hombre todavía posee la voluntad de querer la queridísima voluntad de Dios, semejante hombre no tiene la pobreza de la cual queremos hablar, pues todavía tiene una voluntad con la que quiere satisfacer la voluntad de Dios, y esto no es pobreza genuina (...). Porque os digo por la eterna verdad: mientras tenéis la voluntad de querer cumplir la voluntad de Dios y deseáis [llegar] a la eternidad y a Dios, no sois pobres; pues un hombre pobre es [sólo] aquel que no quiere ni apetece nada.
>
> (...) Mas ahora decimos otra cosa, agregando que el hombre que ha de poseer esta pobreza debe vivir de tal modo que ni siquiera sepa que no vive ni para sí mismo, ni para la verdad, ni para Dios; debe ignorar incluso que ignora (...) es así como el hombre puede ser verdaderamente pobre.[256]

El hombre pobre "quiere" la voluntad de Dios y "no la quiere". "No quiere nada", pero, a la vez, "no quiere no querer nada"; más aún, "no sabe nada de éste su no querer". Lo específico del *velle* humano es el querer y el no querer, pero ¿qué dimensión del hombre puede no querer y, a la vez, no querer su no querer?

Las expresiones aparentemente contradictorias de Eckhart buscan encaminarnos hacia un más allá de la voluntad –que es siempre dilemática–. En este sentido divergimos de la opinión de Heidegger cuando señala una demarcación entre el sentido que él otorga al término *Gelassen-*

heit y el que considera que dicha expresión ha tenido en el pensamiento religioso y, en concreto, en el pensamiento de Eckhart; así, sostiene que éste último aún piensa la Serenidad dentro del dominio de la voluntad:

> E: (…) la *Gelassenheit* puede ser pensada todavía dentro del dominio de la voluntad, tal como sucede con los antiguos maestros del pensamiento, por ejemplo, el maestro Eckhart.
> P: Del que, no obstante, hay mucho que aprender.
> E: Cierto; pero la *Gelassenheit* nombrada por nosotros no menta, obviamente, el rechazo del egoísmo pecaminoso y el abandono (*fahrenlassen*) de la voluntad propia en favor de la voluntad divina.[257]

Ahora bien, aunque Eckhart utiliza la terminología religiosa al uso –la de una religión que, efectivamente, en su desviación antropocéntrica y dualista, otorgará un papel central al "hacer" y "no hacer" humanos–, en su caracterización del desasimiento, como en tantos otros puntos, Eckhart se aparta nítidamente, no por negación sino por superación, de la interpretación religiosa habitual; en este caso, mediante paradojas que impiden poner en relación la *Gelasseheit* con la voluntad. En cualquier caso, y como veremos, Heidegger estaría aún más cerca en su descripción de la *Gelassenheit* –aunque sólo sea por la ausencia de ambigüedades terminológicas e interpretativas al respecto– del planteamiento advaita (del budismo zen, del taoísmo, etc.), para el que la voluntad individual no es, en ningún caso, el marco desde el que pueda alcanzarse la comprensión del sentido profundo de este "dejar ser" lo que es.

La *Gelassenheit* no tiene su origen, pues, en la voluntad humana. Obra –apuntará Heidegger– "desde otra parte":

> P: Porque nosotros no podemos desde nosotros mismos despertar en nosotros la Serenidad.
> I: La Serenidad es, por tanto, puesta en obra desde otra parte.
> P: No puesta en obra sino otorgada (*zugelassen*).
> E: Aunque todavía no sé lo que quiere decir la palabra Serenidad, vislumbro de modo aproximado que la Serenidad se despierta cuando a nuestro ser le es otorgado el comprometerse (*einzulassen*) con lo que no es un querer.
> I: Habla usted sin cesar de un dejar, lo que suscita la impresión de que con ello se refiere a algún tipo de pasividad. Con todo, creo entender que no se trata en modo alguno de un inerme dejar ir las cosas a la deriva.

E: Tal vez se oculte en la Serenidad un obrar más alto que en todas las gestas del mundo y en las maquinaciones de los hombres...

P: ... un obrar más alto que no es, sin embargo, ninguna actividad.

I: Por consiguiente, la Serenidad yace (*liegt*) –suponiendo que aquí se pueda hablar de yacer– más allá de la diferenciación entre actividad y pasividad...

E: Porque la Serenidad no pertenece al dominio de la voluntad.[258]

La *Gelassenheit* no pertenece al dominio de la voluntad: no es un mero querer ni un mero no-querer, ni es un hacer ni un no-hacer. Cuando las distintas tradiciones no-duales hablan, en ocasiones, de un "no querer" –e incluimos aquí el pensamiento de Eckhart– hablan, de hecho, de esta actitud no relativa a la voluntad, si bien la propia limitación del lenguaje puede dar pie a que estas expresiones se interpreten inadecuadamente, como si aludieran a una mera no-volición o a una volición negativa. Para estas enseñanzas, este "no querer" trasciende la dualidad querer-no querer; es una tercera instancia –no-dual– con relación a los términos de dicha alternativa y, por lo mismo, no los excluye. No es un sí ni un no, pero tampoco es la mera negación de ambos: es la libertad respecto al sí y al no y, a su vez, es tanto un sí como un no, pues el sí y el no, desde esta tercera instancia, dejan de ser excluyentes. Este no-querer así entendido trasciende la dualidad actividad-pasividad o, más bien, es una pasividad que constituye la forma más alta de actividad:

> (...) la Serenidad yace (*liegt*) –suponiendo que aquí se pueda hablar de yacer– más allá de la diferenciación entre actividad y pasividad (...)
> Tal vez se oculte en la Serenidad un obrar más alto que en todas las gestas del mundo y las maquinaciones de los hombres.[259]

Recordemos unas palabras ya citadas de Nisargadatta:

> ¡Es usted tan incurablemente funcional! A menos que haya movimiento, desasosiego, alboroto, usted no lo llama acción. El caos es el movimiento por el movimiento. La verdadera acción no desplaza, transforma; un cambio en el corazón es acción. Sólo recuerde, nada percibible es real. La actividad no es acción. La acción es desconocida, oculta, incognoscible. Sólo puede conocer su fruto.[260]

Recordemos también lo ya dicho sobre cómo el salto hacia el pensar trans-conceptual no lo daba el ser humano, una afirmación que ilustramos con esta cita de Nisargadatta:

P: Hay un punto en la vida de la persona en el que se convierte en el testigo.

M: Oh, no. La persona por sí misma no se convertirá en el testigo. Es como esperar que una vela fría empiece a arder con el paso del tiempo. La persona puede permanecer en la llama de la ignorancia por siempre, a menos que la llama de la Conciencia la toque.[261]

Una vela fría no puede arder con el paso del tiempo; necesita la iniciativa o intervención de una dimensión distinta de sí. La voluntad no puede trascenderse a sí misma ni el pensamiento dual puede ir más allá de sí, pues lo condicionado no puede tocar lo incondicionado, libre y radicalmente nuevo.

Análogamente, la *Gelassenheit*, el "dejar ser" que es uno con el pensar meditativo –el que deja a cada cosa ser en sí (*Selbstand*) y desde sí– no tiene su origen en el hombre. La *Gelassenheit* no es un hacer o no hacer humano. Es el obrar del Ser en el hombre; un obrar del Ser que, a su vez, deja ser al Ser –recordemos el carácter circular de la relación hombre/Ser–. En terminología advaita, diríamos que la Serenidad es la acción misma de *Sat/Cit*. No es obrar humano, pero tampoco es ajena al ser humano, pues es el obrar propio de la esencia de su humanidad. No es un obrar del hombre, sino el obrar de lo que en el hombre, pero más allá/acá de él, deja ser a su humanidad en sí y deja ser a todo en sí.

Esta acción de *Cit* se muestra, para el punto de vista de la conciencia individual auto-centrada, como el obrar de "lo otro" que ella misma, como "gracia", como "don" [«La Serenidad es (…) puesta en obra desde otra parte (…) otorgada (*zugelassen*)» (Heidegger)]. Pero desde más allá/acá de la conciencia individual, se evidencia que toda acción humana participa en –y es vórtice de– ese único Obrar fuente de todo obrar: el obrar de *Sat/Cit*, un obrar ajeno, por lo tanto, a las distinciones entre lo interno y lo externo, lo propio y lo ajeno, lo personal y lo impersonal, etc.; y que no es "gracia", don de algo Otro, a no ser que se otorgue este calificativo a absolutamente todo lo que es y acontece. Todo es Gracia –don– y todo es Mi propio obrar.

La *Gelassenheit* es "don", es "otorgada", en el sentido de que escapa al ámbito y a las posibilidades de lo meramente humano. Con relación a lo meramente humano procede del ámbito de lo siempre "otro". Pero este don no tiene nada que ver con méritos o culpas, con merecimientos o no merecimientos, ni se origina en una suerte de arbitrariedad trascendente o divina. La apertura del hombre a la *Gelassenheit* y la apertura de la realidad al hombre en la *Gelassenheit* es una cuestión estrictamente funcional: acontece en el mismo proceso por el que el hombre se reduce progresivamente a ser lo que es, abandonando lo que cree ser, un proceso que es el mismo por el que el Ser retorna a sí desde el "olvido" de sí.

No ser nada

> «El amor dice: "Yo soy todo". La sabiduría dice: "Yo soy nada".
> Entre ambos fluye mi vida.»
> NISARGADATTA[262]

La *Gelassenheit* –nos decía Eckhart– es un "no querer" nada; un no-querer que, a su vez, "no se quiere" o no se elige a sí mismo como tal no-querer. Y es, nos decía también, un *"no ser nada"* [«el desasimiento no quiere ser nada»]; un no ser nada que no se aferra a sí mismo en tanto que tal no-ser-nada.

> Yo no necesito de coraje. Yo vivo de coraje. El coraje es mi esencia, lo cual es amor a la vida. Estoy liberado de recuerdos y anticipaciones, sin preocuparme de lo que soy y de lo que no soy. No soy adicto a auto-descripciones: *Aham brahmāsmi* ("Yo soy lo Supremo"), etc.; no me sirven de nada, porque tengo el coraje de ser nada y de ver el mundo como es: nada. Suena simple, ¡pero inténtelo![263]
>
> Olvide sus experiencias pasadas y sus logros, quédese desnudo, expuesto a los vientos y lluvias de la vida y tendrá una oportunidad (Nisargadatta).[264]

Hemos insistido en que este "no querer nada", y lo mismo cabe decir del "no ser nada", no son, en el pensar de Eckhart, actitudes o hechos morales. Son hechos estrictamente metafísicos: derivan de "lo que es" y, por lo mismo, dejan ser "lo que es". Permiten lo que en cualquier caso ya es: el obrar del Ser que des-vela la realidad en el hombre y la participación del hombre en esta acción des-veladora intrínseca al alumbrarse de la realidad misma.

La *Gelassenheit* no es una actitud moral –no nos movemos en el nivel de la voluntad: de lo bueno y de lo malo, de lo adecuado o inadecuado, etc.–, sino la única actitud acorde a la naturaleza del yo y de las cosas: a su ser nada en sí mismos. Esto es muy nítido en el pensamiento advaita y, en general, en el pensamiento no-dual, ajeno a todo tipo de coloraciones morales/sentimentales. El hombre no es "bueno" al dejar a lo otro ser en sí; de hecho, esto no es algo por lo que él pueda optar, algo que esté en su mano. La *Gelassenheit* –el dejar ser y el no-aferramiento– es la actitud adecuada a la naturaleza intrínseca de las cosas, porque aferrarse a algo es, sencillamente, una imposibilidad metafísica. Y la *Gelassenheit* no es obrar humano, porque un supuesto obrar meramente humano es, igualmente, una falacia, otra imposibilidad metafísica.[265] El yo individual no puede aferrarse a nada porque, en sí mismo, el yo individual es *nada*. Y no puede aferrarse a las cosas porque éstas, consideradas en sí mismas, son *nada*. Sólo cabe relacionarse con las cosas dejándolas ser en sí, porque sólo las cosas son lo que son cuando son vistas desde el Vacío desde el que surgen; y sólo cabe relacionarse con las cosas desde la *Gelassenheit*, porque el hombre sólo es hombre cuando es en lo Abierto del Ser y cuando entra en contacto con lo relativamente distinto de sí desde su común arraigamiento en lo Abierto/Nada del Ser:

> (…) a tal hombre [el que ve claramente la verdad] le resultaría tan fácil renunciar a todas las cosas como a un garbanzo o a una lenteja o a una nonada; ¡ah, sí, por mi alma, todas estas cosas serían nonada para semejante hombre! Ahora bien, hay algunas personas que se despojan de estas cosas por amor, pero consideran muy grandes las cosas que han dejado. Pero aquel hombre reconoce en la verdad que, si bien renuncia a sí mismo y a todas las cosas, esto no es nada aún… (Eckhart).[266]
>
> (…) lo finito es el precio de lo infinito, al igual que la muerte es el precio de la inmortalidad. La madurez espiritual está en la disposición de abandonarlo todo. El abandono es el primer paso. Pero *el abandono real radica en comprender que no hay nada que abandonar, puesto que nada es de uno*. Ocurre como en el estado de sueño profundo; usted no abandona su cama cuando se queda dormido: simplemente la olvida (Nisargadatta).[267]

La *Gelassenheit* no es tanto un abandono de la posesión y el control de las cosas –incluida la posesión del propio yo objetivo–, como un saber que, de hecho, es imposible poseerlas. Es el aroma resultante de la comprensión de la verdadera naturaleza de las cosas y del yo. En palabras del maestro de Nisargadatta, Siddharameshwar: «Sin conocimiento del Yo no puede haber una renunciación real, y sin la renunciación o el desapego respecto a las cosas no puede haber Auto-conocimiento. Ésta es la paradoja».[268]

También para Eckhart, es el no ser nada de las cosas («lo creado es nada») y el no ser nada del yo individual lo que fundamenta el desasimiento (*Abgeschiedenheit*). En otras palabras: este desasimiento no tiene carácter de renuncia –en todo caso, sólo se renuncia a una ilusión o a una pretensión imposible– sino de re-conocimiento de lo que siempre fue.[269] Es una salida del yo (del yo auto-clausurado y falaz) para retornar al Yo, una salida de las cosas (de lo que éstas son para el yo) para retornar a las cosas (a lo que éstas son en sí), un aparente alejamiento que posibilita el máximo acercamiento, un aparente rechazo que permite acceder a lo más íntimo de aquello que parece rechazarse, un alejarse de lo humano para redescubrirlo en su esencia.

La *Gelassenheit* no es, pues, propiamente una renuncia, sino una aceptación de la plenitud supraobjetiva que ya somos y en la que Todo es. Sólo el yo objetivo, auto-clausurado, puede poseer: poseer materialmente, mentalmente (la posesión de "porqués"), moral y "espiritualmente" (la posesión de la virtud), etc. El reconocimiento de la insubstancialidad de este yo objetivo es el reconocimiento de que, en términos absolutos, no es posible la posesión. Y ello no implica renuncia alguna; todo lo contrario: es el logro más absoluto, porque en el espacio vacío de *Sat/Cit* todo es. El que nada teme perder porque sabe que no posee nada, lo adquiere todo: "No poseer nada equivale a tenerlo todo" (Eckhart).[270] El desasimiento crea el vacío necesario para que el mundo entero retorne al Yo.

La *Gelassenheit* no dice relación a la voluntad, pues se deriva de la realización/comprensión/visión de lo que es –posibilitándola a su vez–. La *Gelassenheit* es el espejo nítido que refleja la naturaleza de la realidad y el modo en que las cosas son; un espejo que, además, nos pone en contacto con (y nos hace partícipes de) el modo de obrar de la realidad misma: nos sitúa en lo originario de todo originarse y en el foco de creatividad de toda creación.

La negación de todo aferramiento –del aferramiento del yo a sí y a lo diferente de sí– no es una meta en sí misma; el valor de esta negación radica en que posibilita la afirmación absoluta del Yo –del increado "Yo soy"– como Sí Mismo último de todo, Sí Mismo en el que el yo-empírico y toda realidad particular no sólo no se niegan –a pesar de que el ego experimente el desasimiento como una negación–, sino que se reconquistan en toda su plenitud ontológica. La negación, para toda enseñanza no-dual, tiene valor propedéutico: es una ilusión que permite hacer morir otra ilusión y que, al hacerlo, se destruye también a sí misma deviniendo la más absoluta afirmación.

> Usted quizá ha notado que todos los consejos relativos a lo exterior [a lo determinado u objetivo] tienen forma negativa: no haga, pare, absténgase,

abandone, sacrifique, someta, vea lo falso como falso. Aun la más pequeña descripción de la realidad que se nos da es a través de negaciones: "no
esto, no aquello" (*neti-neti*). Todos los positivos pertenecen al Ser supraobjetivo como todos los absolutos a la Realidad (Nisargadatta).[271]

Heidegger expresa así el carácter de no-perdida de esta renunciación:
«La renuncia no nos quita nada, sino que nos otorga el inexhausto
poder de lo simple».[272]

No saber nada

«P: (...) no debemos estar a la expectativa de ningún consuelo (...).
I: Entonces, ¿a qué debemos esperar? ¿Y dónde debemos esperar? Dentro
de poco no voy a saber ya dónde estoy ni quién soy.
P: Esto ninguno de nosotros lo sabe ya, desde el momento en que dejamos
(*ablassen*) de hacernos ilusiones sobre nosotros.»
Heidegger[273]
«Me hallé a mí mismo deseando y conociendo menos, hasta que pude de-
cir completamente atónito: "No sé nada, no quiero nada".»
NISARGADATTA[274]

El yo desasido no quiere nada, no es nada y *no sabe nada*. La *Gelassenheit* es un "no querer" y un "no ser *esto* o *aquello*"; y es, también, un "no
saber". El "no saber" está íntimamente relacionado con el "no querer"
porque, como hemos visto, el conocimiento dual es en esencia un *querer* (*velle*): «Pensar [representacionalmente] es querer (*Vollen*) y querer
es pensar» (Heidegger);[275] y está íntimamente relacionado con el "no ser
nada", puesto que si nada soy, nada puedo saber.

[Hablando de sí mismo, afirma Nisargadatta:] La antigua e interminable
búsqueda se detuvo; yo no quería nada, no esperaba nada, no aceptaba
nada como propio. No quedaba un "yo" por el cual luchar. Incluso el
desnudo "Yo soy" desapareció. La otra cosa que noté fue que perdí mis
certidumbres habituales. Antes yo estaba seguro de muchas cosas, ahora no estoy seguro de nada. Pero siento que no he perdido nada al no saber, porque todo mi conocimiento era falso. Mi no saber era en sí mismo
conocimiento del hecho de que todo conocimiento es ignorancia, de que
"no sé" es la única afirmación verdadera que puede hacer la mente.[276]

En la terminología de Heidegger, este no saber es descrito como apertura al misterio (*die Offenheit für das Geheimnis*). "No saber" es dejar de dar por supuesto algo como ya dado y, por lo tanto, como ya sabido, como ya disponible. Es morir a lo poseído re-presentativamente, para dejar ser, desde su fuente, el recrearse constante de lo real. Es dejar de "calcular", de remitir constantemente lo que es al pasado y al futuro, para habitar en la impredecibilidad del ahora. No para excusar con ello toda evasión de la responsabilidad, sino para saber que toda planificación responsable, toda referencia a un antes y a un después y todo cálculo siempre son en el seno sin fondo, sin referencias y sin límites del ahora: lo único que es.

"No saber" es dejar de dar por supuesto que algo sea lo que es. Y, más aún, es dejar de dar por supuesto que algo sencillamente sea –como expresó Wittgenstein en su *Tractatus*: «No *cómo* sea el mundo es lo místico, sino *que* sea»–.[277] Es redescubrir lo obvio, y re-descubrirlo a cada instante. Es maravillarse ante el hecho de que algo sea algo, y no más bien nada. Es ver esa Nada como intrínseca al Ser y al Ser sosteniéndose en la Nada. Es sorprenderse no sólo del milagro de lo que es, sino del milagro de la Nada en la que todo es y llega a ser lo que es.[278]

«¿Por qué hay seres y no más bien la nada? (Heidegger).»[279]

«(…) El asombro es el amanecer de la sabiduría. Asombrarse de manera firme y continua, eso es *sādhana*» (Nisargadatta).[280]

Eckhart nos habla de un no saber que ni siquiera sabe de sí que no sabe. Este no saber, por ello, no es simplemente el no-saber socrático: «sólo sé que no sé nada». A medida que se va advirtiendo la ilusoriedad de la vivencia egótica y a medida que se empieza a atisbar el sabor inaprensible de lo real, se comienza –efectivamente– a saber, con progresiva nitidez, que no se sabe. La luz creciente acentúa las sombras; éstas se agudizan al máximo como tales sombras precisamente en el momento previo a aquél en el que la luz termina diluyéndolas y evidenciando su ilusoriedad. Es la presencia de la luz lo que permite decir «solo sé que no sé nada» y, por ello, éste es el comienzo de la sabiduría. Pero éste no saber, del que se toma conciencia, es aún lo opuesto al saber: es la ignorancia reverso del conocimiento; y este conocimiento es aún el reverso de la ignorancia.

Cuando una doctrina no-dual habla de "no saber", no habla meramente de la toma de conciencia de la propia ignorancia. Habla de trascender la dualidad sujeto-objeto, sólo desde la cual es posible aferrar la realidad de lo otro o la realidad del yo representativamente; habla de habitar en el vacío. Habla de un saber: *jñāna*, gnôsis, *sophia* (sabiduría), que radica más allá del conocimiento y de la ignorancia; de un saber para el que no hay nada conocido a lo que el yo se haya de doblegar o que el yo haya de aferrar, ni para el que tampoco hay un yo que pueda aferrar lo conocido y doblegarlo a sí; para el que sólo es la libertad pura de un Ser/Conocer supraobjetivo. Un saber que reconoce que conocimiento e ignorancia son dos rostros de lo mismo; que no se puede conocer nada en sí –todo conocer es un rondar en torno a–, porque el en-sí de la más mínima cosa es inaprensible. En esta inaprensión de todo, en la que se es uno con todo, radica la paradoja de un máximo saber que es un habitar en el misterio del no saber.

«(…) nunca conocemos un misterio a fuerza de desvelarlo y descomponerlo, sino únicamente por resguardar el misterio en cuanto misterio» (Heidegger).[281]

Esta intuición está de alguna forma implícita en la noción heideggeriana de "salto" (*Sprung*): el nuevo pensar del Ser, nos decía Heidegger, no exige un paso más con relación a donde ya estamos (y la creciente toma de conciencia de la propia ignorancia sigue siendo un paso más con relación a donde estábamos), sino un salto cualitativo que nos saque del pensar habitual en dirección a lo súbito y siempre nuevo –porque no es aferrable como lo ya dado y conocido–. En palabras de Heidegger:

(…) intentamos aprender a pensar. Es un camino largo, por el cual sólo nos atrevemos a dar unos pocos pasos que nos conducen, en el mejor de los casos, a la antesala del pensar. Pero nos llevan hacia lugares que es menester cruzar para llegar a donde no queda otro recurso que el salto. Sólo éste nos coloca en el lugar del pensar (…)

A diferencia de un progresar continuo que nos permite llegar insensiblemente de una cosa a otra sin cambios de decorado, el salto nos lleva de golpe a donde todo es diferente; de suerte que nos extraña. Lo súbito, lo repentino, es aquí el precipicio o la subida abrupta o empinada; es lo que determina el borde del abismo.

(…) Para esto se requiere la predisposición a escuchar, que nos permite saltar los cercos de las opiniones habituales para llegar al campo libre [a lo Abierto (*Lichtung*) del Ser] (Heidegger).[282]

El movimiento de la *Gelassenheit* es la inversión del movimiento intencional de la conciencia objetiva que sustenta al sujeto; es un no buscar fuera, un no aferrar, un no re-presentar, un no encaminarse a un deber ser distinto de lo que es, etc. En la ruptura de esta tensión dualista excéntrica, que quiebra la lógica y la razón de ser del ego, radica la máxima soledad. Pero esto, que parecería abocar al absoluto solipsismo, culmina en todo lo contrario: se alcanza el propio en-Sí que es el Único en-Sí (*Muni*: el solitario); se establece la máxima comunión desde lo más íntimo y propio de cada cosa –una comunión a otro nivel es falaz–.

La *Gelassenheit* es un no saber, un no querer, un no ser nada, un dejar de poseer. Hemos visto cómo estos términos aparentemente negativos son el reverso, visto desde la perspectiva egótica, de la máxima y absoluta afirmación. La formulación negativa de estas expresiones nos recuerda que, como insiste Heidegger, al hombre no le pertenece su libertad ni, en general, su actividad. Su comportamiento con el ente no encuentra en él la iniciativa, pues presupone la apertura que es previa y funda la posibilidad de dicho comportamiento. Esa Apertura y sólo ella es el elemento de lo humano. Por ello, «la Serenidad para con las cosas y la apertura al misterio nos abren la perspectiva de un nuevo arraigo»,[283] de un retorno al Hogar: «Cuando se despierta en nosotros la ecuanimidad del alma delante de las cosas, y el espíritu se abre al misterio, podemos entonces esperar entrar en un camino que nos conduce hacia una nueva tierra y un nuevo suelo».[284]

Más allá de la dualidad actividad-receptividad

> Ser, sólo ser es importante. Tal modo aparentemente perezoso de pasar el tiempo está altamente considerado en la India. Significa que por el momento está usted libre de la obsesión del "¿y ahora qué?". Cuando no tiene prisa y la mente está libre de ansiedad, ésta se aquieta y, en el silencio, algo puede ser oído que de ordinario es demasiado sutil y fino para ser percibido.
> (…) No necesita preocuparse de sus preocupaciones. Sólo ser. No trate de estar quieto; no convierta el "estar quieto" en una tarea a realizar. No se inquiete respecto a "estar quieto", no sea desgraciado respecto a "ser feliz". Simplemente sea consciente de que usted es y permanezca consciente; no diga: «sí, yo soy, ¿y ahora qué?» No hay un "¿ahora qué?" en el "Yo soy". Es un estado intemporal (Nisargadatta).[285]

La *Gelassenheit* posibilita un tipo de actitud que es radicalmente opuesta –sin excluirla– a la actitud objetivista; una actitud que básicamente no pretende ser/aferrar esto o lo otro, sino Ser y sólo ser. Pero la *Gelassenheit* no debe ser confundida con una mera actitud receptiva, como se ha interpretado con frecuencia.

Ya señalamos cómo la actitud objetivista, vinculada a la autovivencia del ego como un yo igualmente objetivo, tiene una finalidad funcional asociada a la supervivencia: la atención focalizada, selectiva y objetiva posibilita la autodefensa del propio organismo psicofísico y la actuación estratégica y utilitaria en el entorno. Frente a esta actitud, hay otra que diluye los límites que la mente objetiva impone a la realidad para manejarla y que permite, ya no tanto actuar sobre el entorno, como recibirlo, acogerlo e integrarse con él. Esta actitud difumina igualmente los límites del yo y la diferencia entre lo interno y lo externo, y nos retrotrae al presente; exige una atención no concentrada sino global y difusa. Esta disposición –la requerida, por ejemplo, para apreciar una melodía– no hace, sino que deja ser; no fuerza una situación, sino que la permite.

Ahora bien, esta última actitud no es equivalente a la *Gelassenheit*; aunque ésta implica un movimiento diametralmente opuesto al movimiento de aferrar, la *Gelassenheit* no es, sin más, el referente dual de la actitud objetivista. La *Gelassenheit* pertenece al ámbito nodual, pues es el obrar de la realidad no-dual y el obrar que pone de manifiesto el carácter no-dual de lo real. No se opone a la actitud objetivista ni la excluye –la actitud puramente receptiva, en cambio, sí–. Está más allá de la dualidad entre receptividad y actividad; no es ninguna de las dos, ni excluye a ninguna.

«Ser, sólo ser es importante», nos decía Nisargadatta. "Sólo ser" exige la máxima autoconciencia y la máxima presencia de Sí: "Yo soy", una presencia de sí máximamente activa no garantizada por la mera absorción receptiva. Y requiere, a su vez, un vaciamiento objetivo de sí no posibilitado por la mera actitud objetivista. La receptividad que olvida los propios intereses y no opera en términos de utilidad es necesaria para dejar a algo ser en sí. Pero la actitud receptiva pura no garantiza este respeto que deja ser algo en sus propios términos, ni garantiza una total armonía con las exigencias internas de cada situación, pues, de hecho, una situación dada puede exigir una acción efectiva. Receptividad y actividad han de estar balanceadas, armonizadas y no excluirse. Esta no-exclusión, propia de la *Gelassenheit*, la garantiza –como veremos– el Yo-testigo (*sākṣī*), Yo-testigo que radica más allá de la dualidad actividad y receptividad y que, a su vez, es la forma más pura tanto de receptividad como de actividad.

La *Gelassenheit*, el "desapego" (*Abgeschiedenheit*) eckhartiano, el decir sí y no a la vez propio de la conciencia testigo (*sākṣī*), son actitudes cercanas a la impasibilidad (*ataraxía*) del estoicismo originario, entendida como un vivir en perfecta armonía con el *Lógos* (*homologoumé-nos têi phýsei dsên*). Ahora bien, algunas manifestaciones históricas del estoicismo –las más acordes con lo que ha llegado a ser la interpretación convencional de esta doctrina– sí divergen del desapego no-dual en la medida en que han propugnado un comportamiento particular o una particular forma de vida: en concreto, un estilo de vida ascético; vienen a ser, pues, una versión negativa, dual, del desapego no-dual, que es de naturaleza y raíz trascendente. Éste último, de hecho, no se traduce en ningún modo específico de vida. La tradición del no-dualismo tántrico, que aúna la entrega a los aspectos más dionisíacos de la vida y la distancia interior, en una suerte de embriaguez lúcida, es un claro ejemplo de ello. Desde el desapego no-dual, el yo puede entregarse a todo con la mayor intensidad –el gozo es más gozo, la belleza es más belleza, el dolor es más dolor– sin perderse en esa entrega.

El "dejar ser" (seinlassen) o la actitud del "testigo" (sākṣī)

> «Sea apasionadamente desapasionado; eso es todo.»
> NISARGADATTA[286]
> «¿Quién es el hombre? Aquel que ha de atestiguar lo que es.»
> HEIDEGGER[287]

La *Gelassenheit* es un decir "sí" y "no" a la vez. Esta actitud también es descrita por Heidegger como "la espera" (*warten*): «(…) siempre la misma oscilación sin fin entre el sí y el no… Estar suspendido entre el sí y el no, este permanecer entre los dos, es la espera».[288] Una espera que, explicita Heidegger, no es espera de algo, no es espera objetiva, sino espera sin objeto, espera de nada:

> (…) porque estar a la expectativa es ya estar atado a una representación y a lo representado.
> E: La espera, en cambio, desiste (*ablassen*) de esto (…). La espera, propiamente hablando, no tiene objeto. (…) desde el momento en que nos representamos y llevamos lo que esperamos a ponerse ante nosotros, ya no estamos a la espera (Heidegger).[289]
> (…) ¿cuál es el objeto del desasimiento puro? Contesto como sigue, diciendo que ni esto ni aquello constituye el objeto del desasimiento puro. [Porque] éste se yergue sobre la nada desnuda (Eckhart).[290]

Decíamos también que esta suspensión entre el "sí" y el "no" es análoga a lo que en el contexto advaita se denomina la actitud del testigo (*sākṣī*). Explicaremos a continuación en qué sentido establecemos esta equiparación:

La actitud de atestiguación es una actitud de aceptación sin identificación. El decir "sí" nos habla de una total aceptación; el "no", de que se trata de una aceptación sin identificación.

1) La aceptación, *el sí,* equivale a la apertura total a lo que hay y a lo que es, a la apertura al aquí y al ahora. El yo objetivo, por definición, selecciona valorativamente sus experiencias, pues al haberse definido a sí mismo ha definido igualmente qué sea para él lo positivo y lo negativo, lo que le afirma/confirma y lo que le amenaza.

«Para Dios, toda cosa es hermosa, buena y correcta los hombres, en cambio, consideran que algunas cosas son correctas y otras incorrectas» (Heráclito).[291]

Esta censura constante que acompaña necesariamente a la identificación con el yo objetivo sólo puede ser superada desde el reconocimiento de que el Yo, por definición, es una nada de objetividad. Sólo desde esta vivencia supraobjetiva de Sí, el Yo ya no tiene nada que defender ni nada a lo que aferrarse para sentirse ser; es todo con la máxima intimidad –en su Vacío, todo es–, siendo más allá de todo y libre en relación a todo; es ecuanimidad apasionada y un "sí" radical a todo lo que es.

El amor, nos decía Heidegger, es la capacidad de dejar que algo sea en su elemento. Esta aceptación, esta vivencia no objetiva de sí, es amor en su más alta expresión: un dejar ser todo en sí. Un amor cercano al *amor fati* estoico o nietzscheano y a la actitud que resume Eckhart, citando a Séneca, con las siguientes palabras: «que el hombre acepte todas las cosas como si las hubiera deseado y pedido».[292] Este decir "sí" está también en relación con una noción típicamente heideggeriana: "destino" (*Geschick*). La comprensión de que todo es destino del Ser (*Seinsgeschick*), obrar del Ser, es la base de la "Serenidad": el reconocimiento de que lo que acontece no es básicamente un asunto personal o humano (individual o colectivo) con respecto al cual el hombre debe "hacer" algo a toda costa, sino un gesto en el despliegue del Ser que sólo cabe "dejar ser" –y que, precisamente cuando se deja ser, nos desvela su sentido oculto–.

Esta aceptación nada tiene que ver con lo que en ciertos contextos filosófico/morales y religiosos pasa por "aceptación" y que más bien es una suerte de "resignación", una aceptación ligada a la impotencia: se acepta algo cuando es inevitable, cuando una expectativa ha sido frustrada. Recursos como la apelación a la voluntad de Dios, al destino (concebido como un factor extrínseco al Yo, y no en el sentido heideggeriano del término), etc., son, con frecuencia, "trucos" con los que la mente oculta su rechazo: hubiera sido mejor de otra forma, pero ha sido así. La verdadera aceptación no surge de la impotencia y es ajena a demandas y a expectativas. No acepta sólo al toparse con los propios límites –los límites de la voluntad individual–. No quiere que nada sea distinto de lo que es, pero no como si esta opción fuera una opción posible entre otras; no lo quiere porque el Yo es uno con "lo que es"; más aún: es "lo que es". Se trata de una aceptación en la que no hay dualidad entre el yo y lo aceptado (en esto diverge del *amor fati* nietzscheano). La afirmación de "lo que es" es, sencillamente, la más radical autoafirmación: Yo soy.

2) En segundo lugar, este tipo de aceptación dice *"no"* porque, si bien es una con lo aceptado, *no se identifica*, sin embargo, con ello.

El ego no puede sino vivenciar de modo conflictivo la opción entre el rechazo y la aceptación-resignación. Hay conflicto porque se trata de una aceptación y de un rechazo que pertenecen a un mismo nivel y que, a su vez, están en el mismo nivel que aquello que se acepta o se rechaza. El yo objetivo colisiona con algo y sólo tiene la opción de aceptarlo o rechazarlo. Sin embargo, en la genuina aceptación no hay conflicto, no hay opción: se es uno con lo que es, con lo que hay. Pero se es uno con lo que es porque *no se es nada* de lo que es, porque no se pertenece al nivel de "lo que" es, porque nada objetivo puede oponerse o colisionar con Mi supraobjetividad y vacío esencial.

En resumen: la *Gelassenheit*, la actitud del testigo (*sākṣī*), dice "sí" a todo lo que es; y dice "no" a ser un "algo" nivelable con lo que es. Un sí y un no que no los dice el hombre; o que los dice el hombre, pero en virtud de la dimensión por la que es más que hombre.

Ya apuntamos cómo para describir esta actitud, Oriente ha utilizado tradicionalmente la metáfora del espejo:

> No te conviertas en percha de la fama. No te hagas archivo de proyectos (…). Procura compenetrarte con el Infinito y andar sin dejar huellas. No te ocupes más que de hacer en ti el vacío. El corazón del hombre cumbre es como un espejo; a nadie despide, a nadie acoge; refleja, pero nada guarda. Así triunfa sobre las cosas sin recibir daño de ellas (Chuang Tzu).[293]

La *Gelassenheit* permite que la conciencia sea como un espejo que refleja todo dejándolo ser, es decir, sin filtrarlo con interpretaciones subjetivas, sin rechazarlo ni pretender retenerlo. La identificación con el yo objetivo, por el contrario, hace que la mente ya no refleje sino que proyecte. La imagen del espejo nos habla de una visión sin opción y sin identificación;[294] una visión sin opción que no ha de convertirse, a su vez, en una opción. No se trata de rechazar la elección, de elegir no elegir –ello nos confinaría de nuevo al ámbito de la voluntad–, sino de comprender que toda elección o no-elección, juicio o no-juicio arraiga en la Comprensión-sin-opción que somos y en la que todo es.

Heidegger nos habla con frecuencia del apartamiento del solitario, que le permite acceder a lo esencial de aquello de lo que aparentemente se aparta:

> I: ¡Divisar la esencia del hombre sin mirar al hombre!
>
> P: Eso es. Si el pensar es lo que caracteriza la esencia del hombre, entonces solamente se podrá divisar lo esencial de esta esencia, o sea, la esencia del pensar, si apartamos la mirada del pensar.[295]

Estas palabras de Heidegger están en relación con la afirmación advaita de que sólo se comprende aquello con lo que nos hemos des-identificado; de que sólo se comprende lo que es visto desde más allá de sí mismo; de que el en-sí de cada cosa es ex-stático, está más allá/acá de la cosa misma y exige, para ser comprendido, ir más allá de dicha cosa. La actitud del testigo es una invitación a esto: a mirar desde más allá de lo mirado; a que el Yo se reduzca a la soledad de lo que en él ya no es cosa entre las cosas –el único Yo, el *Muni*: el Solitario–, para dejar de estar poseído por las cosas y así poder alumbrar las cosas desde su esencia.

A esto mismo es a lo que Heidegger apunta con su expresión "paso atrás" (*der Schritt zurück*):

> (…) ¿cómo tiene que ser considerada la diferencia cuando tanto el Ser como el ente aparecen cada uno a su manera *a partir de la diferencia*? Para satisfacer esta pregunta tenemos que situarnos, en primer lugar, bien enfrente de la diferencia. Esta posición frente a frente se hace posible cuando llevamos a cabo el paso atrás, pues lo próximo sólo se nos ofrece como tal, y la proximidad sale por primera vez a la luz, gracias al alejamiento que con él se consigue. Mediante el paso atrás liberamos el asunto del pensar, al Ser como diferencia, para que pueda ganar esta posición frente a frente, la cual, por otra parte, debe permanecer absolutamente libre de objetos [no-objetiva].[296]

Sólo mediante el paso atrás –afirma Heidegger– liberamos el "asunto del pensar". Para el Advaita, esta atestiguación es igualmente liberadora y fuente de liberación. Libera a las cosas al dejarlas ser en su elemento. Libera al pensamiento dual al dejarlo ser en sí, en su sustrato no-dual. Libera al yo al dejarlo ser en sí, en el espacio del Yo supraobjetivo. Si la vivencia egótica es por naturaleza mecánica y condicionada –aun cuando suponga la creencia en la propia libertad de opción–, el simple mirar y atestiguar dicho condicionamiento es ya el obrar de lo libre e incondicionado. La visión sin identificación –pues la identificación haría que el yo volviera a ser arrastrado por el giro de la rueda del *saṃsāra*, o movimiento condicionado del ego– sitúa al Yo en el centro inmóvil de la rueda que de hecho es.[297]

Lo que observa al condicionamiento ya no está condicionado; esta mirada afecta al condicionamiento, descondicionándolo. Toda libertad proviene de la comprensión, de la visión sin opción ni identificación, de la toma de conciencia de lo que es y de lo que hay. Aquello de lo que no somos conscientes nos domina; sólo somos libres con relación a aquello que comprendemos. Sólo en la comprensión hay trascendencia, integración y absoluta libertad con respecto a lo integrado y comprendido.[298] En esta toma de conciencia radica el germen de la transformación; en ella radica el salto (*Sprung*). De hecho, la comprensión en sí misma no es gradual: o se comprende o no se comprende; y se sabe que se ha comprendido porque lo que se comprende y quien ha comprendido inmediatamente se transforman.

* * *

El proceso por el que vemos/comprendemos crecientemente "lo que es", equivale al proceso por el que nos relegamos progresivamente a ser lo que somos: puro Ser/Visión supraobjetivos. Puesto que la capacidad de ver es inherente al ser (*Sat/Cit; Ser/Logos*), el ver nos retrotrae al Origen. La visión nos retrotrae al Origen porque ésta ya es la acción y la naturaleza del Origen. De hecho, para el Advaita, en la atestiguación descrita radica el conocimiento de Sí. Penetrar en el objeto es penetrar en el sujeto y viceversa, porque, en último término, sujeto y objeto son uno y lo mismo. Esto sólo es así en la medida en que esta visión no sea la mirada del ego, sino la visión de *sākṣī*. Lo específico de ésta última con relación a la primera es que:

– Es una mirada "bifásica": dentro/fuera, yo-objetivo/Yo-supraobjetivo, etc., constituyen en ella un único campo. Se percibe lo objetivo desde su trasfondo no objetivo; se percibe al yo empírico desde una lúcida presencia transempírica en el Sí Mismo; se percibe un sonido desde y en el silencio –el silencio que él y nosotros somos en esencia-; se percibe toda presencia desde su/nuestra ausencia esencial.

– Es una mirada simple, directa, no referida a ideas, que no teoriza, que no clausura lo mirado. En palabras de Nisargadatta, esta visión/comprensión no consiste en «la conversión a otro conjunto de ideas, sino en la liberación de todas las ideas y modelos del vivir».[299]

La atestiguación es visión directa de lo que acontece; no es especulación, introspección, análisis, etc. Éstos últimos quedan fijados en el objeto y no son conscientes del Yo que observa; pierden de vista al observador supraobjetivo. Ver y verme –ver las sutilezas del yo objetivo en mi trasfondo no objetivo– no es pensar ni pensarme. Por ello, esta visión permite a la mente estar disponible a todo lo que acontece. Pensar sobre algo, por el contrario, es quedar absorbido por ello y, por lo tanto, estar cerrado a todo lo demás.

– Si la mirada del ego es monodimensional –sólo ve esto o lo otro–, la visión no-dual atestigua los diversos ámbitos y niveles de realidad sin que éstos se excluyan entre sí; los niveles superiores resuelven lo que parecían contradicciones desde niveles inferiores de conciencia y, en último término, el Testigo o Conciencia pura es su reconciliación última. La atestiguación no niega los niveles inferiores, sino que es capaz de estar en todos ellos sin confundirse ni confundirlos. Sabe que, en último término, no hay dentro y fuera, arriba o abajo, yo y no-yo, pero puede operar en los niveles relativos, a través de estas referencias relativas, con absoluta libertad y con máxima eficacia.

Si gran parte de Occidente, en su volcarse hacia el objeto, no ha profundizado paralelamente en el sujeto ni viceversa, es porque ha perdido de vista la dimensión universal del Yo y ha hecho del yo una cosa entre las cosas. Esta dimensión universal del conocimiento de Sí («Conócete a ti mismo y conocerás el universo y a los dioses». Oráculo de Delfos) ha sido, de hecho, para todas las tradiciones de sabiduría, tanto occidentales como orientales, el principio y el fin de su enseñanza.

El sentido de la no-acción a la luz de la conciencia-testigo (sākṣī)

«(…) mi existencia es como el espacio; aunque el cuerpo habla,
no hay nadie dentro que sea el que actúa.»
RAMANA MAHARSHI[300]

«E: ¿Quién ha sido entonces? ¿Ninguno de nosotros?
P: Presumiblemente;
porque en la comarca en que nos encontramos
todo está en el mejor orden solamente en el caso de que no haya sido nadie.
E: Enigmática comarca ésta,
en la que no hay que ser responsable de nada.»
Heidegger[301]

La afirmación advaita de que la comprensión es autosuficiente e intrínsecamente transformadora nos sitúa ante un punto no siempre comprendido del pensamiento oriental no-dual: el lugar de la acción o, más importante aún, el lugar del sujeto hacedor.

El yo desasido, decíamos, es el yo que no quiere nada, que no sabe nada, que no es nada. También esto puede expresarse así: el yo desasido es el yo que ya no se vivencia a sí mismo como agente o actor, como sujeto hacedor. Y, de igual modo en que dijimos que para entender correctamente ese "no querer", "no saber" y "no ser nada" era preciso hacerlo al modo no-dual (no como los referentes duales del querer, saber y ser), también este "no ser el hacedor" ha de ser entendido al modo no-dual: no-hacedor no es el yo que no actúa, sino el Yo que atestigua la acción y la inacción sabiéndose más allá de ambas.

(…) la *Gelassenheit* yace (*liegt*) (…) más allá de la diferenciación entre actividad y pasividad.[302]
I: Pero, entonces, ¿qué debo hacer?
E: Eso es lo que me pregunto yo.
P: Nosotros no debemos hacer nada, solamente esperar (Heidegger).[303]

«No debemos hacer nada», pues el hacer –la acción-pre-tensión– no trasciende el ámbito del sujeto; es un reiterarse del ego a sí mismo, y no un salto a lo siempre inédito e imprevisible –rasgos que constituyen el sello de la realidad–. Para el pensamiento advaita, la suprema ilusión del yo objetivo es la ilusión de que es libre, ignorando que su naturaleza es, por el contrario, mecánica, condicionada.[304] Lo que en él hay de libre no es suyo, proviene de lo que esencialmente es: lo supraobjetivo que hay en él.

La *Gelassenheit* no hace; deja ser. La acción que "deja ser" es denominada, en el ámbito advaita, "*no-acción*" –dado lo paradójica que puede parecer inicialmente la noción de una acción no volitiva–.

La atestiguación desinteresada –en la que no se es "nada", ni se busca ni se quiere nada–, el lúcido desapego descrito, lleva consigo la trascendencia del plano superficial de la mente condicionada en el que acontece toda acumulación e identificación; implica una progresiva disolución de la complejidad egótica. Todo ello da lugar, a su vez, a una creciente libertad interior y sencillez –libertad interior, sencillez extrema, inocencia lúcida en las que, para toda doctrina no-dual, radica la esencia de la sabiduría–. Así, por una parte, se purifica la percepción: el ego muere y deja de proyectarse y repetirse a sí mismo; se hace posible la visión directa de lo real; aflora una forma virginal de ver, de oír, de pensar. Y, por otra parte, se purifica la acción; pues en la medida en que se accede más directamente a la realidad, la acción es más fiel a ella: más directa, espontánea y creadora.

La mente purificada y desapegada, decíamos, es como un espejo: refleja la realidad. Por ello permite una acción "responsable": que responda fielmente a dicha realidad, a cada situación específica. El abandono de los modelos mentales –estáticos, parciales, fragmentarios– permite una respuesta directa, nueva, total a lo total. No hay un ego individual y separado que se considere el "hacedor", pues la acción se deriva del contexto global. Ocurre a través de la persona, pero no le pertenece a ella. El todo ha actuado a través de la parte. Lo que el yo consideraba previamente "sujeto hacedor" –su cuerpo-mente y el obrar que les es propio– se descubre como parte de lo actuado, de lo acontecido espontáneamente en el seno de la Conciencia.

La mente condicionada es, por el contrario, como una película fotográfica ya impresa; no refleja, proyecta. No actúa desde el corazón del ahora y sobre el ahora, respondiendo fielmente al carácter radicalmente nuevo de cada situación, sino que re-acciona desde su pasado, desde su experiencia acumulada. Además, esta mente siempre se atribuye *a posteriori* la autoría de la acción. No comprende que su respuesta es la reacción inevitable dada la interacción de su condicionamiento mental, en un momento dado, con un contexto global específico.

Sin la interferencia del ego –que se fija a sí mismo y fija lo distinto de sí–, cada situación particular y la respuesta activa ante ella constituirían un movimiento unitario y armónico, un movimiento único e indivisible de flujo y reflujo similar al de una ola. Esta unidad se quiebra cuando la respuesta activa está mediatizada por la identificación con alguna referencia mental fija.

En la superación de la linealidad mecánica y condicionada de la acción que tiene como origen al ego –acción que, como ya hemos señalado, es sólo reacción– acontece otro tipo de acción: una acción no volitiva, no intencional, no orientada a la pretensión de ser o lograr *algo*, sino auto-revelación, mera expresión libre y espontánea de lo que se es:

– La actividad del ego –decíamos también– es una acción basada en ideas, una acción excéntrica, pues su móvil y su motor están siempre fuera de la acción en sí. La no-acción, por el contrario, no está referida a ideas (referencias mentales, porqués, móviles u objetivos), y tampoco hay un ego (otra idea)[305] que la lleve a cabo. Nadie actúa y nada es actuado; sencillamente, *hay* acción.

– La actividad del ego, puesto que se basa en ideas, viene a ser algo así como el resultado de la aplicación de una fórmula mental; es, por ello, necesariamente monótona y repetitiva, no puede dar lugar a nada radicalmente nuevo. La no-acción, por el contrario, es siempre original –en el sentido de originaria–, nueva, creativa y creadora.

– La actividad del ego está sustentada en la dualidad y genera dualidad, y, con ello, conflicto (dualidad entre la idea y la acción, entre la acción y su resultado). La no-acción suprime de raíz toda dualidad entre el hacedor y lo actuado, entre los medios y el fin. Es la acción del ser, no del llegar-a-ser. La actividad del ego es siempre acción *para* (da igual que se oriente a la consecución de logros burdos o sutiles, inteligentes o carentes de valor). La no-acción es mera auto-expresión sin porqué.

La tensión de la acción intencional, orientada siempre a un resultado diverso de la acción misma, desaparece, y, con ella, el yo-objetivo-hacedor que tenía su razón de ser en y por dicha tensión.

* * *

Conviene hacer dos advertencias con relación a lo dicho:

– Esta "no-acción" no es sinónimo de inacción. Percibirlo así –lo cual supone hacer de la no-acción un mero concepto: el opuesto al de acción– ha dado lugar a interpretaciones fatalistas (también dentro del contexto índico) y al falso dilema del que nacen todos los pasivismos y activismos. Pero la "no-acción" está más allá de la acción y de la inacción; surge en un espacio de total libertad en el que no hay prevalencia del hacer positivo ni del no hacer negativo; supone la ausencia de acción y de omisión deliberadas. El «"hacer" y el "no hacer" son ambos esfuerzos de la voluntad»,[306] implican un ego-hacedor; pero «no hay nadie que haga nada y, más importante todavía, nadie tampoco que deje de hacerlo».[307] Todo el cosmos actúa. La resistencia a la acción es tan egótica y tan violenta a la naturaleza del todo como el activismo enajenado y enajenante que tiene siempre su origen y su meta fuera de sí.

El peligro de un malentendido similar ya es apuntado por el mismo Heidegger:

> Si alguien nos oyera podría fácilmente caer en la opinión de que la *Gelassenheit* flota en el ámbito de lo irreal y, por tanto, en lo inane, y de que, carente de toda fuerza para actuar, es una carencia de voluntad que todo lo tolera (*Zulassen*); ¡en el fondo, negación de la voluntad de vivir! [Esta sería una] posible interpretación errónea de la Serenidad.[308]

Un falso dilema similar es el que opone espontaneidad y esfuerzo. Así lo expresa Nisargadatta:

> (...) Todo llegará a su debido tiempo muy espontáneamente.
> P: Entonces, ¿no hay necesidad de esfuerzo?
> M: Cuando el esfuerzo sea necesario, el esfuerzo aparecerá. Cuando el esfuerzo se hace esencial, él mismo se impondrá. Usted no necesita empujar la vida. Simplemente fluya con ella y entréguese completamente a la tarea del momento presente, que es morir ahora, al ahora. Porque vivir es morir. Sin muerte no puede haber vida.[309]

O en palabras de Ramana Maharshi: «(...) lo que se rechaza (...) no es el esfuerzo personal, sino el sentimiento de ser el agente de tal esfuerzo».[310]

Esta no-acción no sólo no es inacción sino que constituye la forma suprema de actividad. Recordemos las palabras de Heidegger: «Tal vez se oculte en la Serenidad un obrar más alto que en todas las gestas del mundo y en las maquinaciones de los hombres».[311]

> La inacción es actividad incesante. El sabio se caracteriza por una actividad eterna e intensa. Su quietud se parece a la quietud aparente del trompo que gira rápidamente (un giroscopio). El ojo no puede seguir su velocidad y por eso el trompo parece quieto. Sin embargo, gira. Así es la inacción aparente del sabio. Esto debe explicarse porque la gente generalmente confunde quietud con inercia. No es así (Ramana Maharshi).[312]

– La no-acción supone el abandono de la referencia mental a todo criterio de valoración. Pero esto no es sinónimo de arbitrariedad moral. Lejos de ser así, la no-acción es siempre la acción correcta; no precisa medidas externas porque lleva su propia medida dentro de sí. Paradójicamente, el abandono de la identificación con cualquier referencia mental (también la de "lo correcto" e "incorrecto") permite que la acción sea apropiada a cada situación desde el punto de vista ético, estético y funcional.[313]

> (…) en la comarca en que nos encontramos, todo está en el mejor orden solamente en el caso de que no haya sido nadie [el responsable individual] (Heidegger).[314]
>
> Teniendo el divino Conocimiento de advaita (la no-dualidad), (…) haz todo lo que quieras, pues entonces serás incapaz de hacer mal alguno (Sri Ramakrishna).[315]

De hecho, cuando a un *jñānin* se le pregunta qué haría en tal situación, su respuesta suele ser: «no sé». La situación global generará la respuesta adecuada, que en ningún caso ha de ser unívoca. Por el contrario, toda referencia mental a prescripciones fijas y reglas de acción no haría más que apuntalar al ego y su vivencia de sí como "hacedor".

LA "EXPERIENCIA DEL PENSAR"
(*DIE ERFAHRUNG DES DENKENS*)
O EL CARÁCTER AUTO-TRANSFORMADOR
DEL CONOCIMIENTO

> «Quien quiere de verdad filosofar debe despojarse de toda esperanza, de toda exigencia, de todo deseo; no debe querer nada, nada saber, sentirse desnudo, pobre, y debe entregarlo todo para ganarlo todo.»
> SCHELLING[316]

La actitud de la *Gelassenheit* deja ser lo que es en sí, en su elemento. La atestiguación/comprensión de lo-que-es es la fuente de toda transformación real. Todo ello nos pone en conexión con lo que pasaremos a considerar a continuación: el sinsentido del prejuicio que disocia conocimiento y acción.

El pensar meditativo, nos decía Heidegger, es previo a la distinción entre pensar teórico y práctico; es más originario que esta distinción, pues se ocupa de la luz que posibilita el ver de toda teoría, de la ley que posibilita y funda el regir de toda regla, y de la acción (o no-acción) que funda toda práctica y todo efectuar.

La relación entre teoría y praxis es, tanto para el Advaita como para el pensamiento de Heidegger, no-dual. En palabras de Raimon Panikkar:

Vidyā, hablando con propiedad, no es ni una ciencia de objetos, ni una mera cognición de sujetos; es una ciencia de la realidad. Es una ciencia que impregna el ser en su totalidad y, por lo tanto, no deja lugar para ninguna acción que sea contraria al conocimiento o no transformada por él.[317]

Como ya dijimos al hablar del conocimiento trans-óntico, éste conlleva una transformación radical de la cualidad de nuestra conciencia y de nuestro conocimiento, y no meramente su expansión superficial. Heidegger pretenderá, desde esta convicción –la de que el pensamiento esencial es siempre un proceso de auto-transformación–, mostrar el sinsentido de la disociación llevada a cabo por la filosofía occidental entre praxis y teoría. Pensar el pensamiento –afirma Heidegger– exige que el hombre se comprometa con la realización del pensamiento. El Advaita diría: no hay objetividad sin libertad; en otras palabras: no hay verdadero pensamiento si no hay compromiso por la propia liberación o real-ización.

Esta indisociabilidad entre teoría y praxis no es sólo algo a alcanzar. Se da, de hecho, siempre, y está presente también allí donde se ha pretendido haber logrado su disociación. La filosofía concebida como un saber aséptico, estrictamente teórico (en la acepción restringida de este término), objetivo (independiente de la idiosincrasia del sujeto que filosofa), etc., es una falacia. Ya afirmaba Fichte que el tipo de filosofía que se haga depende del tipo de hombre que se sea. Como hemos visto, el "conocimiento objetivo" responde a una forma particular de auto-vivencia del yo que, a su vez, se sustenta en un *velle*, en un "querer"; lejos de ser resultado de una supuesta percepción inmediata, surge siempre *a posteriori,* «como consecuencia de un esfuerzo específico del sujeto para mantenerse "a distancia"»,[318] movido generalmente por una voluntad de control o dominio.

«[La filosofía] crea siempre el mundo a su imagen, no puede actuar de otro modo; la filosofía es ese instinto tiránico mismo, la más espiritual voluntad de poder, de "crear el mundo", de ser *causa prima*» (Nietzsche).[319]

Pero la filosofía ha solido ser ciega para la violencia práxica que constituye su mismo punto de partida.[320] La creencia en la disociabilidad de sujeto y objeto, que sustenta la falacia de la disociabilidad entre praxis y teoría, es, como hemos venido viendo, su prejuicio básico. Como mucho, la ética, "ciencia práctica", ha sido considerada una "parte" de la filosofía; una ética, por otra parte, convertida en gran medida en ciencia del hacer, que no del ser, y en la que el hacer humano queda reducido a objeto de reflexión, es decir, queda de nuevo disociado del sujeto.

Frente al pensar filosófico, el progreso científico-técnico parece haber proporcionado al hombre occidental un poder y una capacitación práxica crecientes; el desprestigio de la filosofía proviene, en gran medida, de su incapacidad para proporcionar, en contraste con las diversas ciencias particulares, esta capacitación efectiva, traducible en resultados tan tangibles y espectaculares. De este poder creciente al que ha accedido la cultura occidental se deriva, en gran medida, su característica arrogancia. Pero esta superioridad es sólo aparente, pues el sujeto también en este caso ha quedado fuera. Así, dicho progreso no responde a un progreso paralelo ni a una capacitación paralela interior del ser humano. Al contrario, privado de todo ese instrumental extrínseco, el hombre quizá sea más indigente que nunca en lo relativo a sus posibilidades internas de acción. Si la cultura real es lo que queda del hombre cuando éste ha olvidado todo lo aprendido (aquello que, de lo aprendido, se puede olvidar) y cuando éste ha perdido todo lo exteriormente adquirido, el hombre occidental, a pesar de haber acumulado más conocimiento objetivo y más poder objetivo que nunca, quizá, en la medida en que su ser ha quedado fuera de ese proceso (ha quedado dentro sólo en la forma indirecta de un *velle* inconsciente), sea hoy en día particularmente in-culto y esencialmente indigente; pues gran parte de lo adquirido no es realmente *de él*.

* * *

Según Heidegger, pensamos algo cuando "hacemos la experiencia de algo". El pensamiento es para él la "experiencia del pensar" (*die Erfahrung des Denkens*). Es "experiencia", pues supone un factor de inmediatez y un dejarse transformar por lo experimentado.[321] Análogamente, para toda enseñanza no-dual, pensar esencialmente es reducirnos a ser lo que somos y ser uno con el proceso por el que cada cosa llega a ser y se mantiene en sí misma siendo lo que es.

Sólo donde hay esta experiencia hay conocimiento; todo conocimiento es práxico y toda verdadera praxis es cognoscitiva.[322] Por lo mismo, todo verdadero conocimiento es irreductible, indemostrable e intraducible –como lo es toda experiencia inmediata–. El pensar esencial, nos decía Heidegger, meramente "indica", "señala"; dice: ¡mira!; invita a mirar, a tener la misma experiencia; no demuestra, porque la experiencia directa no se puede demostrar –como no se puede demostrar ni traducir la experiencia de un color o de un sabor–. El intento de descripción sólo puede ser eficaz entre aquellos que han tenido ya una experiencia similar. La comunión en la experiencia, no la constatación mental de lo demostrado o el haber "calculado" lo mismo del mismo modo, es el único ámbito de comunicación cognitiva real.

La descripción, traducción y clarificación teórica de la experiencia directa es una dimensión fundamental de la *philo-sophia*, si bien sustenta su legitimidad última en la experiencia en la que se funda dicha traducción y a la que remite. Desligada de la misma, carece de valor cognitivo en la misma medida en que carece de valor experiencial y transformador. Por eso, toda enseñanza no-dual –decíamos– sitúa su valor no en su dimensión descriptiva sino en lo que tiene de instrucción operativa: en su dimensión transformacional.[323]

Sólo se comprende aquello que se ha real-izado, aquello en lo que nos hemos transformado, aquello que hemos llegado a ser. Por lo mismo, nadie puede ver más allá del campo que le ofrece su propio nivel particular de conciencia/realización. De aquí la insistencia de Heidegger en que no se puede pensar de prestado, en que el pensamiento de los pensadores del pasado no es comprensible de suyo, en que acceder a las fuentes originales del pensamiento no es acceder a los restos conservados del pasado sino a las experiencias que lo posibilitaron –y que son siempre contemporáneas–. La filosofía que se limita a transmitir el pensamiento pasado en su literalidad, no piensa. De igual modo, la filosofía que cristaliza el pensamiento en un sistema objetivo de explicaciones, demostraciones, registros de causas y de porqués, no tiene nada de "experiencia del pensamiento". Es sólo "visión del mundo" (*Weltbild*), y no ser uno con el mundo (*jñāna, gnôsis*). Es aseguración del pensador –la filosofía puramente teórica otorga seguridad mental al ego–, y no una invitación a alcanzar, en la aceptación de lo que es inseguridad para la mente, la experiencia directa de lo real.[324]

Señalamos en la exposición del pensamiento advaita cómo para éste, así como para toda enseñanza no-dual, «el conocimiento es una función del ser. [Sólo] cuando hay un cambio en el ser del cognoscente hay un cambio correspondiente en la naturaleza y cuantía del conocimiento».[325] Es significativo (pues va más allá de lo anecdótico) que en el ámbito del pensamiento occidental no sólo se suela calificar de "sabio" a personas carentes de un equilibrio y despliegue armónico de las distintas facetas de su ser y personalidad, sino que cierto grado de desequilibrio haya llegado a convertirse en lo característico de la imagen arquetípica del sabio.[326] En las tradiciones orientales de sabiduría esto resulta inconcebible pues siempre la autoridad del sabio irradia de la autoridad de su propio nivel particular de ser, de la transparencia de su personalidad en tanto que expresión exterior armónica de su Yo profundo. Para estas tradiciones, un saber que crece de un modo meramente cuantitativo deviene abstracto, inútil y destructivo. El crecimiento en un aspecto particular, la especialización, no contrapesada con un saber global integrado en el propio ser y que crece con éste, será necesariamente ciego en su parcialidad; es un saber aparente sustentado en la ignorancia, y en la arrogante ignorancia de la propia ignorancia.

Señalamos igualmente la importancia de distinguir entre el mero conocimiento y lo que convenimos en denominar "comprensión". Ésta última resulta siempre de la confluencia no-dual de conocer y ser. La novedad horizontal proporcionada por la adición cuantitativa de conocimientos diversos no ha de confundirse con la novedad propia de la visión que continuamente renace y se ahonda verticalmente y que, conociendo lo Mismo, nunca conoce lo igual, porque el cognoscente nunca es el que era y se transforma y crece con su conocimiento.

Tras lo dicho podrá comprenderse mejor la naturaleza del ya señalado peligro de que Occidente –y muy en particular, el mundo académico– se acerque al pensamiento oriental considerándolo un sistema objetivo de pensamiento que puede ser entendido, juzgado, valorado y asimilado a distancia –la que introduce la representación–; el peligro de que, dada la propia estructura de pensamiento que ha triunfado en Occidente (que disocia sujeto y objeto), la sabiduría oriental quede reducida a objeto de reflexión especulativa, cuando de hecho sólo pretende tener validez como invitación a una transformación del yo y, paralelamente, de su visión (una transformación en la cual, y sólo en la cual, funda su legitimidad y autoridad). O el peligro, aparentemente contrario pero paralelo, de que la sabiduría oriental se excluya del ámbito específicamente cognoscitivo y se relegue al ámbito de lo puramente práxico, sentimental o "terapéutico" –en el sentido más pobre de este término: el que no trasciende los márgenes del ego pues se orienta a su consolidación y a su bienestar–. Con frecuencia, de hecho, Occidente ha adoptado algunos aspectos de la sabiduría oriental como un modo de suavizar o complementar su propio estilo de vida, de hacer aún más eficaz la actividad del sujeto al proporcionarle cierta "paz" o bienestar que contrarreste los efectos secundarios del vértigo de su avidez objetivante. Se acude a Oriente para que aporte saber, poder, eficacia, etc., al yo objetivo, cuando la sabiduría oriental más genuina se orienta precisamente a superar la vivencia auto-centrada de sí.

Si se considera el pensamiento no-dual oriental al modo de una "terapia" o de una religión –entendida ésta última en su sentido más estrecho: como un conjunto de creencias orientadas a dar consuelo y seguridad mental y emocional al ego–, es decir, si se lo disocia de su intrínseca dimensión cognoscitiva, no se lo entenderá. Si se lo considera un sistema especulativo entre otros, tampoco se lo entenderá. Ambos acercamientos parten de un prejuicio que precisamente el Advaita y el pensamiento heideggeriano desvelan como infundado: el que disocia lo subjetivo de lo objetivo, la praxis de la teoría, el ser del conocer.

La centralización del valor y del punto de vista moral como síntoma del olvido del Ser

> Se oye hablar de "humanismo", de "lógica", de los "valores", del "mundo", de "Dios". Se oye hablar de una contraposición a todo ello. Se conoce y toma lo nombrado por lo positivo. Lo que –tomado de oídas– se expresa contra ello en un modo que no se ha meditado con rigor, la gente lo considera como su negación, y ésta como lo "negativo" en el sentido de lo destructivo. (…) El pensar contra los "valores" no sostiene que todo aquello que se considera como "valores" –la "cultura", el "arte", la "ciencia", la "dignidad humana", el "mundo" y "Dios"– carezca de valor. Más bien se trata de comprender –por fin– que precisamente, al caracterizarse algo como "valor", lo así evaluado pierde su dignidad. Esto quiere decir: al tasar algo como "valor" solamente se acepta lo evaluado como objeto para el aprecio del hombre. Mas aquello que algo es en su ser, no se agota en su objetividad, y máxime no allí donde la objetividad tiene el carácter de valor. Todo valorar es –aun allí donde valora positivamente– una subjetivación. No deja que el ente *sea*, sino que al valorar deja únicamente que el ente, como objeto de su *actuar*, valga. El extravagante afán por demostrar la objetividad de los valores, no sabe lo que hace. Si pregona a "Dios" como el "supremo valor", esto es rebajar la esencia de Dios. El pensar en valores es aquí –y en general– la más grande blasfemia que se pueda pensar frente al Ser. Pensar contra los valores no significa tomar partido por la ausencia de valor y nulidad de los entes, sino despejar –contra la subjetivación del ente como mero objeto– la verdad del Ser ante el pensar (Heidegger).[327]

Heidegger es contundente al respecto: todo valorar es una subjetivación, y el discurso en torno a los "valores objetivos", un indicio inequívoco del triunfo del sujeto y del olvido del Ser.[328]

Un síntoma de la disociación occidental entre teoría y praxis es la relevancia otorgada al punto de vista moral, es decir, al punto de vista centrado en el valor y en la valoración.[329] Cuando se disocia teoría y praxis, cuando se considera que una cosa es conocer y otra actuar, el actuar en sí carecerá de sabiduría intrínseca y precisará de una regulación cognitiva exterior; habrá de ser iluminado desde fuera por un juicio de valor sobre qué sea lo correcto/incorrecto, lo bueno/malo, etc.; un juicio de valor que, además, pretenderá ser descriptivo de la naturaleza de la acción en sí. El juicio de valor pretende describir lo-que-es, y a la luz de esta referencia se busca orientar la acción, a la que se calificará valorativamente a su vez. Incluso lo que ordinariamente se denomina el criterio de la propia "conciencia" y que parecería estar lejos de ser extrínseco a la propia acción, lo suele ser. Las más de las veces dicha "conciencia" es sólo la introyección de ciertas consignas y condicionamientos familiares, sociales, culturales, etc., o bien tiene un carácter en gran medida psicológico. El ego, como vivencia mental de sí, incluye una versión idealizada de sí: lo que considera que "debe ser"; una versión ideal de sí que es una referencia estrictamente mental. La acción moral es, desde estos supuestos, una acción determinada desde fuera de ella misma, una acción no libre y creadora sino coaccionada.

En el contexto advaita, ser, conocer y actuar no se determinan recíprocamente sino que constituyen una unidad. La acción es expresión del propio nivel de ser, y la capacidad de visión es paralela al grado de ahondamiento en el mismo. La acción originaria es siempre *expresión de lo que es, y nunca medio para llegar a ser lo que no se es aún.*

Esto no excluye que ordinariamente sea precisa una acción de naturaleza puramente instrumental que obtiene toda su razón de ser en su orientación hacia una meta específica; en este caso, el cálculo se impondrá. Sólo cuando se calcula son precisos los juicios de valor; éstos, para el Advaita, no son descriptivos de la realidad en-sí, sino sólo de lo adecuado o inadecuado de una acción con relación a una meta particular establecida como deseable por el sujeto. Los juicios que en este caso orientan la acción, estableciendo su adecuación o inadecuación con relación a dicha meta, son juicios de valor de naturaleza puramente *funcional*. En general, para el Advaita, todo criterio de acción y todo juicio de valor tiene una validez estrictamente funcional: algo es bueno/malo en referencia a algo, en la medida en que favorece u obstaculiza la consecución de un fin que, a su vez, repetimos, ha sido establecido como bueno por el *velle* del sujeto. En ningún caso estos juicios tienen valor absoluto ni describen lo-que-es. Los juicios de valor son metafísicamente irrelevantes; no "tocan" lo real.

Dentro del nivel relativo en el que los juicios de valor tienen su razón de ser, sí cabe hablar de cierta jerarquía en el ámbito de los fines. El fin más deseable o "bueno" (literalmente: útil o conveniente, lo que hace *función* de bien) es aquel que nos permite despertar y llegar a ser lo que somos; lo "malo" (literalmente: inconveniente, lo que hace *función* de mal) es lo que obstaculiza dicho despertar, lo que nos ciega a la realidad. Desde otro punto de vista, es "malo" únicamente lo innecesario, lo no indispensable. En unas palabras de Nisargadatta ya citadas: «Cualquier cosa que haga contra su mejor conocimiento es pecado». «Recordarse a sí mismo es virtud, olvidarse de sí mismo es pecado» [en este caso utiliza los términos "pecado" y "virtud", pues estos habían sido introducidos por su interlocutor, aunque, obviamente, en un sentido distinto al que éste les otorgaba].[330]

Nisargadatta suele afirmar –lo que viene a ser otra forma de decir lo mismo– que el criterio relativo último sería "la seriedad", entendida como la absoluta unidad de propósito o, en expresión de Kierkegaard, como el querer una sola cosa.[331]

Pero incluso estas valoraciones –las más elevadas dentro del ámbito en que la valoración tiene sentido– tienen carácter funcional, dicen sólo relación al sujeto y no describen en ningún caso la realidad no-dual, ajena a toda relación y previa a la auto-vivencia separada que el sujeto individual tiene de sí:

> M: (…) Rechace todos los modelos tradicionales. Déjelos para los hipócritas. (…) Mientras siga preocupándose del pecado y la virtud no tendrá paz.
>
> P: Admito que el pecado y la virtud son normas sociales. Pero puede haber pecados y virtudes espirituales. Por espiritual quiero decir lo absoluto. ¿Existe tal cosa como el pecado o la virtud absolutos?
>
> M: El pecado y la virtud se refieren sólo a la persona. Sin una persona pecadora o virtuosa, ¿qué es el pecado y qué es la virtud? En el nivel de lo absoluto no hay personas; el océano de la conciencia pura no es virtuoso ni pecaminoso. El pecado y la virtud son invariablemente relativos.
>
> P: ¿Puedo eliminar esas nociones innecesarias?
>
> M: No mientras usted crea que es una persona.
>
> P: ¿Por qué signo sabré que estoy más allá del pecado y de la virtud?
>
> M: Liberarse de todo deseo y temor, de la propia idea de ser una persona. Alimentar ideas como "soy un pecador, no soy un pecador", es pecado. Identificarse uno mismo con lo particular es el único pecado que

existe. Lo impersonal es real, la persona aparece y desaparece. "Yo soy" es el Ser impersonal. "Yo soy esto" es la persona. La persona es relativa y el Ser puro es fundamental.

(...) P: Verse uno mismo como lo personal es el pecado de lo impersonal.

M: ¡De nuevo el punto de vista de lo personal! ¿Por qué insiste en contaminar lo impersonal con sus ideas de pecado y virtud? Son ideas irrelevantes. Lo impersonal no puede ser descrito en términos de bueno y malo. Es Ser-Sabiduría-Amor; todo absoluto. ¿Dónde hay ahí lugar para el pecado?

(...) Lo que usted es realmente, ésa es su virtud. Pero lo contrario del pecado que usted llama virtud, sólo es obediencia nacida del miedo (Nisargadatta).[332]

Para el Advaita, la transformación real no acontece en virtud de la acción moral sino de la comprensión. Cuando se otorga a los juicios de valor un rango absoluto, la conciencia se contrae ante lo que valora de modo negativo. Pero como señalamos en nuestra exposición del Advaita al hablar de la "conciencia testigo", la cualidad transformadora de la conciencia radica precisamente en la capacidad de aceptar lo que hay y lo que es; sólo desde esta apertura incondicional, no referida a ideas y no valorativa, "lo que es" puede ser comprendido e integrado, y, en su caso, transformado o superado. El punto de vista moral escinde la realidad, acepta partes de ella y niega otras. La conciencia testigo es una con todo lo que es. Cuando sean precisos los criterios relativos de valor, se acudirá a ellos; pero éstos se sustentarán en la aceptación incondicional y no valorativa de todo, en esa dimensión del Yo que está más allá de toda referencia relativa. Pretender ser "bueno" sin comprensión es hipocresía y un reforzamiento del condicionamiento egótico. Un criterio objetivo sólo puede tenerlo el hombre que ha devenido máximamente objetivo y ha trascendido los condicionamientos subjetivos de la personalidad.

Al Advaita no le interesa la "bondad", sino la realidad y la totalidad. El punto de vista moral –dijimos– compara y rechaza; el que busca la totalidad acepta e integra. ¿Con qué comparar lo que es Uno sin segundo? Perfecto no es lo bueno, sino lo completo (*perfectus* = acabado, concluido). El punto de vista moral supone un dualismo metafísico: el bien y el mal son inconvertibles; nos hallaríamos ante el sinsentido de que habría un elemento en la realidad, el mal, que no estaría integrado en ella. La aceptación incondicional permite comprender que, en el ámbito relativo, todo incluye su opuesto;[333] que el énfasis en el bien redunda en una acentuación del mal, y viceversa. Y permite comprender que, en términos absolutos, la realidad está compuesta sólo de cualidades positivas: *sat-cit-ānanda*,[334] o más bien "transpositivas", pues se trata de una positividad no valorativa, que no ha de comprenderse en la referencia a su opuesto. Desde esta perspectiva "trasnspositiva", lo que llamamos "mal" es sólo la ausencia relativa o la expresión limitada de la luz de la conciencia. Luchar contra el mal es luchar contra una ilusión. Sólo es la luz, y sólo tiene sentido la acción encaminada a abrir las ventanas de la auto-clausurada conciencia individual para que penetre la omnipresente luz de la Conciencia y revele la ilusoriedad de toda sombra.

EL CAMINO (*WEG*) FRENTE AL MÉTODO (*METHODE*)

«Lo permanente en el pensamiento es el camino.»[335]
«Todo es camino.»[336]
HEIDEGGER
«El gran Camino no es fácil ni difícil, pero hay que evitar elegir.
Libérate del sí y del no: la Vía aparecerá entonces con toda su claridad.»
Sin-sin-ming, 1.

Como hemos venido viendo, ni Nisargadatta ni Heidegger proponen un sistema o método nuevo; sencillamente, invitan a una toma de conciencia. Dicha toma de conciencia sin opción creará las condiciones necesarias para que vuelva a mostrarse de un modo nuevo lo que nunca dejó de ser. Ninguno de ellos invita a "hacer", sino a "dejar ser":

> La filosofía no podrá producir un efecto inmediato que cambie el actual estado del mundo. Esto no sólo vale para la filosofía, sino para todas las preocupaciones y aspiraciones humanas que estén tan sólo del lado del hombre. Sólo un Dios puede aún salvarnos, no nos queda otra posibilidad que la de preparar en el pensamiento y en la poesía un espacio para la aparición del Dios (Heidegger).[337]

La conciencia es espacio. Tomar conciencia es abrir un espacio, no es decidir qué lo va a ocupar. Y esto es lo único que cabe "hacer". No sirve ningún método, porque éste presupone la orientación hacia algún lugar y, en palabras de Nisargadatta, nada real y valioso puede ocurrirle a quien ya sabe adónde va:

P: El recuerdo de mis experiencias maravillosas me persigue. Quiero tenerlas de nuevo.

M: Porque las quiere de nuevo no puede tenerlas. El estado de ansiedad
por cualquier cosa bloquea toda experiencia profunda. Nada de valor
puede ocurrirle a una mente que sabe exactamente lo que quiere. Porque
nada que la mente pueda visualizar es de mucho valor.[338]
Si no se pone a prueba a sí mismo todo el tiempo, no será capaz de distinguir entre la realidad y la fantasía (...) Es exactamente porque son tan
sorprendentes [los cambios que le ocurren] que usted sabe que son reales. Lo previsto y esperado raramente es verdadero (Nisargadatta).[339]

No sirve ningún método, además, porque en lo relativo a la realización
del Ser, la cuestión no es cómo alcanzarla sino cómo permitirla. Heidegger y el Advaita invitan, de hecho, a abandonar toda pre-tensión. Este
estado lúcido de no-tensión, de no-dualidad entre un ser y un llegar-a-
ser y de atenta escucha, abrirá el espacio ontológico que permitirá la
irrupción creadora del Ser en el ser y pensar humanos. Esto es lo que
busca expresar la noción-guía (*Leitwort*) heideggeriana de "camino"
(*Weg*): el carácter no pre-tendido de lo que él considera habrá de ser el
nuevo pensar del Ser.

El pensar venidero, nos decía Heidegger, no tomará la forma de saber absoluto;[340] más bien será un absoluto no saber, un no aferrar lo conocido.[341] El único conocimiento que no aferra es el conocimiento que *es*
aquello que conoce. Puesto que este conocimiento no aferra, deja las
manos libres para hacer en el orden funcional, en cada momento, lo que
sea preciso –por ejemplo, aferrar y calcular–. Pero el pensar esencial ya
no se confunde con el cálculo; pertenece al orden del ser –el pensar calculador, al del hacer y el tener–. Este pensar no es un saber estático
–sólo lo aferrado es estático–, pues es uno con el Ser y acontece con Él;
es un pensar que se renueva continuamente y que no es detenido o fijado en el movimiento vertical por el que brota y retorna a su fuente. Lo
pensado –lo ya dado– muere continuamente y sólo permanece el pensar
en sí.[342] En este sentido, este pensar esencial tiene la lógica del "camino"
(*Weg*).

De lo dicho se deduce que no hablamos del camino-objeto, del camino al que alude Ramana Maharshi con las siguientes palabras:

«Usted dice que el *jñānin* ve el camino [como algo objetivo], lo recorre, se encuentra con obstáculos, los esquiva, etc. ¿Quién ve todo esto,
el *jñānin* o usted? Él solamente ve el Ser y todo en el Ser».[343]

No hablamos del camino ya establecido, distinto del caminante y del caminar, y que se dirige a una meta prefijada. Si el término heideggeriano "camino" se nominaliza, no se comprende. Hablamos del camino que lo es en virtud de la acción de caminar y que no es previo ni posterior al caminar mismo. Cada paso, y sólo cada paso, hace que el camino sea camino. Es un camino de lo Mismo en lo Mismo, que no va a ninguna parte y que no es recorrido por nadie distinto del camino en sí, porque ya no hay un ego-hacedor que quiera algo distinto de lo que es. No es un camino metódico, porque no hay métodos para adentrarse en lo que carece de referencias. No es un camino que culmine en un sistema, porque un sistema es una clausura, un detenerse, y este camino no tiene final; un sistema, además, supone la reducción de la realidad a un único principio, pero ¿a qué principio reducir lo que es a cada instante su propio fin y su propio principio, lo que a cada instante es tanto un comienzo como un final? En este caminar –continúa Heidegger– «el retroceder también nos lleva hacia delante»,[344] pues tampoco hay en él una referencia lineal que determine extrínsecamente cuándo se avanza o cuándo se retrocede, que determine el posible descamino. La única referencia –que es más bien una no-referencia– es vertical: su originariedad; no la coherencia con el antes y el después, sino su fidelidad a la lógica interna de cada instante, al ahora puro. No es un camino esencialmente raciocinativo, sino meditativo, porque la razón mira siempre hacia fuera: hacia delante y hacia atrás, y no hacia el corazón del aquí, hacia el propio centro:

«*Meditari* significaba: *in medium ire et ex medio ire*, caminar hacia el propio centro y desde él seguir caminando (...) ir al corazón de la realidad y vivir desde ella».[345]

Heidegger pone en relación su noción de camino con lo que él denomina «hacer una experiencia» (*Etwas erfahren*). Todo camino (*Weg*) es esencialmente experiencial. «Hacer una experiencia con algo –nos dirá– significa alcanzar algo recorriendo un camino. (...) significa que aquello mismo adonde llegamos caminando nos demanda (*belangt*), nos toca y nos requiere en tanto que nos transforma hacia sí mismo»;[346] significa que «algo se hace, adviene, tiene lugar».[347] Sólo es el Ser/Conciencia, nos decía Nisargadatta, todo lo demás "acontece". Que todo acontece significa que todo lo que es tiene un origen impersonal (supra-personal). El hombre cree que hace o realiza lo que en realidad acontece; o en expresión de Heidegger, cuando en realidad ello "adviene", "tiene lugar". Aceptar la sorpresa constante de lo que acontece o adviene es recorrer un camino.

Este camino es experiencial, además, puesto que aúna ser, hacer y conocer en un único acto. Ésta es la esencia del aprendizaje: «Aprender –sostiene Heidegger– es doblegarse a la experiencia del re-corrido (*Er-*

fahren)», abrirse receptivamente al impacto transformador de lo que es. Para el Advaita, las explicaciones teóricas no interesan en sí mismas; son válidas sólo como hipótesis que han de ser verificadas experiencialmente en uno mismo; sólo entonces se sabe/aprende en propiedad. Sólo se conoce lo que se ve de modo directo, lo que se experimenta, lo que nos transforma y queda incorporado al propio ser. Y lo que se ha visto e incorporado, ya no se puede perder; en expresión de Heidegger: «Aprender es alcanzar, a través de un camino, una visión que ya nunca más se pierde de vista».[348] Esa visión, ese paso adelante en el aprendizaje, esa transformación, etc., ¿eran la meta? No. Un río alcanza el mar; no lo busca. Simplemente fluye; no es su meta dirigirse hacia él.

> (...) Luche por saber qué es usted en realidad.
> P: No he hecho otra cosa durante los últimos sesenta años.
> M: ¿Qué hay de malo en luchar? ¿Por qué buscar resultados? La lucha misma es la verdadera naturaleza de usted.
> P: Luchar es doloroso.
> M: Usted lo hace doloroso al buscar resultados. Luche sin buscar resultados, luche sin ambición (Nisargadatta).[349]

* * *

Heidegger compara el uso que él hace del término "camino" con la noción central del no-dualismo taoísta, *Tao*, traducida habitualmente como "Vía" o "Camino" (la palabra índica *"dharma"*, en una de sus acepciones, significa igualmente "camino"). Más allá –más acá– de su sentido ordinario, en su empleo meditativo, "camino" –escribe Heidegger– es probablemente una palabra inaugural del habla.[350] Como tal, ha de estar presente en el pensar meditativo de los distintos lugares y tiempos; y así, por ejemplo, ésta es la palabra rectora de pensar poético de Lao Tse: *Tao*. «Tal vez se oculte en la palabra "camino", *Tao*, el secreto de todos los secretos del Decir pensante, si dejamos que estos nombres regresen a lo que dejan en lo no-dicho y si somos capaces de este "dejar"» (Heidegger).[351] Es preciso dejar a esta palabra regresar a lo no-dicho en ella para que nos otorgue su esencia, pues:

> «El tao que puede ser expresado
> no es el verdadero Tao.
> El nombre que se le puede dar
> no es su verdadero nombre» (*Tao te King*, I).

El *Tao* es inefable, porque «el abismo es la morada del Tao» (Chuang-Tse).[352] Pasear por el Camino –*Tao*– es pasear en el abismo de lo Abierto del Ser: «Vaciaré yo también mi voluntad para andar sin rumbo alguno ignorante de mi paradero. Iré y volveré sin saber dónde me voy a detener. Iré y vendré ignorante del término de mis andanzas. Erraré por espacios inmensos» (Chuang Tzu).[353] Este pasearse por el Tao, en el seno del Tao, es análogo a lo que Heidegger denomina: caminar por los caminos de "la región" (*Gegend*). El pensar esencial –afirma– camina por los caminos de "la región". La región es el Claro (*Lichtung*) del Ser. Todos los caminos pertenecen a esta región; por eso, ella es el Camino: lo que nos sitúa en el ámbito de nuestra esencia,[354] lo que instaura caminos, hace don de caminos, en-camina (*be-wëgt*).

Tao es el camino que todo lo en-camina; el camino que hace que todo responda a la demanda del Ser y, con ello, regrese a su esencia, situándose en la región a la que pertenece y en la que de hecho ya se hallaba.[355] Todos los "métodos", escribe Heidegger, no son más que aguas residuales de este gran río oculto. Y puesto que el *Tao* lo encamina todo, todo es camino y, en último término, es imposible el descamino.

Si se busca el Camino/*Tao*, no se encontrará, pues el *Tao* es todo lo que es, también la naturaleza intrínseca del mismo caminante:

> (…) no hay ni meta ni modo de alcanzarla. Usted es el camino y la meta, no hay nada más que alcanzar excepto a sí mismo.[356]
>
> Una vez que comprende que el camino es la meta y que usted siempre está en el camino, no para alcanzar la meta, sino para gozar su belleza y su sabiduría, entonces la vida deja de ser una tarea y se hace natural y simple, un éxtasis en sí misma (Nisargadatta).[357]

La mente siempre busca "llegar a"; ella establece la meta y los medios, violenta lo que es para que se ajuste a sí misma. La *Gelassenheit* es el perfecto ajuste a lo que es: dice "sí" y, al hacerlo, ahí está ya la meta; dice "no" y, al hacerlo, no cristaliza esa meta, no se detiene, no la convierte en un final sino en un principio, sigue caminando.

La *Gelassenheit* es la actitud del caminante; la de quien recorre (*erfahren*), no caminos, sino *el* Camino.

Morar en lo desconocido
o acostumbrarse a lo desacostumbrado

«Si el hombre debe encontrar de nuevo el camino hacia la proximidad del Ser, entonces tiene primero que aprender a existir en lo innominado.»

Heidegger[358]

La *Gelassenheit* es una invitación a morar en lo desconocido, a habitar en lo desacostumbrado:

Erudito (E): (…) el diálogo se hace cada vez más difícil.
Profesor (P): Si por "difícil" se refiere usted a lo inacostumbrado que consiste en que nos desacostumbremos a la voluntad. (…)
E: En la medida en que logremos al menos desacostumbrarnos del querer, ayudaremos a que se despierte la *Gelassenheit*.[359]

El *jñānin* sabe que sólo se adentra en el camino el que ha perdido la confianza en los caminos acostumbrados; el que ha comprendido que lo desconocido no puede arrebatarle nada esencial, sólo la cárcel de la mecanicidad egoica sustentada en el hábito de la seguridad. Por eso no ofrece seguridad, consuelo, ilusión, sino que invita a agudizar la des-ilusión, a habitar en el vacío. Sabe que «(…) la estancia segura es, para el hombre abierto a la presencia del Dios, lo Inseguro (=descomunal-peligroso-extraño)» (Heidegger);[360] que el ámbito de lo no aferrable, de lo no representable, de lo no referible a un antes o a un después, de lo inaudito, etc., es el hogar del hombre. Es preciso acostumbrarse a lo desacostumbrado para poder desacostumbrarse a lo acostumbrado, y viceversa:

«El asombro es el amanecer de la sabiduría. Asombrarse de manera firme y continua; eso es *sādhana*» (Nisargadatta).[361]

Pero para el ego lo familiar es la dualidad, el aferrar, el fijar, el asegurar, la mirada inquieta referida a un antes y a un después, la lucha entre el ser y las referencias mentales al deber-ser, entre su obrar y sus resultados, etc. Lo normal para el ego es el esfuerzo por llegar-a-ser, y lo simple, el descanso en el aquí y el ahora, es para él –siendo en sí mismo lo más fácil– lo más complejo y desacostumbrado. De aquí que el salto hacia lo desconocido, puesto que supone el quiebre de la inercia egótica, que rara vez se cuestiona espontáneamente a sí misma, con frecuencia adopte una forma dolorosa: el paso por la experiencia límite del sufrimiento, de la cercanía de la muerte, de la angustia y el vacío existencial, del fracaso (tras toda una vida volcada en un movimiento excéntrico orientado a llegar-a-ser-algo/alguien), etc.; en general, por las experiencias que evidencian la futilidad de aquello en que ordinariamente habíamos sustentado nuestro sentido de ser. Muy en particular en una cultura como la nuestra, ajena en sus líneas maestras al adentramiento voluntario en las experiencias de muerte y de vacío –no otra cosa es la praxis meditativa oriental– y que connota dichas experiencias de modo radicalmente negativo, el paso por todo ello habrá de ser, las más de las veces, dramático y violento, accidental e involuntario. Quizá de aquí el énfasis de Heidegger en la importancia de la experiencia de la angustia como vehículo hacia la vivencia de la Nada, como vehículo de liberación. Desde el punto de vista oriental, este énfasis resulta excesivo. Efectivamente, la angustia tiene un valor propedéutico indudable; para ciertas personas –por ejemplo, para cierto tipo de personalidad, típicamente occidental, particularmente cristalizada y sofisticada–, éste habrá de ser el único camino; pero no es una experiencia imprescindible, no es el único camino y ni siquiera es el mejor:[362]

«La investigación también despierta. No necesita esperar al sufrimiento; es mejor investigar la felicidad, pues entonces la mente está en armonía y en paz» (Nisargadatta).[363]

El dramatismo con que el occidental medio se enfrenta a la realidad de la muerte y del vacío –los dos grandes tabúes de Occidente– tiene su razón de ser en un hábito dualista de visión que los concibe como los opuestos absolutos de la vida y del Ser; y tiene su razón de ser en una visión lineal e irreversible del tiempo según la cual la nada y la muerte son siempre un final sin retorno. El mundo índico, por el contrario, tiende a considerar la vida y la muerte, el Ser y la nada, como complementarios e interdependientes; se sustentan mutuamente y se alternan cíclicamente: todo final es un comienzo; todo vacío, la fuente de nuevas formas.

Las experiencias de falta de sentido (de la nada, de la muerte…) pueden ser valiosas en la medida en que demuestran la futilidad de yo objetivo y de la visión del mundo que le es propia. Pero esas experiencias sólo son valiosas cuando se las acepta y se es uno con dicho vacío, con la falta de sentido, y no se pretende evadirlas, negarlas, ocultarlas o justificarlas con "porqués". Sólo son valiosas cuando se las considera maestras y, consecuentemente, se las escucha y obedece (ob-audire). Reflexionaremos a continuación sobre el significado de este paso consciente por las experiencias de la nada y de la muerte; paso que es la culminación de la Gelassenheit, del dejar ser al Ser.

La experiencia de la nada

> «Existir (ex-sistir) significa: estar sosteniéndose dentro de la nada.»
> HEIDEGGER[364]
> «La ventana es la ausencia de pared y da aire y luz porque está vacía.
> Quédese vacío de todo contenido mental, de toda fantasía y esfuerzo,
> y la ausencia misma de obstáculos hará que la realidad se precipite.»[365]
> «(…) El *sādhana* es buscar algo que abandonar. Vacíese completamente.»
> NISARGADATTA[366]

Sólo se real-iza el Ser desde la Nada: «El hombre sólo puede ser pastor del Ser en la medida en que permanezca siendo centinela de la nada. Ambas cosas son lo mismo» (Heidegger).[367] Cuando no es así, nos hallamos ante un mero Ser representado. Frente a esta convicción, la de Heidegger y más aún la de toda metafísica oriental no-dual, la ontología occidental ha excluido la Nada de la consideración del Ser. Esta exclusión tiene en su origen –como ya señalamos– su característico dualismo que le ha llevado a hacer de la nada el mero contraconcepto del Ser o de lo ente. Pero «la nada –nos dirá Heidegger– no nos proporciona el contraconcepto del ente, sino que pertenece originariamente a la esencia del Ser mismo».[368]

Para clarificar este malentendido que ha llevado a concebir la Nada –y, consecuentemente, al Ser– al modo dual (haciendo de la nada el contraconcepto del ente) y que ha cegado en gran medida a Occidente para la experiencia purificadora y liberadora de la Nada, puede resultar iluminadora la distinción que Nishitani,[369] en su obra *Religion and Nothingness*, establece entre lo que él denomina 1) la nada meramente relativa o negativa y 2) la Nada absoluta, que no es lo opuesto al Ser sino lo que abraza al Ser y al No-ser:

1) Las tematizaciones occidentales de la nada lo han sido, básicamente, de una *nada meramente negativa o relativa*. Una nada relativa es aquella que está en relación simétrica con una realidad positiva, al igual que una negación relativa sería aquella que dice relación a una afirmación y sólo tiene sentido en referencia a dicha afirmación. Es la nada que, en expresión de Nisargadatta, «es sólo una idea [pues] depende del recuerdo de algo».[370] Cuando una afirmación absoluta, cuando una realidad máximamente positiva, es cuestionada, adviene la nada, el nihilismo: la muerte del Ser, la muerte de los valores, la muerte de Dios, la muerte del hombre, etc. Pero una nada o una negación que precisa de la referencia a una realidad positiva no es, en sentido absoluto, tal nada; no

es, en sentido absoluto, tal negación; es una negación re-activa y no puramente activa; es una nada representada y no la nada-en-sí. Lo que comúnmente ha sido calificado como nihilismo en Occidente es una negación a medio camino, una negación que todavía mira a su opuesto y depende de él. Y mira a su opuesto porque la negación no quiere llegar a lo que sería su lógico final, el vacío sin referencias, sino que se aferra a sí misma en lo que tiene de reacción, de alternativa a la afirmación, de nuevo agarradero, de nueva seguridad:

> Para la mayoría de nosotros sólo hay dos medios de negar: a través del conocimiento o a través de la reacción. Ustedes niegan la autoridad del sacerdote, de la Iglesia, de la palabra escrita, del libro, ya sea porque han estudiado, inquirido y acumulado otros conocimientos [y estos conocimientos se convierten en un nuevo refugio] o porque ello no les gusta y reaccionan en contra [se sustituye por otra cosa aquello que se ha negado]. Mientras que la verdadera negación implica, ¿no es así?, que uno niega sin saber lo que va a ocurrir, sin ninguna esperanza futura. Decir: «No sé qué es lo verdadero, pero esto es falso» es, ciertamente, la única negación legítima, porque esa negación no procede de un conocimiento calculado ni es producto de una reacción. (…) si uno sabe adónde va a conducirle una negación, ésta es, entonces, un mero canje, una cosa del mercado, y no es, en absoluto, una verdadera negación (Krishnamurti).[371]
> El mero abandonar una cosa para procurarse otra mejor no es la verdadera renuncia. Abandónela porque ve su futilidad (Nisargadatta).[372]

Para el no-dualismo oriental, la nada relativa no es tal Nada, sigue siendo una nada aferrada por el ego y a la que éste se aferra. No supone el desmantelamiento de la ficción del ego, sino una forma más –particularmente sutil, puesto que pasa por lo contrario– que adopta su autoafirmación.

2) La Nada absoluta se alumbra, por el contrario, en el mismo movimiento por el que el yo deja de aferrarse a sí mismo y trasciende la dualidad sujeto-objeto en dirección al fundamento infundado que sostiene dicha dualidad. En expresión de Nishitani:[373] sólo cuando el yo rompe el campo de la conciencia individual es capaz de alcanzar una subjetividad que de ninguna manera puede ser objetivada. Esta Nada absoluta se convierte en el Todo absoluto.

"Nada" –dijimos– significa no-ente: *no-thing*; pero no equivale a lo opuesto al ente o al Ser. *Nothing* es el Ser tal y como es experimentado desde el ente, tal y como es experimentado desde el yo objetivo, para el

que algo sólo tiene realidad si puede ser objetivado, si es algo representado o representable.[374] Desde el ente, el Ser parece Nada. Desde la
Nada/Ser, por el contrario, es el ente el que desvela su nadidad (nihilidad) en tanto que tal ente, y, a su vez, lo que parecía Nada se revela
Todo y el en-sí de todo lo que es.[375] Esta Nada absoluta no tiene, pues,
nada que ver con una nihilidad ontológica –tan temida por los pseudoin-
térpretes del pensamiento oriental–. Todo lo contrario: sólo desde la
Nada, todo, incluido el mismo yo relativo, puede ser lo que es. Sólo la
Nada deja ser. La Nada «es la verdadera realidad del yo y de las cosas,
en la cual todo se presenta como es, en su talidad (*suchness*)».[376] La
Nada no-dual no es excluyente y aniquiladora, sino sustentadora, acoge-
dora e integradora, la única que puede permitir que todo sea en sí y desde sí. Sólo la Nada puede alumbrar una verdadera unidad no-monista,
pues todo es en esencia un único Vacío previo a los límites entre el aquí
y el allí, el dentro y el fuera, el antes y el después, etc.; sólo la Nada permite la comunión real de todo lo que es. Y, a su vez, puesto que no hablamos de una nada que aniquila la forma sino que, por el contrario, es
su misma esencia y sustento, la Nada funda, posibilita y respeta toda relación, diversidad y multiplicidad en cuanto tales: «Si el *Dasein* no fue-
se, en la última raíz de su existencia, un trascender; es decir, si de antemano no estuviera sostenido dentro de la Nada, jamás podría entrar en
relación con el ente, ni, por tanto, consigo mismo» (Heidegger).[377]

En resumen: la Nada oriental es la negación del ego, mientras que la
nada que ha sido tematizada en gran parte del pensamiento occidental
–Nishitani ejemplifica ésta última con la nada sartriana– sigue siendo
inmanente al ego. Esta última es un "no-algo"; la primera es una Nada
sin más, una Nada pura que se convierte con la Totalidad pura. La nada
relativa es un no-fundamento, un no-apoyo, una no-seguridad (de modo
latente, la estructura dual sigue presente). La Nada absoluta es un no
puro sin atributos, y no consciente de sí en tanto que tal no; un No puro
que equivale al más absoluto Sí. La Nada absoluta radica más allá del sí
y del no, del Ser y del No-ser. Es la Nada que es condición de posibilidad de la nada relativa (del nihilismo occidental) y de su opuesto (los realismos ingenuos). En palabras de Heidegger: «la Nada [absoluta] es
más originaria que el no y que la negación».[378] Por lo mismo: «La Nada
–dirá, aludiendo a la insuficiencia de la lógica tradicional– no se funda
en la negación, sino al revés».[379]

«Sólo la nada absoluta es el verdadero no-fundamento (*Ungrund*)».[380] *Ungrund* que, puesto que no puede ser aprehendido re-presentativamente, sólo es realidad para el que lo experimenta, *siéndolo*. La

verdadera nada, de hecho, sostiene Heidegger, sólo puede ser real-izada a través de una *experiencia* fundamental (*Grunderfahrung*),[381] que culmina en la asunción consciente de nuestro Vacío esencial. *Gelassenheit* es la invitación a ser Nada y a redescubrir las cosas como sustentadas en la Nada. Es la toma de conciencia del carácter extático del yo y de toda realidad. Sólo en esta comprensión –la de que el Sí Mismo de todo es el Vacío,[382] la de que «en el ser del ente acontece el anonadar de la nada» (Heidegger),[383] la de que «su verdadero hogar está en la nada, en el vacío de todo contenido» (Nisargadatta)–[384] radica el verdadero desapego, la verdadera Serenidad.

> Esta [actitud] no la puede aprender el ser humano mediante la huida, es decir, que exteriormente huya de las cosas y vaya al desierto; al contrario, él debe aprender [a tener] un desierto interior [el de la vivencia inobjetiva de Sí] dondequiera y con quienquiera que esté (Eckhart).[385]
> El desierto está creciendo. Dichoso el que guarda desiertos dentro de sí (Nietzsche).[386]

* * *

El nihilismo occidental no ha de ser confundido con la Nada que postula el no-dualismo oriental. Pero el moderno nihilismo, aunque ha de ser nítidamente diferenciado de la Nada oriental, puede ser visto como un síntoma de madurez metafísica con relación a su opuesto: la metafísica ingenua puramente afirmativa. Aunque aún es una nada o negación a medias, no por ello deja de ser un paso en dirección a la eliminación de todo apoyo objetivo; un movimiento en dirección a lo que Nishitani denomina verdadera libertad de la subjetividad o autonomía del yo (lo que ha sido en gran medida el ideal del pensamiento occidental moderno). «Sin la originaria patencia de la nada no hay mismidad ni libertad» (Heidegger).[387] La nada relativa es aún objetiva, es aún un sostén; pero puede ser el último sostén: el que desenmascara todo otro sostén; puede ser la última realidad objetiva: la que elimina todo otro apoyo objetivo.

En la exposición del pensamiento de Heidegger aludimos a cómo la conciencia de la propia indigencia y finitud es condición de posibilidad de la descentralización del yo, en virtud de la cual puede alumbrarse su referencia última al Ser. La nada relativa, vivenciada en toda su radicalidad, se transmuta en la real-ización del Ser; de un Ser que ya no es Ente supremo o Causa primera, sino fundamento infundado, *Ab-Grund*, Nada absoluta.

«Si pudiera experimentar el vacío interior totalmente, la explosión hacia la totalidad estaría cerca» (Nisargadatta).[388]

La nada relativa no ha de ser solventada por la vuelta a su opuesto –la afirmación–, sino por la radicalización de dicha nada, de esa negación, lo que Nishitani denomina una conversión a la nada absoluta.[389]

De aquí el carácter propedéutico que Heidegger otorga a la angustia. Propiamente, aunque la angustia es angustia ante la nada, no es la Nada la que angustia. El ego así lo cree, pero sólo se angustia ante una nada relativa (ante el ego, la nada es siempre nada relativa). La Nada hace al ego tomar conciencia de su propia angostura, de su propia auto-clausura; de la angostura, clausura y reiteratividad del mundo tal y como se muestra ante su conciencia objetiva. Es esta angostura la que angustia. Ahora bien, la angustia es un "estado de ánimo fundamental" (*Grundstimmung*), según Heidegger, porque su alcance no sólo es psicológico, sino metafísico, ya que pone en contacto con el fundamento infundado. Es verdad que la angustia es el atisbo de la nada desde el ego –es una nada relativa–, pero esta nada relativa no deja de ser la acción real en el yo de la Nada absoluta, vivenciada, eso sí, desde el yo objetivo, como la máxima amenaza.

El alcance metafísico de la angustia se advierte también en que ésta es el preludio del salto (*Sprung*). Lo hace posible cuando la angustia pura ante la nada no se evade de sí misma y se disfraza de temor objetivo ante esto o aquello[390] –el temor es angustia caída en el mundo–, y cuando no se aferra a dicha nada, pues también el sufrimiento, el cinismo, etc., pueden ser para el ego una forma de cristalizar su pseudo-identidad. La angustia es camino cuando no se detiene en sí misma. Y cuando no se detiene en sí misma da siempre paso a un estado de ánimo que se evidencia como aún más fundamental: *sat-cit-ānanda*, el gozo lúcido de ser.

Morir antes de morir

«Cualquier cosa, para cambiar, debe pasar por la muerte, el oscurecimiento y la disolución.» «Lo que se niega a morir no puede renacer.»
NISARGADATTA[391]
«Amar la verdad significa soportar el vacío y, por consiguiente, aceptar la muerte. La verdad se halla del lado de la muerte.»
S. WEIL[392]

La voluntad de poseer sustenta al ego y cristaliza y fundamenta su temor a perder lo poseído, pérdida que es una con la pérdida de sí mismo. El yo, a través de este aferrar y aferrarse a sí mismo, busca ocultar y evadir su vulnerabilidad esencial: «Usted imagina que sus posesiones lo protegen. En realidad, lo hacen vulnerable» (Nisargadatta).[393] De aquí que, para el sujeto, el compendio de todos sus temores, su primer y último temor, sea el temor a la muerte: la pérdida de toda posesión y de la propia auto-posesión.

El paso consciente por la experiencia de la nada y la aceptación de la propia finitud, de la propia muerte, decíamos, son la culminación del "dejar ser al Ser". Ambos pasos son el mismo paso. El olvido metafísico del Ser tiene su correspondencia en la existencia inauténtica del individuo que huye de la vivencia pura de la angustia, haciendo de ésta una angustia con porqué –disfrazándola de temor objetivo– y que olvida la muerte propia relegándola a una posibilidad ajena al instante presente, desplazándola al impersonal "se ha de morir".

Toda tradición no-dual ha estado profundamente familiarizada con la realidad de la muerte. Para estas tradiciones, como hemos señalado, la muerte no es lo opuesto a la vida: sin muerte no hay vida, y viceversa, y una vida no sustentada en la aceptación consciente de la propia muerte y no reconciliada con ella no merece ser calificada de vida.[394] El reconocimiento del potencial "vivificador" –en sentido trascendente– del hermanamiento con la muerte tampoco ha sido ajeno al mundo occidental. El pensamiento místico y muchas tradiciones esotéricas de Occidente, por ejemplo, han sostenido la necesidad de una *metanoia* o iniciación, entendida como un adentramiento lúcido en la experiencia de la muerte, como paso imprescindible hacia la verdadera Vida; una vida ya no clausurada, sino sustentada en la Nada del Abismo infundado.

Tanto para el Advaita como para el pensamiento heideggeriano, la existencia humana no encuentra su elemento en el *ex-* de lo abierto del Ser hasta que el yo no asume conscientemente su propia muerte, no como una mera posibilidad futura, sino en su latencia en el instante presente. Esta aceptación de la muerte propia no es una opción entre otras; es la única opción posible, la única que permite el reconocimiento de lo que es y la única que es expresión de lo que es: el sustentarse del *Dasein* en el Vacío. La huida de la propia muerte es, al igual que el mismo ego, una opción o pretensión imposible y auto-contradictoria. La aceptación de la muerte conlleva el reconocimiento de la no "disponibilidad" de la propia vida; devuelve el hombre a sí mismo en la forma de un constante renunciar a sí mismo, de un no pretender poseerse a sí mismo y, derivadamente, de un no pretender poseer nada. Sólo en la asunción de la muerte, toda otra posibilidad humana puede ser elegida auténticamente, porque se elegirá desde la *Gelassenheit*, desde el no-aferramiento y desde la no-identificación. Ahora bien, en este punto conviene establecer una distinción análoga a la que ya establecimos entre lo que denominamos "Nada absoluta" y "nada relativa":

La anticipación de la propia muerte no es necesariamente equivalente a la vivencia de la Muerte en su sentido más radical: el "morir antes de morir" del que nos hablan los místicos.[395] Muchas veces, esta anticipación es sólo la vivencia de una "muerte relativa" que sigue diciendo relación a la vida como a su opuesto. Lo propio de la anticipación consciente de la "muerte relativa" es que, en ella, la certeza de la propia muerte se traduce, como vivencia subjetiva, en futilidad, apatía o cierto desdén; en otras palabras, conlleva un igualamiento subjetivo de todo −"todo da igual"−, sustentado en la revelación de la esencial contingencia y finitud de todo. A veces, esta experiencia se traduce en otra actitud sólo aparentemente antagónica a la que acabamos de describir: la huida hacia delante, la avidez del *"carpe diem"*; huida, avidez, cuyo telón de fondo es siempre la desesperación. Ésta ha sido, la mayoría de las veces, la forma peculiar de vivenciar anticipadamente la propia muerte en Occidente. Pero esta "muerte relativa" es el contraconcepto de la vida; atisba una finitud que es el contraconcepto de la infinitud; es la muerte observada "desde la barrera" por un ego que aún no ha muerto a sí mismo.

La "muerte absoluta" es cualitativamente diferente: es el reconocimiento de la esencial nadidad de cada cosa considerada en sí misma, tal y como se presenta al ilusorio yo objetivo y, paralelamente, el descubrimiento de la eternidad e infinitud de cada cosa cuando ésta se deja ser en sí, en lo Abierto del Ser. La experiencia de la "muerte absoluta" no iguala todo horizontalmente, sino que aúna todo en y desde su Vacío esencial, respetando la diversidad relativa como expresión y juego gozoso de la plenitud que toda cosa resguarda. La muerte relativa descubre que nada perdura, porque todo es "nada" (una nada también relativa). La muerte absoluta descubre que todo es, en sí, eterno e invulnerable, porque todo es la Nada/Todo absolutos.[396]

Dijimos que la "nada relativa" podía ser camino hacia la "Nada absoluta". También la anticipación relativa de la muerte, llevada hasta sus últimas consecuencias, puede conducir a la Muerte que es una con la verdadera Vida. Esto es así cuando la toma de conciencia de la inseguridad y fugacidad de todo, y el dolor, la sensación de futilidad y la falta de sentido consiguientes, no son el acicate para buscar la seguridad de una nueva "ilusión" objetiva, de una nueva doctrina (aunque esta nueva doctrina afirme que todo es transitorio o falaz), etc.; ni siquiera la seguridad de la supuesta Voluntad de un Ser Supremo (al que, cuando toda seguridad parece vedada y el yo siente haber tocado el límite de sus propias fuerzas, siempre cabe acudir). Sólo cuando no se buscan apoyos y se permanece en el vacío, la muerte/nada relativas dejan de ser duales, excéntricas, y dan paso a la Vida/Todo absolutos, a una Seguridad trascendente/inmanente a la que el yo ya no se aferra porque ya no la *tiene* sino que la *es*, que el yo ya no mendiga porque la encarna en sí. Cuando se acepta lo inaceptable –lo inaceptable para la lógica del ego– una nueva presencia y poder, hasta entonces velados, irrumpen en y desde lo más íntimo del yo con una densidad ontológica que reduce a sombras lo que anteriormente parecía lo máximamente seguro y real.[397]

La misión del poeta, nos decía Heidegger, es la de bajar al fondo del abismo; la de sumergirse en el centro de la noche oscura para atestiguar que «donde está el peligro surge también aquello que salva»,[398] y que, «quizá, toda otra salvación que no surja de donde está el peligro siga siendo una calamidad».[399]

Decíamos que, puesto que en Occidente la muerte/nada es considerada el enemigo por excelencia del yo, la vía hacia la experiencia de esta Muerte/Vida será inicialmente, en la mayoría de los casos, involuntaria y dramática. Decíamos también que en el Oriente no-dual, familiarizado con el Vacío a través de la meditación, familiarizado con la naturaleza rítmica del cosmos –la muerte es otro nombre del renacer– y carente de los tabúes culturales que en Occidente se asocian a la muerte, el que opta por el camino consciente hacia la Muerte/Vida suele seguir una vía tradicional de sereno y progresivo desapego y ahondamiento en el Yo supraobjetivo. No es ineludible el paso por la angustia. Pues no sólo la angustia, el dolor, el temor, etc., impulsan al hombre a ir más allá de sí. El impulso más poderoso es el de la realidad en su deseo de expresión plena, dichosa y creativa de sí.[400]

Es importante tener presente la distinción establecida entre "muerte relativa" y "muerte absoluta". Es importante porque, dado que gran parte de las tendencias filosóficas, psicológicas y religiosas de Occidente sitúan la identidad del yo en los márgenes del yo objetivo, no pueden menos que desconfiar del peculiar modo de trascendencia oriental y ver en él una forma de huida tanto de la vida como de la muerte. Esto parece además verse confirmado por la actitud de un Oriente –en particular, el mundo índico–, con frecuencia alarmantemente pasivo tanto a nivel individual como social. Esta pasividad es un perfecto ejemplo[401] del pe-

ligro de un énfasis en la Vacuidad que no vaya acompañado de una trascendencia de la percepción dualista, del peligro de una visión rítmica del
Cosmos –samsárica, kármica– que no se sustente en una perspectiva no-
dual y degenere en mecanicismo causalista sin margen para la irrupción
creativa. Y es que, siendo la India la cuna de la no-dualidad, cultural y
sociológicamente la asimilación de esta perspectiva es minoritaria. Que
éste no es un peligro intrínseco al punto de vista advaita lo evidencia el
que otras culturas cimentadas en metafísicas no-duales (por ejemplo, el
taoísmo o el budismo zen) no se han caracterizado precisamente por su
pasividad.

La desconfianza señalada es paralela a la que lleva a ver en la trascendencia oriental una forma de despersonalización. Comprendida adecuadamente (ya hemos insistido en ello), no sólo no conlleva este peligro,
sino que es el único modo de afianzamiento real de la persona y la base
para un compromiso y una acción armónica, centrada, apasionada y eficaz en el mundo. Nunca un yo aferrado a sí mismo y aferrado a la vida ha
creado nada genuinamente profundo en ningún ámbito humano.[402]

$$* * *$$

La asunción de la muerte/nada que posibilita la *metanoia* del yo, tiene su correlato cultural e histórico en la asunción consciente, por parte
del Occidente contemporáneo, de su peculiar forma de vivenciar relativamente la nada: su característico "olvido del Ser" (*Seinsvergessenheit*).
Ya hemos señalado cómo el nihilismo de Occidente puede ser la mejor
preparación para un nuevo ser/pensar en y desde lo Abierto del Ser, para
un cambio en la reconducción de la esencia humana; y cómo en la asunción consciente de este olvido, de esta ausencia, radica la gran posibilidad de nuestra cultura y de nuestro tiempo. Tocando fondo en su experiencia de la ausencia de Dios, del olvido del Ser, etc., Occidente podría
re-encontrarse en y desde lo más genuino de sí y re-comenzar originariamente.

Tomar conciencia de esta ausencia supone no pretender llenarla con
algún sustituto por muy sublime que éste sea. Por ello, Oriente no ha de
ser para Occidente un sustituto. Lo que puede aportar Oriente es la referencia de una articulación milenaria de la naturaleza de esta *metanoia*.
Esta referencia puede permitir que, allí donde se tengan atisbos de la
Presencia que se oculta en el corazón de la ausencia, éstos no se agosten
por la tendencia a interpretar e insertar toda experiencia dentro de los
márgenes de los viejos esquemas y prejuicios duales. Puede permitir que

se preste la debida atención a ciertas experiencias que las propias inercias culturales tienden a despreciar, pasar por alto o malinterpretar. Puede proporcionar contextos interpretativos, no ausentes en Occidente, pero olvidados y relegados, que *a posteriori* ayuden a dar cuerpo a lo que peligra quedarse en meras intuiciones aisladas sin capacidad de arraigar y legitimarse culturalmente.

Aceptar el paso por la noche oscura del olvido del Ser, ahondando en la propia experiencia del olvido, es a lo que invita Heidegger cuando califica dicho olvido de "destino" de Occidente y de "destino" del Ser. Porque es "destino" no está en nuestra mano, no dice relación a la voluntad, no puede ser modificado; lo que es "destino" sólo puede ser aceptado. Y no hay en ello ningún fatalismo. Todo lo que venimos diciendo es precisamente que la más la revolucionaria y creativa transformación la origina el gesto interior más simple, el aparentemente menos dinámico, el que indignaría a quienes buscan siempre el cambio a través de actos, movilizaciones y palabras pomposas: la aceptación. La aceptación como acto de "comprensión", de visión lúcida sin-opción. El "olvido del Ser" tiene poder en la medida en que no sabe de su propio olvido. La toma de conciencia del olvido como tal, neutraliza su poder. Qué se derive de ello, eso ya no compete al hombre.

9. MUNDO, LENGUAJE, TIEMPO E HISTORIA: EL JUEGO DEL SER

LA RONDA (*REIGEN*)[1] O EL JUEGO DE ESPEJOS (*SPIEGEL-SPIEL*) DEL MUNDO (*WELT*)

Hemos reflexionado en torno a la naturaleza del yo a través de la crítica de Heidegger al "sujeto" y a través de la propuesta advaita del carácter incondicionado y supra-individual del Sí mismo (*Ātman*). Hemos visto cómo la reconducción de la esencia humana que proponen tanto Heidegger como el Advaita avanza paralela a una transformación del pensar –pues Ser es conocer– en la dirección a un pensar transóntico, transconceptual y no-dual, que no es un simplemente una modalidad de pensamiento distinta del pensar re-presentativo, sino su misma condición de posibilidad. Hemos visto qué actitud permite esta *metanoia*: una actitud que no es tanto un hacer como un "dejar ser" y que no se orienta a la búsqueda de una meta –ni siquiera la *metanoia* apuntada ha de convertirse en una meta– sino a poner en evidencia que el buscador es ya lo buscado y que es la misma búsqueda lo que impide encontrar; a evidenciar que donde se dice "sí" incondicionalmente, allí es ya la meta.

Nos centraremos a continuación en cómo se percibe el mundo tras esta *metanoia*. Aunque gran parte de lo que expondremos se deduce de lo ya dicho, consideramos oportuna una reflexión autónoma al respecto.

Recordemos la reflexión de Heidegger en torno al carácter ficticio de la dualidad sujeto-objeto, que lleva a considerar el mundo como un objeto enfrentado a un sujeto, como lo que está ahí fuera, como lo que el yo observa desde la "jaula" de su conciencia individual. Frente a esta visión, el *Dasein*, dirá Heidegger, está *ya* intrínsecamente "fuera", pues la trascendencia, el espacio abierto (*Da-*) en que se alumbra el mundo, le es constitutiva.[2] El hombre está *ya*, constitutivamente, abierto al mundo; y el mundo se muestra sólo en el "*Da-*" del *Dasein*. Ello es posible en virtud del "*ex-*" de la existencia humana: lo Abierto del Ser que determina el "entre" dentro del cual puede darse toda relación de un sujeto a un objeto.

Según Heidegger –recordemos también–, en la misma medida en que la filosofía otorga carácter absoluto al sujeto, definido por su contraposición a lo otro u objeto, suprime toda trascendencia de la cosa frente a su ser conocida por el sujeto y toda trascendencia del sujeto con respecto a su propia subjetividad configuradora de objetividad. El mundo se agota en lo público (*Öffentlichkeit*): lo que aparece, y el hombre queda, a su vez, ex-puesto en lo público. Desde este supuesto, la relación sujeto-mundo sólo puede establecerse horizontalmente, en términos dualistas. Los intentos de revalorizar filosóficamente el "entre", de cara a superar el solipsismo subjetivista, no pasan de ser intentos bienintencionados si no se cuestiona el origen de esta dualidad: el presupuesto que otorga carácter absoluto y último –no derivado– a la vivencia que el yo tiene de sí como sujeto enfrentado a objetos. De hecho, gran parte de los intentos filosóficos que han buscado recuperar este "entre" han sido llevados a cabo por filosofías que hacen de la persona humana individual una suerte de absoluto metafísico –y no precisamente en lo que tiene de símbolo o expresión del único Sí mismo supra-personal–.

Desde el punto de vista advaita, que la relación hombre-mundo haya llegado a ser un "problema" filosófico es muy significativo; estamos ante uno de los característicos pseudoproblemas a los que no puede menos que enfrentarse toda filosofía dualista y que no es más que uno de los modos posibles en que se proyecta la contradicción interna que caracteriza su propio punto de partida. Al igual que para Heidegger, para el Advaita yo y mundo constituyen una unidad, y el ser humano es siempre un hombre-en-el-mundo. Como expresa agudamente Alan Watts: «Los seres humanos tienen conciencia de un mundo porque es la clase de mundo que engendra organismos conocedores, y sólo por eso».[3] No hay un individuo y un mundo que se relacionan, sino un único campo unitario hombre/mundo. La pretensión del yo individual de actuar autónomamente en el mundo es considerada por el Advaita carente de todo fundamento, pues el yo-empírico forma ya parte del entramado unitario de relaciones denominado "mundo": él es como es porque todo es como es y él actúa no aisladamente sino al unísono con todo el actuar del mundo, como parte de un único gesto unitario.[4]

El ser humano, puesto que halla en sí la luz de la conciencia, no nivelable con el mundo, tiende a erigirse en centro absoluto, irreductible al mundo "exterior". Este hecho está sustentado en una intuición certera: efectivamente, la conciencia es irreductible al mundo; el error radica en otorgar a dicha conciencia carácter individual sin advertirse que, cuando así se hace, la conciencia se ha confundido ya con ciertos objetos del mundo (un organismo psico-físico, etc.)

Hombre y mundo constituyen un campo unitario. A su vez, *Sat/Cit* es el en-sí de dicho campo: el en-sí del hombre y el en-sí del mundo. Todo es *Sat/Cit*. Yo –afirma el *jñānin*– soy todo. Este Yo supraobjetivo no es ya un yo-en-el-mundo; no participa del condicionamiento horizontal del mundo porque es supra-relacional e incondicionado. La Conciencia pura no pertenece al mundo; es el seno metafísico del mundo, el Vacío o espacio metafísico que posibilita y alumbra el "entre" –el entramado de relaciones que constituye el mundo y lo que posibilita la relación misma entre un sujeto y un objeto–.

> Todo lo real individualizado en todas sus referencias sólo es posible si la Naturaleza [= *phýsis* = la Luz que permite que algo aparezca] otorga a todo por adelantado lo Abierto en que se pueden encontrar los inmortales y los mortales y cada cosa. Lo Abierto es mediador en las relaciones entre todo lo real. Esto se establece sólo a partir de tal mediación y es, por ello, algo mediado. Lo así mediable es sólo merced a la mediabilidad. Por tanto, la mediabilidad debe estar presente en todo. *Sin embargo, lo Abierto mismo, que es lo que da a toda correlación y correspondencia el ámbito al que pertenecen, no surge de ninguna mediación. Lo Abierto mismo es lo inmediable, lo inmediato.*[5]
>
> La inmediata omnipresencia es la mediadora para todo lo mediatizado, esto es, para lo mediato. Lo inmediato mismo nunca es algo mediable; por el contrario, lo inmediato, estrictamente tomado, es la mediación, esto es, la mediabilidad de lo mediato, porque lo hace posible en su ser.[6]

Para el Advaita, la inmediatez de la Conciencia establece el "entre" o mediación en que consiste la realidad manifestada. El mundo es la expresión objetiva –relacional o medial– del Ser supraobjetivo –inmediato o supra-relacional–. Esta mostración objetiva no sólo no agota al Ser y el misterio de su ocultación, sino que ni siquiera lo "toca", pues el Ser, considerado en sí mismo, no dice relación al mundo ni a nada.[7]

El carácter interrelacional del cosmos

La realidad última del mundo es *Sat/Cit*: el Ser/Conciencia supra-relacional. Su realidad relativa es la de ser un todo unitario interrelacional. Todas las cosmologías orientales –y, en general, las cosmologías tradicionales– han hablado del mundo como de un todo unitario y orgánico cuyas partes son interdependientes entre sí e interdependientes con relación a la totalidad (que en ningún caso es igual a la suma de las partes), de tal modo que todo está mutuamente condicionado. El budismo ha apuntado a este hecho en su principio de *paticcasamuppāda* (surgir-inter-dependiente o, en expresión de R. Panikkar, "relatividad radical"): la realidad es una red sin límites de interrelaciones cuyos nudos momentáneos dan lugar a los hechos y cosas de experiencia. Este principio, como ya señalamos, tiene para el budismo un alcance metafísico y soteriológico: busca evidenciar que el ser humano no tiene nada a lo que aferrarse, pues ni siquiera hay un yo individual substancial que pueda aferrar (*anattā*). La relación es la esencia del mundo relativo. No es que haya cosas que se relacionan, sino que sólo es este campo unitario de relaciones y únicamente por abstracción cabe considerar aisladamente sus polos o nudos de relación.

Ya indicamos cómo esta visión del mundo cuestiona el principio de causalidad lineal como explicación *real* del acontecer de los fenómenos físicos –aunque no se niegue su valor *funcional*–. No hay propiamente secuencias de causas lineales; todo es causa de todo y algo es como es porque todo es como es. Relativamente, todo es causa de todo. Y a su vez, todo tiene su origen en un principio acausal que no es causa de nada, pues, como explicaba Nisargadatta, la noción de causalidad no tiene razón de ser donde no hay dualidad, ni relación, ni tiempo, ni espacio, ni continuidad:

> Se pasa el tiempo buscando los orígenes y las causas. La causalidad sólo existe en la mente: la memoria da origen a la ilusión de continuidad, y la repetición crea la idea de la causalidad. Cuando las cosas ocurren juntas reiteradamente, tendemos a ver una unión causal entre ellas. La repetición crea un hábito mental, pero un hábito no es una necesidad.[8]
> La búsqueda de causas es un pasatiempo de la mente. No existe dualidad de causa y efecto. Todo es su propia causa (Nisargadatta).[9]

Con frecuencia se ha equiparado esta concepción del cosmos a la de ciertos planteamientos recientes que se autodenominan "holistas" (algunas filosofías ecologistas, etc.). Éstos últimos dicen retomar esa visión tradicional cuando en realidad se limitan a proponer un paradigma interrelacional que viene a ser una suerte de inmanentismo que reduce el todo del mundo a sus aspectos estrictamente relacionales y energético/materiales. Niegan la realidad de los límites y de la separatividad de las partes del mundo, pero no reconocen su dimensión vertical de gradualidad ontológica (jerarquía que el Vedānta resume en la existencia de los niveles físico, sutil y causal de realidad y de un sustrato metafísico último no-dual, y que en el pensamiento de Heidegger estaría presente en su noción de

Geviert: Cuaternidad). Dejan fuera de su consideración al Ser/Conciencia supraobjetivo (el señalado sustrato no-dual), y dejan fuera al sujeto y a las estructuras intersubjetivas (cultura, lenguaje, historia, etc.) que sustentan y posibilitan la relación hombre-cosmos, y en virtud de las cuales el cosmos puede ser percibido como tal. En definitiva, hablan de un "cosmos" en la acepción moderna del término –por mucho que se consideren superadores de la modernidad–, de un mundo objetivo y objetivado, y no de un *kosmos,* en el sentido tradicional.

Pero las cosmologías del Oriente no-dual no se limitan a afirmar que el mundo es un todo interrelacional. Afirman, por encima de todo, que el en-sí de esta interrelación es supra-relacional, un principio irreductible al mundo: *Tao, Brahman, śūnyatā,* etc. Hablan, además, a una estructuración jerárquica del *kosmos*: de un *kosmos* interrelacionado verticalmente, y no sólo horizontalmente.[10] La pretensión de resucitar las cosmologías tradicionales exaltando el agotamiento de la realidad en el ámbito energético/material –concebido, eso sí, no de modo mecánico sino orgánico–, es un síntoma más de lo que Heidegger denomina "olvido del Ser": la igualación de la totalidad de los entes con la totalidad total. Como afirma Eckhart, el Ser no "es", no existe. Las relaciones que constituyen el *kosmos* se sustentan más allá del *kosmos*: en *Brahman,* en el Vacío de la Conciencia pura; en terminología de Heidegger: en la pura inmediatez nunca mediada de lo Abierto.

En general, no hay que confundir la concepción del *kosmos* propuesta por los no-dualismos metafísicos con lo que proponen ciertos panteísmos y organicismos (éstos últimos, más propios de las interpretaciones modernas y contemporáneas de las cosmovisiones antiguas que de lo que han sido realmente éstas últimas). Estas filosofías recientes hablan del mundo como de un todo unitario, pero no sitúan la clave de esa unidad en el nivel supraobjetivo, sino que postulan la realidad de una *substancia objetiva* única. La unidad propia del mundo iluminado a la luz de la no-dualidad nada tiene que ver con esta unidad *indiferenciada* –la unidad de un "algo" único–. De hecho, la visión no-dual no niega la diferenciación y la multiplicidad de las cosas del mundo, sino que, al contrario, las radicaliza; no sólo no cuestiona la unicidad, irreductibilidad y el valor absoluto de cada cosa, sino que los establece de modo radical. Cada cosa es un centro absoluto, pues el centro único, *Cit*, es su mismo centro, un centro que está en todas partes y su circunferencia en ninguna:

«Lo Abierto, en que todo tiene su consistencia y perduración, traspasa y descuella por delante del ámbito de todos los círculos» (Heidegger).[11]

Tras lo dicho podrá entenderse con mayor profundidad en qué sentido el Advaita habla de la "ilusoriedad" del mundo. Esta afirmación ha
sido frecuentemente mal entendida, también dentro del contexto índico,
porque la noción de *māyā* sólo se ilumina desde la experiencia de la no-
dualidad y es inevitablemente mal interpretada cuando se la trata de
comprender desde el nivel ordinario de conciencia, cuando lo que es una
evidencia experiencial para el que realiza la no-dualidad se convierte en
una teoría o argumento filosófico (que busca comprender la mente
dual). Cuando el *jñānin*, ahondando en la raíz de su identidad, realiza el
centro de la circunferencia del mundo, realiza igualmente la totalidad
del mundo. Al haber ampliado su ser, el mundo, como tal mundo separado del conocedor, desaparece: sólo es *Brahman*. Ahora bien, esta
constatación experiencial *a posteriori* nada tiene que ver con la pirueta
mental por la que se afirma que el mundo es ilusorio, un mero sueño, sin
que el que lo afirme haya superado la vivencia separada de sí. Para el yo
objetivo y para la mente dual, el mundo no es ilusorio ni puede serlo.
Para el que ha realizado lo Absoluto, por el contrario, el mundo desaparece en su carácter substancial y autónomo porque lo "Uno sin segundo"
no deja nada fuera de sí.

> Si tomara el mundo y Dios, no tendría más que si tomara a Dios sólo
> (Eckhart).[12]
>
> «En donde no se ve nada otro, no se oye nada ajeno ni se comprende
> nada diferente, Eso es lo Infinito», «pero cuando el Sí mismo sólo ha lle-
> gado a ser todas las cosas, ¿como puede haber otra diferente». De esta
> manera, los textos vedánticos declaran que para quien ha alcanzado el
> estado de verdad y realidad, el universo aparente no existe [de forma au-
> tónoma] (Śaṅkara).[13]

La diferencia es evidente por sus frutos. Cuando la realidad de *māyā* es
un mero principio filosófico que postula la mente dual, el resultado es la
característica indolencia índica, el desprecio del mundo. En cambio,
para el que ha realizado la totalidad dentro de Sí, cada realidad particular es sede de lo infinito, y el Yo, creatividad y libertad pura que halla en
toda forma objetiva su propia expresión.[14]

En resumen: la visión advaita del mundo no se comprende suficientemente si se afirma, sin más, que sostiene una concepción interrelacional
del cosmos, o bien que postula la ilusoriedad del mundo. Estas afirmaciones son insuficientes si no se comprenden a la luz de lo que constitu-

ye el eje central de la visión advaita del mundo: el hecho de que es el Ser
–que no "es"–, la Conciencia pura no relacional, lo que constituye el en-
sí del mundo.

> Aquel que hace cosas a las cosas no es Él mismo una cosa (Chuang
> Tzu).[15]
> La "coseidad" de la cosa no es sí misma una cosa.[16]
> El Ser de lo-que-es no es en sí mismo un algo-que-es (Heidegger).[17]

Como pasaremos a ver, este Ser/Nada –este Ser que no es– es lo que permite la cercanía, la intimidad y el encuentro esencial de las cosas del
mundo.[18]

> "Maravillosa" es la omnipresencia de la Naturaleza (*phýsis*). Nunca se
> deja tocar en ninguna parte dentro de lo real como algo individualiza-
> do. Lo omnipresente nunca es el resultado de la yuxtaposición de lo real
> aislado. Escapa a toda explicación por lo real entitativo. Lo omnipre-
> sente no se deja tampoco indicar a través de algo real. Ya presente, im-
> pide inadvertidamente todo acceso diferenciado [determinado] a ello
> (Heidegger).[19]

El despliegue arquetípico del mundo como Cuaternidad (*Geviert*)

> «¿Cuándo y cómo llegan a ser las cosas como tales cosas?
> No llegan *por* las maquinaciones de los hombres.
> Pero tampoco llegan *sin* la vigilancia atenta de los mortales.»
> Heidegger[20]

El corazón de todas las cosas es uno y el mismo. Ahí cada cosa es radicalmente sí misma, y ahí todo es radicalmente uno.

El descentramiento con relación al ego permite percibir el mundo enraizado en el Sí mismo. El mundo puramente subjetivo del ego, proyección de sus propios condicionamientos, deja paso a un mundo universal
y compartible, al único mundo universal y compartible. Ahí ni siquiera
cabe hablar de encuentro, porque ya no hay dos sino Uno. Un Uno que
"deja ser" a los dos como dos, en su irreductibilidad y diferencias relativas. Ya no hay dos que se encuentran, sino una unidad esencial que se
celebra en el alumbrarse y el re-conocerse de dos.

A este nivel, el principio de contradicción (ligado a la noción de "substancia") pierde su validez. La lógica y el sentido común se topan en este punto con sus propios límites:

> El poeta sabe que si al hallazgo lo denomina lo reservado, dice algo contra lo que se resiste el sentido común. Decir que algo está cerca en cuanto permanece lejos significa, o bien quebrantar la regla básica del pensar acostumbrado, el principio de contradicción, o bien jugar con palabras vacías o incluso pensar algo temerario (Heidegger).[21]
>
> La omnnipresencia mantiene enfrentadas las extremas contraposiciones del cielo más alto y del abismo más hondo. De ese modo permanece en tensión de oposiciones lo que se mantiene en relación mutua dentro de su contrariedad. Sólo así puede emerger lo contrario en la extrema agudeza de su otreidad (…) Pero, a la vez, las contraposiciones se escapan a la mirada por la omnipresencia en la unidad de su copertenencia. Esa unidad no las deja extinguirse en el incoloro igualamiento, sino que las retoma para esa calma que irradia como tranquilo fulgor del fuego en la lucha, para que lo Uno sitúe a lo otro ahí fuera en la presencia. Esa unidad de la omnipresencia (…) hace presente lo contrario en lo contrario, su relación enfrentada en su unidad, y deja así también estar presente todo en todo a partir de la solidez de lo bien distinto (Heidegger).[22]

Nada en el mundo es idéntico a sí mismo (A = A), porque el en-sí de cada cosa no es lo que de ella es fijado y sostenido por la razón. Cada cosa es literalmente todas las cosas. Ahondando en dirección al centro de cada cosa se revela la totalidad. El corazón supraobjetivo de cada cosa es el centro de la circunferencia del mundo. La cosa, tal y como se muestra a la razón y a la percepción sensible, equivale a la visión de la cosa en y desde su circunferencia, desde la circunferencia del mundo, desde la mutua autoexclusión de lo objetivo en la que una cosa es lo que es porque no es otra cosa.[23]

La noción heideggeriana de Cuaternidad (*Geviert*) apunta precisamente a este estar cada cosa en sí estando en el elemento de las demás, y viceversa. En palabras de Nishitani:

> (…) en el Vacío, todas las cosas están en proceso de ser maestras y sirvientas de las demás. En este sistema, cada cosa es sí misma no siendo sí misma, y no es sí misma siendo sí misma.[24]
>
> Decir que cada cosa es un centro absoluto es decir que, dondequiera que una cosa es, el mundo "mundaniza". Cada cosa al estar en su elemento

está en el elemento de todas las demás cosas; y estando en el elemento de todo, está en su elemento.[25]

Todo está en todo, afirmaba Nicolás de Cusa en su *Docta ignorancia*. Todo tiene su ser en el elemento de todo lo demás sin dejar de estar en su propio elemento; más aún: todo está en su elemento precisamente porque está en el elemento de todo lo demás. El ser de cada cosa está sostenido y llega a ser en virtud de las otras cosas, y cada cosa sostiene el ser de las demás. A su vez, todo puede estar en todo sólo en la medida en que el en-sí de cada cosa es el sí mismo de todo y en que este sí mismo no es algo sino más bien Nada.

Sólo porque todo es en lo Abierto del Ser, los objetos –nos decía Heidgger– se abren, se ambitalizan, se cualifican y jerarquizan; se insertan en una red de relaciones que pasa a definirles esencialmente deviniendo así "cosas". *Objeto (Gegenstand)* es la realidad clausurada por la representación, la cosa inserta en un complejo de referencias instrumentales y definida por ellas, la cosa nivelada con el mundo demasiado humano.[26] La *Cosa (Ding)*, en cambio, es un hecho metafísico y no estrictamente humano; es un nudo de las relaciones que configuran el mundo, un foco o vórtice de la eclosión multidimensional del Ser.[27] En realidad, no hay mundo y cosas; hay "mundo/cosa", lo que Heidegger denomina el "entre" (*zwischen*). Un "entre" que, repetimos, no ha de comprenderse desde sí mismo sino como sustentado verticalmente en un "no-entre": la inmediatez de lo Abierto.

El carácter intrínsecamente significativo y locuente del mundo

El Ser –nos decía Heidegger– es locuente, habla silenciosamente, y el hombre/mundo es su palabra hablada. *Cuaternidad (Geviert)* es la conversación en que consiste el mundo, una conversación que articula una única voz: la voz del Ser, y que expresa, por ello, un significado global y unitario.

> Somos una conversación; eso significa a la vez siempre: somos *una* sola conversación. (…). La conversación y su unidad sustentan nuestra existencia (Heidegger).[28]

Todo habla; todo está hablando. «El mundo no es ya una masa opaca de objetos amontonados arbitrariamente, sino un cosmos viviente, articulado y significativo. En última instancia, *el mundo se revela como lenguaje*. Habla al hombre por su propio modo de ser, por su estructura y sus ritmos.»[29] El mundo habla al hombre porque ambos comparten el mismo lenguaje; porque son el mismo lenguaje, una misma palabra: la palabra del Ser.

El tiempo y el espacio constituyen la articulación en sucesividad de esta conversación. Puesto que las cosas no se desenvuelven en el tiempo y en el espacio sino que el espacio y el tiempo se dan con las cosas mismas y son parte de su acontecer, el espacio y el tiempo también hablan. Tiempo y espacio hablan como hablan las cosas y comparten el carácter locuente de las cosas porque constituyen a las mismas cosas. El significado global del mundo, la palabra una del Ser, se despliega relativamente de modo pautado, rítmico y sucesivo. Cada instante temporal es parte de ese significado global y, a la vez, reúne dicho significado global, pues cada instante se sustenta en el ahora ilimitado en el que todo el tiempo es. Y lo mismo habría que decir de los "lugares" del espacio. El ahora puro, como sede de todo despliegue temporal, y el espacio de lo Abierto del Ser, como sede de todo lugar, permiten que coexistan de modo no-dual la sucesividad y diversidad relativas y la intimidad y proximidad (*Nahmis*) esenciales de las cosas del mundo.[30] No es ésta la visión "parametral", técnica, del tiempo y del espacio, que se impone allí donde predomina el pensamiento calculador:

> En la sucesión secuencial de "ahoras", entendidos como los elementos del tiempo parametral, un "ahora" no está jamás abierto frente a otro (…)
> Lo mismo es cierto de los elementos del espacio, de los números de cualquier orden y de los movimientos entendidos como intervalos calculados en términos de espacio y tiempo.
> Si bien el espacio y el tiempo, dentro de su extensión como parámetros, no permiten el en-frente mutuo de uno y otro de sus elementos, la dominación del espacio y del tiempo como parámetros para toda representación, producción y acumulación –los parámetros del mundo técnico moderno– atenta de un modo harto inquietante al gobierno de la proximidad (*Nahmis*) de las regiones del mundo (…) En la ausencia de distancia todo viene a ser equivalente como consecuencia de la sola voluntad de asegurarse la disponibilidad total de la tierra a través del cálculo uniformizador.[31]
> El puente es un lugar. Como tal cosa otorga un espacio en el que están admitidos tierra y cielo, los divinos y los mortales. (…) [Éste no es el espacio concebido como] "*spatium*", un espacio intermedio. [Entendido] de este modo, la cercanía y la lejanía entre los hombres y las cosas pue-

den convertirse en meros alejamientos, en distancias de espacio intermedio. En un espacio que está representado sólo como *spatium*, el puente
aparece ahora como un mero algo que está en un emplazamiento, el cual
siempre puede ser ocupado por algo distinto o reemplazado por una
marca.[32]

El espacio y el tiempo no son las coordenadas neutras del acontecer de
las cosas, sino que participan de este acontecer. A la luz de la Cuaternidad –nos decía Heidegger– las cosas adquieren su ritmo, lejanía, cercanía, amplitud y estrechez, porque forman parte, no de un conglomerado
de cosas, sino de un todo sincrónica y diacrónicamente significativo y
locuente. En esta convicción se basa el principio o ley que sustentó a las
ciencias tradicionales: el pensamiento analógico o la búsqueda de correspondencias significativas entre diversas realidades y niveles de realidad. Todo es la expresión de una única Palabra, por lo que todo dice, a
su nivel y en su peculiar modalidad de expresión, lo mismo. Como arriba es abajo:

«(…) El hombre sigue los caminos de la tierra; la tierra sigue los caminos del Cielo; el Cielo sigue los caminos del Tao, y el Tao sigue su
propio camino» (Lao Tse).[33]

El pensamiento analógico se centra en las semejanzas cualitativas de
pautas y funciones, en contraste con el pensamiento analítico de la ciencia que concentra su atención en las diferencias y en su medición cuantitativa. Las visiones del mundo de las culturas asiáticas y chamánicas,
y la occidental hasta la época de Newton y Descartes, estuvieron perme-
adas por este tipo de pensamiento analógico.[34] El mundo occidental moderno y contemporáneo carece de las claves necesarias para comprender
esta forma de pensamiento –al que califica de pensamiento primitivo,
acientífico e irracional– porque ha dejado de ver al ente desde su surgimiento, y al Ser como una realidad locuente; porque ha reducido lo real
a realidad mostrenca carente de significado intrínseco y ha relegado la
única fuente de significado, de dinamicidad inteligente y locuente, a la
persona –supuestamente, sólo ésta otorga sentido a lo existente al subor-
dinarlo a fines racionales e insertarlo en el horizonte de sus proyectos intrahistóricos–. Que esta *ratio* otorgadora de sentido sea la inteligencia
humana o la inteligencia divina, no modifica nada; todo que no sea *ratio* personal queda condenado al mutismo.

Este aspecto intrínsecamente significativo y locuente de las cosas ha
quedado relegado, en el Occidente moderno y contemporáneo, al mundo del arte y de los objetos artísticos. La obra de arte es casi el único re-

ducto que permite al hombre contemporáneo mirar a las cosas como las miraba el hombre tradicional: como algo que habla, expresa un sentido y alumbra un mundo. Aunque esto es así sólo a medias, pues ni siquiera en el arte el individuo tiene actualmente un fiel vestigio del carácter epifánico de las cosas, ya que la obra de arte no se considera tanto un mostrarse del Ser, un acontecimiento del Ser, un hecho ontológico, como un hecho antropológico y psicológico: el mostrarse de la significación atribuida por la voluntad individual del artista o del intérprete.

La cosa por excelencia es la obra de arte, nos dirá Heidegger, pero no porque sea más cosa que las otras cosas, como si sólo en ella el Ser alumbrara un mundo, sino porque el arte predispone a una mirada que el hombre ha tendido a dejar de mantener ante las demás cosas: la mirada en que, al menos por un instante, se olvida de sí –relegando el exceso de preocupación por la propia supervivencia– y se dispone sencillamente a escuchar, a obedecer, a dejar ser lo que es y a constatar que, al hacerlo, él mismo es –desde lo más nuclear de sí– uno con ello.

∗ ∗ ∗

La noción heideggeriana de Cuaternidad (*Geviert*) apunta a un estar cada cosa en sí, estando en el elemento de las demás,[35] y a su constituir un entramado significativo y locuente en el que también el significado de cada cosa está presente en el de todas las demás cosas y viceversa. Heidegger, a su vez, consteliza las cosas que configuran esta danza o ronda (*Reigen*) significativa del mundo en cuatro arquetipos básicos (de aquí el termino "Cuaternidad"): el "cielo", la "tierra", los "mortales" y los "divinos".

Estas nociones no son arbitrarias; no las retoma de Hölderlin sin más, como simples imágenes poéticas; constituyen arquetipos básicos presentes en muchas metafísicas/cosmologías tradicionales –como puede ejemplificar la cita anterior del *Tao Te King*–.[36] En su recurso a estas nociones, se confirma, de hecho, la proximidad de la visión heideggeriana a la de dichas cosmovisiones tradicionales.

Los arquetipos son símbolos o imágenes primordiales que constelizan cosas y hechos particulares y que no se agotan en ninguna realidad particular; constituyen los modos básicos y universales en que se configura la realidad. Los arquetipos señalados por Heidegger apuntan, por una parte, a la realidad de una gradualidad ontológica del mundo: hay arquetipos groseros (la tierra), sutiles y causales (el cielo y los divinos) y arquetipos que participan verticalmente de todos los otros, constituyendo un microcosmos o cosmos en miniatura (el hombre: cuerpo físico, mente sutil y conciencia inmortal por la que puede saber de su propia finitud). Apuntan, por otra parte, a una armonización, sincrónica y diacrónica, de los contrarios o antagonismos aparentes que constituyen el mundo: apertura del cielo / opacidad de la tierra, mortalidad / inmortalidad, etc. La Cuaternidad nos habla de un despliegue argumental de naturaleza arquetípica que toma la forma de unidad dramática de opuestos y que es el módulo de la vida natural, individual e histórica. También para la visión tradicional del mundo, el ámbito de los arquetipos –el mundo mítico– antecede y modela la historia colectiva e individual dotándola de sentido e inteligibilidad; este ámbito es la referencia sincrónica que hace que la vida de otro hombre, de otro pueblo, de otro tiempo, no nos sea absolutamente ajena; que hace que la tradición no sea letra muerta. Para Heidegger, todo lo que acontece (cualquier acontecimiento de la vida natural y humana, individual o histórica), sea cual sea la forma particular que adopte, se modela siempre en la trama universal de este Juego o Ronda (*Reigen*) de los cuatro. La permanencia de la Cuaternidad es el reflejo en el mundo relativo de la universalidad del Ser, y lo que dota a la vida individual y a lo puramente particular de valor querigmático y universal, es decir, locuente.

Todo es símbolo. La persona, decíamos, es real como símbolo de *Ātman*. La realidad del mundo radica en su ser símbolo o palabra del Ser. Todo es símbolo –menos el mismo Ser–; y, a su vez, en último término, nada es símbolo, pues desde la no-dualidad nada remite ya a ninguna otra cosa. Desde el momento en que se comprende que todo es símbolo, se ve que es igualmente cierto que nada es símbolo y que todo, sencillamente, *es*.

Tiempo e historia a la luz del "acontecer del Ser"

> «El momento de lo Único (…) no es finito ni infinito;
> permanece antes de esas medidas.»
> Heidegger[37]

Quizá sea en lo relativo a la naturaleza del tiempo y de la historia donde el pensamiento de Heidegger parece divergir más abiertamente de la perspectiva advaita. Desde una aproximación superficial, efectivamente, así parece: para Heidegger hay una relación esencial entre Ser y tiempo y el Ser acontece como tiempo e historia;[38] para la visión oriental no-dual el Ser es en sí ajeno al tiempo y a la historia, y éstas últimas carecen de relevancia metafísica.[39] Ahora bien, creemos que, más allá de lo que es una indudable divergencia de énfasis a este respecto, no hay entre ambas aproximaciones una incompatibilidad básica; más aún, intentaremos mostrar que hay una secreta afinidad y complementariedad.

Para Heidegger, recordemos, la *Lichtung* del Ser no es una estructura trascendental última, el marco estático en el que se presencializa u oculta todo ente; es "aconteciente" y fuente de temporalidad. El Ser, dirá, es lo que al temporalizarse funda toda temporalidad. Frente al Ser-sustantivo, monolítico y estático, de la metafísica, considera Heidegger que el Ser se muestra siempre retrayéndose, ocultándose; de aquí la inagotabilidad y plurivocidad de su acontecer. Se manifiesta siempre parcialmente, es decir, epocalmente; éste es el fundamento del devenir temporal y de la historia. Ahora bien, en Grecia, con el olvido del Ser, se olvida también este carácter aconteciente del Ser. Tiempo y Ser pasan a tener una relación dual: el tiempo es el pasar de lo pasajero frente a lo permanente, el Ser. El Ser ya no es verbo transitivo sino sustantivo (forma nominal abstracta).[40] La metafísica occidental, concluye Heidegger, ha olvidado el Ser y, por lo mismo, no ha pensado la relación esencial existente entre Ser y tiempo.

Centrémonos ahora en la perspectiva del oriente no-dual sobre el tiempo y la historia. La tradición advaita no realiza una reflexión detenida sobre la naturaleza del tiempo y de la historia (aunque indirectamente mucho se deduzca al respecto), pero se inserta en una tradición a la que es propia una concepción particular tanto del tiempo como de la historia, que básicamente comparte.

Es sobradamente conocida la división que, con relación a su modo peculiar de concebir la temporalidad, se tiende a establecer entre aquellas culturas, como el mundo indo-helénico, en las que el tiempo se concibe de modo cíclico y paradigmático/kairológico, y aquéllas otras –muy en particular el mundo judeo-cristiano– en las que el tiempo es concebido de modo lineal, absoluto y objetivo. Más en concreto, a la visión índica del tiempo se la suele resumir en dos rasgos básicos: su carácter cíclico y su ser metafísicamente ilusorio o irreal.

Según A. N. Balslev,[41] estas categorizaciones carecen de fundamento; en primer lugar, porque las excepciones a estas pautas básicas son muchas (así, por ejemplo, en la tradición cristiana son numerosos los ejemplos de consideración circular del tiempo[42]); en segundo lugar, porque el mundo índico está lejos de poseer una concepción unitaria del tiempo y, de hecho, la supuesta ilusoriedad del mismo es sostenida por sólo una escuela: el Vedānta advaita. Así, afirma Balslev, la escuela nyāya-vaiśeṣika considera el tiempo como un *continuum* absoluto; el sāṃkhya, como un aspecto concreto del devenir; el yoga, como un instante: el instante presente (el resto es una construcción subjetiva); el jainismo, como átomos imperecederos o instantes; el budismo, como momentos (*kṣaṇa*) pasajeros; para el Vedānta advaita, el tiempo sería una falsa apariencia, etc.

Ahora bien, aunque ninguna concepción específica del tiempo –ni de nada– puede caracterizar y englobar *toda* una tradición geográfico/cultural, consideramos que sí son legítimas las generalizaciones que critica Balslev. Es legítimo afirmar, por ejemplo, que las civilizaciones tradicionales de Oriente se han inclinado, en gran medida, hacia una concepción circular del tiempo, mientras que la civilización occidental moderna lo ha hecho hacia una concepción lineal. Los clichés son peligrosos si eclipsan las excepciones y los matices, pero muchas veces tienen su razón de ser y su valor heurístico. Tampoco consideramos –como afirma Balslev– que el Advaita sostenga sin más la irrealidad del tiempo –de nuevo, las interpretaciones esencialistas y estaticistas de Advaita–; más bien invita a superar la dualidad entre tiempo y eternidad, entre tiempo y no-tiempo. Por otra parte, el Advaita –y creemos que también el budismo, el yoga, etc.,– no pretenden establecer una doctrina objetiva sobre la naturaleza del tiempo, sino que se limitan a realizar descripciones fenomenológicas de la vivencia del mismo, a la luz de las experiencias de *Sat/Cit*, *anattā*, *Īśvara*, etc.

Pues bien, retomemos lo que Anindita Balslev calificaría de "cliché", y que, insistimos, no pensamos que sea necesariamente tal:

Es bien sabido que en la India, como en tantas otras civilizaciones tradicionales, lo particular, lo individual en cuanto tal, lo histórico en tanto que histórico, se considera carente de valor ontológico y de inteligibilidad intrínseca.[43] La historia individual y colectiva no tiene relevancia en lo que tiene de particular y contingente (aquello que podría haber sido de otra manera), sino en lo que tiene de símbolo universal, de verdad atemporal, de arquetípico o paradigmático. Sólo la perspectiva mítico/paradigmática introduce una dimensión de universalidad que redime a la pura particularidad de sí misma.

Como señalamos en el apartado anterior, el mito/arquetipo no se concibe en esta cultura como un producto de la historia, sino como lo que la antecede, modela y dota de inteligibilidad. Puesto que el mito tiene validez universal, puede constelar y dotar de unidad e inteligibilidad a lo puramente contingente, de tal manera que «(...) los comportamientos concretos de los hombres, y precisamente el comportamiento histórico, repiten tímidamente, y con mayor o menor acierto, los decorados y situaciones dramáticas de los grandes mitos» (H. Durand).[44] La historia, individual y colectiva, no es más que el escenario en el que se interpretan y reiteran los grandes argumentos narrados en los mitos. De hecho, y de nuevo en palabras de Durand: «Sin las estructuras míticas no hay inteligencia histórica posible. [Por ejemplo:] sin la espera mesiánica, que es mítica, no hay Cristo Jesús».[45]

La visión occidental moderna de la historia como una historia lineal, absoluta, objetiva e irreversible, sustrato de la vida humana, orientada hacia un *telos* racional, esconde, de hecho, una visión mítica solapada. El despertar de la conciencia histórica –con el judeocristianismo– y de la historiografía –con Hegel y sus sucesores– pretendió superar progresivamente el mito, considerado éste como una forma inferior de inteligibilidad histórica, para acceder al conocimiento de la supuesta "historia objetiva"; pero, en realidad, simplemente impuso un régimen mítico particular: el mito de la historia objetiva y lineal, si bien camuflado en tanto que tal mito. Así, por ejemplo, no habría historiografía sin el "mito" de la evolución lineal y ascendente del progreso humano. El mito, de hecho, no es algo prescindible; es una imagen que permite organizar la experiencia y que le otorga un sentido unitario, y sólo es peligroso (un instrumento de poder) cuando no se reconoce como tal.

La historia mítica tiene su propio tiempo, que no es el tiempo cronológico o cuantitativo (hijo de Cronos); no es el tiempo que desgasta sin retorno ni el tiempo de la memoria psicológica, sino *kairós* –el tiempo cualitativo–: un tiempo que no remite al principio de modo horizontal, sino de modo vertical. En el mundo índico, el tiempo obtiene su inteligibilidad y sentido en virtud de su dimensión cualitativa, kairológica, arquetípica; sólo éste se considera propiamente el tiempo humano.

El tiempo cualitativo es un tiempo circular. En primer lugar, porque, como hemos señalado, en el tiempo cronológico se reiteran los eternos argumentos míticos. Podría parecer que esta visión es característica de la India védica arcaica, y no tanto la de los desarrollos especulativos posteriores –por ejemplo, los llevados a cabo por el Advaita o el mahāyāna–, pero esto sólo es así si restringimos el término mito a su acepción más literal y perdemos de vista su significado profundo. Así, por ejemplo, para el budismo mahāyāna, la figura de Buddha carece de interés en lo que tiene de personalidad histórica; su valor radica en lo que tiene de paradigmático (es símbolo de la *budeidad en sí*: de la naturaleza originaria de todo lo que es). Lo mismo cabría decir del "iluminado" advaita: este o aquel maestro son siempre "el" maestro", el símbolo de toda realización efectiva del Sí mismo y recordatorios del propio y único Sí mismo (el culto a la personalidad del "guru", la curiosidad biográfica excesiva en torno al mismo, etc., constituyen una degeneración de la relación arquetípica índica entre guru y discípulo).

«El guru sólo es uno. No es un ser físico. (…) El *sadguru* (el guru que es uno con el Ser) está en su interior» (Ramana Maharshi).[46]

«Es decisivo comprender que lo importante es la enseñanza, no la persona del guru (…) el guru sólo le da la buena nueva del Ser real (…) el guru es el mensajero del Ser» (Nisargadatta).[47]

También en otro sentido el mundo índico afirma la circularidad del tiempo –que no hay que confundir con el eterno retorno de lo mismo; habría que hablar más bien de una espiral que combina la circularidad y la linealidad–: considera que, al igual que el día y la noche se alternan cíclicamente, los ciclos cósmicos se alternan los unos a los otros en sucesión ininterrumpida. Aquí habría que situar la idea puránica de los ciclos cosmológicos o *kalpas* y de las edades morales-espirituales o *yugas*.[48]

La circularidad del tiempo también se afirma en un tercer sentido: el tiempo humano y el tiempo cósmico tienen, como lo tiene la manifestación en su conjunto, carácter rítmico o polar. La destrucción implica la recreación, el crecimiento implica el decrecimiento y viceversa: todo final es la presencia implícita de un nuevo comienzo, todo ascenso va acompañado de un descenso, etc. La característica creencia occidental en la linealidad de todo proceso, según la cual todo final es un final absoluto, es ajena al mundo índico tradicional. Se considera, en este sentido, que el hombre participa del tiempo de la naturaleza: de sus flujos y reflujos, del ciclo de las estaciones, del salirse y del ponerse del Sol, del crecimiento y decrecimiento de la luna, del nacer, morir y renacer de todo ser viviente:

«El hombre mortal madura y muere como el maíz y como el maíz brota de nuevo» (KathU I, i, 6).

En palabras de Som Raj Gupta:

El tiempo lineal es el tiempo que el hombre de deseos, el hombre activo, establece y "usa". Pero el tiempo como *saṃvatsara*, el año, es el tiempo en el que el hombre "participa": participa en el ir y venir de las estaciones, del día y de la noche, en el nacer, crecer y morir de la naturaleza. Repite en sí mismo el proceso del año, lo interioriza. El hombre que vive en el tiempo lineal de la mente/voluntad no participa en esta recurrencia, en este proceso de vida/muerte recurrente en que consiste la vida.[49]

El ahora no-dual

El pensamiento advaita se inserta en la cosmovisión descrita, pero su atención se centra de modo explícito, no en la dinámica del mundo relativo, sino en la comprensión/realización de su sustrato atemporal. Desde esta perspectiva, todo tiempo –cronológico, psicológico o kairológico– tiene su sustrato en un eterno ahora no-dual que es, en sentido absoluto, lo único real.

La realización experiencial del ahora no-dual se alcanza en la constatación de que la vivencia psicológica que el yo tiene del tiempo y por la que se siente arrastrado desde un "antes" absoluto y real a un "después" igualmente absoluto y real, sólo es tal para el que ha otorgado carácter último a la vivencia mental u objetiva que tiene de sí. Ya explicamos cómo el ego se sustenta en el tiempo psicológico: en la referencia mental constante al pasado y al futuro, en identificaciones objetivas a las que arrastra mentalmente y pretende dar continuidad a través de la memoria. El movimiento mental de llegar-a-ser, decíamos, es siempre un movimiento de lo conocido a lo conocido. El presente queda oculto por la sombra del pasado y está abocado a un futuro que no es más que la reiteración de dicho pasado. La mecanicidad del llegar-a-ser es el modo en que el ego se protege de lo que desvelaría su insubstancialidad: el ahora; pues el ahora puro es lo único que es: toda referencia al pasado y toda proyección de futuro sólo son posibles *ahora*.

En la trascendencia de toda identificación mental sólo queda el ahora. Como tuvimos ocasión de explicar, no hablamos del ahora fugaz limitado por el antes y el después (éste es el ahora vivenciado desde la mente), sino de un ahora ilimitado, eterno. Pues todo recuerdo y toda anticipación ¿qué son sino experiencias presentes? Nada puede ser si no es *ahora*.

El tiempo psicológico es un constructo de valor funcional, como lo es el yo objetivo. Sólo el que se identifica con el yo objetivo se siente atrapado por el tiempo. El que lo trasciende ya no está en el tiempo; el tiempo está en él.

«[El sabio] junta todos los tiempos en la pureza de la Unidad» (*Chuang Tzu*).[50]

Como nos decía Nisargadatta, es la realidad del Sí mismo la que sustenta la realidad de lo presente.[51] Lo que otorga a lo actual –frente a lo recordado o anticipado– el sello y el sabor de la realidad es mi "Presencia consciente", y Ésta –*Sat/Cit*– es siempre *ahora*. "Yo soy" ahora y, por eso, sólo lo que es ahora comparte mi realidad. Mi Presencia es la realidad de lo presente.

Este Ahora puro no tiene nada en común con ciertas versiones eternalistas del Ser –típicamente "metafísicas", en el sentido heideggeriano del término– que postulan un Ser eterno y estático[52] esencialmente ajeno a un igualmente real mundo del devenir, y que se relaciona con este último como su Causa primera (cuando, por cierto, toda causación supone relegar la causa primera a la horizontal del tiempo y hacerla esencialmente relativa al devenir).

El Ahora puro no es la eternidad del Ser enfrentado dualmente al devenir, no es lo eterno opuesto a lo temporal, sino la Nada en la que el tiempo acontece y puede ser en sí. El Ahora puro es el espacio de *Cit*: el espacio de la Conciencia no relacionada con nada distinto de Sí misma, ilimitada, ajena por lo tanto a la posibilidad misma de la sucesividad, y que sustenta y atestigua en su seno todo despliegue objetivo siendo uno con él. El vehículo físico del Yo está sometido al tiempo cronológico; su vehículo sutil y causal, al tiempo psicológico y al tiempo mítico; el Yo puro no está sometido al tiempo, sino que es la sede y el en-sí de todo tiempo.

En otras palabras: el Ahora eterno no es el referente dual del tiempo. El que habita en el Ahora eterno no es ajeno al tiempo; pero tampoco está atrapado por el tiempo, desgarrado entre el pasado y el futuro, pues los reúne dentro de sí.

Esta consideración del tiempo –como sustentado en el Ahora puro– introduce un nuevo tipo de circularidad. Se trata en este caso de una circularidad que se da en estricta simultaneidad: cada instante del tiempo (cronológico, psicológico, etc.) surge del Ahora puro y retorna al Ahora puro; cada instante tiene su origen y su fin, no en el momento anterior o posterior, sino en la fuente atemporal de todo instante (tal y como el origen y el fin de cada punto de la circunferencia no es el punto inmediatamente anterior o posterior sino el centro que, más allá de todos los puntos, los sustenta y enlaza). Cada instante del tiempo es una salida y un retorno de lo Mismo hacia lo Mismo, un «vuelo del Único al Único» (Plotino).[53]

Lo infinito es el corazón de lo finito, y lo eterno es el corazón del tiempo. La ciclicidad del mundo relativo introduce una cierta infinitud en tanto que no hay propiamente un principio y un final absolutos. Pero esta cierta infinitud del tiempo cíclico sigue siendo una forma de finitud: sigue siendo un movimiento extrínseco de llegar-a-ser, y cada punto de la circunferencia es, si no un final absoluto, sí un final relativo. Sólo la infinitud del Ahora puro, del centro de la circunferencia, permite que cada instante del tiempo sea radicalmente nuevo y que el tiempo no sea

un llegar-a-ser que desgasta sin retorno (o con retorno, pero, en definitiva llegar-a-ser), pues cada instante descansa en un simplemente Ser,
pleno en sí mismo e ilimitado, que abraza el todo del tiempo dentro de
sí.

No en el futuro, tampoco en el ámbito de los principios arquetípicos
(que ya apunta a la universalidad del Ser, pero que sigue siendo relativo), sino en el Ahora puro, radica la plenitud del tiempo:

> «Allí donde ya no hay tiempo se da la plenitud del tiempo» (…). Es una
> verdad segura que el tiempo no puede tocar ni a Dios ni al alma en cuan-
> to a su naturaleza (…). Cuando Dios ha de nacer en el alma, todo cuan-
> to es tiempo la debe haber abandonado, o ella debe haberse escapado del
> tiempo, de [su] voluntad o [sus] anhelos.
> [He aquí] otro significado de "plenitud del tiempo". Si alguien tuviera la
> habilidad y el poder de modo que pudiese concentrar en un "ahora" pre-
> sente el tiempo y todo cuanto jamás ha sucedido en el tiempo (…) y lo
> que todavía habrá de acontecer hasta el fin, esto sería "plenitud del tiem-
> po". Éste es el "ahora" de la eternidad en el que el alma conoce en Dios
> todas las cosas como nuevas y lozanas y presentes, y con el placer [con
> que conozco las cosas] que tengo presentes ahora mismo (Eckhart).[54]

El que se sitúa en el centro de la circunferencia (de la rueda o *chakra* del
devenir o *saṃsāra*), mueve la circunferencia, pero no se mueve con ella.
El Advaita no invita a abandonar el tiempo ni la acción en el tiempo (de
lo que es un claro ejemplo la *Bhagavad Gītā* y su doctrina del *karma
yoga*), sino a actuar en él desde más allá de él;[55] a ser en el tiempo sin ser
de él. Pues también el tiempo es *Brahman*:

> Hay, en verdad, dos formas de *Brahman*: el tiempo y la atemporalidad.
> Lo que es anterior al sol[56] es lo atemporal, sin partes [ilimitado]; pero lo
> que comienza con el Sol es el tiempo con partes [el tiempo divisible y li-
> mitado por el antes y el después] (…) El que reverencia al tiempo como
> *Brahman*, de él el tiempo se retira (*Maitrī Upaniṣad* VI, 14, 15).

El en-sí no temporal del tiempo

Pasaremos a considerar en qué sentido la perspectiva advaita sobre el
tiempo puede ponerse en relación con el pensamiento de Heidegger sobre el tiempo y la historia:

En primer lugar, en clara afinidad con la importancia que el tiempo cualitativo tiene en la cosmovisión índica (y en general, en toda cosmovisión tradicional) como forma de redimir la arbitrariedad y contingencia de lo puramente particular o de lo que sólo obtiene su sentido en referencia a la voluntad/razón individual (igualmente particular y arbitraria), Heidegger introduce, como ya hemos visto, su noción de Cuaternidad (*Geviert*). La realidad no es una suma arbitraria de cosas, ni un pasar sin sentido sometido a leyes meramente físicas o a los fines racionales impuestos extrínsecamente por la voluntad personal (humana o divina). La Cuaternidad de cielo y tierra, divinos y mortales consteliza toda cosa y todo acontecer en un único gesto pleno de sentido. El tiempo, que acontece con las cosas mismas, es el articularse en sucesividad de dicho gesto. No nos detendremos más en este punto.

En segundo lugar, y con respecto a la aparente divergencia (que planteábamos al inicio de este apartado) existente entre la forma de concebir la relación Ser-tiempo en Heidegger y en el Advaita, diremos lo siguiente:

Heidegger, a pesar de su énfasis en la importancia que tiene la reflexión en torno al tiempo y a la historia de cara a la comprensión del Ser –lo que podría parecer que le distancia radicalmente de la perspectiva oriental y lo inserta, también radicalmente, en la tradición occidental–, no tematiza el tiempo y la historia al modo habitual de la tradición de Occidente. Para ésta última, y expresado de forma muy sumaria, la historia suele considerase un proceso ordenado causalmente de modo lineal e irreversible y orientado a un clímax –el final del tiempo–, de tal modo que el principio y el fin, el alfa y el omega de la historia son esencialmente diversos; una historia (individual y colectiva), además, de la que el hombre es el gran protagonista: él le otorga sentido e inteligibilidad, dirección y propósito, y le provee de contenido con su acción objetiva. De aquí se deriva una visión esencialmente dramática de la historia individual y colectiva en la que la elección personal tiene un peso desorbitado; el agudizamiento de la sensación subjetiva de responsabilidad, de culpabilidad, etc., son las vivencias psicológicas concomitantes.

Ahora bien, para Heidegger, el único protagonista de la historia y la única fuente de su sentido es el Ser. El acontecer del Ser funda la historia, y cada período histórico, en tanto que peculiar mostración del Ser, es eso: un destino del Ser (*Seinsgeschick*). El Ser es el alfa y el omega del tiempo y de la historia; y no sólo como el final y el inicio del proceso histórico como un todo, sino como el principio, el final y el elemento de cada instante del mismo. El origen es ya destino y el destino es ya origen. Aparece, pues, también en Heidegger, la circularidad a la que aludíamos al hablar de la concepción advaita del tiempo: la circularidad no-dual que se da en estricta simultaneidad.

> La historia verdadera es Presencia; Presencia es el advenimiento de la exigencia de lo inicial, es decir, de eso que se despliega como futuro de su ser en el recogimiento de su retirarse. Presencia es la invitación que viene a nosotros para reclamarnos la palabra sobre eso que nunca dejó de ser. Cuando decimos que en el fondo la historia no aporta ninguna novedad, esta aseveración deja de ser verdad si con ella decimos que la historia no es otra cosa que la uniforme repetición de lo siempre igual; pero si con ello queremos decir: no hay nada nuevo bajo el Sol, sino tan sólo lo antiguo en su inagotable poder de transfigurar lo inicial, entonces esta afirmación expresa la esencia de la historia, la historia como advenimiento de eso que nunca ha cesado de ser (Heidegger).

Todo es el acontecer de lo Mismo (*das Selbe*); un acontecer no limitado por nada distinto de sí ni relacionado con un antes o con un después, es decir, un eterno ahora.

El Ser despliega tiempo, acontece tiempo; pero lo que acontece tiempo en sí ya *no está en* el tiempo sino que *es el en-sí* del tiempo. Como afirma Heidegger en su seminario sobre "Tiempo y Ser" ("*Zeit und Sein*"): Aquello (*das Es*) que "da" (*Es gibt*) no es el tiempo, pues el tiempo pertenece también a lo "dado" (*Es gibt Zeit*), sino el Acontecimiento apropiador (*Ereignis*) mismo.[57]

Ni el Ser se agota en el tiempo (no se agota en su mostrarse en la historia) ni es ajeno al tiempo (como Causa trascendente del tiempo), sino que es lo que en su mostrarse o des-ocultarse funda todo acontecer, todo hacerse, todo devenir; es lo que alumbra el tiempo o temporaliza. El *Ereignis* "acontece" como tiempo e historia. Pero a su vez, el acontecer que funda el tiempo y la historia "no es acontecido", es decir, en sí mismo no es temporal ni histórico. Esto no significa que sea estático, ahistórico y atemporal. Es más originario que estas dualidades, a las que de hecho otorga todo su sentido. El Ser funda la historia verticalmente, pero no queda atrapado en ella horizontalmente. Da tiempo, reteniéndose como no-tiempo, como la eternidad de lo eterno.

> (…) Lo sagrado [*Das Heilege*], "por encima de los dioses" y de los hombres, es "más antiguo que los tiempos". Lo que ocurrió antaño, lo primero por delante de todo y lo último después de todo, es lo que precede a todo y lo que conserva todo en sí: lo inicial y, como tal, lo que permane-

ce. Su permanecer es la eternidad de lo eterno. Lo sagrado es la entrañabilidad de una vez para siempre, es "el corazón eterno". Ese permanecer
de lo sagrado, sin embargo, está amenazado por la mediación, que surge
de él mismo y es exigida por su venida (...) [la mediación] amenaza
arrebatar a lo sagrado su inmediatez y abandonarlo por el traslado a lo
mediato de la aniquilación del Ser (Heidegger).[58]

Lo permanente es lo omnipresente («Todo es sólo en cuanto sale a la luz
desde la entrañabilidad de lo omnipresente. Lo sagrado es la entrañabilidad misma»),[59] lo que es siempre aquí y ahora y sólo aquí y ahora («El
"ahora" designa la venida de lo sagrado»),[60] lo que abraza el tiempo y lo
funda («lo primero por delante de todo y lo último después de todo (...)
y lo que conserva todo en sí»), lo que, por ello, crea la posibilidad de su
propio olvido como "corazón eterno del tiempo", la posibilidad de quedar oculto por la mera sucesividad de lo dado.

Aquí convergen el Advaita y el planteamiento de Heidegger, más
allá de las incuestionables diferencias de énfasis. Lo infinito no es algo
aparte de lo finito (lo cual, por otra parte, sería contradictorio porque lo
infinito no puede dejar nada fuera de sí), ni lo eterno es algo aparte del
tiempo. Ya vimos cómo la infinitud está presente en cada punto del espacio, cómo cada punto del espacio es siempre en cada otro punto, porque todo es en el puro aquí de lo Abierto del Ser. Análogamente, la eternidad está presente en cada instante del tiempo y cada instante del
tiempo es sólo y siempre en el Ahora puro de *Cit*. Lo eterno no es lo
opuesto al tiempo, sino el sustrato del tiempo, el corazón del tiempo. La
esencia de la finitud no es finita, el en-sí del tiempo no es temporal. La
eternidad es el mismo carácter "sin fondo" (*Abgrund*), abierto, *ex*-státi-
co –verticalmente, no horizontalmente–, de todo instante.[61]

El hombre está en el tiempo extáticamente: *en él* desde *más allá* de
él, sin que entre este "en él" y este "más allá" haya separación o barrera
alguna. La Conciencia pura –puesto que es Nada– es una con sus contenidos. El Sí mismo supraobjetivo es uno con sus vehículos finitos sometidos al tiempo y es uno con la autovivencia temporal del yo-objetivo. El
Ser *da* tiempo; y lo que da es uno con lo dado –no hay colisión porque
no hay simetría ontológica–. Quizá habría que decir, con más propiedad,
que tanto para Heidegger como para el Advaita, desde lo abierto del Ser
el hombre ya no vive *en* el tiempo, pero tampoco *fuera* del tiempo; el
hombre vive *el* tiempo.[62]

Que el en-sí del hombre pertenezca a lo eterno no supone, pues, una
huida del tiempo; todo lo contrario: significa absoluta libertad para en-

tregarse a él, para ser uno con la experiencia del tiempo. El yo objetivo no puede entregarse al tiempo porque está atrapado por él; no puede abrazar la experiencia del tiempo porque está siendo aprisionado y agostado por ella; no puede ser uno con la experiencia del tiempo porque está relacionándose con un tiempo re-presentado.[63]

Por cierto, lo que venimos diciendo es radicalmente diferente de lo postulado por ciertos pensadores cristianos (Pascal, Kierkegaard, etc.): la coexistencia paradójica en el hombre de lo temporal y de lo eterno, de finitud e infinitud. Para estos autores, la coexistencia de tiempo y eternidad es dialéctica y problemática: la existencia humana es el lugar paradójico donde lo finito y lo infinito, lo eterno y lo temporal se encuentran y, a su vez, se excluyen.[64] Tiempo y eternidad, para Heidegger y para el Advaita, no tienen una relación dialéctica, sino no-dual.[65] El hombre no se debate entre el tiempo y la eternidad porque son uno y lo mismo. El hombre no ha de elegir lo eterno, porque no puede elegir el principio de su mismo ser, pensar, y obrar; y no puede elegirlo desde el tiempo y contra él, porque el en-sí del tiempo es ya eternidad.

$$* * *$$

Las concepciones del tiempo de Heidegger y del Advaita no son, pues, tan ajenas como se ha solido decir ni como podría parecer en una primera aproximación.

Ahora bien, sí que diverge del Advaita la concepción del tiempo del primer Heidegger que caracteriza al hombre como un "ser-para-la-muerte" (*Sein zum Tode*), vivencia que es la propia del yo que no ha experimentado su finitud como arraigada en lo infinito, que no ha comprendido que la esencia de la finitud no puede ser finita (sólo es así para el conocimiento representativo y para su característico principio de contradicción), y que lo que "acontece" tiempo no puede, a su vez, dejarse atrapar por el tiempo, ser "acontecido" como tiempo.

Para el Heidegger de *Sein und Zeit*, el ser humano es un proyecto lanzado en el mundo, una posibilidad incierta que no es aún lo que debería ser –de aquí la angustia existencial, la problematicidad intrínseca al existir–.[66] Si el yo es únicamente lo que hará de sí, si el devenir no es ya la expresión relativa de su plenitud esencial sino aquello en lo que se juega su misma esencia, si lo que él es depende radicalmente de lo que haga de sí en el tiempo, lógicamente la temporalidad e historicidad de la propia existencia adquieren una importancia absoluta. Sólo soy como proyecto significa que lo que soy se juega en el tiempo. Heidegger habla de hecho de una «extaticidad horizontal de la temporalidad» (*Die ekstatisch-horizontale Zeitlich-keit*)[67] que no es la extaticidad vertical que hemos descrito. La existencia humana ya no se trasciende verticalmente, sino horizontalmente; ya no es libre, sino que *padece* su libertad (con lo que ésta, en el fondo, ya no es tal). El hombre ya no abraza su existencia, sino que *se encuentra lanzado a la existencia*; ya no es maestro del tiempo, sino su sirviente. La problematicidad ya no es redimida, sino que adquiere rango absoluto y metafísico. El drama ya no se sustenta en el juego. La angustia –ante la nada, ante la muerte– es el estado de ánimo intrínseco al existir.

Si en general hemos afirmado que entre el primer y el segundo Heidegger no hay una ruptura esencial sino sólo una divergencia de énfasis, nos atrevemos a sostener que sí hay una ruptura en este punto: su concepción de la relación entre el hombre y el tiempo.[68] Para el segundo Heidegger, el hombre que es esencialmente en lo Abierto del Ser está ex-státicamente en el tiempo, pero con una extaticidad vertical –la Apertura del Ser– y no meramente horizontal –la pseudo-apertura del llegar-a-ser–. De aquí que la angustia, como revelación de la auténtica potencialidad-para-ser-en-el-mundo[69] del *Dasein*, de paso, en el Heidegger posterior a la *Kehre*, a la angustia como revelación de la Nada que es una con el Ser;[70] una angustia, ésta última, liberadora, pues conduce más allá de sí, en dirección a la seguridad y al sustento de lo Abierto.

Destino y libertad

Centrándonos en el segundo Heidegger y en su afinidad con la concepción advaita del tiempo y de la historia, añadiremos que esta afinidad se evidencia en una noción heideggeriana a la que ya hemos aludido reiteradamente: destino (*Geschick*). Todo es destino: «Hasta las personas que duermen son trabajadores y colaboradores de lo que sucede en el Universo» (Heráclito, Frag. 124). Tanto para Heidegger como para el Advaita, en la medida en que el centro del pensar y del obrar humano es el Ser, la historia no es ya un asunto humano sino un asunto del Ser: destino del Ser (*Seinsgeschick*).

La palabra "destino" suele estar asociada a la idea de necesidad; y ésta última es habitualmente concebida como negación de la libertad. Para un planteamiento no-dual, la necesidad del determinismo causal, intrínsecamente no libre y no creativo, es cualitativamente distinta de la necesidad de lo que es expresión del Ser, de lo que, sencillamente, no puede no ser lo que es, porque sólo hay y es lo que es. Ésta última forma de necesidad es necesidad en la misma medida en que es absoluta libertad. Donde siempre es "ahora" –un ahora ilimitado, "sin segundo"–

sólo puede haber pura libertad creativa. Toda instauración del Ser, dirá Heidegger, es una donación libre. Esta libertad no es ya libertad de opción sino liberación de la misma necesidad de optar.[71] La necesidad así entendida es libertad porque es necesidad sin opuesto. La libertad así entendida es necesidad porque es libertad sin opuesto.[72]

«"Libres sean, como golondrinas, los poetas" (Hölderlin). Pero esa libertad no es arbitrio sin límite ni deseo caprichoso, sino suprema necesidad» (Heidegger).[73]

La rememoración del Origen o la memoria de lo esencial

> «Lo que usted es ya lo es, simplemente recuérdelo.»
> NISARGADATTA[74]
> «M: (..) Encuentre qué es lo que nunca duerme y nunca despierta, y cuyo pálido reflejo es nuestro sentido del Yo.
> P: ¿Qué he de hacer para encontrarlo?
> M: ¿Cómo encuentra cualquier cosa? Poniendo el corazón y la mente en ello. Debe haber interés y recuerdo constantes.»
> NISARGADATTA[75]

Vimos al explicar la naturaleza de la relación entre Ser y apariencia cómo, tanto para Heidegger como para el Advaita, el olvido del Ser es destino del Ser. Ontológico es el olvido; y de raíz ontológica es, igualmente, su recuerdo, su rememoración; también ésta es destino del Ser. El anhelo del Origen que alienta el recuerdo es, de hecho, la acción misma del Origen en el yo; es Su invitación hacia Sí mismo. Olvido y recuerdo son reflejo, respectivamente, del retirarse u ocultarse del Ser y de su des-velarse. La historia es el ámbito del olvido, del extravío, y es también el ámbito del recuerdo, de la rememoración de lo esencial.

«P: La urgencia de volver al origen es muy rara, ¿Es natural?
M: Ir hacia fuera es natural al principio, ir hacia dentro, al final. Pero en realidad los dos son uno, como en la respiración expirar e inspirar son uno» (Nisargadatta).[76]

Tanto en el pensamiento advaita como en el heideggeriano es clave la noción de "rememoración", noción que en el primero está estrechamente ligada a la de *mokṣa*: "liberación", "iluminación" o "despertar". En general, la tematización metafísica del "olvido" y de la "rememoración" de lo esencial es una constante en prácticamente todas las tradiciones de sabiduría. La encontramos en la mitología de la Grecia antigua, en los misterios griegos y en el orfismo, en el pensamiento de Platón,[77] en la tradición neoplatónica y gnóstica, en el misticismo islámico, en toda la sabiduría medio y extremo oriental, etc.

En el contexto índico, esta dinámica se expresa metafóricamente –o no tan metafóricamente– como la alternancia entre el sueño y el despertar: entre el olvido de Sí que tiene su raíz en la ignorancia, y la iluminación como realización y recuerdo del Sí mismo. La historia, individual y colectiva, es el ámbito del juego del ocultarse y encontrarse de *Brahman*, vividos subjetivamente como olvido y como toma de conciencia del propio olvido –como re-conocimiento o rememoración–.[78]

Dijimos en nuestra exposición independiente del Advaita que el recuerdo psicológico es la base de la vivencia egótica, pues ésta es siempre pasado traído al ahora. Para el ego, todo conocimiento es re-conocimiento psicológico. Obviamente, este re-conocimiento del ego –este nunca salir de sus propios márgenes– no tiene nada que ver con el uso que ahora estamos haciendo del término "reconocimiento": el reconocerse del Sí mismo que permite despertar del sueño del olvido de Sí. La primera acepción es estrictamente psicológica (no rebasa los márgenes de la mente individual). Esta segunda acepción –la que ahora nos ocupa– es ontológica. Ahora bien, no siendo en esencia psicológica, esta última acepción no deja de tener también una vertiente psicológica; ésta radica en el hecho de que es sólo la mente la que necesita ser iluminada –el Sí mismo está intrínsecamente iluminado–, de que es sólo el ego el que tiene que recordar, pues sólo él puede olvidar. No obstante, teniendo una vertiente psicológica y un comienzo en el tiempo, este recuerdo es ya la acción del Sí mismo atemporal en la forma de toma de conciencia subjetiva y relativa de lo que siempre fue.

En otras palabras: el olvido finaliza con el recuerdo, un recuerdo que es también destino del Ser y que restituye la conciencia individual a su origen; un recuerdo que no es, por consiguiente, de raíz psicológica sino ontológica. Pero siendo una rememoración ontológica de lo esencial y siendo la acción misma de lo esencial, en tanto que recuerdo que dice relación a un estado previo: el del olvido, esta Rememoración, no siendo del tiempo, tiene sentido sólo en él.

> ¿Cómo el tiempo puede ayudarle? El tiempo es una sucesión de momentos; cada momento aparece de la nada y desaparece en la nada para no reaparecer jamás. ¿Cómo puede construir en algo tan fugaz?[79]
>
> (…) lo relativo no puede resultar en lo absoluto. Pero lo relativo puede bloquear lo absoluto (…). (Nisargadatta).[80]

Aquéllos cuya ilusión se ha desvanecido mediante la auto-comprensión logran liberarse del dolor y la ignorancia por el mero suprimir la ilusión que oculta la claridad del percibir.

[Pero] Todo esto es meramente una acción mental. El Yo, eterno, siempre es libre.[81]

La Luz de la Conciencia, que no tiene comienzo ni final en el tiempo y que es incondicionada, no puede ser causada por la rememoración; pero la rememoración puede eliminar los obstáculos perceptivos que impedían el paso de la luz; una luz que desvelará la insubstancialidad de lo que supuestamente la obstruía. Pues, en sentido absoluto, el olvido nunca fue y la luz de la Conciencia nunca dejó de ser.

> P: ¿Fue su realización instantánea o gradual?
> M: Ni una ni otra. Uno es lo que uno es intemporalmente. La que se realiza es la mente cuando se limpia de deseos y temores (Nisargadatta).[82]

"Despertar" es real-izar aquello que en el hombre nunca duerme ni nunca despierta y que es la condición de posibilidad tanto del sueño como del despertar. El olvido y el recuerdo acontecen en el tiempo y, por ello, no son atribuibles al Yo supra-temporal, ajeno a todo lo que tiene un comienzo o un final. La rememoración y el consiguiente despertar son, de hecho, la última ilusión, la que nos restituye más allá de toda ilusión.

> P: ¿Cuál es la causa del olvido de Sí mismo?
> M: No hay causa porque no hay olvido. Los estados mentales se suceden unos a otros, y cada uno aniquila al anterior. Recordarse a sí mismo es un estado mental, y el olvido de sí mismo, otro. Se alternan como el día y la noche. La realidad está más allá de ambos.
> P: Tiene que haber alguna diferencia entre olvidar y no saber. El no saber no necesita causa. El olvidar presupone un conocimiento previo y también la tendencia o capacidad de olvidar. Admito que no puedo averiguar la razón de no saber, pero el olvidar ha de tener alguna base.
> M: No hay tal cosa como no saber. Sólo hay olvido. ¿Qué hay de malo en olvidar? Olvidar es tan simple como recordar.
> P: ¿No es una calamidad olvidarse de uno mismo?
> M: Tan malo como recordarse a uno mismo constantemente. Hay un estado más allá del olvido y del no-olvido: el estado natural. Recordar, olvidar, son todos estados mentales, limitados por el pensamiento, limitados por la palabra. Tome por ejemplo la idea de haber nacido. A mí me

dijeron que había nacido. No me acuerdo. Me dicen que moriré. No lo espero. Usted me dice que he olvidado o que me falta imaginación. Pero yo simplemente no puedo recordar lo que nunca ha sucedido ni esperar lo patentemente imposible. Los recuerdos nacen y los cuerpos mueren, ¿pero qué tienen que ver conmigo? Los cuerpos van y vienen en la Conciencia, y la misma Conciencia tiene su raíz en mí. Yo soy la vida y míos son la mente y el cuerpo (Nisargadatta).[83]

* * *

Para Heidegger, el corazón es la sede del recuerdo (*Gedächtnis = recordar*, de *cor-cordis*), la sede del pensamiento (*Gedanke*) esencial:

> La palabra primigenia "*Gedanke*" dice: el recuerdo recogido que todo lo recoge. "*Gedanke*" dice tanto como el alma, el "*muot*", el corazón. El pensar tomado en el sentido del decir primitivo de la palabra "*Gedanke*" es casi aún más primigenio que aquel pensar del corazón que siglos más tarde, Pascal, empeñado ya en el contraataque al pensar matemático, trató de recuperar.
>
> (...) Pero la palabra "*Gedanke*" no quiere decir únicamente lo que nosotros llamamos entrañas y corazón, sin alcanzar a medir apenas su esencia. En el "*Gedanke*" se fundan y tienen su ser tanto el recuerdo como la gratitud. "Recuerdo" no significa primitivamente en manera alguna la facultad de rememorar. La palabra nombra el alma en su totalidad, en el sentido del constante y entrañable recogimiento en torno a aquello que se atribuye esencialmente a todo acto meditativo. El recuerdo dice primigeniamente tanto como recogimiento: el incesante y recogido permanecer-en.[84]
>
> "Corazón" significa aquello en que se reúne el ser más propio de esos poetas: la calma de la copertenencia en el abrazo de lo Sagrado.[85]

Pues bien, estas palabras nos hablan de un nuevo sentido del rememorar: un rememorar que ya no dice relación dual al olvido, que ya no es superación del olvido de Sí, sino permanencia en Sí desde Sí. Un rememorar no-dual que no es la rememoración del que despierta sino la rememoración del ya despierto, el recogimiento en Sí del despertar. O más propiamente: esta rememoración no-dual también es la rememoración del que despierta, si bien vista desde su propio punto de vista; pues el recuerdo del Sí mismo revela que nunca hubo tal olvido, de modo que el Recuerdo permanece en sí más allá de su referencia relativa al olvido, permanece en sí como Presencia y recogimiento del yo en el Yo.[86]

El corazón se ha considerado en muchas tradiciones de sabiduría –también en la upanishádica– el *locus* simbólico del Sí mismo o *Ātman*,[87] su lugar de Recogimiento, el eje axial de su Presencia, la sede de la Rememoración no-dual:

> El Corazón es el centro supremo del Ser (…) el que las escrituras mencionan como *hṛtguhā* (la cavidad del Corazón), *arul* (gracia), *ullam* (el Corazón). (…) Quizá sería más correcto decir que el Ser es el Corazón mismo, que decir que está en el Corazón. En realidad el Ser es el centro mismo. Está en todas partes, consciente de Sí mismo como "Corazón", es decir, como Conciencia o Presencia de Sí (Ramana Maharshi).[88]

* * *

El tiempo y la historia son el ámbito del olvido y del recuerdo. El recuerdo transforma la auto-vivencia del yo y transforma también su modo de vivenciar la naturaleza del tiempo y de la historia: esta última ya no se nivela con lo meramente dado y reductible a historiografía, sino que es vista, desde lo Abierto del Ser, como la constante transfiguración del Origen, de lo inicial. La Historia verdadera, afirma Heidegger, es "presencia": presencia del Origen en lo presente; la presencia siempre nueva, original –por originaria–, de lo que nunca ha dejado de ser; el hacerse destino del origen; el advenimiento de lo Mismo –que nunca es lo igual–. Desde la Rememoración, cada momento de la historia se revela, más allá de su mera relación lineal a lo anterior y a lo posterior, como el momento del salto: de la irrupción vertical de lo desconocido.[89]

EL LENGUAJE A LA LUZ DE LA RELACIÓN NO-DUAL ENTRE PALABRA Y SILENCIO

«(…) el Habla es monólogo. (…) es *sólo* el Habla el que propiamente habla.
Y habla *solitariamente*.»
HEIDEGGER[90]

«*Bāskala* le preguntó a *Bāhva* tres veces acerca de la naturaleza de *Brahman*.
Éste último permanecía en silencio todo el tiempo,
hasta que finalmente replicó:
–te lo estoy enseñando, pero tú no comprendes: el silencio es el *Ātman*.»
ŚAṄKARA[91]

También en lo relativo a la tematización de la naturaleza del lenguaje se han querido ver diferencias irreconciliables entre el planteamiento más específicamente oriental y el heideggeriano.[92] Y, al igual que dijimos con relación al tiempo y a la historia, creemos que, si bien las diferencias de énfasis son obvias (énfasis análogos a los propios de las perspectivas oriental y occidental, en sentido amplio), no hay entre ambos puntos de vista oposición sino complementariedad; una complementariedad cuya explicitación creemos que será iluminadora, pues posibilitará el que no nos dejemos llevar por la tendencia inercial de la mente a hacer de un énfasis legítimo una posición excluyente, y el que no extrememos unas perspectivas que precisamente se caracterizan por su intención de superar toda parcialidad y exclusividad. Ambas perspectivas, de hecho, no nos hablan respectivamente del lenguaje (Heidegger) o del silencio (el Vedānta), sino de la palabra/Silencio en su íntima relación no-dual.

Es bien sabido que Oriente es, arquetípicamente, una cultura del silencio. Un silencio que no es sinónimo de la falta de vida, sino de la vida absoluta en la que todo está inmerso; un silencio del que todo brota, en el que todo se sostiene y al que todo retorna. Un silencio que es más bien una locuencia tal que no puede dar cuenta de sí, del mismo modo que el movimiento correspondiente al punto de máxima actividad de la rueda parece quietud a nuestros ojos.

El Silencio es el misterio de lo oculto del Ser. La palabra es lo mostrado. El Decirse de la palabra es su mostrarse o des-velarse. Des-velarse que, como la misma expresión nos indica, es, a su vez, un ocultarse: el Ser se desvela como palabra arraigada en lo oculto del silencio; como palabra que surge del silencio y retorna a él, y que no habla desde sí, ni desde aquel que le presta su voz, sino desde el Silencio mismo. La palabra, nos decía Heidegger, articula el *melos* del Silencio.[93]

La palabra posibilita el mostrarse del Ser. Pero la misma naturaleza del habla –del mundo como Palabra del Ser y de la palabra humana– hace de ésta una realidad ambigua: a la vez que muestra, tiende a ocultar su naturaleza, el hecho de que su en-sí es el silencio. El lenguaje comparte la ambigüedad o paradoja intrínseca a la des-velación misma del Ser. Así, tiende a clausurar lo mostrado, a reducirlo a lo que se ofrece "a-la-vista". El lenguaje alumbra la circunferencia del mundo, pero no puede mostrar el centro silencioso desde el que ésta se despliega. Cuando este silencio se olvida, la palabra cristaliza o encapsula "lo que es" y oculta su carácter abierto, su ser sin-fondo. Por ello, en el mundo iluminado por el lenguaje ordinario, cada cosa parece estar esencialmente aislada e incomunicada de las demás, y todas ellas, a su vez, clausuradas en la circunferencia de un mundo igualmente clausurado. El lenguaje, nos decía Heidegger en su obra *Hölderlin y la esencia de la poesía*,

> es el peligro de todos los peligros, porque es lo que empieza a crear la posibilidad de un peligro. Peligro es la amenaza del Ser por el ente (…). La palabra como palabra, pues, jamás ofrece la garantía inmediata de que sea una palabra esencial o una alucinación. Al contrario: una palabra esencial se presenta a menudo, en su sencillez, como algo inesencial. Y lo que por otro lado asume en su ornamento el aspecto de esencial, es sólo algo añadido o imitado. Así el lenguaje debe situarse constantemente en una *apariencia* creada por él mismo, arriesgando así lo más propio suyo, el auténtico decir.[94]

Antes de pasar a explicar por qué pensamos que no hay tal contradicción entre el punto de vista advaita y el pensamiento de Heidegger sobre el lenguaje, distinguiremos entre varios niveles posibles de consideración del "lenguaje" y de la "palabra", pues creemos que es esta falta de precisión (la confusión entre estos posibles niveles) la que ha llevado a considerar irreconciliables ambas perspectivas. Estos niveles están ya implícitos en lo que dijimos en torno al lenguaje en la exposición independiente del pensamiento de Heidegger –a ella remitimos al lector–, pero no está de más volverlos a enunciar de modo más explícito:

– El lenguaje, decíamos, tiene una dimensión esencial que denominamos "proto-lenguaje" –para evitar confundir el lenguaje así entendido con el significado más ordinario del término lenguaje: el del lenguaje como algo dado, como un instrumento utilizable–.

Protolenguaje es el lenguaje que articula la relación hombre-mundo. Sólo en el lenguaje, la experiencia de sí mismo y del mundo adquieren para el ser humano unidad e inteligibilidad; y la adquieren con el mismo movimiento por el que el hombre se actualiza y se realiza como tal hombre. Toda experiencia humana con sentido se alumbra en el seno del lenguaje. El hombre no tiene lenguaje; es en el lenguaje. El lenguaje, en este sentido, no tiene una virtualidad meramente gnoseológica sino ontológica. «(…) el lenguaje es lo que posibilita estar en medio de lo abierto del Ser. Sólo donde hay lenguaje hay mundo.»[95]

– En un segundo sentido –derivado del anterior–, el lenguaje puede interpretarse desde lo más mostrenco de sí como un medio de comunicación (interior o exterior): un conjunto dado de palabras, reglas sintácticas, estructuras, etc., que posibilitan la comunicación, la expresión de los estados internos, el referirse a lo no-presente o el hacer presente lo ausente. Éste es el lenguaje/instrumento; el lenguaje "utilizado" por el hombre.

– En un tercer sentido, el más originario de todos, el trinomio proto-lenguaje-hombre-mundo es, a su vez, Palabra del Decir silencioso. Este punto de vista ha sido el que ha estado presente en Occidente en la reflexión teológico/gnóstica (de ascendencia greco/alejandrina) en torno al Verbo y a la creación a través de la Palabra; una perspectiva de la que –abstrayendo lo que han sido sus adherencias teo-lógicas– se pueden encontrar remembranzas en el pensamiento de Heidegger, aunque él no pretenda en ningún caso estar continuando esta tradición.

Este tercer sentido equivaldría a la primera y tercera acepción que Eckhart atribuye, en el siguiente texto, a la palabra –la palabra que se enuncia como hombre/mundo en virtud del Verbo y que se retiene en el Silencio del Padre–:

> Existe una palabra enunciada: ésta es el ángel, el hombre y todas las criaturas. Además, hay otra palabra, pensada y enunciada, mediante la cual se hace posible que yo me imagine algo [la palabra humana]. Mas hay todavía otra palabra no enunciada ni pensada y que nunca sale afuera, sino que se halla eternamente en Aquel que la dice; mora en el Padre que la dice en continuo acto de ser concebida y de permanecer adentro.[96]

El mundo[97] –en toda su multidimensionalidad y gradualidad ontológica– es Palabra del Ser. Una Palabra que "invoca" y "apalabra" reteniéndose en sí. Invoca alumbrando el mundo; se retiene en su supraobjetividad: el carácter sin-fondo del en-sí del mundo.

Sólo el hombre tiene el privilegio de la palabra, la posibilidad de co-alumbrar el mundo dando oído y voz a la Palabra del Ser. La palabra humana auténtica, aquélla de la que el hombre no se ha apropiado falazmente, es, de hecho, el mero re-decir de este Decir silencioso; un re-decir al que precede, obviamente, la escucha. La palabra humana auténtica es, de hecho, la palabra que escucha/diciendo el Habla del Ser.

El lenguaje –nos recordaba Heidegger–, en los albores del pensamiento occidental, fue experimentado a la luz del Ser. *Lógos*, para Heráclito y Parménides, es sinónimo de Ser: «Lo mismo es Pensar y Ser» (Parménides). *Lógos* no significaba aún *ratio* entendida como palabra humana o discurso –lo que significará posteriormente para gran parte del pensamiento occidental–.[98]

1) El lenguaje como Palabra del Ser

Nos centraremos, en primer lugar, en la última acepción señalada del lenguaje y de la palabra: en la Palabra primordial y en el Decir originario como Palabra y Decir del Ser. Esta perspectiva, lejos de ser ajena al planteamiento advaita, es una perspectiva íntimamente presente en la tradición védica y vedānta.[99]

Como afirma M. Müller, en su *Introducción a la Filosofía vedānta*, lo que en la tradición occidental se ha considerado como la manifestación ideal del mundo en el Verbo, la Palabra de Dios, o en los *logoi*, las ideas creadoras divinas, encuentra su paralelismo en el mundo védico (salvando las incuestionables diferencias) en su peculiar tematización de la Palabra (*Vāc*)[100] o del Sonido (*Shabda*):

«En el principio era el Verbo; y el Verbo estaba con Dios, y el Verbo era Dios» (Jn 1, 1). «Todo fue hecho por el Verbo y ni una sola cosa de cuantas existen ha llegado a la existencia sin Él» (Jn 1, 3).

«La palabra (*Vāc*) es *Brahman*»[101] (RV I, 114, 8c). «Todo fue hecho por *Vāc* y todo aquello que se había hecho era *Vāc*.»[102]

– *Vāc* es la Palabra una que se dice de modo múltiple:

«La Palabra (*Vāc*) es la cuerda, y los nombres forman el nudo por el que están atadas todas las cosas» (*Aitareya Upaniṣad* 2, 1, 6).

– *Vāc* es trascendente y, a la vez, inmanente a todo. Es una con todo lo que es, preservando su irreductibilidad esencial a todo.[103] Un himno del *Ṛg Veda* pone lo siguiente en boca de *Vāc*, la palabra primordial:

«(…) yo sostengo a *Mitra* y *Varuna*, los dos *Asvins*, *Indra* y *Agni* [los más grandes dioses védicos. Es decir, *Vāc* trasciende incluso la esfera de los dioses] (…) Me han hecho múltiple, colocada en diversos lugares, formando parte de muchas cosas».[104]

– La palabra humana participa de *Vāc*, redice la Palabra; pero ésta se preserva y no queda nunca dicha:

«La Palabra está medida en cuatro partes. Los brahmanes que son sabios las conocen. Tres, que están apartadas, en secreto, no se activan; los hombres hablan el otro cuarto de la Palabra» (RV I, 164, 45).

– *Vāc* es palabra silenciosa y supraobjetiva:

«Uno, mirando, no ve la Palabra; otro, oyendo, no la oye; pero a otro ella le entrega su cuerpo, como una esposa apasionada, deseosa, a su marido» (RV X, 71, 1).

– *Vāc* aparece siempre como agente primordial en la obra de la manifestación del mundo. En algunos pasajes del *Ṛg Veda* se la concibe como un Absoluto en sí mismo. En otros pasajes y en otros textos, se alude a la Palabra como una suerte de Principio de la Manifestación subordinado a *Brahman* (como "su Hija", "la Mujer del Creador", etc.). En el *Pankavisma Brāhmana* (XX, 14, 2) se nos dice:

«Prajapati, el Creador, era todo esto. Tenía la Palabra (*Vāc*) como su bien, como su segundo, como elevada con Él. Pensó: "enviemos fuera esta Palabra y ella lo atravesará y penetrará todo por doquier". La envió y atravesó y penetró por todas partes».

* * *

La tematización védica de la Palabra como principio último tendrá su mejor explicitación en lo que será la obra del más importante lógico y gramático índico: Bhartṛhari (S. V), propulsor del *shabdadvaita* o no-dualismo de la Palabra/Sonido. En palabras de J. L. Mehta:

> El sentido original del término *Brahman* como la Palabra poética, creativa y sagrada (…) la fuente de toda palabra y en sí misma más allá del lenguaje humano se manifiesta en la concepción de *Vāc* o Palabra como realidad primordial, en la extraordinaria atención dada a la gramática (…) y, finalmente, en la emergencia de la escuela de gramática especulativa que culminó en el gran *Vākyapadīya* de Bhartṛhari.[105]

A pesar de su ascendencia budista, Bhartṛhari afirma la realidad de *Brahman* –al que identifica con el Habla– y considera el mundo como *vivarta*: una apariencia fenoménica sobrepuesta a la realidad de *Brahman*. Las cosas del mundo carecen de substancialidad metafísica, aunque las palabras les otorguen una individualidad aparente. Dirá en su *Vākyapadīya*:

> Este *Brahman* sin comienzo ni fin, que es la esencia eterna del Habla, la Palabra principal y Fonema (imperecedero), se manifiesta (*vivartate*) bajo la forma de los objetos y es de donde procede el mundo animado.[106] La Palabra eterna (…) indivisa es, en verdad, *Brahman*.[107]

Bhartṛhari será uno de los predecesores de Śaṅkara y dejará una huella nítida en su pensamiento. Así, Śaṅkara, de modo cercano a Brartṛhari, considerará a *nāma-rūpa* (los nombres y formas) como el estado principial de la manifestación; es decir, otorgará a *māyā* –fuente de *nāma-rūpa* y, en sí misma, inmanifiesta, como estado antecedente del mundo, y manifesta en las cosas limitadas y diversificadas– un rango ontológico.[108] Recordemos que, para el Vedānta, el estado causal o principial (*kāraṇa śarīra*) no es *Brahman* inmanifiesto, pertenece ya al nivel de la realidad relativa, pero es ontológicamente lo primero en la manifestación como su principio; es inmanifiesto (*avyakta-avyākrita*) y es, a su vez, la posibilidad de ser del estado manifiesto. Así, en su comentario a la *Muṇḍaka Upaniṣad* (II 1, 2), Śaṅkara habla de dos No-manifiestos supremos: *Ātman/Brahman*, que es el superior, y *Mayā* [término metafísicamente más amplio que el de *Īśvara*], que es el inferior, y que adjunto a *Brahman* se revela como *nāma-rūpa* (nombres y formas): los principios de diversificación y limitación que configuran el mundo. Lo inmanifiesto causal es el principio de la manifestación, no como principio temporal en un sentido evolutivo, sino en simultaneidad de subordinación cosmológica.

En otras palabras: el origen de los *nāma-rūpa* no es humano; son originariamente inmanifiestos y, a su vez, son el principio articulador y configurador del mundo manifiesto.

> El Sí mismo supremo es el emisor del nombre y de la forma no manifestados (…) que son esencialmente diferentes de *Ātman* y semillas del cosmos manifestado (*jagadbijabhūta*), aunque residen en El indescriptible como esto y aquello y conocidos por Él (*Upadeśa Sāhasrī* I, 1, 18 y 19).

Esta interpretación shankariana tiene un claro soporte en los textos védicos:

> Dos *Brahmanes* deben ser meditados, el verbo y el no-verbo. Por el verbo, el no-verbo es revelado (*Maitrāyaṇī Upaniṣad*, VI, 22).
> *Brahman* penetró en los mundos por dos medios, las formas y los nombres (*nāma-rūpa*) (…) todo este universo se extiende tan lejos cuanto el nombre y la forma (*nāma-rūpa*) pueden llegar. (…) Estas son las dos grandes revelaciones de *Brahman*, y cualquiera que las conozca se torna él mismo una gran revelación (*Śatapatha Brāhmaṇa*).[109]

* * *

El alcance ontológico de la palabra en el mundo índico se trasluce también en la importancia que se otorga al *mantra*. Esta centralidad tiene su fundamento en la convicción índica en el carácter operativo de la palabra/sonido,[110] en su carácter de energía creadora en acción. Recitar el *mantra* es re-decir la palabra, acompañarla desde su latencia inmanifiesta hasta su actualización efectiva, en el reconocimiento de que la palabra humana que se retrotrae a su fuente, que se sabe palabra del Sí mismo y no del sujeto individual, es palabra creadora porque participa en la misma acción creadora de la Realidad.[111] En palabras de Śaṅkara:

«(…) el *mantra* describe la misma potencia divina (…) en la que nombres y formas yacen no manifestados e indiferenciados y que suponemos como el estado antecedente de aquel estado cósmico en el que nombres y formas están manifestados».[112]

> P: Cuando se dice un *mantra*, ¿qué ocurre con exactitud?
> M: El sonido crea la forma [palabra] que encarnará el Ser. El Ser puede encarnarse en cualquier forma y operar a través de ella. Al fin y al cabo, el Ser está expresándose a Sí mismo en la acción, y un *mantra* es, ante todo, energía en acción (Nisargadatta).[113]

Recitar el *mantra* es alumbrar la palabra desde su origen; y es, igualmente, retornar con la palabra/sonido a su origen inmanifiesto,[114] a su origen no-dual, en el que ya nadie dice nada, pues la palabra/sonido, el que la dice, la acción de decir y lo dicho son uno y lo Mismo.

La tradición upanishádica considera que el *mantra* por excelencia, el sonido primordial –que es uno con la luz eterna de *Cit*– es OM (AUM);[115] en él –sostiene esta tradición– confluye y se reúne todo sonido y toda palabra. Según la *Māṇḍūkyā Upaniṣad,* «La sílaba "OM" es todo lo que es. (…) lo que ha existido, lo que existe, lo que ha de existir, todo es "OM"» (1, 2). A lo que comenta Śaṅkara:

> Todo lo que está condicionado por la triple [concepción del] tiempo, el pasado, el presente y el futuro, es igualmente OM (…). Todo lo que está más allá de las tres [divisiones del] tiempo, o sea, no condicionado por el tiempo y, sin embargo, conocido por sus efectos, que es denominado lo no manifestado (*avyākrita*), esto también es realmente OM (MUBh I, 1).

En conclusión: la concepción de *Brahman* como *Vāc*; la relevancia del *mantra*; la centralidad de otros muchos factores a los que no hemos aludido, algunos de los cuales resumiremos someramente: la consideración de los *Veda* como palabra primordial y por lo mismo *apauruṣeya*, no humana; la importancia de la *śruti* o tradición "oída" frente a la *smṛti* o tradición "recordada" y, en general, la importancia decisiva de la tradición oral; la importancia de los *sūtras* como vehículo de rememoración de la misma; la teoría de la perpetuidad del sonido y de la relación no convencional sonido-significado de la *darśana mīmāṃsā*; la recitación del *japa*; la consideración de que el primer paso de toda disciplina espiritual es *śravaṇa* o la escucha; la relevancia, ya dentro de la tradición advaita, de los *mahā-vākyas*: sentencias que sintetizan la doctrina y que vienen a ser verdaderos *mantras* (en la medida en que no sean objeto de mera repetición mecánica ni de reflexión discursiva sino soporte de la comprensión intuitiva);[116] etc.; todo ello nos habla de la importancia que tiene la palabra en esta cultura del silencio.[117]

La diferencia entre Occidente y Oriente en este punto no radica tanto –como se ha dicho con frecuencia– en la importancia o no-importancia que se otorgue a la palabra, o en la centralidad o no-centralidad que se conceda al lenguaje, como en el hecho de que en Oriente, *vāc*, el *logos,* no se ha olvidado en su dimensión oculta, en su carácter de Decir silencioso, mientras que Occidente –con las excepciones que ya hemos señalado– ha tendido a considerar el lenguaje desde sí mismo, como algo dado no arraigado más allá de sí. Para Occidente, el en-sí del lenguaje es el lenguaje; en Oriente, el en-sí de la palabra es el silencio. En palabras de J. L. Mehta:

> (…) en esta tradición *Brahman* juega el mismo papel que *Lógos* en Grecia y *Tao* en China, correspondiendo a las nociones de *verbum*, *oratio* y *ratio*, respectivamente (…). Pero mientras con los griegos, a causa del propio carácter de *lógos* del lenguaje, la atención fue dirigida lejos de la luz del *lógos* y en dirección a lo que éste iluminaba, esto es, el mundo de los entes, de "lo que" (*what*) es, en el caso de la India el lenguaje entró, por así decirlo, en el ámbito de lo que él revelaba o des-velaba, brillando en adelante también por sí mismo, a la vez que ilumina y abre el dominio del significado.[118]

Dicho de otro modo: si para la visión oriental no-dual el Yo trasciende *nāma-rūpa* (toda determinación objetiva y limitadora) y, al hacerlo, retrotrae toda palabra al silencio, en Occidente el hombre tiende a vivenciarse desde el mismo nivel de *nāma-rūpa* (como algo determinado y objetivo), con lo que se incapacita para acceder a la raíz inobjetivable de la palabra.

«La naturaleza del todo-abarcante Nombre sólo se puede entender cuando uno reconoce su propio "Yo". Si uno no reconoce el nombre de uno mismo, es imposible obtener el Nombre que todo lo abarca» (Namdev).[119]

Según Heidegger, el habla no fue considerada originariamente como la mera expresión fónica de algo ya dado o pensado; era un "dejar aparecer" lo nombrado, un otorgarle ser. Posteriormente, el "nombrar" degenerará en relación convencional entre un significante y un significado. Pero la esencia del nombrar radica en que el nombrar confiere ser a las cosas. Tampoco esta afirmación es ajena al pensar índico. En palabras de Coomaraswamy:

> En la India, la ciencia tradicional del lenguaje constituye el dominio específico de la *pūrva-mīmāṃsā*, cuyo rasgo más característico es enfatizar que los sonidos articulados son eternos, y la doctrina –que es su consecuencia– de que la relación de una palabra con su sentido no es una convención, sino que es por naturaleza inherente a la palabra en sí.[120]
> [En el mundo índico,] sonido y significado están inseparablemente asociados (…). Los nombres son la causa de la existencia; (….) el nombre (*nāma*) es la forma del fenómeno (*rūpa*) (…) ser nombrado es pasar de la forma a la vida.[121]

Coomaraswamy cita, para ilustrar lo que fue la universalidad de esta convicción, no exclusiva de Oriente ni de Occidente, el caso de Platón, quien, en su diálogo *Cratilo*,

> trata el problema de la naturaleza de la relación que une sonidos y significantes, preguntándose si esta relación es esencial o accidental. Su conclusión es que el nombre verdadero de una cosa es aquel que tiene un sentido natural (en sánscrito *sahaja*), es decir, que es realmente una imitación (…) de la propia cosa en términos de sonido (…) «el que primero dio nombre a las cosas lo hizo con un conocimiento cierto de su naturaleza" (Platón); por tanto, ese primer "otorgador de nombres" (…) debe de haber sido "un poder más que humano y los nombres así asignados en el principio son necesariamente los nombres verdaderos».[122]

El "decir la palabra", la pronunciación de los nombres, confiere ser a las cosas; un nombrar que no es originariamente humano, pues proviene de aquello que conoce íntimamente la naturaleza de las cosas: «Es, en verdad, la Palabra divina, por la cual todo lo que ella nombra viene a la existencia» (Brh, U. 1, 5, 18).

Nāma-rūpa es el principio de determinación objetiva; el nombre (*nāma*) hace a las cosas ser cosas. Retornar hacia el nombre originario de cada cosa no significa restaurar algo así como una lengua perdida en la que no se diera la inadecuación sonido-significado que ha tenido que ser suplida por la convención en las lenguas conocidas. Se trata de retornar a la Palabra inicial y única que habla en silencio, al único Denominador, que es Uno y no decible en sí, aunque se diga múltiplemente en las cosas, y que es el verdadero, único y último nombre de toda cosa.

2) El lenguaje como "protolenguaje": el lenguaje que sostiene la relación hombre-mundo

En un sentido íntimamente relacionado con el anterior, pero ya derivado respecto a él, el lenguaje puede considerarse en su dimensión esencial de "protolenguaje": un lenguaje que el hombre no utiliza, sino en el que es; el lenguaje que articula la relación hombre/mundo y en el que se alumbra toda experiencia humana con sentido. El lenguaje así entendido, decíamos, tiene una virtualidad no meramente gnoseológica sino ontológica. Este nivel de consideración del lenguaje es al que Heidegger apunta con el término *Rede* (habla).[123]

Considerado el lenguaje en su esencia, y no en su dimensión meramente cósica e instrumental, la relación pensamiento/lenguaje es una relación constitutiva. Y esta realidad única lenguaje/pensamiento es, además, una con el mundo (el mundo tal y como se muestra a la mirada humana). Hombre-pensamiento-lenguaje-mundo constituyen una unidad; se alumbran en un único acontecer multidimensional.

Al inicio de esta exposición comparada señalamos que, para el Advaita, esta dimensión del lenguaje no es irrebasable, como tiende a considerar gran parte del pensamiento contemporáneo. Ahondaremos en todo ello a través del pensamiento de uno de los inspiradores de quienes han otorgado un carácter absoluto al lenguaje (como protolenguaje), pero que, de hecho, y desde una posición cercana a la advaita, evidenció la existencia de un más allá del lenguaje: Wittgenstein. Como dirá en una carta dirigida a su amigo Rusell:

> Me temo que no has comprendido mi aseveración fundamental, respecto a la cual todo el asunto de las proposiciones lógicas es mero corolario. El punto fundamental es la teoría de lo que puede ser expresado (*gesagt*) mediante proposiciones, esto es, mediante el lenguaje –y, lo que es lo mismo, lo que puede ser pensado–, y lo que no puede ser expresado mediante proposiciones, sino sólo mostrado (*gezeigt*); creo que esto es el problema cardinal de la filosofía.[124]

Pensamiento y lenguaje, nos dirá en su *Tractatus Logico-Philosophicus*, son uno: lo decible es lo pensable y lo pensable es lo decible, y su estructura interna, lo que Wittgenstein denomina "forma lógica", es trascendental.

Hacia algo similar ha apuntado Noam Chomsky, creador de la lingüística generativo-transformacional, al postular un innatismo de la gramática. La mente humana, dirá, no es una suerte de pantalla en blanco, como postulaban los conductistas. La gramática no se aprende; no la aprendemos cuando adquirimos nuestro primer lenguaje en la infancia, y ello no es óbice para que el niño maneje una gramática de una inmensa complejidad abstracta que, además, tiene una estructura análoga en las diversas lenguas. La gramática no se aprende, sino que, en interacción con ciertos estímulos externos, se despliega de un modo uniforme y predecible, sea cual sea la lengua particular que se incorpore. Esta gramática generativa universal es condición de posibilidad del pensamiento/lenguaje, siendo indisociable de éste.

La forma lógica –afirma Wittgenstein– es la estructura interna del pensamiento y del lenguaje; y esta forma lógica es una con la estructura inteligible del mundo: «La Lógica no es una teoría, sino una figura especular del mundo. La lógica es trascendental» (6.13). «*Los límites de mi lenguaje* significan los límites de mi mundo. La lógica llena el mundo; los límites del mundo son también sus límites» (5.6 y 5.61).

Ahora bien, precisamente porque "la lógica llena el mundo", el lenguaje, la lógica, no puede ir más allá del mundo ni hacer afirmaciones sobre el mundo. En palabras de Wittgenstein: «No podemos decir en lógica: en el mundo hay esto y esto, aquello no» (5.61). De aquí la conclusión de Wittgenstein (que ya mencionamos en nuestra exposición del pensamiento advaita): el yo no puede hacer afirmaciones sobre el mundo en-sí porque «yo soy mi mundo» (5.63); o, lo que es lo mismo: «el sujeto pensante, representante, no existe» (5.631), porque el supuesto sujeto representante es parte del mundo que pretende representar. El yo objetivo pertenece al mundo; y el sujeto puro inobjetivable ya no es nivelable con el mundo, ni algo enfrentado al mundo, sino su límite: «El sujeto no pertenece al mundo sino que es un límite del mundo» (5.632). Wittgenstein pone el ejemplo del ojo y del campo visual, ejemplo que podríamos transferir a la conciencia supraobjetiva y a lo que acontece objetivamente en su campo:

«Dices que ocurre aquí enteramente como con el ojo y el campo visual. Pero el ojo no lo ves realmente. / Y nada en el campo visual permite inferir que es visto por un ojo» (5.633).

El sujeto metafísico no pertenece al mundo. El sujeto metafísico no es el yo re-presentante supuestamente enfrentado al mundo; el yo-representante es parte del mundo y no lo enfrentado a él. Por lo mismo, el yo re-presentante no puede hablar del mundo como un todo ni hacer afirmaciones metafísicas sobre el mundo.

Ahora bien, Wittgenstein no niega por ello (por el hecho de que no quepa hablar lógicamente de la realidad en-sí) el ámbito de lo trascendente; de hecho, postula la existencia del sujeto puro como sede límite del mundo. «Lo inexpresable –afirma– ciertamente *existe*. Se *muestra (dies zeigt sich)*, es lo místico» (6.522). Sólo relega al sinsentido la metafísica que pretende pensar re-presentativamente el mundo en-sí y hacer afirmaciones enunciativas sobre él. Pero, más allá de lo que se puede decir –aquello sobre lo que se pueden hacer afirmaciones lógicas y dar respuestas con sentido–, está "lo que se muestra", lo que se patentiza supraobjetivamente.[125] Más allá de lo que se puede decir está lo que Wittgenstein denomina el ámbito de "lo místico" (*das Mystische*). Este ámbito de lo místico, de lo que se patentiza supraobjetivamente desde sí, es intocable para la representación y es más originario que el yo re-presentante. De este ámbito, precisamente porque está más allá de lo preguntable con sentido, Wittgenstein excluye la posibilidad de la duda y de la perplejidad; es el ámbito de la plena certeza: «el enigma –sostiene con agudeza– no existe».[126] Es el ámbito del sujeto puro; del que tampoco se puede decir nada –pues no pertenece al mundo– pero que se muestra, en el alumbrarse del mundo, como su límite, como su condición supraobjetiva de posibilidad. Un sujeto que ya no tiene una relación dual con el mundo; que, en expresión de Wittgenstein, no tiene una forma como ésta,

ojo –

«pues –como nos decía– nada en el campo visual permite inferir que es visto por un ojo» (5.633). El ojo no es nivelable con el campo visual porque el ojo no es algo visible ni algo que ve, sino lo no-algo que posibilita y sostiene la visión.

El lenguaje es trascendental, pues es indisociable del mundo y del yo-en-el-mundo. Pero el sujeto metafísico puro, que no es parte del mundo sino su límite, es también el límite del lenguaje como estructura del mundo; ya no está inserto en el lenguaje ni sabe de sí desde él. Lo cual no implica una suerte de mutismo carente de inteligencia; al contrario: es sólo desde ahí –desde la patencia inobjetiva del sujeto puro para sí mismo– desde donde "lo-que-es" puede verse y comprenderse correctamente:

«[Quien me entiende] Tiene que superar estas proposiciones (arrojar la escalera después de haber subido por ella); entonces ve correctamente el mundo» (6.54).

También para el Advaita hay un modo de conocer previo al lenguaje, relativo al ámbito de lo patente-supraobjetivo, y que no es un conocer al modo dual, sino un ser lo conocido.

> P: ¿Pero hay en verdad un conocer sin nombrar [previo al lenguaje, relativo a lo inexpresable]?
> M: Por supuesto. El nombrar no puede ir más allá de la mente [porque es uno con ella], mientras que el conocer es la propia conciencia (Nisargadatta).[127]

Lo que se muestra (en el sentido de lo que se patentiza inobjetivamente), "lo auto-luminoso" (*svaprakāśa*), en terminología advaita, es análogo a lo que Heidegger denomina "lo no-dicho": condición de posibilidad de lo dicho y de la escucha de lo dicho, a su vez no dicha. Esto no-dicho no es la "forma lógica de la proposición", ni el protolenguaje que estructura la relación hombre-mundo, como afirmaría gran parte de la hermenéutica contemporánea. Más originariamente aún es la *Lichtung* del Ser: el en-sí no relacional que sostiene toda posible relación. Recordemos la afirmación de Heidegger de que la inatención a "lo-no-dicho" es paralela al olvido del Ser –Ser que es la posibilitación de la presencia de lo presente, a su vez, no-presente–. La incapacidad para escuchar lo no-dicho desde lo cual se habla es incapacidad para la escucha de la voz silente del Ser –en y desde el cual se es–. Y el mero estar arrastrado por la palabra que se agota en lo dicho es el exclusivo estar subyugado por esto y por aquello, por el ente. El diálogo verdadero, nos decía también, es aquel que, más allá del movimiento de lo dicho, comunica en el estable morar en lo no-dicho; que más allá de la dispersión de lo inmediatamente hablado, unifica en la unicidad y quietud (propia de la suprema actividad) de lo no-expresado.

Si el mundo es el ámbito del cómo (cómo sea el mundo), lo místico es el ámbito del "que" (sin acento), de la maravilla de que algo sencillamente sea. Si el mundo es el ámbito del tiempo, lo místico es el ámbito del ahora intemporal. Si el mundo (el yo-en-el-mundo) es el ámbito del lenguaje, de lo decible, lo místico es el ámbito de lo mostrable (lo patente supraobjetivamente) o auto-luminoso. La síntesis no-dual de ambas dimensiones radica en no considerarlas contrarias ni excluyentes: lo que se muestra es el en-sí de lo que se dice, la eternidad es el en-sí del tiempo, lo inmediato es el en-sí del lenguaje/mediación, etc.

«Nada se pierde por no esforzarse en expresar lo inexpresable. ¡Lo inexpresable, más bien, está *contenido* –inexpresablemente– en lo expresado!» (Wittgenstein).[128]

El Advaita reconoce la dimensión esencial del lenguaje como protolenguaje: el lenguaje configurador del mundo humano; esto ya ha quedado claro en su tematización de *nāma-rūpa*. Ahora bien, considera que cuando esto se constata, pero se olvida que este lenguaje configurador del mundo tiene su raíz en el silencio y tiene como "en-sí" el silencio (o si se quiere: la palabra silenciosa una, ilimitada e indivisa), el lenguaje, lejos de ser casa del Ser, pasa a ser *māyā*: la sede de la ilusión y de la enajenación.[129]

Desde el punto de vista advaita, el énfasis contemporáneo en el lenguaje –un lenguaje que no es comprendido al modo no-dual, a la luz del silencio, y que, como ya señalamos, es paralelo a una vivencia del yo tampoco arraigada en lo no-dual y plenamente identificada con *nāma-rūpa* (el yo objetivo)– hace de éste, del lenguaje, no ya la fuente de la revelación ontológica, sino el vehículo más eficaz de la ocultación del Ser y del olvido de esta ocultación. El papel cada vez más auto-enfático que el pensamiento reciente está otorgando al lenguaje, un lenguaje que ya no pretende desvelar –qué desvelar si no hay un más allá del lenguaje– sino simplemente aparentar que desvela, está estrechamente relacionado con lo que muchos han detectado como rasgos característicos y preocupantes de nuestro momento cultural:[130] la aceptación aproblemática de la mistificación, de la mera reproducción y de la simulación. En otras palabras: no interesa lo auténtico sino que basta aquello que lo parece; la manipulación es perfectamente legítima si "funciona", es decir, si es exitosa. Nos hallamos en medio de puros juegos de fuerza (como bien ha mostrado Foucault) y no interesa ni se considera el imponerse lento y silencioso de la realidad. Todo esto está íntimamente ligado a un rasgo de la sensibilidad postmoderna: la sensación de que no hay salida del lenguaje (sensación, en ocasiones, justificada teóricamente en una mala lectura de Wittgenstein), paralela a una disolución de lo real en la apariencia total. El lenguaje es el ilimitado juego de espejos de un *ego* identificado con lo más periférico de sí mismo; es su instrumento de poder sobre la periferia misma de la realidad.[131]

3) El lenguaje-instrumento

Esto nos pone en conexión con el tercer sentido –derivado del anterior– que puede atribuirse al lenguaje. El lenguaje puede interpretarse, desde lo más mostrenco de sí, como un medio de comunicación (interior o exterior), como un conjunto dado de palabras, reglas, estructuras etc., que posibilitan la comunicación, la expresión de los estados internos y el referirse a lo no-presente o el hacer presente lo ausente. Éste es el lenguaje-instrumento, el lenguaje "utilizado" por el hombre. Pero,

> el ser del lenguaje no se agota en ser un medio de entendimiento. Con esa determinación no se toca su auténtico ser, sino que meramente se menciona una consecuencia de su ser. El lenguaje no es sólo una herramienta que el hombre posee también entre otras muchas, sino que el lenguaje es lo que le permite estar en medio de lo abierto del Ser (Heidegger).[132]

Cuando el lenguaje no se percibe en su ser-sin-fondo, en su sustentarse en el silencio; cuando el decir humano ya no se reconoce re-decir del Decir (*Sage*) silencioso del Ser, y habla sin escuchar (*ob-audire*) y meramente desde sí, el lenguaje se agota en su dimensión más derivada: la de ser lenguaje-instrumento, instrumento de poder sobre el ente, lenguaje/pensamiento calculador. El lenguaje, así relegado a lo que de él se muestra y a cristalizar lo mostrado como lo ya dado, paradójicamente ya no muestra sino que oculta; muestra un mundo ilusorio en el que sólo hay lo que se dice y sólo es el mundo configurado por lo decible, el mundo apresado por la palabra cerrada que determina y clausura lo que es.

La insistencia advaita en la necesidad de trascender el lenguaje así entendido radica precisamente aquí: «Todo cuanto pueden expresar las palabras y alcanzar el entendimiento son entes [en el sentido de objetos] y nada más» (Chuang Tzu).[133]

Ya explicamos en la exposición independiente del Advaita cuáles son para esta doctrina los límites inherentes al lenguaje (hablábamos del lenguaje en esta tercera acepción), límites que son los mismos que los de la mente dual. No es, pues, necesario que insistamos en ello. Recordemos solamente que el lenguaje es por definición enunciativo y atributivo, y la realidad en sí está más allá de la posibilidad de toda atribución objetiva. La misma enunciación responde a la estructura de *adhyāsa*, que es para el Advaita la fuente de la ignorancia: la atribución al sujeto puro de cualidades y determinaciones objetivas. El lenguaje filosófico, cuando, en su pretensión de hablar de la realidad en sí, no trasciende –ni reconoce la necesidad de hacerlo– su carácter enunciativo y atributivo, deviene *adhyásico*, falaz.

Quizá el principio que más nítidamente revela la disparidad existente entre la realidad en sí y la lógica de la mente dual sea "el principio de contradicción": la realidad no-dual excluye la posibilidad misma de la contradicción; la lógica del lenguaje y de la mente dual se sustenta en ella. Aristóteles, hace notar Heidegger, «en el libro IV de su metafísica piensa el principio de contradicción como primera verdad sobre el ser de lo existente».[134] Para el Advaita y para el mismo Heidegger, por el contrario, el principio de contradicción rige la lógica del "decir", pero no la del Ser ni la del Decir silencioso que le es propio. Por eso, considera el Advaita, toda teoría y toda palabra son siempre una verdad a medias, ya que excluyen siempre su contrario. El todo –y la cosa que resguarda al todo en sí– no pueden ser dichos. En palabras de Nisargadatta:

> Cualquier cosa que diga será a la vez verdadera y falsa. Las palabras no alcanzan más allá de la mente.[135]
>
> (…) todo depende de cómo lo mire. En el nivel verbal todo es relativo. Lo absoluto tiene que ser experimentado, no discutido (Nisargadatta).[136]
>
> Este *Brahman* no puede ser aceptado ni rechazado; está más allá de la mente y del lenguaje (*Vivekacūḍāmaṇi*, 240).

La invitación advaita a morar en el silencio y a mirar el mundo desde más allá de la estructura lógico-gramatical del lenguaje, no supone deprecio de la palabra; todo lo contrario: es una invitación a alcanzar la esencia misma de la palabra, su razón de ser, la fuente de su poder creador. No hay peligro de que esta postura conlleve rechazo del lenguaje y del mundo diversificado, porque el silencio no-dual, no sólo no excluye la palabra –sólo el mutismo la excluye–, sino que la retrotrae al elemento que la deja ser y le devuelve su dignidad. El Advaita reconoce el poder revelador del lenguaje, pero sabe que este poder sólo es tal cuando el lenguaje no se sustenta en sí mismo. De hecho, el lenguaje de quien se retrotrae al silencio aflora con más expresividad, vigor y creatividad que nunca. Las palabras de un *jñānin* lo evidencian sobradamente. Puede carecer de cultura formal y desconocer lo que para el intelectual medio es todo su arsenal de poder y pseudo-brillantez, y eclipsar a este último con el poder impersonal de la palabra real, pues,

«(…) los nombres y las voces, en realidad, no bastan para aprender su verdad. Por eso el que le conoce no habla y el que habla no le conoce» (Chuang-Tzu).[137]

El Oriente no-dual siempre se ha asombrado del poder de la palabra y de su surgimiento desde el silencio. El *jñānin* ha sabido que su palabra no es suya –¿quién elige cada palabra que dice o cada pensamiento que piensa?– y ha rastreado este surgir hasta sumergirse en el acto impersonal de creación de la Palabra Una. Y el Oriente no-dual se ha maravillado, igualmente, ante la capacidad de la palabra para ocultar su propio surgimiento impersonal y alumbrar mundos estrictamente personales, separados y autónomos; una infinidad de sueños entrecruzados, pero que nunca confluyen; cárceles de ignorancia construidas por palabras oscurecidas en su carácter clausurado y auto-enfático, en su "exuberancia y redundancia":

«¿Cómo puede ser el *Tao* tan oculto e inescrutable que en Él pueda darse verdad y falsedad? Las palabras, ¿cómo pueden ser tan ocultas que den lugar al *es* y al *no es*?...).

(...) El Tao es oscuro en sus pequeñas realizaciones y las palabras, a su vez, se oscurecen en su exuberancia y en su redundancia».[138]

La poesía: el lenguaje que "deja ser" al Ser

«Poetizar es nombrar originalmente a los dioses; pero la palabra poética no tendría fuerza nominativa si los dioses mismos no le dieran el habla.»[139]
«La palabra es el acontecer de lo Sagrado.»[140]

HEIDEGGER

La realidad es Palabra poética –símbolo–, pues es la manifestación/ocultación de la Palabra del Ser. La poesía no es decoro del lenguaje sino su misma esencia –la esencia del lenguaje, entendido éste en su sentido más originario–. La palabra poética humana es originaria cuando re-dice la poesía intrínseca a lo real.

El lenguaje en el que silencio y palabra se mantienen y patentizan en su relación no-dual es, afirma Heidegger, el lenguaje poético.

El pensamiento tradicional –y, en particular, el índico– no es ajeno a esta intuición. Así, cuando ha querido expresar el carácter no-dual de lo real, la presencia de la unidad en la diversidad y de la diversidad en la unidad, no ha acudido prioritariamente al pensamiento discursivo y a la enunciación lógica –que muestran siempre un mundo fragmentado de cosas y acontecimientos no esencialmente relacionados entre sí–. Ha sabido que todos los intentos racionales para expresar el hecho de la unidad en la diversidad (como la reducción de todo a un único principio, la articulación dialéctica, etc.) están destinados al fracaso, pues la unidad no puede reconstituirse desde las partes aisladas más que de una forma abstracta y monista. Para expresar esta verdad, la sabiduría perenne ha acudido al lenguaje simbólico, a la metáfora, a la imagen poética, al aforismo –muchas veces paradójico y hermético, inasimilable por la mera razón–, al silencio, etc.; en general, al lenguaje –o a la ausencia del mismo– que habla a la intuición supramental y no a la mente discursiva.

Ya señalamos cómo el lenguaje simbólico/poético, si bien no puede aprehender la realidad no-dual, está en armonía expresiva con ella por su carácter multidimensional y no lineal, porque sus mostraciones son ilimitadas y han de ser captadas en simultaneidad, etc. Es además un perfecto antídoto antidogmático –como lo es la intuición no-dual– por su máxima flexibilidad y su capacidad de aunar los aparentes contrarios.[141] El símbolo reúne, además, los términos de la dualidad aparente sujeto-objeto, porque no hay símbolo sin hermenéutica ni hay poesía sin la implicación del poeta en la realidad poética: ésta y la mirada del poeta son uno y lo mismo. Por otra parte, el símbolo y la poesía no fijan lo que muestran, pues ocultan y revelan al mismo tiempo; no dicen, sino que sugieren; no definen, sino que permiten adivinar. Por eso son siempre fecundos, y por eso respetan el carácter misterioso y maravilloso de lo real y lo dejan ser (pues, como nos decía Heidegger, «nunca conocemos un misterio a fuerza de desvelarlo y descomponerlo, sino únicamente por resguardar el misterio en cuanto misterio»).[142]

El símbolo y la poesía son, además, autosuficientes y, por lo mismo, adecuado reflejo de la autosuficiencia de aquello que tiene el Vacío como sustento, de lo que es en el ahora puro, de lo que no necesita venderse a un resultado ni subordinarse a nada diverso de sí (explicaciones, utilidad, uso, procedencia, etc.). Su descansar en sí mismos, su ser dignos de atención *per se*, es lo que los capacita para la revelación del Ser que es siempre sin porqué y, a su vez, en su capacidad de revelación del Ser radica su autosuficiencia.

De aquí la insistencia heideggeriana en la importancia del lenguaje poético y de las palabras primordiales –toda palabra primordial es poética– que aún resguardan el Vacío dentro de sí, el Decir silencioso que las apalabró. Su importancia radica en su capacidad de evidenciar lo que suele ocultarse: el poder esencial de toda palabra. Lo evidencian al sacar a la palabra de su contexto instrumental y al purificar la mirada humana de su embotamiento, provocado por el apremio de la utilidad; devuelven a la voz y a la mirada humana su capacidad de desvelar el esplendor del mundo.

De aquí, también, el uso constante que hace Heidegger de ciertas palabras de claro valor simbólico/poético que no pretenden ser definiciones de algo objetivo, sino guías (*Leitworte*) hacia lo supraobjetivo que señalan; palabras, muchas de ellas, que son imágenes, ideogramas, y no conceptos. Y de aquí, también, su uso de ciertas frases breves, chocantes y paradójicas, que buscan quebrar el imperio del sentido común y de la lógica de la mente dual (afirmaciones como: «lo más cercano es lo más lejano», «lo más fácil es lo más arduo», «alcanzar la esencia humana es desviar la mirada de lo humano», etc., o expresiones como: «*das Ding be-dingt, die Sprache spricht*», etc.)

Poética es la mirada que ve las cosas sostenidas en el Vacío y resguardando ese Vacío en su interior,[143] irrumpiendo desde el Abismo del Ser. Por eso, no sólo la poesía en sentido estricto, también el pensamiento que da cuenta de la presencia del misterio del Ser en las cosas, el pensamiento esencial, tiene la lógica de la poesía. El pensamiento que ha renunciado a aferrar y a asegurar es ya pensamiento poético. Aquí se funda la insistencia de Heidegger en la necesidad de trascender el discurso filosófico hacia un pensar esencial vecino de la poesía y de la creación poética. Un pensar que, al igual que la inspiración y la receptividad poéticas, manifieste que: «No somos nosotros los que vamos a los pensamientos: ellos vienen a nosotros» (Heidegger).[144]

El pensador esencial y el poeta habitan en lo Abierto del Ser. Pero, a pesar de su extrema cercanía, viven –afirma Heidegger– en montañas separadas.[145] Así, el pensador dice el Ser, mientras que el poeta nombra lo Sagrado. Quizá, dentro del ámbito de las doctrinas no-duales, incluso esta relativa dualidad pierda su razón de Ser. ¿Es Lao Tse un poeta o un pensador? El mismo *jñānin* suele ser tan poeta como pensador esencial; no es más una cosa que la otra y, a la vez, no es ninguna de las dos. Así, el *jñānin* dice el Ser y, al hacerlo, nombra lo Sagrado; dice lo Sagrado y, al hacerlo, nombra el Ser; calla y, al hacerlo, se abisma más allá de lo Sagrado y del Ser.

"Hablar es escuchar" (Heidegger)[146]

> «P: Yo hablo.
> M: ¿Habla usted? Se oye a sí misma hablar y dice [*a posteriori*]:
> "yo hablo".»
> NISARGADATTA[147]

De lo dicho hasta aquí se deriva algo que está profundamente presente tanto en el pensamiento de Heidegger como en el Vedānta: el lenguaje no se relaciona sólo con el habla sino, más originariamente aún, con la escucha. Tanto para Heidegger como para el Vedānta, el verbo más activo para el hombre es "escuchar". Más aún, el habla auténtica es siempre y en todo caso, simultáneamente, escucha.

El poder oír no es en primer lugar una consecuencia del hablarse uno a otro, sino más bien al revés, el supuesto previo para ello. Sólo que también el poder oír está ya en sí dirigido, a su vez, a la posibilidad de la palabra y necesita de ésta. Poder hablar y poder oír son igualmente originarios (Heidegger).[148]

En palabras de R. Panikkar: «El *logos* es palabra, pero la palabra no sólo se habla y aun se escribe; ella también se escucha, se acoge, se recibe (…). La llamada "revelación" védica no es Escritura. La revelación védica es *śruti*, escucha».[149]

La importancia de la escucha se funda, tanto para Heidegger como para el Advaita, en una concepción "locuente" del Ser; se funda en que «la relación triádica entre ser, hablar y pensar ocupa el lugar [para ambos] de la polaridad entre ser y pensar».[150] Si el Ser habla, Éste no es algo a pensar sino algo a escuchar. El pensador esencial y el *jñānin* –el pensador esencial por excelencia para el Advaita–, más que hablar del Ser son la voz del Ser, dan –escuchándole– voz al Ser.

«P: La gente viene a usted a pedirle consejo. ¿Cómo sabe lo que debe responder?

M: Al igual que oigo la pregunta, así oigo la respuesta" (Nisargadatta).[151]

De las palabras del *jñānin* y del pensador esencial puede decirse que: «La palabra de este cántico no es ya un himno "a" algo (…) sino el himno "de" lo Sagrado. Lo Sagrado otorga la palabra y adviene ello mismo en esta palabra» (Heidegger).[152]

En la actitud de escucha, a diferencia de la actitud del que habla meramente desde sí, no hay modelo, ni metas, ni plan. Siempre se escucha en el ahora y se co-responde desde el ahora y para el ahora. En cada instante, la respuesta, la palabra adecuada, surgirá desde la escucha del propio Ser, conformando escucha y respuesta un único movimiento de flujo y reflujo. No hay división. No hay subordinación a lo escuchado porque no hay alguien que escuche; *se es* escucha-locuente. La voluntad individual es trascendida sin que en ello haya la más mínima coacción sino, por el contrario, la más elevada libertad, la libertad de lo sin-porqué, de lo no subordinado a ninguna lógica o exigencia ajena al escuchar/hablar en sí.

Eckhart alude a esta actitud de escucha con su expresión «ser un adverbio del verbo»:

Lo más esencial que se puede enunciar de Dios es "Verbo" y "Verdad". Dios se ha llamado Él mismo un "Verbo" (…) y al decirlo alude al hecho de que uno debería ser un adverbio junto al Verbo.[153]

> Todas las palabras deben su poder al Verbo primigenio (...) Allí habla el Verbo eterno infundiéndoles la vida; allá el alma cobra vida y da su respuesta dentro del Verbo.[154]

Ser un "adverbio del Verbo" es escuchar y re-decir lo escuchado en un único acto. Más aún, como acabamos de apuntar, ni siquiera escucha el yo, tampoco la escucha es una acción que el hombre realiza desde sí. La escucha conduce al lugar sin lugar donde ya no hay distinción entre el que habla y el oyente, entre el hablar, la escucha y lo escuchado. Con su lucidez e ingenio característicos, así lo expresa el budismo zen:

> «Prescinde de tu garganta y de tus labios, que quiero oír lo que tienes que decir» ordenó. A lo que respondió un monje: «¡No tengo tales cosas!». «En tal caso, puedes entrar», fue su respuesta. (Maestro zen Shih T'ou).
>
> Es bellamente ubicua y sin tacha; es el absoluto increado y existente *per se*. ¿Cómo, pues, puede siquiera discutirse que el Buddha real no tiene boca, ni predica ningún *dharma* y que la verdadera escucha no requiere oídos, ya que nadie podría oírla? ¡Ah, es una joya que no tiene precio! (Huang-Po).[155]

* * *

La escucha tiene lugar siempre *ahora*. En otras palabras: escuchar es permanecer en el Vacío, en el no-asimiento. Por ello, sólo quien deja de buscar respuestas y se reconcilia con lo que es oscuridad para la mente y la voluntad, halla la respuesta luminosa del Silencio.[156] Sólo cuando el yo que hablaba y preguntaba desde sí y los presupuestos mismos de su preguntar son trascendidos, irrumpe lo Incuestionable, es otorgada la Palabra inicial:

> «Por eso, para el cuidado del poeta vale sólo esto: permanecer, sin temor a la apariencia de la ausencia del dios, cerca de la falta del dios, durante todo el tiempo, hasta que, desde la cercanía al dios que falta, se conceda la Palabra Inicial que nombra al Elevado» (Heidegger).[157]

Al que permanece en el vacío a la escucha, le es otorgada la Palabra inicial. La angustia ante el vacío, ante la nada, da paso de este modo a la gratitud como temple de ánimo más originario. La gratitud ante la irrupción del Ser y de su Palabra en el yo; un Ser y una Palabra que, puesto que son uno con la Nada, hacen todo manifiesto desde su radical gratuidad. La gratitud es la fuente y el elemento de la poesía. De aquí la íntima unidad que Heidegger, yendo más allá de lo que podría parecer un mero juego de palabras, establece entre *Denken* (pensamiento), *Dichten* (poesía) y *Dank* (gratitud).[158]

VIVIR SIN PORQUÉ [*LEBEN OHNE WARUM* (ECKHART)]

«La esencia del Ser es el propio juego (*Spiel*).»
HEIDEGGER[159]
«Todo es un juego en la Conciencia.»
NISARGADATTA[160]

La gratitud es la certeza gozosa de la gratuidad de todo, de su radical sin-porqué.[161]

«Die Rose ist ohne Warum!» («La rosa es sin porqué»), nos decía Heidegger citando al poeta/místico Angelo Silesio. La rosa es sin porqué para la mirada poética y para el pensar meditativo que atienden al en-sí de los entes: a su ser sin fondo. En la mirada desinteresada y en la palabra que "deja ser" encuentran su afinidad pensamiento y poesía. Y en ser sin porqué comulga la realidad que dicha mirada y dicha palabra desvelan y alumbran.

Para la mirada esencial, «la rosa es sin porqué» –nos decía también Heidegger–, en contraposición al cálculo asegurador de la ciencia y de la filosofía para las que «nada es sin razón». Pero el Ser es *Ab-Grund*, sin porqué, y la realidad alumbrada desde el Ser es igualmente sin razón. Y ahí radica precisamente su máxima justificación: en no precisar justificación, en no necesitar subordinarse a nada extrínseco: causas, motivos, etc. Lo Abierto del Ser otorga a lo real su dimensión auto-justificada y justificante. El sin-porqué del Ser es el en-sí de toda justificación y porqué relativos. El sinsentido del Ser es el en-sí de todo sentido.

Ser uno con esta dimensión-sin-dimensión, no subordinada ni relativa a nada diverso de sí misma (lo que equivale a la más absoluta libertad), es la meta del pensamiento índico:

El alma índica no se conforma con nada inferior a la más alta ambición. El esfuerzo índico no se contenta con un cierto dominio o control sobre las cosas, la previsión de acontecimientos o el desciframiento de enigmas intelectuales. Lo que busca es la liberación, la plenitud, la dicha suprema, la realización. Una filosofía por debajo de este ideal no es una empresa atractiva para consagrar la propia vida.[162]

Veamos en qué sentido la realidad última es, para el Advaita, sin porqué, y en qué sentido este sin-porqué funda la absoluta libertad del Yo y el carácter esencialmente creativo de la manifestación universal. Lo que expondremos a continuación vendrá a ser una síntesis de buena parte de lo que hemos venido diciendo hasta ahora:

Cómo ya señalamos, *Sat/Cit*, la fuente de toda manifestación, está más allá del espacio y del tiempo, de toda dualidad y relación (sujeto-objeto, causa-efecto, antes-después, etc.). *Cit* no puede considerarse, por lo tanto, causa de nada, y su relación con la manifestación no puede ser la relación de la causa con el efecto. Carece de todo sentido la noción de causalidad donde no hay tiempo, ni espacio, ni continuidad, donde todo ha de ser perfecta simultaneidad en un puro ahora.

La auto-expresión de lo Absoluto en la manifestación, por otra parte –y por el mismo motivo–, ha de carecer de todo propósito, de todo porqué, de toda meta o intención[163] (pues éstas sólo tienen sentido en el plano dual: el plano del llegar-a-ser). La manifestación carece de porqué, como carece de porqué el surgir de una onda en un estanque o la aparición en una fracción de segundo de todo un mundo en la conciencia del soñador. Sencillamente, ésa es su naturaleza.

«¿(...) por qué? (...) ¿Por qué no? (...) La manifestación es como un sueño. ¿Por qué ocurre un sueño?» (Nisargadatta).[164]

El movimiento de la manifestación (la "Danza cósmica de *Śiva*") es –como lo es toda danza– totalmente no-intencional, espontáneo y acausal. Aunque la danza –también la de nuestro mundo relativo– se manifieste de modo sucesivo en el espacio y en el tiempo, la fuente u origen de la misma es un perpetuo ahora no-dual, absolutamente pleno en sí mismo, ilimitado, sin referencia a ningún antes ni a ningún después, carente de un exterior que anhelar.

Esta danza acausal e inintencional es, además, una *única* danza. Todo el devenir forma parte de un proceso único de auto-expresión de *Cit*. Considerar una acción o proceso particular de modo aislado es una abstracción. Por lo mismo, no hay tal cosa como un sujeto individual, con voluntad separada, que cause efectos aislados. Toda acción no es más que un aspecto parcial de un único movimiento acausal, espontáneo, del Todo como un Todo. En este sentido, afirma Nisargadatta: «Sólo hay vida. No hay "alguien" que viva una vida».[165] Más exactamente –porque el término vida (sustantivo) parece exigir un sujeto que viva esa vida–: sencillamente, hay vivir.

Para el Advaita, pretender ser el "hacedor" (un hacedor separado) es un error de apreciación. Todo acontece por sí mismo; cada acción particular es la acción de la totalidad cósmica, por mucho que el yo separado se atribuya *a posteriori* el mérito –o el demérito– de ciertas acciones y las califique como buenas o como malas. Como ya apuntamos, cuando se abandona la creencia en la realidad de una voluntad limitada y separada y se es uno con la Voluntad universal, la creencia en el control y la responsabilidad personal pasa a ser identidad con la Libertad de lo Absoluto.[166] La naturaleza del yo no consiste en ser *hacedor* –sujeto autónomo con voluntad separada–, sino *testigo* de todo lo que acontece en el campo de la Conciencia[167] –un acontecer del que, en el nivel relativo, en su dimensión psico-física, se sabe partícipe y no responsable–, en actitud de contemplación maravillada ante el proceso de la manifestación.

Este silenciamiento de la voluntad separada –que es siempre sinónimo de parcialidad, valoración, identificación y rechazo– lleva consigo una apertura radical a la vida, la aceptación plena del momento presente, la absoluta conformidad con todo lo que llega, con todo acontecer, sin sentimiento de logro o frustración.[168] Aceptación, "sí" absoluto e incondicional, de instante en instante, que proporciona la certeza a la que nunca accede la voluntad particular que valora y compara (pues es ciega para la lógica de lo sin-porqué): en el fondo de las cosas hay, a pesar de todo, equilibrio, completud, paz, bienaventuranza. Esta actitud puede resumirse en las palabras con las que Romain Rolland definía la labor del artista: «En el mundo hay sólo un heroísmo: ver el mundo tal cual es, y amarlo».[169]

El juego (*līlā, Spiel*): la plena realización de la no-dualidad

Ahora bien, es propio de la perspectiva no-dual respetar la dimensión relativa. Lo dicho no supone, por ello, negar la realidad ni la importancia del devenir, de la acción procesual que tiene su meta y su principio fuera de sí. Tal y como pasaremos a ver, el Advaita conjuga de modo no-dual la dimensión de verticalidad ligada al puro ser, al ahora, y la dimensión horizontal o *continuum* ininterrumpido específico de la vivencia temporal.

Desde el punto de vista absoluto, sólo hay un eterno y único ahora. La fuente y origen de todo es este ahora eterno, eterno ahora en el que sólo es posible la pura libertad creativa. La creatividad –no limitada por nada exterior a sí misma, totalmente incondicional, carente de necesidad o fin alguno– es la esencia misma de toda la existencia y de cada aspecto de la realidad. «El devenir del fuego –afirma Eckhart– se realiza en el combate, la excitación, el desasosiego y el tiempo; pero [el] nacimiento del fuego y [del] placer se realizan sin tiempo ni distancia. (…) [Tienen su origen] En lo Uno, en donde la distancia enmudece y se calla todo cuanto tiene apetito de ser».[170] Todo acontece en un único ahora; este único ahora es la esencia y matriz intemporal de toda realidad temporal.[171] El ahora eterno es la substancia del tiempo; la libertad creativa, la fuente y matriz de todo devenir causal.

Por otra parte, desde el punto de vista relativo, la plenitud que se posee en perfecta simultaneidad en el ahora puro se expresa en el espacio y en el tiempo como un proceso de conquista progresiva de dicha plenitud. Desde el punto de vista relativo, cabe hablar, pues, de una evolución de la realidad manifestada y del ser humano con una orientación teleológica concreta.

Es importante advertir que ambos puntos de vista (procesual y no-procesual) no son excluyentes; su relación es no-dual. No lo son, en primer lugar, porque el devenir de la manifestación en su conjunto no es otra cosa que el mismo *Brahman* intemporal retornando a *Brahman*: el *Brahman-Ātman* intemporal es su alfa y su omega.[172] Y, en segundo lugar, y fundamentalmente, porque no sólo el devenir como un todo, sino también cada instante del mismo tiene su origen y su fin, no en los momentos anterior y posterior, sino en la fuente atemporal de todo instante. El en-sí de cada instante es la eternidad; la fuente y matriz de cada forma particular no es otra forma sino el Vacío.[173] No sólo el devenir como un todo, repetimos, sino también cada instante del mismo descansa en el Ser; es un retorno de lo Absoluto a lo Absoluto. Lo que considerado en sí mismo es tan sólo un movimiento atemporal y espontáneo de la Conciencia, para la mirada circunscrita al espacio y al tiempo se muestra como actividad procesual e intencional. Pero el misterio de este proceso es que la plenitud buscada es ya, y lo es en cada instante del mismo. La plenitud siempre fue y nunca dejó de ser. El buscador siempre fue lo buscado.

Ambos puntos de vista (el que percibe que todo se sustenta en el ahora puro y el punto de vista procesual), insistimos, no son excluyentes, pero la unidad que los enlaza se escapa a la mirada del yo separado que, desatado de su lazo supraobjetivo con la unidad de la vida, se yergue sobre sí y frente al mundo. Para la vivencia egótica, el devenir no es nunca la expresión de instante en instante de lo siempre pleno, sino un movimiento excéntrico que busca su razón de ser y su meta siempre fuera de sí. Para el yo separado, el devenir no se sustenta en el Ser: el ser es agostado por el devenir. El ego, al definirse a sí mismo, ha decidido de antemano lo que ha de llegar a ser; cada instante no es ya una oportunidad única de auto-descubrimiento, de crecimiento, de expresión de lo que es; ya no es fin en sí, sino medio para lograr aquello que ha decidido que le defina. La vida no es ya aventura –abierta a la sorpresa, a lo nuevo–, sino plan. Ya no es constante renacer, sino perpetua y creciente senilidad.

La auténtica *creatividad* radica en la capacidad de aunar ambos niveles de modo no-dual: eternidad-tiempo, Ser-devenir, acción-no acción, etc., síntesis que se da en una clara subordinación jerárquica: la eternidad es la sede del tiempo, el Ser sustenta al devenir, la no-acción es el origen de la acción. En otras palabras, la creatividad es siempre un fenómeno complejo: no es nota, sino acorde; es síntesis de opuestos. Acontece siempre en la forma de paradoja: ni en el devenir ni fuera de él, sino *en* él *desde más allá de* él; ni en el proceso ni fuera de él, sino en él y más allá de él; ni acción ni inactividad, sino acción en la inacción e inacción en la acción; siendo máximamente singulares al ser nada (y precisamente porque no se desea ser nada); en la novedad y originalidad (u originariedad) que afloran cuando no se las pretende; al sustentar todo esfuerzo en el no-esfuerzo; en el encuentro que acontece en el abandono de toda búsqueda y que revela que todo camino no va a ninguna meta, sino que él mismo es la meta; etc.

Un ejemplo de cómo pueden aunarse ambos puntos de vista es el de la actividad artística, una actividad que no monopoliza el ámbito de la creatividad (que es uno con el del Ser), pero que de modo particularmente nítido la ilustra. Así, desde el punto de vista del técnico –el punto de vista del sujeto "hacedor" que permanece separado de la obra que realiza–, a través de un proceso en el que aplica una técnica ya conocida de antemano y a partir de la referencia constante a la idea que define el producto que busca realizar, obtendrá un resultado o producto de su hacer. A dicho producto se orienta y subordina la actividad técnica como un medio a un fin. Hay división entre el proceso mismo y la idea que lo rige, entre el sujeto hacedor y su obra, entre el proceso y su resultado.

A diferencia del técnico o del imitador, el artista, cuando crea, es uno con su obra; se abandona y reencuentra en ella, olvidado de sí. Para él, cada instante del proceso creador es un fin en sí mismo, plenamente satisfactorio y total, y en ningún caso se subordina ni adquiere sentido en su referencia al producto final. De hecho, esta referencia –en su forma definitiva– está ausente, porque el verdadero creador no sabe de antemano cuál será el resultado de su actividad; el artista no controla su obra sino que se asombra en su alumbrarse. No se trata de un proceso totalmente regido por ideas; es siempre un adentrarse en lo desconocido. No estará ausente la habilidad, la pericia técnica, pero ésta no tendrá como fin el control de la obra ni el afianzamiento del hacedor sino, paradójicamente, la desaparición o el "quitarse del medio" del hacedor como tal.

El dominio de una técnica culmina en el momento en que la referencia mental a la misma es abandonada, cuando la mente adquiere un estado de libertad con respecto a ella: un estado de vacuidad, de fluidez, en el que la técnica puede expresarse de modo no reiterativo o coercitivo sino creador. Como se afirma en el ámbito de las artes marciales: «tener la no-técnica es tener todas las técnicas». Sólo en la posesión de la no-técnica, cuando el dominio de la técnica ha culminado en el olvido de la misma y en el olvido, por consiguiente, de uno mismo como "hacedor", es cuando, en expresión de J. A. M. Whistler: «Arts happens» («el arte sucede»). Más aún: al técnico le invade un gran alivio al final de la realización de su obra; al verdadero creador, sin embargo, le embarga una cierta melancolía: ha finalizado el viaje por lo desconocido y un "porqué" ha sustituido a lo que era sin porqué. Melancolía fecunda, pues será el germen de una nueva aventura creadora, de un nuevo adentrarse en lo sin-porqué.

El contraste entre estos dos puntos de vista: el del técnico separado de la obra que realiza y el que se desvela para la actitud creadora, muestra cómo un mismo acontecer puede interpretarse, bien como un proceso orientado hacia un fin externo, bien como la expresión gratuita de instante en instante de lo siempre pleno.

Otro ejemplo ilustrativo puede ser el del juego. Desde cierto punto de vista, todo juego es un proceso regido por determinadas reglas y orientado al logro de un resultado ajeno al mismo proceso en sí. Pero esta posible descripción no coincide con la vivencia del verdadero jugador. En primer lugar, porque la actitud lúdica introduce cierta distancia de atestiguación, de interés desinteresado, de pasión desapasionada entre el que juega y el proceso del juego; distancia que permite que la identidad del que juega no esté en juego (valga la redundancia) en dicho proceso. El jugador disfruta y goza del proceso. Habrá planes, cálculos, estrategias, consideración de las condiciones objetivas de eficacia de cada acción, pero el que juega no mediatiza ni condiciona a través de ello su propia plenitud en tanto que jugador, ni el sentido del juego en sí. En el nivel esencial no tiene nada que perder ni nada que lograr, y esta sensación básica de completud, de libertad interior, le permite estar en el proceso sin ser de él, sin ser arrastrado ni poseído por él.

El fin del juego no es otro que el propio juego. Las situaciones creadas por la lógica interna del mismo generan un contexto en el que el jugador interactúa y, al hacerlo, expresa crecientemente su potencial, lo que es. El juego es la ocasión de su expresión, es la *ocasión* de contactar con su plenitud y revelarla (no otra es la razón del placer que le es intrínseco: el juego devuelve el jugador a sí mismo), pero en ningún caso su *causa*.

No es accidental que la imaginación índica haya descrito a la manifestación universal como *līlā*[174] –término que significa juego, entretenimiento o representación dramática–, y como *māyā* –uno de cuyos significados es el de arte o habilidad–. El *jñānin*, uno con *Brahman*, contempla, juega y crea. El origen del ego –*māyā*– no es otro que la absoluta inmediatez e identificación con el proceso de la vida que ha ocultado a los ojos del yo la perspectiva desde la que podía contemplar, jugar, crear. Pero olvidarse de que se juega es parte de todo buen juego. Este olvido también tiene su lugar en el drama cósmico, también es parte de él, también es *Brahman*: lo único que ha sido, lo único que es.

En palabras de Heidegger:

> El "porqué" se sumerge en el juego. El juego es sin porqué (*ohne Warum*). Juega porque (*dieweil*) juega. En último término, sólo es el juego: lo más alto y lo más profundo.
>
> El Ser como ser descansa en el juego (*Spiel*).[175]

O en una afirmación cercana de Whitehead: «El universal de los universales es la creatividad».[176]

El juego es sin razón, pero está lejos de ser arbitrario; tiene su propia lógica. De modo análogo, que el Ser –y toda realidad particular vista a la luz del Ser– sea sin porqué –afirma Heidegger– no es sinónimo de arbitrariedad; al contrario, tiene por ello la lógica más alta, la lógica de aquello que contiene en sí la suprema auto-justificación: la lógica sin lógica del juego. «Heráclito concibe el Ser como el tiempo del mundo y éste como el juego de un niño (frag. 50).»[177] «El Ser es un niño que juega.»[178] «Hay un enigmático contra-juego (*Widerspiel*) entre la exigencia de razones o fundamentos y el retirarse del fundamento (*Boden*).»[179] Sólo cuando el hombre abandona la primacía del principio de razón y se adentra en lo sin-porqué (*ohne Warum*), participa y juega (*mitspiel*) conscientemente en este juego del Ser.

Lo propio del juego y del arte es su capacidad para integrar de modo no-dual dos lógicas aparentemente contrarias, evidenciando que no son tales: Ser/devenir, inmanencia/trascendencia, desapego/pasión, acción/inacción, etc. Pues bien, análogamente, la realización de la no-dualidad culmina en la constatación de la identidad trascendente del *saṃsāra* (el mundo del devenir) y del *nirvāṇa* (lo incondicionado), de *māyā* y *Brahman*, de ser-en-el-mundo y ser-más-allá-de-él.

Afirma Heidegger citando a Hölderlin: «Los poetas también deben ser los espirituales mundanamente»; a lo que comenta: «Por más que los poetas según su esencia pertenezcan a lo sagrado y, pensando la realidad de todo lo real, eso es, "el espíritu", sean esencialmente "espirituales", sin embargo también deben permanecer entregados y captados en lo real».[180]

Tan ajeno a la perspectiva no-dual es un trascendentalismo que excluya el mundo y la importancia del devenir del hombre-en-el-mundo hacia su plenitud relativa, como un inmanentismo que no descanse más allá de sí deviniendo auto-clausurado y auto-contradictorio. De aquí lo que ya señalamos que podría ser la gran contribución del diálogo Oriente-Occidente: la de ser recordatorios mutuos de aquella dimensión que culturalmente más peligran olvidar. Desde esta síntesis –que sería una con la plena consecución de la no-dualidad–, la meta no sería sólo la liberación del devenir, sino el logro de la plenitud en el tiempo, la máxima expresión del potencial humano y la realización de la personalidad; no sólo la liberación del sufrimiento, sino la celebración y la expresión creativa, gratuita y gozosa de la vida; no sólo el frescor del logro de la paz desapegada, sino el cálido contacto en la lucha y dinamicidad del juego de los opuestos; etc.

P: ¿Por qué no permanecer en lo ilimitado?

M: Lo que me trae a la existencia es el instinto de exploración, el amor a lo desconocido. Está en la naturaleza del Ser ver aventura en el devenir, al igual que en la naturaleza del devenir está buscar paz en el Ser (Nisargadatta).[181]

* * *

La tradición índica ha descrito la relación de *Brahman* y el mundo con la metáfora del juego o del arte (representación dramática); un juego que, complementando esta metáfora con otra, bien podría ser una suerte de juego al escondite en virtud del cual *Brahman* se oculta y se reencuentra a Sí mismo. La manifestación cósmica es el desenvolvimiento de las infinitas versiones de este único argumento: el drama cósmico en virtud del cual *Brahman* se pierde y se reencuentra, se olvida de sí y rememora su naturaleza real; movimiento dual paralelo al que la imaginación índica describe como el doble movimiento de la respiración de *Brahman*: *prānava*, su expiración, que da lugar a un mundo aparentemente substancial y autónomo, y *prālāya*, su inspiración, en virtud de la cual el mundo retorna a su en-sí inmanifiesto. Movimiento que, insistimos, no ha de ser interpretado sólo en sentido lineal –como el inicio y el final, respectivamente, de una manifestación cósmica–, sino como lo que acontece a cada instante. El *jñānin* es aquel que, a cada instante, reúne este doble movimiento; no es aquel que abandona el mundo frente al que sólo es en el mundo, sino el que juega en el mundo sabiendo que juega, el que rememora y se reconcilia con lo oculto de *Brahman* y lo deja ser, participando y co-creando, a su vez, en el mundo.

La Conciencia juega y, como es propio de todo buen juego o de todo buen arte, llega a olvidar que juega. El juego cósmico tiene, de hecho, como condición de posibilidad, el olvido temporal de su propio carácter de juego; depende de una inconsciencia u olvido. El Jugador último (*Ātman/Brahman*) sabe que juega, pues es siempre Uno sin segundo, pero *pretende (māyā)* o juega a que olvida, para que el juego continúe.

«Homero estaba equivocado cuando dijo: "Ojalá falleciera la contienda entre los dioses y los hombres". Porque si esto ocurriera, todo dejaría de existir» (Heráclito, frag. 27).

Todas las grandes tradiciones no-duales han reconocido como en-sí de lo real un principio supraobjetivo anterior, superior y englobante de todas las antítesis. Consideran que sólo este principio no-dual puede justificar la existencia, con todo lo que ésta conlleva de supuestamente "negativo", "malo", "carente de sentido", etc. Sólo esta visión puede superar el carácter irreductible que nuestra cultura ha establecido entre el bien y el mal, y que conduce al absurdo de afirmar que hay elementos en el mundo que carecen de sentido y de justificación ontológica; que "lo que es" no debería ser.[182] Todos los opuestos, lejos de ser contrarios, son sólo la manifestación del ritmo ambivalente que posibilita el despliegue del drama cósmico; y lo que carece de sentido y justificación para la mirada dividida del yo dividido, posee una justificación absoluta desde el ahora puro auto-justificado y justificante en el que todo reposa: la dimensión por la que el jugador se reconoce como tal y contempla, dejándola ser en sí, la lucha de los aparentes contrarios; y dejando ser, también, la inconsciencia y el olvido, porque también éste, así como la creencia en la irreductibilidad de los opuestos, forman parte del juego.

El testigo del nacimiento, la vida y la muerte, es uno y el mismo. Es el testigo del dolor y del amor. Porque a pesar de que la existencia dentro de límites es dolorosa, la amamos. La amamos y odiamos al mismo tiempo. Luchamos, matamos, destruimos la vida y la propiedad y, a la vez, somos cariñosos y sacrificados. Criamos tiernamente al niño y también le hacemos huérfano. Nuestra vida está llena de contradicciones. Sin embargo, nos aferramos a ella.

Este asimiento está en la raíz de todo. No obstante, es completamente superficial. Nos agarramos a algo o alguien con todas nuestras fuerzas y al momento lo olvidamos; como un niño que modela sus pasteles de tierra y los abandona alegremente. Tóquelos y chillará con ira, distraiga al niño y los olvida, puesto que nuestra vida es *ahora* y nuestro amor por ella también es *ahora*. Amamos la variedad, el juego del dolor y el placer, estamos fascinados por los contrastes. Para esto necesitamos los pares de opuestos y su aparente separación. Los gozamos por un tiempo y luego nos cansamos y anhelamos la paz y el silencio puro del Ser. El corazón cósmico late sin cesar. Yo soy el testigo y también el corazón

P: Puedo ver el cuadro, pero ¿quién es el pintor? ¿Quién es responsable de esta terrible y a la vez adorable experiencia?

M: El pintor está en el cuadro. Usted separa al pintor del cuadro y luego lo busca. No separe y no haga falsas preguntas. Las cosas son como son y nadie en particular es responsable. La idea de la responsabilidad personal viene de la ilusión de que hay un agente (Nisargadatta).[183]

La obra de arte –presencia autosuficiente, sin "para qué"–, nos decía Heidegger, es la puesta en obra de la verdad. La historia y el despliegue de la vida humana son también obra de arte: puesta en obra de la verdad del Ser. La vida humana es obra de arte cuando es en lo Abierto del Ser, cuando es sin porqué, cuando se sabe juego, cuando no se da razones para ser. En palabras de R. Panikkar:

> Se actúa lo que se ve y se siente, se pone en práctica no el capricho de una voluntad autónoma, sino la inspiración que surge de las entrañas mismas del Ser cuando el hombre obedece, esto es, oye los latidos puros de su corazón. Y es actuando, como él mismo se sorprende creando, co-creando, puesto que él no sabe qué hay en el Abismo, quién habita en las profundidades del Ser. La creación es tan de la Nada_que no hay *telos*, no hay modelo, ni siquiera ideal, no hay causa final. "*Die Rose ist ohne Warum!*". Este sería el sentido profundo de la contemplación: se escucha, se actúa y se crea al mismo tiempo y en un solo acto.[184]

La vida humana es, desde la no-dualidad, obra de arte, acción no regida por ideas, juego, manifestación del Ser sin porqué. Heidegger utiliza otras expresiones que aluden igualmente a esta absoluta incondicionalidad: la existencia humana que se ha retrotraído a su esencia se sabe *canto, celebración,* es decir, no movimiento hacia algo, sino expresión gozosa y gratuita de la plenitud de lo que es.

...entonces se sienta en profunda sombra
cuando sobre la cabeza zumba el chopo,
en el arroyo que exhala frescor, el poeta (...),
y canta, cuando está bastante embriagado del agua
sagradamente sobria, atendiendo a lo lejos en la calma
al cántico del alma.[185]
En verdad cantar es otro soplo. Un soplo por nada.
Un soplar en Dios. Un viento.[186]

La alegría verdadera, la que se expresa en el canto y en la celebración "sagradamente sobria", la que está más allá del vaivén felicidad-infelicidad, no tiene porqué. Sólo el sufrimiento tiene porqué; de hecho, toda búsqueda comienza con el "por qué" que todo ser humano exclama ante la presencia misteriosa del dolor. El sufrimiento tiene el sabor y la densidad de lo ajado e inmemorial, porque pertenece al tiempo clausurado que se reitera *ad nauseam*; precisa de porqués. La alegría es siempre fresca, nueva, porque pertenece al ahora; no tiene ni necesita porqués; en ella se detiene toda búsqueda; en ella se está *ya* en casa:

«El ser original del gozo es el llegar a estar en casa en la cercanía del origen» (Heidegger).[187]

10. DIVERGÉNCIAS ENTRE EL PENSAMIENTO DE HEIDEGGER Y LA ENSEÑANZA ADVAITA

En la exposición comparativa realizada nos hemos centrado, básicamente, en las analogías, puntos de aproximación y de posible iluminación mutua entre el pensamiento de Heidegger y la enseñanza advaita. Como dijimos al inicio de la misma, las semejanzas que hemos intentado destacar son semejanzas estructurales y no hemos pretendido, en ningún caso, sostener o postular algo así como una identidad de contenidos. A continuación pasaremos a considerar las diferencias más destacadas, algunas de las cuales ya han sido señaladas pero sin que nos detuviéramos en ellas. Hemos preferido hacerlo así en vistas a la mayor claridad de nuestra exposición.

Ya hemos señalado que mientras Heidegger es ante todo un pensador y un filósofo –en la acepción amplia y abierta de este término– Nisargadatta sólo lo es indirectamente y, en propiedad, es un claro representante de lo que aquí hemos denominado gnôsis (*jñāna*) o "sabiduría". Hay en este sentido una diferencia básica y decisiva entre los dos que no hay que perder de vista y que se traduce, también, en una disparidad de métodos, modos, actitudes, etc. Ahora bien, no nos centraremos en las diferencias de esta índole –que saltan a la vista, y a las que, por otra parte, ya hemos aludido–, pues, en principio, no suponen divergencia entre ambas posiciones. Lo que pertenece en gran medida a niveles de saber cualitativamente diversos puede estar alineado de modo armónico y no suponer ruptura sino complementariedad. No pondremos, pues, nuestra atención en este tipo de diferencias, sino que nos centraremos en lo que consideramos puntos de divergencia real.

1. Creemos que la diferencia más destacada entre el pensamiento de Heidegger y la enseñanza advaita, y la que, en cierto modo, compendia todas las demás, es la siguiente: si bien Heidegger se aproxima de continuo a la perspectiva que hemos denominado no-dual y con frecuencia se sumerge en ella, también en muchas ocasiones se mantiene dentro de los márgenes del pensamiento dualista. Un dualismo, en su caso, extremadamente sutil que toma la forma de pensamiento relacional y unitivo;

este último, recordemos, no es aún no-dualidad –aunque la no-dualidad no excluya al primero–. Estas trazas de dualismo están presentes, por ejemplo:

En su tendencia a la utilización de una dialéctica de pares de opuestos: Ser/Nada, mostración/ocultación, Ser/*Dasein*, Ser/ente (*das Seinde*), *Lichtung/Dasein*, Silencio/palabra, etc., entre los que establece *relaciones esenciales, constitutivas,* pero... aún *relaciones.* Heidegger, por ejemplo, no logra considerar al Ser independientemente del ente. El Advaita va más allá: lo Uno sin segundo es ajeno a toda relación y consideración relativa. Sólo *Saguṇa Brahman*, lo relativamente absoluto, y no *Nirguṇa Brahman*, lo absolutamente absoluto, permitiría este tipo de consideración relacional. A su vez, sólo lo Uno sin segundo posibilita que las relaciones relativas no supongan o se sustenten en una disparidad esencial.

Esta ambigüedad se deja ver, poniendo otro ejemplo, en su modo de abordar la relación del Ser con el tiempo y la historia. Como hemos sugerido, creemos que sólo puede comprenderse su punto de vista con propiedad desde la perspectiva no-dual. Pero Heidegger se debate entre ésta y una dialéctica dualista en la que el tiempo dice relación al acontecer atemporal que "temporaliza" y "da" tiempo, *pero* en la que no cabe la consideración de dicho Acontecimiento más allá/acá de su relación con el tiempo. Para el Advaita, el tiempo dice relación a la eternidad, su en-sí es la eternidad; pero la eternidad no dice, en sí misma, relación al tiempo más que para la mente que opera siempre con categorías contrarias. Por supuesto, para Heidegger, entre el devenir temporal y el Acontecimiento que da tiempo hay una relación ontológicamente asimétrica, pero parece dar a entender que se trata de una relación recíproca más allá de la cual ambos términos carecen de sentido. De nuevo, utilizando la terminología advaita, Heidegger nos habla de lo relativamente absoluto de un modo extremadamente afín a la perspectiva no-dual, pero no termina de explicitar que el en-sí de lo relativamente absoluto sea lo absolutamente absoluto no relacional, con lo cual la supuesta síntesis no-dual heideggeriana parecería no quedar plenamente justificada.

Otro ejemplo más en esta línea: la misma expresión con la que Heidegger resume la actitud que el hombre ha de tener ante las cosas: "dejar ser al Ser", es perfectamente armónica, como hemos visto, con la perspectiva advaita. Ahora bien, para el Advaita este "dejar ser" se sustenta en un "simplemente ser" en el que ya no hay dualidad entre el Ser y aquel que lo deja ser; el "dejar ser" da paso al reconocimiento de una identidad esencial que es la que sustenta y posibilita a nivel relativo el auténtico "dejar ser al Ser". Hacia algo similar apunta Heidegger al afirmar que dicho "dejar ser" no radica en un acto de la voluntad ni, en general, en algo que haga el hombre; pero tampoco está claro cómo eso es posible cuando el en-sí de la relación hombre/Ser no es una dimensión última no-relacional, es decir, cuando no se establece la identidad última entre el Ser y el Sí mismo. Para el Advaita, el Sí mismo es el Ser y el Ser es el Sí mismo (*Ātman* es *Brahman*). Heidegger no establece esta identidad de modo tan explícito y radical. El *Dasein* no es el Ser, sino el "ahí" del Ser; el *locus* en el que el Ser sabe de sí. Tampoco el Advaita nivelaría la existencia humana con el Ser. El Sí mismo o *Ātman* no es el *Dasein*, es una noción más originaria no presente en el pensamiento heideggeriano; y es esta ausencia la que dificulta el que Heidegger pueda sostener la identidad no-dual apuntada.[1]

En esta línea, afirma J. D. Caputo: «(...) no hay nada en Heidegger que se pueda comparar a la oscura noche de los místicos en la cual el fondo del alma y el fondo de Dios se fusionan, no hay una "identidad" tan desnuda e indiferenciada».[2] La superación del dualismo sujeto-objeto –que equivale a la superación de la "metafísica", en la acepción heideggeriana del término– no es tan radical en Heidegger como en el Advaita. Para el Advaita, el Sí mismo y el Ser no se relacionan constitutivamente; son siempre y en todo caso, no-dos.

Un último ejemplo: La tematización heideggeriana de la Nada está íntimamente relacionada con su tematización de la angustia. La angustia –afirma– es un estado de ánimo fundamental (*Grundstimmung*), es decir, tiene alcance metafísico, pues pone en contacto con el fundamento infundado, con el *Abgrund*, con la Nada del Ser. Heidegger tiene intuiciones que apuntan nítidamente a lo que denominamos "Nada absoluta". Pero su pensamiento aún se debate entre Ésta y lo que denominamos "nada relativa", pues Heidegger no siempre llega a dar el paso, que claramente da el pensamiento oriental no-dual, de identificar al Yo más radical del ser humano con esa Nada. Habla de la angustia como forma de relación del hombre esencialmente finito con la Nada,[3] habla de un relacionarse del *Dasein* con la Nada, de un estar suspendido en ella, es decir, no termina de trascender la terminología relacional.

Parecería que estas objeciones –referidas a que no termina de dar el salto en dirección al no-dualismo y que, por lo mismo, continúa sutilmente inserto en el dualismo que pretende superar– se resolverían con su noción de *Ereignis*. Efectivamente, creemos que éste es el punto del pensamiento de Heidegger en el que la fundamentación metafísica (en el sentido originario de esta noción) de la superación del dualismo estaría más lograda. De hecho, sugerimos que sólo desde la intuición de lo que sea la no-dualidad puede comprenderse el alcance de este aspecto del pensamiento heideggeriano. El *Ereignis* está más allá de la dualidad hombre-Ser, de la dualidad Ser/No-ser, de la dualidad Ser-entes. No es referente dual de nada, sino el tercer término que resuelve toda dualidad. Pero, incluso en este punto, Heidegger deja un margen de ambigüedad suficiente para que no nos atrevamos a convertir esta analogía en estricta equiparación. Y es que, de nuevo, su descripción del *Ereignis*, claramente trina como cualquier *māṇḍala* o metáfora no-dualista, se establece en términos estrictamente relacionales, con lo que ninguno de sus términos –Acontecimiento apropiador/hombre/Ser– parecería tener sentido más allá de su mutua referencia. Para Heidegger no hay *Ereignis* sin lo acontecido por dicho Acontecer (el hombre-en-el-mundo, el tiempo y la historia).[4]

Como hemos señalado, desde el punto de vista advaita esto es así en el nivel de *Saguṇa Brahma*; pero *Nirguṇa Brahman*, el Abismo de lo Absoluto, no dice relación al hombre y al mundo relativos. Este tercer término que establece la no-dualidad es sólo un tercer término desde el punto de vista relativo, pero no considerado en sí mismo. En el pensamiento de Heidegger, aunque esto parezca darse a entender en ocasiones, en otras no se da este paso de modo explícito. Parece –insistimos– que Heidegger no termina de superar los márgenes del pensamiento relacional y que tiende a comprender lo relacional desde (y a la luz de) sí mismo.[5]

2. Otra diferencia básica sería la siguiente: hemos defendido que todo pensamiento transmetafísico y transconceptual ha de conllevar una transformación radical del nivel de conciencia del cognoscente. Este énfasis en el carácter intrínsecamente transformacional del conocimiento del Ser está presente tanto en el Advaita como en el pensamiento de Heidegger. Pero, si bien la insistencia en esta indisociabilidad es análoga, lo es de modos cualitativamente diferentes.

Así, toda doctrina no-dual establece bases operativas específicas que son la razón de ser de toda su doctrina; ya hemos insistido en que ésta propiamente no es tal, sino que tiene más bien el carácter de una "instrucción" o de una «herramienta preceptiva para la posible revelación cognitiva» (K. Wilber).[6] Y no hablamos de técnicas o modelos en un sentido medial o instrumental –recordemos que para toda enseñanza no-dual la verdadera *metanoia* surge del Absoluto, no se dirige hacia Él–, sino de indicaciones que se orientan a posibilitar la verificación experiencial de la doctrina. Sólo la verificación experiencial y supraobjetiva otorga a ésta última autoridad y validez. Una verificación experiencial que, además, puede ser contrastada con aquellos –contemporáneos o no– que han realizado el "experimento de lo Absoluto" con anterioridad.

Ahora bien, no sería apropiado decir del pensamiento de Heidegger que éste es básicamente una "instrucción". Su invitación a la actitud de la *Gelassenheit* como condición de posibilidad del pensar *del* Ser, por ejemplo, apunta a la necesidad de una *metanoia* del yo –que es estrictamente paralela al proceso de des-velación del Ser como tal Ser–; pero esta invitación y, en general, las consideraciones de esta índole presentes en el pensamiento de Heidegger son más descriptivas que realmente operativas, y no se insertan en el marco de posibles contextos de verificación.[7] De aquí la afirmación de Versényi de que «la posición de Heidegger como profeta o místico le ha puesto en una posición metodológica impregnable»; uno puede simplemente aceptar lo que dice Heidegger o no aceptarlo. O su afirmación de que «Heidegger ha fracasado en lo relativo a proporcionar criterios para la acción»;[8] lo cual no significa que no ha proporcionado criterios para la acción "ética" –contenidos valorativos que tampoco el Advaita proporciona–, sino que no ha proporcionado criterios de aplicación y verificación operativa de su pensamiento. En el contexto de una tradición no-dual, la consigna es: «Sigue estas indicaciones y probablemente llegues a estas evidencias; sólo entonces eso será verdad para ti».

Aunque aluda reiteradamente al carácter "experiencial" del pensamiento esencial, en virtud de su no-operatividad el pensamiento de Heidegger tiene el peligro de abocar a una lectura "metafísica" del mismo, es decir, de ser considerado como una descripción de "lo que es" de validez objetiva que no precisa de una transformación interior del cognoscente para ser comprendida e integrada; tiene el peligro de dejar fuera al sujeto y de recaer de nuevo en el divorcio metafísico entre sujeto y objeto, entre conocer, ser y acción –aunque teóricamente apunte e invite a lo contrario–; tiene el riesgo de convertirse en un sistema objetivo más de entre los que componen la historia de la filosofía occidental: en concreto, en el sistema metafísico que denuncia a la metafísica; o en una filosofía más de la representación: en este caso, la que pretende superar la entronización de la representación. Se comprenderá y simpatizará con el pensamiento de Heidegger, o no; los medios para lograrlo serán la dedicación intelectual, una cierta afinidad con su peculiar poeticidad, cierta connaturalidad con sus intuiciones, etc., pero nada más. Parecería que para comprender a Heidegger no hay que –y utilizamos una expresión del mismo Heidegger– re-correr (*er-fahren*) un camino.[9] Para acceder a las intuiciones advaita y a su posible verificación es absolutamente imprescindible "recorrer un camino" que, más allá de idiosincrasias personales, se constituye como una vía absolutamente aséptica y universal de realización de las dimensiones ontológicas últimas del Ser/Sí mismo.

Como ya señalamos, éste es el círculo vicioso de la filosofía occidental: el sujeto queda sistemáticamente fuera. En general, toda propuesta filosófica que no enfatice lo que habría de ser su carácter esencialmente transformacional, aunque se auto-constituya como una crítica de la filosofía occidental y de su dualismo básico –el dualismo sujeto-objeto–, como es el caso del pensamiento de Heidegger, tendrá más probabilidades de suponer otra vuelta de tuerca con respecto al movimiento inercial de siempre, el que tiene su punto de partida en dicha dualidad, que la ocasión de una superación de la misma, de un salto real, de una revolución del pensamiento. Es significativo, en relación con lo que venimos diciendo, que muchos seguidores de Heidegger sean, metodológicamente, quizá los más "metafísicos" (en el sentido heideggeriano del término) de entre los filósofos contemporáneos.

En la medida en que la comunidad en la experiencia es el único nivel posible de encuentro, de diálogo y de de universalidad real, la ausencia de criterios experienciales de verificación en el pensamiento de Heidegger obstaculiza el que éste pueda ser vehículo apto del diálogo intercultural y, en concreto, del diálogo entre el pensamiento de Oriente y el de Occidente –a pesar de los muchos elementos que en el pensamiento de Heidegger, como hemos mostrado, invitan al mismo y lo favorecen–.[10]

En resumen: Heidegger habla del Ser y de la necesidad de dar voz al Ser de modo, en gran medida, teórico (es secundario que esté invitando a la superación de este modo de conocimiento); Oriente lo hace de modo eminentemente operativo, y sus descripciones teóricas sólo son tales de modo aparente, pues tienen –insistimos– el carácter de una instrucción y son sometibles a criterios de verificación.[11] El *jñānin* es aquel que tira la escalera de cualquier teoría o doctrina y puede exclamar: «¡Se acabaron los cuentos del yoga y la sabiduría para mí que he encontrado el reposo en mi propio Yo!».[12] Pocos estudiosos del pensamiento de Heidegger han sostenido, con relación a la obra de su maestro, una actitud similar. [Aunque hay que decir que el mismo Heidegger en ocasiones apuntó e invitó a ello –si bien, indirectamente, pues no se refería a su persona–. Así, en su obra *Was heisst Denken?* (*¿Qué significa pensar?*), Heidegger cita unas palabras que Nietzsche dirige a su amigo Georg Brandes: «Después de haberme descubierto no era muy difícil hallarme; la dificultad está ahora en perderme (…)». A lo que Heidegger comenta: «(…)

perderlo es más difícil que hallarlo. Porque "perder" no significa en este caso dejar solamente caer alguna cosa, dejarla atrás y abandonarla. Perder significa aquí: librarse de verdad de lo que el pensamiento de Nietzsche ha pensado».[13]]

La objeción que estamos planteando no apunta tanto a una limitación de hecho del pensamiento de Heidegger –que no deja de ser la expresión de su propio "camino" del pensar, con todo el sentido auto-transformador que él otorga a dicho término–, como a un peligro del mismo: el peligro al que aboca toda exposición que pretenda tener un alcance no meramente óntico sino ontológico, que no enfatice con fuerza su carácter relativo en lo que tiene de sistema de validez objetiva, y que no enfatice con fuerza que su valor sólo radica en lo que tiene de indicación operativa. La propia metodología y la, en ocasiones, "gravedad" del pensamiento de Heidegger –en esto es un perfecto heredero de la tradición filosófica alemana–[14] no siempre parecen invitar a esta auto-relativización.

En este punto conviene indicar que hay una corriente del Vedānta advaita –a la que en la introducción denominamos "pseudo-advaita escolar" (y añadimos: ajeno a la libertad y "acracia" de las manifestaciones genuinas de esta tradición)– que, en nuestra opinión, también podría ser objeto de esta crítica. Aunque la propia enseñanza advaita desfundamenta todo intento de hacer de ésta una doctrina, algunos se han apegado en exceso a las palabras de Śaṅkara en su literalidad, en vez de ver en ellas una fuente de inspiración. Esta objeción, en cualquier caso, no sería aplicable a Nisargadatta ni, en general, a las expresiones más representativas de esta tradición, a los individuos que mejor la encarnan –pues sólo individuos, y no grupos o escuelas, pueden encarnarla–, y obedece a una tendencia inercial del psiquismo –su tendencia a la imitación y a la búsqueda de seguridad– que está inevitablemente presente allí donde lo está el ser humano.

3. Esta objeción planteada al pensamiento de Heidegger –objeción relativa– parecería justificada por otro rasgo de su obra, un rasgo que lo desmarca del Advaita y lo acerca a las filosofías de la representación: su subjetivismo. Tratándose de una obra que critica de raíz los fundamentos del pensamiento subjetivo y antropocéntrico, en ocasiones resulta abrumador el exceso de presencia de sí mismo que denota Heidegger en sus escritos: en su terminología, excesivamente "suya"; en el modo que adopta el desarrollo de su pensamiento: un detenimiento escrupuloso o un excesivo dar vueltas discursivamente en torno a ciertos puntos para llegar a una conclusión que podría prescindir en gran medida de la tensión mental que la ha precedido –pues, para ser aprehendidas, estas conclusiones requieren cierto silenciamiento de la mente, más que de tal exceso de tensión–;[15] etc.

Este subjetivismo también se refleja en su hermetismo excesivo –sus escritos, en ciertos puntos, son sencillamente abstrusos–, y en su tendencia a oscurecer lo que creemos que podría mostrarse de una forma más sencilla sin que por ello quedara amenazada la complejidad interna real de lo que intenta indicar.[16] De la obra de Heidegger puede decirse lo que afirma T. S Eliot hablando de lo que ha llegado a ser la filosofía: «La verdadera razón, creo, del fracaso de los vuelos filosóficos, no es el que se aventuren demasiado lejos, sino el que lo hagan en solitario. El ojo del hombre honesto (*honnête homme*), el que está en contacto con el suelo firme, no les sigue».[17]

Hay intuiciones que por su propia naturaleza son esquivas, pues exigen trascender las inercias de la mente dual y dilemática, y que resultarán necesariamente oscuras para quienes no accedan al nivel de conciencia requerido para alumbrarlas. Por poner un ejemplo, a Heráclito se le denominó en su momento "el oscuro" –por cierto, en Oriente nunca se lo habría denominado así–; y, efectivamente, no ha sido fácil comprenderle. Pero no lo ha sido porque ello exige no sólo esfuerzo intelectual, sino una modificación del nivel de conciencia ordinario, el despertar de un nuevo tipo de visión. Nisargadatta es "oscuro" en este sentido; lo es para el que no se ha situado en el ámbito de auto-vivencia que permite la visión –al menos, la fugaz vislumbre– de lo que él señala. Puede parecer "hermético", porque ningún esfuerzo y ninguna pirueta o astucia mental puede hacer evitable la *metanoia* que requiere el comprenderle. Pero en absoluto la complejidad interna de sus palabras –complejidad de lo que en sí es demasiado simple para la mente– es sinónimo de complicación. Precisamente, uno de los distintivos de la gnôsis oriental es haber expresado lo más complejo –respetando su complejidad, su misterio– con una gran sencillez, la sencillez propia del que ve, de lo dicho desde la extrema claridad y capacidad de síntesis que otorga la realización/visión efectiva de lo real.

Escribe A. Watts en un libro sobre el zen algo que puede aplicarse perfectamente a toda doctrina no-dual: «El que escribe sobre el zen debe evitar dos extremos; de un lado ser tan escueto en su exposición que el lector quede desorientado; de otro, ser tan preciso que piense el lector que ha comprendido plenamente el zen».[18] El maestro oriental sabe que no debe ser oscuro, pero tampoco lo suficientemente claro como para que el que le oiga crea haber entendido cuando en realidad lo ha hecho sólo intelectualmente. Esta ambigüedad no es gratuita, sino creativa, dinámica, pedagógica y adecuada a la naturaleza de aquello que se busca expresar, pues impide que la mente quede prematuramente satisfecha. Ahora bien, el hermetismo y la ambigüedad heideggeriana no parecen ser siempre de esta naturaleza y, en ocasiones, se tiene la sensación de que ciertos grados y formas de oscuridad sencillamente podían haberse evitado; de que esta última, con frecuencia, ya no tiene una virtualidad creativa y dinamizante, sino pura y exlusivamente distanciadora.

Su mismo pensamiento poético, que algunos han asimilado a otros pensamientos poéticos como el del *Tao Te King* (asimilación justificada dado el largo y estrecho contacto que Heidegger tuvo con esta obra),[19] carece de la universalidad de éste último y, en general, de la universalidad específica del pensamiento poético perteneciente a lo que hemos denominado sabiduría perenne. Siguiendo con el ejemplo del *Tao Te King*: esta obra, en su multidimensionalidad, se ofrece a distintos niveles de lectura y resulta siempre, y en todos los casos, independientemente del nivel de comprensión de cada cual, unánimemente locuente, sugerente y bella. El pensamiento poético de Heidegger es leído y legible por muy pocos, y sólo estos pocos lo pueden apreciar. De nuevo, no se puede evitar la sensación de que, si bien no siempre, sí con frecuencia, en su obra, lo personal se infiltra en exceso e "imita" la complejidad y el misterio de lo extremadamente simple que sólo brota desde una dimensión impersonal.

En resumen: Heidegger, a pesar de sus excepcionales intuiciones noduales y de su igualmente excepcional comprensión de los límites del pensamiento subjetivo, sigue pensando, en cierta medida, metafísica/subjetivamente.

4. Este subjetivismo también se transparenta en otro aspecto de su obra: en su tendencia a no referir ni poner en relación su propuesta con ninguna tradición de pensamiento. Y no hablamos sólo de su ruptura con la filosofía occidental: Heidegger no alude –sólo muy marginalmente– a contextos interpretativos tradicionales que ayudarían a comprender su pensamiento. Si esto es ya en sí mismo cuestionable, lo es mucho más cuando la influencia que de hecho han tenido estas tradiciones en su obra es indiscutible. Es significativa, en este sentido, la anécdota que referíamos al comienzo de nuestra exposición comparativa:[20] tras preguntarse a Gadamer por qué Heidegger hizo tan pocas alusiones a las tradiciones extremo-orientales, a pesar de la influencia que tuvieron en su pensamiento, Gadamer respondió con ironía que, como buen académico, no se permitía aludir a aquellas doctrinas cuyas fuentes no podía leer en la lengua original. Heidegger, efectivamente, acude a la cuestión del lenguaje y de las lenguas en una actitud evasiva ante preguntas de esta índole. Así, en otra ocasión, en respuesta al comentario por el que Jaspers le hizo notar lo que consideraba importantes analogías entre su pensamiento y el pensamiento oriental,[21] Heidegger se limitó a replicar: «Lo que dices de las ideas asiáticas es excitante [*aufregend*]. Ahora bien, allí donde no tengo familiaridad con el lenguaje permanezco escéptico [*skeptisch*]».[22] Y respondiendo a un comentario, también de Jaspers, sobre su supuesta colaboración en una traducción del *Tao Te King* –que, como ya dijimos, mantuvo prácticamente en secreto–, dirá: «Preguntando, he aprendido lo ajeno que nos es ese tipo de lenguaje [*Sprachwesen*]».[23] Lo insuficiente y poco convincente de estas respuestas es paralelo, por poner un ejemplo entre otros muchos posibles, a lo poco convincente que resulta el que Heidegger descarte o reste importancia a la influencia del pensamiento de Eckhart en su obra con el argumento de que éste permanece aún dentro del ámbito de la voluntad, es decir, del pensamiento antropocéntrico (cuando, si hay un adjetivo inaplicable al pensamiento de Eckhart, es precisamente éste último).

Volviendo a la cuestión de la ocultación que hace Heidegger del peso que en su obra ha tenido Oriente, afirma G. Parker que, dada la importante cantidad de contactos que Heidegger tuvo con el pensamiento asiático a través de sus textos y de su trato con interlocutores orientales –a los que preguntaba con auténtica fruición por todo tipo de detalles sobre el pensamiento oriental y, muy en particular, sobre el taoísmo y el zen–, las referencias explícitas en sus publicaciones son llamativamente pocas. Es llamativa, en general, su reticencia a reconocer cuánto de su pensamiento fue tomado del extremo Oriente. Ante todo ello comenta Parker: «La llana negación de Heidegger de cualquier "resonancia con los pensadores orientales" es sumamente elocuente y significativa» («Heidegger's flat denial of any "resonance with Eastern thinkers" speaks volume»).[24] Reinhard May (autor de la obra *Heidegger's hidden sources: Las fuentes ocultas de Heidegger*, en la que ha evidenciado los muchos puntos concretos de influencia del pensamiento asiático en el pensamiento de Heidegger) es drástico en su crítica y no ha tenido reparos en explicar en qué sentido esta ocultación es significativa y qué móviles considera que hay detrás de ella. Dirá, aludiendo al hecho de que Heidegger prácticamente no aduzca sus fuentes orientales:

La precedente investigación no ha mostrado únicamente *lo que* Heidegger se ha apropiado, sino también *cómo* ha parafraseado los modos de pensamiento adoptados y los ha integrado en sus textos de tal modo que

difícilmente quedan trazas de sus fuentes de pensamiento asiáticas.[25]
(…) este permanecer en silencio de Heidegger puede ser interpretado
como siendo acorde con el espíritu de las doctrinas del *Tao* (…) Pero
Heidegger guarda silencio sólo allí donde es oportuno para él y para su
secreto; si no es así, en absoluto guarda silencio [*schweigt*], sino más
bien al contrario: indulge [*schwelgt*] en su hablar acerca del silencio, lo
cual encaja bien (…) en su dramaturgia.[26]

Quizá estas palabras de R. May sean matizables, pero, en general, sí
consideramos que el empeño de Heidegger en desmarcarse de toda tradición de pensamiento –con la excepción de los presocráticos, de los
que nos quedan unos cuantos fragmentos–, cuando gran parte de lo que
sostiene ha sido articulado de modo análogo en diversas tradiciones, es
absolutamente opuesto a la actitud integradora del Advaita y, en general, de cualquier tradición que reconozca que la revelación del Ser no es
patrimonio de nada ni de nadie. La resistencia de Heidegger para dar a
conocer las ascendencias de su pensamiento ha dificultado ya no sólo la
comprensión de su misma obra,[27] sino que ha tenido el efecto de minar
su validez/verificabilidad, pues ésta última siempre se sustenta en la capacidad de un pensar para tener un alcance y una resonancia universal.
La universalidad del pensamiento de Heidegger y su consiguiente apti-
tud para ser cauce del diálogo intercultural es, en todo caso, algo incuestionable (y que tiene su origen, en gran medida, en el hecho de que su reflexión se nutrió de dicho diálogo intercultural), si bien se ve
obstaculizada por su empeño solipsista en enfatizar la supuesta "originalidad" de su pensamiento.

5. Otra posible diferencia a señalar es el énfasis que pone Heidegger
en la referencia al pasado histórico, así como su énfasis paralelo en la
orientación hacia el futuro: un futuro que, supuestamente, hará posible
el comienzo de una nueva historia y de un nuevo pensamiento del Ser,
y que conllevará la superación de su olvido. Este énfasis en ambos movimientos –retrospectivo y proyectivo– es absolutamente ajeno al Advaita.

Heidegger distingue claramente entre el comienzo, comprendido históricamente, y el origen, comprendido ontológicamente. Aun así, considera imprescindible la rememoración del pasado histórico, pues en éste
se muestra con desnudez lo más profundo y originario de todo presente
en razón de la pureza propia de todo aquello que es inicial y naciente. El
Advaita es ajeno a estas posturas idealizadoras del pasado y no busca
más plenitud y pureza que la que late en el ahora.

Esta tendencia idealizadora del pasado es concordante con el talante reactivo de Heidegger frente a todo un período histórico: la modernidad. Por una parte, en su afirmación de que el olvido del Ser es un destino del Ser, en su afirmación de que hay que decir sí al mundo técnico y aceptar que éste está llamado a ser destino mundial, etc., hay una reconciliación última de Heidegger con el presente, que es acorde con su pensamiento: si todo es expresión del acontecer del Ser, en último término es imposible el descamino (y esto es compatible con la posibilidad del descamino relativo y con la calificación y denuncia de éste y del error relativo como tales). Ahora bien, esta reconciliación última queda ensombrecida cuando, en la práctica, no hay en su pensamiento un reconocimiento concreto de las virtualidades y cualidades de este período histórico (y algunas habría de tener si, como todo período histórico, es uno de los rostros del mostrarse del Ser). Su descalificación casi global de la historia del pensamiento occidental, como si ésta tuviera escaso sentido en la dinámica del crecimiento histórico y en el proceso de maduración del pensamiento (recordemos lo dicho en torno al carácter paradójico de toda dinámica de crecimiento: la complejidad creciente, con el riesgo de enajenación que conlleva, es el paso necesario para retornar conscientemente a la simplicidad, al Origen), hace que la aceptación fundada en razones ontológicas –todo es destino del Ser– se asemeje más a la aceptación-resignación que a lo que caracterizamos como verdadera aceptación. La implicación política de Heidegger con el nazismo encuentra, en buena medida, su razón de ser en este talante nostálgico y re-activamente antimoderno.[28]

Toda retrospección, toda referencia al pasado, va siempre acompañada de una proyección hacia el futuro, pues ambos términos sólo tienen sentido en su muta referencia. De aquí la "nostalgia invertida" que hace a Heidegger situar su esperanza ontológica en el futuro. Esto se advierte, por ejemplo, en la insistencia heideggeriana en lo que considera que habrá de ser la nueva dispensación del Ser (cuya llegada, en palabras suyas, sigue siendo oscura e incierta) y en la importancia que otorga a la espera (*warten*). Ésta última, si bien es una espera sin objeto, sigue siendo espera, es decir, tiene sentido en su referencia al futuro (aunque se trate, insistimos, de un futuro abierto, no definido ni conocido de antemano). Heidegger sigue esperando algo: una particular revelación del Ser, el nuevo inicio de una nueva historia, etc.[29] Para el Advaita, este tipo de expectativas –que a cierto nivel pueden tener su lugar– son metafísicamente irrelevantes, pues las raíces de la enajenación y las raíces de la liberación pertenecen siempre y en todo caso al ahora; porque, en todo lo relativo al Ser, no hay más lugar que el aquí ni más tiempo que el ahora:

> Si espera que ocurra un hecho para que llegue la realidad, esperará siempre, puesto que la realidad ni va ni viene. (…) No tiene que prepararse ni anticiparse. Pero la propia búsqueda y anhelo de la realidad es el movimiento, la operación, la acción de la realidad. Todo lo que puede hacer es aprehender el punto central de que la realidad no es un hecho y que no sucede, y que todo lo que sucede, sea cual sea lo que venga y vaya, no es la realidad.[30]
>
> El tiempo no puede llevarnos fuera del tiempo, al igual que el espacio no puede llevarnos fuera del espacio. Todo lo que gana esperando es más espera. La perfección absoluta no está en algún futuro cercano o lejano, sino aquí y ahora.[31]
>
> "Ser" sólo se aplica al ahora (Nisargadatta).[32]

NOTAS

Introducción

1. "Der Satz des Anaximander", *Holzwege* [HW], Vittorio Klostermann, Frankfurt am Main, 1950, p. 302; "La sentencia de Anaximandro", *Sendas perdidas*, Losada, Buenos Aires, 1997, p. 269. Heidegger juega con el sentido literal del término alemán "Abenland" (Occidente) = tierra del ocaso o del atardecer.

2. Cit. por H. Mujica, *La palabra inicial*, Trotta, Madrid, 1995, p. 15.

3. "Die Zeit des Weltbildes", HW, p. 69; "La época de la imagen del mundo", *Sendas perdidas*, p. 68.

4. En palabras de P. T. Raju: «Para toda filosofía y cultura, la presente es una época, no sólo de reflexión crítica sobre otras filosofías y culturas, sino también de auto-reflexión y de auto-crítica. La edad del aislamiento ha pasado de una vez por todas (...) Tal crítica envuelve el descubrimiento de lo que hemos pasado por alto, de lo que hemos sobreenfatizado, de lo que hemos infraenfatizado y de lo que hemos supuesto falsamente». "Comparative Philosophy and Spiritual Values", *Philosophy East and West. A Quarterly of Asian and Comparative Thought* [PEW], XIII, n° 3, 1963, pp. 214 y 215.

5. No hay que confundir el significado que estos autores otorgan a la expresión "filosofía perenne" con el que confirió a la misma la tradición escolástica.

6. «Al exponer la civilización científica europea a una crítica total, Heidegger es quizá uno de los primeros pensadores occidentales que han proporcionado un lugar al diálogo y a la confrontación entre los principios occidentales y no occidentales (...), abriendo una nueva era en este diálogo» (Takeshi Umehara, "Heidegger and Buddhism", PEW, XX, n° 3, 1970, pp. 280 y 281). Por eso, «el pensamiento esencial sostenido por el profesor Heidegger debe ser considerado como uno de los medios para establecer la unidad entre las filosofías del mundo» (Chang-Yuan Chang "Commentary to: Gray, J. Gleen's 'Splendor of the Simple'", PEW, XX, n° 3, 1970, p. 246).

7. De una carta escrita por Heidegger y dirigida al congreso organizado en la Universidad de Hawaii: "Heidegger and Eastern Thought". Winfield E. Nagley, "Introduction to the symposium and reading of a letter from Martin Heidegger", PEW, XX, n° 3, 1970, p. 222.

8. «El "yo" –el "sentido del yo"– ha sido la fuente de aquellos problemas que son reales y genuinos y no pseudoproblemas.» «(...) todos los problemas de nuestra vida consciente estás asociados a este "yo" y, por lo tanto, el sentido del "yo", también denominado *ego*, es un problema genuino de cualquier filosofía que no sea un mera logocracia.» S. K. Chattopadhaya, "Ego, the problem perennial of philosophy", *Indian Philosophical Quarterly*, X, n° 2, 1983, pp. 132 y 137.

9.   «Los dominios de las ciencias están muy distantes entre sí. El modo de tratar sus objetos es radicalmente diverso. Esta dispersa multiplicidad de disciplinas se mantiene todavía unida gracias tan sólo a la organización técnica de las Universidades y Facultades, y conserva una significación por la finalidad práctica de las especialidades. En cambio, el enraizamiento de las ciencias en su fundamento esencial se ha perdido por completo.» Heidegger, *Was ist Metaphysik?* [WM], Vittorio Klostermann, Frankfurt am Main, 1949, pp. 24 y 25; *¿Qué es Metafísica?* [QM], Ediciones Siglo XX, Buenos Aires, 1955, pp. 22 y 23.

I. NATURALEZA DEL YO EN EL VEDĀNTA ADVAITA

1. Presupuestos teórico/operativos del Vedānta Advaita

1.   Utilizo el término "índico", en lugar del término "indio" –siguiendo el criterio de Raimon Panikkar–, por razones políticas: «La India es un estado-nación en nuestros días y no es coextensiva con la cultura del subcontinente. Casi todos los orígenes de la civilización aria y aún parte de la protoíndica se encuentran en lo que hoy es Pakistán y en otros lugares. Índico quiere ser por tanto una denominación cultural y no nacionalista. (…) En rigor, lo índico es anterior y más amplio que lo sanscrítico». Raimon Panikkar, *La experiencia filosófica de la India*, Trotta, Madrid, 1997, p. 22.

2.   Hoy en día es insostenible lo que durante mucho tiempo fue la versión oficial relativa al origen de la cultura índica y, según la cual, los autodenominados "arios" –pueblos nómadas procedentes del Asia central– habrían conquistado y civilizado una tierra habitada por pueblos semi-salvajes. Lejos de ser así, la civilización dravídica vencida aportó a la cultura sanscrítica –cuya superioridad era eminentemente militar– una gran riqueza cultural y espiritual.

3.   El término *"upaniṣad"*, aunque de dudosa etimología, se suele traducir por "sentarse a los pies de una persona". Ello no alude meramente al carácter oral de su transmisión (pues éste es el modo de transmisión habitual de todo el Veda) sino más bien a su carácter iniciático: las *Upaniṣad* recogen enseñanzas secretas que el maestro (*guru*) que ha realizado la experiencia de la realidad última transmite al discípulo (*chela*) que busca la auto-realización (si bien dicho conocimiento es en último término incomunicable en su esencia y el discípulo no puede alcanzarlo más que por sí mismo). De aquí que otra traducción habitual de *"upaniṣad"* sea: "enseñanza secreta o esotérica".

4.   El sufijo *"anta"* significa literalmente: "final".

5.   Vicente Merlo, *Siete ensayos sobre el hinduismo: De las Upaniṣad a Sri Aurobindo*, Fundación Centro Sri Aurobindo, Barcelona, p. 69.

6.   MundU I, 1, 3. También: BU II, 4, 5.

7.   ChU VI, 8, 7.

8.   Se cuestiona la autenticidad de la atribución a Śaṅkara de muchas obras consideradas tradicionalmente como suyas. Sólo se sabe con certeza que es el autor de los comentarios (*bhāṣya*) a los *Brahma-sūtra* y a las *Bṛhadāraṇyaka* y *Chāndogya Upaniṣad*.

9. El término *darśana* deriva de la raíz verbal sánscrita *dṛś,* que significa"ver" y que alude a una suerte de visión o penetración intuitiva e inmediata en la naturaleza de la realidad.

10. Cfr. al respecto: N. D. Rajadhyaksha, *Los seis sistemas de la Filosofía india*, Etnos, Madrid, 1997.
Estudiosos como A. Coomaraswamy o R. Guénon consideran que estas *darśana* o escuelas (metafísicas, lógicas, cosmológicas, etc.) no pueden asimilarse –como los orientalistas han hecho con frecuencia– a "sistemas" filosóficos o sistemas de pensamiento excluyentes entre sí [«al no ver en todas partes más que filosofía, es también natural que vean sistemas por doquier». Guénon, *El hombre y su devenir según el Vedānta*, CS Ediciones, Buenos Aires, 1990, p.18]. Constituyen, por el contrario, aproximaciones diversas a una única tradición de conocimiento, pero no mutuamente excluyentes, en la medida en que no pretenden en ningún caso constituirse como sistemas cerrados que niegan lo que queda fuera de su ámbito de consideración. «Los seis *dársanas* de la "filosofía" sánscrita tardía no son sistemas que se excluyan recíprocamente, sino, como su nombre implica, otros tantos "puntos de vista" que no se contradicen más de lo que pueden hacerlo la botánica y las matemáticas» (A. K. Coomaraswamy, *Hinduismo y Budismo*, Paidós, Barcelona, 1997, p. 20).
Con relación a la opinión contraria –la de los más–, que ve entre dichas escuelas disparidades esenciales, cfr. la obra de K. Potter, *Encyclopedia of Indian Philosophies*, vol. III: *Advaita Vedānta up to Śaṅkara and His Pupils*, Motilal Banarsidas, Delhi, 1981, pp. 3 y 4.

11. «Existencialism and Vedānta» PEW, XII, nº 1, 1962, p. 3.
«En la India, los más elevados desarrollos ontológicos se encuentran en el Vedānta.» R. T. Raju, *Structural Depths in Indian Thought*, State University of New York Press, Nueva York, 1985, p. xxiv.

12. Se desconoce cuál es la fecha de composición de los *Brahma-sūtra*. Considera Surendranath Dasgupta que probablemente fueron escritos en el siglo -II

13. Según Radhakrishnan: «Śaṅkara cree que Bādarāyaṇa tiene en mente un advaitismo similar al defendido por él (Śaṅkara, BSBh I.1.4). Esto concuerda con el supuesto aceptado de que el *Vedānta Sūtra* resume las enseñanzas de las *Upaniṣad*. Muchos estudiantes del Vedānta, especialmente Thibaut, apoyan la vision de que Rāmānuja es más fiel a las intenciones del autor» (*Op. cit.*, p. 469). Surendranath Dasgupta sostiene una opinión similar: «Me inclino a pensar que la interpretación dualista de los *Brhama-sūtra* era probablemente más fiel a los *sūtra* que la interpretación de Śaṅkara». «Parece que Bādarāyaṇa, el escritor de los *Brahma-ṣūtra*, era con más probabilidad un teísta que un absolutista como su comentador Śaṅkara» (*A History of Indian Philosophy*, Vol. I, pp. 421 y 422)
Otros autores, como Max Müller, se inclinan a afirmar, frente a los que sostienen que Rāmānuja es más fiel a las enseñanzas de los *Brahma-sūtra* y que Śaṅkara lo es más al espíritu de las *Upaniṣad*, que en la medida en que los *Brahma-sūtra* se fundan en las *Upaniṣad*, la discusión no tiene objeto: Śaṅkara es obviamente más fiel a ambos. La doctrina advaita es la doctrina sintetizada en los aforismos de Bādarāyaṇa; más aún: dicha doctrina es la forma más adecuada de interpretar la doctrina brahmánica tradicional.

14.   No se conocen con certeza los datos relativos a la vida de Śaṅkara. Éstas son las fechas sugeridas por Deussen, Bhaṇḍarkar, Paṭhak y S. Dasgupta, entre otros.

15.   Otras sub-escuelas de menor importancia son la *Dvaita* o dualista fundada por Madhva (1197-1276) y las iniciadas por Nimbārka (¿-1162) y Vallabha (1417-?). Junto con la escuela de Rāmānuja, todas enfatizan la importancia del culto y la devoción (*bhakti*) a un dios personal.

16.   «Ellos se han tomado libertades con respecto a asuntos menores. (…) [Pero] no pierden de vista la doctrina central enseñada por Śaṅkara, de que *Brahman* es real, el mundo es ilusorio, y el denominado *jīva* no es diferente de lo Absoluto.» T.M.P. Mahadevan, *The Philosophy of Advaita*, Ganesh & Co, Madras, 1957, p. 286.

17.   Con respecto a la clasificación de estas sub-escuelas, cfr. José Pereira, *Hindu Theology, Themes, Texts and Structures*, Motilal Banarsidas, Delhi, 1991, y Battacharya, Kalidas, ed. *The Cultural Heritage of India*, Vol. III, pp. 255-280. También el capítulo XI de la obra de S. Dasgupta, *A History of Philosophy*, Vol. II.

18.   Particularmente, con las escuelas budistas Vijñānavāda y Mādhyamika. Cfr. al respecto, Eliot Deutsch and J. A. B van Buitenen, *A Source Book of Advaita Vedānta*, The University Press of Hawaii, Honolulu, 1971, p. 119.

19.   Cfr. Richard King, *Early Advaita Vedānta and Buddhism. The Māhayāna context of the Gauḍapādīya Kārikā*, State University of New York Press, 1995.
      También: S. Dasgupta, *A History of Indian Philosophy*, p. 423. «Es tan obvio que estas doctrinas han sido prestadas de las doctrinas Mādhyamika, tal y como se encuentran en las *Nāgārjuna's kārikā*, y de las doctrinas Vijñānavāda, tal y como se encuentran en el *Laṅkāvatāra*, que no es necesario intentar demostrarlo» (*Ibid*, p. 429).

20.   Nisargadatta Maharaj quizá sea más afín en ese margen de interpretación, que no atañe, repetimos, a la esencia de la doctrina ni a la experiencia central, a Gauḍapāda que a Śaṅkara.

21.   Y también, probablemente, una de las que el pensador occidental tenga más dificultades en comprender y aceptar. «El Vedānta advaita es, a la vez, la doctrina filosófica más ampliamente aceptada en la India actualmente, la más sorprendente en su reivindicación acerca de la naturaleza del mundo y de nuestra percepción de él, y la más difícil de comprender para los occidentals –no digamos, de aceptar.» Richard Brooks, «The meaning of "real" in Advaita Vedānta», PEW, XIX, N° 4, 1969, p. 385.

22.   Introducción de Thibaut a la obra *The Vedānta-sūtras with the commentary by Śaṅkarākārya*, translated by George Thibaut, Clarendon Press, Oxford, 1890, p. xiv.

23.   Cfr. con relación a estas líneas de pensamiento no-duales (a-dvaita), la introducción de Shankar Mokashi-Punekar al *Avadhūta Gītā* (Shree Purohit Swami, trad., Munshiram Manoharlal, New Delhi, 1988[2]), aunque divergimos en su interpretación de la naturaleza del pensamiento de Śaṅkara y en su excesiva insistencia en la inconmensurabilidad entre las distintas corrientes advaita.

24.   Cfr. con relación a la tradición Nath: *The Cultural Heritage of India*. Vol.
        IV, Haridas Battacharya ed., The Ramakrishna Mission, Calcuta, 1965², pp.
        28 y ss. También el apéndice II: "Navanath Sampradaya" de la obra *I Am
        That*, pp. 539 y 540.

25.   El siguiente extracto de un diálogo con Nisargadatta puede ser ilustrativo a
        este respecto:
        «*Pregunta*: Usted habla de la realidad directamente, como la primera causa
        todo-abarcante, siempre presente, eterna, todopoderosa, omnisciente. Hay otros
        maestros que se niegan a discutir la realidad en absoluto. Dicen que la realidad
        está más allá de la mente, la cual es el hogar de lo irreal. Su perspectiva es nega-
        tiva; señalan lo irreal y de ese modo van más allá hacia lo real.
        Maharaj: La diferencia está sólo en las palabras. Después de todo, cuando yo
        hablo de lo real lo describo como no irreal, sin espacio, intemporal, sin cau-
        sa, sin principio ni fin. Viene a ser lo mismo. Mientras lleve a la iluminación,
        ¿qué importan las palabras? (…) Usted puede sentirse atraído por la realidad
        [acercamiento positivo] en un momento dado y sentir repulsión por lo falso
        en otro [énfasis negativo]; son sólo estados de ánimo que se alternan; ambos
        son necesarios para la perfecta libertad. Usted puede ir por un camino u otro,
        pero cada vez será el camino correcto en ese momento (…) Teóricamente, to-
        dos los modos de considerar el problema son buenos. En la práctica y en un
        momento dado usted toma un único sendero. Antes o después, usted está
        obligado a descubrir que, si realmente quiere encontrar, tiene que excavar en
        un solo sitio: dentro de sí mismo, (…) el valor [de cada enfoque: advaita o bu-
        dista] radica [en último término] en llevarlo a la necesidad de buscar dentro
        de sí mismo.» I.A.T., pp. 201 y 202; Y.s.e., pp. 345 y 346.
        En palabras de Aurobindo: «*Tao, Nihil*, Vacuidad (*śūnya*) no son distintos
        de lo Absoluto o el *Brahman* Supremo del Vedānta, se trata sólo de otro
        modo de describirlo o nombrarlo». Cfr. *Archives and Researches*, VI, nº 1,
        p. 47. Cit. por V, Merlo en *Experiencia yóguica y Antropología filosófica.
        Invitación a la lectura de Sri Aurobindo*, Fundación Centro Sri Aurobindo,
        Barcelona, 1995², p. 17.

26.   «Se ha dicho, no sin verdad, que el brahmanismo mató al budismo median-
        te un abrazo fraternal.» Radhakrishnan, *Indian philosophy II*, p. 470.

27.   No es accidental que la fecha atribuida a las *Upaniṣad* (-600) coincida con
        la del nacimiento del budismo (en la medida en que quepa hablar de "coin-
        cidencia" cuando los márgenes de imprecisión son de centurias), pues se tra-
        ta –en palabras de Coomaraswamy– de «dos cuerpos de doctrina, íntima-
        mente vinculados y concordantes, (…) [que] no se oponen uno a otro sino a
        un adversario común. Su intención es manifiestamente restaurar las ver-
        dades de una antigua doctrina. No es que la continuidad de la transmisión
        por los linajes eremíticos de los bosques se haya interrumpido alguna vez,
        sino que los brahmanes de las cortes y del "mundo", preocupados sobre todo
        por las formas exteriores del ritual, y quizá demasiado interesados en sus
        emolumentos, habían llegado a ser más "brahmanes por nacimiento"
        (*brahmabandhu*) que brahmanes en el sentido de las *Upaniṣad* y del budis-
        mo, es decir, "conocedores de *Brahman*" (*brahmavit*)» (*Hinduismo y Budis-
        mo*, p. 78). El mismo Buda denunció la herejía de que enseñaba una filosofía

elaborada por él mismo. En sus propias palabras: «Yo he visto la antigua vía, el viejo camino seguido por los completamente despiertos de antaño, que es el que yo sigo» (*Saṃyutta Nikāya*).

Según Radhakrishnan: «Una persistente interpretación de la historia de la religión en India es responsable de la visión arraigada según la cual la fe del Buda es ajena y opuesta a los Vedas. En nuestra discusión sobre el budismo hemos insistido repetidamente en que el Buda desarrolló perspectivas presentes en las *Upaniṣad*. La inclusión del Buda entre los avatares de *Viṣṇu* da a entender que él vino a restablecer del *dharma* védico, y no a socavarlo. Hay sin duda similitudes entre las visiones del budismo y las del Vedānta advaita, y esto no es sorprendente teniendo en cuenta que ambos sistemas tenían como fundamento a las *Upaniṣad*». *Indian philosophy II*, p. 472.

En cualquier caso, éste es un punto en el que se dividen las opiniones. Con relación a la postura según la cual sería erróneo ver paralelismos entre el budismo y el Vedānta advaita, cfr. la obra de K. Krishnaswamy Aiyar, *Vedānta or the Science of Reality*, Adhiatma Prakasha Karyalaya, Holenarsipur, 1965.

28.   Meister Eckhart, dicho n° 8, *Deutsche Mystiker des vierzhnten Jahrhunnderts: Bd 2 Meister Eckhart*, Pfeiffer, Aalen, 1962, p. 599.

29.   Utilizamos el término "experiencial" en lugar de experimental:

–En primer lugar, porque el término "experimental" se asocia a la experiencia que presupone la dualidad sujeto experimentador / objeto experimentado. Pero, como desarrollaremos más adelante, y ahora meramente apuntamos, desde el punto de vista advaita es posible una "experiencia" *no-dual*: que trascienda la dualidad entre sujeto y objeto, entre el experimentador y lo experimentado. Es más, considera que ésta última es siempre la naturaleza de la experiencia de lo real y que, a su vez, esta experiencia no-dual es el sustrato último de toda experiencia dual y lo que le otorga su "sabor" de realidad. En la medida en que el término "experiencia" se utiliza habitualmente para aludir a la experiencia dual, esta experiencia no-dual sería más bien una "no-experiencia": «La realidad (…) no es experimentada». Nisargadatta, I.A.T., p. 368; Y.s.e., p. 596.

–En segundo lugar, porque el término "experimental" suele estar ligado a una acepción del término "experiencia" que afirma encontrar su fundamento último en la realidad empírica o sensible. Ahora bien, aludiremos con el término "experiencial" a la experiencia en tanto que aprehensión directa, inmediata e irreductible de "datos" pertenecientes a cualquier dominio de lo real: no sólo al dominio al que accede la experiencia sensorial sino también al ámbito de lo mental (que es trans-empírico) y al de lo trascendente o relativo a la realidad en-sí (que es tanto trans-empírico como trans-racional), considerando estos dos últimos ámbitos de realidad como irreductibles entre sí e irreductibles con relación al primero.

30.   "On the Dialectical Affinities Between East and West", PEW, III, n° 3, 1953, p. 202.

31.   En general, es característico de la cultura índica el que, si bien los *paṇḍita* suelen ser estudiosos y profundos conocedores de una tradición específica, los *gurus* o maestros espirituales no necesitan ser grandes conocedores, en un sentido erudito, de la tradición –pueden serlo o no serlo–.

32. El Vedānta advaita es *jñāna-yoga* (*yoga* = "unión" o "reunión", *jñāna* = co-
     nocimiento), es decir, unión del hombre con lo Absoluto alcanzada por la
     vía del conocimiento. Como veremos, *jñāna* no equivale a conocimiento
     empírico-científico ni lógico-filosófico sino a un "conocimiento/real-iza-
     ción" o "conocimiento por identidad" –gnôsis– de la realidad última, en el
     que se verifica experiencialmente que el fondo último del yo, *Ātman*, es la
     esencia última de todo lo real, *Brahman*.
     Se considera tradicionalmente que hay tres vías (*mārga*) principales de
     liberación en el hinduismo: 1) El *karma-yoga* o *karma-mārga*, expuesto
     fundamentalmente en la *Bhagavad Gītā*: el camino de la acción desintere-
     sada en el que se trascienden los móviles e intereses estrictamente individ-
     uales, deviniendo el yo vehículo transparente de la voluntad universal. 2)
     El *bhakti-mārga* o *bhakti-yoga*: el camino de la devoción o del amor que
     culmina en la unión del devoto con la divinidad. 3) Y el *jñāna-yoga*: el
     camino del conocimiento/realización (gnôsis) de *Ātman/Brahman*.
     Esta distinción no supone una separación; por el contrario, lejos de tratarse de
     vías diversas, se implican mutuamente y mutuamente confluyen. Si bien el
     practicante otorga inicialmente a alguna de estas vías primacía frente a las otras
     –en la medida en que se adecua, en mayor o menor medida, a sus disposiciones
     particulares–, en último término se involucran entre sí (el *jñāna*, por ejemplo,
     no es otra cosa que "devoción" hacia la verdad, hacia la realidad) y finalmente
     convergen: todas conducen a la trascendencia de la identidad individual limita-
     da y separada. En palabras de Som Raj Gupta: «La diferencia entre el camino
     de la sabiduría y el de la devoción es solo una creación de los ingenuos». "*The
     word that became the absolute: relevance of Śaṅkara's ontology of language*",
     Journal of Indian Philosophical Research, 1989, p. 40.

33. Se trata de un libro de conversaciones publicado inicialmente en inglés con
     el título *I Am That. Conversations with Sri Nisargadatta Maharaj* (Transla-
     ted from the marathi taperecordings by Maurice Frydman, Chetana, Bom-
     bay, 1973,[1] 1976[2] –vol. I– y 1973[1] y 1977[2] –vol. II–). Esta obra se editó en
     castellano en primer lugar en 1987 bajo el título *Yo soy, I* (una tercera parte
     de la obra inglesa, el primer volumen de una supuesta trilogía cuyos dos res-
     tantes tomos no fueron publicados) y posteriormente, en 1988, con el título
     Yo soy Eso (Sirio, Málaga, trad. Ricardo de Frutos), que recoge fielmente la
     totalidad de la obra original. En el presente estudio nos basaremos en la edi-
     ción de 1981[3]: *I Am That. Talks with Sri Nisargadatta Maharaj*, [I.A.T.]
     Chetana Bombay, y en la edición castellana: *Yo soy Eso* [Y.s.e.] de 1988.
     Nos centraremos en esta obra, en primer lugar, por ser la más conocida y signi-
     ficativa. En segundo lugar, porque las obras posteriores que recogen las ense-
     ñanzas últimas de Nisargadatta, y que van aún más allá de lo expuesto en *I Am
     That*, podrían oscurecer más que iluminar nuestro camino de acercamiento al
     Vedānta advaita, ya de por sí hermético y esquivo para los hábitos de la mente
     occidental. No por ello dejaremos de apuntar las líneas maestras de dicho pen-
     samiento último en aras a ser fieles a la globalidad de su enseñanza.

34. Jean. M. Rivière –destacado filósofo e indólogo– recomienda vivamente en
     su obra *Un Yoga para occidente. El Asparsha Yoga* (Etnos, Madrid, 1993),
     la lectura de la obra de Nisargadatta: *Yo soy Eso*. Pero consideramos inade-

cuada la matización con la que acompaña esta recomendación: «Hay, lo reconozco (...) muchas páginas inútiles y vanas conversaciones; como se trata de textos recogidos en *cassettes*, esto es inevitable. Algún día se pedirá un compendio, una exposición sistemática más condensada (...) Es necesario saber recoger las perlas preciosas que contiene (...)» (p. 45). Creemos que lo que califica de páginas inútiles están muy lejos de ser tales. Por el contrario, en el carácter vivo, directo de las conversaciones y en lo impredecible de su curso radica gran parte del valor de esta obra en la medida en que deja traslucir cómo una sabiduría de la complejidad y hondura del Advaita puede adecuarse a la búsqueda de personas concretas acuciadas por inquietudes igualmente concretas –y, a la vez, universales–; tales inquietudes, así como las objeciones, dudas y reacciones ante las palabras de Nisargadatta de sus interlocutores, no dejan de ser las del lector, y ahí radica su inestimable valor.

35.   I.A.T., p. 222; Y.s.e., p. 375.

36.   Cit. por García Bazán, *Neoplatonismo y Vedānta. Doctrina de la materia en Plotino y Śankara*, Depalma, Buenos Aires, 1982, p. 130.

37.   La expresión "escuela" ha sido apropiada en nuestra introducción histórica; pero el Advaita no es intrínsecamente una "escuela" (el estudio que sigue permitirá comprender por qué). La pretensión de considerarlo como tal: como una realidad delimitada en el tiempo y en el espacio, y circunscrita a una estructura más amplia (el Vedānta), es análoga a la que hizo afirmar a Dogen (maestro zen): «Aquel que considera el zen como escuela o secta del budismo, llamándolo *zen-shu*, escuela zen, es un demonio». Cit. por Thomas Merton, *El zen o los pájaros del deseo*, Barcelona, 1972, p. 15.
Discrepamos, por ello, de autores como Karl Potter, que pretenden explicar el pensamiento índico tomando como eje lo que consideran un rasgo esencial al mismo: su estructura escolar. Cfr. su artículo "The Development of Advaita as a School of Philosophy", *Journal of Indian Council Philosophical Research*, IX, n° 2, 1992, 135-158.

38.   El término "filosofía perenne" –*Philosophia perennis*– ha sido utilizado por pensadores como A. Huxley, A. Coomaraswamy, T. Merton, T. Burckhardt, F. Schuon –este último prefiere hablar de *Sophia perennis*–, K. Wilber, Huston Smith, etc., para apuntar, desde posiciones diversas, a este fondo de sabiduría inmemorial y universal. Otro término utilizado para aludir a este acuerdo estructural universal, relativo a las cuestiones últimas, ha sido el de "Tradición" (R. Guénon, G. Durand, H. Corbin, etc.), una "Tradición" de la que, según estos autores, participan distintas culturas y tiempos en la medida en que se mantienen fieles a sí mismas y a sus orígenes –no meramente históricos o físicos, sino míticos, es decir, transhistóricos y metafísicos–. Ahora bien, como veremos en nuestra exposición comparada, respecto a cómo cabe entender la naturaleza de esta "filosofía perenne", las opiniones son muy diversas y no compartimos la interpretación que de la misma hacen algunos de los autores citados.

39.   *El núcleo del núcleo*, Sirio, Málaga, 1992^2, p. 9.
Continúa: «Eso quiere decir que si alguien que ha adquirido conocimiento, llega a conocer el Ser que hay en su propia persona con todos sus significados, no se quedará atrapado en una creencia. No reducirá su círculo de cono-

cimiento. Es como una materia prima (*hayûla*) y aceptará cualquier forma que se le dé. Al ser externas estas formas, no se produce ningún cambio en el núcleo de su universo interior. (…) Conociendo el núcleo de toda creencia, ve el interior y no el exterior. Reconocerá, bajo cualquier apariencia, todo aquello cuyo núcleo conoce, y en este tema su círculo será amplio. Llegará al origen de esas creencias y dará testimonio de ellas desde cualquier lugar posible, sin tener en cuenta la apariencia con que se manifiestan al exterior.» *Ibid*, pp. 9 y 10.

40.   De entre la plurivocidad de significados del término "mito", aludimos aquí a aquel que R. Panikkar define con las siguientes palabras: «El horizonte que siempre se elude y dentro del cual situamos aquello acerca de lo cual queremos tener conciencia sin que nunca dicho horizonte llegue, a su vez, a ser objeto» ("The Myth of Pluralism", en *Invisible Harmony*, Fortress Press, Minneapolis, 1995, p. 59). Si la filosofía tomara conciencia de lo que ha sido su no reconocido horizonte de comprensión ya no podría seguir siendo filosofía en el mismo sentido en que lo había sido hasta entonces, pues se abriría a un nuevo horizonte que transfiguraría de inmediato sus contenidos (el horizonte determina los contenidos).

El historiador de la ciencia Thomas Kühn utilizó el concepto de "paradigma" en un sentido cercano al aquí apuntado mediante el término "mito". Según Kühn, un paradigma es un logro intelectual o teoría que se consolida mediante su confirmación práctica hasta llegar a convertirse en el modo "natural" de ver las cosas. Este paradigma que subyace a la ciencia y que inicialmente sólo busca proporcionar un marco operativo útil, siendo susceptible de modificaciones y refutaciones, termina convirtiéndose en un marco de referencia implícito –del que no se tiene conciencia en cuanto tal por su aparente incuestionabilidad– que determina, lastra y restringe la propia evolución científica. El paradigma no se "ve" porque se mira al mundo a través de él.

41.   Son muchos los estudios que versan sobre el pensamiento oriental realizados desde los propios puntos de vista occidentales y desde sus categorías específicas. Estos trabajos pueden tener interés y valía como trabajos de filosofía (de filosofía en el sentido occidental), pero no lo tienen para acceder a la comprensión interna –realizada "desde dentro"– del pensamiento oriental. Y en este grupo se incluyen obras de pensadores y estudiosos que sostienen haber asimilado las enseñanzas de Oriente, pero en las que no se reconocería ningún oriental tradicional, por ejemplo, las de Schopenhauer. También es frecuente, sobre todo entre los filósofos académicos, asimilar doctrinas orientales a sistemas filosóficos occidentales como el idealismo alemán, y explicar los primeros desde los segundos –una pretensión que consideramos errada de base, pues lo que pueden parecer semejanzas en el nivel conceptual esconde decisivas divergencias de puntos de partida–.

Hay casos, por otra parte, de orientales occidentalizados o de orientales de mente y talante occidental ("Oriente" y "Occidente", como veremos, no son, en esencia, tanto categorías geográficas y culturales, mucho menos hoy en día, como ontológicas y antropológico-psicológicas) que, aunque pretendieron ser expositores del pensamiento oriental, lo fueron de un pensamiento oriental hecho a la medida y expectativas de Occidente. En cierta medida, éste es el caso de Vivekānanda, cuya exposición del Vedānta, así como su talante proselitista y misionero, que evoca el patrón del sacerdocio católico, se apartan en ocasiones del espíritu de la tradición de la que se hacía portavoz. De modo análogo, hay pensadores occidentales cuyo pensar cabría calificar de "oriental"; tal es el caso, por ejemplo, de Heráclito, de Eckhart y, nos atreveríamos a señalar, de la misma figura histórica de Jesús.

42.   *Hinduismo y Budismo*, p. 19.

43.   Según R. Panikkar, el criterio de validez de las afirmaciones realizadas en la investigación intercultural es el siguiente: sólo tiene validez un juicio sobre una cultura cuando ella se sienta reconocida en él. Este principio está en relación con lo que Panikkar considera «una regla metodológica fundamental: (…) que no se juzgue ningún objeto con categorías ajenas a él». *El silencio del Buddha. Una introducción al ateísmo religioso*, Siruela, Madrid, 1997³, p. 53.

44.   *Unterwegs zur Sprache*, [US], Vittorio Klostermann, Frankfurt am Main, 1985, p. 98; *De camino al habla*, Ediciones del Serbal, Barcelona, 1987, p. 94.

45.   «Eso –afirma Heidegger– es lo que Kant, a su modo, ha visto claro.» US, p. 110; *De camino al habla*, p. 106.

46.   *El Yoga. Inmortalidad y Libertad*, FCE, México, 1991, p. 12.

47.   «El homeomorfismo no es lo mismo que la analogía; representa una equivalencia funcional peculiar descubierta a través de una transformación topológica". Es "un tipo de analogía funcional existencial.» *The intrareligious Dialogue*, Nueva York, Paulist Press, 1978, xii. Cit. en *Invisible Harmony*, Fortress Press, Minneapolis, 1995, p. 114.

48.   Por ejemplo, los misterios órficos griegos, el neoplatonismo de Proclo y Plotino, la gnôsis cristiana de Clemente de Alejandría, el pensamiento de Dionisio el Areopagita, Escoto Eriugena, el maestro Eckhart, Nicolás de Cusa, Jacob Böhme, Angelo Silesio, etc.

49.   Lo que indicaremos a continuación es en gran medida aplicable a otras doctrinas no-duales. Las citas de diversas tradiciones con que ilustraremos la exposición no buscan más que confirmar este hecho.

50.   «Las historias de la filosofía escritas por pensadores occidentales ignoran totalmente la filosofía india y oriental. Algunos de estos escritores justifican el título "Historia de la filosofía" sobre la base de que, al este de Suez, no hubo nunca genuina filosofía.» T. M. P. Mahadevan, *Invitation to Indian Philosophy*, Arnold-Heinemann Publishers, Delhi, 1974, p. 409.
         Quizá sea Hegel el pensador que más ha contribuido a extender esta interpretación: «La influencia de Hegel en la historia y la historiografía ha sido compleja y de gran alcance (…) entre los historiadores de la filosofía del siglo XIX. Sus afirmaciones negativas sobre la India y el Oriente en general, y sus pronunciamientos acerca de que la "filosofía real" comienza sólo en Grecia, encontraron una amplia aceptación, y se convirtieron en justificaciones para descartar completamente el pensamiento de la India de la historia de la filosofía, o para relegarlo a un estadio preliminar». W. Halbfass, *Indian and Europe: An Essay in Understanding*, Suny, Nueva York, 1988, p. 98.

51.   Según M. Eliade, el "provincianismo cultural" de Occidente radica en su tendencia a constituirse en referencia cultural última. Cfr. *Mito y realidad*, Labor, Barcelona, 1992², p. 144.

Guénon habla en este sentido del "prejuicio clásico": «es propiamente el prejuicio de atribuir a los griegos y a los romanos el origen de toda civilización». «Se ha convenido "a priori" que todo debe venir de los griegos, que éstos tuvieron el monopolio de los conocimientos de la antigüedad, como los europeos se imaginan tenerlo ahora, y que fueron siempre, como estos mismos europeos pretenden serlo en la actualidad, los educadores y los inspiradores del género humano.» *Introducción general al estudio de las doctrinas hindúes*, LC, Buenos Aires, 1988, pp. 26 y ss. y 41.

52.   Afirma en esta línea Kalidas Bhattacharyya: «La filosofía clásica de la India siempre se ocupó de problemas genuinos que concernían a la vida profundamente, y el contenido era siempre puesto por encima de la forma. (…) El análisis, la prueba y la refutación estuvieron presentes (…). Pero nunca fueron ensalzados. La lógica era utilizada sólo como un instrumento de descubrimiento». "Classical Philosophies of India and the West", PEW, XIII, n° 1, 1958, p. 17.

53.   Cfr. Heidegger, *Phänemenologie und Theologie,* V. Klostermann, Frankfurt, 1970, p. 32.

54.   El reduccionismo que las nociones de "conocimiento" y "acción" han sufrido en Occidente queda reflejado en las siguientes palabras extraídas de un diálogo de Nisargadatta con un interlocutor europeo: «¡Es usted tan incurablemente funcional! A menos que haya movimiento, desasosiego, alboroto, usted no lo llama acción. El caos es el movimiento por el movimiento. La verdadera acción no desplaza, transforma; un cambio en el corazón es acción (…). La actividad no es acción. La acción es desconocida, oculta, incognoscible. Sólo puede conocer su fruto». Cfr. I.A.T., p. 354; Y.s.e., p. 574.

55.   «Mediante la calificación de la actividad filosófica como *consciente*, deseamos indicar que la conciencia abarca una actividad y una realidad mucho más amplia que la razón (…) pues incluye la racionalidad y la inteligibilidad, pero no se limita a éstas últimas. Somos conscientes de que hay algo que no comprendemos, somos conscientes de que ambos, la Nada y el Ser, aunque ininteligibles, pueden ser reales. Existe un pensamiento que es no-discursivo, no-deductivo, una conciencia no imaginativa ni icónica, una intuición no-reflexiva, etc.» R. Panikkar, "Religion, philosophy and culture", *Interculture*, n° 135, 1998, p. 104.

56.   R. Panikkar considera que la filosofía así entendida es el "equivalente homeomórfico" occidental de aquellas nociones que describen actividades que cumplen una función análoga en las culturas no occidentales (entre las que se incluiría el *jñāna* advaita). Según R. Panikkar, dado el hecho de que las lenguas occidentales son hoy en día vehículos interculturales, cabría retomar la palabra griega "filosofía" como *símbolo* de dichos equivalentes homeomórficos. Cuando así se hace, la palabra filosofía rebasa el significado y alcance que ha tenido en Occidente, y adquiere un valor intercultural. Esto es distinto de pretender usar sin más la palabra griega "filosofía" para caracterizar o describir actividades de otras culturas, pues ello supondría que «(…) el concepto griego de filosofía, con todas sus variaciones y reformas, continúa siendo el paradigma a partir del cual se procede a investigar lo que

es filosofía en otras culturas», *Interculture. International Journal of Intercultural and Transdisciplinary Research*, n° 135, 1998, p. 102.

57.   «Una aproximación inadecuada a nuestro tema consistiría en aceptar un concepto occidental y más bien moderno de filosofía –el que va de Descartes, pasando por Kant hasta Hegel– e intentar averiguar si esta noción también existe en la literatura clásica índica. Este método asumiría acríticamente que la noción post-cartesiana de filosofía puede servir de paradigma universal. La más elemental Sociología del Conocimiento desfundamenta la creencia de que esta concepción occidental moderna puede proporcionar un medio universal para nuestro tiempo y, *a fortiori*, para distintas épocas y espacios. Y, sin embargo, si examinamos la literatura desde comienzos del siglo XX, encontramos que la mayoría de los escritores indios –con graves consecuencias en la educación universitaria– han aceptado esta postura.» R. Panikkar, introducción a la obra *J. L. Mehta on Heidegger, Hermeneutics and Indian Tradition*, William J. Jackson (ed.), E. J. Brill, Nueva York, 1992, pp. xviii y xix.

58.   En esta acepción, y en palabras de R. Panikkar: «(...) no es una tragedia el que en India no haya "filosofía" en el sentido griego o incluso occidental de la palabra, a condición de que no hagamos de ésta una noción totalitaria». Introducción a *J. L. Mehta on Heidegger Hermeneutics and Indian Tradition*, p. xviii.

59.   El orfismo es una escuela iniciática griega, que probablemente tenga origen en Egipto y Asia Menor –como probablemente lo tengan todos los "Misterios" griegos–, de claros paralelismos con las doctrinas orientales. Hay quienes han querido ver en estos paralelismos influencias directas del pensamiento índico –en concreto, de las *Upaniṣad*–.

60.   R. Guénon, *La crisis del mundo moderno*, Obelisco, Barcelona, 1988, p.13.

61.   En la tradición vedānta se distinguen tres niveles o pasos en el conocimiento del Ser: *śravana*: estudio o el arte de escuchar, *manana*: reflexión personal y crítica sobre lo estudiado (estos dos estados equivaldrían a lo que se suele entender en nuestro contexto por "filosofía"), y *nididyāsana* o meditación para intuir de modo supra-racional y realizar el Ser mediante un conocimiento por identidad.

62.   *La experiencia filosófica de la India*, p. 16.

63.   *Ibid.*

64.   *Ibid.*

65.   Para Heidegger, como veremos, el término "griego" no alude a una mera localización geográfica y temporal; "lo griego" determina toda una época de la revelación del Ser mismo: la época en la que Éste, paradójicamente, se dona bajo la forma de su ocultarse tras el ente, tras lo que aparece a la razón y sólo a la razón. La filosofía es griega en la medida en que el serlo determina su naturaleza, origen, desarrollo y destino; no sólo es exclusiva de Occidente, sino que define el rasgo más esencial de nuestra tradición europea/occidental y constituye la partida de nacimiento de nuestra propia historia.

66.   Ni siquiera, considera Heidegger, se podrá denominar "filosofía" al "pensar del Ser" (*Seinsdenken*) del que él se hace eco y que considera será el propio del tiempo por venir.

67.   Obviamente, hablamos de las líneas maestras del pensamiento occidental. Como ya hemos señalado, hay notables excepciones.

68.   Cabría objetar que esto no es aplicable a la filosofía cristiana –por ejemplo, a la filosofía escolástica medieval–. El mismo Tomás de Aquino afirma que la filosofía es saber último *sólo* dentro del orden natural; en sentido absoluto, la teología estaría por encima de la filosofía como verdadero saber último. Pero si bien es verdad que, en general, la filosofía cristiana ha evitado otorgar carácter absoluto a la filosofía en la medida en que subordina el saber filosófico al teológico, la excepción que supone en este punto el pensamiento medieval respecto a la tónica general de la filosofía occidental es sólo aparente. La teología –lo que ésta llegó a ser en su apartarse progresivamente, al igual que la filosofía, de aquella sabiduría integral que unificaba a ambas en un impulso común (Cfr. Raimon Panikkar, *Misterio y Revelación*, Marova, Madrid, 1971, pp. 68 y ss.)– es, en el fondo, filosofía en su acepción más restringida (es decir, articulación racional) más un punto de partida dogmático (creencia). Esto nada tiene que ver con el conocimiento directo (no racional) e internamente cierto (no basado en la creencia) que fundamenta toda gnôsis. De hecho, quizá lo más alejado del espíritu de las doctrinas orientales no-duales sea precisamente hacer de la razón una "esclava" (*ancilla*) de la teología.

69.   *The legacy of India*, Oxford University Press, Oxford, 1938, p. 263.

70.   I.A.T., p. 205; Y.s.e., p. 349.

71.   Como afirma William M. Indich: «Podría parecer que Śaṅkara está discurriendo desde una experiencia hacia una metafísica que pretende ser descriptiva de la realidad. Los intentos de realizar tal movimiento han sido, en general, vistos con mucha sospecha en la historia de la filosofía occidental desde Kant. Sin embargo, acusar al advaitín de estar concernido en tal programa supondría perder de vista la naturaleza de su experiencia y de su metafísica. En primer lugar, su argumentación no se dirige desde la experiencia hasta una descripción de la realidad (…) no hay en él argumento que vaya de la experiencia a la realidad, puesto que la experiencia es idéntica a la realidad». *Consciousness in Advaita Vedānta*, Motilal Banarsidass, Delhi, 1980, pp. 10 y 11.

72.   ChU VI, 2, 1-2.

73.   Como veremos, la referencia de ambos términos es idéntica; sólo cambian los puntos de vista relativos de consideración: si *Brahman* es la realidad absoluta y la esencia última de todo desde un punto de vista objetivo, referida al fondo último de la subjetividad es *Ātman*.

74.   Aunque en la presente exposición atribuiremos *El Tratado de la Unidad* a quien tradicionalmente se ha considerado su autor, Ibn 'Arabí, estudios recientes han cuestionado esta supuesta autoría. Probablemente no sea Ibn 'Arabí sino Awhad al-din Balyani el autor de este Tratado. Cfr. al respecto la introducción de Michel Chodkiewicz a la *Epístola sobre la Unicidad Absoluta*. Editorial del Peregrino, Argentina, 1985.

75.   *Tratado de la Unidad*, Sirio, Málaga, 1987, 1.2.3.

76.   *El núcleo del núcleo*, V, 3.

77.   Cit. por D. T. Suzuki, *Budismo zen*, Kairós, Barcelona, 1993³, p. 29.

78. *Sin-sin-ming*, 30. En: Arnaud Desjardins, *Zen y Vedānta. Comentario al Sin-sin-ming*, Olañeta, Palma de Mallorca, 1997.

79. *Chuang-Tzu*, Monte Ávila Editores, Caracas, 1991, c. 2, 8, c. 22, 10 y c. 2, 5.

80. *Tratados y Sermones*, trad., introd. y notas de Ilse M. De Brugger, Edhasa, Barcelona, 1983, pp. 454 y 455.

81. *La Docta Ignorancia*, Orbis, Barcelona, 1984, p. 75.

82. I.A.T., p. 201; Y.s.e., p. 344.

83. *Tratado de la Unidad*, 2.4.7.

84. O: *La Joya Suprema del Discernimiento*, 478. Obra tradicionalmente atribuida a Śaṅkara, pero de la que se ha cuestionado su autoría.

85. «Él no es ninguno de los seres y es todos los seres.» Plotino, *Enéadas* [En], VI, 32, Gredos, Madrid, 1988.
     «(...) el *Progenitor* de los diez mil seres que hace las cosas sin hacerse cosa en las cosas.» *Chuang-Tzu*, c. 20, 1; c.11, 9.

86. *Ātmabodha*, 63. [Una de tantas obras cuya autoría es dudosa].

87. I.A.T., p. 327; Y.s.e., p. 532. Nisargadatta utiliza la primera persona desde el supuesto de la identidad *Ātman/Brahman*.

88. I.A.T., p. 359; Y.s.e., p. 582.

89. «La manifestación surge de la atribución de nombre y forma (*nāma y rūpa*) a la Realidad que es Ser, Conciencia y Bienaventuranza (*Sat-Cit-Ānanda*), el Eterno; es como la espuma sobre el agua.» «(...) El Ser-conciencia-bienaventuranza es indiviso; la división es sólo de nombre y forma.» *Bāla Bodhanī* III, 2 y III, 9. [Una de tantas obras atribuidas tradicionalmente a Śaṅkara pero cuya autoría es cuestionable.]

90. *Māyā*, en el contexto advaita, como veremos, tiene dos significados principales, uno metafísico/cosmológico, y otro psicológico/gnoseológico: 1) *Māyā* como el estado sin forma, inmanifiesto, inseparable de *Brahman*, que es el responsable de que lo Uno se manifieste como muchos: *māyā* como *śakti* y, secundariamente, *como prakṛti*. 2) *Māyā* como *avidyā* o ignorancia: la *māyā* ligada a la percepción individual condicionada, que se caracteriza por el poder de ocultar a *Brahman* y de proyectar un mundo de realidades esencialmente finitas, limitadas y separadas.

91. I.A.T., p. 368; Y.s.e., p. 596.

92. Que el mundo no es *en-sí*, es lo que, sin dejar lugar a la ambigüedad, expresa Eckhart con las siguientes palabras: «Todas las criaturas en sí mismas son nada». «Todas las criaturas son pura nada. No digo que sean insignificantes o que sean algo: son pura nada. Lo que no tiene ser es nada (...) Quien tomara junto a Dios todo el mundo, no tendría más que si tomara a Dios solo.» Eckhart, *Tratados y Sermones*, p. 353 y p. 293.

93. KathU II, 2, 8.

94. BG IX, 4-5.
     «Desapegado, [lo Absoluto] no está ligado a nada.» BU III, 9, 26.

95. I.A.T., p. 35; Y.s.e., p. 85.

96. Gambhīrānanda, Swāmī, trad. *Brahma-Sūtra-Bhāṣya of Śaṅkarācārya* [BSBh], Advaita Ashrama, Calcuta, 1996, III.ii.21.

97. Eckhart, *Tratados y Sermones*, p. 383.

98.   «Del mismo modo que la percepción ilusoria de la serpiente no puede exis-
        tir sin la cuerda en la que aparece, así el mundo entero de los nombres y las
        formas no puede aparecer sin la realidad que lo sostiene. Una apariencia im-
        plica la realidad, pero la realidad no implica la apariencia. La relación es ne-
        cesariamente unilateral.» John A. Grimes, *An Advaita Vedānta Perspective
        on Language*, Sri Satguru Publishers, Delhi, 1991, p. 225.
99.   195.
100.   Cfr. R. Guénon, *El hombre y su devenir según el Vedānta*, p. 110.
101.   *Tratados y Sermones*, p. 229.
102.   «(…) las palabras [determinaciones mentales] se oscurecen en su exhuber-
        ancia y en su redundancia. Aquí tiene su origen el *es* y el *no es* (…). Por el
        es existe el *no es* y por el *no es* existe el *es*. *Aquello* y *esto* no son más que
        expresiones que han nacido ahora mismo [no tienen realidad en sí y se
        sostienen en su respectividad]. Nacen ahora y ahora mueren. Ahora mueren
        y ahora nacen. (…) Para él [el sabio] todo es *es*. *Esto* es también *aquello* y
        aquello es también *esto*. En *esto* unifica al *es* y al *no es*. En *aquello* unifica
        al *es* y al *no es*.» *Chuang-Tzu*, c. 2, 4.
        «Distinguirlos es hacerlos y hacerlos es deshacer su unidad. En las cosas
        mismas no se da ese hacerlas o deshacerlas. Se identifican volviendo a la
        unidad. Sólo quien lo ha comprendido, las identifica. Éste no admite [estas
        divisiones]. Sólo se sirve de ellas para el uso común [les concede un carác-
        ter convencional y funcional]. Este uso es lo que tienen de utilidad.»
        Chuang-Tzu, c. 2, 5.
103.   Sri Aurobindo, *Síntesis del Yoga*, Libro II, p. 20.
104.   *Sin-sin-ming*, 31, 24 y 22.
105.   Tener presente este esquema trino podrá ayudarnos a no malinterpretar cier-
        tas ideas y nociones que irán apareciendo lo largo de nuestro trabajo; por
        ejemplo: nos ayudará a no confundir lo inmoral (lo contrario a lo moral) con
        lo trans-moral; lo pre-verbal con lo trans-verbal; la impulsividad pre-egoica
        con la espontaneidad trans-egoica; el alma (un término dual del complejo
        psique-soma) con el Sí-mismo metafísico, etc.
        Ken Wilber, desde otro punto de vista, ha estudiado la falacia que se oculta
        tras estos reduccionismos. Cfr. *Los tres ojos del conocimiento*, Kairós, Bar-
        celona, 1991, pp. 174 y ss.
106.   I.A.T., p. 219; Y.s.e., p. 371. La cursiva es mía.
107.   «Incluso la unidad es una representación y existe en relación con la multipli-
        cidad (…) Empero, de todas las relaciones la unidad es la base secreta, no la
        multiplicidad. La unidad constituye y sostiene a la multiplicidad, la multipli-
        cidad no constituye ni sostiene a la unidad.» Sri Aurobindo, *Īśā Upaniṣad*,
        Kier, Buenos Aires, 1987, p. 39.
        Con frecuencia, se han querido ver paralelismos entre la doctrina advaita y
        los idealismos filosóficos, por ejemplo, con la dialéctica hegeliana. Esta asi-
        milación es inapropiada. Los motivos por los que es inapropiada son diver-
        sos (de entrada, y como hemos señalado, el Advaita no es especulación filo-
        sófica); aludiremos aquí sólo a éste: Hegel, en su síntesis dialéctica, nivela
        la unidad y la multiplicidad. Para el Advaita no es posible la síntesis de dos
        factores entre los que no hay simetría ontológica. Según el Advaita, la uni-

dad (entendida como no-dualidad) y la multiplicidad no se excluyen, pero tampoco tienen el mismo estatus ontológico. La no-dualidad radica más allá de la unidad y de la multiplicidad, de la identidad y de la diferencia; en general, de toda relación. En palabras de M. K. Ventakarama Iyer (*Advaita Vedānta. According to Śaṅkara*, Asia Publishing House, New York, 1964): «El mundo de la diferencia no es una manifestación de *Nirguṇa Brahman* [lo que afirmarían los idealistas], sino sólo su apariencia» (p. 43). «No es una identidad con relación a las diferencias, no es un uno con relación a los muchos, no un todo con relación a sus partes, no una sustancia con relación a sus atributos, no es una causa con relación al efecto, tampoco es un organismo con relación a sus miembros. Todas éstas son relacionales y Śaṅkara, por tanto, las rechaza» (p. 44).

108.   *Peregrino Querubínico*, J. Olañeta, Barcelona, 1985, II, 24.

«(…) así como ninguna multiplicidad puede distraer a Dios, así nada puede distraer ni diversificar a este hombre, ya que es uno solo en lo Uno, donde toda multiplicidad es una sola cosa y una no-multiplicidad.» Eckhart, *Tratados y Sermones*, p. 94.

109.   *Peregrino Querubínico*, II, 188.

110.   I.A.T., p. 439; Y.s.e., p. 703.

111.   Cfr. J. Hirscherger, *Historia de la filosofía I*, Herder, Barcelona, 1982[12], pp. 456 y 457.

112.   *Chuang-Tzu*, c. 2, 15.

113.   *Māṇḍūkya Karikā*, I, 18.

114.   I.A.T., pp. 99 y 100; Y.s.e., pp. 191 y 192.

115.   I.A.T., p. 392; Y.s.e., p. 631.

116.   «Con relación a Él no hay ni antes, ni después; ni alto, ni bajo; ni cerca, ni lejos; ni cómo, ni qué; ni dónde, ni estado, ni sucesión de instantes, ni tiempo, ni espacio, ni ser. Él es tal como es. Él es el único sin necesidad de la Unidad. Él es lo singular, sin necesidad de la Singularidad.» Ibn 'Arabí, *Tratado de la Unidad*, 1.1.2.

117.   KenU II, 15 y BU III, 8, 8.

118.   BU II, 3, 6.

119.   «La negación de predicados afecta solo al "*whatness*" del juicio y deja el "*thatness*" intocado.» M. K. Venkatarama Iyer, *Advaita Vedānta. According to Śaṅkara*, pp. 45 y 46.

120.   *Tratados y Sermones*, pp. 472 y 473. La cursiva es mía.

121.   En palabras de Eckhart: «He señalado a veces que hay en el espíritu una potencia, la única que es libre. A veces he dicho que es una custodia del espíritu; [y] otras veces que es una chispita. Mas ahora digo: no es ni esto ni aquello; sin embargo es algo que se halla más elevado sobre esto y aquello que el cielo sobre la tierra. (…) Está libre de todos los nombres y desnudo de todas las formas, completamente desasido y libre tal y como Dios es desasido y libre en sí mismo (…) es un algo que *no es ni esto ni aquello*.» *Tratados y Sermones*, pp. 278 y 279. La cursiva es mía.

122.   Es nuestra concepción mental de *Brahman* la que parece estar vacía, y no *Brahman* en sí mismo, que es la más plena realidad. En palabras de Radhakrishnan: el *Brahman* indiferenciado que se alcanza por un inacabable "no",

«(...) se presta a ser confundido con un indeterminado espacio vacío, una incómoda noche de la nada. Rāmānuja y los Naiyāyikas coinciden con Hegel al pensar que tal *Brahman* indiferenciado no es una realidad capaz de ser conocida. Śaṅkara lo sabe tan bien como sus críticos, por eso afirma: "*Brahman*, libre del espacio, de atributos, de movimiento, de fruición y de diferencia, Ser en el más alto sentido y sin segundo, parece a la mente torpe no más que el no-ser" (Śaṅkara, ChUBh VIII, 1, 1)». *Indian Philosophy II*, p. 538.

123. «Ciertamente, una lógica abstracta debe llegar siempre –como llegaron los viejos sistemas– a una Negación infinita y vacía y a una Afirmación infinita e igualmente vacante; pues lo abstracto se desplaza hacia una abstracción absoluta y éstas son sólo dos abstracciones absolutamente absolutas. Pero es probable que la clave de un divino conocimiento supra-humano sea una sabiduría concreta que se ahonda siempre y espera una riqueza cada vez mayor de la experiencia infinita, y no la abstracta y confiada lógica de la estrecha e incompetente mente humana.» Sri Aurobindo, *Síntesis del Yoga II*, p. 13.

124. I.A.T., p. 166; Y.s.e., p. 294.

125. I.A.T., p. 484; Y.s.e., p. 775.

126. *Tratados y Sermones*, p. 337.

127. Como veremos, el Advaita afirma que la caracterización que más conviene a *Brahman* es la de *Sat-cit-ānanda*: Ser-conciencia-bienventuranza. Ello no contradice su carácter inobjetivo e inefable, pues *saccidānanda* no pretende ser una descripción positiva de *Brahman* sino la expresión que mejor interpreta lo que es la experiencia de *Brahman* por el hombre. (Cfr. Eliot Deutsch, *Advaita Vedānta: A Philosophical Reconstruction*, University of Hawaii Press, Honolulu, 1969, p. 9). Por otra parte, como hace notar Radhakrishnan, ésta no deja de ser una caracterización negativa: «Es *sat* (real) significando que no es *asat* (irreal). Es *cit* (consciousness), significando que no es *acit* (inconsciente). Es *ānanda* (bienaventuranza), significando que no es de la naturaleza del dolor (*duḥkha-svarūpa*)». *Indian Philosophy II*, p. 537. «El vocablo *Sat-Cit-Ānanda* designa al Ser, pero no lo representa ni describe. Se limita a indicar que no es lo contrario (inexistencia, inconsciencia y desdicha).» Gñanesvar, *Amṛtanubhava. Sublime experiencia de unidad*, introd., trad. y notas de Alejandro Arrese, Etnos, Madrid, 1994, V, 13.
En palabras de Ramana Maharshi: «La Realidad no puede ser descrita de ningún modo. Lo único que pretendemos aclarar con esta descripción [*saccidānanda*] es que no es *asat* (inexistente) ni *jada* (inconsciente) y que está siempre libre de dolor.» *Día a día con Baghavān (Sri Ramana Maharshi)*, Etnos, Madrid, p. 56.

128. «En el comienzo este mundo era meramente No-ser.» ChU III, 19, 1.
«(...) algunas personas dicen: "En el comienzo este mundo era meramente No-ser (*a-sat*), Uno único, sin segundo; desde ese No-ser el Ser (*sat*) fue producido".» ChU, VI, 2, 1 (citando a TU II, 7).

129. *Enseñanzas definitivas*, Los libros de la Liebre de Marzo, Barcelona, 1998, p. 73.

130. A su vez, el Vedānta distingue en *Īśvara* tres aspectos o *Trimūrti*:
–*Brahmā* (sustantivo masculino, y no *Brahman*, sustantivo neutro): es *Īśvara* considerado como "creador" o como principio responsable del paso

de lo inmanifiesto a lo manifiesto. Esta "creación" no es creación "de la nada" (tal concepción es exclusiva de las religiones monoteístas), sino la auto-expresión del propio *Brahman* dentro de las condiciones relativas del espacio y del tiempo.

–*Visnu*: es *Īśvara* considerado como principio conservador y ordenador de los seres.

–*Śiva*: es el aspecto destructor y renovador de *Īśvara* en virtud del cual lo manifiesto retorna a su origen inmanifiesto y lo formal a lo sin-forma.

131. Sin que "personalidad" tenga aquí ninguna connotación antropocéntrica.

132. Afirma Śaṅkara que hablar de un *Brahman* superior y de otro inferior no contradice la afirmación de que *Brahman* es "Uno sin segundo", pues el *Brahman* inferior no es diverso sustancialmente del *Brahman* superior; de hecho, considerado en sí mismo, no es; «sólo es para el punto de vista limitado basado en nombres y formas [*nāma-rūpa*] sustentado en la ignorancia» (Śaṅkara, BSBh IV.iii.14, p. 892).

133. Por ello: «Cualquiera que le conozca bajo su aspecto próximo (*apara*), inmanente, lo conoce también bajo su aspecto último (*para*), trascendente». Coomaraswamy, *Hinduismo y Budismo*, pp. 31 y 32.

134. *Enseñanzas definitivas*, p. 85.

135. I.A.T., 336; Y.s.e., p. 546.

136. *Enseñanzas definitivas*, p. 65.

137. II, 1-3.
«La Ignorancia penetra más adentro y el conocimiento es más superficial. (…) ¿Ignorarlo no es acaso conocerlo: conocerlo no es acaso ignorarlo? Pero, ¿cómo comprender esta sabiduría de la ignorancia [que se lo conoce no conociéndolo]? (…) El *Tao* no puede ser percibido, lo que se percibe no es Él; el *Tao* no puede ser visto, no es lo que se ve; el *Tao* no puede ser expresado con palabras, lo que se expresa con palabras no es Él. Da forma a lo que tiene forma, siendo Él sin forma. El *Tao* es innominable. Quien al ser preguntado sobre el *Tao* intenta responder, ignora lo que es el *Tao*. Por más que quien ha preguntado sobre el *Tao*, no pregunta por el *Tao* mismo. El *Tao* no puede ser preguntado y no puede ser respondido. Una pregunta que no puede ser preguntada es una pregunta imposible. La respuesta de lo que no puede ser respondido es respuesta sin contenido. Con respuesta sin contenido se quiere satisfacer a una pregunta imposible.» *Chuang-Tzu*, c. 22, 12.
«En el comienzo de todo está Él. Explicarle es igual a no explicarle. Conocerle es como no conocerle. El no conocerle es ya conocerle» (c. 24, 12).
«Si se cree contemplar a Dios, y comprenderle cuando se lo contempla, entonces es que se contempla, en realidad, a alguna de sus criaturas. La ignorancia es necesariamente la última palabra de la ciencia, cuando ésta quiere alcanzar a Aquel que no se conoce porque no es.» E. Gilson, exponiendo el pensamiento de Dionisio Areopagita, en *La filosofía en la Edad Media*, Gredos, Madrid, 1965², p. 81.

138. *Tratado de la unidad*, 1.1.6 y 2.4.2.

139. *Peregrino Querubínico*, I, 285 y II, 46.

140. Eckhart dirá hablando del fondo último del alma –donde el hombre es uno con el fondo de Dios–: «(…) ese Uno único se halla tan por encima de todos

los modos y potencias, que nunca jamás pueden echarle un vistazo una potencia y un modo y *ni siquiera el mismo Dios*. (...) Dios mismo nunca miraría ahí dentro ni por un solo momento y nunca lo ha hecho (...)». *Tratados y Sermones*, p. 279. La cursiva es mía.

141. *Amṛtanubhava*, IV, 18, 19, 20, 21 y 22.
142. IV, 5.
143. I, 6-7-8.
144. III, 7, 23.
145. Auto-luminoso significa lo que es conocido inmediatamente sin ser objeto de conocimiento. Cfr. William M. Indich, *Consciousness in Advaita Vedānta*, p. 37.
146. «La visión del color es independiente del color; la visión es la misma cualquiera que sea el color. Para ver el color se necesita un ojo. Los colores son muchos, el ojo único. Lo impersonal es como la luz en el color y también en el ojo; y es, a la vez, simple, único, indivisible, imperceptible, excepto en sus manifestaciones.» Nisargadatta, I.A.T., p. 232; Y.s.e., p. 392.
147. *Amṛitanubhava*, VII, 104.
«Por lo tanto, el Conocimiento puro no se auto-percibe como algo que existe o que no existe, lo cual no implica que no sea. El Ser es, más allá de la existencia y de la inexistencia.» VII, 31.
148. I, 4.
149. «[Dios] es un puro estar en Sí mismo donde no hay esto ni aquello, pues lo que hay en Dios es Dios. (...) Sucede lo siguiente: cualquier cosa que llega a Dios es transformada; por insignificante que ella sea, cuando la llevamos a Dios se aleja de sí misma. Os diré un símil: cuando tengo conocimiento, no lo soy yo mismo [el conocimiento dual lo tengo porque no lo soy]. Puedo obtener conocimiento, [y] también puedo perderlo. Pero cualquier cosa que se halla en Dios es Dios.» *Tratados y Sermones*, p. 286
150. TU 2, 1, 1 y MundU III, 2, 9.
151. «La liberación no se obtiene ni con el *yoga* ni con el *sāṃkhya* ni con el ritual ni con el conocimiento erudito ni con simples razonamientos sofísticos, sino con el reconocimiento de la Identidad Suprema de *Ātman* con *Brahman*. No existe otro modo (...).
Es vano el estudio de los *śastra* si se desconoce la suprema realidad. Pero es doblemente vano cuando se la conoce directamente.» *Vivekacūḍāmaṇi*, 56 y 59.
152. De aquí las siguientes palabras de Nisargadatta: «Un *jñānin* [el que ha alcanzado el conocimiento-realización de *Brahman*] no puede ser conocido porque no hay nadie a quien conocer». I.A.T., p. 361; Y.s.e., p. 585.
153. «Desde el momento en que el dualismo sujeto-objeto es superado, es incorrecto describirlo como conciencia de lo Absoluto. Es más bien Absoluto-conciencia o la Intuición que *es* Brahman.» M. K. Venkatarama Iyer, *Advaita Vedānta. According to Śaṅkara*, p. 49.
154. I.A.T., p. 404; Y.s.e., p. 650.
155. I.A.T., p. 135; Y.s.e., p. 246.
156. *Māṇḍūkya Karikā*, IV. 72.
157. «La idea de una conciencia y de un objeto de conciencia es esclavitud; liberarse de ella es liberación. La conciencia, el objeto de la conciencia y todo lo

demás, es el Ser. Éste es el *quid* de todos los sistemas de filosofía.» «La creencia en un conocedor y en lo conocido es llamada esclavitud. El conocedor es esclavizado por lo conocido; es liberado cuando no hay nada que conocer.» *Yoga Vāsiṣṭha Sāra*, IX, 30 y X, 5.

158. Para la teoría escolástica del conocimiento, el conocedor y lo conocido son uno en acto. Pero no es sólo esto lo que afirma el Advaita; va mucho más lejos: afirma que nada queda fuera de esa unidad en la que el conocedor y lo conocido se trascienden como entidades separadas e independientes al redescubrir su originaria unidad. En sentido absoluto, no hay tal cosa como el conocedor y lo conocido; sólo es el Conocer no-dual o la Conciencia pura (*Cit*) en la que todo es.

159. I, 12.
Cfr. KathU I, 2, 8-9.

160. «Si temporalmente el Ser aparece como dos partes distintas, el veedor (*dṛk*) y lo visto (*dṛṣya*), al unirse ambas se esfuma la división./ El veedor se funde con el objeto de la visión, y éste es idéntico al sujeto. De esta forma, ambos permanecen en la inexistencia [como entidades separadas], la cual es su esencia, la Realidad./ Siempre y dondequiera que el veedor y lo visto se estrechan en un abrazo, se funden y desaparecen.» *Amṛtanubhava* VII,174, 175 y 176.

161. Veda y "*Vidyā*" (conocimiento) proceden de la raíz "vid": ver. Este "ver" es una metáfora del conocimiento sensible que alude a la "visión interior" en que se funda toda gnôsis.

162. «Si queremos alcanzar una comprensión apropiada del significado y alcance de la "revelación", haríamos bien en olvidar las implicaciones que este término tiene en las religiones mediterráneas (…). Hablando con propiedad, "revelación" es un nombre inapropiado, puesto que en último término no hay revelador (…).
La revelación no es la palabra de Dios –porque, paradójicamente, si se quisiera derivar de una persona divina, su credibilidad podría ser impugnada–. Se sostiene que no tiene autor, pues si una persona, humana o divina, fuera su autor, sería vulnerable a los defectos inherentes a esa persona. Es axiomático que la revelación es infalible, y su infalibilidad puede ser defendida sólo si carece de autor.» Eliot Deutsch and J. A. B. van Buitenen, *A Source Book of Advaita Vedānta*, The University Press of Hawaii, Honolulu, 1971, p. 5.

163. Cfr. Eliot Deutsch and J. A. B. van Buitenen, *A Source Book of Advaita Vedānta*, p. 33.
El más importante de los textos avalados por la tradición –*smṛti*– es la *Bhagavad Gītā*. Es, de hecho, el más popular de los textos hindúes, y la autoridad que se le otorga en la tradición hindú es similar a la que se concede a las obras que constituyen la *śruti* védica.

164. Las metáforas de la audición y de la visión buscan enfatizar el carácter directo de este conocimiento –ajeno a toda mediación discursiva–, pero no hay que llevar demasiado lejos la analogía, ya que en el conocimiento sensible sigue estando presente la dualidad sujeto-objeto.

165. Cfr. René Guénon, *El hombre y su devenir según el Vedānta*, p. 25.

166. En ocasiones, el término *intellectus* no ha sido en nuestra tradición equivalente a la intuición índica no-dual (*anubhava*; *aparokṣānubbūti*), sino que vendría a tener su equivalente homeomórfico en el ámbito índico en la noción de *buddhi*. *Buddhi* (de la raíz "*bud-*": iluminar, brillar) es, para el Vedānta, el principio o función que, ya dentro del mundo relativo, reflejaría de modo directo la luz de *Cit* posibilitando toda percepción intuitiva o discernimiento inmediato. Frente al entendimiento discursivo (*manas*), *buddhi* sería la intuición intelectiva. Pero *buddhi* sigue perteneciendo al nivel relativo, dual; mientras que en la intuición no-dual también *buddhi* es trascendido.

167. Obviamente no se habla en este caso del "intelecto" en su sentido ordinario, moderno, que viene a ser sinónimo de "razón" o pensamiento discursivo.

168. *Tratados y Sermones*, pp. 360 y 361.
«(…) hay en el alma una potencia que no es tocada ni por el tiempo ni por la carne; emana del espíritu y permanece en él, y es completamente espiritual. Dentro de esta potencia se halla Dios exactamente tan reverdecido y floreciente, con toda la alegría y gloria, como es en Sí mismo. Allí hay tanta alegría del corazón y una felicidad tan incomprensiblemente grande, que nadie sabe narrarla exhaustivamente. (…) Dios se halla en esta potencia como en el ahora eterno. [Para el hombre que alcanza el conocimiento que otorga esta potencia] todas las cosas se yerguen esenciales dentro de él.» (pp. 275 y 276).

169. Según Platón, sobre las cosas que nacen y perecen tenemos conocimiento sensible, opinión (*doxa*). De lo que es de modo permanente tenemos conocimiento inteligible, ciencia (*epistéme*). El ámbito de la ciencia consta, a su vez, de dos grados de conocimiento: el razonamiento (*diánoia*), que tiene por objeto los seres matemáticos, y la inteligencia (*nous*), o conocimiento filosófico que, mediante la dialéctica, alcanza la contemplación intuitiva de las ideas. La *diánoia* descansa en hipótesis; mediante el razonamiento, se avanza de una hipótesis a otra hasta alcanzar la conclusión (la conclusión es siempre patente por otra cosa y se conoce de modo mediato). El *nous* trasciende toda hipótesis para alcanzar, no discursivamente sino por inmediatez cognoscitiva, el primer principio que tiene naturaleza incondicionada (es patente en sí mismo).
Aristóteles retoma las ideas de su maestro: «El Intelecto (*nous*) es más verdadero que la ciencia» y «nada es más verdadero que el intelecto» (*Últimos Analíticos*, libro II). «En el hombre hay algo de divino» dirá refiriéndose al *nous*. Pero se da en Aristóteles una importante y significativa inflexión: los principios a los que accede la intuición noética son ahora los principio del *decir* y del *pensar racional,* y no, como en Platón, los principios del Ser. El *nous* no accede ya a la percepción eminentemente concreta de lo real (lo universal como lo máximamente concreto y efectivo) sino a lo universal en tanto que universal abstracto. El intelecto no es principio y fin en sí mismo sino complemento de la ciencia de la demostración. Este olvido creciente en Aristóteles de la función y especificidad del intelecto se advierte, además, en que la filosofía ya no será para él, como lo era para Platón, aspiración a la *noesis* de las ideas (lo cual es una consecuencia lógica de su exigua concepción de los "principios"), sino *ciencia* de los entes por sus primeros principios y causas ("los conceptos universalísimos", el Ente Supremo causa de

todo lo que es, etc). En definitiva –y en expresión de Heidegger–, onto-logía y teo-logía.

170. Cfr. *El núcleo del núcleo*, pp. 28 y 29.

171. Ibn 'Arabí, *El núcleo del núcleo* III, 5.

172. *El núcleo del núcleo*, p. 78.

173. Cfr. J. Pieper, cit. por F. Delclaux en *El Silencio creador*, Rialp, Madrid, 1987, pp. 96 y ss.

174. «Intellectus et ratio differunt quantum ad modum cognoscendi, quia scil., intellectus cognoscit simplici intuitu, ratio vero discurrendo de uno in aliud» (*Summa Theologica* Th. I, 59, 1, ad.2) «Certitudo rationis est ex intellectu; sed necessitas rationis est ex defectu intellectus» (II, II, 49, 5, ad.1). «Ex imperfectione intellectualis naturae provenit ratiocinativa cognitio» (*Suma contra los Gentiles*, 1, 57) (8). «Manifestum est quod defectivus quidam intellectus est ratio» (C.G., 1, 57).

175. En IV, 18.

176. J. Pieper, Op. cit., p. 98.

177. I.A.T., p. 227; Y.s.e., p. 383.

178. I.A.T., pp. 64 y 45; Y.s.e., pp. 133 y 135.

179. En su artículo "Basic Intuitions of East and West" (PEW, V, nº 1, 1955), Peter Munz retoma la línea de reflexión de la obra de S. C. Northrop: *The Meeting of East and West*. Northrop, afirma Munz, considera que la quintaesencia de Occidente radica en el enorme peso que éste ha otorgado a la especulación teórica frente a la observación empírica pura y a la intuición contemplativa. Esto se traduce, a su vez, en el peso y la centralidad que tienen en Occidente los sistemas teóricos –«La filosofía de Platón, la teología de san Pablo, y la física de Newton son todos sistemas teóricos» (p. 44)–; sistemas a los que son intrínsecos la movilidad, la ruptura y el cambio: «La especulación teórica siempre está anhelando una mayor perfección, una mayor claridad, una mayor unidad, y está constantemente esforzándose por explicar más y más los hechos mediante un único sistema. Y, por el contrario, cualquier sistema que se considere deficiente será más tarde o más temprano superado por otro» (p. 45). Northrop –considera Munz– se aproxima en este punto a Christopher Dawson, quien afirma en su obra *Religion and the Rise of Western Culture*: «Otras grandes culturas del mundo realizaron su propia síntesis entre religión y vida y mantuvieron intacto un orden sagrado durante centurias y milenios. Pero la civilización occidental ha sido el gran fermento de cambio en el mundo, porque el cambio del mundo llegó a ser una parte integral de su ideal cultural (…) Únicamente en Europa la totalidad del patrón de su cultura ha de encontrarse en la continua sucesión y alternancia de libres movimientos espirituales» (p. 45).

180. Helmuth Von Glasenapp, "Parallels and Contrasts in Indian and Western Metaphysics", PEW, III, nº 3, 1953, pp. 229 y 230.

181. I.A.T., p. 520; Y.s.e., p. 829. «La separación es una apariencia. Al igual que el sueño no está separado del soñador, así el conocer no está separado del ser. El sueño es el soñador, el conocimiento es el conocedor, la distinción es meramente verbal.» Nisargadatta, I.A.T., p. 106; Y.s.e., p. 200.

182.   Cfr. P. D. Ouspensky, *Fragmentos de una enseñanza desconocida*, Ganesha, Venezuela, 1995, p. 112 y ss.
183.   T. S. Eliot, *After Strange Gods: A primer of Modern Heresy*, Faber, London, 1933, p. 40.
      Esta dialéctica es universal, como refleja el siguiente extracto del diálogo platónico *El Timeo*: «(…) uno de los sacerdotes [egipcios] ya muy viejo, le dijo: "Solón, Solón, Solón, vosotros los griegos sois siempre niños: ¡un griego nunca es viejo!"». A lo que replicó Solón: «¿Cómo dices esto?». Y el sacerdote: «Vosotros sois todos jóvenes en lo que a vuestra alma respecta. Porque no guardáis en ella ninguna opinión antigua, procedente de una vieja tradición, ni tenéis ninguna ciencia encanecida por el tiempo (…)». (22 b). «(…) [lo] que acabas de citar (…) se diferencia muy poco de los cuentos de los niños…» (22b/23d).
184.   Cit. por P. D. Ouspensky en *Fragmentos de una enseñanza desconocida*, p. 115.
185.   Por eso el sabio suele afirmar que sabe y habla siempre de lo mismo, aunque su saber y hablar siempre es nuevo, pues su comprensión se modifica en la medida en que ahonda en su propio ser.
186.   I.A.T., p. 473; Y.s.e., p. 759.
187.   En el ámbito advaita, la "acción" cuyo fin es interno, que no se subordina a un resultado distinto de la misma acción en sí, no es calificada propiamente de "acción", sino de "no-acción". Como veremos, se considera que la acción así entendida adquiere una naturaleza análoga a la del conocimiento y que, al igual que éste, sí es liberadora.
188.   «Las acciones, por consiguiente, no son medios para el máximo bien. Ni tampoco en conjunción con el conocimiento pueden llegar a serlo. Además, el conocimiento que tiene como efecto la liberación no depende del apoyo de la acción, pues al eliminar la ignorancia se opone a ella. En verdad las tinieblas no pueden disipar las mismas tinieblas. Por lo que sólo el conocimiento de la verdad puede conducir al mayor bien posible.» Śaṅkara, BGBh XVIII, 66.
189.   Śaṅkara, *Ātmabodha* 2, 3 , 4.
      «(…) la liberación se sigue del conocimiento en todos los casos sin excepción.» Śaṅkara, BSBh, III.iii.32, p. 704.
190.   «Puesto que el conocimiento produce un resultado directo e inmediatamente sentido, no puede haber temor de no adquirirlo. Con respecto al cielo, etc., que vendrá mucho después como resultado de las (pasadas) acciones, puede existir tal temor de si vendrá o no; pero el resultado del conocimiento es una cuestión de experiencia directa, pues así es afirmado en: "El Brahman que es inmediato y directo" (BU III.iv.1), y puesto que el texto "Tú eres Eso" (ChU VI. viii.7) habla de él como de una verdad ya realizada (…) Por lo tanto la liberación sucede inevitablemente a un hombre de conocimiento.» Śaṅkara, BSBh III.iii.32, p. 705.
191.   I.A.T., pp. 206 y 207; Y.s.e., p. 353. La cursiva es mía.
192.   I.A.T., p. 171; Y.s.e., p. 301.
193.   I.A.T., p. 104; Y.s.e., p. 198.
194.   I.A.T., p. 104; Y.s.e, p. 197.

195.   I.A.T., p. 227; Y.s.e., p. 383.
«M: Eso que oye la pregunta, la contesta.
P: Pero, ¿quién es?
M: No quién, sino qué. No hay una persona en el sentido que usted da a la palabra, aunque a usted le parezca una persona; soy el océano infinito de la Conciencia en el que todo ocurre. También estoy más allá de toda existencia y cognición, soy pura bienaventuranza de ser. No hay nada de lo que me sienta separado; por consiguiente soy todo, nada es yo, yo soy nada. El mismo poder que hace que el fuego arda y el agua fluya, que las semillas germinen y el árbol crezca, me hace responder las preguntas de usted. No hay nada personal en mí, aunque el lenguaje y el estilo pueden parecer personales. Una persona es un conjunto de pautas de pensamientos y deseos y de las acciones resultantes; en mi caso no hay tal pauta. No hay nada que desee ni tema, ¿cómo podría haber una pauta?» Nisargadatta, I.A.T., p. 222; Y.s.e., p. 375.

196.   Cfr. Su artículo "Símbolo y simbolización. La diferencia simbólica. Para una lectura intercultural del símbolo" (pp. 383-413); en: *Arquetipos y símbolos colectivos*, Círculo Eranos I, Cuadernos de Eranos, Ànthropos, Barcelona, 1994.

197.   De estos enunciados cabría decir lo que Nisargadatta afirma de toda palabra: «Las palabras no describen, son sólo símbolos». I.A.T., p. 171; Y.s.e., p. 301.

198.   Es importante no confundir el *símbolo* con la *alegoría* (de hecho, lo que en nuestra cultura se suelen denominar símbolos son, con frecuencia, meras alegorías). La alegoría busca hacer presente algo que no puede mostrarse directamente por tratarse de abstracciones, cualidades morales o espirituales. La imagen alegórica elegida para esa finalidad es un posible significante entre otros. Lo significado por el símbolo, por el contrario, no es previo ni desvinculable del símbolo mismo, es decir, el símbolo como tal es el único y el óptimo modo de expresar lo por él significado. La alegoría está al servicio del pensamiento abstracto y apunta a un concepto abstracto. El símbolo no encarna una idea abstracta sino un sentido concreto, si bien de naturaleza trascendente y supra-mental. (En la exposición del pensamiento de Heidegger, al hablar de «lo simbólico como determinación del Ser», ahondaremos en esta distinción).

199.   «Muy propio del filósofo el estado de tu alma: la admiración. Porque la filosofía no conoce otro origen que éste» (Platón, *Teeteto* 155c). «Así, el amante de los mitos, que son un conjunto de maravillas, es por la misma razón un amante de la sabiduría» (Aristóteles, *Metafísica* 982 B).

200.   Heidegger, *Was heisst Denken*, p. 7; *Qué significa pensar*, p. 16.

201.   Ejemplo extremo de esta última postura es la interpretación de Max Müller de la naturaleza del mito en su obra *Comparative Mythology*. Según la misma, el mito (de naturaleza irracional y caótica) vendría a ser una mera "patología" del lenguaje (de por sí ordenado y lógico), una forma arbitraria de articular narrativamente los significados cambiantes de una misma palabra a lo largo del tiempo. El mito ya no es el modo de suplir las deficiencias del lenguaje; todo lo contrario: la filología sería la raíz de la mitografía y la que permitiría acceder al esclarecimiento del mito.

202.   *Hinduismo y Budismo*, p. 28, nota. 22.

203.   I.A.T., p. 517 y 224; Y.s.e., pp. 825 y 337.

204.   «"Yo" es el nombre de Dios, el primero y más grande de los mantras.» Ramana Maharshi, *Día a día con Bhagavān*, p. 237.

205.   La cuestión que habría que plantear es la de si hay algo común a todas ellas que nos permita unificarlas bajo una categoría común, o si ese algo es tan difuso que toda categoría con pretensión unificadora es necesariamente equívoca.

206.   Cfr. Martín Velasco, *Introducción a la fenomenología de la religión*, Cristiandad, Madrid, 1987[4].
       «Sólo cuando el conocedor y lo conocido son idénticos puede establecerse la certeza. Por tanto, para el advaitín, el discurso religioso no es mera opinión, tampoco teoría, mucho menos la expresión de un sentimiento.» John Grimes, *An Advaita Vedānta Perspective on Language*, p. 216.

207.   *El núcleo del núcleo*, p. 9.
       «El cristianismo es una manera de juntar palabras, y el hinduismo otra. Lo real está detrás y más allá de las palabras, es incomunicable, directamente experimentable y explosivo en su efecto sobre la mente. Se tiene fácilmente cuando no se quiere nada.» Nisargadatta, I.A.T., p. 512; Y.s.e., p. 817.

208.   Por ejemplo, cuando habla de la "virginidad de María" no alude a la literalidad del supuesto hecho histórico, sino que otorga a dicha afirmación un valor eminentemente simbólico: para que nazca al Cristo interior o el verdadero Sí mismo, es preciso que el alma –que por su "fecundidad" puede considerarse "femenina"– sea "virgen", es decir, que esté libre y desasida de todo.

209.   No hay tal cosa como la "teología hindú" (aunque éste es precisamente el título de un clásico sobre el hinduismo: la obra de J. Pereira, *Hindu Theology. Themes, Texts and Structures*, Motilal Banarsidas, Delhi, 1991); menos aún hay una "teología advaita".

210.   Platón fue el primero en emplear el término "teología".

211.   R. Guénon, *El hombre y su devenir según el Vedānta*, p. 32.

212.   De aquí el talante tolerante y respetuoso del Vedānta con las diversas manifestaciones religiosas.

213.   En palabras de F. Schuon: «A Śaṅkara no se le ocurre negar la validez relativa de los exoterismos que por definición se detienen en la consideración de un Dios personal. (...) Este Dios personal y todopoderoso es perfectamente real en sí mismo, y con mayor razón en relación con el mundo y el hombre; pero ya es *māyā* con respecto a lo Absoluto propiamente dicho. Para Śaṅkara, el monoteísmo personalista es válido, y por lo tanto eficaz, dentro del marco de *māyā*; pero como el espíritu humano se identifica en su esencia –de hecho difícilmente accesible– con el supremo Sí, le es posible (...) alcanzar su propia Realidad inmutable». *El Esoterismo como Principio y como Vía*, Taurus, Madrid, 1982, p.19.

214.   I.A.T., p. 264; Y.s.e., p. 440.
       «Los dioses y los universos van y vienen, los *avatares* se suceden unos a otros sin cesar, y al final regresamos a la fuente. Yo sólo hablo de la fuente intemporal de todos los dioses y de todos los universos, pasados, presentes y futuros.» I.A.T., p. 123; Y.s.e., p. 228.

215.   La unión con el Dios personal no es aún realización de la no-dualidad: «(…) el avaitín confirma que, aunque la concentración en el Señor (*Īśvara*) es la experiencia meditativa más elevada –la unidad de todas las distinciones (*Saguṇa brahman*)–, no es el logro espiritual final. La liberación (*Nirguṇa brahman, nirvikalpa samādhi*), desde la perspectiva advaita, no consiste en la unificación de todas las distinciones sino en su trascendencia. K.C. Bhattacharyya ha expresado la diferencia existente entre estos dos niveles argumentando que el primero consiste en la comprensión de la naturaleza ilusoria de la dualidad a través de la unión con Dios, mientras que el segundo conlleva la completa trascendencia incluso de la realización de la unidad en sí misma». William M. Indich, "Can the Advaita Vedāntin provide a meaningful definition of absolute consciousness?", PEW, XXX, 1980, p. 492.

216.   «Sohravardî recuerda lo que respondió el maestro a quien le preguntó qué era el sufismo: "Su punto de partida es Dios, su punto de llegada es lo sin-límite".» Christian Jambet, «El problema del sentido y su alcance en relación a la "Filosofía oriental"», *Axis Mundi*, nº 3, 1995, p. 56.

217.   Cuando una persona que ha alcanzado el grado de perfección dice "Él", se espera que todo su ser esté perdido y enterrado en la no-existencia; y ésta es la muerte (…) "muere antes de morir" *El núcleo del núcleo*, pp. 64 y 65.

218.   Ibn 'Arabí, *Tratado de la Unidad*, 1. 1.

219.   *Tratados y Sermones*, p. 395.

220.   Cit. por Hunt, *Essay on Pantheism*, p. 179.

221.   *Tratados y Sermones*, p. 692.

222.   *Tratados y Sermones*, p. 691.

223.   *Tratados y Sermones*, p. 389.

224.   «¿Qué es la esencia de Dios? ¿Se lo preguntas a mi estrechez? Has de saber sin embargo que es supraesencialidad» (II, 145). «Hombre, si no estás tan distante de todo como la Divinidad lo está de Dios, nunca te elegirá como sede suya» (II, 16). «Sé que Dios sin mí no puede vivir ni un instante» (I, 8).

225.   I.A.T., p. 44; Y.s.e., p. 99.

226.   I.A.T., p. 179; Y.s.e., p. 314.

227.   I.A.T., p. 208; Y.s.e., p. 354.

228.   I.A.T., p. 44; Y.s.e., p. 99.

229.   I.A.T., p. 152; Y.s.e., p. 271.

230.   *Indian Philosophy II*, p. 624, p. 656 y p. 650.

231.   *Introducción a la Filosofía vedānta*, Ediciones Mra, Barcelona, 1997, p. 18.

232.   *La experiencia filosófica de la India*, p. 31.

233.   *La experiencia filosófica de la India*, p. 31.

234.   *Introducción a la Filosofía vedānta*, p. 12.

2. El conocimiento del sí mismo

1.   MundU I, 1, 3.

      «Cuando vemos, oímos, percibimos y conocemos al Sí mismo, todo lo demás es verdaderamente conocido.» BU II, 4, 5.

2.   I.A.T., p. 241; Y.s.e., p. 404.

      «Descubre quién eres y encontrarás todas las respuestas.» Nisargadatta, *Consciousness and the Absolute*, Chetana, Bombay, 1997, p. 84.

3. (…) la teología y la autología son una sola y la misma ciencia, (…) la única respuesta posible a la cuestión "¿Quién soy yo?" es "Tú eres Eso".» Coomaraswamy, *Hinduismo y Budismo*, p. 40.
    «Quien se conoce a sí mismo conoce a su Señor» (Hadith del Corán).

4. «El conocimiento que posee el que conoce su "propium" es el conocimiento que *Allāh* posee de Su "propium", de Sí mismo, porque Su "propium" no es distinto de Él. (…) su propósito [del hombre] de conocer su "propium" es el propósito de la gnôsis, es decir, el conocimiento de *Allāh*.» *Tratado de la Unidad*, p. 69.

5. Platón pone en boca de Sócrates las siguientes palabras: «Yo no dispongo de tiempo, en modo alguno, para esas cosas, y la razón de ello, amigo, es ésta: aún no puedo, según la inscripción de Delfos, conocerme a mí mismo, e ignorando todavía eso me resulta ridículo considerar lo que no me concierne. De aquí que deje en paz esos mitos, ateniéndome a lo que usualmente se cree de ellos y, como decía ahora, no me entregue a su estudio, sino al de mí mismo: si acaso soy una fiera más complicada e inflamada de orgullo que Tifón, o si soy un animal más pacífico y sencillo que participa por naturaleza de un destino divino y está libre de orgullo». *Fedro*, 230 a.
    «Si una persona no sabe qué es –afirma Ibn 'Arabí– ¿cómo puede entender la eternidad y llegar al que no tiene principio?.» «Pensabas que eras una parte pequeña; pero, en cambio, en ti hay un universo: el más grande.» *El núcleo del núcleo*, IV y III, 5.

6. Krishnamurti, *La tragedia del hombre y del mundo: la mente mecánica*, Kier, Buenos Aires, 1992, p. 29.

7. "Subjetividad" y "objetividad" que sólo tienen sentido desde nuestro punto de vista dual, pues a ese nivel se trasciende ésta y toda otra dualidad.

8. IU 6,7.

9. «En el principio sólo existía el Ser en la forma de *Puruṣa*. Él, mirando a su alrededor, no vio nada excepto su propio ser. Así dijo: "Éste soy Yo". Así fue como, pronunciando su nombre, se convirtió en Yo. Por eso, al preguntarle su nombre a alguien responde en primer lugar: "yo soy", y luego pronuncia otro nombre.» BU I, 4, 1.

10. BSBh, III.2.21.
    «Si el alma individual (*jīva*) fuera diferente del Yo superior, el conocimiento del Yo superior no implicaría el conocimiento del alma individual; y la promesa dada en una de las *Upaniṣad* de que, a través del conocimiento de una realidad, todo es conocido, no sería cumplida.» Śaṅkara, BSBh I.4. 20.

11. I.A.T., p. 374; Y.s.e., p. 605.
    «El "Yo soy" es uno. No hay un "yo soy superior" y un "yo soy inferior".» Nisargadatta, I.A.T., p. 293; Y.s.e., p. 480.

12. *Māṇḍūkya Karikā*, III, 14 y III, 13.

13. «(…) hay en nosotros un hombre exterior y otro interior (Cfr. 2 Cor. 4, 16). Al hombre exterior pertenece todo cuanto está adherido al alma [pero] envuelto en la carne y mezclado con ella, y que tiene una cooperación física con cualquier miembro y dentro de él, como por ejemplo, con el ojo, el oído, la lengua, la mano y otros por el estilo. Y la Escritura llama a todo esto el hombre viejo, el hombre terrestre, el hombre exterior (…).

El otro hombre dentro de nosotros es el hombre interior; a éste lo llama la Escritura un hombre nuevo, un hombre celestial (...)". "(...) el hombre [interior], luego de haber sido desnudado de su propia imagen, ha sido transformado en la imagen de la eternidad divina.» *Tratados y Sermones*, pp. 219-220 y 224.

14. *Tratados y Sermones*, p. 531.
15. *Tratados y Sermones*, p. 395.
16. *Tratados y Sermones*, p. 219.
17. Eckhart, Ed. Pfeiffer, p. 598. Cit. por A. K. Coomaraswamy, *Hinduismo y Budismo*, p. 17.
18. *Tratados y Sermones*, p. 369.
19. *Tratado de la Unidad*, 1.1.
20. *Tratado de la Unidad*, 1.7.2 y 1.7.3.
     «(...) todo lo que no es Él, incluyendo el "sí mismo" del hombre [del yo empírico], no tiene ninguna existencia. (...) las cosas son la "quiddidad" de *Allāh*, fuera del tiempo, del espacio y de todo atributo» (1.3.2).
21. *Sin-sin-ming* (uno de los textos madre del budismo zen), 30.
22. En palabras que dicha tradición pone en boca del Buda. *Vinaya Pitaka* I, 6.
22. *Vinaya Pitaka* I, 23.
24. *Budismo Zen*, Kairós, Barcelona, 1993³, p. 155.
25. Cfr. *Hinduismo y Budismo*, pp. 95 y ss.
26. *Chuang-Tzu*, c. 12, 1 y c. 33, 1.
27. Con relación a la aplicación de estos principios en la terapia psicológica y psico-somática, cfr. Thérèse Brosse, *La "Conscience-Énergie", structure de l'homme et de l'univers,* Editions Présence, París, 1978. También: Arthur J. Deikman, M. D., *The Observing Self. Mysticism and Psychotherapy*, Beacon Press, Boston, 1982.
28. También: BrhU IV, 3, 20; *Mahānārāyana Upaniṣad*, 157-158.
29. Otra numeración (varía según los traductores): III, 1, 3 ó V, 3.
30. «Imposibilidad de unir lo que es único.
     Si alguno pregunta: "¿Cómo se opera la Unión, puesto que afirmas que sólo Él es? Una cosa que es única no puede unirse más que con ella misma". La respuesta es: en realidad no hay unión ni separación, como no hay alejamiento ni aproximación. Se puede hablar de unión entre dos cosas o más y no cuando se trata de una cosa única. La idea de unión o de llegada comporta necesariamente la existencia de dos cosas al menos, análogas o no. Si son análogas, forman oposición. Pero *Allāh* (...) está exento de toda semejanza, así como de todo rival, contraste u oposición. Lo que se llama ordinariamente "unión", proximidad o alejamiento, no son tales cosas en el sentido propio de la palabra. Hay unión sin unificación, proximidad sin aproximación, y alejamiento sin idea ninguna de distancia.» *Tratado de la Unidad*, 2.1 y 2.1.1.
31. *Māṇḍūkya Kārikā*, II, 32. Gauḍapāda viene a expresar lo mismo que una *kārikā* de Nāgārjuna en la *Mādyamikavritti* (XVI. 5).
32. Término que ha dado a conocer particularmente Ramana Maharshi, destacado maestro advaita del siglo XX, y con el que alude a la investigación que tiene como eje la pregunta "¿quién soy yo?", que bien puede resumir la esencia de la tarea advaita.

33. I.A.T., p. 319; Y.s.e., p. 519.
34. BU II, 4, 6.
35. Sri Aurobindo, *Síntesis del Yoga II*, pp. 24 y 25.
36. Aunque más bien habría que decir: "experiencia 'trans-personal'", pues la experiencia de la propia naturaleza esencial no es, en ningún caso, experiencia de un "yo personal"; acontece en la trascendencia del mismo. Y, siendo más precisos, ni siquiera cabría calificarla de "experiencia", pues rebasa el marco de la dualidad sujeto-objeto: no hay un sujeto que experimente algo, ni "algo" experimentado (con relación a esto último, cfr. la nota 29 del capítulo 1, relativa a la diferencia entre "experimentar" y "experienciar"). Estas matizaciones son ilustrativas de la inadecuación de nuestro lenguaje ordinario para dar cuenta de las intuiciones no-duales; de hecho, los términos que utilizaremos en esta exposición distarán con frecuencia no sólo de mostrar con precisión dicho pensamiento –algo inevitable cuando se trata de apuntar a "experiencias" de naturaleza supramental–, sino incluso de impedir su distorsión expresiva. La inevitable inadecuación terminológica se intentará suplir con insistentes precisiones de significado.
37. 58 y 60.
     «Ese pensamiento no puede ser obtenido por la razón.» KathU, I, 2, 9. «El *Ātman* no puede ser logrado por medio de la instrucción ni por la inteligencia, ni por medio de mucho oír.» KathU, I, 2, 23. «Quien conoce a *Brahman*, cuya dicha ni el habla ni la mente podrán nunca alcanzar, nada tiene que temer.» TU, II, 4.
38. 65.
39. I.A.T., p. 169; Y.s.e., p. 298.
40. I.A.T., p. 367; Y.s.e., p. 595.
41. I.A.T., p. 272; Y.s.e., p. 450.
42. I.A.T., p. 199; Y.s.e., p. 342.
43. *Aham asmi* (Yo soy): *mahā-vākya* procedente de la *Bṛhadāraṇyaka Upaniṣad*.
44. I.A.T., p. 48; Y.s.e., p. 106.
45. 183.
46. «(…) no es posible negar al Sí mismo (…). [Pues] el Sí mismo constituye la misma naturaleza del ser humano que lo niega.» Śaṅkara, BSBh II.iii.7.
47. «Cuando se percibe una cosa, esto quiere decir que hay un testigo detrás de esta percepción. Sin embargo, cuando falta el agente que percibe, ¿cómo es posible percibir algo?» *Vivekacūḍāmaṇi*, 215.
48. I.A.T., p. 437; Y.s.e., p. 700.
49. I.A.T., p. 404; Y.s.e., p. 650.
50. I.A.T., p. 219; Y.s.e., p. 370.
     «Pues el Sí mismo de una persona no requiere ser revelado a esa persona mediante algún otro medio (…) el Yo, siendo la base de todos esos asuntos empíricos, como el uso de los medios de conocimiento, permanece como un postulado previo incluso al uso de dichos medios.» Śaṅkara, BSBh, II.iii.7, p. 455.
51. BGBh XIII, 2.
52. «Este principio de realidad denominado lo Absoluto, puesto que se manifiesta como el conocedor, es aquello de lo que toda cognición empírica y de

otro tipo depende. Su realidad es, por lo tanto, establecida como lógicamente anterior a toda experiencia empírica, incluyendo el conocimiento empírico válido. Pues, como el Sí mismo de todo, es inmediatamente evidente; y porque es una experiencia auto-luminosa, es auto-evidente, y no requiere, como otros objetos, nada además de sí mismo para darse a conocer. Por todos estos motivos no requiere de ninguna enseñaza positiva especial.» Sri Swami Satchidānandendra, *The Method of The Vedānta. A critical Account of the Advaita Tradition*, Motilal Banarsidass Publishers, Delhi, 1997, p. 2.

53.   *Peregrino Querubínico*, II, 46.
54.   *Tractatus Logico-Philosophicus*, Alianza, Madrid, 1987², 5.632.
55.   *Tractatus Logico-Philosophicus*, 5.641.
56.   Tras considerar las proposiciones de la forma *"A cree que P"* (lo que implica que se dan en A ciertos elementos psicológicos que poseen estructura lógica), afirma Wittgenstein en su *Tractatus*: «Esto muestra también que no hay tales cosas como el alma –el sujeto, etc.–, como se concibe en la psicología superficial de nuestra época.
       En verdad un alma compuesta no sería más un alma» (5.5421).
57.   I.A.T., p. 135; Y.s.e., p. 247.
       La crítica de Hume, por la que redujo el yo a un mero haz de fenómenos psíquicos, es perfectamente retomable por el Advaita con relación a la naturaleza del yo individual. Ahora bien, para el Advaita, tales fenómenos psíquicos precisan del trasfondo de la Conciencia para ser; todo fenómeno es tal sólo si la Conciencia pura lo sustenta y atestigua. Hume, en su negación de la substancialidad del yo psicológico, olvidó al yo metafísico –cualitativamente distinto al anterior–, el fondo no cambiante con respecto al cual tiene sentido hablar de aparición y desaparición fenoménicas.
58.   «Siendo un hecho establecido que el objeto y el sujeto, que coinciden con los contenidos de los conceptos "tú" y "nosotros" (respectivamente), y que son por naturaleza tan contrarios como la luz y la oscuridad, no pueden lógicamente tener ninguna identidad, se sigue que sus atributos pueden tenerla menos aún.» BSBh I.i, p. 1.
59.   *Kauṣītaki Upaniṣad*, V, III, 8.
60.   «Cuando hay dualidad, uno ve al otro, uno huele al otro, uno oye al otro, uno saluda al otro, uno percibe al otro, uno conoce al otro; pero cuando el Ser está en la unidad esencial, ¿cómo puede ver a otro, cómo puede oír a otro, cómo puede saludar a otro, cómo puede percibir a otro, cómo puede conocer a otro? ¿Cómo se puede conocer a Aquel por el cual todo es conocido?» BU II, 4, 14.
       «Tú no puedes ver al verdadero Ser que ve mediante la vista, tú no puedes oír al verdadero Ser que oye a través del oído, ni puedes percibir al verdadero Ser que percibe todas las sensaciones, ni conocer al conocedor del Conocimiento. Este es tu Ser que está dentro de todo. Todo lo demás es ilusorio.» BU III, 4, 2.
       «Como el ojo mira y no llega a vislumbrarlo lo llama lo evasivo. Como el oído escucha sin poder oírlo lo llama lo inaudible. Como la mano busca sin poder asirlo lo llama lo incorpóreo.» Lao Tse, *Tao Te King*, XIV.
61.   I.A.T., p. 395; Y.s.e., p. 636.

62. I.A.T., p. 360; Y.s.e., p. 583.
63. En palabras de Nisargadatta Maharaj –con las que se dirige a un interlocutor–: «(…) Lo que usted está haciendo en este momento: tratar de comprender [meramente] con la razón estas palabras, es inútil. La inteligencia no es más que una resultante de su ser. Es, por tanto, imposible que pueda captar lo que le precede». *Ser*, Sirio, Málaga, 1990, p. 129.
64. «P: Entonces, ¿qué soy yo?
M: Es suficiente saber lo que usted no es. No necesita saber lo que es, ya que mientras el conocimiento signifique descripción en términos de lo ya conocido, perceptual o conceptual, no puede haber auto-conocimiento, puesto que lo que uno es no puede ser descrito, excepto como negación total. Todo lo que puede decir es: "Yo no soy esto, yo no soy aquello"; usted no puede decir verdaderamente: "Esto es lo que soy". Sencillamente no tiene sentido. Lo que puede señalar como "esto" o "aquello" no puede ser usted. Ni tampoco puede ser "otra cosa". Uno no es algo que pueda ser percibido o imaginado. Y, a su vez, sin uno no puede haber percepción ni imaginación.» Nisargadatta, I.A.T., p. 2; Y.s.e., pp. 24 y 25.
65. I.A.T., p. 26; Y.s.e., p. 69.
66. I.A.T., p. 506; Y.s.e., p. 807.
67. *Tratado de la Unidad*, 1.7.1.
68. I.A.T., p. 518; Y.s.e., pp. 826 y 827.
69. I.A.T., p. 195; Y.s.e., p. 336.
70. I.A.T., p. 513; Y.s.e., p. 818.
71. Para el Advaita ésta es la única función legítima de la mente en lo que al conocimiento de la realidad en-sí se refiere.
En último término, el impulso por el que la mente busca ir más allá de sí misma no se origina en la mente sino en lo inmanifiesto.
72. I.A.T., p. 520; Y.s.e., p. 829.
73. I.A.T., p. 341; Y.s.e., p. 553.
74. I.A.T., p. 362; Y.s.e., p. 587.
75. Cit. por Radhakrishnan, *Indian Philosophy II*, p. 625.
76. *Indian Philosophy II*, p. 539.
77. BSBh I.i, p. 1.
78. BSBh I.i, p. 2.
79. *Pañcapādikā*, V, 12 y VII, 17, trad. por Ventakataramiah, "Gaekwad's Oriental Series", Vol. CVII, Bangalore, 1948.
80. No nos detendremos en la caracterización de estos *śarīra*s y *kośa*s. Para ampliar este aspecto del pensamiento Vedānta, cfr. la *Taittirīya Upaniṣad*, en la que se describen estas vestiduras o *kośa*s, y *Vivekacūḍāmaṇi*, 154-209. Cfr. también la *Māṇḍūkya Upaniṣad* y el comentario de Śaṅkara a la misma con relación a la fenomenología de los tres estados modificados de conciencia (*jāgarita-sthāna* o conciencia vigílica, *svapna-sthāna* o estado de sueño con sueños, y *suṣupti* o estado de sueño profundo) que se asocian a las respectivas *kośa*s. Recomendamos, igualmente, el resumen claro y pedagógico que sobre la naturaleza de estos cuerpos realiza Eliot Deutsch en su artículo "The Self in Advaita Vedānta", *International Philosophical Quarterly*, I, n° 1, 1966.

81.   También en la materia hay cierto grado de conciencia; es conciencia en su vibración más lenta y densificada: «La materia que podría considerarse, mucho más que cualquier contenido psíquico, como puramente no-consciente, resulta ser el velo más denso que oculta la propia Conciencia originaria, pero además un velo cuya substancia no es otra que la propia Conciencia (…), por lo cual se trata de un auto-ocultamiento en un doble sentido: se oculta a Sí Misma, mediante Sí Misma». «No existe en rigor una absoluta inconsciencia. Sólo el Ser es. La nada no es. Sólo la Conciencia existe». V. Merlo, *Experiencia yóguica y antropología filosófica*, p. 75.
       «(…) sólo hay Conciencia. Toda la vida es consciente, toda conciencia es vida (…). Incluso las piedras son conscientes y están vivas.» Nisargadatta, I.A.T., p. 47; Y.s.e., p. 103.

82.   La aceptación o no aceptación de la concepción de la estructura del hombre y del cosmos expuesta, resultan secundarias con respecto a lo que nos ocupa, pues la realidad de *adhyāsa* se fundamenta, para el Advaita, en la auto-observación fenomenológica. En este contexto, toda exposición teórica es siempre posterior a dicha auto-observación directa. Y toda teoría que busque articular lo comprendido mediante esa observación e insertarlo en una cosmovisión tiene una validez prioritariamente funcional: radica en su capacidad de alumbrar e invitar a dicha experiencia.

83.   «(…) se sobreimponen características externas sobre el Yo. De modo similar se sobreimponen las características del cuerpo cuando uno tiene ideas del tipo "Yo soy gordo", "Yo soy delgado", "Yo soy bello", "Yo me quedo", "Yo voy", o "Yo asciendo". Asimismo se sobreimponen los atributos de los sentidos y órganos cuando se piensa: "Yo soy mudo", "Yo he perdido un ojo", "Yo soy un eunuco", "Yo soy sordo" o "Yo soy ciego". También se sobreimponen los atributos del órgano interno, tales como el deseo, la voluntad, la duda, la perseverancia, etc. Del mismo modo se sobreimpone primero el órgano interno, poseído de la idea del *ego*, sobre el Yo, el testigo de todas las manifestaciones de ese órgano; luego, por un proceso opuesto, se sobreimpone sobre el órgano interno, etc., ese Yo que es opuesto al no-yo y que es el testigo de todo.» Śaṅkara, BSBh I.i, p. 6.
       En expresión de Patañjali: la ignorancia es la identificación del Ser que ve con los instrumentos del ver. Cfr. *Yoga-sūtra*, Versión y comentarios de T. K. V. Desikachar, Edaf, Madrid, 1994, II.17; II.23; II.26; etc.

84.   Sri Aurobindo, *Īśā Upaniṣad*, p. 28.

85.   *Vivekacūḍāmaṇi,*169.
       Si bien, como hemos visto, también la mente tiene un insustituible papel en la liberación de la ignorancia a través de *viveka-vairāgya:*
       «El mismo viento que reúne las nubes, las dispersa; así, la mente imagina la esclavitud, pero imagina también la liberación.» *Vivekacūḍāmaṇi*, 172.
       «Esto es lo que piensan los sabios: lo mental es la causa de la esclavitud y de la liberación. La mente identificada con los objetos-sueño sensoriales, conduce a la esclavitud. Cuando vuelve a sí misma lleva a la liberación.» *Amṛta-bindopaniṣad*, II.

86.   Esta metáfora es el eje de la teoría del reflejo (*pratibimba-vāda*) que se asocia, fundamentalmente, a la escuela advaita vivaraṇa. La segunda lo es de la

teoría de la limitación (*avacchedaka-vāda*) que se asocia a la escuela advaita bhamati. Cfr. Eliot Deutsch, "Self in Advaita Vedānta", *International Philosophical Quarterly*, VI, n° 1, 1966, pp. 10 y 11. Cfr. al respecto también E. Deutsch, *Advaita Vedānta. A Philosophical Reconstruction*, pp. 51 y ss.

87. BSBh II.iii.50, p. 515.
88. Citando a las *Mokṣa Śastra* en BSBh III.2.18.
 «Igual que una sola cara es reflejada como muchas en un cristal, en el agua o en un espejo, así también el Ser [único] se refleja en las distintas [múltiples] mentes.» *Yoga Vāśiṣṭha Sāra*, IX,10.
89. 218 y 219.
90. Cfr. BSBh III.ii.18-20.
91. I.A.T., p. 399; Y.s.e., p. 642. La cursiva es mía.
92. *Abadhūta Gītā*, VI, 1.
93. «Según las escrituras, el ser (*Ātman*) es semejante al espacio (*ākāśa*), y los seres individuales (*jīva*), a los espacios contenidos en los cántaros (...).»
 «Lo mismo que los espacios contenidos en los cántaros, al ser éstos destruidos vuelven a reabsorberse en el espacio indiferenciado (*ākāsa*), del mismo modo los individuos (*jīva*) se funden en el ser (*Ātman*).» Gauḍapāda, *Māṇḍūkya Kārikā*, III, 3 y III, 4.
 «Lo que es ese *Brahman* es lo que es ese espacio exterior al hombre. Por cierto, lo que es ese espacio exterior al hombre, también es este espacio que está dentro del hombre. Ese espacio que está dentro del hombre, también es ese espacio que está dentro del corazón. Eso es lo que es pleno, lo que no cambia.» ChU III,12,7-8.
 Cfr. *Vivekacūḍāmaṇi*, 134.
94. Śaṅkara, MUBh III, 6.
95. Śaṅkara, BSBh III.ii.11.
96. En palabras de Śaṅkara: «(...) en tanto que permanece la ignorancia, el espíritu es afectado por atributos definidos, etc., pero tan pronto como la ignorancia (*avidyā*) concluye, el yo se identifica con el Sí mismo (...). Pero bien sea efectiva o no la ignorancia, ningún cambio se produce en el objeto mismo. En la oscuridad, un hombre puede confundir un pedazo de cuerda que esté en el suelo con una serpiente y puede separarse a la carrera de él, con espanto y temblor; al punto, otro hombre le puede decir: "No temas, se trata sólo de una cuerda, no de una serpiente" y puede entonces dejar de tener el miedo que le producía la serpiente imaginada y detener su carrera. No obstante, durante todo el tiempo en el que persistió la presencia y ausencia de su noción equivocada, en tanto que consideraba a la cuerda como una serpiente, la cuerda en sí no soportó ningún cambio. Exactamente análogo es el caso del *jivātman* que es en realidad idéntico a *Ātman*, aunque *avidyā* le hace mostrarse como diverso». BSBh I.iv.6, p. 257.
97. Radhakrishnan, *Indian Philosophy II*, p. 508.
98. I.A.T., p. 343; Y.s.e., p 557.
99. «Yo puedo ver con la mayor claridad que usted nunca ha estado, ni está, ni estará apartado de la realidad, que usted es la plenitud de la perfección aquí y ahora y que nada puede privarle de su herencia, de lo que usted es. Usted

no es de ningún modo distinto de mí, sólo que no lo sabe. Usted no sabe lo que es y por lo tanto se imagina ser lo que usted no es. De aquí los deseos y los temores y la desbordante desesperación. Y una actividad insensata para poder escapar de ello.» Nisargadatta, I.A.T., pp. 424 y 425; Y.s.e., p. 682.

100.   Para la descripción de este proceso, cfr. A. Blay, *Ser*, Indigo, Barcelona, 1992, cap. 3.

101.   Cfr. A. Blay, Ibid, p. 93.

102.   Cfr. A. Blay, Ibid, p. 95.

103.   Para el Advaita, efectivamente, «el infierno son los otros» (Sartre); no hay más infierno que la creencia básica en la separatividad del yo.

104.   «Krishnamurti distingue entre el tiempo objetivo y lo que él denomina tiempo "psicológico". El primero es cronológico, mensurable, y cuantifica procesos que envuelven cambios en el mundo físico. El segundo existe sólo como memoria personal de experiencias que están en relación con uno y el mismo yo permanente (e imaginario), llamado uno-mismo. Esto es, el tiempo psicológico es el "yo" recordado –la memoria de haber experimentado ciertos placeres, heridas, "logros", penas, etc., con su acompañamiento de esperanzas y miedos, junto a la creencia en un futuro personal– (...). Por tanto, el tiempo psicológico significa el sentido de poseer un pasado personal y su proyección en el futuro. En este sentido, el tiempo psicológico se identifica con la misma estructura del "yo".» M.M. Agarwal, "Nothingness and Freedom: Sartre y Krishnamurti", *Journal of Indian Philosophical Research*, IX, 1991, p. 54.

105.   Nisargadatta, I.A.T., p. 517; Y.s.e., p. 826.

106.   I.A.T., p. 307; Y.s.e., p. 502.
«En el gran espejo de la conciencia las imágenes aparecen y desaparecen, y sólo la memoria les da continuidad. Y la memoria es material: destructible, perecedera, transitoria. En cimientos tan endebles construimos un sentido de existencia personal, vaga, intermitente, como un sueño. Esta vaga persuasión: "yo soy tal cual", oscurece el estado inmutable de la conciencia pura y nos hace creer que hemos nacido para sufrir y morir» (p. 113; p. 212).

107.   I.A.T., p. 528; Y.s.e., p. 842.
Como veremos con detenimiento, no hablamos del presente o del ahora entendido como el mero instante que media entre el pasado y el futuro, sino como el ahora ilimitado que trasciende, integrándola, toda sucesión temporal.

108.   I.A.T., p 206; Y.s.e., p. 351.

109.   Nisargadatta, I.A.T., p. 162; Y.s.e., p. 287.

110.   Nisargadatta, I.A.T., p. 430; Y.s.e., p. 691.

111.   «Dios se halla en esta potencia [el ápice del alma, el *intellectus*] como el "ahora eterno". (...) este hombre [el "hombre nuevo"] (...) habita en un sólo "ahora" siempre nuevo, ininterrumpidamente.» Eckhart, *Tratados y Sermones*, pp. 275 y 276.

112.   Krishnamurti, *Principios del aprender*, Edhasa, Barcelona, 1995, p. 177.

113.   «(...) sin ruptura en la continuidad, ¿cómo puede haber un renacer? ¿Puede haber renovación sin muerte? Incluso la oscuridad del sueño es refrescante y rejuvenecedora. Sin la muerte estaríamos atrapados en una eterna senilidad.» I.A.T., p. 30; Y.s.e., p. 78.

«Para vivir hay que morir. No hay renacer excepto a través de la muerte» (p. 94; p. 182).

114. I.A.T., p. 499; Y.s.e., p. 796.
115. I.A.T., p. 230; Y.s.e., p. 387.
116. I.A.T., p. 499; Y.s.e., p. 797.
117. «(...) todo conocimiento es una forma de ignorancia (...). Todo conocimiento está en la memoria; es sólo reconocimiento.» Nisargadatta, I.A.T., p. 423; Y.s.e., p. 680. «Mientras mire con la mente no puede ir más allá de la mente.» I.A.T., p. 307; Y.s.e., p. 502.

No hay que identificar este "reconocimiento" –el modo de conocimiento de la mente condicionada, filtrada por la memoria, que se proyecta en lo que conoce y es, por ello, incapaz de acceder a lo incondicionado, a lo distinto de sí– con el "recuerdo" ligado al "reconocimiento" o remembranza de lo esencial. Como veremos en nuestra exposición comparada, también el Advaita habla del "recuerdo" y del "reconocimiento" en este último sentido. En expresión de Nisargadatta: «Lo que usted quiere ser ya lo es. Solamente recuérdelo» (I.A.T., p. 185; Y.s.e., p. 322).

118. «El pensamiento puede crear el más maravilloso de los instrumentos (...); pero el pensamiento jamás podrá alcanzar "lo otro" porque el pensamiento nunca es libre; es viejo, está condicionado. El pensamiento es la estructura total de lo conocido.
(...) cualquier cosa que el pensamiento toca, no es real. El pensamiento es tiempo. El pensamiento no puede tocar lo real". Krishnamurti, J., *Tradition and Revolution. Dialogues with Krishnamurti,* Krishnamurti Foundation, 1972, pp. 17 y 19; *Tradición y revolución*, Edhasa, Barcelona, 1978, pp. 38 y 41.

119. I.A.T., p. 407; Y.s.e., p. 104.
120. IU 9.
«(...) cuanto más se habla de Él, más se aleja.» *Chuang-Tzu,* c. 25, 13.
121. «Comprenda que la realidad no necesita ser conocida, para ser. La ignorancia y el conocimiento están en la mente, no en lo real.» Nisargadatta, I.A.T., p. 423; Y.s.e., p. 680.
«El saber y el no-saber son un pensamiento; el verdadero saber se vive y está vacío de pensamiento.» J. Klein, *La alegría sin objeto*, Luis Cárcamo, Madrid, 1980, p. 65.
122. Nisargadatta, I.A.T., p. 385; Y.s.e., p. 620.
«Ustedes saben que conocen sólo sobre la base de la ignorancia. Primeramente, no conocen; luego, sobre esa base de ignorancia brota el conocimiento, pero la base es ignorancia únicamente. Aunque la ignorancia, cuando llega a la madurez, se convierte en conocimiento y se manifiesta profusamente, no obstante, su ancestro sigue siendo la ignorancia. Anterior a la ignorancia está el estado ancestral de lo Absoluto.» Nisargadatta, *Semillas de conciencia*, Sirio, Málaga, 1995, p. 34.
123. I.A.T., p. 403; Y.s.e., p. 648.
124. I.A.T., p. 392; Y.s.e., p. 631.
125. Para Nicolás de Cusa, la *"docta ignorantia"* es la condición ineludible de toda sabiduría o conocimiento superior. Pues el entendimiento humano es

un camino ilimitado de meras conjeturas que se mueven siempre en un círculo cerrado, hipotético y auto-referencial.
«Cuando nos creemos ignorantes es cuando nuestra ciencia es más conforme a la inteligencia.» Plotino, *Enéadas* V, III, 11.

126.   Y continúa: «El miedo a la muerte lo es sólo con respecto a lo conocido, no
a lo desconocido. No hay miedo a lo desconocido; lo que tememos es sólo el
cambio, el cese de lo conocido.» Krishnamurti, *Krishnamurti's Notebook*,
Harper & Row, Nueva York, 1984, p. 208; *Diario*, Edhasa, Barcelona, 1978,
p. 225.

127.   I.A.T., p. 499; Y.s.e., p. 797.

128.   I.A.T., p. 148; Y.s.e., p. 266.

129.   «La persona, el "yo soy este cuerpo, esta mente, esta cadena de recuerdos,
este manojo de deseos y temores", desaparece, pero queda algo que puede
usted llamar identidad. Me permite convertirme en una persona cuando es
necesario. El amor crea sus propias necesidades, incluso la de convertirse en
una persona.» Nisargadatta, Y.s.e., p. 781.

130.   «La fuente de todo lo contiene todo. Cualquier cosa que fluya de ella ha de
haber estado allí en la forma de semilla. Y al igual que la semilla es la última de innumerables semillas y contiene la experiencia y la promesa de innumerables bloques, así, lo Desconocido contiene todo lo que fue y pudo ser y
todo lo que será o pueda ser. Todo el campo del devenir está abierto y es accesible; el pasado y el futuro coexisten en el ahora eterno.» Nisargadatta,
I.A.T., p. 67; Y.s.e., p. 138.

131.   «(…) lo que se añade a la memoria no puede ser borrado fácilmente. Pero
puede hacerse, y de hecho, lo estoy haciendo todo el tiempo. Como un pájaro volando, yo no dejo huellas.» I.A.T., p. 399; Y.s.e., p. 641.
Cfr. *Chuang-Tzu*, c. 7, 6.

132.   «P: ¿Está un individuo con un sentido débil de la personalidad más cerca de
la auto-realización?
M: Tome el caso de un niño pequeño. El sentido del "Yo soy" todavía no
está formado, la personalidad es rudimentaria. Los obstáculos para el auto-
conocimiento son pocos, pero falta el poder y la claridad de la conciencia, su
profundidad y amplitud. En el curso de los años la conciencia crecerá más
fuerte, pero también surgirá la personalidad latente y oscurecerá y complica-
rá las cosas. Al igual que cuanto más dura es la madera, más caliente es la
llama, así también cuanto más fuerte es la personalidad, más brillante es la
luz que se genera con su destrucción.» Nisargadatta, I.A.T., p. 417; Y.s.e.,
pp. 670 y 671.

133.   «El sentido, la idea, la experiencia de que yo soy un ser separadamente auto-
existente en el universo, y la formación de la conciencia y de la fuerza del
ser dentro del molde de esa experiencia constituyen la raíz de todo sufrimiento, toda ignorancia y todo mal.» Sri Aurobindo. Cit. por V. Merlo en *Experiencia Yóguica y Antropología Filosófica*, p. 68.

134.   «Dado que el egocentrismo es el modo dominante de relación con el mundo,
especialmente en la sociedad occidental contemporánea, necesita explicarse
por qué la mayoría de las personas no parecen de forma obvia estar sufrien-
do bajo las garras de la angustia y la desesperación. La respuesta a esta apa-

rente paradoja es doble. En primer lugar, como ya señalamos, la ansiedad y la desesperación son a menudo bastante sutiles y difíciles de discernir. Usualmente yacen bajo la superficie de las fluctuaciones momentáneas de la emoción, constituyendo el trasfondo con respecto al cual son experimentados otros sentimientos y emociones. Pero quizá más importante aún es el hecho de que la mayoría de la gente cree que el sistema egótico funciona y, si parece no estar funcionando para ellos, se culpan a sí mismos y no al sistema. Asumen que casi todo el mundo está funcionando bien, o al menos ni bien ni mal, y antes que revelar lo que consideran su propio fallo, mantienen las apariencias externas y, en el proceso, contribuyen a la *ilusión universal.*» Michael J. Stark and Michael C. Washburn, "Ego, egocentry and Self-transcendence: A Western Interpretation of Eastern Teaching", PEW, XXVII, nº 3, 1977, p. 277.

135. I.A.T., p. 110; Y.s.e., p. 206.
136. Nisargadatta, I.A.T., p. 414; Y.s.e., p. 667.
«Nada te arroja al abismo como esa palabra detestada (¡toma buena nota de ello!): *mío* y *tuyo.*» «¿Dónde está mi morada? Allí donde no hay tú ni yo.» Angelo Silesio, *Peregrino Querubínico*, V, 238 y I, 7.
137. Nisargadatta, I.A.T., p. 48; Y.s.e., pp. 105 y 106.
138. I.A.T., p. 453; Y.s.e., p. 725.
139. «Los que sueñan que están bebiendo en un banquete, al amanecer lloran de pena. Al contrario, los que sueñan que están llorando, al amanecer se encuentran que están divirtiéndose en una cacería en el campo. Cuando sueñan no saben que sueñan. (…) Al despertarse ven que no ha sido más que un sueño. Sólo con un gran despertar se puede comprender el gran sueño en que vivimos. Los estúpidos se creen muy despiertos.» *Chung-Tzu*, C. 2, 12.
«Antiguamente Chuang-Tzu soñó que era mariposa. Revoloteaba gozosa; era una mariposa y andaba muy contenta de serlo. No sabía que era Tzu. De pronto se despierta. Era Tzu y se asombraba de serlo. Ya no le fue posible averiguar si era Tzu que soñaba ser mariposa o si era la mariposa que soñaba ser Tzu.» *Chuang-Tzu*, c. 2, 13.
140. I.A.T., p. 17; Y.s.e., p. 52.
141. I.A.T., p. 129; Y.s.e., p. 238.
142. I.A.T., p. 453; Y.s.e., p. 725.
143. «(El *jñānin*) saborea una bienaventuranza pura, sin causa, no diluida. Es feliz y totalmente consciente de que la felicidad es su propia naturaleza y de que no necesita hacer nada ni luchar para asegurarla. La felicidad está con él más real que el cuerpo, más cerca que la propia mente. Usted imagina que sin causa no puede haber felicidad. Para mí, depender de algo para ser feliz es la miseria absoluta. El placer y el dolor tienen causas, mientras que mi estado es el mío propio: totalmente incausado, independiente, inexpugnable.» Nisargadatta, I.A.T., p. 179; Y.s.e., pp. 313 y 314.
144. Jean Klein, *La alegría sin objeto*, Cárcamo, Madrid, 1980, p. 43.
145. *Ibid*, p. 15.
146. Cfr. P. D. Ouspensky, *Fragmentos de una enseñanza desconocida*, p. 104 y ss.
147. I.A.T., p. 81 y 82; Y.s.e., p. 161.
148. I.A.T., p. 83; Y.s.e., p. 163.

149.   I.A.T., p. 63; Y.s.e., p. 131.

150.   I.A.T., p. 269; Y.s.e., p. 445.

151.   «La persona es solamente el resultado de un malentendido. En realidad, no existe tal cosa. Los sentimientos, los pensamientos y las acciones corren ante el observador en sucesión sin fin, dejando huellas en el cerebro y creando la ilusión de continuidad. Un reflejo del observador sobre la mente crea el sentido "Yo soy" y la persona adquiere aparentemente una existencia independiente. En realidad, no hay persona, sólo el observador identificándose con el "yo" y lo "mío". El maestro dice al observador: no eres esto, no hay nada tuyo en esto, excepto el pequeño punto de "Yo soy" que es el puente entre el observador y su sueño. "Yo soy esto, yo soy aquello" es un sueño, mientras que el puro "Yo soy" lleva el sello de la realidad en él.» Nisargadatta, I.A.T., p. 343; Y.s.e., p 557.

152.   I.A.T., p. 371; Y.s.e., p. 601.

153.   I.A.T., p. 197; Y.s.e., p. 338.

154.   I.A.T., p. 216; Y.s.e., p. 365.

155.   I.A.T., p. 305; Y.s.e., p. 498.

156.   «Rechace resueltamente aquello que usted no es, hasta que el Ser real surja en su gloriosa nada.» Nisargadatta, I.A.T., p. 526; Y.s.e., p. 838.

157.   "Yo soy" no es el resultado de un proceso mental. El "neti-neti" no es una actividad intelectual, pues una actividad de este tipo nunca conduce más allá de la mente. En palabras de Ramesh S. Balsekar: «La naturaleza de la auto-indagación a menudo no es claramente comprendida. La indagación "¿quién (o qué) soy Yo?" significa realmente un esfuerzo para encontrar la fuente del *ego*. Este esfuerzo sin esfuerzo conduce a la apercepción de la Verdad. La intención no es ocupar la mente con pensamientos del tipo "Yo no soy el cuerpo". De hecho, la práctica de la auto-indagación comienza cuando finaliza el análisis teórico intelectual. Buscar la fuente del "mí" no significa remplazar un pensamiento por otro, sino ir más allá de todos los pensamientos». *The Final Truth*, p. 191.

158.   I.A.T., p. 206; Y.s.e., p. 351.

159.   No estamos hablando, insistimos, del resultado de un proceso o movimiento direccional: «El "Yo soy" no es una dirección. Es la negación de toda dirección». Nisargadatta, I.A.T., pp. 307 y 308; Y.s.e., p. 502.

160.   «¿Usted cree que Dios le conoce? Él no conoce ni siquiera el mundo.» I.A.T., p. 43; Y.s.e., p. 96.

161.   «Dios tampoco conoce nada fuera de sí mismo, sino que su mirada sólo está dirigida hacia Él mismo. Lo que ve, lo ve todo en Él. Por eso, Dios no nos ve cuando estamos en pecado.» *Tratados y Sermones*, p. 298.

162.   *Peregrino Querubínico*, V, 31; III, 161 y III, 190.

163.   *Tratado de la Unidad* 11.2.3; cfr. 1.1.9.

164.   I.A.T., p. 343; Y.s.e., pp. 557 y 558.

165.   «Porque el *Tao* [*Brahman*, lo Absoluto] sólo se posa en el vacío.» *Chuang-Tzu*, c. 4, 3.

166.   Y continúa la *Upaniṣad*: «El que contiene todas las obras, el que contiene todos los deseos, el que contiene todos los olores, el que contiene todos los sabores, el que abarca todo este mundo, sin habla, sin preocupación, éste es mi

Yo dentro del corazón, éste es *Brahman*. (...) Ciertamente el que esto cree ya no tendrá más dudas» (III, 14, 4) .

«Esa verdad (...) no es fácil de ser comprendida (...) pues es inconcebiblemente más pequeña que lo pequeño.» KathU I, 2, 8.

«[Dios es] pequeño como lo más pequeño y grande como todo, necesariamente.» Angelo Silesio, *Peregrino Querubínico*, II, 40.

«Tú eres lo más grande del universo, lo más profundo del océano, ¿por qué te molestas en conocer otros lugares si el Ser eres tú?» Ibn 'Arabí, *El núcleo del núcleo*, VII. 3.

167.   33.

168.   I.A.T., pp. 386 y 387; Y.s.e., p. 624.

169.   Nisargadatta expresa así el carácter incondicional de *Ānanda*: «En la no-dualidad hay felicidad [*Ānanda*]; en la dualidad, experiencia. Lo que va y viene es experiencia, es decir, dualidad de placer y dolor. La felicidad no puede conocerse [es inobjetiva como *Sat* y *Cit*]. Uno siempre es felicidad pero nunca feliz. La felicidad no es un atributo.» I.A.T., p. 106; Y.s.e., p. 201.

«(...) no hay tal cosa como la paz mental (...); la mente es la inquietud misma. El *yoga* no es un atributo de la mente, ni tampoco un estado mental.» I.A.T., p. 142; Y.s.e., p. 256.

170.   Y puesto que todo es *Ānanda*, también el dolor es, en esencia, una manifestación de esa beatitud esencial: «Toda la pena y todo el placer provienen del amor». Eckhart, *Tratados y Sermones*, p. 464.

«El placer y el dolor son *Ānanda* (bienaventuranza). Aquí estoy frente a usted y diciéndole –por mi propia experiencia inmutable e inmediata– que el dolor y el placer son las cimas y valles de la marejada en el océano de la bienaventuranza. En la profundidad existe una plenitud total.» Nisargadatta, I.A.T., p. 165; Y.s.e., p. 292.

171.   BU II, 4, 5.

«Es esa unión de la cual la unión de los amantes terrestres que desean enlazar mutuamente su ser es una copia.» Plotino, En VI, 7, 34.

172.   Coomaraswamy traduce así, libremente, el texto de la *Upaniṣad* (BU IV, 3, 21 y BU II, 4, 5). El simbolismo erótico –hace notar– es uno de los más recurrentes en las distintas tradiciones a la hora de aludir al retorno del hombre exterior al Sí mismo. *Hinduismo y Budismo*, p. 37.

173.   *Ibid*.

174.   «La anatomía y la astronomía lo describen a usted. (...) Si se conoce a sí mismo como el morador de ambos cuerpos no repudiará nada. Todo el universo será de su incumbencia; amará y ayudará tierna y sabiamente a cada cosa viva. No habrá choque de intereses entre usted y otros. Toda explotación cesará absolutamente. Cada una de sus acciones será beneficiosa, cada movimiento suyo será una bendición.» I.A.T., p. 309; Y.s.e., pp. 504 y 505.

175.   Hay una forma de compasión, una conciencia de unidad, que percibe "una unidad pluralística, la adunación de unidades similares que dan por resultado una colectividad o solidaridad más bien que una real unidad. Los muchos quedan con respecto a la conciencia como existencias reales; el Uno es sólo su resultado.

«[Nada de ello tiene que ver con la verdadera compasión.] El conocimiento real comienza con la percepción de la unidad esencial: una Materia, una Vida, una Mente, un Alma que actúan en múltiples formas". Sri Aurobindo, *Īśā Upaniṣad,* pp. 56 y 57.

176.   «Una vez que usted pueda decir con la confianza de la experiencia directa: "Yo soy el mundo, el mundo soy yo", por un lado se libera del deseo y del temor y por el otro se hace totalmente responsable del mundo. La insensata aflicción de la humanidad se convierte en el único interés de usted.» Nisargadatta, I.A.T., p. 496; Y.s.e., p. 792.

177.   I.A.T., p. 511; Y.s.e., p. 815.

178.   I.A.T., p. 316; Y.s.e., p. 515.

179.   «Establézcase firmemente en la conciencia de "Yo soy". Éste es el principio y también el fin de toda tarea.» «Sólo conserve en la mente el sentimiento "Yo soy", húndase en él, hasta que su mente y su sentimiento se hagan uno (…) Cualquier cosa que haga, piense o diga, este sentido de ser, inmutable y afectuoso, permanece como el telón de fondo de la mente.» Nisargadatta, I.A.T., pp. 53 y 48; Y.s.e., pp. 113 y 106.

180.   «Ser, sólo ser (…) Tal modo aparentemente perezoso de pasar el tiempo está altamente considerado en la India. Significa que por el momento usted está libre de la obsesión del "¿y ahora qué?". Cuando no tiene prisa y la mente está libre de ansiedad, ésta se aquieta y en el silencio algo que de ordinario es demasiado sutil o fino para ser percibido puede oírse (…).

No necesita preocuparse de sus preocupaciones. Sólo sea. No trate de estar quieto; no convierta el "estar quieto" en una tarea a realizar. No se inquiete respecto a "estar quieto"; no sea desgraciado respecto a "ser feliz". Simplemente sea consciente de que usted *es* y permanezca consciente; no diga: "Sí, Yo soy, ¿y ahora qué?" No hay un "¿ahora qué?" en el "Yo soy". Es un estado intemporal.» Nisargadatta, I.A.T., p. 508; Y.s.e., p. 811.

«P: ¿Qué esfuerzo necesito hacer para alcanzarlo?

M: Sin esfuerzo, simplemente sea.» Nisargadatta, *Consciousness and the Absolute*, p. 18.

181.   I.A.T., p. 259; Y.s.e., p. 431.

182.   I.A.T., p. 159; Y.s.e., p. 282.

183.   «La base de todo temor es la entidad, la identificación con un cuerpo particular con autonomía e independencia, con volición y elección. El temor, el deseo y todas las otras formas de afectividad son meras manifestaciones de la pseudo-entidad que constituye la pseudo-esclavitud, y lo que necesita ser eliminado es esta pseudo-entidad, y no sus manifestaciones.» Ramesh S. Balsekar, *Explorations into the eternal*, p. 70.

184.   I.A.T., p. 464; Y.s.e., p. 744.

185.   *Tao Te King*, L.

186.   Nisargadatta, I.A.T., pp. 363 y 364; Y.s.e., p. 588.

187.   I.A.T., p. 319; Y.s.e., p. 518.

«Comprenda que lo que usted cree ser no es más que una corriente de sucesos; que mientras que todo ocurre, va y viene, usted sólo es: lo inmutable entre lo cambiante, lo evidente entre lo inferido. No confunda al observador con lo observado y abandone las falsas identificaciones.» Nisargadatta, I.A.T., p. 215; Y.s.e., p. 364.

188.   I.A.T., p. 65; Y.s.e., p. 134.
189.   I.A.T., p. 198; Y.s.e., p. 340.
190.   125,126.
191.   Cit. por K. Wilber, *La conciencia sin fronteras*, p. 170.
192.   «(…) cuando el hombre dice: "éste soy yo, el que conoce lo que existe aho-
        ra en el presente, soy yo el que conoció el pasado y lo que era antes del pa-
        sado, y soy yo quien conocerá el futuro y lo que será después del futuro",
        está implícito en estas palabras que, incluso cuando cambia el objeto de co-
        nocimiento según el pasado, el presente y el futuro, el conocedor no cambia,
        ya que su naturaleza es la de estar eternamente presente.» Śaṅkara, BSBh
        II.iii.7, p. 455.
193.   505.
194.   MundU III, 1,1-2. También en SvU 4, 6.
        «El niño va detrás del juguete, pero la madre observa al niño, no al juguete.»
        Nisargadatta, I.A.T., p. 221; Y.s.e., p. 374.
195.   De hecho, esta atestiguación se está produciendo siempre. «La atestiguación
        acontece de forma natural. Cuando tus palabras me penetran, contesto. De
        modo semejante, cuando percibimos cualquier cosa (…), se produce la ates-
        tiguación de las percepciones. No se necesitan esfuerzos especiales.» Nisar-
        gadatta, *Enseñanzas definitivas*, p. 146.
        «Ser consciente es estar despierto. No consciente significa dormido. De to-
        dos modos, usted es consciente, no necesita intentar serlo. Lo que necesita
        es ser consciente de que es consciente. Sea consciente deliberada y cons-
        cientemente, ensanche y profundice el campo de la conciencia. Usted siem-
        pre es consciente de la mente, pero no es consciente de sí mismo como ser
        consciente.» Nisargadatta, I.A.T., p. 220; Y.s.e., p. 373.
196.   «P: Sin memoria no puede ser consciente.
        M: Claro que soy consciente, y tengo plena conciencia de ello. ¡No soy un
        bloque de madera! Compare usted la conciencia y su contenido con una
        nube. Usted está dentro de la nube, mientras que yo la miro. Está usted per-
        dido en ella, casi incapaz de ver la punta de sus dedos, mientras que yo veo
        la nube y otras muchas nubes y también el cielo azul, el sol, la luna y las es-
        trellas. La realidad es una para nosotros dos, pero para usted es una prisión
        y para mí es un hogar.» Nisargadatta. I.A.T., p. 295; Y.s.e., p. 483.
197.   *Chuang-Tzu*, c. 7, p. 59.
198.   «(…) ver lo falso como falso y abandonar lo falso permite que la realidad
        llegue a ser.» Nisargadatta, I.A.T., p. 513; Y.s.e., p. 818.
199.   «Desarrolle la actitud del testigo y encontrará por su propia experiencia que
        el desapego produce control. El estado de atestiguación está lleno de poder,
        no hay nada pasivo en él.» Nisargadatta, I.A.T., p. 186; Y.s.e., p. 324.
200.   *La sencillez del Ser*, Obelisco, Barcelona, 1988, p. 62.
201.   *La sencillez del Ser*, p. 75.
202.   I.A.T., p. 494; Y.s.e., pp. 788 y 789.
203.   I.A.T., p. 375; Y.s.e., p. 607.
204.   I.A.T., p. 397; Y.s.e., p. 640.
205.   *La Vía del no-apego*, Los libros de la Liebre de Marzo, Barcelona, 1991, pp.
        37, 33 y 15-16.

«No te apegues a las opiniones duales; evita cuidadosamente seguirlas. Si hay el menor rastro de sí o de no, el espíritu se pierde en un dédalo de complejidades.» «Si una cosa no nos ofende es como si no existiera (...). El sujeto desaparece tras el objeto; el objeto se desvanece con el sujeto.» *Sin-sin-ming*, 11 y 13.

206.   *Tratados y Sermones*, pp. 98 y 99.
207.   *Tratado de la Unidad*, 1.5.1.
208.   *Tratado de la Unidad*, 1.3.4.
209.   I.A.T., p. 87; Y.s.e., p. 170.
210.   «Si usted pudiera experimentar el vacío interior totalmente, la explosión hacia la totalidad estaría cerca.» I.A.T., p. 346; Y.s.e., p. 562.
211.   K. Wilber, *La conciencia sin fronteras*, Kairós, Barcelona, 1993[5], pp. 83 y 84.
212.   I.A.T., p. 221; Y.s.e., p. 374.
         «Esta unión del que ve y lo visto sucede cuando el que ve se hace consciente de sí mismo como el veedor; no está meramente interesado en lo visto –que en cualquier caso es él mismo–, sino también interesado en estar interesado, dando atención a la atención, consciente de ser consciente. Una conciencia afectuosa es el factor crucial que trae la realidad al punto de enfoque.» I.A.T., p. 292; Y.s.e., p. 478.
213.   I.A.T., p. 519; Y.s.e., p. 829.
214.   I.A.T., p. 439; Y.s.e., p. 703.
215.   I.A.T, p. 303; Y.s.e., p. 494.
216.   I.A.T., p. 396; Ys.e., p. 636.
217.   *Aitareya Upaniṣad* III, 5, 3.
218.   «No está en el cuerpo, ¡el cuerpo está en usted! La mente está en usted. Le ocurren a usted.» Nisargadatta, I.A.T., p. 212; Y.s.e., p. 360.
219.   «Este mundo fascinante surge como una ola en el océano ambrosíaco de la Conciencia y en él se disuelve.» *Yoga Vāśiṣṭha Sāra*, II, 23.
220.   I.A.T., p. 310; Y.s.e., p. 505.
221.   I.A.T., p. 221; Y.s.e., p. 373.
222.   I.A.T., p. 199; Y.s.e., p. 341.
223.   *Cantar de Aṣṭāvakra*, Dédalo, Buenos Aires, 1979, XI, 8.
224.   *Ser*, p. 53.
225.   «Porque hay algo, todo lo corpóreo, que diríamos que es "devenir", mas no substancia, pues "nace y perece, pero jamás es realmente" [Platón, *Timeo* 28 a 3-4] sino que se conserva por su participación en el Ser y en cuanto participa en Él.» Plotino, En IV, 7, 8.
226.   I.A.T., p. 38; Y.s.e., p. 90. La cursivas es mía.
227.   I.A.T., p. 393; Y.s.e., p. 632. La cursiva es mía.
228.   «Hay niveles en la conciencia (consciousness), pero no en la Conciencia en sí (awareness) (...). Hay niveles de claridad en la comprensión y de intensidad en el amor, pero no en su fuente.» Nisargadatta, I.A.T., p. 403; Y.s.e., p. 648.
229.   «En realidad, hay un único estado; cuando está corrompido y teñido por la auto-identificación, se llama persona; cuando está teñido por un sentido de ser, la conciencia resultante deviene el testigo; cuando permanece en su pu-

reza prístina, inmaculado, es lo Supremo, lo Absoluto.» Cit. por Ramesh S. Balsekar, *Pointers from Nisargadatta Maharaj*, The Acorn Press, Durham, 1983, p. 11.

230. *Ser*, p. 88.

231. Nisargadatta, I.A.T., p. 362; Y.s.e., p. 587.

232. Nisargadatta, I.A.T., p. 351; Y.s.e., p. 569.

233. Nisargadatta, *Consciousness and the Absolute*, p. 9.

234. Nisargadatta, *The Nectar of the Lord's Feet. Final Teachings of Sri Nisargadatta Maharaj*, Element Books, Longmead, 1987, p. 40; *Enseñanzas definitivas*, p. 74.

235. Nisargadatta, *The Nectar of the Lord's Feet*, p. 42; *Enseñanzas definitivas*, pp. 76 y 77.

236. Nisargadatta, *Ser*, p. 52. La cursiva es mía.

237. *The Nectar of the Lord's Feet*, pp. 34; *Enseñanzas definitivas*, p. 68 y 69. Con relación a este aspecto de sus enseñanzas últimas, cfr. en particular sus siguientes obras (todas son transcripciones de conversaciones mantenidas con Nisargadatta): *Prior to Consciousness*, The Acorn Press, Durham, Carolina del Norte, 1985; *Ser*, Sirio, Málaga, 1990; *The Nectar of the Lord's Feet. Final Teachings of Sri Nisargadatta Maharaj*, Element Books, Longmead, 1987; *Seeds of Consciousness*, Grove Press, Nueva York, 1982; *Consciousness and the Absolute*, Chetana, Bombay, 1997.

238. II, 16.

239. «ślokārdhena pravakāyāmi yad uktam granthakoṭibhiḥ brama satyam jagan mithyā jīvo bramaiva nāparaḥ.»

240. «Lo que es conocido a través de cualquiera de estos medios de conocimiento, como la percepción directa, etc., es posible, y lo que no puede ser conocido a través de ninguno de estos medios de conocimiento, es imposible.» Śaṅkara, BSBh II.ii.28, p. 420.

241. *Māyā* significa, en una de sus posibles acepciones, ilusorio o aparentemente real. El término *mithyā* es una contracción de "*mithūya*", que deriva de la raíz *mith*, algunos de cuyos significados son: "doble" y "alterno". La palabra "*mithyā*", usada adverbialmente, está en relación con éste último, y significa "erróneamente", "impropiamente", "contrariamente", etc.; y como forma nominal significa "falso", en el sentido de algo que se ha percibido incorrectamente o que se ha tomado por lo que no es. Cfr. Richard Brooks, «The meaning of "real" in Advaita Vedānta», PEW, XIX, nº 4, 1969, p. 386.

242. «Lo mismo que buscas la confirmación de las experiencias de vigilia con aquellos con los que has estado cuando estabas despierto, debes corroborar las experiencias soñadas con aquellos que compartían tu estado onírico, es decir, debes confirmarlas mientras estás soñando. Los amigos o parientes que ves en tus sueños confirmarán sin duda tus experiencias soñadas como los de la vigilia corroboran las que tienes cuando estás despierto. La cuestión esencial es ésta: al despertar, ¿eres capaz de confirmar tus propias experiencias soñadas? Del mismo modo, el que despierta al *jñāna* no puede corroborar la realidad de las experiencias de vigilia. Desde este punto de vista, la vigilia es como un sueño.» Ramana Maharshi, *Día a día con Bhagavān*, p. 17.

243.   Cfr. C. Martín, *Conocimiento y realidad en la Māṇḍūkya Upaniṣad y Gauḍapāda*, U.C.M., Madrid, 1981, pp. 63 y ss.

244.   Vivekānanda habla, en este sentido, de «una mezcla de existencia y no existencia»: «El mundo (...) no tiene existencia absoluta: existe sólo en relación con mi mente, con tu mente, y con la mente de los demás. Vemos este mundo con los cinco sentidos, pero si tuviéramos otro sentido veríamos en él algo más (...). No tiene, por tanto, existencia real; no tiene existencia no cambiante permanente e infinita. Tampoco puede decirse que no existe, puesto que existe y nosotros tenemos que actuar en él y a través de él. Es una mezcla de existencia y de no-existencia». *Jñāna Yoga*, p. 28.

245.   BSBh II.ii.28, p. 418.

246.   También en lo que el Vedānta denomina *suṣupti*: el estado de sueño profundo o sueño sin sueños, estaría ausente la dualidad sujeto-objeto.

247.   BSBh II.ii.28, pp. 418 y 419.

248.   Cfr. C. Martín, *Conocimiento y realidad en la Māṇḍūkya Upaniṣad y Gauḍapāda*, p. 66.

249.   I.A.T., p. 8; Y.s.e., p. 34.

250.   «Resumamos: la existencia de las cosas es Su existencia sin que las cosas sean.» Ibn' Arabí, *Tratado de la Unidad*, p. 72.

251.   Es muy ilustrativo a este respecto el capítulo "Levels of Being" (pp. 15 y ss.) de la obra de E. Deutsch, *Advaita Vedānta. A Philosophical Reconstruction*. Cfr. también, K. Potter, *Encyclopedia of Indian Philosophy. Advaita Vedānta up to Śaṅkara and His Pupils,* pp. 7 y 8.

252.   I.A.T., p. 201; Y.s.e., p. 344.

253.   Probablemente sea Schopenhauer el pensador que más ha contribuido en Occidente a esta mala interpretación.

254.   *Pláticas con Sri Ramana Maharshi*, Kier, Buenos Aires, 1993, p. 32.

255.   *Pláticas con Sri Ramana Maharshi*, pp. 319 y 320.

256.   *Semillas de conciencia*, p. 98.

257.   Cfr. Max Müller, *Introducción a la Filosofía vedānta*, p. 81; también: E. Deutsch, *Advaita Vedānta. A Philosophical Reconstruction*, c. III.

258.   BSBh I.iv.9, p. 262.

259.   «El poder de proyección, asociado a la potencia ofuscadora, captura y ofusca al individuo con el sentimiento del yo.
        Dominar el poder proyectivo, antes de reducir a la impotencia al poder ofuscador, es cosa muy difícil, pero el revestimiento (*māyā*) que esconde al Ātman se disipa cuando el aspirante es capaz de discernir el sujeto del objeto (...).» *Vivekacūḍāmani*, 344 y 345.

260.   Cfr. BSBh II.i.21, p. 347 y BSBh I.iv.3, p. 249.

261.   E. Deutsch, *Advaita Vedānta. A Philosophical Reconstruction*, p. 30.
        «No es sorprendente que varias mitologías reconozcan una curiosa analogía entre la ambivalencia divina de Dios o del Salvador/Sabio, y la ambivalencia menos respetable del Embaucador, Bromista, Prestidigitador y Jugador.» A. Watts, *Las dos manos de Dios*, Kairós, Barcelona,19952, p. 42.

262.   A. Watts, *Las dos manos de Dios*, p. 42.

3. Inafectación del yo: ser en el devenir sin ser de él

1.   I.A.T. p, 512; Y.s.e., p. 817.

«Jesús les dijo: cuando de los dos hagáis uno y cuando hagáis lo de dentro como lo de fuera y lo de fuera como lo de dentro y lo de arriba como lo de abajo, y de lo masculino y lo femenino hagáis uno, para que lo masculino no sea masculino ni lo femenino sea femenino (...) entonces entraréis en el Reino.» *Evangelio apócrifo de Tomás*, cap. 22.

2.   *Chuang-Tzu*, c. 2, 5.

«El esplendor o prosperidad de las distinciones del *es* y *no es* vino de la decadencia del *Tao*.» *Chuang Tzu*, c. 2, 8.

3.   «Hacemos de nuestra propia persona lo esencial y el punto de partida, y que los demás se ajusten a nuestro ritmo. Es menester que respondan a nuestra batuta fielmente hasta morir. Así, los que para mí son útiles, los declaro inteligentes, y los que no me son inútiles, idiotas. Lo que para mí es abierto y transitable, es honroso, y lo que para mí está cerrado, es ignominioso.» *Chuang-Tzu*, c. 23, 13.

4.   «Si todos reconocen lo bello como tal, reconocen a la vez lo feo. Si como tal reconocen lo bueno, reconocen a la vez lo que no es bueno. Porque Ser y No-ser se engendran mutuamente. Difícil y fácil se determinan entre sí. Largo y corto se conforman mutuamente. Entre sí se invierten alto y hondo. Sonido y tono mutuamente se enlazan. El después es consecuencia del antes. Por eso el sabio practica el no-hacer (...).» Lao Tse, *Tao Te King*, II.

«A causa de la enfermedad, la salud es agradable; por el mal, el bien es agradable; por el hambre, la saciedad; por el cansancio, el descanso.» «La gente no entiende cómo lo que está en desacuerdo consigo mismo está en acuerdo consigo mismo.» Heráclito, Fragmentos 99 y 117.

5.   En la cosmología hindú, la polaridad *Puruṣa* (principio activo, masculino y formativo) - *Prakṛti* (principio material receptivo y femenino) constituye el principio del devenir que da lugar a la manifestación, al mundo múltiple. En el taoísmo, estos dos principios que genera la unidad del *Tao* son denominados *yang* (principio masculino, activo, celeste, diurno, etc.) y *yin* (principio femenino, receptivo, terrestre, nocturno, etc.).

Estos términos polares son manifestaciones de una unidad básica; incluso en el mismo nivel relativo dual dependen mutuamente uno del otro y se interpenetran, como simboliza el *māṇḍala* chino *"Tai Chi"*: un círculo (la Totalidad Una) dividido en dos mitades, blanca y negra (*yang* y *yin*), cada una de las cuales contiene, a su vez, la semilla de su opuesto.

En nuestra tradición, esta concepción rítmica y dual del cosmos –dualidad que no es considerada absoluta en tanto que es el movimiento o devenir de lo Mismo, de la Unidad– es particularmente representativa del pensamiento de algunos presocráticos:

Para Heráclito, «Es siempre uno y lo mismo, lo vivo y lo muerto, despierto y dormido, joven y viejo» (frag. 88). «No comprenden cómo lo discorde, no obstante, concuerda. Es una armónica junta de opuestos, como el arco y la lira» (frag. 91). «La guerra es padre de todas las cosas, es de todas las cosas el rey» (frag. 53).

Empédocles sostiene a su vez: «Dos cosas te voy a enseñar; ya surge de muchos algo uno, ya se disocia de nuevo (...); y este cambio constante nunca cesa. Ya se reúne todo en uno en el amor, ya se separan las cosas particulares en el odio de la contienda» (frag. 17).

6.   I.A.T., p. 67; Y.s.e., p. 138.

7.   *Peregrino Querubínico*, I, 188.

8.   «El mundo tan sólo dura un instante. Su memoria es la que le hace pensar que el mundo continúa. Yo no vivo en la memoria. Yo veo el mundo como es, una aparición momentánea en la Conciencia.» Nisargadatta, I.A.T., p. 16; Y.s.e., p. 50.

9.   I.A.T., p. 405; Y.s.e., p.651.

10.   *Peregrino Querubínico*, I, 189.

11.   En otras palabras, la substancia del tiempo es la eternidad: «El Tiempo es la Eternidad, y la Eternidad es como el Tiempo, si tú no haces una distinción entre ellos.» Angelo Silesio, *Peregrino Querubínico*, I, 47.

12.   «Si por eternidad se entiende, no una duración temporal infinita, sino intemporalidad, entonces vive eternamente quien vive en el presente.» Wittgenstein, *Tractatus Logico-Philosophicus*, 6.4311.

13.   «Todo el campo del devenir está abierto y es accesible; el pasado y el futuro coexisten en el ahora eterno.» Nisargadatta, I.A.T., p. 67; Y.s.e., p. 138.

14.   I.A.T., p. 7; Y.s.e., p. 32.
       Como ya apuntamos, los términos "presencia" y "presente", de hecho, comparten una misma raíz. La Presencia consciente (*Cit*) es la fuente de toda realidad (*Sat*), y esta fuente o presencia es siempre en *presente*, ahora.

15.   I.A.T., p. 528; Y.s.e., p. 842.

16.   Nisargadatta, I.A.T., p. 47; Y.s.e., p. 104.

17.   I.A.T., p. 316; Y.s.e., p. 515. La cursiva es mía.

18.   *Tratados y Sermones*, p. 273.

19.   «Depender del tiempo para resolver nuestros problemas es auto-engañarse. El futuro dejado a sí mismo meramente repite el pasado. El cambio sólo puede ocurrir ahora, nunca en el futuro.» Nisargadatta, I.A.T., p. 402; Y.s.e., p. 647.

20.   Nisargadatta, I.A.T., p. 134; Y.s.e., p. 244.

21.   «No hay antes ni después; lo que ha de pasar mañana lo ha visto Dios esencialmente desde toda la eternidad.» Angelo Silesio, *Peregrino Querubínico*, I, 182. «Dios nada prevé. En Dios no hay previsión ni visión del pasado, sino que Él lo ve todo presente en Sí por toda la Eternidad, tal como es, no tal como ha de ser o como fue» (V, 92).

22.   Cfr. *Tratados y Sermones*, p. 276.

23.   *Peregrino Querubínico*, III, 48 y I, 12. "Yo mismo soy la eternidad cuando abandono el tiempo y me resumo a mí mismo en lo Absoluto y a lo Absoluto en mí" (I, 13). "Un hombre que se ha dado a Dios es igual a Dios en quietud y camina más allá del tiempo y del espacio en cada instante" (II, 119).

24.   Cfr. K. Wilber, *La conciencia sin fronteras*, p. 97.
       En el tiempo, «La felicidad se sustenta en la infelicidad; la infelicidad acecha a la felicidad» (Lao Tse, *Tao Te King*, LVIII). «Quien se alegra en el tiempo, no se alegra todo el tiempo (...). Quien se alegra por encima del tiempo y fuera del tiempo, éste se alegra todo el tiempo» (Eckhart, *Tratados y Sermones*, p. 358), pues el tiempo es en su totalidad asumido por la eternidad.

25. Principio 4 del *Kybalion*.
26. Princípos 3 y 5 del *Kybalion*.
27. En palabras de Vivekānanda: «*Māyā* no es una teoría para explicar el mundo; es simplemente una exposición de los hechos tal y como son –que la misma base de nuestro ser es la contradicción, que en todo lugar nos tenemos que mover a través de esta tremenda contradicción, que dondequiera que hay mal debe haber algún bien, dondequiera que hay vida, la muerte ha de seguirla como su sombra, que todo el que sonríe tendrá que llorar, y que el que llora deberá sonreír también. Este estado de cosas no puede ser remediado (…) Dondequiera que esté presente el poder de producir una sonrisa en nosotros, ahí está al acecho el poder de producir lágrimas. Dondequiera que existe el poder de producir felicidad, se oculta el poder que nos torna miserables». *Jñāna Yoga*, p. 35.
    «Sólo conservamos nociones de lo que, habiendo sido malo, se acabó convirtiendo en bueno; de la infancia y de la inocencia no tenemos nociones.»
    «Pero esto es lo que ganamos con la experiencia, que no podemos imaginar algo excelente sin pensar al mismo tiempo en su contrario» Friedrich Hörderlin, *Hiperión*, Ediciones Hiperión, Madrid, 1996[16], pp. 27 y 30.
28. A esta ley compensatoria, presente tanto a escala cósmica como individual, apunta la noción hindú de "*karma*". Ésta no equivale, como con frecuencia se ha interpretado, a una suerte de "sanción moral", sino al conjunto de acciones y reacciones que permiten mantener el equilibrio del cosmos como un todo unitario.
    En el ámbito de la psicología profunda, la dinámica de esta ley compensatoria ha sido tematizada por Jung, en concreto en su concepto de "sombra" (*der Schatten*). Este término alude al conjunto de aspectos del individuo que éste no reconoce como propios, porque son contrarios o ajenos a aquellos otros con los que se ha identificado y que forman parte de su autoimagen consciente. El individuo se verá reiteradamente enfrentado a lo que ha reprimido o negado en el nivel consciente, y se vivenciará a merced de ello (como una fuerza ajena –pues la represión se traduce en proyección– e incontrolable) mientras no reconozca dichos aspectos como propios integrándolos así en su conciencia.
29. En palabras de Radhakrishnan: «Toda cosa finita presenta la contradicción de que no sólo es finita, es decir, confinada dentro de sí misma, sino que también es relativa en el sentido de que depende de otra cosa. Ningún objeto de experiencia es autodeterminado y auto-contenido, sino que dice relación a lo otro más allá de sí mismo». *Indian Philosophy II*, p. 532.
30. I.A.T., p. 40; Y.s.e., p. 92.
31. David Peat, uno de los más reconocidos teóricos de la física reciente, expresa así el cuestionamiento de la ley de causalidad al que ha abocado la misma ciencia física: «Mientras los sucesos son muy claros y distinguibles, las fuerzas bien definidas y el tiempo sigue fluyendo, colectiva e impasiblemente [en escalas de realidad pequeñas], el concepto de causalidad no presenta problemas. Pero a medida que la ciencia explora más profundamente en el universo de flujos internos y desarrollos mecánicos, de influencias sutiles y escalas de tiempo que se cruzan, las cadenas causales ya no se pueden

analizar y reducir a conexiones lineales de sucesos individuales, de modo que el concepto mismo de causalidad empieza a perder su fuerza» (p. 53). «Esta cadena causal que provoca [por ejemplo] el movimiento de una pelota es de hecho una compleja *red* causal. Y cuanto más se amplían los límites de esta red, más se observa su extensión sobre la tierra entera y finalmente sobre el universo mismo. Si se examina detalladamente cualquier fenómeno, resultará que "todo causa todo lo demás"». (p. 57). «La causalidad en la física es una idealización, una realidad que sólo existe dentro del mundo de las ecuaciones y de las simulaciones de computadora. No debe confundirse nunca con los variados, complejos y sutiles sucesos individuales de la realidad.» *Sincronicidad*, Kairós, Barcelona, 1995².

32.   *Tractatus Logico-Philosophicus*, 6.371.

33.   *Tractatus Logico-Philosophicus,* 6.35.

34.   I.A.T., p. 398; Y.s.e., p. 640.

35.   I.A.T., pp. 10 y 39; Y.s.e., pp. 38 y 91.

36.   I.A.T., p. 228; Y.s.e., p. 385.
       «Más allá del tiempo y del espacio, yo soy; incausado, causa de nada y, a la vez, la propia matriz de la existencia.» I.A.T., p. 222; Y.s.e., p. 376.

37.   El *"quodlibet in quodlibet"* de Nicolás de Cusa: todo está en todo. El mundo es una totalidad –una unidad significativa– integrada a su vez por totalidades –unidades significativas–. En virtud de ello, todo se orienta hacia lo Uno y el universo adquiere cohesión, verdad y sentido.
       El maestro Eckhart alude a la capacidad de cada parte de lo real de remitir analógicamente al todo con las siguientes palabras: «Quien no llegara a conocer nada más que las criaturas, no necesitaría reflexionar nunca sobre sermón alguno, pues toda criatura está llena de Dios y es un libro». *Tratados y Sermones*, p. 343.

38.   *Tao Te King*, XXXVIII.
       «Cuando se olvida el *Tao* aparecen la moral y el deber» (XVIII).

39.   *Tao Te King*, II.

40.   «Según veo yo, las virtudes de la bondad y de la justicia y los caminos del *es* y del *no es* son todo oscuridad y confusión.» *Chuang Tzu*, c. 2, 10.

41.   Éste es el significado originario del término "diablo" (del latín *diabolus*, del griego *diábolos*): divisor.

42.   I.A.T., p. 325; Y.s.e., p. 530.

43.   Como desde el centro del círculo se enlazan los puntos de la circunferencia que en el nivel de la circunferencia misma son distintos y excluyentes.
       «Quien ha escogido para sí el centro por morada, lo que en la circunferencia hay ve de una sola mirada.» Angelo Silesio, *El Peregrino Querubínico*, II, 24.

44.   I.A.T., p.; 324; Y.s.e., p. 526.

45.   I, II.

46.   «¿Qué hay de malo en que la mente busque lo agradable y evite lo desagradable? Entre las orillas del dolor y el placer fluye el río de la vida. Sólo cuando la mente se niega a fluir con la vida y se estanca en las orillas, se convierte en un problema. Fluir con la vida quiere decir aceptación: dejar llegar lo que viene y dejar ir lo que se va. No desee, no tema, observe cómo y cuándo sucede, puesto que usted no es lo que sucede, usted es a

quien le sucede. Últimamente, usted ni siquiera es el observador. Usted es la última potencialidad de la cual la conciencia todo-abarcante es la manifestación y expresión.» Nisargadatta, I.A.T., p. 6; Y.s.e., p. 31.

47. «El vicio supremo es la limitación del espíritu. Todo lo que se comprende está bien.» O. Wilde, *De Profundis*, Muchnik, Barcelona, 1975, p. 71.

48. Nisargadatta, I.A.T., p. 45; Y.s.e., p. 101.

49. *Tractatus Logico-Philosophicus*, 6. 4312.

50. I.A.T., p. 95; Y.s.e., p. 182.

51. I.A.T., p. 131; Y.s.e., p. 240.

52. Paradójicamente, la libertad para el bien y para el mal del que se sitúa, en su ser y en su visión, en el eje de su identidad central, se traduce en la acción correcta:
«Aquella alma realizada que ha entregado su mente, desapegándose de todo resultado, y que descansa en la dicha de la paz que encuentra dentro del castillo de nueve puertas (que es su cuerpo), jamás actuará por egoísmo, ni inducirá a otros a actuar así.» BG, V,13.
«Una vez que alcanza usted su destino y conoce su naturaleza real, su existencia se convierte en una bendición para todos. Puede que usted no lo sepa ni lo sabrá el mundo, sin embargo su ayuda es irradiada. Hay gente en el mundo que hace mayor bien que todos los estadistas y filántropos juntos. Irradian luz y paz sin intención ni conocimiento. Cuando otros les hablan de los milagros que han hecho, ellos también se quedan pasmados. Sin embargo, al no tomar nada como propio, ni se sienten orgullosos ni ansían reputación. Simplemente son incapaces de desear algo para sí mismos, ni siquiera la alegría de ayudar a los demás.» Nisargadatta, I.A.T., p. 385; Y.s.e., pp. 621 y 622.

53. I.A.T., pp. 89 y 90; Y.s.e., pp. 173 y 174.
«Confucio hizo un viaje al reino Ch'u. El loco Ch'u, Chieh Yü pasó por delante de su puerta gritándole: (…) ¡Basta!, ¡Basta! Venir a los hombres con esas tus virtudes es muy peligroso. Muy peligroso es ir trazando a los demás el camino que deben seguir. ¡Apaga esas claridades, apaga esas claridades! No vengas a estorbar mis pasos. Yo sigo veredas tortuosas. No estorbes mis pasos.» *Chuang Tzu*, c. 5, 13.

54. I.A.T., p. 116; Y.s.e., pp. 216 y 217.

55. I.A.T., p. 106; Y.s.e., p. 201.

56. "*Mokṣa*" alude a la liberación como finalidad. "*Mukti*", a la liberación como estado. Ambos términos proceden de las raíces *moks-*, *muc-*, que significan: desatar.
Hay estudiosos que comparan la liberación que postula el Vedānta con la "salvación" que proponen ciertas religiones monoteístas. Considero equívoca esta analogía (equívoco paralelo al que lleva a calificar al Advaita de "religión"). La exposición que sigue basta para comprender en qué radican las diferencias.

57. I.A.T., p. 456; Y.s.e., p. 729.

58. 433.

59. Nisargadatta, I.A.T., p. 16; Y.s.e., pp. 50 y 51.

60. I.A.T., p. 36; Y.s.e., pp. 86 y 87.

61.   K. Wilber, *La conciencia sin fronteras*, p. 184.

62.   I.A.T., p. 78; Y.s.e., p. 155.

63.   *Savikalpa* y *nirvikalpa* significan respectivamente "determinado" e "indeterminado".

64.   Cfr. "The *Self* in Advaita Vedānta", *International Philosophical Quarterly*, VI, n° 1, 1966, p. 18.

Apuntamos como K. C. Battacharyya expresa la diferencia entre *savikalpa samādhi*, la más alta experiencia meditativa, y *nirvikalpa samādhi*, la verdadera liberación, diciendo que la primera está acompañada de la toma de conciencia de la ilusoriedad de la dualidad a través de la unión con lo divino –es una dualidad en la unidad–, mientras que la segunda supone la completa trascendencia incluso de dicha toma de conciencia –está más allá de la dualidad y de la unidad–. Cfr. *Studies in Philosophy*, pp. 28 y 29

65.   Nisargadatta, I.A.T., p. 403; Y.s.e., pp. 647 y 648.

66.   Nisargadatta, I.A.T., p. 256; Y.s.e., p. 427.

«P: (…) ¿La condición de usted es permanente o intermitente?
M: Absolutamente estable. Sin importar lo que haga, está ahí como una roca, inmóvil. Una vez que usted ha despertado a la realidad, se queda en ella. ¡Un niño no regresa a la matriz! Es un estado simple, menor que lo más pequeño, mayor que lo más grande. Es auto-evidente y, a la vez, está más allá de toda descripción.» I.A.T., p. 192; Y.s.e., pp. 331 y 332.

67.   I.A.T., p. 456; Y.s.e., p. 729.

«Los *gurus* auto-designados hablan de madurez y esfuerzo, de méritos y logros, de destino y gracia; todo esto son meras formaciones mentales, proyecciones de una mente adicta. En lugar de ayudar, obstruyen.» I.A.T., p. 422; Y.s.e., pp. 678 y 679.

68.   I.A.T., p. 191; Y.s.e., p. 330.

69.   I.A.T., p. 419; Y.s.e., p. 674.

70.   «Lo Siempre Presente no tiene historia, no tiene actualización, no tiene movimiento porque no tiene generación (*ajāti*). La realización metafísica, más que una cuestión de acción, (…) es un acto inmediato de conocimiento y conciencia, porque el puro Ser no es alcanzado por pasos ni a través de apoyos, ni tampoco puede ser alcanzado en el proceso de actuación.» Raphael, *The Path of Non-duality*, p. 38.

71.   Fenelón. Cit. por A. Huxley, *La Filosofía Perenne*, p. 313.

72.   I.A.T., p. 506; Y.s.e., p. 807.

73.   Nisargadatta. Cit. por R. S. Balsekar en su introducción a la obra *Semillas de conciencia*, p. 18.

74.   *Semillas de conciencia*, p. 25.

«La virtud descansa en la quietud, los vicios están en la lucha.» Angelo Silesio, *Peregrino Querubínico*, V, 54.

75.   No queremos decir que la auto-realización del Sí mismo no esté precedida de un proceso de larga maduración. Lo está, pero:
–La relación de ese proceso con la realización no es la de la causa con el efecto.
–Dicho proceso culmina, precisamente, en el abandono de toda pre-tensión.
Sólo cuando se abandona la dualidad psicológica entre lo que el yo cree ser

y lo que quiere llegar a ser (dualidad que, como señalamos, es de naturaleza mental y se origina en la auto-vivencia limitada de yo) puede alumbrarse la realidad del Sí mismo.

–Por otra parte, lo que desde el punto de vista relativo puede parecer un proceso, desde el punto de vista absoluto deja de percibirse como tal, pues se constata que la realidad última siempre fue y nunca dejó de ser.

Los diversos estados alcanzados a través del crecimiento gradual de la conciencia mediante los cuales nos despojamos progresivamente de los condicionamientos del yo (incluso los distintos *samādhi*) siguen siendo contingentes (aun cuando los resultados puedan parecer inmensos comparados con el estado ordinario); y son nulos desde el punto de vista del estado supremo. «P: ¿No es gradual la ley de la vida?

M: Oh, no. Sólo la preparación es gradual, el cambio mismo es súbito y completo.» I.A.T., p. 492; Y.s.e., p. 786. «No hay pasos en la auto-realización. No hay nada gradual en ello» (p. 331; p. 539).

«Todo el tiempo hay progreso. Todo contribuye al progreso. Pero éste es el progreso de la ignorancia. Los círculos de la ignorancia pueden ir ensanchándose, pero de todas formas sigue siendo una limitación. A su debido tiempo (…) ocurre una maduración como resultado de la cual la noche inmemorial de la ignorancia se disuelve en el amanecer del Sol de la sabiduría. Pero en realidad no ocurrió nada. El Sol siempre está ahí, para él no hay otra noche; la mente cegada por la idea de "yo soy el cuerpo" teje interminablemente el hilo de la ilusión.» «Sólo puede haber progreso en la preparación (*sādhana*), la realización es repentina. El fruto madura lentamente, pero cae de repente y sin retorno.» I.A.T., pp. 113-114 y 332; Y.s.e., pp. 212-213 y 539.

76.   I.A.T., p. 523; Y.s.e., p. 834.

«Cada buscador acepta o inventa un método que le conviene, lo aplica a sí mismo con cierta seriedad y esfuerzo, obtiene resultados según su temperamento y expectativas, los funde en el molde de las palabras, los convierte en un sistema, establece una tradición, y comienza a admitir a otros en su "escuela de yoga" (…). Tal escuela no carece de valor ni es indispensable; en cada una de ellas uno puede progresar hasta el punto donde todo deseo de progreso debe ser abandonado para hacer posible el progreso posterior. Entonces todas las escuelas son abandonadas, cesa todo esfuerzo; en soledad y oscuridad se da el último paso que acaba con la ignorancia y el temor para siempre.» Nisargadatta, I.A.T., p. 447; Y.s.e., pp. 764 y 765.

77.   BGBh, XVIII, 66.
78.   Nisargadatta, I.A.T., p. 236; Y.s.e., p. 397 y *Semillas de conciencia*, p. 19.
«Para encontrarse a sí mismo no necesita dar ni un solo paso.» I.A.T., p. 334; Y.s.e., p. 542.
79.   Nisargadatta, I.A.T., p. 117; Y.s.e., p. 218.
80.   Nisargadatta, I.A.T., p. 196; Y.s.e., p. 337.
81.   Nisargadatta, I.A.T., p. 403; Y.s.e., p. 648.
82.   I.A.T., p. 196; Y.s.e., p. 337.
83.   Nisargadatta, I.A.T., p. 343; Y.s.e., p. 558.
84.   III, 25-26 y IX, 28.
85.   574.

86.   Del Advaita, en tanto que doctrina teórica, cabe decir exactamente lo que dice Wittgenstein en su *Tractatus Logico-Philosophicus* acerca de la naturaleza de las proposiciones filosóficas y, en concreto, de las del mismo *Tractatus*: «Mis proposiciones sirven como elucidaciones del siguiente modo: cualquiera que finalmente me entienda las reconoce como sin sentidos, cuando las ha usado –como peldaños– para subir más allá de ellas. (Por así decirlo, tiene que arrojar la escalera después que la ha subido). / Tiene que trascender estas proposiciones, y entonces verá el mundo correctamente» (6.54).

87.   Muchas tradiciones místicas inicialmente encuadradas en un contexto religioso consideran, análogamente, que la experiencia de la Unidad es una experiencia "trans-religiosa", y que es sospechosa una religión que no fomente y esté abierta a su propia superación en un momento dado. «El hombre de Dios está más allá de la religión» (Rumi).

88.   *Tratado de la Unidad*, 1.2.1.

89.   *El Sutra de la Gran Sabiduría. Mahā Prajñā Pāramitā Hridaya Sūtra*, Miraguano, Madrid, 1987, p. 27.

90.   XX, 2, 3 ,4 y XIX, 8. La cursiva es mía.

91.   XVII, 39.
        «En el Ser sin nombre no hay deseos. La ausencia de deseos trae la paz; es entonces cuando el mundo se ordena a sí mismo.» Lao Tse, *Tao Te King*, XXXVII.

92.   *Peregrino Querubínico*, V. 364.
        «Aquel que encuentra la inacción en la acción y la acción en la inacción es un sabio entre los hombres.» BG IV, 18.

93.   III, 5.
        «Haz tu tarea en la vida porque la acción es superior a la inacción. Ni siquiera el cuerpo podría subsistir si no hubiese actividad en él.» BG II, 8.

94.   Sri Aurobindo, *Īśā Upaniṣad*, p. 30.

95.   Así resume Nisargadatta la diferencia: «Hay una diferencia entre el trabajo (*work*) [en el sentido de "no-acción"] y la mera actividad (*activity*). La naturaleza entera trabaja. El trabajo es naturaleza, la naturaleza es trabajo. Por otro lado, la actividad está basada en el deseo y el miedo, en el ansia de poder y gozar, en el miedo al dolor y a la aniquilación. El trabajo es del todo para el todo; la actividad es de uno mismo para uno mismo». I.A.T., p. 219; Y.s.e., p. 371.

96.   I.A.T., p. 90; Y.s.e., p. 174.

97.   *Tratados y Sermones*, p. 307.
        «El justo no intenta [conseguir] nada con sus obras; pues quienes intentan [conseguir] algo con sus obras o también aquellos que obran a causa de un porqué, son siervos y mercenarios. Por eso, (...) no pretendas nada con tus obras y no te construyas ningún porqué, ni en [el] siglo ni en [la] eternidad ni [con miras] a una recompensa o a la bienaventuranza o a esto o a aquello; porque semejantes obras de veras están todas muertas. (...) todas las obras que hagas con esa finalidad están muertas, y las buenas obras las echas a perder (...). Por eso, si quieres vivir y aspiras a que vivan tus obras, debes estar muerto y aniquilado para todas las cosas. Es propio de la criatura hacer algo de algo; mas es propio de Dios hacer algo de nada. Por eso, si Dios ha de ha-

cer algo en tu interior o contigo, debes haberte aniquilado antes. Y por ende, entra en tu propio fondo y obra ahí; y las obras que haces ahí serán todas vivas.» *Tratados y Sermones*, pp. 582 y 583.

98. *Tratados y Sermones*, p. 141.
      «Dios es la eterna Quietud, pues no busca ni quiere nada; y si tú no quieres nada, entonces serás mucho.» Angelo Silesio, *Peregrino Querubínico*, I, 76.

99. «La distinción entre acción, actor y efecto de la acción se mantiene respecto al Ser por ignorancia.» Śaṅkara, BGBh XVIII, 66.

100. BG III, 27.
      «Y como consecuencia de la superposición de la acción que pertenece al cuerpo en el Ser, surgen ideas como: "Yo soy el que actúa", "esta es mi acción", "estos resultados son experimentados por mí". Del mismo modo con la idea: "Me quedaré quieto y libre de esfuerzo y de actividad, estaré feliz". Y superponiendo en el Ser la cesación de actividades que pertenecen al cuerpo y a los órganos (sensoriales y mentales) y la felicidad que de ello resulta, una persona imagina: "No haré nada. Me sentaré tranquila y felizmente". (…) Y aquí, en este mundo, aunque la acción que pertenece al cuerpo y a los órganos (sensoriales y mentales) sigue siendo acción, sin embargo se superpone en el inactivo e inamovible Ser. Y como resultado de esto hasta una persona instruida piensa: "Yo actúo".» Śaṅkara, BGBh IV, 18.
      «No son mis actos. Yo estoy desapegado más allá de la acción.» Ibid, IV, 32.

101. *Tratados y Sermones*, p. 86.

102. III, 9.

103. BG IV, 20.
      «El que está satisfecho con lo que la vida le depara, pues está más allá de los opuestos de este mundo, libre de envidia y ecuánime tanto en el éxito como en el fracaso, aunque actúe no se esclaviza a sus actos» (IV, 22).
      En el contexto de nuestra tradición esta idea de la acción desinteresada queda expresada en las siguientes palabras de Angelo Silesio: «Dios ha de ser el comienzo, el medio y el fin, para que encuentre placer en la obra de tus manos». *Peregrino Querubínico*, V, 331. Palabras que nos recuerdan a las siguientes de la *Bhagavad Gītā*: «[en los actos del liberado, actos en que la acción deviene no-acción y adquiere valor sacrificial] el instrumento del sacrificio es lo Absoluto, y la misma oblación es lo Absoluto. La oblación es ofrecida por lo Absoluto en el fuego de lo Absoluto (…)» (B.G. IV, 24).
      Śaṅkara comenta así este texto de la *Gītā*: «Significa que el mismo Absoluto es el que hace [la ofrenda], lo que ofrece y el acto mismo de ofrecerlo». Y más adelante: «Todas las acciones dejan de existir para la persona que ha descubierto que lo Absoluto mismo es todas las cosas (…). Como [esta acción] está disociada en todo caso de las ideas de diferencia entre los complementos como el instrumento del sacrificio y los actos y sus resultados, las cuales han sido destruidas por el conocimiento de la verdad de lo Absoluto, sin duda es inacción». BGBh, IV, 24.

104. Así, «la acción no se adhiere al hombre». *Īśā Upaniṣad*, 2.
      «Igual que un cristal no es manchado por lo que se refleja en él, así un conocedor de la verdad no es realmente afectado por el resultado de sus actos.» *Yoga Vāsiṣṭha Sāra*, III, 8.

105.   Sri Aurobindo, *Īśā Upaniṣad*, p. 73.

Esta calma del Ser no es en absoluto inmovilidad ni reposo (éstos no son más que las referencias duales del movimiento); está más allá de la movilidad y de la inmovilidad; no es estaticidad sino una elevadísima actividad creativa, no procesual, más allá del tiempo, que nuestra mentalidad dualista confunde con la inactividad. Este es el sentido de la "inmutabilidad" metafísica.

Dice Plotino: «Hay dos géneros de cosas: el ser móvil, afectado por toda suerte de movimientos y dividido en el espacio; el apelativo que le conviene es *devenir* y *no ser*. Está, por otra parte, el Ser Eterno que no se divide. Existe siempre de la misma manera (…) no deja un lugar para entrar en otro, queda inmóvil en sí mismo». «De Él vienen todas las cosas. De Él viene el primer movimiento que no existe en Él. De Él viene el reposo que Él no necesita. Él no está ni en movimiento ni en reposo. No tiene nada de qué reposar ni nada por qué moverse. ¿Hacia dónde habría de moverse si Él es el único.» En VI, 5, 2 y V, 5, 10.

106.   *Tratados y Sermones*, p. 136.

107.   No es una acción "buena", es la expresión de la Bondad; por eso no puede ser incorrecta. «[El] bueno y [la] bondad no son sino una sola bondad, completamente unos en todo.» Eckhart, *Tratados y Sermones*, p. 160. «Soy la inteligencia del inteligente. Soy lo bello de la belleza, [la bondad del bueno, etc.].» BG VII, 8 y ss.

108.   «Encontrar la inacción en la acción es *jñāna*, sabiduría (…). Por no tener ningún motivo egoísta, en realidad no hace nada en absoluto. Sus acciones se convierten en "inacciones" porque han sido quemadas por el fuego de la sabiduría.» Śaṅkara, BGBh IV, 19.

109.   «Por tanto, no existe una ulterior objeción a las obras. Por el contrario, las obras se justifican mediante la participación o auto-identificación del alma con el Señor en su doble aspecto de pasividad y actividad.» Sri Aurobindo, *Īśā Upaniṣad*, p. 73.

110.   *Tao Te King*, XXXVII.

«El *Tao* (…) deja la obra concluida pero no la considera suya. Viste y nutre todo, pero no se adueña de ello. Eternamente sin ambiciones, por eso se le puede llamar pequeño. Todos los seres retornan a Él, por eso se le llama grande» (XXXIV).

«Con el conocimiento del *Tao* se disminuye de día en día hasta llegar a la no-acción. A través de la no-acción nada queda por hacer. El mundo sólo se puede obtener a través del no-hacer» (XLVIII).

«La ira del que no se ha airado es ira que brota sin ira. La obra del que obra sin obrar es una obra que nace del no obrar.» *Chuang-Tzu*, c. 13, 17.

111.   *Tratados y Sermones*, pp. 247 y 248.

«(…) encuentre el centro inmutable donde nace todo el movimiento. Del mismo modo que una rueda gira alrededor de un agujero vacío, así debe usted estar siempre en el centro y no girando en la periferia.» Nisargadatta, I.A.T., p. 349; Y.s.e., p. 566.

112.   *La sagrada enseñanza de Sri Ramakrishna*, Kier, Buenos Aires, 1971, § 967.

Ello nos recuerda al «Ama y haz lo que quieras» de san Agustín.

113. Continúa: «(…) Que no se pretenda fundamentar la santidad en el actuar; la santidad se debe fundamentar en el ser, porque las obras no nos santifican a nosotros sino que nosotros debemos santificar a las obras (…). Quienes no tienen grande el ser, cualquier obra que ejecuten no dará resultado. (…) no [hay que] insistir tanto en lo que uno hace o en la índole de las obras, sino en cómo es el fundamento de las obras». *Tratados y Sermones*, p. 91.

114. I.A.T., pp. 71 y 72; Y.s.e., p. 145.

115. «(…) descubra al Movedor Único detrás de todo lo que se mueve y déjelo todo a Él. Si no duda ni engaña, éste es el camino más corto a la realidad. Permanezca sin deseo y sin miedo, renunciando a todo control y a toda responsabilidad.

(…) ¿Qué hay de malo en abandonar la ilusión del control personal y la responsabilidad personal? Ambos existen sólo en la mente. Por supuesto, mientras usted se imagine que tiene control, ha de imaginarse también que es responsable. Lo uno implica lo otro.» Nisargadatta, I.A.T., p. 151; Y.s.e., p. 269.

116. I.A.T., p. 73; Y.s.e., p. 147.

117. I.A.T., p. 71; Y.s.e., p. 144.

118. M: No puede evitar la acción. Sucede como todo lo demás.

P: Sin duda mis acciones las puedo controlar.

M: Inténtelo. Pronto verá que hace usted lo que debe.

P: Puedo actuar de acuerdo con mi voluntad.

M: Usted conoce su voluntad sólo después de haber actuado.

P: Recuerdo mis deseos, las elecciones hechas, las decisiones tomadas y realizadas según ellos.

M: Entonces lo que deduce es su recuerdo, no usted.

P: ¿Dónde entro yo?

M: Usted lo hace posible dándole atención.» Nisargadatta, I.A.T., p. 356; Y.s.e., pp. 576 y 577.

119. XIII, 29.

120. «P: ¿No existe el libre albedrío? ¿No soy libre para desear?

M: Oh, no, está usted forzado a desear. En la India, la propia idea del libre albedrío parece tan ridícula que no hay palabra para ello. La voluntad es compromiso, fijación, cautiverio.

P: Soy libre de elegir mis limitaciones.

M: Debe ser libre primero. Para ser libre en el mundo debe liberarse del mundo. Si no, su pasado decide por usted y por su futuro. Está usted atrapado entre lo que ha sucedido y lo que debe suceder. Llámelo destino o *karma*, pero nunca libertad. Primero regrese a su verdadero ser y luego actúe desde el corazón del amor.» Nisargadatta, I.A.T., p. 356; Y.s.e., p. 577.

«Todo sucede por sí mismo. (…) Las cosas suceden como suceden; la culpa o el halago son adjudicados más tarde, después de que haya aparecido el sentido del hacer.

P: ¡Qué extraño! Sin duda el hacedor viene antes que el acto.

M: Es al revés; el acto es un hecho, el hacedor es un mero concepto. Su propio lenguaje muestra que mientras el acto es cierto, el hacedor es dudoso; el desplazar la responsabilidad es un juego peculiarmente humano. Conside-

rando la lista interminable de factores requeridos para que algo suceda, uno sólo puede admitir que todo es responsable de todo, por remoto que sea. El hacer es un mito que nace de la ilusión del "mí" y lo "mío".
P: ¡Qué ilusión tan poderosa!
M: No hay duda, porque está basada en la realidad.» Nisargadatta, I.A.T., p. 376; Y.s.e., p. 608.

121.   *Tratados y Sermones*, p. 309.

122.   Continúa Nisargadatta: «(...) Todo esfuerzo lleva a más esfuerzo; cuanto fue construido debe ser mantenido, cuanto fue adquirido debe ser protegido de la decadencia o la pérdida. Cuanto puede ser perdido no es realmente uno mismo; y lo que no es uno mismo, ¿de qué le puede servir a usted? En mi mundo nada es provocado, todo sucede por sí mismo». I.A.T., p. 301; Y.s.e., p. 491.

123.   *Tratados y Sermones*, p. 240.

124.   Nisargadatta, I.A.T., pp. 72 y 75; Y.s.e., pp. 146 y 111-112.
«La axiología y la ética advaita complementan la economía filosófica que se encuentra en su posición metafísica y epistemológica. El valor más alto y el último fin de la vida para el advaitín se denomina liberación (*mokṣa*), y consiste en el más elevado conocimiento (*parā vidyā*), esto es, en el conocimiento de la identidad del Yo con *Brahman*. Así, la base para determinar lo bueno y lo malo depende, en este contexto, de la eficacia que una acción o pensamiento tienen a la hora de dirigir a un ser humano al más elevado conocimiento.» William. M. Indich, *Consciousness in Advaita Vedānta*, p. 9.

125.   Nisargadatta, I.A.T., pp. 493 y 525; Y.s.e., pp. 788 y 836.

126.   *Māṇḍūkya Kārikā* IV, 79.

127.   11 y 12.

128.   La consigna no es "haz lo que no es aún", sino "deja ser lo que ya es": «La comprensión de lo que sois es el comienzo de la virtud. La virtud es esencial porque ella brinda libertad. (...) El cultivo de la virtud sólo trae respetabilidad, no comprensión ni libertad. Hay una diferencia entre ser virtuoso y hacerse virtuoso. El ser virtuoso procede de la comprensión de lo que sois, mientras que el hacerse virtuoso es aplazamiento, encubrimiento de lo que es con lo que desearíais ser». J. Krishnamurti, *The First and Last Freedom*, Harper and Row, New York, 1975, p. 45; *La libertad primera y ultima*, Edhasa, Barcelona, 1979, p. 47.

129.   I.A.T., p. 213; Y.s.e., pp. 360 y 361.

130.   BSBh II.i.14, p. 330.

131.   *En el Vivekacūḍāmaṇi* se citan las siguientes cualidades –cualificaciones que son condición necesaria, no suficiente, para alcanzar el conocimiento de *Brahman*–: *śama* o la calma de la mente, *dama* o el autodominio, *uparatī* o recogimiento interior, *titikṣā* o el coraje o paciencia perseverante, *śraddhā* o confianza, *samādhana* o estabilidad y firmeza mental.

132.   Cfr. *Vivekacūḍāmaṇi*, 19.

133.   «(...) no hay bien ni mal. En cada situación concreta sólo hay lo necesario y lo innecesario. Lo necesario es correcto, lo innecesario es incorrecto.» Nisargadatta, I.A.T., p. 283; Y.s.e., p. 464.
«P: ¿Qué es correcto y qué es incorrecto?
M: En términos relativos, lo que causa sufrimiento es incorrecto, y lo que lo

alivia es correcto. En términos absolutos, lo que lo devuelve a usted a la realidad es correcto, y lo que empaña la realidad es incorrecto.» Nisargadatta, I.A.T., p. 326; Y.s.e., p. 531.

134.   Cit. por J. Evola, *Cabalgar al tigre*, Nuevo Arte Thor, Barcelona, 1987, pp. 79 y 80.

Son inadecuadas las interpretaciones morales de conceptos como el de *karma* (sanción moral), *dharma* (ley moral) o *adharma* (mal moral). Señalamos que *karma* no es más que el conjunto de acciones y reacciones que permiten mantener el equilibrio cósmico como un todo. *Dharma*, a su vez, es la ley que posibilita dicha armonía global, y *adharma*, la desarmonía a escala particular que nunca perturba, en virtud de la ley de compensación *kármica*, la armonía inalterable de la totalidad. Nociones todas éstas (ley, armonía, acción, etc.) carentes de connotaciones morales.

135.   Cfr. K. Wilber, *La conciencia sin fronteras*, p. 187.

«You must meditate, but there is nothing to reach – you are that state.» Nisargadatta, *Prior to Consciousness*, p. 93.

«La meditación, en tanto que toma de conciencia de lo verdaderamente real, no será ya una acción sobreimpuesta a nuestra naturaleza profunda (…). La meditación, pues, no es un hacer, sino un ser-conciencia. Podríamos entender la meditación, por tanto, como la búsqueda de, la permanencia en, o la expresión de la raíz primordial de la realidad-conciencia, de nuestra naturaleza átmica.» V. Merlo, *Siete ensayos sobre el Hinduismo*, p. 34.

136.   III, 22.

137.   *Māṇḍūkya Kārikā*, IV, 85.

138.   *Tratados y Sermones*, pp. 307 y 308. La cursiva es mía.

139.   «*Na prayojanavattvāt.*

No [es posible que *Brahman* produzca el mundo] debido a que [la actividad del agente] tiene un propósito.

Lokavattu līlākaivalyam.

Pero, como en el mundo de la vida ordinaria, [la creación, para *Brahman*] es sólo un juego.» Bādarāyaṇa, BS 2.1.32 y 2.1.33.

140.   BSBh II.i.33, p. 361.

141.   Cfr. Śaṅkara, BSBh, II.i.24.

«La creación es auto-refulgente y espontánea. No hay creador.» Nisargadatta, *Enseñanzas definitivas*, p. 76.

142.   Esta es la opinión de Śaṅkara: *līlā* compete a *Īśvara*. Para otros autores, como Aurobindo: «La imagen *vaiṣṇava* de *līlā* [es] aplicada generalmente al rol de la Deidad personal en el mundo, pero es igualmente aplicable al *Brahman* activo impersonal» (*Īśā Upaniṣad*, p. 44). Ahora bien, Śaṅkara no califica a *Brahman* como "Jugador" pues dicha noción, cuando es utilizada para calificar la relación de *Brahman* con el mundo, implica dualidad así como el establecimiento de relaciones que no competen a lo Absoluto. Pero sí cabría decir que hay una forma superior de Juego no-dual y que Śaṅkara no negaría esta atribución –simbólica como toda atribución a lo Absoluto– a *Brahman*, pues, de hecho, la descripción de esta forma superior de juego no es otra que la del mismo *Brahman*: Ser puro sin objeto, Conciencia pura sin objeto, Bienaventuranza pura sin objeto.

143.   De hecho, el Avaita no invita a la muerte del deseo –como con frecuencia se
         ha querido hacer ver erradamente–, sino todo lo contrario: a ampliarlo hasta
         el punto en que sólo pueda ser saciado por la Totalidad:
         «Aumente y amplíe sus deseos hasta que nada pueda satisfacerlos excepto la
         realidad. Lo incorrecto no es el deseo, sino su estrechez y pequeñez. El de-
         seo es devoción. Sea devoto de lo real, de lo infinito, del eterno corazón del
         ser». Nisargadatta, I.A.T., p. 211; Y.s.e., p. 358.
144.   Cfr. 903 c / 904 a.
145.   *De signatura rerum (Signos de la Eterna alquimia)*, Mra, Barcelona, 1998,
         c. 16, 1-4.
146.   *Peregrino Querubínico*, II, 198.
147.   *Peregrino Querubínico*, II, 132; V, 75 y I, 294.
         Esta analogía de la vida divina con el juego no es una respuesta al porqué de
         la manifestación universal. Hay una respuesta común al Advaita y a tantas
         otras tradiciones con relación a esta pregunta: el silencio.
148.   *Mathnawi*, I, 1778. Cit. por Coomaraswamy, *Hinduismo y Budismo*, p. 38.
149.   «Pues todas las cosas están bautizadas en el manantial de la eternidad y más
         allá del bien y del mal (…) "Sobre todas las cosas está el cielo Azar, el cie-
         lo Inocencia, el cielo Acaso (…)". (…) En todas las cosas sólo una es impo-
         sible: ¡racionalidad!; (…) mas ésta fue la bienaventurada seguridad que en-
         contré en todas las cosas: que prefieren bailar sobre los pies del azar.
         Oh, cielo, por encima de mí; ¡tú puro!, ¡elevado! Ésta es para mí tu pureza:
         ¡que no existe ninguna araña, ni ninguna eterna telaraña de la razón: que tú
         eres para mí una pista de baile para azares divinos, que tú eres para mí una
         mesa de dioses para dados y jugadores divinos.» Nietzsche, *Also sprach Za-
         rathustra*, en: *Nietzsche Werke, Kritische Gesamtausgabe* VI, 1, Walter de
         Gruyter, Berlin, 1968, pp. 205 y 206; *Así habló Zaratustra*, Alianza edito-
         rial, Madrid, 1981[9], pp. 235 y 236.
150.   *Jenseits von Gut und Böse*, en: *Nietzsche Werke, Kritische Gesamtausgabe*
         VI, 2, 1968, p. 90; *Más allá del bien y del mal*, Alianza, Madrid, 1983, p. 96.
151.   *Peregrino Querubínico*, I, 289.
         Sentencia que recuerda a las siguientes palabras de R. W. Emerson: «Estas
         rosas que se hallan bajo mi ventana no hacen ninguna referencia a unas rosas
         anteriores o mejores; son lo que son; existen hoy con Dios. Para ellas no hay
         tiempo. Hay simplemente la rosa; es perfecta en cada momento de su existen-
         cia. Antes de brotar una yema en la planta, su vida entera actúa; en la flor ple-
         namente abierta no hay nada más; en la raíz sin hojas, no hay nada menos. Su
         naturaleza está satisfecha, y ella satisface a la naturaleza igualmente, en todos
         los momentos. Pero el hombre pospone o recuerda; no vive en el presente,
         sino que, volviendo los ojos, lamenta el pasado, o desatento a las riquezas que
         le rodean, se empina sobre las puntas de los pies para prever el futuro». "Self-
         reliance", en *Essays and Lectures*, The library of America, Nueva York,
         1983, p. 270.
152.   *Der Satz vom Grund*, Verlag Günther Neske, Pfullingen, 1978[5], pp. 186 y
         187.
153.   I.A.T., p. 39 y 228; Y.s.e., pp. 91 y 385.
154.   «Como el actor que se pone o se quita el disfraz del personaje que interpre-

ta, no por eso cambia de identidad, así el perfecto conocedor de *Brahman* es siempre y en cualquier caso *Brahman*.» *Vivekacūḍāmaṇi*, 555.

155.   I.A.T., p. 95; Y.s.e., p. 183.

156.   Nisargadatta, I.A.T., p. 137; Y.s.e., p. 250.

«La experiencia de estar vacío, sin estar acosado por los recuerdos y las expectativas, es como la felicidad de los espacios abiertos, de ser joven, de tener toda la energía y el tiempo para hacer cosas, para descubrir, para la aventura.» I.A.T., p. 487; Y.s.e., p. 779.

«P: (...) ¿Por qué no permanecer en lo ilimitado?

M: Lo que me trae a la existencia es el instinto de exploración, el amor a lo desconocido. Está en la naturaleza del Ser, ver aventura en el devenir, al igual que en la naturaleza del devenir está buscar paz en el Ser. Esta alternancia del Ser y el devenir es inevitable; pero mi hogar está más allá.» I.A.T., p. 417; Y.s.e., p. 671.

157.   Como veremos con más detalle en nuestro estudio comparado al hablar del juego, lo dicho no excluye que en el nivel relativo quepa hablar de una evolución de la realidad manifestada y del hombre con una orientación teleológica concreta; la metáfora del juego no convierte el devenir en mero capricho. Como siempre, conviene no confundir niveles. La plenitud que se posee en perfecta simultaneidad en el ahora se expresa y auto-revela ante nuestra conciencia dual en el tiempo, en un proceso de conquista progresiva de dicha plenitud. Pero el misterio de este proceso es que la plenitud buscada es ya, y lo es en cada instante del mismo.

158.   Recordemos la afirmación ya citada de Ramana Maharshi: «¿Qué es *māyā*? Es sólo la Realidad». *Pláticas con Sri Ramana Maharshi*, p. 32.

«No persigas el mundo sometido a la causalidad, no te entretengas en una Vacuidad que excluye los fenómenos. Si el espíritu permanece en paz en el Uno, estas perspectivas duales desaparecen por sí mismas.» *Sin-sin-ming*, 5.

El paso último no conduce de la inmanencia a la trascendencia, sino a la trascendencia-inmanente o, en expresión de Zubiri, a la "trascendencia-*en*-las-cosas*". Es una trascendencia que acontece en la integración de todo; no por la exclusión de nada, ni siquiera de la ignorancia. El estado último no es un estado de negación de algo sino de abrazo de todo.

159.   «Saṃsāra is nothing essentially different from nirvāṇa

Nirvāna is nothing essentially different from saṃsāra.

The limits of nirvāṇa are the limits of saṃsāra.

Between the two, also, there is not the slightest difference whatsoever.» Nāgārjuna. *Mādhyamika Kārikā,* verses 19-20.

También la tradición del śaivismo de Cachemira, y su principal figura, el pensador Abhinavagupta, afirman que es preciso ver *vikalpa* (el mundo de la diferenciación) en *nirvikalpa* (lo indiferenciado o la realidad última) y *nirvikalpa* en *vikalpa*. Cfr. Abhinavagupta, *Hymnes de Abhinavagupta*, Publications de l' Institut de Civilisation Indienne, Paris, 1986, p. 36.

160.   *El Sutra de la Gran Sabiduría*. Mahā Prajñā Pāramitā Hridaya Sūtra, p. 27.

161.   Cit. por Ibn'Arabí en el *Tratado de la Unidad*, 1.4.3.

II. La entronización del sujeto o el olvido del ser

1.   En su obra *Die Krisis der europäischen Wissenschaften,* ya Husserl afirma-
        ba que la filosofía era un fenómeno esencialmente griego y que constituía el
        fundamento de lo más definitorio de la cultura occidental, como lo es el sur-
        gimiento de la ciencia moderna.

2.   *Was ist das -die Philosophie?* [WP], Verlag Günther Neske, Pfullingen,
        1956, p. 4; «¿Qué es eso de la filosofía?» [Q.e.f.], en *¿Qué es filosofía?,*
        Narcea, Madrid, 1985, p. 47.

3.   «Nietzsches Wort "Gott ist tot"», HW, p. 247; «La frase de Nietzsche: "Dios
        ha muerto"» [«La frase de Nietzsche...»], *Sendas perdidas,* p. 221.

4. Heidegger y la problematización de las bases de la filosofía occidental

1.   «El ente al que en su ser le va este mismo se conduce relativamente a su ser
        como su más peculiar posibilidad.» Heidegger, *Sein und Zeit* [SZ], Max Nie-
        meyer Verlag, Tübingen, 1957, p. 42; *El Ser y el Tiempo* [ST], FCE, Madrid,
        1996², p. 54.

2.   La afirmación de Heidegger en *Ser y Tiempo:* «La esencia del *Dasein* radica
        en su existencia», no ha de interpretarse en clave "existencialista". Para Hei-
        degger, el hombre está constitutivamente referido al Ser porque su ser le ha
        sido dado como "quehacer". No es un ente ya dado sino la actualización o
        no-actualización de modos de ser posibles. Y en este "quehacer", una sola
        posibilidad le es propia: ser sí mismo, elegirse en su ser, elegirse en su esen-
        cial referencia al Ser. Afirmar que la "existencia" es preeminente sobre la
        "esencia" no implica considerar la propia existencia, configurada a través de
        la mera elección subjetiva, como fundamento último, sólo implica la nega-
        ción de toda concepción estática y substancialista de la naturaleza humana,
        dejar de considerarla un "qué" de contenido material. La existencia es la
        esencia del *Dasein*; pero, a su vez, la existencia no es fundamento último
        pues no gira en torno a sí misma. La existencia como quehacer radica –tiene
        su razón de ser: origen, fundamento y destino– en su referencia al Ser.
        De aquí que, más adelante, en concreto en su *Brief über den "Humanismus"*
        (Carta sobre el Humanismo), Heidegger reitere su afirmación de que la
        esencia del hombre estriba en su existencia, pero con un cambio de grafía:
        ex-sistencia (Ek-sistenz). La existencia humana es ex-sistencia: extático ha-
        bitar en la verdad del Ser. Cfr. *Platons Lehre von der Wahrheit. Mit einem*
        Brief über den "Humanismus" ["Platons Lehre..."], A. Francke Verlag,
        Bern, Switzerland, 1947; *Doctrina de la verdad según Platón y Carta sobre*
        el humanismo ["Doctrina de la verdad..."], Editorial Universitaria, Santiago
        de Chile, 1955.

3.   M. Heidegger, *Vom Wesen des Grundes,* en: *Wegmarken* (*Gesamtausgabe*
        [GA], IX), Vittorio Klostermann, Frankfurt am Main, 1976, p. 162, nota 59;
        "De la esencia del fundamento", en *Ser, Verdad y Fundamento,* Monte Ávi-
        la Editores, Venezuela, 1968, p. 46, nota 59.

4.   Cfr. SZ, pp. 11 y ss.; ST, pp. 21 y ss.

5.   SZ, p. 12; ST, p. 21.

6.   SZ, p. 12; ST, p. 22.

7.   De hecho, en esta referencia se cifra, según Heidegger, la "existencia autén-

tica". "Existencia auténtica" –dirá– es ser sí mismo: elegirse a sí, al propio ser, como la posibilidad más propia. La "existencia inauténtica" vendría a ser, por el contrario, la de quien se ha perdido a sí mismo "cayendo" en la inmediatez del "uno" impersonal (*das Man*); radica, en definitiva, en el olvido del Ser –de aquello en virtud de lo cual el hombre no se agota en su exteriorización hacia lo ente– como referencia esencial de la propia existencia. "Existencia auténtica" y "existencia inauténtica" son, por lo tanto, categorías ontológicas o relativas al Ser; estructuras "ontológico-existenciarias" del *Dasein* previas a –e independientes de– cualquier tipo de afirmación óntica (de interpretaciones morales, teológico-religiosas, etc., de las mismas). En otras palabras, la existencia auténtica es aquella que elige su propio ser independientemente de los términos o contenidos en los que se traduzca dicha elección. Cfr. SZ, pp. 175 y ss.; ST, pp. 195 y ss.

También en su *Brief über den Humanismus* [UH], p. 78; *Carta sobre el Humanismo* [CH], p. 187, advertirá que los títulos "auténtico" e "inauténtico" –apuntados en *Sein und Zeit*– no tienen un significado moral-existencial o antropológico, sino que aluden a la referencia ex-stática de la esencia del ser humano a la verdad del Ser.

8.   En principio, pues –como pasaremos a ver–, históricamente la filosofía ha ocultado aquello que inicialmente constituía su propia tarea y razón de ser.

9.   WP, p. 21; Q.e.f., p. 60.

10. WP, p. 22; Q.e.f., p. 61.

11. WP, p. 23; Q.e.f., p. 62. La cursiva es mía.

12. HW, pp. 195 y 196; "La frase de Nietzsche...", p. 176.

13. En su obra *Nietzsche I* (Verlag Gunther Neske, Pfullingen, 1961), cap. II, sección 25, afirma, en este sentido, que la metafísica occidental se caracteriza porque nunca ha planteado adecuadamente la pregunta fundamental; la pregunta guía de la filosofía: «¿qué es el Ser?», no es nunca explicada y elaborada como tal. La filosofía se ha limitado a dar esta pregunta por supuesta y a buscar simplemente una respuesta para ella, sin indagar en la naturaleza, las condiciones de posibilidad y los presupuestos de la pregunta misma.

14. «Con buen derecho se asegura que la metafísica pregunta por el Ser del ente; por tanto, sería manifiesta necedad destacar en ella un olvido del Ser.

No obstante, si pensamos la pregunta ontológica en el sentido de la interrogación por el Ser como tal, será claro, para todo el que medite sobre ello, que a la metafísica se le oculta el Ser como tal, que permanece olvidado de manera tan decisiva que el olvido del Ser cae, él mismo, en olvido; es decir, se olvida el desconocido pero constante impulso del preguntar metafísico.» *Einführung in die Metaphysik* [EM], Max Niemeyer Verlag, Tübingen, 1953, pp. 14 y 15; *Introducción a la Metafísica* [IM], Nova, Buenos Aires, 1959, p. 57.

15. Cfr. EM, p. 52; IM, p. 107.

16. "Vorhandensein" (= existencia fáctica) significa, literalmente, "ser ante la mano", en el sentido de lo que está enfrentado al sujeto de suerte que éste lo puede aprehender como un algo objetivo o entitativo. Traduciremos este término por la expresión "ser-ante-la-vista", más sugerente en castellano de lo

NOTAS

expresado por el término alemán que la de "ser-ante-la-mano". Hay, además, otro término heideggeriano: "Zuhandenheit", cuya sugerencia de instrumentalidad y manejabilidad no está presente –al menos de modo directo– en el término "Vorhandensein" y que sí es traducible por –y acorde con– la expresión castellana "ser-a-la-mano".

17.   Esta interpretación de la naturaleza del olvido del Ser en Occidente se remonta ya a sus primeros escritos y lecciones. En su curso *Einleitung in die Phänomenologie der Religion* ("Introducción a la fenomenología de la religión"; semestre de invierno 1920-1921) hará ver cómo la experiencia cristiana originaria fue adulterada en la medida en que se pretendió apresar, categorizar e interpretar en clave de filosofía greco-platónica. Así, por ejemplo, los primeros cristianos, dada la inminencia del instante escatológico de la salvación, no vivían *en* el tiempo –tiempo susceptible de objetivación y cálculo– sino *el* tiempo –despiertos y comprometidos con el instante–; experimentaban la vida en su facticidad sin amortajarla en contenido. Ahora bien, esta experiencia no podía ser vehiculizada por la filosofía griega, pues, a partir de Platón, Grecia concibió el pensar como un "ver" y pensó consecuentemente el Ser como presencia: ser-ante-la-vista (*Vorhandensein*). Este pensar, sólo atento a los contenidos representables, objetiva la vida en lo presente y no la comprende como "acontecer". La Grecia post-socrática no pensó el Ser como tiempo –como lo que temporaliza–; y en este olvido del tiempo ve Heidegger una manifestación nítida del olvido del Ser. En sus lecciones de Marburgo: *Die Grundprobleme der Phänomenologie* (*El problema fundamental de la fenomenología*; semestre de verano 1927) observará que detrás de la consideración del pensar como "ver" y del Ser como "ser-a-la-vista" late una actitud eminentemente "productora", instrumental. Y es que «la ontología griega comprendió el Ser partiendo del modo cotidiano de comportarse el hombre hacia el ente», modo definido por la producción (*Herstellung*): lo producido está siempre "ahí", "presente", tiene el modo del "ser-ante-la vista" (*Vorhandensein*). (GA, XXIV, 1975), pp. 167 y ss.
        Cfr. también a este respecto: Otto Pöggeler, *Der Denkweg Martin Heideggers*, Verlag Günther Neske, Pfullingen, 1963, pp. 36 y ss; *El camino del pensar de Martin Heidegger,* Alianza Editorial, Madrid, 1986, pp. 39 y ss.

18.   Según Heidegger, el pensamiento metafísico ha concebido la esencia del tiempo a partir de la interpretación del Ser como presencia. Así, frente al Ser, el tiempo es el pasar de lo pasajero, lo que es por vía de un constante "no-ser". No se ha pensado la relación esencial existente entre Ser y tiempo. «Con la cuestión "Ser y tiempo" se señala lo no-pensado que hay en toda la metafísica. Sobre esto no-pensado se basa la metafísica.» *Was heisst Denken?* [WD], Max Niemeyer Verlag, Tübingen, 1954, p. 42; *¿Qué significa pensar?* [QP], Editorial Nova, Buenos Aires, 1972, p. 101.

19.   Cfr. SZ, pp. 25 y 26; ST, pp. 35 y 36.

20.   La distinción habitual entre un "primer" y un "segundo Heidegger" no ha de interpretarse como una ruptura en la trayectoria de su pensamiento (ya señalamos cómo el hilo conductor de dicha trayectoria es siempre el mismo desde su inicio: el Ser), sino –como veremos más adelante– en el sentido de una

divergencia de énfasis en los términos del binomio "Hombre-Ser". Ésta sería la naturaleza de la *Kehre*, "vuelta" o "viraje" de su pensamiento:
– El "primer Heidegger" acentúa el primer término –el hombre– con su afirmación de que el acceso al sentido del Ser pasa por el *Dasein* como lugar en que el Ser sale a la luz. El *Dasein* es el "ahí" (*Da-*) del Ser.
– El "segundo Heidegger" abordará directamente la cuestión del Ser y del pensar del Ser enfatizando la necesidad de cifrar la esencia del hombre en la referencia al Ser –la única que le permite comprenderse a sí mismo–. El Ser es el "ahí" del hombre.
Ahora bien, estas divergencias de énfasis, insistimos, forma parte de un movimiento unitario. En palabras del mismo Heidegger (del prefacio a la obra de William J. Richardson, *Heidegger. Through Phenomenology to Thought,* Martinus Nijhoff, La Haya, Holanda, 1967²): «La distinción que usted hace entre un Heidegger I y un Heidegger II sólo está justificada bajo la condición de que lo siguiente se tenga presente: sólo por la vía de lo que Heidegger I ha pensado se logra el acceso a lo que "ha-de-ser-pensado" por el Heidegger II. Pero Heidegger I sólo llega a ser posible si es contenido en el Heidegger II» (pp. xxii y xxiii).

21.   «El *acontecimiento radical (Grundgeschehen)* en la existencia misma y como tal existencia.» WM, p. 41; QM, p. 67.

22.   Esta ontología fundamental es, además, una *ontología fenomenológica*. Para el primer Heidegger, el método de la ontología ha de ser la fenomenología, y lo ha de ser necesariamente –«*La ontología sólo es posible como fenomenología*» [SZ, p. 35; ST, p. 46]–, entendiendo por fenomenología el método o modo de mirar y de hacer ver en virtud del cual se accede a lo que se muestra en sí mismo –el fenómeno– más allá de toda visión inercial e irreflexiva, de tal modo que se aprehende lo que, si bien está oculto en lo inmediatamente dado, pertenece esencialmente a eso que se muestra y constituye, de hecho, su sentido y fundamento [SZ, p. 35; ST, p. 46]; y ello es: el Ser de los entes.

23.   «Mientras no se piensa la verdad del Ser, queda toda ontología sin fundamento. Por ello denomino ontología *fundamental* (*Fundamentalontologie*) al pensamiento que, con *Sein und Zeit*, ha tratado de avanzar hasta la verdad del Ser. La ontología *fundamental* trata de regresar al fundamento esencial desde el cual viene al pensar la verdad del Ser (…).» UH, pp. 109 y 110; CH, pp. 221 y 222.

24.   «(…) el término "ontología" se puede tomar también "en un amplísimo sentido", "sin referencia a direcciones y tendencias ontológicas" (…) En este caso, "ontología" significa el esfuerzo por expresar verbalmente el Ser a través de la pregunta: ¿qué pasa con el Ser? (no sólo con el ente como tal). Pero, hasta ahora, dicha cuestión no ha encontrado resonancia ni eco, sino que incluso ha sido expresamente rechazada por diferentes círculos de eruditos y técnicos de la filosofía, que se esfuerzan en una "ontología" en sentido tradicional. Por tanto, sería conveniente renunciar en lo futuro al uso de los términos "ontología" y "ontológico".» EM, p. 31; IM, p. 79.

25.   Cfr. Calvin O. Schrag, «Heidegger on repetition and historical understanding», PEW, XX, n° 3, 1970, 287-296. También, J. L. Mehta, «Heidegger and the comparison of Indian and Western Philosophy», *Ibid*, pp. 309 y 310.

26.   *Kant und das Problem der Metaphysik*, Vittorio Klosterman, Frankfurt and Main, 1951, p. 185.
27.   WP, p. 21; Q.e.f., p. 60.
28.   WP, p. 22; Q.e.f., p. 61.
29.   *Einleitung in die Phänomenologie der Religion* (Wintersemester 1920-1921), *Phänomenologie des religiösen Lebens*, GA, LX, 1995.
30.   Cfr. Otto Pöggeler, Op. cit., p. 41.
31.   Cfr. *Die Grundprobleme der Phänomenologie* (GA, XXIV), pp. 30 y ss.
32.   *Die Grundprobleme der Phänomenologie* (GA, XXIV), p. 157.
33.   Cfr. SZ, Einleitung, II, 6.
34.   SZ, p. 21; ST, p. 31.
35.   *Lo Mismo* (*das Selbe*), según Heidegger, es «algo común que recorre todo el destino del Ser desde el principio hasta el final». Se aparta así de todo historicismo. Ahora bien, este "algo común" no es ni una ley dialéctica necesaria ni una generalidad que valga para todos los casos (como afirma el pensar metafísico al hablar del Ser), pues, tratándose de lo Mismo, nunca es "lo igual" (*das Gleiche*). Cfr. "El principio de identidad" ["Der Satz der Identität"], *Identidad y diferencia* [*Identität und Differenz*], [ID], edición bilingüe, Ánthropos, Barcelona, 1988, pp. 103 y 104.
       En líneas generales, Heidegger utilizará la expresión *das Selbe* para aludir a "aquello que mantiene junto desde la unidad (...) lo que la distinción mantiene separado», a la raíz de todo mutuo pertenecerse, al Uno-Todo (Λόγος) heraclitano o Reunión que todo lo reúne, al *Tao* o Camino que todo lo encamina, a la Relación (*Ver-Hältnis*) que es el sostenimiento de todas las relaciones (cfr. US, pp. 229 y ss.; *De camino al habla*, pp. 217 y ss.); etc.
36.   Hugo Mujica, *Origen y Destino*, Carlos Lohlé, Buenos Aires, 1984, pp. 23 y 24.
37.   WP, p. 8; Q.e.f., p. 50.
38.   WP, p. 12; Q.e.f., p. 53.
39.   Cfr. Paul D. Tate, "Comparative Hermeneutics: Heidegger, the Pre-Socratics and the Rgveda", PEW, XXXII, n° 1, 1982, 47-59.
       «Que los griegos estuvieran concernidos con la "exposición inmediata" del contexto indica que estaban concernidos con el "cómo" o con el acontecimiento del significado. Esto implica afirmar que estaban concernidos con el acontecimiento del *ser*. (...) Tales palabras [*lógos, alétheia, phýsis*] indican el acontecimiento del contexto: son palabras procesuales» (p. 50).
40.   «En nuestra terminología, griego no significa una modalidad nacional, cultural o antropológica; griego es la aurora del destino en que el Ser mismo se ilumina en lo existente y aspira a una esencia del hombre que, en virtud del destino, tiene su curso histórico en cómo la preserva en el Ser y en cómo se aparte de Él, aunque sin separarse nunca de Él.» HW, p. 310; "La sentencia de Anaximandro", *Sendas perdidas*, p. 277.
41.   WP, p. 7; Q.e.f., p. 49.
42.   Como veremos, la misma indagación en torno a la naturaleza de la filosofía que nos ocupa es ya, de hecho, específicamente filosófica. Mas aún: la pregunta ¿qué es eso de la filosofía? «es *la* pregunta "histórica" (*geschichtliche*) de nuestra existencia (*Dasein*) europeo-occidental». WP, p. 10; Q.e.f., p. 52.

43.   WP, p. 8; Q.e.f., p. 50.
44.   Esto fue «lo que primero causó asombro a los griegos, y únicamente a ellos. Lo más asombroso para ellos fue: ente en el Ser.» WP, p. 14; Q.e.f., pp. 54 y 55.
45.   EM, p. 98; IM, p. 167.
46.   WP, p. 15; Q.e.f., p. 56.
47.   Como ya apuntamos, Heidegger hace notar cómo de hecho nuestro mismo preguntar «¿qué es la filosofía?» es ya característicamente griego. Ésta –dirá– «es la forma de preguntar que han desarrollado Sócrates, Platón y Aristóteles. Preguntan, por ejemplo: "¿qué es eso de lo bello?", "¿qué es eso del conocimiento?", "¿qué es eso de la naturaleza?", "¿qué es eso del movimiento?"». WP, p. 9; Q.e.f., p. 50.
        Heráclito no habla de filosofía, sino del φιλόσοφος. La filosofía, para Heráclito, no es aún un "qué". Aún no hay para él algo así como "la filosofía" o "lo filosófico".
48.   «De ningún modo se puede trasladar la caracterización aristotélica de la filosofía al pensamiento de Heráclito y Parménides. Por el contrario, la definición aristotélica de filosofía es, sin duda, una libre consecuencia del pensamiento anterior y su liquidación.» WP, p. 18; Q.e.f., p. 58.
49.   UH, p. 57; CH, p. 165.
50.   UH, p. 57; CH, p. 165.
51.   WP, p. 13; Q.e.f., p. 54.
52.   UH, p. 58; CH, p. 166.
53.   En torno a la esencia del obrar, cfr. UH, p. 53; CH, p.161.
54.   Heidegger desarrolla detalladamente su interpretación de la noción griega aprés, en su ensayo de 1943: "Platons Lehre von der Wahrheit" ("Doctrina de la verdad según Platón").
55.   Cfr. "Platons Lehre…"; "Doctrina de la verdad…".
56.   «El "qué" [del Ser] es determinado por Platón como idea, y cuando más tarde es denominado "essencia" (wesen), esto sólo significa que el Ser de los seres es concebido en término de su "whatness", en la negación de su "that". La aproximación al Ser de los seres se realiza aquí desde el lado de las esencias y es concebido, en su relación con las esencias, como el género y lo universal del que derivan su carácter de esencias.» J. L. Mehta, The Philosophy of Martin Heidegger, Harper & Row, London, 1971, p. 195.
57.   Cit. en "Platons Lehre…", p. 44; "Doctrina de la Verdad…", p. 149.
58.   Esta alegoría, como se recordará, describe el tránsito del ser humano desde el estado de ignorancia, simbolizado por la oscuridad de la caverna y por el conocimiento meramente indirecto o reflejo que en ella se posee, hacia el estado de conocimiento (la salida de la caverna y la mirada hacia la luz) en que se accede a la contemplación directa de las ideas. En esta alegoría está presente la dialéctica intrínseca a la verdad entre manifestación y ocultación. Ahora bien, en último término Platón terminará identificando la verdad con la idea –concebida como lo que se muestra y lo que permite la visibilidad de lo visible–, desligando así este puro mostrarse de cualquier dimensión de ocultación.
59.   "Platons Lehre…", p. 44; "Doctrina de la verdad…", p. 149.

60.   La "verdad proposicional" se enraíza, según Heidegger, en una verdad más originaria: en la patencia o verdad anti-predicativa del ente. La patencia o desocultamiento del *ente* es la "verdad óntica". A su vez, la patencia del ente tiene su condición de posibilidad y fundamento en el desocultamiento del *Ser*: la "verdad ontológica". «*Sólo el des-encubrimiento del Ser posibilita la patencia del ente*. Este des-encubrimiento, como verdad sobre el Ser, se llamará verdad ontológica.» *Vom Wesem des Grundes*, p. 28; "De la esencia del fundamento", p. 18.

61.   Cfr. "Platons Lehre...", pp. 44, 45 y 46; "Doctrina de la verdad...", pp. 149, 150 y 151.

62.   "Die onto-teo-logische Verfassung der Metaphysik" ["Die onto-teo-logische..."], p. 150; "La constitución onto-teológica de la metafísica" ["La constitución onto-teológica], ID, p. 151.

63.   "Die onto-teo-logische...", ID, p. 150; "La constitución onto-teológica...", p. 151.

64.   «Para la metafísica, la principal preocupación del pensamiento es, por tanto, el Ser concebido como Fundamento en el sentido de una Primera Causa auto-causada (*causa prima, ultima ratio*) o *causa sui*. Éste es el Dios de la Metafísica, independientemente de si su carácter de Fundamento aparece bajo la forma de *lógos* o de *hypokeimenon*, substancia o sujeto, en el curso de su desarrollo histórico.» J.L. Mehta, *The Philosophy of Martin Heidegger*, p. 204.
        Diversos autores han objetado a Heidegger que su crítica no es válida con relación a algunos pensadores cristianos como, por ejemplo, Tomás de Aquino, quien nunca sostuvo la caracterización de Dios como *Causa sui*. Cfr. a este respecto Hans Meyer, *Martin Heidegger und Thomas von Aquin*, Schöningh, Munich, 1964, y Cornelio Fabro, *God in exile*, Paulist-newman, París, 1968. Ahora bien, la caracterización de Tomás de Aquino del Ser como Causa (a su vez, identificado con Dios) es incuestionable, y esto ya es suficiente para que el pensamiento tomista se encuadre en lo que Heidegger caracteriza como pensamiento "onto-teo-lógico".

65.   Heidegger considera que este carácter "teo-lógico" de la metafísica se remonta a los comienzos de la metafísica griega con Platón y Aristóteles: el Ser es interpretado como Idea, y la primera causa es denominada *To Theon*. El Ser es sinónimo de Dios concebido como causa de los entes. El cristianismo consolidará esta identificación: el Dios de la Biblia es la primera causa de Aristóteles y el *Summum ens*. Cfr. Heidegger, "Platons Lehren", p. 141. Cfr. también, John R. Williams, *Martin Heidegger's Philosophy of Religion*, Canadian Corporation for Studies in Religion, 1997, p. 98.

66.   «Si recordamos una vez más la historia del pensamiento europeo-occidental, descubrimos que la pregunta por el Ser, como pregunta por el Ser del ente, es dual. Por un lado pregunta: "¿qué es el ente en general como ente?". Las consideraciones en torno a esta pregunta, en el curso de la historia de la filosofía, se llevan a cabo bajo el título de ontología. La pregunta por qué es el ente pregunta al mismo tiempo: "¿cuál es y cómo es el ente en el sentido del Ente supremo?". Es la pregunta por lo divino y por Dios. El ámbito de esta pregunta se llama teología. La dualidad de la pregunta por el Ser del ente se

puede resumir en la expresión onto-teo-logía. La pregunta dual "¿qué es el ente?" dice por un lado: "¿qué es (en general) el ente?", y por otro: "¿qué (cuál) es el ente sin más?".» *Kants These über das Sein* [KT], Vittorio Klostermann, Frankfurt am Main, 1962, pp. 8 y 9; "La tesis de Kant sobre el Ser" ["La tesis de Kant..."], *Ser, Verdad y Fundamento*, p. 91.

67. "Platons Lehre...", p. 48; "Doctrina de la verdad...", p. 154.
68. EM, p. 11; IM, p. 53.
69. EM, p. 80; IM, p. 145.
70. WP, p. 27; Q.e.f., p. 65.
71. WP, p. 27; Q.e.f., p. 65.
72. «Der Rückgang in den Grund der Metaphysik», *Einleitung zu "Was ist Metaphysik?"*, *Wegmarken* (GA, IX); "El retorno al fundamento de la metafísica", prólogo a la quinta edición de *¿Qué es Metafísica?*
73. No es otra la tarea de Heidegger en su obra *Sein und Zeit*.
74. *Die Grundprobleme der Phänomenologie* (GA, XXIV), pp. 174 y ss.
75. De hecho, y como hemos visto, la analítica de la existencia humana (*Daseinsanalytik*), del modo de ser fáctico, en el mundo y en el tiempo, del *Dasein*, es, para el primer Heidegger, la única vía de acceso a toda posible resolución de la pregunta por el sentido del Ser. En toda pregunta genuina por el modo de ser del *Dasein*, el Ser ineludiblemente llega a la luz.
76. HW, p. 220; "La frase de Nietzsche...", pp. 197 y 198.
77. "Das Ende der Philosophie und die Aufgabe des Denkens" ["Das Ende..."], en *Zur Sache des Denkens* [SD], Max Niemeyer Verlag, Tübingen, 1988³, p. 68; "El final de la filosofía y la tarea del pensar" ["El final..."], en Q.e.f., p. 105.
78. *Der Satz vom Grund*, Verlag Günther Neske, Pfullingen, 1978⁵, p. 191; "El principio de razón", en Q.e.f., p. 71.
     John D. Caputo (cfr. *The Mystical Element in Heidegger's Thought*, Ohio University Press, Ohio, 1978, p. 51) prefiere traducir este principio como "nada es sin fundamento".
79. Matizará Heidegger, frente a la tradicional identificación de principio y causa: «Ahora bien, es cierto que toda causa es una especie de razón, pero no toda razón produce algo, en el sentido de una acción causal». *Der Satz vom Grund*, p. 191; "El principio de razón", p. 72.
80. *"Quod omnis veritatis reddi ratio potest"* (Gerh. Phil. VII, 309). Cit. por Heiddeger en *Der Satz vom Grund*, p. 193; "El principio de razón", p. 74.
81. *Der Satz vom Grund*, pp. 194 y 195; "El principio de razón", pp. 75 y 76. La cursiva es mía.
82. El término latino "ratio" significa, entre otras cosas, cálculo y cuenta (acción de contar).
83. *Der Satz vom Grund*, p. 197; "El principio de razón", p. 78. La cursiva es mía.
84. *Der Satz vom Grund*, p. 210; "El principio de razón", p. 92.
85. *Der Satz vom Grund*, p. 205; "El principio de razón", p. 87.
86. *Der Satz vom Grund*, pp. 206 y 207; "El principio de razón", pp. 88 y 89.
87. *«Finis universaliter est id ipsum quod principium. Non habet quare, sed est quare omnium et onmibus»* (comentando la sentencia del Evangelio de san

Juan: "En el principio era el Verbo"). Maestro Eckhart, *Comentario al Prólogo de san Juan*, Etnos, Madrid, 1994, 50.

88. Maestro Eckhart, *Comentario al Prólogo de san Juan*, 35.

89. En formulación no de su periodo precrítico, sino de su *Kritik der reinem Vernunft (Crítica de la razón pura)* A 598, B 626.

90. En concreto, existente, dirá Kant, es lo conexo con las condiciones materiales de la experiencia o intuición sensible.

91. KT, p. 21; "La tesis de Kant...", p. 104.

92. KT, p. 33; "La tesis de Kant...", p. 116.

93. "Die onto-theo-logische...", p. 108; "La constitución onto-teológica...", p. 109.

94. UH, p. 82; CH, p. 192.

95. "Die onto-theo-logische...", p. 100; "La constitución onto-teológica...", p. 101.

96. Y continúa: «Este principio básico de la filosofía hegeliana se sitúa en la misma línea directa de evolución de la problemática moderna». *Die Grundprobleme der Phänomenologie* (GA, XXIV), p. 179.

97. UH, p. 85; CH, p. 195.

98. HW, p. 200; "La frase de Nietzsche...", p. 180.

99. «La objetivación coloca representativamente el objeto en el *ego cogito*. En ese colocar, el *ego* se muestra como lo que sirve de fundamento a su propio hacer (al colocar representativo), esto es, como *subiectum*. El sujeto es sujeto para sí mismo (...) todo lo que existe es objeto del sujeto o sujeto del sujeto.» HW, p. 236; "La frase de Nietzsche...", p. 211.

100. Heidegger hace notar, en esta línea, cómo Leibniz define el ser del ente a partir de la mónada, y concibe, a su vez, ésta como unidad de *perceptio* y *appetitus*. Ello encuentra continuidad en la concepción de Kant y Fichte de la voluntad-razón, sobre la que reflexionan igualmente Hegel y Schelling. Schopenhauer hablará del mundo como voluntad y representación. Por último, Nietzsche definirá al ser del ente como voluntad de poder. Cfr. WD, pp. 35 y 36; QP, p. 90.

101. Schelling, *Investigaciones filosóficas sobre la esencia de la libertad humana y los objetos con ella relacionados* (WW. Abt. I. Bd.VII, 350 Ende). Cit. por Heidegger en QP, p. 89; WD, p. 35.

Desde otra perspectiva –si bien, estrechamente relacionada con la anterior– cabe también advertir en el pensamiento de Nietzsche su carácter de culminación de la metafísica absoluta. Para la metafísica, recordemos, el Ser es pensado como "lo presente" (el pensar re-presenta). De aquí la repugnancia del pensar re-presentativo con respecto a lo que no puede someter bajo su yugo: lo pasado. Para la metafísica, frente al Ser, lo presente y permanente, el tiempo es el mero pasar de lo pasajero. El "pasar" del tiempo, el "fue" –hace notar Nietzsche– contraría sobremanera la voluntad que se expresa como re-presentar. La voluntad sufre por el pasar; sufre por la impotencia que le produce el tiempo y su "fue". Pero al no querer dicho sufrimiento, se niega a sí misma. La voluntad sólo queda redimida de esta repugnancia cuando acepta y quiere lo que es, cuando fluye con el fluir de lo que es y permite el pasar de lo que es pasajero. Para Nietzsche, esta aceptación encuentra su máxima expresión en el querer afirmativo del eterno retorno de lo mismo –eterno retorno que es la mayor aproximación dentro del mundo del devenir a la permanencia del mundo del Ser–. «El eterno retorno de lo mismo es el supremo triunfo de la metafísica de la voluntad que quiere eternamente su propio querer» (QP, p. 102; WD, p. 43). El querer el eterno retorno de lo mismo es la expresión máxima de la voluntad auto-afirmativa, una voluntad que es, a su vez, el ser primigenio de toda realidad.

102.   «Los frutos de la búsqueda de Heidegger del significado del Ser aparentemente nos dejan, como última alternativa, el esfuerzo hacia un pensamiento no-representacional que es, también, no-volitivo. Sólo de este modo estamos preparados para esperar la venida, en el pensamiento, del Ser de los seres. El autor de *Ser y tiempo* al final cede paso al misticismo". Bernd Magnus, *Heidegger's Metahistory of Philosophy: Amor Fati, Being and Truth*, Martinus Nijhoff, La Haya, Holanda, 1970, p. 141.

103.   Conviene insistir en que este tipo de calificativos no son calificativos morales sino caracterizaciones ontológicas.

104.   Han sido muchas las voces que se han levantado contra la pretensión de Heidegger de superar la dicotomía metafísica entre sujeto y objeto. Las siguientes palabras de Hans Jonas, discípulo de Heidegger e inserto en la línea del pensamiento de Bultman, son elocuentes a este respecto: «La relación sujeto-objeto (…) no es un lapsus sino un privilegio, una carga y un deber específico del ser humano. Platón no es responsable de esto, sino la misma condición humana (…)» (p. 230). El rechazo a esta dualidad no es sino un ejemplo de: «la aparente, falsa humildad de la entrega que Heidegger hace de la iniciativa al Ser, tan seductora para la teología cristiana, pero que de hecho es la más absoluta *hybris* de toda la historia del pensamiento. Pues es nada menos que el pensador afirmando que a través de él habla la esencia de las cosas mismas, y reclamando una autoridad que ningún pensador debería reclamar jamás» (p. 228). En "Heidegger and Theology", *Review of Metaphysics*, XVIIII, 1964. Cit. por John R. Williams, *Martin Heidegger's Philosophy of Religion*, pp. 228 y ss.

105.   SZ, p. 60; ST, p. 72.

106.   «El yo no es un sujeto. Esta noción del yo es la de un yo inmanente y es concebida sobre la analogía de la *Vorhandenseit*. Si el yo fuera meramente inmanente, entonces no podría trascenderse a sí mismo, es decir, relacionarse con el mundo fuera de sí. De cara a relacionarse con cualquier mundo ha de ser trascendente, es decir, ha de tener su objeto dentro de él o ser su propio "fuera". Por esto Heidegger califica al "yo" de extático y, en su lugar, utiliza la palabra *Dasein*.» Rajender Kumar Gupta, "What is Heidegger's notion of Time". *Revue Internationale de Philosophie*, LII, 1960, p. 187.

107.   La trascendencia del *Dasein* –viene a decir en esta obra– es la región dentro de la cual debe hallarse el problema del fundamento. Lo característico del *Dasein* es comportarse con el ente comprendiendo el Ser. Por ello, en la esencia del *Dasein* radica el fundamento de la diferencia ontológica, fundamento al que Heidegger denomina: "trascendencia".

108.   Según Heidegger, el concepto "mundo" apunta al *Dasein* en su referencia al ente en su totalidad –obviamente, no habla de una "totalidad" en sentido adi-

tivo, sino de una totalidad indeterminada e indeterminable–. El "mundo" alude a un cómo previo a todo cómo; un cómo relativo a la totalidad y propio del *Dasein*. El "ser-en-el-mundo" es el proyecto originario, previo a todo, que hace posible que se patentice el ente como tal (supraproyecto) y que "temporaliza" el ser del *Dasein*. La trascendencia del *Dasein* –fundamento de la diferencia ontológica– es la protohistoria.

109.   *Vom Wesen des Grundes*, pp. 161 y 162; "De la esencia del fundamento", p. 46.

110.   Pretender ver aquí un salto cualitativo, otro Heidegger, es caer de nuevo en el dilema subjetivo-objetivo que precisamente Heidegger pretende superar. Hombre y Ser –como veremos– son [en] lo Mismo (*das Selbe*).

111.   Comprender al Ser a la luz del ser humano o comprender el ser humano a la luz del Ser.

112.   H. Mujica, *Origen y Destino*, p. 32.

113.   UH, p. 65; CH, pp. 173 y 174.

114.   H. Mujica, *Origen y destino*, p. 32.

115.   UH, p. 80; CH, p. 190.

116.   «(...) "se da" el Ser [hay Ser] (...) el "se" que aquí "da" es el Ser mismo. El "da" nombra la esencia del Ser que se da concediendo su verdad. El darse a sí propio a lo abierto, junto con este mismo, es el Ser.
         También se emplea el 'se da' para evitar por lo pronto la locución "el Ser es", pues usualmente se dice el "es" de aquello que es. Y a eso lo llamamos el ente. El Ser "es", pero precisamente no "el ente".» UH, p. 80; CH, p. 190.

117.   SZ, p. 6; ST, p. 15.

118.   "Die onto-theo-logische...", p. 108; "La constitución onto-teológica...", p. 109.

119.   UH, p. 80; CH, p. 190.

120.   "Die onto-theo-logische...", pp. 112 y 114; "La constitución onto-teológica...", pp. 113 y 115.

121.   UH, p. 82; CH, p. 192.

122.   «La búsqueda por parte del siglo XVIII de una *Weltanschauung* es asimismo consiguiente, ¿pues qué más cabe esperar, una vez que el "mundo" se ha convertido en una imagen, sino que el hombre deba buscar un modo de mirarla, esto es, una cosmovisión?» William J. Richardson, *Heidegger. Trough Phenomenology to Thought*, p. 327.

123.   "Platons Lehre...", p. 49; "Doctrina de la verdad...", p. 155.

124.   Cfr. UH, p. 61; CH, p. 169.

125.   Afirma Heidegger en *Sein und Zeit* (p. 49) que la caracterización cristiana del hombre como imagen y semejanza de Dios ha contribuido tanto como otras caracterizaciones antropológicas, psicológicas, biológicas, etc., del hombre (en las que su esencia es comprendida en mera relación a lo ente, considerándolo, por ejemplo, un animal, un organismo psicofísico, etc.), a la negación y olvido de la cuestión del Ser.

126.   Cfr. UH, pp. 64 y 65; CH, p. 173.

127.   UH, p. 68; CH, p. 177.

128.   UH, p. 89; CH, p. 200.

129.   UH, p. 77; CH, p. 187.

130.   EM, pp. 28 y 29; IM, p. 75.

131.   UH, p. 88; CH, pp. 198 y 189.

132. *Der Satz vom Grund*, p. 206; "El principio de razón", p. 87.
133. «(…) la llamada, imperante en el principio, desarrolla un poder insospecha-
      do; marca nada menos que la impronta más profunda y, al mismo tiempo,
      más secreta, de la época de la historia occidental que llamamos "moderni-
      dad".» *Der Satz vom Grund*, p. 197; "El principio de razón", p. 78.
      «La técnica moderna persigue la máxima perfección posible. La perfección
      consiste en la calculabilidad, sin excepción, de los objetos. La calculabilidad
      de los objetos presupone la validez ilimitada del *"principium rationis"*. El
      dominio, ya característico, del principio de razón determina el ser de la
      época moderna, de la era técnica.» «El dominio del poderoso principio de
      razón es el elemento en el que se mueven las ciencias como pez en el agua y
      pájaro en el aire.» *Der Satz vom Grund*, pp. 198 y 201; "El principio de
      razón", pp. 79 y 83.
134. Cit. por Matthew Kapstein en "The trouble with truth: Heidegger on
      Alétheia, Buddhist thinkers on *satya*", *Journal of Indian Council of Philo-
      sophical Research*, IX, nº 2, 1992, pp. 72 y 73.
135. Cfr. *Serenidad* [S], ediciones del Serbal, Barcelona, 1989, pp. 22 y 23; *Ge-
      lassenheit* [G], Verlag Günther Neske, Pfullingen, 1977⁵, pp. 16, 17 y 18.
136. *Der Satz vom Grund*, p. 199; "El principio de razón", p. 80.
137. La instrumentalidad (*Zuhandenheit*), considerada en *Sein und Zeit* como el
      verdadero ser de las cosas, se desvela ahora como el modo de ser, no de las
      cosas en sí, sino de las cosas tal y como se presentan ante la actitud metafí-
      sica encarnada, fundamentalmente, en la tecnificación del mundo.
138. HW p. 236; "La frase de Nietzsche…", p. 212.
139. Cfr. G, p. 12; S, p. 18.
140. «El papel del hombre con respecto al pensamiento no es otro que "esperar",
      sin saber a qué.» Joseph Manikath, *From Anxiety to Releasement in Martin
      Heidegger's Thought*, Asian Trading Corporation, Bangalore, 1978, p. 50.
141. *"Der Satz vom Grund*, p. 210; El principio de razón", p. 92.
142. G, p. 2; S, p. 26.
143. En concreto, en su obra *Gelassenheit*, p. 25.
144. Cfr. G, p. 11; S, p. 17.
145. G, p. 23; S, p. 27.
146. G, p. 26; S, p. 30.
147. G, pp. 23 y 24; S, p. 28.
148. «Porque todo análisis de la situación se queda corto al interpretar por ade-
      lantado el mencionado todo del mundo técnico desde el ser humano y como
      su obra. Se considera lo técnico, representado en el sentido más amplio y en
      toda la diversidad de sus manifestaciones, como un plan que el hombre pro-
      yecta y finalmente le obliga a decidir si quiere convertirse en esclavo de su
      plan o quedar como su señor.
      Mediante esta representación de la totalidad del mundo técnico, todo se re-
      duce al hombre, y como sumo, se exige una ética del mundo técnico.» "Der
      Satz der Identität", ID, p. 80; "El principio de identidad", p. 81.
149. "Der Satz der Identität", ID, p. 80; "El principio de identidad", p. 81.
150. Cfr. SZ, pp. 126 y ss.; ST, pp. 142 y ss.
151. UH, p. 59; CH, p. 167.

152.   *Der Satz vom Grund*, p. 203; "El principio de razón", p. 84.
        «El poderoso principio de la razón suficiente que hay que dar, domina bajo
        la apariencia de "information".» *Der Satz vom Grund*, p. 203; "El principio
        de razón", p. 85.
153.   WD, p. 19; QP, p. 50.
154.   *Also sprach Zarathustra*, en: *Nietzsche Werke, Kritische Gesamtausgabe*
        VI, 1 1968, p. 377; *Así habló Zaratustra,* Alianza Editorial, Madrid, 1987, p.
        407.
155.   HW, p. 244; "La frase de Nietzsche...", p. 218.
156.   «Se ha demostrado que el nihilismo puede armonizar perfectamente con am-
        plios sistemas de orden, y que incluso esto es la regla allí donde es activo y
        desarrolla poder (...) al nihilismo no sólo le gusta el orden, sino que perte-
        nece a su estilo.» Ernst Jünger, *Über Die Linie*, en: *Sämtliche Werke*, Bd. 7,
        Stuttgart, 1950, p. 250; "Sobre la línea" en *Acerca del nihilismo*, Paidós,
        Barcelona, 1994, pp. 27 y 30.
157.   WD, p. 14; *¿Qué significa pensar?*, p. 41.
158.   UH, p. 71; CH, p. 181.
159.   HW, p. 204; "La frase de Nietzsche...", pp. 183 y 184.
160.   HW, p. 231; "La frase de Nietzsche...", p. 208.
161.   HW, p. 237; "La frase de Nietzsche...", p. 213.
162.   HW, pp. 238 y 239; "La frase de Nietzsche...", p. 214.
163.   *Nietzsche II*, Verlag Gunther Neske, Pfullingen, 1961, p. 338.
164.   *Nietzsche II*, p. 343.
165.   HW, p. 202; "La frase de Nietzsche...", p. 182.
166.   HW, p. 200; "La frase de Nietzsche...", p. 180.
167.   *Prolegomena zur Geschichte des Zeitbegriffs* (GA, XX), p. 110.
168.   UH, p. 102; CH, pp. 213 y 214.
169.   Thomas Merton, *El zen y los pájaros del deseo*, pp. 37 y 38.
170.   El hecho de relegar la cuestión de Dios y de lo sagrado ante la del Ser no es
        un signo de ateísmo o de agnosticismo: «(...) con esta indicación no quisie-
        ra el pensar –que señala hacia la verdad del Ser como hacia lo que ha de pen-
        sarse– haberse decidido en modo alguno por el ateísmo. No puede ser teísta
        como tampoco puede ser ateo. Y esto, no por una actitud indiferente, sino
        por respeto a los límites que le han sido impuestos al pensar como pensar, y
        precisamente por aquello que le es dado como lo que ha de pensar: por la
        verdad del Ser». UH, p. 103; CH, p. 214.
171.   UH, pp. 102 y 103; CH, p. 214.
172.   HW, p. 241; "La frase de Nietzsche...", p. 216.
173.   *Erläuterungen...*, p. 47; *Interpretaciones...*, p. 67.
174.   WD, p. 5; QP, p. 14.
175.   WD, p. 6; QP, p. 15.
176.   HW, pp. 253; "¿Para qué ser poeta?", *Sendas perdidas*, pp. 226 y 227.
177.   El análisis de Heidegger del tema de la muerte en *Sein und Zeit* es un análi-
        sis ontológico, no óntico. Es un acercamiento fenomenológico y existencial
        a la muerte como posibilidad del *Dasein* en el "más acá". Es independiente,
        por lo tanto, de toda tesis óntica relativa a si el yo sobrevive o no a su propia
        muerte en el "más allá".

178.   «Tan pronto como un hombre nace es ya bastante viejo para morir.» SZ, p.
        245; ST, p. 268.
179.   SZ, p. 250; ST, p. 274.
180.   ST, p. 287; SZ, p. 263.
181.   «Con todos sus ojos ve la criatura / lo abierto. Sólo nuestros ojos están /
        como invertidos y colocados a su alrededor, / a manera de trampas, al ace-
        cho de su salida libre (…)
        ¡Y nosotros: espectadores, siempre, por donde quiera, / vueltos hacia todo,
        pero jamás a la lejanía! / Las cosas nos desbordan. Las ordenamos. Se dis-
        gregan. / Las ordenamos nuevamente y nosotros nos disgregamos.
        ¿Quién nos colocó así, de espaldas, de modo / que hagamos lo que hagamos
        siempre estamos / en la actitud de aquel que se marcha? Como aquel /
        que sobre la postrera colina que le muestra todo el valle, / por última vez se
        vuelve, se detiene, se demora, / así vivimos nosotros, siempre en despedi-
        da.» R. M. Rilke, *Elegías de Duino*, edición bilingüe, Lumen, Barcelona,
        1984^2, octava elegía.
182.   SZ, p. 266; ST, p. 290.
183.   UH, p. 86; CH, pp. 196 y 197.
184.   HW, p. 244; "La frase de Nietzsche…", p. 219.
185.   HW, 311; "La sentencia de Anaximandro", *Sendas perdidas*, p. 278.
186.   "Die onto-theo-logische…", p. 114; "La constitución onto-teológica…", p.
        115.
187.   EM, p. 87; IM, pp. 153 y 154.
188.   HW, 310; "La sentencia de Anaximandro", p. 277.
189.   HW, p. 43; "El origen de la obra de arte", *Arte y Poesía*, p. 88 [Citaremos
        "El origen de la obra de arte" en la versión castellana de la obra *Arte y poe-
        sía* y no en la de *Sendas perdidas*.]
190.   Cfr. HW, p. 311; "La sentencia de Anaximandro", p. 278.

5. Hacia una comprensión no metafísica del ser o hacia un pensamiento postmetafísico

1.   HW, p. 247; "La frase de Nietzsche…", p. 221.
2.   Hablando del pensar griego original. EM, p. 12; IM, p. 54.
3.   "Der Satz der Identität", ID, p. 96; "El principio de identidad", p. 97.
4.   *Vom Wesen der Wahrheit*, Vittorio Klostermann, Frankfurt am Main, 1954^3,
        p. 21; "De la esencia de la verdad", *Ser, Verdad y Fundamento*, p. 77.
5.   H. Mujica, *Origen y destino*, p. 35.
6.   Confrontando su propuesta con el pensamiento de Hegel, dirá: «Para
        nosotros, el diálogo con la historia del pensar ya no tiene carácter de su-
        peración sino de paso atrás (*Schritt zurück*)». "Die onto-theo-logische…", p.
        110; "La constitución onto-teológica…", p. 111.
7.   «(…) lo difícil no consiste en apegarse a una particular argucia y hondura o
        en formar intrincados conceptos: se oculta en un paso atrás por el cual el
        pensamiento ingresa en el preguntar experimentante, es decir, en el que de-
        rriba las opiniones habituales de la filosofía.» UH, p. 91; CH, p. 202.
8.   EM, pp. 29 y 30; IM, pp. 76 y 77.
9.   «Por cierto que esta traducción de los nombres griegos a la lengua latina no

es de ningún modo un procedimiento inofensivo como se considera aún hoy día. Más bien se oculta tras la traducción aparentemente literal y por ende conservadora, una traducción de la experiencia griega a otra manera de pensar. El pensamiento romano adoptó las palabras griegas, sin las correspondientes experiencias originales de lo que dicen, sin la palabra griega. La falta de terreno firme del pensamiento occidental comienza con esas traducciones.» HW, p. 13; "El origen de la obra de arte", p. 45.

«Lo que admitimos como natural es, presuntamente, lo consuetudinario de un largo hábito que ha olvidado lo insólito de lo cual que se originó. Sin embargo, lo insólito asaltó una vez al hombre como algo extraño, asombrando su pensamiento". HW, p. 14; "El origen de la obra de arte", p. 47.

10. HW, p. 310; "La sentencia de Anaximandro", p. 277.

11. "Die onto-theo-logische…", ID, p. 110; "La constitución onto-teológica…", p. 111.
     Cfr. UH, p. 81; CH, p. 191.

12. WD, p. 72; QP, p. 77.

13. WD, p. 72; QP, p. 77.

14. Acudo a una expresión acuñada por Henry Corbin.

15. WD, p. 71; QP, p. 77.

16. US, p. 94; "De un diálogo acerca del habla", *De camino al habla*, p. 90.

17. Éste es el título de una conferencia pronunciada por Heidegger en 1964.

18. La obra de John Taber, *Transformative Philosophy. A study of Śaṅkara, Fichte and Heidegger* (University of Hawaii Press, Honolulu, 1983) propone como tesis básica la afirmación de que hay ciertos autores que no pueden ser comprendidos adecuadamente si no se advierte que sus respectivos pensamientos adquieren todo su sentido en relación con este factor transformador. Más aún, toda verdadera filosofía ha de orientarse a esta transformación del pensamiento que es una con la transformación del pensador: «La verdadera filosofía (…) es esencialmente un proceso de suscitar la plena conciencia –de despertar y desarrollar el olvidado potencial de la conciencia humana. Hemos reconocido este rasgo en el corazón de la filosofía transformadora, si bien, ciertamente, los sistemas de filosofía transformadora que hemos visto hasta ahora han tenido un componente teórico. Pero también hemos visto que los constructos teóricos de la filosofía transformadora sirven ante todo para consolidar y expandir un estado de conciencia; no pretenden mantenerse en sí mismos como afirmaciones científicas» (pp. 105 y 106).

19. "Das Ende…", p. 62; "El final…", p. 98.

20. "Das Ende…", p. 63; "El final…", p. 99.

21. "Das Ende…", p. 63; "El final…", p. 100.

22. "Das Ende…", p. 65; "El final…", p. 102.

23. "Das Ende…", p. 67; "El final…", p. 104.

24. "Das Ende…", p. 66; "El final…", p. 103.

25. "Das Ende…", p. 66; "El final…", p. 103.

26. En *Sein und Zeit*, Heidegger sostiene que la fenomenología ha de ser el método de la ontología. «La ontología sólo es posible como fenomenología» (SZ, p. 35; ST, p. 46). Entiende por fenomenología: el concepto de un *método* cuyo lema es "¡a las cosas mismas!", frente a todo lo construido en el aire

o admitido acríticamente. "¡A las cosas mismas!" o, en otras palabras, «permitir ver lo que se muestra, tal como se muestra por sí mismo, efectivamente por sí mismo» (SZ, p. 34; ST, p. 45). Si este método busca "dejar ver" es porque su objeto –el Ser– no es patente para la mirada ordinaria e inmediata, generalmente volcada hacia el ente. La fenomenología es el método para «dejar ver al Ser a través del ente» y, en concreto, a través del ente humano o "Ser-ahí" (*Dasein*) –el lugar donde el Ser llega a la luz–. La ontología fenomenológica ha de darse, por ello, en la forma de una hermenéutica del *Dasein*.

En esta obra, Heidegger objetará a la fenomenología de Husserl que, postulando un Yo trascendental, no haya preguntado por el modo de ser del *Dasein* fáctico, concreto, existente en el mundo y en el tiempo.

27. La filosofía especulativa de Hegel y la fenomenología de Husserl son dos filosofías en principio de signo opuesto, si bien tienen ciertas afinidades. Una afinidad es ya el uso común del lema "a las cosas mismas". Ahora bien, su principal afinidad radica en que, si bien desplegando métodos opuestos, ambas filosofías parten del presupuesto metafísico que comprende el fundamento sobre la base de la simple presencia –ya sea substancia o subjetividad–; en concreto, para ambos dicho fundamento es la subjetividad de la conciencia. «Pero Hegel, como tampoco Husserl y toda la metafísica, no pregunta por el Ser en tanto que Ser, es decir, no se plantea la pregunta: ¿En qué medida puede darse la presencia como tal?". "Das Ende…", p. 77; "El final…», p. 116.

28. HW, pp. 41 y 42; "El origen de la obra de arte", p. 86.
29. J. L. Mehta, *The Philosophy of Martin Heidegger,* p. 230.
30. "Das Ende…", p. 72; "El final…", p. 110.
31. Cfr. Reinhard May, *Heidegger's hidden sources. East Asian influences on his work*, Routledge, Londres y Nueva York, 1996, p. 32.
32. "Das Ende…", p. 75; "El final…", pp. 113 y 134.
33. Cfr. "Der Rückgang in den Grund der Metaphysik". *Einleitung zu "Was ist Metaphysik?"* (Ga, IX), pp. 365 y ss.
34. UH, p. 76; CH, pp. 185 y 186.
35. Esto no supone que la *Lichtung* del Ser excluya la dimensión óntica de lo existente; al contrario, es el en-sí no óntico de lo óntico en cuanto tal. No sólo no lo excluye, sino que es su misma razón de ser. De aquí la impropiedad de las siguiente palabras con las que Maurice Corvez critica el pensamiento de Heidegger en su obra *La Philosophie de Heidegger,* Presses Universitaires de France, París, 1961: «En la medida en que el Claro del Ser no vaya al encuentro de lo existente bruto, sea éste lo existente no humano o el *Verstehen* mismo en su facticidad, no podemos hablar de fundamento último, de ontología fundamental. La *Lichtung* es vacía y abstracta, y no engloba el hecho bruto de lo existente y sus determinaciones ónticas» (p. 134).
36. "Das Ende…", p. 74; "El final…", p. 112.
37. "Das Ende…", p. 75; "El final…", p. 114.
38. "Das Ende…", p. 76; "El final…", pp. 114 y 115.
39. "Das Ende…", pp. 78 y 79; "El final…", p. 118.
40. Aún no están presentes en este ensayo lo que serán ideas centrales en el pen-

samiento de Heidegger. No está presente la idea del ocultamiento como un destino del Ser mismo, y no como algo cifrado meramente en la actitud del hombre hacia los entes. Y tampoco se afirma explícitamente que la esencia de la existencia humana radique en su referencia al Ser, aunque se apunta indirectamente a ello al cifrarse en la "libertad" que posibilita su comportamiento abierto con respecto al ente.

41.   Tanto en la consideración medieval de la verdad como adecuación de las cosas al entendimiento divino, como en la consideración moderna que sitúa la verdad de las cosas en su referencia al concepto esencial tal y como es concebido por el espíritu, como en el concepto corriente de verdad que la identifica con la verdad del enunciado, en todos estos casos, decimos, la verdad se define como mera adecuación o concordancia.

42.   *Vom Wesen der Wahrheit*, p. 11; "De la esencia de la verdad", p. 67.

43.   *Vom Wesen der Wahrheit*, pp. 14 y 15; "De la esencia de la verdad", p. 71.

44.   *Vom Wesen der Wahrheit*, p. 19; "De la esencia de la verdad", p. 75.

45.   *Vom Wesen der Wahrheit*, p. 26; "De la esencia de la verdad", p. 83.

46.   Como ya hemos apuntado, esta divergencia de énfasis de ningún modo supone una alternativa: esencia del hombre *versus* Ser del ente; no ha de ser interpretada como el paso de uno a otro, pues ambos no son dos términos de una dualidad, sino dos rostros de lo Mismo (*das Selbe*). «*Ningún* camino del pensar, tampoco el de la metafísica, parte de la esencia del hombre para conducirnos de ahí al Ser, o viceversa, del Ser hasta retornar al hombre. Antes bien, todo camino del pensar avanza estando ya *dentro* de la relación entre Ser y esencia del hombre, so pena de no ser ningún pensar.» WD, p. 74; QP, p. 80.

47.   UH, pp. 83 y 84; CH, pp. 193 y 194.

48.   UH, p. 91; CH, p. 202.

49.   UH, p. 90; CH, p. 201.

50.   UH, p. 90; CH, p. 201.

51.   Continúa: «Con ese "menos" el hombre no pierde nada, sino que más bien gana, porque accede a la verdad del Ser. Gana la esencial pobreza del pastor cuya dignidad estriba en ser llamado por el Ser mismo a la custodia de su verdad. (…) El hombre en su esencia histórico-ontológica es aquel ente cuyo ser (…) consiste en habitar en la cercanía del Ser. El hombre es el vecino del Ser». UH, pp. 89 y 90; CH, pp. 200 y 201.

52.   UH, p. 94; CH, p. 205.

53.   UH, p. 79; CH, p. 189.

54.   R. Guilead, *tre et liberté. Une étude sur le dernier Heidegger*, prefacio de P. Ricoeur, Paris, 1965, p. 101.

55.   Lo propio de toda pregunta metafísica –sostiene Heidegger– es, en primer lugar, que abarca íntegramente la problemática de la metafísica. En segundo lugar, que en toda pregunta metafísica el propio interrogador está necesariamente envuelto en ella. Cfr. WM, pp. 30 y 31; QM, p. 39.

56.   WM, p. 34; QM, p. 50.

57.   WM, p. 35; QM, p. 52.

58.   WM, p. 35; QM, p. 52.

59.   WM, p. 42; QM, p. 68.

60.   Nachwort zu: *Was ist Metaphysik?*, en Wegmarken (GA, IX), p. 306.

61. «La nada, como lo otro respecto del ente, es el velo del Ser.» Epílogo de: *Was ist Metaphysik?*, p. 312.
62. HW, p. 104; "La época de la imagen del mundo" en *Sendas perdidas*, p. 99.
63. US, p. 103; "De un diálogo acerca del habla", p. 99.
 En claro contraste con esta cita, y como ejemplo extremo de la tendencia occidental a interpretar la nada en sentido nihilista, son significativas estas palabras del teólogo Barth: «Dios es el equivalente en Heidegger de la Nada; y esto supone proclamar al demonio como la fuente de todos los entes y de todos los *Daseins*» (en *Heidegger un die Theologie*, Gerhard Noller, Munich, 1967). Cit. por John R. Williams, *Martin Heidegger's Philosophy of Religion*, p. 53.
64. "Der Satz der Identität", ID, p. 88; "El principio de identidad", p. 89.
65. "*Ereignis*" significa: acontecimiento, suceso, evento, emergencia. Este término incluye el verbo "*eignen*": ser propio de, hacer propio, apropiar; un matiz sobre el que Heidegger busca llamar la atención al escribir *Er-eignis*. Cabría, pues, definir *Ereignis* como: "Acontecimiento apropiador" o "Acontecimiento de co-propiación".
 El verbo *ereignen* –acontecer, instituir– ya había sido introducido por Heidegger en su *Carta sobre el Humanismo*, pero en obras posteriores adquirirá –con su tematización del *Ereignis*– un significado más amplio y profundo.
66. John Steffney, "Transmetaphysical Thinking in Heidegger and Zen Buddhism", PEW, XXVII, n° 3, 1977, p. 330.
67. Cfr. US, nota 2, p. 248; "El camino al habla" en *De camino al habla*, nota 1, p. 235.
68. «La metafísica no reconoce al Ser como tal Ser (…) Reconocer esto significa (…) dejar abierta para el pensamiento la posibilidad de que el Ser pueda abandonar su propio carácter de Ser en favor de una determinación más fundamental.» *Nietzsche II*, p. 338.
 «El Ser como tal deriva su sentido o naturaleza de algo más fundamental, el *Ereignis*, y desde el punto de vista de su esencia, por tanto, no puede por más tiempo ser denominado "Ser". Como expresa Heidegger, cuando el Ser es pensado en su verdad, experimenta una transformación y, en consecuencia, pierde su nombre; en el *Er-eignis* el Ser mismo es "superado".» J. L. Mehta, *The Philosophy of Martin Heidegger*, p. 214.
69. "Der Satz der Identität", ID, p. 68; "El principio de identidad", p. 69.
70. US, p. 230; "El camino al habla", p. 218.
71. «El hombre está ligado [*vereignet*] al Ser, y el Ser, por su parte, está entregado [*zugeeignet*] al hombre.» "Der Satz der Identität", ID, p. 84; "El principio de identidad", p. 85.
72. WD, p. 74; QP, p. 80. La cursiva es mía.
73. *Verhältnis* significa relación. El guión busca enfatizar el verbo *halten* (que rige en -*Hältnis*) y que significa tener, sostener, mantener. *Ver-hältnis*, en este sentido, es lo que sostiene y mantiene la totalidad, el Sostenimiento de todas las relaciones.
74. «(…) esta unidad no es de ningún modo el vacío inconsistente de lo que, privado a sí mismo de relación, se detiene y persiste en una uniformidad (…). En donde esto ocurre, la identidad se representa de modo meramente abstrac-

to.» "Der Satz der Identität", ID, p. 64; "El principio de identidad", p. 65.

75.   "Der Satz der Identität", ID, p. 78; "El principio de identidad", p. 79.

76.   "Der Satz der Identität", ID, p. 88; "El principio de identidad", p. 89.

77.   US, p. 247; "El camino al habla" p. 233.

78.   La tematización heideggeriana de la *Lichtung* del Ser y del Acontecimiento apropiador o *Ereignis* no pretende constituirse como un pensamiento cerrado o acabado en torno al Ser. En palabras de J. L. Mehta: «(...) pertenece a la esfera de "lo que ha de ser pensado". Todo lo que Heidegger pretende es abrir una esfera, durante mucho tiempo cerrada, para el pensamiento futuro, dando él únicamente los primeros pasos preparatorios. Además, este pensamiento no resulta y no puede resultar en un sistema de conceptos claramente definidos, sino sólo en un simple "decir" ("saying") que desoculta un reino que finalmente nunca pierde su misterio». *The philosophy of Martin Heidegger*, p. 240, nota 78.

79.   HW, p. 42; "El origen de la obra de arte", pp. 87 y y 88.

80.   Como hace ver Heidegger en su obra *Nietzsche I* (cap. I, sección 26), Nietzsche buscó, frente a lo que él consideraba que había sido la constante del pensamiento metafísico, devolver el devenir al seno del Ser, en un aparente retorno a lo que habían sido las propuestas parmenídea y heraclitana: el Ser, a la vez, es y deviene. Con su concepción del eterno retorno busca, de hecho, aunar la perdurabilidad del Ser (el Ser es lo estable o lo presente) con el llegar-a-ser o devenir. Pero, según Heidegger, ni Nietzsche llegó a retomar el pensamiento presocrático, ni se apartará con su concepción del eterno retorno del pensamiento metafísico, pues la dualidad Ser-devenir no estuvo nunca presente en el pensamiento presocrático y es, de hecho, de origen platónico. De modo latente, pues, esta dualidad típicamente metafísica sigue presente en el pensamiento nietzscheano.
El Acontecimiento del Ser heideggeriano, el Ser de la Grecia presocrática, es, en cambio, anterior a esta dualidad, y no es adecuadamente caracterizado por ninguno de los términos de la misma ni por una síntesis dialéctica, o de cualquier otra naturaleza, de estos términos.

81.   «A lo que es asunto del pensar corresponde cada vez históricamente sólo un decir adecuado a su realidad.» UH, p. 111; CH, p. 223.

82.   «El desocultamiento de lo existente (...) oscurece la luz del Ser. El Ser se sustrae desocultándose en lo existente.» HW, p. 310; "La sentencia de Anaximandro", *Sendas perdidas*, pp. 277 y 278;

83.   "Der Satz der Identität", ID, p. 82; "El principio de identidad", p. 83.

84.   "Der Satz der Identität", ID, p. 82; "El principio de identidad", p. 83.

85.   *Gestell* significa literalmente, "armazón", "chasis", "bastidor", "esqueleto". En el término escrito con guión, *Ge-stell*, se enfatiza, por un lado, "*stellen*", que significa: "poner", "colocar" y, por el otro, el prefijo "*ge-*", que alude a un conjunto o colectivo. "*Ge-stell*" vendría a significar algo así como "un poner conjunto" o "com-posición".

86.   HW p. 311; "La sentencia de Anaximandro", p. 278.

87.   HW, p. 311; "La sentencia de Anaximandro", p. 278.

88.   HW, p. 311; "La sentencia de Anaximandro", p. 278.

89.   De aquí lo erróneo de interpretar el énfasis heideggeriano en la naturaleza

temporal e histórica, deviniente, del acontecer del Ser en términos relativistas. Menos aún se sostienen las interpretaciones historicistas o evolucionistas.

Son numerosas las críticas al pensamiento de Heidegger basadas precisamente en lo que consideramos una comprensión distorsionada de su pensamiento: se interpreta la insistencia heideggeriana en el carácter aconteciente del Ser como sinónimo de que el Ser es temporal y esencialmente finito. Por ejemplo, afirma George Kovacs en su obra *The Question of God in Heidegger's Phenomenology* (Northwestern University Press, Evaston, Illinois, 1990, p. 254): «Debería reconocerse claramente que la principal dificultad para comprender el pensamiento de Heidegger radica en su interpretación del Ser como esencialmente finito. Para Heidegger, el Ser no es supratemporal (a diferencia del Absoluto de Hegel) sino histórico y finito; necesita (*braucht*) y usa al ser humano como el "ahí" de su manifestación, como su "pastor". Sus manifestaciones (las épocas de su destino) se hallan en el tiempo».

Pero como veremos con detenimiento en nuestro estudio comparado, lo que acontece no es, a su vez, acontecido; lo que temporaliza, otorga tiempo y funda la historia, no puede ser, a su vez, temporal e histórico; lo que se da reteniéndose, en ningún caso se agota en lo mostrado/finito.

90.   Por eso, afirma Heidegger: «el pensar que piensa dentro de la verdad del Ser es –en cuanto pensar– histórico. No hay un pensar sistemático y a su lado, como ilustración, una historia de las opiniones pasadas. Pero tampoco hay, como cree Hegel, una sistemática que pudiera hacer de la ley de su pensar la ley de la historia y que pudiera recoger a ésta en su sistema. Hay (…) la historia del Ser a la que pertenece el pensar como recuerdo de esta historia realizado por ella misma». UH, p. 81; CH, p.191.

91.   «Ahora la palabra "mundo" ya no es empleada en el sentido metafísico. No nombra ya ni la representación secularizada del universo, de la naturaleza y de la historia, ni la representación teológica de la creación (*mundus*), ni tampoco la mera totalidad de lo presente (*Kosmos*).» US, p. 21; "De camino al habla", pp. 21 y 22.

92.   *Vom Wesen des Grundes*, pp. 161 y 162; "De la esencia del fundamento", p. 46.

93.   HW, p. 33; "El origen de la obra de arte", pp. 74 y 75.

94.   Cfr. UH, p. 111; CH, p. 223.

95.   UH, p. 100; CH, p. 212.

96.   Mundo, en este caso, en una acepción indisociable, pero ya derivada, con respecto al "mundo" entendido, en su sentido más originario, como el "entre" o el "ex" de la existencia.

97.   UH, p. 101; CH, p. 212.

98.   HW, p 34; "El origen de la obra de arte", p. 75.

99.   "Das Ding", *Vorträge und Aufsätze*, Verlag Günther Neske, Pfullingen, 1959², p. 169; "La cosa", *Conferencias y artículos*, Ediciones del Serbal, Barcelona, 1994, p. 148.

100.   Cfr. "Der Ursprung des Kunstwerkes" ("El origen de la obra de arte"), HW.

101.   "Das Ding", p. 178; "La cosa", p. 156.

102.   El Acontecimiento del Ser acontece mundo (o mundos). Desde un punto de

vista histórico, este acontecer o desocultación del ente en totalidad ha alumbrado en cada época un mundo nuevo. Así –y como hemos apuntado–, un mundo nuevo se instauró en Grecia al alumbrarse el Ser como Ser; en la Edad Media, lo que se desveló fue el ente como ente creado; en la Edad Moderna, el ente como objeto de cálculo y dominio. Y también es el arte lo que, de modo privilegiado, contribuye, en cada época, en este histórico acontecer mundo del Ser.

103.   Heidegger desarrolla su noción "*Geviert*" en su ensayo sobre la naturaleza de la cosa "Das Ding" (texto de una conferencia impartida en 1950), en su ensayo "Bauen, Wohnen, Denken" (1951) y en sus escritos sobre el lenguaje.

104.   Cfr. "Das Ding".

105.   "Das Ding", pp. 176 y177; "La cosa", pp. 155 y 156. Cfr. También, "Bauen, Wohnen, Denken", *Vorträge und Aufsätze*, pp. 149 y 150; "Construir, habitar, pensar", *Conferencias y artículos*, pp. 131 y 132.

106.   US, p. 19; "El habla", *De camino al habla*, p. 20.

107.   Cfr. "Das Ding", p. 178; "La cosa", p. 157.

108.   «Cada uno debe de lo pequeño deducir la cosa grande (…) una flor es suficiente para dar a conocer la creación entera.» Paracelso. Cit. por J. Hirschberger, *Historia de la Filosofía,* I, Herder, Barcelona, 1982[12], p. 481.

109.   En una cita análoga de Paracelso: «Ha de saberse que en el hombre está el joven cielo. Es decir: el hombre ha sido hecho después del cielo y de la tierra, pues está hecho de ellos. Si está hecho de ellos, ha de parecerse a sus progenitores, como guarda un niño todas las proporciones físicas de su padre (…). Se sigue de ahí que en el hombre estén el Sol, la Luna, Saturno, Marte, Mercurio y Venus y todos los signos, el Polo Norte y el Polo Sur, el Carro y todos los cuadrantes del Zodiaco». Cit. por J. Hirschberger, Historia de la Filosofía, I, p. 480.

110.   "Das Ding", p. 178; "La cosa", p. 156.

111.   Cfr. US, p. 198; "La esencia del habla", p.188.
         «(..) la cercanía no radica en la pequeñez de la distancia (…) Lo que, desde el punto de vista del trecho que nos separa de ello, está a una distancia inabarcable, puede estar muy cerca de nosotros. Una distancia pequeña no es necesariamente cercanía.» "Das Ding", p. 163; "La cosa", p. 143.

112.   Cfr. US, pp. 196 y ss; "La esencia del habla", pp. 186 y ss.

113.   Según Heidegger, hay una unidad indisoluble entre Ser, esencia del hombre, pensamiento y lenguaje que pasa inadvertida ante toda perspectiva parcial, es decir, vuelta exclusivamente hacia la consideración del ente (por ejemplo, la propia de las diversas disciplinas filosóficas: lógica, antropología, la misma metafísica, etc.); una unidad que sólo se comprende en referencia al Ser y desde la consideración del Ser.

114.   UH, p. 53; CH, p. 161.

115.   WD, p. 3; QP, p. 11.

116.   UH, pp. 56 y 57; CH, p. 165.

117.   UH, p. 118; CH, p. 230.

118.   UH, p. 56; CH, p. 164.

119.   UH, p. 56; CH, pp. 164 y 165.

120.   «El pensamiento no es un asunto subjetivo, sino que ha de ser determinado

por aquello que ha de ser pensado. Implica no sólo la receptividad del ser humano al Ser, sino también la receptividad del Ser al ser humano (…) [Heidegger] desea un pensamiento que sea a la vez receptivo, en el sentido de que escucha y atiende a lo que las cosas nos trasmiten, pero también activo, en el sentido de que nosotros respondemos a la llamada de las cosas.» Joseph Manikath, *From Anxiety to Releasement in Martin Heidegger's Thought*, p. 35.

121.   UH, p. 57; CH, p.165.
Esta estructura de apropiación mutua entre pensar y Ser, hombre y Ser, escucha y llamada, se advierte también en que, si bien el Ser es el elemento del pensar, a su vez, «el pensar construye la casa del Ser» (UH, p. 111; CH, p. 223) dándole sitio y modulando su expresión. No "crea" la casa del Ser; la construye en el sentido de que dispone el marco que define la modalidad del darse histórico del Ser. El Ser es el origen y el destino del pensar. Y, a su vez, el pensar posibilita el darse histórico del Ser, posibilita el movimiento por el que el Ser sale y retorna a sí a través de la palabra y del pensar del hombre.

122.   «(…) la verdadera actitud del pensar no es plantear preguntas, sino prestar oídos al consentimiento de aquello que debe ponerse en cuestión.» US, p. 165; "La esencia del habla", p. 157.

123.   US, p. 169; "La esencia del habla", p. 161.

124.   Al final de la conferencia "Die Frage nach der Technik" ("La pregunta por la técnica") afirma Heidegger: «Pues la pregunta es la devoción del pensamiento" (*Vorträge und Aufsätze*, p. 44). Ello no contradice su crítica a la primacía de la pregunta en la historia del pensamiento occidental, ya que "devoción se entiende aquí en el antiguo sentido de: obediencia, en este caso, a lo que el pensamiento tiene por pensar». (US, p. 165; "La esencia del habla", p. 157). En esta línea, en su *Introducción a la metafísica* distingue el preguntar como vocación de quien responde a la llamada que viene de lo originario, del estéril preguntar fundado en la curiosidad o en el empecinamiento en la duda. Y, en su *Carta sobre el humanismo,* afirma: «Lo digno de ser preguntado es entregado al pensamiento, fundamentalmente, como aquello que se ha de pensar, pero de ningún modo es arrojado a la destrucción por una hueca pasión por la duda» (UH, p. 65; CH, p. 173).

125.   UH, p. 110; CH, pp. 221 y 222.
126.   UH, p. 76; CH, p. 185.
127.   UH, p. 77; CH, p. 187.
128.   US, p. 163; "La esencia del habla", p. 155.
129.   UH, p. 56; CH, p. 164.
130.   UH, p. 119; CH, p. 231.
131.   UH, p. 117; CH, p. 229.
132.   «Retornar a donde (propiamente) ya nos hallamos, así es como debemos andar en el camino del pensamiento que es ahora necesario.» US p. 180; "La esencia del habla", p. 170.
133.   «El pensar (…) se deja comprometer por el Ser, para decir la verdad del Ser.» UH, pp. 53 y 54; CH, pp. 161 y162.
134.   UH, p. 53; CH, p. 161.

135.   «(...) el "dejar ser" como penetración en la región implica un movimiento, y este movimiento debe proceder de aquello hacia lo que el movimiento se dirige.» Joseph Manikath, *From Anxiety to Releasement in Martin Heidegger's Thought*, p. 51.

136.   UH, p. 111; CH, p. 223.

137.   US, p. 167; "La esencia del habla", p. 159.

138.   Cfr. la obra citada de John A. Taber: *Transformative Philosophy. A study of Śaṅkara, Fichte and Heidegger*.

139.   UH, p. 119; CH, p. 232.

140.   UH, p. 53; CH, p. 161.

141.   EM, p. 39; IM, p. 89.

142.   US, p. 13; "El habla", p. 14.

143.   UH, pp. 78 y 79; CH, p. 188.

«En cuanto simple, permanece misterioso el Ser; la sencilla cercanía de un regir que no trata de insinuarse. Esta cercanía es esencialmente como el habla misma. Pero el habla no es simplemente habla en cuanto nos representamos ésta –cuando surge– como la unidad sonora de forma sonora (escritura), melodía, ritmo y significado (sentido). (...) Nosotros pensamos generalmente el habla como correspondiendo a la esencia del hombre, en cuanto éste es representado como *animale rationale*, esto es, como unidad de cuerpo-alma-espíritu. Pero así como en la *humanitas* del *homo animalis* queda oculta la ex-sistencia y, por ello, la referencia de la verdad del Ser al hombre, del mismo modo la interpretación metafísico-animal del habla oculta su esencia desde el punto de vista de la historia del Ser. Según esa esencia, el habla es la casa del Ser, "acontecida" y traspasada por el Ser. Por eso es menester pensar la esencia del habla en su correspondencia con el Ser, o mejor, como esta misma correspondencia, esto es, como la morada de la esencia del hombre» (*Ibid*).

144.   A este sentido originario, aludía Heidegger en *Sein und Zeit* con el término *Rede*.

Sprache es "habla" en sentido amplio. *Rede*, aunque puede traducirse en castellano igualmente por habla, es –en el contexto del pensamiento heideggeriano– una acepción más restringida de este término: no alude al habla que el hombre tiene, sino al habla que el hombre es, al habla como un existenciario constituyente del ser del *Dasein*, como un *a priori* inobjetivable o *más acá* del lenguaje. Cfr. *Sein und Zeit*, § 34: "Da-sein und Rede. Die Sprache". Ahora bien, en su pensamiento tardío, y, en concreto, en su obra *Unterwegs zur Sprache*, Heidegger busca aproximarse al sentido último del lenguaje comprendiéndolo a la luz del *Ereignis* o Acontecimiento del Ser, es decir, de una forma aún más originaria que la presente en la tematización del habla (*Rede*) de *Sein und Zeit*. A esta dimensión última del lenguaje la denominará *die Sage*: el Decir original.

145.   US, p. 10; "El habla", p. 12.

146.   US, p. 149; "La esencia del habla", p. 143.

147.   US, p. 29; "El habla", p. 29.

148.   US, p. 27; "El habla", pp. 27 y 28.

149.   H. Mujica, *Origen y Destino*, p. 58.

150.   US, p. 151; "La esencia del habla", p. 145.
151.   UH, p. 66; CH, p. 175.
152.   C. S. Nwodo, "Language and Reality in Martin Heidegger", *Indian Philosophical Quarterly*, XII, n° 1, 1985, p. 34.
153.   EM, p. 11; IM, p. 52.
154.   HW, p. 60; "El origen de la obra de arte", pp. 112 y 113.
155.   US, p. 155; "La esencia del habla", pp. 148 y 149.
156.   Cit. por Heidegger en US, p. 211; "La palabra", *De camino al habla*, p. 201.
157.   US, p. 211; "La palabra", p. 201.
        Erfahren significa experimentar, llegar a saber, aprender. El guión busca enfatizar uno de los componentes de la palabra, "fahren", que significa: ir, andar, conducir, recorrer.
158.   US, p. 19; "El habla", p. 20.
159.   US, p. 19; "El habla", p. 19.
160.   *Erläuterungen...*, p. 36; "Hölderlin ...", p. 131.
161.   «Se asume generalmente que la palabra *lenguaje* proviene del griego *légein*: "hablar" y de *lógos*: "palabra", "discurso". Heidegger argumenta que este significado es únicamente un desarrollo posterior, y que originariamente, en la literatura y filosofía griegas, *lógos* no significaba palabra o discurso, ni tampoco *légein* significaba hablar. *Lego*, *légein*, explica, significaba "reunir", "recoger", y *lógos* significaba "reunión" (…) Heidegger da un paso más allá y mantiene que para los griegos *légein*, "reunir", significaba también "revelar", "desocultar" (…). Así, el lenguaje, tal y como Heidegger lo entiende, es un hablar que reúne, una reunión que revela. Lo que el lenguaje reúne son los seres en su totalidad. Lo que es revelado es su arraigamiento en el Ser y su diferenciación con respecto al Ser. El lenguaje original es, por tanto, la revelación del Ser como la desocultación en cuya apertura los seres son convocados a la existencia.» C. S. Nwodo, "Language and Reality in Martin Heidegger", *Indian Philosophical Quarterly*, XII, n° 1, 1985, p. 25.
162.   *Erläuterungen...*, p. 38; *Interpretaciones...*, p. 59.
163.   *Erläuterungen...*, p. 38; *Interpretaciones...*, p. 58.
164.   El habla funda el ser de la cosa, que no es objeto cerrado sino realidad abierta, nudo de relaciones. En otras palabras: porque hay palabra hay mundo. El habla funda el entramado de relaciones del mundo, y «donde rige el mundo hay historia». (*Erläuterungen...*, p. 38; *Interpretaciones...*, p. 59). El habla es el inicio de la historia; el hombre es histórico porque habla.
165.   Este reino de la palabra que deja ser la cosa como cosa, Heidegger lo denomina *Bedingnis*: "en-cosamiento". Este término no equivale a "condición" (*Bedingung*), pues la palabra no es fundamento o "razón" de la cosa. Es "encosamiento" entendido como un dejar que la cosa sea cosa en la palabra. El secreto de la palabra –secreto que oculta el nombrar– es que la palabra es el "en-cosamiento" (*Bedingnis*) de la cosa.
166.   «En el acontecimiento de transpropiación radica la esencia de lo que habla como lenguaje y que en una ocasión fue denominada la casa del Ser» ("Der Satz der Identität", ID, p. 92; "El principio de identidad", p. 93). «Aquello que nos viene al encuentro como habla recibe su determinación desde el Decir, entendido como lo que en-camina todo» (US, p. 191; "La esencia del

habla", p. 181). Por ello: «Todo decir esencial es retorno para prestar oído a esta mutua pertenencia velada de decir y Ser, de palabra y cosa» (US, p. 225; "La palabra", p. 213).

167.   Cfr. "Der Weg zur Sprache", US.

168.   Ésta es también la opinión de Hugo Mujica: «Como bajo continuo se puede escuchar en su *opus* toda la cosmogonía bíblica de la creación por la Palabra, y, como voces sonantes, san Agustín, Dionisio el Areopagita, Martín Lutero, Angelus Silesius y, sobre todo y resumiendo la tradición mística de su tierra germana, la voz del Maestro Eckhart». *La palabra inicial*, Editorial Trotta, Madrid, 1995, p. 158.

169.   Heidegger, *Einführung in die Metaphysik*, p. 103.

Heidegger critica la interpretación teológica del lenguaje, o la interpretación según la cual la palabra es de origen divino (US, p. 14). En unas palabras de John Caputo con las que explica la postura de Heidegger a este respecto: «(...) la teología refiere todo "concepto" al "primer concepto", al Uno, que es "concebido" por el Padre, que es la "Palabra" del Padre. (...) la teología sostiene que la palabra más verdadera es el *verbum mentis*, la palabra mental (...) La teología, por tanto, subscribe la distinción "meta-física" entre lo interior y lo exterior, lo ideal y lo real, lo suprasensible y lo sensible. Éste es el motivo por el que Heidegger dice que la teología enfatiza el carácter "simbólico" del lenguaje. Para la teología, el lenguaje habla de cosas sensibles que son tomadas como símbolos de lo suprasensible». *The Mystical Element in Heidegger's Thought*, p. 171.

Discrepamos de que esta interpretación teo-lógica –es decir, metafísica– del lenguaje sea la propia de todo el pensamiento místico/especulativo medieval; en concreto, no es ésta en absoluto la interpretación de Eckhart, quien en ningún caso recae en este dualismo, aunque en ocasiones las limitaciones del lenguaje parezcan darlo a entender.

Por otra parte, y como veremos con detenimiento, hay una concepción de lo simbólico –y una concepción simbólica del lenguaje– no dualista, no metafísica.

170.   *Comentario al Prólogo de san Juan*, 8.

171.   *Comentario al Prólogo de san Juan*, 4.

172.   *Comentario al Prólogo de san Juan*, 12.

173.   «Porque Él es el principio, y nos habla (...). Así en tu Verbo, coeterno a ti, dices a un tiempo y sempiternamente todas las cosas que dices (...), no obstante, no todas las cosas que haces diciendo se hacen a un tiempo.» San Agustín, *Confesiones*, XI, 8, 9-10.

174.   *Tratados y Sermones*, p. 355.

175.   Cfr. *Comentario al Prólogo de san Juan*, 8.

176.   *Comentario al Prólogo de san Juan*, 8.

177.   *Comentario al Prólogo de san Juan*, 75.

178.   Citando y comentando a Agustín de Hipona (*Confesiones,* libros IV y IX). *Comentario al Prólogo de san Juan*, 80.

179.   *Tratados y Sermones*, pp. 343 y 344.

180.   Esta última acepción del símbolo queda nítidamente dilucidada en la obra de J. A. Antón Pacheco, *Symbolica Nomina: Introducción a la hermenéutica*

espiritual del Libro, Symbolos, Barcelona, 1988. En esta obra se lleva a cabo un estudio ontológico de lo simbólico.

181.   J. A. Antón Pacheco, *Symbolica Nomina: Introducción a la hermenéutica espiritual del Libro*, p. 10.

182.   Cfr. el pensamiento de G. Durand al respecto, tal y como queda expuesto en la obra de Luis Garagalza, *La interpretación de los símbolos. Hermenéutica y lenguaje en la filosofía actual*, Ánthropos, Barcelona, 1990, pp. 49 y ss.
       Con mucha frecuencia, lo que se suele denominar "símbolo" no es más que mero signo o alegoría. Cuando Heidegger critica aquella concepción del lenguaje en la que éste queda reducido a «representación simbólica y conceptual» alude a este sentido más estrecho del término "símbolo": concebido éste desde un punto de vista exclusivamente gnoseológico y en una acepción que se confunde con la del signo y la de la alegoría. No alude al símbolo en su sentido más radical, considerado desde su virtualidad ontológica, un sentido, éste último, que coincide con el que el mismo Heidegger otorga a la palabra.

183.   Garagalza, Op. Cit, p. 49.

184.   *Ibid.*

185.   *Ibid*, p. 50.

186.   «El símbolo sería precisamente la inversión de la alegoría. Mientras que la alegoría parte de una idea para llegar a ilustrarla en una figura, el símbolo es, "de por sí, figura y, como tal, fuente, entre otras cosas, de ideas" (G. Durand, *L'imagination symbolique*, Presses Universitaires de France, París, 1964[3], p. 11).» *Ibid*, p. 50.

187.   *Ibid*, p. 42.

188.   «No es casualidad que, en alemán, símbolo pueda decirse "imagen de sentido" (*Sinn-bild*), señalando perfectamente la relación dialéctica o desequilibrio simétrico (J. Kristeva) de significado y significante.» Andrés Ortiz-Osés, palabra "símbolo" del *Diccionario de Filosofía contemporánea*, Sígueme, Salamanca, 1885[3], pp. 455-456.

189.   Se trata de un equilibrio dinámico de mediación o "complexio" de los opuestos: lo trascendente y lo inmanente, lo subjetivo y lo objetivo, lo inteligible y lo sensible, lo eterno y lo temporal, etc.
       Con respecto a la mediación que en el símbolo tiene lugar entre lo subjetivo y lo objetivo, basta advertir que la desproporción original existente entre las dos dimensiones del símbolo: lo oculto y lo mostrado, implica que su interpretación suponga siempre –afirma Garagalza– una especie de «salto (heurístico) en el vacío» (cfr. Op. cit, p. 51). El símbolo no se limita a establecer un saber establecido y objetivo; precisa de la libre interpretación del hermeneuta. Por ello, la realidad simbólica no es meramente objetiva, no existe separadamente del yo que la considera. El símbolo aúna de modo no-dual subjetividad y objetividad.

19.   J. A. Antón Pacheco, *Symbolica Nomina: Introducción a la hermenéutica espiritual del Libro*, p. 11.

191.   «(...) sólo puede aparecer lo que está unificado y reunido, esto es, lo que de alguna manera es unidad (de la pura multiplicidad no hay experiencia que valga, es una abstracción); luego, decir "unidad de la cosa" es decir "símbo-

lo", ya que unidad es todo lo que aparece, y como lo que aparece es siempre símbolo, la asunción e imbricación de la cosa en el sistema simbólico significa la condición de posibilidad de la misma.» *Ibid*, p. 11. «(...) Las cosas aparecen como símbolos, ya que aparecen porque son símbolos.» *Ibid*, p. 16.

192.   Gran parte de los trabajos de los antropólogos y biólogos contemporáneos vienen a confirmar que lo que distingue al ser humano de los animales es que su actividad psíquica, con muy pocas excepciones, es indirecta (o reflexiva), es decir, que carece de la univocidad y de la seguridad del instinto.

193.   Cfr. Arnold Gehlen, *Der Mensch. Seine Natur und seine Stellung in der Welt*, Gesamtausgabe, III, *Der Mensch*, Vittorio Klostermann, Frankfurt am Main, 1993; *El hombre: su naturaleza y su lugar en el mundo*, Sígueme, Salamanca, 1987. Cfr. también, del mismo autor, *Philosophische Anthropologie und Handlungslehre*, Gesamtausgabe, IV, Vittorio Klostermann, Frankfurt am Main, 1983; *Antropología filosófica: del encuentro y descubrimiento del hombre por sí mismo*, Paidós Ibérica, Barcelona, 1993.

194.   Cfr. Gilbert Durand, *De la mitocrítica al mitoanálisis,* Ánthropos, Barcelona, 1993, p. 27.

195.   Cfr. Garagalza, Op. Cit, pp. 41 y 42.

196.   *Ibid*, p. 43.
         Éste será el eje de la hermenéutica de Gadamer –privilegiado discípulo de Heidegger– (Cfr. *Wahrheit und Methode*, en: *Gesammelte Werke* 1, Hermeneutik I, J.C.B. Mohr, Paul Siebeck, Tübingen, 1986; *Verdad y Método*, Sígueme, Salamanca, 1977): «el Ser es lenguaje, esto es, representarse» (p. 480; p. 581). No hay tal cosa como una realidad en sí con una inteligibilidad interna que el lenguaje busque reflejar. Lo que accede al lenguaje no es algo dado con anterioridad, sino que recibe en la palabra su propia determinación: «El acceso de algo al lenguaje no es la adquisición de una segunda existencia. El modo como algo se presenta a sí mismo forma parte de su propio ser» (p. 479; p. 568). «La estructura especulativa del lenguaje (...) consiste no en ser copia de algo que está dado con fijeza, sino en un acceder al lenguaje en el que se anuncia un todo de sentido (...) El ser que puede ser comprendido es lenguaje» (p. 478; p. 567).

197.   Cfr. nota 335.

198.   «Toda la palabra hablada ya es siempre respuesta: contra-Decir, decir que viene al encuentro, decir "escuchante".» US, p. 249; "El camino al habla", p. 235.

199.   Esta distinción es abstracta, pues no hay tal cosa como un lenguaje puramente prosaico, un lenguaje que sea pura y exclusivamente medio de comunicación. En todo lenguaje –también en el aparentemente más instrumental, y a su pesar– la función comunicativa siempre es secundaria respecto a la de evocar; la dimensión formal, respecto a los aspectos materiales o de contenido.

200.   Cfr. A. López Quintás, *El arte de pensar con rigor y vivir de forma creativa*, Asociación para el Progreso de las Ciencias Humanas, Madrid, 1993, pp. 111-113.

201.   HW, p. 61; "El origen de la obra de arte", p. 114.

202.   *Erläuterungen...*, p. 36; "Hölderlin ...", p. 131.

203.   *Erläuterungen...*, p. 43; "Hölderlin ...", p. 140.

204. US, p. 28; "El Habla", p. 28.
205. *Erläuterungen...*, p. 40; "Hölderlin ...", p. 137.
Heidegger nos recuerda la afirmación de Aristóteles de que el poetizar es más verdadero que la historia y que la ciencia, que la investigación de los entes. UH, p. 117; CH, p. 230.
206. Cit. por Heidegger en *Erläuterungen...*, p. 47; "Hölderlin ...", p. 146.
207. Toda instauración poética es una donación libre; y también la instauración de la existencia humana desde su fundamento es una instauración libre: es don. La existencia humana es donación del Ser (-*Sein*) a Sí mismo en y a través del hombre (*Da-*); donación que alumbre el mundo, a su vez, desde su carácter esencial de don. Habitar poéticamente es desvelar a todo ente y a la existencia humana desde la libre donación –gratuita, sin porqué– que los funda y los sostiene.
208. «La desocultación del ente no es jamás tan sólo un estado existente, sino un acontecimiento.» HW, p. 42; "El origen de la obra de arte", pp. 87 y 88.
209. Cfr. H. Mujica, *Origen y Destino*, p.12 y ss.
210. Cfr. *Ibid*, p.13.
211. WD, p. 7; QP, p. 17.
212. WD, p. 7; QP, p. 16.
213. Palabra tomada del alto alemán antiguo que, según Heidegger, aúna las ideas de pensamiento, recuerdo y gratitud (pues es una palabra íntimamente relacionada con las de *Gedanke* = pensamiento, *Dank* = gratitud y *Gedächtnis* = re-cuerdo). Heidegger traduce *Gedanke* indistintamente como: "el recuerdo recogido que todo lo recoge", "recogimiento del acto meditativo", "el alma o el corazón", "pensamiento", "el pensar del corazón", "gratitud", etc. (cfr. WD, pp. 91 y ss; *¿Qué significa pensar?*, pp. 134 y ss.)
214. *Erläuterungen...*, p. 73; *Interpretaciones...*, p. 93.
215. WD, p. 1; QP, p. 9.
216. J. A. Antón Pacheco, *Symbolica nomina*, p. 16.
217. G. Vattimo, *Introducción a Heidegger,* Gedisa, Barcelona, 1995, p. 119.
218. HW, p. 30; "El origen de la obra de arte", p. 70.
219. HW, p. 59; "El origen de la obra de arte", p. 110.
220. WP, p. 30; Q.e.f., p. 68.
221. US, p. 256; "De camino al habla", p. 242.
222. WP, p. 30; Q.e.f., p. 68.
223. Maestro Eckhart, *Comentario al Prólogo de san Juan*, 35.
224. Heidegger, *Der Satz vom Grund*, p. 185.
225. *Peregrino Querubínico*, I, 289.
En las palabras cercanas, ya citadas, de otro pensador esencial, Ralph Waldo Emerson: «Estas rosas que se hallan bajo mi ventana no hacen ninguna referencia a unas rosas anteriores o mejores; son lo que son; existen hoy con Dios. Para ellas no hay tiempo. Hay simplemente la rosa; es perfecta en cada momento de su existencia. Antes de brotar una yema en la planta, su vida entera actúa; en la flor plenamente abierta no hay nada más; en la raíz sin hojas no hay nada menos. Su naturaleza está satisfecha y ella satisface a la naturaleza igualmente, en todos los momentos. Pero el hombre pospone o recuerda; no vive en el presente, sino que, volviendo los ojos, lamenta el

pasado, o desatento a las riquezas que le rodean, se empina sobre las plantas de los pies para prever el futuro». Ralph Waldo Emerson. "Self-reliance", *Essays and Lectures*, The Library of America, Nueva York, 1983, p. 270.

226.   Cfr. *Der Satz vom Grund*, p. 188.

227.   «"¿...y para qué ser poeta en tiempos de penuria?" pregunta Hölderlin en la elegía "Brod und Wein".» HW, p. 248; "¿Para qué ser poeta?" *Sendas perdidas*, p.22.

228.   *Erläuterungen...*, p. 47; "Hölderlin ...", p. 147.

229.   HW, p. 248; "¿Para qué ser poeta?", p. 222.

230.   HW, p. 248; "¿Para qué ser poeta?", p. 222.

231.   HW, p. 273; "¿Para qué ser poeta?", p. 244.

232.   HW, p. 294; "¿Para qué ser poeta?", p. 263.

III. LA DOCTRINA ADVAITA EN TORNO AL "YO"

6. La doctrina advaita en torno al "yo" a la luz de la crítica al sujeto de Heiddeger

1.   Cfr. *La experiencia filosófica de la India*.

2.   Cfr. *Ibid*, p. 27.

3.   Es un hecho que, históricamente, el sustrato tecnológico, económico e institucional –en expresión de Marx: las fuerzas de producción– de un determinado período o civilización (agraria, industrial, post-industrial, etc.) ha estado íntimamente asociado a un determinado tipo de cosmovisión y de pensamiento y que, a su vez, éstos últimos han tenido su condición material de posibilidad y su reflejo concreto en dicha base. La actual unificación científico/técnica y económica que acontece a escala planetaria es el garante de lo que está siendo y habrá de ser una unificación (que no uniformización) análoga en el nivel del pensamiento, pues todo ello forma parte de un proceso y despliegue únicos. Como afirma Heidegger, el "mundo técnico" que nos ha tocado vivir no es un mero producto de la acción humano, sino que alude a todo un modo "epocal" del darse histórico del Ser.
De modo análogo, y como una "sub-época" en el seno de este período de imperio creciente de la técnica, el naciente despliegue de la cibernética está posibilitando una nueva mentalidad y, a su vez, está siendo ya su fruto. Los peligros y posibilidades de ese despliegue son paralelos y análogos a los peligros y posibilidades de lo que habrá de ser el pensamiento de los próximos tiempos.

4.   K. Dürkheim, *El zen y nosotros*, Mensajero, Bilbao, 1987[4], p. 10.

5.   *Ibid*.

6.   Por supuesto, al margen de sus incuestionables diferencias, debidas en gran parte –como tendremos ocasión de explicar– a que la superación del dualismo está en Heidegger apuntada pero no plenamente lograda, a que éste sigue parcial y sutilmente inscrito en el modo de pensamiento que él mismo busca rebasar.

7.   I.A.T., p. 353; Y.s.e., p. 572.

8.   «Oriente y Occidente no son dos categorías geográficas (la tierra es redonda), ni históricas (el destino de Oriente se juega en Occidente), ni culturales

(en todas partes se cuecen habas: supersticiones, lógicas, misticismos...); son más bien dos categorías socio-antropológicas.» Raimon Panikkar, *La experiencia filosófica de la India*, p. 15.

9.   Esta polaridad se puede encontrar, por ejemplo, en el seno de la misma tradición Vedānta. En palabras de G. Vallin: «Un místico especulativo como Eckhart está más próximo del vedantino no-dualista Śaṅkarācārya que el vedantino Rāmānuja. Por otra parte, es interesante señalar que la interpretación "no-dualista" de las *Upaniṣad* –que corresponde en el hinduismo a lo que llamamos los modelos teóricos más característicos del pensamiento asiático– ha suscitado en la escuela "vedántica" objeciones que están basadas de forma evidente en actitudes y estructuras psico-mentales muy próximas a las que podemos descubrir en la cultura y la mentalidad occidentales. Así, por ejemplo, la interpretación "dualista" de un Madhva y su argumentación anti-shankariana apelan a argumentos y prejuicios cuyo parentesco con los de ciertos teólogos occidentales sería fácil descubrir». "¿Por qué el no-dualismo asiático?", *Axis Mundi*, nº 7, 1999, p. 30.

10.   Cit. por Keiji Nishitani, *Religion and Nothingness*, University of California Press, Berkeley, p. xxv.

11.   En este sentido, también cabría hablar de una acepción "espiritual" del término "Oriente". Así lo ha considerado, por ejemplo, gran parte de la mística irania: «H. Corbin, en sus obras recientes [Cfr. *Islam iranien* e *Histoire de la philosophie islamique I*, Gallimard, París] ha mostrado cómo la noción de Oriente era relacionada por ciertos filósofos iranios como Sohrawardi con el conocimiento considerado como "conocimiento presencial unitivo, intuitivo, de una esencia en su singularidad ontológica absolutamente verdadera", de tal modo que esta noción de Oriente no propone sólo un significado geográfico sino espiritual: se trata del ascenso del conocimiento originario e integral que puede realizar el hombre contemplativo de Oriente y Occidente, pero que la mentalidad oriental –en el sentido geográfico e histórico del término– está más capacitada para producir». Georges Vallin, "¿Por qué el no-dualismo asiático?", *Axis Mundi*, nº 7, 1999, pp. 33 y 34.

12.   Heidegger, en una carta escrita en 1963 y dirigida a Kojima Tahehiko, en la que reflexiona sobre la necesidad de dar un paso atrás para escapar de la dominación del positivismo, afirma: «El paso atrás (*der Schritt zurück*) no significa un vuelo del pensamiento hacia eras pasadas, y, menos aún, una reanimación de los comienzos de la filosofía occidental (...) El paso atrás es más bien el paso fuera de la senda en la que el progreso y el regreso de toda ordenación [*Bestellen*] tienen lugar». *Japan und Heidegger*, Hartmut Buchner, Sigmaringen, 1989, p. 224.

Sostiene J. L. Mehta, en esta línea: «Habiendo retrocedido a la fuente de la que el pensamiento metafísico occidental ha surgido, [Heidegger] no sólo encuentra en esta fuente un manantial que esconde en sí el impensado fundamento de la filosofía occidental, sino que, dando este paso atrás, salta desde este punto hacia la región que está por encima de la oposición Este-Oeste, más allá del choque de religiones y del conflicto de civilizaciones. Esta "región de todas las regiones", suspendida en sí misma, está por encima de todas las lealtades regionalistas y de la Babel de lenguas en conflicto. Es el reino de la universalidad y simplicidad de la verdad primordial (...). Si hay alguna esperanza de una última unidad de las filosofías y religiones divergentes, no yace en el lanzamiento de dudosos puentes entre ellas, ni en los compromisos y síntesis cuestionables, sino únicamente a través del retroceso de cada una a su propio origen, en el salto hacia esta región poderosa, vibrantes con la posibilidad de dar voz a su palabra primordial en una multiplicidad de lenguas. Este reino es inaccesible al pensamiento representacional; la "filosofía", entendida como pensamiento conceptual, no tiene entrada en esta esfera del *Ereignis*». *The Philosophy of Martin Heidegger*, pp. 245 y 246.

13. Que Oriente puede –por reflejo– devolvernos nuestro propio pasado, es de hecho lo que está sucediendo en el ámbito de los estudios comparados Oriente-Occidente. Es en este marco donde autores y corrientes como el pitagorismo y el orfismo griego, Plotino, Proclo, Dionisio Areopagita, Juan Scoto Eriúgena, la mística de los Victorinos, la mística especulativa y renana, Miguel de Molinos, Nicolás de Cusa, los platónicos renacentistas (Marsilio Ficino, el *corpus Hermeticum*, Pico della Mirandola..), Paracelso, J. Böhme, Giordano Bruno, etc., están re-descubriéndose: rescatándose del olvido en unos casos, y de las interpretaciones al uso, en otros (que es otra forma, más grave si cabe, de olvido).

También el conocimiento de las tradiciones específicamente orientales puede ayudarnos a interpretar nuestro pasado de pensamiento en un sentido aparentemente inverso: evitando que las analogías Oriente-Occidente se extrapolen –como de hecho ha ocurrido– y que se vean paralelismos donde hay sólo semejanzas aparentes que ocultan una divergencia de espíritu, como es el caso del pensamiento de Schopenhauer, de la dialéctica hegeliana, de la "nada" sartriana, etc.

14. Del prefacio de Graham Parker a la obra de Reinhard May, *Heidegger's hidden Sources, East Asian Influences on his Work*, Routledge, Londres y Nueva York, 1996, p. x. [Publicada primeramente en alemán, sin el ensayo de G. Parker, bajo el título: *Ex oriente lux: Heideggers Werk unter ostasiatischem Einfluss*, Verlag Wiesbaden, Stuttgart, 1989.]

15. Hablando de las conexiones profundas existentes entre los místicos de Occidente y Oriente, afirma Louise Claude de St. Martin: «Todos los hombres que son instruidos en las verdades fundamentales hablan el mismo lenguaje, pues son habitantes del mismo país». Cit. por W. Major Scott, *Aspects of Christian Mysticism*, John Muray, Londres, 1907, p. 61.

16. Karl Jaspers, sin conocer que, de hecho, esta influencia ya había tenido lugar, se dirigía así a Heidegger por escrito, en 1949, tras la lectura de algunas de sus obras (la nueva edición de *Qué es metafísica*, la segunda edición de *Sobre la esencia de la verdad* y *Carta sobre el humanismo*): «Me surgen muchas preguntas. No he conseguido atrapar lo central de todo el asunto. Ayuda de algún modo pensar en las ideas asiáticas, en las que he estado interesado durante años, sabiendo que carezco de una comprensión penetrante de ellas y, sin embargo, encontrándome maravillosamente estimulado en esa dirección. Su "Ser (*Sein*)", el "Claro del Ser (*Lichtung*)", su inversión de la relación al Ser en la relación del Ser a nosotros, lo que queda del Ser mismo. Me parece haber percibido algo similar en Asia. Que esté yendo en dirección a todo ello (...) es ex-

traordinario». Martín Heidegger / Karl Jaspers: *Briefwechsel 1920-1963*, Vittorio Klostermann, Frankfurt am Main, 1990, p. 178.

17. La obra citada de Reinhard May, *Heidegger's hidden Sources, East Asian Influences on his Work* (prefacio de Graham Parker) y la obra: Graham Parker (ed.), *Heidegger and Asian Thought*, Motilal Banarsidass, Delhi, 1987, quizá sean los dos estudios clave en lo relativo a la influencia en Heidegger del pensamiento oriental.

18. En concreto, estas referencias directas de Heidegger a Oriente son:
    – Una alusión a una de las ideas del japonés Kuki Shûzô en "Aus einem Gespräch von der Sprache" ("De un diálogo acerca del habla") en *Unterwegs zur Sprache* (*De camino al habla*), 1956.
    – Dos alusiones a Lao Tzu. En una de ellas pone en relación la noción de *Tao* con la noción griega *Lógos* y con su noción de *Ereignis*, ambas –según Heidegger– igualmente últimas e intraducibles.
    – En otra, compara su noción de *Weg* (Camino) con la palabra-guía del pensamiento poético de Lao Tzu: *Tao*.
    – Por último, algunas alusiones al "pensamiento asiático" en general en UH, pp. 69-70; en "Zur Seinsfrage", Wegmarken, Frankfurt am Main, p. 252; en "Grundsätze des Denkes", *Jahrbuch für Psychologie und Psychotherapie* VI, 1958, p. 40; en Martin Heidegger / Eugen Fink, *Heraklit*, Vittorio Klostermann, Frankfurt, 1970, p. 212; etc.
    Menos conocidas son las siguientes referencias: Heidegger cita una larga parte del capítulo 47 de la traducción de Jan Ulenbrook del *Tao Te King* en una carta a Ernst Jünger; y en una carta a Paul Shih-yi Hsiao (con el que colaboró en la traducción del *Tao Te King*) reproduce la traducción del mismo Hsiao del capítulo 15 de esta obra. En su conversación televisada con un monje budista de Bangkok en septiembre de 1964 (Cfr. *Heidegger's hidden sources*, pp. 2 y 3), afirmó que a menudo leía a Lao Tzu, pero siempre a través de intermediarios alemanes como Richard Wilhelm. En esa conversación, ante la afirmación del monje budista de que: «la nada no es "nada" sino más bien la absoluta completud. No puede ser nombrada. Pero esta nada/todo es plenitud», Heidegger respondió que eso coincidía plenamente con su pensamiento al respecto.

19. *Reden und Gleichnissedels Tschuang-Tse,* Isel Verlag, Leipzig, 1910.

20. Heidegger mantuvo esta colaboración en secreto; ni siquiera sus amigos cercanos sabían de ella. Sobre los detalles de esta influencia y colaboración, cfr. Paul Shih-yi Hsiao, "Heidegger and Our Translation of the *Tao Te Ching*", en *Heidegger and Asian Thought*.

21. Cfr. a este respecto, además de las obras citadas, el apartado 9 del capítulo IV ("Heidegger, Eckhart and Zen Buddhism", p. 203 y ss.) de la obra de John D. Caputo: *The Mystical element in Heidegger's Thought*.

22. «Un amigo alemán de Heidegger me dijo que un día, cuando visitaba a Heidegger, lo encontró leyendo uno de los libros de Suzuki. "Si entiendo a este hombre correctamente", remarcó Heidegger, "esto es lo que yo he estado intentando decir en todos mis escritos".» Relatada por William Barret en su introducción a la obra *Zen Buddhism: Selected Writtings of D. T. Suzuki*, Doubleday & Co., Nueva York, 1956, p. xi.

23.   Cfr. *Japan und Heidegger*, Hartmut Buchner (hrsg.), Sigmaringen, Thorbeck, 1989.

24.   El primer comentario importante del pensamiento de Heidegger apareció en Japón, y éste es el país en el que se ha realizado un mayor número de traducciones de *Sein und Zeit (Ser y Tiempo)*.

25.   "Tezuka Tomio, 'An Hour with Heidegger'", en *Heidegger's hidden sources*.

26.   US, p. 89; *De camino al Habla*, p. 86.

27.   R. May, *Heidegger's hidden sources*, p. x.
        O, en unas palabras cercanas de Reinhard May, de la misma obra: «Esta apropiación textual clandestina de la espiritualidad no-occidental, cuyo alcance ha permanecido oculto durante tanto tiempo, parece no tener precedentes, con grandes implicaciones para nuestra interpretación futura de las obras de Heidegger» (p. xviii).

28.   «(...) no veo todavía si lo que intento pensar como esencia del habla llega a ser también suficiente para la esencia del habla extremo-oriental.» US, p. 94; *De camino al habla*, p. 86.

29.   Winfield E. Nagley, "Introduction to the Symposium [Heidegger and Eastern Thought] and reading a letter from Martin Heidegger", PEW, XX, n° 3, 1970, p. 222.

30.   *Heidegger and Asian Thought*, p. 7.

31.   «Nur noch ein Gott kann uns retten»: "Spiegel-Gespräch mit Martin Heidegger" (1966), *Der Spiegel*, n° 23, 1976 (193-219), p. 214. También en: *Antwort: Martin Heidegger im Gespräch*, Günther Neske y Emil Kettering (ed.), Günther Neske, Pfullingen, 1988, p. 107.

32.   *Erläuterungen...*, p. 177; *Interpretaciones...*, p. 189.

33.   "West-East-Dialogue", *Heidegger and Asian Thought*, p. 76.

34.   «Desde Immanuel Kant a Karl Jaspers, la filosofía alemana ha exhibido, en distinto grado, una conciencia de la filosofía de la antigua India que está completamente ausente en los escritos de Martin Heidegger. Esto parece extraño en un pensador cuyo conocimiento de Hegel y Nietzsche era tan íntimo y cuyo contacto personal con Karl Jaspers y Max Scheler tan cercano. Es verdad que se refiere un par de veces a la filosofía de la India, pero lo hace únicamente para declarar que no existe tal cosa, y para puntualizar que la "filosofía" es, en esencia, un fenómeno griego-occidental.» J. L. Mehta, *Philosophy and Religion. Essays in Interpretation*, ICPR, Delhi, 1990, p. 49.

35.   «El budismo zen tiene sus raíces en las enseñanzas del Buda; y Buda sólo puede ser comprendido si se reconoce que tuvo ciertos rasgos en común con el hinduismo en su etapa inicial. Además, muchas religiones y filosofías orientales comparten en cierta medida la última meta: se esfuerzan en trascender el mundo de los opuestos y juicios de valor y dirigen sus esfuerzos espirituales a comprender la verdadera realidad (el Ser).» Elisabeth Feist Hirsch, "Martin Heidegger and the East", PEW, XX, n° 3, 1970, p. 248.

36.   Tales como Scheler, Jaspers, Rudolf Otto, etc. Con anterioridad el pensamiento índico atrajo la atención de filósofos como Hegel, Herder, Schelling, Schopenhauer, Nietzsche o Deussen (este último, amigo de Nietzsche y el principal responsable de la introducción en el mundo académico alemán del pensamiento upanishádico y del sistema vedānta).

37. Se trata de una alusión relativa a la naturaleza del sueño («Para los hindúes el sueño es la máxima vida») que hace Heidegger durante el *Seminar Wintersemester* (1966-1967) en el curso de la discusión que tiene con Eugen Fink sobre el Fragmento 26 de Heráclito. Cfr. Martin Heidegger / Eugen Fink, *Heraklit*, Vittorio Klostermann, Frankfurt, 1970, p. 212; *Heráclito*, Ariel, Barcelona, 1986, p. 170.

38. De hecho, de entre las doctrinas orientales, probablemente sea el Vedānta advaita la más alejada del modo de pensamiento que predomina en Occidente, como muestra la creciente simpatía popular por el taoísmo o el budismo, y lo relativamente minoritario que sigue siendo el interés por el Advaita, a pesar de su incuestionable riqueza y hondura.

39. A lo largo de esta reflexión comparada pondremos en relación intuiciones y nociones clave del pensamiento heideggeriano y del advaita. Algunas de ellas no me consta que hayan sido anteriormente puestas en relación. Por ejemplo, sugeriremos comprender las nociones heideggerianas *Ereignis, Ontologische Differenz* o *Verhältnis* a la luz de la noción *advaita*; la noción heideggeriana de *Lichtung* a la luz del término advaita *Cit*; las nociones *Gelassenheit, Abgeshidenheit o warten* a la luz de la noción advaita *sākṣī*; pondremos en relación lo que el Advaita denomina conocimiento por identidad (*jñāna, aparokṣajñāna...*) con lo que Heidegger denomina *Seinsdenken*, que es un pensamiento "en la identidad" (*in das Selbe*); la noción índica de *māyā* con las nociones heideggerianas –íntimamente relacionadas– *Seinsvergessenheit (olvido del Ser), Vorschein, Schein* y *Anschein* (parecer externo que puede, en tanto que apariencia, devenir apariencia encubridora); la nociones *līlā* y *Spiel, Vac-Shabda* y *Die Sage*, etc. Buscaremos, de este modo, ofrecer sugerencias interpretativas de ciertos aspectos del pensamiento de Heidegger, pues consideramos que las nociones apuntadas pueden iluminarlo, así como otorgar a su pensamiento cierta universalidad, la propia de la filosofía perenne (lo que puede neutralizar la tendencia de Heidegger a crear ciertas nociones, aparentemente, de la nada, sin ponerlas en relación con intuiciones ya presentes en la tradición).

40. John A. Grimes, *Quest for certainty. A comparative Study of Heidegger and Śaṅkara*, Peter Lang, Nueva York, 1989.
     Una obra parcialmente dedicada a este tema es el trabajo de John Taber's: *Transformative Philosophy: A study of Śaṅkara, Fichte and Heidegger*, University of Hawaii Press, Honolulu, 1983.

41. Herbert Herring cuenta cómo Hannah Arendt le preguntó en una ocasión si sabía que el mejor libro sobre Heidegger había sido escrito por un indio. («Do you know that the best book on Heidegger, in any language, it is written by an Indian?»). Hablaba de Jarava Lal Mehta (1912-1988). Cfr. Herbert Herring: "The reception of German Philosophy in Contemporary Indian Thought: A Survey", *Journal of Indian Council of Philosophical Research*, XI, n° 3, 1994.
     Sobre la figura de J. L. Mehta, cfr. la introducción de Raimon Panikkar a la obra: *J. L. Mehta on Heidegger, Hermeutics and Indian Tradition*, William J. Jackson ed., E. J. Brill, Nueva York, 1992.

42. Cfr. bibliografía.

43.   Según Dilthey, el sujeto que conoce, el historiador que comprende, no se en-
       frenta a su objeto, la vida histórica, sino que está sustentado por el movi-
       miento de esa misma vida histórica.

44.   Derrida insistirá –frente a todo logocentrismo– en que "observar es interac-
       tuar". Retoma del estructuralismo su convicción de que el sentido no es in-
       herente ni a los signos ni a las cosas referidas sino a su interacción mutua y
       de que no hay nada fuera del "texto" (de la práctica misma de la interpreta-
       ción). Ahora bien, se separa del estructuralismo al considerar que todo sen-
       tido es provisional y relativo y que éste puede ser "deconstruido" y "diferi-
       do" indefinidamente, pues el sentido siempre oculta sentidos subyacentes y
       no reconocidos que es posible desvelar. Derrida se defenderá frente a las
       acusaciones de relativismo e irracionalismo, afirmando que nada es menos
       real porque sea cultural, lingüístico e histórico, sobre todo si no hay una re-
       alidad universal y atemporal en relación con la cual pueda ser comparado.
       La pregunta debe permanecer siempre abierta.
       Para J. F. Lyotard, la postmodernidad es ante todo "el escepticismo ante las
       metanarrativas". Barthes proclamará "la muerte del autor": los textos son
       cambiantes, inestables y, más allá de las intenciones del autor, dependen del
       sentido creado por el lector. Para Foucault, "saber es poder", toda verdad
       está construida, decidida, se sustenta en la fuerza: "el que sabe" se impone
       al generar creencias en torno a lo que es "normal" o "anormal", "aceptable"
       o "inaceptable", etc. El mismo "hombre" –la creencia en un sujeto esencial
       detrás de las acciones– es una invención o mito moderno destinado a morir.

45.   «(...) la determinación de la esencia de la historia se funda en el particular ca-
       rácter histórico de la época a partir de la cual es realizada esta determinación.
       No existe una noción de la esencia de la historia en sí. No existe una delimi-
       tación de la esencia de la historia absolutamente obligatoria. Tampoco se
       puede postular la concepción de la historia de una época como la absoluta-
       mente verdadera y la de otros tiempos como no verdadera. –¡Entonces no
       existe ninguna verdad absoluta! ¡Por cierto! Ha llegado el tiempo de que nos
       acostumbremos, esto es, de que tengamos muy claro que por lo pronto somos
       humanos y no dioses. Esto no quiere decir que no exista absolutamente nin-
       guna verdad. La verdad es la apertura de lo que es. Lo que es verdadero para
       nosotros en este sentido de la verdad basta por completo para colmar la vida
       de un hombre. Una verdad no deviene menos verdad cuando ella no rige para
       todos. Un hombre singular puede estar maduro en una verdad para la cual los
       otros no están maduros ni son capaces de ella. No existe ninguna verdad ab-
       soluta para nosotros. Pero entonces, ¡es al menos esta frase una verdad abso-
       luta, y así entonces resulta que al menos hay una! Esto es un puro malabaris-
       mo formal. Nosotros no afirmamos que esta frase sea absolutamente válida,
       sino que ella es sólo válida para nosotros y lo que corresponde es verificar-
       lo.» Heidegger, *Lógica (Semestre de verano de 1934). En el legado de Hele-
       ne Weiss,* ed. bilingüe, Ánthropos, Barcelona, 1991, pp. 37 y 39.

46.   «El Acontecimiento del Ser es dicente» («Das Ereignis ist sagend»). US, p.
       251; *De camino al habla,* p. 237.

47.   «Sobre la base del análisis de Heidegger del Ser, todos estamos arraigados
       en el Ser, y, por tanto, no es un gran misterio que las afirmaciones metafísi-

cas del mundo hayan de tener cierta semejanza fundamental a lo largo de la historia.» Wayne McEvilly "Kant, Heidegger and the Upaniṣads", PEW, XII, n° 4, 1963, p. 317.

48. *Wahrheit und Methode*, en: *Gesammelte Werke* 1, Hermeneutik I, pp. 476 y 477; *Verdad y Método*, p. 565.

49. El volumen de ensayos: *Transcendence and the sacred* (Alan M. Olson and Leroy S. Rouner, ed., Notre Dame, Indiana y Londres, University of Notre Dame Press, 1981) es muy significativo a este respecto. Está compuesto de ensayos, seleccionados de entre los seminarios que promueve el Instituto de Filosofía y Religiones de la Universidad de Boston, que tienen en común el ser aproximaciones interculturales tanto a la filosofía como a la religión. Estos ensayos translucen constantemente dos posiciones básicas encontradas que suponen, a su vez, dos estrategias hermenéuticas claramente diferenciadas y que se consideran mutuamente excluyentes: los defensores de una "hermenéutica de la recuperación" (*hermeneutics of recovery*), que postula la necesidad de "recordar" una verdad que ya nos ha sido dada –que está, de hecho, siempre "ahí"– y que no puede confinarse históricamente; una defensa que suele estar vinculada con la postulación de algo así como una "Tradición primordial". Y los defensores de una "hermenéutica deconstruccionista" (*deconstructionist hermeneutic*), para los que carece de sentido hablar de un "retorno a lo mismo", de la recuperación de una verdad primordial una y permanente (la hermenéutica de la sospecha nos invitaría a buscar las motivaciones escondidas tras esa pretensión), pues la verdad se manifiesta siempre parcial e históricamente en una dialéctica de la ausencia que supone una extraña forma de presencia, y nunca es algo ya dado.
Nos atreveríamos a decir que, desde una perspectiva no-dual, la supuesta irreconciliabilidad de estas dos posturas es sólo aparente. Este dilema sólo es tal en la medida en que "lo permanente" se conciba como "algo objetivo" y no como lo supraobjetivo que se oculta en el mismo movimiento por el que posibilita toda manifestación objetiva y que, por lo mismo, reconcilia las dualidades universalidad-particularidad, unidad-multiplicidad, ser-devenir, etc. En palabras de Nisargadatta: «Más allá de la mente no existe tal cosa como la experiencia. La experiencia es un estado dual. No puede hablar de la realidad como de una experiencia. Una vez que lo haya entendido, no seguirá viendo el Ser y el devenir como separados y opuestos. En realidad son inseparables, como las raíces y las ramas de un mismo árbol». I.A.T., pp. 104 y 105; Y.s.e., p.198.

50. Las conocidas parábolas budistas de la balsa –«yo he enseñado una doctrina similar a una balsa; está hecha para permitirnos cruzar hasta la otra orilla, pero no para luego transportarla con uno»– y de la flecha –el que ha sido herido por una flecha no se detiene a hacer disquisiciones sobre por qué le han disparado, quién lo ha hecho, con qué clase de arco, etc., sino que pone toda su energía y atención en arrancársela– [cfr. Walpola Rahula, *L'enseignement du Bouddha*, Éd. du Seuil, París, 1961, pp. 20, 30 y 33], son ejemplos sencillos que buscan ilustrar la naturaleza esencialmente operativa de la doctrina budista y que son aplicables, en mayor o menor grado, a toda doctrina no-dual.

51. *Tao Te King*, I.

52. La primera, recordemos, la identifica con la real-ización de la no-dualidad última de lo real.
53. Cfr. K. Wilber, *El ojo del espíritu*, p. 74.
54. Algunos de los autores que han defendido la realidad de una «*philosophia o sophia perennis*» han recaído en una suerte de nostalgia de supuestos paraísos culturales pasados (aunque sólo conocen a representantes de los mismos que fueron en su momento la excepción) y han sido críticos ardientes de la modernidad. Y críticos, no con la crítica dinámica que busca superar los límites de la modernidad integrando lo que ésta ha traído de avance indudable, sino con una crítica que sólo mira hacia atrás y que pretende invalidar todo un período histórico y toda una civilización como si de un absoluto error garrafal se tratara. Esta actitud, para una perspectiva tanto heideggeriana como advaita, aunque critique el antropocentrismo moderno, sigue siendo antropocéntrica en la medida en que no armoniza la crítica legítima y necesaria con una actitud básica de asunción serena del presente que reconoce que todo es "destino del Ser", que todo es parte del juego de ocultamiento y mostración intrínseco a lo real [«En su lugar y tiempo propio, nada es un error» Nisargadatta, I.A.T., p. 132; Y.s.e., p. 241]. En otras palabras: es antropocéntrica pues cifra sólo en el ser humano –en sus supuestos aciertos o errores– la causa de todo igualmente supuesto extravío.
55. Detrás de esta actitud hay una intuición válida: la que asocia lo originario a lo inicial en el tiempo, a lo que conserva aún su pureza y no ha sido mancillado por el olvido, por la inercia o por la repetición. El problema surge cuando no se advierte que sólo la originariedad ontológica (vertical) funda la posible originariedad de lo inicial, y que esta originariedad ontológica no es prerrogativa de ningún momento particular, sino el corazón y la fuente de todo ahora; en este sentido, todo ahora arraigado en su fuente y alumbrado desde ella es un comienzo –es originario– en sentido radical. Cada instante es siempre un inicio absoluto.
56. *La experiencia filosófica de la India*, p. 14.
57. «Tal como Aldous Huxley comentó una vez, a nadie se le ocurriría hablar de un dolor de estómago específicamente medieval, porque los dolores de estómago forman parte de una clase de experiencias no históricas.» Alan Watts, *Las dos manos de Dios*, p. 36.
58. Harold E. McCarthy (Cfr. "The Problem of Philosophical Diversity", PEW, IX, nº 3 y 4, 1960) sostiene que Śaṅkara, representante de lo que él denomina –inapropiadamente– "absolutismo indio", viene a decir que puesto que hay una verdad absoluta (a la que accede el *jñānin*) y otra relativa, hay una interpretación absolutamente verdadera y todas las demás son sólo relativamente verdaderas, meras aproximaciones a las primeras (cfr. pp. 116 y 117). Creemos que esto carece de fundamento pues, en primer lugar, para el Advaita no hay tal cosa como una "interpretación absoluta", y, en segundo lugar, porque la verdad a la que accede el *jñānin* no es una verdad objetiva –es un ser/conocer supraobjetivo– y, por ello, no excluye las verdades objetivas relativas, sino que las integra.
59. *Vom Wesen der Wahrheit*, p. 18; "La esencia de la Verdad", *Ser, Verdad y Fundamento*, p. 74.

60. I.A.T., p. 294; Y.s.e., p. 481.
61. Continúa: «Biológicamente necesitamos muy poco; nuestros problemas son de un orden diferente. Los problemas creados por los deseos, el miedo y las falsas ideas sólo pueden ser resueltos en el nivel de la mente. Tiene usted que conquistar su propia mente y para ello ha de ir más allá de la mente.» I.A.T., p. 129; Y.s.e., p. 238. «Todo es mental y usted no es la mente» (p. 156; p. 277).
62. I.A.T., p. 23; Y.s.e., p. 63.
63. Éste es el fundamento del antidogmatismo característicamente índico. Nada más inapropiado para caracterizar, en particular, a la enseñanza advaita, que utilizar la expresión "absolutismo indio", como hace H. E. McCarthy (Cfr. nota 58). En palabras de Helmuth Von Glasenapp: «La mayoría de los filósofos europeos han estado convencidos de que sus sistemas contenían la única verdad y la definitiva solución a los enigmas del universo. En la India, muchos pensadores desde los tiempos de las *Upaniṣad* han llegado a la conclusión de que la verdad se manifiesta de muchos modos según las capacidades y exigencias de las distintas mentes. Por tanto, ven en cada doctrina, creencia y sistema metafísico un reflejo de lo trascendente. Esto explica la tolerancia religiosa practicada por los hindúes». "Parallels and Contrasts in Indian and Western Metaphysics", PEW, III, nº 3, 1953, p. 231.
   Helmuth Von Glasenapp cita a continuación en esta línea al Conde Hermann Keyserling *(Das Reisetagebuch eines Philosophen, 6.* Auflage Darmstadt, 1922, vol. I, p. 312): «Los indios no sufren de la superstición según la cual las verdades metafísicas pueden ser incorporadas en un único sistema. Ellos han superado la concepción estática de la verdad y la han sustituido por una concepción dinámica. Esta tolerante comprensión, que intenta trascender los estrechos límites de los sistemas dogmáticos, es el gran logro de los pensadores de la India. Este desarrollo ha comenzado en la India, de aquí sus profundas comprensiones y su sabiduría. Nosotros occidentales deberíamos seguirlos y continuar avanzando por ese camino».
64. I.A.T., p. 8; Y.s.e., p. 34.
65. I.A.T., p. 17; Y.s.e., p. 52.
66. *Wahrheit und Methode*, en: *Gesammelte Werke* 1, Hermeneutik I, p. 478; *Verdad y Método*, p. 567.
67. A su vez, esta relación lenguaje/hombre/mundo –en la que ninguno de sus términos puede existir al margen de la misma– apunta, según Gadamer, al hombre en su dimensión finita: «(...) la finitud del hombre es fundamento para la experiencia hermenéutica del mundo». *Wahrheit und Methode*, en: *Gesammelte Werke* 1, Hermeneutik I, p. 492; *Verdad y Método*, p. 582.
68. Es evidente que el pensamiento individual sólo puede existir en el marco de un sustrato cultural y lingüístico, en un marco de significados colectivos. Este espacio intersubjetivo posibilita el pensamiento individual y, con él, el alumbramiento de un mundo humano como un todo inteligible. Pero este sustrato lingüístico no es el sustrato último y único. La cultura tiene *componentes materiales*, del mismo modo que el mundo inteligible –tal y como se muestra al ser humano– tiene su correlato energético/material, y del mismo modo que los procesos cognoscitivos humanos tienen un sustrato fí-

sico. Las dimensiones subjetiva, intersubjetiva y objetiva son interdependientes –no tienen sentido por separado–, pero no cabe reducir ninguna de ellas a la otra. En palabras de K. Wilber: «Determinados aspectos del conocimiento están, de hecho, construidos intersubjetivamente; pero esas construcciones se hallan inmersas en redes de realidades subjetivas, objetivas e interobjetivas que determinan los límites de la construcción. Jamás encontraremos, por ejemplo, visiones del mundo compartidas en que las manzanas caigan hacia arriba o en que los hombres den a luz» (*El ojo del espíritu,* Kairós, Barcelona, 1998, p. 42). Desde el punto de vista advaita, la Conciencia sería el vértice no-dual que, más allá de las dimensiones subjetiva/intersubjetiva y objetiva/interobjetiva de lo real, las alumbra en su mutua interdependencia.

69.   Análogamente, la *Lichtung* heideggeriana es el Claro abierto en el que algo puede acontecer –a través del trinomio habla (*Rede*)/*Dasein*/mundo– o no acontecer, el espacio en el que algo puede venir a la presencia o matenerse en la ausencia.

70.   Frag. 93 de Heráclito: «El Señor [*ho anax*], cuyo decir –que es un sugerir– tiene lugar en Delfos, ni revela únicamente, ni únicamente oculta, sino que da indicios o señales, apunta, insinúa».

71.   Som Raj Gupta, en su artículo: "The word that became the absolute: relevance of Śaṅkara's ontology of language" (*Journal Indian Council of Philosophical Research,* 1989) alude a la extrapolación que en el ámbito del pensamiento occidental ha llegado a tener la hermenéutica o interpretación. La vida, afirma, no reconoce ni las convenciones ni las interpretaciones basadas en ella. Alguno –continúa– objetará que la interpretación es inseparable de la vida; y, efectivamente, los hombres que están enamorados de las perspectivas históricas verán la vida como una serie de interpretaciones. Pero hay momentos en que el mundo interpretado sencillamente es dejado de lado; en particular, en el surgir de lo imprevisible, pues lo inesperado nunca es interpretable. [Esta última afirmación nos recuerda a las ya citadas palabras de Nisargadatta: «Lo inesperado y lo imprevisible es lo real». Y.s.e., p. 104]. Y continúa: «Por tanto la charla acerca de que los fenómenos están constituidos por otros fenómenos está basada en presuposiciones aceptadas acríticamente. La dialéctica de "lo otro" tiene sólo una función legítima: revelar su propia limitación y preparar al ser humano para la inocencia y la sabia pasividad. Nāgārjuna, creo, utiliza la dialéctica de "lo otro" en este sentido. Pero no los deconstruccionistas, a quienes le gusta celebrar la otreidad y confunden el mundo con los callejones sin salida del campo de la ética, de la crítica literaria e incluso de la acción ordinaria» (p. 35).
En su obra *The Word Speaks to Faustian Man,* vol. I (Motilal Banarsidass, Delhi, 1991), afirma que la filosofía occidental, desde Hegel hasta ahora, ha tenido como lema que «nada llega a ser verdaderamente real a menos que se determine o interprete (*hermeneutical Verstehen*)» (p. 27). En su «moverse de interpretación en interpretación» (p. xiv), a través de la cual se auto-afirma el "hombre fáustico", éste –continúa– ha perdido su inocencia y se ha incapacitado para abrirse sencillamente a lo real. Gupta considera a Heidegger (su insistencia en que es el Ser el que habla y se revela a Sí mismo en el si-

lencio y la escucha, con una palabra que ya no es palabra humana) ejemplo de uno los pocos filósofos contemporáneos que no han recaído en lo que él califica de "obsesión" por la interpretación (cfr. pp. 111-117).

72. En palabras de Alan Watts: «Hoy en día hemos llegado a identificar filosofía con "pensamiento" (es decir, con una vasta confusión de opiniones verbales) hasta el extremo de confundir las filosofías tradicionales de otras culturas con el mismo tipo de especulaciones. De este modo, apenas somos conscientes de la extrema peculiaridad de nuestra posición, y nos cuesta reconocer el simple hecho de que ha existido un consenso filosófico único de alcance universal. Ha sido compartido por seres humanos que son testigos de las mismas intuiciones profundas y enseñan la misma doctrina esencial ya vivan en nuestros días o hace seis mil años, en Nuevo México en el lejano Oeste o en Japón en el Lejano Oriente». *Mito y ritual en el cristianismo*, Kairós, 1998, Barcelona, p. 23.

73. *Pláticas con Sri Ramana Maharshi*, Kier, Buenos Aires, 1993, p. 613.

74. «Acerca de estos pensadores [Śaṅkara y Heidegger] también se podría decir con cierta verdad que "moran cerca el uno del otro" pero permaneciendo "en montañas alejadas".» J. L. Mehta, "Heidegger and Vedānta: Reflections on a Questionable Theme", *Heidegger and Asian Thoguht*, p. 34.

75. I.A.T., p. 166; Y.s.e., p. 293.

76. I.A.T., p. 356; Y.s.e., p. 578.

77. *Lógica*, p. 105

78. J. L. Mehta dijo de Heidegger que es «una modalidad occidental de *ṛṣi*» («a Western kind of *ṛṣi*»). *Philosophy and Religion. Essays in Interpretation*, p. 26.

79. Como ha hecho ver Derrida, éstas sólo pueden sostenerse mediante la exclusión de "lo otro", mediante la represión de lo que no encaja, de lo incierto.

80. ID, p. 110.

81. Según Eliot Deutsch, la auténtica actitud filosófica presupone esta apertura a la propia transformación y esta disposición receptiva a ser modificados por lo conocido. Preguntándose qué es lo que hace que un problema sea un problema filosófico y hasta qué punto los problemas filosóficos son compartidos interculturalmente, afirma:
«Una cuestión filosófica (...) encuentra su característica precisamente en la cualidad, estilo o actitud con la que es planteada y respondida –es decir, en la intención básica del que cuestiona. Un *cuestionador filosófico* es aquel que busca comprender las explicaciones de los hechos, la relación entre diferentes aspectos y dominios de la experiencia, penetrar en las realidades y en el significado fundamental de los conceptos; *y espera que la respuesta a su pregunta alterará su ser profundamente*.
En este (admito que insuficiente) sentido de lo "filosófico", parece claro que hay ciertamente cuestiones filosóficas universales o problemas filosóficos compartidos (...) hay un tipo de intención filosófica que se manifiesta universalmente.» "Commentary on: J. L. Mehta's 'Heidegger and the comparison of Indian and Western philosophy' ", PEW, XX, nº 3, 1970, p. 320. La cursiva es mía.

82. Cf. su obra, *Los tres ojos del conocimiento*, Kairós, Barcelona, 1991, cap. I.

83. *Ibid*, p. 15.

84.   *Ibid*, p. 17.
85.   Cfr. Ibid, p. 21.
86.   *Ibid*, p 18.
87.   Cit. en Ibid, p. 22.
88.   *Ibid*, p. 24.
89.   La ciencia moderna –sostiene Wilber– nació «como una repulsa del racionalismo característico del escolasticismo medieval», como un movimiento
anti-intelectual que buscaba «la contemplación de los hechos puros» (*Ibid*,
p. 19): «Galileo se preguntaba cómo sucedían las cosas, mientras que sus ad-
versarios se basaban tan sólo en teorías de cómo sucedían las cosas. Sin embargo, estos dos enfoques no conducen a los mismos resultados. Así, mientras Galileo se obstinaba en permanecer en contacto con los "hechos tercos
e irreductibles", Simplicio, su oponente, alegaba razones». Whitehead, cit.
en *Ibid*, p. 19.
La peculiaridad del "método científico", descubierto por Kepler y Galileo
–continúa Wilber–, era su carácter "experimental". La verificación científica dejó de ser racional y deductiva, dejó de alegar "razones", y pasó a ser
empírica e inductiva. La inducción, propuesta sistemáticamente por Francis
Bacon, formulaba leyes generales a partir de la observación de numerosos
casos concretos (aunque, obviamente, se siguiera utilizando la lógica y la
deducción como herramientas subordinadas a la inducción empírica).
Galileo y Kepler no sólo utilizaron un método nuevo, el experimento empíri-
co-inductivo, sino que desvelaron el secreto esencial de dicho experimento:
la medición. Formularon el principio de que las leyes de la naturaleza «están
escritas en caracteres matemáticos» y pueden ser formuladas mediante la
medición y, con ello, por primera vez «la humanidad dispuso de un método
sistemático para investigar aquellos aspectos de la naturaleza susceptibles
de ser cuantificados» (pp. 29 y 30). La ciencia moderna nacía, de este modo,
como una indagación del "ojo de la razón" (operaciones formales) sustentada en el "ojo empírico" mediante la experimentación inductiva, una experimentación cuya clave era el número: la medición. La ciencia surgía como un
sistema no racional, sino empírico. Este descubrimiento –afirma Wilber– no
sólo benefició a la ciencia, sino también a la filosofía, que se liberaba así del
fardo de tener que ser una pseudo-ciencia, y a la religión, pues la despojó de
«la escoria pseudo-científica innecesaria que siempre ha contaminado las
grandes religiones» (pp. 28 y 29). La genialidad de Bacon, Kepler y Galileo
fue la de permitir que la observación empírica demostrara los hechos relativos al ámbito empírico, evitando así el error categorial de pretender hacer
afirmaciones sobre dicho ámbito alegando "razones" pseudo-filosóficas o
remitiendo al dogma.
Algo similar haría Kant con relación al "ojo de la razón": liberó a la filosofía
de su condición pseudo-metafísica al demostrar que toda pretensión racional
de validar verdades trascendentes (la existencia de Dios, etc.) está abocada
al fracaso, como demuestra el hecho de que, en ese nivel, «podamos argu-
mentar, con la misma plausibilidad, en dos líneas totalmente contradictorias» (p. 32). «La razón no puede captar la esencia de la realidad última y,
cuando lo intenta, sólo genera paradojas dualistas» (p. 33). La lógica es dual

y no puede penetrar en el dominio último que es no-dual, o en expresión de Nicolás de Cusa, que es una *coincidentia oppositorum*. Cfr. Ibid, pp. 19-35.

90. Ésta es la naturaleza del cientificismo y del positivismo empírico. La falacia del cientificismo radica en su pretensión de dictaminar sobre los otros ámbitos del saber –el mental y contemplativo– afirmando que lo que no puede verificar el ojo de la carne, sencillamente no existe. La realidad queda reducida a su dimensión de menor alcance: la estrictamente cuantitativa y mostrenca. El mundo queda despojado de toda cualidad, valor y significación; ya no cabe hablar de ámbitos más reales, más valiosos o más significativos que otros. El cosmos se nos presenta como «un asunto aburrido, mudo, inodoro, incoloro, el simple despliegue interminable y absurdo de lo material». *Ibid*, p. 44.

91. Ayer, A., *Language, Truth and Logic,* Dover, New York, 1952; cit. en *Ibid*, p. 12.

92. Cfr. pp. 63 y ss.

93. *Ibid*, p. 53.

94. Cfr. *Ibid*, pp. 60 y ss.

95. Consideramos, no obstante, que la exposición de Wilber olvida una modalidad del conocimiento que desvela un ámbito de realidad específico e irreductible, sin el cual no hay tal paradigma globalizador. Hablamos del conocimiento analógico-sincrónico: el que muestra analogías cualitativas, relativas al significado, presentes en acontecimientos, cosas y procesos pertenecientes a niveles de realidad diversos y aparentemente inconexos desde un punto de vista causal o funcional. Este modo de conocimiento fundamentó gran parte de las ciencias tradicionales y otorgó a las civilizaciones en las que estuvo privilegiadamente presente un profundo sentido y vivencia de conexión significativa con la totalidad cósmica y social. En Occidente, esta modalidad cognoscitiva y esta dimensión significativa de lo real tendió a ser desplazada y despreciada por la nueva ciencia (que incurría, con ello, en el consiguiente "error categorial"). Que estos dos niveles de consideración de lo real no eran en sí mismos excluyentes lo demuestra, por ejemplo, el que los mismos padres de la nueva física (Newton, Kepler, etc.) fueran, además de astrónomos, destacados astrólogos y alquimistas (ciencias, éstas últimas, analógico-simbólicas). Lo específico de este modo de conocimiento es que no se correspondería con un nivel horizontalmente diverso de las modalidades cognitivas y niveles de realidad señalados, sino que sería el modo de conocimiento que permitiría enlazar dichos niveles verticalmente al mostrar, inducir y deducir analogías estructurales y significativas entre unos y otros. Aquí radica su decisiva importancia en todo paradigma que pretenda ser realmente integrador.

96. Esto es lo que, por ejemplo, el Círculo de Viena y gran parte de la filosofía del lenguaje dedujeron erróneamente del *Tractatus logico-philosophicus* de Wittgenstein. Creyeron que el establecimiento en esta obra de los límites de lo "decible" era una invitación a que la filosofía redujera su objeto de interés a aquellos ámbitos en los que podría ser "científica", en la acepción más restringida de este término. Wittgenstein afirmó explícitamente que los que interpretaban así su *Tractatus* no lo habían comprendido, pues esta obra no sólo establecía los límites del lenguaje, sino que, al establecerlos, suponía ya

un desafío de dichos límites y una cierta "mostración" de lo que está más allá de ellos. Según Wittgenstein, la exploración del *Tractatus* rondaba esencialmente 1) en torno a "lo ético": una ética trascendental no relativa a la voluntad (el dolor esencial procedente de la experiencia de no cumplir algún requisito absoluto que no podríamos especificar); 2) en torno a "la existencia pura" (la experiencia del asombro ante la existencia del mundo); 3) y en torno al "yo puro" como límite del mundo (la experiencia de sentirse absolutamente invulnerable y a salvo, independientemente de lo que pase). Nada de esto es "decible"; pertenece, de hecho, al ámbito de lo que se muestra: lo místico (*das Mystische*). Precisamente porque el *Tractatus* no es "científico" (en el sentido en que este término es utilizado por los posivistas lógicos) y versa sobre lo no-decible (lo que no puede ser objeto de una aprehensión específica del nivel 2) es por lo que el mismo Wittgenstein afirmó que el que lo comprendiera reconocería las proposiciones de esta obra como carentes de sentido: vienen a ser como una escalera que ha de arrojarse una vez usada.

97.   Sostiene Som Raj Gupta, en su obra *The Word Speaks to Faustian Man I*, que, de cara a comprender la enseñanza advaita con profundidad, y en concreto el pensamiento de Śaṅkara, es preciso seguir «la tradición de los sabios y videntes, y no la de los filósofos eruditos, que transformaron lo que era una cura para la enfermedad que denominamos vida, en un sistema de filosofía». Leer a Śaṅkara como un mero filósofo –continúa–, incluso como el mayor de los filósofos, es sencillamente no entenderle (cfr. pp. x-xii).

98.   *Vorträge und Aufsätze*, pp. 132 y 133; *Conferencias y artículos*, pp. 117 y 118.

99.   UH, p. 119.

7. El eje de nuestra comparación: la naturaleza del Yo

1.   Acudimos al término "yo" como símbolo unificador de todo el espectro de posibles formas en que el ser humano vivencia su propia identidad: desde la más radical y esencial hasta la más condicionada y enajenada. Este término –así utilizado– abarcaría las nociones heideggerianas *Da-sein y Subjekt* (*sujeto*) –*Exsistenz, Bewusstsein, Selbstbewusstsein, Ich, Ichheit*– y las nociones advaita *ātman, jīva* o *jīvātman, aham, etc.*
Heidegger utiliza el término "yo" (*Ich, Ichheit*) exclusivamente como sinónimo de "sujeto".

2.   Esta obra (publicada en 1953) recoge el texto de un curso dictado en 1935 en la Universidad de Friburgo.

3.   UH, p. 64; CH, p. 172.

4.   WP, p. 29; Q.e.f., p. 67.

5.   «Heidegger es un pensador del Ser, y, sin embargo, no es un ontologista.» Mehta, "Heidegger and Vedānta. Reflections on a Questionable Theme", *Heidegger and Asian Thought*, p. 32.

6.   183.

7.   Cit. por Ramesh S. Balsekar, *Pointers from Nisargadatta Maharaj*, p. 6.

8.   BSBh I.i.

9.   Cfr. Jean-Paul Sartre, *L'Être et le Néant. Essai d'ontologie phénoménologique*, Gallimard, París, 1943.

Aunque en esta certera intuición de Sartre cabría ver ciertos paralelismos con la concepción advaita de la conciencia, y algunos así lo han hecho, es importante advertir que el planteamiento sartriano extrae de esta intuición unas consecuencias de signo radicalmente opuesto a las que extrae el Advaita. Esta diferencia básica está en conexión con la distinción que estableceremos más adelante, utilizando terminología de K. Nishitani, y a la que remitimos al lector, entre la "nada relativa" (la nada que desvela el planteamiento sartriano) y la "Nada absoluta" (la Nada o Vacuidad que postula el no-dualismo oriental). Adelantaremos lo siguiente: la nada de la conciencia es concebida por Sartre en relación con lo dado, tomando como referencia última lo dado u objetivo; desde este punto de vista, la "nada" es concebida como mera indeterminación. Para el Advaita es lo objetivo lo que ha de ser comprendido en su referencia a lo supraobjetivo. Lo inobjetivable parece indeterminado sólo con relación a lo objetivo, pero en sí mismo está más allá de la dualidad lo determinado-lo indeterminado, dualidad de la que es además su fundamento y razón de ser. En otras palabras: la Conciencia pura es un tipo de libertad que nada tiene que ver con la libertad sartriana. No es la libertad que dice relación dual a la opción o a la determinación (la nada propia del que no es y ha de llegar-a-ser a través de la elección de sí mismo), sino libertad pura que no dice relación a nada diverso de sí misma y que no es libertad de opción sino, en todo caso, liberación de la necesidad de optar. La sartriana negatividad del para-sí es la negatividad vivenciada desde el ego, y no la nada en la que el ego ha superado su auto-clausura en dirección a su dimensión y verdad últimas.

Con relación a este tema, cfr. M. M. Agarwal, "Nothingness and freedom: Sartre and Krishnamurti" (*Journal of Indian Council of Philosophical Research*, IX, n° 1, 1991), del que extraemos la siguiente cita: "Para Sartre (…) ser la propia nada implica un ejercicio continuo de auto-construcción que consiste en elecciones, a través de la auto-nihilización, hechas en orden a encontrar el propio ser, es decir, a ser. En contraste con esto, Krishnamurti señala que ser nada require estrictamente que el sujeto consciente permanezca *totalmente establecido* en la nada de su yo individual. Permanecer así establecido, requiere el fin del *deseo de continuar*, psicológicamente, como un 'mí' individual permanente o yo, el que uno se imagina ser, con la consecuencia de que *de hecho* abandona también el ejercicio de auto-construcción" (p. 52).

10.   *Aitareya Upaniṣad* V, 3.
11.   Cit. por Ramesh Balsekar, *Pointers from Nisargadatta Maharaj*, p. 167.
12.   Heidegger afirma, de hecho, que «la esencia de la conciencia [en el sentido moderno del término] es la auto-conciencia». HW, p. 236.
13.   Cfr. Haridas Chaudhuri: "Existentialism and Vedānta", PEW XII, n° 1, 1962, p. 16.
14.   Para el Advaita, la intencionalidad es específica de la conciencia empírica, en ningún caso de la Conciencia pura: «Intrínsecamente, la conciencia es sin objeto y sin sujeto; perteneciendo a *avidyā*, parece ser de un objeto y como perteneciendo a un sujeto. De nuevo *avidyā* es la fuente de la intencionalidad». J. N. Mohanty, "Consciousness and Knowledge in Indian Philosophy", PEW, XXIX, n° 3, 1979, p. 10.

14.   Cfr. Arthur J. Deikman, *The Observing Self*, Beacon Press, Boston, 1982.

15.   «Hay algunos filósofos que imaginan que en todo momento somos conscientes de lo que llamamos yo; que sentimos su existencia y su continuación
en la existencia; y estamos ciertos, más allá de la evidencia de una demostración, de su perfecta identidad y simplicidad.» David Hume, *Treatise of
Human Nature*, J. M. Dent, London, 1951, I, parte 4, sección 6, p. 238.
De un modo cercano a Hume, la escuela budista *Vijñānavāda* –según la interpretación de Śaṅkara– considera que la subjetividad se reduce a los meros
estados mentales.

16.   También en el ámbito índico la conciencia se ha considerado con frecuencia
una mera dotación de lo humano. La concepción advaita de la Conciencia,
aunque relevante en el ámbito índico, no es allí universalmente compartida.
Las concepciones occidentales a este respecto tienen también allí sus corre-
latos. El mismo Śaṅkara expuso su pensamiento a través de un diálogo crítico con distintas teorías índicas sobre la naturaleza de la conciencia, según
las cuales ésta última era un atributo o cualidad, una actividad del yo (Pūrva
Mimāṃsā), una serie de momentos discretos de conciencia (la teoría de la
escuela budista vijñānavāda), un epifenómeno de la materia (la teoría del
materialista Cārvāka), etc. Cfr. a este respecto: William M. Indich, *Consciousness in Advaita Vedānta*, pp. 31 y ss.; del mismo autor: "Can the Advaita Vedāntin provide a meaningful definition of absolute consciousness?",
PEW, XXX, n° 4, 1980; también: Kalidas Bhattacharyya, "Classical philosophies of India and the West", PEW, XIII, n° 1, 1958, p. 25.

17.   «Está usted acostumbrado a tratar con cosas físicas y mentales. Yo no soy
una cosa, ni usted tampoco. No somos ni materia ni energía, ni cuerpo ni
mente. Una vez vislumbre su propio ser no encontrará difícil entenderme.»
Nisargadatta, I.A.T., p. 302; Y.s.e., p. 493.

18.   Heidegger no utiliza, en este caso, el término "lo Abierto" (*das Offene*), sino
el de *Gegnet* = contrada (región que se extiende delante de uno, paraje, sitio
o lugar); pero por evitar lo que sería una traducción farragosa y dado que el
término "contrada", afirma explícitamente Heidegger, se refiere a lo Abierto («*das Offene die Gegnet ist*», G, p. 48), hemos preferido traducirlo así.

19.   G, pp. 48, 49 y 50; S, pp. 56 y 57.

20.   Cfr. *Metodología de lo suprasensible II. El triángulo hermenéutico*, Publicaciones de la Facultad de Filosofía y Letras, Palma de Mallorca, 1975², p.
86.

21.   Cfr. BSBh I.i.

22.   M. Buber ha sido uno de los pensadores que han definido las líneas maestras
de la rama de la antropología contemporánea denominada "pensamiento di-
alógico o dialogal". Para Buber, la verdadera realidad no es la subjetividad
sino el encuentro interpersonal. La relación del hombre con el mundo –"experiencia" (*Ich-Es*)– responde al esquema "dueño-esclavo", dada la no-reciprocidad de ambos términos: la materia es pasiva, el hombre determina todo
su significado. Frente a ello, lo propio de la relación de "encuentro" entre el
yo y el tú (*Ich-Du*) es su reciprocidad: el otro es una realidad que yo no
puedo mediar, inmediatamente dada, con luz propia, irreductible y única,
misterio inapresable. Levinas llega más lejos: la realidad fundamental es el

"otro"; no sólo afirma la primacía ontológica de la dimensión interpersonal, sino la superioridad del "tú" frente al "yo" (en términos éticos, de la bondad sobre la justicia). Para ambos, la relación interpersonal es el ámbito privilegiado de manifestación de lo absoluto.

23. I.A.T., p. 62; Y.s.e., p. 130.

24. Ramana Maharshi, *Sé lo que eres. Las enseñanzas de Ramana Maharshi*, ed. por David Godman, Sri Ramanasramam, Tiruvannamalai, 1994, p. 38.

25. De ello concluye G. Ryle la imposibilidad de una referencia estable sobre el propio yo; o, lo que es lo mismo: la carencia de una identidad estable y unitaria del yo (cfr. Gilbert Ryle, *The Concept of Mind*, Barnes and Noble, Nueva York, 1949). Y, efectivamente, si se considera que la capacidad de reflexión *dual* del yo sobre sí mismo es el único modo en que éste tiene noticia de sí, la conclusión de Ryle es inevitable.

26. A. J. Deikman, *The Observing Self*, p. 95.

27. *Ibid*, p. 96.

28. «La gran sabiduría llega a entrar en aquel mundo, pero no llega a ver su término. Pues Aquel que ha hecho cosas a las cosas, no está limitado por las cosas" (*Chuang-Tzu*, c. 22, 10, p. 158). «Flotar así y andar con el Progenitor de los diez mil seres que hace las cosas sin hacerse cosa con las cosas» (c. 20, 1, p. 138). «Sólo aquel que ha entendido que el que hace las cosas, Él, no es cosa, podrá gobernar a las gentes del mundo» (c. 11, 9. p. 77).

29. ChU VI, 8, 7.

30. SZ, §83.

31. Buena parte de la tradición filosófica ha considerado que la definición por excelencia del ser humano, la más desveladora de su esencia, es la siguiente: "el hombre es el animal racional" (*homo est animal rationale*), una afirmación de Aristóteles que Boecio recogerá en su definición de "persona": "la substancia individual de naturaleza racional" (*rationalis naturae individua substantia*). Esta definición –que, con independencia de que sea o no compartida de modo explícito, late en casi todo el pensamiento occidental y en la autoconciencia del hombre moderno como una premisa no cuestionada ni cuestionable– presupone una naturaleza dual en el ser humano (entre lo físico y lo suprafísico, el cuerpo y el alma, lo natural y lo libre, etc., dualidades que han sido fuente de un sinfín de "pseudoproblemas" filosóficos), supone la substancialidad ontológica última del yo individual (el hombre es una "cosa" que piensa) y, por último, que la *ratio* es el referente específico y definitorio de lo humano.

32. *De duabus naturis et una persona Christi*.

33. «Hegel encuentra consumado en Spinoza "el punto de vista de la substancia" (*Standpunkt der Substanz*) que, sin embargo, no puede ser el más elevado, porque el Ser aún no ha sido pensado desde el fundamento, en cuanto pensar que se piensa a sí mismo, en la misma medida y de modo tan decidido. El Ser, en tanto que substancia y substancialidad, aún no se ha desarrollado como sujeto en su absoluta subjetividad. Con todo, Spinoza vuelve a expresar siempre de nuevo el pensamiento completo del Idealismo alemán, y al mismo tiempo lo contradice, porque hace comenzar el pensar con lo absoluto. Por el contrario, el camino de Kant es otro, y desde el punto de vista

del pensamiento del Idealismo absoluto y de la filosofía en general, mucho más decisivo que el sistema de Spinoza. Hegel encuentra en el pensamiento kantiano de la síntesis originaria de la apercepción "uno de los principios más profundos para el desarrollo especulativo" (eines der tiefsten Prinzipien für die spekulative Entwicklung) [*Ciencia de la lógica (Wissenschaft der Logik)*, III, tomo II, p. 227].» Heidegger, ID, p. 109.

34. «[*Dasein*] es un yo ciertamente, pero no un sujeto consciente. Es un sí mismo pre-subjetivo y onto-consciente.» William Richardson, "The place of Unconscious in Heidegger", *Review of Psychology and Psychiatry*, n° 5, 1965, p. 279.

35. *Vom Wesen des Grundes*, p. 162; "De la esencia del fundamento", p. 46.

36. Según Descartes: «Todo aquello en lo que reside de modo inmediato, como en su sujeto, o en virtud del cual existe cualquier cosa que percibimos, por ejemplo, una propiedad, cualidad o un atributo del que tenemos una idea real, se denomina *substancia* (...) [pues] un atributo real no puede ser un atributo de nada». *Les principes de la philosophie*, en: *Oeuvres philosophiques* III, édition de F. Alquié, Bordas (Classiques Garnier), París, 1989, p. 122. Cfr. con relación a su noción de "substancia": pp. 121 y ss.

37. *Religion and Nothingness*, pp. 114 y 115.

38. De aquí que nos parezca infundado lo que afirma de las *Upaniṣad* y del Vedānta advaita Joel J. Kupperman cuando las considera "perspectivas substancialistas sobre el yo": «Es tentador decir que hay dos alternativas principales: una visión "substancialista" del yo y una visión "no substancialista". En esta línea, se podrían alinear las posiciones de las Upaniṣad, Advaita Vedānta, Butler y Reid en un lado, con los tempranos budistas, los filósofos Hume, Sartre y la mayoría de los filósofos analíticos contemporáneos en el otro lado». "Investigations of the Self", PEW, XXXIV, n° 1, 1984, p. 48.

39. *El yo dividido*, Fondo de Cultura Económica, Madrid, 1964, p. 13.
Continúa R. D. Laing: «Tal persona no es capaz de experimentarse a sí misma "junto con" otras o "como en casa" en el mundo, sino que, por el contrario, se experimenta a sí misma en una desesperante soledad y completo aislamiento; además, no se experimenta a sí misma como persona completa sino, más bien, como si estuviese "dividida" de varias maneras, quizá como una mente más o menos tenuemente ligada a un cuerpo, como dos o más yoes, y así sucesivamente».

40. «El hombre actual (...) da la prioridad absoluta a su propia sensación de identidad como "yo" pensante, observador, mensurador y estimador. Para él, esta es la única "realidad" indudable, a partir de la cual comienza toda verdad.» T. Merton, *El zen y los pájaros del deseo*, Kairós, Barcelona, 1994[4], p. 37.

41. «El *ego cogito* es, para Descartes, en todas las *cogitationes*, lo representado y producido, lo presente, lo que no está en cuestión, lo indubitable y lo que está puesto ya siempre en el saber, lo propiamente cierto, lo que está sólidamente establecido antes que lo demás, es decir, como aquello que lo pone todo en relación a *sí* y de este modo lo pone "frente" a lo otro.
(...) El objeto originario es la *obstancia* misma. La obstancia originaria es el "yo pienso" en el sentido de "yo percibo", que de antemano se pone y se ha

puesto ya delante de lo percibible, que es *subjectum*. El sujeto, en el ordenamiento de la génesis trascendental del objeto, es el primer objeto del representar ontológico.
Ego cogito es *cogito: me cogitare*.» *Vorträge und Aufsätze*, p. 74; *Conferencias y artículos*, p. 66.

42. *Religion and Nothingness*, p. 109.

43. La escuela fenomenológica (Brentano, Husserl), en su afirmación explícita
de que la conciencia es intencional y está, por ello, estructural y expresamente dirigida a los objetos, no hizo más que explicitar la aquiescencia del
pensamiento occidental en el carácter irreductiblemente dual de la conciencia.

44. HW, p. 235; «La frase de Nietzsche: Dios ha muerto», p. 211.

45. HW, pp. 224 y 225; «La frase de Nietzsche: "Dios ha muerto"», p. 202.

46. «Con relación al carácter cognoscible del yo como entidad metafísica, Kant
sostiene que el yo es una necesidad del pensamiento y es objeto de la fe moral, pero no es cognoscible en sí mismo. Mi posición es, por una parte, que
el yo es impensable, y por otra, que mientras no es conocido y es sólo un objeto de fe, aunque no necesariamente de fe moral, tenemos que admitir la posibilidad de conocerlo sin pensamiento, habiendo una demanda, alternativa
con otras demandas espirituales, de realizar tal conocimiento.» "The concept of Philosophy", *Contemporary Indian philosophy*, S. Radhakrishnan
and J. H. Muirhead (ed.), George Allen & Unwin Ltd., Londres, 1952², p.
105.

47. «Todo intento de deducir la conciencia de la objetividad inevitablemente
implica el error de poner el carro delante de los caballos. La grandeza de
Descartes radica en su brillante intento de proporcionar a la filosofía un fundamento firme e inamovible, un seguro e incontestable punto de partida.
Descubre este fundamento y punto de partida en el *cogito ergo sum*. Nos recuerda a este respecto al dicho de los antiguos sabios de la India y Grecia:
"Conócete a ti mismo". Sólo la absoluta certeza de la auto-conciencia, la indudable existencia del yo, puede funcionar como base de toda reflexión filosófica y comprensiones existenciales.» Haridas Chaudhuri, "Existentialism
and Vedānta", PEW, XII, n° 1, 1962, p. 12.

48. En este sentido consideramos desacertado el siguiente comentario de Max
Müller en el que pretende dar voz a la auto-comprensión advaita en torno a
la naturaleza supraobjetiva del yo: «No podemos conocernos a nosotros mismos *más que reflexionando sobre nosotros mismos*, y aunque otras personas
crean conocernos, sólo conocen nuestro sí mismo fenoménico, nuestro yo,
nunca nuestro *sí mismo* subjetivo, porque éste sólo puede ser un sujeto;
conoce, pero no puede ser conocido» (*Introducción a la filosofía vedānta*, p.
49; la cursiva es mía). Efectivamente, el sujeto no puede ser conocido. Pero
por el mismo motivo, tampoco el yo se conoce a sí mismo por re-flexión.

49. «(…) la afirmación cartesiana, "pienso, luego soy" (*cogito ergo sum*), llega
a ser, "soy, luego pienso".» John A. Grimes, *Quest for Certainty*, p. xvii.

50. HW, p. 239; «La frase de Nietzsche: "Dios ha muerto"», p. 216.

51. *El zen y nosotros*, p. 26.

52. Cfr. *El zen y nosotros*, pp. 27 y ss.

53.   Cfr. *Ibid*, p. 27.

54.   *Vorträge und Aufsätze*, p. 168; *Conferencias y artículos*, p. 147.
        Nos parecen por ello inapropiadas –aunque se sustenten en una intuición que
        compartimos– las siguientes palabras de J. P. McKinney: «(…) es en la físi-
        ca cuántica, en la mecánica ondulatoria, basada en los *quantum* de energía
        de Planck y en el principio de indeterminación o incertidumbre de Heisen-
        berg, donde la revolución real del pensamiento está actualmente teniendo lu-
        gar. Aquí el pensamiento ha alcanzado ese "substrato" en sí mismo indife-
        renciado que subyace al mundo común de las cosas determinadas en el
        tiempo y el espacio (…) en efecto, el pensamiento occidental ha retornado
        –por necesidad de la lógica interna de su propio desarrollo– a un punto de
        partida que ha sido el supuesto tradicional del pensamiento oriental». Cit.
        por C. T. K. Chari, "Quantum Physics and East-West Rapprochement",
        PEW, V, nº 1, p. 61.
        Consideramos inadecuado afirmar que la física ha alcanzado dicho sustrato,
        porque, como hemos apuntado, opera con modelos sobre la realidad, no con
        la realidad *per se*. Pero sí es verdad que, a diferencia de la visión mecanicis-
        ta anterior, está desvelando una imagen del mundo que armoniza con los
        principios metafísicos no-duales. Que físicos tan destacados como Heisen-
        berg, Schrödinger, Einstein, Pauli, Eddington, Planck, etc., hayan sostenido
        una visión radicalmente anti-positivista del mundo, y que bastantes de ellos
        incorporaran en dicha visión las doctrinas no-duales de Oriente, es sobrada-
        mente elocuente al respecto. Citaremos, a modo de ejemplo, un bello extrac-
        to de un escrito de Schrödinger:
        «(…) por inconcebible que resulte a nuestra razón ordinaria, todos nosotros
        –y todos los demás seres conscientes en cuanto tales– estamos todos en to-
        dos. De modo que la vida que cada uno de nosotros vive no es meramente
        una porción de la existencia total, sino que en cierto sentido es el *todo*; úni-
        camente que ese todo no se deja abarcar por una sola mirada. Eso es lo que,
        como sabemos, expresa una fórmula mística sagrada de los brahmines, que
        es no obstante tan clara y tan sencilla: *Tat Tvam asi,* Eso eres tú. O también
        lo que significan expresiones como: "Yo estoy en el este y en el oeste, yo es-
        toy encima y debajo, yo soy el mundo entero".
        Podemos, pues, tumbarnos sobre el suelo y estirarnos sobre la Madre Tierra
        con la absoluta certeza de ser una sola y misma cosa con ella y ella con nos-
        otros. Nuestros cimientos son tan firmes e inconmovibles como los suyos;
        de hecho, mil veces más firmes y más inconmovibles. Tan seguro como que
        mañana seré engullido por ella, con igual seguridad volverá a darme de nue-
        vo a luz un día para enfrentarme a nuevos trabajos y padecimientos. Y no so-
        lamente "un día": ahora, hoy, cada día, me da a luz continuamente, no ya
        una vez, sino miles y miles de veces, lo mismo que me va devorando miles
        y miles de veces cada día. Porque eternamente, y siempre, no existe más que
        ahora, un único y mismo ahora; el presente es lo único que no tiene fin.»
        What is Life?, Cambridge University Press, 1947; cit. en Ken Wilber (ed.),
        Cuestiones cuánticas, pp. 150 y 151.

55.   En el ámbito de la nueva física se considera que los modelos de la física
        clásica son válidos en una primera aproximación, pero no lo son cuando se

lleva el análisis más allá de ciertos límites. La revolución de la física en el s. XX ha tenido lugar en dos ejes principales que son los pilares de la física contemporánea: la teoría de la relatividad (Albert Einstein) y la física cuántica (Max Planck, Neils Bohr, Louis de Broglie, Werner Heisenberg, Erwin Schrödinger, Wolfgang Pauli, Paul Dirac, etc.). La teoría de la relatividad cuestionó nuestros conceptos sobre el tiempo y el espacio (éstos no existen en sí, de una forma absoluta), la energía y la materia (la materia es energía; la masa total de un sistema es superior a la suma de la masa de sus partes), la luz (el único valor absoluto en un mundo que se desvela relativo: su velocidad siempre es constante) y la gravitación (ésta no es una fuerza, sólo una consecuencia de la curvatura del espacio-tiempo). La física cuántica ha cuestionado las ideas sobre la materia, las partículas y las ondas (la materia y la radiación son, a la vez, de naturaleza corpuscular y ondulatoria), la relación entre el observador y lo observado (observar es interactuar con y en lo observado, un hecho íntimamente relacionado con la indeterminación básica de la materia a escala subatómica), así como la idea misma de la realidad física (el universo sólo es una realidad en su totalidad, y el fenómeno no es más que una convención).

56.   Werner Heisenberg, *The Physicist's Conception of Nature*, Brace, Harcourt, p. 24.

57.   "My View of the World", Cambridge University Press, 1964; cit. en *Cuestiones cuánticas*, pp. 125 y 126.

58.   I.1.4.

59.   I.A.T., p. 65; Y.s.e., p. 134.

60.   Ramesh S. Balsekar describe este proceso con las siguientes palabras: «El noúmeno –subjetividad pura– no es consciente de su existencia. Tal conciencia de su existencia viene sólo con el surgimiento de la conciencia "yo soy". En otras palabras, la Conciencia en sí no es consciente de su existencia hasta que hay un movimiento natural pero repentino dentro de ella misma. Entonces llega a ser consciente de sí misma como "Yo soy" (...)
El espontáneo surgimiento de Yo soy (como un movimiento en la Conciencia) es el sentido de la existencia, el sentido de presencia. Trae consigo simultáneamente la aparición en la conciencia de la manifestación fenoménica». *The Final Truth*, p. 15.
En palabras de Nisargadatta: «(...) en *Paramātman* no hay conciencia de la existencia, únicamente hay conciencia de la conciencia. Tan pronto como surge la conciencia de la existencia, surge una dualidad y la manifestación aparece». *Prior to Consciousness*, p. 46.

61.   *Amṛtanubhava* VI, 90 y 91.

62.   *El núcleo del núcleo*, p. 75.

63.   Podríamos ejemplificar lo dicho así: un pensador toma conciencia de sí como pensador o ser consciente sólo en referencia a objetos pensados, a pensamientos concretos; ahora bien, el objeto pensado no limita al pensador porque, de hecho, es de su misma substancia.

64.   *El cantar de Aṣṭāvakra*, c. XVIII, 4.

65.   *Māṇḍūkya Kārikā* III, 29.

66.   *Tratados y Sermones*, p. 293.

67.   I.A.T., p. 337; Y.s.e., pp. 547 y 548.

68.   Nisargadatta, cit. por Ramesh Balsekar, *Pointers fron Nisargadatta Maharaj*, p. 13.

«El conocimiento de "yo soy", o la conciencia, es el único "capital" con que cuenta un ser sensible (…) Cuando no está presente este sentido de "yo soy", como sucede en el sueño profundo, no existe cuerpo, mundo externo, ni "Dios". Es evidente que una minúscula chispa de esta conciencia contiene el universo entero. No obstante, la conciencia no puede existir sin un cuerpo físico, y puesto que la existencia del cuerpo es temporal, así debe serlo la de la conciencia.» Nisargadatta, cit. por R. Balsekar, *Ibid*, p. 38.

69.   «(…) en tal Evolución del espíritu en la materia, el individuo espiritual, el alma humana, ocupa un puesto fundamental, pues es precisamente a través del individuo como el espíritu recobra la conciencia de su naturaleza esencial tras el proceso involutivo, y es a través de él como sus obras en la naturaleza pueden ser realizadas más eficazmente.» Sri Aurobindo, *Īśā Upaniṣad*, p. 157.

70.   Nisargadatta respondía así al comentario con el que un actor profesional alababa sus cualidades dramáticas:

«Sé que has apreciado esta breve actuación que he realizado, pero lo que has visto no es ni siquiera una parte infinitesimal de lo que soy capaz de hacer. Todo el universo es mi escenario. No sólo actúo, sino que creo el escenario y los accesorios; escribo el guión y dirijo a los actores. Sí, soy un solo actor que representa los papeles de millones de personajes; y lo que es más, ¡esta función nunca termina! El guión se está escribiendo todo el tiempo, nuevos papeles se van concibiendo y nuevos escenarios se colocan para muy diversas situaciones (…) ¿Pueden percibir que cada uno de ustedes es quien representa el papel de todos los personajes de este mundo, o se limitarán al restringido papel individual que se han asignado, viviendo y muriendo en ese papel insignificante?» Cit. por Ramesh Balsekar, *Pointers from Nisargadatta Maharaj*, p. 28.

71.   K.Wilber, *El espectro de la conciencia*, Kairós, Barcelona, 1990, p. 35.

72.   De aquí la invitación del *jñānin* a prestar atención a los intervalos entre los pensamientos, más allá de la aparente linealidad sucesiva de los contenidos de la mente; al fondo habitualmente no percibido, que no dice relación dual a la figura, sino que es fondo/figura, figura/fondo.

73.   I.A.T., p. 368; Y.s.e., p. 596.

74.   Cfr. con relación a este proceso la obra de Ken Wilber, *El espectro de la conciencia*.

75.   SZ, p. 129; ST, p. 146.

76.   Cfr. Alan Watts, *El libro del tabú*, Kairós, Barcelona, 1982⁴.

77.   Cfr. K. Wilber, *El espectro de la conciencia*, pp. 160 y 161.

78.   Cfr. *Ibid*, pp. 164 y 165.

79.   La imagen del "auriga" para aludir al yo y a la relación de éste con sus vehículos es universal. Pero si, prácticamente en todas las mitologías tradicionales, este auriga era el símbolo de *Ātman*, del Sí mismo (*autos*) o Yo universal (que dirige sus vehículos, no como algo extrínseco o contrapuesto a Sí, sino como sus modos de expresión relativa), en Occidente –y, en concreto, a

través de lo que ha sido la interpretación habitual del mito platónico (Cfr. *Fedro*, 246 a)– este auriga (que en el mito platónico aludía al *lógos*) se ha considerado simplemente el alma racional, el yo contrapuesto dualísticamente a sus vehículos.

80.   «La búsqueda egocéntrica de una identidad sólida y segura no puede, por tanto, tener éxito. Su identidad no es sino un contenido de conciencia y, como tal, está inseguramente fundada, descansando sobre algo que es esencialmente "carente" o "vacío" por naturaleza» (p. 269). «La auto-imagen, que es un mero contenido de conciencia, es erradamente elevada al estatus de una entidad que ejercita la conciencia como su poder» (p. 273). «Como un espejo, no puede ser consciente de sí mismo hasta que se vacía de todos sus contenidos. Pero hay un contenido que es más pertinaz que el resto: la auto-imagen» (p. 280). Michael J. Stark and Michael C. Washburn, "Ego, egocentricity and Self-transcendence: A Western Interpretation of Eastern Teaching", PEW, XXVII, nº 3, 1977.

81.   Expresión acuñada por Freud (aunque el contexto en que utilizamos este término y el alcance que le otorgamos aquí es diferente al que Freud le asigna).

82.   También en este punto nos apartamos de la noción del "yo ideal" (*Ich Ideal*) freudiano.

83.   En palabras de Gurdjieff, uno de los pensadores que más lúcidamente ha tematizado este carácter "plural" del yo: «El hombre no tiene un "yo" permanente e inmutable. Cada pensamiento, cada humor, cada deseo, cada sensación dice "yo". Y cada vez, parece tenerse por seguro que este "yo" pertenece al *todo* del hombre, al hombre entero, y que un pensamiento, un deseo, una aversión son la expresión de este todo. De hecho, no hay prueba alguna en apoyo de esta afirmación. Cada pensamiento del hombre, cada uno de sus deseos se manifiesta y vive de una manera completamente independiente y separada de su todo. Y el todo del hombre no se expresa jamás, por la simple razón de que no existe como tal, salvo físicamente como una cosa, y en abstracto como un concepto. El hombre no tiene un "yo" individual. En su lugar, hay centenares y millares de pequeños "yoes" separados, que la mayoría de las veces se ignoran, no mantienen ninguna relación o, por el contrario, son hostiles unos a otros, exclusivos o incompatibles. A cada minuto, a cada momento, el hombre dice o piensa "yo". Y cada vez su "yo" es diferente. Hace un momento era un pensamiento, ahora es un deseo, luego es una sensación, después otro pensamiento, y así sucesivamente, sin fin. *El hombre es una pluralidad*. Su nombre es legión». Cit. por P. D. Ouspensky, *Fragmentos de una enseñanza desconocida*, p. 104.

84.   I.A.T., pp. 64 y 65; Y.s.e., pp. 133 y 134.

85.   «La más patológica forma de alienación es la alineación del verdadero yo (*ātman*) (…) La persona alienada, sin embargo, confunde su yo empírico con su verdadero yo.» "Indian Thought and Humanistic Psychology: Contrasts and Parallels between East and West", PEW, XIII, nº 2, 1963, p. 146. Winthrop cita a continuación a Radhakrishnan, quien dice del yo empírico «Es una suerte de entidad psicológica que contesta por nuestro nombre y se refleja en el espejo (*nāma-rūpa*), un número en las tablas estadísticas. Está sujeto al placer y a la pena, se expande cuando es alabado, se contrae cuan-

do es criticado, se admira a sí mismo, y está perdido en la mascarada» (*Eastern Religions and Western Thought*, Oxford University Press, Londres, 1940, p. 27). «Así, el yo del espejo –continúa Winthrop– resulta ser nada más que la imagen del sujeto, que ha sido formada sobre la base de percibir cómo los otros reaccionan ante él» (p. 148).

86.   *La gravedad y la gracia,* Trotta, Madrid, 1998[2], p. 82.

87.   Gurdjieff distingue en este sentido entre lo que denomina la "esencia" y la "personalidad". *La esencia* vendría a ser lo que hemos denominado *la persona*: el yo como símbolo y vehículo fiel de *Ātman*; un yo que alineado con su centro desarrolla sus posibilidades reales. La *personalidad* sería *el ego*: la vivencia mental de sí que enajena al yo de la fuente de su crecimiento activo y real y le convierte en un ser falaz, básicamente mecánico y reactivo. «La esencia en el hombre –afirma Gurdjieff– es lo que es de él. La personalidad en el hombre es "lo que no es de él". "Lo que no es de él" significa: lo que le ha venido de fuera, lo que él ha aprendido, o lo que él refleja; todas las huellas de impresiones exteriores grabadas en la memoria y en las sensaciones, todas las palabras y todos los movimientos que le han sido enseñados, todos los sentimientos creados por imitación, todo esto es "lo que no es de él", todo esto es la personalidad (…).

La personalidad se forma en parte bajo la acción de influencias intencionales, es decir, de la educación y, en parte por el hecho de la involuntaria imitación de los adultos por el niño. En la formación de la personalidad, también desempeña un gran papel la "resistencia" del niño a los que le rodean y sus esfuerzos por disimular ante ellos lo que es "de él", lo que es "real".

La esencia es la verdad en el hombre; la personalidad es la mentira. Pero a medida que aumenta la personalidad, la esencia se va manifestando cada vez con menor frecuencia, cada vez más débilmente; incluso muchas veces la esencia se detiene en su crecimiento a una edad muy temprana y no puede crecer más. Muy a menudo ocurre que el desarrollo de la esencia de un adulto, aun de un hombre muy intelectual en el sentido corriente de la palabra, muy culto, se ha detenido al nivel de desarrollo de un niño de cinco a seis años. Esto significa que nada de lo que vemos en este hombre *es de él* en realidad (…). Si consideramos al hombre culto promedio, veremos que en la inmensa mayoría de los casos, en él la personalidad es el elemento activo, mientras que su esencia es el elemento pasivo. El crecimiento interior de un hombre no puede empezar hasta que este orden de cosas no cambie. La personalidad debe volverse pasiva y la esencia activa.» P. D. Ouspensky, *Fragmentos de una enseñanza desconocida*, pp. 244 y ss.

88.   BU I, 4, 10 y *Aitareya Upaniṣad* V, 3.

89.   I.A.T., p. 68; Y.s.e., p. 139. La cursiva es mía.

90.   Resumiremos, muy someramente, parte del "mapa de la conciencia" (una jerarquía evolutiva de las estructuras psicológicas) desarrollado por Ken Wilber, en el que sintetiza los principios y las conclusiones más destacadas de la psicología contemporánea y de las grandes escuelas y tradiciones filosóficas y espirituales. Cfr. Ken Wilber, *El proyecto Ātman*, Kairós, Barcelona, 1996[2]; *Psicología integral*, Kairós, Barcelona, 1994; *Los tres ojos del conocimiento*, pp. 109-128.

91.   Cabría afirmar, analógicamente, que en el ámbito sociocultural estamos en un estadio "adolescente" en el que prima la necesidad de autoafirmación individual: la sensación de identidad se sitúa prioritariamente en el yo autónomo (en sus derechos, en su libertad de expresión, en su afirmación a través del logro individual, de la competitividad, etc.). Los efectos secundarios de la extrapolación de esta actitud están haciendo patente que ninguna acción individual o interés aislado deja de tener repercusiones en el todo. En otras palabras: la situación planetaria está evidenciando la necesidad improrrogable de un salto de conciencia que se fundamente en el hecho de esta unidad e interrelación global.

92.   Cfr. Wilber, *Psicología integral*, p. 36. Nos encontramos ante un proceso tanto de conservación como de negación, de consolidación y de destrucción, de nacimiento y de muerte. Ambas son funciones imprescindibles del crecimiento y «la patología aparece en el caso de que una o ambas tareas sean gestionadas de manera inadecuada» (p. 38). La "conservación patológica" se da cuando el yo no abandona identificaciones que ya no le son apropiadas para acceder a otro nivel superior de identidad. La negación patológica «consiste en la diferenciación o des-identificación prematura o negación de un determinado componente [del yo], antes de que haya sido convenientemente integrado, digerido y asimilado [fortalecido, madurado]» (p. 39).

93.   *Ibid*, pp. 17 y 18.

94.   HW, p. 273; "¿Para qué ser poeta?", p. 244.

95.   *Sé lo que eres. Las enseñanzas de Ramana Maharshi*, p. 41.

96.   I.A.T., p. 36; Y.s.e., p. 87.

97.   I.A.T., p. 189; Y.s.e., p. 328.

98.   En su artículo "Identity of the Self" (*Philosohical Quarterly of India*, XXIV), S. C. Chatterjee se pregunta por el tipo de identidad que conviene al yo. Cualquier objeto ordinario del mundo –afirma– posee sólo una identidad funcional. Ahora bien, la identidad del yo no puede ser explicada en estos términos. Así, la identidad de los objetos externos se establece a través de un conocimiento indirecto, mientras que la identidad del yo se establece mediante un conocimiento absolutamente directo e inmediato. Continúa Chatterjee: «Si afirmáramos que la identidad del yo es una identidad funcional, tendríamos que decir que el yo es simplemente lo que él *hace*, es decir, los diferentes modos de percibir, imaginar, concebir, sentir y querer» (p. 222). Ésta sería la "perspectiva del empirismo": el yo es pura diferencia sin identidad. Opuesta a esta perspectiva estaría la "perspectiva metafísica", representada por el Vedānta advaita, para la que el yo es considerado no como identidad-en-la-diferencia, sino como pura-identidad-por-encima-de-la-diferencia, pues tiene un carácter radicalmente trans-empírico. Chatterjee propone una visión intermedia: «El yo tiene un ser propio permanente que es diferente de sus funciones cambiantes» (p. 223), si bien está a su vez presente en ellas. «El yo es una realidad que está presente en todas sus funciones, estados conscientes y procesos, y al mismo tiempo los trasciende. Sólo de este modo el yo puede mantener un sentido de identidad personal en medio de sus estados cambiantes y de los estadios de su vida consciente» (p. 224). La identidad del yo es una identidad-en-y-por-encima-de-la-diferencia (*Identity-in-and-above-difference*).

Efectivamente la identidad del Yo supraobjetivo no es funcional, frente a la identidad del ego que sí es una identidad funcional. Ahora bien, el yo objetivo que se sabe símbolo de Ātman (el yo que no se ha auto-clausurado pues sabe que lo óntico que hay en él se sostiene en un vacío o apertura) no puede ser explicado en términos puramente funcionales. En este sentido discrepamos de la caracterización de la postura advaita de Chatterjee. El Advaita, si algo pretende, es, precisamente, aunar la perspectiva absoluta y la relativa y mostrar su relación no-dual. La identidad del yo, para el Advaita, no es pura identidad que excluya la diferencia sino una identidad-en-y-por-encima-de-la-diferencia (*in-and-above-difference*).

99.   Cfr. A. J. Deikman, *The Observing Self*, p. 70.

«(…) el ego no es sino "una falsificación de nuestra verdadera individualidad", "una ficción pragmática y efectiva".» Sri Aurobindo, Cit. por V. Merlo en *Experiencia yóguica y antropológica filosófica*, p. 65.

Cita Merlo a continuación a Lacan, quien también postula una concepción meramente funcional del yo empírico (aunque las afinidades entre la concepción del yo lacaniana y la vedānta no van más allá de este punto): «El yo, en su aspecto más esencial, es una función imaginativa (…) El yo, función imaginaria, no interviene en la vida psíquica sino como símbolo [en el sentido débil del término]. Nos servimos del yo como el bororó del loro. El bororó dice "soy un loro"; nosotros decimos "soy yo" [que no "yo soy" sin predicados]. Todo esto no tiene la menor importancia. Lo importante es la función que tiene». Lacan, "El yo en la teoría de Freud y en la técnica psicoanalítica", *El Seminario (II)*, Paidós, Buenos Aires, 1984, p. 64.

100.   I.A.T., p. 77; Y.s.e., p. 153.

101.   Haridas Chaudhuri, "Existencialism and Vedānta", PEW, XII, nº 1, 1962, p. 15.

102.   Es ilustrador en este punto el famoso "razonamiento *per analogiam*" (*Meditationes* II, vol VII, 32). Es significativo que Descartes llegara a advertir la necesidad de un razonamiento que pudiera demostrar y fundamentar la existencia del otro. Dicho argumento puede resumirse así: el yo se conoce a sí mismo, tiene certeza de sí; en principio, es lo único acerca de lo cual está cierto: puesto que pienso, existo. Se conoce a sí mismo y, secundariamente, conoce su propia exteriorización en el cuerpo por medio de palabras, gestos, etc. En un tercer momento, el yo advierte que entre las cosas u "objetos" hay algunas que tiene expresiones análogas a las suyas. Y de ello "deduce" que han de ser causadas por otros "sujetos" similares al yo.

En el siglo XX destacan las críticas a dicho argumento llevadas a cabo por Scheler (*Wesen und Formen der Sympathie,* Francke Verlag, Bern, 1973), Sartre (*L'Être et le Néant*, Gallimard, París, 1943, p. 277), J. Bökenhoff, Luijpen, etc. Pero lo más destacable y significativo quizá sea que dicho argumento haya merecido tantas críticas y tanta atención –en la medida en que ello implica que, más o menos sutilmente, se comparten los presupuestos del mismo, y que el problema planteado por Descartes se considera realmente un problema–.

103.   Recordemos la famosa obra del pensador Martin Buber, *Ich und Du* (Marsh & Sheil Limited, 1984; traducida al castellano por Carlos Díaz: *Yo y Tú*, Caparrós editores, Madrid, 1992).

Martin Buber estuvo abiertamente interesado en el no-dualismo asiático y él mismo sostuvo posiciones cercanas a la posición no-dual. Han sido más bien algunos de sus seguidores e intérpretes quienes han sido abiertamente dualistas. Como ejemplo de lo que decimos, citaremos unas palabras de Buber con las que él mismo describe la experiencia vedānta de la identidad suprema: «Sólo en el mundo arcaico de la India el "Yo" es proclamado como siendo uno con "Todo" y con el "Uno". La unidad que el místico experimenta cuando ha traído toda su anterior multiplicidad a la Unidad no es una unidad relativa, pues el hombre extático ya no tiene seres humanos fuera de sí con los que tener una comunidad. Es el Uno absoluto, ilimitado, que incluye todo otro». Sobre la relación de Buber con el pensamiento asiático, cfr. el artículo de Maurice Friedman (por cierto, discípulo de Nisargadatta y recopilador de la obra *I am That*): "Martin Buber and Asia", PEW, XXVI, n° 4, 1976, 411-426. A este artículo pertenece el párrafo citado (pp. 413 y 414).

104. BG, VI, 29.
105. «Según el Vedānta, la luz del ser/conciencia (*Sat/Cit*) revela la realidad humana como siendo-con-otros-en-Eso. La individualidad integrada realiza su esencial identidad con Eso (*el Ser*), su esencial compañerismo con otros, y el enraizamiento de todos en la unidad de Eso. Tales relaciones existenciales como Yo-Eso, Yo-tú, y tú-Eso están interrelacionadas en la unidad de la fórmula Yo-y-tú-en-Eso (*I-and-Thou-in-That*), que refleja la estructura de la existencia como una relación múltiple. El Ser es la unidad abarcante y trascendente de esta relación. La existencia humana es un esfuerzo por manifestar el Ser a través de la realización consciente de esta relación.» Haridas Chaudhuri, "Existencialism and Vedānta", PEW, XII, 1962, p. 17.
106. *Sobre la línea*, p. 57.
107. Cfr. L. Dürckheim, *El zen y nosotros*, pp. 38 y 39.
108. Cfr. *Ibid*, p. 46.
109. Cfr. *Phänomenologie und Theologie*, Vittorio Klostermann, Frankfurt am Main, 1970, p. 32.
110. *El zen y los pájaros del deseo*, p. 38.
111. *El zen y los pájaros del deseo*, p. 38.
112. *El zen y los pájaros del deseo*, pp. 44 y 45.
113. Un credo objetivo es una revelación clausurada, agotada en lo mostrado, que ya dijo todo lo que tenía que decir. Pero lo religioso –afirma Heidegger– no es lo sagrado (*das Heilige*):
«Lo Sagrado, por encima de los dioses y de los hombres, es más antiguo que los tiempos y funda con su venida otro comienzo de otra historia. Lo que ocurrió antaño, lo primero por delante de todo, es lo que precede a todo y conserva todo en sí. Es lo esencial y, como tal, lo que permanece; su permanecer es la eternidad de lo eterno: lo sagrado que es la entrañabilidad de una vez para siempre, es "el corazón eterno".» Heidegger, *Erläuterungen...*, p. 77; *Interpretaciones...*, p. 96.
114. Las doctrinas no-duales no han tenido nunca la pretensión de exclusividad que, por ejemplo, históricamente y en el contexto de nuestra tradición occidental, ha tenido la religiosidad oficial –más allá de las importantes excepciones a este respecto, a las que la institución siempre miró con desconfianza–.

La teología católica, para concretar más nuestro ejemplo, ha sido en gran medida "metafísica" en el sentido heideggeriano; lo ha sido allí donde ha tenido un concepto "objetivado" de lo universal y de la universalidad y, en tanto que objetivo, clausurado y excluyente. Ese rasgo excluyente es, de hecho, profundamente individualista (pues es secundario el que las pretensiones de ostentación exclusiva o eminente de la verdad sean propias de un individuo o de una colectividad). El libro de R. Panikkar: *La Trinidad* (Siruela, Madrid, 1999²), es una propuesta –la única viable– de auto-comprensión de un catolicismo que quiera ser verdaderamente tal; que quiera re-encontrar la justificación última de su pretensión de universalidad, no renunciando a su especificidad, sino ahondando en ella hasta tocar la veta no-dual y no excluyente que sustenta la verdadera catolicidad y que está directamente relacionada con el reconocimiento de lo oculto, mistérico o abismal (*Gottheit*) de la divinidad.

115.   SZ, p. 6; ST, p. 15.
116.   Cfr. Raphael, *The pathway of non-duality*, p. 2.
117.   *Tratados y Sermones*, p. 293.
118.   *Religion and Nothingness*, p. 39.
119.   G. Vallin, "¿Por qué el no-dualismo asiático?", *Axis mundi*, n° 7, 1999, p. 32.
120.   En *Vorträge und Aufsätze* (*Conferencias y artículos*).
121.   *Nietzsche I*, pp. 78 y ss.
122.   Cfr. Mujica, *La palabra inicial,* pp. 48 y ss.
123.   En palabras de Raimon Panikkar: «La *episteme* se vuelve instrumental cuando tiene que habérselas con el objeto. El objeto está ahí para ser utilizado. Es el conocimiento instrumental. Se conoce para algo, aunque sea sólo para saber –como hará la llamada "ciencia teórica"–, aunque luego se cultive más o menos con la expectativa de que este conocimiento dé resultados prácticos. El conocimiento es un instrumento para algo. Este fin lo justifica. Sometemos a los animales a experiencias dolorosas, "justificadas" por los fines "buenos" de la investigación: producen un conocimiento útil. Es el conocimiento científico, aunque su utilidad sea muchas veces latente. Es un conocimiento que nos hace conocer las cosas –incluido el hombre como una cosa más, aunque especial–. Debemos seguir investigando, no hay homeostasis posible». *La experiencia filosófica de la India*, p. 33. Panikkar contrasta este conocimiento instrumental con el conocimiento verdaderamente ontológico: el conocimiento por identidad en el que el que conoce es uno con lo conocido.
124.   *Religion and Nothingness*, p. 11.
125.   Pensadores como Rousseau (siglo XVIII), Schopenhauer, Bergson, etc.
126.   Es significativa, en este sentido, la desesperación que se transparenta en ciertas invitaciones occidentales a estar en la naturaleza sin la mediación del pensamiento; por ejemplo: los poemas de Pessoa escritos bajo el pseudónimo de "Alberto Caeiro", en el que algunos, muy desacertadamente, han querido ver una suerte de sabio taoísta. Nada tiene que ver el pesimismo larvado de estos poemas con el gozo lúcido y sereno que transmite la sabiduría perfectamente alineada con la inteligencia cósmica del taoísmo o del zen.
127.   F. Hölderlin, *Hiperión*, pp. 25 y 26
128.   Cfr. *Religion and Nothingness*, pp. 81 y ss.

129.   *Ibid*, p. 54.
130.   Este razonamiento se sustenta en la misma visión cartesiana del hombre. Si sólo es libre la *res cogitans* y en ella radica lo específicamente humano (los valores propiamente humanos serían aquellos que se derivan de su *ratio*), el trabajo físico es, con relación a la actividad *cogitativa*, de naturaleza inferior. Efectivamente, puede ser degradante cierto tipo de trabajo físico, por ejemplo, el realizado en una fábrica que impone al trabajador un ritmo violento, artificial y mecánico, carente de todo sentido creador en sí mismo, pues se orienta sólo al resultado y a la productividad; en estos casos, sin duda, la máquina puede ser liberadora. Pero el trabajo físico realizado en condiciones dignas está lejos de ser una forma menor de actividad para el hombre verdaderamente unificado. En el Oriente tradicional se lo ha considerado incluso una vía privilegiada para cultivar una forma específica de atención y de armonización con los ritmos de la vida –*dharma, Tao, etc.*– capaz de poner en juego niveles supra-personales de la persona y de permitirle ser una conscientemente con todo lo que es, en y desde el Ser –el único actor en toda acción–.
131.   HW, p. 69; "La época de la imagen del mundo", p. 68.
132.   G, p. 27; S, p. 35.
        En otras palabras: «Cuando el hombre solamente es hombre sobre el fundamento de su condición de *Dasein*, entonces, la pregunta respecto a lo que es el hombre originariamente, no puede, por principio, ser una pregunta antropológica». *Kant und das Problem der Metaphysik*, Vittorio Klostermann, Frankfurt am Main, 1951, p. 207.
133.   UH, pp. 66 y 67.
134.   En su obra *A Commentary on Heidegger's Being and Time* (Harper and Row, Nueva York, 1970, pp. 22 y 23), Michael Gelven utiliza la expresión "ser aquí" [*being here*], en lugar de la traducción habitual: "ser ahí" [*being there*], pues considera que es una expresión más cercana a la idea de inmediatez, de trascendencia inmanente, que considera que Heidegger buscaba sugerir con su término *Dasein*.
135.   «La excelencia óntica del *Dasein* radica en el hecho de que es ontológica.» SZ, p. 12.
136.   Podría significar "ser humano" si por él se entendiera lo que el mismo Heidegger define así: «El hombre es el ahí/aquí abierto, patente» («Der Mensch ist das in sich offene Da»). EM, p. 156.
137.   UH, p. 75.
138.   *Mahābhārata*. Citado en Motilal Sarma, *Sāmskritika Vyābhyāna Pañcika*, Sri Balachaudra Press, Jaipur, 1956.
139.   No nos parecen por ello acertadas las siguientes palabras de Kalidas Bhattacharyya ("Classical Philosophies of India and the West" PEW, XIII, n° 1, 1958): «El único punto en el que las filosofías históricas de la India permanecen en agudo contraste con las filosofías inspiradas en la ciencia del Occidente moderno, y el cual, por tanto, es (erradamente) tomado como el genio distintivo de la India, es que sus filosofías fueron dominantemente *antropocéntricas*» (p. 36).
140.   I.A.T., p. 448; Y.s.e., p. 715.

141.   I.A.T., p. 525; Y.s.e., p. 836.
142.   I.A.T., p. 331; Y.s.e., p. 538.
143.   R. Panikkar, *La experiencia filosófica de la India*, p. 64.
        Como afirma Kalidas Bhattacharyya ("Classical Philosophies of India and
        the West", PEW, XIII, n° 1, 1958): «Los problemas de la filosofía india
        clásica no pueden ser formulados como éticos, metafísicos, teológicos, lógi-
        cos, psicológicos, etc. Una precisa división de la filosofía en estos "departa-
        mentos" fue desconocida para los indios» (p. 17).
144.   I.A.T., p. 297; Y.s.e., p. 486.
145.   UH, p. 81; CH, p. 177.
146.   *Religion and Nothingness*, p. 69.
147.   Cfr. *Les mots et les choses: une archéologie des sciences humaine*, Galli-
        mard, París, 1989.
148.   A. Millán-Puelles, *Léxico filosófico*, Rialp, Madrid, 1984, p. 457. Retoma-
        mos esta caracterización para explicar el sentido que originariamente podría
        tener el término "persona", aunque esto no supone nuestra aquiescencia con
        la noción de "persona" postulada por Boecio: «la substancia individual de
        naturaleza racional» (*rationalis naturae individua substantia*), que es, de he-
        cho, una definición estricta de la persona auto-clausurada, del sujeto.
149.   Cfr. J. Evola, *Cabalgar el tigre*, pp. 115 y ss.
150.   *Vorträge und Aufsätze*, p. 136; *Conferencias y artículos*, p. 119.
151.   «Mientras se tome a sí mismo por una persona, un cuerpo y una mente, se-
        parado de la corriente de vida, con una voluntad propia, persiguiendo sus
        propios fines, estará usted viviendo en la superficie y cualquier cosa que
        haga será breve y de poco valor, mera paja para alimentar las llamas de la
        vanidad. Debe tener usted verdadera valía antes de poder esperar algo real.
        ¿Cuál es su valía?
        P: ¿Con qué debo medirla?
        M: Mire el contenido de su conciencia. Usted es aquello en que lo que pone
        su atención. ¿No está la mayor parte de tiempo ocupado con su personita y
        sus necesidades diarias?» Nisargadatta, I.A.T., p. 492; Y.s.e., pp. 785 y 786.
152.   «La persona y lo sagrado», *Confines 02*, noviembre, 1995, 161-176.
153.   *Ibid*, p. 164.
154.   "Die Zeit des Weltbildes", HW, p. 85. "La época de la imagen del mundo",
        p. 82.
155.   «La llamada existencia privada no es ya, pues, lo esencial, es decir, el libre
        ser del hombre. Simplemente se manifiesta como la negación de lo público.
        Queda siendo un apéndice de él y se nutre del mero retirarse de lo público.
        La existencia privada atestigua así, contra su propia voluntad, su servidum-
        bre frente a la publicidad (*Öffentlichkeit*). Ésta no es otra cosa que el dispo-
        sitivo –metafísicamente condicionado por provenir del dominio de la subje-
        tividad– y la autorización para que la apertura del ente se convierta en la
        incondicional objetivación de todo.» UH, p. 58; CH, pp. 166 y 167.
156.   Continúa: «Los hombres en colectividad no tienen acceso a lo impersonal,
        ni siquiera en sus formas inferiores. Un grupo de seres humanos no puede
        hacer siquiera una suma. Una suma se hace en un espíritu que olvida mo-
        mentáneamente que existe algún otro espíritu.

Lo personal se opone a lo impersonal, pero hay un pasaje del uno al otro. No hay pasaje de lo colectivo a lo impersonal. Primero es necesario que una colectividad se disuelva en personas separadas para que sea posible la entrada en lo impersonal». "La persona y lo sagrado", *Confines 02*, noviembre, 1995, p. 164.

157. Un "errar" (*das Irren*), diría Heidegger.

158. Afirma Henry Winthrop, hablando de lo que han sido los ideales de la modernidad: «No es, sin embargo, con respecto a estas virtudes e ideales por lo que el Occidente está en ruinas. Es, más bien, por su negación de la búsqueda de la auto-comprensión y la auto-identidad –una búsqueda y una preocupación que permea totalmente la filosofía y el pensamiento indios– por lo que el Occidente es deficiente». "Indian Thought and Humanistic Psychology: Contrast and Parallels between East and West", PEW, XIII, n° 2, 1963, p. 146.

159. Ésta es la tesis central de la obra de Salvador Pániker, *Aproximación al origen*, Kairós, Barcelona, 1989⁵.

160. En una cultura que ofrece pocos signos externos —encarnados en instituciones, en valores colectivamente asumidos, etc.— de lo trascendente, el camino hacia lo trascendente/inmanente habrá de ser prioritariamente un camino individual: la experiencia directa y solitaria del Sí mismo incondicionado en el centro del propio Ser. Las comunidades y asociaciones en las que el hombre encontraba anteriormente referencias estables, seguridad, apoyo y protección, dominadas por una lógica crecientemente cosificadora y funcional, ya no le sirven de apoyo. Más desnudo y desamparado que nunca en todo lo relativo a las cuestiones del sentido, sólo le queda recurrir a sí mismo. En este hecho radica su mayor posibilidad.

161. Q.e.f., p. 93

8. Hacia una nueva autovivencia del ser humano y hacia un nuevo pensamiento del ser

1. G, p. 27; S, p. 35.

2. J.L. Mehta, "Heidegger and Vedānta: Reflections on a Questionable Theme", *Heidegger and Asian Thought*, p. 15.
«Aquí, en la dimensión del pensamiento no-representacional, del pensamiento esencial, las reflexiones de Heidegger son tan relevantes para la tradición de la India como lo son para el lejano Oriente, aunque debe añadirse que un reconocimiento claro y explícito de la inadecuación del pensamiento objetivo es intrínseco a la tradición de la India desde sus mismos comienzos.» J. L. Mehta, "Heidegger and the comparison of Indian and Western philosophy", PEW, XX, n° 3, 1970, p. 315.

3. P. T. Raju, en su artículo "Intuition as a Philosophical Method in India" (PEW, II, n° 3, 1952), afirma: «La diferencia real entre la India y la filosofía occidental no radica en su uso o evitación de la intuición como método filosófico, sino en las esferas de sus intereses fundamentales y de sus actitudes. La filosofía de la India ha estado más interesada hasta ahora en la vida interior del ser humano y ha adoptado una actitud más interiorizada, mientras que la filosofía occidental ha estado más interesada en general en la vida

exterior del ser humano y ha adoptado una actitud más exteriorizada. A causa de esta diferencia, se piensa erradamente que la filosofía de la India ha usado únicamente la intuición como método, mientras que la filosofía occidental ha usado la razón. Pero la primera también ha utilizado la razón como método, sólo que fundamentalmente para la clarificación y elaboración de verdades interiores» (p 207). Ahora bien, entendemos que la diferencia radicaría no tanto en la opción por la mirada bien hacia el interior o bien hacia el exterior, como en que el hombre occidental ha tendido a mirar hacia sí mismo como si se tratara de un quasi-objeto, y ha sustituido la indagación supraobjetiva que trasciende la *ratio* (*manas*) por la mera introspección objetiva.

4.   BSBh I.i.4.
5.   I.A.T., pp. 519 y 520; Y.s.e., p. 829.
6.   «(…) esto general que vale igualmente para todo lo particular es siempre lo indiferente, aquella "esencia" que nunca puede ser esencial.» "Hölderlin…", p. 127.
7.   «Soy el sabor de las Aguas Vivas, soy la Luz de la Luna y el Sol. Soy el Santo Nombre (OM), la Palabra sagrada de los Vedas. Soy el sonido del silencio; la fortaleza de los hombres. / Soy la fragancia pura que desprende la tierra. Soy el resplandor del fuego. Soy la vida de todas las criaturas vivas, y la austeridad en aquellos que fortalecen su alma. / Soy, y desde siempre he sido, la semilla de la vida eterna. Soy la inteligencia del inteligente. Soy lo bello de la belleza. Soy la fuerza de los vigorosos (…) Soy el deseo (…).» BG, VII, 8-11.
8.   I.A.T., p. 65; Y.s.e., p. 135.
9.   Cfr. SZ, p. 60 y ss.
10. Continúa Heidegger: «¿Para qué, entonces, podría preguntarse, tan sólo un camino hacia allí? Respuesta: porque allí donde ya nos hallamos, lo estamos de tal modo que, al mismo tiempo, no estamos allí, en la medida en que aún no hemos alcanzado propiamente aquello que demanda nuestra esencia». US, p. 179 y 180; *De camino al Habla,* p. 170.
11. Cfr. "Der Satz der Identität", en ID.
12. UH, p. 76; CH, p. 185.
13. US, p. 189.
14. UH, p. 77; CH, p. 187.
15. G, p. 32; S, p. 38.
16. G, p. 35; S, p. 41.
17. G, p. 32; S, p. 38.
18. G, p. 33; S, p. 39.
19. I.A.T., p. 357; Y.s.e., p. 579.
     Es verdad que la experiencia de la nada, de ciertas situaciones límite, etc., puede alumbrar para el hombre un nuevo horizonte extático o trascendente frente a lo que solía ser su vivencia intramundana de sí; pero, en cualquier caso, este giro no es un acto humano sino la acción e irrupción misma de *Sat/Cit*:
     «P: ¿Puede la persona hacerse consciente de sí por sí misma?
     M: Sí, sucede algunas veces como resultado de mucho sufrimiento (…)

[Pero] La conciencia llega como de una dimensión superior.» I.A.T., pp. 357 y 358; Y.s.e., p. 580.

20.   «Nos enfrentamos al ente como lo efectivo (=actual) calculando y manipulando, pero también científicamente y filosofando con aclaraciones y fundamentaciones. A éstas pertenece también el asegurar que algo es inexplicable. Con tales decires creemos estar ante el misterio.» *Conferencias y artículos*, p. 116.
En palabras de Haridas Chaudhuri: «Pero la tecnología ha invadido no sólo la existencia física y la esfera económica-política del ser humano; lo que es aún más peligroso: también ha invadido el reino del más profundo pensamiento filosófico. Muchos filósofos están hoy en día ocupados inventando y apropiando la lógica tecnológica para manejar de forma efectiva los problemas filosóficos y espirituales del ser humano. Esta transformación tecnológica de la filosofía la ha reducido al estatus de mera técnica para la clarificación del uso lingüístico y para la elucidación de las diversas proposiciones encarnadas en las ciencias. Así, la filosofía es degradada a un "hablar sobre el hablar". Peligra perder todo el contacto vital con la existencia, que es la verdadera fuente de toda inspiración creativa y florecimiento cultural (…) La penetración directa en el corazón de la existencia no depende de un aparato lógico, por maravilloso que sea. Depende, por una parte, de la participación amorosa en el ser del mundo y, por otra, de la contemplación desapegada del significado de la vida en el contexto de lo eterno. Aquí es donde la sabiduría de los antiguos sabios, tal y como se encarna en el Vedānta, en el tantra, en el zen, en el taoísmo, etc., tiene una rica contribución que hacer. La sabiduría no es el producto de ningún procedimiento tecnológico. Mora en el corazón de la misma existencia, y brilla cuando los artificiales constructos de la mente humana son dejados a un lado». "Existentialism and Vedānta", PEW, XIII, n° 1, 1962, p. 8.

21.   El saber, para toda doctrina no-dual, no tiene ninguna relación con el conocimiento calculador, predictivo, instrumental, demostrativo, etc., porque nunca es conocimiento de algo ya dado a lo que el conocer se habría de doblegar. Lo conocido no determina ni subyuga al conocer ni al conocedor, porque no es algo diverso de ellos. Al contrario: sólo se realiza este saber en el abandono de toda sujeción objetiva; en un continuo morir a lo conocido que es el morir/renacer del mismo conocedor. Este saber no se posee, se es; y porque no posee, porque deja "las manos" libres, puede estar abierto a todo. No tiene nada que ganar ni que perder; nada que alcanzar, nada que evitar, nada que defender.
«Usted es propenso al conocimiento, yo no. No tengo ese sentido de inseguridad que lo hace a usted ansiar el conocer. Yo soy curioso como un niño es curioso. Pero no hay ansiedad que me haga buscar refugio en el conocimiento. Por lo tanto no es de mi incumbencia si renaceré o cuánto durará el mundo. Éstas son preguntas que nacen del temor.» Nisargadatta, I.A.T., p. 427; Y.s.e., p. 686.

22.   *Vorträge und Aufsätze*, p. 134; *Conferencias y artículos*, p. 117.

23.   «[El pensamiento esencial] alumbra algo en la plenitud de su esencia.» CH, p. 161.

24.   «Aquel que quiere demostrar aquello que sólo se manifiesta en tanto que aparece desde sí a la vez que se oculta, y que lo quiere ver demostrado, éste en modo alguno juzgará según una modalidad superior y rigurosa de saber. Sólo *calcula* con un paradigma, y además con un paradigma inadecuado. Porque a lo que sólo da noticia de sí mismo apareciendo en su auto-ocultamiento, a esto sólo podemos corresponder señalándolo y, con ello, encomendándonos nosotros mismos a dejar aparecer lo que se muestra en su propio estado de des-ocultamiento. Este simple señalar (*Weisen*) es un rasgo fundamental del pensar, el camino hacia lo que, desde siempre y para siempre, *da* que pensar al hombre. Demostrar, es decir, deducir de presupuestos adecuados, se puede demostrar todo. Pero señalar, franquear el advenimiento por medio de una indicación, es algo que sólo puede hacerse con pocas cosas y con estas pocas cosas además raras veces.» Heidegger, *Vorträge und Aufsätze*, p. 134; *Conferencias y artículos*, pp. 117 y 118.

25.   «El pensar dialéctico y el cálculo científico parecen obligar al Ser a ser lo que ellos piensan o calculan. Esto es un postulado de estas dos operaciones de la mente. El pensar racional y más aún el cálculo (también racional) sólo pueden operar mediante la abstracción. Y la abstracción es precisamente esto: abstracción, desgajamiento de aquella parte de la realidad que no se somete al análisis o al cálculo.» R. Panikkar, *La experiencia filosófica de la India*, p. 81.

26.   «La ciencia –sostiene Heidegger– no piensa» [*Vorträge und Aufsätze*, p. 134; *Conferencias y artículos*, p. 117]. Con esta chocante afirmación intenta dar a entender que el verdadero pensar es el que respeta y alumbra el en-sí de cada realidad, mientras que la ciencia no hace esto, sino que se introduce «en cada zona de objetos según el modo de la investigación y de su peculiar forma de instalarse en ella» [*Ibid*]. La ciencia no piensa, pero –continúa Heidegger–, como todo hacer y dejar de hacer del ser humano, está encomendada al pensar y ha de sustentarse jerárquicamente en el pensar; sólo éste último puede dejar ser a la ciencia en su validez relativa y funcional evitando la extrapolación de su lógica instrumental a lo que ha de ser dominio exclusivo del pensamiento esencial.

27.   *Der Satz vom Grund*, p. 71.

28.   HW, p. 247; "La frase de Nietzsche...", p. 221.

29.   UH, p. 72.

30.   *Nietzsche II*, p. 28. Alude Heidegger al misticismo que es la mera contraparte de la metafísica: «Aquél al que huyen quienes, todavía esclavos del pensamiento metafísico, son impresionados por lo oculto de toda revelación y recaen en el desamparo irracional».

31.   Heidegger dirá, aludiendo a la procedencia teológica de su pensamiento: «Sin esta procedencia teológica no hubiera llegado nunca al camino del pensamiento. Pero procedencia también es siempre porvenir». US, p. 91; *Del camino al habla*, p. 88.

32.   J. L. Mehta, "Heidegger and Vedānta: Reflections on a Questionable Theme", *Heidegger and Asian Thought*, pp. 34 y 35.

33.   Cfr. *Nietzsche II*, p. 28.

34.   Respecto a la influencia del pensamiento místico en Heidegger y con rela-

ción a lo que hay de místico en su mismo pensamiento, cfr. la obra de J. D. Caputo: *The Mystical Element in Heidegger's Thought*, en la que el autor resume así en qué consiste ese "elemento místico" del pensamiento de Heidegger: «Consiste en esto: Heidegger se ha apropiado de la relación estructural entre el alma y Dios que se encuentra en el misticismo de Meister Eckhart de cara a articular, en su obra, la relación entre el pensamiento y el Ser» (p. 239). Y en otro punto: «Esta semejanza de Heidegger y el místico, este parentesco entre la superación de la metafísica y el salto místico, es a lo que aludimos cuando hablamos del elemento místico en el pensamiento de Heidegger» (p. 6).

Según Caputo, la cuestión del misticismo de Heidegger no sólo ha de investigarse poniendo su pensamiento en relación con la mística especulativa occidental (y muy en particular con M. Eckhart), sino también ahondando en su relación con Oriente. (Cfr. a este respecto el apartado 9 del capítulo IV de la obra citada: "Heidegger, Eckhart and Zen Buddhism", pp. 203 y ss).

35. *Frühe Schriften*, Vittorio Klostermann, Frankfurt am Main, 1972, p. 352. Cit. por John D. Caputo en *The Mystical Element in Heidegger's Thought*, p. 7

36. «(…) nunca la razón se ha tenido en alta estima en la filosofía de la India; esto no debe interpretarse como un veredicto contra la razón. Más bien debería tomarse como un veredicto contra los valores que la razón genera, a saber, los que cabría denominar valores pragmáticos, que conciernen sólo a las necesidades económicas, políticas y sociales del ser humano. (…) Desde este punto de vista, la diferencia fundamental entre los puntos de vista hindú y occidental se resume en esto: hay una mayor apreciación de los valores pragmáticos en Occidente que en la filosofía hindú.» S. K. Maitra, "Reason in Hindu Philosophy", PEW, XI, n° 3, 1961, pp. 141 y 142.

37. *Hegelian Cosmology*, p. 292. Cit. por Radhakrishnan, *Indian Philosophy II*, p. 519, nota 4.

38. Heidegger, *Estudios sobre Mística medieval*, Siruela, Madrid, 1997, p. 229 (lo añadido entre corchetes es mío). En relación con esta temática, recomendamos la lectura del capítulo de esta obra: "Irracionalidad en el Maestro Eckhart", pp. 228 y ss.

39. «Toda religión va más allá de la razón, pero la razón es la única guía para llegar allí.» Vivekānanda, *Inspired Talks*, pp. 124 y 125. Cit. por T. K. Chari: "On the Dialectical Affinities Between East and West", PEW, III, n° 3, 1953, p. 206.

40. «La función legítima de la mente es decirle a usted lo que no es. Pero si quiere usted un conocimiento positivo debe ir más allá de la mente.» I.A.T., p. 341; Y.s.e., p. 553.

41. Cfr. Nishitani, *Religion and Nothingness*, pp. 114 y 115.

42. «A ese nivel de inmediatez, los sentidos y la mente (*manas* y *buddhi*, intelecto incluido) son transformados en el Yo (*ātman*) o desaparecen en él.» P. T. Raju, "Intuition as a Philophical Method in India", PEW, II, n° 3, 1952, p. 190.

43. Aunque hay excepciones. No es, por ejemplo, el caso del Maestro Eckhart, quien habla de la intuición que proporciona el *intellectus* en estrictos términos no-duales: «Los maestros dicen que dos potencias fluyen desde la parte

suprema del alma. Una se llama voluntad, la otra, entendimento, y la perfección de esas potencias se da en la potencia suprema llamada intelecto: éste no puede descansar nunca. (…) No tiende hacia Dios en cuanto Dios. ¿Por qué? Porque ahí tiene [un] nombre. Y si existiesen mil dioses, el [intelecto] siempre se abriría paso porque lo quiere [encontrar] allí donde no tiene nombre alguno: quiere algo más noble, algo mejor de lo que es Dios en cuanto tiene nombre.

(…) ¡Oh, cuán noble es esa potencia que se halla elevada por encima del tiempo, y que se mantiene sin [tener] lugar!» *Tratados y Sermones*, pp. 494 y 495.

44.   I.A.T., p. 352; Y.s.e., p. 571.
45.   Cfr. *Religion and Nothingness*, p. 163.
46.   *Pláticas con Sri Ramana Maharshi*, p. 130.
47.   Cfr. WD, p. 69; QP, p. 73.
       «La sana razón, tantas veces y tan solícitamente "citada" (…), no es tan sana ni tan natural como suele aparentar. Sobre todo, no es tan absoluta como se presenta, sino que es el producto superficial de aquella manera de representar que caracterizaba finalmente la época de las luces en el siglo XVIII. La sana razón queda amoldada a una determinada concepción de lo que es, debe ser, y se permite que sea.» WD, p. 64; QP, p. 67.
48.   *Las dos manos de Dios*, p. 49. La cursiva es mía.
49.   I.A.T., p. 321; Y.s.e., p. 523:
50.   *Pláticas con Sri Ramana Maharshi*, pp. 136 y 137.
51.   *Sé lo que eres. Las enseñanzas de Ramana Maharshi*, p. 42.
52.   *Tractatus Logico-Philosophicus*, 4.003.
53.   Como la posibilidad del acceso al otro como un tú, del acceso a un Dios que no sea un Dios-objeto, de una relación con la naturaleza que no sea de mero control, explotación y dominio, etc.
54.   Tanto Kant como Nāgārjuna vienen a mostrar cómo la mera razón es incapaz de alcanzar la realidad trascendente, pues cada vez que se intenta pensar discursivamente sobre la realidad en-sí, nos encontramos con que podemos razonar con igual coherencia en dos líneas totalmente contradictorias, lo que evidencia la futilidad de este modo de razonamiento.
55.   I.A.T., p. 370; Y.s.e., p. 599.
56.   *Chuang-Tzu*, c. 26, 6.
       «La gran sabiduría es amplitud. La sabiduría pequeña es discriminación. Las grandes doctrinas son fuego que todo lo devora. Las pequeñas son tiquismiquis de distinciones» (c. 2, 2).
57.   *Metafísica* A 3, 983 a 21.
58.   «Quien al ser preguntado sobre el *Tao* intente responder, ignora lo que es el *Tao*. Por más que quien ha preguntado sobre el *Tao* no pregunta sobre el *Tao* mismo. El *Tao* no puede ser preguntado y no puede ser respondido. Una pregunta que no puede ser preguntada es una pregunta imposible. La respuesta de lo que no puede ser respondido, es respuesta sin contenido. Con respuesta sin contenido se quiere satisfacer una pregunta imposible.» *Chuang-Tzu*, c. 22, 12.
59.   Cfr. Suzuki, *El Budismo zen*, p. 166.

«Un monje preguntó a un maestro zen: "Se supone que todo el mundo tiene la naturaleza búddhica. ¿La he alcanzado yo?". El maestro respondió: "No". Entonces el monje continuó: "Puesto que las Escrituras budistas nos dicen que todo está dotado de la naturaleza de Buddha, ¿cómo es que yo no la tengo? Árboles y rocas, ríos y montañas, todo tiene la naturaleza de Buddha. ¿Por qué no yo?". El maestro respondió: "Gatos, perros, montañas, ríos, todo tiene la naturaleza de Buddha; pero tú no". "¿Por qué no?", preguntó el monje. Y el maestro respondió: "¡Porque preguntas!".» (p. 171).

60. Nisargadatta. Cit. por Ramesh S. Balsekar en *Pointers from Nisargadatta Maharaj*, p. 30.

61. I.A.T., p. 369; Y.s.e., p. 598.
«La realidad no puede ser probada ni desaprobada. Dentro de la mente, no puede; más allá de la mente, no lo necesita. En lo real, la pregunta "¿qué es real?" no se plantea» (p. 94; p. 181).

62. I.A.T., p. 411; Y.s.e., p. 661.

63. Y continúa: «¿No es ésta la razón por la que las personas que tras largas dudas llegan a ver claro el sentido de la vida, no pudieron decir, entonces, en qué consistía tal sentido?» (6.52).

64. Dirá Wittgenstein en este sentido en su *Tractatus*: «Las proposiciones de la lógica son tautologías» (6.1). «Por eso en la lógica tampoco puede haber *nunca* sorpresas» (6.1251). «La demostración de las proposiciones lógicas consiste en que las hacemos surgir a partir de otras proposiciones lógicas mediante la aplicación sucesiva de ciertas operaciones que a partir de las primeras generan tautologías una y otra vez. (Y, ciertamente, de una tautología sólo se siguen tautologías)» (6.126). «En la lógica, proceso y resultado son equivalentes. (Ninguna sorpresa, en consecuencia)» (6.1261). «En la lógica, la demostración no es sino un medio mecánico auxiliar para un reconocimiento más fácil de la tautología cuando ésta es complicada» (6.1262).

65. I.A.T., p. 47; Y.s.e., p. 104.

66. Continúa: «Para esto se requiere la predisposición de escuchar, que nos permite saltar los cercos de las opiniones habituales para llegar al campo libre». WD, p. 48; QP, p. 18.

67. *The First and Last Freedom*; p. 256; *La libertad primera y última*, p. 267.

68. I.A.T., p. 144; Y.s.e., p. 259.
I.A.T., p. 166; Y.s.e., p. 293.
«[La realidad] está en verdad más allá de la mente, pero todo lo que usted puede hacer es conocer bien la mente. No quiero decir que la mente le ayudará, pero conociendo la mente puede evitar que ella lo engañe. Tiene que estar muy alerta (...). Es como vigilar a un ladrón; no espera nada de un ladrón, pero no quiere que le roben. Del mismo modo, preste mucha atención a la mente sin esperar nada de ella» (p. 189; p. 328).

69. *Tractatus Logico-Philosophicus* 4.112 y 6.53.
«Toda filosofía es "crítica lingüística"» (4.031).
La mente «debe delimitar lo pensable y con ello lo impensable. / Debe delimitar desde dentro lo impensable por medio de lo pensable. / Significará lo indecible en la medida en que representa claramente lo decible» (4.114 y 4.115).

70.   Nisargadatta expresa así la radicalidad de este morar del hombre en el Ser: «Usted no necesita ni puede llegar a ser lo que ya es (…) El Ser está cerca y el camino a él es fácil. Todo lo que necesita hacer es no hacer nada» (I.A.T., p. 236; Y.s.e., p.397). «Encuentre lo que nunca perdió, encuentre lo inalienable» (p. 96; p. 185). «Nada fue dividido y nada hay que unir» (p. 143; p. 258). La misma idea es insistentemente apuntada por Heidegger: «Parece como si ahora cayésemos en el peligro de dirigir nuestro pensar con demasiada despreocupación hacia algo general muy distante, mientras que lo que se nos dice con aquello que quiere nombrar la palabra *Er-eignis*, es sólo lo más próximo de aquella proximidad en la que ya estamos» (ID, p. 88). «El Ser es más amplio y lejano que todo ente y, sin embargo, más cercano al hombre que cualquier ente (…) El ser es lo más cercano.» UH, p. 76; CH, p. 185.

71.   *Tratados y Sermones*, p. 399.

72.   *Enseñanzas zen*, p. 69.

73.   «*Brahma jñāna* no es una cosa externa que está en un lugar donde puedas ir a cogerlo, y por tanto no puedo decir que la alcanzarás en poco tiempo o que tardarás mucho en conseguirla. Está siempre contigo. ¡Tú eres eso!» Ramana Maharshi, *Día a día con Bhagavān*, p. 21.

74.   I.A.T., p. 196; Y.s.e., p. 337.

75.   *Enseñanzas zen*, p. 71.

76.   «El que entiende que el Supremo está separado de sí, puede meditar sobre *Brahman*. Mas el sabio que ha trascendido los pensamientos, ¿sobre qué puede meditar al no ver la dualidad?» (*Cantar de Aṣṭāvakra* XVIII, 16). «Los hombres de entendimiento torcido meditan en el Yo siempre puro, sin segundo, mas lo perciben a través de la ilusión [al modo dual], por lo cual no encuentran paz en toda su vida» (XVIII 43). «¿Dónde está la virtud, (…) dónde la sabiduría y la idea de la realización o no-realización para el (…) que libre se halla de todo sentimiento de dualidad?» (XVIII, 12). «Esto es la esclavitud: la mente que se apega a la condición que fuere [incluso a la de *samādhi*]. Ésta es la liberación: la mente que no se apega a ninguna condición, sea la que fuere» (VIII, 3).

77.   *Amṛtanubhava* VII,16.

78.   El budismo zen quizá sea la doctrina no-dual que de modo más directo enfatiza la unidad entre lo Absoluto y cualquier estado en el que nos encontremos en el momento presente. Considera, de hecho, que "la budeidad" (*būddhata*) es la cualidad de estar plena y totalmente presente aquí y ahora: «El maestro Tozan estaba pesando lino en la despensa. Un monje se acercó a él y le preguntó: "¿Qué es Buda?" Tozan dijo: "Este lino pesa cinco libras"». «En los días estivales, todos utilizaremos el abanico. Al llegar el invierno se apila el carbón junto al hogar. Cuando conoces bien lo que esto significa, tu ignorancia, acumulada a lo largo de innumerables *kalpas*, desaparece» (Cit. por Suzuki en *El budismo zen*, p. 80).

79.   «P: ¿Por qué nací? M: ¿Quién nació? La respuesta es la misma para todas sus preguntas?» *Pláticas con Sri Ramana Maharshi*, p. 78. «P: (…) ¿Cómo permanezco ignorante de Ello [lo Absoluto]?

M: ¿Para quién existe esta ignorancia? ¿Lo Absoluto le dice a usted que está velado? Es el *jīva* quien dice que algo vela a lo Absoluto. Averigüe para quién existe la ignorancia» (p. 137).

80. I.A.T., p. 371; Y.s.e., p. 600.

81. ID, p. 127.

82. Heidegger, US, p. 95; *De camino al Habla*, p. 92.

83. Un modelo operativo describe el funcionamiento de un sistema. Una teoría explicativa proporciona un intento de explicación o interpretación de la pregunta: por qué este sistema funciona así.

84. Krishnamurti. Cit. por Pupul Jayakar en *Krishnamurti. A Biography*, Arkana (Penguin Books), Londres, 1996, pp. 399 y 400; *Krishnamurti. Biografía*, Editorial Sirio, Málaga, 1986, pp. 694 y 695.

85. T.S. Eliot habla del escepticismo como de la fuente de la más alta fe; describió en este sentido la etiología de la conversión religiosa como «simplemente la eliminación de cualquier razón para creer en nada, la erradicación del prejuicio, la llegada del escepticismo que es el prefacio de la conversión». Y escribirá en un artículo, aludiendo al libro del reputado escéptico Bertrand Russell, *What I believe*: «Cuando leo atentamente el pequeño libro de Mr. Russell *What I believe*, me sorprendo de la capacidad de creer de Mr. Russell (…) San Agustín no creyó más» (p. 120). Cit. por Jeffrey M. Pearl y Adrew P. Tuch: "The hidden advantage of tradition: On the significance of Eliot's Indic studies", PEW, XXXV, nº 2, 1985.

86. UH, p. 65; CH, p. 173.

87. *Einleitung zu "Was ist Metaphysik?"*, p. 9.

88. I.A.T., p. 70; Y.s.e., pp. 142 y 143.

89. «El problema de la alienación del ser humano con respecto de la existencia en direcciones diversas (…) es el estimulante punto de partida del moderno movimiento existencialista en filosofía. Este problema, ciertamente, ha asumido proporciones temibles en los tiempos modernos como resultado de las revoluciones industrial, política y tecnológica que han tenido lugar. Pero éste es un problema esencialmente co-extensivo con la historia del ser humano. Es el problema que el Vedānta denomina ignorancia metafísica (*avidyā*, nesciencia). Consiste en la ignorancia del ser humano de la verdadera naturaleza de su propia yo y de su relación con el Ser (*Brahman*). (…) Alienado de su verdadera naturaleza, desarrolla una conciencia aislada y egocéntrica (*aham*). Se establece como una entidad auto-clausurada, una suerte de átomo espiritual, separado del Ser, separado del mundo exterior, y separado del resto de la humanidad. Así, por la fuerza de su propia ignorancia, ha creado una prisión para sí mismo, condenándose a vivir en un mundo propio, desconectado de las más amplias corrientes de la vida universal.» Haridas Chaudhuri, "Existentialism and Vedānta", PEW, XIII, nº 1, 1996, pp. 8 y 9.

90. «El Sol brilla sin cesar; sin embargo, cuando hay una nube o niebla entre nosotros y el Sol, no percibimos el brillo. Igualmente, cuando la vista está enferma en sí misma, o achacosa o nublada, el brillo no le resulta perceptible (…). Cuando un maestro hace una imagen de madera o de piedra, no hace que la imagen entre en la madera, sino que va sacando las astillas que tenían escondida y encubierta la imagen; no le añade nada a la madera sino

que le quita y expurga la cobertura y le saca el moho, y entonces resplandece lo que yacía escondido debajo (…) Cuando el alma humana se eleva por completo hacia la eternidad, hacia Dios solo, resplandece y brilla la imagen de Dios; pero cuando el alma se torna hacia fuera aunque sea para el ejercicio exterior de la virtud, esta imagen se encubre del todo.» *Tratados y Sermones*, p. 225.

91.   I.A.T., p. 197; Y.s.e., p. 339.

92.   *Tratados y Sermones*, p. 240.

93.   I.A.T., p 71; Y.s.e., p. 145.

94.   «Dicen los maestros que la naturaleza humana nada tiene que ver con el tiempo y que es completamente intangible y le resulta mucho más entrañable y cercana al hombre que lo que él es para sí mismo.» Eckhart, *Tratados y Sermones*, p. 480.

95.   I.A.T., p. 121; Y.s.e., p. 225.

96.   «El *jñānin* no puede ser conocido, porque no hay nadie a quien conocer. Cuando hay una persona, puede decirse algo a su respecto, pero cuando no hay auto-identificación con lo particular, ¿qué puede decirse? Puede decir cualquier cosa de un *jñānin*, pero su respuesta siempre será: "¿de quién está usted hablando? No hay tal persona". Del mismo modo que no puede decir nada sobre el universo, puesto que lo incluye todo [también al sujeto conocedor], nada puede decirse de un *jñānin*, puesto que es todo y a la vez nada en particular. (…) Para situar una cosa necesita espacio, para situar un suceso necesita tiempo; pero lo intemporal y lo ilimitado desafían todo manejo. Hacen que todo sea perceptible, sin embargo ellos mismos están más allá de la percepción.» Nisargadatta, I.A.T., p. 361, Y.s.e., p. 585.

97.   I.A.T., p. 90; Y.s.e., pp. 174 y 175.

98.   *Tratados y Sermones*, p. 510.

99.   *Tratados y Sermones*, p. 596.

10.   *Tratados y Sermones*, p. 59.

101.   *Tratados y Sermones*, p. 601.

102.   WM, p. 35; QM, p. 51.

103.   *Religion and Nothingness*, p. 55.

104.   En su conferencia/ensayo "Die Frage nach der Technik" ("La esencia de la técnica"), sostendrá Heidegger hablando de la esencia de la libertad: «La esencia de la libertad no está *originariamente* ordenada ni a la voluntad, ni tan siquiera a la causalidad del querer humano.
La libertad administra lo libre en el sentido de lo despejado, es decir de lo que ha salido de lo oculto. El acontecimiento del hacer salir lo oculto, es decir, de la verdad, es aquello con lo que la libertad está emparentada de un modo más cercano e íntimo. (…) Todo hacer salir lo oculto viene de lo libre, va a lo libre y lleva a lo libre. La libertad de lo libre no consiste ni en la desvinculación propia de la arbitrariedad ni en la vinculación debida a meras leyes. La libertad es lo que oculta despejando, y en su despejamiento ondea aquel velo que vela lo esenciante de toda verdad y hace aparecer el velo como lo que vela. La libertad es la región del sino, que pone siempre en camino a un desocultamiento». *Vorträge und Aufsätze*, pp. 32 y 33; *Conferencias y artículos*, p. 27.

105. Continúa: «Y no es que el hombre sea primero hombre y luego, además, y tal vez de un modo ocasional, sea uno que muestra, sino que arrastrado a lo que se retira, en la línea que lleva hacia éste y, con ello, mostrando en dirección a la retirada, es ante todo como el ser humano es ser humano». *Vorträge und Aufsätze*, pp. 135 y 136; *Conferencias y artículos*, p. 119.

106. Nishitani explica la diferencia entre la trascendencia concebida en términos dualistas y la realización de la no-dualidad con la siguiente imagen: desde la horizontal de la tierra, para el punto de vista ptolemaico, el más allá platónico o cristiano se alcanza en un movimiento vertical que abarca un ángulo de 90 grados. Pero desde el espacio cósmico (lo que Nishitani denomina el punto de vista del Vacío) cielo y tierra se nivelan; este punto de vista se alcanza en una vuelta de 180 grados en la que ya no hay más allá ni más acá y dejan de tener sentido tales referencia opuestas. Cfr. *Religion and Nothingness*, pp. 104 y105.

107. «¿De quién tener miedo? No existe separación, no somos seres separados. Sólo existe un ser, la Realidad Suprema, en la cual lo impersonal y lo personal son uno.» Nisargadatta, I.A.T., p. 86; Y.s.e., p. 169.

108. 5, 7.

109. «(…) el principio central es que la humana auto-conciencia no es una substancia ni una cosa sino una actividad, una actividad de auto-expresión, cuyo fin es alcanzar lo Ilimitado; no sumergirse en él en un estado indistinción, sino vivir de tal modo que se esté enraizado en lo Ilimitado mientras se le da expresión en lo determinado o finito. El falso sentido del yo consiste en apegarse a lo determinado, a lo condicionado, como si fuera lo último. El reino de lo determinado, sin embargo, no ha de ser despreciado como una ilusión, sino situado en su adecuada perspectiva como radicalmente dependiente. Así, el yo que ha crecido hasta alcanzar su auténtica madurez espiritual comparte, a la vez, dos niveles de ser: infinito e incondicionado en su raíz, y al mismo tiempo dependiente y condicionado en su expresión fenoménica. Es una relación viva y dinámica de arraigamiento de lo condicionado en lo incondicionado.» W. Norris Clarke, S. J., Beatrice Burkel (resumiendo la intervención del Prof. Ramanan) en "The Self in Eastern and Western Thought: The Wooster Conference", *International Philosophical Quarterly*, VI, n° 1, 1966, p. 164.

110. Nos remitimos a lo ya dicho sobre esta noción en la exposición independiente del Advaita.

111. *Pláticas con Sri Ramana Maharshi*, p. 609.
        «(…) la cruz de todos los sistemas de filosofía es ésta: que los órganos de los sentidos y los procesos neurológicos del cuerpo, que acontecen en el espacio y el tiempo, parecen producir conciencia. Ciertamente la no-conciencia no puede ser causa de la conciencia (…) Pero esta conciencia, que es la causa de lo no-consciente, no es la conciencia finita sino la Conciencia última (…) Debemos admitir pues una última Conciencia de la cual la finita es sólo un fragmento. La Conciencia fundamental que es la base de la realidad, no ha de ser confundida con la conciencia humana que aparece más bien tarde en la evolución cósmica.» Radhakrishnan, *Indian Philosophy II*, p. 482.

112. *Pláticas con Sri Ramana Maharshi*, p. 312.

113.   239.
114.   *Karikā Māṇḍūkya*, III.33 y III.34.
115.   I.A.T., p. 175; Y.s.e., p. 307. La cursiva es mía.
116.   BSBh II.iii.18.
117.   I.A.T., p. 333; Y.s.e., p. 541.
118.   *Indian Philosophy II*, pp. 458 y 459.
119.   *Karikā Māṇḍūkya*, III, 35 y 36.
120.   *Pláticas con Sri Ramana Maharshi*, p. 311.
121.   *Pláticas con Sri Ramana Maharshi*, p. 428.
122.   I.A.T., p. 331, Y.s.e., p. 537.
123.   I.A.T., p. 333; Y.s.e., p. 540.
124.   I.A.T., p. 331; Y.s.e., p. 537.
125.   I.A.T., pp. 340 y 341; Y.s.e., p. 553.
126.   *Karikā Māṇḍūkya*, IV, 81.
127.   BU IV, 3, 6; *Kauṣītakī Upaniṣad* II, 5, 15.
128.   ChU III, 13, 7.
129.   KathU V, 15. «Es la luz de la luz; cuando brilla, el Sol no brilla, ni la luna, ni las estrellas, ni los relámpagos; aún menos el fuego. Cuando *Brahman* brilla, todo brilla con él: su luz ilumina el mundo.» MunU II, 2, 9-10.
130.   *Introducción a la Filosofía vedānta*, p. 86.
131.   I.A.T., p. 381; Y.s.e., p. 616.
En palabras de Bina Gupta (*Perceiving in Advaita Vedānta*): «(…) ningún objeto es cognoscible sin la manifestación de la conciencia subyacente a él. Los objetos, ya lo sean de la percepción externa o interna, no tienen luz propia» (p. 47). «Que un objeto llegue a ser visible implica la condición de visibilidad de la luz asociada con el objeto: el objeto emergiendo de la mortaja de su oscuridad. Así, la manifestación de un objeto significa la manifestación de la conciencia que le subyace» (p. 48). «Las cosas se manifiestan en el universo a través de la luz de la conciencia, porque todo brilla a través de su irradiación. Es a través de su luz como el sujeto conoce el objeto y el objeto llega a ser conocido por el sujeto. El sujeto conocedor e igualmente el objeto son manifestados a través de su esplendor. Donde no hay conciencia no hay manifestación de ningún tipo» (p. 44). «Cuando es iluminada por la luz de la conciencia, la luz exterior desvela las cosas y los objetos. Es la luz de la conciencia, brillando dentro de los seres sensibles, la que ilumina las cosas, incluyendo la luz misma tal y como se aproxima a ellos a través del vehículo de los órganos de los sentidos. Esta conciencia auto-refulgente y omnipresente es la luz de todas las luces» (p. 45).
132.   BSBh I.3.22.
133.   *Pláticas con Sri Ramana Maharshi*, p. 608.
134.   García Bazán, *Neoplatonismo y Vedānta*, p. 161.
135.   I.A.T., pp. 392 y 393; Y.s.e., p. 632.
136.   I.A.T., p. 379; Y.s.e., p. 613.
137.   I.A.T., p. 327; Y.s.e., p. 532.
«Antes de que pienses, tú eres. En el espacio, todos los movimientos tienen lugar; para que haya cualquier apariencia o movimiento, el espacio debe estar ahí.» Nisargadatta, *Prior to Consciousness*, p. 131.

«Cuando llegas a ser uno con la Conciencia, llegas a ser uno con el espacio.» *Ibid*, p. 91.

138. I.A.T., p. 34; Y.s.e., p. 84. La cursiva es mía.
139. I.A.T., p. 381; Y.s.e., p. 615.
140. "El final...", p. 101.
141. "Das Ende...", p. 76; "El final...", p. 114.
142. "Das Ende...", p. 73; "El final...", p. 110.
143. "Das Ende...", p. 72; "El final...", p. 109.
144. El Advaita, de hecho, utiliza la metáfora de la luz en ambos sentidos: «(...) la luz blanca del Ser (...) trasciende la luz y la oscuridad. En ella ningún objeto puede ser visto, pues en esa luz no hay perceptor ni objeto percibido. Después se cierne la oscuridad total de *avidyā*, en la que tampoco puede verse objeto alguno. Pero de aquella primera luz del Ser procede una luz reflejada, la luz de *manas*, que es la luz que permite ver esa película que conocemos como mundo, que ni puede verse con la luz total ni en la oscuridad absoluta, sino solamente con esa luz tenue o reflejada de la que ahora estamos hablando». Ramana Maharshi, *Día a día con Bhagavān*, p. 16.
145. "Das Ende...", p. 74; "El final...", pp. 111 y 112.
146. "Das Ende...", p. 74; "El final...", p. 111.
147. HW, pp. 41 y 42; *El origen de la obra de arte*, p. 86.
148. *Erläuterungen...*, pp. 56 y 57; *Interpretaciones...*, pp. 78 y 79.
149. *Erläuterungen...*, p. 59; *Interpretaciones...*, p. 81.
150. "Das Ende...", p. 73; "El final...", p. 110.
151. G, p. 41; S, p. 48.
152. WD, p. 47; QP, p. 107.
153. HW, pp. 41 y 42; *El origen de la obra de arte*, p. 86.
154. "Das Ende...", p. 74; "El final...", p. 111.
155. *Erläuterungen...*, p. 60; *Interpretaciones...*, p. 82.
156. G, p. 38; S, p. 45.
157. S, p. 30.
158. *Erläuterungen...*, pp. 62 y 63; *Interpretaciones...*, p. 84. La cursiva es mía.
159. *La experiencia filosófica de la India*, pp. 63 y 64.
160. *La experiencia filosófica de la India*, pp. 20 y 21.
161. «Campos de conciencia son, en rigor, *modos del Ser* (no de los entes) que precisamente la actividad filosófica co-crea»; [son] "*ontofanías* y no conceptos". *La experiencia filosófica de la India*, pp. 20, 21 y 65.
162. En concreto, relativos a *vijñānamaya kośa* o envoltura de conocimiento supramental (tercera vestidura de *Linga śarīra* o cuerpo sutil) y a *ānandamaya kośa* o envoltura de beatitud (correspondiente a *kāraṇa śarīra* o cuerpo causal).
163. Si, en cambio, la verdad es la descripción fidedigna de un campo ontológico, no tendrá por qué ser una constatación objetiva y constante, pero tampoco una simple veracidad meramente subjetiva: será la adecuación propia a un estado que trasciende la dicotomía epistemológica objeto-sujeto. La verdad será la transparencia constitutiva de cada campo ontológico. Entonces la tolerancia es natural y no una traición (...) El juego con conceptos es muy útil para el "pensar" abstracto, esto es, para aquel que se ha separado de la

experiencia, pero es muy limitado para establecer nuestra comunión con la realidad.» *La experiencia filosófica de la India*, p. 20.

164.   Ibid, p. 67.

165.   Ibid, p. 66.

166.   «(...) la realidad no es vista como un escenario para el espectador humano y, por lo tanto, el conocimiento tampoco puede reducirse a epistemología. El conocimiento no es conquista; el conocimiento es crecimiento –por identificación–. La conciencia no es un estado de la conciencia. Por eso afirmará el *Vedānta*, contra Husserl, que toda conciencia no es necesariamente "conciencia de". De aquí que la conciencia pura no sea de nada, ni siquiera de sí misma. *Brahman* no es consciente de serlo. *Īśvara* es su conciencia. *Turīya* es inaccesible a la conciencia directa, pero es un campo, una dimensión de la realidad. Estas dimensiones de la realidad son anteriores a la escisión entre un objeto (conocido) y un sujeto (cognoscente).» *La experiencia filosófica de la India*, p. 64.

167.   «Los gramáticos sánscritos (...) explican el término *satya* así: *sate hitaṃ yat*. (...) *Satya,* por tanto, y dando una interpretación fuerte a la influencia semántica del sufijo derivacional [*ya*], es "lo que permanece en relación a, o tiene afinidad con, el ser". Leído más débilmente significa simplemente "lo que tiene ser".» Matthew Kapstein, "The trouble with truth: Heidegger on *Alétheia*, Buddhist thinker on *satya*". *Journal of Indian Council of Philosophical Research*, IX, n° 2, 1992, pp. 74 y 75.

168.   *La experiencia filosófica de la India*, p. 58.

169.   WD, p. 16; QP, p. 44.

170.   "Das Ende...", p. 76; "El final...", p. 114.

171.   "Das Ende...", p. 77; "El final...", p. 115.

172.   I.A.T., pp. 368, 369 y 370; Y.s.e., pp. 597, 598 y 599.

173.   I.A.T., p. 371; Y.s.e., p. 600.

174.   Esta dialéctica entre ocultamiento y manifestación está presente en toda enseñanza gnóstica. Citemos, a modo de ejemplo, el siguiente extracto de la obra del gnóstico sufí Jami, *Destellos de Luz*: «El Ser real, en tanto que Ser, está por encima de nombres y atributos y exento de toda condición y relación. Atribuirle estos nombres sólo es sostenible en referencia a Su aspecto hacia el mundo de los fenómenos. En la primera manifestación en que Se reveló a Sí Mismo, de Sí Mismo hacia Sí Mismo, se realizaron los atributos de Conocimiento, Luz, Existencia y Presencia.

El Conocimiento implicaba el poder de conocer y el de ser conocido. La Luz comprendía el de manifestarse y el de ser manifiesto. Existencia y Presencia conllevan el de causar la existencia y ser existente, así como el de contemplar y ser contemplado. De este modo, la manifestación que es una característica de la Luz va precedida por la ocultación; y la ocultación, por su propia naturaleza antecede y tiene prioridad sobre la manifestación; por ello, lo oculto y lo manifiesto se cuentan como primero y segundo.

De la misma manera sucede en el caso de la segunda y tercera manifestaciones, etcétera; mientras le complazca continuarlas, tales manifestaciones y relaciones se van redoblando. Cuanto más se multiplican, más completa es Su manifestación o, más bien, Su ocultación. Gloria al que se Esconde tras las manifestacio-

nes de Su Luz y se manifiesta extendiendo un velo sobre su rostro. Su ocultación es en consideración a Su Ser puro y absoluto, mientras que Su manifestación es en atención a la exhibición de los fenómenos del mundo». Jami, *Destellos de luz*, Ediciones Sufí, Madrid, 1993, Destello XVI, pp.122 y 123.

175.   I.A.T., p. 66; Y.s.e., p. 136.

«Lo interior [supraobjetivo] es la fuente de inspiración; lo exterior [objetivo]
está movido por la memoria. La fuente no es localizable, mientras que la
memoria comienza en alguna parte. Así lo exterior siempre está determinado, mientras que lo interior no puede encerrarse en palabras. El error de los
estudiantes consiste en imaginar lo interior como algo que se puede adquirir,
olvidando que todo lo que puede percibirse es transitorio y por lo tanto ilusorio [relativamente real]. Sólo aquello que hace posible la percepción,
llámelo Vida o *Brahman* o lo que quiera, es [absolutamente] real.» Nisargadatta, I.A.T., p. 75; Y.s.e., p. 150.

176.   Heidegger distingue tres modos del aparecer: 1) el aparecer como esplendor
e iluminación (*den Schein als Glanz und Leuchten*); 2) el parecer y el aparecer como apariencia, como el parecer-externo (*den Schein und das Scheinen
als Erscheinen, den Vor-schein, zu dem etwas kommt*), y 3) el aparecer como
mero parecer, el aparentar algo (*den Schein als blossen Schein, den Anschein, den etwas macht*). Cfr. Heidegger, EM, p.76; IM, p. 140.

177.   Lejos de ser así, asegura S. Raj Gupta: «Cuando, siguiendo a Śaṅkara, un es-
tudiante analiza las afirmaciones upanisádicas acerca de la realidad, encuentra que se contradicen entre sí, que cuando proclaman algo acerca de la realidad, seguidamente lo niegan, que las afirmaciones upanisádicas también
son, en un análisis final, falsa fabricaciones y que las mismas *Upaniṣad* se
reconocen como falsas fabricaciones» (pp. x-xi). La palabra védica de las
Upaniṣad (*truth*) resulta ser, a su vez, no-verdad (*untruth*) o, en otras palabras, es a la vez revelación y ocultación de la verdad: «El propósito de esta
defensa upanisádica de lo no-verdadero y su consiguiente desconocimiento
es convertir al devoto de la verdad en un devoto de la no verdad (the Vedic
word), hacer que el peregrino encuentre su destino en el viaje mismo, capa-
citarle para encontrar en *māyā* a *Brahman*». «Sin la auto-negación no puede
haber genuina negación del mundo y la auto-negación implica sumisión propia a lo que el pensamiento denomina *māyā*. Es la auto-sumisión lo que convierte a *māyā* en *Brahman*.» *The Word Speaks to the Faustian Man I*, p. 315.

178.   *Semillas de conciencia*, p. 98.

179.   *Neoplatonismo y Vedānta*, p. 146.

180.   *Neoplatonismo y Vedānta*, p. 151. Cfr. pp. 151, 154 y155.

181.   «(…) el hecho de que todavía no pensemos [esencialmente], en modo alguno se debe solamente a que el ser humano aún no se dirige de un modo suficiente a aquello que, desde sí mismo, quisiera que se tomara en consideración. El hecho de que todavía no pensemos proviene más bien de que esto
que está por pensar le da la espalda al hombre; incluso más, de que hace ya
tiempo que le está dando la espalda.» Heidegger, *Vorträge und Aufsätze*, p.
132; *Conferencias y artículos*, p. 116.

182.   Cfr. Heidegger, "Platons Lehre von der Wahrheit" ("Doctrina de la verdad
según Platón").

183.   *Tratados y Sermones,* p. 607.

184.   Es explicable que se calificaran de heréticas tantas afirmaciones no-duales del Maestro Eckhart, quien invitaba a reflexionar sobre la cita del Salmo 81, 6: «He dicho que sois dioses» (Cfr. *Tratados y Sermones,* 299).

185.   En palabras de Zubiri: «No se trata tampoco de una experiencia de Dios. En realidad no hay experiencia de Dios, por razones más hondas, por aquéllas por las que tampoco puede hablarse propiamente de una experiencia de la realidad. Hay experiencia de las cosas reales; pero la realidad misma no es objeto de una o de muchas experiencias. Es algo más: la realidad, en cierto modo, se es; se es, en la medida en que ser es estar abierto a las cosas. Tampoco hay propiamente experiencia de Dios, como si fuera una cosa, un hecho o algo semejante. Es algo más. La existencia humana es una existencia religada y fundamentada. La posesión de la existencia no es experiencia en ningún sentido, y, por tanto, tampoco lo es Dios». *Naturaleza, Historia y Dios,* Alianza, Madrid, 1987⁹, p. 435.

186.   *Peregrino Querubínico,* I, 10.

187.   *Tratados y Sermones,* p. 395.

188.   *Tratados y Sermones,* p. 606.

189.   *Tratados y Sermones,* p. 399.

190.   *Tratados y Sermones,* p. 610.

191.   I.A.T., p. 417; Y.s.e., pp. 671 y 672.

192.   *Indian Philosophy II,* p. 527.

193.   UH, pp. 102 y 103; CH, pp. 213 y 214.

194.   I.A.T., p. 44; Y.s.e., p. 99.

195.   «Defecto significa carencia de ser. Toda nuestra vida debería ser "ser". En la medida en que nuestra vida es ser, en esa medida es en Dios.» *Meister Eckhart,* Vol. I, trad. de B. Evans, John M. Watkins, Londres, 1952, p. 206.

196.   *Pláticas con Sri Ramana Maharshi,* p. 78.

197.   *Tratados y Sermones,* p. 95.

198.   *Pláticas con Sri Ramana Maharshi,* p. 129.

199.   «Lo que se retira, rehúsa el advenimiento. Pero... retirarse no es lo mismo que nada. Retirada es aquí reserva y como tal... acaecimiento propio. Lo que se retira puede concernirle al hombre de un modo más esencial y puede interpelarlo de un modo más íntimo que cualquier presente que lo alcance y afecte. (...) lo que concierne [al hombre] le concierne de un modo ciertamente enigmático: el de concernirle escapándosele al retirarse. La retirada, el retirarse de lo que está por-pensar, podría, por esto, como acontecimiento propio, ser ahora más presente que todo lo actual.» Heidegger, *Vorträge und Aufsätze,* p. 134; *Conferencias y artículos,* p. 118.

200.   «La penuria ha llegado a tal extremo que ni siquiera es capaz esta época de sentir la ausencia de Dios como una ausencia.» HW, p. 248; "¿Para qué ser poeta?", p. 222.

201.   HW, p. 250; "¿Para qué ser poeta?", pp. 223 y 224.

202.   H. Mujica, *La palabra inicial,* p. 107.

203.   "Hölderlin y la esencia de la poesía", p. 147.

204.   HW, p. 91.

205.   *Peregrino Querubínico,* I, 68.

«Dios es en mí el Fuego, y yo en Él la claridad: ¿no estamos muy íntimamente unidos?» (I, 11).

206.   Seminar in Le Thor (1969)", *Vier Seminare*, p. 104.
207.   ID, pp. 87y 89.
208.   *Religion and Nothingness*, p. 68.
209.   *Religion and Nothingness*, p. 68.
210.   Y continúa: «*Brahman* es *sat* (Ser), el fundamento de todo lo que es, incluyendo mi propio ser, que es de la naturaleza de lo absoluto, puro *cit* (conciencia, de la cual "el conocimiento" es en sí mismo un modo derivado), y potencialmente capaz de elevarse sobre toda otreidad y, por lo tanto, pura bienaventuranza. (…) Podemos, si queremos –como hace la metafísica–, considerar las cosas (incluido mi yo) única y exclusivamente bajo el aspecto de su ser (*is-ness*), considerando sólo el hecho de que son. Pero esto resultaría algo semejante a la "visión única de Blake y el sueño de Newton". Pues ningún ser, el simple hecho de ser (*is-ness*), excluye el hecho de ser iluminado, de iluminar, de ser reunido en una unidad con aquello que ilumina y con el lugar en el que dicha iluminación ocurre –en mí, que soy en esencia (como *ātman*) simplemente esta iluminación misma idéntica con esa eseidad (*is-ness*). Así considerado, sin embargo, el hecho de ser (*is-ness, being*) llega a ser un aspecto, aunque integral y esencial, de algo más "comprehensivo", pensable separadamente y por sí mismo, incluso como aspecto, sólo por una abstracción ilegítima. *Brahman*, por tanto, está más allá del Ser y del No-ser; "no se puede hablar de él ni como ser ni como no ser", como afirma la *Bhagavad Gītā*». "Heidegger and Vedānta: Reflections on a Questionable Theme", *Heidegger and Asian Thought*, pp. 32 y 33.
211.   *Ibid*, pp. 32, 33 y 34.
212.   *Ibid*, p. 34.
213.   I.A.T., p. 340; Y.s.e., p. 552.
214.   US, p. 247; *De camino al habla*, p. 233.
215.   US, p. 230; *De camino al habla*, p. 218.
216.   ID, p. 105.
       Muchos de los interpretes de Heidegger han visto, erradamente, en su afirmación de la unidad del Ser, de la Mismidad de todo en el *Ereignis*, una negación o depreciación de la diversidad y de la pluralidad: «(…) Gianni Vattimo busca una compensación [de la melancolía provocada por la disgregación de los grandes discursos metafísicos] en el cultivo de las diferencias individuales de los entes, frente a la unidad mítico-teológica del Ser heideggeriano. Sostiene que, al retirarse el individuo de la Historia, se afirma en su verdad única y solitaria, y que cada sujeto es un absoluto en sí mismo. De esta forma restablece un pluralismo que la unidad absoluta del Ser o de la Historia absorbente impedía vivir». Carlos Gurméndez, *La melancolía*, Espasa Calpe, Madrid, 1990, p. 52.
217.   Cfr. Mircea Eliade, *Techniques du yoga*, Gallimard, París, 1944.
218.   Pensar y Ser, insiste Heidegger, tienen su lugar en lo Mismo (*das Selbe*). Cfr. ID, p. 69.
219.   *Vorträge und Aufsätze*, p. 134; *Conferencias y artículos*, pp. 117 y 118.
220.   *Tratados y Sermones*, p. 401.
221.   ID, p. 137.

222.   «El Uno (Plotino: *to hen*) es el último fin de una internalización jerárquica omniabarcadora. Esta trascendencia, sin embargo, es la identidad absoluta donde todas las diferencias desaparecen. No es aún la verdadera identidad que, como dijimos anteriormente, no es distinta de la diferencia. No es la verdadera unidad que no es distinta de la dualidad. La verdadera unidad demanda la ruptura del vasto Círculo centrado alrededor del Uno. El Uno sin diferencias, abstraído como el Uno, aunque *pensado más allá del ser*, está ya representado objetivamente como Ser; aunque más allá del ser, es *"algo" más allá del ser*. La Ontología, tanto como la epistemología, debe en general ser derribada. La lógica en general debe ser derribada. La metafísica en general debe ser derribada. El verdadero Uno es transmetafísico; y aquí no hay jerarquía de valor y de ser.
(…) Eso que rechaza toda objetivación ni siquiera puede ser denominado el "Uno". (…) eso que está más allá tanto de la representación del ser como del no-ser es la verdadera nada. Eso que de ningún modo puede ser objetivado es esta "nada". En el espacio de la nada (…) las cosas diversas se presentan, pero no son ya más re-presentadas. La nada inobjetivable y el fenómeno de las cosas diversas son transmetafísicamente uno.» Keiji Nishitani, "Ontology and Utterance", PEW, XXXI, n° 1, 1981, pp. 39 y 40.

223.   «Al decir "el Ser" estamos utilizando la palabra en la generalidad más amplia e imprecisa. Pero ya sólo con hablar de una generalidad hemos pensado el Ser de modo inadecuado, hemos representado el Ser de una manera en que Él, el Ser, nunca se da. La forma de comportarse del asunto del pensar del Ser sigue siendo un estado de cosas único en su género que, en principio, nuestro usual modo de pensar nunca podrá aclarar suficientemente.
(…) Hegel cita en cierta ocasión el caso siguiente para caracterizar la generalidad de lo general: alguien desea comprar fruta en una tienda. Pide fruta. Le ofrecen manzanas, peras, melocotones, cerezas y uvas. Pero el comprador rechaza lo ofrecido. Quiere fruta a toda costa. Pero ocurre que, aunque lo que le ofrecen es fruta en cada caso, se hará manifiesto que, sin embargo, no hay fruta que comprar.
Aún resulta infinitamente más imposible representar "al Ser" como aquello general que corresponde a cada ente. Sólo hay ser cuando lleva en cada caso la marca que le ha sido destinada: φύσις, Λόγος, Ἕν, ἰδέα, ἐνέργεια, substancialidad, objetividad, subjetividad, voluntad,
voluntad de poder, voluntad de voluntad. Pero lo destinado no existe de modo clasificable como las manzanas, peras y melocotones, como algo dispuesto en el mostrador de las representaciones históricas.» Heidegger, ID, p. 143. Cfr. también en relación con esta temática: *Nietzsche II*, pp. 470 y 471.

224.   ID, p. 127.
225.   ID, p. 135.
226.   *Pláticas con Ramana Maharshi*, p. 312.
227.   Lo dicho no ha de ser comprendido en términos dialécticos, pues no hay propiamente una negación del "principio de contradicción", ya que éste sigue siendo válido en el único ámbito en el que tiene sentido: en el de la diferencia en cuanto tal. Lo único que se afirma es que la diferencia no es lo último, pues se sostiene y tiene su en-sí en la Mismidad, en la no-dualidad.

Nick Gier, en su artículo "Dialectic East and West" (*Indian Philosophical Quarterly*, X, nº 2, 1983), distingue entre dos tipos de dialécticas: (1) las dialécticas del "ambos/y" ("both/and"), que niegan el principio de no-contradicción y afirman que los términos polares coinciden y son reconciliados en una síntesis superior (por ejemplo: Hegel, el taoísmo y el Vedānta de las *Upaniṣad*); y (2) las dialécticas del "ni/ni" ("neither/nor"), a las que pertenecería el Vedānta de Śaṅkara.

Para las dialécticas del tipo (1), *Brahman* es a la vez *saguṇa* y *nirguṇa*, como el *Tao* es Ser y No-ser. («La diferencia entre Hegel y el Vedānta radica en que la síntesis de ser y no-ser conduce a Hegel a sostener un movimiento progresivo y real dentro de la historia –devenir–, mientras que para el Vedānta el devenir es *māyā*, irreal y no progresivo. El taoísmo tiene, definitivamente, sensibilidad para los movimientos reales y la pluralidad en la naturaleza, pero carece del historicismo de Hegel.» p. 210.)

Śaṅkara –un representante de las dialécticas del tipo (2)–, considera N. Gier, «rechaza la *coincidentia oppositorum* implícita en las *Upaniṣad* y concluye que *Brahman* no puede ser a la vez Ser y No-ser, porque estos son opuestos. En otras palabras, la dialectica del "neither/nor" en todas sus formas índicas preserva el principio de no-contradicción» (p. 215).

Frente a N. Gier, nos inclinamos, en primer lugar, a no utilizar la expresión "dialéctica" para caracterizar el Vedānta de Śaṅkara, pues el uso filosófico habitual de este término no es aplicable a las doctrinas no-duales. En segundo lugar, divergimos de su concepción esencialista y estaticista del Vedānta. Y, en tercer lugar, consideramos que el taoísmo y el Vedānta de las *Upaniṣad*, en la misma medida que el pensamiento de Śaṅkara, no son dialécticas sino doctrinas estrictamente a-dvaita.

228.   "Seminar in Le Thor (1969)", *Vier Seminare*, p. 99.

229.   I.A.T., p. 487; Y.s.e., p. 779.

230.   *Tratados y Sermones*, pp. 511 y 512.

231.   «Porque el *Tao* sólo se posa en el vacío.» *Chuang Tzu*, c. 4, 3.

232.   La naturaleza de este malentendido queda reflejada en estos breves diálogos entre un discípulo y su maestro Xan:

«–Maestro, ¿tengo razón en no tener ideas?

–Desecha esa idea.

–Os he dicho –protesta el discípulo– que no tengo ideas, ¿qué podría desechar?

–Naturalmente –explica el maestro– eres libre de seguir con esa idea de la no-idea.» [La mente no se había trascendido; subsistía en su aferrarse a la idea del vacío o de la nada].

«–Maestro, ¿qué dirías si viniera a verte con nada?

–Arrójalo al suelo.

–Te he dicho que no traería nada.

–En ese caso, llévatelo» [En realidad, no había tal vacío. Esa nada seguía siendo "algo": una idea, un concepto u objeto mental]. Cfr. *101 cuentos clásicos de la China*, Edaf, Madrid, 1996, p. 80.

233.   *Mūlamādhyamikakārikās* 13.8

234.   I.A.T., p. 78; Y.s.e., p. 155.

235.   I.A.T., p. 30; Y.s.e., p. 77.

236. La incomprensión del sentido profundo de este punto del pensamiento heideggeriano ha dado lugar a ciertas derivaciones e interpretaciones del mismo que no consideramos fieles a lo que es su intuición básica. Así, Vattimo y otros pensadores postmodernos han concluido de su lectura de Heidegger que, para éste, el Ser es "nada" en un sentido nihilista (si fuera "algo" recaeríamos en el pensar metafísico), es sólo sus distintas formas de darse en la tradición del pensamiento occidental. Según esta interpretación, Heidegger recaería en un nihilismo del Ser que, a su vez, conllevaría un historicismo del Ser: el Ser es lo que se da o se muestra en cada tiempo y sólo eso. Estas interpretaciones provienen de concebir la nada como el contraconcepto de lo que es algo, y no como el seno no-dual, máximamente efectivo y real, previo a esa y a toda otra dualidad.

237. "Briefwechsel mit einem japanischen Kollegen" (1963), in *Begegnung: Zeitschrift für Literatur. Bildende Kunst, Musik um Wissenschaft*, 1965, 2-7, p. 6.

238. De hecho, Heidegger define el nihilismo como el estar concernido sólo con los entes en el olvido del Ser. Cfr. IM, p. 203.

239. Cfr. *Zur Seinsfrage, Wegmarken*, GA, IX, 1976; "Hacia la pregunta del Ser", en *Acerca del nihilismo*.

240. SZ 1, 6.

241. "Seminar in Le Thor (1969)", *Vier Seminare*, p. 101.

242. UH, p. 80; CH, p. 190.

243. Cfr. "Hacia la pregunta del Ser", p. 104.

244. «El enigma, desde hace mucho tiempo, se nos ha dicho en la palabra "Ser". Es por eso por lo que "Ser" sigue siendo sólo la palabra provisional. Veamos la manera de que nuestro pensar no se limite a correr a ciegas detrás de ella. Consideremos primero que "Ser" significa inicialmente "estar presente": morar y permanecer saliendo hacia adelante, el estado de des-ocultamiento (*Unverborgenheit*).» "Logos", *Conferencias y Artículos*, p. 199.

245. Cfr. *Vorträge und Aufsätze*, p. 167; *Conferencias y artículos*, p. 147.

246. *Tao Te King*, XI.

247. G, p. 40; S, p. 47.

248. *Meister Eckhart*, trad. de Raymond Blakney, Harper & Row, Nueva York, 1941, p. 99.

249. I.A.T., p. 14; Y.s.e., p. 46.

250. Es significativo que Heidegger escoja como "acompañante" de su pensamiento al Maestro Eckhart, y que éste sea, a su vez, el místico occidental en el que más íntimamente se ha reconocido Oriente. Coomaraswamy, por ejemplo, denominaba a los sermones de Eckhart «las *Upaniṣad* de Europa», D.T. Suzuki sostiene explícitamente la total afinidad del pensamiento eckhartiano con la especulación budista, S. Radhakrishnan lo cita constantemente en las anotaciones a su traducción de las *Upaniṣad*, etc. (Cfr. con relación a la influencia de Eckhart en el pensamiento asiático: Joseph Politella, "Meister Eckhart and Eastern Wisdom", PEW, XV, nº 2, 1965).

251. Del verbo *lassen* (dejar, ceder, soltar) y del prefijo *Ge-* que, acompañando a sustantivos, significa "junto con" y que, como prefijo verbal, tiene un significado emparentado al del prefijo latino *dis-*. También, del adjetivo *gelassen*: sereno.

252.   G, p. 23; S, p. 27.
253.   G, p. 11; S, p. 17.
254.   *Vivekacūḍāmaṇi*, 18 y ss.
255.   *Tratados y Sermones*, p. 240.
256.   *Tratados y Sermones*, pp. 686 y ss.
257.   G, pp. 33 y 34; S, p. 40.
        El texto citado de Eckhart (y podríamos ilustrar este punto con muchísimos textos más) muestra sobradamente la inadecuación de esta interpretación de Heidegger acerca del sentido que dicha noción adquiere en el contexto del pensamiento eckhartiano. Eckhart insiste reiteradamente en que él no habla de «querer la voluntad divina» y de «renunciar a la voluntad propia», sino de ir más allá de esa alternativa que sigue teniendo como referencia última a la voluntad individual.
        Consideramos que esta matización de Heideggger puede obedecer a su voluntad de desmarcarse del pensamiento religioso, dada la entronización que con frecuencia éste último ha hecho del *velle* humano. Pero, como ya apuntamos, Eckhart, aunque inserto en un contexto religioso, es básicamente un gnóstico y su enseñanza es estrictamente no-dual.
258.   G, p. 33; S, p. 39.
259.   G, p. 33; S, p. 39.
260.   I.A.T., p. 354; Y.s.e., p. 574.
261.   I.A.T., p. 357; Y.s.e., p. 579.
262.   I.A.T., p. 269; Y.s.e., p. 445.
263.   I.A.T., p. 105; Y.s.e., p. 199.
264.   I.A.T., p. 148; Y.s.e., p. 266.
265.   En el ámbito budista, la insistencia en lo que consideran la característica fundamental del universo: *paticcasamuppāda* o surgir-inter-dependiente –el hecho de que la realidad constituye una red ilimitada de interrelaciones cuyos nudos impermanentes dan lugar a las cosas de la experiencia, es decir, de que es pura relación sin substancialidad o en la que nada es en sí– pretende dejar al hombre sin nada a lo que poderse aferrar. Y el yo que busca poseer y poseerse a sí mismo no es más substancial que las cosas: es *anattā* (no yo). Ni hay nada que aferrar, ni hay un yo que pueda aferrarse a sí mismo.
        Algo análogo cabría decir del taoísmo: «La tarea del taoísmo chino y del budismo Ch'an es guiar al ser humano hacia la visión de su yo original, es decir, el Yo que es no-conceptual, no-tradicional, no-representacional. Este genuino yo no-conceptual, no-representacional, es alcanzado a través del desasimiento. En el capítulo 48 del *Tao Te King* se nos dice: "el estudiante del conocimiento gana día a día, el estudiante del *Tao* pierde día a día". A través del proceso de pérdida, de abandono, se retorna a las raíces, o *kwei ken*, que es el movimiento de retorno. Entonces leemos: "la marcha atrás es el movimiento del *Tao*". En relación con esto surge la cuestión: ¿cuál será el resultado de este proceso de pérdida o desasimiento? El fin del desasimiento es alcanzar *wu,* o el No-ser, o la Nada. Por lo tanto, según la filosofía taoísta, la Nada es la raíz de todo. Es en la Nada donde el taoísta "construye", "mora", y "piensa"». Chang-Yuang Chang, "Commentary of J. Glenn Gray's 'Splendor of the simple'", PEW, XX, nº 3, 1970, p. 241.

266.   *Tratados y Sermones*, p. 608.
        De nuevo, aunque Eckhart utiliza aquí una terminología aparentemente "religiosa" –propia de la religión en su derivación antropocéntrica–, de hecho no es así, porque la "voluntad de Dios" es, para Eckhart, sinónimo, sencillamente, de "lo que es", como evidencian sus siguientes palabras: «Ahora bien, os gusta decir: "¿Qué sé yo si es la voluntad de Dios?". Yo contesto: Aunque por un sólo instante no fuera la voluntad de Dios, tampoco sería; ha de ser siempre su voluntad. Entonces, si te gustara la voluntad de Dios, te hallarías exactamente como en el reino de los cielos con lo que te sucediera o no sucediera; y quienes quieren otra cosa que no sea la voluntad de Dios, tienen su merecido porque viven siempre con lamentaciones e infelicidad» (p. 600).

267.   I.A.T., pp. 363 y 364; Y.s.e., p. 589. La cursiva es mía.

268.   «Sin Auto-conocimiento no puede haber verdadera renunciación, y sin renuncia no puede haber Auto-conocimiento. Ésta es la paradoja.» Siddharameshwar Maharaj, *Master Key to Self-Realization*, p. 10.

269.   «(…) rindiendo el yo, realmente no se pierde más que la ignorancia y la ilusión. La trascendencia del ego, por consiguiente, es considerada habitualmente en Oriente como un logro más epistémico que ontológico. Nada cambia realmente sino el punto de vista, (…) y *sub specie aeternitatis* la visión ego-centrada desaparece.» Michael J. Stark and Michael C. Washburn, "Ego, egocentry, and Self-transcendence: A Western Interpretation of Eastern Teaching", PEW, XXVII, 1977, p. 265.

270.   *Tratados y Sermones*, p. 393.

271.   I.A.T., p. 75; Y.s.e., p. 150.

272.   *Der Feldweg*, p. 7.

273.   G, p. 35; S, p. 41.

274.   I.A.T., p. 391; Y.s.e., p. 630.

275.   «Denken ist Wollen und Wollen ist Denken.» G, p. 30; S p. 36.

276.   I.A.T., p. 392; Y.s.e., p. 631.

277.   6.44.

278.   Cfr. D. E. Harding, *On having no head. Zen and the Rediscovery of the Obvious*, p. 95 y ss.
        «La segunda categoría de desconocimiento no es renunciar a nuestra presunción de que naturalmente las cosas tienen que ser lo que son, o lo que hacemos con ellas, sino a que tengan que ser. (…) la diferencia entre ambos desconocimientos es inconmensurable; no son del mismo orden. El primero considera milagros las cosas de las que somos conscientes. El segundo considera que el *milagro* es la nada consciente de la que surgen.» *Ibid*, p. 98.

279.   WM, p. 42.

280.   (*Sādhana* = disciplina o ascesis) I.A.T., p. 534; Y.s.e., p. 851

281.   *Erläuterungen…*, p. 24; *Interpretaciones…*, p. 45.

282.   QP, p 18.

283.   G, p. 24; S, p. 28.

284.   G, p. 26; S, pp. 29 y 30.

285.   I.A.T., p. 508; Y.s.e., p. 811.

286.   I.A.T., p. 84; Y.s.e., p. 165.

287.   *Erläuterungen…*, p. 36; *Interpretaciones…*, p. 57.

288.   G, p. 51; S, p. 60.
289.   G, p. 42; S, p. 49.
290.   *Tratados y Sermones*, p. 248.
291.   Frag. 106.
292.   *Tratados y Sermones*, p. 171.
293.   c. 7, 6, p. 59.
294.   «Krishnamurti mantiene que uno puede suspender la acción de la voluntad completamente. Es posible hacerlo en una rendición sin esfuerzo a "lo que es". En ese acto de "tremenda simplicidad" incluso el más mínimo ejercicio de la voluntad (…) permanece negado. Él califica a esta rendición de acto de "conciencia sin elección", el cual explica como sigue: "La conciencia es una observación, a la vez exterior e interior, en la cual la dirección ha parado. Estás consciente, pero aquella cosa de la que eres consciente no es fomentada o alimentada. La conciencia no es concentración en algo".» M. M. Agarwal, "Nothingness and freedom: Sartre and Krishnamurti", *Journal of Indian Council of Philosophical Research*, IX, nº 1, 1991, p. 55.
295.   G, p. 29; S, p. 35.
296.   ID, pp. 138 y 139.
297.   «P: ¿Cuál es la causa de la necesidad de andar errante?
        M: No hay causa. Meramente usted sueña que anda errante. En pocos años su estancia en la India le parecerá como un sueño. En ese momento soñará algún otro sueño. Dése cuenta de que usted no es quien se mueve de sueño en sueño, sino que el sueño fluye ante usted y usted es el testigo inmutable.» I.A.T., p. 333; Y.s.e., p. 541.
298.   De aquí que Heidegger invite a tomar conciencia de la propia unilateralidad de la tradición filosófica occidental, de lo histórico y condicionado en cuanto tal. El poder de lo condicionado radica precisamente en que permanece oculto e impensado, en su carácter inconsciente. El *Gestell* de la metafísica es uno con la inconsciencia de la misma.
299.   I.A.T., p. 432; Y.s.e., p. 693.
300.   *Sé lo que eres. Las enseñanzas de Ramana Maharshi*, p. 53.
301.   G, p. 47; S, p 55.
302.   G, p. 33; S, p. 39.
303.   G, pp. 34 y 35; S, p. 41.
304.   «El Omnipresente no acepta ni las culpas ni los méritos de nadie [el falso sentido de apropiación de la acción].» BG V, 14 y 15.
        «El Vedānta parece haber indicado la dirección correcta en la solución de este problema perenne. Ha aconsejado abandonar todo el peso de la moral, de la responsabilidad, del mérito y del demérito, de la pena y del placer, en el umbral del ego, que ignorantemente asume el rol de agente libre, de arquitecto de su propio destino, en vez de verse como un mero instrumento en la representación del melo-drama, también denominado el juego-del-mundo, de la Realidad –o como se lo quiera llamar.» S. K. Chaitopadhyaya, "Ego, the problem perennial of Philosophy", *Indian Philosophical Quarterly*, X, nº 2, 1983, p. 157.
305.   «El actor es una superposición, una forma de la memoria que aparece sólo después de la acción. En la acción, en sí misma, no hay más que unidad. Pue-

des creer que es posible actuar y mientras actúas pensar "estoy actuando", pero estas dos cosas no pueden suceder al mismo tiempo. El yo, en cuanto actor, es un pensamiento; la acción es otro pensamiento, y dos pensamientos no pueden existir simultáneamente. La rápida sucesión de pensamientos da una impresión de simultaneidad, pero sólo puede existir un pensamiento cada vez.» Jean Klein, *La alegría sin objeto*, p. 36.

306.   Nisargadatta, cit. por Ramesh S. Balsekar en *Pointers from Nisargadatta Maharaj*, p. 109.

307.   Ibid, p. 96.

308.   S, pp. 67 y 68.

309.   I.A.T., p. 140; Y.s.e., p. 253.
O como expresa un dicho zen: «sentado en quietud, no actuando, llega la primavera y la hierba crece por sí misma».

310.   *Día a día con Bhagavān*, p. 18.

311.   G, p. 33; S, p. 39.

312.   *Pláticas con Ramana Maharshi*, p. 602.

313.   «P: ¿Cómo procede el *jñānin* cuando necesita que algo sea hecho? ¿Hace planes, decide los detalles y los ejecuta?
M: Un *jñānin* comprende una situación determinada totalmente y sabe de inmediato lo que es necesario hacer. Eso es todo. El resto sucede por sí mismo, y en gran medida inconscientemente. La identidad del *jñānin* con todo lo que existe es tan completa que, al igual que él responde al universo, el universo le responde a él. Tiene confianza suprema en que, una vez conocida la situación, los hechos se moverán en adecuada respuesta. El hombre común está personalmente implicado, tiene en cuenta sus riesgos y oportunidades, mientras que el *jñānin* permanece distante, seguro de que todo sucederá como debe suceder; y no importa mucho lo que suceda, puesto que en última instancia la vuelta al equilibrio y a la armonía es inevitable. El corazón de las cosas está en paz.» Nisargadatta, I.A.T., p. 527; Y.s.e., p. 841.
«El egocentrismo tiene un efecto dañino sobre la acción, porque una persona responde al mundo sólo de acuerdo con su percepción de él, y, puesto que el egocéntrico a menudo percibe mal el mundo, la situación sobre la cual actúa pude ser bastante diferente a como él la considera. Cuando ello sucede, las acciones inevitablemente llegan a ser, hasta cierto punto, inapropiadas y a estar fuera de contexto.» Michael J. Stark and Michael C. Washburn, "Ego, egocentricity and Self-transcendence: A Western Interpretation of Eastern Teaching", PEW, XXVII, nº 3, 1977, p. 278.

314.   G, p. 44; S, p. 55.

315.   *La sagrada enseñanza de Sri Ramakrishna*, § 967.

316.   *Opera Omnia*, V, 12. Cit. por R. Panikkar en *La experiencia filosófica de la India*, pp. 28 y 29.

317.   *La experiencia filosófica de la India*, p. 132.

318.   «Desde el momento en que una "cosa" (objetividad) entra en *relación* con el hombre, queda revestida de un sentido *figurado*, convirtiéndose en un *símbolo*. El conocimiento objetivo sólo surge ulteriormente, como consecuencia de un esfuerzo específico del sujeto para mantenerse "a distancia". Podemos afirmar que "las verdades *objetivas* no son sino productos de la

represión y de la ciega *adaptación* del ego a su medio objetivo" (G. Durand, *Les structures anthropologiques de l'imaginaire*, p. 459)". L. Garagalza, *La interpretación de los símbolos. Hermenéutica y lenguaje en la filosofía actual*, p. 57.

319.   *Jenseits von Gut und Böse*, *Nietzsche Werke*, GA VI $_2$, p. 26; *Más allá del bien y del mal*, p. 29.

320.   «Pero en los tiempos modernos, desde que (siguiendo la moda) también la filosofía se ha especializado, y sobre todo desde que se ha objetivado (siguiendo el modelo de aquellas disciplinas que han monopolizado el nombre de ciencia), la misma filosofía occidental se ha preocupado especialmente por saber cómo son las cosas (sobre todo cómo funcionan) y prácticamente ha desterrado de su campo todo aquello que parece incompatible con "la ciencia". La introspección, por ejemplo (de la que tanto hablarán las *Upaniṣad*), se ha confundido con acumen crítico y muy a menudo la misma experiencia se ha reducido a análisis. Es significativo que la filosofía corriente le tenga miedo al amor y pavor a la acción. Se racionalizan los sentimientos y, según los pareceres, se exaltan o se menosprecian; se teoriza sobre la praxis y, según los sistemas, se subordina una a la otra, pero no se la integra en el mismo quehacer filosófico. La misma contemplación se considera sinónimo de teoría.» R. Panikkar, *La experiencia filosófica de la India*, p. 19.

321.   «Heidegger habla de la experiencia del pensamiento, del pensamiento mismo como experiencia, incorporando dentro del pensamiento el precioso elemento de inmediatez propio de todo misticismo. Poca atención ha sido prestada a este rol extraordinario de la "experiencia" en los escritos de Heidegger. El habla de la experiencia del Ser, de la más oculta historia del Ser, de la experiencia básica de la nada, de "sufrir una experiencia con el lenguaje". Según Heidegger, el pensamiento es así, en un sentido profundo, experiencia (...) Experimentar es avanzar a lo largo de un camino. Y el pensamiento es el modo preeminente de avanzar a lo largo de un camino para el ser humano. Además, lo que uno vivencia en el camino del pensamiento no es simplemente un *"insight* intelectual" sino la experiencia en su sentido más transformador.» J. L. Mehta, "Heidegger and Vedānta: Reflections on a Questionable Theme", *Heidegger and Asian Thought*, pp. 35 y 36.

322.   En este sentido, John A. Grimes califica tanto a Heidegger como al Vedānta de Śaṅkara de "metafísicas de la experiencia" (metaphysics of experience). Cfr. *Quest for Certainty. A comparative Study of Heidegger and Śaṅkara*, pp. xv y 213.
        También en este sentido, Grimes utiliza la expresión "empirismo metafísico" (metaphysical empiricism) o "empirismo radical" (radical empiricism): «(...) Ambos, Heidegger y Śaṅkara, fueron pensadores cuyo pensamiento podría decirse que se caracteriza por un empirismo metafísico. En este contexto, "empirismo" alude al elemento de "hecho" que es irreducible a cualquier sistema metafísico y que demarca su pensamiento (...). O, por expresar esto de otro modo, su empirismo es un "empirismo radical" –no en el sentido de James William, sino en un sentido más profundo y completo» (p. 4).

323.   «P: Hay tantas teorías sobre la naturaleza del hombre y del universo (...) ¿Cuál es la verdadera?

M: Todas son verdaderas, todas son falsas. Puede escoger la que más le guste.» I.A.T., p. 118; Y.s.e., p. 221.

Continúa: «Todas son distintos modos de juntar palabras. Algunos prefieren un modo, otros prefieren otro modo. Las teorías no son falsas ni verdaderas. Son intentos de explicar lo inexplicable. No es la teoría lo que importa, sino el modo en que se la pone a prueba. La prueba de la teoría es lo que la hace fructífera. Experimente con cualquier teoría que le guste; si es usted sincero y honrado, el logro de la realidad será suyo. Como ser viviente está atrapado en una intolerable y dolorosa situación y está buscando una salida. Se le están ofreciendo distintos planos de su prisión, ninguno totalmente verdadero. Pero todos ellos tienen valor si es usted completamente sincero. Es la sinceridad lo que libera y no la teoría» (pp. 118 y 119; p. 221).

324.   El término *metanoia* alude tanto a una transformación del ser como a un ir más allá del *nous* (mente).

325.   A. Huxley, *La filosofía perenne*, p. 7.

326.   El estoicismo es un nítido ejemplo en Occidente de una doctrina metafísica (y no moral, como habitualmente se la califica) cuyo ideal filosófico no era otro que el logro de la sabiduría, entendida no como incorporación de un saber objetivo, sino como realización y participación experiencial, encarnada en la vida cotidiana, de la armonía misma del *Logos*:

«(...) ¿Qué beneficio sacará ese [de la lectura de las obras de los filósofos]? Será más charlatán y más impertinente de lo que es ahora. (...) Mostradme un estoico, si tenéis alguno. ¿Dónde o cómo? Pero que digan frasecitas estoicas, millares. (...) Entonces, ¿quién es estoico? Igual que llamamos estatua fidíaca a la modelada según el arte de Fidias, así también mostradme uno modelado según la doctrina de la que habla. Mostradme uno enfermo y contento, en peligro y contento, exiliado y contento, desprestigiado y contento. Mostrádmelo.» Epicteto, *Disertaciones por Arriano*, Gredos, Madrid, 1993, pp. 225, y 227-228.

327.   CH, pp. 208, 210 y 211.

328.   La afirmación de Heidegger es implícitamente compartida por las tradiciones orientales de naturaleza no-dual; consideramos por ello inapropiadas –o al menos muy matizables– las siguientes palabras de S. K. Maitra: «La filosofía hindú es francamente axiológica. Está totalmente dominada por la búsqueda de valores». "Reason in Hindu Philosophy: Classical and Contemporary", PEW, XI, n° 3, 1961, p. 126.

329.   «Los ánimos variables de su ego determinan los valores de usted: el "yo pienso", "yo quiero", "yo debo" se convierten en absolutos.» Nisargadatta, I.A.T., p. 282; Y.s.e., p. 462.

Dice Lao Tan a Confucio (representante para el taoísmo de la actitud que centra su atención en lo correcto y lo incorrecto), tras afirmar este último que «lo más importante son las virtudes de la bondad y la equidad»: «Carecer de egoísmo es ello mismo un egoísmo. No parece sino que su Merced pretende impedir que el mundo pierda su pastor. Pues bien, el Cielo y la Tierra tienen ya su natural regularidad. El Sol y la Luna tienen su luz natural. Las estrellas tienen sus posiciones estables. Los animales tienen sus bandas estables. Los árboles crecen verticales establemente. Su Merced deje obrar al *Tao*, sígale y habrá llegado. ¿Por qué tanto ahínco en exaltar la bondad y la equidad? (…) su Merced no hace otra cosa que perturbar la naturaleza humana». *Chuang-Tzu*, c. 13, 8.

330. I.A.T., p. 72; Y.s.e., p. 146.

331. «Estar abierto significa no querer ninguna otra cosa.» Nisargadatta, I.A.T., pp. 370 y 371; Y.s.e., p. 600.

«Obviamente, ser serio no significa tener una actitud seria hacia las cosas; todo estriba en *hacia qué cosas*. (…) Hay una sola cosa que es seria para todo el mundo y en todo tiempo: ser libre; escapar de vidas que giran en círculos de metas e intereses insignificantes que les ciegan para lo único real y grande.» Gurdieff. Cit. por Ouspensky, *Fragmentos de una enseñanza desconocida*, p. 522.

332. I.A.T., pp. 71 y 72; Y.s.e., pp. 144 y 145.

333. A. Watts compara la característica "seriedad cristiana" con el humor e incluso el "cinismo suave" del sabio oriental. Precisamente porque todo incluye su opuesto (por ejemplo, «en la dedicación al deber existe siempre un fuerte elemento de autocomplacencia», etc.) es preciso el «reconocimiento y aceptación de un aspecto de picardía irreductible en uno mismo y en los demás». Cfr. *Las dos manos de Dios*, p. 34.

334. «La vida es amor y el amor es vida. ¿Qué es lo que mantiene unido al cuerpo sino el amor? ¿Qué es el deseo sino amor del Ser? ¿Qué es el miedo sino la necesidad de proteger? ¿Y qué es el conocimiento sino el amor a la verdad? Los miedos y las formas pueden ser incorrectos, pero el motivo siempre es el amor: el amor del yo y de lo mío. El yo y lo mío pueden ser pequeños o estallar y abrazar el universo, pero el amor permanece.» Nisargadatta, I.A.T., p. 75; Y.s.e., p. 151.

335. US, p. 94; *De camino al habla*, p. 90.

336. US, p. 198.

337. "Spiegel-Gespräch mit Martin Heidegger" (1966), *Der Spiegel*, n° 23, 1976, 193-219.

338. I.A.T., p. 49; Y.s.e., p. 107.

339. I.A.T., p. 400; Y.s.e., p. 643.

«La imaginación basada en los recuerdos es irreal. El futuro no es enteramente irreal.

P: ¿Qué parte del futuro es real y cuál no?

M: Lo inesperado y lo imprevisible es real.» I.A.T., p. 47; Y.s.e., p. 104.

340. Cfr. UH, p. 119; CH, p. 232.

341. «(…) manténgase vacío, disponible, no resista que llegue lo inesperado.» I.A.T., p. 375; Y.s.e., p. 607.

342. La verdad –nos decía Nisargadatta– está en el descubrir, no en lo descubierto.

343. *Sé lo que eres. Las enseñanzas de Maharshi*, pp. 60 y 61.

344. US, p. 94; *De camino al habla*, p. 90.

345. R. Panikkar, *La experiencia filosófica de la India*, p. 15.

346. US, p. 167; *De camino al habla*, p. 159.

347. US, p. 149; *De camino al habla*, p. 143.

348. US, p. 211; *De camino al habla*, p. 201.

«*Paideia* indica esa inversión del hombre entero en virtud de la cual adquiere el hábito de trasladarse del campo de lo que sin más le viene a las manos, a los dominios en que se pone de manifiesto el Ser mismo. Tal traslado resulta posible, únicamente, si todo lo hasta entonces patente y el modo como se hace tal al hombre se alteran.» "Doctrina de la Verdad...", pp. 127 y 128.

349.   I.A.T., p. 70; Y.s.e., p. 143.

350.   Como toda palabra inicial, considera Heidegger que guarda las primeras determinaciones del dispensarse del Ser.

351.   US, p. 187; *De camino al habla*, p. 177.

352.   *Chuang-Tzu*, c. 12, 3.

353.   C. 22, 10.

354.   «El Camino (...) es lo que nos permite (...) llegar (*gelengen*) a aquello que tiende (*langt*) hacia nosotros y que nos de-manda (*be-langt*).» «"Demanda" en el sentido de "concernir, llamar, tomar bajo custodia, guardar (...) lo que alcanza a nuestra esencia, la solicita y la deja así llegar a donde pertenece".» US, p. 186; *De camino al habla*, p. 176.

355.   ¿Para qué un camino que nos lleve adonde de hecho ya nos hallamos?, se pregunta Heidegger. Pues porque nos hallamos, pero de tal modo que, también, en cierto sentido, no nos hallamos. Nos hallamos, pero «aún no hemos alcanzado aquello que propiamente demanda a nuestra esencia» (US, p. 188; *De camino al habla, p. 178*). Y no lo hemos alcanzado porque nos falta aún querer; querer no como un mero desear o aspirar, sino como un estar decididos. Esta decisión «no consiste en llegar a una mera conclusión (...) sino que es el principio del obrar, que decide, anticipa y atraviesa toda acción (...) la esencia [de la decisión] reside en el hecho por el cual la existencia humana sale de su ocultamiento *hacia* la iluminación del Ser, y de ningún modo es una acumulación dinámica del "obrar"» (EM, p. 16; IM, p. 59). Esa es precisamente la naturaleza del espíritu: «la decisión, originariamente acordada, de estar abierto a sabiendas a la esencia del Ser» (EM, p. 37; IM, p. 87).

356.   I.A.T., p. 380; Y.s.e., pp. 613 y 614.

357.   I.A.T., p. 426; Y.s.e., p. 685.

358.   UH, p. 61; CH, p. 169.

359.   G, p. 32; S, p. 38.

360.   Sostiene Heidegger comentando la afirmación de Heráclito «También aquí hay dioses»:
«(...) "también aquí", al pie del horno, en este lugar vulgar, donde todo objeto y toda circunstancia, todo actuar y pensar, son conocidos y usuales, esto es: seguro (tranquilo = íntimo = sin-peligro = normal), también aquí, en el ámbito de lo seguro, es así que "hay dioses" (...) dice el propio Heráclito: "la estancia-segura es, para el hombre, lo abierto para la presencia del Dios, lo Inseguro (= descomunal-peligroso-extraño)".» UH, p. 109; CH, p. 221.

361.   I.A.T., p. 534; Y.s.e., p. 851.

362.   El énfasis excesivo que el pensamiento occidental –incluido Heidegger– ha puesto en la angustia como sentimiento metafísico revelador, sigue siendo, desde el punto de vista advaita, parte del "melodrama" característico de la vivencia egótica.

Por cierto, hay también ciertas formas de angustia propias de los niveles trans-personales de identidad –la literatura mística es muy explícita al respecto–, pero hablamos ahora de la "angustia" tal y como ha sido tematizada por Heidegger y por los filósofos existenciales.

363. I.A.T., p. 68; Y.s.e., p. 139.

364. WM, p. 35; QM, p. 51.

365. I.A.T., p. 260; Y.s.e., p. 433.

366. I.A.T., pp. 196 y 197; Y.s.e., p. 338.

367. HW, p. 348.

«En su introducción a su obra *Discourse on Thinking*, John Anderson afirma que "parece imposible escapar de las distorsiones subjetivas y aprender algo del Ser como tal por medio de los métodos que Heidegger usó en *Ser y Tiempo*". Pero, en su última aproximación, Heidegger se zambulle directa e inmediatamente en el fundamento de todas las posibilidades, que es lo que él denomina "Nada". Es en esta Nada donde él encuentra al Ser (…) Comprender la naturaleza humana en términos de su fundamento es revelar el Ser como derivado del No-ser.» Chang-Yuang Chang, "Commentary of J. Glee Gray's 'Splendor of the simple'", PEW, X, n° 3, 1970, p. 243.

368. WM, p. 35; QM, p. 52.

369. *Religion and Nothingness*, p. 43.

370. I.A.T., p. 448; Y.s.e., p. 780.

371. J. Krishnamurti, *Encuentro con la Vida*, Edhasa, Barcelona, 1993, p. 127.

372. I.A.T., p. 338; Y.s.e., p. 550.

373. Cfr. *Religion and Nothingness*, pp. 16 y 17.

374. «(…) La Nada no puede ser alcanzada a través de ningún proceso de pensamiento racional u objetivo, que sólo dicotomizaría la subjetividad y la objetividad en polaridades.» Chung-yuang Chang, "Commentary of J. Gleen Gray's 'Splendor of the simple' ", PEW, XX, n° 3, 1970, p. 242.

375. Como invita a ver Donald W. Mitchell, el término *śūnyatā* viene de la raíz *śū*, que significa literalmente: hincharse, abultarse, inflarse; y esto, tanto en el sentido negativo de "vacío" o "hueco", como en el positivo de "pleno", "preñado" o "maduro" (por ejemplo, como un vientre o un fruto). Cfr. "Commentary on Elisabeth Feist Hirsh's 'Martin Heidegger and the East' ", PEW, XX, n° 3, 1970.

376. *Religion and Nothingness*, p. 21.

377. WM, p. 216; QM, p. 51.

378. WM, p. 28; QM, p. 34.

379. QM, p. 16.

«¿Cómo va a poder sacar la negación de sí misma el no, si solamente puede negar si le está previamente propuesto algo *negable*?» WM, p. 36; QM, p. 54.

380. Nishitani, *Religion and Nothingness*, p. 34

381. WM, p. 30.

382. «(…) permanecemos más cerca de nosotros mismos en el vacío que en la auto-conciencia.» Nishitani, *Religion and Nothingness*, p. 98.

383. WM, p. 35; QM, p. 52.

384. I.A.T., p. 487; Y.s.e., p. 779.

385. *Tratados y Sermones*, p. 97.

386. *Also sprach Zarathustra*, en: *Nietzsche Werke*, GA VI $_1$, p. 377; *Así habló Zaratustra*, p. 407.
387. WM, p. 33; QM, p. 44.
388. I.A.T., p. 346; Y.s.e., p. 562.
389. Cfr. Nishitani, *Religion and Nothingness*, p. xxxvii.
390. Recordemos que, para Heidegger, el miedo es de naturaleza óntica: es miedo ante *esto o aquello*. La angustia, por el contrario, tiene alcance ontológico porque es angustia ante *nada/todo*.
391. I.A.T., p. 407; Y.s.e., p. 654.
392. *La Gravedad y la Gracia*, p. 62.
393. I.A.T., p. 339; Y.s.e., p. 550.
394. «P: ¿No existe la inmortalidad?
      M: Cuando la vida y la muerte se ven como mutuamente esenciales, como dos aspectos de lo mismo, eso es la inmortalidad. Ver el fin del principio y el principio del fin es intimar con la eternidad. Definitivamente, la inmortalidad no es continuidad. Sólo el proceso del cambio continúa. Nada dura.» I.A.T., p. 31; Y.s.e., p. 78.
395. «El *jñānin* murió antes de su muerte, y vio que no había nada que temer. En el momento en que conoce su verdadero ser, no tiene miedo a nada. La muerte da poder y libertad. Para ser libre en el mundo, ha de morir al mundo. Entonces, el universo es suyo propio, se convierte en su propio cuerpo, en su expresión y en su herramienta. La felicidad de ser completamente libre está más allá de toda descripción.» I.A.T., p. 139; Y.s.e., p. 252.
396. En su reflexión en torno a la muerte, el primer Heidegger parece no ir más allá de la muerte/nada relativa. El tratamiento de la muerte en *Sein und Zeit* es, básicamente, una descripción de la experiencia de dicha muerte-relativa: la aceptación de la propia muerte es la aceptación, sin más, de la *finitud* del *Dasein*. Contrasta esta tematización del primer Heidegger con la perspectiva oriental no-dual, para la que, precisamente en virtud de la dimensión por la que el hombre puede saber de su condición mortal y aceptar conscientemente su propia muerte, la trasciende.
397. «P: A menudo la gente muere voluntariamente.
      M: Sólo cuando la alternativa es peor que la muerte. Pero tal disposición a morir fluye de la misma fuente que la voluntad de vivir, una fuente más profunda aún que la vida misma. Ser un ser viviente no es el último estado; hay algo más allá, más maravilloso que no es ser ni no-ser, ni vivir ni no-vivir. Es un estado de Conciencia pura, más allá de las limitaciones del espacio y del tiempo. Una vez que se abandona la ilusión de que uno es el cuerpo-mente, la muerte ya no aterroriza, se convierte en una parte del vivir.» I.A.T., p. 122; Y.s.e., p. 226. «La idea "yo soy este cuerpo" muere; el testigo no muere» (p. 157; p. 278).
      «(…) lo que usted necesita para liberarse ya está dentro de su alcance. Úselo. Investigue lo que usted conoce hasta su último final y alcanzará los estratos desconocidos de su ser. Avance aún más y lo inesperado estallará en usted y lo hará todo añicos.
      P: Significa la muerte.
      M: Significa la vida; por fin.» I.A.T., p. 440; Y.s.e., p. 704.

398.   (Hölderlin IV, 190). HW, p. 273; "¿Para qué ser poeta?", p. 244.
399.   HW, p. 273; "¿Para qué ser poeta?", p. 244.
400.   «(…) la ansiedad es una característica necesaria del egocentrismo, pero no de la condición humana *per se*.» «El problema es que el egocentrismo es aún equiparado con la vida misma, y, puesto que es sabido que la búsqueda egocéntrica es fútil y sin esperanza, erradamente se concluye que la vida es también así.» Michael J. Stark and Michael C. Washburn, "Ego, egocentricity and Self-transcendence: A Western Interpretation of Eastern Teaching", PEW, XXVII, n° 3, 1977, pp. 275 y 277.
401.   No entramos en consideraciones sociopolíticas y económicas, donde el Occidente colonialista tendría también que hacer una justa autocrítica.
402.   «La experiencia de estar vacío, sin estar acosado por los recuerdos y las expectativas es como la felicidad de los espacios abiertos, de ser joven, de tener toda la energía y el tiempo para hacer cosas, para la aventura.» I.A.T., p. 487; Y.s.e., p. 779.
        Como ya explicamos, sólo la des-identificación proporciona control; un control no despótico, sino el que acontece espontáneamente con relación a aquello que se ha integrado desde una dimensión superior. El ego se agota en su personalidad y en el mundo; el Yo se expresa libremente —es decir, creativamente— en su personalidad y en el mundo sin agotarse en ellos.

9. Mundo, Lenguaje, tiempo e historia: el juego del ser

1.   "Ronda" en el sentido de danza o juego del corro.
2.   Cfr. SZ, p. 60; ST, p. 72.
3.   *Las dos manos de Dios*, p. 20.
4.   «Mirando atrás a los diferentes conceptos que se han formado en el pasado y que podrán formarse en el futuro en el intento por encontrar nuestro camino a través del mundo por medio de la ciencia, vemos que parecen estar ordenados en función del creciente papel del elemento subjetivo en juego. La Física clásica puede considerarse la idealización en la cual hablamos del mundo como si estuviera enteramente separado de nosotros.» W. Heisenberg, *Physics and Philosophy*, Harper and Brothers, Nueva York, 1958, p. 106.
5.   *Erläuterungen…*, p. 61; *Interpretaciones…*, p. 82. La cursiva es mía.
6.   *Erläuterungen…*, p. 62; *Interpretaciones…*, p. 83
7.   Remitimos a lo dicho en la exposición independiente de la doctrina advaita en torno a la irreversibilidad de la relación Ser-mundo.
8.   I.A.T., p. 61; Y.s.e., p. 128.
9.   I.A.T., p. 66; Y.s.e., p. 136.
10.   «(…) aunque un idéntico Sí mismo se oculta en todos los seres, tanto dotados de movimiento como sin él, sin embargo, debido al gradual surgimiento de superioridad de los espíritus que constituyen las condiciones limitantes (del Sí mismo), la Escritura declara que el Sí mismo, aunque eternamente inmutable y uniforme, se revela en una jerarquía de seres y de esta manera se manifiesta bajo formas de dignidad y de potencia diversas.» Śaṅkara, BSBh I.I.11.
11.   *Erläuterungen…,* p. 60; *Interpretaciones…,* p. 82.

12.   *Tratados y Sermones,* p. 293.

13.   BSBh II.i.14.

14.   Discrepamos –a lo largo de la presente exposición quedará claro por qué– de Elisabeth Feist Hirsch, quien afirma en su artículo "Martin Heidegger and the East": «El mundo del Buda como lugar de sufrimiento, el concepto de Śaṅkara del mundo como ilusión, nada tienen que ver con el sentido del "mundo" en la filosofía de Heidegger. (…) El Ser y su acontecer (el "mundo") están tan próximamente entrelazados que el Ser es tan finito como lo es el 'mundo' del ser humano. Esta última concepción está en completa contradicción con las cualidades de "eterno" e "inmutable" que Śaṅkara atribuye a *Brahman*». PEW, XX, nº 3, 1970, p. 256.

15.   22, 10.

16.   *Vorträge und Aufsätze,* p. 165; *Conferencias y artículos,* pp. 144 y 145.

17.   SZ, p. 4; ST, p. 13.

18.   «Por encima de todas las cosas, Dios es una permanencia en Él mismo y su permanencia en Sí mismo sostiene a todas las criaturas. (…) Él se halla por encima de todas las cosas y nada le toca en ninguna parte. Cualquier criatura está buscando siempre fuera de sí, en las otras, aquello que no tiene. Dios no procede así. Dios no busca fuera de Él. Todo aquello que tienen todas las criaturas lo tiene Él dentro de Sí. Él es el suelo (y) el anillo [vínculo] de todas las criaturas.» Eckhart, *Tratados y Sermones,* p. 383.

19.   *Erläuterungen…,* p. 52; *Interpretaciones…,* p. 75.

20.   *Vorträge und Aufsätze,* p. 180; *Conferencias y artículos,* p. 158.

21.   *Erläuterungen…,* pp. 24 y 25; *Interpretaciones…,* pp. 45 y 46.

22.   *Erläuterungen…,* p. 53; *Interpretaciones…,* p. 76.

23.   «"La pasión faústica" del mundo moderno niega la "verdad ex-stática inherente a los fenómenos"; de hecho, el impulso por aprehender todo intelectualmente implica "miedo al éx-stasis", que significa "miedo a la vida misma".» *The Word Speaks to the Faustian Man,* vol. I, Delhi, Motilal Banarsidass, 1991, p. 299.

24.   Nishitani, *Religion and Nothingness,* p. 149.

25.   Nishitani, *Religion and Nothingness,* p. 164.

26.   «Vivir con las cosas es difícilmente posible para el intelecto de los filósofos que busca aprehender todo racionalmente, con su predilección por la universalización y su amor fatal por la teoría en el moderno sentido de la palabra, tan diferente de la *theoria* vidente y sentiente de los griegos.» J. Glenn Gray, "Splendor of the simple", PEW, XX, nº 3, 1970, p. 235.

27.   No hay cosas "y" (al mismo nivel) objetos. No hay objetos en sí –estos son abstractos: sólo son el elemento de la *ratio*–; hay una consideración objetiva de cosas.
       Cfr. "Das Ding", *Vorträge und Aufsätze.*

28.   *Erläuterungen…,* p. 39; *Interpretaciones…,* pp. 59 y 60.

29.   M. Eliade, *Mito y Realidad,* pp. 149 y 150.
       «(…) El hombre no se encuentra en un mundo inerte y opaco, y, por otra parte, al descifrar el lenguaje del Mundo, se enfrenta al misterio. Pues la "naturaleza" desvela y enmascara a la vez lo "sobrenatural", y en ello reside para el hombre arcaico el misterio fundamental e irreductible del mundo. Los mitos

revelan todo lo que ha sucedido, (…). Pero estas revelaciones no constituyen un "conocimiento" en el sentido estricto del término, no agotan en absoluto el misterio de las realidades cósmicas y humanas.» *Ibid*, pp. 149 y 150.

30. «Dios se halla en todas las cosas. Cuanto más está dentro de las cosas, tanto más está fuera de las cosas: cuanto más adentro tanto más afuera, y cuanto más afuera, tanto más adentro. Ya he dicho varias veces que en este instante (*Nû*) Dios crea todo el mundo. Todo lo creado alguna vez por Dios, hace seis mil y más años, cuando hizo el mundo, Dios lo está creando ahora todo junto.» Eckhart, *Tratados y Sermones,* pp. 522 y 523.

31. US, p. 200; *De camino al habla*, p. 190.

32. Continúa: «No sólo eso, desde el espacio como espacio intermedio se pueden sacar las simples extensiones según altura, anchura y profundidad. Esto, abstraído así, (…) lo representamos como la pura posibilidad de las tres dimensiones. Pero lo que esta pluralidad avía no se determina ya por distancias, no es ya ningún *spatium*, sino sólo la *extensio*, extensión. El espacio como *extensio* puede ser objeto de otra abstracción, a saber, puede ser abstraído a relaciones analítico-algebraicas. (…) A esto que las matemáticas han aviado podemos llamarlo "el" espacio. Pero "el" espacio en este sentido no contiene espacios ni plazas. En él no encontraremos nunca lugares, es decir, cosas del tipo de un puente (…) *Spatium* y *extensio* dan siempre la posibilidad de espaciar cosas y de medir estas cosas según distancias, según trechos, según direcciones, y de calcular estas medidas. Sin embargo, en ningún caso estos números-medida y sus dimensiones, por el solo hecho de que se puedan aplicar de un modo general a todo lo extenso, son ya el fundamento de la esencia de los espacios y lugares que son medibles (…).» *Vorträge und Aufsätze*, pp. 155 y 156; *Conferencias y artículos*, pp. 136 y 137.
«Cuando se habla de hombre y espacio, oímos esto como si el hombre estuviera en un lado y el espacio en otro. Pero el espacio no es un enfrente del hombre, no es ni un objeto exterior ni una vivencia interior. No hay los hombres y además *espacio*, porque cuando digo "un hombre" y pienso con esta palabra en aquel que es al modo humano (…) entonces con la palabra "hombre" estoy nombrando ya la residencia en la Cuaternidad.» *Vorträge und Aufsätze*, p. 157; *Conferencias y artículos*, pp. 137 y 138.

33. *Tao Te King*, XXV.

34. «Durante por lo menos dos milenios, Occidente ha vivido dentro de una cosmovisión no muy distinta de la cosmovisión clásica de la India (…) Desde Pitágoras hasta Dante el mundo era un *kosmos* en donde cada cosa y cada acontecimiento tenía un lugar, un tiempo y un sentido.» R. Panikkar, *La experiencia filosófica de la India*, p. 84.

35. «El cielo y la tierra son permanentes. Deben su eterna duración a que no hacen de sí mismos la razón de su existencia.» *Tao Te King*, VII.

36. «(…) El hombre sigue los caminos de la tierra; la tierra sigue los caminos del Cielo; el Cielo sigue los caminos del Tao, y el Tao sigue su propio camino.» *Tao Te King*, XXV.
Cfr. Chuang-ying Cheng "Confucius, Heidegger and the philosophy of the *I Ching*: A comparative inquiry into the truth of human being" (PEW, XXXVII, nº 1, 1987), donde se explica el significado de las dos nociones bá-

sicas del confucianismo clásico: *hsing* (naturaleza humana) y *t'ien* (cielo): «What heaven (*t'ien*) ordains is nature (*hsing*)» (*Chung Yung*).

37.   *Erläuterungen...,* p. 106; *Interpretaciones...,* pp. 123 y 124.

38.   Por lo mismo, el *Dasein* es *constitutivamente* histórico: «La historicidad (...) es una estructura constitutiva de este *Dasein*. Por tanto, en este análisis final, no es que el *Dasein* esté *en* la historia como una sustancia no-histórica o natural inserta en un flujo de eventos; más bien el *Dasein* es en sí mismo histórico. La historicidad es vista como determinante del ser-en-el-mundo del *Dasein*». Calvin O. Schrag: "Heidegger on repetition and historical understanding", PEW, XX, nº 3, 1970, p. 294.

39.   La siguientes palabras de Elisabeth Feist –que no compartimos– son representativas de lo que suele ser la posición habitual a este respecto: «(...) Porque el Ser y el Tiempo están entrelazados en el "acontecer", el Ser es un proceso o, en terminología de Heidegger, "historicidad" (...) El Ser, por tanto, es tan dinámico como el "mundo", mientras que *Brahman*, recordemos, es "inmutable" y "absoluto"». «El concepto heideggeriano de tiempo se mantiene en agudo contraste con el de Oriente. El tiempo, esto es, el tiempo básico, no puede ser aniquilado, puesto que el tiempo, como el Ser, es dado en el mundo como evento (historicidad) y como tal no es nunca un estático Ahora. (...) El tiempo es así la gran línea divisoria que se mantiene inamovible entre Heidegger y Oriente. Puesto que el tiempo, como el Ser, es un proceso, la noción de eternidad o de retorno a la fuente no tiene lugar en el pensamiento de Heidegger.» "Martin Heidegger and the East", PEW, XX, nº 3, 1970, pp. 259 y 260.

40.   También el verbo sánscrito "ser" (*sat*) se presta a ser interpretado en su forma nominal abstracta. De aquí también las erróneas interpretaciones estaticistas del Ser del Vedānta (índicas y, más aún, no índicas) a las que no se prestan otros principios no-duales como, por ejemplo, *Tao*. El taoísta en ningún caso objetiva *la Vía* en lo presente, sino que la comprende en su ejecución y devenir.

41.   Cfr. Anindita N. Balslev, *A Study of Time in Indian Philosophy,* Otto Harrassowitz, Wiesbaden, 1983.

42.   Cita al respecto a san Agustín. Cfr. *Ibid*, pp. 141 y 142.

43.   Esto último también lo afirmó Aristóteles: la poesía, no la historia, es universal.

44.   H. Durand, *De la mitocritica al mitoanálisis,* Ánthropos, Barcelona, 1993, pp. 11 y 12.

45.   H. Durand, *De la mitocritica al mitoanálisis,* p. 33.

46.   *Sé lo que eres. Las enseñanzas de Ramana Maharshi,* p. 143.

47.   I.A.T., p. 431; Y.s.e., p. 692.

48.   «Todo esto que vemos, ya sea inmóvil o móvil, es repetida y rápidamente construido –la totalidad del mundo– cuando una Era llega a su final. Y, al igual que en el cambio de estación aparecen las diferentes señales de la nueva estación, así también al comienzo de una Era hacen aparición diversos seres. Así, esta rueda sin comienzo ni fin, causante de la existencia y de la destrucción, hace girar el mundo, sin comienzo ni final.» *Mahābhārata* I, 36-38.

49.   "The word that became the absolute", *Journal Indian Council of Philosophical Research*, 1989, p. 32.

50.   *Chuang-Tzu*, c. 2, 21.

51.   «Usted, el Ser, siendo la raíz de todo ser, conciencia y gozo, imparte su realidad a todo cuanto percibe. Este impartir realidad ocurre invariablemente en el ahora.» I.A.T., p. 528; Y.s.e., p. 842.

52.   Para cualquier doctrina no-dual, la aparente estaticidad del Ser es Vida y Actividad suprema. Recordemos las palabras ya citadas de Ramana Maharshi: «La inacción es actividad incesante. El sabio se caracteriza por una actividad eterna e intensa. Su quietud se parece a la quietud aparente del trompo que gira rápidamente (un giroscopio). El ojo no puede seguir su velocidad y por eso el trompo parece quieto. Sin embargo, gira. Así es la inacción aparente del sabio. Esto debe explicarse porque la gente generalmente confunde quietud con inercia. No es así». Ramana Maharshi, *Pláticas con Sri Ramana Maharshi*, p. 602.
No compartimos, por este motivo, una de las conclusiones a las que llega John Caputo en su estudio comparado entre Heidegger y la mística eckhartiana: considera que una diferencia básica entre ambos sería precisamente la de que el eternalismo de Eckhart es metafísico, platónico, pues se sustenta en una dualidad irreconciliable entre la eternidad y el tiempo, entre el ahora eterno y permanente (*nunc stans*) y el ahora móvil (*nunc movens*). En palabras suyas: «La totalidad de la teoría del tiempo de Eckhart descansa sobre la base de una concepción del Ser como "presencia" (*Anwesenheit*) permanente y se mantiene a la sombra de la metafísica griega (…) el "asunto" (*Sache*) de Heidegger, por otra parte, no concierne a la eternidad sino al tiempo». *The Mystical Element in Heidegger's Thought*, p. 226.
Esta opinión de Caputo encuentra un apoyo en el Heidegger del *Sein und Zeit*, quien afirma expresamente que «el concepto de la eternidad en el sentido del "ahora estático" (*nunc stans*), está sacado de la comprensión vulgar del tiempo y acotado buscando la orientación en la vía de lo "constante" "a la mano" o "ante la vista" (*Vorhandenheit*)» (SZ, p. 427, not. 1; ST, p. 460, not. 1). Consideramos que esta afirmación de Heidegger es aplicable a ciertas interpretaciones teológicas de la eternidad y del ahora eterno (*nunc stans*), pero no, por ejemplo, a la de Eckhart. Además, y como explicaremos, la concepción del tiempo de *Sein und Zeit* sí se aparta abiertamente de la concepción no-dual del tiempo, pero también diverge de la concepción de la temporalidad del segundo Heidegger –pues ésta última introduce una extaticidad vertical en la concepción extáticamente horizontal del tiempo de su primera etapa–.

53.   En VI, 9, 9, 11.

54.   Eckhart, *Tratados y Sermones*, pp. 572 y 573.

55.   Invita a realizar la acción pura, la que pertenece al ahora puro: la acción no mediatizada por sus resultados, por la referencia o cálculo relativos a un antes y a un después.

56.   Símbolo de *Ātman/Brahman* cualificado o lo relativamente absoluto.

57.   SD, p. 44.

58.   *Erläuterungen…*, p. 73; *Interpretaciones…*, p. 93.

59. Heidegger, *Erläuterungen*..., p. 73; *Interpretaciones*..., p. 93.

60. Heidegger, *Erläuterungen*..., p. 76; *Interpretaciones*..., p. 95.

61. «El momento [de lo Único] no es finito ni infinito. Permanece antes de esas medidas [es decir, es no-dual]. Ese momento alberga el reposo en que se contiene todo impulso del destino. A tal momento, bendiciéndolo por primera vez conforme a su ser, llega lo sagrado.» *Erläuterungen*..., p. 106; *Interpretaciones*..., p. 123.

62. Nishitani explica la relación existente en el no-dualismo budista entre *śūnyatā* y tiempo con las siguientes palabras, perfectamente aplicables a todo no-dualismo y al mismo pensamiento de Heidegger: «(...) cuando *estamos* en nuestro propio elemento (*home-ground*), nos mantenemos en el paso de un momento al siguiente *fuera* del tiempo, a la vez que permanecemos, sin fondo, *dentro* del tiempo. Mientras permanecemos radicalmente, o más bien sin fondo (sin terreno y sin nada en lo que descansar), dentro del mundo, nos mantenemos al mismo tiempo fuera de él. En este caso, no tener nada sobre lo que descansar significa absoluta libertad.

Salir del tiempo hacia el ámbito de *śūnyatā* no es diferente a radicalizar el modo de ser en el tiempo, esto es, a vivir *positivamente* en las vicisitudes del tiempo». *Religion and Nothingness*, p. 160.

O en unas palabras cercanas de Takeshi Umehare:

«Según Dôgen (...) el tiempo cambia del ser al no ser. En este sentido, el tiempo es finito. Pero sin este tiempo no habría seres, incluyendo el ser del ser humano. Si éste es el caso, este tiempo presente es en sí mismo absoluto. (...) Para Dôgen todos los seres están en un absoluto presente, y esta conciencia del absoluto presente como fundamento de los seres es el *satori* (iluminación). (...) El ser humano no debería apegarse a esta vida finita, porque tal apego se deriva de su creencia en que esta vida finita es algo que ha de ser mantenido. Al mismo tiempo, el ser humano no debería negar esta vida finita, porque tal negación es, después de todo, el apego negativo a la vida finita. Ni estar cansado de esta vida ni desear el *nirvāṇa* guían al ser humano a la iluminación.» "Heidegger and Buddhism", PEW, XX, nº 3, 1970, pp. 279 y 280.

63. Es el tiempo que Heidegger caracteriza como «una multiplicidad de ahoras "ante la vista"» (eine *vorhandene Jetzmannigfaltigkeit*). Cfr. SZ, pp. 417 y 418; ST, p. 449. Esta caracterización del tiempo es sólo válida para el tiempo hecho público en la medición, pero en absoluto es válida para el tiempo *per se,* que no es "objetivo" ni "subjetivo" sino previo a esta distinción (cfr. SZ, p, 419; ST, pp. 451 y 452).

64. Kierkegaard no supera el dualismo al establecer una radical oposición entre el hombre finito y la perfección infinita, entre la eternidad y el tiempo. La manifestación de lo eterno en el tiempo –Cristo–, es de hecho concebida como la suprema paradoja, lo irracional y absurdo por excelencia, que ha de ser aceptado por un acto igualmente irracional de fe.

Por cierto, hablamos del Kierkegaard más conocido: el de los seudónimos. En realidad, esta posición no es la del Kierkegaard que no escribe bajo pseudónimo (es decir, la de Kierkegaard *per se*). Sorprendería a muchos al acercarse a estas últimas obras –las menos conocidas– hallar en ellas a un Kierkegaard casi taoísta, muy cercano a lo que aquí hemos denominado perspectiva no-dual.

65. «(…) lo uno y lo mismo puede sólo ser patente a la luz de algo que permanece y dura. La constancia y el permanecer, sin embargo, salen a la luz cuando se echan de ver la persistencia y el presente. Pero eso ocurre en el instante en que se abre el tiempo con sus extensiones. Desde que el hombre se sitúa en la presencia de algo que permanece, es cuando puede exponerse a lo mudable, a lo que viene y va, pues sólo lo persistente es mudable. Sólo cuando el "tiempo desgarrador" se ha desgarrado en presente, pasado y futuro, se da la posibilidad de unirse en algo que permanezca.» *Erläuterungen…*, p. 70; *Interpretaciones…*, p. 90.

66. Cfr. SZ, capítulo tercero.

67. Cfr. ST, p. 460; SZ, p. 426.
«Heidegger busca el significado del *Dasein* en términos de tiempo. (…) Según Heidegger, el "tiempo" significa "finitud". "Finitud" significa "ser para la muerte". Esto implica decir que el *Dasein* es temporal, y el ser humano, siendo temporal, es finito, es decir, un ser para la muerte.» Takeshi Umehare, "Heidegger and Buddhism", PEW, XX, n° 3, 1970, p. 274.

68. Propiamente, no es que la concepción de la relación hombre-tiempo de *Sein und Zeit* sea contraria a la del Advaita; sencillamente es –desde el punto de vista advaita– insuficiente, pues es una caracterización sólo válida con relación a un nivel de conciencia específico (el del ego que aún no se ha relativizado a sí mismo). Ambas visiones, puesto que pertenecen a niveles diversos de consideración, no son mutuamente excluyentes.

69. SZ, p. 187.

70. Elisabeth Feist Hirsh, "Martin Heidegger and the East", PEW, XX, n° 3, 1970, p. 250

71. Retomamos una afirmación de Krishnamurti, quien sostiene que la libertad no es libertad para optar sino, más bien, el estado que consiste en no tener que elegir. La elección, considera Krishnamurti, dice siempre relación al pasado psicológico: supuestamente hay un "yo" que permanece en el tiempo y que es quien elige; pero este yo que permanece en el tiempo es, como hemos visto, un yo-idea: es pasado sostenido por la memoria. Por lo mismo, toda elección es más una reacción que una acción pura. El ego es llegar-a-ser; se sustenta en la necesidad de elegir. Lo relevante no es qué elija; lo que le esclaviza es su creencia de que "está condenado a elegir" y de que su voluntad, como *velle* orientado a la auto-posesión, puede ser libre.
En palabras de M. M. Agarwal: «Esta conciencia no-egótica de *ser* sin llegar-a-ser es el verdadero carácter de la libertad. Es la muerte de la temporalidad psicológica del ser humano. En este final "hay libertad del miedo a no ser capaz de continuar" (…) La libertad, de este modo, es el camino de la "mismidad". Siendo *nada* no hay nada que temer. Por tanto, la libertad no es *para* el yo, es libertad *del* sí mismo con respecto al "mí", es decir, con respecto a *ser* un ser 'condenado a elegir'». "Nothingness and Freedom: Sartre and Krishnamurti", *Journal of Indian Philosophical Research*, IX, n° 1, 1991, p. 57.

72. En su artículo "Comparative Philosophy and Spiritual Values: East and

West" (PEW, XIII, n° 3, 1963, pp. 119 y 120) hace ver P. T. Raju que, en Occidente, "la libertad" ha sido objeto de la ética, es decir, que se ha planteado siempre en relación con la voluntad –la voluntad libre–. Esto, sostiene, ha quitado a este tema todo su alcance espiritual [ontológico]. Ahora bien, el concepto de voluntad no se encuentra ni en las filosofías de Platón y de Aristóteles ni en las de la India; para estas filosofías el problema de la libertad es el problema de la libertad de *psyche* o *nous* o el de la libertad del *ātman*.

¿Es libre la voluntad? Si la voluntad es mi voluntad –continúa Raju– entonces yo la determino, es decir, está determinada por mi Yo. El Yo está, por lo tanto, por encima de la voluntad y la voluntad en sí misma no es libre. Si, por el contrario, la voluntad está por encima del yo, es libre la voluntad pero no el yo. Estas paradojas sirven para mostrar la inadecuación de los paradigmas conceptuales de la ética occidental moderna. El problema de la ética debería ser si el yo es libre, pero no si mi voluntad, que está constituida por un grupo de deseos –o que es la unidad dinámica de los mismos–, es libre.

La libertad es la capacidad del Yo de trascender su dimensión condicionada en virtud de *Cit*. La libertad ha de ser comprendida desde el Yo/Conciencia. Si nos aproximamos al problema desde la voluntad o el intelecto –que son objetos de *Cit*– las dificultades son insuperables.

Afirma en esta línea Kalidas Bhattacharya: «Los advaita vedantines (…) han insistido más en la libertad cognitiva y han considerado la libertad de la voluntad como meramente esclava o instrumental [*ancillary*]». "Classical Philosophies of India and the West". PEW, XIII, n° 1, 1958, p. 18.

73.   *Erläuterungen…*, p. 45; *Interpretaciones…*, p. 65.
74.   I.A.T., p. 185; Y.s.e., p. 322.
75.   I.A.T., p. 12; Y.s.e., p. 43.
76.   I.A.T., p. 150; Y.s.e., p. 268.
77.   Platón pone en boca de Sócrates las siguientes palabras: «(…) el dios me ha asignado a mí que no cese en absoluto durante el día entero de aguijonearos (…) supongamos que vosotros, enojados como los que, adormecidos, son despertados, me dais un golpe y me matáis (…) en este caso pasaríais el resto de vuestra vida durmiendo, a no ser que el dios preocupado de vosotros os enviase algún otro». *Defensa de Sócrates*, 30 e.
78.   En su comentario a la *Chāndogya Upaniṣad* (VI, 14, 1-2), afirma Śaṅkara que el yo no está más que aparentemente esclavizado y que la liberación no es más que una *toma de conciencia* de su eterna libertad. «Creo sufrir, estar esclavizado, deseo la liberación. En el momento en que comprendo –por haberme "despertado"– (…) comprendo que la existencia toda no ha sido sino una cadena de momentos dolorosos y que el verdadero espíritu "contemplaba impasiblemente" el drama de la "personalidad".»
79.   I.A.T., p. 69; Y.s.e., p. 142.
80.   I.A.T., p. 155; Y.s.e., p. 276.
81.   *El cantar de Aṣṭāvakra*, c. XVIII, 6, 7.
82.   I.A.T., p. 223; Y.s.e., p. 376.
83.   I.A.T., pp. 93 y 94; Y.s.e., pp. 180 y 181.
84.   WD, p. 92; *¿Qué significa pensar?*, p. 136.
85.   *Erläuterungen…*, p. 71; *Interpretaciones…*, p. 91.

86. La raíz sánscrita *"smŗ"* [de *smŗiti* = memoria] significa: el pensamiento que recuerda, que mantiene o conserva, que cuida o protege.

87. Es interesante el paralelismo existente entre las dos citas siguientes: «Este *Ātman* que reside en el corazón es más pequeño que un grano de arroz, más pequeño que un grano de cebada, más pequeño que un grano de mostaza, más pequeño que el germen de un grano de mijo. Este *Ātman* que reside en el corazón es, a la vez, más grande que la tierra, más grande que la atmósfera, más grande que el cielo, más grande que todos estos mundos juntos.» ChU III, 14, 3.
   «El *"Gedanke"* significa el alma, el corazón, el fondo del corazón, aquello más íntimo del hombre que extiende su alcance más fuera de él que ninguna otra cosa, hasta lo más distante, y esto de manera tan decidida que, considerándolo bien, ni siquiera permite que se forme la idea de un dentro y un fuera.» Heidegger, WD, p. 157; QP, p. 140.

88. *Sé lo que eres. Las enseñanzas de Ramana Maharshi*, pp. 113 y 114.
   «En realidad, la Conciencia pura es indivisible, no tiene partes; no tiene forma ni figura, no tiene "adentro ni afuera", no tiene derecha ni izquierda. La Conciencia pura es el Corazón, incluye a todo y nada está fuera o aparte de ella. Esta es la máxima verdad» (p. 114).

89. Rememorar, afirma Heidegger, es recomenzar originariamente a cada instante con todo lo que un verdadero comienzo tiene de extraño e inseguro.

90. US, p. 254; *De camino al habla*, p. 240.

91. BSBh III.2.17.

92. Afirmar que éste es un punto de divergencia básica entre ambos planteamientos ha llegado a ser un lugar común. Por ejemplo, sostiene John Caputo en su obra *The Mystical element in Heidegger's Thought*, hablando de Heidegger y el zen: «El lenguaje, para el zen, es como un dedo apuntando a la luna; no debe ser tenido en cuenta a favor de una "señalización directa" sin dedos (…) Donde Bodhidharma habla de "no dependencia de las palabras y letras", Heidegger dice que "el lenguaje es la casa del Ser"» (p. 216).

93. Cfr. US, p. 251; *De camino al habla*, p. 237.
   «Cuando las palabras están dichas, hay silencio. Cuando lo relativo termina, queda lo absoluto. El silencio antes de que las palabras fueran dichas, ¿es distinto del silencio que viene después? El silencio es uno, y sin él las palabras no podrían haber sido oídas. Siempre está ahí –tras las palabras–. Mueva su atención de las palabras al silencio y lo oirá.» Nisargadatta, I.A.T., p. 359; Y.s.e., p. 582.

94. *Erläuterungen…*, p. 37; *Interpretaciones…*, p. 58.

95. *Erläuterungen…*, pp. 37 y 38; *Interpretaciones…*, p. 58.

96. Eckhart, *Tratados y Sermones,* p. 343.

97. Entendido como hombre/mundo, es decir, tanto en su dimensión objetiva (energético/ material; el mundo del *ello*) como subjetiva (el mundo interno del *yo* individual y del *nosotros* colectivo: el mundo intersubjetivo de la cultura).

98. Cfr. "Logos (Heraklit, Fragment 50)", *Vörtrage und Aufsätze*, p. 207 y ss.; "Logos (Heráclito, fragmento)", *Conferencias y artículos*, pp. 179 y ss.

99. *Tao*, principio último del taoísmo chino, significó originalmente "palabra".

100.   «El carácter inseparable del pensamiento y del lenguaje había sido claramente percibido por los filósofos estoicos y los platónicos de Alejandría,
cuando denominaban a las ideas creadoras de la divinidad: *logoi*, es decir, a
la vez "pensamientos" y "palabras"; del mismo modo, los antiguos filósofos
hindúes llamaban a los mismos pensamientos *nāma-rūpa*: "nombres" y
"formas". Estos nombres y formas son, en efecto, las *eide* o ideas de Platón,
y las especies inteligibles de los estoicos. Pensados por *Brahman* antes de la
creación del mundo, estos *nombres-formas* eran no-manifestados (*avyākri-
ta*); en el mundo creado, son manifiestos (*vyākrita*) y multiformes.» M.
Müller, *Introducción a la Filosofía vedānta*, p. 87.

101.   El significado básico de la palabra *brahman* es "formación". Un significado
básico amplio que a veces adopta el significado más específico de formulación poética, otras el de formación de un embrión, etc. En palabras de Paul
D. Tate: «(…) el significado básico de *brahman*, la metáfora fundamental
encarnada en la palabra, debe ser entendido como emergencia –emergencia
en la forma, emergencia en el ser–». «El mito creacionista del *Ṛg Veda* sugiere, en su sencillo pensamiento, una asociación del llegar-a-ser de la palabra y el significado con el llegar-a-ser de las cosas, una asociación que es
comparable, a la asociación que establece el pensamiento presocrático entre
lógos y *phýsis*.» "Comparative Hermeneutics: Heidegger, the Pre-Socratics
and the Ṛgveda", PEW, XXXII, n° 1, 1982, p. 54.
El en este mismo artículo, Paul D. Tate pone en relación el tratamiento védico
de la palabra con el pensamiento heideggeriano y presocrático al respecto:
«(…) hay algunas pruebas que apoyan la interpretación heideggeriana de las
cosmologías védicas. En el mito creacionista central del *Ṛgveda*, Indra, a
menudo denominado Brahmaṇaspati o Bṛhaspáti, "Señor de la formulación
poética", libera la riqueza de la tierra de la ocultación mediante la pronunciación de ciertas auténticas *brahmāṇi* o formulaciones poéticas» (p. 52).
«(…) las historias creacionistas del *Ṛg Veda* tienen reminiscencias de las
cosmologías presocráticas. De hecho, hay sorprendentes paralelismos entre
las dos. Ambas reflejan (…) sutiles y sofisticadas intuiciones sobre el rol del
lenguaje y de la verdad en la creación» (p. 47).
Según Müller, «las palabras *brahman [de la raíz brih = el poder creador o
la palabra que explota hacia afuera], verbum y word* provienen de la misma
raíz y comparten básicamente el mismo sentido, es decir, "palabra"». Cfr.
Introducción a la Filosofía vedānta, p. 92.

102.   *Sapatha Brāhmaṇa* VIII, 1, 2, 9 y XI, 6, 18. Cfr. Müller, *Introducción a la
Filosofía vedānta*, p. 91.

103.   Cfr. el artículo de Julia Mendoza, "La Unidad Divina en el Ṛg Veda" en *Sarasvatī*, n° 2, 1999.

104.   RV X, 125.

105.   "Heidegger and Vedānta: Reflections on a Questionable Theme", *Heidegger
and Asian Thought*, pp. 27 y 28.

106.   Cfr. García Bazán, *Neoplatonismo y Vedānta*, pp. 201 y 202.

107.   *Sarvadarśanasaṃgraha*, p. 140.

108.   Bazán discrepa de la interpretación que considera que Bhartṛhari propone un
monismo de la palabra y reduce lo fenoménico a pura apariencia. Cree, de

hecho, que la influencia de Bhartṛhari en Śaṅkara radica en lo que será el realismo fenoménico shankariano: la consideración de la ilusión como reflejo de lo Absoluto, es decir, como una ilusión objetiva, *real e irreal* al mismo tiempo. Cfr. *Neoplatonismo y Vedānta*, p. 201 y notas.

109.   Cit. por Müller, *Introducción a la Filosofía vedānta*, p. 93.

110.   «(…) *śabda-brahman* no es la expresión de un contenido previamente pensado. No es solamente una palabra inteligible, *vāc*. Es también sonido (…) *Śabda*, la palabra, es ambas cosas a la vez: significado y sonido. *Mokṣa* no es un proceso exclusivamente cognoscitivo.» R. Panikkar, *La experiencia filosófica de la India*, p. 77.

111.   Raj Gupta, en su artículo "The word that became the absolute: relevance of Śaṅkara's ontology of language" (*Journal of Indian Council of Philosophical Research*, 1989, 27-41), nos dirá, hablando de la recitación del *mantra*: La mente ha de concentrarse en la palabra y en la respiración y dejarse ir y venir rítmicamente con ella. Al principio se está regulando activamente la pronunciación y la respiración, pero llega un momento en que ambas fluyen al unísono de modo impersonal. Ya no hay un yo que diga la palabra/aliento. Sólo es la palabra, que se revela como la realidad. Es decir: la palabra llega a ser la única realidad y se vuelve lo por ella designado. La palabra abandona el sistema lingüístico del que forma parte y el hombre es poseído por la palabra. El lenguaje pierde su referencia a funciones interpretativas (es el lenguaje interpretativo el que crea y multiplica las distinciones). Todo abandona su otreidad. Los *dvandas* y conflictos descansan aquí. Sólo esta palabra que es en el ahora puro es palabra creadora: «*Buddhi* es la facultad determinadora. En asociación con los sentidos y la palabra (*vāk*), determina el material fenoménico a través del acto de predicación lingüística. En asociación con *manas*, determina las cosas en términos de placer y dolor, deseabilidad y no deseabilidad. Cuando los sentidos cesan en su función y *manas* se aquieta, determina la realidad únicamente en términos de existencia» (p. 38). «*Manas*, la mente, es conciencia *ex-stática*: *manas* rechaza persistir en la presencia dada, morar en ella, quedar absorbido por ella; constantemente se mueve hacia atrás y hacia delante (…) La mente puede perder su *rājásica, ex-stática* naturaleza únicamente a través de la auto-sumisión a la presencia, quedando absorbida por ella (…) no quedará entonces *manas* temporal para conocer la temporalidad (…) Es en este auto-olvido, este abismo, donde yace la fuente creativa de la palabra (…) La mente quietada es la creadora del mundo, y no la mente activa» (p. 38).

112.   BSBh I.iv.9.

113.   I.A.T., p. 76; Y.s.e., pp. 151 y 152.

114.   «El objetivo de *japa* (…) es el de excluir pensamientos diversos y restringirse a sólo un pensamiento. Al final ese único pensamiento también desaparece en su fuente, la Conciencia absoluta, o sea, el Ser. La mente se dedica a *japa* y luego se sumerge en su propia fuente.» Ramana Maharshi, *Sé lo que eres. Las enseñanzas de Ramana Maharshi*, p. 187. «El objetivo del *mantra japa* es darse cuenta de que el mismo *japa* ya se está llevando a cabo dentro de uno mismo sin esfuerzo» (p. 191).

115.   «AUM, por tanto, junto con su silencio circundante, es el sonido símbolo de la totalidad de la conciencia y al mismo tiempo su espontánea afirmación.» Heinrich Zimmer, *Myths and Symbols in Indian Art and Civilization*, Harper, Nueva York, 1962, p. 154.

116.   «(…) las ataduras del nacimiento y de la muerte no dejarán de existir con sólo repetir muchas veces los *mahā-vākya* (…) En lugar de andar por ahí repitiendo "yo soy el Supremo" manténgase como el Supremo usted mismo. La miseria del nacimiento y de la muerte no cesará al repetir en voz alta un sinnúmero de veces "Yo soy Eso", sino solamente al mantenerse como Eso.» Ramana Maharshi, *Sé lo que eres. Las enseñanzas de Ramana Maharshi*, p. 188.

117.   Las siguientes palabras de J. L. Mehta son un perfecto resumen de lo que venimos expresando: «En las *Upaniṣad* mismas y en las escuelas del Vedānta advaita que surgieron después de Bhartṛhari, esta toma de conciencia del lenguaje, bien como Palabra principal o como *śruti*, no está nunca ausente. La insistencia de Śaṅkara en la inseparabilidad del conocimiento liberador de *Brahman* y la palabra védica acerca de este conocimiento, y sobre la inmediatez de la relación entre los dos, es un buen ejemplo de ello. Que la palabra de la *śruti*, en sí misma queda al margen y es dejada atrás en la realización de este conocimiento no es un argumento contra lo anterior, pues todo dicho, como tal, es una revelación, un modo de des-ocultamiento, y el primero no es un instrumento para lo segundo sino que es una realidad inseparable de él, como ha insistido Heidegger. La designación del *Veda* (…) como el *Śabda-Brahman* –un aspecto de *Brahman* o como el *Brahman* inferior– y de la Palabra principal como *Brahman* mismo no es poco común en la literatura vedānta y expresa este modo completo de pensar. Cuando esto es olvidado y el lenguaje es entendido como teniendo una única realidad instrumental, el pensamiento vedānta es fácilmente tratado como una suerte de "teología"». "Heidegger and Vedānta: Reflections on a Questionable Theme", *Heidegger and Asian Thought*, pp. 27 y 28.

118.   "Heidegger and Vedānta: Reflections on a Questionable Theme", *Heidegger and Asian Thought*, p. 27.

119.   Palabras de Namdev (sabio del siglo XIV) citadas por Ramana Maharshi en *Sé lo que eres. Las enseñanzas de Ramana Maharshi*, p. 182.
        De aquí las siguientes palabras de Ramana Maharshi: «"Yo" (…) es el primer y mejor *mantra*. Incluso *Om* toma un segundo lugar». Ibid, p. 186.

120.   Cfr. Ananda K. Coomaraswamy, "Nirukta = Hermeneia" en *Axis Mundi*, nº 4, 1995, pp. 49 y ss.

121.   *Ibid*, p. 57.

122.   *Ibid*, pp. 55 y 56.

123.   Con relación al habla (*Rede*), el lenguaje (*Sprache*) que el hombre "utiliza" y la palabra (*Wort*) que pronuncia tienen un carácter secundario y derivado.

124.   G. H. von Wright, *L.W.: Briefe an Ludwig von Ficker*, Salzburgo, Otto Müller Verlag, 1969, pp. 88 y 252.

125.   Dado que el término "mostrar" lo hemos venido utilizando para aludir a la mostración objetiva de lo real, es decir, en un sentido distinto al que le otorga Wittgenstein, hablaremos de "lo patente supraobjetivo".

126.   «Respecto a una respuesta que no puede expresarse, tampoco cabe expresar

la pregunta. / El enigma no existe. / Si una pregunta puede siquiera formularse, también puede responderse / El escepticismo no es irrebatible, sino manifiestamente absurdo, cuando quiere dudar allí donde no puede preguntarse» (6.5 y 6.51).

127.   I.A.T., p. 91; Y.s.e., pp. 177 y 178.
128.   *Briefe an Ludwig vom Ficker,* p. 78.
129.   Afirma K. Nishitani hablando del budismo zen: «Si el silencio es oro, entonces el zen debería ser considerado una alquimia que transforma todas las cosas en oro purificándolas en el fuego de la negación de todas las letras y palabras, nombres y conceptos, métodos lógicos y sistemas teóricos. El zen es, por así decir, una alquimia anti-ontológica». Keiji Nishitani, "Ontology and Utterance", PEW, XXXI, n° 1, 1981, p. 31.
130.   Y que, por cierto, lo ponen en paralelo con lo que fue la época de la sofística griega. Es una sofística de masas multiplicada al infinito por la irradiación y virtualidad de los *media* y del "ciberespacio".
131.   A este nivel, y sólo a este nivel, es apropiada la afirmación de Foucault de que el conocimiento es poder.
132.   *Erläuterungen...,* pp. 37 y 38; *Interpretaciones...,* p. 58.
133.   c. 25, 13.
134.   HW, p. 230; "La frase de Nietzsche...", p. 206.
135.   I.A.T., p. 64; Y.s.e., p. 133.
136.   I.A.T., p. 65; Y.s.e., p. 135.
137.   *Chuang-Tzu,* c. 13, 11.
138.   *Chuang-Tzu,* c. 2, 4.
139.   *Erläuterungen...,* p. 45; *Interpretaciones...,* p. 65.
140.   *Ibid,* p. 95.
141.   «En un famoso ensayo sobre "El sentido antitético de los mundos primitivos", Freud cita extensamente la obra de Carl Abel, filólogo alemán del siglo XIX, quien señaló que "el hombre no ha sido capaz de adquirir ni siquiera sus ideas más antiguas y sencillas a no ser en contraste con sus opuestos; sólo aprendió gradualmente a separar los dos términos de la antítesis y a pensar en el uno sin una comparación consciente con el otro". Luego Abel cita varias palabras de las formas más antiguas conocidas del idioma egipcio, que tienen significados como "fuerte/débil", "viejo/joven", "lejos/cerca", "interior/exterior" (...) *Altus* (latín) = alto y profundo; *Sacer* (latín) = sagrado y maldito, (...); etc.» A. Watts, *Las dos manos de Dios,* p. 45.
142.   *Ibid,* p. 45.
143.   «La auténtica actividad lingüística se adecua al principio del absoluto vacío.» Hee-Jin Kim's, "The Reason of Words and Letters: Dögen and Köan Language" en *Dögen / Heidegger / Dögen–A review of Dögen Studies,* p. 78.
144.   *Aus der Erfahrung des Denkens,* Verlag Günther Neske, Pfullingen, 1965^2, p. 78.
145.   Q.e.f, p. 68; WP, p. 30.
146.   US, P. 243; *De camino al habla,* p. 229.
147.   I.A.T., p. 388; Y.s.e., p. 626.
148.   *Erläuterungen...,* p. 39; *Interpretaciones...,* p. 59.
149.   *La experiencia filosófica de la India,* p. 79.

150.   R. Panikkar, *Invitación a la sabiduría*, p. 127.
151.   I.A.T., p. 227; Y.s.e., p. 383.
152.   *Erläuterungen...*, p. 76; *Interpretaciones...*, p. 95.
153.   *Tratados y Sermones*, p. 342.
154.   *Tratados y Sermones*, pp. 424 y 425.
155.   Cit. por D. E. Harding, *On Having No Head. Zen and the Rediscovery of the Obvious*, p. 25.
156.   «La vía para conocer el lenguaje, por tanto, no es la vía del discurso. El camino para conocer *aum* es el camino del empobrecimiento: tienes que empobrecerte de pensamientos e interpretaciones, del deseo y la pasión, y permitir a la palabra que se revele dentro de ti. Un modo de adquirir esta apertura, esta inocente pasividad, es el método yóguico: meditar sobre la palabra mezclada con el aliento (...), permitir a la palabra poseerte y usuparte.» R. Gupta, "The word that became the absolute: relevance of Śaṅkara's ontology of language", *Journal of Indian Council of Philosophical Research*, 1989, p. 35.
157.   *Erläuterungen...*, p. 28; *Interpretaciones...*, pp. 48 y 49.
158.   Cfr. US, p. 256.
159.   ID, p. 143.
160.   Dios no gobierna el mundo (...) Todo ocurre por sí mismo (...) Todo es un juego en la Conciencia". I.A.T., p. 36; Y.s.e., p. 87.
161.   «Si quieres ser [justo] no pretendas nada con tus obras y no te construyas ningún porqué. El porqué basado en finalidades secundarias no tiene razón de ser y no corresponde a la "causa de las cosas en la verdad", ya que Dios obra sin porqué. Y así como la vida vive por ella misma y no busca ningún porqué por el cual vive, así también el justo no conoce ningún porqué por el cual haga alguna cosa.» Eckhart, *Tratados y Sermones*, p. 54.
162.   R. Panikkar, *La experiencia filosófica de la India*, p. 128
163.   «La Causa primera, que es puramente activa sin pasividad, no trabaja con ningún fin o meta, sino que sólo busca comunicar Su perfección.» Tomás de Aquino, S Th, I a, XLIV. 4. [Aunque el Advaita nunca hablaría del Ser como Causa].
164.   Cit. por Ramesh S. Balsekar en *Pointers from Nisargadatta Maharaj*, p. 31.
165.   I.A.T., p. 297; Y.s.e., p. 486.
166.   «(...) descubra al Movedor único detrás de todo lo que se mueve y déjelo todo a Él. Si no duda ni engaña, éste es el camino más corto a la realidad. Permanezca sin deseo y sin miedo, renunciando a todo control y a toda responsabilidad.
(...) ¿Qué hay de malo en abandonar la ilusión del control personal y la responsabilidad personal? Ambos existen sólo en la mente. Por supuesto, mientras usted imagine que tiene control, ha de imaginarse también que es responsable. Lo uno implica lo otro.» Nisargadatta, I.A.T., p. 151; Y.s.e., p. 269.
167.   «Aquel que reconoce que es tan sólo la naturaleza la que realiza todas las acciones que se realizan por doquier, en este mundo cambiante, mientras que el Espíritu meramente observa su trabajo, éste en verdad discrimina con acierto.» BG, XIII, 29.
168.   Cfr. *Pointers from Nisargadatta Maharaj*, p. 101.

«El resultado de dicha apercepción [la de la no-existencia del yo-hacedor separado] es una especie de cambio de la experiencia de un individuo a la existencia como tal; la voluntad desaparece y cualquier cosa que suceda parece correcta y adecuada. Uno toma su posición como testigo de todo cuanto sucede o, más bien, sólo queda ese atestiguamiento» (p. 167).

169. Cit. por F. Delclaux, *El silencio creador*, p. 51.

170. *Tratados y Sermones*, pp. 184 y 185.

171. «La fuente de todo lo contiene todo. Cualquier cosa que fluya de ella ha de haber estado allí en forma de semilla. Y al igual que una semilla es la última de innumerables semillas y contiene la experiencia y promesa de innumerables bloques, así lo Desconocido contiene todo lo que fue o pudo ser y todo lo que será. Todo el campo del devenir está abierto y es accesible; el pasado y el futuro coexisten en el ahora eterno.» Nisargadatta, I.A.T., p. 67; Y.s.e., p. 138.

172. «En el círculo, el comienzo y el fin son comunes.» Heráclito, frag. 109.
«El camino hacia arriba y el camino hacia abajo son uno y el mismo» (frag. 108).

173. No deja de ser significativo que las conclusiones a las que está arribando la física contemporánea hayan conducido a algunos científicos a una visión similar. Así, afirma David Peat –un reconocido teórico de la misma–: «(…) las partículas elementales están en un estado constante de formación y disolución dentro de lo que se llama estado fundamental o estado de vacuidad». «(…) el estado de vacuidad tiene un potencial infinito y su energía ilimitada provoca, no sólo las partículas elementales y todas las transformaciones de energía, sino incluso el espacio-tiempo mismo.» «(…) [se trata de una] fuente eternamente creadora que está más allá de los órdenes del tiempo.» «(…) El universo se pliega y se despliega continuamente a partir de su fundamento.» *Sincronicidad*, pp. 219, 221, 223 y 243.
Todo ello nos recuerda, analógicamente, a la creación eterna e ininterrumpida –por la que el mundo se crea y recrea a cada instante desde su Origen eterno– de la que nos hablan muchos místicos cristianos.

174. La noción hindú de *svalīlātva* alude a que el mundo es una manifestación que, como el juego de *Īśvara*, es una actividad absolutamente no necesaria. Nos dice John F. Butler, en su artículo "Creation, Art, and *Līlā*" (PEW, X, n° 1, 1960, 3-12): «El uso principal de *līlā* es el de metáfora, o analogía, que busca dar cuenta de la aparición de la realidad única, *Brahman*, como muchos, como "mundo" (*prakṛti, jagat-prapañca*)» (p. 3). «*Līlā* ("juego" o "diversión") es un concepto que la mayoría de los pensadores de la India han usado, con mayor o menor énfasis, para explicar o describir una paradoja en sus metafísicas de la creación cósmica. Como el término "creación" es usado tanto en la cosmología como en la estética, no sorprende que algunos pensadores de la India hayan extendido el uso de *līlā* a la estética, suponiendo que explica, o en todo caso describe bien, la motivación estética y que, por tanto, puede derramar alguna luz sobre la cualidad estética. Este uso de *līlā* encuentra un paralelismo occidental en diversas teorías estéticas del "juego". Finalmente, Rabindranath Tagore unió explícitamente los tres conceptos: *līlā*, la creación cósmica y la creación artística» (p. 3).

175.   *Der Satz vom Grund*, pp. 187 y 188.
176.   *Process and reality (An Essay in Cosmology)*, The Macmillan Co., Nueva York, 1959, p. 31.
177.   HW, p. 258; "Para qué ser poeta", p. 231.
178.   *Der Satz von Grund*, p. 187.
179.   *Der Satz vom Grund*, p. 60.
180.   *Erläuterungen...*, p. 64; *Interpretaciones...*, p. 85.
181.   I.A.T., p. 417; Y.s.e., p. 671.
182.   En este sentido discrepamos de John F. Butler, quien ve en la teoría índica de *līlā* una reducción de todo a la arbitrariedad y al sinsentido y una respuesta insatisfactoria y cruel al misterio del dolor: «Pensar en las tragedias de la vida como un juego divino es una repugnante frivolidad. (...) "Como moscas con respecto a niños caprichosos, así somos con respecto a Dios. / Nos matan para su diversión". Ése es el grito de la agonía desesperada: no puede ser pronunciado por ninguna religión que conserve conexiones con la moralidad«. "Creation, Art, and *Līlā*", PEW, X, n° 1, 1960, p. 8.
183.   I.A.T., p. 416; Y.s.e., p. 669.
184.   *La experiencia filosófica de la India*, p. 66.
185.   Hölderlin. Cit. por Heidegger, *Erläuterungen...*, p. 77; *Interpretaciones...*, p. 96.
186.   Rilke. Cit. por Heidegger en HW, p. 292; "¿Para qué ser poeta?", p. 262.
187.   *Erläuterungen...*, p. 25; *Interpretaciones...*, p. 46.
        Ahí se resuelve, en la verticalidad del ahora, el todo del tiempo: «El momento [del auténtico permanecer] (...) siempre aparece sólo como un "mero" momento ante un pensamiento que calcula (...) cuya realidad sólo la mide conforme a la duración. El momento se calcula como lo momentáneo y se le prefiere la continuidad. Pero el momento del auténtico permanecer es el momento de la Fiesta. Su duración tiene una índole especial. El durar habitual lo buscamos en la mera continuación del "y así sucesivamente". Si este tipo de durar puede además prescindir de comienzo y fin, surge la duración, sin principio ni fin, en la apariencia del más puro permanecer. Pero lo que dura poco en el campo de la visión del cálculo, puede sin embargo durar más que todo "y-así-sucesivamente" de la mera perduración; dura más que todo a la manera del instante eterno que retorna a la esencia del destino». Heidegger, *Erläuterungen...*, pp. 105 y 106; *Interpretaciones...*, p. 123.

10. Divergencias entre el pensamiento de Heidegger y la enseñanza advaita

1.   John A. Grimes, comparando el pensamiento de Heidegger con el de Śaṅkara, concluye: «El ser humano tiene la capacidad de preguntar acerca del Ser. El ser humano es la apertura al Ser. Pero, mientras que Heidegger no concibe al *Dasein* como fundamento del Ser, Śaṅkara sí lo hace (el *jīva* es *Ātman* es *Brahman*). Śaṅkara empuja su búsqueda hacia su lógico final. Él completará la "identidad". El Yo (*Ātman*) no es diferente de lo Absoluto (*Brahman*)». *Quest for Certainty*, p. 214.
      Afirma Donald W. Mitchell, en este sentido, en su "Commentary on Elisabeth Feist Hirsche's 'Martin Heidegger and the East'" (PEW, XX, n° 3, 1970) –habla del budismo zen, si bien lo que dice es perfectamente aplicable al Ad-

vaita–: «(…) este *śūnyatā* (o Ser) no tiene solamente una especial relación con el *Dasein*, se identifica con el *Dasein*. (…) con *prajñā* la dualidad de sujeto y objeto es superada» (p. 167). «El Ser en el zen no sólo ilumina "lo que es" y el mundo como su propio acontecer, sino que es, al igual que el Sí mismo, identificado con "lo que es"» (p. 167).

Y John Steffney: «Es importante notar que, aunque el zen afirma que el ser humano es el Ser, el zen no afirma (como se piensa usualmente) que el ser humano es Uno con el Ser. La decisiva distinción entre Heidegger y el zen no radica en que Heidegger postula una integración entre el hombre y el Ser mientras que el zen postula la Unidad de hombre y Ser, radica en que el zen trasciende la dualidad y la unidad a la vez. La unidad misma es un concepto dualista, que está en relación con la dualidad". "Transmetaphysical thinking in Heidegger and Zen Buddhism», PEW, XXV, n° 3, 1977, p. 327.

2.   *The Mystical Element in Heidegger's Thought*, p. 172.

3.   Cfr. WM, p. 38; QM, p. 59.

4.   Laszlo Versényi, en su obra *Heidegger, Being and Truth* (p. 137), comenta, en relación con este punto, cómo «Heidegger, si bien ha "deshumanizado" el pensamiento, al hacerlo ha "humanizado" al Ser. Pues el Ser necesita al hombre: "la palabra necesita hablantes, la verdad necesita quienes la digan, el Mensaje necesita mensajeros"». Cit. por John D. Caputo, *The Mystical Element in Heidegger's Thought*, p. 39.

5.   Todo lo dicho podría resumirse, retomando la distinción que establece J. Steffney entre lo integral/relacional y lo paradójico, del siguiente modo: el pensamiento de Heidegger es relacional en un sentido particularmente fuerte, tan fuerte que toca los límites de la no-dualidad; pero no llega a ser paradójico, como lo es la sabiduría oriental no-dual, para la que lo relacional y lo no-relacional son uno y lo Mismo.
En palabras de John Steffney: «(…) debe decirse, desde el punto de vista zen, que el interés de Heidegger en el Ser y en el No-ser es integral, no paradójico. El zen no podría abrazar la propuesta heideggeriana del Ser como desocultación y el No-ser como ocultación, porque hay una obvia dualidad implicada, como en la unión de más y menos algebraicos». "Transmetaphysical thinking in Heidegger and Zen Buddhism", PEW, XXV, n° 3, 1977, p. 329.

6.   *Los tres ojos del conocimiento*, p. 83.

7.   «Es realmente difícil para la crítica filosófica evaluar el pensamiento poético del último Heidegger. El mandato implícito aquí es: tómalo o déjalo intocado, esto es, piensa de este modo o piensa conceptual o representacionalmente. Si eliges la segunda alternativa, no serás nunca capaz de comprender el pensamiento poético. Hay una severa debilidad en cualquier método o senda en el camino hacia la verdad que parta de tal presuposición. No nos equivoquemos al respecto. Ningún pensamiento, poético o lógico, debería formular reclamaciones de inmunidad hacia la crítica cuando esa crítica es igualmente comprometida e imparcial.» J. Glenn Gray, "The splendor of the simple", PEW, XX, n° 3, 1970, p. 238.

8.   Lazlo Versényi, *Heidegger, Being and Truth*, p. 162. Cit. pot John D. Caputo en *The Mystical Element in Heidegger's Thought*, p. 41 y p. 176.

9.   Aunque el mismo Heidegger afirme, en su ensayo "Bauen, Wohnen, Den-
        ken" ("Construir, habitar, pensar"), que el pensamiento está lejos de ser algo
        fácilmente accesible, pues requiere «larga experiencia y un incesante ejerci-
        cio». *Vorträge und Aufsätze*, p. 162; *Conferencias y artículos*, p. 142.
10.   En palabras de W. Norris Clarke: «Considero que hay una profunda afinidad
        en el nivel de la experiencia básica entre los seres humanos de profundidad
        espiritual de todas las culturas, la cual proporciona una sólida base de opti-
        mismo para la creciente comprensión mutua entre las grandes tradiciones en
        el futuro. Esto podría, de hecho, dar lugar al descubrimiento espiritual más
        significativo de nuestros días. Este nivel experiencial debería ser, por tanto,
        el punto de partida del diálogo, no las elaboraciones teóricas de segundo ni-
        vel. Pero esto requiere que seres humanos con experiencia espiritual perso-
        nal de cierta profundidad se encuentren en este terreno. Y tales encuentros
        seguirán siendo difíciles y raros en la medida en que los filósofos occidenta-
        les (más dados a ello que los orientales) sean reluctantes a mostrar más de sí
        mismos que el rostro técnico académico del profesor que analiza objetiva-
        mente esquemas conceptuales». "The Self in Eastern and Western Thought:
        The Wooster Conference", *International Philosophical Quarterly*, VI, n° 1,
        1966, p. 104 y 105.
11.   Comentando la obra del profesor F. S. C. Northrop, *The Meeting of East and
        West* (New York, 1954), afirma Peter Munz: «(...) aunque la observación
        empírica pueda jugar un cierto papel en el pensamiento y en las teorías de
        los pensadores occidentales, éstos ni comienzan ni finalizan con observacio-
        nes positivas, mientras que en Oriente existe un grado de positivismo (de
        empirismo) completamente desconocido en Occidente». "Basic Intuitions of
        East and West", PEW, V, n° 1, 1955, p. 49
12.   *El Cantar de Aṣṭāvakra*, XIX, 8.
13.   WD, p. 22; QP, p. 54.
14.   J. Gleen Gray, poniendo en relación a Heidegger con la tradición filósofica
        alemana, sostiene: «Hay una deformación profesional –no estoy utilizando
        el término en un sentido moral– en la vida académica en todas partes, aun-
        que quienes estamos en ella raramente somos bastante conscientes de esto.
        Es quizá particularmente poderosa e insidiosa en la vieja Europa. La tradi-
        ción filosófica alemana, a pesar de sus grandes méritos, a menudo es dema-
        siado devota de las abstracciones y oscura en su expresión. Los profesores
        alemanes llevan vidas que están protegidas y son remotas con respecto a las
        realidades prácticas de la existencia cotidiana. Estas deformaciones de la
        institución y de la tradición operaron en Heidegger. (...) Su intento de ir más
        allá de estas formas y deformaciones, para alcanzar lo abierto, como él lo ex-
        presa, parece ser un intento de recobrar la simplicidad de su juventud».
        "Splendor of the Simple", PEW, XX, n° 3, 1970, p. 228.
15.   «El método de Heidegger de dar vueltas alrededor de un tema y perforar más
        y más profundamente dentro de él tiene un mérito incuestionable. Pero lo
        que uno gana en profundidad, lo pierde en alcance.» J. Glenn Gray, "The
        splendor of the simple", PEW, XX, n° 3, 1970, p. 239.
16.   Harland Cleveland, rector de la Universidad de Hawaii, en la presentación
        del congreso sobre "Heidegger y el Pensamiento oriental" celebrado en dicha

Universidad en 1970, manifestó, con ironía, una impresión análoga: «Vosotros que estáis acostumbrados a la prosa de Heidegger habéis olvidado, quizá, lo que se siente en la inmersión inicial. (…) yo no diría que la prosa de Heidegger es sólida, es muy viscosa (…) él pensaba que no era profesional ser profundo sin ser oscuro» (p. 223). «Mi encuentro con Heidegger tuvo un toque de ironía (…). Ahí estaba Heidegger sugiriendo que yo debería ser más meditativo, pero expresando esta necesidad generalmente en un lenguaje denso, racional, altamente técnico (…). Supongo que Heidegger podría paradójicamente sugerir que tenemos que explorar los límites del pensamiento calculador de cara a descubrir las posibilidades reales de la meditación. Pero no todo el mundo tiene el tiempo, la paciencia y el cerebro para pasar por este proceso» (p. 224). «Lo que Heidegger quiere decir en términos humanos sencillos de algún modo ha de poder ser expresado en términos humanos sencillos (…) ¿Podéis conmemorar a Heidegger liberando el elemento permanente de sus meditaciones del propio Heidegger? ¿Y podéis, además, hacer esto en un contexto inter-cultural» (p. 225). "Wellcome" (to the conference: Heidegger and Eastern thought), PEW, XX, n° 3, 1970.

17.   Cit. por Jeffrey M. Pearl and Andrew P. Tuch, "The hidden advantage of tradition: On the significance of T. S. Eliot's Indic Studies", PEW, XXXV, n° 2, 1985, pp. 117 y 118.

18.   Cit. por Karlfried Dürckheim, *El zen y nosotros*, p. 96.
        Los grandes maestros del taoísmo –Chuang Tzu y Lao Tse– son tanto poetas como pensadores. El pensamiento poético de ambos tuvo una influencia decisiva en el pensamiento poético de Heidegger, en su estilo y en sus expresiones. Como afirma R. May: «Heidegger podría haber tomado a Chuang Tzu como un modelo significativo con el que medirse, y no sólo a Hölderlin, Rilke, George, or Trakl (…)». *Heidegger's hidden sources*, p. 55.
        En la misma obra sostiene Graham Parker: «La forma altamente poética de los clásicos zen y taoístas parece haber impresionado a Heidegger tanto como sus contenidos. (…) El encuentro de Heidegger con ellos parece haber contribuido a un doble efecto en su pensamiento: por un lado, su prosa comienza a cambiar desde el lenguaje inflexiblemente funcional de *Ser y tiempo* a las más poéticas evocaciones de "Sobre la esencia de la Verdad" (1930), y, por otro, comienza a desarrollar uno de los principales temas de su pensamiento maduro –el concerniente a la proximidad del pensamiento filosófico y la poesía–» (p. 98).

20.   Cfr. *Heidegger and Asian Thought*, p. 7.
21.   *Martin Heidegger / Karl Jaspers: Briefwechsel*, p. 178.
22.   *Martin Heidegger / Karl Jaspers: Briefwechsel*, p. 181.
23.   *Martin Heidegger / Karl Jaspers: Briefwechsel*, p. 181.
24.   *Heidegger's hidden sources*, p. 102.
25.   *Heidegger's hidden sources*, p. 54.
26.   *Heidegger's hidden sources*, p. 46.
27.   «Es, por tanto, tan asombroso que uno tiene que admitir (…) que (…) todavía no hemos logrado alcanzar un diálogo adecuado con Heidegger, porque el interlocutor no ha estado ahí, y hemos estado genuinamente desconcertados con su pensamiento?» *Heidegger's hidden sources*, p. 56.

28.   Su temporal acercamiento al nazismo está en relación con su nacionalismo, también antipódico a la sensibilidad advaita (la única que, en su reconocimiento de la unidad en la diferencia, puede fundamentar un verdadero cosmopolitismo). En palabras de J. Glenn Gray: «El regionalismo de Heidegger es, a la vez, su fuerza y su debilidad. Él ilustra lo que una mente poderosa e imaginativa puede extraer de sustento filosófico del apego al hogar y a las cosas familiares de uso y belleza. Pero hoy estamos viviendo en un mundo cosmopolita y estamos volviéndonos nómadas una vez más, exponiéndonos a la buena de Dios a lo extraño y poco familiar. Es inapropiado que la filosofía lamente esta nueva situación, por muy poco bienvenidos que sean ciertamente algunos de sus rasgos. Más bien, un filósofo que ame la sabiduría práctica debe comenzar con estas duras realidades y, viviendo cerca de ellas, esforzarse por hacerlas más comprensibles a una confundida generación más joven que vaga rápidamente hacia una auto-alienación infructuosa. Tal pensamiento nómada no tendrá el atractivo que es inherente al pensamiento regional, pero ganará en realismo y dureza, y posiblemente interpretará mejor la verdadera situación del ser humano en toda su cómica y trágica dimensión». "The splendor of the simple", PEW, XX, n° 3, 1970, p. 239.

29.   Según R. Gupta, Heidegger no ha alcanzado la realidad en sí porque continúa «lleno de expectación y de esperanza ante lo que ha de ser la revelación de la Palabra, su repique de campanas y su trueno». *The Word Speaks to the Faustian Man* I, p. 115.

30.   Nisargadatta, I.A.T., p. 190; Y.s.e., p. 330.

31.   I.A.T., p. 419; Y.s.e., p. 674.

32.   I.A.T., p. 528; Y.s.e., p. 842.

BIBLIOGRAFÍA[1]

Pensamiento de Nisargadatta Maharaj
Balsekar, Ramesh S. *Explorations into the Eternal. Forays into the Teachings of Nisagardatta Maharaj*. Durham: Acorn Press, 1987.
— *Pointers from Nisargadatta Maharaj*. Acorn Press, 1983.
Dunn, Jean (ed.). *Consciousness and the Absolute. The Final Talks of Nisargadatta Maharaj*. Bombay: Chetana, 1997.
— *Prior to Consciousness. Talks with Nisargadatta Maharaj*. Durham: Acorn Press, 1985.
— *Seeds of Consciousness*. Nueva York: Grove Press, 1982.
Powell, Robert (ed.). *The Nectar of the Lord's Feet. Final Teachings of Sri Nisargadatta Maharaj*. Longmead: Element Books, 1987.
— *The Wisdom of Sri Nasargadatta Maharaj*. Nueva York: Globe Press Books, 1992.
— *The Ultimate Medicine. As Prescribed by Sri Nisargadatta Maharaj*. Dlehi: Motilal Banarsidass, 1996.
Nisargadatta Maharaj, Sri. *I Am That. Talks with Nisargadatta Maharaj*. Traducido de la grabaciones en marathi por Maurice Frydman. Edición a cargo de Sudhakar S. Dikshit. Bombay: Chetana, 1981.[3]

Traducciones[2]
Balsekar, Ramesh S. *El Buscador es lo Buscado. Puntos clave de la enseñanza de Nisargadatta Maharaj*. Traducción de Leticia García Urriza. México: Yug, 1989.
Nisargadatta Maharaj, Sri. *Yo soy eso*. Traducción de Ricardo de Frutos. Málaga: Sirio, 1988.
— *Semillas de conciencia*. Traducción de Pedro Rodea. Introducción de Ramesh S. Balsekar. Málaga: Sirio, 1995.
— *Enseñanzas definitivas*. Traducción de Fernando Pardo. Barcelona: Los Libros de la Liebre de Marzo, 1998.
— *Ser*. Málaga: Sirio, 1990.

Vedānta Advaita y pensamiento índico
Abhinavagupta. *Hymnes de Abhinavagupta*. Traducido por L. Silburn. París: Publications de l'Institut de Civilisation Indienne,1986.
Aiyar, K. Krishnaswamy. *Vedānta or the Science of Reality*. Holenarsipur: Adhiatma Prakasha Karyalaya, 1965.[2]
Ashokananda, Swami. *Avadhūta Gītā of Dattātreya*. Madras: Sri Ramakrishna Math, s/f.

Aurobindo. *Īśa Upaniṣad*. Traducción de Héctor Vicente Morel. Buenos Aires: Kier, 1987.

— *Síntesis del Yoga II*. Traducción de Héctor Vicente Morel. Buenos Aires: Kier, 1980.

Badarāyaṇa. *Brahmā-Sūtras*. Traducción, introducción y notas de Daniel de Palma. Varanasi: Indica Etnos, 1997.

Bhagavad Gītā. Edición bilingüe con comentarios finales de Roberto Pla. Madrid: Etnos, 1997.

Ballesteros, Ernesto (ed.). *Día a día con Bhagavān (Sri Ramana Maharshi)*. Madrid: Etnos, 1995.

— Introducción y traducción al *Yoga Vâsishtha*. Madrid: Etnos, 1995.

Balsekar, Ramesh S. *De la Conciencia a la Conciencia*. México: Yug, 1996.

— *The Final Truth. A guide to Ultimate Understanding*. Redondo Beach: Advaita Press, 1989.

— *A Duet of One. The Aṣṭāvakra Gītā Dialogue*. Redondo Beach: Advaita Press, 1989.

Battacharya, Haridas (ed.). *The Cultural Heritage of India* (4 vols.). Calcuta: Ramakrishna Mission Institute of Culture, 1965.[2]

Battacharyya, Kalidas. "Classical Philosophies of India and the West". *Philosophy East and West. A Quarterly of Asian and Comparative Thought* [PEW]. Honolulu: University of Hawaii Press, XIII, nº 1, 1958, 17-36.

— "Relation in Indian Philosophy". *Journal of Pathak Centre of Philosophy*, V, nº 1, 1977, 53-63.

Battacharyya, Krishnachandra. *Studies in Philosophy*. Delhi: Motilal Banarsidass, 1983.[2]

Bazán, García. *Neoplatonismo y Vedānta. Doctrina de la materia en Plotino y Śaṃkara*. Buenos Aires: Depalma, 1991.

Blaslev, Anindita N. *A Study of Time in Indian Philosophy*. Wiesbaden: Otto Harrasowitz, 1983.

Brooks, Richard. "The Meaning of 'Real' in Advaita Vedānta", PEW, XIX, nº 4, 1969, 65-78.

Butler, John F. "Creation, Art and LIlA", PEW, X, nº 1, 1960, 3-12. *Cantar de Aṣṭāvakra*. Traducción de Ana D'Elia. Buenos Aires: Dédalo, 1979.

Chari, C. T. K. "On the Dialectical Affinities Between East and West", PEW, III, nº 3, 1953.

Chauduri, Haridas. "Existencialism and Vedānta", PEW, XII, nº 1, 1962, 3-15.

Coomaraswamy, Ananda K. *Hinduismo y Budismo*. Traducción de Agustín López Tobajas y María Tabuyo. Barcelona: Paidós, 1997.

— "Nirukta = Hermeneia", *Axix Mundi*, nº 4, 1995, 49-54.

Cross, Elsa. "La visión de la unidad: Sistemas no dualistas de la filosofía hindú", *Papeles de la India*, XX, nº 3, 1990, 14-29.

Dasgupta, Surendranath. *A History of Indian Philosophy*, 5 vols. Delhi: Motilal Banarsidass, 1975.

Desjardins, Arnaud. *Zen y Vedānta. Comentario del Sin-sin-ming*. Traducción de Esteve Serra. Palma de Mallorca: Olañeta, 1997.

Deutsch, Eliot. *Advaita Vedānta. A Philosophical Reconstruction*. Honolulu: University of Hawaii Press, 1969. [*Vedānta Advaita. Una reconstrucción filosófica*. Traducción de Ernesto Ballesteros. Madrid: Etnos, 1999.]

— "The Self in Advaita Vedānta", *International Philosophical Quarterly*, I, n° 1, 1966.
— "Karma as a 'Convenient Fiction' in the Advaita Vedānta'", PEW, XV, n° 1, 1965, 3-12.
Deutsch, Eliot y van Buitenen, J. A. B. *A Source Book of Advaita Vedānta.* Honolulu: University Press of Hawaii, 1971.
Eliade, Mircea. *Le Yoga. Inmortalité et liberté.* París: Éditions Payot, 1983.[2] [*El Yoga. Inmortalidad y Libertad.* Traducción de Diana Luz Sánchez. México: FCE, 1991.]
— *Techniques du yoga.* París: Gallimard, 1944.
Forman, Robert K.C. (ed.). *The Problem of Pure Consciousness: Mysticism and Philosophy.* Oxford: Oxford University Press, 1990.
Fort, Andrew O. "Dreaming in Advaita Vedānta", PEW, XXXV, n° 4, 377-386.
Gambhīrānanda, Swāmī (trad.). *Brahmā-Sūtra-Bhāṣyā of Śaṅkarācārya.* Calcutta: Advaita Ashrama, 1996.
— *Eight Upaniṣads. With the Commentary of Śaṅkarācārya*, Vol. I y II. Calcutta: Advaita Ashrama, 1989.[2]
— *Māṇḍūkya-Upaniṣad. With the Commentary of Śaṅkaracārya.* Calcutta: Advaita Ashrama, 1995.[2]
Ghate, V.S. *The Vedānta. A Study of The Brahmā-sūtras with the Bhāṣyas of Śaṅkara, Rāmānuja, Nimbārka, Madhva, and Vallabha.* Poona: Bhandarkar Oriental Research Institute, 1981.[3]
Glasenapp, Helmuth von. "Parallels and Contrasts in Indian and Western Metaphysics", PEW, VIII, n° 3, 1953, 223-267.
Gñanéshvar. *Amṛtanubhava. Sublime experiencia de unidad.* Introducción, traducción y notas de Alejandro Arrese. Madrid: Etnos, 1994.
Grimes, John A. *An Advaita Vedānta Perspective on Language.* Delhi: Sri Satguru Publications, 1991.
Guénon, René. *El hombre y su devenir según el Vedanta.* Traducción de Raúl A. Viglizzo. Buenos Aires: CS, 1990.
— *Introducción general al estudio de las doctrinas hindúes.* Traducción de Rafael Cabrera. Buenos Aires: LC, 1998.
Gupta, Bina. *Perceiving in Advaita Vedānta.* Delhi: Motilal Banarsidass, 1995.
Gupta, Som Raj. "The word that became the absolute: relevance of Śaṅkara's ontology of language", *Journal of Indian Council of Philosophical Research*, 1989, 27-41.
— *The Word speaks to the Faustian Man, Vol. I.* Delhi: Motilal Banarsidass, 1991.
Halbfass, Wilhelm. *Indien und Europa, Perspektiven ihrer geistigen Begegnung.* Basel and Stuttgart: Schwabe and Co AG, Verlag, 1981. [Halbfass, W. *India and Europe: An Essay in Understanding.* Nueva York: Suny, 1988.]
Herring, Herbert. "The Reception of German Philosophy in Contemporary Indian Thought: A Survey", *Journal of Indian Council of Philosophical Research*, XI, n° 3, 1994, 81-97.
Hume, R. E. (trad.). *The Thirteen Principal Upaniṣads.* Delhi: Oxford University Press, 1983.[2]
Indich, William M. *Consciousness in Advaita Vedānta.* Delhi: Motilal Banarsidass, 1980.
— "Can the Advaita Vedāntin provide a meaningful definition of absolute consciousness?", PEW, XXX, n° 4, 1980, 481-494.

Ingalls, Daniel H. "Śaṅkara on the Question: Whose is avidyā?", PEW, III, n° 1, 1953, 69-72.

Iyer, Ventakarama M. K. *Advaita Vedānta. According to Śaṅkara*. Nueva York: Asia Publishing House, 1964.

Jagadānanda, Swāmi (trad.). *Upadeśa Sāhasrī of Śrī Śaṅkarācārya*. Madras: Sri Rama-krishna Math, 1989.

Karmarkar, Raghunath Damodar (ed. y trad.). *Gauḍapāda-Kārikā*. Poona: Bhandarkar Oriental Research Institute, 1973.

King, Richard. *Early Advaita Vedānta and Buddhism. The Māhayāna context of the Gauḍapādīya Kārikā*. Nueva York: State University of New York Press, 1995.

Krishnananda, Swami. *The Philosophy of Life*. Himalayas: The Divine Life Society, 1992.[2]

— *The Realisation of the Absolute*. Himalayas: The Divine Life Society, 1972.

Lewis, Leta Jane. "Fichte and Śaṅkara", PEW, XII, n° 4, 1963, 301-309.

Lipner, J. J. "The Christian and Vedāntic theories of originative causality: A study in trascendence and inmanence", PEW, XXVIII, n° 1, 1978, 53-68.

Liquorman, Wayne (ed.). *Consciousness Speaks. Conversations with Ramesh S. Balsekar*. Redondo Beach: Advaita Press, 1992.

Mādhavānanda, Swāmī (trad.). *Vedānta Paribhāsā of Dharmarāja Adhavarīndra*. Cal-cuta: Advaita Ashrama, 1989.

— Introducción, traducción y comentario a *Minor Upaniṣads*. Calcuta: Advaita Ashra-ma, 1992.

— (trad.). *Vivekacuḍāmaṇi of Śrī Śaṅkarācārya*. Calcuta: Advaita Ashrama, 1992.

Mahadevan, T. M. P. *The Philosophy of Advaita*. Madras: Ganesh & Co, 1957.

— *Invitation to Indian Philosophy*. Delhi: Arnold-Heinemann Publishers, 1974. [*Invitación a la filosofía de la India*. Prólogo de Graciela de la Lama. México: FCE, 1991.[2]]

Maitra, S. K. "Reason in Hindu Philosophy. Classical and contemporary", PEW, XI, n° 3, 1961, 125-142.

Martín, Consuelo (ed.). *Bhagavad Gītā. Con los comentarios advaita de Śaṅkara*. Ma-drid: Trotta, 1997.

— *Conocimiento y realidad en la Māṇḍūkya Upaniṣad y Gauḍapāda*. Madrid: U.C.M., 1981.

Mendoza, Julia. "La Unidad Divina en el Ṛg Veda", *Sarasvatī*, n° 2, 1999, 71-76.

Merlo, Vicente. *Siete ensayos sobre el hinduismo. De las Upaniṣads a Śrī Aurobindo*. Barcelona: Fundación Centro Sri Aurobindo, s/f.

— *Experiencia yóguica y Antropología filosófica. Invitación a la lectura de Śrī Auro-bindo*. Barcelona: Fundación Centro Sri Aurobindo, 1994.

Mohanty, J. N. "Consciousness and Knowledge in Indian Philosophy", PEW, XXIX, n° 3, 1979.

Mokashi-Punekar, Shankar (ed.). *Avadhūta Gītā*. Shree Purohit Swami (trad.). Delhi: Munshiram Manoharlal, 1988.[2]

Müller, Max. *Introducción a la Filosofía Vedānta*. Traducción de Mª Rosa Acebedo. Barcelona: Mra, 1997.

Munz, Peter. "Basic Intuitions of East and West", PEW, V, n° 1, 1955, 43-56.

Murty, Satchitananda. *Revelation and Reason in Advaita Vedānta*. Delhi: Motilal Ba-narsidass, 1974.

Palma, Daniel de (ed.). *Upaniṣads*. Madrid: Siruela, 1995.

Panikkar, Raimon. *El silencio del Buddha. Una introducción al ateísmo religioso*. Madrid: Siruela, 1997.[3]

— *La experiencia filosófica de la India*. Madrid: Trotta, 1997.

— *La intuición cosmoteándrica. Las tres dimensiones de la realidad*. Madrid: Trotta, 1999.

Patanjali. *Yoga-sūtra*. Versión y comentarios de T. K. V. Desikachar. Madrid: Edaf, 1994.

Pereira, José. *Hindu Theology. Themes, Texts and Structures*. Delhi: Motilal Barsanidas, 1991. *Pláticas con Sri Ramana Maharshi*. Buenos Aires: Kier, 1993.

Potter, Karl H. *Encyclopedia of Indian Philosophies: Advaita Vedānta up to Śaṅkara and his Pupils*, Vol. III. Delhi: Motilal Banarsidass, 1981.

— "The Development of Advaita as a School of Philosophy", *Journal of Indian Council of Philosophical Research*, IX, n° 2, 1992, 135-158.

Radhakrishnan, S. A. *History of Indian Philosophy*, Vol. I y II. Londres: George Allen & Unwin Ltd., 1940.[3]

— *The legacy of India*, Oxford University Press, Oxford, 1938.

Radhakrishnan, S. y Muirhead, J. H. (eds.). *Contemporary Indian philosophy*. Londres: George Allen & Unwin Ltd., 1952.[2]

Rahula, Walpola. *L'enseignement du Bouddha*. París: Éd. du Seuil, 1961.

Rajadhyaksha, N.D. *Los seis sistemas de filosofía india*. Traducción de Hélène Sonet Mancho. Madrid: Etnos, 1997.

Raju, P. T. "Intuition as a Philosophical Method in India", PEW, II, n° 3, 1952, 187-207.

Raju, R. T. *Structural Depths in Indian Thought*. Nueva York: State University of New York Press, 1985.

Ramana Maharshi. *Sé lo que eres. Las enseñanzas de Ramana Maharshi*. David Godman (ed.). Tiruvannamalai: Sri Ramanasramam, 1994.

Ramakrishna. *La sagrada enseñanza de Sri Ramakrishna*. Buenos Aires: Kier, 1971.

Raphael. *The Pathway of Non-Duality*. Delhi: Motilal Banarsidass, 1992.

Riviére, Jean M. *Un Yoga para Occidente. El Asparsha Yoga*. Madrid: Etnos, 1993.

Śaṅkara. *Vivekacuḍāmaṇi*. Traducción y comentario de Raphael. Madrid: Edaf, 1995.

— *La esencia del Vedānta: Vakyavṛitti, Ātmabodha, Dakṣiṇāmūrtistotra, Śivapañcākṣaram, Jīvanmuktānandalaharī*. Traducción y comentario de Raphael. Barcelona: Kairós, 1995.

Satchidānandendra, Swāmī. *The Method of The Vedānta. A critical Account of the Advaita Tradition*. Delhi: Motilal Barsanidass Publishers, 1997.

Sharma, Arvind. *The experiential Dimension of Advaita Vedānta*. Delhi: Motilal Banarsidass, 1993.

Siddharameshwar Maharaj. *Master Key to Self-Realisation*. Bombay: Shri Sadguru Siddharameshwar Adhyatma Kendra, 1994.

The Māṇḍūkya Upaniṣad with Gauḍāpada's Kārikā and Śaṅkara's Commentary. Traducción de Swāmī Nikhilānanda. Calcuta: Advaita Ashrama, 1995.

Thibaut, George (trad.). *The Vedānta-sūtras with the commentary by Śaṅkarācārya*. Oxford: Clarendon Press, 1890.

Vallin, Georges. "¿Por qué el no-dualismo asiático?", *Axis Mundi*, n° 7, 1999.

Venkataraman, T. N. (ed.). *Yoga Vasiṣṭha Sāra*. Tiruvannamalai: Sri Ramanasramam, 1985.[4]

Vivekānanda. *Jñāna Yoga*. Nueva York: Ramakrishna-Vivekananda Center, 1970.

Yardi, M. R. (trad.). *The Bhagavad Gītā as a Synthesis*. Poona: Bhandarkar Oriental Research Institute, 1991.

Fuentes del pensamiento de Heidegger

Obra de Heidegger

Heidegger, M. *Gesamtausgabe* [GA]. Frankfurt am Main: Vittorio Klostermann.
— *Antwort: Martin Heidegger im Gespräch*. Günther Neske und Emil Kettering (ed.). Pfullingen: Verlag Günther Neske, 1988.
— *Aus der Erfahrung des Denkens*. Pfullingen: Verlag Günther Neske, 1965.[2]
— *Der Feldweg*. Frankfurt am Main: Vittorio Klostermann, 1989.
— *Der Satz vom Grund*. Pfullingen: Verlag Günther Neske, 1978.[5]
— *Die Grundprobleme der Phänomenologie*, GA, XXIV, 1975.
— *Einführung in die Metaphysik*. Tübingen: Max Niemeyer Verlag, 1953.
— *Einleitung in die Phänomenologie der Religion* (Wintersemester 1920-1921), en: *Phänomenologie des religiösen Lebens*, GA, LX, 1995.
— *Einleitung zu "Was ist Metaphysik?"*, *Wegmarken*, GA, IX, 1976.
— *Erläuterungen zu Hölderlins Dichtung*. Frankfurt am Main: Vittorio Klostermann, 1951.
— *Gelassenheit*. Pfullingen: Verlag Günther Neske, 1977.[5]
— *Heidegger, Martin y Karl Jaspers: Briefwechsel 1920-1963*. Walter Biemel und Hans Saner (ed.). Frankfurt am Main: Vittorio Klostermann, 1990.
— Heidegger, Martin y Fink, Eugen. *Heraklit*. Frankfurt am Main: Vittorio Klostermann, 1970.
— *Holzwege*. Frankfurt am Main: Vittorio Klostermann, 1950.
— *Kant und das Problem der Metaphysik*. Frankfurt am Main: Vittorio Klostermann, 1951.
— *Nachwort zu: "Was ist Metaphysik?"*, *Wegmarken*, GA, IX, 1976.
— *Nietzsche. Zwei Bände*. Pfullingen: Verlag Gunther Neske, 1961.
— "Nur noch ein Gott kann uns retten": "Spiegel-Gespräch mit Martin Heidegger" (1966), *Der Spiegel*, Nr. 23, Mai, 1976, 193-219.
— *Phänomenologie und Theologie*. Frankfurt am Main: Vittorio Klostermann, 1970.
— *Platons Lehre von der Wahrheit. Mit einem Brief über den "Humanismus"*. Bern: A. Francke Verlag, 1947.
— *Prolegomena zur Geschichte des Zeitbegriffs*, GA, XX, 1979.
— *Sein und Zeit*, Max Niemeyer. Tübingen: Verlag, 1957.
— *Unterwegs zur Sprache*. Frankfurt am Main: Vittorio Klostermann, 1985.
— *Vier Seminare*: Le Thor 1966, 1968, 1969; Zähringen 1973. Frankfurt am Main: Vittorio Klostermann, 1977.
— *Vom Wesen der Wahrheit*. Frankfurt am Main: Vittorio Klostermann, 1954.[3]
— *Vom Wesen des Grundes*, *Wegmarken*, GA, IX, 1976.
— *Vorträge und Aufsätze*. Pfullingen: Verlag Günther Neske, 1959.[2]
— *Was heisst Denken?* Tübingen: Max Niemeyer Verlag, 1954.
— *Was ist das -die Philosophie?* Pfullingen: Verlag Günther Neske, 1956.
— *Was ist Metaphysik?* Frankfurt am Main: Vittorio Klostermann, 1949.

— *Zur Sache des Denkens*. Tübingen: Max Niemeyer Verlag, 1988.³
— *Zur Seinsfrage*, *Wegmarken*, GA, IX, 1976.

Traducciones³
— *Arte y Poesía*. Traducción de Samuel Ramos. México: FCE, 1958.
— *Caminos del bosque*. Traducción de Helena Cortés y Arturo Leyte. Madrid: Alianza editorial, 1995.
— *Conferencias y artículos*. Traducción de Eustaquio Barjau. Barcelona: Ediciones del Serbal, 1994.
— *De camino al habla*. Traducción de Yves Zimmermann. Barcelona: Ediciones del Serbal, 1990.²
— *Doctrina de la verdad según Platón y Carta sobre el humanismo*. Introducción de Ernesto Gras y traducción de Joaquín Barceló y A. Wagner de Reyna. Santiago de Chile: Editorial Universitaria, 1955.
— *El ser y el tiempo*. Traducción de José Gaos. México: FCE, 1971.²
— *Estudios sobre mística medieval*. Traducción de Jacobo Muñoz. Madrid: Siruela, 1997.
— *Hölderlin y la esencia de la poesía*. Juan David García Bacca (ed.). Barcelona: Anthropos, 1989.
— *Identidad y Diferencia* ("El Principio de Identidad". "La constitución ontoteológica de la filosofía"). Edición bilingüe de Arturo Leyte, traducción de Helena Cortés y Arturo Leyte. Barcelona: Anthropos, 1988.
— *Interpretaciones sobre la poesía de Hölderlin*. Introducción de Eugenio trías, traducción de José María Valverde. Barcelona: Ariel, 1983.
— *Introducción a la Metafísica*. Estudio preliminar y traducción de Emilio Estíu. Buenos Aires: Nova, 1959.
— *Kant y el problema de la metafísica*. Traducción de Gred Ibscher Toth. México: FCE, 1954.
— *Lógica (Semestre de verano de 1934). En el legado de Helene Weiss*. Edición bilingüe, introducción y traducción de Víctor Farías. Barcelona: Anthropos, 1991.
— *Nietzsche I*. Traducido por Pierre Klossowski. París: Gallimard, 1971.
— *Nietzsche II*. Traducido por Pierre Klossowski. París: Gallimard, 1971.
— *Nietzsche, vol I and II: The Will to Power as Art. The Eternal Recurrence of the same*. Traducido por David Farell Krell. San Francisco: Harper, 1984.
— *¿Qué es filosofía?* Traducción, estudio, notas y comentarios por José Luis Molinonuevo. Madrid: Narcea, 1985.
— *¿Qué es metafísica?* Traducción de Xavier Zubiri. Buenos Aires: Siglo Veinte, 1931.
— *¿Qué significa pensar?* Traducción de Haraldo Kahnemann. Buenos Aires: Nova, 1972.²
— *Schelling y la libertad humana*. Traducción de Alberto Rosales. Caracas: Monte Avila Editores, 1996.²
— *Sendas perdidas*. Traducción de José Rovira Armengol. Buenos Aires: Losada, 1997.³
— *Ser, Verdad y Fundamento*. Traducción de Eduardo García Belsunce. Caracas:, Monte Avila Editores, 1968.

— *Serenidad*. Traducción de Yves Zimmermann. Barcelona: Ediciones del Serbal, 1989.
— *Tiempo y Ser*. Introducción y traducción de Manuel Garrido. Madrid: Tecnos, 1999.
Heidegger, Martin y Fink, Eugen. *Heráclito*. Traducción de Jacobo Muñoz y Salvador Mas. Barcelona: Ariel, 1986.

Fuentes sobre Heidegger

Caputo, John. *The Mystical Element in Heidegger's Thought*. Ohio: Ohio University Press, 1978.
Corvez, Maurice. *La philosophie de Heidegger*. París: Presses Universitaires de France, 1961.
Duque, Félix; Cerezo, Pedro; Leyre, Arturo; Martínez Marzoa, Felipe; Peñalver, Patricio y Rodríguez, Ramón. *Heidegger: La voz de tiempos sombríos*. Prólogo de José Luis Aranguren. Barcelona: Ediciones del Serbal, 1991.
Fabro, Cornelio. *God in Exile*. Traducido por Arthur Gibson. Nueva York: Paulist-Newman, 1968.
Guilead, R. *Être et liberté. Une étude sur le dernier Heidegger*. Prefacio de P. Ricoeur. París, 1965. [*Ser y libertad. Un estudio sobre el último Heidegger*. Traducción de C. Díaz. Madrid: Hernández y G. del Toro, 1969.]
Gupta, Kumar. "What is Heidegger's notion of time?", *Revue Internationale de Philosophie*, 52, 1960, 163-192.
— "Heidegger", *Revue Internationale de Philosophie*, monográfico, 52, fasc. 2, 1960.
Jolivet. *Le problème de la mort chez M. Heidegger et J. P. Sartre*. Abbaye Saint Wandrille, 1950.
Jünger, Ernst. *Über Die Linie*, en: *Sämtliche Werke*, Bd. 7, Stuttgart, 1950. ["Sobre la línea", en *Acerca del nihilismo*. Traducción de José Luis Molinonuevo. Barcelona: Paidós, 1994].
Kovacs, George. *The Question of God in Heidegger's Phenomenology*. Evanston: Northwestern University Press, 1990.
Magnus, Bernd. *Heidegger's Metahistory of Philosophy: Amor Fati, Being and Truth*. The Hague: Martinus Nijhoff, 1970.
Manikath, Joseph. *From Anxiety to Releasement in Martin Heidegger's Thought*. Bangalore: Asian tradition Corporation, 1978.
Mehta, J. L. *The Philosophy of Martin Heidegger*. Londres: Harper & Row, 1971.
Meyer, Hans. *Martin Heidegger und Thomas von Aquin*. Munich: Schöningh, 1964.
Mujica, Hugo. *Origen y Destino. De la memoria del poeta presocrático a la esperanza del poeta en la obra de Heidegger*. Buenos Aires: Carlos Lohlé, 1984.
— *La palabra inicial. La mitología del poeta en la obra de Heidegger*. Madrid: Trotta, 1995.
Nwodo, C. S. "Language and Reality in Martin Heidegger", *Indian Philosophical Quarterly*, XII, n° 1, 1985, 23-36.
Pöggeler, Otto. *Der Denkweg Martin Heideggers*. Pfullingen: Verlag Günther Neske, 1963. [*El camino del pensar de Martin Heidegger*. Traducción y notas de Félix Duque Pajuelo. Madrid: Alianza Editorial, 1986.]

Richardson, William J. *Heidegger. Through Phenomenology to Thought.* Prefacio de M. Heidegger. The Hague: Martinus Nijhoff, 1967.[2]
— "The place of Unconscious in Heidegger", *Review of Psychology and Psychiatry*, n° 5, 1965.
Schrag, Calvin O. "Heidegger on repetition and historical understanding", PEW, XX, n° 3, 1970, 287-296.
Vattimo, G. *Introducción a Heidegger.* Traducción de Alfredo Báez. Barcelona: Gedisa, 1995.
Williams, John R. *Martin Heidegger's Philosophy of Religion*, Canadian Corporation for Studies in Religion, SR Suplements/2, 1977.

Estudios comparativos entre Heidegger y el pensamiento oriental

Chang, Chuang-yuan. "Commentary to: Gray, J. Gleen's 'Splendor of the simple'", PEW, n° 3, 1970, 241-246.
Cheng, Chuang-ying. "Confucius, Heidegger and the philosophy of the I Ching: A comparative inquiry into the truth of human being", PEW, XXXVII, n° 1, 1987, 51-69.
Cleveland, Harlan. "Wellcome [to the Symposium 'Heidegger and Eastern Thought']", PEW, XX, n° 3, 1970, 223-225.
Deutsch, Eliot. "Commentary to: Mehta, J. L.'s 'Heidegger and comparison of Indian and Western Philosophy'", PEW, XX, n° 7, 319-322.
Feist Hirsh, Elisabeth. "Martin Heidegger and the East", PEW, XX, n° 3, 1970, 247-264.
Gray, J. Gleen. "Splendor of the simple", PEW, XX, n° 3, 1970, 227-240.
Grimes, John A. *Quest for certainty. A comparative Study of Heidegger and Śaṅkara.* Nueva York: Peter Lang, 1989.
Jackson, William J. (ed.). *J. L. Mehta on Heidegger, Hermeneutics and Indian Tradition.* Intrducción de Raimon Panikkar. New York, 1992.
Japan und Heidegger, Hartmut Buchner (ed.). Thorbecke: Sigmaringen, 1989.
Kapstein, Matthew. "The trouble with truth: Heidegger on *Aletheia*, Buddhist thinkers on *satya*", *Journal of Indian Council of Philosophical Research*, IX, n° 2, 1992, 69-85.
Kreeft, Peter. "Zen in Heidegger's Gelassenheit", *International Philosophical Quarterly*, II, 1971, 521-545.
La Fleur, William R. (ed.). *Dogen / Heidegger / Dogen -A review of Dogen Studies.* Honolulu: University of Hawaii Press, 1985.
Lak, Yeow Choo. *An Asian Looks at Martin Heidegger.* Singapore: Trinity Theol. College, 1977.
Le Cocq, Rhoda P. *The Radical Thinkers. Heidegger and Sri Aurobindo.* Pondicherry: Sri Aurobindo Ashram Press, 1972.
May, Reinhard. *Heidegger's Hidden Sources: East Asian influences on his work.* Traducción y ensayo complementario de Graham Parker. Londres y Nueva York: Routledge, 1996.
McEvilly, Wayne. "Kant, Heidegger and the Upaniṣads", PEW, XII, n° 4, 1963, 311-317.
Mehta, J. L. "Heidegger and comparison of Indian and Western Philosophy" PEW, XX, n° 3, 1970, 303-318.

Mitchell, Donald W. "Commentary to: Hirsh, Elisabeth Feist's 'Martin Heidegger and the East'". PEW, n° 3, 1970, 247-265.

Nagley, Winfield E. "Introduction to the Symposium [Heidegger and Eastern Thought] and reading of a letter from Martin Heidegger", PEW, XX, n° 3, 1970, 221-222.

Parker, Graham (ed.). *Heidegger and Asian Thought* (Mehta, J.L. "Heidegger and Vedānta. Reflections on a Questionable Theme". / Pöggeler, Otto. "West-East Dialogue: Heidegger and Lao-tzu". / Stambaugh, Joan. "Heidegger, Taoism and the Question of Metaphysics". / Hsiao, Paul Shih-yi. "Heidegger and Our Translation of the Tao Te King". / Parker, Graham. "Thoughts on the Way: Being and Time via Lao-Chuang". / Nishitani, Keiji. "Reflections on Two Address by Martin Heidegger". / Etc.). Delhi: Motilal Banarsidass, 1987.

Stambaugh, Joan. "Commentary to: Umehara, Takeshi's 'Heidegger and Buddhism'", PEW, XX, n° 3, 1970, 283-286.

Steffney, John. "Transmetaphysical thinking in Heidegger and Zen Budhism" PEW, XXVII, n° 3, 1977, 323-335.

Taber, John A. *Transformative Philosophy. A Study of Śaṅkara, Fichte and Heidegger.* Honolulu: University of Hawaii Press, 1983.

Tate, Paul D. "Comparative Hermeneutics: Heidegger, the Pre-Socratics and the R̥gveda", PEW, XXXII, n° 1, 1982, 47-59.

Umehara, Takeshi. "Heidegger and Buddhism", PEW, XX, n° 3, 1970, 271-282.

Otras fuentes

Agarwal, M. M. "Nothingness and Freedom: Sartre y Krishnamurti", *Journal of Indian Council of Philosophical Research*, IX, n° 1, 1991, 45-57.

Angelo Silesio. *Peregrino Querubínico.* Traducción de Francesc Gutiérrez. Barcelona: Olañeta, 1985.

Antón Pacheco, J.A. *Symbolica Nomina: Introducción a la hermenéutica espiritual del Libro.* Barcelona: Symbolos, 1988.

Aristóteles. *Metafísica.* Edición trilingüe por Valentín García Yebra. Madrid: Gredos, 1982.[2]

Awhad al-din Balyani. *Epístola sobre la Unicidad Absoluta.* Traducción e introducción de Michel Chodkiewicz. Rosario: Ediciones del Peregrino, 1985.

Barret, William. *Zen Buddhism: Selected Writings of D. T. Suzuki.* Nueva York: Doubleday & Co., 1956.

Blay, Antonio. *Ser.* Barcelona: Indigo 1992.

Böhme, Jacob. *De signatura rerum (Signos de la Eterna alquimia).* Introducción y notas J. García Font, traducción de P. Clarisvalls y Mata. Barcelona: Mra, 1998.

Brosse, Thérése. *La "Conscience-Énergie", structure del l'homme et de l'univers.* París: Editions Présence,1978. [*Conciencia-energía: estructura del hombre y del universo.* Madrid: Taurus, 1981.]

Buber, Martín. *Ich und Du.* Marsh & Sheil Limited, 1984. [*Yo y Tú.* Traducción de Carlos Díaz. Madrid: Caparrós editores, 1992.]

Cairns, Grace E. "The intuitive Element in Metaphysics", PEW, IX, n° 1, 1954, 3-17.

Chari, C. T. K. "Quantum Physics and East-West Rapprochement", PEW, V, n° 1, 1955, 61-67.

— "On the Dialectical Affinities Between East and West", PEW, III, n° 3, 1953, 199-221.

Chatterjee, S. C. "Identity of the Self", *Philosophical Quarterly of India*, XXIV, 217-224.

Chattopadhyaya, S. K. "Ego, The Problem Perennial of Philosophy", *Indian Philosophical Quarterly*, X, n° 2, 1983, 125-159.

Chuang Tzu. *Chuang-Tzu*. Traducción de Carmelo Elorduy. Caracas: Monte Ávila Editores, 1993.[4]

Clarke, W. Norris y Burkel, Beatrice. "The Self in Eastern and Western Thought: The Wooster Conference", *International Philosophical Quarterly*, VI, n° 1, 1966, 101-109.

Cusa, Nicolás de. *De la Docte Ignorance*. Traducción de L. Moulinier, introducción de Abel Rey. París: Librairie Félix Alcan, 1930. [*La Docta Ignorancia*. Barcelona: Orbis, 1984].

Deikman, Arthur J. *The Observing Self. Mysticism and Psychotherapy*. Boston: Beacon Press, 1982. [Versión en castellano: *El yo observador: misticismo y psicoterapia*. México D.F.: Fondo de Cultura Económica, 1986.]

Descartes, R. *Les principes de la philosophie*, en: *Oeuvres philosophiques* III. F. Alquié (ed.). París: Bordas (Classiques Garnier), 1989. [*Los principios de la filosofía*. Introducción, traducción y notas de Guillermo Quintás. Madrid: Alianza, 1995.]

Dokusho Villalba (trad.). *El Sutra de la Gran Sabiduría. Mahā Prajña Pāramitā Hridaya Sūtra*. Comentarios del maestro Taisen Deshimaru Roshi. Madrid: Miraguano, 1987.

Durand, Gilbert. *L'imagination symbolique*. París: Presses Universitaires de France, 1964.[3]

— *De la mitocrítica al mitoanálisis*. Introducción, traducción y notas de Alain Verjat. Barcelona: Antrhopos, 1993.

Dürkheim, K. *El zen y nosotros*. Bilbao: Mensajero, 1987.[4]

Eckhart. *Tratados y Sermones*. Traducción, introducción y notas de Ilse M. De Brugger. Barcelona: Edhasa, 1983.

— *Comentario al Prólogo de S. Juan*. Prólogo del Profesor Ramiro Florez, traducción de Oscar García Sanz. Madrid: Etnos, 1994.

Emerson, R.W. *Essays and Lectures*. Nueva York: The library of America, 1983.

Eliade, Mircea. *Mito y Realidad*. Traducción de Luis Gil. Barcelona: Labor, 1992.[2]

Epicteto. *Disertaciones por Arriano*. Traducción, introducción y notas de Paloma Ortiz García. Madrid: Gredos, 1993.

Evola, Julius. *Cabalgar al tigre*. Traducción de Francis García. Barcelona: Nuevo Arte Thor, 1987.

Freud, Sigmund. *La interpretación de los sueños I*. Madrid: Alianza, 1968.

Friedman, Maurice. "Martin Buber and Asia", PEW, XXVI, n° 4, 1976, 411-426.

Gadamer, G. *Wahrheit und Methode*, en: *Gesammelte Werke* 1. *Hermeneutik* I, J.C.B. Mohr (Paul Siebeck), 1986. [*Verdad y Método*, traducción de Ana Agud Aparicio y Rafael de Agapito. Salamanca: Sígueme, 1977.]

Garagalza, Luis. *La interpretación de los símbolos. Hermenéutica y lenguaje en la filosofía actual*. Barcelona: Anthropos, 1990.

Gehlen, Arnold. *Der Mensch. Seine Natur und seine Stellung in der Welt*, Gesamtausgabe, III, *Der Mensch*. Frankfurt am Main: Vittorio Klostermann, 1993. [*El hombre:*

su naturaleza y su lugar en el mundo. Traducción de Fernando-Carlos Vevia Romero. Salamanca: Sígueme, 1980.]

— *Philosophische Anthropologie und Handlungslehre*, Gesamtausgabe, IV. Frankfurt am Main: Vittorio Klostermann, 1983. [*Antropología filosófica: del encuentro y descubrimiento del hombre por sí mismo*. Traducción de Carmen Cienfuegos. Barcelona: Paidós Ibérica, 1993.]

Gier, Nick. "Dialectic: East and West", *Indian Philosophical Quarterly*, X, n° 2, 1983, 207-218.

Gilson, Étienne. *La filosofía en la Edad Media. Desde los orígenes patrísticos hasta el fin del siglo XIV*. Madrid: Gredos, 1965.[2]

Guénon, René. *La crisis del mundo moderno*. Traducción de Manuel García Viño. Barcelona: Obelisco, 1988.

Gurméndez, Carlos. *La melancolía*. Madrid: Espasa Calpe, 1990.

Harding, D. E. *On Having No Head. Zen and the Rediscovery of the Obvious*. Londres: Arkana (Penguin Books), 1986.[2]

Hirschberger, J. *Historia de la filosofía I*. Barcelona: Herder, 1982.[12]

Hörderlin, Friedrich. *Hiperión*. Traducción y prólogo de Jesús Munárriz. Madrid: Ediciones Hiperión, 1996.[16].

Huxley, Aldous. *The Perennial Philosophy*. Nueva York: Harper and Row, 1970. [*Filosofía perenne*. Traducción de C. A. Jordana. Barcelona: Edhasa, 1992.[2]]

Ibn 'Arabí. *El núcleo del núcleo*. Málaga: Sirio, 1992.[2]

— *Tratado de la Unidad*. Traducción y comentarios de Roberto Pla. Málaga: Sirio, 1987.

Jambet, Christian. "El problema del sentido y su alcance en relación a la 'Filosofía oriental'", *Axis Mundi*, n° 3, 1995, 39-57.

Jami. *Destellos de luz*. Madrid: Edit. Sufí, 1993.

Jayakar, Pupul. *Krishnamurti. A Biography*. Londres: Arkana (Penguin Books), 1996. [*Krishnamurti. Biografía*. Málaga: Editorial Sirio, 1986.]

Klein, Jean. *La joie sans objet*. París: Mercure de France, 1977. [*La alegría sin objeto*. Traducción de Annick Cazeneuve. Madrid: Luis Cárcamo, 1980.]

— *La sencillez del Ser*. Traducción de Agustín López y María Tabuyo. Barcelona: Obelisco, 1988.

Krishnamurti. J. *Encuentro con la Vida*. Traducción de Armando Clavier (tomado de extractos de los Boletines de la Krishnamurti Foundation). Barcelona: Edhasa, 1993.

— *La tragedia del hombre y del mundo: la mente mecánica*. Buenos Aires: Kier, 1992.

— *Tradition and Revolution. Dialogues with Krishnamurti*. Pupul Jayakar y Sunanda Patwardhan (eds.). Krishnamurti Foundation, 1972. [*Tradición y revolución*. Traducción de Armando Clavier. Barcelona: Edhasa, 1978.]

— *The First and Last Freedom*. Prólogo de Aldous Huxley. Nueva York: Harper and Row, 1975. [*La libertad primera y última*. Traducción de Arturo Orzabal Quintana. Barcelona: Edhasa, 1979.]

— *Principios del aprender*. Barcelona: Edhasa, 1995.

— *Krishnamurti's Notebook*. Nueva York: Harper & Row, 1984. [*Diario*. Traducción de Armando Clavier. Barcelona: Edhasa, 1978.]

Kupperman, Joel J. "Investigations of the Self", PEW, XXXIV, n° 1, 1984, 37-51.

Laing, R. D. *El yo dividido*. Traducción de Francisco González Aramburu. Madrid: FCE, 1964.

Lao Tse. *Tao Te King*. Traducción y comentarios de Richard Wilhelm. Málaga: Sirio, 1995.[3]

Laurence, J. "Are comparison between the East and the West fruitful for a Comparative Philosophy?", PEW, XI, n° 4, 1962.

López Quintás, A. *La experiencia estética y su poder formativo*. Navarra: Verbo Divino, 1991.

— *Metodología de lo suprasensible II. El triángulo hermenéutico*. Palma de Mallorca: Publicaciones de la Facultad de Filosofía y Letras, 1975.[2]

— *El arte de pensar con rigor y vivir de forma creativa*. Madrid: Asociación para el Progreso de las Ciencias Humanas, 1993.

Lucentini, Paolo (ed.). *El libro de los veinticuatro filósofos*. Traducción de Cristina Serna y Jaume Pórtulas. Madrid: Siruela, 2000.

Martín Velasco. *Introducción a la fenomenología de la religión*. Madrid: Cristiandad, 1987.[4]

McCarthy, Harold E. "The Problem of Philosophical Diversity", PEW, IX, n° 4, 1960, 107-128.

Mckinney, J. P. "Can East Meet West?", PEW, III, n° 3, 1953, 257-267.

Mehta, J. L. *Philosophy and Religion. Essays in Interpretation*. Delhi: ICPR, 1990.

Merton, Thomas. *El zen y los pájaros del deseo*. Traducción de Rolando Hanglin. Barcelona: Kairós, 1994.[4]

Millán-Puelles, A. *Léxico filosófico*. Madrid: Rialp, 1984.

Nasr, Seyyed Hossein. *Knowledge and the Sacred. The Gifford Lectures*. Nueva York: Crossroad, 1981.

Nishitani, Keiji, "Ontology and Utterance", PEW, XXXI, n° 1, 1981, 29-43.

— *Religion and Nothingness*. Traducción e introducción de Jan Van Bragt. Berkeley: University of California Press, 1984. [Versión en castellano: *La religión y la nada*. Madrid: Siruela, 1999.]

Nietzsche, F. *Also sprach Zarathustra*, en: *Nietzsche Werke, Kritische Gesamtausgabe* VI $_1$, Herausgegeben von Giorgio Colli und Mazzino Montinari. Berlin: Walter de Gruyter, 1968. [*Así habló Zaratustra. Un libro para todos y para nadie*. Introducción, traducción y notas de Andrés Sánchez Pascual. Madrid: Alianza, 1975.]

— *Jenseits von Gut und Böse*, in: *Nietzsche Werke, Kritische Gesamtausgabe* VI $_2$, Herausgegeben von Giorgio Colli und Mazzino Montinari. Berlin: Walter de Gruyter, 1968. [*Más allá del bien y del mal*. Traducción de Andrés Sánchez Pascual. Madrid: Alianza Editorial, 1983.]

Olson, Alan M. y Rouner, Leroy S. (eds.). *Transcendence and the Sacred*. Indiana: University of Notre Dame Press, 1981.

Organ, Troy Wilson. *Third eye: Essays in East-West Thought*. Ohio: Ohio University Press, 1987.

Ouspensky, P. D. *Fragmentos de una enseñanza desconocida*. Traducción de Suzanne Gay y Carlos Pacheco. Caracas: Ghanesa, 1995.

Panikkar, Raimon. *Misterio y Revelación*. Madrid: Marova, 1971.

— "The ultimate experience", *Theology digest*, XX, n° 3, 1972, 220-226.

— "Símbolo y simbolización. La diferencia simbólica. Para una lectura intercultural del símbolo", en: *Arquetipos y símbolos colectivos*. Círculo Eranos I, Cuadernos de Eranos. Barcelona: Anthropos, 1994.

— *Invisible Harmony. Essays on Contemplation & Responsibility*. Harry James Cargas (ed.). Minneapolis: Fortress Press, 1995.

— *La Trinidad*. Madrid: Siruela, 1999.[2]

— "Religión, philosophy and culture", *Interculture. International Journal of Intercultural and Transdiciplinary Research*, nº 135, 1998, 99-120.

— *Invitación a la sabiduría*. Madrid: Espasa, 1998.

Pearl, Jeffrey M. y Tuck, Andrew P. "The hidden advantage of tradition: On the significance of T. S. Eliot's Indic Studies", PEW, XXXV, nº 2, 1985, 115-131.

Peat, David. *Sincronicidad*. Traducción de Darryl Clark y Mireia Jardí. Barcelona: Kairós, 1995.[2]

Pieper, J. *El silencio creador*. Madrid: Rialp, 1987.

Platón. *Obras completas*. Traducción preámbulos y notas de María Araujo, Francisco García Yagüe, Luis Gil, José Antonio Miguez, María Rico, Antonio Rodríguez Huescar y Francisco de P. Samaranch; introducción de José Antonio Miguez. Madrid: Aguilar, 1988.[2]

Plotino. *Enéadas*, I-II, III-IV, V-VI. Introducción, traducción y notas de Jesús Igal. Madrid: Gredos, 1992, 1985, 1998.

Politella, Joseph. "Meister Eckhart and Eastern Wisdom", PEW, XV, nº 2, 1965, 117-133.

Raju, P. T. "Comparative Philosophy and Spiritual Values: East and West", PEW, XIII, nº 3, 1963, 211-225.

Rilke, R. M. *Elegías de Duino*. Edición bilingüe. Traducción y prólogo de José Mª Valverde. Barcerlona: Lumen, 1984.[2]

Schneider, Herbert W. "Idealism –East and West", PEW, IV, nº 3, 1954, 265-269.

Schuon, Frithjof. *El esoterismo como principio y como vía*. Traducción de Manuel García Viño. Madrid: Taurus, 1982.

Smith, Huston. *Beyond the Post-Modern Mind*. Madras: Wheaton, Quest Books, 1989.[2] [Versión en castellano: *Más allá de la mente postmoderna*. Barcelona: Kairós, 2002.]

Stark, Michael J. y Washburn, Michael C. "Ego, egocentricity and Self-trascendence: A Western Interpretation of an Eastern Teaching", PEW, XXVII, nº 3, 1977, 265-283.

Suzuki, D. T. *Budismo Zen*. Traducción de Agustín López Tobajas. Barcelona: Kairós, 1993.[3]

Toscano, María y Ancochea, Germán. *Místicos neoplatónicos, Neoplatónicos místicos. De Plotino a Ruysbroeck*. Madrid: Etnos, 1998.

Watts, Alan. *El libro del tabú*. Traducción de Rolando Hanglin. Barcelona: Kairós, 1984.[2]

— *Las dos manos de Dios*. Traducción de Darryl Clark y Carletto Carbó. Barcelona: Kairós, 1995.[2]

— *Mito y ritual en el cristianismo*. Traducción de Vicente Merlo. Barcelona: Kairós, 1998.

Weil, Simone. *La gravedad y la gracia*. Traducción, introducción y notas de Carlos Ortega. Madrid: Trotta, 1998.[2]

Whitehead, A. N. *Process and reality (An Essay in Cosmology)*. Nueva York: The Macmillan Co., 1959. [Versión en castellano: *Proceso y realidad*. Buenos Aires: Losada, 1956.]

Wilber, Ken. *Eye to Eye*. Nueva York: Doubleday/Anchor, 1982. [*Los tres ojos del conocimiento*. Traducción de David González Raga. Barcelona: Kairós, 1991.]

— *No Boundary: Eastern and Western Approaches to Personal Growth*. Boston: Shambhala, 1981. [*La conciencia sin fronteras*. Traducción de Marta I. Gustavino. Barcelona: Kairós, 1993.[5]]

— *The Eye of Spirit*, Shambhala, Boston, 1997. [*El ojo del espíritu*. Traducción de David González Raga. Barcelona: Kairós, 1998.]

— *The Spectrum of Consciousness*. Wheaton: Quest, 1977. [*El espectro de la conciencia*. Traducción de Enric Tremps. Barcelona: Kairós, 1990.]

— *The Atman Project*. Wheaton: Quest, 1980. [*El proyecto Atman*. Traducción de David González Raga. Barcelona: Kairós, 1996.[2]]

— *Psicología integral*. Traducción de David González Raga. Barcelona: Kairós, 1994.

— *Cuestiones cuánticas. Escritos místicos de los físicos más famosos del mundo*. Traducción de Pedro de Caso. Barcelona: Kairós, 1995.[5]

Winthrop, Henry. "Indian Thought and Humanistic Psychology: Contrasts and Parallels between East and West", PEW, XIII, n° 2, 1963, 137-154.

Wittgenstein, L. *Tractatus Logico-Philosophicus*. Traducción e introducción de Jacobo Muñoz e Isidoro Reguera. Madrid: Alianza Universidad, 1987.[2]

Zubiri, X. *Naturaleza, Historia y Dios*. Madrid: Alianza, 1987.[9]

Notas

1. La bibliografía (actualizada por última vez en el año 2000) contiene las obras citadas a lo largo de este estudio.
2. Cuando lo consideramos procedente, modificamos las traducciones citadas.
3. Ibid.